칼 마르크스(1818~1883)

▲마르크스 생가 독일 라인 주 트리에 1928년 독일 사회민주당이 구입, 지금은 박물관으로 헌정되었다.

◀마르크스와 엥겔스 동상
베를린 미테, 마르크스–엥겔스 광장

▲베를린 대학교(훔볼트 대학교)
마르크스는 이 대학에서 법률·
역사·철학을 공부했다. 그는 그
무렵 철학계의 강한 영향력을
지닌 헤겔 철학에 관심을 가지고
청년 헤겔 학파에 참여했다.

▶헤겔(1770~1831)

▼포이어바흐(1804~1872)

프리드리히 엥겔스(1820~1895) 마르크스와 《공산당선언》을 함께 썼으며, 마르크스가 죽은 뒤 《자본론》 2, 3권을 편집 출간했다.

칼 마르크스 무덤·기념비 런던, 이스트 하이게이트 공동묘지

모스크바에 있는 마르크스 석상 기념비 비문에는 "모든 국가의 노동자들이여, 하나로 뭉쳐라"라고 씌어 있다.

Das Kapital.

Kritik der politischen Oekonomie.

Von

Karl Marx.

Erster Band.

Buch I: Der Produktionsprocess des Kapitals.

Hamburg

Verlag von Otto Meissner.

1867.

New-York: L. W. Schmidt, 24 Barclay-Street.

《자본론》(1867) 표지

Manifest

der

Kommunistischen Partei.

———

Veröffentlicht im Februar 1848.

———

Proletarier aller Länder vereinigt Euch!

London.

Gedruckt in der Office der „Bildungs-Gesellschaft für Arbeiter"
von J. E. Burghard.

46, Liverpool Street, Bishopsgate.

《공산당선언》(1848) 표지

세계사상전집070

Karl Heinrich Marx
ÖKONOMISCH−PHILOSOPHISCHE MANUSKRIPTE
DAS KAPITAL/MANIFEST DER KOMMUNISTISCHEN PARTEI
MISÈRE DE LA PHILOSOPHIE

경제학·철학초고/超譯자본론/공산당선언/철학의 빈곤

칼 마르크스 지음/김문수 옮김

동서문화사

경제학·철학초고/超譯자본론/공산당선언/철학의 빈곤
차례

임금·가격 및 이윤

Ökonomisch–philosophische Manuskripte

경제학·철학초고

일러두기

1. 이는 *Karl Marx/Friedrich Engels Werke*; Eränzungsband : *Schriften, Manuskripte, Briefe bis 1844,* Erster Teil, Herausgegeben vom Institut für Marxismus-Lenenesmus, Dietz Verlag, Berlin 1968.을 번역 대본으로 사용하였고, *Karl Marx/Friedrich Engels Gesamtausgabe,* Erste Abteilung Band 2 : Karl Marx Werke ; Artikel, Entwürfe März 1843 bis August 1844, Ökonomisch-philosophische Manuskripte (Zweite Wiedergabe), Herausgegeben vom Institut für Marxismus-Lenenesmus, Dietz Verlag, Berlin 1982.를 참조하였다.

2. 본문중의 ( )는 마르크스 자신이 사용한 것이고, [ ]는 베르케 판의 엮은이에 의한 보충설명을, 〔 〕는 옮긴이에 의한 보충설명을 표시한 것이다. 〈 〉는 마르크스가 선으로 지운 부분이다.

3. 역주는 후주로 처리했다.

머리말

　나는 〈독일·프랑스 연보〉*¹에서, 법학과 국가학(國家學) 비판을 헤겔의 법철학 비판이라는 형태로 할 것이라는 것을 예고해 두었다.*² 그러나 최종 교정을 보고 있는 동안에, 헤겔 법철학의 순이론적인 부분만 대상으로 하는 비판과, 그것이 다루고 있는 여러 테마 그 자체의 비판을 함께 한다는 것은, 아무리 생각해 보아도 잘하는 일은 못되고, 논의의 전개를 방해할 뿐만 아니라 이해하기에도 어렵게 만들 것이라는 것을 알았다. 게다가, 다루어야 할 대상이 다양하기 때문에 그것을 한 권의 책으로 정리하려고 하면, 전적으로 아포리즘(aphorism)*³이라는 방법을 취할 수밖에 없는데, 그런 아포리즘적 표현은 멋대로 체계화한 것 같은 인상을 줄지도 모른다. 그래서 나로서는, 각기 독립된 팸플릿으로, 법·도덕·정치 등의 비판을 차례대로 해 나가다가, 마지막으로 다른 저작에서 다시 전체의 관련과 여러 부분의 관계를 제시하여, 최종적으로 이들 테마에 대한 공리공론(空理空論)의 논술에 대한 비판을 하고자 한다. 따라서 이 책은, 국가·법·도덕·시민생활 등과 경제학과의 연관에 있어, 경제학은 그 자체의 성격상 이들 대상에 관련되는 범위 안에서만 관련을 가지게 된다.

　나의 일련의 성과가, 경제학의 면밀한 비판적 연구에 입각하여 어디까지나 경험적인 분석으로 얻어진 것이라고 하는 것은, 경제학을 잘 아는 독자에게는 새삼 양해를 구할 필요는 없을 것이다.

　〈이에 대해서, '유토피아적인 말투', '아주 순수한, 아주 결정적인, 아주 비판적인 비판', '다만 법적일 뿐만 아니라, 사회적인, 아주 사회적인 사회', '결속이 단단한 대중적 대중', '대중적 대중을 대변하는 대변자'와 같은 알맹이가 없는 말을 실증적인 비판자들의 머리 위에 내던짐으로써, 자기 자신의 무지(無知)와 사상적 빈곤을 감추려고 하는 무지한 비평가라면 이야기는 달라진다. 이런 비평가에게는, 그가 그 신학적 사사로운 일 외에 세속적인 사항에 대해서도 한 마디 참견할 수 있는 이유를 우선 제시해 주지 않으면 안 된다. 〉*4

물론, 나는 프랑스와 영국의 사회주의자들뿐만 아니라, 독일 사회주의자의 저작도 참조하였다. 하지만, 경제학이라고 하는 학문에 대해서 독일어로 쓰인, 내용이 풍부하고 독창적인 저작은—바이틀링〔1808~1971, 의인동〕을 제외하면, —〈21 개의 활〉에 실린 헤스의 여러 논문*5과 〈독일·프랑스 연보〉에 발표된 엥겔스의 《경제학 비판 대강》 정도이다. 참고로, 나도 또한 〈독일·프랑스 연보〉에서 이 저술의 기본적인 여러 요소를 매우 일반적으로 제시한 바가 있다.

  '경제학의 비판과 실증적인 비판 일반이, 따라서 또 독일에 있어서의 실증적인 비판이, 참다운 기초를 부여받을 수 있었던 것은, 경제학을 비판적으로 다룬 이들 저작자들 덕택일 뿐만 아니라, 또 포이어바흐〔1804~1872, 독일의 철학자, 헤겔 관념론 철학의 비판자〕의 일련의 발견 덕택이기도 하다. 그럼에도 불구하고, 그의 《장래 철학의 근본명제》나 〈일화집〉에 실린 《철학 개혁을 위한 잠정적 제언》에 대해서, 어떤 사람은 시시한 질투심에서, 또 어떤 사람은 마음 속으로부터 우러나오는 노여움으로 이들 저작을—암묵 중에 이용하고 있으면서—그저 숨기려고만 하는, 본격적으로 음모를 꾸미고 있는 것처럼 보인다.'

인간주의적·자연주의적이기도 한 실증적 비판은 비로소 포이어바흐로부터 시작된다. 포이어바흐의 여러 저작은, 헤겔의 《정신현상학》과 《논리학》 이래, 참다운 이론적 혁명을 내포하고 있는 비길 데 없는 저작이고, 그 영향력은 차츰 안정되어지고, 그만큼 더욱 확실해지고, 더욱 깊어지고 더욱더 드넓어지고, 또한 지속적인 것으로 되어 가고 있다.
  나는 이 책의 마지막 장인 '헤겔의 변증법과 철학 일반'이 오늘날의 비판적 신학자들과 대결을 하기 위해 필요하다고 생각하였다. 왜냐하면, 오늘날의 비판적〔이라고 말하는〕 신학자들〔브루노 바우어가 편집한 〈일반문학신문〉에 모인 사상가들〕은 이런 일을 하고 있지 않을 뿐만 아니라, 그 필연성도 인식하고 있지 않기 때문이다. 더욱이 이 철저하지 못함은 당연한 귀결인 것이다. 비판적인 신학자라고 해도 신학자임에는 틀림없고, 따라서 그는 철학의 일정한 전제〔前提 : 어떤 사물을 의논할 때 먼저 내세우는 기본이 되는 것〕를 하나의 권위로서 출발점에 놓지 않을 수 없거나, 또는 비판이 진행되는 동안에, 다른 사람의 발견으로 그 철학적 전제에 의심이 생겼을 경우에는, 그 전제를 비굴하고 부당한 방법으로 이 의심을 버리고, 사상〔捨象 : 현상의 공통성 이외의 요소를 모두 버림〕하여, 이 전제들에 대한 자신의 노예 상태와 이에 대한 분노를 이제는 다만 소극적으로, 무자각으로 궤변을 구사하여 주장하거나, 둘 중의 하나이기 때문이다.

위에서 소극적·무자각적으로 주장한다고 했는데, 이 말을 쓴 까닭은, 비판적인 신학자가, 자신이 하는 비판의 순수성을 되풀이해서 단언하기 때문이며, 또 어떤 경우에는, 비판이 그 탄생지—헤겔의 변증법과 독일의 철학 일반—와 대결할 필연성, 다시 말하면 현대의 비판이 그 자체의 제한과 자연 발생설을 뛰어넘지 않으면 안 되는 그런 필연성인 단계에서, 관찰자와 자신의 시선을 딴 곳으로 돌리기 위해, 마치 비판이 관여해야 할 대상은 이제 자기 이외의 편협한 비판의 형태와—예를 들면, 18세기의 그것—대중의 편협성밖에 없는 것처럼 보이게 하려고 하기 때문이다. 그리고 마지막으로, 궤변을 구사한다고 한다는 말은 비판적인 신학자들이, 그 자신의 철학적 여러 전제의 본질에 대한 발견—즉, 신학의 본질은 인간학이라고 하는 포이어바흐의 발견—이 이루어지자, 마치 그것을 발견한 것은 자기들인 척하거나—그러면서도 그는 그 발견의 성과는 충분히 펼칠 수 없이, 그것을 다만 캐치프레이즈처럼, 아직도 철학에 얽매어 있는 저작가들을 향하여 내던질 뿐이지만—한 걸음 더 나아가 자기가 포이어바흐의 발견보다도 뛰어나 있다는 의식까지 조달하는 기술도 알고 있기 때문이다.

그것을 조달하는 방법을 이러하다. 헤겔 변증법에 대한 포이어바흐의 비판이 아직 헤겔 변증법의 핵심 부분을 찌르고 있지 않다는 것을 한탄하면서도, 그렇다고 해서, 아직 비판적으로 이용할 수 있는 상태로 되어 있지 않은 이 핵심 부분을 올바른 관계로 가지고 오려는 생각은 결코 하지 않고, 또 결코 할 수도 없이, 오히려 포이어바흐의 헤겔 변증법 비판에 반대하여, 그 핵심 부분을 남몰래 엉큼하게 회의적으로 주장하고, 그렇게 함으로써, 예를 들어, 그 자신으로부터 시작되는 실증적 진리라고 하는 카테고리나 그 특유한 형태로서의 ……[세 글자 판독 불능]……에 반대하여, 매개적 증명이라고 하는 카테고리를 그럴듯하게 주장하는 것이다. 요컨대, 이 신학적 비판자는, 자기들의 순수성이나, 결연한 태도, 또는 전적으로 비판적인 비판 등에 대해 의기양양하게 지껄여 댈 수 있도록, 철학 쪽에서 만사를 배려해 주는 것을 매우 당연한 일로 생각하고, 또, 예를 들어, 헤겔의 어떤 계기가 포이어바흐에게 결여되어 있다고 느껴지기라도 하면, 자기야말로 철학의 참다운 극복자라고 자만하는 것이다. 왜냐하면, 이 신학적 비판자는, 비록 '자기의식'이나 '정신'이라는 우상을 유심론적으로 숭배하고는 있지만, 그런 느낌을 뛰어넘어 의식의 수준까지 이르는 일이 없기 때문이다.

자세히 살펴보면, 신학적 비판은—비록 그 운동의 초기 단계에는 진보의 현실적인 한 계기였다고 하더라도—결국은, 낡은 철학적인 초월, 특히 헤겔적인 철학의 초월이라고 하는 신학적 캐리커쳐로까지 왜곡된 첨예적인 표현이자 귀결밖에 되지 않는다. 예부터 철학의 부패한 부분이었던 신학을, 철학의 부정적인 해소—즉, 철학의 부패 과정—을 몸소 제시하도록 되어 있는 역사의 흥미 깊은 공평성, 이 역사의 인과응보에 대해서는 다른 기회에 자세하게 실증하고자 한다.

〈그것에 대하여, 철학의 본질에 대한 포이어바흐의 발견이—적어도 스스로를 증명하기 위해—여전히 어느 정도까지 철학적 변증법과의 대결을 필요로 했는가에 대해서는 이 책의 전개 그 자체에서 이해할 수 있을 것으로 생각한다.〉

제1 초고*6

제1장
노동임금

임금노동은 자본가와 노동자의 적대적인 투쟁에 의해서 결정된다. 승리하는 쪽은 언제나 자본가 쪽이다. 자본가는, 노동자가 자본 없이 살아갈 수 있는 것보다 더 오래 노동자 없이도 살아갈 수 있기 때문이다. 자본가들 사이의 단결은 상습적이고 효과적이지만, 노동자들의 단결은 금지되어 있고, 이는 그들에게 좋지 않은 결과를 초래한다. 또, 토지소유자와 자본가는 자기들의 수입에 산업상의 이익을 덧붙일 수 있으나, 노동자는 자신의 소득에 지대(地代)도 자본이자도 덧붙일 수가 없다. 그러기 때문에 노동자들 사이에서의 경쟁은 매우 심하다. 이렇게 해서 자본 및 토지 소유와 노동과의 분리가 필연적·본질적이고, 더욱이 유해한 것이 되는 것은 노동자에 대해서뿐이다. 자본과 토지 소유 쪽은, 이런 추상(적 분리 상태)에 머무를 필요는 없으나 노동자의 노동 경우에는 그렇게는 되지 않는다.

그러므로 노동자에게 치명적인 것은, 노동이 자본이나 지대로부터 분리되어 있다는 점이다.

노동임금을 정하는 최저한도의 임금 수준은 노동하는 노동자의 생계비이며, 노동자가 가족을 먹여 살릴 수 있고 노동 종족들이 사멸하지 않을 만큼이다. 애덤 스미스에 의하면, 통상적인 노동임금이란, 순수한 인간생활, 다시 말해 가축 정도의 생존에 알맞은 최저임금이다.

다른 모든 상품의 경우와 마찬가지로, 인간에 대한 수요는 인간의 생산을 필연적으로 규제한다. 공급이 수요보다도 훨씬 크면, 노동자의 일부는 거지 신세, 또는 굶어죽게 된다. 요컨대 노동자의 생존은, 다른 모든 상품의 존재와 마찬가지 조건 아래까지 떨어지게 되는 것이다. 노동자는 하나의 상품이 되었으며, 노동자 스스로를 팔 수 있으면 그것은 노동자에게 있어 행운이다. 더욱이 노동자의 생명을 좌우하는 수요는 부자나 자본가의 자의[恣意 : 제멋대로 하는 생각]에 달려 있다.

공급의 양이 수요를 웃돌면, 이윤, 지대, 노동임금이 가격 이하로 지불된다. 따라서 이들 지불의 사용되지 않게 되고, 그에 따라 시장가격은 자연가격이라고 하는 중심점으로 접근하게 된다. 그러나 첫째로 대규모적인 분업이 이루어지고 있는 곳에서는 노동자가 스스로의 노동을 다른 방향으로 돌리기란 매우 어렵고, 둘째로 자본가에 대해 종속적인 관계에 있기 때문에 가장 먼저 불이익을 당하는 것은 노동자이다.

따라서 시장가격이 자연가격으로 접근할 때 가장 많은 것을 무조건 잃는 것은 노동자이다. 그리고 자신의 자본을 다른 부문으로 돌리는 자본가의 능력이야말로, 일정한 노동 부문에 묶여 있는 노동자를 실업시키든가, 이 자본가의 어떤 요구에도 따르지 않을 수 없게 한다.

시장가격의 우연적이고 돌발적인 변동은 지대보다는 오히려 이윤과 노임으로 해소되는 가격 부분과 더 관련되지만, 이윤보다는 노동임금에 더 관련된다. 노동임금의 상승이 있으면 대개 노임의 정체와 하락이 나타나게 된다.

노동자는 자본가가 돈을 벌었다고 해서 반드시 돈을 버는 것은 아니지만, 자본가 손해를 보면 노동자는 틀림없이 손해를 본다. 예를 들어, 자본가가 공장 경영상 또는 상업상의 비결에 의해서, 또는 독점이나 유리한 상황에 있는 부동산에 의해서, 시장가격을 자연가격 이상으로 유지했다고 해도 노동자는 아무런 이익을 얻지 못한다.

또, 노동가격은 생활필수품 값보다 훨씬 불변이다. 양자는 종종 대립 관계에 있다. 물가가 비싼 해에 노임은 수요의 감소 때문에 내려가지만, 생활필수품의 값 상승 때문에 올라간다. 이렇게 해서 균형이 잡힌다. 아무튼 상당수의 노동자는 빵을 구하지 못한다. 물가가 싼 해에 노임은 수요의 증가 때문에 올라가지만, 생활필수품의 값 때문에 내려간다. 이렇게 해서 균형이 잡힌다.

노동자의 또 하나의 불리한 점은 다음과 같다.

노동자의 여러 종류의 노동가격은 자본이 근거하고 있는 여러 부문의 이득보다도 훨씬 다양하다. 노동에 있어서는, 개인 활동의 자연적·정신적·사회적인 차이가 드러나며 서로 다른 노임을 받지만, 이에 반해 죽은 자본은 항상 같은 보조를 유지하고 현실적인 개인 활동에는 무관심하다.

일반적으로 주목되어야 할 일은, 노동자와 자본가가 똑같이 손해를 입는다 해도, 노동자의 경우에는 손해를 입는 것은 자기 자신의 생존이지만, 자본가의 경우에는 그의 죽은 화폐가 낳은 이윤에 지나지 않는다는 것이다.

노동자는 자신의 물리적인 생활필수품 때문만이 아니라, 일자리를 얻기 위해서, 즉 [노동이라고 하는] 자신의 활동을 실현할 수 있는 가능성과 수단을 얻기 위해서도 싸우지 않으면 안 된다.

사회의 있을 수 있는 세 가지 주요 상황을 들고, 그 안에서 노동자의 처지를 살펴보기도 하자.

(1)사회의 부(富)가 쇠퇴하면 가장 큰 손해를 입는 것은 노동자이다. 왜냐하면, 부유한 사회 상태에서 노동자 계급은 유산자 계급만큼의 이득을 얻지 못하는 데, 사회가 몰락할 때 노동자만큼 심한 손해를 입는 계급은 없기 때문이다.

(2)그렇다면 부가 증진하고 있는 사회의 경우는 어떤가. 이 상태는 노동자에게 가장 유리한 상태이다. 여기에서 자본가들 사이에서 경쟁이 일어난다. 노동자에 대한 수요가 공급을 웃돈다. 그러나 그것이 '아니다'이다.

우선 먼저, 노임의 상승은 노동자들 사이에서 과로를 일으키게 한다. 노동자들은 많이 벌려고 하면 할수록, 더욱더 자신의 시간을 희생시켜, 모든 자유를 내던지고 탐욕에 봉사하는 노예노동을 하지 않을 수가 없게 된다. 이때 노동자는 스스로의 수명을 단축시키게 된다. 이와 같이 스스로의 수명단축은, 노동자 계급 전체에 대해서는 유리한 상태가 된다. 왜냐하면, 그것에 의해서 항상 새로운 공급이 필요하게 되기 때문이다. 이 계급은 공멸(共滅)하지 않기 위해서는 나 자신의 일부를 항상 희생시키지 않으면 안 된다.

더 나아가, 사회가 그 부를 증진시키고 있는 것은 어떤 때일까? 그것은 그 나라의 자본과 자본이자가 증가할 때이다. 그러나 이것은 다음과 같은 경우에만 가능한데,

a) 많은 노동이 집적되어야 하고—자본이란 집적된 노동이기 때문에—그러므로 노동자가 생산하는 생산물 대부분이 그들의 손에서 빼앗겨, 그 자신의 노동이 더욱더 다른 사람의 소유로서 그에게 대치되고, 그의 생존 수단

과 활동 수단이 더욱더 자본가의 손에 집중됨으로써,

β) 자본의 집적은 분업을 늘리고 분업은 노동자의 수를 늘린다. 반대로, 노동자의 수는 분업을 늘리고 분업은 자본의 집적을 늘린다. 분업이 늘어나도, 자본의 집적이 늘어나도, 노동자는 더욱더 오직 노동에, 그것도 틀에 박히고 매우 일면적인, 기계적인 노동에 의존하게 된다. 이렇게 해서 노동자가 정신적으로나 육체적으로 기계로 전락하고, 인간에서 벗어나 추상적 활동과 하나의 위(胃)가 되는 것과 마찬가지로, 노동자는 또한 더욱 시장가격이나 자본의 투하, 부자들의 변덕에만 의존하게 된다. 마찬가지로, 다만 노동밖에 할 수 없는 인간 계급의 증가에 의해 노동자들의 경쟁은 높아지고, 따라서 노동자의 가격이 하락한다. 노동자의 이와 같은 처지가 정점에 이르는 것은 공장제도에서이다.

γ) 번영하고 있는 사회에서 금리로 생활을 할 수 있는 것은 상당한 부자들뿐이다. 그 이외의 사람들은 모두 자신의 자본으로 무엇인가 장사를 하든가, 그 자본을 상거래에 투자해야 한다. 그렇게 되면, 자본가 사이의 경쟁은 심해지고, 자본 집중이 커져서, 대자본가가 소자본가를 파멸시켜, 이전의 자본가 일부가 노동자 계급으로 전락한다. 그리고 노동자 계급은 이런 그들의 유입으로, 어떤 면에서는 거듭 노임의 하락을 당하고, 또 어떤 면에서는 소수의 대자본가들에게 더욱더 의존하게 된다. 자본가의 수가 줄어듦으로써 노동자를 둘러싼 그들의 경쟁은 이제 거의 없어지고, 노동자의 수가 늘어남으로써, 노동자끼리의 경쟁은 그만큼 심해지고, 부자연스럽고, 폭력적이 된다. 따라서 중간 자본가 일부가 노동자 지위로 전락하는 것과 마찬가지로, 필연적으로 노동자의 지위에 있는 사람들의 일부는 거지 신세나 기아 상태로 전락한다.

그러므로 노동자들에게 가장 유리한 사회 상태에 있어서까지도, 노동자들에 닥치는 필연적인 결과는, 과로와 때 이른 죽음, 기계로 전락, 노동자의 눈앞에서 위협적으로 집적되어 가는 자본의 노예화, 새로운 경쟁, 노동자 일부의 굶주림 또는 거지로의 전락이다.

노동임금의 상승은, 자본가가 품는 것 같은 금전욕을 노동자에게 불러일으키지만, 노동자는 이 금전욕을 자신의 정신과 육체를 희생하지 않고서는 채울 수가 없다. 노동임금의 상승은, 자본의 집적을 전제로 하여 그것을 초래하는 것이다. 따라서 노동 생산물을 노동자에게 더욱더 낯선 것으로 대립한다. 마찬가지로 분업은 노동자를 더욱더 일면적이고 의존적인 것으로 만듦과 동시에 인간 사이의 경쟁뿐 아니라 기계 간의 경쟁까지도 초래한다. 노동자가 기계로 전락되기 때문에 기계가 경쟁자로서 등장한다. 마지막으로 자본의 집적은, 산업의 양을 증가시키고, 따라서 노동자 수를 증가시키는 것과 마찬가지로 이런 집적에 의해 똑같은 산업의 양은 보다 많은 제품을 산출한다. 이는 과잉생산이 되어, 그로 인해 대부분의 노동자들이 실직하거나, 그들의 임금을 비참할 정도로까지 끌어내린다.

이것이 노동자에게 가장 유리한 사회 상태, 다시 말해 부가 증대, 증가하는 상태의 결과인 것이다.

그러나 결국, 부가 증대해 가고 있는 이 상태도 언젠가는 그 정점에 이르지 않을 수가 없게 된다. 그때 노동자는 어떤 상황에 놓이게 될 것인가.

(3) '부(富)가 가능한 마지막 단계에 이른 나라에서는 노임과 자본이자 모두 매우 낮아질 것이다. 직업을 유지하기 위한 노동자 간의 경쟁이 심해지기 때문에, 급료는 현재의 노동자 수를 유지할 수 있을 정도로까지 줄어들 것이며, 국가는 이미 인구가 충분할 정도로 늘어났기 때문에 노동자 수는 늘어나지 않을 것이다.' 〔애덤 스미스 《국부론》 제1편 제9장〕

즉 나머지는 죽어야만 할 것이다.

요컨대, 쇠퇴하고 있는 사회 상태에서는 노동자의 궁핍은 누진적이 되고, 번영하는 상태에서는 복합적 궁핍, 발전이 정점에 이른 상태에서는 정체적 궁핍이 된다.

그런데 애덤 스미스에 의하면, 많은 사람들이 고통을 받고 있는 사회는 행복하지 않으나, 가장 풍요한 사회 상태에도 많은 사람들에게 고통을 초래하며, 경제 활동(일반적으로 사적 이익 사회)은 그 가장 풍요로운 상태를 초래하므로, 사회의 불행이야말로 경제 활동의 목적이 되는 셈이다.

노동자와 자본가 사이의 관계에 대해서 더욱 주목해야 할 일은, 노임의 상승은 노동시간의 양적 감소에 의해서 상쇄되는 것 이상의 것을 자본가에게 가져다 주게 되고, 노임의 상승과 자본이자의 상승은 각기 단리·복리와 같은 작용을 시장가격에 미친다는 것이다.

경제학자의 입장을 끝까지 지키면서, 이 입장에서 노동자들의 이론적·실천적 요구를 비교해 보기로 하자.

본디의 개념으로 말하자면 노동 생산물 전체가 노동자에게 속한다고 경제학자는 우리에게 말한다. 그러나 동시에 그는 우리에게 현실적으로는 생산물의 최소한의 필요불가결한 부분만이 노동자에게 귀속한다고 말한다. 즉 그가 인간으로서가 아니라 노동자로서 살아가는 데에 필요한 부분, 또는 그가 인류를 번식시키는 것이 아니라, 노동자라고 하는 노예 계급을 번식시키는 데에 필요한 부분밖에 되지 않는다고도 말한다.

또 경제학자는 우리에게 모든 것은 노동에 의해서 살 수 있고, 자본은 집적된 노동 바로 그 자체라고 말하지만, 그러나 동시에 노동자는 우리에게 무엇이든지 살 수 있기는커녕 자기 자신과 자기의 인간성을 팔지 않을 수 없다고도 말한다.

아무것도 하지 않는 토지소유자의 지대(地代)가 대개의 경우, 토지 생산물의 3분의 1에 이르고, 일에 열성적인 자본가의 이윤이 금리의 2배가 된다고 하는데, 노동자가 다행히 여느 때보다도 많이 번다고 해도 그 액수는 기껏해야 그의 네 자녀 중 두 명이 굶어죽을 정도밖에 되지 않는다.

경제학자에 의하면, 노동이야말로 인간이 자연 생산물의 가치를 증가시키는 유일한 수단이고, 인간의 활동적인 재산인데도, 동시에 바로 그 경제학에 의하면, 토지소유자와 자본가는, 그들이 다만 토지소유자이자 자본가라는 이유만으로 특권이 주어진 것 같은 무위(無爲)의 신들이고, 모든 점에서 노동자 위에서 군림하고, 노동자에 대해 율법을 정한다.

경제학자에 의하면, 노동이야말로 사물의 유일 불변 가격인데도, 노동가격 만큼 우연적인 것은 아무것도 없고, 더 심하게 변동하는 것은 아무것도 없다.

분업은 노동 생산력을 높이고 사회의 부와 개량을 높이지만, 반면에 노동자를 기계로 전락시키기도 한다. 노동은 자본의 집적을 가져오게 하고, 그와 동시에 사회의 풍요로움을 증대시키는 반면에, 노동은 노동자로 하여금 자본가에 더욱더 의존하게 만들고, 노동자를 더욱더 심한 경쟁에 몰아넣으며, 과잉생산이라고 하는 추방정책에 직면하게 된다. 그리고 이에 이어지는 것은 그것에 상응한 피폐밖에 없다.

경제학자에 의하면, 노동자의 이해는 사회의 이해와 결코 어긋나지 않는데, 사회는 항상 필연적으로 노동자의 이해에 어긋난다.

경제학자들에 의하면, 노동자의 이해가 사회의 이해에 결코 어긋나지 않는 이유는, 우선 첫째로 노임의 상승은 노동시간의 양의 감소나 앞서 말한 그것 이외의 여러 결과에 의해서 상쇄되는 것 이상의 것을 사회에 가져오기 때문이며, 둘째로는 사회에서는 총생산물이 그대로 순생산물이 되며, 사적 개인과 관련해서 볼 때만 순생산물이 의미를 가지기 때문이다.

그러나 여기서 구태여 말을 하자면, 노동 자체는 현재의 조건하에서 뿐만 아니라, 본디 그 목표가 단순한 부의 증대에 있는 한에서도 유해하기도 하고 파멸적인 것이기도 하다는 것은, 경제학자 자신은 알아차리지 못하고 있으나, 그들의 일련의 설명으로부터 귀결되는 일들이다.

이론상으로 지대와 자본의 이윤은 노동임금이 감수하는 공제분이다. 그러나 실제로 노임은 토지와 자본이 노동자에게 돌아가도록 한 공제분이며, 노동 생산물로부터 노동자와 노동에 양보하는 부분이다.

사회 상태가 쇠퇴해 가고 있을 때, 가장 심한 고통을 받는 것은 노동자이다. 노동자는 노동자라는 자신의 지위 때문에 특별한 고통을 받는다고 생각하지만, 그러나 사회의 정세 때문으로도 압박을 받는다.

사회 상태가 번영으로 가고 있을 때, 노동자의 몰락과 빈곤화는, 그의 노동과 그에 의해서 생산되는 부의 산물이다. 따라서 〔노동자의〕 빈곤은 현대의 노동 그 자체의 본질에서 생기는 것이다.

가장 풍요로운 사회 상태, 즉 하나의 이상이기는 하지만 가장 가깝게 실현되고 있으며, 적어도 경제학과 부르주아 사회의 목적인 가장 부유한 상태는 노동자에게는 빈곤이 현상을 유지하는 상태밖에 되지 않는다.

이것은 널리 알려진 일이지만, 경제학은 프롤레타리아를, 자본도 지대도 가지지 않고 오직 노동만을, 더욱이 일면적이고 추상적인 노동만을 의지해서 생활하는 사람을, 다만 노동하는 사람으로밖에 보지 않는다. 그러기 때문에 경제학은 노동자는 노동을 할 수 있으려면 각각의 말과 마찬가지로 그만한 것을 벌지 않으면 안 된다는 명제를 세울 수가 있는 것이다. 경제학은 노동을 하고 있지 않을 때의 노동자를 인간으로서 여기는 것이 아니라, 오히려 이 고찰을 형사재판·의사·종교·통계표·정치·거지 단속관 등에 일임해 버린다.

이제 우리는 경제학의 수준을 뛰어넘어, 경제학자의 언어로 이제까지의 했던 설명에 입각해서 다음 두 가지 문제에 대해서 대답해 보기로 하자.

(1)이와 같이 인류의 대부분이 추상적인 노동으로 전락된다는 것은 인류의 발전에 어떤 의미를 갖는가?

(2)나무를 보고 숲을 보지 못하는 것 같은 개혁자들, 즉 노동임금을 상승시키고 그에 의해서 노동자 계급의 상태를 개선하든가, 그렇지 않으면 (프루동처럼) 노임의 평등을 사회개혁의 목표로 하는 개혁자들은 어떤 잘못을 저지르고 있는가?

경제학에서 노동은 생업활동이라는 형태로밖에 나타나지 않는다.

'특수한 재능이나 장기간의 숙련 기간을 필요로 하는 직업은 대체적으로 수입이 좋아졌지만, 이에 비해 누구나가 쉽게 훈련될 수 있는, 기계적이고 단순한 작업에 상응하는 임금은 경쟁으로 인해 낮아졌으며, 또 필연적으로 떨어지지 않을 수가 없었다고 말할 수 있다. 그리고 노동조직의 현 상황에서 지금도 압도적으로 다수를 차지하고 있는 것은, 바로 후자와 같은 종류의 노동이다. 그래서 전자의 범주에 속하는 노동자가 지금은, 예를 들어 50년 전의 7배를 벌고, 후자의 범주에 속하는 노동자가 전과 같은 액수를 번다고 하면 양자가 평균해서 4배를 버는 것은 확실하다. 그러나 어떤 나라에서 전자의 범주에 속하는 노동을 불과 1000명이 이를 차지하고, 후자 범주의 노동이 100만 명에 의해 점유되어 있다고 하면, 99만 9000명의 생활은 50년 전보다 더 좋아졌다고 할 수 없고, 만일 생활필수품의 값이 그에 따라 올랐다면 오히려 더 나빠진 것이다. 그런데도 사람들은, 그와 같은 피상적인 평균 계산 때문에 사람들은 인구의 최대 다수를 차지하고 있는 계급에 대해서 착각하고 있는 것이다. 노동자 임금 액수는, 노동자 소득을 평가하기 위한 하나의 계기에 지나지 않는다. 왜냐하면, 노동자 소득의 산정을 위해서는, 이 소득의 보장된 지속성이 여전히 본질적인 계기로서 계산에 넣기 때문이다. 하기야, 동요와 정체를 되풀이하는 이른바 자유경쟁의 무정부 상태에서는 그런 지속성은 전혀 문제가 되지 않는다.

마지막으로 [노동자 소득의 평가를 위해서는] 과거와 오늘날의 통상적인 노동시간에 주목해야 한다. 이러한 노동시간은 면직공장에서 일하는 영국 노동자들에게는 약 25년 이래, 즉 노동을 덜어주는 기계가 도입된 이래, 노동시간은 기업가의 영리 추구로 인해 하루 12~16시간으로 연장되어 왔다. 그리고 한 나라의 한 산업 부문에서 발생한 노동시간의 증가는 부자가 가난한 사람을 무조건 착취할 권리가 아직도 어디서든지 인정되고 있는 이상, 다소를 막론하고 다른 곳에도 미치지 않을 수가 없었다.' (슐츠 《생산의 운동》*7, p.65)

'그러나 사회의 모든 계급의 평균소득이 늘어났다고 하는 것은 잘못이지만, 그러나 그것이 정말이라고 해도, 그래도 또한 소득의 차이와 상대적인 소득격차가 커져서, 그에 따라 부와 빈곤의 대립이 격화되는 일은 있을 수가 있다. 왜냐하면, 총생산이 높아지기 때문인데, 총생산이 높아짐에 따라 욕구나 욕망이나 요구도 높아지고, 따라서 절대적인 빈곤이 줄어든 반면, 상대적인 빈곤이 늘어나는 일이 있을 수 있기 때문이다. 사모예드족의 닫힌 사회에서는 누구나가 같은 욕구를 가지고 있기 때문에 그들은 생선 기름과 썩은 고기로도 가난하지가 않다. 그러나 예를 들어, 10년 동안에 사회와의 관계에 있어서 그 총생산이 3분의 1정도 증가한 선진국에서는, 10년 전이나 10년 후나 똑같은 만큼을 벌어들이는 노동자는 같은 정도로 살고 있는 것이 아니라 오히려 3분의 1만큼 가난해지고 있는 것이다.' (앞의 책, p.65~66)

그러나 경제학은 노동자를 노동하는 동물, 즉 전적으로 육체적인 욕구로 환원되는 동물로만 알고 있다.

'어떤 국민이 정신적으로 자유롭게 자신을 신장시켜 가기 위해서는 육체적인 여러 욕구에 예속되어 있어서는 안 되고, 더는 육체의 노예여서는 안 된다. 국민에게는 무엇보다 정신적으로 창조하고 정신적으로 누릴 수 있을 만한 시간적 여유가 있어야만 한다. 노동조직이 진보하면, 이런 시간적 여유를 가질 수가 있게 된다. 오늘날 새로운 동력과 개량된 기계장치 덕택으로 면직공장에서 일하는 한 노동자가 이전 노동자의 100명분, 아니 250명에서 350명의 일까지도 처리하고 있는 예도 적지 않기 때문이다. 외적인 자연력이 인간의 노동에 더욱더 도입되지 않을 수 없게 되었기 때문에, 이것과 비슷한 결과는 어느 생산 부문에서나 볼 수가 있다. 그런데 이전에 일정량의 물질적 욕구를 채우는 데에 필요했던 시간과 인간의 힘의 소모가 그 후 반으로 줄어들었다면, 감각적인 만족의 손실 없이도 정신적인 창조와 향유를 위한 활동의 여지가 동시에 그만큼 넓어지게 된다. ……그러나 〔시간의 신인〕 늙은 크로노스(Kronos)의 가장 고유한 영토에서 빼앗은 전리품의 분배를 정하는 것도 여전히 맹목적이고 불공정한 우연이 지배하는 주사위 게임이다. 프랑스에서 한 계산에 의하면, 현재의 생산 단계에서 사회의 모든 물질적인 관심을 충족시키기 위해서는 노동을 할 수 있는 사람 1인당 하루 5시간의 평균 노동시간이면 충분하다고 계산했다. ……그러나 기계 장치의 개선에 의한 시간의 절약에도 불구하고 많은 주민이 공장에서 노예 노동의 지속시간은 늘어날 뿐이었다.' (앞의 책, p.67~68)

'손을 사용하는 복잡한 노동으로부터 해방되기 위해서는, 그것을 단순한 몇 가지 조작으로 분해하는 것을 전제로 한다. 그러나 현재로 보아서는, 기계에 맡길 수 있는 것은 우선 단순히 반복되는 조작의 일부뿐이고, 다른 부분은 인간에게 귀속될 것이다. 이와 같은 어디까지나 단순한 활동은, 사태의 본성상, 누구나 일치된 경험에 따르면 정신적으로나 육체적으로 해롭다. 이렇게 해서 수많은 사람의 손에서 단순한 분업과 기계 장치가 결합되면 결국 후자의 폐해가 더더욱 나타나지 않을 수가 없게 된다. 이들 폐해는 특히 공장 노동자의 사망 건수가 다른 부문에 비해 높다는 데에 나타나 있다. ……인간이 어느 정도 기계를 매개로 해서 노동하는가, 또는 인간이 어느 정도 기계로서 일하는가 하는 큰 차이는 ……이제까지 고려되지 않았다.' (앞의 책, p.69)

'그러나 국민 생활의 장래에 있어, 기계에서 일하는 몰지성적(沒知性的)인 자연력이 우리의 노예가 되고 농노가 될 것이다.' (앞의 책, p.74)

'영국의 방적공장에서 일하고 있는 남성은 불과 15만 8818명에 지나지 않고, 19만 6818명은 여성이다. 랭커셔 주의 면직공장에서는 100명의 남성 노동자에 103명이 여성 노동자이며, 스코틀랜드에서는 그 수는 209명이나 된다. 영국의 리즈의 아마공장에서는 남성 노동자 100명당 여성 노동자는 147명이고, 드루덴과 스코틀랜드 동해안에서는 280명이나 된다. 영국의 견직물 공장에도 많은 여성 노동자가 있다. 상당한 중노동을 필요로 하는 모직물 공장에서는 남성 노동자 쪽이 많다. 북아메리카의 면직공장에서도 1833년에는 1만 8593명의 남성 노동자와 함께 3만 8927명 이상의 여성 노동자가 일하고 있었다. 이렇게 해서, 노동 조직의 여러 변화에 따라 여성이 일자리를 구하는 범위는 넓어졌다. ……여성들은 이전보다도 경제적으로 자립된 지위〔를 얻어〕, ……남성과 여성은 사회적 관계의 면에서 서로 접근하게 되었다.' (앞의 책, p.71~72)

'증기와 물을 동력으로 하는 영국의 방적공장에서 일을 하고 있던 어린이의 수는 1835년에는 8세~12세까지가 2만 558명, 12세~13세까지가 3만 5867명, 13세~18세까지가 10만 8208명이었다. ……확실히 기계화가 진행되면 모든 단조로운 일은 차츰 인간의 손을 떠나기 때문에, 그에 따라 이런 폐해는 조금씩 시정되어 갈 것이다. 그러나 기계화의 이런 급속한 진보를 방해하고 있는 것은, 자본가들이, 어린이에 이르기까지의 하층 계급의 노동력을 매우 간단하고 값싸게 손에 넣을 수가 있기 때문에, 기계화라고 하는 보조 수단에 의지하지 않고 노동력을 사용하고 악용하고 있는 사정 바로 그것 때문이다.' (앞의 책, p.70~71)

'부룸 경의 "자본가가 되라"라고 하는 노동자들에 대한 호소〔현재로 보아 통렬한 비웃음으로 들릴지도 모른다〕. 〔왜냐하면〕 해악은 바로 수백만의 사람들이 체력을 혹사하고, 건강을 해치고, 도덕도 정신도 불구로 만드는 긴장된 노동을 통해서만 인색한 생계를 꾸려 나갈 수 있다는 것과, 더욱이 그런 일자리를 찾았다고 하는 불행까지도 행운이라고 생각하지 않을 수 없다는 바로 그 점에 〔있기 때문이다〕.' (앞의 책, p.60)

'따라서 재산을 가지지 않는 사람이 살아가기 위해서는 직접 혹은 간접

적이든 자산을 가진 사람들에 대한 봉사, 즉 그들에 종속될 수밖에 없다.'
(페쾨르 《사회·정치경제학의 새 이론》, p.409) *8

'고용인—급료, 노동자—임금, 사무직 근로자—봉급 또는 급여.' (앞의
책, p.409~410)

'자기의 노동을 빌려 주다' '자기의 노동을 이자를 받고 빌려 주다' '다른
사람 대신 노동하다' '노동의 재료를 빌려 주다' '노동의 재료를 이자를 받
고 빌려 주다' '자기 대신 다른 사람에게 노동을 시키다'. (앞의 책, p.411)

'이런 경제제도는 사람들에게 매우 천한 직업을 강요하고, 매우 비참하
고 가혹한 타락에 빠지게 하므로, 이에 비해 미개 상태 쪽이 왕이라도 된
듯이 훌륭한 상태로 여겨질 정도이다.' (앞의 책, p.417~418)
'온갖 형태의 무산자들의 매춘.' (앞의 책, p.421 이하) 넝마주이.

'루동*9이 그 저서 《인구문제와 생활문제의 해결》(1842년, 파리)에서 말
한 바에 의하면, 영국의 매춘부 수는 6만~7만 명에 이른다. 정조가 의심
되는 여성 수도 그 정도일 것이라고 한다.' (p.228)

'길에서 서성대는 이 불행한 여자들의 평균수명은, 악의 길로 빠진 후 6
년에서 7년 정도이다. 6만 명에서 7만 명이라고 하는 매춘부의 수를 유지
하려면 〔영국의〕 세 왕국에서 해마다 이 혐오스러운 직업에 몸을 바치는
여성이 적어도 8000명에서 9000명은 있어야 할 것인데, 이를 위해서는 매
일 약 24명, 매 시간 평균 한 명의 희생자가 필요하다. 따라서 지구의 어
디에서나 같은 비율이 적용된다면, 이런 불행한 여자들이 항상 150만 명
이 존재한다는 이야기가 된다.' (앞의 책, p.229)

'가난한 사람들의 인구는 그들의 빈곤과 함께 증가하며, 수많은 사람들
이 궁핍의 극한에서 고생할 권리를 위하여 서로 경쟁한다. ……1821년에
아일랜드의 인구는 680만 1827명이었다. 그것이 1831년에는 776만 4010

명이 되었다. 이는 10년 동안 14퍼센트가 증가한 것이다. 가장 생활이 넉넉한 지방인 렌스터 주에서는 인구가 8퍼센트 늘어났지만, 반면에 가장 가난한 코노트 주에서는 21퍼센트 증가하였다(잉글랜드에서 간행된 아일랜드에 관한 공식조사보고의 발췌. 빈, 1840년).' (뷔레《영국과 프랑스에서의 노동자 계급의 빈곤에 대해서》*10 제1권, p.36~37)

경제학은 노동을 추상적으로 하나의 사물로 여긴다. 노동은 하나의 상품이다. 즉 가격이 높으면, 상품은 많은 상품이 필요하다. 가격이 낮으면 상품이 많이 공급된다. 상품으로서 노동가격은 차츰 내려가지 않을 수 없다. 어떤 경우에는 자본가와 노동자 사이의 경쟁으로, 또 어떤 경우에는 노동자들 사이의 경쟁에 의해서 그렇게 되지 않을 수가 없는 것이다.

'……노동인구, 노동을 파는 이 상인들은, 그가 만드는 생산물의 매우 적은 몫에 만족하도록 강요된다. ……상품으로서 노동에 관한 이론은, 은폐된 노예제도 이론이 아니고 무엇이랴.' (앞의 책, p.43)

'그러면 사람들이 노동에서 교환가치만 본 까닭은 무엇이겠는가?' (앞의 책, p.44)

'큰 작업장에서 특히 여성이나 어린이의 노동을 즐겨 구매하는데, 그쪽이 남성 노동보다도 비용이 적게 들기 때문이다.' (앞의 책)

'노동자는 그들을 고용하는 자와는 반대로 자유로운 판매자의 처지에 있지 않다. ……자본가가 그 노동을 고용하느냐, 안 하느냐의 여부는 항상 자유지만, 노동자는 항상 노동을 판매하도록 강요받는다. 노동이 그때마다 판매되지 않으면 그 가치는 완전히 상실되고 만다. 노동은 현실적인 '상품'과 달라서 저장할 수도 없고 절약할 수도 없다. 노동, 그것은 생명이다. 이 생명은 매일 자신을 음식과 교환하지 않으면 손상을 받아 이윽고 죽고 만다. 따라서 인간의 생명이 하나의 상품이기 위해서는 노예제를 허용해야 한다.' (앞의 책, p.49~50)

'따라서 노동이 상품이라고 한다면, 그것은 가장 불행한 특성을 가진 상품이다. 그러나 경제학의 여러 원칙에 따른다 해도 노동은 상품이 아니다. 왜냐하면, 그것은 자유로운 상거래의 자유로운 결과가 아니기 때문이다.' (앞의 책, p.50)

'현재의 경제제도는 노동가격과 보수를 동시에 하락시킨다. 그것은 노동자를 완전히 노동자로 만들지만, 인간을 하락시킨다.' (앞의 책, p.52~53)
'산업은 하나의 전쟁이 되고, 상업은 하나의 도박이 되었다.' (앞의 책, p.62)
'(영국에서) 면화가공 기계만으로 노동자 8400만 명분의 일을 하고 있다.' (앞의 책, p.193)

이제까지 산업은 침략전쟁 상태에 있었다.

'산업은 자신의 군대를 구성하고 있는 인간의 생명을 위대한 정복자와 마찬가지로 아무렇지도 않게 낭비해 왔다. 산업의 목표는 부(富)의 소유이지 인간의 행복은 아니었다.' (앞의 책, p.20)
'이들의 이해(즉, 경제적 이해)'는 '자유롭게 방임된다면, ……필연적으로 서로 대립하지 않을 수 없다. 이들 이해는 전쟁 이외의 조정자를 전혀 가지지 않으며, 전쟁의 결정은 한 쪽에 승리를, 다른 한 쪽에는 패배와 죽음을 가져온다. 이런 서로 적대시하는 대립 속에서 〔경제학이라고 하는〕 학문은 질서와 균형을 추구한다. 학문의 견해에 따르면, 끊임없는 전쟁이야말로 평화를 얻는 단 하나의 수단이다. 이런 전쟁은 경쟁이라고 불린다.' (앞의 책, p.23)

'산업 전쟁이 성공적으로 수행되기 위해서는, 한 군데에 집결시킬 수도 있고, 큰 손상을 입힐 수 있는 많은 군대가 필요하다. 그리고 이 군대의 병사들이 자신에게 부과되는 가혹한 사명에 견디는 것은 충성심이나 의무 때문이 아니라, 기아라고 하는 냉혹한 필연성을 벗어나기 위한 것에 지나지 않는다. 그들은 자기들의 대장에 애착을 가지지도 않고 감사의 마음도 없다. 대장의 입장에서도 부하들과 좋은 감정으로 맺어져 있지 않다. 대장은 부하를 인간으로 생각하지 않고, 될 수 있는 대로 많은 이익을 내고 될 수 있는 대로 비용이 적게 드는 생산 도구로 여길 뿐이다. 이러한 노동자라고 하는 종족은 더욱더 압박을 받으면서도 언제라도 일을 할 수 있다는 안심감도 가질 수 없게 된다. 노동자들을 소집한 산업이 그들을 살려두는 것은 그들이 필요할 때뿐이다. 그리고 그들이 없어도 해 나갈 수 있게 되면 조금도 주저하지 않고 버리고 만다. 그래서 노동자들은 자신의 인격이나 힘을 상대방이 원하는 대로의 가격으로 제공하지 않을 수 없게 된다. 노동자에게 할당되는 노동이 길고 괴롭고 불쾌한 것일수록 지불되는 보수는 적어진다. 끊임없는 긴장 속에서 하루 16시간 일을 하여, 간신히 죽지 않는 권리를 사는 노동자도 있는 것이다.' (앞의 책, p.68~69)

'수직(手織) 노동자의 상태에 관한 조사위원들이 공유하고 있는 확신을 우리도 품고 있다. 그 확신이란, 대산업 도시는 건강한 인간의 피를 그때마다 근처의 농촌에서 보충하지 않으면 곧 그 노동 인구를 잃게 될 것이라는 점이다.' (앞의 책, p.362)

제2장
자본의 이윤

제1절 자본

(1)자본, 즉 타인의 노동 생산물에 대한 사유재산은 무엇에 근거하는가?

 '자본 그 자체는 결국, 절도나 횡령(마르크스의 추가, 원문에는 없다)으로 귀착되는 것은 아니라 할지라도, 그래도 또한 상속재산을 정당화하기 위해서는 입법의 협력이 필요하다.' (세《경제학 개론》제1권, p.136) [*11]

 '사람들은 어떻게 해서 생산자금의 소유자가 되는가. 어떻게 해서 이 자금에 의해 만들어지는 생산물의 소유자가 되는가. 실정법(實定法)에 의해서이다.' (앞의 책 제2권, p.4)

 사람들은 자본에 의해서, 예를 들어 거대자산의 상속에 의해서 얻어지는 것은 무엇인가?

 '이를테면, 거대자산을 상속한 사람이, 그렇다고 해서 이것을 통해 정치적인 힘을 얻는 것이 아니라는 것은 분명하다. 이 소유가 그에게 직접 위임하는 종류의 힘이란 '구매하는 힘'으로, 타인의 모든 노동에 대한, 또는 그때 시장에 존재하고 있는 타인의 노동 생산물 모두에 대한 명령권이다.' (애덤 스미스《국부론》제1편, p.61) [*12]

 따라서 자본은 노동과 그 생산물에 대한 지배권이다. 자본가가 이 권력을 갖는 것은 그의 개인적 또는 인간적 특성 때문이 아니라, 그가 자본의 소유자이기 때문이다. 그의 자본이 휘두르는 구매하는 권력, 그 무엇도 저항할 수 없는 이 권력이야말로 그의 권력인 것이다.

우리는 후에, 자본가가 자본에 의해 노동에 대한 자신의 지배권을 어떻게 행사하게 되는가를 우선 보게 될 것이지만, 그 다음에는 이 자본이 자본에 휘두르는 지배권도 보게 될 것이다.

자본이란 무엇인가?

'어느 일정량의 집적, 축적된 노동이다.' (스미스, 앞의 책 제2편, p.312)

자본이란 축적된 노동인 것이다.

⑵농업 생산물이든 공업 생산물이든, 이들이 축적되면 모두 자금이 되고 밑천이 된다. 밑천이 자금이라고 불리는 것은 그 소유자에게 수익이나 이윤을 가져오는 경우뿐이다. (앞의 책 제2편, p.191)

제2절 자본이윤

자본의 이익 또는 이윤은 노동임금과는 전혀 다르다. 이 차이는 두 가지 점에 나타난다. 우선 첫째로, 감독이나 관리와 같은 노동은 자본이 달라도 같을 수가 있는데, 자본이윤 쪽은 전적으로 사용되는 자본가치에 따른다. 다음으로, 큰 공장에서는 그런 노동의 모두가 한 사람의 현장 책임자에 맡겨지지만, 그의 급여는, 그가 그 성과를 관리하고 있는 자본과 아무런 비례관계도 없다. 그런데 공장소유자의 노동은 이 경우 아무것도 없는데도 그는 자신의 자본에 비례한 이윤을 요구한다. (앞의 책 제1편, p.97~99)

왜 자본가는 이윤과 자본 사이의 이런 비율을 요구하는가?

노임으로 미리 지불된 자금을 보충하기 위해 필요한 이상의 것을 노동자의 제품 판매에서 기대할 수 없다면, 자본가는 노동자를 고용하는 데에 그어떤 관심도 가지지 않을 것이고, 또 그의 이익이 소요되는 자금의 액수에비례하지 않으면, 소액의 자금이 아니라 고액의 자금을 지출하는 데에 아무런 관심도 가지지 않을 것이다. (앞의 책 제1편, p.97)

이렇게 해서 자본가는 첫째 급료를 기초로, 둘째 돈을 미리 지불한 원료에의해서 이윤을 이끌어 내는 것이다.

그렇다면 이윤은 자본과 어떤 관계에 있는가?

특정한 장소와 시기에 있어서의 노임의 평균적인 액수를 결정하는 것도어려운데, 자본이윤을 규정하는 것은 더 어렵다. 자본가가 거래하는 상품의가격변동, 자본가의 경쟁 상대나 거래처의 행운과 불운, 상품이 창고에서 또는 수송 중에 노출 되는 그 밖의 무수한 우연이, 매일매일 거의 매 시간마다이익을 변동시킨다. (앞의 책 제1편, p.179~180) 그러나 자본의 이익을 정확하게 규정하는 것은 불가능하다 하더라도, 화폐이자에 입각해서 그런 이윤에 대해서 어느 정도 상상을 할 수가 있다. 화폐에 의해서 많은 이윤을 얻을 수 있으면, 화폐를 사용하는 능력에는 많은 보답이 주어지고, 화폐를 매개로 하여 사소한 이윤밖에 얻을 수 없다면 사소한 것밖에 주어지지 않는다. (앞의 책 제1편, p.180~181) 통상적인 이자율이 순이득률에 대하여 유지되어야 할 비율은 이득의 상승과 하락에 따라 필연적으로 변동한다. 그레이트 브리튼에서는 상인들이 공정하고, 적당하고, 합리적인 이윤이라고 하는 것은 이자의 두 배로 사정하는데, 이 담백한 표현은 통상적이고 관례적인 이윤이외의 다른 것을 말하는 것이 아니다. (앞의 책 제1편, p.198)

이윤의 최저액은 어느 정도인가. 그 최고액은 어느 정도인가?

자본의 통상이윤의 최저액은, 자본의 사용이 반드시 겪게 되는 우연의 손실을 보충하는 데에 필요한 액수보다도 항상 조금 많아야 한다. 이 잉여가바로 이윤 내지는 순익이다. 이자율의 최저액에 대해서도 사정은 같다. (앞

의 책 제1편, p.196)

통상이윤이 이룩할 수 있는 최고액이란, 대다수의 상품[값]에 포함되어 있는 지대(地代)가 되어야 할 부분의 모든 것을 상쇄할 만한 액수이고, 공급된 상품에 포함되는 노임을 최저가격까지, 즉 노동자가 노동을 하고 있는 동안 먹여 살릴 수 있는 생활비까지 바짝 줄일 수 있는 액수이다. 노동자는 그가 일을 위해 매일 사용되고 있는 한, 그는 어떠한 방식으로든 부양되어야 한다. 지대는 완전히 폐기될 수가 있다. 그 실례는 벵골의 동인도 회사의 고용인들이다. (앞의 책 제1편, p.197~198)

자본가는 이 경우 적은 경쟁에 따른 갖가지 이점을 이용할 수 있을 뿐만 아니라, 어떤 성실한 방법으로 시장가격을 자연가격 이상으로 유지할 수가 있다.

그 방법이란, 우선 첫째로 시장이 여기에 참가하는 사람들로부터 멀리 떨어져 있을 경우에는, 상거래상의 비밀에 의해서, 즉 값이 변동하여 평상 수준 이상으로 상승하고 있는 것을 비밀로 해 두는 것에 의해서이다. 요컨대 이 비밀 유지에 의해서, 다른 자본가들이 그들의 자본을 그 부문에 투자하지 못하도록 해 둘 수가 있는 것이다.

다음은 공장에 관련된 비밀에 의해서이다. 자본가가 그의 라이벌들보다도 낮게 유지하여 자기 상품을 그들과 같거나, 또는 낮은 가격으로 공급하여 보다 많은 이익을 얻는 경우가 그것이다. ―(비밀 유지에 의한 사기는 부도덕한 일이 아닌가. 주식거래)―또, (예를 들어, 값비싼 포도주처럼) 그 생산이 어떤 특정 지역에 한정되어 있고 유효수요가 결코 충족되지 못할 경우, 그리고 마지막으로 개인이나 회사에 의한 독점을 통해서, 독점가격이란 획득할 수 있는 최고의 가격이다. (앞의 책 제1편, p.120~124)

자본의 이익을 높일 수 있는 그 이외의 우연적인 원인으로는 다음과 같은 것이 있다.

새로운 영토나 새로운 상업 부문의 획득은, 비록 풍요로운 국가에 있어서도, 자본이윤을 가끔 증가시킬 수가 있다. 왜냐하면, 그런 획득에 의해서, 낡은 상업 부문으로부터 자본의 일부를 철수되고 경쟁이 적어지고 시장에 공급되는 상품이 줄어들게 되는데 그렇게 되면 그 상품값이 상승하기 때문이다. 그리하여 그 상품을 매매하고 있는 사람은, 이전보다도 높은 이자를 지불해서라도 차입금을 갚을 수 있게 된다. (앞의 책 제1편, p.190)

어떤 상품이 가공되어, 제조업의 대상이 되면 될수록, 노임과 이익이 되는 가격 부분이 지대가 되는 부분에 비해서 커진다. 이 상품을 대상으로 하는 수공업이 발달함에 따라 이윤의 액수가 늘어날 뿐만 아니라, 후속되는 이윤은 그에 앞선 이윤보다도 항상 커진다. 왜냐하면, 그 이윤을 낳는 자본이 필연적으로 더욱더 커지기 때문이다. 예를 들어, 아마포공(亞麻布工)을 고용하는 자본 쪽이 방적공(紡績工)을 부리는 자본보다도 필연적으로 항상 큰 것은, 전자의 자본은 후자의 자본을 그 이윤도 포함해서 회수할 뿐만 아니라, 더 나아가서 아마포공의 급료까지도 지불하기 때문이다—그리고 이윤은 자본과 일종의 비례 관계인 것은 필연적이다. (앞의 책 제1편, p.102~103)

따라서 자연 생산물이나 가공된 자연 생산물을 다루는 인간의 노동이 진보했다고 해서 노임이 늘어나는 것이 아니고, 오히려 어떤 면에서는 이윤을 낳는 자본들의 숫자가 늘어나고, 또 어떤 면에서는 앞선 자본에 대한 모든 후속하는 자본들의 이득을 증가시킨다.

자본가가 분업에서 끌어내는 이윤에 대해서는 후에 말하기로 한다.

자본가는 이중으로 이윤을 얻는다. 우선 첫째는 분업에 의해서, 둘째는 일반적으로 자연 생산물을 다루는 인간의 노동이 수행한 진보를 통해서이다. 상품에 대한 인간의 관여가 커지면 커질수록 죽은 자본의 이윤도 그만큼 커진다.

똑같은 사회에서는, 자본이윤의 평균액은, 여러 종류의 노동임금보다도 동일한 수준에 가깝다[차이가 적다]. (앞의 책 제1편, p.228) 자본을 여러 가지로 사용할 경우, 그 이윤의 통상적인 액수는 자본 회수가 확실한가 그렇지 않은가에 따라 변동한다. 이윤액은 완전한 비례관계는 아니지만 그런 리스크와 함께 높아진다. (앞의 책 제1편, p.226~227)

자본이윤이 (예를 들어 지폐 등에 의한) 유통 수단의 간편화나 그 비용의 경감에 의해서도 상승한다는 것은 분명한 일이다.

제3절 노동에 대한 자본의 지배와 자본가의 동기

어떤 자본의 소유자가 그 자본을 농업에 사용하느냐, 제조업에 사용하느냐, 또는 도매업이나, 소매업의 특수한 부문에 사용하느냐를 결정하는 단 하나의 동기는 그 자신의 고유한 이윤이라는 관점이다. 이런 여러 가지 사용법이 각기 어느 정도의 생산적인 노동을 활동하게 되는가, 또는 그 나라의 해마다 토지 생산물과 노동 생산물에 어느 정도의 가치를 첨가하게 되는가를 산정하는 일은 그에게 전혀 고려되지 않는다. (앞의 책 제2편, p.400~401)

자본가에게 있어 자본의 가장 효과적인 사용이란, 항상 똑같은 확실성으로 최대의 이익을 거기에서 낼 수 있도록 사용하는 일이다. 이런 사용은 사회에 대해서 반드시 가장 효과적인 이것이라고는 할 수 없다. 가장 효과적인 사용은 생산적인 자연력으로부터 이익을 꺼낼 수 있는 데에 사용하는 일이다. (세《경제학 개론》제2권, p.131)

노동의 가장 중요한 운영은, 자본을 사용하는 사람들의 계획과 생각에 따라 규제되고 관리된다. 그리고 그들이 이들 계획이나 운용에 있어 항상 목표로 설정하는 것은 이윤이다. 따라서 이윤 액수는 지대나 노임의 경우처럼 사회의 번영과 함께 상승하는 것도 아니고, 사회의 쇠퇴에 따라 하락하는 것도 아니다. 오히려 이 액수는 자연히 풍요한 나라에서는 낮고, 가난한 나라에서는 높다. 그리고 가장 급속히 붕괴되어 가고 있는 나라에서보다 더 높은 경우는 없다. 따라서 [자본이윤으로 생활하는] 이런 계급의 이해는, 다른 두 개의 계급 [각기 지대와 노임으로 생활하는 계급]에서 그러하듯이 사회의 일반적인 이해와 결부되어 있지 않다. ……어떤 특수한 상업 부문이나 제조 부문을 경영하는 사람들의 특수한 이해는, 어떤 점에서는 공중의 이해와는 다르고, 오히려 그것과 적대적으로 대립하고 있기도 한다. 상인의 관심은 항상 시장을 확대하고, 판매자의 경쟁을 제한하는 데에 있다. ……자신들의 이해가 사회의 이해와 결코 완전히 일치하지 않는 사람들로 이루어진 계급으로, 일반적으로 공중을 기만하고, 공중에게 과중한 부담을 지우는 데에 관심을 갖는 사람들로 이루어진 계급이다. (애덤 스미스《국부론》제1편, p.163, 165)

제4절 자본의 축적과 자본가 사이의 경쟁

자본의 증가는 노임을 높이지만 자본가 간의 경쟁에 의해서 자본이윤을 감소시키는 경향이 있다. (앞의 책 제1편, p.179)

'예를 들어, 어떤 도시의 잡화 판매업에 필요한 자본이 두 사람의 각기 다른 잡화상으로 분할할 경우에 경쟁이 일어나게 되므로, 경쟁은 자본이 한 사람의 손에 쥐어져 있는 경우보다도 두사람에게 싸게 팔도록 만들 것이다. 또, 자본이 20명에게 분할되어 있으면, 경쟁은 그만큼 치열해질 것이고, 잡화상들이 단합해서 상품값을 끌어올릴 가능성은 그만큼 적어질 것이다.' (앞의 책 제2편, p.372~373)

그런데 우리는, 독점가격이야말로 우리가 생각할 수 있는 가장 높은 값이라는 것을 이미 알고 있으므로, 그리고 보통의 경제학적인 관점으로 보아도, 자본가 자신의 이해는 사회와 적대적으로 대립하고, 자본이윤의 상승은 상품값에 대해서 복리처럼 영향을 미친다는 것을 알고 있기 때문에(앞의 책 제1편, p.201), 경쟁이야말로 자본가에 대한 유일한 대항 수단이다. 경제학이 하는 말에 의하면, 경쟁은 노임을 높이는 데에나, 상품을 싸게 만드는 데에도 좋은 영향을 주어 소비자 대중에게 유리하게 작용한다.

하지만 경쟁이 가능한 것은, 자본이 증대하고 그것이 많은 사람들의 손 안에 있을 경우뿐이다. 본디 자본은 축적에 의해서만 생기는 것이므로, 많은 자본가의 발생은 다면적인 축적에 의해서만 가능하지만, 다면적인 축적은 필연적으로 일면적인 축적으로 변하고 만다. 각 자본 간의 경쟁은 자본 간의 축적을 증대시킨다. 사적인 소유가 지배하고 있는 곳에서 축적이 이루어지면, 소수자에게로 자본의 집중이 이루진다는 것은, 일반적으로 자본이 자연의 추세에 일임되는 경우에는 필연적으로 귀결되는 일이며, 본디 이런 경향을 가지고 있는 자본은, 경쟁에 의해서 더욱더 자신들의 자유로운 길을 열어가게 된다.

우리는 이미 자본이윤이 자본의 크기에 비례한다는 것은 들어서 알고 있다. 의도적인 경쟁을 전혀 무시한다면, 대자본은 그 크기에 비례해서, 소자본보다도 더 빨리 축적된다.

그렇다고 한다면, 비록 경쟁을 전적으로 무시해도, 대자본의 축적은 소자본의 축적보다도 훨씬 급속히 이루진다는 것이 된다. 우리는 이 과정을 더 추적해 보기로 하자.

자본의 증가에 따라 경쟁 때문에 자본이윤은 감소된다. 따라서 우선 손해를 입는 것은 소자본 쪽이다.

자본이 증가하여 자본의 수가 늘어나기 위해서는 그 나라의 부가 계속 증진하고 있어야 한다는 것이 그 전제가 된다.

'그 부가 매우 높은 단계에 이르고 있는 나라에서는 통상의 이윤액이 매우 작으므로, 이 이윤이 지불할 수 있는 이자율은 너무 낮아서, 가장 부유한 사람들 외에는 금리로 살아갈 수가 없을 것이다. 따라서 중간 정도의 자본을 가지고 있는 사람들은 모두 그 재산을 직접 활용하여 장사를 하든가, 그 어떤 상업 부문에라도 관여해야 한다.' (앞의 책 제1편, p.196~197)

이런 상태야말로 경제학이 좋아하는 상태이다.

'자본 총액과 수입 총액 사이에 성립되는 비율은 어디에서나 부지런함과 게으름 사이의 비율을 규정한다. 자본이 승리를 거두는 곳에서는 부지런함이 우세하고, 수입이 승리를 거두어들이는 곳에서는 게으름이 우세하다.' (앞의 책 제2편, p.325)

그런데 이와 같이 경쟁이 격화했을 경우 자본의 사용은 어떠한 상태에 있는가?

'자본이 늘어남에 따라 이자로 대출되는 자본의 양도 늘어날 수밖에 없다. 이러한 자본이 늘어남에 따라 금리는 낮아진다. ……왜냐하면, 첫째로 어떤 물건이나 그 양이 늘어나면 그 시장가격은 내려가기 때문이다. ……둘째로 어떤 나라에서 자본이 늘어남에 따라 새로운 자본을 유리하게 투자하는 일이 차츰 어려워지기 때문이다. 그렇게 되면, 어떤 자본의 소유자는 다른 자본에 의해 이미 점유된 상업상의 지위를 자기 것으로 하기 위하여 있는 힘을 다하여 노력을 하게 되므로 여러 가지 자본 사이에서 경쟁이 생기게 된다. 그러나 대개의 경우 그는 보다 더 좋은 조건으로 [바꾸어 말하면 자기에게는 불리한 조건으로] 거래한다는 제의를 하지 않는 한, 이 자본을 그 지위로부터 밀어낸다는 것은 기대할 수가 없다. 그는 물건을 여느 때보다도 싸게 팔아야 할 뿐 아니라, 팔 기회를 찾기 위해서는 그것을 평소보다도 비싸게 사지 않으면 안 되는 일도 흔히 있다. 자금이 생산적 노동의 유지에 할당되면 될수록 노동수요는 높아진다. 노동자들은 일을 찾기 쉬워지지만, 자본가들은 노동자를 찾기가 어려워진다. 자본가들의 경쟁은 노임을 끌어올리고 이윤을 끌어내린다.' (앞의 책 제2편, p.358~359)

그렇게 되면 소자본가에게는 다음 두 가지 선택밖에 없다. 즉 그가 더는 이자로 살아갈 수 없으므로, 자신의 자본을 갉아먹고 결국은 자본가임을 그만 두든가, 그렇지 않으면 스스로 그 어떤 사업에 투자하여 자기보다도 자본력이 풍부한 자본가보다도 상품을 싸게 팔고 비싸게 사서, 높은 노임을 지불하든가, 그리하여 시장가격은 그에 앞선 심한 경쟁 때문에 낮아지고 있으므로 결국은 파산을 하든가 할 수밖에 없는 것이다. 이에 대해서 대자본가가 소자본가를 밀어내려고 할 경우, 그는 소자본가에 대해서도 어디까지나 자본가이기 때문에 노동자에 대해서 갖는 모든 유리한 점을 가지고 있다. 대자본가는 이윤이 적어져도 큰 자본을 내세워 그것을 메울 수가 있고, 비록 일시적인 손해를 입는다고 해도 소자본가들이 파산하여 이 경쟁에서 해방될 때까지의 손실을 견딜 수가 있는 것이다. 이렇게 해서 대자본가는 소자본가들의 이윤을 자기에게로 축적을 할 수가 있다.

또, 대자본가는 소자본가보다도 많은 양으로 매입하므로 보다 더 싸게 매입한다. 따라서 대자본가는 손해를 보지 않고 싸게 팔 수 있다.

그러나 금리의 하락이 중간 규모의 자본가들을 이자생활자로부터 사업가로 바꾼다고 하면, 반대로 기업자본의 증가와 거기에서 생기는 이윤의 감소는 금리의 하락을 야기시킨다.

'자본의 사용으로 끌어낼 수 있는 이익이 감소함과 동시에, 이런 자본의 사용에 지불되는 가격도 필연적으로 줄어든다.' (앞의 책 제2편, p.359)

'부와 산업과 인구가 늘어나면 늘어날수록 금리는 하락하고, 그에따라 자본가들의 이윤도 줄어든다. 그러나 이윤이 줄어도 자본가 그 자체는 이전과 마찬가지로 늘어나고, 이윤이 감소하는 데도 이전보다도 급속하게 늘어난다. 대자본은, 이윤이 적으면서도 많은 이윤을 올리는 소자본보다도 일반적으로 훨씬 급속하게 증가한다. 돈이 돈을 낳는다는 속담 그대로이다.' (앞의 책 제1편, p.189)

따라서, 이것은 격렬한 경쟁 상태라고 하는 전제하에서 일어날 수 있는 일인데, 적은 이윤밖에 올리지 못하는 소자본이, 이런 큰 자본에 대립했다고 하면 대자본은 소자본을 완전히 짓누르고 만다.

이때 이런 경쟁에서, 대도시에서 볼 수 있는 상품의 일반적인 품질 저하·조잡화·위조, 모조품 생산, 일반적인 오염이 필연적으로 일어나게 된다.

한편, 대자본과 소자본의 경쟁에서 하나의 중요한 요인은 고정자본과 유동자본의 관계이다.

'유동자본이란 생활 도구의 생산이나 제조·판매를 위해 쓰이는 자본이다. 이와 같이 투자되는 자본은, 그것이 주인의 손에 머물고 있는 한, 또는 같은 형태로 존속하고 있는 한, 주인에게 수입도 이익도 가져다 주지 않는다. 이 자본은 항상 일정한 형태로 주인의 손을 떠났다가 다른 형태로 되돌아오며, 이런 유통에 의해 또는 이와 같이 차례로 형태를 바꾸어 교환 됨으로써 이윤을 가져오게 된다. 고정자본은 토지개량, 기계·기구·수공 도구, 그밖에 그와 비슷한 것을 구입하는 데에 투자되는 자본을 말한다.' (앞의 책 제2편, p.197~198)

  '고정자본의 유지에서 일체의 비용 절감은 순이윤을 늘린다. 노동자를 고용하는 각 기업가의 총자본은 반드시 고정자본과 유동자본으로 분할된다. 총자본의 액수가 같을 때 한 쪽 부분이 커지면 다른 한 쪽은 작아진다. 유동자본은 기업가에게 노동의 재료와 임금을 제공하여 그 산업을 작동시킨다. 따라서 노동 생산력을 감소시키지 않는 모든 고정자본의 절약은 자본을 증가시키는 것이 된다.' (앞의 책 제2편, p.226)

  고정자본과 유동자본의 관계가 소자본가보다도 대자본가 쪽이 훨씬 유리하다는 것은 처음부터 분명한 일이다. 다른 은행보다도 훨씬 큰 은행가라도, 매우 적은 양의 고정자본밖에 필요하지 않다. 그들의 고정자본은 사무실 때문에 쓰일 정도이기 때문이다. 대토지소유자에게 필요한 도구는, 그들 토지의 크기에 비례해서 증가하는 것이 아니다. 마찬가지로, 대자본가는 소자본가보다도 앞서 가지고 있는 신용은 고정자산, 즉 그가 항상 사용할 수 있는 상태로 준비해 두지 않으면 안 되는 돈을, 그만큼 절약할 수 있다. 마지막으로, 산업노동이 고도한 단계에 이르고, 따라서 거의 모든 수공노동이 공장노동 되어 있는 곳에서는, 소자본가의 자본을 모두 긁어모아도, 그것에 필요한 고정자본을 소유하기에도 못미친다는 것은 분명한 일이다. 주지하는 바와 같이, 대규모의 농업 경작의 노동에서는 소수의 노동력만이 필요하다는 것을 알고 있다.
  일반적으로 대자본이 비축되는 경우, 소자본의 경우에 비해서, 고정자본의 집중과 단일화도 상당한 정도로 일어난다. 대자본가는 자신을 위해 노동기구 조직화를 도입한다.

  '마찬가지로 공업 영역에서는, 어느 제조소나 공장도 이미, 더욱더 큰 물적 자산과 다양한 지적 능력과 기술적 숙련, 또는 생산이라고 하는 공통된 목적을 위해 더욱더 포괄적으로 결부되는 하나의 결합체가 되어 있다 ……입법에 의해서 대토지 소유가 보증되어 있는 곳에서는, 계속 늘어나는 인구의 과잉 부분이 여러 산업으로 밀어닥치고, 그렇게 되면, 그레이트 브리튼처럼, 프롤레타리아의 더욱더 많은 부분이 주로 공업 부분에 몰려들게 된다. 이에 비해 토지의 연속적인 분할이 입법에 의해 허용하고 있는 곳에서는, 프랑스의 경우처럼, 부채를 짊어진 소토지소유자의 수가 늘어나고, 그리하여 그들은 토지의 계속되는 세분화에 의해서 가난한 자와 불만분자의 계급으로 전락하고 만다. 결국 이런 세분화와 과중한 부채가 늘어나면, 대공업이 소공업을 멸망시키는 것처럼, 대토지 소유가 소토지 소유를 다시 삼키고 만다. 그렇게 되면 다시 더욱 큰 토지 집합체가 이루어지므로, 토지의 경작에는 전혀 필요하지 않게 된 다수의 무산 노동자들은 다시 공업으로 몰리게 된다.' (슐츠 《생산의 운동》, p.58~59)

'비록 같은 종류의 상품이라도 생산 방식이 달라지면, 특히 기계 장치가 쓰이게 되면, 그 성질도 달라진다. 인력을 배제한 것만으로 3실링 8펜스의 가치를 갖는 1파운드의 솜에서, 167 영국 마일 내지 36 독일 마일의 길이와 25기니의 시장가치를 갖는 350 차스페르의 실을 뽑을 수가 있게 되는 것이다.' (앞의 책, p.62)

'영국에서는 지난 45년 동안에 면직물의 가격이 평균적으로 12분의 1이나 떨어져, 마샬의 계산에 의하면, 1814년에는 아직 16실링으로 지불되던 같은 양의 제품이, 이제는 1실링 10펜스로 공급된다. 공업제품이 염가가 되면 될수록 그만큼 국내 소비는 물론 외국 시장도 늘어난다. 그리고 이에 수반해서 그레이트브리튼에서는 면직물에 종사하는 노동자 수는 기계 도입 후에도 감소하기는커녕 오히려 4만에서 150만으로 늘어난 것도 이와 관련되어 있다. 그런데 공업 기업가와 노동자의 소득에 관해서 말하면, 공장주들 사이의 경쟁이 격렬해지기 때문에, 그들의 이윤은 그들이 공급하는 생산물의 양에 비례해서 필연적으로 감소된다. 1820~1833년에 걸쳐서 맨체스터 공장주들의 총이윤은 갤리코 한 필당 4실링 1펜스 3분의 1에서 1실링 9펜스로 떨어졌다. 그러나 이 손실을 메우려고 공장 규모는 그만큼 확대되었다. 그런데 그 결과가 어떻게 되었느냐 하면, 개개의 공업 부문에서 부분적으로 과잉생산이 일어나 파산이 자주 생기고, 그에 따라 자본가와 고용주 계급 내부에서 재산의 불안정한 동요와 변동이 일어나, 경제적으로 파탄된 사람들의 일부가 프롤레타리아 계급으로 전락된 결과, 갑자기 자주 노동의 중단이나 감소가 불가피하게 벌어지고, 임금노동자 계급은 이 불이익에 괴로움을 당하게 되었다.' (앞의 책, p.63)

'자신의 노동을 빌려 준다는 것은 자신의 노예 생활을 시작하는 것이 되고, 노동의 재료를 빌려 준다는 일은 자유를 세우는 일이다……노동은 인간이지만, 이에 반해 노동의 재료는 인간적인 것을 전혀 가지고 있지 않다.' (페쾨르《사회·정치경제학의 새 이론》, p.411~422)

'재료라고 하는 요소는 노동이라고 하는 또 하나의 요소가 없으면 부의 창조에는 아무 일도 할 수 없지만, 〔이 재료를 소유하고 있는〕 사람들에게는 다산적(多産的)이라고 하는 마술적인 힘을 띤다. 마치 그들 스스로의 행위에 의해서 이 불가결한 요소를 거기에 도입한 것처럼.' (앞의 책, p. 411~ 422)

'노동자 한 사람의 매일의 노동이 연평균 400프랑을 그에게 가져다 주고, 이 액수가 어른 한 사람의 조촐한 생활을 할 수 있을 정도의 액수라고 가정한다면, 금리나 소작료나 임대료로부터 얻어지는 2000프랑을 소유하는 사람은 모두, 간접적으로는 다섯 사람을 자기를 위해 일을 시키고 있는 셈이 된다. 금리 10만 프랑은 250명분의 노동에 상당하고, 100만 프랑은 2500분의 노동에 상당한다(따라서 3억 프랑은 노동자 75만 명의 노동에 상당하는 셈이 된다).' (앞의 책, p.412~413)

'자산가들은 인간이 정하는 법률에 의해서, 모든 노동의 재료를 사용, 남용하는 권리, 즉 그 재료를 마음대로 할 수 있는 권리를 가진다……그들은 이 법률에 의해, 무산자들에게 알맞은 시기에 항상 노동을 제공하는 의무를 지고 있는 것도 아니고, 항상 충분한 급료를 그들에게 지불하는 의무를 지고 있는 것도 아니다.' (앞의 책, p.413)

'생산의 본성, 양과 질과 합목적성에 관한, 부의 사용이나 소비에 관한 모든 노동 재료의 처분에 관한 완전한 자유. 개인으로서의 자기 자신의 이해 이외는 일체 생각하지 않고 자기 것을 좋도록 교환하는 자유는 누구에게나 있다.' (앞의 책, p.413)

'경쟁은 임의의 교환을 나타내는 것이고, 임의의 교환 그 자체는 모든 생산 도구를 사용하고 남용하는 개인적 권리의 직접적이고 논리적인 귀결이다. 사용하고 남용하는 권리, 교환의 자유, 자유경쟁이라고 하는 일체(一體)를 이루는 이들 세 가지 경제적인 계기는 다음과 같은 일련의 결과를 야기한다. 즉 각자가 좋은 것 또는 나쁜 것을, 더 많이 또는 더 적게, 나중 또는 미리, 비싸게 또는 싸게 생산하기도 한다. 각자는 그것을 팔 작정인가 어떤가, 누구에게, 어떻게, 언제, 어디에서는 팔게 될 것인가를 모른다. 구매에 대해서도 사정은 마찬가지이다. 생산자는 필요도 자원도, 수요도 공급도 모른다. 그는 팔고 싶을 때, 팔 수 있을 때에, 팔고 싶은 곳에서, 팔고 싶은 사람에게, 팔고 싶은 값으로 판다. 그리고 구매하는 것도 마찬가지이다. 어느 경우에도 그는 항상 우연에 의해 농락되고 있고, 가장 강한 자, 가장 가난하지 않는 자, 가장 풍요한 자의 법률의 노예이다…… 어떤 곳에서는 부의 결핍이 있는데, 다른 곳에는 부가 과잉이고 낭비가 있다. 어떤 생산자는 많이 팔든가, 비싸게 팔든가 해서 막대한 이익을 올리고 있는 반면에, 전혀 팔지 못하거나, 또는 손해를 보면서 판다……공급은 수요에 관여하지 않고, 수요는 공급에 관여하지 않는다. 당신이 소비자 대중에 나타나는 취미나 유행을 예측하고 생산한다고 하지만, 그러나 당신이 상품을 배달할 준비가 되었을 때에는 이미 대중의 변덕은 당신 곁을 지나서 다른 종류의 생산물로 달려갈 것이다……이 피할 수 없는 귀결은, 파산의 상태화(常態化)와 만연, 오산, 갑작스런 파멸과 뜻하지 않은 행운이며, 상업의 위기, 실업, 주기적인 공급 과잉 또는 상품 부족이며, 임금과 이윤의 불안정과 저하이며, 결렬한 경쟁의 투기장에서의 물자, 시간과 노력의 소모 내지는 엄청난 낭비이다.' (앞의 책, p.414~416)

리카도가 그의 저서*¹³ (제2장 '지대')에서 말한 바에 의하면, 국가는 생산의 작업장일 뿐이며, 인간은 소비와 생산을 위한 기계이다. 인간의 생명은 하나의 자본이며, 경제법칙이 세계를 맹목적으로 지배하고 있다. 리카도에 게 인간은 아무것도 아닌 것이며, 생산물이야말로 그 전부이다. 그의 프랑스 어판 제26장에는 이렇게 되어 있다.

'2만 프랑의 자본으로부터 해마다 2천 프랑의 이윤을 얻는 사람에게는, 그의 자본이 백 명을 고용하든 천 명을 고용하든 전혀 아무 문제가 없는 일이다……한 국민의 현실적인 이해도 같은 것이 않을까? 그 국민의 순수 입이나 실질수입이 같고, 그 소작료나 이윤이 같으면, 그 국민이 천만 명 으로 이루어졌든 천 200만 명으로 이루어졌든 그것이 무슨 상관인가?' (앞 의 책, p.194~195) '시스몽디가 하는 말에 의하면(《새 경제학 원리》*14 제2권, p.331), 솔직히 말하자면 앞으로 섬에 홀로 사는 왕이 끊임없이 크 랭크를 돌리면서 로봇들에게 영국의 모든 노동을 시키도록 바랄 수밖에 없다.'

'가장 절박한 욕구조차도 부족할 정도로 낮은 가격에 노동자의 노동을 사는 고용주는, 임금이 불충분함에도 장시간 노동에도 책임이 없다. 그는, 자신이 부과하는 법칙에 복종해야 한다……가난의 원인은 인간에 있는 것 이 아니라, 오히려 사물의 위력에 기인한다.' (뷔레《영국과 프랑스에서의 노동자 계급의 빈곤에 대하여》, p.82)

'영국에는 그곳 주민들이 토지개간을 위한 자본이 충분하지 않은 곳이 많다. 스코틀랜드 남부 여러 주의 양모(羊毛)는, 그 생산지에서 자본이 부족하기 때문에, 대부분 험로를 지나게 되는 긴 육로 여행을 하여 요크셔 에서 가공해야 한다. 영국에는 그 주민들이 수요도 있고 소비자도 있는, 멀리 떨어진 시장에 자신들의 공업제품을 수송하는 데에 충분한 자본을 가지지 못한 소공업 도시가 많다. 이런 도시의 상인들은 몇몇 큰 상업 도 시에 사는 보다 더 부유한 상인들의 대리인에 자나지 않는다.' (애덤 스미 스《국부론》제2편, p.382) '토지와 노동으로부터 나오는 연간 생산물의 가치를 증가시키기 위해서는, 생산적인 노동자 수를 늘리든가, 이미 고용되어 있는 노동자의 생산력을 늘리는 것 외에 다른 방법이 없다……아무튼, 거의 언제나 자본의 추가가 필요하다.' (앞의 책 제2편, p.338)

　'이렇게 해서, 자본의 축적이 분업의 필연적인 선행자라고 하는 것은 사항의 본질에 포함되어 있으므로, 노동은 자본이 차츰 집적되어 가는 비율 이상의 세분화를 받아들일 수가 없다. 노동이 세분화되어 감에 따라, 같은 수의 사람들이 가공할 수 있는 재료의 양은 늘어난다. 그리고 각 노동자가 하는 일은 더욱더 단순화되어 가기 때문에, 이와 같은 일을 쉽고 간략하게 하기 위하여 많은 기계가 발명된다. 그렇게 되어, 분업이 더 넓게 확대되면 될수록 같은 수의 노동자가 항시적으로 고용되기 위해서는 이전과 같은 양의 식량 비축과, 이전에 아직 분업이 그다지 진행되지 않았던 때에 필요했던 것보다도 훨씬 많은 재료, 도구, 수공구(手工具)의 준비가 미리 집적될 필요가 있다. 노동자 수는 어느 노동 부문에 있어서나 분업이 진행됨에 따라 늘어난다. 아니 오히려, 노동자들을 이런 방식으로 분류하고 세분화된 처지에 놓이게 한 것은 그들의 숫자의 증가이다.' (앞의 책 제2권 서론, p.193~194)

　'노동이 생산력의 이와 같은 대폭적인 확대를 만들어 내기 위해서는 미리 자본이 축적되어 있지 않으면 안 되는데, 자본의 축적은 당연히 이런 확대를 야기한다. 즉 자본가는 자신의 자본에 의해서 될 수 있는 대로 많은 양의 제품을 생산하려고 하고, 이를 위해 노동자들 사이에 보다 더 효율적인 분업을 도입하여, 될 수 있는 대로 가장 좋은 기계를 제공하려고 노력한다. 이 자본가의 수단이 이들 두 가지 테마에 관해서 성공을 거두느냐의 여부는 그의 자본의 확대와 그것이 고용할 수 있는 사람의 수에 비례한다. 따라서 어느 나라에 있어서나 산업의 양이 그것을 움직이는 자본의 증대에 의해서 늘어날 뿐만 아니라, 이 증대의 결과, 같은 양의 산업이 이전보다도 훨씬 많은 양의 제품을 생산하게 된다.' (앞의 책 제2편, p.194~195)

이렇게 해서 과잉생산이 일어난다.

'더욱더 규모가 커지는 기업을 위해 더욱더 다양한 사람의 힘과 자연력이 결집됨으로써 공업과 상업에서 생겨나는……생산력의 더욱더 포괄적인 결합. 실제로 이미 여기저기에서 주요한 생산 부분의 보다 더 밀접한 서로의 결합이 〔인정되고 있다〕. 그렇게 되면 대공장주들은 적어도 자신의 공업에 필요한 원료를 제3자로부터 미리 가져오지 않아도 될 수 있도록, 대토지 자산을 획득하려 할 것이다. 또는 그들은 다만 자사의 제품을 팔기 위해서뿐만 아니라, 다른 종류의 생산물을 사서 이것을 그들 자신의 노동자들에게 팔기 위해서도 자신의 공업적인 사업을 그 어떤 상업과 결부시키려고 할 것이다. 각 공장주가 때로는 1만 명에서 1만2천 명의 노동자들을 거느리고 있는 영국에서는……한 사람의 지도적인 지성 아래서의 서로 다른 생산 부문의 그런 결합, 그런 국가 속의 작은 국가나 주(州)들이 드물지 않다. 예를 들어, 최근 버밍엄 근교의 광산소유자들은, 이전 같으면 다양한 기업가나 소유자에게 분산되어 있었던 제철의 전 과정을 인수하였다. 〈버밍엄의 광산 지대〉(독일 계간지, 제3호, 1838년)를 참고하기 바란다. 마지막으로, 수가 엄청나게 늘어난 비교적 큰 주식회사에서는, 많은 주주들의 금력(金力)과, 노동의 수행을 위탁받은 다른 사람들의 과학적·기술적인 지식과 기능이 폭넓게 결합되는 것을 볼 수가 있다. 이에 의해 자본가들은 자신의 비축을 이전보다 더욱 다양하게 사용할 수가 있다. 어쩌면 또 농업적·공업적·상업적 생산에 동시에 사용할 수도 있게 되어, 이로써 그들의 이익은 더욱 다면적인 것이 되어, 농업과 공업과 상업의 이해 대립은 완화되어 하나가 된다. 그러나 자본을 매우 여러 가지 방법으로 효과적으로 이용할 수 있게 되었다고 해도, 이 자체는 유산 계급과 그렇지 않은 무산 계급의 대립을 격화시키지 않을 수가 없게 된다.' (슐츠 《생산의 운동》, p.40~41)

주택임대자가 빈곤으로인해 거두어들이는 터무니없는 이윤. 집세는 산업적 빈곤과 반비례 관계에 있다.

마찬가지로 몰락한 프롤레타리아의 악습(매춘·알코올 의존·전당포)으로부터도 이익을 끌어낼 수 있다.

자본과 토지 소유가 한 사람의 수중에 집중되어도, 또 자본이 커져서 여러 생산 부문을 결합할 수 있게 되어도 자본 축적은 늘어나고 자본 경쟁은 줄어든다.

인간들에 대한 무관심함. 애덤 스미스가 말하는 20장의 복권.[*15]

세가 말하는 순수입과 총수입.

제3장
지대

　토지소유자(지주)의 권리는 약탈에 그 기원을 두고 있다. (세《경제학 개론》제1권, p.136 주) 토지소유자는 모든 사람들과 마찬가지로, 자신이 씨를 뿌리지 않은 곳에서 수확하고 싶어하고, 그 토지에서 얻어지는 자연적 생산물에 대해서조차 지대를 요구한다. (스미스《국부론》제1편, p.99)

　'지대란, 토지소유자가 토지개량을 위하여 사용한 자본이윤에 지나지 않는다고 생각할지도 모른다……지대가 어느 정도 그런 것일 수 있는 경우도 있다. 그러나 토지소유자는 (1)개량하지도 않은 토지에 대해서도 지대를 요구하고, 개량 비용으로 여겨지는 이자나 이윤으로 여겨지는 것은, 대개의 경우 이런 원초적 지대에 대한 부가물 또는 추가물에 지나지 않는다. (2)또 이 개량은 반드시 토지소유자의 자금으로 이루어지는 것은 아니며, 가끔은 차지인(借地人)의 자본으로 이루어지는 일이 있다. 그럼에도 불구하고, 차지계약을 갱신하게 되면 토지소유자들은 마치 이런 개량을 자신의 자본으로 한 것처럼 지대의 인상을 요구한다. (3)때때로 토지소유자는 사람의 손에 의한 사소한 개량도, 전혀 불가능한 것에 대해서까지도 지대를 요구한다.' (앞의 책 제1편, p.300~301)

스미스는 마지막 경우의 예로서 켈프를 예로 들고 있다.

　'태우면 알칼리성 소금을 채취할 수가 있는 해초의 일종으로, 유리나 비누 등을 만들 수 있다. 그레이트브리튼, 특히 스코틀랜드의 여러 곳에서 자라지만, 조수의 간만에 노출되어 하루에 두 번 바닷물에 닿는 바위 위에서밖에 자라지 않는다. 따라서 이 산물은 결코 인간의 근로에 의한 것이 아니다. 그럼에도 불구하고 이런 종류의 식물이 자라는 장소의 소유자는 곡물이 나는 밭과 같은 정도의 지대를 요구한다. 셰틀랜드 제도의 근해는 매우 풍요로운 바다이다. 주민의 대부분이 어업으로 생계를 꾸려가고 있다. 그러나 해산물로부터 이익을 얻으려면 가까운 땅에 거주지를 가져야만 한다. 그 지대는 차지인이 그 땅에서 얻어지는 것에 비례하지 않고, 토지와 바다 양쪽에서 얻어지는 것에 비례한다.' (앞의 책 제1권, p.301~302)

'지대는 그 소유자가 차지인에게 빌려 주어 사용하게 하는 자연력의 산물로 볼 수 있다. 이 산물의 양은 이 자연력의 크기에 따라서, 다시 말하자면 자연 그대로이건 사람의 손이 가해지건 그 토지의 다산성(多産性)에 따라 달라진다. 지대는 사람이 하는 일로 여겨지는 것 모두를 빼거나, 공제한 후에 남는 자연의 산출을 말한다.' (앞의 책 제2편, p.377~ 378)

'토지의 사용에 대해서 지불되는 가격이라고 여겨지는 한에 있어서의 지대는 당연히 하나의 독점가격이다. 지대는 토지소유자가 토지에 가하는 개량이나, 그가 손해를 보지 않기 위해 받아야 하는 것에도 결코 비례하지 않고, 오히려, 차지인이 손해 보지 않고 가능한 방식으로 제공할 수 있는 것에 비례한다.' (앞의 책 제1편, p.302)

'세 생산 계급 중에서 토지소유자 계급은, 수입을 얻기 위해 노동이나 배려도 필요하지 않는, 이를테면 수입이 저절로 들어오는, 그 어떤 시도도 계획도 하지 않는 그런 계급이다.' (앞의 책 제2편, p.161)

이미 배운 바와 같이 지대의 액수는 토지의 비옥함의 비례에 달려 있다. 지대의 액수를 결정하는 또 하나의 계기는 위치이다.

'지대는 그 생산물이 무엇이 되었든 간에 토지의 비옥함에 따라 변하고, 그 비옥함이 어떠하든 간에 토지의 위치에 따라 변한다.' (앞의 책 제1편, p.306)

'토지든 광산이든 어장이든 그 비옥함이 같으면, 그 생산물은 경작이나 개발에 쓰이는 자본의 크기에 비례하고, 그 자본이 어느 정도 적절하게 쓰이느냐에 비례한다. 같은 자본이 같은 정도로 적절하게 쓰이면 그 생산물은 토지나 어장이나 광산의 자연적 비옥함과 비례하게 될 것이다.' (앞의 책 제2편, p.210)

스미스의 이와 같은 명제는 중요하다. 왜냐하면 이들 명제는, 지대는 그 생산비와 규모가 같으면 토지의 비옥함의 대소에 의해서 결정된다고 하고, 이에 따라 토지의 비옥함을 그 토지소유자의 한 특성으로 바꾸어 버리는 경제학에는 사고방식의 잘못이 있다는 것을 분명히 증명하고 있기 때문이다.

이번에는 지대가 현실적인 교류에서 어떻게 형성되는가를 관찰해 보기로 한다.

지대는 차지인과 토지소유자 사이의 투쟁을 통해서 결정된다. 경제학에서는 어디에서나 이해의 적대적 대립, 투쟁, 전쟁이 사회 조직의 기초로서 승인되어 있다.

그렇다면 토지소유자와 차지인은 서로 어떤 관계에 있는가?

'차지계약의 조건을 정할 때, 토지소유자는 가능하면 차지인이 씨앗을 조달하고, 노동에 보수를 지불하고, 가축이나 그 밖의 농경 기구를 구입·유지하기 위한 자본을 메우고, 더 나아가 그 지방의 다른 차지의 통상 이익을 낳는 자본을 보충할 만한 액수밖에 차지인의 손에 남겨주려 하지 않는다. 분명히 이것은, 차지인이 손해를 보지 않고 만족할 수 있는 최저의 몫으로, 토지소유자가 그 이상의 것을 차지인에게 남기려는 생각을 갖는 일은 드물다. 나머지가 어떠하든 간에 소유자는 생산물이나 생산물값에서 이 몫을 넘어서는 그 모든 것을 지대로서 확보하려고 한다. 이 경우의 지대는 차지인이 그 토지의 현 상태에서 지불할 수 있는 최고의 지대이다……이러한 잉여는 항상 자연적인 지대, 또는 대다수의 토지가 자연스럽게 그 액수로 임대되는 지대라고 여길 수가 있다.' (앞의 책 제1편, p.299~300)

세는 이렇게 말한다. '토지소유자는 차지인에 대해서 어떤 종류의 독점을 행사한다. 토지소유자의 상품인 토지에 대한 수요는 무한히 확대될 수 있지만, 그들의 상품의 양은 어느 정도밖에 늘어나지 않는다……토지소유자와 차지인 사이에 맺어지는 거래는, 전자에게 항상 최대한 유리한 것으로 되어 있다. 토지소유자는, 그가 (토지라고 하는) 사물의 본질에서 끌어내는 유리한 조건 외에도 그 자신의 지위, 보다 더 큰 자력(資力)·신용·명성으로부터 또 다른 유리한 조건도 꺼낸다. 그러나 처음에 말한 유리한 조건만으로도 이미 그의 토지가 (수요가 늘어나서) 좋은 형편에 있다는 것만으로도 이익을 거두기에 충분하다. 운하나 도로의 개통, 어떤 지방의 인구 증가와 복지의 진전은 항상 임차가격을 높인다. ……분명히 차지인 자신도, 토지를 자기 비용으로 개량할 수는 있다. 그러나 그가 이 자본으로부터 유리한 조건을 꺼내는 것은 차지계약 기간 동안뿐이며, 그것이 지나가면 그 자본은 토지소유자의 손에 남게 된다. 이 순간부터 토지소유자는 그 어떤 비용을 지출하지 않았는데도 거기에서 이익을 본다. 왜냐하면, 그때부터 차지료가 상대적으로 상승하기 때문이다.' (세 《경제학 개론》 제2권, p.142~143)

'따라서 지대는, 그것이 토지의 사용에 대해서 지불되는 가격으로 여겨지는 한 당연한 일이지만, 차지인이 토지의 현재 사정에서 지불할 수 있는 최고의 가격이다.' (스미스 《국부론》 제1편, p.299)

'따라서 토지 그 자체에 대한 지대는 대개의 경우……총생산물의 3분의 1에 이르고, 더욱이 많은 경우, 수확의 우연적 변동에 좌우되지 않는 고정된 것이다.' (앞의 책 제1편, p.351) '이런 지대가 총생산물의 4분의 1 이하가 되는 일은 드물다.' (제2편, p.378)

모든 상품에 지대가 지불되는 일은 있을 수 없다. 예를 들어, 많은 지방에서는 돌에 대해서는 그 어떤 지대도 지불되지 않는다.

'일반적으로 토지 생산물 중 시장에 내보낼 수 있는 것은, 그 생산물의 수송에 쓰이는 자본과 그 통상적인 이윤을 충분히 메울 수 있는 부분이다.

통상가격이 그 이상이 되면 잉여는 당연히 지대가 된다. 그 가격이 자본과 그 이윤을 간신히 메울 정도밖에 되지 않으면, 상품은 확실히 시장에 내보낼 수는 있지만, 토지소유자에게 지대를 지불하기에는 충분하지가 않다. 가격이 충분한 것 이상이냐 아니냐의 여부는 수요에 달려있다.' (앞의 책 제1편, p.302~303)

'지대는 노동임금이나 자본의 이윤과는 전혀 다를 방식으로 상품값의 구성에 포함된다. 급료와 이윤액수의 고저는 상품값의 고저의 원인이지만, 지대 액수의 고저는 그 상품값의 결과이다.' (앞의 책 제1편, p.303)

식료품은 항상 지대를 생기게 하는 생산물이다.

'사람은 모든 동물과 마찬가지로, 그 생존 수단에 비례해서 증가하는 것이므로, 식료품에 대한 수요는 많건 적건 항상 존재한다. 식료품은 조금의 차이는 있지만 노동의 일정 부분을 살 수가 있고, 식료품을 획득하기 위해 무엇인가를 하지 않으면 안 되는 사람들도 항상 발견할 수가 있을 것이다. 분명히, 식료품을 살 수 있는 노동은, 그 식료품으로 생존할 수 있는 노동과 항상 똑같지는 않다. 이는 노임이 가끔 높아지는 일이 있기 때문이다. 그러나 식료품은 이러한 종류의 노동이 그 지방에서 통상적으로 유지되는 기준에 따라 그것이 생존시킬 수 있는 만큼의 노동을 언제나 살 수 있다. 토지는 그 어떤 상황하에서도, 식료품을 시장에 내보내기 위해 소요되는 노동의 유지에 필요한 것 이상의 식료품을 생산한다. 식료품의 이런 잉여는 항상 이런 노동을 움직이는 자본을 이윤과 함께 회수해도 남는다. 따라서 토지소유자에게 지대를 지불할 수 있는 어느 정도의 액수가 항상 남게 된다.' (앞의 책 제1편, p.305~306) '지대는 식료품에 그 최초의 원천이 있는 것만은 아니다. 토지 생산물의 다른 부분이 후에 지대를 낳을 경우, 이와 같이 지대에 가치가 부가되는 것은, 토지의 경작과 개량에 의해서 노동의 식료품 생산력이 증가한 덕분인 것이다.' (제1편, p.345) '따라서 인간의 식료품은 지대를 지불하기에는 항상 충분하다.' (제1편, p.337) '각 나라의 인구는 그 나라의 생산물이 의복과 주거를 제공할 수 있는 인원수가 아니라, 그 나라의 생산물이 먹여 살릴 수 있는 식료품을 제공할 수 있는 인원수에 비례한다.' (제1편, p.342)

'식료품에 이은 두 가지 최대의 인간적 욕구는 의복, 주거, 연료(스미스의 원문에는 의복과 주거 두 가지밖에 들고 있지 않다)이다. 항상 필연적으로 그렇다는 것은 아니지만 이것들은 대개의 경우 지대를 낳는다.' (앞의 책 제1편, p.338)

그렇다면 토지소유자가 그 모든 사회적 유리한 조건을 어떻게 이용하게 되는가를 보기로 하자.

(1)지대는 인구와 함께 늘어난다. (앞의 책 제1편, p.335)
(2)지대가 철도 등과 함께, 즉 교통 수단의 개선과 안정화·다양화와 함께 어떻게 상승하는가에 대해서는 우리는 이미 세로부터 들었다.
(3)사회 상태의 모든 개량은 직접적이든 간접적이든 지대를 끌어올려, 토지소유자의 실질적인 부를, 즉 타인의 노동이나 그 생산물을 사는 그의 힘을 높이는 경향을 갖는다……소유지의 개량과 경작이 진행되면, 직접 이런 경향이 나타난다. 생산물에 대한 소유자의 몫은 생산물의 증가와 함께 필연적으로 늘어난다……이런 종류의 원료의 실질가격의 상승, 예를 들어, 가축값 상승 또한 직접적으로 지대를 끌어올리되, 매우 큰 비율로 끌어올리는 경향을 갖는다. 토지소유자 몫의 실질가치, 즉 몫이 그에게 주는 타인의 노동에 대한 실질적인 지배력은, 생산물의 실질가치와 함께 증가한다. 이 생산물의 실질가치가 상승한 후에도, 이 생산물을 공급하거나 사용된 자본을 통상적인 이윤과 함께 회수하거나 하기 때문에 보다 더 많은 노동이 필요하게 되는 것은 아니다. 따라서 생산물 중, 토지소유자의 것으로 남는 부분은, 총생산물과의 관계로 말하자면 이전보다도 훨씬 커질 것이다. (앞의 책 제2편, p.157~159)

원료 산물에 대한 수요의 증대와 그에 따른 가치의 상승은, 한편으로는 인구의 증가와 그들의 욕구의 증대에 어느 정도 원인을 갖는 경우가 있을 수 있다. 그러나 생산이 이제까지 전혀, 또는 거의 쓰이지 않았던 원료의 제조가 만들어 낸 모든 새로운 발명, 새로운 응용은 항상 지대를 상승시킨다. 예를 들어, 탄광의 지대는 철도나 증기선 등과 함께 엄청나게 올라간 것도 그 때문이다.

토지소유자가 생산이나 여러 가지 발견, 노동으로부터 끌어내는 이와 같은 이익 외에 또 다른 이익을 보기로 하자.

(4) '제조품의 실질가격의 인하를 직접적인 목적으로 하는 노동생산력의 개선은, 간접적으로는 실질적 지대를 끌어올리는 경향을 갖는다. 그 까닭은 이러하다. 토지소유자는 자기의 원료 산물 중, 자신의 개인적 소비를 초과하는 부분 내지는 이 부분의 가격을 제조품과 교환한다. 그래서 제조품의 실질가격을 감소시키는 것은 모두 토지소유자의 원료 산물의 실질가격을 증대시킨다. 그렇게 되면 그 후, 같은 양의 원료 산물이 이전보다 다량의 제조품과 값이 같아져서, 토지소유자는 이전보다도 많은 양의 편의품이나 장식품, 사치품을 입수할 수 있게 되는 것이다.' (앞의 책 제1편, p.159)

그런데 스미스는, 토지소유자가 모든 사회적 유리함을 이용한다는 사실에 입각해서, 토지소유자의 이해는 항상 사회 이해와 일치한다고 결론을 이끌어 낸다면(앞의 책, p.161), 이것은 터무니없는 일이다. 사유재산의 지배하에 있는 경제 활동에 있어서는, 어느 개인이 사회에 대해서 갖는 이해는 사회가 그에 대해서 갖는 이해와는 완전히 반대 관계에 있다. 그것은 마치, 고리대금업자가 낭비자에 대해서 갖는 이해가 낭비자의 이해와는 결코 일치하지 않는 것과 같은 것이다.

우리는 다른 나라의 토지재산으로 향하는 토지소유자의 독점욕, 예를 들어, 곡물조례의 원인이 된 것과 같은 독점욕에 대해서는 다만 말이 난 김에 언급하는 정도로 하고자 한다. 중세의 농노제, 식민지의 노예제, 그레이트브리튼에서의 농민 및 일용직 노동자의 빈곤에 대해서 여기서는 언급하지 않기로 한다. 우리는 어디까지나 경제학 그 자체의 명제에 한하기로 한다.

(1)경제학의 원칙에 따르면, 토지소유자는 사회의 복지에 이해관계가 있

어, 사회의 인구와 인위적 생산 증진, 사회의 욕구 증진, 즉 한 마디로 말하자면 부의 증진에 이해관계를 갖는다고 여겨지고 있다. 그러나 우리의 이제까지의 고찰에 의하면, 이 증진은 가난과 노예 상태의 증진과 동일하다. 빈곤과 함께 집세가 늘어나는 관계는 토지소유자가 사회에 대해서 갖는 이해관계의 한 예이다. 왜냐하면 집세와 함께 지대가, 즉 집이 세워져 있는 토지의 임대료가 증대되기 때문이다.

(2)토지소유자의 이해는 차지인의 이해와, 따라서 사회의 중요한 일부분의 이해와도 적대적으로 대립한다고 하는 것은 경제학자 자신도 인정하는 바다.

(3)차지인이 지불하는 노동임금이 적으면 적을수록, 토지소유자는 차지인에게 그만큼 많은 지대를 요구할 수가 있고, 또 소유자가 지대를 많이 요구하면 할수록 차지인은 그만큼 노임을 하락시키기 때문에, 토지소유자의 이해는, 제조업주의 이해가 그 노동자에 대해서 적대적인 것과 마찬가지로, 농노의 이해에 적대적이다. 이렇게 해서 토지소유자도 (제조업주와) 마찬가지로 노임을 최저액까지 하락시킨다.

(4)제조품값의 실질적 저하는 지대를 끌어올리게 되는 것이므로, 토지소유자는 제조업 노동자의 노임 인하, 자본가 간의 경쟁, 과잉 생산, 제조업 전체의 어려운 사태에 직접적인 이해관계를 가지고 있다.

(5)이렇게 해서 토지소유자의 이해는 사회의 이해와 일치하기는커녕 차지인·농노·제조업 노동자·자본가의 이해와 적대적인 대립 관계에 있는데, 토지소유자끼리의 이해까지도 경쟁 때문에 결코 일치하지 않는다. 이 경쟁에 대해 지금부터 살펴보기로 한다.

일반적으로도 이미 대토지 소유와 소토지 소유 사이의 관계는 대자본과 소자본 사이의 관계와 같은 것이다. 그러나 여기에 특수한 사정이 가해져서 대토지 소유의 축적과 대토지 소유에 의한 소토지 소유의 흡수가 무조건 야기된다.

(1)자금이 커져감에 비례해서 노동자와 용구의 수가 감소하는 경향이 토지 소유만큼 심한 곳은 없다. 마찬가지로 또 자금이 커짐에 따라서 전면적인 착취의 가능성이나 생산비의 절약, 적절한 분업이 늘어나는 경향이 토지 소유만큼 뚜렷한 곳도 없다. 경지는 얼마든지 작게 할 수 있어도, 쟁기나 톱과 같은 필요한 작업 용구는 그 이상 줄일 수 없는 일정한 한계에 이르게 되는

데, 토지 소유의 규모는 이런 한계를 훨씬 넘어서 작게 할 수 있다.

(2)대토지 소유는 차지인이 토지개량에 사용한 자본의 이자를 자기를 위해 축적한다. 소토지 소유는 자기 자신의 자본을 사용하지 않으면 안 된다. 그러기 때문에 소토지 소유에서는 대토지 소유가 올리는 것과 같은 이윤은 모두 없어지고 만다.

(3)모든 사회적 개량이 대토지 소유에는 유리한 데 비하여 소토지 소유에는 손해가 된다. 왜냐하면, 이런 개량은 소토지소유자에게 더욱 많은 현금이 필요하도록 만들기 때문이다.

(4)이 경쟁에 대해서는 다시 두 가지 중요한 법칙이 고찰되지 않으면 안 된다.

a) 사람의 식료품 생산하기 위해 경작되는 토지지대가 그 이외의 대다수의 경작지 지대를 규제한다. (앞의 책 제1편, p.331)

가축 등의 먹이를 생산할 수 있는 것은 결국 대토지 점유뿐이다. 따라서 대토지 소유가 다른 토지지대를 규제하고 그 지대를 최저 수준으로 끌어내리는 일이 있을 수 있다.

그때, 스스로 노동을 하는 소토지소유자는 대토지소유자에 대하여, 자기의 용구를 소유하고 있는 수공업자가 공장주에 대한 것과 동일한 관계에 서 있다. 소토지 점유는 단순한 노동도구가 되어 버린 것이다. 소토지소유자에게 지대는 전혀 사라지고, 그에게 남은 것은 기껏해야 그의 자본이자와 자신의 노임만 남게 된다. 왜냐하면, 지대는 경쟁에 몰려 자신이 직접 투하하지도 않은 자본의 이자에 불과할 정도로 하락할 수 있기 때문이다.

β) 또, 우리가 이미 배운 바에 의하면, 경지(耕地), 광산, 어장의 풍요로움이 같고, 그 적절하게 개발할 경우, 생산물은 자본의 규모에 비례한다. 이렇게 해서 대토지소유자가 승리를 거두게 된다. 마찬가지로 생산물은 비옥함에 비례한다. 이렇게 해서 동일한 자본일 경우에는 비옥한 토지소유자가 승리를 거둔다.

γ) '어떤 광산에 대해서 일반적으로 그것이 풍요로운 광산인지 아닌지는 일정량의 노동에 의해서 거기에서 채굴되는 광물의 양이, 같은 양의 노동에 의해서, 같은 종류의 대다수의 광산으로부터 채굴되는 양보다도 많은가 적은가에 의한다.' (앞의 책, p.345~346) '가장 풍요로운 광산의 가격은 이웃의 모든 광산의 석탄값을 규제한다. 토지소유자나 기업가도, 그들 이웃의 동업자보다도 싸게 물건을 팔면, 전자가 더 많은 지대를, 후자가 더욱 많은 이윤을 얻을 것이라는 것을 알 수 있다. 그렇게 되면 이웃의 동업자들도 같은 값으로 팔지 않을 수 없게 된다. 비록 그들이 그 토지소유자나 기업가 정도는 그 여유가 없고, 또 이 값이 더욱더 하락하여, 때로는 지대와 이윤을 그들에게 모두 빼앗기는 경우가 있다고 해도 그러하다. 그렇게 되면, 채굴장 중에는 이를 아주 포기하거나, 그렇게까지는 되지 않아도, 이제는 아무런 지대도 가져오지 못하여 그 토지소유자 혼자서 조업을 계속할 수밖에 없는 것도 나오게 된다.' (제1편, p.350) '페루의 광산이 발견된 이래 유럽의 대부분의 은광들은 폐광되었다……이와 마찬가지 일이 포토시 광산이 발견된 이래 쿠바와 산토도밍고의 광산에서 일어났고, 또 페루의 옛 광산에서까지도 그러하였다.' (제1편, p.353)

스미스가 여기서 광산에 대해서 한 말과 똑같은 일이, 토지 소유 일반에 대해서도 조금의 차이는 있지만 통용된다.

δ) '토지시가는 이자율의 현행 수준에 달려 있다는 점은 주의할 만한 일이다……지대가 금리를 대폭적으로 밑돌면 아무도 토지를 사려고 하지 않기 때문에, 그 토지의 시가는 이윽고 다시 애초의 상태로 돌아올 [즉, 내려갈] 것이다. 반대로, 지대의 이익이 금리를 보상하고 남는다면, 누구나가 땅을 사려고 하기 때문에 이 경우에도 그 토지의 시가는 다시 회복될 (즉, 상승할) 것이다.' (앞의 책 제2편, p.367~368)

지대와 이자의 이런 관계의 결과로 해서 생기는 것은, 지대는 더욱더 하락할 수밖에 없고, 마침내 가장 부유한 사람만이 겨우 지대로서 생활을 해 나갈 수 있을 것이다. 이리하여 토지를 임대하지 않고 있는 토지소유자들의 경쟁이 더욱더 격렬해진다. 그들 일부의 몰락. 또다시 일어나는 대토지 소유의 축적.

이 경쟁이 지니는 또 하나의 결과는, 토지 소유의 대부분이 자본가의 손에 떨어져서 자본가가 동시에 토지소유자가 된다는 것이다. 본디 소토지소유자들은 그 이전에 이미 자본가가 되어 있는 것이지만. 마찬가지로 또 일부의 대토지 소유는 공업적인 것이 되기도 한다.

그렇다고 하면 마지막으로 귀결되는 것은 자본가와 토지소유자의 구별의 해소이다. 이렇게 해서 전체적으로 보면 주민의 두 계급, 즉 노동자 계급과 자본가 계급만이 존재하게 된다. 소유지의 이런 상거래와 상품으로의 전환이야말로 낡은 귀족제의 최종적인 붕괴인 동시에 화폐귀족제의 최종적인 완성이 된다.

(1)우리는 낭만주의가 이 때문에 흘리는 감상적인 눈물에 동참하지 않는다. 낭만주의는 토지의 상거래에 포함되는 불명예와, 토지라고 하는 형태로 사유재산의 상거래에 포함되는 전적으로 합리적인, 사유재산의 내부에서는 필연적이기도 하고 바람직하기도 한 귀결을 항상 혼동한다. 무엇보다도 먼저 봉건적인 토지 소유는 그 본질로부터 이미 상거래된 토지이며, 사람에게서 멀어진, 그러기 때문에 몇몇 소수의 대영주라고 하는 형태로 사람에게 대립해 있는 토지인 것이다.

봉건적 토지 소유에는 이미, 토지가 하나의 멀어진 힘이 되어 사람을 지배하는 사태가 숨어 있다. 농노는 토지의 부속물이다. 장자 상속권자, 즉 장남도 마찬가지로 토지에 부속되어 있다. 토지가 장남을 상속받는 것이다. 일반적으로 토지 소유와 함께 사유재산의 지배가 시작된다. 토지 소유가 사유재산의 기초인 것이다. 그러나 봉건적 토지 소유에서는, 적어도 영주는 소유지에 군림하는 왕자(王者)인 것처럼 보인다. 또, 소유자와 토지 사이에는 단순한 사물적인 부의 관계보다 친밀한 관계라는 가상이 존재한다. 토지는 그 영주와 함께 일정한 개성이 주어지고, 나름대로 신분을 가지고, 영주와 함께 남작이나 백작의 풍격을 갖추고, 나름대로의 특권과 재판권과 정치적 관계 등을 가지게 된다. 토지는 그 영주의 비유기적인 몸인 것처럼 보인다. 그런 까닭에 '주인이 없다면 토지도 없다[nulle terre sans maître]'는 속담은 여기에서 유래하며, 거기에는 영주권과 소유지의 유착이 표현되어 있다. 소유지의 지배는 또한 노출된 자본으로서 직접 나타나는 일도 없다. 오히려, 소유지의 부속물과 같은 사람들은 소유지에 대해서 자신의 조국과 같은 관계에 있다. 이것은 일종의 국민적 의식일 것이지만 이내 숨이 찰 것 같은 종류의 것밖에 되지 못한다.

봉건적인 토지 소유는, 왕국이 그 왕에게 이름을 부여하는 것처럼 그 영주에 이름을 부여한다. 그 가족사나 가문의 역사 등 모든 것이 그의 소유지에 개성을 부여하고, 소유지를 문자 그대로 그의 집이 되게 하고 하나의 인격으로 만든다. 소유지의 경작인도 영주에 대해서 일용 노동자의 관계에 있는 것이 아니라, 어떤 경우에는 농노처럼 영주의 재산이고 또 어떤 경우에는 영주에 대해서 존경이나 복종이나 의무의 관계에 있다. 따라서 그들에 대한 영주의 태도는 직접적으로는 정치적이지만 인정미가 있는 일면도 가지고 있다. 관습이나 성격 등은 토지마다 변하고 토지와 하나가 되어 있는 것처럼 보이지만, 시간이 지나면 그를 토지와 관련지우는 것은 인간의 성격이나 개성이 아니라 돈주머니가 그를 땅에 결부시킨다. 마지막으로, 영주는 자신의 소유지로부터 될 수 있는 대로 많은 이익을 끌어내려 하지 않는다. 오히려 그는 그곳에 있는 것을 모두 소비할 뿐, 이의 조달에 대한 배려는 농노나 차지인에게 편안하게 맡겨버린다. 그것은 토지 소유를 둘러싼 귀족적인 관계이며, 이런 관계가 그 영주에게 낭만적인 영광을 던지는 것이다.

이런 가상이 파기되는 것은 필연적이다. 즉 사유재산의 근원인 토지 소유가 사유재산의 운동 속으로 끌려들어가 상품이 되고, 소유자의 지배가 모든 정치적인 색채를 벗고, 사유재산의, 즉 자본의 순수한 지배로서 나타나고, 소유자와 노동자 사이의 관계가 착취자와 피착취자의 경제적인 관계로 환원되고, 재산에 대한 소유자의 인격적인 관계가 모두 없어지고, 그 재산이 다만 사물적인 것밖에 되지 않는 물질적인 부가 되고, 토지와의 명예로운 결합이 이해의 결혼으로 대체되고, 인간과 마찬가지로 토지도 상거래가 되는 가치밖에 없는 것으로까지 전락해 버린다는 것 등은 필연적이다. 토지 소유의 근원에 가로놓인 것, 즉 파렴치한 사욕이 시니컬한 형태로 나타나는 것은 필연적이다. 안정된 독점이, 동적이고 불안정한 독점으로, 즉 경쟁으로 전환되어, 타인의 피와 땀의 결정인 토지가 바쁜 거래로 전환되는 것도 또한 필연적이다. 마지막으로 이 경쟁 속에서, 자본이라고 하는 형태를 취한 토지 소유는 노동자 계급에 대한 지배력을 발휘할 뿐만 아니라, 자본의 운동법칙은 소유자를 파멸케 하든가 번영하게 하든가 하기 때문에, 소유자 자신에 대한 지배력을 발휘한다는 것도 필연적이다. 이렇게 해서 '영주 없는 토지는 없다(nulle terre sans seigneur)'라고 하는 중세의 속담은, '돈은 주인을 가지지 않는다(l'argent n'a pas de maître)'라고 하는 근대적인 속담으로 대체되어, 사람에 대한 죽은 물질의 완전한 지배가 표현된다.

(2) 토지 소유를 분할해야 할 것인가, 하지 말아야 할 것인가의 논쟁에 대해서는 다음과 같은 일에 주목해야 한다.

토지 소유의 분할은, 소유지의 대규모적인 독점을 부정하고 폐지하지만, 그러나 그것은, 이 독점을 일반화하는 것에 의해서만 이루어진다. 토지 소유의 분할은 독점의 근거인 사유재산을 폐지하지 않는다. 그것은 독점의 현실 존재에는 손을 대도, 독점의 본질에는 손을 대지 않는다. 그 결과, 이 분할은 사유재산의 여러 법칙의 희생이 되고 만다. 즉 토지 소유의 분할은, 공업 분야에서의 경쟁 운동에 보조를 맞춘 것이다. 노동도구 분할과 노동분산이라는(다만, 이것은 분업과는 충분히 구별되어야 한다. 노동이 많은 사람에게 배분되는 것이 아니라, 같은 노동이 각자에 의해서 각기 영위되는 것으로, 그것은 같은 노동의 반복이다) 경제적 불이익 외에 필연적으로 축적으로 다시 전화(轉化)한다.

따라서 토지 소유의 분할이 이루어지는 곳에서는, 더욱더 증오할 만한 형태로 되돌아가든가, 그렇지 않으면 토지 소유의 분할 그 자체를 부정하거나 폐지할 수밖에 없다. 하지만 그것은 봉건적 소유에의 후퇴가 아니라 토지의 사적 소유 일반의 폐지이다. 독점의 최초의 폐지는 항상 독점의 일반화이며, 그 현실 존재의 확대이다. 가능한 광범위하고 포괄적인 현실 존재로까지 이른 독점의 폐지는 독점의 완전한 근절이다. 협동조합은, 이것이 토지에 적용될 경우 대토지 소유가 갖는 경제상의 이익을 분배하여, 토지 소유의 본디의 의도, 즉 평등을 비로소 실현한다. 또, 협동조합은, 이제는 농노제나 권력이나 터무니없는 재산신비설에 의해 매개되지 않는 이성적인 방법으로 토지에 대한 인간의 정이 넘치는 관계를 만들어 낸다. 왜냐하면, 토지는 악랄한 장사의 대상은 더 이상 되지 않고, 자유로운 노동과 자유로운 누림을 통해서 다시 인간의 참다운 인격적인 재산이 되기 때문이다. 토지 소유의 분할이 갖는 이점의 하나는, 그에 의해서 토지를 갖는 집단이, 공업의 경우와는 달라서, 〔재산을 가지지 않기 때문이 아니라 오히려〕 재산을 갖기 때문에 몰락하는 데에 있다. 하기야 이 집단은 그 재산 때문에 자진해서 노예의 처지로 떨어지는 일은 이제 없겠지만.

대토지 소유에 대해서 말하자면, 이를 옹호하는 사람들은 항상 궤변을 내세워, 대규모 농경이 가져오는 경제적 이익을 대토지 소유와 동일시해 왔다. 마치 이 경제적인 이익이 소유의 폐기에 의해 광범위하게 분배되기라도 한다면 사회적으로 유익한 것이 될 것이 아니냐 하는 것이다. 그들은 또, 소토지 소유의 악랄한 상업 정신을 공격해 왔는데, 그에 의하면 마치 대토지 소유 그 자체가 그 봉건적인 형태에 있어서까지도 악랄한 상법(商法)을 잠재적으로 포함하고 있었던 것이 아닌가 하는 투이다. 대토지 소유의 근대의 영국적 형태에 대해서는 말할 필요도 없다. 거기에는 지주의 봉건주의와 차지인의 악랄한 돈벌이가 결부되어 있다.

대토지 소유는, 토지 소유의 분할이 퍼붓는 독점이라는 비난을 〔이 분배 그 자체에〕 되받아칠 수가 있다. 왜냐하면, 이 분배도 또한 사유재산의 독점에 바탕을 두고 있기 때문이다. 그러나 토지 소유의 분할 쪽도 대토지 소유에 대해서 분할이라는 비난을 응수할 수가 있다. 왜냐하면, 여기에서도 또한, 경직되거나 얼어붙은 형태에 의해서이기는 하지만, 분할이 지배하고 있기 때문이다. 그리고 일반적으로 사유재산은 분할되어 있는 사실에 바탕을 두고 있는 것이다.

더 나아가서 또, 토지 소유의 분할이 자본의 부(富)라는 형태로 대토지 소유를 부활시키는 결과를 가져오는 것처럼, 봉건적 토지 소유는 그 어떤 우회곡절이 있더라도 필연적으로 분할을 향해 나아가든가 적어도 자본가의 수중에 떨어지지 않을 수가 없게 된다.

왜냐하면, 영국에 있어서처럼, 대토지 소유는 인구의 압도적인 다수를 공업으로 내몰아 자신의 노동자들을 완전한 궁핍으로 빠뜨리기 때문이다. 따라서 대토지 소유는 그 나라의 노동자와 그 모든 활동을 상대편 쪽으로 몰아냄으로써, 자신의 적인 자본이나 공업의 힘을 기르게 하고 이를 강화시킨다. 그것은 그 나라 대다수의 사람들을 공업화하고 따라서 대토지 소유의 적대자로 만든다. 현재의 영국에서처럼, 공업이 어느 정도 강력해지면 외국에 대한 독점을 대토지 소유로부터 차츰 빼앗아, 외국의 토지 소유와의 경쟁으로 내몬다. 즉 공업의 지배하에서 토지 소유는 외국에 대한 독점으로밖에 봉건 시대의 규모를 유지하지 못했으며, 또 그것에 의해서만 봉건적 제도에 모순 되는 상업의 일반적 법칙으로부터 몸을 지킬 수 있었던 것이다. 일단 경쟁으로 내몰리면, 경쟁에 놓인 다른 모든 상품과 마찬가지로, 토지 소유도 또한 경쟁의 여러 법칙에 따른다. 토지 소유도 또한 불안정해져서 증감(增減)되고 이리저리 사람 손을 전전하여 그 어떤 법칙으로도 이미 그것을 소수의 미리 전해진 손 안에 유지해 둘 수가 없게 된다. 이것은 토지가 많은 사람의 손으로 분산된다는 것을 의미하며, 토지가 산업자본의 힘에 굴복하게 된다는 것을 말하는 것이다.

마지막으로, 대토지 소유는 그것이 그런 식으로 〔소수자의 손에〕억지로 유지되어 있으면서도, 거대한 공업을 낳게 할 경우에는 더욱 급속히 위기에 빠진다. 토지 소유가 분할되어도 이 분할에 병존하는 공업의 힘이 항상 제2 급의 위치에 머무는 경우에도 또한 그러하다.

영국에서 볼 수 있는 바와 같이, 대토지 소유는 그것이 될 수 있는 대로 많은 돈을 벌려고 하는 한, 조기에 그 봉건적 성격을 벗어던지고 하나의 공업적 성격을 띠게 되었다. 대토지 소유는, 소유자에게는 될 수 있는 대로 많은 지대를, 차지인에게는 그 자본에 대해 될 수 있는 대로 많은 이윤을 준다. 그 때문에 농업노동자〔의 노임〕은, 최저까지 절하되고, 차지인 계급이 토지 소유 안에 있으면서 이미 공업과 자본의 세력을 대표하게 된다. 외국과의 경쟁에 의해서 지대는 대부분 독립된 수입은 될 수 없게 된다. 대부분의 토지소유자가 차지인의 지위로 전락하지 않을 수 없게 되고, 그렇게 해서 차지인의 일부가 프롤레타리아로 전락한다. 한편에서는 또, 많은 차지인이 토지 재산을 자기 것으로 만들 것이다. 왜냐하면, 대토지소유자들의 대부분은 그 윤택한 수입에도 불구하고 낭비에 빠지고 대규모 농업의 경영에도 대개는 쓸모가 없고, 그 일부는 토지를 이용하기 위한 자본이나 능력까지도 가지고 있지 않기 때문이다. 따라서 또, 그들의 일부도 또한 완전히 몰락하게 될 것이다. 마지막으로 최소한으로 절하되어 있던 노임은 새로운 경쟁에 견디기 위해 더욱 절하된다. 이렇게 해서 그것은 필연적으로 혁명으로 이어진다.

공업이, 사람을 믿는 것을 배우기 위해서는 독점과 경쟁이라고 하는 형태하에서 자기 자신을 파멸시키지 않으면 안 되었던 것처럼, 토지 소유도 또한, 스스로의 필연적인 몰락을 체험하기 위해서는 이 독점과 경쟁이라고 하는 방법으로 자신을 발전시키지 않으면 안 되었던 것이다.

제4장
소외된 노동

우리는 경제학의 여러 전제부터 출발하였다. 그 용어와 법칙을 받아들였다. 사유재산을, 노동·자본·토지의 구별을, 마찬가지로 노임과 자본의 이윤과 지대의 구별을, 더 나아가서는 분업을, 경쟁을, 교환가치라는 개념 등을 상정 (想定) 하였다. 그리고 우리가 이 경제학 그 자체에 입각해서, 경제학 자체의 말로 명백히 한 것은 노동자가 상품으로, 더욱이 가장 비참한 상품으로 전락해 간다는 것이었고, 노동자의 빈곤이 그의 생산력의 크기에 반비례한다는 것이었고, 경쟁의 필연적인 결과가 소수자에게 대한 자본의 축적이 되고, 따라서 독점이 더욱 두려운 형태로 재현된다는 것과, 그리고 마지막으로 자본가와 지주의 구별은 농민과 공업 노동자의 구별도 소멸되고, 사회 전체가 유산자와 무산자인 노동자라고 하는 두 계급으로 분열되지 않을 수 없다는 것이었다.

경제학은 사유재산이라는 사실에서 출발한다. 그러나 경제학은 이 사실을 우리에게 설명해 주지 않는다. 경제학은 사유재산이 현실에서 경험하는 물질적인 과정을 일반적이고 추상적인 공식으로 표현하고, 이들 공식을 법칙으로 여긴다. 경제학은 이들 법칙을 개념적으로 파악하지 않는다. 이들 법칙이 사유재산의 본질에서 어떻게 해서 생겨났는가를 가르쳐 주지 않는다. 경제학은 노동과 자본, 자본과 토지를 구별하는 근거에 아무런 설명도 제공하지 않는다. 예를 들어, 경제학이 자본의 이윤에 대한 노임의 관계를 규정할 경우, 자본가들의 이해가 최종적인 근거로 여겨진다. 즉 경제학은 스스로 설명해야 할 일을 전제로 만들어 버리고 마는 것이다. 마찬가지로, 경쟁이 도처에서 이용되지만, 이 경쟁은 외적인 여러 사정으로 설명된다. 이런 외적이고, 언뜻 보기에 우연적인 이들 사정이 어느 정도까지 필연적인 발전의 표현인가에 대해서는 경제학은 우리에게 아무것도 가르쳐 주지 않는다. 경제학에서 교환 그 자체가 우연적인 사실로 나타난다고 하는 것은 이미 보았다. 경제학자가 움직이는 단 하나의 수레바퀴는 소유욕이고, 소유욕에 사로잡힌 자들의 싸움이고 경쟁이다.

경제학이, 예를 들어 경쟁 학설을 독점 학설로, 영업 자유의 학설을 동업 조합의 학설로, 토지 소유 분할의 학설을 대토지 소유의 학설로 되풀이해서 대치할 수 있었던 것도, 운동의 연관을 개념적으로 이해하지 않기 때문이다. 왜냐하면, 경제학은 경쟁이나 영업의 자유나 토지 소유의 분할을, 독점이나 동업조합이나 봉건적 소유의 필연적이고 불가피한, 자연적인 귀결로서가 아니라, 우연적이고 고의적이고 억지의 귀결로밖에 설명하지 않고 개념적으로 이해하지 않았기 때문이다.

따라서 우리는 이제 사유재산, 소유욕, 노동과 자본과 토지 소유의 구별, 교환과 경쟁, 사람의 가치와 가치 절하, 독점과 경쟁이라고 하는 것들 사이의 본질적인 연관을, 그리고 이런 모든 소외와 화폐제도와의 본질적인 연관을 개념적으로 이해하지 않으면 안 된다.

경제학자는 무엇인가를 설명하려고 할 때, 어떤 가공적인 원시 상태에 몸을 두는데, 우리는 그런 짓은 하지 않는다. 이런 원시 상태는 아무것도 설명하지 않는다. 그것은 문제를 막연히 안개가 낀 저편으로 밀어낼 뿐이다. 경제학자는 그가 논증해야 할 사항, 즉 두 가지 사태 사이의, 예를 들어 분업이나 교환 사이의 필연적인 관계를 사실이나 사건과 같은 형태로 가정한다. 신학자도 또 그런 식으로 악의 기원을 타락을 통해 설명한다. 요컨대 신학자는 설명해야 할 일을 하나의 사실로서, 역사라는 형태로 전제하고 있는 것이다.

우리는 눈앞에 있는 경제학적인 사실에서 출발하기로 하자.

노동자는 부를 생산하면 할수록, 그 생산의 힘과 범위가 늘어나면 늘어날수록, 그만큼 더 가난해진다. 노동자는 상품을 만들면 만들수록 자신은 그만큼 더 값싼 상품이 된다. 사물 세계의 가치 증대에 정비례해서 인간 세계의 가치 저하가 심해진다. 노동은 상품을 생산하는 것만이 아니다. 노동은 자기 자신과 노동자를 하나의 상품으로서 생산하고, 더욱이 노동이 일반적으로 상품을 생산하는 데에 비례해서 생산한다.

이 사실이 나타내는 것은, 노동이 생산하는 대상, 즉 노동 생산물은 하나의 소원한 존재로서, 생산자로부터 독립된 힘이 되어 노동에 대립한다는 사실이다. 노동 생산물은 대상이라고 하는 형태로 고정화·사물화(事物化)된 노동이며 노동의 대상화(對象化 : ^{어떤 일의 상대 또는}_{목표나 목적이 됨})이다. 노동의 실현은 노동의 대상화이다. 노동의 이런 실현이 경제적 상황에서는 노동자의 현실성의 박탈로 나타나고, 노동의 대상화는 대상의 상실과 대상에 대한 예속으로서 나타나고, 〔대상의〕 획득은 소외, 즉 외화(外化 : ^{소외, 주위에서 꺼리어}_{점점 멀어짐, 따돌림})로서 나타난다.

노동의 실현은, 노동자가 굶어 죽을 정도로 현실성 박탈로서 나타난다. 〔노동의〕 대상화는, 노동자가 살아가는 데에 가장 필요한 대상뿐만 아니라 노동의 대상까지도 빼앗길 정도의 대상의 상실로서 나타난다. 더 나아가, 노동 그 자체까지도, 노동자가 최대한의 노력을 했음에도 불구하고, 부정기적이고 단편적(斷片的)으로밖에 자기 것으로 할 수 없는 대상이 된다. 대상의 획득은, 노동자가 보다 많은 대상을 생산하면 할수록, 그가 소유할 수 있는 것은 그만큼 적어지고, 그의 생산물인 자본의 지배하에 더욱더 빠져들 정도의 소외로서 나타난다.

이 모든 것의 귀결은, 노동자가 자신의 노동 생산물에 대해서, 소원한 대상을 대하는 것처럼 행동한다고 하는 규정 안에 숨어 있다. 왜냐하면, 이 전제에 따르면 다음과 같은 사실이 분명하기 때문이다. 즉 노동자가 힘들여 일을 하면 할수록, 그가 자기의 건너편에 만들어 내는 소원한 대상 세계가 그만큼 강대해지고, 그 자신의 내적 세계는 더욱 가난해져서 그에게 귀속하는 것이 더욱 빈약해진다고 하는 것이 그것이다. 이것은 종교에서도 마찬가지이다. 인간이 신 안에 많은 것을 넣어 두면 둘수록 인간이 자기 자신 안에 갖는 것은 그만큼 적어진다. 노동자는 자신의 생명을 대상에 주입한다. 그러나 대상에 주입된 생명은 이미 그의 것이 아니고 대상의 것이다. 따라서 이 활동이 커지면 커질수록 노동자는 더욱더 많은 대상을 상실한다. 그의 노동의 생산물은 그가 아니다. 따라서 이 생산물이 커지면 커질수록 노동자 자신은 그만큼 빈약해진다. 노동자 자신의 생산물에 대해서 소외된다고 하는 것은, 그의 노동이 하나의 대상, 즉 하나의 외적인 현실 실재가 된다는 것뿐만이 아니라, 그의 노동이 그의 외부에, 그로부터 독립된 소원한 형태로 존재하여, 그에 대해서 독립된 힘이 되어, 그가 대상에 부여한 생명이 그에 대해서 적대적이고 소원하게 대립한다는 뜻을 갖는 것이다.

다음에는 노동자의 대상화인 생산과 거기에 발생하는 노동자의 생산물의 소외와 상실을 좀더 자세히 살펴보기로 하자.

　노동자는 자연, 즉 감성적 외계가 없으면 아무것도 만들어 낼 수가 없다. 자연, 즉 감성적 외계는 노동자의 노동이 거기에서 실현되고, 그 안에서 활동하고, 그것을 바탕으로 하고 매개로 해서 생산을 하기 위한 소재이다.

　그러나 노동은 스스로 실행할 대상 없이는 살 수 없다는 뜻에서 자연은 노동에 생활수단을 제공하지만, 한편으로는 보다 더 좁은 뜻에서의 생활수단, 즉 노동자 자신의 육체적 생존을 위한 수단도 제공한다.

　따라서 노동자는 스스로의 노동을 통해서 외계, 즉 감성적 자연을 내 것으로 하면 할수록 두 가지 면에서 생활수단을 빼앗기게 된다. 우선 첫째로 감성적 외계는, 더욱더 그의 노동에 속하는 대상, 그의 노동의 생활수단이기를 그친다는 것. 둘째로 감성적 외부 세계가 점점 더 직접적인 뜻에서의 생활수단, 노동자의 육체적 생존을 위한 수단이기를 그친다는 것이다.

　이렇게 해서 노동자는 두 가지 면에서, 즉 노동의 대상, 일자리를 얻는다는 점과 생존수단을 얻는다는 점에서, 스스로 대상의 노예가 된다. 요컨대 노동자는 첫째로 노동자로서 생존하기 위하여, 둘째로 육체적 주체로서 생존하기 위해 대상의 노예가 되는 것이다. 이 노예 상태의 정점은, 그가 이미 노동자로서의 자기 자신을 유지할 수 없이 육체적 주체밖에 가지지 않는 노동자가 되어 버린다는 데에 있다.

　(대상으로부터의 노동자의 이런 소외는, 경제학의 법칙에 의하면 다음과 같이 표현된다. 즉 노동자는 보다 더 많이 생산하면 할수록 그가 소비할 수 있는 것은 적어지고, 그가 보다 더 많은 가치를 만들어 내면 낼수록 그 자신은 그만큼 무가치하고 시시한 것이 되고, 그 생산물이 문명적이 되면 될수록 그는 더욱더 야만이 되고, 노동이 강해지면 강해질수록 노동자는 무력하게 되고, 노동이 지적이 되면 될수록 노동자는 지성이 결여된 것이 되어 자연의 노예가 된다.)

　경제학은 노동자(노동)와 생산 사이의 직접적인 관계를 고찰하지 않기 때문에 노동의 본질에 숨어 있는 소외를 덮어 버리고 만다. 분명히 노동은 부자를 위해서는 놀랄만한 작품을 생산하지만, 노동자 자신에게는 결핍을 생산한다. 그것은 궁전을 생산하지만 노동자에게는 움막을 생산할 뿐이다. 그것은 미(美)를 생산하지만 노동자에게는 불구를 생산한다. 그것은 노동 대신 기계를 사용하지만, 노동자의 일부는 야만스런 노동으로 되돌아가게 하고 다른 일부를 기계로 만든다. 그것은 정신을 생산하지만 노동자에게는 정신박약과 크레틴병〔cretin 病 : 신체발육부전과 정 신지체 증상(백치)〕을 생산한다.

노동 생산물에 대한 노동의 직접적인 관계는 노동자 자신이 생산한 대상에 대해 가지는 관계이다. 생산의 대상과 생산 그 자체에 대한 자산가의 관계는, 이 제1관계의 한 귀결에 지나지 않고, 그리고 그것을 확정한다. 이런 다른 측면에 대해서는 후에 고찰하기로 한다. 노동의 본질적인 관계가 어떤 것인가를 문제로 삼을 때, 생산에 대한 노동자의 관계를 문제삼는 것은 이런 까닭이다.

이제까지 우리는 노동자의 소외와 외화를 단 한 가지 측면, 즉 자신의 노동 생산물에 대한 노동자의 관계라는 측면만으로 고찰해 왔다. 그러나 소외는 단순히 생산의 결과에서뿐만 아니라, 생산의 행위, 생산적 활동 그 자체에서도 나타난다. 노동자가 생산 행위 그 자체에서 자기 자신을 소외하고 있는 것이 아니라고 한다면, 어떻게 그가 자기 활동의 생산물에 소원하게 대립하는 일이 있을 수 있는가. 생산물은 활동, 즉 생산의 집약적인 성과에 지나지 않기 때문이다. 따라서 노동 생산물이 외화라면, 생산 그 자체도 또한 활동적인 외화, 활동의 외화, 외화의 활동임에 틀림없다. 노동의 대상의 소외 중에는 노동의 활동 그 자체에 있어서의 소외와 외화가 집약적으로 표현되어 있는 데에 지나지 않는다.

그렇다면 노동의 외화의 본질은 무엇인가?

그것은 우선 첫째로 노동이 노동자에게 외적(外的)인 것이며, 노동자의 본질에 속하지 않고, 그 때문에 노동자는 자신의 노동에서 자신을 긍정하지 않고 오히려 부정하며, 행복하다고 느끼지 않고 불행하다고 느끼고, 자유로운 육체적·정신적 에너지를 발휘하기는커녕 그의 육체를 소모시키고, 그 정신을 황폐하게 만든다는 데에 있다. 그래서 노동자는, 노동 이외의 장소에서 비로소 자기 자신에 대한 소속감을 느끼고, 노동을 하고 있을 때에는 자기 바깥에 있다고 느낀다. 노동자는 노동하지 않을 때에 그의 집에 있는 것처럼 편안한 마음을 가질 수가 있는데, 노동할 때에는 그런 마음을 가질 수가 없다. 그러기 때문에 그의 노동은 자발적인 것이 아니라 강요된 것으로 강제노동이다. 따라서 그의 노동은 욕구의 만족이 아니라 노동 이외의 곳에서 욕구를 만족시키기 위한 수단에 지나지 않는다. 이런 노동의 소원함은 육체적인 강제나 그 밖의 강제가 없어지자마자 노동을 페스트처럼 싫어하는 데에서 분명해진다. 외적인 노동, 즉 인간이 그곳에서 자신을 외화시키는 것 같은 노동은 자기희생의 노동이고, 고행과 같은 노동이다. 마지막으로 노동자에게 있어 노동의 외재성(外在性)은, 노동이 그 자신의 것이 아니라 남의 것이라는 것, 그것이 그에게 속해 있지 않다는 것, 그가 노동에서 자기 자신이 아니라 남에게 속한다는 데에 나타난다. 종교에서 인간의 상상력이나 두뇌나 심정의 자기활동이, 개인에서 독립된 형태로, 신적이건 악마적이건 하나의 소원(疎遠)한 활동으로서 개인에게 작용하는 것처럼, 노동자의 활동은 자기 활동이 아니다. 노동자의 활동은 타인에게 속해 있고, 노동자 자신의 상실인 것이다.

이리하여 인간(노동자)은 이미 음식이나 생식과 같은 동물적인 기능이나, 기껏해야 집에서 산다거나 옷치장을 하는 일에서밖에 자신을 자유롭게 만드는 활동으로 느끼지 못하고, 자신의 인간적인 기능에서는 자신을 다만 동물로서밖에 느끼지 않게 된다. 동물적인 것이 인간적인 것이 되고, 인간적인 것이 동물적인 것이 된다.

분명히 먹고 마시는 것이나 생식하는 것 등도 인간적인 기능이기는 하다. 그러나 이들 기능만이 추상(抽象)되어 인간적 활동의 다른 영역으로부터 분리되어, 마지막의 유일한 궁극목적이 되어 버리는 곳에서는 이들은 동물적인 것이 되고 만다.

우리는 인간의 실천적 활동인 노동을 소외시키는 행위를 다음의 두 가지 측면에서 고찰해 왔다. 그 첫째 측면은, 노동자가 노동 생산물에 대해서 소원하여 지배하는 것 같은 대상으로서 관련되는 관계이다. 이런 관계는 동시에, 노동자가 감성적 외계, 즉 자연의 대상에 대해서 그에게 적대적으로 대치하는 것과 같은 소원한 세계로서 관련되는 관계이기도 하다. 그리고 두 번째 측면은, 노동이 생산 행위에 대해서 노동 내부에서 갖는 관계이다. 이 관계는, 노동자가 자기 자신의 활동에 대해서, 자신에게는 속하지 않는 소원한 활동으로서 관련되는 관계이기도 하다. 여기에서의 활동은 고통으로서 활동이고, 힘은 무력하고, 생식은 거세로서 나타난다. 노동자 자신의 육체적·정신적 에너지,

즉 그의 인격적 생명은 그 자신에게 반항적이고, 그로부터 독립되어 있고, 그에게는 속하지 않는 활동으로서 나타난다. 제1의 측면이 사물의 소외인 것처럼, 제2의 측면은 자기소외〔自己疎外 : 인간이 자기 본질을 상실하여 비인간적인 상태에 놓이게 되는 일〕이다.

이제 이 두 가지 규정으로부터 소외된 노동의 제3의 규정을 이끌어 내야 한다.

인간은 하나의 유적(類的)인 존재이다. 그 이유는, 인간이 실천적으로나 이론적으로 자기 자신의 그것이든 다른 사물의 그것이든 유를 자신의 대상으로 할 뿐만 아니라—이것은 같은 사항의 다른 표현에 지나지 않지만—인간이 자기 자신에 대해서 눈앞에 살아 있는 유로서 관여하고, 하나의 보편적인, 따라서 자유로운 존재로서 관여하고 있기 때문이기도 하다.

인간에 있어서나 동물에 있어서도, 유적인 생활의 본질은 물질적으로는 우선, 인간이 (동물과 마찬가지로) 비유기적 자연에 의존해서 생활하는 데에 있다. 그리고 인간이 동물보다 보편적이면 보편적일수록 그가 그것에 의존해서 생활하는 비유기적 자연의 범위도 또한 보편적이 된다. 식물·동물·암석·공기·빛 등은 자연과학의 대상이건 예술의 대상이건 이론적으로 인간 의식의 일부를—즉, 인간이 그것을 누려 소화하기 위해 우선 가공하지 않으면 안 되는 것과 같은 인간의 정신적인 비유기적 자연, 정신적인 생활수단을—이루고 있는 것처럼, 실천적으로도 인간의 생활이나 활동의 일부를 이루고 있다. 이들 자연 생산물이 식품·연료·의복·주거 등 그 어떤 형태로 나타나든, 인간은 물질적으로는 오직 그것에 의존해서 생활한다. 인간의 보편성은 실천적으로는 자연이 우선 첫째로는 직접적인 생활수단인 한에 있어서, 둘째로는 인간의 생명활동의 대상과 소재와 도구인 한에 있어서, 그것을 인간의 비유기적인 육체로 하는 것과 같은 보편성 속에 나타난다. 자연은 인간의 비유기적 신체이다. (왜 비유기적이냐 하면) 자연 그 자체는 인간의 육체가 아니기 때문이다. 인간이 자연에 의존해서 산다고 하는 것은, 자연은 인간의 신체이며, 인간은 죽지 않기 위해서는 끊임없이 그것과 교류를 계속하지 않으면 안 된다는 것을 말한다. 인간의 육체적·정신적 생활이 자연과 연관되어 있다고 하는 것은, 자연이 나 자신과 연관되어 있는 뜻을 갖는 데에 지나지 않는다. 왜냐하면, 인간은 자연의 일부이기 때문이다.

소외된 노동은 인간으로부터 우선 자연을 소외하고, 그 다음에 자기 자신을, 즉 인간에 특유한 활동적 기능, 인간의 생명활동을 소외시킴으로써 인간으로부터 유(類)를 소외시킨다. 소외된 노동은 유적 생활을 개인의 생활수단으로 만들어 버린다. 소외된 노동은, 첫째로 유적 생활과 개인생활을 서로 소원한 것으로 만들고, 둘째로 추상화된 개인생활을, 마찬가지로 추상화되고 소외된 형태의 유적 생활의 목적으로 만든다.

왜냐하면, 인간에게 있어, 노동도 생명활동도 생산적 생활도 그 자체로서는 우선 어떤 욕구를, 더욱이 육체적 생존을 유지하려고 하는 욕구를 채우기 위한 수단으로밖에 보이지 않기 때문이다. 그러나 생산적 생활은 유적인 생활이다. 그것은 생활을 낳아가는 생활이다. 어떤 동물종(動物種)의 생명활동 양식 안에는 그 종의 성격 전체, 그의 유적인 성격이 숨어 있으며, 자유로운 의식적 활동이야말로 인간의 유적인 성격이다. 그런데 생활 자체는 생활수단으로밖에 보이지 않는다.

동물은 그 생명활동과 그대로 하나를 이룬다. 동물은 그 생명활동으로부터 자기 자신을 구별하지 않는다. 동물이란 생명활동 그 자체인 것이다. 인간은 자신의 생명활동 그 자체를, 스스로의 의욕이나 의식의 대상으로 한다. 인간은 의식적인 생명활동을 영위한다. 인간의 생명활동은 인간이 그것과 직접적으로 일체화되어 있는 것과 같은 도식적인 존재양식은 아니다. 의식적인 생명활동이야말로 동물적인 생명활동으로부터 인간을 구별하는 것이다. 다름 아닌 이 의식적 생명활동에 의해서만이 인간은 유적으로 존재한다. 인간은 바로 유적인 존재이기 때문에 의식적인 존재이며 결국 자기 자신의 생활이 그에게 대상이 되는 것이다. 그러기 때문에 그의 활동은 자유로운 활동이다. 그러나 소외된 노동은 이 관계를 역전시켜서 인간은 의식적인 존재이기 때문에 자신의 본질인 생명활동을 단순히 자신의 생존수단인 것처럼 만들고 만다.

대상적 세계의 실천적인 산출이나 비유기적 자연의 가공은 인간이 의식적인 유적 존재라는 것을 나타내는 확증이다. 분명히 동물도 생산하기는 한다. 꿀벌이나 비버, 개미와 같이 동물도 둥지나 집을 만든다. 그러나 동물은 다만 자기나 새끼들을 위해 당장에 필요한 것밖에 생산하지 않는다. 동물은 일면적〔一面的 : ^{한 방면으로만}_{치우침}〕으로 생산한다. 이에 대해 인간은 보편적으로 생산한다. 동물은 다만 직접적인 육체적 욕구에 지배되어 생산할 뿐이지만 인간은 육체적 욕구에서 자유롭게 스스로 생산하고, 더욱이 이 자유 속에서 비로소 참된 생산을 한다. 동물은 다만 자기 자신을 생산할 뿐이지만 반면에 인간은 전체 자연을 재생산한다. 동물의 생산물은 그대로 동물의 물질적 신체의 일부가 될 뿐이지만, 인간은 자기의 생산물에 자유롭게 대항한다. 동물은 그것이 속하는 종(種)의 정하는 바와 욕구에 따라서 형태를 만들지만, 인간은 그 어떤 종이 정하는 바에 따라서도 생산할 수가 있고, 어디에서나 대상에 그 고유한 기준을 적용할 수 있다. 따라서 인간은 미(美)의 법칙에 따라서도 형태를 만드는 것이다.

그렇다고 한다면, 인간이 자기 자신을 유적인 존재로서 처음으로 현실에 실증하는 것은 바로 대상세계의 가공에 있어서이다. 이 생산활동은 인간의 제작 활동적인 유적인 생활인 것이다. 생산활동에 의해서 자연은 인간의 작품이기도 하면서 인간의 현실로서도 나타난다. 따라서 노동의 대상은 인간의 유적인 생활이 대상화된 것이다. 왜냐하면, 인간은 다만 의식에 있어서 자신을 지적으로 이중화(二重化)할 뿐만 아니라, 활동적이고 현실적으로도 자신을 이중화하기 때문이며, 그로 말미암아 자신에 의해 창조된 세계 안에서 자기 자신을 직관하기 때문이다. 그렇다고 한다면 소외된 노동은, 인간으로부터 그의 생산활동의 대상을 박탈함으로써, 인간으로부터 유적인 생활, 즉 그가 유로서 대상화된 존재 이유를 빼앗고, 동물에 대해 지니는 그의 장점을, 인간의 비유기적인 신체인 자연이 그로부터 제거되는 단점으로 바꾸고 마는 것이다.

마찬가지로 또 소외된 노동은 자기활동이나 자유로운 활동을 수단으로 격하시킴으로써 인간의 유적인 생활을 그의 육체적 생존수단으로 바꾸고 만다.

따라서 인간이 자신의 유에 대해서 갖는 의식은 소외에 의해 변질되고, 그런 변질된 의식은 유적 생활이 인간에게 있어 수단에 지나지 않는 것이라고 생각하게 만든다.

이렇게 해서 소외된 노동은

셋째로, 인간의 유적인 존재, 즉 자연 뿐만아니라 인간이 유로서 갖는 정신적인 능력도, 인간에게 소원한 본질로 만들어 개체적 생존수단으로 만들어 버리고 만다. 소외된 노동은 인간으로부터, 그 자신의 신체와, 그의 외부에 있는 자연과, 그의 정신적 본질을, 요컨대 그의 인간적인 본질을 소외시킨다.

넷째로, 인간이 그의 노동 생산물과 생명활동의 유적인 존재로부터 소외되어 있다고 하는 직접적인 귀결의 하나는 인간으로부터의 인간의 소외이다. 인간이 나 자신과 대립할 때, 다른 인간도 그에게 대립한다. 인간이 자신의 노동과 그 생산물과 자기 자신에 대해서 갖는 관계에 합당한 것은, 인간이 다른 인간과 그의 노동과 그 대상에 갖는 관계에도 합당하다.

일반적으로, 인간의 유적인 존재가 인간으로부터 소외되어 있다는 명제는, 어떤 인간이 다른 인간으로부터, 그리고 그들의 누구나가 인간적 본질로부터 소외되어 있다는 것을 의미한다.

인간의 소외, 일반적으로 인간이 자기 자신에 대해서 서 있는 모든 관계는, 인간이 다른 인간에 대해서 서 있는 관계에서 비로소 현실화되어 표현된다.

따라서 소외된 노동이라고 하는 관계에서는 어느 인간이나 그 자신이 노동자로서 몸을 담은 기준이나 관계에 따라서 타인을 본다.

우리는 노동자와 그 생산활동의 소외라고 하는 경제학적인 사실에서 출발했다. 우리는 이 사실의 개념을 소외되고 외화된 노동이라고 표현하였다. 우리는 이 개념을 분석해 온 셈인데, 이는 다만 하나의 경제적인 사실을 분석해 온 데에 지나지 않는다.

이제부터 더 파고들어, 소외되고 외화된 노동이라고 하는 개념이 실제로 어떻게 표현되고 나타나지 않을 수 없는가를 보기로 하자.

노동 생산물이 나에게 소원하고, 소원한 힘으로서 나에게 대립한다고 하면 그것은 누구의 것인가?

내 자신의 활동이 나에게 속하지 않고 소원하고 강제된 활동이라고 한다면 그것은 누구에게 속하는 것인가?

나 이외의 다른 존재에게

이 존재는 누구인가?

신들일까? 분명히 고대에는, 예를 들어 이집트·인도·멕시코에서의 신전 조성 등과 같이, 주요한 생산활동은 신들에 대한 봉사라는 형태로 나타났고, 그 생산물도 신들의 것이었다. 그러나 신들만이 노동의 지배자는 결코 아니었다. 마찬가지로 자연도 그렇지는 않았다. 인간이 자신의 노동에 의해서 자연을 정복하면 할수록, 또 신들의 기적이 산업의 기적에 의해서 거추장스러운 것이 되면 될수록, 인간이 이들 산업의 힘 때문에 생산의 기쁨이나 생산물의 누림을 단념하는 처지가 되었다는 것은 이 무슨 모순이란 말인가.

노동과 노동 생산물이 그것에 속하고, 노동이 그것 때문에 이루어지고, 노동 생산물이 그것의 향유를 위해 존재하는 것 같은 소원한 존재란 인간 그 자체 말고는 없다.

노동 생산물이 노동자에 속하지 않고, 소원한 힘으로서 그에게 대립한다고 한다면, 이 생산물이 노동자 이외의 다른 인간에게 속함으로써만 가능하다. 노동자의 활동이 그 자신에게 고통이라고 한다면, 그 활동은 다른 사람에게는 향유이고, 사는 기쁨임에 틀림없을 것이다. 신들도 자연도 아니고, 오직 인간만이 인간을 지배하는 이런 소원한 힘일 수가 있는 것이다.

인간의 자기 자신에 대한 관계는, 다른 인간과 관련을 가짐으로써 비로소 그에게 대상적인 것이 되고 현실적인 것이 된다는, 위에서 말한 명제를 잘 생각해 주기 바란다. 인간이 자신이 한 노동 생산물이, 즉 대상화된 노동이 소원하고 적대적이고 위압적으로, 즉 그로부터 독립된 대상인 것처럼 관련되는 경우, 그는 그 생산물에 대한 관계에서, 소원하고 적대적이고 위압적인, 그로부터 독립된 어떤 인간이 이 대상의 주인인 것과 같은 관계에 서게 되는 것이다. 인간이 그 자신이 한 활동에 대해서 부자유스럽게 관여되어 있을 경우, 그는 어떤 다른 인간의 지배, 강제, 질곡(桎梏)하에서 이 인간에게 봉사하는 활동인 것처럼 관련되고 있는 것이다.

자기나 자연으로부터의 자기소외는, 자기로부터 구별된 다른 사람들과 자기와 자연 사이에 설정하는 관계 속에 나타난다. 따라서 종교적인 자기소외가 속인과 사제 사이의 관계 속에서, 또는 여기에서는 지적인 세계가 문제이므로, 속인과 중개자(仲介者) 등과 같은 사람 사이의 관계 속에 필연적으로 나타나는 것도 그 때문이다. 실천적인 현실 세계에서는 자기소외는 다른 사람들에 대한 실천적인 현실적 관계를 통해서만 나타날 수 있다. 소외를 생기게 하는 매개 그 자체가 실천적인 것이다. 따라서 인간은 소외된 노동을 통해서, 생산의 대상이나 생산 행위에 대한 그의 관계를, 자신에게 적대적인 소원한 여러 힘에 대한 관계로서 낳을 뿐만은 아니다. 인간은 또, 다른 인간들이 그 생산이나 생산물에 대해서 갖는 관계를, 그리고 또 그가 이들 다른 인간들에 대해서 갖게 되는 관계도 낳는다. 인간은, 자기 자신의 활동을 자신의 현실성의 박탈과 자신의 징벌로 돌리고, 자기 자신의 생산물을 자기 것이 아닌 생산물로 만들어 버리는 것처럼, 생산을 하지 않은 사람들로 하여금 이 생산활동이나 생산물에 대한 지배를 할 수 있게끔 만들고 만다. 인간은 나 자신의 활동을 자기로부터 소외하는 것처럼 소원한 타인에게 그 사람 것이 아닌 활동을 내주고 만다.

이제까지 우리는 이 관계를 노동자 쪽에서만 생각했는데 후에 비노동자 쪽에서도 고찰해 보기로 하자.

이렇게 해서 노동자는, 소외되고 외화(外化)된 노동에 의해서, 노동에 소원하고 노동의 권외(圈外)에 있는 사람이 이 노동에 관계를 가지게 된다. 노동에 대한 노동자의 관계가, 노동에 대한 자본가—노동의 지배자를 그 밖에 어떻게 부르든—의 관계를 낳는 것이다. 그렇다고 한다면, 사유재산은 외화된 노동의, 즉 자연과 자기 자신에 대한 노동자의 외적 관계의 산물이며, 성과이며, 필연적인 귀결이다.

따라서 사유재산은 외화된 노동, 즉 외화된 인간, 소외된 노동, 소외된 생활, 소외된 인간이라고 하는 개념으로부터 분석에 의해 분명해진다.

분명히 우리는 외화된 노동(외화된 생활)의 개념을 경제학으로부터 입수했는데, 경제학에서의 이 개념은 사유재산 운동 결과라고 여겨져 왔었다. 그러나 분석을 해가는 중에 분명해지는 것은, 신들이 본디는 인간 지성의 착란의 원인이 아니라 결과인 것과 마찬가지로, 사유재산도 또한, 비록 그것이 외화된 노동의 근거나 원인인 것처럼 보여도 오히려 그 한 귀결이라고 하는 것이다. 본디 이 관계는 뒤에서는 상호작용으로 변화한다.

사유재산의 마지막 발전의 정점에 이르러 처음으로, 사유재산의 이 비밀이 다시 분명해진다. 그 비밀이란, 사유재산은 한편으로는 외화된 노동의 산물이지만, 다른 한편으로는 노동을 외화하는 수단이며, 이 외화의 실현이라고 하는 것이 다시 등장한다.

이런 전개는 이제까지 미해결 상태였던 여러 가지 대립에 즉시 빛을 던져준다.

(1)경제학은 생산 본래의 혼으로서 노동에서 출발하는 데도 불구하고, 노

동에는 아무것도 주지 않고 사유재산에 모든 것을 준다. 프루동(1809~1865, 프랑스의 사회주의자·아나키즘의 이론적 지도자)은 이 모순으로부터 노동을 옹호하여 사유재산에 반대하는 결론을 이끌어 냈다. 그러나 이 외견상의 모순이 소외된 노동의 자기모순이며, 경제학이 소외된 노동의 여러 법칙을 표현하고 있었던 것에 지나지 않았다는 것이 분명해진다.

따라서 노임과 사유재산이 같은 것이라고 하는 것도 명백해진다. 왜냐하면, 노임이란 노동 생산물 내지는 대상이 노동 그 자체에 급료를 지불하는 경우에는, 노동의 소외로부터 하나의 필연적인 귀결에 지나지 않기 때문이다. 사실 또 노임과의 관련에서 볼 때, 노동은 자기 목적으로서가 아니라 임금의 하인으로서 나타난다. 이에 대해서는 후에 자세히 논하기로 하고 여기에서는 다만 두서너 가지 귀결을 이끌어 내는 데에 그치기로 한다.

그렇다고 한다면, 노임의 강제적인 인상은(그 외의 모든 어려움을 도외시하고, 이 인상이 하나의 변칙적 사태인 이상 그것을 유지하는 데에도 힘에 의하지 않을 수 없다는 것도 도외시해도), 노예의 급여 개선밖에 되지 않을 것이고, 노동자를 위해서나 노동을 위해서나 그 인간적인 사명과 존경을 얻게하지는 못할 것이다.

그러기는커녕, 프루동이 주장하는 것과 같은 급료의 평등까지도, 자신의 노동에 대한 오늘날의 노동자의 관계를, 노동에 대한 모든 인간의 관계로 바꿀 뿐이다. 이 경우, 사회는 추상적인 자본가로 이해되고 있는 것이다.

노임은 소외된 노동의 직접적인 한 귀결이며, 소외된 노동은 사유재산의 직접적인 원인이다. 따라서 한 쪽이 몰락하면 다른 쪽도 틀림없이 몰락할 것이다.

(2)또한 사유재산에 대한 소외된 노동의 관계로부터 귀결되는 것은, 사유재산 등으로부터, 즉 예속 상태에서 사회의 해방이 노동자 해방이라는 정치적인 형태로 나타나게 된다고 하는 것이다. 왜냐하면, 문제가 되어 있는 것은 노동자의 해방만으로 보이면서도 실은 그렇지 않고, 오히려 노동자의 해방에는 보편적·인간적 해방이 포함되어 있기 때문이며, 그리고 그것이 그렇다고 하는 것은 생산활동에 대한 노동자의 관계 속에 인간의 예속 상태의 모든 것이 포함되어 있고, 모든 예속 관계가 그 관계의 단순한 변종이자 귀결

에 지나지 않기 때문이다.

소외되고 외화된 노동의 개념으로부터 분석에 의해서 사유재산의 개념이 발견된 것처럼, 이들 두 가지 요인의 도움으로 모든 경제학적 카테고리가 전개될 수 있다. 그리고 비록 악랄한 장사, 경쟁·자본·화폐 등의 어느 카테고리에서나 재발견되는 것은, 이들 두 가지 기초의 특별히 전개된 표현밖에 되지 않을 것이다.

그러나 이런 형태를 고찰하기 전에 다시 두 가지 과제를 해결하기로 하자.

(1)소외된 노동의 결과인 것이 분명해진 사유재산의 보편적 본질을 진정으로 인간적이고 사회적인 재산과의 관계 속에서 규정한다는 것.

(2)우리는 노동의 소외와 외화를 사실로서 받아들이고 이 사실을 분석하였다. 그래서 이제는 인간이 어떻게 해서 자신의 노동을 외화시키고, 소외시키게 되는가, 이 소외가 인간적 발전의 본질 속에 어떻게 뿌리를 박고 있는가를 문제삼기로 하자. 우리는 사유재산의 기원에 관한 문제를, 인류의 발전과정에 대한 외화된 노동의 관계라고 하는 문제로 바꾸어 놓음으로써, 이 과제를 해결하기 위한 많은 단서를 이미 입수해 놓고 있다. 왜냐하면, 사유재산이 화제가 될 경우에는, 인간의 외부에 있는 사물이 문제되지 않으면 안 된다고 일반적으로 믿어지고 있는데, 노동이 화제가 될 경우에는 직접 인간이 문제가 되지 않으면 안 되기 때문이다. 이 새로운 문제 제기는 이미 그 해결을 포함하고 있다.

(1)에 대하여. 사유재산의 보편적인 본질과 진정으로 인간적인 재산에 대한 그 관계에 대하여.

외화된 노동은 상호제약적인 또는 같은 관계의 서로 다른 표현에 지나지 않는 것 같은 두 개의 구성 요소로 분해되었다. 획득은 소외와 외화로 나타나고, 외화는 획득으로, 소외는 진정한 시민권 획득으로서 나타나는 것이다.

우리는 노동자 그 자신과 관련된 외화된 노동, 즉 외화된 노동의 자기 자신에 대한 관계라고 하는 (노동의) 한 측면을 고찰해 왔다. 이 관계의 산물이기도 하고 필연적인 결과이기도 한 것으로, 노동자 및 노동에 대한 비노동자의 소유관계를 발견하였다. 외화된 노동의 물질적이고 집약적인 표현인 사유재산은, 노동과 그 생산물 그리고 비노동자에 대한 노동자의 관계와, 노동자와 그 노동 생산물에 대한 비노동자의 관계라고 하는 두 개의 관계를 포함하고 있다.

노동에 의해서 자연을 획득하는 노동자와 관련하여, 이 획득이 소외로서 나타나고, 자기 활동이 타인을 위한 활동 및 타인의 활동으로서 나타나고, 생명의 약동이 생명의 희생으로 나타나고, 대상의 생산이 소원한 힘과 소원한 인간 아래에서의 대상의 상실로 나타난다는 것이 이제 분명해졌기 때문에, 이제 노동과 노동자에 소원한 이 인간의, 노동자와 노동과 그 대상에 대해 맺고 있는 관계를 다음에 살펴보기로 한다.

다음과 같은 일이 주목되어야 한다. 그 첫째는 노동자에게 외화와 소외의 활동으로서 나타나는 모든 것이, 비노동자에게는 외화와 소외 상태로서 나타난다고 하는 것이다.

둘째, 생산활동에 있어서의, 또 생산물에 대한 노동자의 현실적이고 실천적인 태도(마음의 상태로서의 태도)가 그에 대립하는 비노동자에 있어서는 이론적인 태도로서 나타난다고 하는 것.

셋째로, 노동자가 자신의 뜻에 반해서 행하는 모든 일을, 비노동자는 노동자에 대해서 행하지만, 비노동자는 노동자의 뜻에 반해서 행하는 일을 자신에게 행하는 일은 없다.

이 세 가지 관계를 더 자세히 살펴보기로 하자.

제2 초고*16

사유재산의 존재양식

……그 자본의 이자를 이루고 있다. 따라서 노동이란 자기를 상실한 인간이라고 하는 사태가 자본 아래에서 객체적으로 존재하는 것처럼, 자본이란 완전히 자기를 상실한 인간이라고 하는 사태가 노동자에게서 주체적인 형태로 존재한다. 그러나 노동자는 살아 있는 자본이며, 따라서 생리적인 욕구를 갖는 자본이므로, 노동을 하지 않게 된 순간, 자신의 이자와 함께 자신의 생존도 잃고 마는 불행을 안고 있다. 노동자의 가치는 자본으로 여겨져 수요와 공급에 따라 상승하고, 그의 생존과 생명도 물질적인 것으로 여겨져, 다른 모든 상품과 마찬가지로 상품의 공급으로서 이해된다. 노동자는 자본을 생산하고 자본은 노동자를 생산한다. 따라서 노동자는 자기 자신을 생산하게 되는 것이며, 노동자로서의 인간, 상품으로서의 인간이 이 전체 운동의 산물인 것이다. 노동자 이외 아무것도 아닌 인간, 노동자로서의 인간에게 그의 인간적인 여러 성질을 지니고 있는 것은, 그것들이 자본을 위해 쓸모가 있을 때에 한하는 것이지만, 그러나 그 자본은 그에게는 소원한 것일 수밖에 없다. 노동자와 자본은 서로 소원하며, 따라서 무관심하고 외적이고 우연적인 관계에 있기 때문에, 이 소원함은 현실적인 것으로 나타나지 않을 수가 없다. 그래서 자본이 이미 노동자를 위해서 존재하지 않으리라고 마음먹자마자—이것이 필연적인 생각이건 자의적인 생각이건—노동자 자신도 이미 자기를 위해서는 존재하지 않게 된다. 그는 그 어떤 일자리도 가지지 않으며, 따라서 그 어떤 임금도 받지 못한다. 그리고 그는 인간으로서가 아니라, 노동자로서 생존하고 있으므로, 이렇게 된 상태에서 그가 할 수 있는 일이라고는, 자신이 죽으면 매장해 주기를 바라거나 굶어 죽을 수밖에 없는 것이다. 노동자는 자기 자신에 대해서 자본으로서 존재할 때에만 노동자로서 존재하고, 자본이

그에게 존재할 때에만 자본으로서 존재할 뿐이다. 자본의 존재가 노동자의 존재이자 생활이다. 일반적으로 자본은, 노동자는 아랑곳하지 않고 그의 생활 내용을 규정하는 것이다. 경제학이, 실업 중인 노동자나 이런 고용 관계의 외부에 있는 사람에게 관여하지 않는 것은 그 때문이다. 도둑·사기꾼·거지, 실업 중인, 굶고 있는 범죄 예비군의 일꾼들은 경제학에는 존재하지 않고, 의사·재판관·장의사·거지 단속 관리 등의 눈에만 보이는 사람들이며, 경제학의 영역 외를 날뛰는 망령들이다. 그렇다고 한다면 경제학의 입장에서 볼 때 노동자가 갖는 일련의 욕구란, 노동자라는 종족이 사멸하지 않는 범위 내에서, 노동자가 노동을 하고 있는 동안 자기를 유지하려고 하는 요구밖에 되지 않는다. 노임은 다른 모든 생산 용구의 유지와 보전(保全), 이자와 함께 재생산되기 위해 필요한 자본 일반의 소비, 즉 바퀴를 계속 회전시키기 위해 쓰이는 기름과 같은 뜻을 가지고 있다. 노임은, 자본과 자본가들의 필요경비의 일부이고, 이 필요가 요구하는 범위를 넘어서는 안 된다. 그렇다면, 영국의 공장주들이 1834년의 개정법안 이전에 구빈세(救貧稅)에 의해 노동자들이 받은 공공 자선기금을 노동자의 임금에서 공제하여 그것을 노임의 한 구성 부분이라고 여긴 것도 전적으로 옳은 일이었던 셈이다.

생산활동은 인간을, 하나의 상품, 인간 상품으로 상품이라고 하는 규정을 갖는 인간으로서 생산할 뿐만 아니라, 이 규정에 어울리게 정신적으로나 육체적으로나 비인간화된 존재로서도 생산한다―노동자와 자본가의 부도덕이나 불구나 치매 상태―생산활동의 생산물은, 자기 의식적이고 자기 활동적인 상품……즉 인간 상품……이다. 스미스나 세에 비하여 리카도나 밀 등의 위대한 진보는, 그들이 인간의 생존―인간의 상품 생산성의 대소―을 어떻게 되든 상관없는 것으로, 아니 유해한 것으로 보고 설명한 데에 있다. 그들에 의하면, 어떤 자본이 어느 정도의 노동자를 부양하는가가 아니라, 얼마만큼의 이자를 가져오는가 하는 것이, 즉 해마다의 절약의 총액이라고 하는 것이 생산의 진정한 목적인 것이다. 최근의 영국 경제학의 일관된 진보도 또한, 그것이 노동을 경제학의 유일한 원리로까지 높이면서도, 그와 동시에, 노임과 자본 이자 사이의 반비례 관계를 끝까지 명석하게 분석하여, 자본가는 보통 노임의 인하로만 이익을 얻을 수가 있고 그 반대이기도 하다는 점에 있었다. 소비자를 속여서 득을 보는 것이 아니라, 자본가와 노동자의 그런 서로의 속임수가 정상적인 관계라고 하는 것이다. ―사유재산의 존재양식은, 노동으로서의 사유재산, 자본으로서의 사유재산, 그리고 이 두 가지 (사유재산의) 표현의 상호관계를 잠재적으로 포함하고 있다. 우선 한편으로는, 인간의 활동이, 노동으로서, 즉 자기에게 전적으로 소원하고, 인간에게나 자연에게도 전적으로 소원한 활동으로서, 따라서 의식이나 삶의 표출에도 소원한 활동으로서 생산된다. 그렇게 되면 인간은 단순 노동인간으로서 추상적으로 존재하게 되고, 이렇게 해서 그는 자신의 충만된 무(無)에서 절대적인 무로, 자신의 사회적인 비존재로, 그러기 때문에 자신의 현실적인 비존재로 나날이 전락해 갈지도 모른다.

다른 한편으로는, 인간활동의 대상은 자본으로서 생산된다. 이 경우 대상의 자연적 규정도 사회적 규정도 모두 소거되어, 사유재산은 그 자연적 성질도 사회적 성질도 잃고(따라서, 모든 정치적이고 사회적인 환상을 상실해버려 언뜻 보기에 인간적으로 보이는 그 어떤 관계와도 관련을 가지지 않게 되고) 게다가 또, 같은 자본은 그것이 제아무리 다양한 자연적·사회적인 존재 안에 있어도, 자신의 현실적인 내용에는 전적으로 무관심한 채 똑같은 것으로 계속 존재하게 된다. 그리고 〔인간활동의 노동으로서의 생산과 그 대상인 자본으로서의 생산이라고 하는〕 이 대립이 극한까지 추진될 때, 그것은 필연적으로 이런 존재양식 전체의 극점(極點)이 되고 정점이 되어, 그리고 몰락한다.

그렇다고 한다면, 가장 열악한 경작지의 임대료와 가장 좋은 경작지의 그 것과의 차액이 지대라고 주장했다는 것, 중농주의자들 이후에도 애덤 스미스가 아직도 주장하고 있는 것과 같은, 토지소유자의 이른바 사회적 중요성이나, 그들의 이해(利害)와 사회의 이해의 일치와 같은 것이, 토지소유자의 낭만적 공상에 지나지 않았다는 것을 증명했다는 것, 그리고 다음과 같은 현실 운동, 즉 토지소유자를 아주 흔한 산문적인 자본가로 바꾸어, 그에 의해서 대립을 단순화하고 첨예화해서 그 해체를 촉진하는 운동을 예견하고 준비한 것도 또한 최근 영국 경제학의 위대한 업적이다. 이 운동에 의해서 토지는 토지로서의 그 신분적 차별을, 지대는 지대로서의 그 신분적 차별을 잃고, 돈에 관한 것밖에 말하지 않는 자본과 이자가 되어 버렸다.

자본과 토지, 이윤과 지대, 이 양자와 노임, 공업과 농업, 부동산과 동산의 구별은 아직도 사태의 본질에 뿌리를 내리지 않은 역사적인 구별이며, 자본과 노동의 대립이 형성되어 성립되어 갈 때의 하나의 고정된 계기이다. 예를 들어, 공업 등이 부동산과 대립하고 있는 사실 속에는, 공업이 성립되는 방식과, 공업이 농업과의 대립에서 형성되어 왔다는 것이 표현되고 있는 데에 지나지 않는다. 〔공업과 부동산과의〕이 구별이 노동의 특수한 존재양식으로서, 즉 생활도 포괄하는 본질적이고 중요한 구별로서 성립되는 것도, 공업(도시 생활)이 토지 소유(귀족적 생활·봉건적 생활)와의 대립에서 형성되어, 독점·춘프트(Zunft)·길드·동업조합이라고 하는 형태로서 아직도 그 대립의 봉건적 성격을 띠고 있는 동안뿐이다. 이들 여러 규정에서, 노동은 아직도 그것이라고 알 수 있는 사회적 의식과 현실적인 공동 존재라고 하는 의의를 가지고 있고, 아직은 그 내용에 대한 무관심과 자립된 완전한 존재로까지는, 즉 다른 모든 존재의 추상에까지는 이르지 못하고, 따라서 아직은 자유방임된 자본으로까지는 이르지 못하고 있는 것이다.

그러나 노동이 발전해 가면 자유방임된 그 자체로 독립적으로 성립된 산업과, 자유방임된 자본과 필연적으로 결부된다. 산업이 자신의 라이벌에 대해서 행사할 힘이 이내 나타나는 것은, 그때까지 주요한 노동을 토지와 그 토지를 경작하는 노예에 맡기고 있던 농업이 현실적인 한 산업으로서 성립될 때이다. 노예가 자유로운 노동자로, 즉 고용된 자로 바뀜과 동시에, 지주 그 자신도 기업가나 자본가로 전환되었는데, 이 전환은 우선 차지인(借地人)이라고 하는 중간항(中間項)을 통해서 일어난다. 그러나 차지인은 토지 소유자의 대리인이며 토지소유자의 공개된 비밀이다. 토지소유자의 경제학상의 존재, 사유재산 소유자로서의 그 존재가 있는 것도 오직 차지인 덕택이다─왜냐하면, 그의 토지지대(地代)가 있는 것도 오직 차지인의 경쟁 덕분이기 때문이다. 그렇다고 한다면, 지주가 차지인이라고 하는 형태를 취하게 될 때 본질적으로 이미 훌륭한 자본가가 되어 있는 셈이다. 그리고 실제로 이것은 실현되지 않을 수 없는 일이다. 농업을 영위하는 자본가─즉, 차지인─가 지주가 되든가, 또는 그 반대가 되지 않으면 안 되는 것이다. 차지인이 공업적인 돈벌이로 달려간다고 하는 것은, 토지소유자도 또한 그것을 시작한다는 뜻이다. 왜냐하면, 전자의 존재가 후자의 존재를 결정하기 때문이다.

토지소유자와 자본가는 서로 자기들의 태생을 알고 있고 자기들이 서로 대립하면서 성립해 왔다는 것을 기억하고 있다. 따라서 토지소유자 쪽에서는, 자본가가 교만해지고 자유방임되어 유복하게 되기는 했어도 어제까지는 자기의 노예였다는 것을 알고 있고, 그리고 자기 자신을 그들에 의해 위협을 받고 있는 자본가로 여긴다. 이에 대해서 자본가 쪽에서는, 토지소유자가 한때는 자기들의 무자비하고 이기적인 주인이었다는 사실을 알고 있고, 자기들이 자본가로서 토지소유자의 이해를 침해하고는 있으나, 토지소유자가 오늘날 가지고 있는 사회적 의의의 모두가, 그리고 그 재산도 향락도 산업의 덕택이라는 것을 알고 있다. 자본가는, 토지소유자 안에서 자유로운 산업의, 모든 자연의 제약으로부터 독립된 자유로운 자본의 대립물을 보는 것이다. 이 대립은 매우 심각하며 서로 진리를 말하고 있다. 그들이 서로에 대해서 품는 멸시에 대한 명확한 이미지를 얻기 위해서는, 동산에 대한 부동산의, 또는 그 반대의 공격을 알면 된다. 토지소유자는 그의 재산의 귀족적 세습, 봉건적 회상과 기억, 추억의 시(詩), 그의 몽상적 본질, 정치적인 중요성 등을 강조하고, 경제학적으로 이야기하자면 경작만이 생산적이라는 것을 강조한다. 토지소유자는 그와 동시에 그는 자신의 라이벌을 이렇게 그려 낸다. 교활하고 무엇이든지 팔기 위해서 내놓고, 말이 많고, 사기꾼이며, 탐욕스럽고, 돈을 위해서라면 무엇이든지 하고, 흥분하기 쉽고, 인정도 재치도 없고, 공동체로부터 따돌림당한 끝에 공동체를 팔아넘기고 고리(高利)를 탐내고, 매춘 알선까지 손을 뻗고, 비굴하고, 아부하고, 약삭빠르고, 속이고, 사무적이고, 경쟁을, 따라서 또 사회적 빈곤과 범죄를, 모든 사회적인 유대의 해체를 낳고, 이를 조장하고, 명예도 주의도 시정(詩情)도 실체도 일체 가지지 않는 수전노라고 하는 식이다(특히 까뮈 데물랭[1760~1794, 프랑스의 혁명가·저널리스트]이 자신의 잡지 〈프랑스와 브라방의 혁명〉에서 이미 비판하고 있는 중농주의자 베르가세[1750~1832, 프랑스의 변호사·군주주의 정치가]를 참조. 폰 빙케[1774~1844, 프로이센의 정치가], 랑시촐레[1796~1871, 프로이센의 법률가·프로이센 국가문서 보관실장], 할러[1768~1854, 스위스의 보수적인 법학자], 레오[1799~1878, 독일의 반동적인 역사가], 코제가르텐[1792~1868, 독일의 반동적 정론가]을, 또 허풍이 심한 노(老) 헤겔파의 신학자 푼케[독일의 신학자]를 참조하라.[*17] 레오에 의하면, 푼케는 한 노예가 농노제가 폐지되었을 때 자기가 귀족의 재산이 되지 못하게 되는 것을 얼마나 거부했는가를 눈에 눈물을 글썽이며 이야기하였다고 한다.[*18] 또 유스투스 메이저[1720~1794, 독일의 역사가]의 《애국주의적 환상》도 참조. 이들 환상은 속물의 우직하고 소시민적이고 '신통치 않은' 평범하고 편협적인 수준을 한 순간도 벗어나지 못하고 있으나, 그래도 순수한 환상이라는 점에서 뛰어나다. 이런 모순이 있기 때문에 이들 환상은 독일인의 심정에 이렇게도 호소하고 있는 것이다. 또, 시스몽디도 참조하기 바란다).

한편, 동산[動産 : 형상·성질을 변하지 않고 움직일 수 있는 재산]도 나름대로 산업과 그 운동의 궤적을 추적하여, 자기야말로 근대의 아들이고, 정통적인 아들이라고 말한다. 동산은 자신의 라이벌을, 도덕적인 자본과 자유로운 노동 대신에 조잡하고 부도덕한 폭력과 농노제로 대체하려고 하는, 자신의 본질에 대해서 아직 계몽되지 않은(그리고 이것은 정말 그러하지만) 저능아라고 연민한다. 동산은 자신의 라이벌을, 마치 정직하고 성실하고 보편적 이익과 영속성을 구현하고 있는 것처럼 보이면서, 그 배후에는 운동 불능과 탐욕스런 향락 추구와 아욕과 특수 이익과 사악한 의도를 감추고 있는 돈키호테로 그려 낸다. 동산은 라이벌을 교활한 독점자라고 공언하고, 로맨틱한 성곽을 그 활동 무대로 하여 이루어진 파렴치한 행위·잔학 행위·자포자기적인 행위·매음·비열 행위·무질서·모반을 역사적으로 풍자를 섞어 거론함으로써 라이벌의 추억·시·몽상에 찬물을 끼얹는다.

동산이 스스로 주장하는 바에 의하면, 동산의 세계에 정치적인 자유를 주고, 시민 사회의 벽을 허물고, 여러 세계를 서로 연결하고, 박애적인 상업과 순수한 도덕과 바람직한 교양을 만들어 냈다. 동산은 국민에게 조잡한 욕구 대신에 문명화된 욕구와 그것을 채우는 수단을 주었던 반면에 토지소유자—이 태만하고 귀찮은 존재인 곡물 고리대여자—는 국민에게 우선 필요한 것으로 보이는 생활수단의 값을 폭등시키면서, 그에 의해서 생산력을 높일 수가 없는데도 노임을 인상하지 않을 수 없는 상태로 자본가를 몰아넣어, 국민의 연간소득과 자본의 축적을 방해하고, 이렇게 해서 민중에게 일자리를 주고 나라에 부를 얻게 해 줄 가능성을 방해하고, 마침내는 이들을 완전히 없애 버리며, 전반적인 몰락을 야기하고, 근대 문명의 모든 장점들을 폭리를 취하는 데 이용하면서, 근대 문명을 위해서는 아무런 이바지 하지도 않고, 자신의 봉건적인 편견을 버리려고도 하지 않는다.

마지막으로 동산이 하는 말을 들어보면, 토지소유자는 자신의 차지인만이라도 소중히 해야 한다—그에게는 농업과 토지 그 자체도, 그에게 증여된 돈줄로서밖에 존재하지 않기 때문이다―그리고 토지소유자는, 비록 그렇지 않다고 주장하고, 역사적인 추억이나 윤리적 내지 정치적인 목적에 대해서 떠들어 댄다 해도, 자신의 심정으로 보나 현실로 보나, 자유로운 산업과 매력적인 상업에 아주 옛날부터 깃들어 있는 우직하고 교활한 악당이 아닌지 어떤지를 이야기해 보아야 할 일이다. 토지소유자가 자신을 변호하기 위해 실제로 꺼내는 모든 것은, 토지 경작자(즉, 자본가와 노동 노예)에게만 진실이고, 토지소유자는 오히려 그들의 적이다. 따라서 토지소유자는 자신에게 불리한 증명을 하고 있는 셈이다. 자본이 없으면 토지재산은 죽은, 가치가 없는 물질에 지나지 않는다. 문명화에 의한 자본의 승리는, 죽은 사물 대신에 인간 노동을 부의 원천으로서 발견하고 만들어 낸 데에 있다. 위와 같이 동산은 주장한다(폴 루이 쿠리에〔1772~1825, 프랑스의 저널리스트·그리스 학자〕, 생 시몽〔1760~1825, 프랑스의 유토피아적 사회주의자〕, 가닐〔1758~1836, 프랑스의 경제학자·정치가〕, 리카도, 밀〔제임스 밀, 1773~1836. 영국의 철학자·경제학자〕, 매컬럭〔1789~1864, 영국의 경제학자·자유무역론자〕, 데스튀트 드 트라시〔1754~1836, 프랑스의 감각론적 철학자〕, 미셸 슈발리에〔1806~1849, 프랑스의 기사·생 시몽주의 입장에 선 경제학자〕를 참조).

발전의 현실적인 진행(여기에서는 '현실적'이란 말을 삽입해야 한다)으로부터는 자본가의 토지소유자에 대한, 즉 성숙한 사유재산의 미성숙하고 어정쩡한 사유재산에 대한 필연적인 승리가 귀결된다. 본디 일반적으로 말해도, 운동은 부동성에 대해서, 노골적이고 자각적인 비천함이 은폐되고 무의식적인 비천함에 대해서, 소유욕은 향락욕에 대해서, 계몽 스스로가 인정하는 재치에 능하고 싫증을 모르고 만사에 실수를 모르는 에고이즘은 미신의 지방적이고 우직하고 게으르고 공상적인 에고이즘에 대해서, 화폐는 다른 형태의 사유재산에 대해서 승리하는 것과 마찬가지이다.

완성된 자유로운 산업과 완성된 순수한 도덕과 완성된 박애적인 상업에 어느 정도의 위험을 느끼고 있는 국가는 토지 소유의 자본화를 억제하려 한다. 그러나 이것은 전적으로 헛된 시도이다.

자본으로부터 구별된 토지 소유는, 아직은 지방적이고 정치적인 편견에 사로잡혀 있는 사유재산 내지 자본이며, 또 세상의 얽매임으로부터 완전히 빠져 나오지 못한 미완성의 자본이다. 그것은 자신의 세계 형성의 과정에서 자신의 추상적인, 즉 순수한 표현에 이르지 않으면 안 된다.

사유재산은 노동〔으로서의 사유재산〕과 자본〔으로서의 사유재산〕과 그리고 이 둘의 연관이다.

이 두 항(項)이 경과해야 하는 운동은 다음과 같다.

[첫째로] 두 항의 직접적 또는 매개된 통일. 자본과 노동은 처음에는 하나이다. 다음에 이들은 분명히 분리되어 서로 멀어지지만, 그러나 서로 적극적인 조건이 되어 서로 북돋고 서로 촉진한다.

[둘째로] 두 항의 대립. 양자는 서로 상대편을 배제한다. 노동자는 자본가를 자신의 비존재로서 알고, 그 반대이기도 하다. 각자는 상대편에게서 그 존재를 빼앗으려고 한다.

[셋째로] 각자의 자기 자신과에 대한 대립. 자본=축적된 노동=노동. 이와 같은 것으로서, 자본은 자기와 그 이자로 분해되고 이자도 또한 이자와 이윤으로 분해된다. 자본가의 철저한 희생. 자본가는 노동자 계급으로 전락하고, 노동자는—다만, 예외적으로만—자본가가 된다. 자본의 계기로서의, 자본의 코스트로서의 노동. 따라서 노임은 자본이 바치는 하나의 희생이다.

노동은 자신과 노동임금으로 분해된다. 노동 그 자체가 하나의 자본이자 상품이다.

적대적인 상호 대립.

제3 초고[*19]

제1장
사유재산과 노동

　사유재산[*20]의 주체적인 본질, 즉 자각적으로 존재하는 활동으로서의, 주체로서의, 인격으로서의 사유재산은 노동이다. 그렇다고 한다면, 노동을 자신의 원리라고 인정한 경제학—애덤 스미스—이 처음으로 사유재산을 인간에게는 관련이 없는 단순한 한 상태라고는 이미 여기지 않게 된 것도 이해할수 있고, 이 경제학이 한편으로는 근대 산업의 한 소산으로, 사유재산의 현실적인 에너지와 운동의 한 소산이라고도 여겨져야 하지만, 그러나 다른 한편으로는, 이 산업 에너지와 발전을 가속화하고 칭찬하고 의식의 하나의 힘으로까지 만들었다는 것도 이해할 수 있다(경제학이란 의식적으로 자기 자신을 자각하기에 이른, 사유재산의 자립된 운동이며, 자기로서 존재하게 된근대 산업인 것이다). 이 계몽된 경제학의 눈에는, 사유재산을 인간에 대한단순히 대상적인 존재로서만 인식하는 중금주의와 중상주의의 신봉자들은물신숭배자(物神崇拜者)나 가톨릭 교도처럼 비치게 된다. 그 까닭은, 이 경제학이 부의 주체적인 본질을—사유재산 안에서—발견했기 때문이다. 그렇다고 한다면 엥겔스가 애덤 스미스를 경제학의 루터라고 명명한 것은 옳은일이었던 셈이다[엥겔스 《경제학 비판 대강》(《마르크스 엥겔스 전집》 제1권, p.503)]. 루터는 종교, 신앙이야말로 외적 세계의 본질이라는 것을 인식하고, 가톨릭적인 이교(異敎)에 대립했던 것과 마찬가지로, 종교를 인간의 내적인 본질로 삼음으로써 외적 종교성을 폐기하고, 성직자를 속인의 마음 속으로 이입(移入)함으로써 속인 밖에 존재하는성직자를 부정하였다.

　그와 마찬가지로, 인간 밖에 존재하고 인간으로부터 독립된—따라서 외적인 방식으로만 유지하고 주장해야 할—부가 그 외적이고 몰사상적인 대상성이 폐기되는 것은, 사유재산이 인간 그 자체 안으로 받아들여져서 인간 그 자체가 사유재산의 본질이라고 인식됨으로써만이 가능한 것이다. 그러나 이 것은, 인간 자신 쪽에서도, 루터의 경우에는 종교 안으로 들여놓은 것처럼, 사유재산의 규정 안에 들여놓는다는 것을 의미한다. 그렇다고 한다면, 노동을 그 원리로 하는 경제학은, 마치 인간을 인정하는 것처럼 하면서도, 오히려 인간에 대한 부인을 철저하게 수행하는 데에 지나지 않는다. 왜냐하면, 인간 자신이 이미 사유재산이라고 하는 외적인 존재에 대한 외적인 긴장 속에 놓일 뿐만 아니라, 인간 그 자체가 사유재산이라는 긴장된 존재가 되어 있기 때문이다. 이전에는 인간이 자기 자신에 대해서 외적으로 되어 있는 상태이고, 인간이 실제로 외화(外化)된 상태였던 것이 이제 이 외화의 행위, 소외의 작용 그 자체가 된 것이다. 따라서 〔스미스로 대표되는〕 경제학은, 처음에는 인간을, 예를 들어 인간의 자립성이나 자발성 등을 마치 승인하는 것처럼 보이게 하여, 사유재산을 인간 그 자체의 본질 안으로 옮겨 놓고, 경제학 자신의 바깥에 실존하는 존재로 여김으로써, 사유재산의 지방적이고 국민적인 여러 규정 등에는 이미 제약을 받지 않아도 되기 때문에, 어떤 종류의 코스모폴리턴적인 에너지, 즉 모든 제한이나 구속을 파괴하는 것 같은 보편적인 에너지를 발휘하여, 자기야말로 오직 하나의 정책이며, 보편성이며, 제한이자 구속이라고 주장하여 자신의 지위에 오르기는 한다. 그러나 그렇다고 하더라도 이 경제학은 자신을 더욱 전개해 나가는 동안에 이런 위선을 벗어던지고 그 완전한 시니시즘(cynicism, 냉소주의)을 나타내지 않을 수 없게 된다.

왜냐하면, 이 경제학은, 노동이야말로 부의 유일한 본질이라고 하는 그 학설을 훨씬 더 전면적으로, 따라서 더욱 첨예적이며 철저하게—그에 의해서 이 학설이 휘말리게 될 일체의 외견상의 모순에 상관없이—전개함으로써, 이 학설의 여러 귀결이 그 최초의 견해와는 반대로, 오히려 인간에게 적대적인 것이라는 것을 증명하여, 마침내는 사유재산과 부의 원천 중에서도, 노동의 운동으로부터 독립되어 있는 최후의, 개별적이고 자연적인 존재인 것—지대라고 하는, 이미 완전히 경제적이 되어 있기 때문에 경제에 저항하는 능력을 잃고 있는 봉건적 소유의 표현—에 마지막 일격을 가하기 때문이다 (리카도 학파). 스미스에서 세를 거쳐 리카도나 밀 등으로 내려감에 따라서,

이 리카도나 밀에게는 산업의 여러 귀결이 더욱 발전되고 모순에 찬 형태로 눈앞에 나타나기 때문에, 경제학의 시니시즘이 상대적으로 그 노골성이 증가되는 것은 아니다. 오히려 그들은 적극적으로 인간에 대한 소외를, 그들의 선구자들보다도 항상 의식적으로 더욱 추진하기도 한다. 그러나 그것은 오직 그들의 과학이 보다 철저하게, 보다 진실하게 전개되어 가기 때문이다. 그들은 활동적인 형태에 있어서의 사유재산을 주제로 하고, 따라서 바로 인간을 본질로 함과 동시에, 비본질로서의 인간을 본질로 하기 때문에 현실의 모순은 그들이 원리로서 인식한 모순에 찬 본질에 완전히 대응하게 된다. 산업의 현실은, 그들의 자기분열적인 원리를 부정하기는커녕 이를 확인한다. 워낙 그들의 원리는 이런 분열 상태의 원리이기 때문이다.

케네(1694~1774, 프랑스의 의사·경제학자)의 중농주의적 학설은, 중상주의에서 애덤 스미스로 이행하는 통과점이 된다. 중농주의는, 직접적으로는 봉건적 재산의 경제학적인 해소이지만, 그러나 그러기 때문에 봉건적 재산의 경제학적인 변형이자 재확립이기도 한 것으로, 다만 그 용어가 봉건적이 아니라 경제학적이 되어 있을 뿐이다. 〔중농주의에 의하면〕 모든 부는 토지와 농경(농업)으로 해소된다. 토지는 아직 자본이 아니다. 토지는 아직, 그 자연적 특수성에서, 그 자연적 특수성 때문에 가치를 지니게 되는 것과 같은 자본의 특수한 형태에 지나지 않는다. 그러나 중상주의가 부의 현실적 존재로서 알고 있는 것이 귀금속뿐임에 대해서 토지는 그래도 또한 하나의 보편적인 자연적 요소이다. 이리하여 〔토지라고 하는〕 부의 대상, 부의 소재는 자연의 한계 안에서는—즉, 부가 아직은 자연이라고 하는 형태로 직접 대상적인 것인 한에 있어서는—바로 최고의 보편성을 획득하게 된다. 그리고 토지는 노동에 의해서만, 농업을 통해서만 인간의 것이 된다. 이렇게 해서 〔여기에서는〕 부의 주체적인 본질이 이미 노동 안에 있다고 여겨지게 된다. 그러나 동시에, 농업은 유일한 생산적인 노동이다. 따라서 노동은, 아직은 그 보편성과 추상성에서 파악되어 있지는 않고, 아직은 그 소재인 특수한 자연 요소에 묶여 있고, 그 때문에, 자연에 의해 규정된 특수한 존재양식에서 겨우 인식되는 데에 지나지 않는다.

이렇게 해서 노동은 우선 인간의 규정된 특수한 외화(外化)이며, 그 생산물도 어떤 특정한 부—즉, 노동 그 자체보다도 오히려 자연에 속하는 것 같은 부—로서 파악된다. 중농주의에 의하면, 토지는 아직 인간으로부터 독립된 자연적인 존재로 여겨져 있는 것으로, 자본으로서는, 즉 노동 그 자체의 한 계기로서는 여겨지고 있지 않다. 오히려 노동 쪽이 토지의 계기로서 나타나게 된다. 그러나 대상으로밖에 존재하지 않는 낡은 외적인 부에 대한 물신 숭배가 매우 단순한 하나의 자연 요소만으로 오직 향하게 되어, 우선 부분적으로는 특수한 방법에 의하기는 하지만, 부의 본질이 그 주체적인 양식에서 이미 인정된 것이고 보면, 부의 보편적인 본질이 인식되고, 따라서 완전히 절대적인 형태로서의, 즉 완전히 추상적인 형태로서의 노동이 원리로까지 높아지게 되는 것은 필연적인 경과일 것이다. 경제학적인 관점이라고 하는 단 하나의 정당한 관점에서 보자면, 농업은 다른 어떤 산업과도 다른 것이 아니고, 따라서 특정한 노동, 즉 특수한 요소에 묶인 노동도 아니고, 특수한 노동의 발현도 아니고 오히려 노동일반이 부의 본질이라고 하는 것이 중농주의에 대해서 증명되게 되는 셈이다.

중농주의는, 노동이야말로 부의 본질이라고 설명하기 때문에, 특수하고 외적이고 대상적인 부를 인정하지 않는다. 그러나 중농주의에서 노동은 우선 토지 소유의 주체적인 본질일 수밖에 없다(중농주의는, 지배적이고 공인된 것으로서 역사적으로 나타내는 것과 같은 종류의 토지 소유로부터 출발한다). 중농주의가 인간〔의 노동〕이 외화된 것으로 여기는 것은 토지 소유뿐이다. 중농주의는 산업(즉, 농업)이 토지 소유의 본질이라고 설명함으로써, 토지 소유의 봉건적 성격을 버리지만, 농업이야말로 유일한 산업이라고 설명함으로써 산업계에 대해서 부정적인 태도를 취하고 봉건제도를 승인한다.

토지 소유와 대립하는 형태로 성립되어 가고 있는, 즉 산업으로서 성립되어가고 있는 산업의 주체적인 본질이 이제 이해되자마자, 이 본질이 스스로 이 대립을 포함하게 되는 것은 분명한 일이다. 왜냐하면, 산업이 지양(止揚)된 토지 소유를 산업이 포함하고 있는 것처럼, 산업의 주체적 본질도 동시에 토지 소유의 주제적인 본질을 포함하고 있기 때문이다.

토지 소유가 사유재산의 최초의 형태이고, 이 최초의 형태에서는, 산업이 우선 역사적으로는 단순히 재산의 특수한 존재양식으로서 나타나는—또는 오히려 토지 소유의 해방된 노예인—것처럼, 사유재산의 주체적인 본질인 노동을 과학적으로 이해하려고 할 때에도 이 과정은 되풀이되는 것으로, 노동은 우선은 다만 농경노동으로서만 나타나지만, 그러나 다음에는 노동일반으로서 나타나게 된다. 모든 부는 산업적인 부로, 노동의 부가 되어 버린다. 그리고 산업은 완성된 노동이며 공장제도는 산업, 즉 노동의 성숙된 제도이며, 산업자본은 사유재산의 완성된 객관적인 형태이다. 사유재산이 어떻게 해서 인간에 대한 그 지배를 완성하여, 가장 보편적인 형태를 취하여 세계사적인 힘이 될 수 있는가가 이제 비로소 분명해진다.

제2장
사유재산과 공산주의

그러나*²¹ 재산이 없다는 것과 재산이 있다고 하는 대립은, 그것이 노동과 자본의 대립으로서 이해되지 않는 한에 있어서는 아직은 어떻게 되든 상관 없는 대립이며, 그 활동적인 관계와 내적 관계에서 파악되지 않는 대립이며, 모순으로서 파악되지 않은 대립이다. 〔분명히〕 사유재산이 발달된 움직임을 보이고 있지 않고 있는 경우에도, 고대 로마나 터키 등에 있어서와 같이, 이 〔노동과 자본의〕의 대립이 원초적인 형태로 나타나는 일은 있을 수 있다. 이 경우 이 대립은 아직 사유재산 그 자체에 의해서 생긴 것 같지는 않다. 그러나 사유재산의 주체적인 본질인 노동은 재산과는 양립하지 않고, 객체적인 노동인 자본은 노동과는 양립하지 않으므로, 이 노동과 자본은, 사유재산이 모순의 관계에까지 발전한 것이며, 따라서 해체에까지 돌진할 것 같은 동적인 관계를 취하기에 이른 것이다.

자기소외*²²의 지양은 자기소외와 같은 길을 걷는다. 우선 사유재산은, 그 객관적인 측면에서만 고찰되지만, 그럼에도 불구하고, 노동이야말로 그 본질이라고 여겨진다. 그래서 한편에서는, 사유재산의 존재 형태는 '그 자체로서' 철폐되어야 할 자본이다(프루동). 다른 한편으로는 노동의 특수한 존재양식 ―즉, 평균화되고 세분화되고, 따라서 부자유한 것 같은 노동―이야말로 사유재산과 그 인간 소외적인 존재양식과의 유해성의 원천이라고 이해된다(푸리에(1772~1837, 프랑스의 유토피아적 사회주의자)). 푸리에는 중농주의자답게 또다시 농경노동을 적어도 뛰어난 노동으로서 파악한다. 반면에 생 시몽은 산업노동 그 자체를 본질이라고 선언하고, 실제로 또, 산업가의 단독적 지배와 노동자의 상황 개선을 요구한다. 마지막으로, 공산주의야말로 지양된 사유재산의 적극적 표현인데, 우선은 보편적인 사유재산〔만이이 사유재산을 갖는〕의 형태를 취한다. 공산주의는 사

유재산이라고 하는 관계를 그 보편성으로 파악하기 때문에,

(1)공산주의는 그 최초의 형태에서는 사유재산의 보편화와 그 완성에 지나지 않고, 그러기 때문에 이중의 형태로 나타난다. 우선, 물적 소유의 지배가 너무 크게 공산주의에 맞서 있기 때문에, 공산주의는 사유재산으로서 만인에 점유될 수 없는 모든 것을 부정하려고 한다. 공산주의는 폭력적인 방법으로 재능 등을 무시하려고 하고, 육체적이고 직접적인 소유를 생활과 생존의 유일한 목적으로 여긴다. 노동자라는 규정은 지양되는 것이 아니라 오히려 만인에게 확장된다. 사유재산의 존재양식은 공동체가 사물 세계를 모두가 공유하는 자세에 머물러 있다. 사유재산을 보편적인 사유재산으로 대치하려고 하는 이 운동은 마침내는 결혼(이것은 물론 배타적인 사유재산의 한 형태지만)을 여성의 공유로 대치하여 이에 따라 여성을 공동체의 공유재산으로 하는 동물적인 형태로 나타나기까지 한다.

여성 공유라고 하는 이 사상이야말로, 극히 조야하고 몰사상적인 이 공산주의의 공공연한 비밀이라 할 수 있을 것이다. 여성이 결혼으로부터 벗어나 보편적인 매춘으로 들어가는 것처럼, 부(富)의 전체 세계, 즉 인간의 대상적 본질의 세계 전체가 사적 소유자와의 배타적인 결혼 관계에서 벗어나, 공동체와의 보편적인 매춘 관계로 들어간다. 이 공산주의는—인간의 인격성을 도처에서 부정하는 것이므로—다름 아닌 이 인격성의 부정인 사유재산의 철저한 표현밖에 되지 않는다. 힘으로서 조직된 이런 보편적인 질투는 소유욕을 만들어 내는 숨은 형태 바로 그것이며, 다만 거기에서는 소유욕이 다른 방법으로 채워질 뿐이다. 모든 사유재산을 그와 같이 생각하는 사상은, 보다 더 풍요한 사유재산에 대해서는 질투와 평균화의 요구로서 맞서기 때문에, 그것들은 경쟁의 본질을 일으키는 것이 되기도 한다. 조야한 공산주의자란 최소한의 이런 상상된 질투와 평균화의 완성밖에 되지 않는다. 그는 어떤 특정한 한정된 척도밖에 가지고 있지 않다. 사유재산의 이런 폐기에 의해서 현실적으로 얻는 것이 얼마나 사소한가 하는가는, 교양과 문명의 세계 전체가 추상적으로 부정되어, 사유재산을 뛰어넘기는커녕, 아직도 사유재산에 이르기조차도 하지 못하고 있는 빈곤하고 무욕한 인간이라고 하는 부자연스러운 단순성으로 귀환하고 마는 데에서 바로 나타나 있다.

〔이 공산주의가 주장하는〕공동체는 노동의 공동체일 뿐 아무것도 아니고, 공동체의 자본이 또는 보편적인 자본가로서의 공동체가 지불하는 급료의 평등이라고 하는 공동체일 뿐이다. 이런 관계의 두 측면〔인 노동과 자본〕은 상상된 보편성으로 고양되는데, 노동은 모든 사람에게 부과된 사명으로서, 자본은 공동체의 공인된 보편성과 힘으로서.

여성에 대해서 공동체적인 육욕의 먹이나 하녀라고 하는 형태로밖에 관계하지 않는다는 것에는 인간이 자기 자신에 대해서 한없이 타락하고 있는 사태가 표현되어 있다. 왜냐하면, 이 〔인간의 자기 자신에 대한〕 관계의 비밀이 애매하지 않게, 결정적으로 공공연하게 노골적으로 표현되는 것은 남성의 여성에 대한 관계에 있어서이며, 이 직접적이고 자연적인 유관계(類關係)가 이해되는 방식에 있어서이기 때문이다. 인간의 인간에 대한 직접적이고 자연적이고 필연적인 관계란 남성의 여성에 대한 관계이다. 이 자연적인 유관계에서는, 인간의 자연에 대한 관계가 그대로 인간의 인간에 대한 관계이기도 하고, 인간의 인간에 대한 관계가 그대로 인간의 자연에 대한 관계, 즉 인간의 자연적인 규정이기도 하다. 따라서 이 관계에서는, 인간에게 인간적의 본질이 어느 정도까지 자연으로 되어 있는가, 또는 자연이 어느 정도까지 인간의 인간적 본질이 되어 있는가가, 감성적인 형태로, 즉 하나의 직관 가능한 사실에까지 환원된 형태로 나타나게 된다. 그렇다고 한다면, 이 관계에 입각해서, 인간의 문화 단계 전체를 판단할 수가 있다. 이 관계의 성격에 입각해서, 어느 정도까지 인간이 자신에 대해서 유적인 존재로서 인간으로서 생성되어 있고, 그와 같은 것으로서 자신을 이해하고 있는가를 읽을 수가 있다. 남성의 여성에 대한 관계는 인간의 인간에 대한 가장 자연적인 관계이다.

따라서 이 관계에서 비로소 어느 정도까지 인간의 자연적인 태도가 인간적이 되었는가, 또는 어느 정도까지 인간적인 본질이 인간에게 자연적인 본질이 되었는가, 어느 정도까지 인간의 인간적인 본성〔자연〕이 인간에게 자연으로 되었는가가 명백해진다. 또, 남성의 여성에 대한 관계에는, 어느 정도까지 인간의 욕구가 인간적인 욕구가 되었는가, 따라서 어느 정도까지 다른 인간이 인간으로서 욕구되어지는 것이 되었는가, 인간이 그 가장 개별적인 존재에서 동시에 공동체적 존재라는 것도 분명해진다.

이리하여 사유재산의 최초의 적극적인 폐기인 조야한 공산주의는 적극적인 공동체적 존재로서 정립하려고 하는 사유재산의 저열한 한 현상 형태에 지나지 않는다.

(2) α) 민주주의적인 것이든, 전재주의적인 것이든, 또 정치적인 성격을 지니고 있는 공산주의와, β) 국가의 폐지를 포함하고는 있지만 그러나 동시에 아직은 불완전한, 여전히 사유재산, 즉 인간의 소외에 침해된 이 제도를 온존(溫存)하고 있는 것 같은 공산주의. 공산주의는 이 어느 형태에 있어서나 이미, 인간의 자기 자신에 대한 재통합 내지는 귀환이며, 인간의 자기소외의 폐기라는 것을 알고는 있지만, 아직 사유재산의 적극적인 본질을 파악하지도 못하고 욕구의 인간적인 본성을 이해하지도 못하고 있기 때문에 여전히 사유재산에 사로잡혀 오염되어 있기도 하다. 이 공산주의는 확실히 사유재산의 개념을 파악하고는 있지만 그 본질을 아직 파악하고 있지 않은 것이다.

(3) 인간의 자기소외인 사유재산의 적극적인 폐지로서의, 따라서 인간에 의한 인간을 위한 인간적인 본질의 현실적인 획득으로서의 공산주의. 그러기 때문에 이제까지의 발전이 가져온 완전한 부에 입각해서 의식적으로 생기는 것 같은, 사회적인 인간, 즉 인간적인 인간으로서의 인간의 완전한 자기 귀환인 것 같은 공산주의. 이 공산주의는 완성된 자연주의=인간주의, 내지는 완성된 인간주의=자연주의로서 존재한다. 이 공산주의는 인간과 자연과의, 또 인간과 인간과의 항쟁의 참된 해결이고, 현실 존재와 본질과의, 대상화와 자기 확인과의, 자유와 필연과의, 개(個)와 유(類)와의 다툼의 참다운 해결이다. 그것은 역사가 해결된 수수께끼이며, 더욱이 자신이 이 해결이라는 것을 알고 있다.

그렇다고 한다면, 역사의 모든 운동이, 공산주의를 현실적으로 낳는 활동—즉, 그 경험적인 존재를 낳는 활동—인 동시에, 공산주의가 입각한 생각에서 보자면, 공산주의의 생성에 대하여 개념적으로 파악되고 의식된 운동이기도 한 데에 대해, 〔(2)에서 말할 것 같은〕 아직 불완전한 공산주의는, 이 역사의 운동으로부터 개개의 계기를 박탈하고 (카베〔1788~1856, 프랑스의 유토피아적 사회주의자〕, 빌가르델〔1810~1856, 프랑스의 푸리에주의자〕 등이 특히 그런 일을 해서 의기양양해하고 있다), 그것을 자신의 역사적 순혈〔純血: 순수한 혈통〕이라고 거론함으로써 사유재산에 대립하는 개개의 역사적 여러 형태로부터 자기를 위해 그 어떤 역사적인 증거를, 즉 기존이 것에 숨어 있는 증거를 찾고 있다. 그러나 바로 그것 때문에 이 공산주의는 이 역사 운동의 훨씬 큰 부분이 자신의 주장과 모순되어 있고, 공산주의가 이전에 존재해 있었다고 해도, 다름 아닌 그 과거의 존재가, 자기야말로 본질이라고 하는 자만을 부정하고 있다는 것을 증명하고 있는 것이다.

모든 혁명 운동이 그 경험적·이론적 기초를 사유재산의 운동 안에서, 다름 아닌 경제 운동 안에서 발견하게 된다는 필연성은 쉽사리 이해할 수 있을 것이다.

물질적이고 감성적인 사유재산은, 소외된 인간적 생활의 물질적이고 감성적인 표현이다. 사유재산의 운동—생산과 소비—은 지금까지의 모든 생산 운동의, 즉 인간의 현실화 내지 현실성 운동의 감성적인 개시이다. 종교·가족·국가·법률·도덕·과학·예술 등은 생산활동의 특수한 존재양식에 지나지 않고, 생산활동의 일반적 법칙에 따른다. 그렇다고 한다면 사유재산의 적극적인 지양(止揚)은 인간적 생활을 내 것으로 하는 것이므로, 모든 소외의 적극적인 지양이며, 따라서 인간이 종교·가족·국가 등으로부터 자신의 인간적인, 즉 사회적인 존재로 귀환하는 일이다. 종교적인 소외 그 자체는 의식(意識)이라고 하는 인간의 내면의 영역에서밖에 일어나지 않지만, 경제적인 소외는 현실적 생활의 소외이고, 따라서 소외의 지양은 의식과 현실의 양면을 포함하고 있다. 이 지양 운동이 여러 민족 중에 맨 처음에 어디에서 시작되는가는, 그 민족이 옳다고 인정하는 참다운 생활이 의식과 외적 세계의 어느 쪽에서 보다 더 많이 영위되고 있는가, 그 생활이 보다 더 관념적인가 실재적인가에 따른다고 하는 것은 분명한 일이다. 공산주의는 무신론과 함께 동시에 시작되지만(오언(1771~1858, 영국의 사회주의자·사회운동가)), 이 무신론은 우선은 도저히 공산주의라고는 말할 수 없다. 본디 그것은 어느 쪽이냐 하면 아직 하나의 추상에 지나지 않는다. 요컨대, 무신론의 인간애는 우선은 철학적이고 추상적인 인간애에 지나지 않지만, 공산주의의 인간애는 실재적이며, 당장이라도 활동을 할 자세를 취하고 있다.

이제까지 우리는, 시유재산이 적극적으로 지양되었다는 전제하에서, 어떻게 해서 인간이 인간을, 즉 나 자신과 다른 인간을 생산하게 되는가를 보아 왔고, 어떤 인간의 개성을 직접 증시(證示 : 증명하여 내보임)하는 대상이 어떻게 해서 다른 인간에 대한 그의 자신의 존재가 되기도 하고, 다른 인간의 존재, 더 나아가서, 그에게 대한 다른 인간의 존재가 되기도 하는가를 보아 왔다. 하지만, 노동의 소재도 주체로서의 인간도, 운동의 결과인 동시에 출발점이기도 하다(그리고 이들이 운동의 출발점이 되지 않으면 안 된다는 바로 이 점에 사유재산의 역사적인 필연성이 있다). 따라서 사회적이라고 하는 것이 이 운동 전체가 갖는 일반적인 성격이다. 사회 그 자체가 인간을 인간으로서 생산하는 것과 마찬가지로, 사회는 인간에 의해 생산되고 있다. 활동과 향유〔享有 : 누려서 가짐〕 그 내용으로 보나 그 존재 방식으로 보나 '사회적인' 활동이며, 사회적인 향유이다. 자연의 인간적인 본질은 사회적인 인간일 때 비로소 존재한다. 왜냐하면, 여기서 처음으로 자연은 인간에게 있어, 인간과의 유대로서, 다른 인간을 위해서 있는 그의 존재로서, 또 그를 위해 있는 다른 인간의 존재로서 있게 되어, 여기서 비로소 인간적 현실의 생활 기반으로서와 마찬가지로, 인간 자신의 인간적인 존재양식의 바탕으로서 있게 되기 때문이다. 여기서 비로소, 인간에게 있어 그의 자연적인 존재양식이 그의 인간적인 존재양식이 되고, 자연이 그에게 있어 인간이 된다. 따라서 사회는 인간과 자연의 완성된 본질적 통일이며, 자연의 참다운 부활이며, 인간이 관철된 자연주의이며 자연이 관철된 인간주의이다.[*23]

사회적인 활동과 사회적인 향유는, 결코 직접적으로 공동체적인 활동이나 직접적으로 공동체적인 향유라고 하는 형태로만 있는 것이 아니다. 확실히 공동체적인 활동과 공동체적인 향유, 즉 다른 인간들과 함께 서로 어울리는 현실적인 사회에서 직접적으로 나타나고 인정되는 활동과 향유는, 사회성의 그 직접적인 표현이 이 활동 내용의 본질에 뿌리박아, 이 향유의 성질에 적합할 경우에는 항상 나타날 것이다.

그러나 과학적 활동과 같은, 좀처럼 타인과의 직접적 공동하에 수행할 수 없는 활동을 행할 경우에도, 나는 인간으로서 활동하고 있기 때문에 사회적이다. 나의 활동의 소재가—그리고 사상가가 그것을 사용해서 활동하는 언어까지도—사회적인 산물로서 나에게 주어져 있을 뿐만 아니라, 나 자신의 존재도 사회적 활동이다. 따라서 내가 나로부터 무엇인가를 만든다고 해도, 그것을 나는 사회를 위해서 만드는 것이고, 더욱이 내가 하나의 사회적 존재라는 것을 의식하면서 만드는 것이다.

오늘날, 보편적인 의식은 현실적 생활로부터의 추상이고, 그와 같은 형태로 현실적 생활에 적대적으로 대항하고 있는데, 이에 대해서, 내가 갖는 보편적인 의식은, 실재적인 공동체 내지는 사회적 존재를 자신의 산 모습으로 삼고 있는 이론적인 모습에 지나지 않는다. 그래서 나의 보편적인 의식의 활동도 또한—그와 같은 것으로서—사회적인 존재로서의 나의 이론적인 현존재이다.

무엇보다도 피해야 할 일은, '사회'를 또다시 추상물로서 개인에 고정적으로 대립시키는 일이다. 개인은 사회적인 존재이다. 따라서 개인의 삶의 표출은—비록 그것이 타인과 함께 동시에 수행되는 것과 같은 공동체적인 삶의 표출이라고 하는 직접적인 형태로 나타나지 않는다 해도—사회적 삶의 한 표출이자 확증이다. 비록 개인적인 생활의 존재양식이 유적 생활의 특수하고 보편적인 존재양식이건—그리고 그것은 필연적인 일이지만—, 또는 유적 생활이 개인적 생활의 특수하고 보편적인 존재양식이라 해도 인간의 개인적 생활과 유적 생활은 다르지 않다.

인간은 유적 의식으로써 자신의 현실적인 사회생활을 확증하고, 자신의 현실적인 존재를 사유에서 되풀이하는 데에 지나지 않는다. 반대로 유적 존재 쪽도, 유적 의식이라는 형태로 자신을 확증하고, 그 보편성에서 사고하는 존재로서 자신을 마주 대하게 된다.

따라서 인간은 하나의 특수한 개인이며, 다름 아닌 그의 특수성이 그를 하나의 개인답게 만들고, 현실의 개체적인 공동 존재로 만들지만, 다른 한편으로, 인간은 총체, 관념적인 총체이기도 하며, 결국은 사유되고 감지(感知)된 사회 그 자체의 주관적인 존재양식이기도 하다. 실제로 또 인간은 현실 속에서도, 사회적 존재임을 알아차리고 현실적으로 이를 향유하는 사람이기도 하며, 인간적인 생활 표현의 한 총체로서도 존재한다.

그렇다고 한다면, 사유와 존재는 확실히 별개의 것이지만, 동시에 또 서로 일체를 이루고 있다.

죽음은 특정한 개인에 대한 유(類)의 냉혹한 승리처럼 보이고, 유와 개인의 통일에 모순되는 것처럼 보인다. 그러나 특정한 개인은 단 하나의 특정한 유적 존재에 지나지 않으며, 그 자체가 죽어야 하는 것도 그런 존재로서이다.

《(4) *24사유재산은, 인간 자신에게 대상적인 것이 되어 있는 것과 동시에, 인간에게 소원하고 비인간적인 대상이 되어 있다고 하는 감성적 표현밖에 되지 않고, 인간의 삶의 표출이 곧 그 삶의 외화이며, 인간의 현실화가 그 현실성의 박탈이며, 하나의 소원한 현실성이라는 것의 감성적 표현밖에 되지 않으므로, 사유재산의 적극적인 지양이란 곧, 인간적인 본질과 생활을, 대상적 인간을, 인간적인 제작물을, 인간을 위해, 인간에 의해서 감성적으로 내 것으로 만드는 일이다. 이것은 단순히 직접적이고 일면적인 향유라는 의미, 점유의 의미, 소유의 의미로 이해되어서도 안 된다. 〔사유재산의 없앰에 의해서〕 인간은 스스로의 전면적인 본질을 전면적인 방법으로, 따라서 하나의 총체적인 인간으로서 내 것으로 만드는 것이다. 본다, 듣는다, 냄새 맡는다, 맛본다, 느낀다, 생각한다, 직관한다, 깨닫는다, 의욕한다, 활동한다, 사랑한다 등과 같은, 세계에 대한 그의 모든 인간적인 관계, 요컨대 그의 개성의 모든 기관과, 형태상 직접적으로 공동체적인 것으로 존재하고 있는 여러 기관이, 이들의 대상적인 동작에서 또는 대상에 대한 동작에서 그 대상을 획득하고 인간적인 현실을 획득하게 되는 것이다. 대상에 대한 이와 같은 동작은 인간적 현실을 행동으로 나타내는 것이 된다. 따라서 이런 행위는 인간적인 본질 규정과 활동이 존재하는 것과 전적으로 같은 수만큼 존재한다. 대상에 대한 그런 동작은 인간적인 힘의 발휘이기도 하고 인간적인 고난이기도 하다. 왜냐하면, 고난도 또한 그것이 인간적으로 이해될 경우에는 하나의 자기향유이기 때문이다.

사유재산은 우리를 어리석고 일면적으로 만들어 버렸기 때문에, 어떤 대상이 처음으로 우리의 대상이 된다는 것은, 우리가 그것을 소유할 때, 그것이 우리를 위한 자본으로서 존재하거나, 또는 우리에 의해 직접 점유될 때, 즉 우리가 그것을 먹고 마시고, 몸에 지니고, 그 안에 거주하는 등, 요컨대 사용할 때뿐이다. 그러나 사유재산을, 직접 그리고 현실적으로 점유된 것까지도, 우리는 이를 단순한 생활수단으로밖에 여기지 않는다. 그리고 이들 점유물을 수단으로 사용하는 생활이 곧 사유재산의 생활이며, 결국은 노동과 자본화인 것이다.

이렇게 해서, 모든 육체적·정신적인 감각 대신에 그런 모든 감각의 소외, 즉 소유의 감각이 등장하게 되었다. 인간의 존재는, 자신의 내면적인 부를 내보내기 위해서 이와 같은 절대적 빈곤으로까지 내려앉지 않을 수가 없었다(소유라는 카테고리에 대해서는 〈21개의 활〉에 실린 헤스의 논문〔^{행위의 철}_{학을 말한다}〕을 참조할 것).

따라서 사유재산의 지양은, 모든 인간적인 감각과 속성의 완전한 해방이다. 다만, 이런 해방이 되기 위해서는 다름 아닌, 이들의 감각이나 성질이 주체적으로나 객체적으로 인간적이 되어 있어야 한다. 〔그때〕 눈은 인간적인 눈이 되고, 그 대상은 사회적인 대상, 즉 인간을 위해 인간에 의해 태어나는 인간적인 대상이 되어 있을 것이다. 따라서 각 감각은 그것들이 실제로 작용을 될 때에는 이론가가 될 것이다. 감각은 사상〔事象 : ^{사실과}_{현상}〕 그 자체를 목적으로 하여 사상에 관여하게 된다. 그러나 사상 그 자체도, 나 자신에 대해서 그리고 인간에 대해서 대상적이며 인간에 관여하는 것이 되고, 또 그 반대이기도 할 것이다. 나는, 사상이 인간에 대해서 인간적으로 행동할 때에만, 사상에 대해서 실천상 인간적으로 행동할 수가 있는 것이다. 그 때문에 욕구나 향유도 이기적인 성질을 잃고, 자연은 단순한 유용성을 잃게 될 것이다. 왜냐하면, 그 유용성은 인간적인 유용성이 되어 버리기 때문이다.

마찬가지로 타인의 감각이나 정신도, 나 자신이 내 것으로 만드는 것이 되어 있을 것이다. 그러기 때문에 이들 직접적인 기관(器官) 외에 사회적인 여러 기관이 사회라는 형태에서 형성된다. 이렇게 해서, 예를 들어 다른 사람들과 직접 공동으로 이루어지는 활동 등은, 나의 삶을 표출하는 한 기관이 되고, 인간적인 삶을 내 것으로 하는 한 방법으로 되어 있을 것이다.

인간적인 눈이 향유하는 방법이 거칠어서 비인간적인 눈의 그것과는 다르고, 인간적인 귀가 향유하는 방법이 조야한 귀의 그것과 다르다는 것은 분명하다.

이미 보아온 바와 같이, 인간이 자신의 대상에서 자기를 상실하지 않는 것은, 대상이 그에게 인간적인 대상 내지는 대상적인 인간이 되는 경우이다. 그리고 이것이 가능한 것은, 대상이 인간에게 사회적인 대상이 되고, 인간 자신이 자기에게 사회적인 존재가 될 때, 그리고 이 대상에서 사회가 인간을 위한 존재가 될 때이다.

그렇다고 한다면 사회에서 인간에게, 대상적인 현실이 인간적인 본질적 힘의 현실로서, 다시 말하면 인간적인 현실이 되어, 이에 따라 인간 자신의 본질적 힘의 현실이 될 때에는 언제나, 모든 대상이 인간 자신의 대상화가 되고, 인간의 개성을 확인하고 실현하는 대상, 인간의 대상이 된다. 즉 인간 자신이 대상이 되는 것이다. 대상이 인간 자신에 대하여 어떻게 그의 대상이 되는가는, 대상의 본성과 이에 대응하는 본질력(本質力)의 본성에 따른다. 왜냐하면, 이 관계의 특정 존재양식이야말로 바로 긍정적인 특수한 현실적인 존재양식을 이루기 때문이다. 대상은 눈에는 귀에 대한 그것과는 다른 것이 되고, 눈의 대상은 귀의 대상과는 다른 것이 된다. 각 본질력의 특유성이란 바로 그 본질력의 특유한 존재를 말하며, 따라서 또, 그것이 대상화되는 특유한 방법, 대상적이고 현실적인 산 존재의 특유한 존재양식이기도 한다. 이렇게 해서 인간은 다만 사고(思考)에서뿐만 아니라 모든 감각을 가지고 대상적 세계에서 인정되는 것이다.

한편, 〔이런 사태를〕 주체적으로 파악해 보자. 예를 들어, 인간의 음악적 감각은 음악에 의해 비로소 불러일으켜지는 것인데, 제아무리 아름다운 음악도 비음악적인 귀에는 그 어떤 뜻도 가지지 않고 그 어떤 대상도 되지 않는다. 왜냐하면, 나의 대상은 나의 본질력의 하나를 실증하는 것밖에 되지 않는 것으로, 나의 대상이 나에게 존재할 수 있는 것은 나의 본질력이 주체적인 능력으로서 자각되어 있을 때뿐이고, 어떤 대상이 나에게 갖는 뜻(대상이 그에 대응하는 감각에 대해서 갖는 뜻)은 나의 감각이 이르는 범위에 밖에 미치지 않기 때문이다. 그렇다고 한다면, 사회적 인간의 여러 감각은 비사회적 인간의 그것과는 다른 것이다. 인간적 본질이 대상적인 형태로 풍부하게 전개되면 비로소 주체적이고 인간적인 풍부한 감성이, 음악적인 귀가, 형태의 미를 파악하는 눈이, 요컨대 인간적인 향유의 능력을 가진 여러 감각, 즉 인간적인 본질 능력으로서 확인된 여러 감각이 완성되거나 생겨나거나 하는 것이다. 왜냐하면, 단순히 오감뿐 아니라 이른바 정신적인 감각, (의지나 사랑 등의) 실천적인 감각, 한 마디로 말하면, 인간적인 감각, 여러 감각의 인간성은, 그에 알맞은 대상의 존재, 즉 인간화된 자연에 의해 비로소 생기는 것이기 때문이다.

오감의 도야는 지금까지 세계사 전체의 노동이다. 조야한 실제적 욕구에 사로잡힌 감각은 편협한 감각만 가진다.〕굶주린 인간에게는 인간적인 형태로 음식이 있는 것이 아니라 다만 음식으로서의 추상적인 존재가 있을 뿐이다. 음식이 조리되지 않은 날것이라도 아무 상관이 없는 것으로, 이런 영양 활동이 동물의 영양 활동과 어떤 점에서 구별이 되는가는 말할 수 없다. 마음고생이 많고 궁핍한 인간은 제아무리 훌륭한 연극을 보아도 그것에 감동할 만한 감수성을 전혀 가지지 않는다. 광물을 다루는 상인이 알 수 있는 것은 광물의 상업상의 가치뿐이지 광물의 아름다움이나 독특한 본성을 보지 않는다. 그는 광물학적인 감각을 전혀 가지고 있지 않다. 그렇다고 한다면, 이론적 견지에서 보나 실천적인 견지에서 보아, 인간의 감각을 인간적인 것으로 하기 위해서나, 인간적 존재와 자연적 존재의 부(富) 전체에 감응할 수 있는 인간적인 감각을 만들어 내기 위해서도 인간적 본질의 대상화가 필요한 것이다.

'생성되어 가고 있는 사회가 그런 인간적 감각의 형성을 위한 모든 재료를, 사유재산과 그 빈부의—또는 물질적·정신적인 빈부의—운동을 통해서 발견한다고 한다면, 이미 생성을 끝마친 사회는, 이와 같이 풍부한 모든 본질을 갖춘 인간을, 즉 풍부한 모든 감각을 갖춘 사려 깊은 인간을 그 사회의 지속적인 현실로서 생산한다.' 이것으로 알 수 있는 바와 같이, 이런 사회적 상태에서 비로소 주관주의과 객관주의, 유심론과 유물론, 능동〔활동〕과 수동〔고난〕은 대립하는 것이 되지 않고, 그와 함께 그런 대립항(對立項)으로서의 존재 방식을 잃는다. '이론적인 대립항의 해소조차도 오직 실천적인 방법으로만, 즉 인간의 실천적인 에너지에 의해서만이 가능하며, 따라서 그 해소는 결코 단순한 인식의 과제가 아니라 현실적인 생활 과제이다. 그리고 철학이 이 과제를 해결할 수 없었던 것도 그것을 이론적인 과제로밖에 보지 않았기 때문이다.

산업의 역사와 산업이 생성을 끝마친 대상적 존재가, 인간적인 본질적 힘의 펼쳐진 책이며, 감성적인 형태로 존재하는 인간적인 심리학이라는 것을 알 수 있다. 그러나 이 심리학은 이제까지, 인간의 본질과의 연관에서가 아니라, 항상 다만 외면적인 유용성이라는 관점에서밖에 이해되지 않았다. 왜냐하면, 인간은—소외의 내부를 움직이고 있었기 때문에—그가 인간의 본질적 힘의 현실로서, 인간의 유적 행위로서 이해할 수 있었던 것은, 인간의 보편적인 존재양식인 종교나 정치·예술·문학과 같은 추상적·보편적 본질에 있어서의 역사밖에 되지 않았기 때문이다. 통상적인 실리 본위의 산업에 있어서 인간의 대상화된 본질적 힘은 감성적이고 소원하고 유용한 대상의 형태로밖에, 즉 소외된 형태로밖에 나타나지 않는다(우리는 이런 산업을 〔소외라고 하는〕 저 일반적인 운동의 일부라고 여길 수도 있고, 이 일반적 운동 그 자체를 산업의 특수한 일부로 여길 수도 있을 것이다. 왜냐하면, 모든 인간적 활동은 이제까지 노동이었고, 따라서 산업이며, 자기 자신으로부터 소외된 활동이었기 때문이다). 〔산업의 역사와 그 대상적 존재라고 하는〕 이 책을, 따라서 감성적으로 가장 가깝고 접근하기 쉬운 역사의 이 부분을 덮어버리고 돌보지 않는 것 같은 심리학은, 현실적이고 내용이 풍부한, 신뢰할 수 있는 과학은 될 수가 없다.' 인간 노동의 이 중대한 부분을 고상한 체하고 도외시하면서 스스로의 불완전함을 느끼지 못하는 것 같은 과학을 우리는 어떻게 생각하면 좋을까? 하기야 왜 이 과학이 스스로를 불완전하다고 느끼지 않느냐 하면, 인간적 활동의 이토록 확대된 부(富)도 '욕구'나 '천박한 욕구'라고 하는 한 마디로 처리할 수 있는 이상의 뜻을 가지지 못하기 때문이지만.

자연과학은 왕성한 활동을 전개하여 끊임없이 증대하는 재료를 내 것으로 만들어 왔다. 그 사이에, 철학은 자연의 여러 과학에 대해서 소원한 채였었고, 자연의 여러 과학 쪽에서도 철학에 대해서 그러했었다. 양자는 일시적으로 통일된 것처럼 보였으나, 그것도 다만 공상적인 환상에 지나지 않았다. 〔통일에의〕 의지는 있었으나, 이를 위한 능력이 결여되어 있었다. 역사의 기술까지도, 계몽이나 유용성이나 개개의 대발견과 같은 관점에서 지나가는 김에 자연과학을 고려했을 뿐이었다. 그러나 자연과학은, 비록 그것이 직접적으로 비인간화를 완성하지 않을 수 없었다고는 하지만, 산업을 매개로 하여 더욱더 실천적으로 인간생활도 파고들어, 그것을 개조하고, 인간적 해방을 준비하게 되었다. 산업이란, 자연의, 따라서 자연과학의, 인간에 대한 현실적인 역사적 관계이다. 따라서 산업이 인간적인 본질적 힘의 누구에게도 알 수 있는 개시(開示)라고 이해된다면, 자연의 인간적 본질이나 인간의 자연적 본질이라고 하는 것도 이해될 수 있게 되고, 그렇게 되면 자연과학은 그 추상적이고 물질적인 경향을, 또는 오히려 관념적인 경향을 잃고, 그것이 현재 이미—비록 소외된 형태이기는 하지만—참다운 인간적인 생활의 바탕이 되어 있는 것처럼, 인간적인 과학의 기초도 될 수 있을 것이다. 생활의 그 이외의 기초나 과학의 그 이외의 기초와 같은 것은 처음부터 거짓말이다. '인간의 역사—즉, 인간사회의 생성작용—속에서 생성되는 자연이야말로, 인간의 현실적인 자연(본성)이며, 따라서 비록 소외된 형태이기는 하지만, 산업을 통해서 생성되는 자연이야말로 참다운 인간적인 자연인 것이다.'

감성(포이어바흐 참조)이야말로 모든 과학의 기초가 되지 않으면 안 된다. 과학은, 그것이 감성적인 의식과 감성적인 욕구라고 하는 이중적 형태의 감성에서 출발하는 경우에만—즉, 자연으로부터 출발할 때에만—현실적인 과학이다. 모든 역사는 '인간'이 감성적 의식의 대상이 되며, '인간이 인간으로서' 갖는 욕구가 되기 위한 준비의 역사이며, 그것에 이르는 발전의 역사이다. 역사 그 자체가 자연사의, 즉 자연의 인간에의 생성의 현실적인 일부인 것이다. 이윽고 자연과학은 인간에 대한 과학이 되고, 인간에 대한 과학은 자연과학 자체 안에 스스로 품게 될 것이다. 즉 오직 하나의 과학이 있게 될 것이다.

인간은 자연과학의 직접적인 대상이 될 것이다. 왜냐하면, 인간에게 직접적인 감성적 자연은 곧 인간의 감성이기 때문이며, (같은 사태를 나타내는 표현이지만) 감성적으로 그의 앞에 나타나는 다른 인간이기 때문이다. 그리고 〔그것이 같은 사태의 표현이라고 하는 것은〕 그 자신의 감성은 다른 인간을 통해서 비로소 인간적 감성으로서 그 자신에게 의식되는 것이 되기 때문이다. 그러나 자연도 또한 인간에 대한 과학의 직접적인 대상이 된다. 인간의 제1 대상—즉, 인간—은 자연이며 감성일 것이다. 그리고 감성적인 형태를 취하게 된 인간의 특수한 본질적 힘은, 자연의 대상 안에서만 자신의 대상적인 실현을 발견할 수가 있는 것처럼, 자연 존재 일반의 과학 안에서만 자신의 자기인식을 발견할 수가 있을 것이다. 사고의 본래적 활동무대이자 사상의 생생한 표출의 무대인 언어는, 감성적인 성질을 가지게 된다. 자연의 사회적 현실과 인간적인 자연과학 내지 자연적인 인간과학과는 같은 사태를 나타내는 표현이 될 것이다.

'그렇게 되면 이미 명백한 것처럼, 경제적인 부유와 빈곤 대신에 풍부한 인간과 풍부한 인간적 욕구가 나타나게 된다. 풍부한 인간이란, 인간적인 생생한 표출의 총체를 필요로 하는 인간, 즉 자기 자신의 실현을 내적인 필연성으로 삼고 필수한 것으로 만드는 인간이기도 하다. —사회주의의 전제하에서는―인간의 풍부함뿐만 아니라 가난까지도 인간적인 의의를, 그러기 때문에 사회적인 의의를 손에 넣게 된다. 가난은, 인간에게 최대의 풍부가 되는 다른 인간을 욕구로서 느끼게 하는 수동적인 유대이다. 열정이란, 내 안에서 대상적인 존재가 지배하고, 나의 본질적 활동이 감성적인 형태로 분출하는 일인데, 그것이 여기에서는 동시에 나의 본질적인 활동이 되기도 한다.'

(5)존재하는 것은, 그것이 자기 발로 서게 될 때 비로소 자립적인 것으로 여겨지게 되고, 자기의 존재를 자기 자신이 짊어지게 됨으로써 비로소 자기 발로 서게 된다. 타인의 은혜에 매달려 생활하는 사람은 자기를 종속적인 존재라고 생각한다. 그러나 내가 타인 덕택으로 나의 생활을 유지할 뿐만 아니라, 타인이 나의 생활을 창조했다고 한다면, 즉 타인이 나의 생활의 원천이라고 한다면, 나는 완전히 타인의 은혜에 기대여 생활을 하는 것이 되고, 나의 생활이 내 자신이 창조한 것이 아니라고 한다면, 나의 생활은 필연적으로 나의 외부에 그 근거를 가지게 된다. 그러기 때문에 창조라는 개념은 민중의 의식으로부터 몰아내기가 매우 어려운 관념인 것이다. 자연도 인간도 〔창조된 것이 아니라〕 그 자체로 존재한다고 하는 사태가 민중의 의식으로는 이해하기 어렵다는 것도, 이런 사태가 실생활의 그 어떤 일상적 사실과도 서로 양립하지 않기 때문이다.

대지의 창조라고 하는 생각은, 지질학 즉 지구의 형성 내지는 생성을 하나의 과정, 자기산출로서 기술하는 과학에 의해서 큰 타격을 받았다. 자연발생설은 창조설에 대한 유일한 실제적인 반론이다.

아리스토텔레스가 이미 한 말을 개개인에게 이야기한다는 것은 확실히 손쉬운 일이다. 그것은 바로 이러하다. 당신은 아버지와 어머니에 의해서 태어났으므로, 두 사람의 성행위가, 따라서 인간의 유(類)로서의 행위가, 당신 안에 인간을 생기게 한 것이다. 그렇다면, 인간은 또한 육체적으로도 그 존재를 인간에 지고 있다는 것을 당신은 알 것이다. 따라서 당신은, 무한한 과정이라고 하는 한 가지 면에만 주목하여 자기 아버지를 낳은 사람은 누구인가, 아버지의 조부를 낳은 사람은 누구인가 하고 계속 물어가는 것만으로는 안 된다. 당신은 이 무한한 과정에서 감각적으로 알 수 있는 순환 운동, 즉 인간이 생식에서 스스로를 되풀이하고, 따라서 인간이 항상 주체일 수 있는 순환 운동도 유의해 두지 않으면 안 된다. 그러나 당신은 이렇게 대답할 것이다.

이런 순환 운동은 인정한다 하더라도 나를 계속 앞으로 몰고 가서 마침내는 누가 최초의 인간과 자연 일반을 낳았는가를 자기에게 묻게 하는 과정이 있다는 것도 인정해 주었으면 좋겠다고. 나는 이제 당신에게 이렇게 대답할 수가 있을 것이다. 당신의 물음 그 자체가 추상의 산물이다. 어떻게 해서 당신이 이 물음을 생각해 내게 되었는가를 자문해 보시오. 당신의 물음이, 잘못되어 있기 때문에 나로서는 대답할 수 없는 견지에서 생긴 것이 아닌지를 자문해 보시오. 당신이 주장하는 과정 그 자체가 이성적 사고에 의해서 존재하는지 어떤지를 자문해 보시오. 당신이 자연과 인간의 창조에 대해서 물을 때, 당신은 요컨대 인간과 자연을 추상하고 있는 것이요. 당신은 그것을 존재하지 않는 것으로 생각하면서 그것들이 존재한다는 것을 나로 하여금 증명해 주기를 바라고 있어요. 그래서 나는 당신에게 이렇게 말하고 싶은 것이요. 당신의 추상을 그만두시오. 그러면 당신은 자신의 물음도 그만둘 것이오. 그리고 당신이 자기의 추상을 고집하려면 일관성을 가지시오. 그리고 인간과 자연을 존재하지 않는다고 생각한다면 당신 자신을 존재하지 않는 것으로 생각하시오. 당신도 또한 자연이고 인간이니까. 생각하거나 나에게 물으면 안 되오. 왜냐하면, 당신이 생각하거나 묻자마자 자연과 인간의 존재에 대한 당신의 추상은 무의미하게 되기 때문이다. 혹시 당신은 모든 것을 무(無)로 보면서 자기만은 존재하려고 하는 에고이스트가 아니오?

당신은 나에게 이렇게 되받을 수가 있을 것이오. 나는 자연 등을 무(無)로 여기려는 것이 아니오. 나는 해부학자에게 골격의 형성에 대해서 질문하는 것과 마찬가지로, 당신에게 자연의 생성 작용에 대해서 질문하고 있는 것이라고.

그러나 사회주의적 인간에게, 이른바 세계사 전체는 인간적 노동에 의한 인간의 산출, 인간을 위한 자연 생성 이외의 그 무엇도 아니므로, 사회주의적 인간은 나 자신에 의한 나 자신의 탄생에 대한, 나의 생성 과정에 대한, 분명한 부정할 수 없는 증명을 가지고 있다. 인간과 자연의 본질이, 즉 인간이 인간에게 자연의 존재로서 있고, 자연이 인간에게 인간의 존재로서 있다는 것이, 실제적이고 감성적인 형태로 눈에 보이는 것이 되어 있으므로, 무엇인가 소원한 본질에 대한, 자연과 인간을 초월하는 본질에 대한 물음―자연과 인간이 본질을 결여하고 있다는 고백을 포함하고 있는 것 같은 이 물음―은 실제로 불가능하게 되었다. 그러나 무신론도, 이런 본질의 결여를 부인하고 있는 것임에도 불구하고, 이미 아무런 뜻도 가지지 않는다. 왜냐하면, 무신론은 신의 부정이고, 이 부정을 매개로 하여 인간의 존재를 설정하는 데에 지나지 않기 때문이다. 그러나 사회주의로서의 사회주의는 이미 그와 같은 매개를 필요로 하지 않는다. 그것은 본질로서의 인간 및 자연의, 이론적·실천적 감성적인 의식에서 출발한다. 사회주의로서의 사회주의는, 이미 종교의 폐기에 의해서 매개되는 것이 아닌, 인간의 긍정적인 자기의식이며, 그 현실 생활도, 이미 사유재산을 지양한 공산주의에 의해서 매개되는 것이 아닌, 인간의 긍정적 현실이 된다. 분명히 공산주의는, 부정의 부정으로서의 긍정이며, 따라서 바로 가까이에 다가온 역사적 발전에 필연적인 인간의 해방과 회복의 현실적인 계기이다. 공산주의는 바로 가까이에 다가온 미래의 필연적인 형태이며, 활동적인 원리이기는 하다. 그러나 공산주의 그 자체는 인간적 발전의 목표―인간적 사회가 취하게 될 형태―는 아니다.

제3장
헤겔 변증법과 철학 일반의 비판

(6) *25이제까지 말한 것을 이해하고 그것을 실증하기 위해 헤겔 변증법 일반에 대해서, 특히 《[정신] 현상학》과 《논리학》에서의 그 전개에 대해서, 그리고 마지막으로, 최근의 비판 운동과의 관계에 대해서, 여기서 약간의 코멘트를 해두는 것이 적절할 것으로 여겨진다.

현재 독일의 비판가들은, 고대 세계의 내용에 너무나 몰두하여 그 테마에 사로잡혀 있기 때문에, 비판 방법에 전혀 무비판적인 태도를 취하고, 헤겔 변증법을 도대체 어떻게 다룰 것인가 하는 겉보기에는 형식적이면서도 실은 본질적인 문제에 전혀 관심을 보이지 않게 되었다. 헤겔 철학 일반, 특히 그 변증법에 대한 현대의 비판의 관계에 대한 이런 무관심은 매우 심해서, 슈트라우스[1808~1874, 독일의 철학자]나 브루노 바우어[1809~1882, 독일의 신학자·종교사가]와 같은 비판가들까지도 아직 전적으로 헤겔 논리학의 틀 안에 사로잡혀 있을 정도이다. 슈트라우스는 전적으로 거기에 사로잡혀 있고 바우어도(슈트라우스에 반대하여 '추상적 자연'이라고 하는 실체 대신에 추상적 인간의 '자기의식'을 두고 있다), 《공관복음사가》[전3권, 1841~1842]에서도, 또 《폭로된 기독교》[1843]에서까지도, 적어도 경향적으로는 아직도 그러하다. 예를 들어, 《폭로된 기독교》에서는 이렇게 말하고 있다.

그렇다면 마치 자기의식은 세계를, 구별을 정립하고, 자기가 산출한 것에서 자기 자신을 산출하는—왜냐하면, 자기의식은 그것이 산출하는 것과 자기 자신의 구별을 다시 지양하여, 그것을 산출하는 행위와 운동에서만 자기 자신이기 때문에—것이 아닌가 하는 것 같고, 자기의식이 이 운동 안에 자신의 목적을 가지고 있는 것 같다.

또는 이렇게도 말하고 있다.

　그들(프랑스의 유물론자들)은, 우주의 운동이 자기의식의 운동으로서 비로소 현실적으로 자각되고, 자기 자신과의 통일된다는 것을 알 수가 없었다.

이들의 표현은 언어의 구사에서까지도 헤겔의 견해와 별다른 차이가 없으며, 오히려 헤겔의 견해를 충실하게 되풀이하고 있다.

이 비판 작업(바우어 《공관 복음사가》)에서 헤겔 변증법과의 관계에 대한 의식이 얼마나 적은지, 구체적 비판 작업 후에도 얼마만큼 적게 나타나는지는 바우어가 《자유의 대의(大義)》[1842]에서 '도대체 윤리학에 대해서는 어떻게 되는가'라고 하는 그루페의 지나친 질문을 피하고, 그에 대해서는 장래의 비판가에 듣기 바란다고 이야기하고 있는 것을 보아도 분명하다.

포이어바흐가 〈일화집〉에 실린 '철학 개혁을 위한 잠정적 제언'에서, 또 더 자세히 파고 든 형태로는, '장래 철학의 근본명제'에서, 낡은 변증법과 철학을 근본부터 전복시켜 버렸음에도 불구하고, 이런 행위를 실행할 줄 몰랐던 [바우어들의] 비판은, 이에 대항해서 자기야말로 '순수하고, 결정적이고, 절대적이고, 완성된 비판'이라고 선언하여, 유심론적인 교만에 빠져 모든 역사적 운동을, 나 자신과 그 이외의 세계—즉, 자기와는 달리 '대중'이라고 하는 카테고리에 속하는 세계—의 관계로 환원하여, 모든 독단적 대립을, 자기 자신의 현명함과 세상의 어리석음, 비판적 그리스도와 '무리'로서의 인류라고 하는 하나의 독단적 대립으로 해소하여, 자기 자신의 우수함을 끊임없이 대중의 우매함에 비추어 이를 증명하였다. 그리하여 마침내 비판은, 멸망해 가는 전 인류가 비판을 향하여 떼지어 모이고, 비판에 의해서 그룹마다 조사를 받고, 개개의 특수한 무리들이 빈곤증명서가 교부될 날이 다가왔다는 식으로 비판적인 최후의 심판을 예고하여, 저 비판이 세상을 초월한 고상한 고독 속에 왕좌에 앉아, 가끔 올림포스 신들의 너털웃음을 풍자적으로 터뜨려, 이런 세상이나 인간적 감정을 초월한 자신들의 숭고함을 활자로 인쇄하게까지 만들었다. 그럼에도 불구하고, 관념론(청년 헤겔파)은, 이런 갖가지 우스꽝스러운 행동을 하여, 비판 형식하에서 빈사 상태에 빠진 후에도, 마침내 자신을 낳아준 생생한 헤겔 변증법과 비판적으로 대결하지 않으면 안 된다는 예감을 한 번도 표명하지 않았고, 그러기는커녕 오히려 포이어바흐적 변증법에 대한 자신의 비판적 태도를 강하게 주장할 수조차도 없었다. 이것이야말로 자기 자신에 대한 전혀 무비판적인 태도라 할 수 있을 것이다.

포이어바흐야말로 헤겔 변증법에 대해 진지하고 비판적인 태도로 임하고, 이 영역에서 진실을 발견한 단 한 사람으로, 낡은 철학을 진정으로 극복한 사람이다. 포이어바흐 업적의 위대함과 그가 그 업적을 세상에 내놓을 때의 조용하고도 간결한 태도는 정반대되는 태도와 뚜렷한 대조를 이루고 있다.

포이어바흐의 위업은 다음과 같은 것이다.
(1)철학은 사유에 의해 초래되고 사유에 의해서 수행되는 종교이며, 따라서 인간적 본질의 소외의 또 다른 형식이고 현존 방식이며, 따라서 종교와 마찬가지로 유죄판결을 받아야 한다는 것을 증명하였다.
(2)'인간의 인간에 대한' 사회적 관계도 마찬가지로 이론의 근본원리로 삼음으로써 참다운 유물론과 현실적인 과학에 기초를 부여하였다.
(3)절대로 긍정적인 것이라고 주장하는 부정의 부정에 자기 발로 서서, 적극적으로 나 자신에 근거를 갖는 긍정적인 것을 대치함으로써[위에 적은 기초부여를 하였다].

포이어바흐는 헤겔 변증법을 다음과 같이 설명한다(그리고 그에 의해서 긍정적인 것으로부터의, 즉 감각적으로 확실한 것으로부터의 출발에 기초를 부여한다).
즉 그에 의하면, 헤겔은 실체의 소외(논리학적으로 말하자면 무한자, 추상적 보편자), 절대적이고 고정된 추상으로부터 출발한다. 누구나 알 수 있게 표현하자면 그는 종교와 신학에서 출발한다.
둘째로, 그는 무한자를 지양하고 현실적인 것, 감각적인 것, 실재적인 것, 유한한 것, 특수적인 것을 정립한다(철학은 종교와 신학의 지양).
셋째로, 긍정적인 것을 다시 지양하여, 추상을, 무한자를 회복시킨다. 즉 종교와 신학의 회복.

요컨대 포이어바흐는 부정의 부정이 철학의 자기모순으로서, 즉 신학(초월자 등)을 부정한 후에 그것을 긍정하는, 따라서 자기 자신과의 대립에서 긍정하는 철학으로서 파악하는 데 지나지 않는다.

부정의 부정 속에 숨은 긍정, 또는 자기 긍정과 자기 확증은, 아직 자신에게 확신이 없고, 그러기 때문에 자신의 대립물에 끌려가고 있는 것과 같은 긍정이며, 자신을 의심하고, 그러기 때문에 증명을 필요로 하는 긍정이며, 따라서 자기의 존재에 의해서 자신을 증명해 가지 않으면 승인받지 않는 긍정으로 이해되고 있고, 그러기 때문에 이런 긍정에는 감성적으로 확실하고 자신 안에 근거를 갖는 긍정이 대립된다.

포이어바흐는 또한 부정의 부정을, 구체적인 개념〔으로서〕, 사유 속에서 자기 자신을 뛰어넘는, 사유이면서 그대로 직관, 자연, 현실성으로 존재하려고 하는 사유로서 이해한다.

이에 대해서 헤겔은, 부정의 부정—거기에 숨은 긍정적인 관계에 따라서, 참된 유일한 긍정적인 것으로 파악하고, 거기에 숨은 부정적인 관계에 따라서, 모든 존재의 유일하고 참다운 행위이자 자기실증 행위로서—을 파악함으로써 찾아낸 것은, 역사 운동을 나타내기 위한 추상적이고 논리적이고 사변적인 표현에 지나지 않고, 더욱이 그 역사를 보아도, 전제된 주체로서의 인간의 현실적인 역사는 아직 아니고, 간신히 인간의 산출 행위이자 발생사에 지나지 않는다. —우리는 이 추상적 형식을 명백히 함과 동시에, 현대의 비판과는 대조적으로, 헤겔에 있어서의 이 운동과, 포이어바흐의 《기독교의 본질》에서도 발견할 수 있는 같은 과정의 차이점을, 또는 오히려 헤겔에 있어서는 아직 무비판적이었던 이 운동의 비판적인 형태를 분명히 하고자 한다.

헤겔의 체계를 간단히 살펴보자. 우선 헤겔 철학의 진정한 탄생지이자 비밀인 그의 《〔정신〕 현상학》부터 시작해야 한다.

현상학

A. 자기의식

I. 의식

  α) 감각적 확신, 또는 이것이라고 여기는 일

β) 지각, 또는 여러 성질을 갖는 물건과 착각

γ) 힘과 오성(悟性), 현상과 초감각적 세계

Ⅱ. 자기의식, 자기 확신의 진리

a) 자기의식의 자립성과 비자립성, 주인과 노예

b) 자기의식의 자유, 스토아주의와 회의주의와 불행한 의식

Ⅲ. 이성, 이성의 확신과 진리

a) 관찰하는 이성, 자연과 자기의식의 관찰

b) 이성적 자기의식의 자기 자신에 의한 실현, 쾌락과 필연성, 마음의 법칙과 자만의 광기, 덕과 세상

c) 자기에 대해서 절대적으로 현실적인 것이 되어 있는 개인, 정신적인 동물의 나라와 기만, 또는 사물 그 자체, 법을 제정하는 이성, 법을 음미하는 이성

B. 정신

Ⅰ. 참다운 정신, 인류

Ⅱ. 자기소외된 정신, 교양

Ⅲ. 자기확신 정신, 도덕성

C. 종교, 자연종교, 예술종교, 계시종교
D. 절대지 (絶對知)

헤겔의 《엔치클로페디》가 논리학, 즉 순수한 사변적 사상으로 시작하여, 절대지, 즉 자기의식적이고 자기 파악적인 철학적 정신, 또는 절대적인, 즉 초인적인 정신으로 끝난 것으로 보면, 《엔치클로페디》 전체가 철학적 정신의 확대된 본질, 철학적 정신의 자기대상화 바로 그것이다. 그리고 이 철학적 정신을 보아도 자기가 소외된 경우에 사고(思考)하는 세계정신, 즉 추상적으로 자신을 파악하는 소외된 세계정신 바로 그것이다. 논리학이란, 정신의 화폐, 인간과 자연의 사변적·사상적 가치이며, 그 어떤 특정한 현실적인 존

재양식에도 전혀 무관심하게 된, 따라서 비현실적인 본질이며 외화된 사고, 따라서 자연과 현실적 인간을 도외시한 사고, 즉 추상적인 사고이다. 이 추상적 사고의 외재성(外在性)이란 이 추상적 사고에 대해서 존재하는 자연을 말한다. 자연은 이 사고에 대해서는 외재성이고 이 사고의 자기상실이다. 더욱이 이 사고는 자연 그 자체를 외재적인 것으로서, 추상적인 사고로서, 그러나 외화된 추상적 사고로서 이해한다. 마지막으로 정신, 즉 자신의 탄생지로 귀향하는 이 사고는, 인간학적·현상학적·심리학적·인륜적·예술적·종교적 정신으로서의 자기를 아직 자기 자신이라고 인정하지 않고, 마침내 자기 자신이 절대지로서, 따라서 절대적인, 즉 추상적인 정신으로서 비로소 자신을 발견하고, 자신을 긍정하고 자신의 자각적인 존재와 자신에게 어울리는 존재를 획득한다. 왜냐하면 이 정신의 현실적인 존재란 추상이기 때문이다.

헤겔의 이중의 오류.

제1의 오류가 가장 뚜렷하게 나타나는 것은 헤겔 철학의 탄생지인 《현상학》에서이다. 헤겔은, 예를 들어 부나 국가 권력 등을 인간적 본질로부터 소외된 존재로서 파악하기는 하지만, 그 사상 형식에서 안에서만 파악한다. ……부나 국가 권력은 관념적인 존재이며, 따라서 (헤겔이 말하는 소외도) 순수한, 즉 추상적인 철학적 사고가 행하는 소외에 지나지 않는다. 그 운동 전체가 절대지로 끝나는 것은 그 때문이다. 이들 대상이 그것으로부터 소외되기라도 하면, 자기야말로 현실적이라고 자만하여 그에 대항하는 것은 바로 추상적 사고이다. 철학자는 자기 자신을—즉, 소외된 인간의 한 추상적 형태를—소외된 세계에 척도로서 설정한다. 그렇다고 한다면, 외화(外化)의 역사와 이 외화를 철회하는 과정 전체가 추상적, 즉 절대적인 사고의, 논리적·순이론적인 사고의 산출사(産出史) 바로 그것이다. 따라서 이런 외화와 이 외화가 지양하는 본디의 관심사인 소외도 즉자(卽自)와 대자(對自), 의식과 자기의식, 객관과 주관의 대립이 되어, 결국 사상 그 자체의 내부에서 추상적 사고와 감성적 현실 내지는 현실적 감성의 대립이 된다. 다른 모든 대립과 그 운동은, 유일하게 주목해야 할 이들 대립들의 가상(假象)이며, 외피(外皮)이며, 표면적인 형태밖에 되지 않고, 이들 주목할 만한 대립이야말로 다른 세속적인 대립의 의미를 이루고 있다. 인간적 본질이 비인간적으로 자기와 대립하는 형태로 스스로를 대상화하는 것이 아니라, 그것이 추상적인 사고와의 구별과 대립에서 자신을 대상화하는 것이, 실제로 존재하고 지양되어야 할 소외의 본질로 여겨지는 것이다.

따라서 대상에, 더욱이 소원한 대상이 되어 버린 인간의 본질적 힘들을 획득한다고는 하지만, 우선 첫째로 그것은 의식이나 순수 사고에서, 즉 추상에서 내 것으로 하는 데에 지나지 않고, 이들 대상을 사상이나 사상 운동으로서 내 것으로 하는 데에 지나지 않는다. 《현상학》에서까지도, 어디까지나 부정적이고 비판적인 겉모습과, 실제로 거기에 포함되어 있고, 가끔 그 후의 발전을 선취(先取)하는 것 같은 비판에도 불구하고, 이미 헤겔의 후기 저작의 무비판적인 실증주의와, 마찬가지로 무비판적인 관념론—즉 눈앞에 있는 경험들의 철학적인 해소와 복구—이 새싹으로서, 잠재력으로서 하나의 비밀로서 존재하는 것도 그 때문이다. 둘째로, 대상적 세계를 인간을 위해 반환을 요구하는 일—예를 들어, 감각적 의식은 결코 추상적이 아닌 인간적으로 감각적인 의식이라거나, 종교나 부 등은 인간적인 대상화의, 작품으로서 태어난 인간적인 본질적인 힘의 소외된 현실밖에 되지 않고, 그러기 때문에 참다운 인간적인 현실에 이르는 길에 지나지 않는다는 것을 인식하는 일—그리고 이와 같이 해서 〔인간적인 본질적인 힘을〕 획득하거나, 그 과정을 통찰하거나 하는 일은, 헤겔에 있어서는 감각·종교·국가 권력 등이 정신적인 존재라고 하는 형태로 나타난다. —왜냐하면, 오직 정신만이 인간의 참다운 본질이며 정신의 참다운 형태는 사고하는 정신, 논리적이고 순이론적인 정신이기 때문이다. 자연, 즉 역사에 의해 탄생된 자연과 인간의 생산물이 인간적 성격을 갖는다는 것은 〔헤겔에서는〕 그것들이 추상적인 정신의 산물이며, 따라서 정신적인 여러 계기이자 관념적 존재라고 하는 점에 나타난다. 《현상학》이 감추어진, 아직 분명치 않은 신비화될 것 같은 비판밖에 되지 않는다는 것도 그 때문이다.

그러나 《현상학》이 인간의 소외를—비록 인간이 정신이라는 형태로밖에 나타나지 않는다 해도—견지하고 있는 한에서는, 거기에는 비판의 모든 요소가 숨겨져 있고, 더욱이, 헤겔의 입장을 훨씬 뛰어넘은 방식으로 준비되고 손질되어 있기까지도 하다. '불행한 의식'이나 '성실한 의식', '고귀한 의식과 천한 의식'의 싸움이라고 하는 이들 개개의 절(節)은, 종교나 국가, 시민 사회 등 전 영역의 비판적인 요소를—아직은 소외된 형태이기는 하지만—

포함하고 있다. 이렇게 해서, 존재나 대상이 관념적 존재로서 있는 것처럼, 주체도 항상 의식 내지는 자기의식이다. 또는 오히려 대상은 추상적 의식으로밖에 나타나지 않고, 인간도 자기의식으로서밖에 나타나지 않는다. 따라서 등장하는 여러 가지 소외 형태도 의식이나 자기의식의 여러 가지 형태에 지나지 않는다. 대상이 추상적 의식으로서 파악되고, 이 추상적 의식 그 자체도 자기의식의 한 구획적인 계기밖에 되지 않으므로, 그 운동의 성과로서 나타난다고 해도, 자기의식과 의식의 동일성, 절대지이며, 결국은 이미 밖으로가 아니라 겨우 자기 안에서만 앞으로 나아가는 추상적 사고의 운동이다. 요컨대 순수 사상의 변증법이야말로 그 성과인 것이다.

그렇다고 한다면, 헤겔의 《현상학》과 그 최종 성과—즉, 변증법 내지 운동하고 산출하는 원리로서의 부정성—의 위대한 점은, 무엇보다도 먼저, 헤겔이 인간의 자기산출을 하나의 과정으로서 파악하여, 대상화를 탈대상화로서, 즉 외화이면서 외화의 지양으로서 파악하고 있다는 데 있으며, 따라서 노동의 본질을 파악하고, 대상적 인간을, 즉 현실적이기 때문에 참다운 인간을, 그 자신의 노동의 위대한 성과로서 이해하고 있다는 데에 있다. 유적 존재로서의 자기에 대한 인간의 현실적이고 활동적인 태도, 또는 현실적인 유적 존재로서의, 즉 인간적 존재로서의 그 활동은, 인간이 자신의 유(類)로서의 모든 힘을 현실로 끌어내어, 그것들에 대상으로서 관여함으로써만 가능하게 된다. 하기야, 그런 여러 힘을 꺼낸다고 하는 것은 그것은 그것대로 또한 인간의 총체적 활동에 의해서밖에, 즉 역사의 성과로서만 가능해 지며, 그것에 대상으로서 관여한다고 해도 우선은 소외라는 형태로밖에 가능하지는 않지만.

여기서 우리는 헤겔의 일면성과 한계를 《현상학》의 마지막 장—'절대지'—에 입각해서 자세히 살펴보기로 한다. 이 장은 현상학 정신의 요약이나, 사변적 변증법에 대한 현상학의 관계를 포함할 뿐만 아니라 이 양자와 그 상호관계에 대한 헤겔의 의식도 포함하고 있다.

미리 이것만은 이야기해 두자면, 헤겔은 현대 경제학의 입장에 서 있다. 헤겔은 노동을 인간의 본질로서, 자신을 확증하는 본질로서 파악한다. 그는 노동의 긍정적인 측면만을 보고, 그 부정적인 측면은 보지 않는다. 노동은, 인간이 외화된 상태로, 또는 외화된 인간으로서 자각되는 것이다. 헤겔이 그것밖에 모르고, 그것밖에 인정하지 않는 노동이란 추상적인 정신적 노동이다. 그렇다고 한다면 헤겔은 자기를 아는 인간의 외화나, 자기를 사고하는 외화된 학문이라고 하는, 일반적으로 철학의 본질을 이루는 것을 노동의 본질로 여기는 셈이다. 그가 그 이전의 철학을 향해서 그 개개의 계기를 총괄해서 자신의 철학을 철학 그 자체라고 말할 수가 있었던 것도 그 때문이다. 헤겔은 다른 철학자들이 한 일—즉, 자연과 인간생활의 개개의 계기를 자기의식의 계기로서, 더욱이 추상적인 자기의식의 계기로서 파악했다는 것—이 철학의 행위라는 것을 알고 있다. 그러기 때문에 그의 철학은 절대적인 것이다.

이제, 본제로 들어가기도 하자.
절대지. 《현상학》의 마지막 장.
중요한 것은 의식의 대상이 자기의식 이외는 아무것도 아니라는 것, 또는 대상이 대상화된 자기의식, 대상으로서의 자기의식에 지나지 않는다는 것이다(인간의 정립작용=자기의식).
따라서 의식의 대상을 극복하는 일이 중요해진다. 대상성 그 자체가 인간의 본질인 자기의식에는 어울리지 않는 소외된 인간의 상태로 여겨진다. 따라서 소외라고 하는 규정하에서 소원한 것으로서 산출된 인간의 대상적 본질을 다시 획득한다는 것은, 다만 소외뿐만 아니라 대상성도 지양한다는 뜻을 갖는다. 즉 인간은 비대상적인 유심론적인 존재로 여겨지는 것이다.
헤겔은 의식의 대상을 극복해 가는 운동을 이제 다음과 같이 그려내고 있다.
대상은 자기에게로 귀환하는 것으로만 나타나는 것이 아니다 (헤겔에 의하면 그것만으로는 이 운동에 대한 일면적인, 즉 그 일면밖에 파악하지 못한 이해라는 것이다). 인간이 되는 것=자기를 정립하는 것. 그러나 이 자기는 추상적으로 파악되고 추상에 의해 산출된 인간에 지나지 않는다. 분명히 인간은 자기적이다. 인간의 눈이나 귀 등은 자기적이다. 인간의 본질적 힘은 모두 인간 속에 자기라는 속성을 가지고는 있다. 그러나 그렇다고 해서 자기의식이 눈이나 귀나 본질력을 가지고 있다고 한다면, 그것을 전적으로 잘못일 것이다. 오히려 자기의식 쪽이 인간적 자연의, 예를 들면 인간적인 눈 등의 하나의 성질이지, 인간적 자연이 자기의식의 한 성질이 아니다.
그러기 때문에 독립적으로 추상화된 고정화된 자기란, 추상적인 에고이스트(이기주의자)로서의 인간이고, 사고(思考)라고 하는 인간의 순수한 추상으로까지 높여진 에고이즘(이기주의)이다(이 점에 대해서는 후에 다시 되돌아오기로 한다).

헤겔에게 있어서, 인간적 본질 내지 인간은 자기의식과 같다. 따라서 인간적 본질의 모든 소외는 자기의식의 소외 바로 그것이다. 자기의식의 소외는, 인간적 본질의 현실적인 소외의 표현, 이 소외가 지식과 사고 안에 비쳐진 표현이라고는 여겨지지 않는다. 오히려 실재적인 것으로서 나타나는 현실적인 소외 쪽이, 그 가장 안쪽에 감추어진—철학에 의해서 처음으로 밝혀지는—본질로 보자면, 현실적인 인간의 본질인 자기의식의 소외 현상밖에 되지 않는다. 이것을 개념적으로 파악하는 학문이 현상학이라고 불리는 것은 이 때문이다. 따라서 소외된 대상적 본질의 재획득은 모두 자기의식에의 병합이라고 하는 형태를 취한다. 자신의 본질을 획득하는 인간이란 대상적 본질을 획득하는 자기의식에 지나지 않는다. 그렇다고 한다면 대상의 자기로의 귀환이 대상의 재획득이 된다.

의식이 대상을 극복하는 것은 전체적으로 다음과 같이 표현된다.

(1) 대상 그 자체가 의식에서 보자면, 사라져 가는 것으로서 명백해진다는 것.

(2) 자기의식의 외화가 물성〔物性 : $\substack{\text{사물의}\\\text{성질}}$〕을 정립하는 것이라는 것.

(3) 이 외화가 부정적인 뜻뿐만 아니라 긍정적인 뜻도 갖는다는 것.

(4) 이 외화가 그런 뜻을 우리에게, 또는 그 자체로서 가질 뿐만 아니라, 자기의식 그 자체에 대해서도 갖는다는 것.

(5) 대상의 부정적인 것, 또는 대상의 자기지양이 자기의식에게 긍정적인 뜻을 가지는 것은, 바꾸어 말하자면, 자기의식이 대상의 이런 허망함을 아는 것은, 자기의식이 자신을 외화하는 것에 의해서이다. 왜냐하면, 자기의식은 이 외화에 있어서 자기를 대상으로 정립하거나, 스스로가 대자존재(對自存在)라고 하는 불가분의 통일체를 이루기 위해 대상을 자기 자신으로 정립하기 때문이다.

(6) 한편, 여기에는 동시에 다음과 같은 또 하나의 계기가 포함되어 있다. 즉 자기의식이 이런 외화와 대상성을 동시에 지양하여, 자신 안에 회복하고, 따라서 자신의 타자존재 자체 안에 있으면서 자기 자신으로 머물러 있다고 하는 계기가 그것이다.

⑺이것이 의식 운동이며, 그런 점에서 의식의 여러 계기의 총체이다.

⑻의식 쪽에서도, 대상의 여러 규제 전체에 관여하여, 대상의 여러 규제를 파악해야 한다. 대상의 여러 규정의 전체가 대상 그 자체를 정신적인 존재로 만드는 것이고, 이것이 의식에 진정으로 자각되는 것은, 그것이 대상의 개별적인 각 규정을 자기로서 파악함으로써, 또는 대상의 여러 규정에 대해서 지금 말할 것과 같은 정신적 태도를 취하는 것에 의해서이다.

⑴에 대해서. 대상 그 자체가 의식 쪽에서 볼 때 사라져 가는 것으로서 분명해진다는 것은, 위에서 말한 바와 같이 대상이 자기에게로 귀환한다는 것을 말한다.

⑵에 대해서. 자기의식의 외화가 물성을 정립한다. 인간은 자기의식이므로, 인간의 외화된 대상적 본질 또는 물성은 외화된 자기의식과 같고, 물성은 이런 외화에 의해서 정립된다(인간에게 대상이 되는 것, 더욱이 인간에게만 대상이 되는 것은 인간에게 본질적인 대상이며, 따라서 인간의 대상적 본질과 같은 것이다. 그런데 현실적인 인간 그 자체가, 따라서 또—인간은 인간적 자연이고 보면—자연 그 자체가, 주체가 되는 것이 아니라 인간의 추상인 자기의식만이 주체가 되는 데에 지나지 않으므로, 물성은 외화된 자기의식일 수밖에 없는 것이다). 대상적, 즉 물질적인 본질적 힘을 갖추고 있는 살아 있는 자연적 존재가, 자신의 본질인 현실적인 자연적 여러 대상을 갖는 것도, 또 이 존재의 자기외화가 현실적이기는 하지만 외재성의 형식 아래에 놓여 자신의 본질에 속하지 않는 강력한 대상적 세계를 정립하는 것도 전적으로 당연한 일이다. 그것에는 불가해하거나 수수께끼 같은 것은 하나도 없다. 오히려 그렇지 않으면 이상할 정도이다. 그러나 자기의식은 자신의 외화에 의해서 물성밖에 정립할 수 없다는 것, 즉 자기로서는 추상적인 사물 내지는 추상의 사물밖에 정립할 수 없고, 그 어떤 현실적인 사물도 정립할 수 없다는 것도 마찬가지로 분명하다. 따라서 여기서 더욱 분명해지는 것은 물성은 자기의식에 대해서 결코 자립적인 것도 본질적인 것도 아니고, 단순한 피조물이며, 자기의식에 의해서 정립된 것이라는 것, 그리고 정립된 것은 자신을 확증하는 것이 아니라 정립하는 작용을 확증하는 데에 지나지 않고,

더욱이 이 정립하는 작용은 한 순간 동안 자신의 에너지를 산물로서 고정하여, 겉보기에는 이 가상에 자립한 현실적인 것이라고 하는 역할을 주기는 하지만 어디까지나 한 순간에 지나지 않는다는 것이다.

손질이 잘 된 확실한 대지 위에 서서, 모든 자연력을 숨쉬고 있는 현실의 살아 있는 인간이, 그의 현실적이고 대상적인 본질적 힘을 자신의 외화에 의해서 소원한 대상으로서 정립한다 해도, 이 정립 작용이 주체인 것은 아니다. 이 정립하는 작용〔이 갖는 주체성〕은 대상적인 본질적 힘을 가지는 주체성밖에 되지 않고, 따라서 그 작용도 또한 대상적인 작용일 수밖에 없다. 대상적인 본질은 대상적으로 작용한다. 만일 그 본질 규정 안에 대상적인 것이 없으면 그것은 대상적으로는 작용하지 않을 것이다. 대상적인 본질은, 그것이 대상에 의해서 정립되어 있고, 본디는 자연이기 때문에 대상을 창조하고 정립하는 것이다. 그렇다고 한다면, 대상적인 본질이, 정립 행위에서는 그 '순수한 활동'에 의해 대상을 창조하는 것이 아니라, 오히려 이 본질의 대상적인 산물이 그의 대상적 활동을 확증하고, 그의 활동을 대상적이고 자연적인 본질의 활동이라는 것을 확증하는 것이다.

여기에서 분명해지는 것은, 철저한 자연주의 내지 인간주의는 유물론과도 관념론과도 다르지만, 동시에 또 양자를 통일하는 진리이기도 하다는 것이다. 동시에 자연주의만이 세계사의 작용을 개념적으로 파악할 수 있다는 것도 분명해진다.

'인간은 직접적으로는 자연의 존재이다. 인간은 자연 존재, 더욱이 살아 있는 존재이므로, 자연의 여러 힘, 즉 생명의 여러 힘을 갖추고 있는 능동적인 자연 존재이다. 이들 힘은 인간 안에서 여러 가지 소질이나 능력이나 충동이라는 형태로 존재한다. 그러나 다른 한편으로 인간은 자연적·육체적·감각적·대상적 존재이므로, 동물이나 식물도 또한 그러하듯이, 제약되고 제한된 수동적인 존재이다. 즉 인간의 충동의 대상은 그의 외부에 그로부터 독립된 대상으로서 존재한다. 그러나 이들 대상은 인간의 욕구의 대상으로, 그의 본질적 힘이 활동하고 보증을 받기 위해서는 없어서는 안 될 본질적인 대상이다. 인간이 육체적이고, 자연의 힘을 가진, 살아 있는, 현실적이고 감각적인 대상적 본질이라고 하는 것은, 현실적인 감각적 대상을 자신의 본질의 대상으로서, 자신의 생활 표현의 대상으로서 갖는다는 것, 또는 현실적인 감각적 대상들에서만이 자신의 생활을 표현할 수 있다는 것을 의미한다. 대상적·자연적·감각적이라는 것과, 자신의 외부에 대상이나 자연이나 감각을 갖는 일, 또는 자신이 제3자에 대해서 대상이자 자연이고 감각이라고 하는 것은 같은 것이다.'

식욕은 자연스러운 욕구이다. 그래서 그것을 충족시켜 이를 가라앉히기 위해서는 자신의 외부에 있는 자연이나 대상이 필요하다. 식욕이란, 나의 육체가 그 신진대사와 본질의 표현을 위해 불가결한 자신의 외부에서 대상을 구하는 영속적인 욕구인 것이다. 태양은 식물의 대상이며, 식물에 불가결한, 식물의 생명을 보증하는 대상이지만, 식물도 또한, 태양이 갖는 생명을 불러 일으키는 힘의 표현이자 태양의 대상적인 본질력의 표현으로서 태양의 대상이다.

자신 외부에 나름대로의 자연을 가지지 않는 존재는 결코 자연적인 존재가 아니며, 자연의 존재에 관여하지도 않는다. 자신의 외부에 그 어떤 대상도 가지지 않는 존재는 결코 대상적인 존재는 아니다. 자신이 제3의 존재에 대해서 대상이 아닌 존재는 그 어떤 존재도 자신의 대상으로서 가지지 않는다. 즉 그런 존재는 대상적으로 행동하지 않고 그 존재양식은 결코 대상적인 것은 아니다.

비대상적인 존재는 비존재이다.

자신이 대상도 아니고 대상을 가지지 않는 존재를 상정해 보자. 우선 먼저, 그와 같은 존재는 단독적인 존재일 것이다. 그 외부에는 그 어떤 존재도 없고, 그것은 고독하게 혼자 존재할 것이다. 왜냐하면, 나 외부에 대상이 있고, 내가 혼자가 아닌 것이 되자마자 나는, 나의 외부에 있는 대상과는 다른 또 하나의 것, 또 하나의 현실이 되기 때문이다. 따라서 제3의 대상에게 나는 그것과는 다른 또 하나의 현실이며 결국은 그 대상이다. 그렇다고 한다면 다른 존재의 대상이 아닌 존재는 그 어떤 대상적 존재도 존재하지 않는다는 것을 가정하고 있는 셈이다. 내가 대상을 갖자마자, 그 대상 쪽에서도 나를 대상으로 가지게 된다. 이에 대해서 비대상적인 존재는 비현실적인, 비감각적인, 머리로 생각할 수 있을 뿐인, 즉 상상뿐인 존재이며, 추상에 입각한 존재이다. 감각적이라고 하는 것, 즉 현실적이라고 하는 것은 감각의 대상이자 감각적 대상이라는 뜻이고, 따라서 자기 외에 감각적 대상을 갖는 일, 자신의 감각의 대상을 갖는 것을 말한다. 감각적이라고 하는 것은 수동적이라는 것을 뜻한다.

이렇게 해서 대상적인 감각적 존재로서의 인간은, 수동적인(leidendes) 존재이며, 자신의 수동성을 감수하는 존재이기 때문에, 정열적(leidenschaftliches)이기도 한 존재이다. 정열이나 격정은 자신의 대상을 향해서 정력적으로 노력하는 인간의 본질력인 것이다.

'그러나 인간은 다만 자연의 존재일 뿐만 아니라 인간적인 자연 존재이다. 즉 인간은 자기 자신을 마주 보고 있는 것과 같은 존재이고, 그러기 때문에 유적 존재이며, 자신의 존재에 있어서나 지식에 있어서도 나 자신을 그런 존재로서 확인하고, 그와 같은 존재로서 행동으로 나타내지 않으면 안 된다. 따라서 인간적인 대상은 직접 주어진 대로의 자연 대상이 아니고, 인간적인 감각은 그것이 직접 있는 그대로, 즉 대상적으로 있는 그대로 인간적인 감성, 인간적인 대상성이 아니다. 자연은 객관적으로나 주관적으로나 그대로 인간적인 본질에 적합하도록 되어 있지 않다.' 그리고 모든 자연적인 것이 생성되지 않을 수 없는 것처럼, 인간도 또한 나름대로의 생성 작용을, 즉 역사를 가지고 있는 것인데, 그러나 이 역사는 인간에게 있어서는 의식적인 역사이고, 따라서 생성 작용으로서의 역사는 의식적으로 자신을 지양하는 생성 작용이다. 역사는 인간의 진정한 자연사(自然史)인 것이다(이에 대해서는 후에 언급하기로 한다).

셋째로, 사물적 성격의 이런 정립 그 자체가 가상(假象)에 지나지 않고, 순수 활동의 본질에 모순되는 작용이고 보면, 이 정립 작용도 다시 지양되지 않으면 안 되고, 물성은 부정되어야만 한다.

(3), (4), (5), (6)에 대해서. (3)의식의 이런 외화는 부정적인 뜻뿐 아니라 긍정적인 뜻을 가지고 있고, (4)의식의 이런 외화는 긍정적 뜻을 우리가 또는 그 자체로서 가질 뿐만 아니라 자각적으로 의식 그 자체에 대해서도 가지고 있다. (5)대상의 부정적인 것, 또는 대상의 자기지양이 의식에 대해서 긍정적인 뜻을 가지는 것은, 바꾸어 말하자면, 의식이 대상의 이 공허함을 아는 것은, 의식이 자기 자신을 외화함으로써이다. 왜냐하면, 의식은 이 외화에 의해서 자신을 대상으로서 알고, 또는 대자 존재(對自存在)로서의 불가분한

통일성 때문에 대상을 자기 자신으로서 알기 때문이다. (6)한편, 여기에는 동시에 의식이 이런 외화와 대상성을 지양하여 자신 안에 그것을 되돌려 가지고 있고, 따라서 자신의 타자 존재 자체 안에 있으면서 자기 자신으로 머물러 있다고 하는 다른 계기도 숨어 있다.

이미 보아온 것처럼, 소외된 대상적인 본질을 내 것으로 하는 것, 또는 소외—어떻게 되든 상관없는 것 같은 소원으로부터 현실적인 적대적 소외까지 나아가지 않을 수 없는 소외—라고 하는 규정하에 있는 대상성을 지양하는 일이, 헤겔에 있어서는 동시에 대상성 그 자체를 지양한다는 뜻을 갖는, 특히 그런 뜻을 갖는 것은, 자기의식에 걸림돌도 되고 소외도 되는 것이 대상의 특정한 성질이 아니라, 그 대상적인 성질이기 때문이다. 따라서 대상은 부정적인 것이고 자신을 지양하는 것이고 공허한 것이다. 대상의 이 공허함은 의식에게는 부정적인 뜻뿐 아니라 긍정적인 뜻을 가지고 있다. 왜냐하면 대상의 이 공허함은 다름 아닌 대상 그 자체가 비대상적이고 추상적이라는 것을 스스로 확인하는 것이기 때문이다. 더욱이 의식은, 대상의 공허함이나 대상적 본질이 자신의 자기외화이며, 자기외화에 의해서만이라는 것을 알고 있기 때문에 이 공허함이 긍정적인 뜻을 갖는다고 하는 것을 의식 자신도 자각하고 있는 것이다……

의식의 존재양식, 그리고 무엇인가가 의식에 대해서 갖는 존재양식은 안다는 것이다. 안다는 행위가 의식의 단 하나의 행위이다. 따라서 무엇인가가 의식에 생기는 것은 의식이 이 무엇인가를 아는 경우뿐이다. 안다는 것이 의식의 단 하나의 대상적인 행동이다. 이제 의식은 대상의 공허함을, 즉 대상이 의식으로부터 구별되지 않는다는 것을, 의식에 대한 대상의 비존재를 알고 있는데, 무엇으로 그것을 아는가. 의식이, 대상을 자신의 자기외화로서 앎으로써, 즉 아는 행위인 자신이 대상이라는 형태를 취하고 있다는 것을 앎으로써이다. 그리고 또, 의식이 이것을 무엇에 의해 아느냐 하면, 대상은 대상의 가상·가공의 안개와 같은 것에 지나지 않지만, 그 본질로 보자면 앎의 작용 바로 그 자체이기 때문이다. 이 앎의 작용은 자신을 자신에 대치하여, 따라서 어떤 공허함은, 즉 앎 외에는 그 어떤 대상도 가지지 않는 것을 자신에게 대치하는 것이다. 다시 말하면 이 앎의 작용은, 그것이 그 어떤 대상에 관계할 때에도, 다만 자신 밖에 있고, 자신을 외화하는 데에 지나지 않는다는 것을, 앎의 작용 그 자체가 자신에게 대상으로서 현상(現象)하고 있는데 지나지 않고 있다는 것을, 또는 대상으로서 형상하고 있는 것이 나 자신에 지나지 않는다는 것을 알고 있는 것이다.

한편 여기에는 동시에, 헤겔이 한 말에 의하면, 다음과 같은 다른 계기도 숨어 있다. 즉 의식은 이런 외화와 대상성을 마찬가지로 지양하여 나 자신 안으로 그것을 다시 가지고 와 있고, 따라서 자신의 타자 존재 그 자체 안에 있으면서 자기한테 있다고 하는 계기가 그것이다.

이런 설명 중에는 사변의 모든 환상이 갖추어져 있다.

우선 먼저, 의식 즉 자기의식은 자신의 타자 존재 그 자체 안에 있으면서 동시에 자기한테 있다(고 하는 것을 문제삼아 보기로 하자). 이 말은, ㅡ여기에서 헤겔적인 추상 그 자체를 추상해서 자기의식 대신에 인간의 자기의식을 놓는다면ㅡ인간의 자기의식이 자신의 타자 존재 그 자체 안에 있으면서 동시에 나에게 있는 것이 된다.

여기에 우선 포함되어 있는 것은. 의식, 즉 앎으로서의 앎, 사고로서의 사고가 직접 나 자신의 타자라는 것을, 즉 감각이자, 현실·생활이라는 것을, 사고이면서 나 자신을 능가하는 사고라는 것을 강조하고 있다는 것이다(포이어바흐). 이런 측면이 여기에 포함되어 있는 것은, 의식이 단순히 의식으로서, 소외된 대상성에 자신의 걸림돌을 가지기 때문이 아니라, 대상성 그 자체에 그것을 가지기 때문이다.

거기에 포함되어 있는 둘째 것은, 자기의식을 갖는 인간은 정신적 세계를 ㅡ또는 자신의 세계의 정신적인 보편적 존재를ㅡ자기외화로서 인식하고 지양하기는 해도, 그래도 또한 이 세계를 이 외화된 형태로 다시 확인하여, 나의 참다운 존재라고 주장하여 이 세계를 재건하고, 자신의 타자 존재 그 자체 안에 있으면서 자기에게 머물고 있다고 주장하여, 예를 들어 종교를 지양하여 종교를 자기외화의 한 산물로서 인식한 후에도 또한 종교로서의 종교에서 자기가 확인되어 있다는 것을 발견한다는 것이다. 여기에 바로 헤겔의 거짓 실증주의의, 또는 그의 겉보기만의 비판주의의 뿌리가 있다. 포이어바흐는 이것을 종교나 신학을 정립하고 부인하고 다시 세우는 일이라고 불렀는데, 이것은 좀더 일반적으로 이해되어야 한다. 즉 이성은 비이성으로서의 비이성에 있어서만이 자기에게 있는 것이다. 자신이 법이나 정치 등에서 외화된 생활을 영위하고 있는 사람이라도 그가 그것을 인식하고만 있으면 이런 외화된 생활 그 자체에서 참다운 인간적 생활을 영위하게 된다(고 헤겔은 말한다). 요컨대 나 자신과, 즉 지식이나 대상의 본질과도 모순된 속에서의 자기 긍정이나 자기 확인이 참다운 지식이자 생활이라는 것이다.

그렇다고 한다면, 종교나 국가 등과의 화해라고 헤겔이 한 말은 이제 아무 문제가 되지 않는다. 왜냐하면 이런 거짓은 그의 원리를 따라다니는 거짓이기 때문이다.

나는, 종교가 외화된 인간의 자기의식이라는 것을 알 때, 그것은 나의 자기의식이 아니라 나의 외화된 자기의식을 확인하고 있다는 것을 안다. 요컨대 그때 나는, 나 자신, 즉 나의 본질에 속해 있는 나의 자기의식이, 종교에서가 아니라 오히려 무효화되고 지양된 종교에서 확인되고 있다는 것을 아는 것이다.

따라서 헤겔에 있어서, 부정의 부정은 가상적 본질을 부정함으로써 참다운 본질을 확인하는 것이 아니라, 가상적 본질 내지는 자기소외적인 본질을 부정하면서 확인하거나, 이 가상적 본질을, 인간 밖에서 사는, 인간으로부터 독립된 대상적 본질로서는 부정하여 그것을 주체로 전화〔轉化 : 바뀌어서 달리됨〕하는 일이다.

지양〔止揚 : 어떤 사물에 관한 모순이나 대립을 부정하면서 도리어 더욱더 높은 단계에서 이것을 긍정하여 살려 가는 일〕이라는 것이 일종의 독특한 역할을 하게 되는 것은 그 때문이다. 거기에서는 부정과 보존이, 즉 부정과 긍정이 결부되는 것이다.

이렇게 해서, 예를 들어 헤겔의 법철학에서는, 지양된 사법(私法)은 도덕과 같고, 지양된 도덕은 가족과 같고, 지양된 가족은 시민사회와 같고, 지양된 시민사회는 국가와 같고 지양된 국가는 세계사와 같다고 여겨지고 있다. 사법도, 도덕도, 가족도, 시민사회도, 국가도 현실적으로 존재를 계속하고는 있지만, 단 이들은 여러 계기, 즉 고립해서는 통용되지 않고 서로 해소하기도 하고 낳기도 하는 인간의 여러 가지 영위나 존재양식이 되어 있어 운동의 여러 계기의 역할을 하고 있다.

〔하지만〕이들이 현실적으로 영위될 때에는 이들이 가지는 이런 동적인 본질은 감추어져 있다. 〔헤겔에 의하면〕이 동적인 본질은 사고나 철학에서 처음으로 명백해지고 계시된다. 따라서 나의 참다운 종교적인 존재는 나의 종

교철학적인 존재이며, 나의 참다운 정치적인 존재는 나의 법철학적인 존재이며, 나의 참다운 인간적인 존재는 나의 자연철학적인 존재이며, 나의 참다운 예술적인 존재는 예술철학적인 존재이며, 나의 참다운 인간적 존재는 나의 철학적인 존재라는 것이 된다. 마찬가지로, 종교·자연·국가·예술의 진정한 실존은 종교철학·자연철학·국가철학·예술철학이다. 그러나 나에게 있어 종교철학만이 종교의 참다운 존재라고 한다면, 나도 또한 종교철학자로서만 진정으로 종교적이 되어, 현실의 종교성도 현실의 종교적인 인간도 부정하게 될 것이다. 그러나 동시에 나는, 한편으로 그것들을, 어떤 때에는 나 자신의 존재의 내부, 또는 내가 그것에 대치(對置)하는 소원한 존재의 내부에 확인한다. 왜냐하면, 이 소원한 존재는 이들의 철학적인 표현에 지나지 않기 때문이다. 그러나 나는 그것들을, 어떤 때에는 특유한 근원적인 형태로서도 확인한다. 왜냐하면, 나는 이들을, 이들 자신의 참다운 존재, 즉 나의 철학적인 존재의 외관적인 타자 존재로서, 알레고리로서, 감성적인 베일에 숨겨진 형태로서 여기기 때문이다.

마찬가지로 지양된 질은 양과 같고, 지양된 양은 질량과 같고, 지양된 질량은 본질과 같고, 지양된 본질은 현상과 같고, 지양된 현상은 현실성과 같고, 지양된 현실성은 개념과 같고, 지양된 개념은 객관성과 같고, 지양된 객관성은 절대적 이념과 같고, 지양된 절대적 이념은 자연과 같고, 지양된 자연은 주관적 정신과 같고, 지양된 주관적 정신은 인륜적인 객관적 정신과 같고, 지양된 인륜적 정신은 예술과 같고, 지양된 예술은 종교와 같고 지양된 종교는 절대지와 같다.

한편, 이런 지양은, 머리로만 생각한 존재의 지양이며, 따라서 머리로만 생각한 사유재산이 도덕 사상으로 지양된다. 더욱이 이 사고는, 그 자체가 그대로 자기 자신의 타자(他者)이기도 하고, 감각적인 현실이기도 하다고 공상하여, 자신의 행동까지도 감각적이고 현실적인 행동이라고 생각하기 때문에, 이 사고에 의한 지양은, 자신의 대상을 현실 속에 방치해 두면서 대상을 극복했다고 생각한다. 그리고 한편으로, 대상은 이제 사상의 계기가 되어 있으므로, 이 지양에서 현실 안에 있는 대상까지도 나 자신의, 자기의식의, 추상적인 자기 확증이라고 여겨진다.

그러기 때문에 한 면에서 보자면, 헤겔이 철학으로 지양하는 존재는, 현실

의 국가나 자연이 아니라 이미 지식의 대상이 된 종교 그 자체, 즉 교의학
〔教義學 : 어떤 종교의 교의를 체계적으로 조직·서술한 학문〕이며, 법률학이며 국가학이며 자연과학이다. 즉 한 면에서 보자면, 헤겔은 현실의 존재와 대립함과 동시에, 직접적인 비철학적인 학문과도, 또는 이 존재의 비철학적인 개념과도 대립하게 되는 셈이다. 헤겔이 이들 통속적인 개념에 반대하는 것도 그 때문이다.

그러나 다른 면에서는, 예를 들어 종교적 인간은 바로 헤겔에서 자신의 궁극적인 확인을 발견할 수가 있다.

이제, 헤겔 변증법의—소외의 규정에 포함되어 있는—적극적인 여러 계기를 파악하지 않으면 안 된다.

(a)외화된 것을 자신 안으로 되가지고 오려는 대상적 운동으로서의 지양— 이것은 대상적인 본질을 그 소외의 지양에 의해서 내 것으로 한다는 통찰이 소외된 상태하에서 표현된 것이며, 인간의 현실적인 대상화에 대한 소외된 통찰이다. 즉 그것은, 대상적 세계의 소외된 규정을 파기하여, 대상적 세계의 소외된 존재를 지양함으로써 자신의 대상적 본질을 실제로 내 것으로 한다는 것에 대한 소외된 통찰인 것이다. 그것은 마치, 신의 지양으로서의 무신론이 이론적인 인간주의의 생성이고, 사유재산의 지양으로서의 공산주의가 현실적인 인간생활을 내 자신의 재산으로서 반환을 요구하는 일이며 실천적인 인간주의인 것과 마찬가지이다. 바꾸어 말하자면, 무신론은 종교의 지양에 의해서, 공산주의는 사유재산의 지양에 의해서 자기 자신과 매개(媒介)된 인간주의인 것이다. 이 매개의 지양—이 매개는 하나의 필연적인 전제이지만—에 의해서 비로소 적극적으로 자기로부터 시작하는 인간주의, 즉 적극적인 인간주의가 생성된다.

그러나 무신론과 공산주의는, 인간에 의해 생겨난 대상적 세계의, 대상성을 손에 넣은 인간의 본질적 힘의 회피도 추상도 상실도 아니고, 부자연스럽고 미발달된 소박으로 되돌아가는 빈곤도 아니다. 오히려 무신론과 공산주의야말로 처음으로, 인간의 본질의, 하나의 현실적인 것으로서의 인간의 본질의 현실적인 생성이며, 실제로 인간에게 생성된 실현이다.

그렇다고 한다면 헤겔은 부정 그 자체로 향한 부정의 긍정적인 뜻을—또다시 소외된 방식이기는 하지만—파악함으로써, 인간의 자기소외, 대상의 박탈, 현실성의 박탈을, 자기획득·본질 표출·대상화·현실화로서 파악하고

있다. 요컨대 그는—추상 속에 머물면서도—노동을 인간의 자기산출 행위로서 파악하여, 인간이 자기에 대해서 소원한 본질로서 관계하거나, 자기를 소원한 본질로서 확증하는 것을, 생성되어 가고 있는 유적 의식 및 유적 생활로서 파악하고 있는 것이다.

(b)그러나 헤겔에 있어서는—이미 말한 그의 전도된 사고방식을 도외시해도, 또는 그 귀결로서—우선 첫째로, 인간의 자기산출 행위는 추상적이기 때문에 다만 형식적인 행위로밖에 나타나지 않는다. 왜냐하면, 인간적 본질 그 자체가 추상적인 사고적 본질, 자기의식으로밖에 여겨지지 않기 때문이다.

둘째로, 파악하는 방법이 형식적이고 추상적이기 때문에, 외화를 지양한다는 것이 외화를 확인하는 것이 되어 버리고 만다. 바꾸어 말하자면, 헤겔에 있어서는 자기 외화 및 자기소외로서의 자기산출이나 자기대상화의 그 운동은, 절대적인 그러기 때문에 궁극적인 인간적인 생활 표현, 즉 나 자신을 목적으로 하여, 자신 안에 안주하고, 자신의 본질에 이르러 있는 것 같은 인간적 생활 표현인 것이다. 추상적 형식에서의 이 운동이 변증법이라고 여겨지고, 그것이 참된 인간적인 삶으로 여겨지는 것도 그 때문이다. 하지만 변증법으로서의 이 운동은, 인간적인 삶의 추상이고 소외이기 때문에, 신적(神的)인 과정, 다만 인간의 신적인 과정, 즉 인간으로부터 구별되어 있는 추상적이고 순수하고 절대적인 인간적 본질 그 자체가 통과하는 하나의 과정으로 여겨지고 있다.

셋째로, 이 과정은 그 어떤 담당자, 즉 주체를 틀림없이 가질 것이지만, 이 주체는 성과로서 비로소 생기게 된다. 이 성과는 자신을 절대적인 자기의식으로서 알고 있는 주체이기 때문에, 신이자 절대적 정신이며 자기를 알고 활동하는 이념이다. 현실의 인간과 현실의 자연은 이 비장된 비현실적 인간과 비현실적 자연과의 단순한 술어나 상징에 지나지 않게 된다. 따라서 주어와 술어는, 서로 절대적으로 전도(轉倒)하는 관계, 즉 신비적인 주체와 객체의 관계를 가지게 된다. 바꾸어 말하자면 객체까지도 포용하는 주체성, 다시 말하면 자기를 외화하고, 외화한 것으로부터 자신으로 귀환하되, 동시에 외화한 것까지도 자기 안으로 다시 되돌려서 가져오는 주체로서의 절대적 주체, 그리고 이런 과정으로서 주체를 갖는다. 즉 주어와 술어는 자기 안에서 쉬지 않는 순환을 갖는 것이다.

인간의 자기산출 행위, 또는 자기대상화 행위를 파악하는 방법이 형식적이고 추상적이라고 하는 첫째의 일에 대해서.

헤겔은 인간을 자기의식과 동등하게 놓기 때문에, 인간이 소외된 대상, 인간이 소외된 본질적 현실이란 소외의 사상, 소외의 추상적인, 그러기 때문에 내용이 없고 비현실적인 표현, 즉 부정에 지나지 않는다. 따라서 외화의 지양도 내용이 없는 추상의 추상적이고, 내용 없는 지양이며 부정의 부정밖에 되지 않는다. 이렇게 해서, 내용이 풍부하고, 생생한, 감성적이고 구체적인 자기대상화의 활동은, 그런 활동의 단순한 추상이 되어, 절대적 부정성, 즉 다시 그것으로서 고정되고 하나의 자립적인 활동, 〔아니 오히려〕 활동 그 자체라고 여겨지는 추상이 된다. 이런 이른바 부정성은, 저 현실적이고 살아 있는 행위의 추상적이고 내용이 없는 형식에 지나지 않으므로, 이 부정성의 내용도 모든 내용의 추상으로 생긴, 단순히 형식적인 내용에 지나지 않는다. 따라서 존재하는 것은 보편적이고 추상적이며, 어떤 내용에도 귀속되며, 따라서 또 어떤 내용과도 무관할 뿐만 아니라 그러기 때문에 어떤 내용에도 해당되는 일련의 추상적 형식·사고 형식·논리적 카테고리로서, 이들은 현실적 정신이나 현실적 자연으로부터도 분리되어 있다(절대적 부정성의 논리적 내용에 대해서는 후에 더 자세히 전개하기로 한다).

헤겔이 여기에서—그의 사변적 논리학에서—이룩한 적극적인 일은, 자연으로부터 또는 정신으로부터 자립한 특정한 여러 개념이나 보편적이고 고정된 사고 형식이, 인간적 본질, 즉 인간적 사고가 널리 소외된 필연적 결과이며, 그러기 때문에 헤겔은 이것들을 추상적 과정의 여러 계기로서 기술하고 총괄했다는 점이다. 예를 들어, 지양된 존재는 본질이며, 지양된 본질은 개념이며, 지양된 개념은……절대적 이념이다 하는 식이다. 그렇다면 절대적 이념이란 무엇인가. 절대적 이념은, 그것이 추상 행위 전체를 처음부터 다시 되풀이하려고 하지 않고, 추상적인 것의 총체, 또는 자기를 파악하는 추상이라는 점에 안주하려고 하면 다시 자기 자신을 지양한다. 그러나 자기가 추상이라는 것을 아는 추상은 자기가 무(無)라는 것을 안다. 그런 추상은 자신을, 즉 추상을 포기하지 않으면 안 된다. 이렇게 해서 그것은 자기와는 정반대인 존재, 즉 자연에 이른다. 그렇다고 한다면 논리학 전체가, 추상적 사고도 절대적 이념도 그 자체만으로는 무이고, 자연이야말로 비로소 그 무엇이라는 것의 증명인 것이다.

절대적 이념이나 추상적 이념은, '서로 일체라고 하는 점에서 보자면 직관이다'(헤겔 《엔치클로페디》 제3판, p.222)라고 되어 있고, '나 자신의 절대적인 진리 안에 있으면서도, 나의 특수성의 계기 내지는 그 최초의 규정과 타자 존재라고 하는 계기를, 즉 직접적인 이념을, 나를 비추어 내는 것으로서 해방하고, 나를 나 자신으로부터 자유로 해방하려고 결의한다.'(같은 책)라고도 되어 있는데, 헤겔주의자로 보자면 실로 귀찮은 두통의 씨앗이 될 정도로 묘하고 색다른 행동을 하는 이 이념 전체는 어디까지나 추상, 즉 추상적 사상가 이외는 아무것도 아니다. 바로 이 추상이, 경험에 의해서 영리해지고, 나의 진리에 대해서 계발되고, 여러 가지—잘못된, 게다가 추상적이기도 한—조건하에서 자기를 포기하고, 자기의 비존재, 보편성, 무규정성 대신에, 자신의 타인 존재나 특수한 것이나 규제된 것을 정립하려고 결의하여, 다만 추상으로서, 관념적인 것으로서 자신 안에 숨겨서 가지고 있던 자연을, 나 자신으로부터 자유롭게 해방시켜서 추상을 내버리고 나 자신으로부터 자유롭게 된 자연을 다시 한 번 관찰하려고 결의하는 것이다. 그대로가 직관이 되는 것 같은 추상적 이념이란 전적으로 자기를 내버리고 직관이 되려고 결의하는 추상적 사고밖에 되지 않는다. 논리학의 자연철학으로의 이런 이행 전체가 추상으로부터 직관으로의 이행이며, 이 이행은 추상적 상상가가 수행하기에는 매우 어렵고, 그러기 때문에 그토록 묘한 표현을 하게 된다. 철학자를 추상적인 사고로부터 직관으로 몰아세우는 신비적인 감정은 권태이며 그 어떤 내용에의 그리움이다.

(자기 자신으로부터 소외된 인간이란, 자신의 본질로부터, 즉 자연적이고 인간적인 본질로부터 소외된 사유자(즉 헤겔 자신)이기도 하다. 따라서 그의 일련의 사상은 자연과 인간의 외부에 늘어붙어 있는 상주하는 정령(精靈)들이다. 헤겔은 이들 상주하는 정령들을 모두 자신의 논리학 안으로 봉쇄하여 그것들을 우선 모두 부정하고 인간적 사고의 외화로서 파악하고 나서 부정의 부정으로서, 즉 외화의 지양, 인간적 사고의 현실적인 표현으로 파악하였다. 그러나 이 부정의 부정은—그 자신이 아직 소외 안에 갇혀있으므로—, 한편으로는 정령들을 그 소외된 상태로 회복하게 하는 일이고, 다른 한편으로는 외화된 것에서 나 자신에 관계한다는 궁극의 행위, 이들 상주하는 정령

들의 참다운 존재양식인 이 행위에 계속 머물고 있는 것이기도 하다.) (즉, 이렇다는 이야기이다—헤겔은, 저 고정된 추상물 대신에, 추상이 내 안을 순환하는 것 같은 행위를 두는 것이다. 이에 의해서 그는 우선, 그 본디의 날짜로 보면 개개의 철학자의 것이었던 이들 부적절한 개념의 탄생지를 밝혀 내고, 이들 개념을 일괄 정리해서, 특정한 추상물 대신에 전체 범위를 망라하는 것 같은 추상을 비판의 대상으로서 만들어 내는 데에 이바지하였다.) (왜 헤겔이 사고를 주체로부터 분리시키느냐에 대해서는 후에 보게 될 것이다. 그러나 인간이 존재하지 않으면 인간의 본질 표현도 또한 인간적이 될 수 없고, 따라서 사고도 또한 사회나 세계나 자연 속에서 눈이나 귀를 갖추고 살고 있는 인간적이고 자연적인 주체로서의 인간의 본질 표현으로서는 파악할 수 없었다고 하는 것은 여기에서도 이미 분명하다.) (또 헤겔의 경우, 이 추상이 자신의 일을 이해하고 있고, 자기 자신에 대해서 한없는 싫증을 느끼고 있는 것이고 보면, 눈도 이도 귀도 그밖에 모든 것을 가지지 않은 추상적인 사고, 사고만을 단 하나의 활동 무대로 하는 사고를 포기하는 것은, 자연을 본질로서 인정하고, —사고가 아니라—직관으로 갈아타려고 하는 결의로서 나타나게 된다.)

그러나 자연이라고 해도 그것이 추상적으로 받아들여져서 인간으로부터 분리되어 그것만으로 고정된다면 인간에게는 아무것도 아니다. 직관하려고 마음먹은 추상적 사상가가 자연을 추상적으로 직관하는 것은 당연한 일이다. 이 사상가는 자연을 절대적 이념이나 관념적인 것으로 보고, 그것을 그 자신에게도 감추어진 수수께끼 같은 형태 안에 가두어 버리기 때문에, 그가 자연을 그로부터 해방시켰다고 해도, 그런 추상적인 자연, 관념적인 것으로서의 자연밖에 될 수 없다—하기야 여기에서 자연은 추상적인 사고와는 구별되는, 실제로 직관되는 자연이라고 하는 뜻을 가지고는 있지만. 이것을 인간다운 말로 말하자면, 추상적인 사상가가 자연을 직감할 때 경험하는 것은, 그가 그 신적(神的)인 변증법에서, 그 어떤 현실도 보려고 하지 않는 사고 작용의 순수한 산물로서, 무(無) 즉 순수한 추상에서 만들어 냈다고 여기고 있던 일련의 것들이, 자연의 여러 규정으로부터의 추상물에 지나지 않는다고 하는 점이다. 따라서 추상적 사상가에게는, 자연 전체가 논리학적인 추상을 감각적이고 외적인 형식으로 되풀이하는 데에 지나지 않는다. 그는 자연을 다시 이들 논리학적 추상에서 분석한다. 그렇다고 한다면, 그의 자연 직관은, 그가 그것으로부터 추상한 것을 확인하는 행위, 그에 의해서 의식적으로 반복되는 자신의 추상의 산출 과정밖에 되지 않는다. 예를 들어, 시간은 자기에게 관계하는 부정성과 같은 것이 된다(앞의 책, p.238). 현존으로서 지양된 생성에는—자연적 형식에 있어서는—물질이라고 하는 지양된 운동이 대응한다. 빛은, 자기에 대한 반성의 자연적인 형식이다. 달과 혜성이라고 하는 물체는, 논리학에 의하면, 한편으로는 자기 자신에 근거하고 있는 안정된 긍정적인 것이고, 다른 한편으로는 자기 자신에 근거하고 있는 부정적인 대립의 자연적 형식이다. 지구는 이런 대립의 부정적 통일이기 때문에 논리학의 근거의—자연적인—형식이다.

자연으로서의 자연, 즉 그 안에 숨겨진 저 비밀의 뜻으로부터 아직은 감각적으로 구별되어 있는 한에 있어서의 자연, 이들 추상으로부터 분리되고 구별되어 있는 한의 자연은, 〔헤겔에 있어서는〕무이며, 스스로 무라는 것을 증명하는 무이며, 무의미이다. 다시 말하면 그런 자연은 지양되어야 할 외적인 것이라는 뜻밖에 가지지 않는다.

'유한하고 목적론적인 입장에서는, 자연이 그 자신 안에 절대적인 목적을 함축하고는 있지 않다는 정당한 전제를 발견할 수 있다.' (앞의 책, p.25)

자연의 목적은 그 자신이 추상일 수밖에 없다는 것을 확인하는 데에 있다.

'자연은 타자 존재 형식에 있어서의 이념이라는 것이 명백해졌다. 이념은 이와 같이 나 자신의 부정적인 것으로, 또는 나 자신에게 대해서 외적인 것으로서 존재하므로, 자연은 이 이념에 대해서 다만 상대적으로 외적일 뿐만 아니라, 오히려 외면성이야말로 이념을 자연으로서 존재하게 하는 규정을 이루고 있는 것이다.' (앞의 책, p.227)

외면성은 여기에서는, 자신을 표현하여 빛으로, 또는 감각적 인간에게 열려진 감성으로 이해되어서는 안 된다. 외면성은, 여기에서는 외화라는 뜻으로, 있어서는 안 될 잘못이나 결핍 등의 뜻으로 받아들여져야 한다. 왜냐하면, 참다운 것은 여전히 이념이기 때문이다. 자연은 이념의 타자 존재 형식에 지나지 않는다. 그리고 추상적인 사고가 본질이므로, 이 추상적 사고에 외적이라고 하는 것은, 그 본질상 외적인 것에 지나지 않는다. 추상적 사상가는 동시에, 감성, 즉 자신 내부를 움직이며 돌아다니는 사고에 대립하는 외면성이, 자연의 본질이라는 것을 인정하기는 한다. 그러나 동시에, 그는 이 대립을, 자연의 이러한 외면성이 사고에 대한 자연의 대립이자 결함이기도 하며, 자연은 그것이 추상과 구분되는 한, 결함이 있는 존재라는 식으로 표현한다. 나에게 대해서만, 나의 눈으로 보아서만 결함이 있는 것이 아니라, 자기 자신에게 결함이 있는 존재는 자기에게 결여된 무엇을 자신의 외부에 가지고 있다. 즉 이 존재의 본질은 자기 자신과는 별개의 것이다. 그렇다고 한다면, 자연은 추상적 사상가에게는 지양되어야 한다. 왜냐하면, 추상적 사상가가 이미 자연을, 잠재적으로는 이미 지양된 본질로서 정립해 놓았기 때문이다.

'정신은 우리에게 있어서는 자연을 전제로 하지만, 자연의 진리는, 따라서 자연의 절대적인 제일자는 정신이다. 이 진리 안에서 자연은 이미 소멸되었고, 그리고 정신이 자연의 대자 존재(對自存在)에 다다른 이념이며, 이 이념의 객체도 주체도 개념이라고 하는 것이 이미 명백해져 있다. 이 동일성은 절대적인 부정성이다. 왜냐하면, 개념은 자연에 있어서는 완전한 외적 객체성을 가지고 있으나, 이 자신의 외화를 지양하고, 이 외화된 것에서 개념은 자기 자신과 똑같은 것이 되어 있기 때문이다. 이렇게 해서 개념은 자연으로부터의 귀환으로서만 이런 동일성을 지닌다.' (앞의 책, p.392)

'계시(啓示)는 추상적인 이념으로서 직접적인 이행이고, 자연의 생성이지만, 자유로운 정신의 계시로서는 자연을 정신의 세계로서 정립하는 일이다. 이 정립은, 반성으로서는 동시에, 자립된 자연으로서의 세계를 전제하는 것이기도 하다. 개념에 있어서의 계시는, 자립한 자연을 정신의 존재로서 창조하는 일이며, 이 존재에서 정신은, 자신의 자유의 긍정과 진리를 얻는다.' '절대자는 정신이다. 이것이야말로 절대자에 대한 최고의 정의이다.' (앞의 책, p.393)

제4장
부와 욕구

(7) *²⁶사회주의의 전제하에서는 풍요로운 인간 욕구가, 따라서 생산의 새로운 양식과 생산의 새로운 대상이, 어떤 뜻을 가지는가에 대해서는 이미 보았다. 그 뜻은, 인간의 본질력을 새로 발동시켜, 인간의 본질을 새롭고 충실되게 하는 데에 있었다. 그러나 사유재산하에서는 그것은 반대되는 뜻을 가지고 있다. 누구나가 타인 중에 새로운 욕구를 낳게 하기를 기대하고 있지만, 그 결과 타인에게 새로운 희생을 강요하고, 타인을 새로운 노예 상태로 빠뜨려, 향락의, 따라서 또 경제적 파멸의 새로운 양식으로 유인한다. 누구나가 타인에 관해서 소원한 본질력을 만들어 내려고 하지만, 거기에서 그가 발견하는 것은, 내 자신의 이기적인 욕구의 만족밖에 없다. 이렇게 해서 대상의 양이 늘어남에 따라 인간이 예속하는 소원한 존재의 영역도 넓어지고, 새로운 생산물이 하나 첨가될 때마다 그것은 상호간의 기만이나 상호간 쟁탈의 새로운 가능성이 된다. 인간은 더욱더 인간으로서 가난해지고 적대적인 존재를 내 것으로 하기 위하여 더욱더 많은 화폐를 필요로 하게 된다. 그의 화폐의 힘은 생산량에 반비례해서 저하한다. 다시 말하면 화폐의 힘이 증가함에 따라서 그의 궁핍 상태는 증가한다. 그렇다고 한다면, 화폐에 대한 욕구야말로 경제활동에 의해서 생기는 참다운 욕구이며, 경제활동이 낳는 유일한 욕구이다. 화폐의 양이 더욱더 인간의 유일한 힘 있는 속성이 된다. 화폐는 모든 존재를 추상적 형태로까지 환원하는 것처럼, 자기 자신의 운동 안에서 스스로를 양적인 존재로 환원한다. 한도가 없는 것과 절도가 없는 것이야말로 화폐의 참다운 척도가 된다.

이것은 주체 쪽에서 보아도 그와 같이 나타난다. 그것은 우선, 어떤 경우에는, 생산물이나 욕구의 확대가 비인간적이고 기교적이고 부자연스럽고 망상적인 욕망을 궁리하는 노예, 항상 타산적인 노예가 된다—사유재산은 조야한 욕구를 인간적인 욕구로 만드는 방법을 모르고 있는 것이다. 사유재산의 관념론〔적 측면〕이란, 그 망상이고, 자의(恣意)이고, 변덕이다. 환관(宦官)은 전제군주의 총애를 얻으려고 비열하게 아부하고 부끄러운 수단으로 군주의 둔해진 향락 능력을 자극하려고 하지만, 산업계의 환관인 생산자는 그 정도가 아니다. 그는 은화를 훔치거나, 사랑스러운 그리스도 교도인 이웃의 호주머니로부터 황금 새를 꾀어내기 위해서라면 이웃의 그 어떤 사악한 생각에도 달려들고, 이웃과 그 욕구의 알선 역할을 하고, 그에게 병적인 욕망을 일으키게 하고, 그의 약점을 모두 찾아낸 끝에 이런 친절한 조력에서 대해서 착수금을 청구한다(모든 생산물은 타인의 본질, 즉 타인의 화폐를 자기에게로 유혹하기 위한 먹이이며, 현실적인 욕구이든 가능적인 욕구이든 모든 욕구는 끈끈이를 칠한 장대에 유인되고 마는 파리의 약점이다. 인간의 그 어떤 불완전성도 천국과의 유대가 되고, 인간의 마음을 사제(司祭) 앞에서 열게 하는 측면이 되는 것처럼, 모든 욕구는 인간의 공동체적인 인간 본질의 보편적 착취이다. 그 어떤 궁핍도, 친절을 가장하여 이웃에 접근하여 그에게 이렇게 말하는 기회가 된다. '친애하는 친구여, 나는 자네에게 자네가 필요한 모든 것을 주겠다. 그러나 자네는 그것을 위한 불가결한 필수 조건을 알고 있을 것이고, 어떤 잉크로 자신을 나에게 양도한다고 서명해야하는가도 알고 있을 것이다. 나는 자네에게 만족을 주는 대신에 돈을 벌게 해주게').

또 어떤 경우에는, 이런 소외는, 욕구와 그 수단의 세련화가 다른 한편에서는 욕구의 동물적인 야만화를, 즉 욕구의 조야한 추상적 단순성을 낳는 형식으로, 또는 자신과는 정반대의 의미로밖에 재생되지 않는 형태로 나타나게 된다. 노동자에게는 집 바깥의 공기를 마시고 싶다는 욕구까지도 욕구가 되지 못한다. 사람은 동굴과 같은 나의 집으로 돌아가지만, 그러나 거기에는 이제 문명의 독한 악취로 가득 차고, 이제는 안심하고 살 수 있는 곳은 아니며, 하나의 서먹한 낯선 힘으로서 존재하는 데에 지나지 않는다. 그것은 내일이라도 그로부터 빼앗길지도 모르고, 돈을 지불하지 않으면 그는 거기에서 쫓겨날지도 모른다. 이런 죽음의 집에 그는 돈을 지불하지 않으면 안 된다. 아이스킬로스 작품에서 프로메테우스〔아이스킬로스 《묶인 프로메테우스》〕는, 등불이 켜진 주거를 중요한 선물의 하나로 들고, 이 선물에 의해서 야만인을 인간으로 바꾸었는데, 노동자에게는 이런 주거까지도 존재하지 않는다. 빛이나 공기와 같은 가장 단순한 동물 수준의 청결까지도 그에게는 더 이상 욕구가 되지 못한다. 불결, 인간의 이 퇴폐와 부패, 문명의 오수(汚水) 배출구(이것은 문자 그대로 이해되어야 한다)가 그가 살아가지 않으면 안 되는 생활 환경이 된다. 자연에 어긋나는 황폐, 부패한 자연이 그의 생활 환경이 된다. 이미 그의 감각 중 어느 하나도 인간적인 존재양식에서뿐만 아니라 비인간적인 존재양식에서까지도, 따라서 동물적 존재양식에서까지도 이미 존재하지 않는다. 인간 노동의 가장 원시적인 방법(도구)이 다시 부활하여 로마 노예의 단조로운 일이 수많은 영국인 노동자의 생산 방식이 되기도 하고 사는 방법이 되어 버린다. 사람은 인간적인 욕구를 하나도 가지지 못할 뿐만 아니라 동물적인 욕구까지도 없어져 버린다. 아일랜드인은 이미 먹는다는 욕구밖에 모르고 더욱이 감자를 먹는다. 감자 중에서도 가장 나쁜 종류인 룸펜 감자를 먹는다는 욕구밖에 모른다. 그러나 영국도 프랑스도 각 공업 도시 안에 이미 하나의 작은 아일랜드를 가지고 있다. 야만인이나 동물은 적어도 사냥이나 운동 등의 욕구를, 그리고 집단생활의 욕구를 가지고 있다. 이제 막 자라고 있는 인간, 아직 채 발육하지 못한 인간—즉, 아이들—을 노동자로 기르기 위해 기계와 노동의 단순화가 쓰인다. 기계가 인간의 약점을 이용하여 약한 인간을 기계로 만드는 것이다.

'욕구와 그 수단의 증가가 어느 정도 무욕과 무일푼을 만들어 내는가는 경제학자(및 자본가)가 다음과 같은 일로 그것을 증명해 준다(여기서 자본가를 덧붙인 것은 우리가 경제학자—그 학문적인 고백과 그 자세—를 화제로 삼을 경우, 일반적으로는 항상 경험주의적인 기업가가 화제에 오르기 때문이다). 우선 첫째로 경제학자는, 노동자의 욕구를 육체적 생존을 유지하는 데에 최소한 필요로 하는 데까지 압축하고, 노동자의 활동을 가장 추상적인 기계적 운동으로까지 압축함으로써 그것을 증명한다. 그는 이렇게 말한다. 인간은 이 이외에는 그 어떤 활동의 욕구도, 향락의 욕구도 가지지 않는다고. 왜냐하면, 경제학자는 이런 생활까지도 인간적인 생활이며 인간적인 존재양식이라고 공언하기 때문이다. 둘째로 경제학자는 그 이상 있을 수 없을 정도로 궁핍한 생활(생존)을 표준으로 해서, 더욱이 그것을 일반적인 표준으로서 산출함으로써 그것을 증명한다. 대다수의 인간에 해당하므로 일반적이라는 것이다. 그는 노동자를 감각도 욕구도 가지지 않는 존재로 만들어, 그 활동을 모든 활동으로부터의 순수한 추상물로 만들어 버린다. 그러기 때문에 그에게는 노동자의 그 어떤 사치도 배척해야 하는 것으로 보이고, 가장 추상적인 욕구를 넘어서는 모든 것—그것이 수동적인 향락이건 활동의 표출이건—이 사치스럽게 보이고 만다. 그렇다고 한다면 경제학이라고 하는 부(富)에 대한 이 과학은 동시에, 억압과 궁핍과 절약의 과학이기도 하고, 또 실제로 깨끗한 공기나 육체적 노동에의 욕구까지도 인간에게 절약하게 할 정도가 된다. 경이적인 산업에 대한 이 과학은 동시에 금욕의 과학이기도 하고, 그 참다운 이상은 금욕적이면서도 폭리를 탐내는 수전노와 금욕적이면서도 생산하는 노예이다. 그 도덕적인 이상은 자기 급료의 일부를 은행에 맡기는 노동자이고, 경제학은 자기의 이런 마음에 드는 생각을 위해 하나의 비굴한 예술까지도 찾아 냈다. 경제학의 이 이상이 감상적인 연극으로서 상연된 것이다.

이렇게 해서 경제학은—그 세속적이고 향락적인 겉치레에도 불구하고—참으로 도덕적인 과학이며 가장 도덕적이 과학이다. 자제(自制), 즉 생활과 모든 인간적 욕구의 억제야말로 그 주요 가르침이다. 당신의 먹거나, 마시거나, 책을 사거나, 극장이나 무도회나 술집에 가거나, 생각하거나, 사랑하거나, 공론을 즐기거나, 노래하거나, 그림을 그리거나, 펜싱을 하는 일이 적으면 적을수록 그 만큼 당신은 절약을 하는 것이 되고 당신의 재화, 당신의 자본이 커진다. 당신이 존재하는 일이 적으면 적을수록, 당신이 자기 삶을 표현하는 일이 적으면 적을수록 그만큼 당신은 많은 것을 소유하게 되고 당신의 외화된 삶은 커지고 당신은 자신의 소외된 본질보다 더 많은 것을 저축하게 된다.

경제학자는 당신의 삶과 인간성으로부터 빼앗는 모든 것을 화폐와 부로 메워 준다. 그리고 당신이 할 수 없는 어떤 일도 당신의 화폐라면 할 수 있다. 화폐는 먹는 것도, 마시는 것도, 무도회나 극장에 갈 수도 있고 예술, 박식(博識), 역사적 진품, 정치적 권력도 손에 넣는 방법을 알고 있고, 여행을 할 수도 있고, 당신을 위해 모든 것을 획득할 수도 있다. 화폐는 모든 것을 살 수 있다. 화폐야말로 진정한 능력[자력(資力)]이다. 그러나 이들 모든 일을 할 수 있음에도 불구하고 화폐가 좋아하는 것은 스스로를 낳는 것과 스스로를 사는 것뿐이다. 왜냐하면, 그밖의 모든 것은 화폐의 노예이기 때문이다. 내가 그 주인을 소유하면 그 노예를 소유한 것과 같으며, 그의 노예를 새삼 구할 필요가 없다. 따라서 모든 정열과 활동은 소유욕에 묻힐 수밖에 없다. 노동자는 사는 의욕을 갖는 데에 필요한 것밖에 소유하는 것이 허용되지 않고, 소유하기 위해 살려고 의욕하는 일밖에 허용되지 않는다.'

분명히 경제학의 기반 위에서 하나의 논쟁이 제기되고 있다. 한쪽 진영(로더데일[1759~1839, 영국의 경제학자, 애덤 스미스의 반대자]·맬서스[1766~1834, 영국의 경제학자, 《인구론》] 등)은 사치를 장려하고 절약을 저주하고 있다. 다른 진영(세, 리카도 등)은 절약을 장려하고 사치를 저주하고 있다. 그러나 전자는, 자기들이 사치를 원하는 것은 노동을, 즉 절대적인 절약을 낳기 위해서라는 것을 인정하고 있고, 후자의 경우 자기들이 절약을 권고하는 것은 부(富), 즉 사치를 낳기 위한 것이라는 것을 인정하고 있다. 전자는, 소유욕이 다만 부자들의 소비만을 약속하는 것은 아닐 것이라고 하는 로맨틱한 환상을 품고 있다. 그래서 낭비가 그대로 이득의 한 수단이라고 주장한다면, 그들은 자기 자신의 여러 법칙에 모순되게 되어, 낭비에 의해 소유는 줄어드는 것이지 늘어나지는 않는다는 것을, 반대 진영은 매우 진지하고 상세하게 증명해 보일 것이다. 그러나 이 반대 진영도, 변덕과 착상이야말로 생산에 결정적인 역할을 다하고 있다는 것을 인정하지 않는다는 위선을 범하고 있다. 그들은 '세련된 욕구'를 잊고 있고, 소비가 없으면 생산도 없다는 것을 잊고 있다. 그들은, 생산이 경쟁을 통해서 오직 다면적이고 더욱 사치스럽게 되어 가지 않을 수 없다는 것을 잊고 있고, 사용이 사물의 가치를 결정하고 유행이 사용을 결정한다는 것을 잊고 있다. 그들은 '유용한 것'만이 생산되는 것을 기대하고 있으나, 너무 많은 유용한 것의 생산이 너무 많은 무용한 인구를 생산하고 있는 것을 잊고 있다. 두 진영은 다 같이 낭비와 절약, 사치와 가난, 유복과 빈곤이 같다는 것을 잊고 있는 것이다.

또 당신은 먹는 것과 같은 당신의 직접적인 감각을 절약하는 것만으로는 안 된다. 당신이 경제적이고자 한다면, 환상에 빠져 몰락하기를 원하지 않는다면, 공공의 이익에 참여한다거나 동정한다거나 신뢰한다고 하는 모든 것도 또한 절약하지 않으면 안 된다.

　'당신은 당신에 속하는 모든 것을 팔리는 것으로, 즉 유용한 것으로 하지 않으면 안 된다. 내가 경제학자에게 이렇게 물었다고 하자. 즉 타인의 쾌락에 자신의 육체를 맡기고 돈을 번다고 한다면, 나는 경제 법칙에 따르고 있는 것일까(프랑스의 공장 노동자는 자기 아내나 딸의 매춘을 제10의 노동시간이라고 부르고 있는데, 그것은 진실이다), 또는 자기 친구를 모로코인에게 판다고 하면(모병거래 등과 같은 직접적인 인신매매가 모든 문명국에서 이루어지고 있다), 나는 경제학적으로 행동하고 있을까? 하고 물어보았다고 하자. 그러면 경제학자는 나에게 이렇게 대답할 것이다. 당신은 나의 법칙에 어긋나게 행동하고 있지는 않지만, 그 사촌인 도덕이나 종교가 무엇이라고 할 것인가에 주목해 주기 바란다. 나의 경제학적인 도덕과 종교는 당신을 트집잡을 말은 하나도 없으나, 그러나……하고 경제학자는 대답할 것이다. 그렇게 되면 나는 어느 쪽을 믿어야 좋은가. 경제학일까, 그렇지 않으면 도덕 쪽인가. 경제학의 도덕은 수익이며, 노동과 절약이며, 즉물적〔即物的 : _{물질적인 것을 중심으로 생각함}〕이다. 그러나 경제학은 나에게 나의 욕구를 채우는 것을 약속하고도 있다. 〔한편〕 도덕의 경제학이란 양심이나 덕 등에 풍요하다는 것이다. 그러나 내가 존재하지 않는다면 어떻게 해서 나는 덕을 가질 수가 있을 것이며, 내가 아무것도 모른다면 어떻게 해서 양심을 가질 수가 있단 말인가. 도덕과 경제학처럼, 각 영역이 서로 다른, 대립하는 기준을 나에게 강요하는 이런 사태는 소외의 본질에 입각하고 있다. 왜냐하면, 각 영역이 인간의 어떤 특정한 소외이며,' 소외된 본질적 활동의 어떤 특수한 분야를 확정하여, 다른 소외에 대해서 소외된 방식으로 관련하기 때문이다. ……이렇게 해서, 예를 들면 미셸 슈발리에는, 도덕을 무시하고 있다는 이유로 리카도를 비난한다. 그러나 리카도는 경제학으로 하여금 자기 고유의 언어로 말하게 한 데에 지나지 않는다. 경제학이 도덕적으로 말하지 않는다 해도 그것은 리카도 때문이 아니다. 슈발리에는 도덕적 설교를 늘어놓지 않는 한 경제학을 무시하지만, 경제학에 관련될 때에는 필연적으로, 또 실제로 도덕을 무시해 버리고 만다. 도덕에 대한 경제학자의 관계는, 만일 그것이 변덕스럽고, 우연적이고, 따라서 근거가 결여된, 비과학적인 것이 아니라고 한다면, 즉 마치 있는 것처럼 보여 주는 것이 아니라 본질적인 것이라고 여겨지는 것이라고 한다면 도덕에 대한 경제학적 여러 법칙의 관계밖에 되지 않는다. 그리고 비록 이 관계가 성립되지 않고, 또는 오히려 그 반대라고 해도, 그것에 대해서 리카도는 무엇을 할 수가 있단 말인가. 게다가 경제학과 도덕의 대립이라는 것도 가상에 지나지 않고, 그것은 하나의 대립이면서도 그 어떤 대립도 아니다. 경제학은 도덕적인 법칙을 다만 자기 나름대로 표현할 뿐인 것이다.

'무욕이야말로 경제학의 원리라고 하는 것이 가장 훌륭하게 명백해지는 것은 인구론에 있어서이다. 인간이 너무 많다. 인간의 존재마저도 전적인 사치여서, 만일 노동자가 '도덕적'이라면 생식을 절약할 것이라는 것이다(밀은, 성적 관계에서 금욕적 모습을 보여 주는 사람을 공공연하게 칭찬하고, 부부 피임에서 죄를 범하는 사람들을 공개적으로 비난할 것을 제안하고 있다. ……이것이 도덕이고 금욕의 가르침이 아닐까). 인간의 생산이 공공의 불행처럼 보인다.'

생산이 부자들과의 관계에서 갖는 뜻은, 생산이 가난한 사람에 대해서 갖는 뜻에 분명히 나타난다. 이 표현은 상류계급이 될수록 희미하고 은밀하고 애매한 것, 즉 가상이 되고, 하층계급이 되면 될수록 막되고 노골적이고 솔직한 것, 즉 본질이 된다. 노동자의 거친 욕구 쪽이, 부자들의 세련된 욕구보다도 훨씬 큰 이윤의 원천이 된다. 런던의 지하주거는 궁전보다도 그 집주인에게 많은 수입을 가져다 준다. 즉 집주인과의 관계에서는 지하주거 쪽이 훨씬 큰 부(富)이며, 따라서 경제적으로 말하자면 보다 더 큰 사회적 부인 것이다. 산업은 욕구의 세련을 기대하기도 하지만 거친 욕구, 더욱이 인위적으로 만들어진 거친 욕구를 기대하기도 한다. 따라서 산업을 누린다는 것은 자기의 감각을 마비시키는 일이고, 이러한 가상적 욕구충족이고, 문명이 욕구의 거친 야만 속에 몸을 담는 일이다. 그렇다고 한다면 영국의 선술집은 사유재산의 상징적인 표현이다. 이런 선술집의 사치야말로 인간에 대한 산업상의 사치나 부의 참다운 관계를 나타내고 있다. 그러고 보면, 선술집이 적어도 영국의 경찰이 관대하게 다루는, 유일한 민중의 주말 위락시설이 되는 것은 당연한 일이다.

*27우리는 이미 경제학자가 노동과 자본의 통일을 다양한 형태로 정립하는 것을 보아 왔다.

(1)자본은 집적된 노동이다.

(2)자본이 이윤을 동반하여 재생산되는 경우이든, 자본이 원료(노동의 소재)라고 하는 형태를 취하는 경우이든, 스스로 노동하는 도구—기계란 노동과 직접 등치〔等置 : 같은〕되는 자본이다—라는 형태를 취하든, 이런 생산 과정에 있어서의 자본을 규정하고 있는 것은 생산적인 노동이다.

(3)노동자는 하나의 자본이다.

(4)노임은 자본의 비용에 속한다.

(5)노동은 노동자와의 관계에서는 그의 생활자본의 재생산이다.

(6)노동은 자본과의 관계에 있어서는 그의 자본활동의 한 계기이다.

마지막으로 (7)경제학자는 본디 자본과 노동의 통일이었던 것을, 자본가와 노동자와의 통일로서 상정하는데, 이런 통일은 파라다이스와 같은 원시 상태밖에 되지 않는다. 자본과 노동의 두 계기가 두 개의 인격으로서는 제아무리 대립하는 것이 되더라도 경제학자에게는 그것은 우연적인 일이고 따라서 외적으로밖에 설명할 수 없는 일이다(밀 참조).

귀금속의 관능적인 빛남에 아직도 현혹되고, 여전히 금속화폐의 물신숭배자(物神崇拜者)인 국민은 아직 완전한 화폐국민이 아니다. 프랑스와 영국과의 좋은 대조.

이론적인 수수께끼의 해결이 어느 정도 실천과제이고, 어느 정도 실천적으로 매개되어 있는가, 참다운 실천이 어느 정도 현실적이고 실증적인 이론의 조건인가는, 예를 들어 물신숭배에서 명백해진다. 물신숭배자의 감각적인 의식이 그리스인의 그것과 다른 것은, 그의 감각적인 존재양식이 다르기 때문이다. 자연에 대한 인간적인 감각, 자연의 인간적인 감각, 따라서 또 인간의 자연적인 감각이, 아직 인간 자신의 노동에 의해서 생성되지 않는 한, 감각과 정신 사이의 추상적인 적대관계는 피할 수 없다.

평등이라고 하는 것은, 프랑스적인 형태, 즉 정치적인 형태로 번역된 독일적인 자아=자아 바로 그것이다. 공산주의 기초로서의 평등은 공산주의의 정치적인 기초부여이며, 그것은 독일인이 인간을 보편적인 자기의식으로 이해함으로써 공산주의를 기초하는 것과 같다. 말할 필요도 없이 소외의 폐기는 지배적인 힘이 되어 있는 소외의 형태로부터 항상 시작된다. 그런 소외의 형태는 독일에서는 자기의식이고, 프랑스에서는 평등—이것은 정치이기 때문이지만—이며, 영국에서는 현실적이고 물질적이고 독선적인 실제적 욕구이다. 프루동은 이 관점에서 비판받아야 하고 동시에 승인되어야 한다.

우리가 공산주의 그 자체를 아직도 부정의 부정으로서, 사유재산의 부정으로 매개된 인간적 본질의 획득으로서 특징지우고, 따라서 자기 자신으로부터 시작되는 참다운 긍정으로서가 아니라 오히려 사유재산으로부터 시작되는 긍정으로서 특징짓는다면, 〔……〕

[약 1쪽에 걸쳐 대부분의 원문이 결여되어 판독 불능]

이렇게 해서, 인간 생활의 현실적인 소외는 그와 함께 남게 되고, 소외가 그와 같은 것으로서 의식되면 될수록, 더욱더 큰 소외가 남게 되므로, (소외의 폐기가) 이루어질 수 있다〔고 하면〕, 그것은 공산주의의 실행으로만 이루어질 수 있다. 사유재산의 사상을 지양하기 위한 것이라면 머리로만 생각한 공산주의로 충분할 것이다. 그러나 현실적 사유재산을 지양하기 위해서는 현실적인 공산주의적 행동이 필요하다. 역사가 그것을 가져올 것이다. 우리는 이 운동이 머지않아 일어날 것이라는 것을 사상으로서는 이미 알고 있으나, 이 운동은 현실적으로는 매우 기복이 많은 긴 과정을 거치게 될 것이다. 하지만, 우리가 미리 역사적 운동의 목표와 한계를 알고 있고, 이 운동을 능가하는 의식을 가지게 되었다는 것은 하나의 현실적인 진보로 여기지 않으면 안 될 것이다.

공산주의적인 노동자들이 단결할 때, 우선 그들은 교육이나 선전 등을 〔이 단결의〕 목적으로 여긴다. 그러나 동시에 그들은 그것에 의해서 하나의 새로운 욕구를, 사회적 결합에의 욕구를 자기 것으로 한다. 수단이라고 여겨진 것이 목적이 된 것이다. 프랑스의 사회주의적인 노동자들이 단결하는 모습을 보면, 이런 실천운동의 가장 빛나는 성과를 볼 수가 있다. 흡연·음주·식사 등은 이미 결합수단이나 단결수단으로서 있는 것이 아니다. 사회적 결합이나 단결, 사회적 단결을 목적으로 하는 대화와 같은 것만으로 그들에게는 충분한 것이다. 인간끼리의 우애는 그들에게는 헛소리가 아니라 진실이며,

노동으로 단련된 사람들로부터는 인간성의 고귀한 빛이 나와 우리에게 길을 비쳐 주는 것이다.

　'수요와 공급은 항상 합치한다고 주장할 때 경제학자가 이내 잊어버리는 것은, 인간의 공급은 항상 수요를 초과한다(인구론)고 경제학자 스스로가 주장하고 있으므로, 생산 전체의 본질적인 성과—인간의 생존—에서야말로 수요와 공급의 불균형이 가장 결정적으로 표현된다고 하는 점이다.'

　'수단으로밖에 보이지 않는 화폐가 어느 정도로 진정한 힘이며, 유일한 목적인가, 일반적으로 나를 존재하게 하고 나에게 소원한 대상적 존재를 나의 것으로 만들어 주는 수단이 얼마나 자기목적인가……이것은 토지가 생활의 원천인 곳에서는 소유지가, 말과 칼이 참다운 생활수단인 곳에서는 말과 칼이 참다운 정치적인 생활력으로서도 또한 인정되고 있다는 것을 보아도 알 수가 있다. 중세에는 어떤 신분이 칼을 차도록 허락되자마자 그 신분은 자유의 신분이 된다. 유목민에게는 말이 나를 자유민으로, 공동체의 일원으로 만들어 준다.'

앞서 말한 바와 같이, 인간은 동굴 주거 등으로 되돌아가게 되는데, 그것도 소외된, 적의(敵意)가 있는 형태하에서 되돌아가게 된다. 야만인은 자신의 동굴—향유와 보호를 위해 공평하게 제공되는 자연의 일부—안에 있어도 그다지 소원함을 느끼지 않는다. 어쩌면 물 속에 있는 물고기와 같은 편안함을 느낀다. 그런데 가난한 사람의 지하실 생활은 '소원한 힘을 띠고 있고 거기에 피와 땀을 바쳐야만 주어지기 때문에' 적대적인 주거이다. 가난한 사람은 이 주거를—이곳이야말로 내 집이라고 말할 수 있는—자기의 고향이라고 여기는 것이 허락되지 않고 집세를 내지 않으면 거기에서 쫓겨나는 타인의 집, 소원한 집에 살고 있다. 그는 자기의 주거가 질적인 면에서도 부의 천국에나 있는 이 세상의 것으로 여겨지지 않고, 왕후가 사는 것 같은 주거와는 천양지차가 있다는 것을 알고 있다.

　소외는 나의 생활수단이 남의 것이고, 내가 바라는 것이 나의 손이 닿지 않는 타인의 소유물이라고 하는 데에 나타나기도 하고, 모든 사물 자체가 나 자신과는 다른 것이라고 하는 것에도, 또 나의 활동이 타인의 것이라고 하는 것에도, 마지막으로—이것은 자본가에도 해당되는 일이지만—일반적으로 비인간적인 힘이 지배하고 있다는 데에도 나타난다.

향락에 몸을 맡기기만 하는, 게으르고 낭비적인 부—이 경우 향락자는, 분명이 자신의 본질을 상실하고 방탕에 빠지는 덧없는 개인밖에 되지 않는다는 것을 스스로 증명하게 되지만, 다른 한편으로는 타인의 노예노동 내지는 인간의 피땀이 자신의 욕망의 먹이가 된다는 것을 알고, 따라서 인간 그 자체, 자기 자신까지도 희생되는 하찮은 존재라는 것도 알게 된다. 이때, 이런 인간멸시는, 수백 명의 인간들이 이슬 같은 목숨을 겨우 이어갈 수 있는 데에 필요한 것을 소홀이 하는 교만한 마음으로 나타나는 일도 있고, 자신의 방탕한 낭비나 변덕스러운 비생산적인 소비가 타인의 노동을, 그와 함께 타인의 생활기반을 낳는다고 하는 부끄러운 생각으로 나타나는 일도 있다. 향락자는, 인간적인 본질적 힘의 실현을 자기 자신의 비본질의 실현, 자신의 변덕과 방종하고 엉뚱한 생각의 실현으로밖에 알고 있지 않는 것이다. 그러나 한편으로 이런 〔게으르고 낭비적인〕 부는, 단순한 하나의 수단, 탕진하기 위한 가치밖에 없는 것으로밖에 알지 못하고, 따라서 그것은 부의 노예인 동시에 주인이기도 하고, 씀씀이가 좋으면서도 동시에 비열하고, 변덕스럽고, 자만하고, 세련되고, 교양이 있고 재치에 넘쳐 있다. 이와 같은 부는, 아직 부를 자기 자신을 지배하는 아주 소원한 힘으로서는 경험하고 있지 않다. 오히려 부 안에 자신의 힘만을 보게 되는 것이고, 부(가 아니라) 향락이 그 궁극적인 최종목표(인 것이다). 이 부는 〔……〕 [약 3행의 원문이 빠져 있다]

부의 본질에 대한 이런 화려한 환상, 감각적인 가상에 의해 현혹되어 있는 환상에 대항해서 등장하는 것이 부지런하고, 분별이 있고, 산문적(散文的)이고, 경제적인, 부의 본질에 대해서 계몽된 산업가이다. 산업가는 향락자의 향락욕의 범위를 더욱 넓혀 주고, 자신의 생산물을 통해서 향락자들에게 듣기 좋은 빈말을 하지만—산업가의 생산물은 어느 것이나 낭비가의 여러 욕망에 대한 저속한 애교인 것이다—마찬가지로 또 낭비가로부터 사라져 가는 힘을 유일하고 효과적인 방법으로 내 것으로 만드는 방법도 알고 있다. 이리하여 산업의 부가 당장은 낭비적이고 환상적인 부의 결과처럼 보여도—전자의 운동은 적극적인 방법으로, 그 고유의 운동을 통해서 후자를 내쫓기도 한다. 요컨대 금리(金利)의 저하는, 산업 운동의 필연적인 귀결이며 결과인 것이다. 따라서 낭비적인 금리생활자의 수단은, 향락의 수단이나 함정이 증가하는 데에 반비례해서 나날이 감소해 간다. 그 때문에 그는 자신의 자본 그 자체를 모두 먹어치우고 몰락하든가, 그렇지 않으면 스스로 산업자본가가 되지 않으면 안 된다. ……한편, 지대(地代)는 산업운동이 진행될 때마다 항상 직접 상승하지만—이미 보아온 바와 같이—다른 모든 재산과 마찬가지로 토지 소유가, 이익을 동반하여 재생산되는 자본의 카테고리에 전락하지 않을 수 없는 시기가 반드시오게 되고—더욱이 이것 또한, 같은 산업운동의 결과인 것이다. 이렇게해서 낭비가인 지주도 또한 자신의 자본을 먹어치우고 몰락을 하든가, 그렇지 않으면 자기 소유지의 차지농(借地農)에, 즉 농업을 경영하는 산업가가 되어야 한다.

그렇다고 한다면, 프루동은 금리저하를 자본의 폐기이자 자본의 사회화에 대한 경향이라고 보지만, 오히려 그것은 직접으로는 낭비적인 부에 대해 가동하는 자본의 전면적 승리의 한 조짐이며, 결국은 모든 사유재산의 산업자본에의 전화에 지나지 않는다. 그것은, 사유재산에 아직도 있는 것처럼 보였던 모든 인간적 여러 성질에 대한 사유재산의 전면적 승리이자, 사유재산의 본질인 노동에 대한 사유재산 소유자의 완전한 굴복인 것이다.

확실히 산업자본가도 향락을 한다. 그는 결코 욕구의 부자연스러운 단순함으로 되돌아가는 것은 아니다. 그러나 그의 향락은, 생산에 종속된 부차적인 사항, 즉 휴양에 지나지 않으며, 그때에도 계산된, 따라서 경제적이기도 한 향락이다. 왜냐하면, 그는 스스로의 향락을 자본 비용에 가산하기 때문이다. 그 결과, 그의 향락에 드는 비용은, 그에 의해 낭비되는 것이 자본의 재생산에 의해 이윤이 붙어서 다시 메워지는 액수만큼밖에 허용되지 않는다. 이렇게 해서 이전에는 반대되는 일이 이루어지고 있었는데, 이제는 향락이 자본으로, 향락하는 개인이 자본을 움직이는 개인에게로 포섭되게 된다. 그렇다고 한다면, 이자의 저하가 자본 폐기의 한 조짐이 되는 것은 다만, 그것이 완성된 지배의, 완성되어 가고 있는 소외의, 따라서 스스로의 폐기로 서둘러 가고 있는 소외의 한 조짐에서뿐이다. 이것이야말로 현존하는 것이 그 반대 사태의 정당성을 확인하는 유일한 방법이다.

그렇다고 한다면, 사치와 절약을 둘러싼 경제학자들의 논쟁은, 부의 본질을 분명히 인식한 경제학과, 로맨틱한 반(反)산업적인 추억에 아직도 사로잡혀 있는 경제학과의 논쟁에 지나지 않는다. 그러나 두 진영은 모두 논쟁의 대상을 단순한 표현으로 가져올 방법을 모르고 있고 그러기 때문에 서로를 뜻대로 하지 못하고 있다. *28

또, 지대(地代)는, 지대로서는 뒤집히고 말았다. —왜냐하면, 토지소유자야말로 유일하고 참다운 생산자라고 하는 중농주의자들의 논증에 반대해서, 최근의 경제학은, 토지소유자 그 자체가 오히려 전적으로 비생산적인 유일한 금리생활자라는 것을 증명했기 때문이다. 최근의 경제학에 의하면, 농업은 자본가의 일이며, 그는 통상의 이익을 기대할 수 있을 경우에 자신의 자본을 농업으로 돌린다. 이렇게 해서 유일한 생산적인 재산인 토지재산만이 국세를 지불해야 하고, 그러기 때문에 그것만이 국세를 승인하고, 국정에 참가해야 한다고 하는 중농주의자들의 주장은, 지대에 대한 조세야말로 비생산적인 소득에 대한 유일한 조세이며, 국민적 생산에 대해서 해가 없는 유일한 조세라고 하는 반대의 규정을 얻게 된다. 이와 같이 이해한다면, 토지소유자들의 정치적 특권도 이미 그들이 주요한 조세 부담자이기 때문에 생기는 것이 아니라는 것이 저절로 분명해진다.

프루동이 자본에 대립하는 노동운동으로 이해하는 것은 모두, 자본이라는 규정에 있어서의 노동운동, 즉 자본으로서 소비되는 것이 아닌, 산업적으로 소비되는 것이 아닌 자본에 대립하는 산업자본이라고 하는 규정에 있어서의 노동운동에 지나지 않는다. 그리고 이 운동은 그 승리의 길을, 즉 산업자본의 승리의 길을 걷는 것이다. 이렇게 해서 노동이 사유재산의 본질이라고 이해되었을 때 비로소 경제적 운동 그 자체도 또한 그 현실의 명확한 존재양식에 입각해서 전망할 수 있다는 것을 알게 되는 것이다.

제5장
분업*29

경제학자들에게 사회로 보이는 것은 시민사회이며, 거기에서 각 개인은 여러 가지 욕구로 이루어지는 하나의 전체이며, 그는 타자(他者)를 위해서만 있고 타자는 그를 위해서만 있다. 왜냐하면, 그들은 서로 수단이 되어 있기 때문이다. 경제학자는―정치학이 인권에서 그렇게 하는 것처럼―모든 것을 인간에, 즉 개인에 환원하고, 이 개인으로부터 모든 규정을 박탈하여 그를 자본가나 노동자로 가르고 만다. 분업은, 소외에 있어서의 노동의 사회성에 대한 경제상의 표현이다. 다시 말하면, 노동은 외화(外化)에 있어서의 인간적 활동의 한 표현이며, 삶의 외화로서의 삶의 한 표출밖에 되지 않으므로, 분업도 또한 실재적인 유적 행동 내지는 유적 존재로서의 인간활동이 소외되고 외화된 형태를 취한 것에 지나지 않는다.

노동이 사유재산의 본질로서 인식되자마자, 당연한 일이지만 분업이야말로 부의 생산의 주요한 원동력으로서 파악되지 않으면 안 되었는데, 이런 분업의 본질, 즉 유적 활동으로서의 인간적 활동의 소외되고 외화된 이 형태에 대해서 경제학자들은 매우 애매하고 서로 모순되어 있다.

애덤 스미스에 의하면,

'분업은 본디 인간의 예지(叡智)에서 유래된 것이 아니다. 그것은 생산물을 교화하고 서로 매매해서 이익을 얻으려고 하는 경향의 필연적이고 완만한 점진적인 결과이다. 상거래인 이 경향은 아마도 이성과 언어를 사용하는 일의 필연적인 결과일 것이다. 이 경향은 모든 인간에게 공통적이지만, 동물에서는 전혀 볼 수가 없다. 동물은 자라자마자 혼자의 힘으로 생활을 한다. 인간은 타인의 도움을 항상 필요로 하는데, 그것을 다만 타인의 호의에만 기대해도 소용이 없을 것이다. 오히려, 타인의 개인적 이해관심에 호소해서, 내가 해 주기를 바라는 일을 당신들이 실행하는 일이 당신들 자신의 이익이 된다고 설득하는 편이 훨씬 확실할 것이다. 우리는 타인의 인간성이 아니라 그들의 이기주의에 호소한다. 우리는 결코 그들에게 우리의 욕구가 아니라 항상 그들의 이익을 이야기하는 것이다.

……이렇게 해서 우리는 교환이나 상거래나 이익을 낳는 매매에 의해서, 우리가 서로를 필요로 하는 서비스의 대부분을 받게 되므로, 분업을 발생시킨 것도 이익을 낳는 매매에의 이런 성향 바로 그것이다. 예를 들어, 수렵민이나 유목민의 어느 부족에서 어떤 개인이 다른 사람보다도 빨리, 그리고 잘 활과 현을 만든다고 하자. 그는 동료들과, 이런 종류의 나날의 일을 가축이나 야수의 고기와 자주 교환하여, 이런 방법에 의하면 직접 사냥에 나가지 않아도 더욱 손쉽게 야수의 고기를 손에 넣을 수 있다는 것을 알게 된다. 이렇게 해서 그는 이기적인 타산에서 활 등의 제작을 본업으로 삼게 된다. 각 개인 간의 타고난 재능의 차이는 분업의 원인이라기보다는 오히려 그 결과이다. ……상거래를 하고 교환을 한다고 하는 인간의 성향이 없으면 각자가 생활의 모든 필수품과 편의품을 스스로 조달하지 않으면 안 될 것이다. 각자가 똑같은 나날의 일을 하지 않으면 안 되었을 것이고, 재능의 큰 차이를 낳을 수 있는 유일한 직업 활동의 큰 차이도 생기지 않았을 것이다.

……그런데 인간들 사이에 능력의 차이를 낳는 것도 이런 교환의 성향이라면, 이 차이를 유용한 것으로 만드는 것도 또한 이와 같은 성향이다. 많은 동물들은 같은 종에 속해도 태어나면서 다른 성질을 가지고 있고, 이들 성질은 그 본디의 소질이라고 하는 점에서 보자면, 교양이 없는 사람에서 관찰되는 것 이상으로 뚜렷하다. 태어난다는 점에서 말하자면, 철학자와 짐을 나르는 인부의 재능과 지능의 차이는 집개와 그레이하운드, 그레이하운드와 스파니엘, 스파니엘과 목양견 차이의 반도 안 된다. 그러나 이들 여러 가지 동물들은, 비록 같은 종에 속해 있어도, 서로 그다지 유용하지가 않다. 파수견이, 이를테면 사냥개의 민첩성을 이용하여 자기 장점에 더하는 일은 있을 수가 없다. 이들 여러 가지 재능이나 지능 정도의 일련의 효과는, 상거래나 교환능력이나 성향이 결여되어 있기 때문에, 서로 공동으로 나눌 수가 없고 그 종족의 이익이나 공동의 편의에 이바지하는 일

도 결코 할 수가 없다.

……동물들은 각자가 서로를 의지하지 않고 자신을 기르고 몸을 지키지 않으면 안 된다. 동물은 자연이 동류(同類)들에게 나누어 준 재능의 차이에서 그 어떤 이익도 꺼낼 수가 없는 것이다. 이에 대해 인간들 사이에서는 아무리 동떨어진 재능도 서로 쓸모가 있다. 왜냐하면, 각 재능에 대응하는 각 산업 부문의 여러 생산물은, 상거래와 교환이라고 하는 일반적인 성향을 통해서 말하자면 공유재산이 되어, 누구나가 자신의 욕구에 따라 다른 사람이 생산한 생산물의 일부를 사러 갈 수가 있기 때문이다. 교환의 이런 성향이 분업을 발생시키는 것이므로, 이 분업의 확대는 항상 교환능력의 신장을, 다른 말로 하면 시장의 신장을 그 조건으로 한다. 시장이 매우 작으면 누구나 한 직업에만 전면적으로 몰두할 생각은 들지 않을 것이다. 왜냐하면, 그의 노동 생산물 중 그 자신의 소비를 넘는 잉여 부분을, 다른 사람의 노동 생산물의 그것과 똑같은 잉여 부분, 그가 입수하기를 원하고 있던 잉여 부분과 교환할 수가 없기 때문이다……'(《국부론》 제1편, p.29~37). 진보된 상태에서는, '누구나가 교환에 의해 생활하여, 일종의 상인이 되고, 사회 그 자체가 문자 그대로 상업을 영위하는 사회가 된다(데스튀트 드 트라시를 참조. 사회는 상호적 교환의 한 계열이고 사회의 본질은 상업에 있다) (《관념학 요론》의 제4·5부 '의지 및 의지작용론'(1805년), p.68, p.78). ……자본의 축적은 분업과 함께 상호적으로 증대한다.'*30

위는 애덤 스미스의 주장이다.

'가족이 각기 자기들이 소비하는 모든 대상을 만들어 낸다고 하면, 그 어떤 종류의 교환도 이루어지지 않는다 해도 사회는 활동을 계속할 수가 있을 것이다. 교환은 기본적인 것은 아니지만, 우리 사회의 진보된 상태에 있어서는 불가결하다. 분업이란 인간의 여러 힘을 교묘하게 사용하는 일이다. 따라서 분업은 사회의 생산물, 그 힘과 향유를 증가시키지만 개인적으로 보자면 각자의 능력을 빼앗고 쇠퇴시킨다. 생산활동은 교환 없이는 존재할 수 없다.'

위는 세의 주장(세《경제학 개론》 제1권, p.76~77).

'인간에 내재하는 능력들이란 결국 그의 지성과 노동을 위한 육체적 소질이다. 사회적인 상태에서 유래되는 능력들이란, 노동을 분할하고 다양한 노동을 다양한 사람들에게 배분하는 능력이며, ……서로의 봉사를 교환하거나, 이런 〔생활〕 수단을 이루고 있는 생산물을 교환할 줄 아는 능력 등이다. ……사람이 남에게 봉사를 제공하는 동기는 이기주의이다. 사람은 남에게 제공한 봉사에 대해서 보수를 요구한다. 교환이 사람들 사이에서 확립하기 위해서는 배타적인 사유재산의 권리가 불가결하다.' '교환과 분업은 서로를 전제로 하는 것이다.'

　위는 스카르벡의 주장 (스카르벡(1792~1866)은 폴란드의 경제학자로, 애덤 스미스의 지지자. 《사회적 부의 이론》 제1권(파리, 1829), p.25~26, 27, 75, 121).

밀은 발달된 교환, 즉 상업이 분업의 결과라고 말하고 있다.

　'인간의 활동은 매우 단순한 여러 요소로 환원할 수 있다. 사실 인간은 운동을 만들어 내는 이상의 일은 할 수가 없다. 인간은 물건을 움직여 그것들을 서로 멀리 놓기도 하고 가까이 놓을 수 있을 뿐이다. 그밖에 일은 물질의 성질이 행한다. 노동이나 기계를 사용할 때 자주 볼 수 있는 것은, 그것들을 교묘하게 배분함으로써, 즉 서로 방해하는 작업을 분리하여, 그 어떤 방법으로 서로 촉진할 수 있도록 모든 작업을 통합함으로써 그 효과를 증가시키는 일이 있다고 하는 것이다. 일반적으로 인간은, 같은 속도와 솜씨로 서로 다른 많은 작업을 할 수 없고, 마찬가지로 습관은 인간에게 제공하는 소수의 작업을 실행하는 이러한 능력을 제공하기 때문에, 각 개인에게 맡기는 작업의 수를 될 수 있는 대로 제한하는 것이 항상 유리하다. 이런 노동의 분할〔분업〕과, 인간과 기계의 여러 힘의 배분을 가장 유리한 방법으로 행하기 위해서는 대개의 경우, 대규모로 작업하는 일, 바꾸어 말하자면 부를 대량 생산하는 것이 필요하다. 이 유리한 점이 거대 제조업이 발생하는 원인이 되고, 이들 거대 제조업 중의 유리한 상황하에서 창설된 소수만이, 한 나라뿐만 아니라 몇 개의 나라가 필요로 하는 양만큼의 제조업 생산물을 공급한다.'

　위는 밀의 주장 (제임스 밀 《경제학 요강》(프랑스어판), p.7).

그러나 최근의 경제학은 모두, 분업과 생산의 풍부함, 분업과 자본의 축적이 서로를 전제로 하고 있고, 자유로 놓아두어도 좋을 사유재산만이 가장 유익하고 포괄적인 분업을 가져올 수 있다고 하는 데에 대해서는 의견이 일치하고 있다.

애덤 스미스의 설명을 이렇게 요약할 수 있을 것이다. 분업은 노동에 무한한 생산 능력을 준다. 분업은 교환과 거래의 성향에 바탕을 둔 것으로, 이 성향은 아마도 우연적인 것이 아니라 이성과 언어 사용으로 생겨난 인간 특유의 것이다. 교환자의 동기는 인간성이 아니라 이기심이다. 인간 재능의 다양성은 분업, 즉 교환의 원인이기보다는 오히려 결과이다. 또 분업, 즉 교환이 이 다양성을 비로소 유용한 것으로 만든다. 어떤 동물의 서로 다른 종족이 갖는 특수한 속성들은 태어나면서이고, 인간의 소질이나 활동의 차이보다도 뚜렷하다. 그러나 동물은 교환을 할 수 있는 능력이 없기 때문에, 종은 같아도 종족을 달리하는 동물의 서로 다른 속성은 어느 동물 개체에도 유용하지가 않다. 동물은 그들의 종이 갖는 상이한 속성들을 하나로 결합할 능력이 없다. 동물은 자신이 속하는 종의 공동적인 이익과 편익에 아무런 이바지를 할 수가 없다. 그러나 인간은 다르다. 인간의 경우에는 제아무리 동떨어진 재능이나 활동도 서로 유용하다. 왜냐하면, 인간은 다양한 생산물을 공유재산으로 통합·정리할 수 있고 거기에서 각자가 구매할 수가 있기 때문이다. 분업이 교환의 성향에서 유래한 것처럼, 분업은 교환과 시장의 확대에 의해 발전하고 그것에 의해 제약된다. 진보된 상태에서는 모든 인간이 상인이고 사회는 상업사회가 된다.

세(Say)는 교환을 우연적인 것이지 기본적인 것이 아닌 것으로 본다. 사회는 교환이 없어도 존속할 수 있다고 한다. 〔그러나〕 교환은 진보된 상태에서는 불가결하다. 그렇다 해도 생산은 교환 없이 존재할 수 없다. 분업은 사회적인 부를 위한 편리하고 유용한 한 수단이며, 인간 능력의 적절한 사용이지만, 개인적으로 보면 각자의 능력을 저하시킨다. 이 마지막 견해는 세에 의해서 이루어진 하나의 진보이다.

스카르벡은, 인간에 내재하는 개인적인 힘들인 지능과 노동을 위한 육체적 소질을 사회에서 유래하는 힘, 즉 서로 전제하는 교환과 분업으로부터 구별한다. 그러나 교환의 필연적인 전제는 사유재산이다. 스카르벡은 여기에서 스미스·세·리카도 등이 이기심이나 사적 이해를 교환의 근거로 특징짓거나, 거래를 교환의 본질적이고 적절한 형태라고 특징짓는 경우에 하는 말을, 객관적인 형식으로 표현하고 있다.

밀은 상업을 분업의 결과라고 말한다. 그에게 있어, 인간적인 활동은 하나의 기계적인 운동에 환원되고, 분업과 기계의 사용은 생산의 부를 촉진한다. 각자에게는 될 수 있는 대로 좁은 범위의 작업을 맡기도록 해야 한다. 분업과 기계의 사용은 또 부의, 즉 생산물의 대량 생산의 원인이 되기도 한다. 이것이 대규모 제조업의 근거가 된다.

분업과 교환의 이런 고찰이 매우 흥미가 깊은 것은, 분업과 교환은 인간의 활동과 본질력이 유에 적합한 것으로서 구체적인 형태로 외화된 표현으로 여겨지고 있기 때문이다.

분업과 교환이 사유재산을 바탕으로 하고 있다는 것은, 노동이 사유재산의 본질이라고 주장하는 것이 되는데, 이 주장이야말로 경제학자는 증명할 수가 없고, 그들 대신에 우리가 증명하려고 하고 있는 주장이다. 분업과 교환이 사유재산의 두 가지 형태라고 하는 바로 그 사실 안에는, 인간적인 생활이 실현되기 위해서는 사유재산이 필요했다는 것과, 다른 한편으로는 그것이 이제 사유재산의 지양이 필요로 하고 있다는 이중적 증명이 포함되어 있다.

분업과 교환은, 이에 관해 경제학자가 자신의 학문의 사회성을 자만함과 동시에, 그 학문의 모순, 즉 사회를 비사회적인 특수 이해에 의해 기초를 부여한다는 자신의 학문의 모순을 무의식적으로 표현하는 두 가지 현상이다.

우리가 고찰해야 할 여러 계기는 다음과 같은 것이다. 첫째, 교환의 성향—그 근거는 이기심에서 찾아 볼 수 있다—이 분업의 근거 또는 분업의 상호작용으로 여겨지고 있다. 세는 교환이 사회의 본질에 대해서 기본적이 아니라고 본다. 부와 생산은 분업과 교환으로 설명된다. 분업에 의해서 개인의 활동은 빈약해지고, 본질을 상실하게 된다는 것을 인정된다. 교환과 분업은 인간 재능의 커다란 다양성의 생산자로 인정되고, 이 다양성은 또한 교환과 분업에 의해 유용한 것이 된다. 스카르벡은 생산활동 내지 인간의 생산적인 본질적 힘을 다음과 같이 두 부분으로 구별한다. (1)개인적인, 인간에 내재하는 여러 힘, 즉 인간의 지성과 특수한 노동 소질 또는 노동 능력. (2)사회로부터—현실적인 개인으로부터가 아니라—유래하는 여러 힘, 즉 분업과 교환. 또, 분업은 시장에 의해서 제약된다. 〔분업에 있어서는〕 인간의 노동은 단순한 기계적 노동이 된다. 중요한 일을 하는 것은 대상의 물질적인 속성이다. 개인에게는 될 수 있는 대로 적은 작업이 할당되어야 한다. 노동의 분할〔분업〕과 자본의 집중, 개인의 생산활동의 무력화와 부의 대량 생산. 분업에서 자유로운 사유재산이 갖는 의미.

제6장
화폐

인간의 여러 가지 감각과 정열 등이 [좁은] 뜻에서의 인간학적인 규정일 뿐만 아니라, 참다운 존재론적인 본질(자연)의 긍정이라고 한다면, 그리고 이런 감각이나 정열이 현실적으로 긍정되는 것은, 이들 대상이 이들에 대해서 감각되는 형태로 존재하는 경우라고 한다면, 다음과 같은 사실이 저절로 명백해질 것이다.

(1)감각이나 정열을 긍정하는 방식은 결코 똑같은 것이 아니라, 오히려 긍정에 여러 가지 방식이 있다고 하는 것이 이들 존재의, 이들 삶의 특징을 이루고 있다. (2)감각적인 긍정이, 자립적 형태를 취하고 있는 대상의 직접적인 지양일(즉, 대상을 먹거나 마시거나 가공하는 일 등) 경우에는 이것은 대상의 긍정이 된다. (3)인간이 인간적이며, 따라서 그의 감각 등도 인간적인 한, 타인에 의한 대상의 긍정도 동시에 그 자신의 향유이다. (4)발달한 산업, 즉 사유재산의 매개로 비로소, 인간 정열의 존재론적인 본질은 그 전체성에 있어서나 그 인간성에 있어서도 생성된다. 따라서 인간에 대한 학문 그 자체가 인간의 실천적 자기 확증의 한 산물이다. (5)사유재산의 의미는— 그것이 그 소외로부터 해방되었을 경우에는—그것이 활동 대상이건 향유의 대상이건 인간에게 본질적인 대상이 존재한다고 하는 것이다.

화폐는 무엇이든지 살 수 있다는 속성을 가지고 있고, 모든 대상을 내 것으로 할 수 있다는 속성을 가지고 있음으로써 뛰어난 소유물로서의 대상이다. 화폐의 이런 속성의 보편성은 그 본질이 전능하다는 데에 있다. 화폐가 전능한 존재로서 통용되는 것도 그 때문이다. ……화폐는 인간의 욕구와 대상 사이의, 인간의 생활과 생활수단 사이의 중개역할을 한다. 그러나 나에게 나의 생활을 가져다 주는 것은, 나에게 타인의 존재도 중개해 준다. 화폐는 나에게 있어 또다른 인간이다.

터무니없는 소리. 그렇다면 손도 발도
머리나 엉덩이도 당신 차지네
그렇다고 해서, 내가 기분 좋게 즐기는 모든 것
그것을 어찌 내 것이 아니라 하겠는가.

말 여섯 필의 대금을 지불하면
그 마력(馬力)은 내 것이 아니겠는가
일단 달리기 시작하면 나는 마치 24개의 다리를 가진
훌륭한 사나이라는 거지.

괴테 《파우스트》(메피스토펠레스)

셰익스피어는 《아테네의 타이먼》에서 이렇게 말하고 있다.

금. 누부시게 빛나는 황금색 금화라. 아니, 신들이여!
나는 멋으로 기도를 하고 있는 것이 아니에요
이 정도 있으면
검은 것을 희게, 추함도 아름답게
악함을 선함으로, 늙음을 젊음으로, 겁을 용감으로
비천함도 고귀함으로 바꿀 수 있다
이 녀석은…사제를 제단에서 꾀어내고
또 반쯤 회복된 환자의 베개를 빼내 버린다
아니 그보다 더 나아가 이 황금색 노예는
신앙의 유대를 풀기도 하고 맺기도 하고
저주 받은 자를 축복하기까지도 한다
문둥병 환자를 사랑스러워 보이게 하고
도둑을 영광스런 자리에 앉히고
그에게 지위와, 남을 무릎 꿇게 하는 권위와
원로원 못지않은 세력을 부여한다
늙은 과부에게 구혼자를 소개하고
심하게 곪은 상처 때문에

병원까지도 쫓겨난 여자에게 향유를 뿌려
화려한 아가씨로 젊어지게 만드는 것도 이 녀석이다
저주받을 금속 조각 녀석
그대는 인간을 비참하게 하는
국민들을 속이는 창부이다.

그리고 이어서 이런 대목도 있다.

너는 귀여운 얼굴을 하고 국왕까지도 죽이고 우아한 모습으로
아들과 아버지 사이를 결렬시키는 녀석이다. 화려한 모습으로
혼례의 신 히멘의 깨끗한 침실까지도 더럽히는 녀석이다!
너는 화려하게 꽃 피우는 귀여운 구혼자이다
너의 빛나는 황금빛은
여신 디아나의 더러움 없는 무릎에 쌓이는
성스러운 눈도 녹이고 만다!
너는 눈에 보이는 신
너는 화합할 것 같지도 않는 것을 화합하게 하고
억지로 입맞추게 만든다. 갖가지 말을 다하여
어떤 목적도 이룩한다! 너는 마음의 시금석!
너의 노예인 인간이 반항한다고 생각해 보라
그러면 너의 힘이 모든 것을 산산이 멸망시킬 것이다
동물들이 이 세상의 지배가가 되는 것처럼!

《아테네의 타이먼》제4막 제3장

셰익스피어는 화폐의 본질을 훌륭하게 그려내고 있다. 그의 묘사를 이해하기 위해서 우리는 우선 괴테의 인용문부터 해설하기로 한다.

화폐에 의해서 나에게 존재하게 되는 것, 내가 그 대금을 지불하게 되는 것, 즉 화폐가 살 수 있는 것이란 화폐의 소유자인 나이다. 화폐의 힘이 크면 클수록 나의 힘도 크다. 화폐의 성질은, 나—즉 돈을 가지고 있는 사람—의 성질이며 본질적인 힘이다. 따라서 내가 무엇이고, 무엇을 할 수 있는

가는 결코 나의 개성에 의해서 정해져 있는 것은 아니다. 나는 보기 흉한 사람이지만 그 어떤 아름다운 아가씨도 살 수가 있다. 따라서 나는 보기 흉하지가 않다. 왜냐하면, 추함이 주는 인상, 사람을 섬뜩하게 만드는 그 힘은 화폐에 의해 지워지기 때문이다. 나는—개인적인 특성에 의하면—발이 부자유하다. 그러나 화폐는 나에게 24개의 발을 조달해 준다. 따라서 나는 발이 부자유하지 않다. 나는 사악하고 불성실하고 양심도 재치도 없는 인간이다. 그러나 화폐는 존경받는다. 따라서 그 소유자도 존경받는다. 화폐는 최고의 선이고 따라서 그 소유자도 선량하다. 게다가, 화폐는 구태여 부정직하지 않아도 되게 해 주므로 나는 성실한 것으로 여겨진다. 나는 재치가 없으나 화폐는 모든 사물의 현실적인 재치이다. 돈을 가지고 있는 사람이 어떻게 재치가 없을 수가 있는가. 뿐만 아니라, 돈을 가지고 있는 사람은 재치가 넘치는 사람을 살 수가 있다. 재치가 넘치는 사람에 대해서 영향력을 가진 사람은 그보다도 더 재치가 있는 사람이 아닌가. 나는 인간의 마음이 갈망하는 모든 일을 화폐로 할 수 있으므로 모든 인간의 능력을 가지고 있는 것이 아닌가. 이리하여 나의 화폐는 나의 모든 무능력을 그 반대의 것으로 바꿀 수 있는 것이다.

화폐가 나를 인간적인 삶에 결부시키고, 사회를 나에게, 나를 자연과 인간에 결부시키는 유대라고 한다면, 화폐는 모든 유대 중의 유대가 아닌가. 그것은 모든 유대를 해소할 수도 있고 결부시킬 수도 있지 않은가. 따라서 그것은 또한 보편적인 분리수단[Scheidungsmittel]이 아닌가. 화폐는 사회의 결합수단, 화학적 힘임과 동시에 진정한 보조화폐[Sheidemünze]이기도 하다.

셰익스피어는 화폐에 대해서 특히 두 가지 속성을 강조한다.

(1) 화폐는 눈에 보이는 신이며, 인간과 자연의 모든 성질을 그 반대되는 것으로 바꾸는 것이며, 사물의 전반적인 혼돈과 전도이다. 그것은 화합할 수 없을 것 같은 것을 화합하게 만든다.

(2) 화폐는 보편적인 창부(娼婦)이며, 인간과 국민들과의 보편적인 중개자이기도 한다.

인간과 자연의 모든 성질을 전도시키고 혼동시키고 화합할 것 같지 않은 것을 화합하게 하는 화폐의 신적인 힘은, 화폐란 인간의 유(類)로서의 본질이 소외되고, 외화되고, 양도된 것이라고 하는 화폐의 본질 안에 숨어 있다.

화폐는 인간성의 외화된 능력인 것이다.

내가 인간으로서 할 수 없고, 따라서 나의 그 어떤 개개의 본질적인 힘도, 이룰 수 없는 것이라도 화폐에 의해서라면 할 수가 있다. 화폐는 이들 본질적인 힘의 어느 것이나, 그것이 본디는 그것이 아닌 것, 즉 그 반대의 것으로 바꾸는 것이다.

내가 어떤 음식을 먹고 싶어서 참을 수 없거나, 길을 걸어갈 수 있을 정도의 힘이 없어 우편마차를 사용하고 싶어졌을 때에는 화폐가 그런 음식이나 우편마차를 제공해 준다. 즉 화폐는 나의 소원을 상상에서 현실적인 것으로 바꾼다. 화폐는 나의 소원을, 상상하고 희망하는 존재양식으로부터 감성적이고 현실적인 존재양식으로 바꾸며, 상상에서 생활로, 상상하고 있던 존재로부터 현실의 존재로 바꾸어 준다. 화폐는 이런 매개의 힘을 가지는 한 참으로 창조적인 힘이다.

수요는 화폐를 전혀 가지지 않은 무일푼인 사람에게도 존재하지만, 그의 수요는 다만 상상 속의 존재일 뿐, 나에 대해서, 제3자에 대해서, '……'에 대해서는 어떠한 영향도 끼치지 못하며, 그 어떤 현실적 존재도 가지지 않고, 따라서 나 자신에게도 비현실적이고 비대상적으로 존재한다. 화폐에 입각한 유효 수요와 나의 욕구나 정열이나 소원 등에 입각한 비유효 수요와의 차이는, 존재와 사유의 차이이며, 내 안에 존재하는 단순한 표상과 현실적인 대상으로서 나의 외부에서 나에 대해 존재하는 표상과의 차이이다.

여행할 돈이 없다면, 나는 여행을 하고자 하는 욕구, 즉 여행하려고 하는 현실적이고 자기 실현적인 욕구도 가지지 못한 것이다. 만일 내가 학문에 대한 사명은 있으나 이에 필요한 돈이 없으면 나는 학문에 대한 그 어떤 사명도, 즉 실효성 있는 진정한 사명도 전혀 가지지 않는 것과 같다. 이에 대해서 내가 현실적으로는 학문에 대한 그 어떤 사명도 가지지 않고 있지만, 그에 대한 의지와 돈을 가지고 있으면, 나는 효과적인 사명을 가지고 있는 것이 된다. 화폐는, 인간 그 자체나 인간적인 사회 그 자체로부터도 유래하지 않은 외적인 보편적 수단 내지는 능력이며, 표상을 현실로 만들고, 현실을 단순한 표상으로 만드는 그런 수단 내지는 능력이기 때문에, 인간과 자연의 현실적인 본질적인 힘을 다만 추상적인 표상으로, 즉 불완전한 것, 즉 근거 없는 망상으로 바꾸기도 하고, 불완전한 것이나 망상, 개인의 상상 속에서만 존재할 뿐 현실적으로는 무력한 개인의 본질적 힘과 능력으로 바꾸기도 한다. 그렇다고 한다면 이 규정으로 해서 이미 화폐는 여러 가지 개성의 일반적인 전도(轉倒)이며, 개성을 그 반대의 것으로 역전시켜, 그 속성에 모순되는 속성을 부여한다.

이렇게 해서 또 화폐는, 개인에 대해서나, 스스로를 자립한 존재라고 주장하는 사회적 유대 등에 대해서도, 이렇게 전도시키는 힘으로서 나타나게 된다. 그것은 성실을 불성실로, 사랑을 미움으로, 미움을 사랑으로, 덕을 악덕으로, 악덕을 덕으로, 노예를 주인으로, 주인을 노예로, 우둔을 총명으로, 총명을 우둔으로 바꾼다.

가치의 현존하는 개념이자 활동하는 개념인 화폐는, 모든 사물을 혼동시키고 서로 엇바꾸게 하므로, 모든 사물의 전반적인 혼동과 전도가 나타나고, 자연과 인간의 모든 성질을 혼동시키고 엇바꾼다.

비록 겁쟁이라도 용기를 살 수 있는 사람은 용기가 있다. 화폐는 어떤 특정한 성질, 어떤 특정한 사물, 어떤 특정한 인간적 본질적 힘과 교환될 뿐만 아니라, 모든 인간적·자연적인 대상세계와 교환되는 것이므로, ─화폐소유자의 입장에서 보자면─화폐는 모든 속성을 모든 속성이나 대상과─그것과 모순되는 속성이나 대상까지도─교환한다. 화폐는 화합할 것 같지 않은 것을 화합하게 하고, 서로 모순되는 것을 억지로 입맞추게 한다.

인간인 한에 있어서의 인간과, 인간적인 관계인 한에 있어서의 인간의 세계에 대한 관계를 전제하면, 당신이, 예를 들어 사랑과 교환할 수 있는 것은 사랑뿐이며, 신뢰를 교환할 수 있는 것은 신뢰뿐이다. 예술을 즐기고 싶으면 예술적인 교양을 쌓은 사람이 되지 않으면 안 된다. 타인에게 영향을 끼치고 싶으면 실제로 격려하고 원조함으로써 그들에게 영향을 끼치는 사람이 되지 않으면 안 된다. 인간과 자연에 대한 당신의 모든 태도는 당신의 현실적이고 개성적인 삶의 특정한 표출, 더욱이 당신의 의지의 대상에 어울리는 표출이어야 한다. 만일 당신이 사랑하면서 짝사랑으로 끝난다면, 즉 당신의 사랑이 사랑으로서 상대방의 사랑을 낳지 못하고, 사랑하는 인간으로서 자신의 삶의 표출을 통해서 스스로를 사랑받는 인간으로 만들지 않는다면 당신의 사랑은 무력하고 불행하다.

부록*31

헤겔《정신 현상학》의 마지막 장 '절대지'의 개관

현상학에서 생성된 절대지는 다음과 같이 그려진다.

(1) 계시종교에서, 정신의 현실적인 자기의식은, 아직 정신의 의식 대상이 되어 있지는 않다. 정신과 그 여러 계기는 표상에 속하여 대상성의 형식에 머물러 있다. 〔그러나〕이 표상의 내용은 절대정신이다. 남은 문제는 〔대상성이라고 하는〕이 단순한 형식을 버리는 일뿐이다.

(2) 의식의 대상의 이런 극복……은 대상이 자기 안으로 돌아오고 있는 것으로서 제시되면 다만 일면적인 일이 아니라, 좀더 명확하게 다음과 같은 일이기도 하다. 즉 ……대상 그 자체가 자신에게 사라져 가고 있는 것으로서 나타날 뿐만 아니라, 물적 성격을 만들어 내는 것이 자기의식의 외화 바로 그것이며, 이 외화가 다만 부정적인 뜻뿐만 아니라 긍정적인 뜻을 가지며, 더욱이 그런 뜻을 다만 우리에게, 즉 즉자적〔即自的 : 현상에서 독립한 그 스스로의 존재〕으로 가질 뿐만 아니라 그 자신에게도 갖는다고 하는 것이 그것이다. 자기의식이 자신을 외화함으로써, 우선 한편에서는 대상의 부정적인 것, 또는 대상의 자기지양이 자기의식에게 긍정적인 뜻을 가지게 된다. 바꾸어 말하면 자기의식이 대상의 그런 허무함을 알게 된다. 왜냐 하면, 자기의식은 이 외화에 의해서 자신을 대상으로 세우거나, 대자〔對自 : 자기를 자각하고 자기 자신과 대립하는 일〕존재라고 하는 불가분의 통일을 이루어 대상을 자기 자신으로 세우기 때문이다. ……한편 여기에는 동시에 다른 계기도 포함되어 있다 그 계기란, 자기의식은 이런 외화와 대상성을 똑같게 지양하여, 자기에게로 되돌려 가져오고 있고, 따라서 자신의 타재 그 자체에 있으면서 자기에게 있다는 것이다……

(3)이것이 의식 운동이며, 이 운동에서 의식은 그 여러 계기의 전체가 된다. ……의식은 대상에 대해서도 그 여러 규제의 전체에 따라서 관계하고, 그 각 규정에 따라서 대상을 그와 같이 〔전체적으로〕 파악해 왔음에 틀림없을 것이다. 대상의 여러 규정의 이런 전체가, 대상 그 자체를 정신적인 존재로 만드는 것이고, 대상이 의식에 대해서 진정으로 그런 존재가 되는 것은, 의식이 대상의 개개의 규정을 자기 것으로 파악함으로써, 또는 대상의 개개의 규정에 대해서 지금 말한 것과 같은 정신적 태도를 취하는 것에 의해서이다.

(4)이렇게 해서 대상은 첫째로, 직접적인 존재 내지는 사물 일반이며, 이 것은 직접적인 의식에 대응한다. 둘째로, 대상은 자신의 타자(他者)가 되는 것, 즉 타자에 관계하여 타자와 마주 보고 존재하는 것임과 동시에, 자기를 마주 보고 존재하는 것이며, 규정된 존재양식을 지니고 있으며 이것은 지각에 대응한다. 셋째로 대상은 본질이며, 보편적인 것으로 존재하는데 이것은 오성(悟性)에 대응한다(존재·본질·개념, 보편성·특수성·개별성, 긍정·부정·부정의 부정, 단순한 대립·결정적인 대립·지양된 대립, 직접성·매개·자신을 지양하는 매개, 자신과 함께 존재한다는 것·외화·외화로부터 자기에로의 귀환, 즉자·즉자 겸 대자, 단일성·구별·자기 구별, 동일성·부정·부정성, 논리·자연·정신, 순수의식·의식·자기의식, 개념·판단·추론). 대상은 전체로 보자면, 보편적인 것이 규정의 매개로 해서 개별성에 이르는 추론 내지 운동이며, 반대로 개별성에서 출발해서, 지양된 것으로서의 개별성 내지 규정을 매개로 해서 보편적인 것에 이르는 추론 내지 운동이다. 그렇다고 한다면 의식은 이들 세 가지 규정에 따라서 대상을 자기 자신으로서 알게 될 것임에 틀림없다. 다만, 여기서 문제가 되어 있는 것은, 대상의 순수한 개념 파악으로서의 앎(知)이 아니다. 오히려 이 앎은 다만 그 생성 과정에서, 내지는 그 여러 계기에서만, 즉 의식 그 자체에 속하는 측면에서 제시되어야 하고, 따라서 본디의 개념 또는 순수한 앎의 여러 계기로서도 의식의 여러 형태라는 형식하에서 제시되어야 한다. 그 때문에 대상은 의식에 있어서는 아직, 우리가 말한 것과 같은 정신적 존재로서는 나타나지 않고, 대상에 대한 의식의 태도로서도, 대상을 그 전체 그 자체에서 관찰하는 것도 아니고, 이 전체의 순수한 개념 형식에서 관찰하는 것도 아니다. 그렇지 않고 대상은, 어떤 경

우에는 의식 일반이라고 하는 형태를 취하고, 또 어떤 경우에는 일정수의 여러 형태를 취하므로, 이들을 종합하는 것은 우리이어야 하며, 따라서 거기에서는 대상과 의식의 태도와의 여러 계기의 전체는 다만 그 개개의 계기로 각기 분산된 형태로밖에 제시될 수 없다.

(5) 직접적이고 몰교섭적[沒交涉的 : 교섭함이 없는]인 존재인 한에 있어서의 대상에 대해서 말하자면, 이미 보아온 것처럼, 관찰하는 이성은 이 몰교섭적인 사물에 안에서 자신을 찾고 그리고 이를 발견한다. 바꾸어 말하자면, 이 이성은, 스스로의 행위를 외적인 것으로밖에 의식하지 않고, 대상을 직접적인 것으로밖에 의식하지 않는다. ……관찰하는 이성은 그 정점에서 스스로의 결정을 '자아의 존재는 하나의 사물이다'라고 하는 무한판단의 형태로 표현한다. 더욱이 이 경우 그 사물이란, 감각적이고 직접적인 사물을 말한다. 자아는, 그것이 영혼이라고 불리는 경우에도, 분명히 하나의 사물로서 상상되고는 있지만, 눈으로 볼 수도 만질 수도 없는 사물로서 상상되고 있는 것으로, 따라서 보통 생각하고 있는 것과 같이 직접적인 존재로서 이미지되어 있는 것이 아니다. 이에 대해서, 저 몰정신적인 〔무한〕 판단은 그 개념으로 보자면 매우 정신이 풍부한 것이다. 그래서 이 판단의 내부의 것이 어떻게 표현되는가를 보지 않으면 안 된다. 사물은 자아이다. 이것은 곧, 사물은 지양되어 있고, 그 자체로는 아무것도 아니고, 다만 관계에 있어서만, 즉 자아 및 자아 그것에 대한 관계에서만 의미를 갖는다는 것이다. 이런 계기는, 의식에게는 순수 투견〔透見 : 꿰뚫어 봄〕과 계몽에 있어서 분명하게 되었다. (그것에 의하면) 사물은 오직 유용한 것 이외는 아무것도 아니고, 그 유용성이라는 면에서만 관찰되어야 한다.

……자기소외적인 정신세계를 편력해서 교양을 쌓은 자기의식은, 스스로를 외화함으로써 사물을 자기 자신으로서 생성해 왔으므로, 사물 안에 여전히 자기 자신을 가지고 있고, 사물이 비자립적이라는 것을, 바꾸어 말하자면, 사물이 본질적으로는 다만 타자 존재밖에 되지 않는다는 것을 알고 있다. 또는, 여기에서는 대상의 본성을 이루고 있는 것은 관계에 지나지 않으므로, 이것을 완전히 표현해 보면 이렇게 된다. 즉 자기의식은 사물을 자립적으로 존재하는 것으로 여기고, 감각적 확신이야말로 절대적 진실이라고

말하지만, 이런 자립된 존재 그 자체는 다만 사라질 뿐인 계기에 지나지 않고, 타자에게밖에 존재하지 않는 버려진 존재라고 하는 반대물로 이행하는 계기라고도 말하고 있는 것이다. 그러나 여기에서는 아직 사물의 앎은 완성되지 않고 있다. 사물은 존재의 직접적인 존재양식과 규정된 존재양식이라는 면에서 알 수 있을 뿐만 아니라, 본질 내지 내적인 것으로서도, 자기로서도 알 수 있는 것이야 한다. 이것이 실현되는 것은 도덕적인 자기의식에 있어서이다. 이 도덕적인 자기의식은 자신의 앎이 절대적인 본질이라는 것을 알고 있고 또는 존재가 순수한 의지 내지는 순수한 앎 이외의 아무것도 아니라는 것을 알고 있다. 이 자기의식은 오직 이런 의지와 앎 이외의 그 무엇도 아니다. 이 이외의 것에 귀속되는 것은 비본질적인 존재밖에 없다. 즉 본디 있는 존재가 아니라 그 공허한 껍질에 지나지 않는다. 도덕적인 의식은, 그 세계관에 있어서는 사실 존재를 자기 밖으로 쫓아내지만 다른 한편으로는 다시 그것을 자신 안으로 되가져오기도 한다. 그러나 도덕적인 의식은 양심이 되면 이미 사실존재와 자기를 번갈아 앉히거나 그 위치를 바꾸거나 할 수 없게 되어, 자신의 사실 존재 그 자체가 자기 자신의 순수한 확신이라는 것을 알게 된다. 양심이 행위하는 것으로서 향하는 대상적인 장면이란 자기가 자기에게 대해서 갖는 순순한 앎 이외는 아무것도 아닌 것이다.

(6) 위가, 정신과 그 본디의 의식과의 화해를 만들어 내고 있는 여러 계기들이다. 이들 계기 그 자체는 개별적인 것이고, 이 화해의 힘이 되는 것은 이들의 정신적 통일뿐이다. 이들 계기의 마지막 것이 이 통일 그 자체이며, 모든 계기를 자신 안에 결합한다. 자신의 사실 존재에서 자기 자신을 확신하는 정신이 그 사실 존재의 본디의 존재 장소로 삼고 있는 것은 자기에 대한 위에서 말한 것과 같은 앎 바로 그것이다. 행위를 할 때에는 의무라는 신념에 입각해서 행위한다는 말, 이런 정신의 말은 이 정신의 행위를 시인하는 일이다(이런 시인은 화폐에 통한다). 행위는, 그것이 본디 다만 존재한다고 하는 것만으로도, 이미 개념의 단순함의 최초의 분리이고, 이 분리로부터의 귀환이기도 하다. 이 최초의 운동이 제2의 운동으로 바뀌는 것은 〔행위의〕 승인이라는 요소가 의무에 대한 단순한 앎으로서 구별과 분열에 대치되게 될 때이다. 그런 구별과 분열은 행위 그 자체 안에 숨어 있어서, 그와 같은

방식으로 행위를 가로막는 가혹한 현실을 만들어 낸다. 이런 가혹함이 어떻게 해서 멈추고 포기되는가에 대해서는 우리는 [현상학의] 용서의 장(章)을 보고 알고 있다. 따라서 여기에서는, 자기의식이 직접적인 사실 존재인 한에 있어서는, 이에 대해 현실은 순수한 앎이라고 하는 뜻밖에 가지지 않으며, [정신과 그 의식이라고 하는] 서로 대치하는 것이 규정된 현실 존재 내지는 관계로서 있게 되었을 경우에도, 그것은 한편으로는 이 순수하게 개별적인 자기에 대한 앎이고, 다른 한편으로는 앎을 보편적인 것으로 아는 앎이다. 이와 동시에 여기에는 보편성과 본질이 이 서로 맞서는 양자의 어느 쪽에 대해서도 앎이라고 하는 가치밖에 가지지 않는 제3의 계기가 포함되어 있다. 그래서 마지막으로 이 서로 맞서는 양자는, 아직 남아 있는 공허한 대립을 지양해서 자아＝자아라고 하는 앎, 즉 순수한 앎 내지는 보편적인 것이기도 하는 이 개별적인 자기가 된다.

그렇다고 한다면 의식과 자기의식의 화해는, (1)종교적 정신에 있어서와, (2)의식 그 자체에 있어서라고 하는 이중 방식으로 성취된다. 그리고 전자가 즉자 존재의 형식에 있어서의 화해라고 한다면, 후자는 대자 존재라고 하는 형식에 있어서의 화해이다. 이미 보아온 것처럼, 양자는 우선은 서로 각각이었다. 이제 제시되어야 하는 것은 양측면의 통일이다. 즉 [의식과 자기의식의 화해는] 즉자적인 정신, 절대적 내용, (2)대자적 정신, 무내용의 형식 또는 자기의식의 측면에서 본 정신, (3)즉자 겸 대자적 정신(이라는 세 단계를 거치는 것이다).

(7)종교에 있어서의 이 통일은, 표상이 자기의식으로 귀환하는 형식으로 실현되고 있는데, 이것은 본디의 형식에서의 실현이 아니다. 왜냐하면 종교적인 측면은 자기의식의 운동에 대립하는 즉자의 측면이기 때문이다. [이에 대해서 의식 그 자체에서의] 통일은 그와는 반대로, 반성이라고 하는 측면을 자신 안에 포함하며, 따라서 나 자신과 그 대립물을 대자적인 형식으로, 즉 전개되어 구별된 형태로 포함하고 있는 것 같은 다른 측면에 속한다. 정신의 내용도, 정신의 이런 다른 측면 그 자체도, 이미 완전한 형태로 존재해 있기도 하고 명시되어 있기도 한다. 아직 결여되어 있는 통일은 개념의 단순한 통일성이다. 이 개념이 의식의 특수한 형식으로 나타난 것이 아름다운 혼인

것이다. 즉 아름다운 혼이란, 자신을 확신하고 자신의 개념 안에 머물러 있는 정신 형태이다. 이 개념은 자신의 현실화에 저항하여, 자신을 견지하고 있는 한, 일면적인 형태이며, 허망하게 사라져 버리지만, 그러나 그것은 또 적극적인 외화와 진전이기도 하다. 이 현실화에 의해서 자신의 충실에 거역한다고 하는 개념의 한정된 존재양식은 지양되어, 그 자기의식은 보편성의 형식을 획득한다. 이리하여 참다운 개념, 즉 순수한 앎이야말로 본질이며, 그리고 이 본질이 이 앎, 이 순수한 자기의식이며, 따라서 동시에 진정한 대상이라는 것도 알고 있는 앎이 실현된다. 왜냐하면 개념이란 자기를 마주 보고 존재하는 자기이기 때문이다.

　이 개념이 충실해지는 것은, 한편에서는 행동하는 정신에 있어서이고, 다른 한편에 있어서는 종교에 있어서이다. ……전자의 형태에서 그 형식을 이루는 것은 자기 그 자체이다. 왜냐하면, 이 형태는 자신을 확신한, 행동하는 정신을 포함하고 있기 때문이다. 자기야말로 절대정신의 생활을 영위하는 것이다. 이 형태는 단순한 개념이지만, 그러나 자신의 영원한 본질을 포기하고 사실적으로 존재하거나 행동한다. 이 단순한 개념은 그 개념의 순수성 안에, 두 개로 분열하는 작용, 또는 밖으로 나타나는 작용을 감추고 있다. 왜냐하면, 이 개념의 순수성이란 절대적인 추상 내지는 부정성이기 때문이다. 그러나 또 이 개념은 자기 자신 안에 존재 내지 자신의 현실이라고 하는 요소를 감추고도 있다. 그 개념의 수순성이란 존재와 사실 존재이기도 하고, 본질이기도 한 것 같은 단순한 직접성이기도 하기 때문이다. 그리고 존재와 사실 존재는 부정적인 사고 그 자체이고, 본질은 긍정적인 사고 작용 그 자체이다. 이제 헤겔은 아름다운 혼의 따분한 과정을 더욱 전개하는데, 그 성과는 앎의 순수한 보편성이며, 자기의식의 보편성이다. 내용과 자기를 결부시켜서, 내용을 자기 자신의 행위가 되게 하는 것은 개념 바로 그 자체이다. 왜냐하면, 이 개념은, 자기 자신에 있어서의 행위가 모든 본질과 모든 사실 존재에 속하는 행위라는 것을 알고 있는 것 같은 앎이며, 이 주체가 실체이며, 실체가 주체의 행위에 대해서 이런 앎이라는 것을 알고 있는 앎이기 때문이다.

　(8)〔지금 말한 것 같은 개념이란〕 자신을 그 정신이라는 형태에서 아는 정

신이며, 개념적으로 파악하는 앎이다. 진리란 본디 확신과 똑같을 뿐만 아니라 나 자신을 확신하는 형태를 갖추고도 있다. 또는 나의 사실 존재에서 나 자신을 안다는 형식 속에 있다. 진리란 내용이지만, 이 내용은 종교에서는 아직은 정신의 확신과 똑같은 것이 되어 있지 않다. 그런데 이런 똑같음은, 내용이 자기라는 형태를 얻는 데에 있다. 이것을 얻음으로써 본질 그 자체인 것, 즉 개념은 사실 존재의 기반, 또는 의식에 대한 대상성의 형식이 되어 있다. 이 사실 존재의 기반에서 의식에 현상하게 된 정신, 또는 의식에 의해 이런 기반에서 생긴 정신이 학(學)이다. 그것은 자기의식의 순수한 대자존재(對自存在)이다. 그것은, 이 자아이지 그 이외의 어떤 자아도 아니지만, 그것과 마찬가지 정도로 직접적으로 매개된, 또는 지양된 보편적인 자아인 자아이다. 그런 정신은 그것이 나로부터 구별되는 어떤 내용을 가지고 있다. 왜냐하면, 이 정신은 순수한 부정성, 내지는 자신을 둘로 분열시키는 작용이기 때문이다. 〔이런 단계에 있어서의〕 정신은 의식이다. 이와 같이 구별될 때 〔정신이 자신으로부터 구별하는〕 내용 그 자체가 자아가 된다. 왜냐하면, 그 내용 그 자체가 나 자신을 지양하는 운동이며, 자아의 순수한 부정성이기 때문이다. 구별된 이런 내용에서 자아는 자신 안에서 반성하고 있다. 자아가 자신의 타자 존재 안에 있으면서 자신에게 머물러 있는 것에 의해서만 이 내용은 개념적으로 파악되는 것이다.

이 내용은, 좀더 명확하게 말하자면, 방금 말한 것과 같은 운동 바로 그것이다. 왜냐하면, 이 내용은, 자신의 대상성 안에 개념이라는 형태를 가짐으로써, 정신으로서 자신을 작동시키고, 더욱이 자신을 마주 보면서 작동하는 정신이기 때문이다. 이 개념의 사실 존재에 대해서 말하자면, 정신이 이런 의식에 이르기까지에는 학은 시간과 현실 안에 나타나지 않는다. 자신의 불완전한 형태를 극복하고, 자신의 의식을 위해 자신의 본질적 형태에 손을 대서, 자신의 자기의식을 자신의 의식과 화해시키는 일을 완수할 때까지는, 그리고 그것을 완수할 수 없는 곳에서는, 정신은 내가 무엇인가를 알고 있는 정신으로서는 존재하지 않는다. 《정신 현상학》 583쪽 이하의 계속을 참조〔헤겔 《정신 현상학》 요한 슐츠 편, 1841년〕. 자기가 결여된 존재는 감추어져 있고, 자신에게 분명해지는 것은 자기 자신에 대한 확신뿐이다. 역사에 대한 시간의 관계. 개념적으로 파악하는 정신은 시간과 경험과 앎은 지워 버린다. 주체로의 실체의 전화.

자기의식의 대상에의, 즉 동시에 지양되고 있는 대상 또는 개념에의 의식 대상의 전화. 자신을 자신 안에서 반성하게 하는 이런 생성이 될 때 비로소 정신은 참된 정신이 된다. 따라서 정신이 그 자체에서 필연적으로 이런 구별의 작용을 가지는 한, 정신의 전체는 직관되는 것으로서 정신의 단순한 자기의식에 대치된다. 그리고 이 전체는, 그와 같이 구별되는 것이므로, 직관된 순수개념인 시간과 내용, 즉 즉자적인 것으로 구별된다. 실체는 주체이기도 하므로, 자신을 즉자적인 그것으로, 즉 정신으로서 서술한다. 더욱이 나 자신의 입장에서 서술한다고 하는 내적인 필연성을 가지고 있다. 그런 서술이 〔실체 내부에 머무는 것이 아니라〕 대상 레벨에서 완전하게 되었을 때 비로소, 그것은 동시에 실체의 자기에의 반성 내지 생성이 된다. 그렇다고 한다면 정신은, 그것이 즉자적으로, 즉 세계 정신으로서 자신을 완성할 때까지는 자기의식적인 정신으로서 자신의 완성에 이를 수도 없다. 따라서 종교의 내용은 시간에서 보면 학에 앞서 정신이 무엇인가라는 것을 표현하고 있는 것이지만, 정신이 나 자신에 대해서 참으로 아는 것은 학에 있어서뿐이다. …
…정신이 나 자신에 대해서 아는 운동, 그 형식.

〈역주〉

*1 Deutsch-Französische Jahrbücher.

*2 〈독일-프랑스 연보〉는 칼 마르크스와 아르놀트 루게(1802~1880)의 공동 편집으로 1844년 2월에 파리에서 간행되었는데 1호만으로 끝났다. 마르크스가 언급하고 있는 것은 《헤겔 법철학 비판서설》을 가리킨다.

*3 aphorism : 사물의 지식을 간결하고 날카롭게 표현한 어구. 금언·잠언.

*4 이 부분은 마르크스가 선으로 지우고 있는 부분으로, 새 메가판(版)에는 채용되어 있지 않지만 일단 여기 그대고 넣었다. 다음의 인용 부분도 그런 것들이다.

*5 〈21개의 활〉은 게오르크 헤르베크(1817~1875)가 1843년에 출판한 잡지. 모제스 헤스(1812~1875)가 이 잡지에 실은 논문이란 〈사회주의와 공산주의〉·〈단 하나이자 전체적인 자유〉·〈행위의 철학〉의 세 편이다.

*6 1843년 10월 하순에 파리로 거처를 옮긴 마르크스는, 《헤겔 법철학 비판서설》 등으로 예고하고 있던 부르주아 경제학의 연구에 착수한다. 그 성과를 바탕으로 하여 당시의 경제학과 철학(특히 헤겔 변증법)에 대한 최초의 본격적인 비판을 전개한 것이 이 《경제학·철학초고》이다. 이 책은 마르크스가 1845년 2월에 파리를 떠날 때까지의 이른바 '파리 시대'에 집필된 것 같다. 그 후, 이 초고는 오랫동안 잊혀 있었으나 마침내 1932

년에 모스크바의 마르크스·엥겔스 연구소에서 《마르크스·엥겔스 전집》제1부 제3권으로서 발표되었다. 이때 《경제학·철학초고》라는 표제가 붙여졌다. 초고는 발견되었을 때 세 묶음으로 되어 있었는데, 그 성립 순서를 따라서 '제1초고'·'제2초고'·'제3초고'라고 했다. '제1초고'는 36쪽으로 이루어져 있는데, 마르크스 자신에 의해서 로마 숫자로 쪽이 매겨져 있었으나, 실제로는 27쪽까지밖에 쓰이지 않았고 나머지는 백지가 되어 있다. '노임'·'자본의 이윤'·'지대'라는 표제만이 마르크스 자신의 것이다.

* 7 《생산의 운동─국가와 사회의 새 학문 구축을 위한 역사학적·통계학적 연구》(1843). 저자 빌헬름 슐츠(1797~1860)는 독일의 정론가(政論家). 1846년의 혁명에 참가하여, 프랑크푸르트 국민의회 의원이 되었다.

* 8 《사회·정치경제학의 새 이론》(파리, 1842). 저자인 콘스탄틴 페쾨르(1801~1887)는 프랑스의 사회주의자·경제학자. 생 시몽과 푸리에의 설을 계승하고, 후에 종교적 공산주의를 주장하였다.

* 9 루동(1801~1844)은 영국의 의사·사회정책 연구가. 저서 《인구문제와 생활문제의 해결》은 프랑스어역만이 출판되고 영어로 된 원문은 출판되지 않은 채로 끝났다.

* 10 《영국과 프랑스에서의 노동자 계급의 빈곤에 대해서》(파리, 1840). 저자인 뷔레 (1811~1842)는 프랑스의 생 시몽주의자·경제학자.

* 11 장 바티스트 세(1767~1832)는 프랑스의 경제학자로, 애덤 스미스의 경제사상에 심취하여, 주저(主著)《경제학 개론》(파리, 1817)에서 《국부론》의 체계화와 통속화에 노력하였다.

* 12 마르크스가 초고 중에 기재하고 있는 쪽수는 모두 제르망 가르니에에 의한 《국부론》 프랑스어역(1802)의 것으로 그 인용하는 방법은 매우 거칠다.

* 13 《경제학과 과세의 원리》(런던, 1817). 데이비드 리카도 (1773~1842)는 마르크스가 높이 평가하는 영국의 경제학자.

* 14 《새 경제학 원리》(파리, 1819). 장 샤를르 레오나르 시몽드 드 시스몽디(1773~1842)는 프랑스 경제학자·역사가. 후에 제네바 대학의 고대사·문학사·경제학 강사가 되었다.

* 15 애덤 스미스의 《국부론》제1편 제10장 제1절에 다음과 같은 대목이 있다. '당신의 아들에게 법률 공부를 시켰다고 하자. 그가 그 업무에서 생활을 할 수 있을 정도로 숙달할 수 있는가의 여부는 기껏해야 20대 1이다. 완전히 공평한 복권에서는, 당첨권을 뽑는 사람은 그것을 뽑지 못한 사람이 잃은 모든 것을 손에 넣는 것이 당연하다.'

* 16 제2 초고는 모두 4쪽분밖에 없다. 마르크스가 40에서 43쪽의 쪽 숫자를 달고 있는 것을 보아도, 제3초고에 제2초고에서는 발견할 수 없는 언급이 있는 것으로 보아도 그 전반부가 분실된 것으로 여겨진다.

* 17 여기에서 마르크스가 참조하기를 요구하고 있는 것은 그의 저서 《토지재산의 무한한

분할 가능성으로부터 생기는 불이익》(1839)을 말한다.

* 18 레오는 《국가의 자연학설에 관한 연구와 소묘》(하레, 1843)에서 푼케와 그의 앞서 말한 저서를 인용하고 있다.

* 19 제3 초고는 68쪽분의 묶음으로 이루어져 있다. 1에서 43까지 쪽이 매겨져 있지만, 22쪽과 25쪽이 빠져 있다. '처음에'는 39~40쪽에 포함되어 있었는데, 서문적인 성격을 가지고 있기 때문에 첫머리에 놓여 있다.

* 20 마르크스는 여기에 '36쪽에의 부론'이라는 단서를 붙이고 있는데, 제1 초고는 27쪽으로 끝나고, 제2 초고는 40쪽부터 시작되어 있기 때문에 이것이 제2 초고의 분실된 부분에의 부론이었다는 것을 알 수 있다.

* 21 여기에는 '39쪽에의 부론'이라는 단서가 있는데 39쪽은 존재하지 않으므로 이것도 또한 제2 초고의 분실된 부분에의 부론이라는 것을 알 수 있다.

* 22 '같은 쪽에의 부론'이라는 단서가 있다.

* 23 이 문장 뒤에 선으로 구획된 다음과 같은 코멘트가 적혀 있다. '매춘은 노동자의 일반적 매춘의 특수한 표현에 지나지 않고, 매춘은 매춘하는 자뿐만 아니라 매춘을 시키는 자도 또한 관련되는 사태이므로—그리고, 후자의 비열함이 훨씬 크므로—, 자본가 등도 후자의 범주에 속하는 것이다.'

* 24 이하, 107쪽의 '……편협한 감각밖에 가지지 못한다.'까지 선으로 지워져 있다.

* 25 이 (6)이라는 숫자는 《사유재산과 공산주의》의 (5)에 계속된다는 것을 나타내고 있다. 베르케판에서는 마지막 장에 놓여 있던 이 장을 여기게 두기로 한다. 이 장은 본디는 제3 초고의 세 개의 각기 분산된 부분에 쓰여 있었지만 하나로 정리되어 있다.

* 26 이 (7)이라고 하는 숫자는 《헤겔 변증법과 철학 일반의 비판》의 (6)에 이어지는 것이다.

* 27 쪽매김은 제4장에서 연속되고 있는데 화제가 여기서 바뀌므로 새 메가판(版)에서는 이 이후 부분을 '보유(補遺)'로서 다루고 있다.

* 28 본디는 이 다음에 헤겔 철학을 비판하는 부분이 있었는데 제3장으로 정리되었다.

* 29 베르케판(版)에서는 이 부분은 '욕구·생산·분업'이라고 하는 표제 아래 한 장으로 정리되어 있었으나 여기서는 새 메가판에 따라 독립된 한 장으로 다룬다.

* 30 애덤 스미스의 앞의 책 제1편, p.46, ( ) 안은 마르크스의 삽입이며, 마지막의 한 문장은 스미스의 본문 중에서는 찾아볼 수 없다.

* 31 이 부분은 제3 초고에 포함되어 있었는데 초고가 완성된 후에 덧붙인 것이다. 내용적으로도 헤겔 《정신 현상학》으로부터의 발췌 노트에 지나지 않으므로 여기에서는 '부록'으로서 다루기로 하였다.

Das Kapital
超譯자본론

일러두기
이 책은 옮긴이가 방대한 「자본론」 총3권 2,500쪽의 매력을 현대에 맞추어 음미하기
위해 알기쉽게 옮겨 엮은 해설서이며 입문서라 할 수 있는 「超譯」판이다.

옮긴이의 말

《자본론》은 누구를 위한 책인가

《자본론》은 자본주의 사회에서 고생을 하고 있는, 많은 사람들의 구제와
인도를 위한 책이다. 현대의 우리는 자본주의의 세계에서 살고 있다. 많은
사람들은 자본주의는 영원하다고 생각할 것이다. 그러나 《자본론》은 아직도
유효하고, 현재 문제의 근원을 이겨내기 위한 노동자를 위한 지혜인 것이다.

'상품' 안에 자본주의의 수수께끼가 있다?

가치론이나 가치형태론과 같은 어려운 논의를 우선 모두 제거하면 《자본
론》은 계급투쟁의 책이다. 상품화된 노동이 싸게 흥정되고 착취되는 상태를
숨김없이 그린 저작이라 할 수 있다.

자본주의 사회는 상품이라고 하는 유전자에 모든 것이 각인(刻印)되어 있
다. 따라서 이 상품 안에 모든 수수께끼가 있다. 그 수수께끼란 등가교환(等
價交換)으로 보이게 하면서, 실은 그렇지가 않은 어느 특수한 상품의 존재
이다. 즉, 노동력 상품의 존재이다. 노동력 상품에는 상품이라고 하는 유전
자가 각인되어 있다. 그렇다고 한다면 이 자본주의는 상품의 분석에 모든 것
이 걸려 있다고 할 수 있을 것이다.

따라서 처음에 상품에 관한 어려운 논의가 나온다. 그러나 이것은 후반의
노동력 상품(우리가 기업에 파는 능력)의 실태를 설명하기 위한 도입에 지
나지 않는다. 자본주의의 모든 수수께끼가 상품 그 자체에 있다고 한다면,
자본주의를 공격하기 위해서는 이 상품을 공격할 수밖에 없게 된다. 그런데
실은 이것이 매우 어려운 일인 것이다.

자본주의의 비판은 간단하지가 않다?

마르크스는 19세기에 이런 말을 한 사람이라고 생각해 주기 바란다. 인간

의 본질은 그 세포에 있다. 따라서 세포를 분석하는 일이 인간을 분석하는 일이다. 유전자 연구를 알고 있는 현대의 우리는 잘 이해할 수 있는 말이다.

그러나 당시 사람들은 자본주의의 본질은 상품과 같은 것에 있는 것이 아니다. 체제를 쥐고 있는 자본가 그 자체에 있는 것이다. 따라서 시장도 상품이 있어도 상관없다. 나쁜 것은 체제를 마음대로 움직이는 자본가들이다, 라고 하는 설 쪽으로 기울어졌던 것이다.

자본가를 쳐부수어라. 그 다음에는 사회주의다. 그러나 그렇게 한다고 해서 아무것도 변한 것은 없다. 유전자인 상품이 남아 있으면 자본주의가 부활한다. 유전자를 다시 짜고 식품을 거부해도 다시 짠 유전자가 있으면 지구상에 어느 틈엔가 그것이 만연하게 된다. 유전자를 다시 짜는 그 자체를 비판하지 않으면 안 되는 것이다. 이것은 어려운 일이다. 그러나 마르크스는 어려운 일에 도전하였다. 그래서 이해를 받지 못했던 것이다.

글로벌리제이션에 의해 풍요로워졌는가

현재의 우리는 이와 같은 상품이라고 하는 유전자 속에서 살고 있다. 그것을 파괴하라고 하는 것은 실은 큰 일이다. 그러나 이 유전자는 모든 것을 먹어치우고 착취해 간다. 글로벌리제이션이 세계에서 가져다 주고 있는 양극분해(兩極分解)는 자본주의의 본질 그 자체에서 나온 것이다. 결코 새로운 것은 아니다.

대부분의 사람들은 글로벌리제이션은 세계를 평준화한다, 온 세계가 풍요로워진다는 선전에 현혹되어 있다. 19세기에도 주의 깊은 마르크스와 같은 사람이 아닌 한, 만국박람회를 보면서 세계는 풍요로워지고 있다고 정말로 믿고 있다. 그러나 마르크스는 쓰레기통을 뒤지면서 그 누구도 읽지 않은 통계자료에서 그렇지 않다는 비참한 자료를 인용하고 있는 것이다.

마르크스는 메두사의 신화에 비유하고 있다. 진실을 돌아보면 돌이 되기 때문에 무섭다. 그래서 보이지 않도록 모자로 눈을 가리어 '절대로 그런 일은 없다. 세계는 디즈니의 It's a small world'라고 여기고 싶어하는 것이다. 나는 디즈니랜드를 비판할 생각은 없다. 스몰 월드는 이상으로서는 훌륭한 것이다. 다만 그것을 보고 이상을 현실이라고 생각하는 사람에게 말하고 싶은 것이다. 진짜 세계는 그렇지가 않다고.

절망 끝에 보이는 희망

나는 지금 프랑스에 잠시 머물고 있다. 이 풍요로운 나라에서 어느 정도의 사람들이 가난에 허덕이고 있는가를 아는 데에는 용기가 필요하다. 매일 얼어 죽는 사람이 있다고 해도 어느 정도의 사람들이 거기에 관심을 가질까?

일전에, 절망 끝에 머리를 깊이 숙이고 기도라도 하듯이 팔을 땅에 짚은 가난한 거지를 보았다. 이 모습은 너무나 거룩했기 때문에 묘하게 인상에 남아 있다. 이 풍요로운 파리를 그는 절망의 눈초리로 보고 있는 것이다. 마르크스가 《자본론》을 쓴 의미가 그것에 있다고 나는 생각한다. 경제학자들과 이론으로 다투는 데에 초점을 둔 것도 아니고, 자기 이름을 유명하게 만드는 데에 초점이 있는 것도 아니다. 다만 아무도 이해하고 있지 않은 이 비참한 사실을 이해하고 그것을 드물게 보는 사고능력으로 체계화하여, 인류에게 희망의 빛을 발견하게 하는 데에 마르크스의 모든 것이 있었다고 생각하는 것이다.

이 책을 계기로 하여 인류에의 따뜻한 선물인 《자본론》을 올바로 읽는 사람이 많아지기를 바라는 마음 간절하다.

머리글

《자본론》을 읽자

《자본론》을 읽는다. 이것은 간단한 일이 아니다. 예를 들어 독일어판 총3권 2,500여 쪽 기가 죽는다. 읽었다고 자부하는 사람은 많아도 끝까지 읽은 사람은 몇 사람이나 될까. 그리고 그 이상으로 말이 어렵다. 전문용어라 하더라도 현대 감각으로 이해할 수 없는 말이 너무 많다. 옆에 설명이라도 씌어 있으면 좋으련만 그런 용어해설은 찾아볼 수 없다.

더 나아가, 지금 '19세기의 《자본론》을 읽어서 무슨 소용이 있지? 사회주의 시대는 끝났어. 지금의 우리에게 무슨 의미가 있는가?' 하는 반문을 받으면, 그래? '이제 이 고전의 가치 같은 건' 생각하게 된다. 나는 여기서 《자본론》의 훈고학을 말할 생각은 전혀 없다. 또 경제원론을 강의한다고 자칭하는 사람들이 하고 있는 것 같은 자본주의 사회의 메커니즘을 알기 위한 원리론으로서 읽을 생각도 없다. 다만 현재라고 하는 시대를 알기 위해서 읽는 것이다. 바로 이 점 때문에 읽는다. 물론 이 책은 방대한 《자본론》 총3권 2,500쪽 핵심을 알기 쉽게 옮겨 엮은 해설서이며 입문서이다. 따라서 마르크스의 원문을 독일어·일본어로부터 현대식으로 옮겨 그것을 해설하는 것을 주안점으로 삼고 있다. 본디 마르크스의 문장을 읽는 것만으로도 실은 현대 문제의 근원을 알 수 있다. 그렇지 않으면 굳이 《자본론》을 읽을 필요는 없을 것이다.

《자본론》은 노동자를 위한 것이다

그렇다면, 현대의 문제란 무엇인가? 자본주의 경제의 메커니즘? 자본축적의 법칙? 국가권력의 문제? 착취의 이론? 실로 다양한 물음이 생길 것이다. 그 정도로 대상이나 내용이 드넓다. 그러나 이런 논의를 망라해 가면 갈수록 전체의 줄거리는 보이지 않게 된다. 전체의 줄거리란 마르크스가 대학의 경제학 주임교수가 아니라 혁명가였다는 점에서 나온 그의 저작의 의도를 말한다.

혁명가 마르크스가 객관적인 자본주의의 법칙을 분석한다고 할 때, 그것은 객관적으로 메커니즘을 탐구하는 일이 아니라 당연히 자본주의 사회 안에서 학대 받는 사람들을 위해서 분석하는 데에 있다고 하는 점이다.

그렇다고 하면, 당연히 노동자가 자본가와 같은 특정한 입장을 취하는 것 같은 것은 학문이 아니다, 단순한 종교라고 하는 비판이 나오게 된다. 마르크스는 그것을 충분히 알고서 국민경제학자라고 하는 사람들이 주장하는, 객관적으로 보이기는 하지만 실은 매우 자의적인 분석을 비판의 도마 위에 올려간다. 표면과 이면, 과학적 시스템 안에 숨은 현상 설명적인 겉으로 나타난 세계와, 그것을 받아 거기에서 사회의 비판으로 향하는 이면의 세계로 나눈다. 이 이면의 세계야말로 한 사람의 옹호자도 없는 자본주의 사회의 약자의 세계이다.

계급투쟁의 장

마르크스주의를 이야기할 때, 계급투쟁이라고 하는 말은 항상 나온다. 계급투쟁은 실은 직접 경제학 분야의 문제는 아니다. 실은 경제학자는 이런 문제에 무관심했다. 하지만 자본주의 사회의 경제법칙이라고 일컬어지는 것은 많은 점에서 국가권력·법률·정치 등 경제이론이 직접 다루지 않는 문제와 깊은 관계를 가지고 있다. 더욱이 그런 분야는 처참한 계급대립의 장(場)으로서 등장하고 있는 셈이다.

바로 이런 뜻에서 역사라고 하는 개념이 마르크스에게 중요한 열쇠가 된다. 자본주의 사회를 초역사적인 것, 이른바 시스템이라고 생각하면, 국가·법·정치라고 하는 경제 외적인 문제를 잊게 된다.

따라서 항상, 자본주의와 그 이전의 세계를 비교하면서, 경제학의 시스템이라고 하는 것에 숨겨진 경제 외적인 요인을 이끌어 낸다. 그리고 그것이 어떻게 경제학 안에서 마치 없었던 것처럼, 또는 마치 그것이 자연의 섭리였던 것처럼 설명되어 가는가를 비판해 나간다.

인간은 이기심의 동물이라고 하는 개념에는 인간은 유적동물(類的動物)이라는 개념이—, 부지런함이 부를 낳았다고 하는 개념에는 부는 약탈에 의해서 생겼다고 하는 개념이—, 노동자는 노동의 대가(對價)를 받고 있다는 개념에는 착취당하고 있다는 역설적인 사실이 각기 대조화(對照化)된다.

역사와 이론

모두 당연한 것처럼 보이는 자연법칙의 배후에는 이 시대에 만들어진 법칙이 관철되어 있다. 그러나 그것을 알아차리지 못하고, 어느 시대나 자기의 세계는 영원하다고 생각한다. 따라서 모든 사건이 자연으로 보인다. 거기에는 우선 역사적인 위상으로 충격을 준다. 그러나 당연히 그것은 역사주의라는 비판이 일어난다. 모든 것을 역사로 환원하면 세계는 변전유전(變轉流轉)한다. 과거가 변화했으니까 현재도 변화할 것이라고 하는 것은, 어디까지나 과거로부터 그것을 읽은 데에 지나지 않는다. 그러나 지금은 역사의 종언시대(終焉時代)인지도 모른다. 누구나 자기가 살고 있는 시대를 미화하고 싶기 때문에 역사주의적 해석을 싫어하게 된다.

마르크스는 이것을 알고서, 역사적인 측면을 강조하면서, 다른 한편으로는 역사가 아닌 이론적인 세계에 있어서의 위상을 펼쳐간다.

확실히 이론적인 세계에 역사를 도입하면 이론적 체계는 불완전하다. 착취과정, 예를 들어, 고리대(高利貸) 자본처럼 한때는 명확했던 사기적인 거래는 지금도 자본주의 사회 안에 살아 있다고 말해도 그것은 이론적 설명이 되지는 않는다.

잉여가치라고 하는 이익을 낳는 바탕이 노동자에 있다고 하는 것은, 이익을 낳는 원인이 어딘가에 있어야 한다고 하는 억지로 꾸며댄 견강부회적(牽强附會的)인 설로도 보인다. 그런 점을 피하기 위해 잉여가치의 원인에 대해서 마르크스는 좀처럼 진실을 말하지 않는다. 상품을 차분하게 다루면서 모든 가능성을 분석해 간다.

상품 세계의 모순을 아는 것이 기초이다

'왜 상품으로부터 분석했는가' 하는 머리말의 말은 바로 이 문제를 말하고 있다. '노동자는 부등가(不等價) 교환에 의해서 착취되고 있다'고 주장한다면 '그렇게 말하는 사람도 있다'고 일축해 버릴 것이다. 그래서 매우 일반적인 경제학자의 방식에 충실히 따르면서 그들의 이론을 좇는다. 결과적으로 그들의 이론에 편승해도 또한 노동자의 착취가 없으면 성립되지 않는 세계가 있다는 것을 설명한다.

이것을 마르크스는 상향법(上向法)이라고 하는 말로 이야기한다. 연구 과정은 자세한 현실 문제를 하나하나 분석해 가는 일이다. 그러나 그것을 그대로 서술해서는 다만 현실의 움직임이 그럴듯하게 보일 뿐이다. 그래서 현실 문제를 모두 추상화해 가다가 그 시대를 타나내는 것을 찾아내어 거기서부터 분석하기 시작한다.

이 경우, 상품에 대한 것인데, 상품은 어디나 있는 것으로 아무리 보아도 아무것도 보이지 않는다. 특별한 점을 찾아볼 수 없다. 그러나 여기에 모든 문제가 숨겨져 있는 것이다.

상품을 가치와 사용가치로 나눈 것은 마르크스가 아니다. 고전파 경제학의 수법을 취하면서 그것을 그대로 분석해 간다. 여기에서 마르크스는 그들의 설을 따라갈 뿐이다.

그러나 이 상품 안에 화폐가 생겨나고, 그리고 상품 안에 특수한 상품이 생겨난다. 상품과 같다면, 특수한 상품인 노동력도 상품과 같은 특징을 가질 것이다. 그렇다고 하면 이 상품이 인간이라고 하는 알몸에 의해 각인되는 문제는 어떻게 되는가. 여기서 고전파 경제학은 난처해지지만 마르크스는 그것에 완전한 설명을 구하여 노동력 상품의 이중성이라는 문제를 내놓는다.

그렇게 해서 상품과 마찬가지로 설명하면 아무래도 이 상품에는 이상한 점이 나오게 된다. 즉, 노동력의 사용가치와 교환가치가 없으면 이상한 일인데, 그 차는 어떤 하나의 사실로서 나타난다. 그것은 '지불되는 노임'과 '지불되지 않는 잉여가치'의 차로서, 논리 자체는 국민경제학자(고전파)의 논리이다. 그러나 그들의 논리에 따라가도 노동력 상품의 모순이 나오게 된다.

현실 사회를 어떻게 그리는가

그렇게 되면, 어째서 이런 모순이 자본주의 사회의 등가교환의 세계에 숨겨져 있는가 하는 문제가 나오게 된다. 이런 논리는 전적으로 내재적인 논리이다. 그러나 이런 내재적인 논리를 좇는 것만으로는 자본주의는 단순한 시스템 이론이 된다. 모순은 있지만 항상 거기에서 경기순환으로써 탈피해 간다.

그래서 현실의 역사 분석의 세계에서 알 수 있는 여러 가지 구체적 문제를 도처에 삽입함으로써 단조로운 강가처럼 보이는 이론적인 논의에 풍부한 내용을 부여한다. 마르크스의 《자본론》의 놀라운 점은 바로 이 현실세계의 훌륭한 뒷받침에도 있다. 경제학자의 책이나 통계서뿐만 아니라 실제의 사회를 보고 쓰고 있다. 거기에 그의 문필이 지니는 탁월성이 있다. 영국, 그것도 런던에서 살면서 역사의 진행을 스스로 체험하고 분위기를 읽어내고, 역사를 피부로 느끼면서 통계의 얄팍한 사실과 비교하고 있다.

버려진 국회 의사록을 마르크스는 주웠다. 이런 의사록을 꼼꼼하게 읽은 것도 훌륭하지만 여기에 기록된 내용과 현실 문제의 차질을 의식하면서 그것을 비판적으로 파악해 간 마르크스. 훌륭하다고밖에 말할 수 없는데, 그것은 마르크스가 다만 탁상공론의 이론가가 아니라 혁명가였다는 것과 깊은 연관이 있다.

마르크스는 현대를 바꾸는 혁명가

이야기는 처음으로 되돌아왔다. 마르크스는 혁명가였던 것이다. 혁명가로서 자본주의 사회의 근간을 파악하고 미래사회를 구상하려고 하였다. 이때의 키워드는 계급투쟁이다. 프롤레타리아 계급 안에 미래의 세계를 보았다고 하는 것은 물론 그들에 대한 동정이 있었기 때문이었으나, 그러나 그는 동정 같은 것으로 프롤레타리아 계급을 지원하고 있지는 않다. 역사를 움직이는 커다란 객관적인 힘을 그것에서 읽었던 것이다.

그런 뜻에서 마르크스는 동정심에서 사회주의자가 된 것이 아니라, 미래세계의 가능성으로서 그들의 존재를 의식해서 사회주의자가 된 것이다. 앞서 말한, 마르크스의 이론을 계급투쟁으로서 읽으면, 특정한 쪽에 서는 종교가 된다는 논의가 얼마나 터무니없는 것인가를 알 수 있다. 노동자 쪽에 선 것은 그들이 역사의 톱니바퀴였기 때문이다. 그런 뜻에서 그는 혁명가일지언정 노동자일 필요는 없었던 것이다.

노동자가 아닌데 왜 이야기할 수 있었는가

그렇게 되면 전부터 말해지고 있는 문제, 부르주아인 주제에 왜 노동자 편을 드는가? 풍요한 생활 속에서 노동자를, 어떤 뜻에서, 회피한 사람이 왜 노동자에 대해서 이야기할 수 있는가 하는 문제가 생긴다. 그러나 실은 그가 노동자가 아니었기 때문에 노동자 사회를 분석할 수 있었다는 것도 사실이다. 노동자 쪽에 서면 그들의 권리 안에 숨은 함정이 보이지 않는다. 노동자끼리 옳다고 생각하는 문제를 노동자 이외에 설득할 수 없다. 이렇게 되면 이론적으로 패배한 것과 같다. 사회를 설득할 수 없다. 그래서 거기에서 빠져나와 현실을 냉정하게 바라본다. 그 결과 또한 노동자가 하는 말에는 합리성이 있다. 그것을 확인함으로써 비로소 부르주아에 대해서 말을 할 수 있다.

마르크스의 《자본론》에는 철학·수학·미학·문학·통계학·위생학 등의 다양한 학문이 나온다. 이런 학문은 노동자와 직접 관계가 없다. 좀더 노동자의 말로 하는 편이 낫다. 맞는 말이다. 그러나 노동자의 말은 노동자 세계에서 통해도 부르주아의 세계에서는 통하지 않는다. 부르주아의 세계에는 다른 수사법(修辭法)이 있다. 그것이 이들의 학문이다. 이것을 이해하지 못하고 사회비판을 하면 비웃음을 받을 뿐이다. 마르크스와 엥겔스가 영국에서 나름대로 두려운 존재가 되었던 것은 그들의 훌륭한 교양에 있었다는 것은 틀림없는 사실이다. 그리고 그들 자신이 아이러니컬하게도 귀족적이고 부르주아적이었기 때문에 부르주아 세계에 영향력을 가질 수 있었다는 점이다.

그러기 때문에 《자본론》은 어떤 뜻에서 아이러니컬하게도 그 시대의 부르주아적 교양으로 차 있는 책이기도 하다. 그리고 그것이 반대로 비판의 도마 위에 올라 역으로 작용한 것이다. 수많은 인용 중에 많은 작가의 말이 나온다. 그것은 그 시대의 부르주아의 상투어이다. 그것을 반대로 반전시키면서 엄격한 비판을 되풀이하는 그의 스타일은 상대편을 두려움으로 몰아넣고도 남음이 있다.

여러분에게 책임이 있는 일이 아니다

《자본론》을 읽는다고 하는 것은, 이런 레토릭(rhetoric, 수사법)을 읽는 일이기도 하지만 너무나 쉽게 해설할 수 없다는 것도 사실이다. 하지만 마르크스가 노동자들이 읽어 주기를 간절히 바란 것도 사실이다.

그래서 그는 어려운 논리학이나 철학 부분을 피하고, 처참한 현실이 그려져 있는 보고서를 꼼꼼하게 인용하면서, 그들이 스스로의 세계를 알기를 원하고 있는 것이다. 후반부는 바로 그런 뜻이 강하다. 반대로 후반은 지식인 쪽이 읽기가 힘들다. 논리가 아니라 살아 있는 세계를 모르면 이해할 수 없기 때문이다.

이와 같이 읽기 힘든 책이지만, 철저하게 계급투쟁의 책으로서 읽고 이해함으로써 우선 여러분은 여러분의 현실 세계와 비교할 수 있다. '왜 나는 해고되었는가?' '왜 무능하다는 말을 들었는가?' 이런 노여움을 가지고 있을 것으로 생각한다. 그러나 거기에는 나름대로 이유가 있는 것이다.

마르크스는 직설적으로, '당신들은 착취를 당하고 있다, 당신들이 하는 말이 옳다'고는 말하지 않는다. 꾹 참고 읽어 가면 이윽고 그것은 여러분에게 책임 있는 일이 아니라는 것을 알게 된다. 처음에는 어려운 논의가 계속된다. 그러나 차근차근 읽어 가면 '그렇구나, 또한 이것은 우리에 대해서 말하고 있구나' 하는 것을 알게 될 것이다.

자본론 제1권

초판 머리말에서

무슨 일이든 처음이 중요하다

먼저 《자본론》을 읽는 독자는 마르크스의 다음과 같은 문장을 만나게 된다.

무엇을 하든 처음이 중요하다는 격언은 어떤 학문에도 해당된다. 따라서 제1장, 특히 상품의 분석에 관한 대목을 이해한다는 것은 큰 시련이 될 것이다. 그러기 때문에 가치의 크기와 가치의 모습이란 어떤 것인가를 자세히 설명함에 있어 될 수 있는 대로 알기 쉽게 쓰기로 하였다.

처음부터 '어려우니까 참아라' 라고 충고하고 있다. 그러나 될 수 있는 대로 알기 쉽게 했다고 하고 있으므로 기가 죽을 필요는 없다. 왜 어려운가 하면 가치의 현상 형태로서 나타나는 화폐나 상품을 보아도 거기에 어떤 뜻이 있는가 하고 쉽게 알아차릴 수 없기 때문이다. 우선 마르크스는 '이렇게 아무도 알아차리지 못한 것부터 분석하겠다'고 말하고 있는 것이다. 그래서 어려운 것이다.

상품(팔기 위해 만들어진 생산물)에 구현되어 있는 가치야말로 현대사회를 분석하는 도구인데 이것을 모른다는 것은 이상한 일이다. 그것은, 인간을 분석할 때 인간의 세포를 잘 모르는 것과 마찬가지이다.

최근에는 유전자 연구가 발전하여 마르크스의 이런 분석 같은 건 필요가 없을 정도로 인간의 실체를 세포로 알 수 있게 되어 있다. 상품부터 분석한다는 것은 현재의 독자로서는 마르크스가 말한 정도로 어려운 일이 아닐지도 모른다.

유전자와 인간과의 관계로 생각해 보자

따라서 오히려, 19세기의 독자보다도 유전자에 대해서 알고 있는 여러분이 상품이라고 하는 자본주의 사회의 세포의 세밀한 분석에 대해서 이해하기가 쉬울 것이다. 오히려 자신들이 더 이해하기 쉬운 위치에 있다는 것을 납득하고 읽어 주기 바란다.

《자본론》은 가치의 형태에 관한 부분을 제외하면 의외로 간단한 일을 서술하고 있다고 마르크스는 말하고 있다. 그리고 우선, 분석의 모범사례를 영국에서 가져오겠다고 말하고 있다. 현재라면 미국이 되겠지만, 가장 진보된 나라를 분석하면 다른 나라의 일도 알 수 있을 것이라는 것이다.

죽은 것이 살아 있는 것을 지배한다

영국을 분석함으로써 자본주의적 생산의 자연법칙을 배우고, 그 법칙이 어떻게 세계에 관철되어 가는가를 아는 것이 이 책의 취지라는 것이다. 이 법칙으로부터 그 어떤 나라도 도망칠 수 없다. 따라서 그와 같은 일은 자기들과는 관계가 없다고 말할 수도 없다. 자본주의 사회의 숙명이라고 일을 서술하고 있으니까 눈을 똑바로 뜨고 읽으라고 위협하는 것 같은 암시를 주고 있다.

독일의 독자가 '영국처럼 된다면 큰일이다'라고 외칠 것을 내다보면서 자본주의가 발전하면 큰일이 되는데, 그 이상으로 발전하지 않으면 더 큰일이 된다고 타이르고 있다. '죽은 것이 살아 있는 것을 지배한다.' 오히려 뒤져있는 쪽이 잔혹하다는 것이다.

이 '죽은 것이 살아 있는 것을 지배한다'고 하는 말(프랑스어)은 실은 《자본론》 전체의 테마이기도 하다. 살아 있는 우리는, 과거의 노동인 자본에 예종(隷從)하지 않을 수 없다는 뜻으로 여러 번 나오게 된다. 그러나 여기에서는 뒤져있는 편이 더 불행이라는 뜻으로 쓰이고 있다.

머지않아 그렇게 된다?

선진국인 영국 노동자의 실태는 확실히 심각한 상태에 처해 있지만, 통계 등의 조사가 완비되어 오히려 현실 상태가 공표되어 있어서, 그런 뜻에서 다행이라는 것이다. 그러나 독일 노동자 쪽이 그런 실태를 모르기 때문에 자기

모습이 보이지 않는 것이다. 따라서 마르크스는 이 책에서 그런 통계를 풍부하게 쓰면서 노동자 계급의 실태를 구체적으로 볼 수 있게 했다고도 강조하고 있다. 이렇게 해서 독일 사회의 미래를 명시하고 있는 것이다.

한 사회에서 운동의 자연법칙이 파악되었다고 해도 (근대사회의 경제적 운동법칙을 탐구하는 것이 이 저작의 최종 목적이지만), 이 사회는 자연의 발전단계를 뛰어넘을 수도 없고 그것을 법률로서 제거할 수도 없다. 그러나 다만 그 괴로움을 단축하고 완화시킬 수는 있다.

《자본론》을 읽는다 해도 법칙이 바뀌는 것은 아니다. 따라서 독일 노동자에게 미래는 험난하다. 그러나 이 책을 읽으면 조금은 편해진다는 것이다.

자본가에 대한 비판이 아니라 자본의 법칙에 대한 비판이다

그래서 마르크스는 구체적인 자본가나 토지소유자를 비판하는 것은 이 책의 목적이 아니라고 말하고 있다. 이런 사람들이 비판당한다고 하면 '그것은 자본의 인격화(자본이 인간으로 둔갑해 있다는 것)로서 문제가 될 때의 일이다'라고 양해를 구하고 있다. 인간 그 자체의 세밀한 분석은 오히려 하지 않는다. 그러나 이기심으로 찌든 인간의 천성이 문제가 된다. 왜냐하면 그 천성이 경제적인 카테고리를 표현하고 있기 때문이다.

온 세계에서 자본의 법칙이 관철되어 가고 있다. 그것은 급속히 나아가고 있는 것이 아니라, 천천히 진행되고 있다. 그러나 그것은 확실하게 진행되는 과정인 것이다.

이와 같이 비참한 사회를 그려냄으로써 독자들을 불쾌하게 만들지도 모르지만 진실을 보는 용기가 필요하다고 말한다. 마르크스는 확신을 가지고 있다고 단언하면서 이런 말로 매듭짓는다.

'자신의 길을 걸어라. 남들은 좋을 대로 말하게 내버려두어라.'

이것은 마르크스의 긴 인생 그 자체가 증명한 결의(決意)이며, 이 책은 바로 그가 살아온 그 자체가 낳은 결정(結晶)이라고도 주장하고 있는 것이다.

제2판 뒷말

《자본론》의 반향

간행 초기에는 잘 나가지 않았던 《자본론》이었으나 차츰 그 뜻을 이해하는 사람들이 늘어나 1872년에는 프랑스어 판, 1873년에는 독일어 판으로 제2판을 펴내게 된다.

마르크스는 제2판에서 가치의 형태에 대한 논술을 많이 한 것 외에는 별로 덧붙이지 않았다는 뜻을 적고, 이 책에 대한 평가의 소개와 머리가 무디어진 독일 경제학자에 대한 비판을 한다.

독일의 부르주아·영국인·러시아인은 이해를 하고 있는데, 독일 경제학자들은 이 책이 어려워서 이해하지 못하겠다고 한 말을 비판하고 있다. 영국이나 프랑스에 대한 일에만 신경을 쓰면서 학문을 하고 있는 독일 학자들은, 영국인이나 프랑스인이 쓴 것이라면 기꺼이 이해하려고 하면서도, 독일인의, 그것도 아마추어가 쓴 것 같은 건 상대하고 싶지 않다고 하는 그런 독일인 경제학자들에게 화를 내고 있는 것이다.

방법을 이해하기 위해서는

그러나 방법은 또한 누구나 충분히 이해를 하지 못하고 있다. 이에 조금 당황한 마르크스는 자기 방법에 대해서 쓰지 않을 수가 없게 된다. 마르크스의 방법을 누구나 이해하지 못했다고 해도 결코 무리한 일은 아니었던 것이다. 프랑스의 학자 알튀세(Louis Althusser)는, 옛 세상의 용어로 미래를 본 사람이 빠지기 쉬운 어려움에 대해서 쓰고 있다. 19세기의 개념으로 20세기를 말한다고 하는 것은 어렵다—. 이것은 방법 문제라고 하느니보다는 너무나 지나치게 앞을 내다본 인간에게 빠지기 쉬운 문제라고도 할 수 있다.

마르크스는 여기에서 방법 문제에 대해서 이야기한다. '뒷말' 중에서도 가장 중요한 부분이다.

당연한 일이지만, 서술방법과 연구방법은 다르지 않으면 안 된다. 연구는 소재를 철저하게 조사하여, 소재가 어떻게 다른 발전 상태에 있는가를 분석하고, 그것들이 어떻게 연결되어 있는가를 조사하지 않으면 안 된다.

이 작업이 끝나면 비로소 현실의 운동을 서술할 수가 있는 것이다. 이것이 끝나서 소재가 아주 다른, 살아 있는 관념으로서 표현되면, 이제 그것은 언뜻 보기만 해도 훨씬 이전에 거기에 있었던 것처럼 보일 것이다.

나의 변증법적 방법은, 헤겔의 방법과는 다를 뿐만 아니라 전혀 반대의 것이다. 헤겔의 경우, 사고 과정이야말로 현실적으로 있는 것을 만들어 내는 중심이지, 현실적으로 있는 것은 사고 과정과는 아무런 관계가 없는 것이다. 더욱이 헤겔은 사고 과정을 이념(이데아)라는 이름으로, 독립된 주체로 바꾸어 버리는 것이다. 반대로 나의 경우, 이념이라고 하는 것은 인간의 두뇌로 현실로부터 전이되어 다시 옮겨진 물질적인 것 바로 그것인 것이다.

연구와 집필의 차이

마르크스는, 말하자면, 자기의 연구가 왜 이토록 시간이 걸렸는가를 설명하고 있는 셈이다. 1840년대부터 시작된 연구는 역사·문화·통계·경제학의 모든 분야에 미쳐서, 그야말로 온종일 연구를 하고 있지 않으면 안 되었다. 그런데도 왜 집필을 하지 못했던가. 당연했을 것이다. 현실을 아무리 나열해도 거기로부터는 사회의 비밀을 해명할 수 있는 것이 나오지 않기 때문이다. 모으는 것만으로는 사실의 열거에 지나지 않을 뿐인 것이다.

이 사실의 열거과정을 하향법(下向法)이라는 말로 나타내는 경우도 있는데 요컨대 현실의 구체적인 것을 조사하는 것을 말한다. 말하자면 소재, 요리로 말하자면 재료의 준비로, 이 재료의 준비가 실은 중요하다. 재료의 준비 없이는 요리를 할 수 없다. 그러나 재료의 준비만으로는 요리가 되지 않는다.

여기서부터 솜씨를 보일 기회가 된다. 모든 지식을 총동원하여 어떤 하나의 흐름을 만든다. 마르크스가 이른 개념인 상품은 그 결실이다. 그러나 '상품을 보고 무엇을 알 수가 있는가?', 그렇다. '상품을 찾는 데에 30년 가까이나 걸렸다고 하는 것은 이상한 일이다.' 확실히 그렇다.

그러나 잘 생각해 볼 일이다. 처음 본 모나리자와 30년이나 연찬(研鑽)을 쌓은 후에 본 모나리자의 차이를. 30년의 용사는 거기에 앞으로 펼쳐질 대답이 모두 감추어져 있다는 것을 알고 있다. 그러나 그것은 보여 주지 않는다. 누구나가 알고 있는 모나리자를 들어, 그것에서 미술사의 모든 비밀을 끌어내 주겠다는 것이다. 그것에는 연찬을 했기 때문에 알 수 있는 장인(匠人)의 훌륭한 솜씨가 숨어 있는 것이다.

마르크스의 독자적인 방법

그렇다면 이것은 다만 헤겔의 방법이 아닌가? 조금 수준이 높은 독자들은 이렇게 생각한다. 그러나 철학과 경제학의 큰 차이에 대해 실은 아무것도 보고 있지 않은 것이다. 마르크스는 헤겔의 방법을 경제학의 개념에 적용했을 뿐인가? 적용한다는 것은 간단한 일인가? 이것은 알튀세의 문제 제기 이래, 많은 논의를 부른 테마로, 이 문제를 말하는 데에만도 한 권의 책이 필요하다. 헤겔의 방법을 경제학의 카테고리에 적용한다는 것은 간단한 일이 아니다. 철학적 사고를 현실의 카테고리에 적용할 수 있다고 한다면 현실 세계 같은 건 거의 무의미한 세계가 되어 버리고 만다. 현실은 두텁고 심오하다. 현실은 사고(思考) 저편에 서 있다. 그런데 하나의 사고방식으로 현실을 알 수 있다? 그런 일은 없는 것이다.

반대이다. 현실에서 사고가 생긴다고 하면, 현실을 이리저리 살피는 연구 과정에서밖에 생기지 않는다. 오랜 동안에 걸친 괴로운 연찬 안에서밖에 사고는 없는 것이다. 사고(思考)는 일단 생겨나면 콜럼버스의 달걀일지도 모른다. 그러나 그것을 낳는 괴로움을 생각하면 엄청난 것이다. 마르크스는 헤겔을 비판하면서 헤겔의 사고에 대한 깊이를 충분히 알고 있다. 헤겔에 현실에 대해서 무지했던 것은 아니다. 프랑스 혁명사나 종교사를 깊이 배운 헤겔을 존경하고 있다. 그러나 헤겔은 마르크스가 아니다. 마르크스는 전혀 다른 현실에서, 헤겔과는 다른 현실에서, 서로 다른 사고를 낳은 것이다.

마르크스가 철학이 아니라 경제적인 현실을 보고 있었다고 한다면, 거기에서 나오는 사고는 헤겔의 방법을 다만 경제학에 적용한 것만의 것은 전혀 아니다. 오히려 전혀 이질적인 사고였을 것이다. 역사의 변천에 대해서도 헤겔처럼 되지 않았을 것이다. 마르크스는, 여기에서 현실에 대해서 수십 년 동안이나 연찬했다는 사실을 강조하고 있다.

'나의 논의는 다만 책상에 앉아서 머리를 짜낸 것이 아니다. 괴로운 망명 생활, 가난, 노동자와의 대화, 대영도서관에서의 외로움, 저널리스트로서의 활동 등 피의 결과'라는 것이다.

참고 오른 자만이 등산의 즐거움을 나눌 수 있다

그러기 때문에 거의 같은 무렵에 쓰인 프랑스어 판 머리말의 이 말이 살아
나는 것이다.

학문하는 데에 간단한 길이란 없다. 따라서 오직 학문이라고 하는 험한
산을 오르는 고생을 마다하지 않는 사람만이 빛나는 정상을 정복하는 희
망을 갖는 것이다.

간단하게 보이는 일도 하루아침에 이루어지는 것이 아니다. '그런 것은 누
구나 쓸 수 있어' 하고 세간의 비평을 예측이라도 한 것처럼 아무렇지도 않
게 이 말을 쓰고 있는데, 이것은 바로 마르크스의 모든 인생의 결실로서 이
말에는 나름대로의 뒷받침이 되어 있는 것이다.

마지막으로, 거의 간과하기 쉬운 말이지만, 마르크스가 몇 번이고 쓰고 있
는 말이 있으므로 그것을 인용해 보기로 한다.

마르크스를 위하여

'마침 내가 《자본론》 제1권의 집필을 하고 있었을 때, 교양 있는, 현
재의 독일에서 뽐내고 있는, 불손하고 평범하고 아부꾼이 아는 척하여,
레싱 시대에 모제스 멘델스존이 스피노자를 다룬 것처럼, 헤겔을 죽은
개로서 다루고 있었다. 그러기 때문에 나는 당당하게, 이 위대한 사상가
헤겔의 제자라는 것을 고백한 것이다.'

스피노자의 이야기가 나오는데, 스피노자의 죽음을 구한 것은 그의 제자
들이다. 제자들 덕택으로 스피노자의 저작은 인쇄되어 그의 이름도 망각(忘
却)에서 구출되었다. 마르크스도 헤겔을 위해 한몫 한 셈이다.

프랑스의 철학자 알튀세는 이 마르크스의 비장한 결의를 보고 '마르크스를

위하여'(1965)을 집필한 것이다.

　─스피노자를 위해 제자가 한 일을, 마르크스는 헤겔을 위해 하였다. 그러나 '마르크스를 위해 누가 자진해서 도우려 하고 있는가. 아무도 없지 않은가' 그러니까 내가 하리라 하고.

제1편

상품과 화폐

제1장 상품

제1절 상품의 두 요소―사용가치와 교환가치

우선 상품의 수수께끼를 안다
《자본론》은 매우 단출한 문장으로 시작된다.

　자본주의적 생산양식을 지배하고 있는 사회적 부(富)는 '거대한 상품덩어리'로서 나타나, 이 부를 구성하고 있는 것이 이 상품이다. 따라서 우리의 연구는 상품의 분석부터 시작한다.

　이미 마르크스가 머리말에서 한 말이지만, 자본주의 사회의 세포는 상품이다. 따라서 이 상품을 분석함으로써 자본주의 그 자체를 알 수가 있다는 것이다. 그리고 그 상품은 우선 '구체적으로 유용한 가치'를 갖는 것, 즉 '사용가치'를 갖는 것으로서 나타난다는 것을 확인한다. 그러나 여기서는 이 사용가치를 다루는 것은 아니다. 사용가치는 상품에 딸린 것이기는 하지만 본질은 아니기 때문이다.
　다만 이것뿐이지만, 마르크스는 실로 대단한 난문(難問)을 아무렇지도 않게 적고 있다. 상품의 사용가치란 그 소재가 갖는, 남의 욕망을 충족하는 것을 말한다. 컵·책이라고 하는 형태가 바로 그것이다. 그러나 자본주의 사회에서는 일반적으로 이것들을 웬 일인지 상품이라고 말한다. 욕망의 충족이 중요한 것은 당연하지만, 아무도 상품의 구체적인 모습을 보지 못하고 있다. 그 배후에 있는 무엇인가를 보고 있다는 것이다. 컵인데 컵으로서 비치지가 않는다. 기묘한 세계이다. 돈을 보고 '금속이나 종이다'라고 하는 사람이 없는 것은 이상한 일은 아니자만, 보통의 상품조차도 이미 그렇게 되어 있는 것이다.

교환가치란 무엇인가
그리고 교환가치의 설명으로 나아간다.

교환관계는, 우선 양적인 관계로서 즉, 어떤 사용가치가 다른 사용가치와 교환되는 비율로서, 때와 장소에 따라 끊임없이 변화하는 관계로서 나타난다. 따라서 교환가치는, 무엇인가 우연적인 것, 순수하게 상대적인 것이다. 상품에 내재하는 고유한 교환가치 등은 전혀 존재하지 않는 것처럼 보인다.

두 가지 상품을 교환할 때, 그 가치가 그것을 가지고 있는 사람의 상호간의 타협으로 결정된다고 하면, 교환비율은 때와 장소에 따른 우연으로 결정된다. 따라서 교환가치에 무엇인가 정해진 양이 숨겨져 있다고 생각하는 것은 이상한 일이다. 바로 표면상 이 관계로 보이는 것은, 우연으로 좌우되고 있을 뿐이라는 것이다. 그러나 과연 그런가. 거기에는 무엇인가 연결하는 것이 있을 것이다. 이것이 가치라고 하는 것인데, 그 가치란 무엇인가. 그것을 어떻게 도출하느냐가 문제이다.

상품의 배후에 인간노동이 있다
마르크스는, 사람이 어떤 모양의 넓이를 생각할 때, 세모꼴로 분해하는 예를 들어, 그것을 모아서 넓이를 알아내는 것에 말한다. 마찬가지로 상품 안에 볼 수 없는 그 무엇인가로 환원함으로써 상품을 볼 수 있다고 설명한다.
상품 그 자체를 두들겨도 보이지 않는 것, 상품의 근원을 묻는다면 그것을 만든 인간의 노동밖에 남지 않는다.
조금 당돌하게 보이는 논의지만, 인간이 물건을 서로 교환하는 관계 그 자체가, 인간과 인간과의 관계라고 한다면, 그것을 모름지기 인간 그 자체의 본질에 관계가 있다는 이야기가 된다.

실은 여기에서의 논의에서는, 노동이라고 하는 개념은 매끈하게 나오지 않는다. 이미 마르크스는, 이 대답을 《경제학·철학초고》(1844) 시대에 '인간의 유적본질(類的本質)은 노동이다'라고 하는 형태로 내놓고 있었다.

그렇게 되면, 그 노동은 둘로 나누어진다. 우선 그 상품을 만든 '구체적인 인간노동'과 그 이외. 그 이외는 모든 상품에 공통되는 비구체적 노동으로, '추상적 인간노동'이라는 말을 쓰고 있다.

따라서 이들 노동의 서로 다른 구체적 형태도 사라진다. 이미 서로 구별되는 일도 없이, 모두 똑같은 인간노동, 추상적으로 인간적인 노동으로 환원된다.

그리고 이 교환가치를 규정하고 있는 노동은, 어떻게 해서 측정되느냐는 문제에 언급하여, 그 속에 포함되어 있는 노동의 양에 의해서 정해진다고 주장한다. 구체적으로는 노동이 지출된 노동 시간―노동일에 의해서 결정된다는 것이다.

사회적으로 평균화된 노동

그러나 그렇게 되면, 게으른 사람이 만든(쓸데없이 시간을 들여서 만든) 상품일수록 높은 가치를 갖는 것이 아닌가? 하는 의문이 나오게 되므로, 개개의 노동이 정하는 것이 아니라 사회적으로 평균화된 노동이 정한다고 말한다.

사회적으로 필요한 노동 시간이란, 실제로 존재하는 사회에서, 정상적인 조건과 노동숙련과 강도(强度)를 사회적으로 평균한, 그 어떤 사용가치를 만들어 내기 위해 필요로 한 노동 시간이다.

이렇게 해서 생산력이 발전하면 할수록 사회적으로 필요한 노동 시간은 감소해 간다고 설명한다. 그러나 이것은 미리 알고 있는 것이 아니라 시장 안에서 정해져 가는 것이다.

이 대목에서 마르크스의 설명은 조금 어색한 느낌이 든다. 무리도 아니다.

상품 안에 있는 인간노동을 끌어내기에는 실은 설명이 모자란다. 그러나 여기에서 지루하게 그것을 하고 있을 수는 없다. 이 첫머리의 상품 대목에 대해서 이전의 마르크스 경제학자들은 오랫동안 논의를 전개하고 있었다. 확실히 어색한 일이 아닐 수 없다. 왜냐하면 이론만으로는 풀 수 없는 문제가 있기 때문이다. 오히려 상품의 역사를 보지 않으면 안 된다. 스미스는 원시사회부터 설명을 하고 있는데, 마르크스는 그것을 하지 않으니까 알기 힘들다. 하지만 우선 이것을 전제로 해서 보자는 것이다.

제2절 상품에 나타난 노동의 이중성

노동도 상품이라면 두 가지 가치가 있다

이 당돌함을 설명하기 위해서는 논리가 아니라 역사가 필요한데, 이 절에서 처음으로 역사적 경위를 설명하게 된다. 실은 마르크스가 가장 주장하고 싶은 것, 즉 '노동의 이중성'이라고 하는 마르크스의 최대의 발견을 말하는 대목인데, 그는 매우 신중하게 또한 상당히 자중(自重)하면서 단출하게 말한다.

두 개의 상품을 공통된 것으로 하는 것이 가치인데, 그것이 노동이라면 당연히 노동에도 두 가지 노동이 있게 된다.

'사용가치를 만드는 노동'과 '가치를 만드는 노동'—.

그러나 노동으로부터 그것을 보아도 알 수가 없다. 노동의 질이 다르기 때문에 거기에 가치가 생기는지, 노동의 질, 즉 유용노동이 가치를 낳는 것인지, 이 대목을 설명할 필요가 있다. 그래서 상품과 상품을 교환하는 사회와 그렇지 않은 사회를 구별하여 역사적으로 볼 필요가 있게 되는 것이다.

인도의 고대사회를 예로 들어, 고대 인도의 공동체에서도 각기 다른 것을 만든 이상, 당연히 그것에는 분업이 있었다. 하지만 그것에는 상품은 없었다. 또 근대적인 공장 내부에서도 노동은 분업화되어 있었는데, 공장 내에서 상품은 존재하지 않는다. 상품교환이 존재하게 되는 것은 어떤 사회로부터이다.

상품은 어떻게 생겨나는가

서로 상품으로서 마주 보는 것은 독립된, 각기 다른 사적 노동에 의한 생산물뿐이다.

즉, 독립된 생산자가 각기 그 생산물을 교환할 경우에만 상품이 생긴다. 고대 인도의 공동체에서나 공장 안에서도 독립된 사적 노동으로 되어 있지 않다. 따라서 상품은 나타나지 않는다.

상품생산이 이루어지는 사회는 어떤 시대로부터 시작되었다—고 하는 것은, 본디 인간사회에서는 상품생산은 이루어지지 않았었다는 것을 말한다. 이 두 가지 사회의 구분이야말로 마르크스의 역사적 분석의 특색이다.

상품생산이 나타나는 사회는 공동체 내의 분업이나 공장 내의 분업이 아니라, 각 노동이 독립되어 있는 사회적인 분업의 세계라는 것이다. 우선 고대 인도와 같은 세계는, 잘 보면 실은 어느 시대에도 있는 역사 관통적인 세계이다. 어떤 시대나 노동 없이 살아갈 수 없다는 점에서.

상품생산 사회의 노동

노동이란, 그 사회가 어떤 형태를 지니든 간에. 인간이 살기 위한 조건이며, 인간과 자연의 물질대사—즉, 인간의 생활을 매개하기 위해 자연이 필연적으로 부여한 영원한 것이다.

인간은 노동을 한다고 해도 당연히 무(無)에서 모든 것을 만들어 내는 것은 아니다. 자연 상태로 있는 것을 가공하게 된다. 그런 뜻에서 노동은 부(富)의 유일한 원천은 아니다. 가장 중요한 원천은 토지인 자연이다.

노동은 그 아버지이고 토지는 그 어머니이다.

그런데 상품사회의 노동은 이런 노동과 조금 다르다. 자연에 작용하여 사용가치를 만들 뿐만이 아니다. 그것을 교환하기 위한 가치를 만들어 내는 사회이다. 그 노동은 구체적인 노동이 아니라, 인간노동이라고 하는 추상적인 것을 의미하고 있다. 여기서 문제가 되어 있는 것은 질이 아니라 양이다.

가치를 낳는 노동을 하고 있는가

인간노동이 양으로서 나타나면, 당연한 일이지만, 질의 차이가 아니라 양의 차이가 문제가 된다. 물론 임금으로서 받는 양이 아니라, 추상적 노동으로서 지출하는 것의 차이이다. 아무것도 모르는 노동자보다도 여러 가지 것을 배운 노동자 쪽이 적어도 큰 가치를 만든다. 단순노동과 복잡노동의 차이가 바로 그것으로, 당연한 일이지만 노동자라 해도 여러 가지 노동자가 생기게 된다.

상품생산 사회에서 중요한 것은, 유용한 노동을 하고 있느냐의 여부가 아니다. 가치를 낳는 노동을 하고 있느냐이다. 여기서 두 가지 사회의 커다란 차이가 있다. 상품생산 사회의 노동은 이중으로 되어 있다. 비상품생산 사회에는 이중성이 없었지만, 상품생산 사회에는 이 이중성이 있다. 마르크스가 발견했다고 하는 것은 이중성과 동시에 이 역사적인 차이이다.

상품생산 사회에서 사는 사람들은 이것을 알지 못하고 있다. 이것이 영원한 세계라고 생각하고 있다. 그러나 실은 그렇지가 않다. 《자본론》의 최초의 초고인 《경제학 비판 요강》은 이 역사부터 시작되어 매우 자세하게 쓰고 있다. 《자본론》에서는 왜 그렇게 쓰지 않았는가? 그것으로는 이론이 되지 않고 그것은 어디까지나 이론의 배후에 있는 것이기 때문이다. 그러나 이론만으로는 설명이 충분치 않다. 단출하게 말한 것은 그 때문이다.

그리고 마지막에 이렇게 매듭짓는다.

한편으로는, 노동은 모든 생리학적인 의미에서 인간노동력의 지출이다. 그리고 같은 인간노동이라고 하는 점에서, 또 추상적으로 인간노동이라는 성질을 갖는 한, 노동은 상품가치를 형성하고 있는 것이다.

또 다른 한편으로는, 모든 노동은 특수해서, 어떤 정해진 인간노동력의 지출이다. 이런 구체적인 유용한 노동을 가지고 있다는 점에서 사용가치를 생산하는 것이다.

제3절 가치의 형태 또는 교환가치

화폐의 수수께끼

이 절(節)은 조금 길다. 그리고 《자본론》에서 가장 난해한 대목이기도 하다. 환언하면, 마르크스가 가장 고심을 한 곳이기도 하다. 왜냐하면, 상품에서 화폐를 도출하기 때문이다.

화폐를 보고 그것을 상품이라고 생각하는 사람은 없다. 노동력을 상품으로 보는 사람도 없지만, 화폐를 상품이라고 생각하는 사람도 없다. 이 구조를 설명한다는 것은 어려운 일이다. 그러나 모든 것이 상품으로 환원된다고 하고 있으니까, 이 난문(難問)을 해결하지 않으면, 거기에서 생기는 자본, 그리고 자본이 움직이는 노동력상품의 수수께끼도 알 수 없다.

마르크스는 상품이라고 하는 것은 걷잡을 수 없는 것이라고 말하고 있다. 사용가치라면 간단히 이해할 수 있지만 그 상품 자체 어디를 살펴보아도 가치 같은 것은 아무것도 나오지 않는다. 그렇다면 어떻게 하면 좋은가? 다른 상품과 대치(對峙)시켜보면 알 수가 있다.

(a)단순한, 개별적인, 우연적인 가치형태
가치표현의 양극－화폐의 수수께끼(1)
우선 가장 단순한 두 개의 상품을 생각해 보자는 것이다.

모든 가치형태의 비밀은 이 단순한 가치형태 안에 숨겨져 있다. 그러기 때문에 그 분석은 힘이 드는 것이다.

두 개의 상품이 대치하는 관계란 'X양(量)의 상품 A'='Y양의 상품 B'라는 관계이다. 앞으로 전개되는 일은 모두 이 관계에서 시작된다. 모두 이 관계를 바탕으로 삼고 있는 것이다.

여기서 마르크스의 어려운 말이 나온다. '상대적 가치형태'와 '등가가치'와 같은 말이다. 중요한 개념이지만 간단하게 이렇게 생각하면 된다. 가치를 재는 것이 등가형태, 가치를 측정받는 것이 상대적 가치형태라고.

이 식은, X양의 상품 A가 Y양의 상품 B로도 표시된다는 뜻이다. 따라서 X

양의 상품 A는, 자신의 가치와 동등한 Y양의 상품 B를 등가형태로서 사용하면서 자신의 가치를 잰다. 그런 뜻에서 상품 B에 의해서 측정되는 가치형태를 상대적이라는 말로 표현한다.

왜 두 가지를 구별하는가? 가치를 재는 상품 B라고 하는 등가형태는, 보통의 상품과 달라서, 그 소재로 가치를 측정하는 것으로, 상품 A와는 전혀 다른 역할을 하고 있기 때문이다.

상대적 가치형태—자체로는 무엇인지 알 수 없는 것

자신의 가치를 다른 상품의 사용가치로 재는 상대적 가치형태를 설명한다.

상품 A를 당신 자신의 학력이라고 생각해 주기 바란다. 자기의 수준은 어느 정도인가? B군과 비교해 보자. B군의 편차치(偏差値)가 50이라고 하면, 당신의 편차치는 50이라는 것을 알게 된다. 이렇게 해서 모든 인간은 비교에 의해 위치 매김을 받게 된다. 상품도 마찬가지로, 하나의 지표인 어떤 특별한 상품을 사용해서 가치를 잰다. 모든 상품의 가치가 이 상품에 의해서 결정된다. 요컨대 상품은 다른 상품과 비교되었을 때만이 가치를 나타내게 된다는 것이다.

다음에, 항상 가치를 재기 위해 사용되는 상품이란 무엇인가? 그것이 곧 등가형태이다. 마르크스는 리넨과 상의(上衣)라고 하는 상품을 설정하고 있는데, 리넨이 상의에 의해서 측정되면 리넨은 상대적 가치형태를 취하고, 상의는 등가형태를 취한다. 이때 이 둘의 역할은 전혀 다르다는 것을 이해하는 것이 중요하다. 상의는 상의라고 하는 소재로 리넨의 가치를 표현하고 있는 것이다.

이리하여, 가치관계를 통해서, 상품 B의 자연형태는 상품 A의 가치형태가 된다. 또는 상품 B의 몸은 상품 A의 가치를 비추는 가치의 거울이 된다.

여기서 주의할 일은, 한쪽의 가치가 다른 쪽의 사용가치라고 하는 점이다. 리넨을 재는 상의의 사용가치는 가치를 잰다는 것을 말하고 있는 것이다.

다음에, 상의가 어느 정도의 리넨의 가치를 표현하는가 하는 양의 문제를 다룬다. 20에레의 리넨이 한 벌의 상의와 같다고 하는 것은 질이 아니라 양을 나타내고 있는 것이다. 이것은 그 생산에 필요한 노동 시간을 나타내고 있는 것인데, 생산력의 변화와 함께 당연히 이 양의 관계는 변한다.

등가가치—다른 것을 무엇인가 나타내는 것

마르크스는, 다음에, 가치를 표현하는 상의에 대해서 자세히 이야기한다. 상의는 자체의 사용가치로 가치를 잰다고 하는 것이다. 이것이 제1 규정.

즉, 사용가치가 그 반대 것의 현상형태—가치의 현상형태가 된다는 것이다.

여기에 등가가치의 비밀이 있다. 상대적 가치형태와 등가형태는 상품이 나타내는 사회관계를 표현하고 있는데, 상의와 리넨의 예에서, 그것은 이런 관계구나 하고 이해하는 사람도, 등가형태 그 자체인 화폐를 보았을 때, 그것이 사회관계를 나타내고 있다고는 생각하지 않는다. 등가형태란 일반적으로 화폐를 말하는 것인데, 화폐가 얼마라고 계산하는 동안에 거기에 어떤 사회관계가 있느냐는 물음을 내는 사람은 없다. 그것이 화폐를 수수께끼로 만들고 있다는 것이다. 어디에서 화폐가 생겼는가? 그것은 이런 사회관계의 표현으로서 생긴 것인데, 아무도 그것을 알아차리지 못하고 있다.

이것을 마르크스는 이렇게 표현하고 있다.

여기에서 화폐형태의 수수께끼가 생기는 것이다. 따라서 이 형태가, 완성된 모양으로 화폐가 되어 경제학자 앞에 나타났을 때, 비로소 경제학자는, 부르주아적인 애매한 태도로 이 화폐에 놀라는 것이다.

이렇게 해서 경제학자는, 금이나 은의 신비적인 성격을 명백히 하려고, 금이나 은을 번쩍이지 않는 상품으로 대치하여, 가치가 없는 상품으로 그때그때 상품을 재는 역할을 한 목록을 즐거운 듯이 작성하는 것이다.

경제학자는 '리넨 20에레=상의 한 벌'이라고 하는 가장 간단한 가치 표현이 이미 등가형태의 수수께끼를 푸는 열쇠라는 것을 전혀 상상조차도 하지 않는 것이다.

여기에서 또 하나의 중요한 규정, 즉 등가형태인 리넨을 만드는 구체적인 유용노동(有用勞動)이란, 가치를 만드는 노동이라는 제2의 규정이 나온다.

등가형태의 제2의 특성은, 구체적인 노동이, 그 반대물, 즉 추상적으로 인간적인 노동의 현상형태가 된다는 것이다.

그리고 이 등가형태를 만드는 구체적 노동은 사적인 노동이지만 가치를 측정함으로써 사회적인 노동이 되는 것이다. 이렇게 해서 제3의 규정이 생기게 된다.

제3의 특성은, 사적인 노동이 그 반대물의 형태, 즉 직접적으로 사회적인 형태의 노동이 된다는 것이다.

등가형태와 상대적 가치형태의 차이

상품과 상품이 대치(對峙)되었을 때 생기는 관계가 발견되었다.

즉, 한 쪽의 사용가치는 다른 쪽의 가치라는 것, 한 쪽의 구체적 노동은 다른 쪽의 추상적 노동이라는 것, 한 쪽의 사적 노동은 다른 쪽의 사회적 노동이라고 하는 것.

이 관계야말로, 상품의 수수께끼에 다가가는 중요한 개념이 된다. 바로 이 교착(交錯) 안에, 인류의 전사(前史)인 공동체적 세계와 상품생산 사회의 구별이 짜여 있어 자본주의 세계의 수수께끼를 푸는 큰 열쇠가 된다. 화폐상품, 노동력 상품에 대해서도 당연히 이 교차가 문제가 되어간다.

(b)총체적 또는 확대된 가치형태

이 관계를 더욱 전개해 보면—화폐의 수수께끼(2)

단순한 가치형태를 이해하면, 거기에서 전개되는 가치형태도 비교적 손쉽게 알 수 있다. 마르크스는 그것에서 왜 화폐라고 하는 상품이 나오는가를 세 단계로 나누어서 설명한다.

확대된 가치형태란 무엇인가. 그것은 다음과 같은 등식으로 표시되는 식이 복수로 확대된 것이다.

$$20에레의 리넨 = 상의 한 벌$$
$$= 차 \ 10파운드$$
$$= 커피 \ 40파운드$$

예를 들어, 한 상품 리넨의 가치는 상품 세계의 다른 무수한 상품으로 표현된다. 다른 모든 상품은, 리넨의 가치를 비치는 거울이 된다. 이렇게 해서 리넨의 가치 자체는 비로소 인간노동이 무차별로 굳어진 것으로 나타나는 것이다.

두 개의 상품에 대해서 할 수 있었던 말이, 무수한 상품에 대해서도 말할 수가 있게 되어, 리넨이라는 상품의 가치는, 다른 모든 상품으로 설명할 수 있게 된다. 따라서 리넨은 상품으로서 무수한 다른 상품과 마주 볼 때, 고립된 시민이 아니라 모든 상품을 맺는 '세계 시민'이 되는 것이다.

무수한 상품을 하나로 묶는 것의 비밀
이와 같이 리넨이 모든 상품과 교환되는 것이 가능해짐으로써 단순한 가치형태에 있었던 우연성이 사라지게 된다. 교환은 이제 우연히 일어나는 것이 아니다. 우연히 일어난다면, 그 교환비율도 각 욕망에 반영될 것이므로, 우연히 정해질 것이다. 그러나 무수한 교환이 가능하다고 하는 것은 무수한 인간의 욕망의 우연에 의해 결정되는 것이 아니라는 것이 된다.
그 배후에는 이 등식(等式)을 뒷받침하는, 공통된 어떤 정해진 것이 있다는 것이 분명해진다. 확대된 가치형태 배후에는 인간노동이 숨겨져 있다고 말할 수 있는 것이다. 즉, 등식을 만들고 있는 것은 우연이 아니라 가치라는 것이다.
앞서, 마르크스는 교환가치로부터 가치를 도출함에 있어 역사적 설명을 했다고 말했는데, 여기서 새삼 이론적인 의미에서의 가치의 존재를 도출하고 있다. 이 복수의 등식으로부터는 상품을 서로를 맺는 가치라는 공통물의 존재가 필연적으로 나오게 되는 셈이다.
하지만, 이 관계는 아직 충분하지는 않다. 리넨이라고 하는 주어가 다른 무수한 상품인 술어와 같다는 이 형태에서는, 리넨의 가치란 정말로 어느 정도인가를 영원히 모르기 때문이다. 도대체 리넨의 가치는 얼마인가.

나의 편차치는 B군과 같고, C군과 같고, 그리고—당신과 같다. 그러나 그것이 어느 정도인가. 이것은 불분명한 것이다.

(c) 일반적 가치형태
'자'라고 하는 사회적 존재—화폐의 수수께끼 (3)

여기서 다음과 같은 등식이 나타난다.

$$
\left.\begin{array}{l}
\text{상의 한 벌} \\
\text{차 10파운드} \\
\text{커피 40파운드}
\end{array}\right\} = \text{리넨 20에레}
$$

앞에서의 등식을 반대로 한 것이다. 주어와 술어를 바꾼 것이다. 20에레의 리넨이 상의 한 벌 등과 같다는 것이 아니라 상의 한 벌, 차 10파운드와 같은 여러 상품이 20에레의 리넨과 같다는 것이다. 이번의 리넨은 모든 상품의 가치를 자체의 사용가치로 표현하고 있는 것이다. 리넨은 모든 가치를 자체의 사용가치로 표현한다는 뜻에서, 종합적·일반적 가치형태이다. 하나의 객관적인 '자'로서 모든 상품을 재는 도구가 되어 있다. 20에레의 리넨과 같으면 무수한 상품은 훌륭한 가치를 갖는다는 것이 증명되는 셈이다.

나의 편차치가 50이라고 하면, 그런 나와 똑같은 성적인 A군·B군 등도 나와 같은 편차치 50이고, 그것은 바로 전국적으로 평균적인 성적이라고 하는 가치를 뜻하고 있는 것이다. 나는 우선 '자'로서의 사회적 존재이다. 그러나 이때의 나는 이미 편차치를 재는 도구로서만 존재해 있는 것이지, 어느 대학에 들어갈 수 있을까 하는 수험생으로서의 주체적인 의도는 소멸되고 다만 다른 사람의 수준을 재는 도구가 되어 있는 것이다. 그러 뜻에서 나는 수험세계로부터 배제되어 있다.

상품세계로부터 배제된 것
리넨이라고 하는 상품도 마찬가지로, 그것이 하는 일이란 다른 상품의 가치를 재는 것, 즉 상품세계로부터 배제되어 있는 것이다.

이렇게 해서 배제된 상품인 리넨은, 바로 그것에 의해서 상품 생산의 신비를 그대로 구현하고 있다. 즉, 리넨은 리넨이 아니라 다른 상품의 가치, 즉 인간노동을 구현하고 있는 것이다.

마르크스는 이렇게 쓰고 있다.

이 형태는, 모든 인간노동을 눈에 보이는 구현물(具現物)로서 표현하는 일반적·사회적인 번데기의 역할을 맡고 있다. 베짜기라고 하는 리넨을 생산하는 사적인 노동은, 그와 동시에 일반적·사회적인 형태, 즉 다른 모든 노동과 같은 형태에 있는 것이다. 일반적 가치형태를 성립시키는 무수한 방정식은, 리넨에 구현되어 있는 노동이, 각기 다른 상품에 포함되어 있는 노동의 일반적인 형상형태라는 것을 표현하는 것이다.

이렇게 해서 상품가치에 구현된 노동은 현실의 노동이라고 하는 모든 구체적 모습과, 유용하다고 하는 본질에서 도출된 노동으로서, 다만 소극적인 의미로 제시되는 것은 아니다. 오히려 그 자신의 적극적인 성격을 명확히 표현하고 있는 것이다. 현실의 모든 노동을, 그것과 동등한 인간노동의 성질로, 인간노동력의 지출로 환원하고 있는 것이다.

노동화폐 비판

그런데 그 후, 마르크스는 숙적인 프랑스의 사회주의자 프루동을 그 주(註) 안에서 비판한다.

리넨이 일반적 등가형태가 되는 것은, 상품 중에서 배제되었을 때, 나라는 인간이 벗의 성적을 재는 객관적 척도가 되는 것은, 내가 수험을 그만두었을 때이다. 사회에 있으면서 사회로부터 배제된 사회적 존재, 이 특수한 존재인 일반적 등가형태를 이해하지 못하면 어떻게 되는가, 그것은 프루동과 같은 생각이 된다.

비판의 골자는 이러하다. 상품이라면 무엇이나 일반적 등가형태가 될 수 있느냐의 여부이다. 실은 마르크스는 여기까지는 보통의 상품 리넨에 그 역할을 주고 있는데, 다음에서 보면 알 수 있는 바와 같이, 역사적으로나 이론적으로도 무리하다. 어디까지나 설명을 위해서 사용하고 있을 뿐이다. 리넨의 가치는 등질(等質)도 아니고, 잘게 분할해서 그 가치를 나타내지도 못하므로 일반적 등가형태는 되지 못하지만 설명으로는 사용할 수 있다.

그런데 프루동은 바로 이 리넨의 예를 들어, 어떤 것이라도 일반적 등가가 될 수 있다, 따라서 화폐 같은 건 필요하지 않다고 주장하는 것이다. 말하자면 일반적인 등가형태의 본질인 노동 시간을 측정하면 좋다는 것이다. 그러나 이것은 동전의 표리(表裏), 한 덩어리의 것이다. 이것은 마르크스적으로 말하자면 '모든 가톨릭 신자를 교황으로 만들 수 있다'고 생각하는 것처럼, 무엇이나 화폐 대신이 될 수 있으므로 노동 시간을 화폐 대신으로 삼으면 된다고 생각하는 것 같은 것으로 결국 그것은 무리한 일이라고 마르크스는 일축하는 것이다.

(d) 화폐형태
금이라고 하는 특수한 자연형태—화폐의 수수께끼(4)

이렇게 해서 상품생산 사회에서는 필연적으로 화폐가 일반적 등가형태가 되지 않을 수 없는 원인에 대해서 설명한다. 우선 등식을 낸다.

리넨 20에레
상의 한 벌   =금 2온스
차 10파운드
커피 40파운드
_____

리넨 20에레가 금 2온스로 바뀌었을 뿐인데, 여기에는 큰 차이가 있다. 그것은 모든 상품의 가치를 나타내는 형태가 사회적 습관에 의해서 최종적으로는 금이라고 하는 특수한 자연형태로 낙착되었다는 것이다. 이것은 중요하다.

마르크스는 또한, 여기에서도 이론 안에 역사를 삽입하고 있다. 리넨과 상의의 등식을 놓고 이론적으로 가치의 형태를 설명했지만, 역사적으로 보면, 이미 상품과 대치되는 것은 금이라고 하는 것이 결정되어 있다는 것이다. 물론 처음에는 상품으로서의 금이지만, 차츰 화폐상품으로서의 금이 된다. 화폐가 금이 되었을 때, 이 형태는 화폐형태가 된다. 이제까지와는 전혀 다른 것이 되는 것이다.

왜 마르크스는 역사적인 설명을 처음부터 하지 않았는가—하는 것이 문제가 되는데, 이론적으로 설명을 하면서 그것에 역사를 삽입한다고 하는 것은, 마르크스의 독자적인 방법이자, 바로 이런 측면으로밖에 자본주의 사회는 설명할 수 없기 때문이다.

이론적으로 말하자면, 프루동파와 같이 무엇이든지 화폐가 될 수 있다. 그렇다면 노동 시간으로 측정하면 된다. 그러나 역사는 그렇게 되어 있지 않다. 이론적으로는 누구나 교환이 될 수는 있지만, 그러나 교환이 될 수 있는 사람은 정해져 있다. 금이 화폐가 된 것은 우연이 아니다. 금이 아니라면 안되었었다. 바로 여기에 다음의 '물신성(物神性)'의 문제가 나오게 된다.

상품·노동·화폐 모두에 같은 말을 할 수 있다

그런데 여기서 잠깐 복습을 하기로 한다. 이 세 절(節)까지의 설명은 이러하다. 상품 중에는 교환가치와 사용가치가 있다. 교환이 성립되는 것은 우연이지만, 일련의 교환이 성립되는 것은 거기에 그것을 약분(約分)할 수 있는 인간노동이 있기 때문이다. 말하자면 상품의 세계는 인간노동으로 이루어져있다.

그 인간노동에도, 사용가치를 만드는 노동과 가치를 만드는 노동이 있어서, 전자는 유용노동, 구체적 인간노동, 사적 노동, 후자는 일반적 노동, 추상적 인간노동, 사회적 노동을 나타내고 있다. 이렇게 해서 상품에는 인간노동이 새겨져 있다.

그리고 상품 중에서도 특수한 화폐상품 이야기를 한다. 일련의 상품교환 중에서, 왜 모든 상품을 측정하는 특수한 상품이 생겨나는가, 그리고 생겨남과 동시에 상품 안에 있는 인간노동 같은 것은 모두 사라지고, 금 몇 그램이라고 하는 것만이 상품의 가치를 정해 버리는가 하는 문제에 도전한다. 결국 이것도 분석의 결과, 인간노동이 구현된 것이라는 것을 알게 된다.

이렇게 해서 상품·노동·화폐 모두에 같은 말을 할 수 있다. 즉, 사용가치와 교환가치, 구체적 노동과 추상적 노동, 가치형태와 등가형태를 갖는다는 것을. 이 이중성을 나타내기 위해 마르크스는 길게 설명을 해 온 것이다. 그러나 이 이중성이야말로 《자본론》을 읽고 이해하기 위한 중요한 열쇠의 하나가 되는 것이다.

제4절 상품의 물신적 성격과 그 비밀

왕자가 되어, 모든 것을 전도시키는 화폐의 수수께끼

마르크스는 첫머리에서 갑자기 책상을 예로 든다. 책상을 책상으로 보면 이상한 점은 하나도 없다. 그러나 그것이 상품이 되면 불가사의한 것이 된다.

책상은 이미 자기 다리로 바닥에 설 뿐만 아니라, 다른 모든 상품에 대해서 머리로 서 있다. 그리고 책상은 그 머리로 망상을 전개한다. 그것은 책상이 춤을 추기 시작하는 것보다도 훨씬 불가사의한 일이다.

책상은 바로 책상 자신이 생각하기라도 하는 것처럼, 스스로의 머리로 다른 상품과 자신을 비교한다. 책상 자신을 만들기 위해 여러 사람의 손이 참여했다는 것 같은 것은 이미 조금도 개의치 않는다. 의미는 바로 그런 것이지만, 본디 그것에 투입된 구체적인 노동과는 별도로 인간의 피와 땀도 들어 있다. 이것이 상품생산 사회에서는 가치로서 나타나게 되는데, 그것조차도 상관없이, 책상이라고 하는 상품은 다른 상품과 얼마의 값이기 때문에 동등하다고 하는 수량으로 그들과 나란히 서게 된다.

인식의 문제를 생각해 보자

마르크스는 19세기 후반에 문제가 되는 현상학적인 문제에도 관련되는 뜻 깊은 표현을 한다.

이렇게 해서, 어떤 것이 시신경에 빛으로서 각인(刻印)한 것은 시신경 자신이 주관적인 자극으로서 받아들인 것이 아니라, 눈 밖에 있는 것이 멋대로 대상화된 것이다. 그러나 본다는 것은, 빛이 있는 것으로부터, 즉 외부의 대상으로부터, 다른 어떤 것, 즉 눈에 대해서 던져지는 것을 의미한다. 그것은 물리적인 것과 사물 사이의 관계이다.

이에 대해서, 상품형태와 그것이 표현되는 노동생산물의 가치관계는 물리적 성질이나 그것에서 나오는 물적 관계만으로는 도저히 어찌할 수 없는 것이다. 후자의 경우, 인간에 대한 것의 관계가 환상적 형태를 취하고 있는 것은, 인간 자신의 특정한 사회관계 그 자체이기 때문이다.

인식론이라고 하는 차원에서 보자면 마르크스의 이해는 또한 19세기의 수준에 있는 셈이다. 물리학적 세계에 있어서도, 눈에 비치는 것이 빛이라는 외부의 자극에 의해서 각인되어 있을 뿐이라는 논의는 현재에는 이루어지지 않고 있다. 뇌과학의 발전으로 어떻게 인식하는가 하는 주체 쪽의 문제도 논의되고 있다. 사물이 무엇인가를 나타내려고 하고 있는 수준과, 그것을 인간이 어떻게 이해하려고 하는가의 수준은 다르다. 따라서 상품의 수준과 같은 말을 할 수 있다.

물리적 세계의 논의는 실은 상품의 문제와 마찬가지이다. 상품은 바로 그것이 가치로서 나타남으로써, 인간적이라는 점이 상실되고 화폐라고 하는 것에 등가(等價)됨으로써 모든 관계가 거꾸로 되어 있다.

왜 전도(顚倒)되는가

마르크스는 이것을 물신숭배라고 한다. 왜 이런 도착(倒錯 : 상하가 전도되어 서로 어긋남)이 일어나는가. 상품생산 사회에서는 인간의 개개의 사적 노동의 생산물이 시장을 통해서 배분되지 않을 수 없다는 점에 있다. 이 시장에서, 모든 구체적인 노동은 모두 가치에 환원된다. 개개의 유용한 노동은 그 자체가 아무런 뜻을 이루지 않는 것처럼 보인다. 더욱이 이 가치를 나타내는 것은 화폐이다. 더욱더 신비의 베일에 싸이게 된다. 마르크스는 상형문자와 같다는 말을 한다.

인간은 자신의 사회적 생산물의 비밀이 무엇인가를 알려고, 이 상형문자의 뜻을 풀려고 한다. 왜냐하면, 사용대상의 가치로서의 규정은 언어와 마찬가지로 사회가 낳은 것이기 때문이다.

노동생산물이 가치인 한, 그 생산에 지출된 인간노동의 물적 표현에 지나지 않는다는 그 후의 과학적 발전은, 인류의 발전 사상 획기적인 것이다.

그렇다고 해서, 그것으로 노동의 사회적 성격의 대상적인 외관이 사라져 없어지는 것도 아니다. 상품생산 사회에 푹 젖어 있는 사람에게, 이 특별한 생산형태, 즉 상품생산 사회에서만 행하여지고 있는 것, 즉 서로 독립된 사적 노동의 특수한 사회적 성격이 인간노동으로서 똑같다는 것이나, 노동생산물이 가치적인 성격을 취한다는 것 등은 이런 발견이 있든 없든 당연한 것처럼 보이는 것이다.

그것은 마치 공기를 과학적으로 그 원소로 분해했다고 해도, 물리학적인 물적 형태로서의 공기의 내용이 전혀 바뀌지 않는 것과 같다.

왜 이 화폐의 신비가 보이지 않는가─만들어진 신화, 로빈슨 이야기

마르크스가 행한 것처럼, 이 상품생산의 수수께끼를 제아무리 풀어보아도 거기에 몸을 담고 있는 사람에게는 아무것도 변한 것이 없다고 하는 것은 납득할 수 있다. '뭐니뭐니해도 결국은 금이 아닌가' 하는 말은 바로 그것을 말한다. 물신적이라고 비판을 한다 해도 결국 그 상품이 얼마가 되느냐에 관심이 간다. 따라서 부르주아 경제학은 이것을 보려고 하지 않게 된다는 것이다.

여기에서 마르크스는 로빈슨 크루소 이야기를 한다. 부르주아 경제학은 로빈슨 크루소 이야기를 좋아한다. 왜 그런가. 그것은 사실로서의 역사가 아니라, 이론으로서의 역사이기 때문이다. 마르크스가 꼼꼼하게 조사한 것과 같은 과거의 역사가 아니라, 말하자면 현재를 정당화하기 위해 현재에서 과거를 읽은 역사이기 때문이다.

로빈슨은 인간사회의 원시 모델로서 등장한다. 18세기의 자본주의 지식을 가진 로빈슨에게 있어, 섬에서의 생활은 단 혼자만이라고는 하지만, 발상으로부터 모두가 자본주의적인 것이다. 매일의 노동 시간 등은 마치 런던에 있는 것처럼 규칙적이다. 이것이 인류사의 출발점이었다고 한다면, 상품생산 사회는 옛날부터 있었고 앞으로도 영원하다는 것이 된다. 왜냐하면 예부터 로빈슨과 같은 사람이 있었기 때문이다.

실제로 있었던 과거 이야기

마르크스는 여기에서 중세를 예로서 인용한다. 남쪽 섬이라고 하는 가상 공간이 아니라 현실적인 역사 속의 중세이다. 이 세계는 상품생산 사회와는 전혀 다르다. 농산물의 현물지대(現物地代), 부역노동 등 그들의 노동의 사회적 관계는 인적 관계로 나타나 있어서, 현실 세계를 물건으로 감싸서 감추는 일은 없다고 한다.

마르크스는 이 두 사회를 비교함으로써 물신숭배 시대, 즉, 상품생산 시대의 특수성을 폭로하여, 그것을 반대로 특수한 시대라고 규정하는 것이다. 《경제학 비판요강》(1857~1858년 초고)에서 가장 역점을 두고 썼던 이 부분이 실은 《자본론》에서는 본격적으로는 이야기되지 않고 가끔 얼굴을 내밀 정도가 된다. 그러나 이것이야말로 이론이 빠지는 자가당착을 날려버리기 위한 숨은 장치가 되어 있는 것이다.

제2장 교환 과정

상품교환의 배후에 인간이 있다

매우 짧은 이 장에서, 마르크스는 상품의 배후에 있는 인간, 즉 상품소유자에 주목한다. 이제까지 상품교환에는 상품밖에 등장하지 않았으나, 여기에서 상품을 소유하고 있는 소유자를 등장시킴으로써 교환이 일어나는 원인을 설명한다. 상품소유자는 자기가 그것을 쓸 의지는 없고, 다른 상품을 가지고 싶어서 교환을 하게 되는 것이다.

하지만, 자기가 원하는 것을 발견하기란 쉬운 일이 아니다. 그것은 어떤 상품의 소유자나 마찬가지이다. 그러기 때문에 상품소유자는 우선 욕망의 결실인 일반적 형태의 화폐를 필요로 하게 된다.

다른 상품 모두의 사회적 행동에 의해서, 그 상품의 가치를 일반적으로 나타내는 일정한 상품은 그것에서 제외된다. 이렇게 해서 이 상품의 자연 형태는 사회적으로 쓰이는 등가형태가 된다. 일반적인 등가라고 하는 것이, 사회적 과정을 통해서 이 제외된 상품의 특수한 사회적 기능이 된다.

이렇게 해서 상품소유자는 자기 상품을 팔기 위해 잉여생산물을 시장으로 가지고 간다. 그것에 상품이 발생한다. 상품은 공동체 내부에는 없다. 공동체 안에서는 교환은 직접적이다. 그렇다면 어디에서 상품은 발생하는가? 그것은 '공동체와 공동체가 접촉하는 곳이다.'

너무나도 유명한 말인데, 여기에 상품을 생산하는 사회와 그렇지 않는 사회의 경계선이 있는 셈이다. 그러나 일단 이 선을 넘으면, 그것은 이윽고 공동체 내부에 상품생산을 만들어 내게 된다.

역사적으로 화폐는 어떻게 결정되었는가

상품에서 제외되는 상품은 화폐인데, 마르크스는 여기에서 화폐란 역사적으로 어떤 것인가, 또는 이론적으로 어떤 것인가를 설명한다. 이론적으로는 어떤 것이든 상관없다. 우연이다. 그러나 실제로는 두 가지 사정이 결정한다고 말한다. 우선은 공동체 밖에 있는 중요한 교환품목이라는 것, 또 하나는 유목민이 운반하는 주요한 생산물인 가축 등과 같은 것이라는 것(때로는 인간노예). 이것은 역사이며 이론과는 빗나가 있다.

실제로 화폐의 자리에 앉는 것은 무엇이든 좋다는 것은 아니다. 신적(神的)인 의미를 갖는 자패(紫貝 : 고대에는 화폐로 쓰인 것으로, 난류해엽에 분포하는 나사조개의 하나)와 같이 상품교환 이전에, 어떤 의미에서는 상품으로부터 배제되어 있는 것이 필요하다. 다음 제3장의 '화폐 또는 상품유통'에서는 구체적인 내용을 이야기하고 있는데, 금이나 은으로 낙착되도록 되어 있다. 그 이외는 아니다. 금과 은은 우선 양적으로 분할할 수 있고, 합체(合體)할 수 있고, 또 질이 변하지 않는다는 조건을 채울 수가 있다는 것이다.

그리고 화폐인 금이나 은은 상품으로서 그것이 산출되는 지역에서의 노동의 양에 의해서 가치가 표현되어 있다. 그러나 그것은 간단하게는 보이지 않는다. 따라서 그 근원에 노동이 있다는 것은 보이지 않고, 금이나 은이 어느 정도의 무게인가 하는 것만으로, 그 가치가 얼마나 되는가 하고 여기게 된다.

여기에서 화폐의 마술이 생기게 된다.

제3장 화폐 또는 상품유통

화폐의 역할

이 제3장에서 마르크스는 화폐에 대해서 자세히 말한다. 화폐의 기능을 크게 가치척도·유통수단·화폐로 나누어 화폐가 어떤 뜻을 갖는가를 자세하게 설명한다.

상품으로부터 도출한 화폐를 어떻게 위치 매김을 하느냐는 큰 문제로, 이 것이 잘 되어 감으로써 비로소 화폐에서 자본을 도출하는 것이 가능하게 된 다. 화폐가 상품이라는 것을 알았을 뿐만 아니라, 자본도 그 연장선상에 놓 임으로써, 거기에서 바로 《자본론》의 핵심인 자본주의의 가치증식 수수께끼 의 해명이 시작된다.

제1절 가치척도

가치를 재는 도구로서의 화폐

우선 화폐는 금이라고 해 놓고 화폐를 아는 데에 중요한 주의를 적어 간다.

상품은 화폐에 의해서 동등한 것이 되는 것이 아니다. 그 반대이다. 상 품은 모두 가치로서 대상화된 인간노동이며, 그 자체로서 동등한 것이므 로, 그 가치를 똑같고 특수한 상품으로 공통으로 측정하여, 그것에 의해서 이 상품을 공통된 가치척도, 또는 화폐로 전화할 수가 있는 것이다. 가치 척도로서의 화폐는, 상품의 내재적인 가치척도인 노동 시간으로부터 필연 적으로 생겨나는 현상 형태이다.

요컨대 겉보기에는 화폐에 의해서 상품이 공통된 가치를 갖는 것처럼 보 이지만, 실제로는 노동에 의해서 등가(等價)가 되어 있다는 것을 잊지 말아 야 한다고 해서, 화폐는 이 가치를 나타내는 척도에 지나지 않다는 것이다. 따라서 처음에 가치척도가 문제가 되는 것은 당연하다 할 것이다.

가치를 잰다는 것은 머릿속에서 그것이 어느 정도인가 하는 자 역할을 하 면 좋다는 것이다. 실제의 금 같은 것은 없어도 좋다. 얼마라는 것을 알면 되는 관념적인 화폐라고 말하고 있다.

가치가 아니라 가격을 측정하는 화폐

여기에서 미묘한 말투의 차이에 신경을 쓰지 않으면 안 된다. 가격척도와 가치척도라고 하는 말이다.

가치의 척도로서, 또 가격의 척도기준으로서 화폐는 두 가지 서로 다른 기능을 갖는다. 화폐는 인간노동을 사회적으로 구현한 것으로서의 가치척도이고, 일정한 금속의 무게로서는 가격척도이다.

금은 매우 엷게 할 수도 두껍게 할 수도 있다. 금과 금 사이에는 질적인 차이는 없다. 물론 금의 생산량에 의해 가격변동은 있지만, 그것은 금 상호의 가치를 바꾸는 것은 아니다. 따라서 척도로서의 기능을 바꾸는 것이 아니다.

마르크스는 은의 무게였던 파운드가 금의 무게를 나타내게 된 역사를 되돌아보면서 명칭 변경은 본디의 문제를 바꾸지 않는다는 것을 확인하고, 더 중요한 문제를 제기한다. 그것은 가치와 가격과의 차이 문제이다.

가격은 가치와 조응(照應)하고 있지 않다. 노동은 가치의 내재적 척도이고 화폐는 외재적 척도라고 할 때, 바로 이 분리를 말하고 있다. 가치가 없어도 가격이 붙는 경우가 있다. 그러나 이런 분리는 가치의 척도로서의 기능을 손상시키는 것은 아니다.

제2절 유통수단

(a) 상품의 변태
상품을 매개하는 화폐

변태라는 어려운 말로 시작하는데, 말 그 자체에는 대단한 뜻은 없다. 요는 상품과 상품의 교환이 화폐를 매개로 해서 이루어진다고 해도, 상품 자체는 이윽고 소비되어 사라져 가는데, 그런 물질대사 과정을 설명하는 일은 여기에서의 과제가 아니다. 오히려 상품이 교환되는 동안에 그것을 매개하는 화폐가 차례로 변화해 가면서도 살아남는다는 점에 이 말의 뜻이 있다.

변태란, 상품이 우선 화폐가 된다는 것(성공적으로 팔린다는 것), 다음에 화폐가 상품이 된다는 것을 의미한다. 여기에서 그 변태의 모양을 'W—G—W'라고 하는 등식으로 표현한다. W는 상품(Ware), G는 화폐(Gold)의 머리글자이다.

우선, 밖으로 나온 상품은 최초의 시련에 봉착한다. 그 상품이 가치에 어울리는 훌륭한 상품으로서 시장에서 팔릴 것인가 하는 것이다. 실제 시장에서 상품은 형편없이 싸게 팔리는 일도 있고, 가치 이상으로 비싸게 팔리는 경우도 있다. 다만 문제는 이 상품의 가치는 시장에서 실현되어야 비로소 알 수 있다는 것이다. 그러나 몇 년 동안 하고 있으면 이 상품의 사회적 필요노동량은 저절로 알 수 있게 된다.

팔리는 이 과정을 다른 측면에서 보면, 그것은 사는 과정이다. 따라서 한 쪽이 'W－G'를 한다면 다른 쪽은 'G－W'를 한다. 그런데 이 과정은, 서로 물건을 사는 사람이, 그 상품에는 어느 정도의 사용가치가 있는지 값을 매기는 과정이지만, 실제로 매매가 성립되고 나면 거기에 남는 것은 그것이 얼마였던가, 즉 가치가 얼마였던가 뿐이다.

다음에 '돈을 가진 사람이 어떤 상품을 산다'고 하는 변태인 'G－W'를 설명한다. 이 과정은 비교적 순조롭게 이루어진다.

화폐에 의한 매매의 어려움과 팔고 남은 것－공황의 가능성

이렇게 해서 화폐는 매매를 매개하면서 거기에 머문다. 원칙적으로 모든 상품이 팔린다고 하면 이 과정은 균형을 이룰 것이다. 세(J.B. Say)의 판로설(販路說 : 모든 상품은 반드시 팔린다고 하는 논의)과 같이, 상품은 스스로 판로를 개척한다고 하면 거기에는 팔다 남는 문제는 없다. 그러나 마르크스는 이 상품변태 중에 최초의 모순의 가능성을 연다. 공황의 가능성 문제이다.

팔고 산다고 하는 두 과정의 독립이 어느 점까지 이르면, 두 과정의 통일은 강력하게 '하나의 공황'을 자아낸다.

상품에 내재하는 이 대립, 사용가치와 교환가치, 동시에 직접적으로 사회적인 노동을 나타내지 않으면 안 될 사적 노동, 동시에 다만 추상적인 일반노동인 특별한 구체적 인간노동, 사물의 인격화와 사람의 물상화(物象化)—라고 하는 내재적 모순은 상품변태의 대립 안에서 발전된 운동 형태를 지니고 있다.

따라서 이 형태는 공황의 가능성을 포함하고 있다. 그러나 그것은 가능성일 뿐이다. 이 가능성이 현실이 되는 것은, 단순한 상품유통의 입장으로부터는 아직 전개되지 않는 관계가 전개되기를 기다릴 필요가 있다.

사소한 가능성이지만 상품생산의 이 단순한 매매 안에도 과잉생산이나 판매 잔량이라는 문제에서 생기는 공황의 가능성이 있다는 이야기가 된다. 그러나 어디까지나 금융제도를 분석하지 않는 한 이 가능성은 그 이상으로 나오지 않는다는 것이다.

(b)화폐의 유통
도대체 화폐는 어느 정도 유통해야 하는가
사는 일과 파는 일의 연속으로, 화폐를 매개로 함으로써 상품이 유통하는 것이지, 상품교환이 있기 때문에 화폐가 유통하는 것은 아니라고 보이게 된다. 그렇게 되면 비로소 화폐가 다만 상품을 매개할 뿐인 유통수단으로서의 기능을 가지고 있다는 것을 알게 된다.

화폐가 상품을 유통시키기 위해서는 도대체 어느 정도의 화폐가 필요한가, 이른바 유통필요량의 문제가 여기에서 나오게 된다. 한 나라의 화폐량은 어느 정도인가. 현재와 같은 신용화폐의 경우, 그 자체가 가치를 가지고 있지 않는 것이지만, 그래도 상품의 유통량에 따라 어느 정도의 유통량이 필요한가는 중요한 문제이다. 예금통화·어음 등의 유가증권도 들어가므로 일은 그리 간단하지가 않다.

그런데 마르크스는 이 논의에 그다지 깊이 들어갈 생각은 아닌 것 같다. 가격상승이나 화폐가치의 저하와 같은 문제는 이 단계에서 이러쿵저러쿵할 문제는 아니다. 그래서 이렇게 말하고 있다.

'이 전제하에서는 유통수단의 양은 실현되어져야 할 상품 가격의 총합계에 의해 규정된다'고.

그리고 '(어느 기간에 유통하는 상품의 총가격)÷(동일명목 화폐의 유통 횟수)=(유통수단으로서의 화폐의 양)'이라는 식이 나온다.

그러나 화폐의 필요량은 문제의 본질이 아니다
이 논의는 18세기의 흄의 화폐수량설(화폐가치는 그 가치가 아니라 수량으로 정해진다) 이래 나름대로 의미가 있지만, 문제는 거기에 있는 것이 아니다. 요는 이런 문제에 신경을 쓰지 말고 화폐가 노동의 양을 나타내고 있다는 것을 잊지 말라는 것이다.

유통수단의 양이 유통하는 상품의 총가격과 화폐 유통이 평균속도에 의해서 정해진다는 법칙은 다음과 같이도 말할 수 있다.

즉, 전제로서, 상품의 가치 총합계가 주어진 것으로 하고, 그 변태의 평균속도도 주어진 것이라고 한다면, 유통하는 화폐, 화폐재료의 양은 그 자신의 가치에 의존한다는 것이다.

반대로, 상품가격이 유통수단의 양으로 정해지고, 유통수단의 양은 한 나라에 있는 화폐재료의 양에 의해서 정해진다고 하는 환상(幻想)은, 그것을 대표하는 논자에 의하면, 상품에는 가격은 없고, 화폐는 가치 없이 유통과정으로 들어가, 여기에서 상품의 일부가 금속의 산더미 일부와 교환된다는 것이다.

유통하는 화폐의 방정식을 외우면, 정신없이 그것을 만지작거리게 되는데, 어느 틈엔가 화폐에는 가치가 필요없다, 상품도 가격 같은 건 없다, 이 방정식에 의해 모든 것이 결정된다고 하는 착각에 빠지게 된다.

최근, 금의 시장가격이 상승하고 있는데, 그것은 작년의 부동산 공황으로 금융이 흔들려 화폐가치가 떨어졌기 때문이다. 불안한 자산가는 또한 금을 구하고 있는 것이다. 지금도 또한 화폐를 금이라고 하는 것을 잊어서는 안 된다.

(c) 주화(鑄貨), 가치표장(價値標章)
화폐가 가치에서 이탈할 때

이윽고 이런 착각이 현실이 될 때가 온다. 그것은 화폐가 금에서 이탈할 때이다. 물론 이것은 신용화폐에 대한 것이 아니다. 상업신용, 은행의 신용으로부터 발전해 오는 신용화폐와, 여기서 말하는 주화, 가치표장은 별개의 것이다.

유통하는 금화는 화폐로서 주조되지 않으면 안 된다. 더욱이 유통하면 계속 무게가 줄어든다. 악화는 양화를 구축한다고 하는 것은 당연한 역사이다. 10파운드의 금화를 획득한 사람은 그것을 남몰래 연마(硏磨)하기 때문이다. 이 마멸을 지탱하기 위해 끊임없이 교체를 하지 않으면 안 된다.

바로 이것이 어느 의미에서는 국가에 강제 통용력(通用力)을 보장하는 것이 된다. 조금 마모된 금화가 유통하고 있다는 것은 그 통화가 명목대로의 가치를 나타내지 않고 있다는 것을 말한다. 그 결과, 명목대로의 교환이 이루어지고 있다고 하면 그것은 국가에 의한 권위가 있기 때문에 비로소 가능하다는 이야기가 된다. 실제로 금화 대신이 되는 거스름돈 등, 가치가 낮은 코인은 명목대로의 가치를 포함하고 있지 않은 것이다. 이렇게 해서 주화 안에 가치대로가 아닌 통화가 유통하기 시작한다.

그런 과정에서 가치가 표시되지 않은 것이 더 유통하게 된다. 그것이 가치표장이다. 국가가 그 권력으로 억지로 유통에 투하하는 것, 그것이 국가지폐이다. 이것은 국가가 외부로부터 투입하는 것이다. 그러나 무턱대고 그것을 투입한다는 것은 인플레를 일으키므로 기본적으로 그 발행량은 금의 양에 일치하지 않으면 안 된다. 그런 한도에서 금을 대체하고 있는 것이다. 금의 양을 대체하는 한에서 가치를 나타내기 때문에 가치표장이 된다.

이렇게 해서 유통 안에서 금이 나타내고 있던 가치가 더욱더 보이기 않게 된다. 문제는 오히려 보이지 않게 되는 데에 있다.

제3절 화폐

가치를 갖는 화폐

여기에서는 화폐의 축장(蓄藏 : 모아서 갈무리해 둠) 수단으로서의 기능, 지불수단으로서의 기능, 세계화폐로서의 기능이 분석된다. 여기에서 등장하는 금은 가치척도처럼 머릿속에서 재는 자 대신의 관념적인 것도 아니고, 유통수단처럼 주화나 가치표장으로 대치되는 것도 아닌, 금이라고 하는 알맹이를 갖는 금화가 문제이다.

(a) 축장수단

유통수단에서 배제되어, 유통이 아니라 축장을 위해 쓰이는 화폐가 문제가 된다.

상품을 사기 위해서가 아니라 상품형태를 화폐형태로 바꾸어 놓기 위해 상품은 팔린다. 이런 형태의 변화는 물질대사의 단순한 매개가 아니라 자기록적이 된다.

상품으로부터 이탈한 모습은 절대적으로 양도할 수 있는 모습이 되거나, 또는 다만 순간적으로밖에 화폐형태로서 기능하지 않게 된다. 이렇게 해서 화폐는 축장화폐가 된다.

수전노 화폐

화폐를 축장하는 사회는 인도와 같은 뒤진 사회라고 마르크스는 설명한다. 그 결과 화폐유통이 감소되어 디플레이션이 되어 물가가 내려간다. 그러나 상품을 사기 위해서는 화폐를 가지고 있어야 하므로, 금 산출국이 아닌 한 금을 축적해 두지 않으면 안 된다. 일종의 외화 준비금과 같은 것이다. 따라서 연금술이 아닌 금에 대한 황금욕이 일어나는 것은 당연하다 할 것이다. (제24장 '이른바 본원적 축적'에서 그 역사를 마르크스는 다룬다)

물론 현재에도 금 축장자가 있어서, 왕성하게 축장을 하고 있다. 이런 축장 문제에 대해서, 훗날 케인스는 유동성을 저지하는 문제로 그 위치매김을 했는데, 화폐가치가 불안정하거나 국가의 신용이 불안정하면 지금 당장에라도 금 축장이 시작되는 점으로 보아 옛날 사람들을 결코 무시할 수는 없다. 왜냐하면, 금은 가치의 내용을 그대로 나타내기 때문에 그 만큼 매력을 가지기 때문이다.

(b) 지불수단
마지막에 등장하는 진짜 화폐

지불수단은, 어음이라고 하는 상업신용의 발달이라고 하는 점에서 중요한 계기를 이루지만, 우선은 그 내용에 대해서는 마르크스는 다루지 않는다(이것은 1894년에 엥겔스가 편집해서 출판된 제3권에서 다루어진다). 그런 선화증권(船貨證券)과 같은 신용발생의 원인이 되는 조건, 즉 상품의 매도가 시간적으로 분리되는 경우를 든다.

원격지의 무역에 의해서 매매의 실현이 늦어진다. 어음이라면, 우선 어음을 받아, 그 어음을 지불기일에 현금으로 바꾼다. 이런 상업신용 관계는 여기에서 문제가 되어 있지 않다고 해도, 화폐는 지불될 때까지 현금의 형태로 존재하지 않아도 된다.

그러나 지불을 할 때 현금이 없으면 큰일이다. 지불수단으로서의 화폐는 유통의 단절을 단숨에 일으키는 가능성을 간직하고 있다. 매매의 단순한 단절과는 별도로 매매 후에 일어나는 큰 단절도 공황의 가능성을 안고 있다.

지불수단으로서의 화폐의 기능은 매개하지 않는다는 모순을 안고 있다. 지불이 상쇄되는 한, 화폐는 다만 관념상에서의 계산화폐, 또는 가치척도로서 기능할 뿐이다. 화폐는, 유통수단과 같은 실제의 지불 동안에만 다만 물질대사를 소멸시키는 매개적인 형태로서 나타난 것이 아니라, 사회적 노동을 구현한 것으로서, 교환가치를 가진 독립된 존재, 즉 절대적인 상품으로서 출현하는 것이다. 이 모순은 화폐공황과 상업공황의 어떤 국면에서 정점에 이른다. 화폐공황이 발생하는 것은 지불이 계속적으로 연쇄되어 결제의 인공적 조직이 고도로 발전해 있는 장소뿐이다.

단 하나의 부(富) 화폐

이제까지 어떻게 되든 상관 없었던 금화에의 수요가 갑자기 일어나는 일을 다음과 같이 표현한다. 이것은 지금도 일어날 수 있는 사실이므로 그 문장을 인용하기로 한다.

이 기구가 전반적으로 마비되면, 그 마비가 어떤 장소에서 발생하든, 화폐는 갑자기 또 매개도 없이, 계산화폐와 같은 관념적으로 존재하는 모습에서 경화(硬貨 : 금이나 다른 통화와 항시 바꿀 수 있는 화폐, 달러 등)로 바뀐다. 화폐는 통속적인 상품으로는 대체할 수 없게 된다. 상품의 사용가치는 무가치한 것이 되고, 그 자신의 가치형태 앞에서 사라진다.

방금 전까지 부르주아는 호경기에 취해서 자랑스럽게, 화폐 같은 건 이제 공허한 환상이라고 말하고 있었다. 상품이야말로 화폐이다.

그러나 화폐야말로 상품이 된 것이다. 이제 세계에 반향(反響)한다. 사슴이 물가를 찾아 우는 것처럼, 세계시장은 단 하나의 부(富)인 화폐를 구하여 외친다.

결국, 지불수단에 의해서 화폐는, 상쇄되는 한 필요가 없게 되었는데, 지불이 정체되면 그 연쇄는 매우 중대한 것이 된다. 이것은 현재도 마찬가지 일로, 국가가 개입할 수 있는 액수로 끝나는 동안에는 문제가 없다 해도, 그것을 초과하는 액수가 되면 이런 사태도 있을 있다는 것도 잊어서는 안 된다.

(c) 세계화폐

마지막에는 또한 금밖에 없다

마지막에 세계화폐를 문제로 삼는다. 국내에서 화폐는 가치표장이나 보조주화 등으로 대치된다고 해도 세계무역에서는 그렇게는 되지 않는다.

세계시장에서 비로소 화폐는 완전히 상품으로서 기능한다. 그리고 이 상품의 자연형태는 동시에 인간노동 일반을 직접 사회적인 것으로 하는 실현형태이다.

세계시장에서 처음으로 금이 쓰이고, 그것이 금 상품이라는 형태를 취하여 한편에서 그것은 노동을 구현한다는 것이다. 실제로는 국제무역에서 지불수단으로 사용되는 경우가 많은데, 이런 결제를 하는 데에는 금화의 준비가 없으면 어렵다.

현 사회에서는 그 역할을 달러가 하고 있다고 생각하는 사람도 많을 것이다. 마르크스 경제학자도 금화 시대는 끝났다고 하는 사람도 있다.

그러나 문제는 금화인가 아닌가보다 최종적인 결제에는 노동이 구현된 실체가 필요하다는 것이다.

전후의 IMF 체제는 인위적으로 금을 사용하지 않고 '달러'라는 신용화폐를 사용하고 있는데, 금 준비의 부족, 또는 경제적 불안정 때 금으로의 회귀는 여러 번 일어나고 있다. 원자력 발전에서 사고가 없는 것이, 원자력이 안전하다고 말할 수 없는 것처럼, 달러로 그럭저럭 해 온 것으로 해서 이제 그것으로 안전하다고는 말할 수는 없다. 때로는 몇 번이고 금으로의 회귀가 일어난다. 따라서 미국의 연방준비은행에 금의 양이 '제로'라고 하는 일은 현실적으로 있을 수 없는 일이다. 이렇게 해서 마르크스는 화폐를 분석하면서, 화폐가 항상 노동을 구현한 상품이라는 것을 잊어서는 안 된다고 지적을 하고 있는데, 이것은 자본을 문제삼는 제3장에서도 마찬가지이다.

제2편
화폐의 자본으로의 전화

제4장 화폐의 자본으로의 전화

제1절 자본의 일반정식

왜 자본이 생기는가

마침내 자본주의의 본질인 자본 문제에 말한다. 자본의 가치증식 과정에 모든 수수께끼가 숨겨져 있는데, 그것을 이제까지 제1편에서 분석한 용어를 써서 끌어 내는 작업으로 들어간다.

우선 이렇게 말한다.

'일반적으로 쓰이고 있는 화폐'와 '자본으로 쓰이고 있는 화폐'의 차이는 우선 그 유통 방법에 있다.

자본으로서의 화폐도, 화폐로서의 화폐도, 기본적으로는 같다. 차이는 그것이 유통되는 형태이다. 유통하는 형태라고 하면 우선, 앞서도 나온 바 있는 'W(상품)—G(화폐)—W'라고 하는 형태가 있다. 다음에 이것과는 다른 것으로 'G—W—G'라는 형태가 있다.

그러나 후자의 형태는 이론으로서는 성립되어도 실제로는 성립되지 않는다. 왜냐하면, 어떤 상품을 사서, 그것을 또 팔아서 결국 똑같은 액수의 돈을 얻는다는 것은 현실사회에서는 있을 수 없기 때문이다.

그러나 자본으로서의 화폐는 바로 이것을 행하고 있다는 것은 틀림없는 사실이다. 전자인 W—G—W의 경우는 다른 상품을 매입함으로써 양극의 사용가치는 다르지만, G—W—G의 경우 당연히 획득하는 화폐는, 애초의 똑같은 화폐가 되돌아오지 않는다 해도 양이 똑같은 이상 의미가 없다. 오히려 양이 다르다면 이해할 수는 있다. 따라서 G—W—G의 목적은 양의 차이뿐이다.

화폐는 화폐를 증가시킨다—가치증식

그렇다면, 이 일반정식은 실은 G—W—G가 아니라 G—W—G′가 된다. 'G″'란 G와 비교해서 'ΔG'만큼 늘어난 것을 말한다. 마르크스는 이 ΔG를 '잉여가치'라고 이름짓는다. 잉여가치란 처음에 투하된 이상의 값을 말한다.

최초에 부여된 가치는 유통하는 동안에 그 가치를 유지할 뿐만 아니라 그 가치를 크게 하여 잉여가치를 부가한다. 즉, 가치증식을 하는 것이다. 그리고 이 운동이 이 가치를 자본으로 전화하는 것이다.

여기에 큰 진전이 있다. 화폐로부터 시작되는 순환인 자본은 항상 가치증식을 목적으로 한다는 것이다.

이와는 반대로 자본으로서의 화폐의 유통은 자기목적이다. 그 이유는 가치의 증식은 다만 끊임없이 갱신되는 운동 안에서만 존재하기 때문이다. 따라서 자본의 운동은 무제한이다.

화폐의 가치증식을 추구하는 자본가

조금 앞을 서둔 문장이지만, 이미 이 정식 안에 자본으로서의 화폐가 갖는 끝없는 가치증식의 힘을 보고 있는 것이다. 그리고 그 운동을 전개하는 자본가는 이 증식운동을 촉진하는 인격화된 자본으로서 기능하는 것이다.

이 멈출 줄 모르는 한없는 이식욕(利殖慾)을 화폐축장자(蓄藏者)와 비교를 한다. 화폐를 다만 사장하는 축장자가 미친 자본가라고 한다면, 이 경우의 자본가는 합리적인 화폐축장자라고 말하고 있다. 전자는 화폐를 항상 유통으로부터 빼내려고 하는 데 비해, 후자는 끊임없이 유통에 투입하려고 하는 것이다. 이 끝없는 이식욕을 가진 자본가에 대해서 다음과 같이 표현하고 있다.

자본가는 다음과 같은 일을 알고 있다. 즉, 모든 상품은 아무리 조촐하더라도, 또는 제아무리 부정한 것이라도 신앙과 진리의 점에서 보아 그것이 화폐이고, 마음속으로 할례를 받은 유태인이며, 또한 화폐로 보다더 많은 화폐를 만들기 위한 기적적인 수단이라는 것을.

실은 이 부분은 프랑스어 판에서는 이렇게 되어 있다.

자본가는 다음과 같은 일을 잘 알고 있다. 비록 상품의 외관이나 부정이 무엇이든 상품은 모두 '화폐와 신앙과 진리'의 점에서 상품이며 또한 보다더 많은 화폐를 만들기 위한 최고의 수단이라는 것을.

여기에서는 유대인의 할례 운운 하는 대목이 삭제되어 있다. 그밖에도 유대인에 관한 문장이 나오고 있지만 삭제하고 있지는 않다. 이 대목은 너무 심하다고 생각했는지 삭제하고 있다.

미묘한 표현이다. 초기의 '유대인 문제에 대해서'(1844) 안에서 현대사회를 모조리 유대적 정신의 세계라고 말한 마르크스는 여기에서는 상품생산 사회의 본질 그 자체가 유대적이라고 말하고 있으니까.

마르크스 자신은 할례를 받은 유대인이기 때문에 진짜 유대인이다. 따라서 머릿속에서 유대인이 된 의사(擬似 : 비슷할) 유대인과는 다를 것이다. 그러나 현대사회는 모름지기 의사적 유대사회라는 이야기가 된다. 두 가지를 나누고 있는 데에 주의할 필요가 있을 것이다.

제2절 일반정식의 모순

등가교환의 원칙을 지키지 않는 화폐의 수수께끼

이 일반정식의 문제는 그때까지 모두 양적으로 똑같은 등가교환이 이루어진다는 것을 전제로 하고 있던 상품생산 사회의 원리에서 하자면 매우 기묘한 것이 아닐 수 없다. 그러나 실제로 화폐와 화폐를 등가교환하는 사람은 아무도 없다는 사실, 이 문제를 어떻게 이해할 것인가가 이 절의 과제가 된다.

따라서 당연히 이런 논의가 나온다. 본디 상품교환부터가 등가교환이 아닌 것이다. 감각론으로 유명한 콩디야크가 그 전형으로서 인용된다. 요컨대 항상 싸게 사서 비싸게 판다, 이것이 본질이라고. 항상 부등가교환이라고 한다면 마르크스의 논의는 모두 무산되어 버린다. 이 세계는 사기와 기만의 세계인 것이다.

그러나 그렇다고 한다면, 사는 사람은 항상 속게 되고, 이 사는 사람은 언젠가 파는 사람이 되므로 속고 속이는 세계가 된다. 어딘가에서 속이면 어딘가에서 속는 세계가 되는 것이다. 이렇게 되면 마찬가지가 된다. (도둑의 세계에 도둑이 없다고 하는 것은 맨더빌의 우화의 세계이지만) 그렇다면 등가교환이 될 것이다. 실제로 속으면 그 가게에는 두 번 다시 가지 않는다. 납득이 가지 않는 곳에서는 사지 않는다. 결과는 안정된다. 스미스가 자연가격이라고 한 것은 바로 이것이다.

그러나 G−W−G가 G−W−G′가 되어 있다고 하는 것을 부정할 길이 없다. 이 식의 전형적인 경우는 G−G′이다. 고리대자본이라고 하는 것은 돈을 빌려 주고 이자를 붙여서 받는다. 또는 먼 곳에서 진기한 물건을 사와서 그것을 비싸게 파는 상업자본을 생각해 보자. 이것은 바로 G−W−G′이다.

이윤을 낳는 것은, 전자의 경우 빌려 주고 있는 동안에 채무자가 갚지나 않을까 하는 불안에 대한 위자료로서, 후자의 경우에는 위험을 무릅쓰고 가지고 온 위험의 대상(代償)이라고 할 수도 있을 것이다. 그러나 그것은 부등가교환이 특수한 경우에 일어난다는 것을 의미하는 데에 지나지 않는다.

본디 상품생산 사회가 일반화할 때까지 이런 부등가교환이 있었던 것도 사실이다. 그래서 약탈 등의 본원적 축적이 있었다. 그러나 여기에서는 그것을 문제로 하지 않는다. 마르크스는 특별한 예를 처음부터 배제한다.

수수께끼는 어디서 생기는가

표적은 하나, 흔히 있는 보통 사람들의 거래 문제로서 다룬다고 하는 것이다.

그러니까 자본은 유통에서 생기지 않는다.
그리고 동시에 유통에서 생기는 일도 있다.
자본은 유통 안에서 생기지 않을 수 없지만, 그 안에서 생겨도 곤란한 것이다.

기묘한 말이지만 그 뜻은 이러하다. 고리대자본이나 상업자본 시대에 분명히 그런 일도 있었으나, 그것은 상품생산 사회의 문제가 아니다. 더욱이 그것에 의해서 축적한 자본이 상품생산을 하고 있으므로 뭐라 말할 수 없다. 마치 닭이 먼저냐 달걀이 먼저냐와 같은 이야기이다.

여기서 '본원적 축적'이라는 중요한 문제를 왜 마지막을 이야기하지 않으면 안 되는가. 그것은, 이 자본주의 게임은 공정한 룰(등가교환)로 이루어지면서 실은 그렇지 않았다고 하는, 이론적으로는 풀 수 없는 것을 문제로 하지 않으면 안 되기 때문이다.

구태여 말할 필요도 없는 일이지만, 부자인 도련님과 가난한 당신이 같은 룰로 일을 하고 있는데, 왜 당신은 항상 가난한가 하는 문제가 가문 문제를 풀지 않으면 풀리지 않는 것과 비슷하다.

화폐가 자본으로 전화하는 것은 왜 그런가—하는 것은, 상품교환에 내재하는 법칙에서 논의해야 한다. 따라서 등가물의 교환이야말로 출발점이다.

아직 자본가로서 번데기에 지나지 않은 화폐소유자는 상품을 그 가치대로 사서 가치대로 팔지 않으면 안 된다. 그럼에도 불구하고 이 과정 마지막에서 자본가는 투입한 것보다 더 많은 가치를 끌어내지 않으면 안 된다. 그가 나비로 변하는 것은 유통 부문에서 일어나지 않으면 안 되며, 또 유통 부문에서 일어나면 안 되는 것이다. 이것이 문제의 조건이다.

Hic Rhodus, hic salta—자, 여기가 로더스라고 생각하면 날 수 있을 것이다!

이 모순, 난문을 어떻게 풀 것인가. 마르크스가 솜씨를 보일 대목이다.

제3절 노동력의 매매

노동력이라고 하는 상품의 수수께끼
마침내 자본주의의 수수께끼, 노동력의 문제에 이르렀다. 그렇다면 이 난문은 어떻게 해서 풀릴 것인가?

화폐에서 일어나는 것도 아니고, 유통으로부터 일어나는 것도 아니라면,

이제 남은 장소는 한 곳밖에 없다. 그것은 최초의 G—W에서 무엇인가가 일어나지 않을 수밖에 없다는 것이다. 이 상품의 매매란 구체적으로 어떤 상품을 사는 일인가. 그것은 노동력이란 상품을 산다는 것이다. 노동력이란 노동하는 능력을 말하는 것으로, 살아 있는 인간에서 생겨나는, 물건을 만드는 육체적·정신적 능력을 말한다.

노동력 상품은 살아 있는 인간인 한, 사서 둘 수가 없다는 것이다. 냉장고에 넣거나 집에 여분으로서 둘 수도 없다. 오직 어느 일정한 시간에 일을 해받을 수 있을 뿐이다. 노예라면 둘 수도 있지만 노동력 상품을 파는 사람은 노예가 아니다. 그가 팔리는 것은 물건을 만들거나 생각할 수 있는 능력이지 인간 그 자체는 아니기 때문이다.

그런 뜻에서 노동력은 특수한 상품이다. 고집을 부릴 수도 있고 비판도 하고 때로는 게으름을 피울 수도 있다. 정말로 다루기 힘든 상품이다. 하지만 한편으로 그들 덕택으로 물건도 팔린다. 말하자면 생산에서는 상품에 지나지 않지만 다른 한편으로 소비자라는 점에서 상품을 뛰어넘는 존재이다.

노동력 상품은 어디에서 생겼는가

노동력 상품은 언제 어디에나 있는 것이 아니다. 상품생산은 비교적 전부터 있었다. 그러나 노동력 외에 파는 기술을 가지지 않는 사람이 생긴 것은 최근이다. 당연히 그것에 의해서 무한한 가치증식을 시작하는 자본 쪽도 이 노동력 상품의 발생과 때를 같이 한다. 여기에 커다란 숨은 수가 있는 것 같다. 그는 이렇게 말하고 있다.

자본은 이것과 다르다. 자본이 존재하는 역사적 조건은 상품유통이나 화폐유통이 있으면 언제나 있는 것이 아니다. 자본은 생산수단, 그리고 생활수단의 소유자가, 자유로운 노동자를 노동력을 파는 사람으로서 시장에서 발견할 수 있는 곳에서밖에 성립되지 않는다. 그리고 이 역사적 조건 속에서 생긴다. 따라서 자본은 처음부터 사회적 생산과정의 어떤 시대의 시작을 알리는 것이다.

상품생산 중에 자본주의적 생산이 생기는 것은 노동력 상품이 시장에 발생하는 것에 의해서라는 것이다. 즉, 자본은 노동력 상품의 존재를 빼고는 존재하지 않는다.

노동력의 교환가치와 사용가치의 차이

그렇다면 노동력 상품은 어떤 가치를 갖는가? 우선 그 상품가치인데, 그것은, 그 상품의 소유자인 인간이 살아가는 데에 필요한 '재생산의 비용'에 의해 결정된다. 그 재생산에 필요한 값, 즉 노동 시간이야말로 그의 교환가치가 된다. 물론, 그 가치는 때와 장소에 따라 다르다. 또 그 노동자의 질에 의해서도 다를 것이다. 객관적인 논의는 할 수 없다. 어떤 나라의 문화 단계에 의존되기 때문이다(이것은 역사의 문제이다).

그렇다면, 이 상품의 사용가치는 무엇인가? 재생산 비용이 그 교환가치라고 한다면, 사용가치는 자본가 아래에서 일을 하여 무엇인가를 만들고 있는 노동이라는 말이 될 것이다. 자본가라고 하는 상품매수자에게, 그것은 무엇보다도 그의 욕망을 충족하는 사용가치이기 때문이다,

즉, 이 사용가치는 구체적으로는 노동자가 일을 하고 있는 총 노동 시간이 된다.

만일, 그 시간 모두의 가치에 자본가가 대가를 지불하면 사용가치와 교환가치는 일치하게 되지만, 그렇게 되면 자본가가 노동자를 고용하는 의미가 없다. 당연히 교환가치로서, 즉 노임으로서 지불되는 액수는 그보다 적을 것이다. 대개의 경우, 먼저 지불하고 일을 시키지는 않는다. 우선 일을 시켜놓고 그 노동력의 지출을 보면서 임금을 지불한다. 말하자면 후불인 것이다. 먼저 지불을 하면 이 상품은 도망가 버리고 만다.

인간세계의 부는 인간에서 생긴다

이렇게 해서 저 유통의 부자연스러운 등가교환의 문제도 사라진다. 노동력의 사용가치와 교환가치의 차이에서 생겨나는 것이다. 모든 수수께끼가 해결된 셈이다. 인간세계의 부는 또한 인간에게서 생긴다. 그것도 인간을 착취함으로써.

그러나 이 관계는 마치 등가교환처럼 보인다. 왜냐하면 질과 양을 교환하고 있기 때문이다. 질과 양은 비교할 길이 없다. 따라서 사용가치와 교환가

치의 차액 등과 같은 것은 논의할 의미도 없다.

여기에서 노동력 상품의 사용가치는 노동 시간이라고 하는 양에 환원할 수 있고, 가치도 시간에 환원할 수 있다면 어떨까? 거기에 명확한 차이가 나타난다.

그러나 차이가 있다는 것을 인정하지 않으려고 하는 자본가는 이렇게 말한다. 노동에 따라 지불을 하고 있다고. 나머지는 기계가 만든 것이다, 아니 자본가의 발상에 의한 것이라는 등 여러 가지로 둘러댄다. 이와 같은 이유는 그럴 듯한 것인데 후에 마르크스는 이 문제는 풀게 된다.

마르크스는 이런 시시한 이치가 통하는 사회를 '벤 섬의 천국'이라고 말한다. 그 부분을 인용해 보기로 한다.

노동력의 매매가 이루어지고 있는 유통 또는 상품교환의 장면은, 사실 하늘에서 내려받은 인권의 참다운 낙원이었다. 여기에서 이루어지고 있는 일은 자유·평등·재산 및 벤 섬이다.

왜 자유인가? 그 이유는 한 상품, 예를 들어 노동력을 사는 사람과 파는 사람은 자유로운 의사에 의해서만 결정되었기 때문에, 그들은 자유롭고 법적으로 대등한 것으로서 계약한다. 계약은 그들의 의사가 같다는 것을 마지막으로 나타내는 결과이다.

왜 평등인가? 왜냐하면 그들은 다만 상품소유자로서만 서로 관계를 갖고 등가와 등가를 교환하기 때문이다.

왜 재산인가? 왜냐하면 각자가 자기 것을 처리하는 데에 지나지 않기 때문이다.

왜 벤 섬인가? 둘 다 자기의 일밖에 관심이 없기 때문이다. 그들을 하나로 연결시키는 유일한 힘은 그가 갖는 이기심, 특수 이익, 그들의 사적 이익의 힘뿐이다. 그리고 각자가 자기의 일에밖에 관심을 가지지 않고 남에게 관여하지 않기 때문에, 모든 사람들은 사물의 예정 조화의 힘, 또는 모든 것을 이해하고 있는 절리(節理) 덕분에 처음부터 그들의 서로의 이익, 공통된 이익, 총이익을 위해 일을 하는 것이다.

제3편
절대적 잉여가치의 생산

제5장 노동과정과 가치증식 과정

제1절 노동과정

자본주의 이외의 노동

우선 마르크스는 청춘 시대부터 큰 테마였던 '노동이란 무엇인가?'라는 문제를 여기에서 펼친다. 일반적으로 노동은, 자연에 대해서 인간이 작용하는 행위이며, 그것에 의해서 자연을 변화시키고 자신도 또한 변화해 가는 과정이라고 일컬어지고 있다.

이윽고 인간은 노동수단을 발명하게 되는데, 이 노동수단의 발명이야말로 인간의 역사를 구분하는 전기를 만들어 간다. 그리하여 노동대상인 토지에 작용함으로써 노동은 대상화되어 간다.

이와 같이 해서 노동대상과 노동과정은 생산수단, 이에 작용하는 인간의 노동은 생산적 노동이 된다.

그런데 이런 인류역사를 통해서 펼쳐지는 노동은 자본주의 사회의 가치증식 과정과는 달라서, 인류역사를 꿰뚫는 보편적 노동과정이다. 그 특징은 인간에게 사용가치를 만들어 내는 데에 있다.

이제까지 단순하고 추상적인 형태로 말한 노동과정은, 사용가치를 만들어 내기 위한 합목적적 활동으로, 인간의 욕망을 위해 자연의 것을 취득하는 것을 말하며, 인간과 자연 사이의 물질대사의 일반적 조건이며, 인간생활에 대하여 영원한 자연조건이며, 따라서 인간생활의 그 어떤 시대와도 관계없이 인간의 모든 사회형태에 똑같이 공통된 것이다.

그런데 자본주의 사회에 있어서의 노동은 그렇지 않다. 우선, 노동이 자본의 관리하에 놓인다는 것, 그리고 생산물이 자본가의 소유가 된다는 것에 그 차이가 있다는 것이다.

제2절 가치증식 과정

가치를 증식하는 노동

이렇게 해서 자본의 관리하에 놓인 노동은 어떻게 되는가?

우선 자본가는 팔기 위해 생산물을 만들고, 더 나아가 처음에 투자한 이상의 가치를 생산하려고 한다. 자본가는 자선사업을 하고 있는 것이 아니다. 그래서 그는 처음부터 투자한 이상의 액수를 획득하려고 생각한다. 그런 뜻에서 여기에서의 노동과정은 그대로 노동과정이 아니라 가치증식 과정이 되지 않을 수 없게 된다.

노동자가 노동한, 재생산을 위해 지불되는 노동력의 가치와, 그가 노동한 전체 노동과정의 가치는 다른 것으로, 이 차액을 얻는 것이 자본가에게는 이익이 되는 것이다. 6시간분의 가치가 노동력의 가치라면 그는 우선 12시간 일을 하지 않으면 안 된다.

가치형성 과정과 가치증식 과정을 비교한다면, 가치증식 과정은 어떤 점을 넘어서 연장된 가치형성 과정 그 자체이다.

가치형성 과정은 자본이 지불한 노동력의 가치가 새로운 등가에 의해 대치(代置)될 때까지밖에 계속되지 않지만, 따라서 그것은 단순한 가치형성 과정이다

가치형성 과정이 이 점을 넘어서면 그것은 가치증식 과정이 된다.

마르크스는 가치형성 과정과 가치증식 과정이라고 하는 말을 구별해서 사용하면서 가치가 증식하는 것을 설명한다.

자본이 노동자의 노동력의 가치를 형성하는 과정을 가치형성 과정이라고 한다면, 그것을 뛰어넘어서 형성되는 과정은 가치증식 과정이라는 것이다.

상품생산에서 가치는 형성되지만, 잉여가치는 형성되지 않는다. 따라서

가치형성 과정은 상품생산 과정이지만, 가치증식 과정은 아니다. 한편, 가치증식 과정은 잉여가치를 낳는다. 그 때문에 그것을 자본주의적 생산과정이라는 것이다. 이 미묘한 차이인 것이다.

이른바 공동체의 과잉생산물을 상품으로서 파는 경우에는 그것에 노동력의 상품화가 없으므로 이것은 가치증식 과정은 되지 않는다.

이렇게 해서 노동력을 사들인 자본가가 노동 시간을 최대한으로 가동시켜 감시를 소홀히 하지 않는 이유가 거기에 있는 것이다. 가치증식 과정에서 중요한 일은 가치를 증식시키는 일이며, 그것은 바로 구입한 노동 시간을 최대한으로 가동시키는 일이며, 노동자가 게으름을 피우지 못하게 하는 일이기 때문이다.

제6장 불변자본과 가변자본

기계는 가치를 만들지 않는다?

그런데 여기까지는 생산수단이나 원료 문제는 그다지 문제가 되지 않았었다. 그러나 실제로는 생산수단이나 원료가 쓰인다. 이런 부분은 상품의 가치형성에 어떤 영향을 주는가 하는 문제가 생긴다. 그것을 다룬 것이 이 장(章)이다.

노동이 가치를 형성하는 것은 그렇다 치고, 기계나 원료는 어떻게 가치형성에 관계하고 있는가. 만일 그것이 가치형성에 그대로 관계한다고 하면, 이제까지 말해 온 모든 논의는 붕괴하고 만다. 생산수단도 원료도 과거의 노동에 의한 것이라고 한다면 이 부분도 가치형성에 그 어떤 이바지가 있을 것이다. 그 가치가 새로운 가치를 만들어 내고 있다면, 가치를 증진시키고 있는 것은 '과거 노동'이지 살아 있는 인간노동이 아니라는 것이 된다.

이 문제를 마르크스는 이렇게 풀고 있다. 분명히 기계나 원료도 그것이 상품이었던 이상, 가치는 있다. 그러나 그 가치는 이전된 부분뿐이지 그것이 새로운 가치를 낳는 것이 아니라고. 노동자는 우선 이런 가치를 상품에 이전시켜, 한편에서 새로운 가치를 증식한다는 것이다.

노동대상에 새로운 가치를 부여한다는 것과, 생산물에 본디 있던 가치를 유지한다고 하는 것은 노동자가 같은 시간에 행하는 전혀 다른 결과이다.

더욱이 그는 똑같은 시간에는 한 번밖에 노동을 하지 않으므로, 이 양면적인 결과는 그의 노동 그 자체가 양면적이라는 것에서만 설명된다.

같은 지점에서 노동자의 노동은 하나의 특징으로서 가치를 창조하고, 또 하나의 특징으로서, 가치를 보존 또는 이전하지 않으면 안 되는 것이다.

기계의 가치를 끌어 내고 있는 것은 누구인가

본디 이런 가치의 문제는, 인간의 노동지출이라는 문제와 관계되어 있는 일로서, 기계도 원료도 모두 과거를 더듬어 보면, 가치에 환원된다고 하는 전제에 서 있으므로 이렇게 되는 것이다. 기계·원료·연료·공장 등 모두 과거노동이라는 것이다.

원료나 연료는 그대로 없어지므로, 그것이 상품으로 이전되었다는 것은 비교적 알기 쉽지만, 기계는 매일 거기에 있다. 어떻게 해서 가치가 상품으로 이전되었다는 것을 증명할 수 있느냐고 물으면 확실히 알기 어려운 논의이다. 하지만 10년으로 그 기계의 가치보전 기간이 끝난다고 하면, 매일 조금씩 가치를 이전해 갔다고 말하지 못할 이유는 없다.

생산적 노동이 생산수단을 새로운 생산물의 가치형성 요소로 전화되어 가고 있는 동안에, 생산수단의 가치에는 하나의 전생(轉生)이 일어난다. 그것은 마모된 몸에서 새 가치가 부여된 몸으로 옮아간다. 다만 이 전생은, 말하자면 실제의 노동의 배후에서 이루어지고 있다. 노동자는 애초의 가치를 보존하지 않고서는 새로운 노동을 부가할 수는 없다. 따라서 새로운 가치를 창조할 수도 없다. 그 이유는, 노동자는 항상 노동을 특정하고 유용한 형태로 부가하지 않으면 안 되기 때문이다.

또, 노동자는 생산물을 새로운 생산물의 생산수단으로 하여, 그렇게 함으로써, 그 가치의 새로운 부분을 생산물로 이전하지 않으면 노동을 유용한 형태로 부가할 수가 없기 때문이다. 이렇게 가치를 부가하면서 가치를 보전(補塡)한다고 하는 것은, 활동을 계속하고 있는 노동력의, 즉 산 노동의 한 자질이며, 노동자에게는 아무런 비용도 들지 않고, 자본가에게는 기존의 자본가치의 보존이라고 하는 큰 이익을 가져오는 자질이다.

사업이 잘 되어 갈 때 자본가는 돈 버는 데에 바쁘고, 노동이 거저 주는 선물에는 돌아보지도 않는다. 그러나 노동과정을 단숨에 중단시키는 공황 때에는 어쩔 수 없이 이 일을 깨닫는 것이다.

가치를 형성하는 것은 산 노동뿐이다

조금 긴 문장이지만 매우 중요한 문장이다. 요컨대 가치의 이전이라는 일은 별로 눈에 띄지 않지만, 실은 큰 역할을 짊어지고 있다는 것이다. 가치를 이전하는 덕택으로 기계를 보존하고 있다. 더욱이 그것에 대해서 돈을 지불할 필요는 없다. 노동자가 일을 한다는 것은 그들이 스스로 기계의 손질을 해주는 일이기도 한 것이다. 그러나 돈벌이에 정신이 팔린 자본가는 그것을 알아차리지 못한다. 공황 상태가 되어 노동자의 목을 잘랐을 때 비로소 그들이 없으면 기계 같은 건 전혀 쓸모가 없다는 것을 알게 된다는 것이다.

이렇게 해서 마르크스는, 가치를 형성하는 것은 노동뿐, 기계도 원료도 일체 가치를 형성하지 않는다고 주장한다. 따라서 이런 부분에 대해서, 가치를 변화시키지 않는다는 뜻에 '불변자본'이라고 말하고 가치를 부가하고 증식시키는 노동에 대해서 '가변자본'이라는 말로 표현한다.

이 차이가 매우 중요하다. 일반적으로 쓰이고 있는 고정자본이나 유동자본과 같은 어법이 아니라, 가치라고 하는 관점에서 본 불변자본, 가변자본이라고 말함으로써, 마르크스의 이런 자본 설비에 이르기까지, 모든 것을 가치로 보려고 하는 자세가 명확하게 되기 때문이다. 이하 이 말이 되풀이해서 쓰인다.

제7장 잉여가치율

제1절 노동력의 착취도

어느 정도 착취되고 있는가―잉여가치율

불변자본과 가변자본이라는 개념을 사용해서 노동자가 어떻게 착취되고 있는가 하는 문제가 여기에서 논의된다. 불변자본은 Constant라고 해서 C, 가변자본은 Variable이라고 해서 V라는 기호가 쓰인다. 그리고 잉여가치에는 Mehrwert로 M이란 기호가 쓰인다.

상품의 가치가 이 기호로 표현되면 'C+V+M'이 된다. 그러나 실제 이 M을 만드는 것은 V를 지출하는 노동자이므로, 노동자에 지불하는 임금인 V 부분과, 자본가가 획득하는 잉여가치의 부분 M을 비교하면 새로 형성된 가치의 비율도 알 수가 있는 것이다. 이것을 '잉여가치율'이라고 한다. 말하자면, 어느 정도 새로운 가치를 산출했는가, 바꾸어 말하면 얼마나 착취했는가를 계산하기 위해서는 V와 M의 비율이면 된다는 이야기가 된다.

당연히, '실제의 기업가는 그런 계산을 하지 않아'라고 하는 비판에 대비해서, 면화업자는 C의 부분을 배제하고 계산하는 일도 있다고 하는 현실적인 경영자 측의 사실을 시사하고 있다. 아무튼 가치증식의 비율을 검토하는 한, 이것으로 좋을 것이다.

이렇게 해서 마르크스는 노동자의 가변자본 부분에 대해서, 노동자의 재생산에 드는 필요한 비용이라고 해서 '필요노동'이라고 표현한다. 그것에 걸리는 시간을 '필요노동 시간'이라고 이름짓는다. 그리고 그것을 넘어 새로운 가치를 형성하는 부분, 잉여노동 M에 지출되는 시간을 '잉여노동 시간'이라고 부른다.

여러 가지 경제의 사회형태, 예를 들어 노예제 사회로부터 임금노동의 사회를 구별하는 것이야말로, 이 잉여노동이, 직접적인 생산자나 노동자로부터 착취당하는 형태이다.

마르크스는, 자본의 가치증식이 이루어지는 자본주의 사회의 특수성을 거듭 강조하게 되는데 이렇게 해서 착취의 정도를 재는 정식(定式), 즉 잉여가치율이 나오게 된다.

그것은

M/V＝잉여노동/필요노동

이라고 하는 정식이다.

마르크스는 계산의 형편상 잉여가치율을 100%로 하고 있다. 배나 잡는다는 것은 매우 높은 편인데, 그렇게 보이는 것은 이윤율이라고 오해하기 때문이다. 잉여율을 측정할 경우, 자본가는, 가변자본에 미리 대여한 불변자본을 더한 것—즉, 'V+C'와 잉여가치율 M과의 비율을 문제로 삼기 때문에 당연히 낮아지게 된다.

그러나 이것은 어디까지나 미리 대여한 자본이 어느 만큼의 잉여가치를 낳느냐 하는 것이지, 노동자가 어느 정도 착취되고 있는가 하는 문제와는 다르다. 《자본론》의 본질은 착취 쪽이므로 잉여가치를 문제로 삼는다.

여기서 제7장의 제2~4절은 짧다고 하는 것과, 거의가 여러 학설의 비판에 할애되어 있으므로 간단한 설명으로 끝내기로 한다. 그러나 매우 중요한 문제도 포함하고 있다. 잉여가치율 등과 같은 노동자의 입장으로부터의 논의에서는, 가만히 있을 수 없는 사람이 의지하고 설 논거가 비판되기 때문이다.

시니어의 마지막 한 시간—이상한 논의

'시니어의 마지막 한 시간'이라고 하는 문제야말로 바로 그것이다. 잉여가치라고 하는 것은 제대로 이해되면 문제는 없지만, 실제로는 미리 대여한 전체 자본에 대해서 어느 정도 이윤을 얻을 수 있느냐—하는 이윤율에 관심을 갖는다. 이런 발상으로 간다면 이렇게 된다.

마르크스가 들고 있는 예를 사용하면, 방적의 경우 노동 시간을 12시간으로 하면 최초의 8시간은 면화 원료를 보전하고, 다음 1시간 36분으로 노동 수단의 가치를 보전하고, 다음의 1시간 12분으로 노동임금의 가치를 보전한다. 따라서 나머지 약 1시간으로 잉여가치를 창조한다는 것이다. 이것이 마지막 1시간이라고 하는 문제이다.

이 논의는 이론적으로 어떻다는 문제가 아니라, 노동 시간을 줄인다는 것은 결단코 허용되지 않는다는 논의의 근거로 이용되는 것으로 절실한 문제가 되어 있다.

옥스퍼드 대학 교수 시니어는 노동자가 주장하는 10시간 노동을 저지하는 논리를 펼칠 최후 수단으로서 맨체스터의 자본가들로부터 선발되어 그의 특이한 논의를 펼친다. 지금도 자본의 논리에 충실한 어용학자가 많이 있는데 시니어는 그 선배인 셈이다.

그는 위와 같은 논리에 의해서 10시간 노동만으로는 자본가는 이윤을 얻을 수 없고 자선사업을 하고 있는 것과 마찬가지라는 것이라고 주장한다.

실제로는, 노동 시간이 줄어들면 원료의 소비도 기계의 마모도 줄어들게 되므로, 미리 대여된 자본의 손실도 줄어들게 된다. 그 이상으로 그가 혼란을 나타내고 있는 것은, 우선 불변자본 부분이 무엇인가를 이해하지 않고 있다는 것이다. 산 사람의 노동이 첨가되느냐의 여부만을 문제로 했어야 하는데, 이것도 저것도 가치를 낳는다고 혼란을 나타내고 있는 것이다. 그러나 이런 허튼소리(all bosh)는 어느 세상에서나 나타난다. 노동 시간의 연장에 괴로움을 받고 있는 노동자에게 마르크스는 이렇게 미래를 알리고 있다.

언젠가 여러분의 마지막 종이 실제로 울렸을 때, 옥스퍼드의 교수 선생님을 상기하라. 그럼, 후세에서 잘 부탁한다! 안녕!

지금도 제2, 제3의 시니어 선생이 계시므로, 여러분 주의하기 바란다.

제8장 노동일

제1절 노동일의 한계

노동일은 간단히는 줄어들지 않는다

이제까지 오랫동안 이론적인, 약간 어려운 논의를 펼쳐 왔는데, 여기에서는 그런 탁상이론이 아니라, 살아 있는 사람의 이야기가 등장한다. 그것은 당연한 일이다. 노동자가 일하는 노동 시간—노동일은 단순히 이론으로 되어 있는 세계가 아니다. 사느냐 죽느냐의 싸움의 세계이기도 하기 때문이다. 마르크스는 노동자에게 우선 제8장으로부터 읽으라고 말하고 있는데 그 이유는 바로 여기에 있다.

그러면 노동일은 어떻게 해서 정해지는가?

우선 노동 시간은, (노동자가 살기 위해 필요한 재생산 비용인) 필요노동 시간을 밑도는 시간은 되지 않는다. 하지만 필요노동 시간에 딱 일치하는 것도 의미가 없다. 왜냐하면 거기에는 자본가를 위한 잉여가치가 부가되어 있지 않기 때문이다.

한편으로, 당연한 일이지만 상한(上限)도 있다. 하루가 24시간이라면 그것을 넘는 노동일은 있을 수가 없다. 그 이전에 노동자라고 하는 살아 있는 인간의 신체적인 한계도 있다. 그러나 자본가는 노동력 상품을 산 이상 될 수 있는 대로 많이 쥐어짜고 싶어진다. 여기에서 큰 싸움이 생기게 된다.

따라서 자본은, 자기의 오직 하나의 생명의 충동—자기를 증식하고 잉여가치를 창조하려는 충동을 갖는다. 즉, 그 불변 부분인 생산수단을 써서, 될 수 있는 대로 많은 잉여노동을 착취하려는 충동을 갖는 것이다.

자본이 마치 흡혈귀처럼 기운이 솟는 것은 산 노동을 착취할 때뿐이며, 많이 흡수하면 흡수할수록 더욱더 기운이 솟아난다.

노동자가 노동을 하는 시간은 자본가의 입장에서 보자면 그가 매입한 노동 시간을 소비하는 시간이다. 노동자가 자본가의 자유로 할 수 있는 시간을 자기 자신을 위해 쓴다면 그것은 자본가 것을 훔치는 일이 되는 것이다.

낚은 고기는 자기 것

자본의 입장에서 보면, 노동자는 착취하기 위한 대상에 지나지 않는다. 산 이상, 그것을 어떻게 쓰든 남이 알 바 아니다. 노동자 입장에서 보면 딱한 이야기이지만 여기에는 이론이 없다. 있는 것은 오직 필사적인 투쟁뿐이다.

이렇게 해서 자본주의적 생산의 역사에서, 노동일을 표준화한다는 문제는 노동일의 제한을 둘러싼 투쟁으로서 나타난다—모든 자본가, 즉 자본가 계급과 모든 노동자, 즉 노동자 계급의 투쟁으로서 나타나게 되는 것이다.

여기서부터 구체적인 사실을 추구하게 된다.

제2절 자본은 잉여노동에 굶주리고 있다─보야르와 공장주

노동의 비참함을 비교한다

우선, 잉여가치가 아닌 잉여노동 자체는 어떤 세계에서도 필요하다고 하는 보류를 설정한다. 당연한 일이다. 축적이 없는 사회 같은 것은 없다. 그러나 대개의 경우 그런 잉여가치에 대한 욕망은 생산 그 자체의 성격에서 오는 것이 아니다. 오히려 금에 대한 황금욕 등에서 생긴다.

따라서, 금이나 은의 생산은 무서울 정도로 그 욕망을 북돋아, 특히 광산에서의 착취는 비참하기 짝이 없는 것이 된다. 그러나 이것은, 실은 자본주의 세계가 과거의 세계를 나쁘게 그려낸 결과이지, 대개는 그토록 심하지 않았다. 오히려 자본주의에 그런 세계가 들어왔을 때 비참한 결과가 일어났다고 말한다. 미국의, 한때는 아직 목가적이었던 흑인노예에 대한 착취가, 면화생산이 자본주의 세계로 들어왔을 때 어떻게 되었는가를 보면 알 수 있다고 말한다. 그때 비로소 노예의 비참함은 확대되었다.

마르크스는, 영국의 공장노동과 도나우 강 유역의 부역노동(노동에 의한 세금)을 비교한다.

영국의 공장에서 일하는 노동자의 잉여노동과 필요노동은 같은 공장인 한 분리할 수가 없는데, 바라키아(다뉴브 강 유역) 농민의 보야르(토지 귀족)에 대한 부역노동은 통상적인 농경노동과 비교할 수 있다. 왜냐하면 일을 하는 장소가 다르기 때문이다.

그런데 그 다뉴브 강 유역의 바라키아의 부역노동인데, 규칙에서는 1년 동안에 얼마 되지 않은 것이었지만, 이러저러한 해석 때문에 자꾸만 늘어났던 것이다. 더욱이 날씨가 나쁜 이 지방에서는 자기들을 위한 노동일도 적기 때문에 그 비율은 매우 높은 것이었다. 토지영주 보야르의 잉여노동에 대한 갈망이 어중간한 것이 아니었다는 것은 확실하다.

영국의 공장과 엉성한 법

그렇다면 영국의 공장은 그보다 좋은가. 영국에서는 노동일을 제한하는 공장법이 생기기는 했었다. 국가가 자본의 착취를 허락하지 않은 것이다. 《자본론》당시인 1867년은 10시간 노동 시대였고, 주일로 따지자면 넉넉히 60시간의 노동이었다. 당시의 영국은 이 노동 시간을 지키게 하기 위하여 공장 감독관(당시 레너드 호너라고 하는 사람)을 두고 있었다. 마르크스는 그의 보고서를 꼼꼼하게 읽는다.

당연히, 법정 노동 시간을 초과한 노동이 성행하고 있었다. 이것은 특별이윤을 이루어 하루 5분의 연장으로도 1년으로 따지자면 상당한 액수가 되었다. 특히, 식사시간의 축소는 예삿일이었다고 한다. 마르크스는 이 보고서의 말을 이렇게 인용하고 있다.

만일 매일 단 10분만의 여분의 초과노동이 가능하다면 해마다 1000파운드를 호주머니에 넣을 수가 있는 것이다.

일각일초가 그의 이익의 일부인 것이다.

이와 같이 영국에서도 법률은 실은 빠져 나올 구멍이 많은 엉성한 법이었던 것이다.

제3절 착취에 대한 법적 제한이 없는 영국 산업의 노동일

어린이 노동의 실태

첫머리에서 비참한 어린이 노동의 실태가 인용된다. 레이스업·도공(陶工)·성냥 제조업·벽지 공장·제빵업 이야기. 어떤 일곱 살 된 소년에 대한 이야기를 인용해 보기로 한다.

이 어린이가 일곱 살이었을 때, 이 어린이를 업고 항상 눈 위를 왕복하고 있었다. 그는 언제나 16시간이나 일을 하고 있었던 것이다. —그가 기계에서 작업을 하고 있는 동안, 나는 무릎을 꿇고 그에게 식사를 주었다. 기계를 멈추게 하거나 거기에서 이탈하면 안 되게 되어 있었기 때문이었다.

지금도 개발도상국의 공장이나 선진국의 밀항자 공장 등에서 볼 수 있는 풍경으로, 마르크스의 기대와는 반대로, 이런 비참함이 아직 과거의 것이 되지 않고 있다는 것은 놀라울 따름이다.

과거의 실태

어느 큰 철도사고에 의해서 수백 명의 승객이 죽었다. 철도 노동자의 게으름이 원인이었다. 그들은 배심원 앞에서 이렇게 변명한다. 10년에서 12년 전까지의 노동일은 8시간에 지나지 않았다고. 최근 5, 6년 동안에 14, 18, 20시간으로 연장되었고, 또 휴가철에 손님이 많을 때에는 쉬지도 못하고 40~50시간 일을 하는 것도 드물지 않다고.

그들은 보통의 인간이지 아르고스와 같은 초인은 아니다. 어느 단계에 그들은 노동을 견딜 수 없게 된다. 뇌는 사고를 그만두고, 눈은 보는 것을 그만둔다고.

과로라는 말은 지금도 일반적인 말이다. 마르크스는 그 한 예를 든다. 메어리라고 하는 이름의, 어느 여자 기성복 공장에서 일을 하는 여공의 죽음이다. 그녀는 16시간 이상이라고 하는 과혹한 노동 중, 어느 날 침대 위에서 시체로 발견된다.

마르크스는 노여움을 가지고 이렇게 신문기사를 인용한다.

자유무역주의자 코브던과 브라이트의 기관지, '모닝 스타'는 외쳤다. '우리 백인노예는 노동의 희생이 되어 묘지까지 끌려간다. 피곤에 지치고 북이나 트럼펫의 장례도 없이 조용히 죽어 간다'고.

제4절 주간노동과 야간노동―교대제

왜, 어린이 노동자는 반항할 수 없는가

노동일의 한계는 24시간, 그러나 살아 있는 인간으로서 그것은 불가능한 일이다. 하지만 기계는 최대한으로 가동시키고 싶다. 이 모순을 해결하는 것이 주야 교대제인 것이다. 여기에서도 어린이 노동은 크게 활약을 하게 된다. 아무튼 임금이 싸고 온순했다. 그 비참한 상황에 대한 서술은 여기에서는 할애하기로 하고, 마르크스는 교육도 받을 수 없는 아이들이 보는 세계를 주석으로 적었다. 이번에는 그것을 소개하기로 한다. 그들은 때가 묻지 않은 천사이다.

소년 A '4의 배는 8이지만 4 곱하기 4는 16이다. 왕은 금과 은을 많이 가진 사람이다. 이 나라에도 왕이 있고 왕녀도 있다. 프린세스의 이름은 알렉산드라이고 왕의 아들과 결혼했다고 한다. 프린세스는 남자다.'

소년 B '내가 살고 있는 곳이 영국이 아니다. 그런 나라가 있다는 것은 알고 있지만 아무것도 배운 적이 없다.'

소년 C '대지를 만든 것은 신이고, 한 사람을 제외하고는 모든 사람은 물에 빠져 죽었다는 것을 들은 일이 있다. 그 한 사람은 작은 새라고도 들었다.'

아주 소박하다. 요컨대 무지한 것이다. 이런 소년, 소녀들은 아무것도 몰랐기 때문에 반항하는 일도 없이 오직 일을 했을 것이다. 가혹한 야간작업에도 꾹 참고 견디었을 것이다. 그 동안에 자본가는 이렇게 하고 있었던 것이다. 이것도 주석에서 인용해 보기로 한다.

한편, 밤이면 밤마다 유리업(業)을 하는 자본가는 금욕적이라는 것을 나타내려고 포트와인으로 취하고 술값을 지불하고서 밤늦게 클럽을 나온다. 비틀거리며 집으로 돌아가자 백치처럼 이렇게 외친다. '영국인은 노예여서는 안 된다'고.

아이러니컬한 일이다. 노예의 우두머리가, 노예여서는 안 된다고 말하고 있으니까. 더욱이 어린이들에게 심야작업을 시키면서 자기는 술에 취해 있는 것이다.

제5절 표준노동일을 위한 투쟁(1)
－노동일 연장을 위한 강제(14~17세기 말)

노동 시간의 규율에 맞춘다
마르크스는 여기에서 방향을 바꾸어 언제부터 이런 일이 일어났는가에 대한 역사를 소개한다. 노동일이란 무엇인가. 첫머리의 문장을 인용해 보기로 한다.

노동일이란 무엇인가. 자본이 일당 가치로 산 노동력을 사용할 권리이다. 노동 시간이란 무엇인가. 노동일은, 그것을 재생하는 필요노동 시간을 넘어서 어디까지 연장될 수 있는가?

이미 보아온 바와 같이, 이 물음에 대해서 자본은 이렇게 대답한다. 노동 시간은 분명히 말하자면, 24시간에서 몇 시간의 휴식을 뺀 것이다. 휴식이 없으면 노동자는 다시 노동을 할 수 없기 때문이다.

여기에서 분명한 일은, 노동자란 노동력으로서 생명을 갖는 사람에 지나지 않는다는 것이다.

그 결과, 그가 자유로 할 수 있는 시간은, 법적으로나, 자연적으로나, 자본과 그 증식에 속하는 노동 시간이라는 것이 된다. 교육을 위한 시간, 지적 발전을 위한 시간, 사회기능을 충실하게 하기 위한 시간, 벗이나 부모와 관계의 시간, 몸이나 정신을 자유롭게 발전하기 위한 시간, 일요일의 예배 시간 등은, 그것을 엄수하고 있는 나라에서도 전혀 쓸데없는 시간이라는 것이다.

엄격하게 규율화된 자본주의 사회는, 인간의 자유로운 시간을 노동 시간의 규율에 맞춘다. 더욱이 그 시간은 계속 짓밟혀진 채 넘어간다. 자본의 논리는, 인간으로서의 몸을 유지하기 위한 모든 가능성을 빼앗는 경향이 있다. 물론 이것은 자본가를 비판할 문제가 아니라, 자본의 문제이다. 따라서 자본주의는 그 자체가 노동자의 연명에는 무관심하게 된다.

선진국에서는, 자본은 노동자에게 친절한가

이제, 선진 여러 나라의 자본은, 노동자의 연명 효과를 위해 노력하고 있는 것은 아닌가 하는 논의가 나올 만하다. 세계는 풍요로워졌으니까. 과연, 다음 이야기를 보면 그 이유를 알 수 있다. 그러나 세계 전체를 보면, 실은 이런 끝없는 노동 시간의 연장과 인간의 소모는 지금도 존재하고 있다. 예를 들어, 주 35시간의 노동을 만끽하고 있는 프랑스 자본은, 옛 아프리카 식민지에서는 그것을 실행하고 있지 않다. 아니 오히려 반대로 비참한 노동을 강요하고 있다. 그 결과, 태어나는 고아나 빈민을 이민노동자나 양자로서 맞이하는 것은, 비록 프랑스 자본의 친절한 마음씨라고 해도, 그것은 사막에 뿌리는 물과 같은 역할밖에 하지 못하고 있다.

그러나 아무리 자본이라 하더라도 노동자를 이와 같이 파괴되는 대로 내 버려 둘 수는 없는 노릇이다. 노동력은 오래 지탱하게 만드는 편이 좋기 때 문이다. 그러기 위한 수단은 무엇인가? 노동일의 끝없는 증대를 멈추게 하 는 표준노동일의 설정이다. 그러나 이것은 자본가의 머리에서 나온 것이 아 니다. 당연한 일이다.

주식투기에서는, 언젠가 자기에게 벼락이 떨어진다는 것을 알고 있으면 서도, 자기만은 황금 소나기를 계속 받아, 그것을 안전한 장소로 가지고 간다, 그리고 벼락이 떨어지는 곳은 이웃이라고 기대한다. 뒷일은 알 게 뭐야.

이것이 자본의 발상이다.

구빈원을 두려움의 집으로!

그렇다면 어디에서 이 표준노동일은 생겼는가—그것은 '자본가와 노동자 의 수백 년에 걸친 투쟁의 결과이다.' 엄숙한 사실이다. 노동자의 운동의 결 과인 것이다.

그런데 수백 년을 되돌아보면 묘한 사실을 알 수 있다. 그것은, 공장법이 노동일을 단축하려 하고 있는데 지난 수백 년은 노동일을 연장하는 역사였 다고 하는 것이다. 옛날에는 심했지만 지금은 좋아졌다—고 역사를 본다는 것은 실은 거짓말이다.

역사라면 알 수 있겠지만, 근대 초기까지 사람들은 별로 일을 하지 않았 다. 또 굶주리지 않았다는 것도 사실이다. 암흑의 중세, 암흑의 아프리카, 빛나는 근대와 유럽—하는 식의 역사관은, 바로 어떤 뜻에서 보자면, 자본 가 쪽의 자의적인 해석이라는 것을 알 수 있다.

언제부터, 어떻게 해서, 사람들은 게으른 자로부터 부지런한 자가 되었는 가 하는 문제를 제기한다. 영국에서 부지런함이 시작된 것은, 페스트가 습격 을 한 후, 에드워드 3세가 낸 '노동자 법령'이 계기가 되었다고 알려져 있 다. 인구감소에 의해서 일을 하지 않을 수 없게 된 것이다. 그래서 법령이 뒤를 밀어 노동일을 늘린 것이다. 그러나 노동일의 연장은 그리 간단한 일은 아니었다. 18세기까지 지지부진했던 것이다.

보슬웨이트는, 18세기에 이런 명언을 남기고 있다. 즉, 영국의 제품이 왜 수준이 높은가—그것은 노동자의 기분 전환, 즉 잘 놀기 때문이다, 이런 놀이가 영국인의 기질을 좋게 하고 있다—고. 매일, 오직 노동을 하기만 하면 좋은 것은 생기지 않는다. 좋은 것을 만들기 위해서는 놀이가 필요하다고. 그야말로 명언으로 모든 자본가에게 들려주고 싶은 말인데, 이것은 마르크스가 《자본론》을 쓰기 불과 100년 전 영국의 모습이다.

그러나 이 소리도 이윽고 다음과 같은 소리로 사라지게 된다. '노동자를 우쭐하게 만들어서는 안 된다! 그들에게는 제대로 된 노동 의무를 가르쳐야 한다! 그렇게 하기 위한 역할은 어디에 있는가! 그것은 구빈원이다. 일을 하지 않는 자가 가는 구빈원을 '두려움의 집'으로 만드는 일이다'라고. 물론 이 구빈원은 이윽고 노동 시간을 줄이는 곳으로 가는데, 처음에는 강제적으로 일하게 하기 위한 역할이 주어졌던 것이다.

아무튼 이런 노동일 연장을 강제했다는 것이 국가였다는 것은 부정할 수가 없다.

제6절 표준노동일을 위한 투쟁(2)
—노동 시간의 강제법에 의한 제한

노동자의 승리인가

이제부터는 노동 시간의 연장에 대한 투쟁의 시작과 그 결과로서의 공장법시대가 오게 된다.

몇세기나 걸려서, 자본이 노동일을 그 최대의 표준적 한계까지, 그리고 12시간이라고 하는 자연의 한계를 넘을 때까지 연장시키는 데에 성공한 후, 이윽고 18세기 마지막 3분의 1기(期), 대공업의 탄생에 의해서 폭력적 변동이 일어나, 눈사태와 같이 그 자연이나 풍토, 나이나 성(性), 낮과 밤의 한계가 분쇄되었다.

낡은 법률에서는 매우 알기 쉬웠던 낮과 밤이라는 개념 그 자체가 매우 애매한 것이 되어. 1860년에는 영국의 재판관은 낮이란 무엇이고 밤이란 무엇인가를 '판결을 유효하게 하기 위한' 설명을 하기 위하여 유대의 탈무드를 해석하는 전문가와 같은 증명을 해야 할 정도였다. 자본은 절정(絕頂)에 있었다.

그러나 노동자도 가만히 있지 않았다.

1833년에 공장법이 생기고, 여기서 처음으로 표준노동일이라는 개념이 설정되었다.

우선, 하루의 노동일을 오전 5시 30분에서 오후 8시까지로 설정하고, 그 사이에 12시간을 초과하지 않는 한, 13세부터 18세 미만의 노동자도 일을 하게 해도 좋다는 것을 정한 것이다. 그러나 9세 미만의 노동의 금지, 13세 이하는 8시간으로 제한되고, 9~18세의 어린이 모두에 대해서 야간노동은 금지되었다.

당연한 일이지만, 이런 법률은 합법적으로 악용하는 사람도 만들어 냈다. 릴레이 제도라고 하는, 어린이들을 두 팀으로 나누어 연속해서 고용하는 제도가 생기게 된 것이다.

그러나 실제로 이 무렵부터 차티즘 등의 노동운동이 격렬해져서 공장법은 더욱더 발전을 보게 된다. 1844년의 공장법 성립. 여기에서는 미성년의 조건에 여성도 포함되었고, 어린이 노동도 6시간 반에서 7시간 사이로 줄어든다. 더욱 진보된 것이다.

이윽고 1840년대의 운동이 높아가는 가운데 10시간 노동법안이 의회를 통과한다. 이것은 1848년 5월, 유럽 대륙에서 혁명이 한창 진행되던 때였다.

자본가의 반전 공세

그러나 여기까지가, 어떤 뜻에서의 노동운동의 정점이었다. 파리에서는 6월 봉기에 대한 탄압으로 정치의 세계에서 노동자의 힘이 사라지고, 영국에서도 차티스트의 힘은 약해진다.

자본가의 반전 공세가 시작된다. 요컨대, 이런 국가에 의한 법률은 정치적 흥정 속에서 생긴 것에 지나지 않았던 것이다. 공장주는, 비록 위반했다고 해도 자기들이 판사로 근무하는 재판소에서 무죄를 쟁취하면 되었던 것이다. 실제로는 별로 큰 뜻이 없었다고도 할 수 있다.

그러나 이런 노동일의 연장이, 자본 그 자체에 대해서도 그다지 큰 뜻을 가지지 않았던 시대가 그 후에 닥쳐오게 된다. 기계공업의 발전이 가져온 결과였다. 이에 의해서, 1860년 이후에는 노동일의 감소 자체가 순조롭게 이루어지게 된다. 이것은 다음의 '상대적 잉여가치의 장'에서 자세하게 다루어질 테마이다. 그러나 그것은 시간당 생산성을 올리는 노동 강화가 이루어지게 되었기 때문이다.

제7절 표준노동일을 위한 투쟁(3)
─영국 공장법의 다른 나라에 대한 영향

마르크스의 칭찬

여기서 마르크스는 표준노동일의 투쟁을 이렇게 마무리한다.

첫째의 사실, 산업혁명이 일어난 부문에서 철저한 노동일 연장이 우선 일어나, 그에 대한 규제가 일어나게 되는데, 아직 예외적인 것에 지나지 않는다. 그러나 이윽고 그것이 일반화된다는 것이다.

둘째는, 이 성과가 노동자와 자본가 사이의 오랜 투쟁의 결과라는 점이다.

따라서 표준노동의 성립은 노동자와 자본가 계급의 오랜 세월의, 다소 숨겨진 시민전쟁의 결과이다. 투쟁은 근대 공업의 분야에서 시작된 결과, 우선 이 산업의 조국인 영국에서 선언되지 않으면 안 되었다. 영국의 공장 노동자들은, 영국뿐만 아니라 근대적 노동자계급의 선구자이며, 그 이론가도 자본의 이론을 공격한 선구자이다.

한편, 공장 철학자 유어 박사는, 자본은 남자답게 '노동의 완전한 자유'를 위해 싸웠다고 하는데, 영국의 노동자 계급이 '공장법이라고 하는 노예제도'를 그 깃발 위에 적었다고 하는 것은 씻을 수 없는 치욕이라고 선언하고 있는 것이다.

영국의 노동자들의 노고와 그 선배들의 싸움에 대해서 마르크스는 여기서 경의를 표하고 있다. 그러나 전자계산기의 아버지라고도 알려져 있는 유어 박사는, '자본주의는 그 기계능력의 발전에 의해서 노동자의 괴로움을 경감하려고 했는데' 하고 한탄하고 있는 것이다.

이윽고 공장법은 조금 늦게 프랑스에 전해질 것이라고 해서 그 영향을 기대한다. 그렇다면 미국은 어떤가. 미국에서는 남북전쟁에 의해서 단숨에 진행되었다고 말하고 있다. 시간을 늦추면서 노동자의 운동은 그 나름대로의 성과를 획득해 간다고.

제9장 잉여가치율과 잉여가치의 양

노임이 같을 경우, 이익을 올리기 위해서는 노동자의 수를 늘린다

절대적 잉여가치를 분석한 제3편의 마지막에 놓인 이 짧은 장은, 절대적 잉여가치 한계 안에 생기는 모순을 지적하여 다음 제4편 '상대적 잉여가치'로 이어지는 역할을 하고 있다.

여기에서 문제를 간단히 하기 위해 어떤 전제를 둔다. 그 전제란, '노동력의 재생산에 필요한 필요노동 시간은 불변'이라는 것이다. 이렇게 하면, 그 후에는 잉여가치율이 얼마인가에 따라서 잉여가치의 크기, 잉여노동의 시간이 정해진다.

하루 6시간이라고 할 경우, 잉여가치율이 50%라면 잉여노동 3시간, 100%라면 잉여노동 6시간이 된다. 이렇게 해서 잉여가치 그 자체를 증대시키기 위해서는 노동자 수를 늘리면 된다는 이야기가 된다.

이렇게 해서 다음의 제1의 법칙이 생긴다고 말한다.

가변자본에 의해서 생산되는 잉여가치의 양은, 미리 고용된 가변자본의 가치에 잉여가치율을 곱한 것과 같다.

또는, 그것은 같은 자본가에 의해 동시에 착취되는 노동자의 수와, 개개의 노동력의 착취율과의 상관관계에 규정되어 있다.

노임이 같을 경우, 이익을 올리기 위해서는 노동 시간을 올린다

이것을 전제로 하면 잉여가치를 유지하기 위해서는 노동자의 수가 감소하면 노동의 착취도, 즉 노동 시간을 끌어올릴 수밖에 없다는 것으로 낙착된다. 그러나 노동 시간의 증대에는 자연히 한계가 있게 된다.

그것은 제2의 법칙 '24시간 이상의 노동은 있을 수 없다'는 것으로 절대적인 한계를 가지게 된다.

제3의 법칙은, '잉여가치의 양은, 잉여가치율과 미리 고용된 가변자본(즉 노동자의 수)에 의해서 정해진다'는 것이다. 잉여가치율에는 한계가 있는 이상, 잉여가치를 올리기 위해서는 노동자를 많이 고용할 수밖에 없다는 것이다.

왜 기계를 늘리는가?

그런데 여기에서 커다란 모순이 생긴다. 잉여가치의 양을 늘리기 위해서는 노동자의 수를 늘리는 것이 좋다고 하면서도 많은 자본가들은 실제로는 노동자의 수보다도 불변자본(기계) 쪽을 늘리고 있는 것이다. 불변자본이 많은 편이 왜 잉여가치의 양이 많아지는가 하는 문제는 그대로는 풀리지 않는다.

이 문제는 다음 장에서 풀리는 것으로 하고, 노동자의 고용 증대와 자본주의의 발전 문제와의 새로운 관계가 여기에서 생기게 된다. 잉여가치를 올리기 위해 노동자를 고용한다는 것은, 노동자를 공급할 전대자본(前貸資本)을 필요로 한다. 이런 자본을 갖는 한편, 이렇게 해서 늘어난 노동자를 감시하는 시스템으로의 이행(移行)이야말로 자본주의를 낳는 일이라는 것이다. 그러기 때문에 중세에서는 우두머리가 갖는 노동자 수를 제한하고 있었다. 마르크스는 여기에서 헤겔을 인용하여 '양'이 '질'로 전화(轉化)된다고 말하고 있다.

규율사회로의 이행

그러나 이것은 역사적으로 좀더 파고들어 논의를 해야 할 문제이다. 즉, 본원적인 축적 문제인 것이다. 그것은 그렇다 치고 여기에서 마르크스가, 자본은 감독노동으로서의 지휘권을 발동하는 인격을 만들어 낸다고 하는 식으로 보고 있는 것도 중요하다. 즉, 자본가의 출현은, 어떤 의미에서 하나의 규율과 강제력을 발생시키는 장치라고 마르크스는 보고 있는 것이다.

더 나아가 자본은, 노동자 계급에 대해서 그들의 좁은 생활의 욕구에서 생기는 노동보다도 더 큰 노동을 강요하는 강제관계로서 출현한다.

남의 활동을 강제하는 생산자로서, 노동력의 착취자로서, 잉여노동을 도출하는 역할로서 생기는 자본주의 체제는, 그 이전에 있던 강제노동을 직접적으로 강요하는 모든 생산 시스템을, 그 에너지·무절제·영향력에 있어서 능가하고 있는 것이다.

즉, 자본주의 사회가 공장제도에 입각한 규율사회(프랑스의 철학자 푸코적(的)인 말이지만)로서 다른 어떤 사회에도 없는 규율을 가지고 있어서 명령 시스템에 뛰어나 있다는 점을 마르크스는 넌지시 지적하고 있는 것이다. 억지로 노동자를 종속시키는 것이 이 시스템의 본질이기 때문이다.

거대한 불변자본은 노동자 없이 존재할 수 없다. 즉, 죽은 과거노동인 불변자본이, 산 노동력인 노동자 없이 존재할 수 없는 이상, 자본은 항상 산 노동의 제공자인 노동자를 거기에 붙들어 매려고 하는 것이다. 그것이 노동에서의 규율이라는 것이다.

제4편
상대적 잉여가치

제10장 상대적 잉여가치의 개념

이제 《자본론》 중에서 제7편 '본원적 축적'과 함께 가장 긴 편(篇)으로 왔다. 긴 것은 당연한 것으로, 제3편·제4편·제7편은 역사적 서술이 많기 때문이다. 이 부분은 《자본론》의 실로 반 이상이나 차지하고 있다.

필요노동 시간을 축소한다

우선 처음에 중대한 전제를 제거한다. 이제까지 노동자의 필요노동 시간은 일정하다는 전제를 그만둔다는 것이다. 노동 시간을 그림과 같이 놓으면 'a—b'가 필요노동 시간, 'b—c'가 잉여노동 시간이 된다.

a─────────b──c

이 a—b가 불변하다는 것을 그만둔다는 것이므로 어떻게 되느냐 하면 다음 그림과 같이 된다.

즉, 필요노동 시간이 적어지는 경우도 있다는 것이다.

a───────b′─b──c

전체의 노동 시간은 변하지 않으므로 필요노동 시간이 줄어든 부분만큼 잉여노동 시간이 늘어난다. 잉여노동 시간을 늘리는 새로운 방법은 필요노동을 줄이면 된다는 것이다.

이렇게 해서 노동자의 필요노동 시간이 줄어들고 잉여노동이 늘어나게 되는데, 그것은 어떻게 해서 가능한가. 당연히 노동자를 굶주리게 하면서 혹사한다는 것은 본디 필요노동 시간이라는 개념을 도입한 의미가 없다. 필요한 것이기 때문에 그것은 있을 수 없다. 물론 임금을 지불하지 않는 악질적인 자본가도 있을 것이지만 그런 예외적인 문제는 여기에서는 다루지 않는다.

왜 자본가는 노동일을 줄이는 데에 동의하는가

생각할 수 있는 것은, 노동자의 필요노동 시간이 감소되는 정당한 경우이다. 그의 생활필수품이 싸지는 것이다. 즉, 보다 많이 생산된다는 것이다. 다시 말하면 생산력이 증대한다는 것이다.

이렇게 해서 잉여노동을 늘리기 위해 생산력의 확대가 일어나, 노동일의 연장이 아니라 필요노동의 축소라는 모양이 실현된다.

여기서 마르크스는, 노동일의 연장이라고 하는, 절대적으로 잉여가치를 착취하는 방법이 아니라, 필요노동 시간이 감소된 결과로서 상대적으로 얻어진 잉여가치라고 해서 '상대적 잉여가치'라는 개념을 이끌어 낸다.

이런 일은 오늘날의 사회에서 보자면 당연한 일이지만, 역사적 경위로 보자면 절대적 잉여가치로서 상대적 잉여가치로의 이행이다. 역사는 그것을 보여 주고 있는 것이다.

또 생산력 자체가 낮은 단계에서는 한결같이 노동일의 연장이 진행된다. 이에 대해서 제아무리 저항해도 자본가는 단념을 하지 않는다. 그러나 생산력이 증대하게 되면, 완고한 자본가들도 얼굴에 웃음을 띠면서 제발 표준노동일을 줄여 달라고 고개를 숙여온다. 그런데 여기에는 제대로 된 이유가 있었던 것이다.

일상품 가격의 감소

필요노동량이 저렴화(低廉化)되는 이유는 무엇인가? 새로운 생산력의 증대에 따라 생산물이 많이 나오기 때문이다. 이제까지 하루에 10개 만들었던 것을 20개 만들어지면 한 개당 필요했던 노동 시간은 감소된다. 노동자가 이 늘어난 생산물을 이제까지와 마찬가지 속도로 소비한다면 그가 소비하는 필요노동 시간은 감소한 것이 된다.

물론 개별적인 자본가는 잉여가치를 올리는 것이 그의 목적이지 노동자의 복리후생이 목적이 아니다. 실제로는, 어떤 기업이 새로운 기술개발을 하여, 그것으로 사회적으로 필요한 노동 시간 이하로 생산물을 만들 수 있다. 그렇게 되면 이 기업은 특별한 이익을 얻는다. 이것을 마르크스는 '특별이윤'이라고 부른다. 이것을 얻으려고 다른 기업도 이 기술을 도입하면 결과적으로 특별이윤은 없어지고 마는데, 그 생산물을 만드는 사회적 평균노동은 감소하고 필요노동 시간도 줄어 간다. 이렇게 해서 기업은 다시 특별이윤을 구하여 새로운 생산력을 개발하게 되므로 자본주의 사회는 항상 새로운 기술을 개발하는 사회가 된다.

마르크스는 이렇게 쓰고 있다.

> 상품가치는 노동생산력에 반비례한다. 노동력의 가치에 대해서도 마찬가지이다. 왜냐하면, 그것은 상품가치에 규정되어 있기 때문에.
>
> 한편, 이에 반해서 상대적 잉여가치는 노동생산력에 정비례한다.

자본의 충동

생산력의 증대는 노동력의 가치를 계속 하락시킨다. 그러나 그것은, 자본가에게는 잉여가치가 계속 늘어나는 것을 의미하고 있으므로 자본 그 자체의 충동이 되는 셈이다.

> 따라서 자본은 상품가격을 내리고, 따라서 노동자의 가격을 내리기 위해 노동생산력을 증대시킨다고 하는 끊임없는 경향과 중지되지 않는 성벽(性癖)을 갖는다.

여기서 주의하지 않으면 안 될 일은 이런 사실이다. 그런가, 이것으로 필요노동 시간은 줄어들고, 하루의 노동 시간은 계속 짧아지는가―하는 식으로 생각하면 안 된다는 것이다. 왜냐하면, 자본은 노동자의 복리후생을 목적으로 하는 생각은 조금도 없으므로, 우선 노동 시간을 줄이는 데에 망설이고, 더욱이 필요노동 시간이 내려감으로써 얻어지는 이익을 독점하려고 생각하게 된다.

제11장 협업

협업의 뜻

여기에서는 구체적인 생산력 증대의 형식을 살피게 된다. 그러나 왜 협업이 필요한가—하는 의문이 생긴다. '기계를 들여놓으면 그것은 끝나는 것이 아니냐' 하고 앞을 서두르는 독자를 위해 마르크스는 뜻이 깊은 (그러나 스미스로부터 받은) 교훈을 끌어내어 주의를 촉진한다.

'생산력'이라는 개념을 '기계'라고 하는 개념으로 파악해서는 안 된다. 어디까지나 그것은 일종의 기술이며, 생산력은 그것이 구체적으로 생산에 투입되어 생산력을 높이는 시스템이 되어 있지 않으면 안 된다. 기계만으로는 시스템이 되지 않는 것이다.

마르크스는 자본주의 생산의 시작을 이렇게 말한다.

　많은 노동자가 같은 종류의 생산물을 생산할 목적으로, 같은 시간, 같은 자본가의 명령하에 같은 공간 (원한다면 같은 장소)에서 일을 한다는 것—여기에 자본주의 생산의 역사적 출발점이 있다.

　생산양식 그 자체에 대해서 말하자면, 예를 들어, 초기의 매뉴팩처와 중세의 동업자조합이 구별되는 것은, 동시에 같은 자본으로 고용되는 노동자 수의 차이뿐이다. 동업자조합의 작업장이 확장된 이상의 차이는 없다. 따라서 우선 다른 것은 순수하게 양적인 문제뿐이다.

　협업은 다만 같은 일을 하는 노동자가 모였을 뿐이지만, 실제의 결과는 큰 차이를 가져온다. 그것은 직장의 일종의 혁명이다. 같은 장소에 있기 때문에 도구·재료들을 모두가 쓸 수가 있다. 그것에 드는 비용이 적게 든다. 불변자본의 비율을 적게 하는 것이다.

협업의 비밀

여기에서는 어디까지나 분업이 아니라 협업만이 문제가 되어 있다. 협업이란, 양동이 릴레이처럼 같은 일을 협력해서 하는 것을 말한다. 당연히 이런 일을 한 경험으로 이해할 수 있는 바와 같이, 한 사람씩 양동이로 물을 푸는 것보다 능률이 올라간다. 협업은 바로 인간 자체가 기계와 같이 조직된 상태에서 생산력 효율을 올리는 것이다. 물론 여기에는 이 이상의 여러 가지 문제가 따르게 된다.

　다수의 힘을 전체의 힘으로 융합함으로써 생겨나는 새로운 힘과는 별도로, 다만 사회에 접한다는 것 때문에 대개의 노동자에게는 경쟁이 생겨나, 스스로 활력(animal spirit)을 낳고, 그것에 의해서 개개인의 개별적인 생산능력이 높아진다. 그 결과, 144시간이라고 하는 같은 노동일로 12명의 노동자가 함께 같은 일을 하면, 12명의 노동자가 12시간, 또는 한 사람의 노동자가 12노동일로 생산하는 것보다도 많은 생산물을 만들어 낼 수가 있다.

　이것은 어디에서 생기는가. 본디, 인간은 사회적 동물이기 때문이다. 아리스토텔레스가 말한 바와 같이 본디 인간은 정치적이기도 하지만.

즉, 같은 장소에 함께 있게 함으로서 생기는 인간의 경쟁심 등이 사회성이라고 하는 원리에서 생긴다는 것이다. 흔히 자전거 레이스에서 집단 쪽이 혼자서 달리는 선수보다도 빠르다고 할 수가 있는데, 그것은 집단 쪽이 바람과 같은 저항을 받지 않는다는 것이 아니라, 정신적인 문제와도 관계되고 있는 것이다. 우리나라의 경우, 모심기 등을 생각할 수가 있다. 혼자서 하는 것보다는 이웃 사람과 함께 하는 것이 효율적이다. 그러나 이런 공동체에서의 원리는 일시적인 것이며, 거기에서 자본주의가 생기는 것은 아니다.

노동자를 명령에 복종시키는 시스템

또, 한 곳에 모임으로써 공간이 절약되고, 이동이 절약됨으로써 '쓸데없는 비용'(faux frais)의 절약을 할 수 있다는 이점도 있다. 여기에서 '집합된(kombinieren) 노동일'이라는 말을 쓰고 있는데, 바꾸어 말하자면, 노동자가 개별적인 세계를 떠나 하나의 사회적 기관으로서 노동을 하고 있는 전체로서의 힘, 즉 '유적(類的) 능력'(Gattungsvermögen)을 획득했다고도 말할 수 있다. 기관인 이상 거기에는 시스템이 있다. 말하자면 시스템을 만들어 냈다고 할 수 있는 것이다.

여기에서, 이미 앞의 제9장에서 펼쳐진 것이 중요한 일이 된다. 우선 노동자를 대량으로 고용하고, 기계를 살 만한 자금력과 그것을 통괄하는 지휘능력이 불가결하다는 것이다.

여기에서 일종의 명령에 의해서 노동자를 포섭하는 원리가 나오게 된다. 집합된 노동을 지휘하는 자본가는 감독노동으로서 노동자를 명령에 따르게 할 의무를 갖는다. 그것은 자본가의 권위이며, 남의 의지를 복종시키는 권위인 것이다. 한편에서 생산력을 올리는 시스템이 다른 한편에서는 노동자를 생산에 묶어서 명령에 복종하게 하는 시스템도 된다고 하는 이중성이 여기에 펼쳐진다.

이렇게 해서 이 기능은 자본가를 위해 어느 특수한 노동자의 존재를 낳게 된다. 그 노동자란, 다른 노동자와 달라서, 오직 감시명령을 행하는 노동자이다. 말하자면 고용된 사장, 관리직인데 그들의 기능은 자본가 대신에 직접 미움의 대상이 되는 것이다. 그러나 본디의 자본가가 사령관으로서 그 위에 군림하고 있다는 것에는 변함이 없다.

제12장 분업과 매뉴팩처

제1절 매뉴팩처의 이중기원

분업의 시작

협업은 사람을 집합하게 하는 것이었는데, 협업은, 그런 집합을 각기 다른 일을 하는 노동자로 분할해서 분업시킴으로써 큰 발전을 이룬다. 매뉴팩처라고 불리는 초기의 공장제 수공업이야말로, 16세기 후반부터 그런 발전을 뒷받침하게 된다. 그것에서 두 가지 방법(내적 발전과 외적 발전)으로 분업이 생긴다.

하나는 각각의 능력을 가진 노동자를 한 곳에 모으는 일이다.

처음 단계는 각기 다른 일을 하는 노동자를 하나의 장소에 집합시킨다. 그것은 아직은 특수한 기능을 가진 노동자의 모임이지만, 차츰 누구나 할 수 있는 노동으로 분할된 부문을 맡게 된다.

다음에는, 같은 일을 하는 노동자를 한 곳에 모은다.

각자가 완성된 상품을 만들고 있었는데 이런 작업장에 외압이 걸려(예를 들어, 기일까지 많은 양의 상품을 만들지 않으면 안 된다고 하는), 그 명령에 따라 각기 완성품을 만드는 것을 그만두고 부분적 노동을 하게 된다.

다만 이런 단계의 분업은 아직 수공업적인 영역을 한 걸음도 벗어나지 못한 것으로, 말하자면 협업에 털이 난 정도의 것이라고 할 수 있다.

제2절 부분을 담당하는 노동자와 도구

분업과 기계의 진화

이렇게 해서 생겨난 분업은, 더욱더 단순한 분업의 한 가닥을 맡는 노동자를 만든다.

이런 단순한 작업은, 하나의 생산과정을 여러 가닥에 걸쳐 분할함으로써, 그 작업 안에 특수한 기계를 만들어 간다. 마르크스는 버밍엄에서만도 500종류의 해머가 생산되었다고 말하고 있는데, 자상한 작업분할과 도구는 서로 호응하여 도구의 발전을 촉진하게 된다.

세밀한 작업을 위한 도구는 나날이 진화된다. 다목적적인 도구와는 달리, 이내 목적에 적합하지 않게 되기 때문이다. 이렇게 해서 그런 도구를 짜맞춘 어떤 큰 기계가 생기게 된다. 그러나 이것이 활용되기 위해서는 다른 한편으로, 인간의 노동과정이 분할되어 마치 기계의 부품과 같은 결합으로 되어 있어야 한다.

제3절 매뉴팩처의 일반적 메커니즘, 그 두 가지 기본형태

소박한 분업

본디 두 가지 매뉴팩처가 있는 것으로 일컬어지고 있다. 우선 시계 생산과 같은 매뉴팩처이다. 스위스와 프랑스의 경계에 있는 쥬라의 누샤텔이나 보의 시계공장을 예로 든다. 그곳에서는, 부품을 작은 고을의 공장에서 만들어, 그것을 조립공장으로 가지고 간다. 모든 과정이 한 공장 안에 있는 것이 아니다. 이런 지역의 각 마을에 작은 공장이 따로따로 흩어져 있는 것이다.

마르크스는 《자본론》을 쓰고 있을 무렵에, 제1 인터내셔널 내부의 투쟁으로 이 지역의 노동자를 조직하는 일을 맡고 있던 바쿠닌과의 투쟁에 세월을 보내고 있었던 터라 이런 지역의 노동자가 대공장의 노동자와 다르다는 것을 잘 알고 있었던 것 같다.

종합적 분업

또 하나는, 일련의 작업이 집중하고 있는 계열적 매뉴팩처이다. 예를 들어, 봉제 바늘의 생산을 예로 들고 있다. 이것은 스미스가 말한 분업의 생산에 가까운 과정으로, 개별적인 작업은 협업과는 달리 조직화되어 있다. 일종의 흐름작업이 이루어진다. 거기에서는 '노동의 연속성' '통일성' '규칙성' '질서' '노동의 강화' 등을 볼 수 있다고 한다. 우리가 평소에 알고 있는 분업에 가깝지만, 여기에서 중요한 것은 각 노동자가 다른 노동자와 서로 의존함으로써 엄격한 규율이 요구된다는 점이다.

채플린의 '모던 타임스' 속의 한 장면은 너무나도 유명하지만, 바로 그 영화에서 중요시된 것은 기계의 훌륭함이 아니라, 인간이 기계와 같이 규칙바르게 움직이지 않으면 안 된다고 하는 비인간적인 모습이다.

기계가 되는 인간의 조직

마르크스는 이 계열형(系列型) 조직에 대해서 매우 자세하게 쓰고 있는데, 그 중에서 생산성을 올리기 위해서 각자가 어떤 인간이 되지 않으면 안 되는가를 쓴 대목이 있으므로 그것을 인용해 보기로 한다.

여러 가지 작업이, 분리되고 독립화되고 고립화한 후, 노동자는 그 고유의 능력별로 분할되고 분류되고 그룹화된다. 인간이 본디 특수적이라고 하는 성질이 분업의 기초라고 한다면, 일단 도입된 매뉴팩처는 일면적인 특수능력으로밖에 쓸모가 없는 노동력을 발전시킨다.

이제 전체 노동자들은, 동등한 생산적 능력을 가지며, 특수한 노동, 특수한 노동 그룹 안에서 자신의 기관(器官)을 특수한 기능을 위해 사용하는 점에서, 그 능력을 가장 경제적으로 사용하게 된다. 부분 노동자로서 지니는 일면성·불완전성까지도 전체 노동자의 틀에서 본다면 완전한 것이다.

일면적 기능만을 담당하는 습관에 의해서, 그 자신은 이 기능을 자연히, 그리고 확실하게 발휘하기만 하면 되는 한 기관이 되어, 메커니즘 전체와 관련을 가짐으로써, 기계의 부품처럼 규칙적으로 움직이도록 강요되는 것이다.

기계란 우리가 생각하는 것 같은 쇠로 만든 도구가 아니라, 인간 그 자체의 집합이라고 하는 것이 여기에서는 분명해진다. 공장 안의 인간조직이 하나의 기계가 된다는 것, 이것이 분업의 커다란 결과인 것이다.

제4절 매뉴팩처(공장제 수공업)적 분업과 사회 내 분업

두 분업의 차이

여기에서 마르크스는 공장 내 분업(공장 안에서 이루어지는 노동의 분할)과, 또 하나의 분업, '사회 내 분업'(사회 안에서 이루어지는 노동의 분할)에 대해서 말한다. 후자는 당연히 인류 역사의 시초부터 시작된다.

상품생산과 상품유통은 자본주의적 생산양식의 일반적인 전제이기 때문에, 매뉴팩처적 분업은 사회 내부의 이미 있는 발전단계까지 성숙한 분업을 전제로 한다.
반대로 매뉴팩처적 분업은, 이번에는 사회 내 분업을 반작용으로서 발전시켜, 배가(倍加)한다.

사회 내 분업의 일정한 성숙으로, 공장 내 분업, 그 초기 형태로서의 '매뉴팩처적 분업'이 생기면, 이번에는 반대로 사회 내 분업을 촉진해 간다는 관계는, 두 분업이 어느 단계부터 서로 상호작용을 가지고 서로 발전을 돕는다는 것을 의미하고 있다.
이렇게 해서 인류의 역사는, 분업을 촉진하게 되는데, 사회 내 분업과 매뉴팩처적 분업은 본질적인 점에서 서로 다르다. 형식적으로는 전자는 널리 흩어져 있고, 후자는 좁은 하나의 공간에 있다는 것인데, 이것은 큰 차이는 아니다. 가장 큰 차이는, 사회 내 분업 사이에서는 상품매매가 이루어지지만 후자에는 그것이 없다는 점이다.

그것은, 사회 내 분업의 무정부적 생산과, 공장 내 분업의 계획적 생산이라고 하는 커다란 차이로서 파악할 수도 있다. 매뉴팩처적 분업에서는 그 중간 생산물은 불완전한 상품으로서 하나의 과정을 통과하고 있을 뿐이지만, 사회 내 분업에서는 그것이 상품과 상품의 경쟁이라고 하는 시장관계를 이루고 있다는 점이다.

여기에서 재미있는 일을 마르크스는 이야기하고 있다. 매뉴팩처적 분업을 지지하는 부르주아들은, 공장 안에서는 일종의 규율과 계획성이 지켜지고 있는 데에는 찬성하지만, 사회가 이런 규율과 계획성을 개개의 자본가에게 요청하는 일에 그들이 단호히 반대하는 것은 이상하다는 것이다. 왜냐하면, 자본가들은, 이 사회가 하나의 공장과 같은 일련의 조직체가 되면 그렇게 될 것이 아니냐는 생각을 갖는 것인데, 자본은 사회를 하나의 공장처럼 만들려는 것이 아닌가 하고 여겨지는 것이다.

마르크스 안에 미래사회를 하나의 공장처럼 하려고 하는 발상이 있었다면 그렇겠지만, 그러나 이것은 어디까지나 부르주아 의견의 꼬투리를 잡고 비판했을 뿐이다. 하나의 공장이라고 하는 상태는 '1 부르주아, 전노동자'라고 하는 일종의 국가 독점자본주의의 완성 형태로도 여겨지기 때문에, 마르크스는 그런 것을 말하고 있는 것이 아닌 것이다.

낡은 사회의 문제점

여기에서, 매뉴팩처적 분업에 존재하는 계획성이나, 사회 내 분업에 있는 무정부성도 없는 세계가 있다고 한다면 어떨까? 인도의 공동체의 예가 그렇다는 것이다.

인도에서는, 고정적인 분업의 재생산을 공동체가 관리하여, 거기에서 매뉴팩처적 분업이 발생하지 못하도록 하고 있다. 그 때문에 사회 내부도, 매뉴팩처도 다 같이 발달하지 못한 사회로서 온존(溫存)하고 있다는 것이다. 그러나 마르크스는 이런 사회를 예찬하고 있는 것이 아니라, 오히려 그 정체성을 비판하고 있는 것이다.

서유럽에서는, 바로 동업자조합에 의한, 매뉴팩처적 발전의 규제가 이것으로, 이런 것은 자본주의가 발전하는 동안에, 국가적 명령 등으로 파괴되어 가지 않으면 안 되는 것이다.

제5절 매뉴팩처의 자본의주의적 성격

분업은 능력을 발전시킬 수 있는가

매뉴팩처적 분업에서, 노동자는 자본에 제공하는 부분으로서, 어떤 특수 능력을 팔도록 강요되게 되는데, 이것은 당연히 그들 노동자 중의 감독노동의 관리하에서 이루어지게 된다. 18세기의 애덤 퍼거슨의 말이 여기에서 인용되고 있다.

무지는 미신의 어머니인 것처럼 산업의 어머니이다. 깊은 생각과 상상력은 오류를 만들어 낸다. 그러나 손발을 움직인다고 하는 일상적인 활동은, 이들 두 가지 어느 쪽에도 의존하고 있지 않다. 따라서 매뉴팩처가 발전하는 것은, 많은 인간의 정신이 고갈되고, 인간이 기계의 일부가 되어, 이 일이 기계처럼 여겨지는 것 같은 방법에 의해서이다.

물론, 《국부론》의 프랑스어 역자 가르니에처럼, 분업의 결과, 지성은 계속 발달한다는 의견도 마르크스는 제대로 거론하고 있다.

그런데 매뉴팩처 단계가 최고조에 이른 단계와도 여기에서 작별을 하게 되지만, 그 단계는 기계제 대공업 시대와는 다르다. 이 단계에서는 여전히 분업에서도 숙련노동자가 강하고, 남성지배의 세계이다. 수업(修業)도 길고, 그렇게 간단하게 여성과 어린이 노동이 끼어들 기회는 없다. 도제법(徒弟法)이나 여러 법률이, 단숨에 기계제 대공적 분업으로 나아가는 것을 방해하고 있었던 것이다. 그러나 사정은 단숨에 변하게 된다.

제13장 기계장치와 대공업

제1절 기계장치의 발달

모든 일을 하는 기계의 등장

이 장은 《자본론》 중에서 가장 긴 장이다. 이것과 비교할 만한 장은 제23

장 '자본주의적 축적의 일반적 법칙'이지만 그것보다도 조금 길다. 보통의 책이라면 한 권분의 분량이 된다. 당연한 일이다. 당시의 자본주의의 모든 실태가 수록되어 있으니까.

첫머리에서, 존 스튜어트 밀의 말이 인용되어, 기계의 발명은 결코 나날의 노고를 경감하기 위한 것이 아니라, 그것은 상품을 저렴하게 하기 위한 것에 지나지 않는다는 것을 확인한다. 기계장치 중에서 산업혁명에서 중요한 역할을 다한 기계는 동력기·배력기(配力機)·도구기(道具機) 중 마지막 도구기였다고 말한다. 이렇게 도구기가 발전함으로써 그것을 움직이는 동력도 인간 이상의 것이 되어, 동력기가 발전한다. 그리고 그것을 기계에 전달하는 배력기도 거대한 것으로 발전한다. 이런 도구기의 예로서 봉투생산의 예를 들고 있다.

종이를 접거나 풀을 바르거나 모양을 그리거나 하는 작업이 모두 하나의 기계로 이루어지게 되었다. 마르크스는 이 기계를 1862년의 산업박람회에서 보고 감탄한 것이다. 이런 자동장치야말로 기계제 대공업을 성립시키는 원인이자, 이런 자동기계가 공장 가득 확대되어 기계적 괴물이 된다고 말하고 있다.

기계의 발명은, 실은 기계를 만드는 매뉴팩처에서 생긴 것인데, 이윽고 이 매뉴팩처는 기계공업으로 변혁해 간다. 마침내는 교통기관의 발전도 만들어 내어 철도·증기선·전신 등의 발전을 촉진하게 되는 것이다.

제2절 생산물에 대한 기계장치의 가치이전

기계와 노동력, 어느 쪽을 쓰는가

이런 기계에 조응(照應)하는 협업과 분업 등의 노동의 편성형태에는 비용이 한 푼도 들지 않는다. 더 나아가서 증기나 물 등의 자연력 그 자체에도 비용은 들지 않는다.

그런데 기계장치의 구입에는 커다란 비용이 소요되는데, 그 비용은 단번에 상품으로 전화되는 것이 아니라 조금씩 전화된다. 이런 대규모의 기계는 과거노동의 산물로서 나타나게 되므로, 기계제 대공업의 시대란 거대한 과거노동의 세계라는 것을 알 수 있다. 기계의 생산력은, 이 과거노동을 한 상품에 적게 전이하면 할수록 효율적인 기계이고, 많이 이전하면 효율적인 기계가 아니라는 데에 있는데, 이것은 전자의 기계가 마모되는 속도가 느리다는 의미이기도 한 것이다.

기계는 노동력의 어느 부분을 대체하게 되는 것이므로, 당연히 그 한계는 노동력보다 싸다는 점에 있다. 노동력 쪽이 싸면 구태여 기계를 사용할 필요가 없다.

환언하면, 법률 등으로 노동이 보호되면 노동력의 가치는 올라가서 그 대타로서 기계가 투입되는데, 보호가 없이 노동력의 가치가 기계보다 내려가면 기계는 투입되지 않는다.

그 예로서 마르크스는 재미있는 예를 들고 있다.

영국에서는 나룻배를 끄는 데에 지금도 말 대신에 여자들이 고용되는 일이 있다. 그것은 말이나 기계의 생산에 필요한 노동이, 수학적으로 주어진 비용이지만, 과잉인구의 여자들을 유지하는 데에 필요한 노동은 마음대로 할 수 있기 때문이다.

이렇게 해서 어떻게 되든 상관없는 싼 노동에는 기계가 오히려 투입되지 않는 일이 있다는 것이다.

제3절 기계경영이 노동자에 미치는 제1차적 영향

기계에 의한 인간지배

여기에서는 기계가 어떻게 인간을 혹사하는가 하는 문제에 대하여 말하고 있다.

(a)자본에 의한 보조적 노동력의 지배—여성 노동과 어린이 노동

우선 기계가 근력(筋力)을 필요로 하지 않는다고 해서, 근력이 없는 노동자, 즉 여성과 어린이가 남성 노동자 대신에 고용된다. 이렇게 해서 가족 전체가 노동자가 된다. 그리하여 노동자 가족이 아내와 아들 두 사람을 더하여 네 사람이 되면 그 네 사람의 노동력의 가치는 한 사람의 노동자보다도 높다고 해도 네 사람의 남성 노동자의 가치보다도 낮은 대우를 받게 된다.

영국의 이야기로서, 13세 이상으로 보이는 그 이하의 소년을 데리고 와서 노동을 시키는 이야기, 부모에 의해 굴뚝 청소부로서 팔리는 아이들의 이야기가 열거되는데, 이런 실태는 보다 더 싼 임금을 구하는 자본의 움직임에 호응한 것이었던 것이다. 여기에서는 유아 사망률이 갑자기 증가했다는 것이 설명되고 있다. 어머니의 취업에 의한 가정노동의 현상이 유아 사망률을 올리고 있다는 것이다.

영국 의회는 아이들의 지적 황폐를 방지하기 위하여 14세 이하의 어린이의 의무교육을 노동을 시키는 조건으로 했지만, 자본가 쪽은 교사의 증명만 있으면 좋다는 조건을 사용해서, 가짜 교사에 의한 교육을 구실로 어린이에게 일을 시키는 일이 많았다는 현상(現狀)을 다루고 있다.

(b)노동일의 연장
오히려 노동일이 길어진다?

끊임없이 움직인다는 기계의 성질 때문에, 여기에 붙어 있는 노동자의 노동일을 줄이는 것이 아니라 오히려 연장시키는 경향이 있다. 여성이나 어린이와 같은 약자는 그것에 저항할 수도 없는 것이다.

기계는 빨리 움직이게 하면 할수록, 그 가치이전을 신속하게 하여, 새로운 기계가 나옴으로써 생기는 갑작스런 가치저하에 대비할 수 있는데, 이를 위해서도 될 수 있는 대로 긴 노동일이 필요하게 된다. 노동일은 줄어드는 일이 없다고 해도 과언이 아니다.

또, 기계는 이제까지는 능력적으로 보아 노동자로서 사용할 수 없었던 사람들을 받아들임으로써 기계에 의해 쫓겨나는 노동자층을 만들어 내어, 과잉인구를 형성하게 된다. 이런 과잉인구 때문에 노동자는 자본에 대해서 저항할 수 없는 상태가 되어 가는 것이다.

(c)노동의 강화
노동은 더욱 강화된다

그러나 노동자는 그런 흐름에 저항하여 여러 가지 운동을 펼침으로써 표준노동일의 감소를 쟁취한 것이다. 그런 뜻으로는, 기계는 반드시 노동일을 연장시키는 일에는 성공을 하지 못한 셈이었다. 그러나 여기에서, 이에 대치되는 새로운 현상이 일어나게 된다. 그것은 노동의 강화이다.

이제 외연적(外延的) 증대에서 내포적인 증대, 어떤 종류의 강화에서 다른 종류의 강화로의 변화를 고찰하지 않으면 안 된다.

노동의 강화야말로, 실은 기계제 대공업이 낳은 새로운 현상이라고 해도 좋을 것이다. 노동운동의 증대에 의해서 자본은 새로운 잉여가치의 생산을 모색하게 되는데, 바로 이것이 단위시간당 생산량을 증대시키는 노동강화라고 할 수 있을 것이다.

노동강화—속도와 노동범위의 확대

노동강화의 주관적 조건—노동일—의 단축이 법률로써 강제되자마자, 기계는 자본가의 수중에서 바로 똑같은 시간 내에 보다 더 많은 노동을 착취하기 위한 객관적이고 조직적으로 응용되는 수단이 된다.

이것은 이중적인 방법으로 이루어진다. 기계의 속도를 높이는 것과, 같은 노동자가 감시하는 기계장치의 범위, 즉 노동자의 작업장면의 범위를 확대함으로써.

기계의 속도를 높이는 것과, 그 기계에 대해서 감시하는 영역을 확대함으로써 노동은 강화된다는 것이다. 이렇게 해서 오히려 노동 시간이 단축됨으로써 공장주의 부(富)가 더욱더 확대되었다는 것을 마르크스는 통계를 써서 설명하고 있다. 따라서 공장법은 노동자보다도 자본가에게 오히려 좋은 작용을 했다는 것이다. 아이러니컬하게도 이번에는 자본가 쪽에서 노동 시간을 더 내려도 좋다고 하는 제언을 하기도 한다. 물론 이것은 제로를 향하여 가는 것이 아니라, 보다 더 효율적으로 이루어져야 할 시간이라는 뜻으로 감소되는 데에 지나지 않는 것이다.

제4절 공장

인간과 기계에 의한 꿈의 세계가 탄생한 것인가

공장은, 이런 기계 시스템이 가동하는 하나의 큰 조직체로서 나타나게 된다. 마르크스가 몇 번이고 인용하는 기계의 발명가 유어 박사는, 바로 이런 기계 시스템의 추진자인데, 그의 미묘하게 서로 다른 두 가지 말을 인용하여, 거기에 숨은 큰 뜻을 마르크스는 분석한다. 그 두 가지 말이란 다음과 같은 것이다. 마르크스는, 이 유어 박사를 현대의 핀다로스(볼테르의 《캉디드》에 나오는, 이 세상의 것은 무엇이나 합리적이라는 것을 확신하는 인물)라고 묘사하고 있는데, 바로 핵심을 찌른 말이라 할 수 있다.

끊임없이 중심의 힘(원동기)에 의해서 움직여지는 생산적 기계장치의 체계를, 기교와 부지런함으로 감시하는 어른과 어린이의, 여러 노동자의 협업.

같은 대상을 만들기 위해 일치해서 쉬지 않고 일을 하는, 모두가 자동적으로 움직이는 하나의 동력에 종속되는 무수한 기계적 기관에 의해 구성된 거대한 자동장치.

전자에서는 노동자의 주체적인 관련이 강조되고, 후자에서는 자동장치의 주체성이 강조되어 있어서, 전자는 기계가 훌륭하다는 것, 후자는 자본주의적 생산에 있어서의 기계의 의미를 말하고 있다는 것이다. 즉 후자는 거대한 시스템으로서 인간을 그 아래에 종속시키고 있는 것이다. 그야말로 공장 시스템이다.

이렇게 해서 아무런 기능도 없는 감시역인 미숙련 노동자와 매우 소수의 과학적 훈련을 받은 기술자가 거기에 배치되는 것이다.

노동자가 기계에 종속된다—군대식 규율

매뉴팩처적 분업과의 차이는, 한 노동자가 하나의 작업에 종사한다는 문제가 아니라, 기계 부품과 같이, 하인으로 섬기는 데에 있다. 이것은 기계에의 종속, 즉 포섭을 의미한다.

이렇게 해서 마르크스는 기계노동에 대해서 이렇게 표현한다.

> 기계노동은 신경계통을 매우 피곤하게 하고, 근육의 여러 움직임을 저해하고, 몸과 정신의 모든 자유로운 활동을 빼앗는다. 노동이 편해졌다고는 하지만, 기계는 노동자에게 노동을 주지 않고, 노동자의 이익을 빼앗는다는 점에서 일종의 고문이 된다.

기계가 노동의 대신을 한다는 것보다도 기계가 노동을 좀먹는다. 이것이야말로 자본주의가 만들어 낸, 과거노동에 의한 산 노동의 지배가 되는 것이다.

여기서 마르크스는 노동의 질의 변화가 공장에서 무엇을 낳았는가를 설명하는데, 그것은 19세기라는 시대가 낳은 일종의 군대식 규율화라고 말한다.

여기에서 엥겔스의 《영국의 노동자 계급의 상태》로부터의 긴 인용을 주석으로 적는다. 그것은, 공장 안에서는 이미 법률은 적용되지 않는다는 것이다. 공장 내의 계약이 밖의 세계의 법률보다도 우선한다는 세계, 그것이 종속 문제와 깊이 관계하고 있는 것이다. 그리고 프리에가 공장을 '느슨해진 유형장(流刑場, bagnes modérés)'으로 부른 것을 상기한다.

제5절 노동자와 기계의 투쟁

기계에 의해 노동자는 쫓겨난다

자본가와 임금노동자의 투쟁은 바로 산업자본의 기원에서부터 시작하여, 매뉴팩처 시대에 거칠게 계속되어, 노동자는 기계의 도입과 함께 노동수단과 자본의 물적 존재양식을 공격하게 된다. 노동자는, 도구의 이 특수한 형태에 대해서 들고 일어나, 그것에 자본의 기술적 화신(化身)을 보는 것이다.

여기에서 마르크스는, 초기의 노동운동에서 볼 수 있었던 기계 파괴운동의 역사에 대해서 말한다. 그러나 당연히 이 운동은 아직은 기술 그 자체와 착취 그 자체를 혼동하고 있었던 것으로, 이윽고 노동자는 착취형태 그 자체로의 비판을 시작한다.

그것에서는 기계에 의해 쫓겨나는 과잉인구의 무리가, 이윽고 노동자 전체의 노동력의 가치를 끌어내리는 문제가 전제로 된다. 그 가장 구체적인 예로서, 목화공업의 몰락이라는 사실을 인용한다. 기계에 의해서 쫓겨난 노동자의 임금은 내려가고, 그것은 인도에까지 미치어, 기계의 자본주의적 도입에 대한 비판은 노동운동을 활발하게 했다는 것을 증명한다.

물론, 이에 대한 반대의 명분, 이윽고 새로운 분야를 발견할 수 있을 것이 아니냐는 논의를 들고 있다. 실업한 노동자에게는 '이윽고란 언제를 말하는 가'라는 문제가 더 중요한 문제이지만.

제6절 기계장치로 쫓겨난 노동자에 관한 보상이론

목이 잘려도 다음에 일이 있다?

바로 기계장치로 쫓겨난 노동자가 다른 분야에서 정말로 고용되는가 하는 문제가 일어난 것이다. 실업보험 등의 보장 안에서 새로운 일터를 찾을 수 있는 현대의 노동자와는 조건이 다르다는 것은 당연한 일이지만, 어느 시대나 그것은 간단한 일이 아니라는 것이다.

어떤 종류의 산업 부문으로부터 쫓겨난 노동자는, 당연한 일이지만, 그 어떤 다른 부문에서 직장을 구할 수 있다. 그것을 발견하여 생활의 양식(糧食)과 연결이 잘 되어 갔다 하더라도, 그것은 기계로 전화(轉化)한 자본에 의해서가 아니라 오히려 투자를 구하는 새로운 자본에 의해서이다.

그리고 그 기회는 얼마나 불안한 것인가? 이전 일과는 다른. 분업에 의해 기형(奇形)이 된 사람들은 얼마 안 되는 기회밖에 없고, 낮은 임금의 직장밖에 구할 수 없다. 또, 산업 부문은 해마다 새로운 인간을 끌어들인다. 그것으로 규칙적인 대체와 성장을 위한 인원을 공급한다. 기계가 지금 있는 산업 부문에 종사하고 있던 노동자를 떼어놓자마자 대체요원은 분할되어, 다른 노동 부문에 흡수되지만, 그러나 그 과도기에 최초의 대부분의 희생자는 가난에 빠져 쇠퇴하게 된다.

통계적으로 말하는 실업자 몇 %라고 하는 표현이, 항상 실업상태에 있는 사람, 실업을 해도 곧 일을 찾을 수 있는 사람과의 차이를 설명할 수 없는 것과 마찬가지로, 땅 밑에 가라앉아 있는 노동자에게는 일이 없다는 이야기가 된다.

기계가 나쁜가

문제는 기계에 있는 것이 아니라, 오히려 시스템에 있다고 하는 편이 낫다. 따라서 기계에 죄가 없다면 당연히 이런 변명도 생기게 된다.

기계를 비판해도 아무런 뜻이 없다. 이것을 비유한 어떤 이야기를 꺼내고 있으므로 그것을 인용하기로 한다. 유명한 참수인(斬首人) 빌 사이크스의 말이다.

배심원님, 이 행상인의 목을 자른 것은 틀림없이 접니다. 그러나 이것은 저의 죄가 아닙니다. 이 칼의 죄입니다. 이 당면한 불편을 제거하기 위하여 칼을 버려야 한다는 말씀이십니까?

이렇게 해서, 기계의 도입으로 과잉인구가 새로운 분야에 흡수되는 것을 인정하는 마르크스지만, 당연한 일이지만, 새로운 분야가 그 정도의 규모로 경제성장을 하지 않는 한, 또는 국가의 개입으로 고용창출이 이루어지지 않는 한, 비생산적인 노동자의 고용기회는 실제로 별로 늘어나지 않을 것이라는 것을 알고 있다.

확실히, 19세기에 압도적인 인구를 차지하고 있던 하인은 바로 그런 인구를 받아들이는 창구였다. 현재의 성장경제와 국가개입을 예상하지 않는 한, 기계에 의한 쫓아냄이 새로운 분야를 타개할 것이라고는 간단히 말할 수 없는 것도 사실이다.

제7절 기계경영의 발달에 따른 노동자의 고용과 반발

경기순환에 의해 불안에 빠지는 노동자

마르크스는 기계의 도입이 야기시키는 노동자의 쫓아냄과 그 흡수와의 과정을 몇 가지 경우로 나누어서 분석하고 있는데, 여기에 흥미가 깊은 것은 세계시장과의 관계로 문제를 설정하고 있다는 사실이다. 어떤 분야에 투입된 기계가 이윽고 특별이윤을 이끌어 내고, 그것이 새로운 투자를 낳는다. 이렇게 발전하는 부문은 얼마 후 원료수요를 일으켜, 해외 예를 들어, 인도에 무명이나 대마 등의 원료수출을 강제한다. 이것으로 과잉인구를 그런 지역에 이민노동자로서 공출(供出)한다는 것이다.

이렇게 해서 국제 분업이 생겨, 오직 공업을 주로 하는 지역과 원료공급을 주로 하는 지역으로 나뉜다. 이런 일종의 투기열은 이윽고 활황·번영·과잉생산·공황·정체라고 하는 순환을 되풀이하여 항상 노동자의 불안을 확대하게 된다.

우선 기계의 도입, 노동자의 쫓아냄, 그러나 공장의 확장에 의한 재고용—, 고용되고 쫓겨나는 눈부신 변천 속으로 노동자를 몰아넣게 된다.

말하자면 경기순환과 실업, 재고용의 되풀이에 대한 것인데, 마르크스는 무명공업의 운명을 예로 들면서 1815년부터 일어나는 거의 10년 주기의 호황에서 공황까지의 경기순환과 역사적 사건을 관련시킨다. 너무 길어서 인용은 생략하지만 19세기의 사건과 경제와의 관계를 아는 데에 귀중한 부분이다. 이런 서술은 경기순환에 의해서 항상 불안에 빠지는 노동자의 생활을 그려내는 데에 그 목적이 있다.

지금은 프리케어리티(precarity : 노동과 생활의 불확실성)이라는 말이 있는데, 바로 실제의 실업도 실업이지만, 경기에 의해서 농락당하는 불안이라고 하는 문제를 지적하고 있는 것이다.

제8절 대공업에 의한 매뉴팩처·수공업·가내공업의 혁명

재봉틀의 발명

다섯 가지로 나뉜 단계(협업의 폐기, 공장제도의 가내노동과 매뉴팩처에의 반작용, 근대적 매뉴팩처, 근대적 가내공업, 근대적 공장주 공업 및 가내노동의 대공업에의 이행) 중에서 특히 중요한 것은 역시 다섯 번째의 '근대적 공장주 공업 및 가내노동의 대공업에의 이행'일 것이다.

여성이나 미숙련 노동력을 난용하거나, 모든 표준적인 노동이나 생활조건을 강탈하거나, 지나친 노동과 야간노동에 의해서 노동력을 뚜렷하게 저렴하게 만듦으로써 마지막에는 이제 이 이상 극복할 수 없는 자연의 한계에 충돌한다.

이런 지점에 이르면, 그때까지는 오래 걸렸지만, 매뉴팩처에의 기계도입이 시작되어, 흩어져 있던 가내공업 (그리고 매뉴팩처도) 급속히 공장경영으로 전화시킨다.

이런 분야로서 복식 산업을 든다. 혁명을 가져온 것은 재봉틀이라고—.

재봉틀의 도입에 의해서 남성 노동자가 쫓겨나고 여성이 이에 대치된 것이다. 처음에는 재봉틀 소유자가 일을 하고 있었으나, 재봉틀의 저렴화로 대규모적인 재봉틀 소유자가 이들을 쫓아낸다. 이렇게 해서 소규모의 매뉴팩처, 가내공업이 주였던 분야에서 공장경영이 진행된 것이다.

제9절 공장법 시행(보험 조항과 교육 조항), 영국에 있어서의 그 일반화

공장에서 일하는 어린이 쪽이 능력이 있다는 논리

이런 공장경영은, 공장법을 낳는 바탕이 되었다. 그런 뜻에서, 표준노동시간이라고 하는 공장법의 의미도 의미이지만, 그 안에 있는 보험에 관한 조항과 교육에 관한 조항은 공장경영과 깊은 관계를 가지고 있다. 기계장치나 환기, 청결유지에 관해서는 충분한 법이 시행되고 있지 않다는 것이다. 오히려 가내공업이나 매뉴팩처를 공장형성으로 이행하는 것을 촉진하는 형태로 제정되어 있다는 것이다.

그리고 교육에 관해서도, 다음과 같은 조항이 되어 있었던 것이다. 즉, 어린이가 오랫동안 교실에 있어도 능률이 오르지 않기 때문에, 능률을 올리기 위해 노동을 강제한다. 마침내는 공장에서 일하는 어린이 쪽이 집중력이 있고 온종일 배우는 학생보다도 능력이 있다는 논리가 나타나, 어린이교육을 발전시키기 위해, 학업 안에 노동을 편입한다는 발상이 생겨났다. 그러나 결국, 그것 때문에 제대로 된 교육을 받을 수는 없게 되었지만.

쓰고 버리기 위한 교육

교육과 노동은 지금도 곧잘 교육평론가가 주장하는 논리이지만 이미 100년 이상이나 전에 그런 '혜안(慧眼)'을 가지고 있는 공장주의 편을 든 사람이 있었다는 것이다.

그러나 이것은 결과적으로 커다란 모순을 안게 된다. 왜 그런가? 공장노동을 강요당하는 어린이는, 공장에서는 단순한 기계, 학교에서는 하나마나 한 교육을 받는 것이 되어, 후년에 공장으로부터 추방되지 않을 수 없는 무교양의 소유자가 되었기 때문이었다.

지금은 대학도 이렇게 되어 있다. 인턴이라고 해서, 진짜 교육은 노동에서 생긴다고 주장하여, 대학 안에 노동훈련의 장을 만들어, 10년도 채 지탱하지 못하는 노동자로 교육을 하는 것이다. 물론 마르크스가 여기서 말하고 있는 것은, 초등교육이지 대학교육은 아니다. 지금은 대졸 노동자의 가치가 여기까지 떨어졌다고는 말할 수 있지만. 여기에 프랑스어 판 쪽에서 문장을 가져와 보기로 한다. 독일판과 뉘앙스가 조금 다르다.

자기 아들에게는 폴리테크닉(실무 중심의 고등교육)이나 농업경제학 등의 학교를 만듦으로써, 근대생산의 내적 경향에 따르지 않을 수 없는 부르주아가, 프롤레타리아에게는 '직업교육'과 같은 것밖에 주지 않는다. 그러나 어떻게 해서 공장자본으로부터 획득한 최초의 양보로서의 공장법이, 조촐한 초등교육과 공장노동을 연결시키는 것만의 것이라고 한다면, 노동자 계급에 의한 정치적 권력의 불가피한 수탈에 의해서, 노동자학교 안에도 실천적인 기술교육이 인지(認知)될 것이라고 하는 점은 의심할 바가 없다.

자기 아이에게는 훌륭한 교육을 시키고 노동자의 아이에게는 속이 빈 교육을 시킨다고 하는 것은 지금도 달라진 것이 없다. 출신이 가난한 아이일수록 바로 써먹을 수 있는 교육을 동경한다.

그리고 마지막에 심한 말을 내던진다. '제화공이여, 제화공인 채로 있어라'라고 하는 말은 지금은 죽은 말이라고. 새로운 산업혁명이 이런 노동자를 쫓아낸 후에는 이런 직인교육조차도 뜻이 없어졌다고. 물론 기계에 붙어 있는 데에 필요한 교육은 논외(論外)지만.

가족이 나쁜가

그리고 다음에는 가족 문제로 옮아간다. 보고에서는 이렇게 말한다. 아버지나 어머니의 지나친 욕심이 어린이를 일찍부터 일을 하게 하여, 단순한 기계로 만들고 있다. 이것을 어떻게 하지 않으면 안 된다고. 마르크스는 이렇게 대답하고 있다. 그렇지 않다. 가족을 붕괴시킨 것은, 자본주의의 발전이 어린이들을 임금노동자로서 기계처럼 만들었기 때문이라고. 그리고 이 가족의 붕괴는, 그 자체로는 역사의 운명이고, 그 자체로서는 결코 나쁜 일이 아니라고 말한다.

가족의 부활이라고 하는 현재의 보수파의 논의는, 바로 그 당시의 의회에서의 논의와 매우 비슷하다. 그들은, 어린이 교육이 되어 있지 않은 것은 가정이 붕괴했기 때문이라고 말한다. 그러나 가족의 형태 등이 역사상 일정했던 일은 없다. 항상 변화하고 있다고 마르크스는 일축한다.

공장법에 대해서 마르크스는 마지막으로 다음과 같이 마무리한다. 이것은 미래사회에 이르는 하나의 전망을 그린 것으로서 중요하기 때문에 길지만 인용하기로 한다.

공장법의 일반화가, 노동자 계급의 물적·정신적인 보호수단으로서 불가피해졌을 때, 그것은 이미 시사한 바와 같이, 분산된 노동과정을 커다란 사회적 규모가 결합된 노동과정으로 변용시켜, 자본의 집중과 공장제도의 지배를 일반화하고 이를 촉진한다.

공장법은, 배후에 자본의 지배가 부분적으로 숨어 있다. 낡은, 과도적인 형태를 파괴하여 그것을 직접적이고 노골적인 지배로 바꾼다.

따라서 이에 의해서, 지배에 대한 직접적인 투쟁도 일반화한다. 공장법은, 개개의 공장에서의 균일·규칙성·질서·절약을 강요하는 한편, 노동일의 제한과 규제가 기술에 주는 커다란 자극을 가지고, 자본주의 생산 전체의 무정부성과 파국, 노동의 강화, 노동자와 기계의 경쟁을 확대하는 것이다.

작은 경영이나 가내공업의 영역을 포함하여 공장법은 '과잉인구'의 최종적인 도피 장소를 파괴하고, 지금까지의 전체적인 사회기구의 안전장치를 파괴한다.

생산과정의 사회적 결합과 물적 조건을 한데 묶어 공장법은 자본주의 형태의 모순과 적대관계를 성숙시켜, 이윽고 동시에 낡은 사회의 새로운 변화의 계기를 성숙시킨다.

이 말은, 어떤 의미에서는 마르크스적이 아닐지도 모른다. 즉, 법률이 자본주의를 더욱 발전시켜, 그것으로 자본주의가 모순에 이른다고 하니까. 말하자면 법률이 생산력을 움직이고 있는 것처럼 보이기도 한다. 그러나 법률, 그것을 결정하는 국가는, 항상 한편으로는 자본의 이익을 받으면서, 그것을 촉진하는 역할을 하는 임무를 가지고 있다. 이에 대해서는 후에 분석을 하게 되는데, 노동자가 목숨을 걸고 획득한 권리가 어느 틈엔가 자본의 발전에 끼어들어 있다고 하는 아이러니는 여기에서 이해하고 있지 않으면 안 된다.

제10절 대공업과 농업

농업의 타격

이렇게 해서 대공업은 농업에도 커다란 영향을 준다는 것이다. 우선 농민을 노동자로 바꾼다는 점에서. 더 나아가서는 농업경영을 근대화한다는 점에서. 그리고 다른 한편으로 대도시를 조성함으로써 노동자의 정신을 황폐화시키고 음식의 생산을 증대시켜 토지의 자연적 조건을 어지럽힌다.

다음의 말은 현재의 지구온난화의 세계를 생각하는 데에도 중요한 말이다.

그리고 그 어떤 자본주의적 농업의 진보도, 노동자로부터 약탈하는 기술의 진보일 뿐만 아니라, 동시에 토지에서 약탈하는 기술의 진보이며, 일정기간의 기름진 땅을 높이는 진보는, 동시에 이 기름진 땅의 영속적 파괴의 진보이다―따라서 자본주의 생산은, 모든 부(富)의 원천인 토지와 노동자를 멸망시킴으로써, 사회적 생산과정의 기술과 결합을 발전시키는 것이다.

제5편
절대적 잉여가치와 상대적 잉여가치의 생산

제14장 절대적 잉여가치와 상대적 잉여가치

생산적이란 무엇인가

첫머리부터 생산적이란 무슨 뜻인가—라고 하는 문제가 등장한다. 생산적 노동을 넓은 뜻으로 해석하면 공동체에서의 노동은 무엇이나 생산적이다. 그러나 자본주의 세계에서는 그런 정의는 있을 수 없다.

그러나 한편에서, 생산적 노동의 뜻은 좁아진다. 자본주의적 생산은 다만 상품생산뿐 아니라, 본질적으로 잉여가치의 생산이다. 노동자는 자기를 위해서가 아니라 자본을 위해 만든다. 다만 노동자가 생산한다는 것만으로는 부족하다. 잉여가치를 생산하지 않으면 안 된다. 노동자가 생산적인 것은 자본을 위해 잉여가치를 생산하든가 자본의 증식에 유용한 경우뿐이다.

바로 이 잉여가치를 산출하는 것이 생산적이라고 한다면, 이제까지의 경제학의 학설사(學說史) 중에서 잉여란 무엇인가—에 대한 차이에 의해서 생산적 노동의 개념이 달랐었다는 점을 지적한다. 이에 대해서 마르크스는 따로, 잉여가치 학설사(카우츠키에 의해 편집된 《잉여가치 학설사》)를 쓸 예정이라고 말하고 그 이상은 말하지 않았다.

두 개의 '포섭'

그리고 그 생산적 노동인 자본주의 사회의 노동에 대해서 말하여, 노동일을 연장해서 얻어지는 절대적 잉여가치와 일정한 노동일 안에서 노동강화로 얻어지는 상대적 잉여가치의 문제로 옮아간다.

절대적인 잉여가치의 생산은 예부터 있던 생산양식에 의해서도 생긴다는 점에서, 자본은 아직 완전히 노동과정을 자기 것으로 종속시키고 있지는 않다. 형식상 종속시키고 있을 뿐이다. 이것을 '형식적 포섭(formellen Subsumtion)'이라는 말로 나타낸다.

그리고 기계의 도입에 의해서 생산 그 자체가 자본에 완전히 종속될 경우, 즉 과거노동인 기계에 대한 무조건적인 노동과정의 종속을 '실질적 포섭' (reelle)라고 부른다. 이 구별은 곧잘 나오기 때문에 중요하다.

제15장 노동력의 가치와 잉여가치의 양적 변동

또한 노임은 내려간다

여기에서 노임과 잉여가치의 양적 변동이 어떻게 관계하는가를 보게 되는데, 결국은, 노임이 내려감으로써 잉여가치를 높인다는 것이다. 하지만, 노동일이 어디까지 내려가는가 하는 흥미 있는 문제도 제기하고 있다.

노동일의 가치가 그 재생산 이하로 내려가지 않는다고 보면, 잉여가치는 (1)노동일의 길이, (2)노동의 강도, (3)노동의 생산력의 세 가지로 결정된다는 것을 알 수 있다. 이 세 가지의 짜맞춤을 만들어 각각 조사하고 있다.

제1절 노동일의 크기와 노동강도가 불변이고 노동생산력이 가변일 경우

6실링의 상품을 구성하는 노동력의 가치는 3실링이고 잉여가치가 3실링이라고 하자. 잉여가치를 4실링으로 하고 싶으면 노동자의 생활비인 필요노동량의 가치를 2실링으로 할 수밖에 없다.

즉, 노동생산성이 올라간다고 하는 것은 노동력의 가치가 내려간다는 것이고, 노동생산성이 떨어진다고 하는 것은 노동력의 가치가 올라간다는 것을 말한다. 잉여가치는 노동생산성이 올라가는 것으로밖에 늘어나지 않는다는 것이 된다.

제2절 노동일과 노동생산력이 불변이고 노동강도가 가변일 경우

노동강도가 높다고 하는 것은 생산물의 양이 많다는 것으로, 노동생산물이 6실링에서 8실링으로 늘어난다는 것을 말한다. 따라서 노동력의 가치, 즉, 임금도 상승하고 잉여가치도 상승하는 경우가 있을 수 있다.

제3절 노동생산력과 강도가 불변이고 노동일이 가변일 경우

이 경우, 노동일이 축소되는 경우와 늘어나는 경우를 생각할 수 있는데, 축소될 경우에는 당연히 잉여가치도 줄어든다. 한편, 늘어나는 경우에는 잉여가치도 늘어나게 된다. 때에 따라 노동일은 연장하지 않을 수 없는데, 노동력의 가치가 같다고 해도 연장에 의해서 나오는 소모도에 의해서 사실상 노동력의 가치는 줄어들게 된다.

제4절 노동강도, 노동일, 노동생산력이 모두 가변일 경우

이 경우는 둘로 나뉜다. 우선 노동의 생산력이 저하하고, 동시에 노동일이 연장되는 경우, 노동생산력의 저하는 노동력의 가치를 끌어올리므로, 노동일이 변하지 않으면 잉여가치는 감소한다. 그러나 노동일의 연장에 의해서 잉여가치가 늘어나는 경우도 있다.

구체적인 예로서, 나폴레옹 전쟁 때, 즉 대륙봉쇄령 무렵(19세기 전반), 생필품 가격이 폭등했던 사실을 기억한다. 이때는 노동일의 연장과 노동강도에 의해서 잉여가치를 올렸던 것이다.

두 번째로, 노동강도와 생산력이 상승해서 노동일이 단축되는 경우이다. 이 경우, 노동력의 가치는 내려간다. 자본주의 사회에서는 잉여가치를 낳지 않으면 의미가 없으므로, 가령 노동 시간이 감소되는 일은 있어도, 잉여가치를 내리는 것 같은 노동 시간의 감소는 없다. 물론 자본주의가 폐지되어도 사회적 비용으로서의 잉여가치는 남게 된다.

마르크스는 여기에서, 노동 시간이 단축되는 세계의 가능성에 대해서 말하고 있는데, 자본주의 사회는, 많은 사람의 노동으로·몇몇 사람의 자유시간을 지탱하고 있어서 노동 시간의 감소는 어느 정도의 한계를 갖는 것으로 여겨지고 있다.

노동 시간이 제로인 세계는 있을 수 있는가, 또는 어디까지 노동 시간이 내려가는가 하는 문제는 크지만, 오랫동안, 주 40시간보다 내려가지 않은 것을 보면 또한 잉여노동을 확보하는 사회에서는 손쉽게 노동 시간을 줄일 수 없다는 것을 알 수 있다.

제16장 잉여가치의 여러 표식

착취율로서의 잉여가치율

《자본론》에서 가장 짧은 장이다. 여기에서 마르크스는 잉여가치율의 뜻을 독자들이 알 수 있도록, 말하자면 정리하는 형식으로 기술하고 있다.

우선 거론되는 것은 잉여가치율의 표식이다.

■ 표식 Ⅰ

$$\frac{\text{잉여가치}}{\text{가변자본}} = \frac{\text{잉여가치}}{\text{노동력가치}} = \frac{\text{잉여노동}}{\text{필요노동}}$$

이 표에서 알 수 있는 것은 착취의 정도이다. 노동자 계급과 자본가 계급이 가질 몫의 문제, 어느 정도의 가치를 빼앗기고 있는가, 환언하면 노동 시간을 어느 정도 빼앗기고 있는가 하는 문제가 명확하게 도식화되어 있다고 할 수 있다. 마르크스는 어디까지나 대상을 두 계급 간의 문제로 생각하고 있는 것이다.

이런 식을 명확하게 한 것은 마르크스 한 사람뿐인데, 스미스나 리카도와 같은 고전파 경제학, 이른바 경제학의 이제까지의 학파는 다음과 같이 생각하고 있었다. 미리 대여한 자본에 의해서 노동자가 어느 정도의 잉여가치를 낳는가를 생각했던 것이다.

$$\frac{\text{잉여노동}}{\text{노동일}} = \frac{\text{잉여가치}}{\text{생산물가치}} = \frac{\text{잉여생산물}}{\text{총생산물}}$$

큰 차이는, 전자가 서로의 몫이 명확한 데에 대해 후자에서는 노동자의 몫은 처음부터 문제가 되어 있지 않다는 것이다. 오히려 생산물, 노동일 중에서 얼마만큼을 자본가가 잉여가치를 사례로서 받고 있는 것 같은 겉모양이 된다. 따라서 착취율은 낮을 수밖에 없다.

불지불노동과 지불노동

마르크스는 '표식 Ⅰ'로부터 다시 '표식 Ⅲ'을 이끌어 낸다.

■ 표식 Ⅲ

$$\frac{\text{잉여가치}}{\text{노동력가치}} = \frac{\text{잉여노동}}{\text{필요노동}} = \frac{\text{불지불노동}}{\text{지불노동}}$$

'표식 Ⅲ'에서는 가장 명확한 착취관계가 표시된다. 그것은 자신의 노동지출에 대해서 어느 정도의 것이 대가로서 지불되었는가를 알 수 있기 때문이다.

여기에서 이렇게 말한다.

애덤 스미스가 말하는 바와 같이, 자본은 단순히 노동에 대한 획득권이 아니다. 사실을 말하자면, 불지불노동에 대한 획득권이다. 후에 이윤·이자·지대(地代) 등 안에 결집되어 있는 모든 잉여가치는 그 실체로 보아 불지불노동 시간을 구현한 것이다.

자본의 자기증식의 비밀은, 지불되지 않는 소외된 노동의 일정한 양을 획득함으로써 해소되는 것이다.

자본은 노동을 획득하여, 거기에서 잉여를 끌어 내는 것이 아니라, 직접 잉여노동을 끌어 내는 것이라고 말하고 있는 것이다.

제6편
노동임금

제17장 노동력가치 또는 가격의 임금으로의 전화

다시 한 번, 노동력 상품이란 무엇인가를 확인한다

이렇게 해서 착취되는 노동력가치의 내용이 분명히 밝혀진다. 이 제6편도 제5편처럼 매우 짧지만 내용상으로는 매우 중요한 편이다.

우선, 노동력상품의 원점으로 되돌아간다. 상품교환은 등가교환이다. 따라서 등가교환이라고 하면 노동력상품에 대한 대가(代價)로서 지불되는 화폐에 부등가는 있을 수 없다. 그러나 그것으로는 잉여가치는 나오지 않으므로, 자본주의 사회의 본질 그 자체가 흔들린다.

여기서 재확인을 하게 되는데, 노동력상품의 이중성은 다른 상품의 이중성과는 달리, 부등가교환의 원천이 된다는 것이다. 다른 상품은 사용가치와 가치가 질과 양으로 나뉘어 있지만, 노동력상품의 사용가치와 교환가치는 다 같이 양으로 환원할 수가 있다. 여기에서 문제가 일어난다.

노동가치라고 하는 말은 이상하다

노동자가 파는 것은 노동인데, 그것은 노동자의 몸이 있은 뒤의 일이다. 자본은 노동을 획득하지만, 노동자가 없는 노동에는 의미가 없다. 그래서 '노동가치'라고 하는 표현에 문제가 있다. 노동가치라고 하는 표현은 모두 '일을 한 몫에 대한 지불'이라는 뜻이 포함되어 있다. 그것에서는 자본주의 사회에 있어서의 문제점이 분명치 않게 되어 있다.

노동가치는 무엇에 의해서 결정되는가—.

그것이 상품이라고 한다면 당연히 수급관계에 의해서 정해진다. 그러나 이 상품의 소유주는 원가를 나누면 곧 죽어버리는 상품이므로, 수급관계 이상으로 원가를 만들어 내는 재생산 비용이 중요해진다. 그것은 무엇인가 하면 노동이 아니라 오히려 노동력(이 말 쪽이 노동의 소유주를 말한다는 것을 더 잘 알 수 있다)의 가치라는 것이 된다.

따라서 정치경제학이 노동가치라고 부르고 있는 것은 실제로는 노동력가치이다.

그것은 노동자라고 하는 인간 안에 존재해 있는 것으로, 그 노동자의 기능인 노동과는 다르다. 그것은 마치 기계 그 자체와 그 기능이 다른 것과 마찬가지이다.

자본주의 사회에서 쓰는 표현법

노동가치가 노동력가치라면, 그것은 당연히 그 소유주의 재생산 비용이라는 것이 된다. 그러면 이번에는, 그것이 12시간이라고 하는 전 노동일을 의미하는가 하는 문제에 부딪히게 된다. 필요노동과 잉여노동으로 나뉜다고 생각했을 때, 아마도 그 반인 6시간분밖에 지불되지 않고 있다는 것도 분명해진다.

그러나 이 자본주의 사회에서는 그렇게는 말하지 않는다. 무어라고 하는가? '임금'이라는 말을 쓴다. 이 말은, 이미 필요노동이나 잉여노동과의 관계를 일체 포함하지 않기 때문에 임금은 12시간 노동 모두에 대한 대가(對價)라는 것으로 되어 있다. 가치가 아니라 화폐에 의한 '가격'이라는 표현에 의해서 모든 것이 보이지 않게 된다는 것이다.

마르크스는 상품을 분석함에 있어, 가치의 문제를 끈질기게 추구했는데, 그것도, 이 자본주의 사회에서 쓰이고 있는 용어에는, 참다운 인간관계의 뜻이 소멸되어 있다는 것을 분명하게 하기 위한 것이었다. 따라서 처음의 논의를 확인하면서, 이 임금이라고 하는 불가사의한 개념을 분석하지 않으면 안 되는 것이다.

따라서 노동력의 가치와 가격을, 노임형태—노동 자신의 가치와 가격—로 바꾸어 버린다고 하는 것이 얼마나 중요한가를 알 수 있다.

현실의 관계를 불명확하게 하고, 전혀 반대의 것으로 만들어 버린다. 이런 현상(現象) 형태 위에, 자본가뿐만 아니라, 노동자의 모든 법률적 관념, 자본주의적 생산양식의 모든 신비성, 자기들은 자유이다—라고 하는 모든 환상, 속류(俗流) 경제학의 변호론적인 모든 말이 형성되어 있다.

누구나 40시간의 노동에 대해서 급여를 받고 있다는 것에 대해서 의문을 가지지 않는다. 분명히, '자본의 이윤은'—하는 등의 전체에 대해서 이러저러한 의문을 가지지 않는 한, 작은 국면에서의 납득은 할 수 있다. 바로 한정된 국면만으로 납득할 수 있는 논의야말로, 이런 임금이라는 말의 본질이라는 것이다.

제18장 시간임금

노동의 내용에 관심을 가져라

그러나 현재의 우리는, 실제로 시간급으로 생활하는 사람들 외에는 기본적으로 월급을 받고 있다. 그 내용과 노동 시간이 어디까지 관계하고 하고 있는가 등에 대해서는 그다지 생각을 하지 않는다.

만일 그것에 관심이 가면, 예를 들어 프랑스와 우리나라에서는 이토록 노동 시간(어디까지나 통계상의 것으로, 실제로는 더 차이가 나겠지만)이 달라서 1시간당 임금은 우리나라에서는 매우 낮다는 데에 대해서 노여움을 가질 것이지만, 그 최전선에 있는 사람들까지도 그다지 실감을 가지지 않는 것이다.

왜 그런가 하는 것이 이 장과 다음 장의 포인트이다.

우선 기본적으로는 시간임금으로 노동자의 임금이 결정되는 셈인데, 노임은 그것을 그대로 하루, 1주간, 1개월로 더해서 정해져 있는 것이 아니라는 점이다. 노동자가 무엇에 관심을 갖는가에 대해서 마르크스는 주석에서 이렇게 말하고 있다.

따라서 노동자가 주로 관심을 갖는 것은 받은 노임의 액수, 노임의 명목이지 그가 제공한 노동의 양이 아니다.

얼마만큼 일을 하느냐는 것보다도 얼마만큼 얻을 수 있는가를 생각해서 일을 고른다. 그리고 후에 가서 이렇게까지 일을 해야 할 줄은 몰랐다고 투정을 한다. 그러나 반대로 시간으로 임금을 받으면 어떻게 되는가. 몇 시간 일을 한 후 그만둘 수도 있다. 그렇게 되면 재생산은 할 수가 없다. 따라서, 아무튼 재생산이 가능한 만큼의 노동일을 요구할 필요가 있는 것도 확실하고, 이에 대해서 임금을 획득할 필요도 있게 되는 것이다.

예를 들어, 잔업(殘業) 등이 그것이다. 40시간의 주간노동을 넘을 경우에 잔업이 있다고 해도, 이 부분은 이미 재생산을 보증하고 있는 셈이므로, 쥐꼬리만큼밖에 주지 않는다. 아니, 비록 많다고 보여도 그 사람의 표준노동일의 시간급보다 싸다.

또 월급이 싼 노동자는, 잔업을 구하여 노동 시간을 연장한다. 그렇게 되면 더욱더 시간당 임금은 내려가고, 노동력의 가치, 임금은 전체적으로 낮아진다. 임금의 하락은 이렇게 해서 노동자 상호간의 경쟁에 의해서 일어나게 되는 것이다.

제19장 성과급임금

성과급임금에 주의!

노임형태의 또 한 가지에 성과급임금이 있다. 이것은 시간임금의 전화된 형태라고 말해지고 있다. 노임은, 노동력가치의 전화형태이지만, 그 특징은 노동력의 가치에 대한 정당한 지불이 보이지 않는다는 것이었다. 이와 같은 말은 그 전화형태인 성과급임금에 대해서도 말할 수 있다. 즉, 성과급임금은, 더욱더 노동력의 지출에 대한 정당한 지불이 보이지 않게 되는 형태라는 것이다.

현대는 능력급 시대라고 일컬어져서, 이런 성과급에의 희망이 더욱 솟아나고 있는 시대이므로, 마르크스의 논의에는 주목할 만한 점이 많다고 여겨진다. 같은 노동 시간을 일했을 때, '자기 쪽이 성과가 많다', 즉 '능력이 높으므로 임금이 높아야 한다'는 논리가 빠지는 함정의 문제이다.

우선, 이 형태가 자본주의의 생산에 있어 편리하다고 하는 점이다. 물론

성과급제도 기본적으로는 일정한 노동 시간 안에서 이루어지는 것으로 시간 임금의 형태를 취하고 있지만, 많은 성과를 올림으로써 거기에 할증(割增)이 있다고 하는 것은, 단위당 노동 시간의 강도가 증가한다는 것을 말한다.

그와 동시에, 이런 형태에 의해서, 자본은 노동자가 사보타주를 부리는가를 감독할 필요도 없어지고, 노동자 스스로가 솔선해서 노동하는 것을 가능하게 한다.

서로 임금을 깎아내리는 시스템

더욱이 파견노동·하청노동과 같은 형태로, 정규노동자에 비해서, 그와 실력이 뛰어나지도 않고 뒤떨어지지도 않는 노동자를 끌어들이는 하청과 같은 형태를 확대하는 것을 가능하게 한다. 이런 말단노동자로부터 착취하는 시스템을 당시의 영국에서는 '착취제도'(sweating system)라고 부르고 있었다고 하는데, 바로 21세기인 지금 이 제도를 반기고 있는 시스템일지도 모른다.

마르크스는 이런 예를 들고 있다. 자본가가 주요 노동자와 계약을 맺고, 그 노동자는 다시 다른 노동자에게 일을 준다. 이렇게 해서 노동자가 다른 노동자로부터 착취를 하는 것이다. 이렇게까지 명확한 형태는 아니라고 해도, 휴가 중의 대리, 대학의 비상근 강사 등은 정규노동자가 쉬고 있는 동안에 저임금으로 일을 함으로써, 경영자뿐만 아니라 그 저임직원으로부터도 착취를 당하는 모양새가 되는 것이다.

이와 같이, 스스로 솔선해서 자본을 위해 정성을 다하는 노동자를 만들어 낸다는 점에서 성과급임금은 자본주의에 어울리는 형태라 할 수 있다. 결국 몰려드는 노동자가 평균적인 성과를 더욱더 올림으로써 생산량을 증가시킴과 동시에 임금은 내려가는―자본가에 있어 이토록 매력적인 시스템은 없는 것이다.

노동에 어울리는 대가(對價)가 지불되지 않고 있다!

성과급임금은 노임의 상승을 초래하느니보다는 끌어내리는 것을 가능하게 하는 시스템이었던 것이다. 그래서 성과급임금은 노동자의 불만을 폭발시켰다.

왜냐하면, 한편으로 자본가는 노동가격을 실제로 인하시킬 구실을 필요로 하기 때문이고, 다른 한편으로는 노동의 생산력 증대는, 노동력의 강화증대가 따르기 때문이다.

또, 노동자가 마치 그의 생산물에 대해서 노임이 지불되고, 노동력에 대해서는 지불되지 않고 있는 것 같은 외관을 진지하게 받아들여, 상품판매 가격의 나름대로의 가격인하가 따르지 않는 노임인하에 반대하기 때문이다.

아이러니컬한 일이지만, 성과급제 노동자는, 원료나 여러 비용을 계산하여, 자본가는 너무 벌어들이고 있는 것이 아닌가 하는 것을 알게 되는 것이다. 따라서, 반대로 노동자에게 알맞은 대가가 지불되지 않고 있다고 주장하는 것이다. 능력주의가 낳은 뜻하지 않은 함정이라고 할 수 있을지도 모른다. 물론 자본은 그것은 너무 지나친 생각이라고 가볍게 받아넘길지 모르지만.

제20장 노동임금의 국민적 차이

왜 선진국 임금은 후진국보다 높은가

우선 여기에서 다루어지는 것은, 왜 생산성이 높은 나라의 노동자의 임금이 그 이외의 나라의 노동자보다 높은가 하는 것이다. 보다 높은 강도(强度)로 노동한다, 생산성이 높은 나라의 노동자는, 보다 약한 강도를 가지고 생산하는 지역의 노동자보다도 화폐형태로 환산했을 때의 임금이 높아진다.

당연한 일이지만, 생산성이 높은 나라의 국민의 화폐가치는, 그렇지 않은 나라의 그것보다도 낮다. 물가도 나름대로 높다는 이야기가 된다. 따라서 명목임금은 높다고 할 수 있지만 실질임금도 높은지의 여부까지는 말할 수 없다.

하지만, 실제로는 생산성이 낮은 나라, 명목임금이 낮은 나라로부터 싼 상품이 들어오면, 임금 자체도 증대하고, 이런 나라들에서 판매되는 생산성이 높은 나라의 상품이, 보다 더 많은 이익을 얻으면, 결과적으로 해외의 노동자를 착취한 것이 되어, 생활수준은 올라가게 된다. 그러나 여기에서 마르크스는 이런 점에 대해서 문제삼지 않고 있다.

각 나라에서의 필요노동과 잉여노동의 비율을 보면 오히려 생산성이 높은 나라 쪽이 높다. 착취율이 높다는 것을 지적한다.

생산성이 오르면 임금도 오른다?

각 나라의 생산성과 임금을 비교하면, 당연히 생산성이 높은 나라 쪽이 높다는 것을 알 수가 있다. 그것은 어떤 뜻에서 위안이기는 하다. 괴로울 때에는 이웃 나라를 얕잡아 보라는 것이다. 지금으로 말하자면, 인도나 중국보다는 낫다고 하는 자위(自慰)이다. 그래서 미국의 경제학자 케어리와 같이, 생산성이 올라가면 임금이 상승한다. 그것은 비례관계라고 주장하는 사람이 나오게 된다.

그러나 이것은 그렇게 단순한 논리는 아니다. 그 점에 대한 마르크스의 분석은 이 단계에서는 충분치가 않지만, 노동운동·국가개입·식민지무역·군사개입 등 여러 가지 요인에 의해서 이런 조건이 만들어지고 있다는 것도 분명하며, 그런 조건을 제외하고, 이론만으로 생산성 상승이 임금 상승을 가져온다고 말할 수 없는 것은 당연하다. 바로 이 문제는 경제학 이론 밖에 있는 문제이지만 실은 여기에 바로 자본주의 사회의 커다란 수수께끼가 놓여 있는 셈이다. 제7편에서는 이 수수께끼에 다가간다.

제7편
자본의 축적과정

제21장 단순재생산

이제 마침내 마지막 편에 다다랐다. 이것으로 끝나는데, 실은 이 편이 가장 길다. 본론의 3분의 1을 차지하고 있다. 더욱이 그것이, 자본주의 사회 이전의 역사를 문제로 삼고 있으므로 역사적 사정(射程)도 길다. 여기에서 되풀이해서 말하지만, 《자본론》은 자본주의 사회의 메커니즘을 폭로하는 책이다. 그런 뜻에서, 역사적인 관점에서 그 성립과정을 안다는 것은 중요하다는 것이다. 자본주의 사회는 영원한 세계로서 자신의 과거를 장밋빛으로 그리고 있으므로, 그렇지 않다는 역사적 비판이 필요한 셈이다.

단순재생산 모델－노동자의 재생산

우선 마르크스는, 해마다 생산이 확대되지 않는 단순재생산이라는 모델을 설정한다. 이것은 가장 단순한 모델이지만, 확대재생산 모델의 원형이라고도 할 수 있는 것이다. 자본가가 자신의 소비에 쓰고, 그것을 투자하지 않은 경우가 이 단순재생산 모델이다. 그러나 그 경우에도 자본가가 노동자를 착취하고 있는 데에는 변함이 없다.

자본가는 우선 노동자를 고용하여 그에게 노동력가치를 지불할 화폐를 어딘가에 적립해 두어야 한다. 되풀이되는 재생산에서는 간과할 수 있는 문제라고 해도 최초의 화폐가 어디에서 왔는가는 중요한 문제이다. 이것이야말로 제7편의 가장 큰 테마가 된다. 반드시 처음에 밑천이 있어서, 이것이 노동자에게 전대(前貸 : 낚을 거쳐서 꾸어 줌)되어, 그것을 노동자가 보전(補塡 : 부족이나 결손을 메워 보충함)하여, 잉여가치를 낳는다. 그리고 또 전대—해서 같은 일을 되풀이해 간다.

단순재생산이므로 자본가가 소비해도 상관이 없다. 최초에 적립한 돈은 그의 노동이라 해도, 그 이후는 모두 노동자가 낳은 것이라는 데에는 변함이 없다.

노동자는 자유가 아니다

여기에서 중요한 것은 양적인 재생산 문제가 아니라, 노동자도 재생산되고 있다는 것이다.

　이 노동자의 끊임없는 재생산 또는 영구화야말로 자본주의적 생산의 불가결한 조건이다.

노동자는, 우선 자신의 노동력가치, 즉 임금 부분을 소비하여, 자신의 노동력을 자본가를 위해 소비하여, 보다 많은 잉여노동을 생산한다. 이렇게 해서 노동자는 자신의 노동자로서의 지위도, 마찬가지로 재생산을 하게 되는 셈이다.

따라서 특수기술을 가진 노동자가, 다른 도시 또는 해외로 가는 것을 자본가는 절대로 허용하지 않는다. 노예는 아니지만, 이민 제한이나 산업 스파이 등 여러 가지 트집을 잡아, 다른 기업이나 외국으로 내보내지 않는다. 또 반대로, 단순노동자의 이민은 받아들이지 않는 대신에, 전문기술자는 받아들이려고 하는 것도 마찬가지이다. 이것은 몸을 지배하는 일은 아니지만, 결과적으로는 자유로운 이동을 제한하고 있다. '나가려면 이제까지의 사례를 놓고 나가라'는 것이다.

마르크스는 면(綿)공업주인 포터의 말을 빌어 이렇게 말하고 있다.

　선출된 면공업주인 포터는 두 가지 '기계'를 구별하고 있다.

두 가지 모두 자본가에 속하고 있지만, 하나는 공장 안에 있고, 다른 하나는 밤 그리고 일요일, 외부에 있는 오두막에 살고 있는 것이다.

하나는 죽어 있고 다른 하나는 살아 있다. 죽은 기계는 매일 열화(劣化 : 품질이 나빠짐)되고, 가치가 감소될 뿐만 아니라, 존재하는 많은 부분이 끊임없는 기술진보에 의해서 시대에 뒤떨어져, 몇 개월 안에 새로운 기계로 대체하는 것이 유리하게 된다.

그러나 살아 있는 기계는 이와는 정반대이다. 오래 살면 살수록 여러 세대에 걸친 기술을 내 것으로 할 수 있다. 그리고 보다 더 오래 사는 것이다.

포터는 정직한 사람이라고 한다. 여기서 말하는 '산 기계'란 물론 노동자를 말한다. 결과적으로 우수한 노동자의 미국 이주는 저지되었다는 것이다.

제22장 잉여가치의 자본으로의 전환

제1절 확대된 규모에서의 자본주의 생산과정
상품생산 소유법칙의 자본주의적 영유법칙으로의 전화

이상한 이야기

첫머리의 문장은 이 장(章)의 알맹이를 한 마디로 표현하고 있다.

앞장에서는, 잉여가치가 자본으로부터 어떻게 생기는가를 고려하지 않으면 안 되었는데, 이번에는 잉여가치로부터 자본이 어떻게 생기는가를 고려하지 않으면 안 된다.

잉여가치의 자본으로서의 이용, 잉여가치의 자본에의 재투자, 즉 자본의 축적이다.

정식으로 확대재생산을 다루겠다는 것이다. 노동자가 낳은 잉여가치를 소비함이 없이 그것을 새로운 생산수단과 노동력에 투자한다고 생각한다. 이렇게 해서 마르크스는 구약성서 이야기를 인용한다.

아브라함은 이삭을 낳고, 이삭은 야곱을 낳고―운운 하는 옛 이야기이다. 처음 1만 파운드의 자본은 2000파운드의 잉여가치를 낳아 자본화된다. 2000파운드의 새로운 자본은 400파운드의 잉여가치를 낳아 그것은 다시 자본화되어, 추가자본으로 이용되어, 새로운 잉여가치 80파운드를 낳는다는 등.

이 과정은, 처음 1만 파운드는 어디서 왔는가를 우선 묻지 않으면, 그 이후의 추가자본은 당연히 노동자의 착취에서 생긴다는 것을 의미하고 있다. 이렇게 착취를 통해서 자본이 확대재생산되는 것이야말로 자본주의의 확대재생산이라는 것을 알 수 있다. 이렇게 해서 소유의 법칙이, 개인의 노동에 입각한 소유에서, 남의 노동을 지배하는 영유법칙으로 변화해 간다는 것을 알 수 있다.

이렇게 해서 영유법칙은, 자본가에게는 남의 불지불노동을 자기 것으로 하는 권리, 다른 한편에서는, 노동자에게 자기가 만들어 낸 생산물을 포기하는 권리로서 나타나게 되는 것이다.

제2절 확대된 규모에서의 재생산에 대한 정치경제학의 그릇된 견해

확대재생산은 노동자에게 유리한가

우선, 자본가는 비생산적인 소비에 쓰는 것이 아니라, 화폐를 축적하는 것이 생산적이라고 이해했는데, 그렇게 되면 자본은 퇴장(退藏 : 화폐 따위를 쓰지 않고 묵혀 둠)되고 만다. 그런 뜻에서, 고전파 경제학이 생산적인 투자를 생산적이라고 생각하기 시작한 것은 뛰어나다고 지적한다.

그러나 문제는 그 다음이다. 고전파 경제학은 처음에 만들어진 잉여가치가 재투자되는 것은 가변자본, 즉 새로운 노동자의 생활수단의 구입에 대한 것이라고 생각하고, 불변자본의 구입으로 돌려지는 부분도 있다는 것까지는 생각하지 않았던 것이다(불변자본이라고 하는 개념이 없었던 것은 당연한 일이지만).

결과적으로, 당연한 것처럼 일어난 것은 추가투자는 모두 새로운 노동자의 노임이 된다고 하는 오해이다. 마르크스는, 이 논의를 부르주아가 이용한 것은 당연하다고 덧붙이는 것을 잊지 않는다. 요컨대, 확대재생산은 항상 노동자의 고용을 낳는다는 발상에 이용되고 있는 것이다.

제3절 잉여가치의 자본과 수입에의 분할—절욕설(節慾說)

축적에서 투자로

여기에서는 자본이 아니라, 자본에 매혹당한 자본가가 등장한다. 자본축적의 발전과 함께 싫증을 모르는 증식욕에 눈뜬 자본가가, 그때까지 화폐를 묻어두는 데에 골몰했는데, 갑자기 투자에 열을 올리게 된 것이다. 이렇게 해서 자본가는 부를 금욕하는 것이 아니라 새로운 타입의 부의 원천을 발견하게 된다.

그리고 자본에 주어진 명제가 나온다. 다시 구약성서가 인용된다.

축적하라, 축적하라! (프랑스어 판에서는 절약하라)
그것이 모세와 예언자이다! (모세와 예언자는 웬일인지 프랑스어 판에서는 할애되어 있다)
'부지런함은 축적되는 재료를 공급한다' —따라서 저축하라, 저축하라!
될 수 있는 대로 잉여가치의, 잉여생산물의 많은 부분을 자본에 재투자하라!
축적을 위한 축적, 생산을 위한 생산, 고전파 경제학은 이 공식으로 부르주아 시대의 역사적 사명을 이야기하였다—고전파 경제학은, 프롤레타리아를 잉여가치 생산의 단순한 기계로밖에 문제삼지 않았으나, 자본가도 이런 잉여가치를 잉여자본으로 전화하기 위한 기계로밖에 생각하지 않고 있는 것이다.

자본의 인격화된 존재였던 자본가도, 프롤레타리아와 마찬가지로 이 자본주의적 규정에 말려들고 만다. 그것은 《공산당선언》의 제1장에서, 지옥에서 생산력의 악마를 불러낸 자본가가, 그 악마를 오직 섬기지 않으면 안 되었다는 표현이 있다. 그것과 전적으로 같다.

어떻게 부르주아는 옹호되는가

그리고 19세기 전반, 이 고전파 경제학 안에서 부(富)를 자본에 재전화(再轉化)하는 것보다 낭비하는 편이 낫지 않은가, 아니 좀더 축적해야 한다는 한가한 논의가 전개되는데, 이윽고 이런 논의는, 1830년의 혁명 이후에 일어나는 리용의 노동자 봉기, 영국의 화공(火攻)·오언주의·생시몽주의·푸리에주의에 의해서 붕괴되어 간다고 마르크스는 말하고 있다.

그러나 그러는 동안에, 부르주아를 항상 옹호하는 '마지막 한 시간'(제7장)의 시니어가 '절욕(節慾 : abstinence)이라고 하는 말을 생각했다고 한다.

축적을 뒷받침하는 것은. 자본가가 참고서 축적하기 때문이라는 절욕설인데, 후에 이 설은 여러 가지로 모습을 바꾸어, 자본의 이윤형성의 이유로서 등장하게 된다. 억지로 참은 것이 가치를 형성한 일대 발견이었다.

제4절 자본과 수입에의 잉여가치의 분할비율에서 독립해서 축적의 크기를 결정하는 여러 사정 −노동력의 착취도−노동생산력−이용되는 자본과 소비되는 자본 차액의 증대−전대자본(前貸資本)의 크기

또한 임금을 내릴 수밖에 없다

이 절의 제목은 매우 길지만, 요컨대 잉여가치가 소비로 돌려지느냐, 투자로 돌려지느냐는 잉여가치의 크기에 의해 결정된다, 그렇다면 잉여가치율을 높이기 위해서는 어떻게 하면 좋은가 하는 문제이다.

즉, 노동자의 사치를 감소시켜, 임금을 계속 내려야 한다는 것이다. 그리고 대량으로 노동자를 고용하여, 오랜 시간 동안 일을 시켜서 노동을 강화하면 좋다는 것이 분명해진다.

노동강화란 새로운 생산력을 가진 기계를 계속 들여와서 생산량을 증가시키는 일이다, 그것은 노동자의 노동강화로 연결된다. 그러나 그에 따라 노임을 올린다면 아무런 뜻이 없으므로, 노임을 그대로 두어서 노동자에게 악영향을 끼치게 된다.

마르크스는 마지막에 이렇게 말한다.

노동력의 착취도가 주어져 있을 경우, 잉여가치의 양은 동시에 착취되는 노동자의 수에 의해서 결정되며, 노동자의 수는, 비율은 다르지만 자본의 크기에 대응한다.

따라서, 자본이 계속적인 축적을 통해서 증대하면 할수록, 가치총량(소비 부분과 축적 부분으로 나뉜다)도 늘어난다. 자본가는 사치스럽게 살아가는 동시에 '금욕할' 수도 있다. (이 부분은 프랑스어 판에 할애되었다)

그리고 최종적으로는, 생산규모가 전대되는 자본의 양에 의해 더욱더 커지면 커질수록, 생산의 모든 스프링이 활력적으로 작용하게 된다.

제5절 이른바 노동기금

노임은 미리 정해져 있다

자본의 가치증식 때문에 노동자의 노임이 어떻게 억제되는가 하는 문제이다. 특히 노동자의 임금이 되는 부분은 나라에 의해서 정해져 있다는 생각을 '노동기금설'이라고 하는데, 그것은 이미 보아온 것처럼 정해져 있는 것이 아니라, 자본과 노동의 치열한 싸움 속에서 결정되는 것이다.

물론 자본으로서는 적은 쪽이 좋다. 따라서 자본 쪽에 서서 보면, 지금 지불되고 있는 총 노임을 노동기금으로 해서 그것을 노동자의 인원수로 나눈다. 그러면 그것에서 1인당 노임이 마치 미리 정해진 것처럼 보이게 되는 것이다.

제23장 자본주의적 축적의 일반법칙

제1절 자본의 구성이 같을 경우, 축적에 의한 노동력에의 수요확대

기계화는 농민을 노동자로 만든다

여기에서는 우선 '자본의 유기적 구성'이라고 하는 용어를 이해할 필요가 있다. 잉여가치율이 노임과 잉여가치와의 구성, 즉 착취율을 의미하는 말이라면, 이 유기적 구성이란 노동자의 노임인 가변자본과 생산수단인 불변자본과의 비율을 말한다, 다른 말로 하면 과거노동과 산 노동의 비율을 말한다.

왜 이것이 문제가 되는가. 자본의 축적이 진행됨에 따라, 유기적 구성의 비율은 높아진다. 즉 과거노동이 늘어나는 것이다. 이 축적된 과거노동이란 무엇인가 하는 문제가 이 장의 테마가 된다.

해마다 축적이 진행된다고 하는 것은, 해마다 획득되는 잉여가치가 재투자된다는 것이므로, 당연히 노동자의 수요를 야기시킨다. 그런 뜻에서 노동자의 고용은 늘어나고, 경우에 따라 임금은 증대하는 경우도 있다.

가장 많은 경우를 생각해 보면, 노동자의 수요가 농촌으로부터의 노동자의 공출을 확대하여 노동 인구의 증대, 즉 프롤레타리아의 증대를 가져올 것이라는 것은 틀림없는 일이다. 이것은 프롤레타리아의 자본으로의 종속 재생산이며, 소득 상승의 문제와는 우선은 다른 문제라는 것을 마르크스는 강조한다.

본의 아니게 진실을 말한 세 사람

여기에서 마르크스는 매우 정직한 세 사람의 인물을 소개한다. 17세기의 존 베러즈, 맨더빌, F.M. 이든의 세 사람이다. 세 사람 모두 부유한 자가 풍요로워지는 것은 가난한 노동자 덕택이라고 하는 것을 제대로 이해하여 주의를 촉진하고 있다는 것이다. 그 중에서 이든의 문장을 인용한다. 프랑스어판 쪽이 자세하므로 그 쪽을 인용한다.

> 우리 지대에서는 욕구를 채우기 위해 노동을 요구하고, 이를 위해 끊임없이 일을 하는 일부 사람을 필요로 한다. —그들 중에는 일을 하지 않고 산업의 생산물을 자유로 할 수 있는 사람도 있다. 그러나 이런 소유자는 이 편리성을 문명과 기존의 질서 덕분일 뿐이다. 그것은 시민제도에 의해 만들어진 것이다.

이든은 이렇게 물었어야 했을 것이다. 시민제도를 만든 것은 무엇인가 하고. 그러나 법적인 관점은, 법을 생산의 물적 관계의 산물이 아니라, 반대로 물적 생산관계를 법의 산물이라고 생각하고 있는 것이다. 랑게는, 몽테스키외의 법의 정신의 환상적인 기형화를 한 마디로 뒤집어엎은 것이다. 그는 이렇게 말한다. '법의 정신, 그것은 소유이다'라고. 그러나 이든의 이야기를 계속하자.

'시민제도는, 실제로는 노동의 과실을 노동 외의 것에 의해 얻을 수 있다는 것을 승인한 셈이다. 독립된 재산을 가지고 있는 사람은, 이 모든 부를, 남과는 거의 다를 것이 없는 자기능력이 아니라, 남의 노동에 의존하고 있다. 빈자(貧者)와 부자(富者)를 나누는 것은, 토지나 화폐를 많이 소유하고 있는가의 여부가 아니다. 노동의 지배력(영어의 command)의 문제이다.' (이 부분은 독일어 판에서는 주석으로 되어 있다)

　여기에서, 이든이야말로 오직 애덤 스미스의 이론을 발전시킨 인물이라고 높이 평가하고 있는데, 자기도 모르게 나온 본심인 셈이다. 프랑스어 판은 독일어 판의 주석을 그대로 문장에 넣은 것인데 이쪽이 이해하기 쉽다는 것은 확실하다. 매우 중요한 문장이다. 물적 생산관계가 법을 규제한다는 것이기 때문에.

　참고로, 랑게는 그다지 유명하지 않은 18세기의 프랑스 인물이지만, 몽테스키외와 같은 시대의 인물로 1794년, 공포정치의 희생이 되었다.

자기 손으로 만든 것에 지배당한다

　그런데 이런 관계는 당연히 그것이 노동임금의 등귀를 가져와 노동자가 조금 풍요로워진다는 것을 마르크스는 무시하고 있는 것은 아니다. 그러나 독설가이자 미래를 내다보는 마르크스는 이렇게 말한다.

　　자본의 축적의 결과 생기는 노임등귀가 의미하는 것은, 사실 임금노동자가 스스로 단조(鍛造 : 금속을 가열하고 두드려 필요한 형체로 만듦)한 황금사슬의 크기나 무게가 그의 긴장을 푸는 것뿐이다.

　조금의 돈에 도취되고 이 세상의 봄을 구가하는 것이 바로 이런 꼴일까?

　그리고 두 가지 경우를 말하고 있다. 우선 임금이 등귀하고, 축적도 진행되는 경우이다. 이 경우 자본은 아무런 불평도 하지 않는다. 또 하나의 경우, 임금은 상승하지만 축적이 둔화되는 경우이다. 바로 글로벌리제이션 시대의 개막이 여기에 해당될까? 당연히 임금을 하락시켜 축적을 늘릴 욕망에 몰리게 된다. 그리고 이렇게 마무리한다.

따라서 사실은 이렇게 표현된다. 자연법칙에 신비화된 자본주의 축적의 법칙은, 자본관계의 끊임없는 재생산과 끊임없이 확대된 규모의 재생산에 중대한 지장을 가져오는 노동의 착취 정도의 저하, 임금의 등귀는 모두 배제된다고.

당면한 부는, 노동자 욕망의 발전을 위해 존재하는 것이 아니라, 반대로 현존가치의 증식의 욕망을 위해 노동자가 존재한다는 상황 안에서, 이 이외의 경우를 생각할 수 없는 것이다.

종교에서 인간이 만든 것에 의해 지배되는 것처럼, 자본주의 생산에서는 스스로의 손으로 만든 것에 의해 지배되는 것이다.

제2절 축적의 강화와 그에 따른 집중에 의한 가변자본의 상대적 감소

자본의 집중—서로를 잡아먹는다

이 절에서는 추가로 투자되는 잉여가치가, 가변자본 이외에 투자되는 경우가 문제가 된다. 즉, 불변자본·생산수단에 투자된다는 것이다. 이렇게 되면 가변자본 부분에의 투자는 그다지 늘어나지 않는다는 말이 된다.

마르크스는 이것을 '유기적 구성의 고도화'라고도 말하고 있는데, 가변자본이 아니라 불변자본에 투자되는 것을 뜻한다. 축적이 진행됨에 따라서 불변자본의 비율이 계속해서 높아진다.

이런 조건이 일어나기 위해서는 당연히 처음에 본원적인 축적이 있어야되는 것으로, 스타트 라인에서 이미 자본을 축적한 사람이 있어서, 그 사람이 자본가가 되지 않으면 안 되는데, 이것은 다음 장으로 넘기고 우선은 이지칠 줄 모르는 축적문제에 초점이 집중된다.

전제되는 것이 소자본을 가진 자본가이다. 처음에는 많은 자본가들이 있다. 이 자본가들은 경쟁함으로써 우선 축적을 하는데, 그 경쟁에 패한 자는 그 축적을 다른 자본가에게 수탈된다. 이렇게 해서 차츰 자본축적은 단순히 개별적인 자본가의 노력만이 아니라 수탈에 의해서도 확대된다. 유명한 문장을 여기에서 인용하기로 한다.

(경제적 진보의 어느 단계에서—프랑스어 판) 이 사회적 총 자본의 많

은 개인 자본에의 분열, 또는 각각의 반발은 그 견인력과는 다른 운동에 의해 초래된다.

이것은 이미 축적과 혼동되는 생산수단과 지휘권의 집적이 아니다. 오히려 이미 형성된 자본의 집적이며, 개인자본의 독립성의 폐기이며, 자본가에 의한 자본가의 수탈이며, 다수의 소자본으로부터 소수의 대자본으로의 전화이다. —여기에서 자본이 많은 양으로 한 손 안에서 커다란 덩어리가 되어 팽창하는 것은, 다른 장소에서 많은 손으로부터 자본이 빼앗기기 때문이다. 이것은 축적이나 집적과는 다른 집중이다.

개별자본의 축적을 촉진하는 견인력과는 다른, 서로를 잡아먹는 힘에 의해서 새로운 집적이 생긴다는 것이다. 이것을 '집중'이라고 한다.

자본의 수탈전으로

집적(저축한다는 것)과 집중(어딘가에 모으는 것)은 자본 축적의 가장 큰 테마이다.

개별적인 자본이 싸움으로써 축적이 늘어날 뿐만 아니라, 서로가 잡아먹는 투쟁과정이야말로 그것이다. 단, 마르크스는 이 제1권에서는 그런 경쟁 문제를 다루려 하지 않고 시사에만 그치고자 한다. 요컨대, 엥겔스가 편집한 제3권에서 논의되는, 평균이윤율과 개별이윤율의 차이를 둘러싼 치열한 싸움에서, 보다 더 높은 이익을 구하여 이윤율이 높은 분야에 자본이 밀려와, 작은 자본을 좀먹어 가는 모습을 말한다.

실은 여기에는, 또한 신용제도 문제가 얽히게 된다. 신용제도란, 작은 자본을 집적하여, 그것을 대자본에 여러 가지 형태로 대부하는 것으로, 이런 싸움을 보다 더 유리하게 추진하는 신용제도(주식·대부 등)를 말한다. 자본 수탈전의 무기로서 신용제도가 큰 역할을 다하는 것이다. 그러나 이것도 제3권의 테마가 된다.

현재의 자본주의가 기술개발이나 시장점유율의 확대를 노리고 규모를 계속 크게 하는 것은, 바로 이런 집중과 집적의 결과인 것이다. 합병이든, 기업매수이든, 증자이든 모양은 어떠하든 간에 기본운동은 변하지 않는다. 그런 뜻에서, 주식회사 제도는 획기적인 사건으로, 거대한 돈을 단숨에 긁어모으는 일에 성공한 것이다. 현재 그것은 지구의 규모로 이루어지고 있을 뿐이다.

그런데 이것은, 한편으로 거대한 생산력을 기술개발과 생산수단에 의존하게 되어, 더욱더 가변자본 부분인 노동자의 수요를 줄여간다. 세계적인 대기업이 됨으로써 보다 더 많은 노동자의 고용을 증가시키는 것이 아니라, 더 줄인다는 것, 즉, 선진국 노동자를 도상국 노동자의 고용으로 바꾸는 일 등은, 바로 노동자의 수요를 감퇴시키는 일이다. 급여가 높은 노동자는 필요가 없다는 것이 된다.

제3절 상대적 과잉인구 또는 산업 예비군의 누진적 생산

항상 노동자의 스페어를 필요로 하는 사회

노동자의 과잉인구 문제는 자본주의 발전과 연결되어 있다. 18세기까지 세계의 인구는 정체적이었다. 그러나 단숨에 증가하였다. 그 이유는 바로 이 자본주의의 집중, 집적에 관계하고 있다. 우선 노동자의 수요문제이다. 잉여가치 생산 때문에 노동자수요는 증대한다. 추가자본은 더욱 그것을 가속화시키게 된다.

그러나 이것은 비례적이 아니다. 갑자기 과거로 돌아가, 노동수요의 감소를 만들어 낸다. 그러나 인구는 그렇게 간단하게 조절되지 않는다. 이렇게 해서 지나친 인구가, 자본주의 자체의 경기 스페어처럼 끊임없이 만들어 나가게 된다. 이제 도상국의 과잉인구는, 글로벌리제이션 덕택으로, 저임금노동자를 구하는 자본의 더없는 표적이 되어 있는 것이다. 단, 이것도 마르크스의 논리대로 하면 그렇게 오래 계속되지 않게 된다. 마르크스는 이런 자본주의의 현상을 매우 간단하게, 아니 매우 잔혹하게 이렇게 쓰고 있다.

자본주의적 축적은 오히려, 그 에너지의 크기에 비례해서 상대적인—그러나 자본의 평균적인 가치증식에 대해서는 과잉된—즉, 과잉 또는 부가적인 노동자 인구를 끊임없이 만들어 내는 것이다.

그러나 이 과잉인구 그 자체의 문제가, 자본주의에게 치명적인 문제가 되는 일도 있을 수 있다. 인간의 생산은, 상품의 생산처럼은 되지 않는다. 어느 나라나 인구문제로는 고생을 하고 있지만, 과잉인구인가, 과소인구인가, 그때그때의 경기에 의해 간단히 조정되지 않는다. 그러나 불황에서 호황으로 가는 도중에, 새로운 분야, 즉 이익이 높을 것 같은 분야가 생기면, 자본은 단숨에 이런 과잉인구를 저임금으로 고용한다. 당시에는 철도건설, 얼마 전까지는 공공사업, 지금은 시스템 엔지니어가 그것이 될까? 잘 되어 가면 자본에 웃음이 끊이지 않게 된다.

근대산업의 특징적인 순환과정, 즉 중(中) 정도의 활황, 생산의 번영, 공황, 정체의 시기가 작은 변동으로 잘리면서, 10년 주기의 순환을 이룬다고 하는 형태는, 산업예비군 또는 과잉인구가 끊임없이 조성되어, 조금이나마 그것이 흡수되거나 또는 거듭 되돌아가는 것에 바탕을 두고 있다. 이 산업순환이 변전(變轉)하는 시기는, 한편으로 과잉인구를 모아서, 정력적인 재생산의 도구로 삼는다.

인구문제는 자본주의의 함정
그러나 이것은, 과잉노동을 흡수할 수 있는 시기의 문제이고, 그렇지 않는 경우에는 어떻게 되는가? 당연한 일이지만 여분의 인구는 굶어죽을 수밖에 없게 된다.

나가는 순번을 기다리는 연극배우처럼 일을 기다린다. 일이 없으면 어떻게 되는가. 당연히 굶거나 이민을 선택할 수밖에 없다. 그러나 이번에는, 다시 수요가 일어나면 어떻게 되는가? 노동자들은 이내 부족해진다—이런 문제가 어디에서 일어나는가 하는 것을 옥스퍼드 대학 전 메리벨 교수는 이렇게 말하고 있다.

인간의 재생산이 아무리 빨리 이루어진다 해도 성년 노동자로서 쓸 수 있게 되기까지는 한 세대의 세월이 필요하다.

이민은 어림없는 소리, 섹스에도 불평을 한다
당연한 일이다. 경기가 좋을 때 태어난 어린이가 어른이 될 때에는 경기가 나빠진다. 이런 운명이 예사라고 한다면, 이민으로 보내는 것은 생각할 수 없는 일이다. 이민으로 감소한 노동자를 어떻게 채울 것인가.

그래서 《인구론》의 맬서스는 이 때문에 노동자들에 대해서 경제의 산업순환을 보면서 생식을 조정할 것을 바란다는 것이다. 생식도 자본의 규제를 받아야 한다는 것이다. 그러나 이것이 잘 되어갈 리가 없다.

노동력상품은 특수한 상품이어서 간단히 만들 수 있는 것이 아니다.

불황에서 호황기에 걸쳐서 노동자수요가 늘어난다. 그러나 이윽고 바닥이 난다(바로 아이가 태어나지 않기 때문이다. 현재의 서유럽 여러 나라나 미국에서는 이내 이민노동자를 맞아들인다. 경기의 조절장치이기 때문이다). 이 때문에 과잉인구가 없어지고 완전고용이 된 노동자의 임금은 상승하여 이윤율은 감소한다(이익이 줄어든다). 이윽고 과잉투자가 탈이 나서 경기는 반전, 공황으로 나아간다. 이렇게 해서 경기순환이 되풀이되는 것은, 바로 노동력상품의 특수성에 있다. 그야말로 혜안(慧眼 : ^{사물의 본질을
꿰뚫어 보는 안목})이 아닐 수 없다.

이민을 많이 받아들이는 미국이나 서유럽 여러 나라는 인류애에서 그런 일을 하고 있는 것이 아니라, 이 특수성을 뼈저리게 알고 있기 때문이다.

일이 없는 노동자도 이용한다

경제학은, 경기가 나쁜 것은 인구 때문이라고 정색을 한다. 노임이 내려가고 과잉인구가 생기는 것은 아이를 낳는 방법이 나쁘다는 것이다.

경제학의 도그마에 따르면, 자본축적의 결과 노임이 등귀한다. 등귀한 노임은 노동인구의 급속한 증가에 박차를 가하여, 이윽고 노동시장도 포화상태가 되지만, 자본의 확대는, 노동수요가 확대해서 부족해질 때까지 나아간다. 그러면 임금은 내려가고, 이번에는 동전 뒷면의 문제가 생긴다. 노임의 감소로 노동인구가 더욱더 감소하여, 자본이 노동인구에 대해서 다시 과잉상태가 된다.

다른 설명으로 하자면, 노임의 감소와 그에 따른 노동자의 착취의 증대가 축적을 거듭 촉진하여, 그와 동시에 임금의 감소가 노동자 계급의 성장을 막게 된다. 이렇게 해서 노동자의 공급이 수요보다도 낮아지고 또 임금이 등귀하는 관계가 나타난다.

하지만, 실제로는 선진 제국은 기술개발에 의해서 노동자의 수요를 그다지 증가시키지 않으므로, 완전고용 같은 건 일어날 수도 없고 임금도 올라가지도 않고, 오히려 질 높은 노동자의 과잉인구가 늘어나는 경향을 보인다.

이른바 '산업예비군'(노동자의 과잉인구)인데, 이것은 한편에서, 경기가 좋을 때에는 임금 인하의 압력으로서 영향을 준다. 임금 상승 억제장치이다. 그런 뜻에서 실업자, 또는 과잉인구라고 하는 것은, 어떤 뜻에서 자본에게는 필요한 일이라 할 수 있다. 경제학의 학설과는 반대되는 일이다. 경기는 노동자의 인구가 원인으로 일어나는 것이 아니라, 오히려 경기는 노동자의 과잉인구를 이용하고 있는 것이다. 노동자를 고용하거나 유리시킴으로써 기업은 항상 임금을 억제할 수가 있는 것이다.

마르크스는 이것을 '자본의 전제(專制 : 혼자서 일을 결행함)'라고 말하고 있는데, 바로 일을 찾은 노동자와 그렇지 않은 노동자를 항상 다투게 하는 술책으로, 노동자에 대한 지배를 관철하고 있는 것이다.

노동자도 가만히 있지는 않는다

따라서 이 비밀을 노동자들이 알면 어떻게 되는가? 그것은 노동조합이 실업자를 조직하기 시작할 때에 일어난다. 이것은 자본에 대해서 파괴적인 충격을 주게 되므로, 어떤 일이 있으면 말려야 하는 것이다.

따라서 노동자가 일을 하면 할수록, 보다 많은 남의 부(富)를 만들면 만들수록, 그들의 노동생산력이 증대하면 할수록, 자본의 증식수단인 자기 자신이 더욱더 불안해지는 것은 왜 그런가 하는 비밀을 알자마자―,

또 그들에 대한 경쟁의 강화가, 상대적 과잉인구의 압력에 걸려 있다는 것을 알자마자―,

그리고 또, 그들이 노동조합 등을 통해서 취업자와 실업자 사이의 계획적 협력을 조직하여, 자본주의적 생산양식의 자연법칙의 파괴적 여러 결과를 쳐부수어 약화시키려고 하자마자―,

자본과 그 추종자인 경제학자는, 수요와 공급이라고 하는 이른바 '성스럽고' '영원한' 법칙에의 침해에 화를 내는 것이다. 즉, 취업자와 실업자의 모든 연결이야말로, 그 법칙의 '순수한' 작용을 어지럽히기 때문이다.

현재에도 세계의 노동조합은, 파견·프리 아르바이터·청부노동자, 더 나아가서는 실업자와의 연대를 모색하고 있다. 자본가에게 이것은 난처한 일이다. 그러나 일반적으로는, 마르크스의 말과는 달라서 노동자 자체가 난처하다. 자기 임금을 내리는 것이 아닌가 하고 두려워하는 것이다.

예를 들어, 프랑스의 노동조합에서는, 만 하루분의 급여를 실업자를 위해 기금으로 내거나, 이민노동자의 구제, 또는 해외의 노동조합과의 유대를 도모하고 있다. 우리식으로 말하자면 그런 일을 해 보았자 아무 소용이 없는 것이 되는데, 다시 한 번 마르크스의 이 말을 음미해 볼 필요가 있다. '노동자는 자본가와 그 추종자들과 같이 되어서는 안 되는 것이다.'

프레케리아트는 옛날에도 있었다

여기에 나오는 '불안'이라고 하는 말은, 지금 문제가 되어 있는 프레케리아트라고 하는 말과 같은 말이다. 불안이라고 하는 개념은, 취업을 하고 있는 노동자에게도 있다. 따라서 이런 취업불안을 가진 사람들이 지금 결속을 하려하고 있는데, 이것도 자본의 입장으로 보아서는 난처한 일일지도 모른다.

마지막으로 해외의 이야기로 끝내고 있다.

한편, 예를 들어 식민지에서 산업예비군의 성립에 반대하여, 그것으로 노동자 계급의 자본가 계급에의 절대적인 복종을 막으려고 하는 사정이 생기자마자, 자본(프랑스어 판에서는 자본가)은, 산초 판사(프랑스어 판에서는 변호사)와 함께, 수요공급의 '신성한' 법칙에 반대하여, 군(프랑스어 판에서는 국가)의 강제로 그것을 제거하려고 하는 것이다.

한편, 식민지에서 일어나는 여러 가지 반항에 대해서는 경제학의 말이 아니라, 폭력이라는 수단으로 호소당하게 된다.

제4절 상대적 과잉인구의 여러 존재형태−자본주의적 축적의 일반법칙

세 가지 과잉인구

여기에서는 '상대적 과잉인구'를 분석의 대상으로 한다. 유동적·잠재적·정체적의 세 가지로 나뉜다고 말하고 있다.

우선, 유동적 과잉인구인데, 이것은 미성년 남자노동자가 중심이 되는 것으로, 말하자면 쓰고 버린 노동자이다. 이윽고 청년이 되면 해고된다. 이민을 할 수밖에 없는 층이다. 물론 여기에는 일정연령 이상의 중년노동자도 들어간다. 그들은 시대의 흐름 속에서 노후화하여, 이미 쓸모가 없는 노동자인 것이다. 여기에서 마르크스는, 평균수명이 노동자 계급과 유산계급을 비교했을 때 어느 정도 차이가 있는가 하는 통계를 인용한다. 이에 의하면, 전자가 15년, 후자가 38년이다. 어느 쪽이나 현재의 시점에서 보면 매우 짧지만, 2배 이상의 차이에는 주목을 해야 할 것이다. 그 정도로 육체적 노동자는 곧 마모되어 버리는 것이다.

다음에 잠재적 과잉인구이다. 이것은 노동자로서 도시에 흡수되기를 기다리고 있는 농촌인구이다. 이 계층은 심한 노동자보다도 더 나쁜 조건에 서 있다는 점에서, '한 발을 가난의 수렁에 박고 있는' 계층이라고 말할 수 있다.

마지막은 정체적 과잉인구로, 이것은 취업하고 있는 노동자의 대타(代打)를 이루는 층으로, 싼 임금으로도 일을 하는 층이다.

이보다 더 나쁜 층이 가난에 허덕이는 요구호 빈민이라고 말한다. 위험한 계급이라고 해서 1843~1845년 파리에서 살던 마르크스가 세밀하게 조사한 층이다. 구체적으로는 매춘부·부랑아·범죄자 들이다. 그 중에는 노동능력이 있는 자, 고아, 그리고 노동 불능자 등이 포함되어 있다.

19세기의 병원·감옥·구빈원은 바로 죽음을 기다리는 것과 같은 장소였던 셈인데, 자본주의 사회에서는 상대적 과잉인구의 최하층부로서, 임금인상에 대한 무거운 짐이 된다. 그런 뜻에서 이 층은 자본주의의 낭비이지만, 그 몫은 싼 노동자로부터의 착취로 보충하면 되는 것이다.

빈곤은 신의 혜택인가

여기에서 마르크스는 이 가난에 대해서, 이것도 신이 정한 자연의 섭리라고 말하는 인물 타운센드를 인용한다.

빈민은 어느 정도까지 무분별해서(즉, 황금수저를 입에 물지 않고 태어날 정도로 무분별해서). 사회의 천하고 불결하고, 열등한 일을 채우는 사람이 항상 있다고 하는 것은, 자연법칙인 것처럼 보인다.

인간의 행복의 기본은, 보다 세련된 자가 고생을 하지 않고, 보다 더 고도의 일에 지장 없이 종사할 수 있으므로 해서 배가된다.

─구빈원은, 신과 자연이 이 세상에 만들어 낸 이 제도의 조화와 아름다움, 균형과 질서를 파괴하는 경향을 갖는 것이다.

그럴듯한 논리이다. 가난하다는 것은 신이 정한 일이다. 따라서 이것을 풍요롭게 하는 것은 신의 규율에 어긋난다는 것이다.

현재 우리가 사는 세계에서, 이것을 당당하게 말할 수 있는 사람은 없을 것이지만, 마음속으로는 우월감에 젖어, 그것을 신의 섭리라고 생각하고 있는 사람이 얼마나 많은가. 위에 있는 사람은, 아래에 있는 사람에 관심이 없다. 아래 사람에게는 위에 있는 사람의 일밖에 관심이 없다고 하면, 위에 있는 사람은 자신의 힘을 신의 섭리라고 믿고, 아래 사람은 될 수 있으면 한 단계라도 위로 올라가고 싶을 것이다. 그러나 항상 하층에 요지부동으로 못박힌 상태로 있는 사람이 눈에 보이지 않는 곳에서 존재하고 있다는 것도 분명한 사실이다. 그것은 많은 사람들이 관심을 가지지 않는 외국인 이민노동자·신체장애자·노인·과부 등일 것이다.

제5절 자본주의적 축적법칙의 일반적 법칙의 설명

(a) 1846~1866년
영국은 풍요로워졌는가

여기에서 마르크스는, 구체적인 당시의 영국 사회의 실태를 폭로한다. 통계를 제시하면서 과거 20년, 소득·생산 등 화려한 경제성장이 있었다는 것을 보이고, 다른 한편으로는 국민의 가난이 늘어났다는 것을 보여 준다.

글래드스턴 총리는, 1840년대 전반의 경제성장과 가난의 낙차(落差)에 비명을 지르는데, 그 후 가난이 줄어든 일에 감격했다고 마르크스는 말하고 있다. 실태가 어떤가가 문제이다. 이 시대는 영국 경제사에서 가장 논의가 있었던 시기로, 아직 생활수준의 논쟁에 대한 결말이 나지 않고 있다. 물론 마르크스는 생활수준이 내려갔다는 견해 쪽이지만.

그런데 문제는, 이들 노동자의 당시의 생활이 과연 어떠했는가 하는 점이다. 우선 구호가 필요한 빈민상태에 대해서 설명한다. 우선 그 빈민의 수가 87만 명에서 100만 명을 돌파했다는 사실을 든다. 더욱이 그 당시 10년 동안에 아사(餓死)가 증가했다는 사실을 들고 있다.

오늘날, 하층으로 가라앉고 있는 사람들이 어디에서 죽든 별로 관심을 가지지 않는다. 그런 사람들은 보이는 곳에 있지 않기 때문이다. 따라서 항상 가난이라고 하는 것은 매스컴이 떠들기 때문이다, 본 일도 없다는 것이다. 마르크스 시대도 마찬가지로, 한쪽에서는 만국박람회, 철도여행 붐, 백화점 쇼핑 등 발전의 시대이기도 했던 것이다. 어느 쪽이 그 시대의 진실인가, 지금도 결말이 나지 않는 데에 이 문제의 어려운 점이 있다.

(b) 영국 공업 노동자 계급의 저임금층
빈민은 집에서 쫓겨난다

같은 시대의 영국의 노동자 계급의 영양 상태가 명백해진다. 영양 상태에 대해서 닥터 사이먼의 조사를 주석으로 인용하는데, 사이먼은 영양실조가 된 것은, 보다 더 이전에 주거·광열·의복 등이 부족했을 것이라고 말한다.
주택문제에 대해서 이렇게 말한다.

부(富)의 진전에 따른, 불량건축의 파괴, 은행이나 백화점 등의 건축, 영업용 교통, 사치스런 장소를 위한 도로의 확장, 철도마차의 도입을 통한 도시의 '개량'이야말로 빈민을 확실하게, 그리고 끊임없이 열악하고 밀집된 오두막 속으로 밀어 넣었다.

빅토리아 시대는 번영의 시대로, 대제국의 명예를 건 도시개조가 이루어졌었다. 그 결과, 빈민가옥의 파괴와 주택난이 생기게 된다. 이것은 오늘날에도 볼 수 있는 일로서, 번영이라고 하는 표면상의 환상과, 그 이면에 몰리는 빈민의 주택난, 번영하는 현대의 선진국 프랑스에서 부동산 붐으로 법석을 떠는 표면상의 현실과, 100만 명 이상이 집을 찾고 있는 현실. 미국에서는 부동산 붐과 그 버블 붕괴로 단숨에 총재산인 집을 잃은 사람들의 생활, 빅토리아 조(朝) 시절은 결코 과거의 이야기가 아닌 것이다.

넉넉한 자는 부동산으로 더욱 덕을 본다

런던 도심지의 주택난으로 마르크스 자신도 고생을 했다. 집세가 너무 비싸다, 가난한 사람은 집세를 낼 수 없다, 철도투기·부동산 붐으로 들끓는 이 런던에서 노동자는 추위에 떨면서 집을 찾는다.

자본주의적 정의에 감탄하라!

토지소유자·집소유자·사업경영자는, 철도·새로운 건설·도로의 신설과 같은 개량에 의해서 수용된다고 해도, 충분한 보상이 주어질 뿐만이 아니다. 그런 강요된 '자기희생'에 대해서, 신이나 법률에 의한 더욱 막대한 이윤으로 보상이 이루어지는 것이다.

한편, 노동자의 경우를 보면, 아내와 아들, 소지품과 함께 거리에 내던져진다.

—가난한 사람을 인정하지 않는 지역에 들어가기라고 하면 시(市)는 위생법으로 추방하는 것이다.

마르크스도 집세 체납으로 쫓겨난 경험이 있기 때문에, 매우 진실이 담긴 문장이다. 그리고 부자들이, 불쾌한 런던에서 교외로 옮아가서 살면, 가난한 사람들이 그 집으로 들어가서 산다(즉, 슬럼화하게 된다). 그리고 한 방에 여러 사람의 가족들이 산다. 영국 북부의 공업지대, 브래드퍼드 길의 방 하나당 거주자가 게재되어 있는데 모두 10명 이상이다.

(c) 떠도는 국민

이른바 밑바닥 노동자

여기에서는 일이 있을 때에만 쓰는 노동자, 이동하는 백성을 다룬다. 프랑스어 판에서는 광산노동자라고 하는 부제(副題)가 있다. 요컨대, 노동자의 숙소를 떠돌아다니는 사람들을 말한다.

우선 숙소를 떠돌아다니는 사람들과 전염병의 관계가 언급되어 있고, 이런 건설현장의 위생관리의 미흡함이 천연두·티푸스·콜레라 등을 초래한다는 점을 밝히고 있다. 마르크스의 가족도 전염병의 피해를 입어 아이를 잃었고, 아내도 천연두에 걸리는 고생을 한 탓인지, 1850년대의 위생관리 문제에 대해서는 누구보다도 노여움을 느끼면서 쓰고 있다.

그리고 광산노동자—. 광산노동자는 광산 바로 근처에 오두막을 짓고 산다. 거기에는 물 설비도, 화장실도 없다. 하나의 오두막에 많은 사람들이 산다. 더욱이 이 오두막은 임금의 일부이다. 물 등도 모두 자본가로부터 돈을 주고 사는 것이다. 결과적으로, 이것들은 급여에서 공제된다. 농노(農奴)처럼 얽매인 시스템이다. 급료는 대개 채무의 담보가 되어 있고 적자여서, 도망갈 수도 없다.

(d)공황이, 노동자 중에서 가장 좋은 급료를 받고 있는 사람에 주는 영향
조금 넉넉해도 마지막은 같다

이른바 노동귀족에 대한 영향을 말한다. 1850년 이후, 영국에서는 노동귀족이라는 것이 나타난 것으로 되어 있다. 그 노동귀족이 공황으로 어떤 영향을 받고 있는가에 대한 것이다.

1866년의 공황에 대하여 말한다. 그 해의 5월, 공황은 런던의 거대 은행의 도산으로 시작하여, 금융으로 파급된 후 전 산업에 파급된다. 도산, 기업폐쇄·파면 등으로 실업자가 시중에 넘쳐난다. 구빈원에도 들어갈 수 없는 사람들이 천막촌을 만들어 살면서 절망의 풍경이 벌어진다.

마르크스는 신문과 보고서를 담담하게 인용할 따름이다. 이미 공황은 과거의 것이라고 생각하는 독자에게는, 그다지 흥미가 없는 것일 테지만, 여기에서 대상이 되어 있는 것은 은행이나 대기업에서 일을 하고 있던 노동귀족들의 비참한 상황이다.

1929년의 공황 이래, 이런 상황은 적어도 전쟁에 의한 공황을 제외하고는 일어나지 않았을 것이다. 이제 경제학은, 자본주의 모순을 모두 극복하여, 사회주의나 공산주의라고 하는 환상을 모두 부수었다고 생각하고 있는 우리에게는, 관계가 없다고 생각할 것이다. 그러나 현실을 보면, 도산이나 위기는 여러 번 있었고, 또 최근에는 버블 이후의 어려움 속에서, 그런 엘리트층이 휩말린 것도 사실이다. 더욱이 최근에는 미국의 버블 '청구서'를 온 세계의 중요한 은행이 떠맡고 있어서, 국가 주입(注入)이 없으면 (경우에 따라서는 그것이 있다고 해도) 신용 패닉은 피할 수 없을지도 모른다.

물론 이것은 가정이지만, 언제 어느 때 엘리트층이라고 일컬어지는 비즈니스맨의 몸에도 일어날지 모르는 일이다. 따라서 이곳을 그냥 넘기지 말고 꼼꼼하게 읽어주기를 바라는 마음이 간절하다.

(e) 영국의 농업 프롤레타리아 계급
농업노동자의 몰락

우선 이해해 두지 않으면 안 될 일은, 농업 프롤레타리아 계급은 농업에 종사하는 노동자라고 하는 점이다. 결코 자영농이 아니라는 것이다. 18세기 후반에는 풍부한 생활을 하고 있던 농업노동자가 왜 몰락했는가—하는 것이 최초의 문제이다. 1780년을 경계로 농업노동자의 임금은 하락하여 생활수준은 하강했다. 그 결과, 농업노동자는 공업노동자에의 과잉인구의 저수지(貯水池)가 되어 간다.

여기에서도 닥터 사이먼의 보고를 인용하게 되는데, 그것은 탄광노동자보다 열악한 상황이라는 것을 알 수가 있다. 영국의 12개 주에 대한 자세한 보고를 쓴 후에 마르크스는 다음과 같이 말하고 있다.

도시로의 끊임없는 이동, 농업차지(農業借地)의 집적, 경지의 목장화, 기계장치 채용에 의한 농촌의 과잉인구, 오두막집의 파괴에 의한 농업인구의 끊임없는 내몰림이 진행된다.

사람이 없어지면 없어질수록, '상대적 과잉인구'는 더욱더 커지고, 고용수단에 주는 압력도 커져서 거주능력을 초과하는 농업인구의 과잉도 더욱더 커지고, 따라서 농촌에 있어서의 지역적 과잉인구와 극도의 악역(惡疫 : 악성유행병)을 가져올지도 모르는 인간 밀집이 커진다.

흩어져 있는 작은 마을과, 시장도시에서의 인구 밀집은, 토지 표면의 폭력적인 인간배제와 대조를 이루고 있다.

수가 늘어나고, 생산물의 양이 늘어남에도 불구하고, 끊임없이 농업인구가 '과잉해진다'는 것은, 그 구호가 필요한 가난의 요람이 되어 있다. 이런, 때때로 일어나는 요구호적 가난은, 그들을 내모는 동기가 되고, 생활고의 원천이며, 최종적인 저항력을 박탈하여, 지주나 목장주의 완전한 노예가 된다.

그래서 노임의 최저화가 자연법칙으로서 그들에게 고정되는 것이다.

이렇게 해서 농업노동자는 최저임금 상태로 토지에 묶인다는 것이다. 공장노동자의 저수지, 계절노동자의 저수지가 됨으로써 농업노동자 안의 성인 남자의 비율은 줄어들고 여성과 어린이로 농업노동이 전화(轉化)된다.

노동대─여성과 어린이를 싸게 쓸 수 있는 시스템

이렇게 해서 '노동대'라고 하는 제도가 생긴다고 말한다. 농업노동대에서는 여성이나 어린이를 모아서 농업에 투입하고, 그 정점에 서는 남성이 그들을 감시한다. 감시를 맡은 남성은 프리섹스를 즐기고, 일종의 하멜른의 쥐 잡는 식으로 한 무리를 지배하는 열악한 제도이다.

지금도 동유럽 여러 나라에서 EU로 온 이민노동자들이 이런 혹독한 농업노동에 투입되어 횡령·위협·성희롱이 예사롭게 이루어지고 있다. 결코 과거의 일이 아니라는 것도 적어 두어야 할 것이다.

(f)아일랜드
농업국에 특유한 농업예비군

마지막으로, 영국에 병합되어 있는 아일랜드의 상태에 말한다. 아일랜드의 연이은 굶주림에 의한 인구감소는 바로 이 시대에 일어났던 일이다.

그러나 이것으로 해서 아일랜드는 적정 규모의 인구를 확보하여, 생산성이 올라가 윤택해졌다는 것이다. 가난은 과잉인구가 낳는다. 그것을 없애면 가난은 소멸한다. 그 전형이 아일랜드라는 것이다. 정말일까?

확실히, 아사한 자, 더 나아가서는 미국으로 이민한 자로 인해서 인구는 격감했다. 그러나 아일랜드 노동자의 상태는 어떠했던가? 실제로는, 상대적인 과잉인구가 인구의 감소보다도 빨리 일어나, 임금이 내려갔다는 것이다. 농지가 목초지로 바뀌었고, 또 남성 노동을 필요로 하지 않는 리넨 산업의 발전으로 성년 남자 노동자의 고용은 늘어나지 않았던 것이다.

영국 경우와의 차이는, 공업국인 영국에서는 농민은 산업예비군이 되지만, 농업국인 아일랜드에서는 농업예비군이 도시에서 보충된다는 점이다. 전혀 반대의 패턴을 취하고 있는 것이다. 즉, 공업노동자가 반대로 농업노동의 예비군이 된 것이다.

제24장 이른바 본원적 축적

과거의 실적을 폭로한다

이 장과, 근대 식민이론에 대해서 집필된 마지막 장은, 어떤 의미에서는 경제학의 본디의 내용에서 멀어져 있다고도 할 수 있다. 즉, 경제학이 현재의 경제를 대상으로 하여 그것에서 하나의 이론을 찾는다고 한다면, 본원적 축적은 거기에 이르기까지의, 말하자면 경제사(經濟史)이며, 또 식민지 이론도 경제학 이론의 체계라고 하느니보다는, 그 주변에 있는 말하자면 자본주의적 경제를 다루고 있는 것이다.

두 가지 테마는, 아무래도 이론서로서는 정착하기가 어려워, 그러기 때문에 마지막으로 가져온 것으로 여겨진다. 그러나 《자본론》이라고 하는 책은, 이 두 장이 있기 때문에 더욱 이채(異彩)를 띠고 있다고 여겨진다. 왜냐하면, 여기에서는 경제의 외적인 힘―법률이나 국가, 군사 등이 나온다. 경제는, 겉으로는 그런 것을 배제하면서도 실은 이것들을 잘 이용하고 있다는 사실을 이 장에서는 폭로하고 있기 때문이다.

제1절 본원적 축적의 비밀

본디 출발부터 잘못되어 있었다

우선 이론의 모순을 설명한다. 화폐가 자본으로 전화되고, 그것에 의해서 잉여가치가 생기고, 그 잉여가치가 다시 자본으로 전화된다. 그러나 처음에 누가 화폐를, 자본으로 삼을 수 있을 정도로 축적했는가 하는 논리가 거기에서 나오지 않는다는 모순이다.

따라서 이 모든 운동은, 악순환에 빠지지 않으면 안 된다. 여기에서 빠져 나오기 위해서는, 자본주의적 축적에 선행하는 '본원적인' 축적(애덤 스미스의 말로 하자면 '선행적 축적')을 전제로 하지 않으면 안 된다. 그것은 자본주의적 생산의 결과가 아니라, 출발점이다.

처음에 부지런한 자, 게으른 자가 있었나니

이 자본주의라고 하는 게임에 참가하기 위해서는, 그 이전에 비자본주의적 규칙이 필요했다는 것이다. 그렇다면 그 규칙은 무엇인가? 여기에 일종의 환상적 이야기가 인용된다.

이런 본원적 축적은, 정치경제학 안에서는 신학의 원죄와 거의 같은 역할을 한다. 아담이 사과를 깨물어, 거기에서 인간의 죄가 시작되었다. 현재라는 것은 과거의 이야기를 함으로써 설명된다. 아득한 과거까지 거슬러 올라가는 이야기 중에, 한편에는 진지하고 지적이고 특히 검약한 엘리트가 있고, 다른 한편에는 게으르고, 자기의 모든 것을, 또는 많은 것을 소비하는 룸펜이 있다는 것이다.

물론, 신학적 원죄의 신화는, 인간이 그것에 의해서 어떻게 이마에 땀 흘려 일하도록 운명지워졌는가를 말해 주는 것인데, 경제적 신화 쪽에서는 땀 흘려 일할 필요가 없는 사람들이 왜 있는가를 폭로하는 것이다.

성실한 사람은 실제로는 악당이었다

흔히 듣는 옛날 이야기이다. 자기가 가난한 것은, 조상이 게을렀기 때문에, 자기가 잘 사는 것은 조상이 성실했기 때문이라고. 요컨대 머리의 생김새가 달랐다고. 자본주의의 '합리적인 룰'이라고 하는 것을 그대로 과거에 투영하면, 그런 부지런함과 게으름 이야기가 되는 셈이다. 그러나 정말로 그럴까?

실제의 역사 속에서는, 흔히 알려진 바와 같이 침략·정복·강도 살인, 즉 폭력이 큰 역할을 한다.

온건한 정치경제학 속에서는 목가(牧歌)가 지배적이었다. 단 한 가지, 풍요로워지는 수단은 권리와 노동뿐이었다.

그러나 항상 올해만은, 나쁜 짓을 한다는 예외가 따랐지만, 사실, 본원적 축적 방법은, 목가적이 아니라는 것뿐만 아니라, 전혀 그런 것이 아니었던 것이다.

어제의 도둑이 정장(正裝)을 하고, 오늘의 자본가가 되었다. 조금 지나친 이야기일지 몰라도, 이에 가까운 일이 자본주의 이전에는 있었다는 것이다.

어디를 가나 자유지만, 굶는 것도 자유

또 하나의 역사는, 왜 화폐가 자본으로 전화(轉化)하는가 하는 생산관계의 조건문제이다. 즉, 한편에 노동력밖에 팔 수 없는 자유로운 노동자, 다른 한편에 생산수단의 소유자라고 하는 관계가 왜 일어났는가 하는 문제이다.

자유로운 노동자라고 하는 뜻은, 그들 자신이 노예나 농노 등과 같이 직접 생산수단이 아니라는 점에서, 독립 자영농민 등과 같이 생산수단이 노동자에게 속해 있지 않다는 점에서, 그들은 생산수단으로부터 자유이고, 독립되어 있다는 것이다.

자신이 토지에 묶여 있는 존재가 아니라는 뜻에서, 그리고 생산수단으로부터 자유라는 뜻에서, 노동자에게는 이 두 가지 자유가 있다는 것이다. 이 두 가지 자유의 성립과정이야말로 다른 한쪽에서의 본원적 축적의 뜻이 된다는 것이다.

자본주의 사회의 성립은, 그 이전의 사회체제였던 봉건사회가 붕괴된 결과였다. 토지에서 이탈된 노동자는, '자유'를 쟁취했지만, 한편으로는 적어도 나날의 생활을 보증해 준 생산수단인 토지로부터도 쫓겨나는 영예로운 '자유'도 쟁취한 셈이다.

물론 자본가 자신은, 검(劍)의 투사인 봉건제후(封建諸侯)를 구축할 필요가 있었다.

단, 역사적 대상은 영국뿐이다. 왜냐하면, 이 나라야말로 자본주의의 전형이기 때문이다.

본원적 축적의 역사는, 나라에 따라 여러 가지로 차이가 있고, 순서도 다르고 시대도 다른 여러 단계를 통과한다. 따라서 고전적인 형태를 가지고 있는 것은 여기에서 예로 든 영국뿐이다.

제2절 농촌주민으로부터의 토지의 수탈

양이 인간을 먹는다?

우선, 14세기 말의 영국 농민의 상태부터 설명한다. 영국에서는 농노제는 소멸되고 자영농이 중심이었다고.

그러나 이 상태가 갑자기 바뀐다. 그것은 15세기 후반부터 16세기의 전반에 걸친 일이었다. 이 시대는 종교개혁, 대항해 시대로, 토머스 모어의 유명한 《유토피아》가 말하는 '양이 인간을 먹는다'는 시대였다.

우선, 작은 봉건제후가 해체되어 대봉건영주로 바뀜으로써 농민이 토지에서 쫓겨났다. 좀더 구체적으로 말하면, 양모로 돈벌이를 계획하는 대지주가, 영국해협 건너편의 플랑드르의 양모값이 크게 올라, 농경지를 양의 목초지로 바꾼 데에서 일어난 것이다. 물론 이 시대에 태어난 법률은, 그런 움직임에 반대하는 것이었지만 효력을 가지지는 못했다.

16세기의 이 사태는 실제로는, 종교개혁에 의해서도 더욱 강화되었다고 말해지고 있다. 가톨릭이 지배하고 있던 소속 영토가 모조리 약탈되어, 그에 의해서 많은 농민이 쫓겨났다는 것이다.

국가와 결탁

그래도 아직 이 과정은 충분하지 않았다. 이것을 가속화한 것이 정권의 교체였다. 그것은, 17세기 후반의 명예혁명에 의해서 실행된다. 국유지를 계속해서 사유지로 전화하여, 왕후귀족은 막대한 토지를 가로챘지만, 이것은 발흥하는 부르주아적 자본가의 입장에서 보면, 농민의 프롤레타리아화(化)가 가속되는 이점을 가지고 있었던 것이다. 여기에서 왕후귀족과 부르주아의 공동전선이 형성된 것이다.

부르주아적 자본가들은, 특히 토지를 상업거래로 전화시켜, 농업 대기업의 영역을 넓혀, 농촌으로부터 보호받지 못하는 노동자를 공출하는 조작에 조력하였다.

더욱이 새로운 토지귀족은, 방금 태어난 새로운 은행귀족, 그리고 당시에, 보호관세로 도움을 받고 있던 대공장주의 본디의 동지이기도 했던 것이다.

법률도 자본 편이 되었다

이제까지는 사적인 약탈이었던 셈이다. 법률은 오히려 농민을 보호해 왔던 것인데, 18세기 후반에 이번에는 그와는 반대로 단숨에 농민을 토지로부터 쫓아내는 도구로서 나타난다. 이렇게 해서 법적인 약탈이 시작된다.

약탈의 의회적 형태란, 공유지 점유 법안(Bills for inclosure of commons)을 말하며, 환언하면 토지소유자가 민중의 토지를 자신에게 사유지로서 제공하는 토지수탈의 법령이다.

이렇게 해서 공유지를 잃은 농민들은, 생활로부터 쫓겨나, 이번에는 농업노동자로서 토지에 흡수된다.

'토지의 청소'

그리고 나서, 최후의 일격을 가하는 '토지의 청소(clearing of estates)'에 대해서 말한다. 토지의 청소란, 국가권력에 의한 계획적인 목초지에의 전환을 말한다. 프랑스어 판의 독자를 위해 마르크스는 설명하고 있으므로, 그것을 인용해 보기로 한다.

프랑스어로는 '숲을 솎는다'는 뜻인데, 영어의 뜻인 '부동산을 솎는 일'이라는 뜻은, 농업경제의 기술적인 문제를 뜻하고 있는 것이 아니다. 그것은, 대규모적인 농경지나 목초지로의 전환이 예정된 부동산에 살고 있는 농경민, 그들을 거기에서 쫓아내기 위한 모든 폭력행위를 의미하고 있다.

아이러니컬한 말이지만, 그야말로 폭력에 의한 수탈의 예가 제시되고 있다. 예를 들어, 스코틀랜드의 사자랜드 여공(女公)은, 목초지로 만들기 위하여, 1814년부터 1820년까지에 1만 5000명이나 되는 마을 3000가족을 조직적으로 없앴다고 한다. 그 때문에 군대가 동원되어, 철거에 응하지 않는 주민들과 충돌, 거기에서 한 사람의 노파가 타죽는다. 물론 마을 사람에게는 황폐한 토지가 그 보상으로서 주어지기는 했지만.

사자랜드 여공이 남북전쟁 중인 런던에서 《엉클톰의 오두막》의 스토 부인을 위해, 노예해방 정책을 칭찬하는 환영회를 열었을 때, 마르크스는 〈뉴욕 데일리 트리뷴〉 지상에 이 스코틀랜드의 노예의 비극에 대해 기사를 썼는데, 그것은 스코틀랜드에서도 유명해졌다고 한다.

현재에는 공장·댐·도로 등, 대기업에 대한 중요한 시설을 만들기 위해 때로는 기동대 등이 파견되지만, 바로 이와 마찬가지 일이었다고 할 수 있다.

모든 것은 꿈이다

마지막으로 마르크스는, 풍자적으로 이렇게 말한다. 이것은 모두 목가적인 사실로서 계속 이어지고 있는 이야기이다.

교회령의 수탈, 국유지의 사기적인 양도, 공유지의 절도, 그리고 횡령이나 다름없는 무자비한 테러리즘에 의해서 수행된 봉건적(가부장적) 토지 소유의 근대적 사유화에의 전화(프랑스어 판에서는 '초가지붕에 대한 전쟁')―, 이들 안에 본원적 축적의 목가(牧歌)가 있다.

이들은 자본주의적 농업을 위한 영역을 정복하여, 토지를 자본에 합체시켜, 도시의 공업을 필요로 하는 보호받지 못하는 프롤레타리아 계급을 창출한 것이다.

제3절 15세기 이래의 수탈에 대한 피의 입법―노임 인하를 위한 법

피의 법률

토지로부터 쫓겨난 사람들은 어떻게 되었는가. 도시로 흘러드는데, 곧 할 수 있는 일이 없어, 그들은 부랑자·거지·도둑 등이 된다. 그래서 그들을 길들이지 않으면 안 되게 되어 새로운 법률이 제정된다.

현재의 노동자 계급의 조상들은, 우선 그들이 부랑자나 빈민이 되었다는 것에 처벌받은 것이다. 그들은 법률에 의해서 '자유의지'의 범죄자가 되었고, 법은 그들이 이미 존재하지 않는 낡은 관계로 일을 계속할 것인가의 여부는 선한 의지 여하에 매여 있다고 한 것이다.

1530년, 도시로 나온 그들은, 거지가 되자 감찰이 붙여지고, 부랑자는 매질과 금고처분, 그리고 귀향당하여 그것에는 강제적 노동이 기다리고 있었다. 누범 3회로 사형이라고 하는 처분까지 가해진다. 그 17년 후, 그들은 이번에는 게으른 자로서 노예로 전락되어 도망 3회로 사형에 처해졌다.

프랑스의 예도 거론된다. 17세게 중엽에 파리에 부랑자가 넘쳐흘렀을 때, 노예선으로 보내졌다는 것이다. 다른 나라에서도 이런 엄격한 처치에 의해서, 일하는 훈련을 받게 되는 것이다.

이렇게 해서 토지로부터 폭력적으로 수탈되고 추방되어, 불로자(不勞者)가 된 농민은, 기묘한 테러리스트적 법률에 의해서, 임금노동 체계에 필요한 노동자가 되기 위하여 매를 맞고, 낙인이 찍히고, 고문에 처해진 것이다.

교육에 의해서 노동자를 재생산한다

이렇게 해서, 노동력상품 이외에 팔 것이 없는 사람들이 나타난 것인데, 이것만으로는 충분하지 않았다. 마지막 마무리를 위해, 교육·전통·습관 등이 총동원되어, 이 '생산양식이야말로 자연의 것이다'라고 인정하도록 노동자 계급의 의식을 형성할 필요가 있었다.

그러나 자본주의의 발흥기에는 아직 거기까지는 가지 않고 있었다. 이를 위해 강제적인 폭력을 집행하는 국가기관의 손이 필요했다.

발흥하고 있는 부르주아 계급은, 노임을 이식(利殖)을 하기에 형편이 좋은 한계 내로 억제하기 위하여 '조정하고', 국가의 권력을 이용하여 노동일을 연장하고, 노동자 자신을 규율적으로 적응시키기 위해 국가를 이용하고 필요로 하는 것이다.

임금의 상한을 정하는 법률

경제와 국가는 서로 제휴하여 이 목적을 실행하게 된다. 그리하여 임금에 관한 입법이 생기게 된다. 1349년 영국의 에드워드 3세의 노동자법과, 1350년의 프랑스의 장왕(王)의 칙령이 그것이다. 이것은 임금의 상한 금액을 정하여, 그 이상의 임금을 받는 자, 지불하는 자를 다 같이 벌하는 법률이다. 최저임금 쪽은 정해지지 않고 있었다. 400년 후, 이 최저임금도 정해지게 되는데, 1813년에는 이런 법률 그 자체가 폐지되었던 것이다.

현재의 법률에서는 최저임금이 정해져 있다. 그러나 그 임금도 조금만 방심하면 깎이고 만다. 생활보호의 최저임금 등에 대해서, 많은 노동자가 일하는 것을 그만두고, 생활보호를 요구하게 되면, 반드시 인하요구가 나오게 된다. 그 논의가 영국 의회에서 100년 이상이나 전에 이야기된 것과 비슷하다는 것은 아이러니컬한 일이다.

다음에, 노동자의 단결을 막는 법률에 대해서 말하고 있다. 이 법률은, 1871년 6월 29일의 조례에 의해 끝나게 되는데, 그것에는 당연히 유보가 붙어 있다. 마르크스는 이 법률의 뒤에 있는 유보야말로 중요한 뜻을 가지고 있다고 자주 지적하고 있었다. 여기에서는 파업(스트라이크)에 대한 엄한 형법이 동시에 결정되어, 공장주나 판사의 판단에 의해 단속하게 되었다고 적혀 있다.

잠시 방심하면 무엇이든지 있다!

현재에도 노동운동에 대한 법률과 그것을 단속하는 법률과의 관계는 미묘하다. 운동 자체는 단속되지 않아도, 활동을 할 수 없게 하는 법률이 옆에서 제한을 가하게 된다. 스트라이크권은 있어도 파업권은 없거나, 사보타주로 인정되면 체포되는 등, 이들은 지금 현재의 우리의 문제이기도 하다.

여기에서는 프랑스 혁명 때의 결사금지의 문제에 말하고 있다. 결사금지는 본디 부르주아의 개입을 저지하는 동업자조합의 금지에 의도가 있었으나, 그것을 노동자에게로 향하게 한 것이다(1791년 6월 14일). 노동자의 단결에 대해서 벌금과 공권박탈—이것이 마르크스 자신도 고민한 샤브링법(法)의 문제이다. 노동자의 단결을 저지함으로써 사회운동, 더 나아가서 사회주의·공산주의 운동을 단속할 수 있다.

이 법률 덕택으로 파리에서의 결사는 모두 비밀결사가 되어, 노동운동을 자유롭게 할 수가 없었던 것이다. 마르크스도 관계한 의인동맹·공산주의자

동맹 등은 이 법률로 공적인 활동을 할 수 없었다.

제4절 자본가적 차지농업자의 형성

자본가는 어디에서 왔는가

농업에서 추방된 부랑자·거지가 노동자가 되었다. 그렇다면 자본가는 어디에서 왔는가? 마르크스는, 한 전제로서, 차지농업자의 발전을 생각한다. 대토지소유자가 늘어나는 한편, 토지를 빌려서 이윤을 얻는 차지농업자의 생성, 그들이 자본가의 일부로서 부를 형성했던 것은 틀림없는 사실이었다.

그러나 이것은 아직 자본형성의 출발점의 문제로서, 산업자본의 형성과는 관계가 없다.

제5절 농업혁명의 공업에의 반작용—산업자본을 위한 국내시장의 형성

농민이 토지로부터 추방되는 한편, 농업은 생산성을 올리게 되는데, 그것은 뭐니뭐니해도 농업에서 이루어졌던 대규모적인 협업, 생산수단의 집적이, 대토지소유화에 의해서 진행되었기 때문이라고 일컬어지고 있다. 그리하여, 노동자를 위한 가변자본 부분이 형성된 것이다.

한편, 농업의 잉여인구는 토지로부터 추방되어, 이윽고 차지농의 일용노동자나, 거기에 생긴 리넨 방적공장 등의 노동자가 되었다. 이제까지처럼 농업을 부업으로 하는 공장제 수공업이 아니라, 대규모적인 공장에서 만들어지는 기계제 대공업으로 발전해 간다.

이에 관한 논의는 좀더 자세하게 써야 했을 것으로 생각되는데, 마르크스는 매우 서둔 면이 있다. 자본축적과 거기에서 발생하는 산업자본의 설명에는 매우 주의를 요하는 부분이 있다. 본원적 축적이 어떤 경로로 자본가를 낳았는가는 논의가 매우 많은 경제사의 문제이기 때문이다.

농촌이 그대로 시장이 된다

그것은 그렇다 치고, 마르크스의 의도는 국내시장의 형성 쪽에 시점(視點)을 가지고 간다. 농업에서 쫓겨난 노동자가 생김으로써, 그들의 생활수단인 식량·의류 생산 위한 국내시장이 형성되었기 때문이다.

농민의 일부 수탈과 쫓아냄은, 노동자와 함께 그 생활수단과 노동재료를, 산업자본을 위해 떼어놓을 뿐만 아니라, 국내시장을 만들어 낸다—사실, 소농민을 임금노동으로 바꾸고, 그들의 생활수단과 노동수단을, 자본의 물적 요소로 하는 여러 사건은, 동시에 자본을 위해 국내시장을 만들어 낸다.

이제까지 농촌사회에서 이루어지고 있던 일련의 작업이 분리되어, 대차지 농업자와 공장주가 하는 일이 된 것이다. 이렇게 해서 농촌이 그대로 시장이 되어, 그것이 반대로 작용하여 농촌의 수공업을 파괴한다.

이전의 자영농민의 수탈과 그들의 생활수단으로부터의 분리와 함께, 농촌의 부업은 파괴되고, 공장 수공업과 농업과의 분리과정이 진행된다. 그리하여 농촌 가내공업의 파괴에 의해서만, 자본주의적 생산양식이 필요로 하는 넓이와 강도가, 한 나라의 시장에 대해 주어지는 것이다.

제6절 산업자본가의 형성

뜻하지 않은 곳에서 자본가는 태어난다

산업자본가의 형성은, 차지농업자처럼 천천히 생긴 것은 아니었다. 의심할 수 없는 사실은, 많은 작은 동직조합의 우두머리와 많은 독립 수공업자, 또는 임금노동자까지도, 소자본가가 되어, 임금노동자 착취의 완만한 확대와, 이에 따른 끝을 모르는 축적과 함께 완전한 자본가가 되었다는 것이다.

자본가가 어디에서 왔는가 하는 것은 확실치 않다. 다만 말할 수 있는 것은, 기회를 민첩하게 보는 사람은 기회가 있었다는 것이다. 반대로 그때까지 중세에서 발달하고 있었던 상업자본과 화폐자본은 발달이 저해된 셈이다. 그 이유는, 도시에서는 동업자조합, 농촌에서는 봉건제도가 있었기 때문으로, 이것을 붕괴시킬 필요가 있었다. 그것이 봉건제의 해체이자 농촌에서의 공업 발전이었다.

여기에서, 이제까지 무시되어 왔던 국제적 시점으로 눈을 돌린다. 그것은, 미국에서의 금은의 발견, 그리고 원주민의 착취, 동인도회사와 같은 외적 요인이다. 내적 요인과는 다른 이런 약탈이, 자본축적, 본원적 축적을 보충했다는 것은 당연한 일이다.

국가폭력의 필요성

국가가 다하는 역할로서, 식민지 전쟁에서의 승리와 중상주의적(重商主義的) 보호제도라고 하는 문제가 생기게 된다.

이들 방법은 부분적으로는, 예를 들어, 식민지제도와 같은 야만적인 폭력에 의해 이루어진다. 그러나 그 모든 것에 있어서, 봉건적인 생산양식이 자본주의적 생산양식으로 전화되는 과정을 온실효과적으로 단축하기 위해서는, 사회의 집중된 조직기관인 국가권력을 필요로 한다. 이 폭력은, 새로운 사회를 잉태하는 낡은 사회의 산파이다. 그 자체가 하나의 경제적 능력이기도 하다.

그 후, 국가나 기독교가 식민지에서 행한 야만스러운 약탈이 소개된다. 여기에서는 주로 네덜란드가 자바에서 행한 만행을 들고 있는데, 쓰인 문헌은, 1853년 〈뉴욕 데일리 트리뷴〉에서 인도문제를 논했을 때 사용한 래플스의 《자바 역사》이다.

국가의 상업독점과 함께 시작된 인도회사의 역할에 대해서도 이렇게 말하고 있다.

식민지제도는, 상업과 항해를 온실적으로 육성하였다. '독점회사'(루터)는 자본집적의 강력한 지렛대였다. 식민지는, 성장하는 공장 수공업에 판매시장을 주고, 시장독점에 의해서 강화된 축적을 보증하였다. 유럽 밖에서, 직접 약탈·노예화·강도 살인에 의해서 빼앗은 재보는 모국으로 돌아와 거기에서 자본으로 전화되었다.

공신용제도의 등장

국가에 의한 해외로부터의 약탈은, 본디의 국내의 시장과는 다른 요인으로 보이지만, 실제로는, 국내에 있어서의 과거의 만행과 국외에 있어서의 과거의 만행에 의해서 지탱되어 있다는 것은 틀림없는 사실이다. 국가나 식민지제도는, 그 자체는 경제 외의 요인이지만 내적 요인과 밀접하게 연결되어 발전한다.

국가의 경제적 역할은, 이른바 군이나 경찰과 같은 폭력뿐 아니라 공신용과 같은 공채발행에도 있다.

우선, 공채가 중세의 베네치아와 제노바에서 발생했다는 것을 지적하고, 그것이 네덜란드에서 확립되었다고 말하여, 다음과 같이 쓰고 있다.

따라서, 다음과 같은 근대적 학설이 생긴다. 즉, 국가의 빚이 늘어나면 늘어날수록 국민은 더욱더 윤택해진다는 학설이다. 공신용은 자본의 신념이 된다. 국가채무의 발달과 함께, 결코 허용되지 않은 성스러운 정신에 대한 죄 대신에, 국가채무의 신용붕괴가 일어난다.

공채는, 본원적 축적의 정력적인 지렛대의 하나이다. 마법의 지팡이가 가하는 일격처럼, 비생산적인 화폐에 생식력을 주어, 그것을 자본으로 전화한다. 그 때문에 산업적·고리대금업적 장치와 나누기 어렵게 연결되는 번거로움과 위험을 가질 필요도 없는 것이다.

현실적으로는, 국가에 대한 채권자는 아무것도 주지 않는다. 왜냐하면, 대부된 금액은 간단히, 당당하게 양도할 수 있는 공채증권으로 변화되어, 그들의 손 안에서 마치 그것이 같은 양의 현금처럼 기능하기 때문이다.

여기에서 국가가 주는 일종의 버블 신용이, 마법과 같은 힘을 가지고 자본의 지렛대가 되지만, 그러나 그것은 어디까지나 환상이고, 신용이 일단 붕괴되면 엉뚱한 사태를 낳을 가능성을 지적한 것도 잊어서는 안 된다.

그리고 1694년, 잉글랜드 은행이 창설된다. 제1권에서는 자세히 쓰고 있지 않지만, 기본적인 원리, 즉 잉글랜드 은행이 은행권 형태로 일반에 대부함으로써, 화폐를 발행하는 권리를 회득하여, 중앙은행으로서 모든 상업신용의 중핵이 되었다는 것을 지적한다.

그리고 베네치아가 국채를 인수함으로써, 네덜란드의 본원적 축적을 촉구하고, 네덜란드는 영국의 본원적 축적을 촉구하고, 영국이 미국의 본원적 축적을 촉진한다는 신용의 연쇄를 지적한다.

공채발행에 의한 수탈

그러나 한편으로, 공채를 지불하기 위해 국민에의 세금이 무거워지고, 그것이 임금노동자에게 전가되는 시스템을 만들어 내게 된다. 특히 그것은, 임금노동자보다도 중산계급으로부터의 수탈로 향했다고 마르크스는 말하고 있다.

현재 진행 중인 미국의 부동산 버블 때문에, 미국의 공채가치가 떨어져서, 거기에 투자한 은행은 부동산 등귀의 손실뿐 아니라, 공채의 감가의 몫도 지불하지 않을 수 없게 되어 있다. 그러나 이들 은행의 파산도, 결국 국가와 마찬가지로 국민의 세금으로 그 몫이 돌아간다는 것은, 버블 붕괴 후의 일본의 처리 정책을 보면 분명해진다. 이것은 과연 중산계급을 덮치고, 풍요로운 자와 가난한 자와의 양극 분해에 박차를 가할지도 모른다.

국가는 무엇을 보호하는가

다음에, 보호제도에 대해 이야기한다. 보호제도는 어느 특수한 산업을 독점함으로써, 다른 중소자본가를 쇠퇴시키고, 다시 보호무역에 의한 장려금으로 추격을 가한다.

식민지제도·공채·중과세·보호·상업전쟁 등, 이런 본디의 매뉴팩처 시대의 싹은, 대공업이 아직 유아기 시대에 거대하게 발전한다. 대공업의 탄생은, 위대한 헤로데 왕과 같은 어린이 약탈에 의해 축복된다. 왕국 해군과 마찬가지로, 공장주도 강제징집으로 사람을 모은다.

발흥기의 공업이 어린이 노동으로 발전한 모양을, 유대의 헤로데 왕의 어린이 살해에 비유해서 그리고 있다.

모든 털구멍에서 피와 땀을 흘리면서

매뉴팩처 시대에 있어서의 자본주의적 생산의 발전과 함께, 유럽의 여론은 부끄러운 지성의 마지막 조각을 잃었다. 국민은 자본축적의 수단인 심한 행동을 아이러니컬하게도 자랑했다.

자본주의의 발전이, 바로 본원적 축적과정에서 행한 모든 잔인한 행동을 오히려 자랑하는 모습을 그리고 있는 것인데, 서유럽 자본주의에 지금도 남아 있는, 아시아인·아프리카인에 대한 경멸과 천대는, 미친 톱니바퀴에 의해서 태어났다고도 할 수 있다. 물론 지금은 반대로 인권이라는 사상을 경솔하게 입에 올리고, 이런 만행을 비판하는 입장에서 자신들의 자본주의의 이익을 확보하려 하고 있지만.

마지막에 이렇게 말한다.

자본주의적 생산의 영원한 법칙을 해방하고, 노동자와 노동조건과의 분리과정을 완성하고, 한편으로는 사회적 생산과 생활수단을 자본으로 전화하고, 다른 한편으로는 국민대중을 임금노동자로, 자유로운 '가난한 노동자'로 만드는 것—즉, 근대사의 예술작품을 만든다는 것은 이렇게도 대단한 일이었던 것이다(Tnatae molis erat).

만일, 오지에가 말하는 것처럼, 화폐가 '뺨에 자연의 핏자국을 묻히고 태어난다'고 한다면, 자본은 머리에서 발끝까지, 모든 털구멍으로부터 피와 땀을 흘리며 태어난다고 할 수 있다.

자본주의가 태어나는 처참한 역사를 이야기한다는 것은 마지막 격언만큼 잘 표현한 말은 없을 것 같다.

제7절 자본주의적 축적의 역사적 경향

제1의 부정—사유제도의 해체

마침내 결론에 이르렀다. 자본의 본원적 축적이란 무엇인가. 그것은 결국 직접생산자—자기노동에 입각한 사유(私有)—의 해체 바로 그것이라는 것이다.

여기에서 직접생산자라고 하는 개념이 중요하다. 왜냐하면, 이 생산자야 말로 자유로운 개성의 발전과 연결되어 있기 때문이다. 그러나 이런 세계는 언젠가는 붕괴하지 않을 수가 없다. 즉, 자본주의적인 의미로서의 파괴는, 일어날 만한 이유가 있어서 일어난다. 따라서 이 수탈이, 자본주의의 전사 (前史)가 된다는 것도 당연하다.

자기노동에 의해서 얻어지는, 말하자면 독립된 노동자 개개인과, 그 노동조건과의 결합에 입각한 사유는, 남의, 그러나 형식적으로는 자유로운 노동 착취에 입각한 자본주의적인 사유에 의해서 쫓겨난다.

이것이 역사의 전사(前史)라고 한다면 그 후사는 있을까?

이 전형과정(轉形過程)이 낡은 사회를 깊이 바꾸어 버리면, 노동자가 프롤레타리아로, 그 노동조건이 자본으로 전화되어 버리면, 그리고 자본주의적 생산양식이 스스로 서게 되면, 사적인 소유자 수탈의 새로운 형태가 일어난다. 그것은, 노동의 가일층의 사회화이자, 토지와 그밖에 생산수단이 사회적으로 착취되는, 공동적인 생산수단에의 가일층의 전화이다.

제2의 부정─그렇다면 자본이 만들어 내는 세계를 다시 한 번 부정하자

마르크스의 미래에의 전망이 여기에서 전개된다. 말하자면 역사를 말하는 곳에 결론을 가지고 온 것인데, 조금 당돌하다는 느낌이 든다. 세밀한 분석보다도 미래를 꿰뚫어 보려고 서둔 점도 있다. 그러나 이론적으로 자본주의가 수탈의 역사라면, 미래의 역사는 그 수탈에서 생길 것이라는 기대가 있다.

그것은 어떻게 이루어질 것인가? 조금 길기는 하지만 《자본론》 제1권의 결론 부분, 말하자면 '자본론'의 클라이맥스라고도 할 수 있는 부분이므로 모두 인용하기로 한다.

이 수탈은, 자본주의적 생산 자체의 내재적 법칙의 작용에 의해서, 자본의 집중으로 실현된다. 항상, 한 사람의 자본가가 많은 자본가를 멸망시킨다. 이 집중과 함께, 즉 소수의 자본가에 의한 다수의 자본가의 수탈과 함께, 더욱더 대규모가 되는 협업적 형태, 과학기술의 의식적인 이용, 토지의 계획적 이용, 공동적으로만 사용되는 노동수단의 전화, 결합된 사회적 활동의 생산수단으로서 사용됨으로써 일어나는 모든 생산수단의 절약, 세계시장 전체에의 국민의 편입, 그리고 이와 함께 자본주의의 국제적 성격이 발전한다.

이런 전형과정(轉形過程)의 모든 이익을 수탈하여, 독점하는 대자본가의 수가 끊임없이 감소되어 감과 동시에, 궁핍·억압·예종·타락·착취의 정도가 증대하게 되는데, 한편으로는, 끊임없이 확대하는 자본주의적 생산과정의 기구 그 자체의 의해 훈련되고, 결집되고, 조직되는 노동자 계급의 저항도 증대한다. 자본의 독점은, 그에 의해서 또, 그 아래에서 생긴 생산양식의 걸림돌이 되어 간다.

생산수단의 집중과 노동의 사회화는, 그런 자본주의의 틀과 조화하지 않은 정도에까지 이른다. 그리고 그 틀은 파괴된다. 자본주의적 사유의 마지막을 알리는 종이 울린다. 수탈자가 수탈되는 것이다.

자본주의적 생산양식으로부터 생기는 자본주의적 영유형식, 즉, 자본주의적 사유는, 자기의 노동에 입각한 개별적인 사유의 최초의 부정이다. 그러나 자본주의 생산은 어떤 종류의 자연과정으로 그 자신의 부정을 만들어 낸다.

그것이 부정의 부정이다. 이 부정은 사유를 부활시키는 것은 아니지만, 그러나 확실히 자본주의 시대의 결과에 입각하고 있다. 즉, 토지의 협업과 노동에 의해서 생산된 생산수단의 공유에 입각하고 있다. 개별적 소유를 만드는 것이다.

당연한 일이지만, 개인의 자기노동에 입각한, 분산된 사적 사유의 자본주의적 사유로의 전화는, 사회적 생산과정에 입각한 자본주의적 소유의 사회적 소유에의 전화에 비하면 비교가 되지 않을 정도로 길고, 가혹하고, 곤란한 과정이다.

전자에서는 소수의 수탈자에 의한 민중의 수탈이 이루어졌지만, 후자의 경우에는 민중에 의한 소수자의 수탈이 이루어지는 것이다.

마르크스는 여기에서, 미래사회를, 자본주의가 세계 구석구석까지 퍼져서, 그것이 국가를 넘어 독점을 형성하여, 세계적인 규모로 노동운동이 일어나게 됨으로써 실현되는 문제라는 것을 제시하고 있다. 말하자면, 글로벌리제이션이 세계로 확대된 상태라고도 할 수 있다. 더욱이 그 변화는 의외로 빠를지도 모른다고 말하고 있다.

개별적 소유라고 하는 것은 부정의 부정, 이미지는 자기노동에 입각한 소유의 이미지이지만, 그것은 거대한 생산력의 공유에 입각하고 있는 소유라는 데에서 버전업되고 있는 것이다. 즉, 사적 소유는 개인적 노동에 의한 소유에 의해서 생겨나서, 이윽고 그것이 자본주의적인 노동에 대한 소유로 바뀌어, 다시 그것이 부정되어 사회적 소유 안에서 개인적 소유가 부활한다는 것이다.

이미 《공산당선언》(1848) 안에서 사적 소유와 개별적 소유를 구별하고 있는데, 그것이 《자본론》 안에서도 일관되게 관철되어 있다는 것을 알 수 있다.

제25장 근대 식민이론

왜 식민지론이 필요한가?

마침내 마지막 장에 이르렀다. 이미 클라이맥스를 지났다고 하는데 왜 마지막으로 이러한 장이 있는가. 약간 이상하다. 그러나 전체를 읽어보면 끈질길 정도로 앞서의 결론이 재론되고 있다는 것을 알 수 있다.

이 장은, 식민지에서도 독립생산자의 존재가 위기에 노출된다는 것을 말하고 있다. 자본주의는 자기 나라에서 독립생산자를 붕괴시켰을 뿐만 아니라, 식민지에서도 붕괴시킨다는 것이다.

단, 이를 위해서는 두 가지 방법이 있다. 첫째 방법은, 군사력에 의해서 단숨에, 식민지에 있는 것 같은 제도를 붕괴시키는 경우이고, 또 하나는 오히려 식민지에 대량의 이민을 보냄으로써 도시를 중심으로 자본주의 제도를 수출하는 방법이다.

자본주의란 인간관계다

여기서 다루는 것은 도리어 후자(後者)이며 그 대표자는 웨이크필드이다. 웨이크필드의 첫째가는 발견은, 식민지에서 그 어떤 노동자나 생산수단을 보유한다 해도, 노동력상품만을 가진 노동자를 만들어 내는 체제 없이는 자본주의가 뿌리박지 못한다는 것이다. 왜냐하면 자본주의란 기본적으로는 인간관계이기 때문이다.

> 자본이란 물건이 아니라, 물건에 의해 매개된 사람과 사람의 사회적 관계이기 때문이다.

절묘한 표현이다. 자본과 임금노동의 관계야말로 자본주의이기 때문이다.

간단히 토지를 가질 수 없게 한다

미국과 같은 식민지에서는, 자영농민이 많고, 그들 스스로가 생활수단을 만들고 있다. 그런 속에서 노동자의 재생산은 할 수 없다. 그들을 붕괴시킬 수밖에 없다는 것이다. 여기에서도 자본주의의 본원적인 축적에 있었던, 독립생산자의 붕괴라는 문제가, 역사가 아니라, 공간적 장소를 옮겨서 전개될 필요가 있는 것이다.

미국의 경우, 토지가 풍부하여, 구태여 노동자가 될 필요가 없다. 그것이 독립생산자의 붕괴를 방해하고 있다. 마치 본원적 축적 시대에 있었던 것처럼, 이런 독립생산자의 붕괴를 일으키는 메커니즘이 필요하게 된다. 미국에서는, 이민한 노동자도 그대로 두면 토지를 구입하여 거기에 옮겨서 살게 됨으로써 쉽사리 임금노동자로는 되지 않는다. 더욱이 그들에게는 넘칠 정도로 일이 있어서 실업자조차도 되지 않는다. 자본에게 필요한 것은 노동력상품의 재생산뿐만 아니라, 상대적 과잉인구의 재생산이기도 한 것이다.

이 문제를 해결하기 위해서는, 국가가 간단히 토지를 주지 않도록 한다. 일정한 노동을 하지 않으면 토지를 가질 수 없도록 하는 제도를 만든다는 것이다. 이렇게 해서 생겨난 것이 조직적 이민정책으로, 간단히 토지를 가질 수 없는 이민을 조직한다는 것이다.

이렇게 해서, 남북전쟁 무렵부터, 미국 동부의 주요도시에서는 노동자가 넘쳐서 상대적 과잉인구를 만들게 되고, 또한 토지로 흘러들지 않게 함으로써 노동자가 임금노동자로서 재생산되게 된 것이다. 미국에는 이미 유럽의 천국이 아니게 된 것이다. 이렇게 해서 미국과 같은 식민지까지도, 이미 자본주의와 관계없이 존재할 수 있는 공간이 아니라는 것을 지적한다.

독립생산자의 수탈과 노동의 수탈

여기에서 왜 이런 문제를 다루었는가를 마지막으로 이야기하고 있다.

그러나 우리가 논하고 싶은 것은, 식민지의 상태에 대한 것이 아니다. 우리가 관심을 갖는 것은, 낡은 세계의 경제학에 의해서 신세계에서 발견된, 소리높이 선언된 비밀에 관한 것이다.

자본주의적 생산양식과 축적양식은, 즉 자본주의적 사유는, 자기의 노동에 입각한 사유를 파괴하는 일, 즉 노동의 수탈을 전제로 하고 있다는 것이다.

자본주의가 갖는 그때까지의 세계의 붕괴과정, 그것을 현재라고 하는 레벨에서 수행하고 있는 것이 식민지라는 것이다. 이렇게 해서 자본주의 세계가 방방곡곡까지 발전하여, 그때까지의 사유제도는 완전히 붕괴되어 간다. 따라서, 이런 자본주의에 의한 수탈과정은 멈출 곳을 모른다. 그러나 세계의 끝까지 이르렀기 때문에, 이번에는 '수탈자의 수탈'(수탈자로부터 수탈하는 일)이 시작된다고 하는, 다음의 새로운 단계가 발견되었다는 것이 된다.

《자본론》은, 이렇게 해서 자본주의 철(鐵)의 법칙이 계속 앞으로 나아가는 것, 그것이 아니라고 인정하면서도 그 이후의 사회를 어떻게 구축하느냐 하는 문제를 제시하고 있는 것이다.

부정의 부정, 수탈자의 수탈이 자본주의의 고도한 발전과정을 거치지 않고서는 결코 실현될 수 없는 과정이라고 하는 것은, 당연한 일이지만, 마르크스가 최종적으로 이른 결론이었기 때문이다.

Manifest der Kommunistischen Partei
공산당선언

일러두기

1. 이는 독일어판 《마르크스·엥겔스 전집》〔Karl Marx/Friedrich Engels, Werke, Bd. 4〔Berlin :Dietz Verlag, 1959〕〕를 번역 대본으로 하였다.
2. 주는 후주로 처리했다. 엥겔스의 주, 엮은이의 주, 옮긴이의 주를 구분하지 않았다.

머리말

유령이 유럽에 떠돌고 있다. 공산주의라고 하는 유령이. 유럽의 늙은 대국
들은 모두 이 유령을 퇴치하기 위해서 신성 동맹을 맺었다. 교황*¹과 차르,*²
메테르니히*³와 기조,*⁴ 프랑스 급진파*⁵와 독일 경찰.

대립하는 정부 지배자로부터 공산주의자라고 불리지 않은 반대당이 어디
에 있는가. 그리고 반대당은 반대당대로 자기보다 진보적인 반대당도 적대
세력도 구별하지 않고 공산주의라는 낙인을 찍어 비방하지 않은 자가 어디
에 있는가?

이 사실에서 두 가지 것을 말할 수 있다.

공산주의는 이제 유럽의 모든 강국으로부터 하나의 힘으로서 인정되고 있
다는 것.

공산주의가 그 사고방식, 그 목적, 그 방침을 전세계를 향하여 명백히 하
고, '공산주의' 유령 전설에 대해서 당 스스로의 선언으로 맞서야 하는 지금
이 바로 그 절호의 시기라는 것.

이 목적을 위해 많은 나라들의 공산주의자들이 런던에 모여 이 선언을 기
초(起草)하였다. 이 선언은 영어·프랑스어·독일어·이탈리아어·플랑드르어·
덴마크어로 공표된다.

제1장
부르주아와 프롤레타리아

오늘에 이르기까지 모든 사회의 역사는 계급투쟁의 역사이다.

자유민과 노예, 귀족과 평민, 영주와 농노, 길드*⁶ 우두머리와 직인(職人 : 생산과 도제의 교도에 종사한 기술자), 요컨대 억압하는 자와 억압을 받는 자는 항상 서로 적대하면서, 때로는 은밀히, 때로는 공공연하게, 그러나 끊임없이 투쟁을 계속해왔다. 이 투쟁은 그때마다 사회 전체의 혁명적 변혁으로 끝나거나 그렇지 않으면 서로 싸우는 계급의 공멸로 끝났다.

역사의 여명기(黎明期)에는 거의 어디에서나 사회는 여러 신분으로, 다양한 사회 계층으로 분명이 나뉘어져 있었다. 고대 로마에서는 귀족·기사·평민·노예로, 중세에는 봉건영주·가신(家臣)·길드 우두머리·직인·농노로, 그리고 거의 대부분의 경우, 이런 각 계급이 다시 작은 계층으로 나뉘어 있었다.

봉건사회의 몰락으로부터 태어난 근대 부르주아 사회는 계급대립을 없애지는 않았다. 그것은 새로운 계급을, 새로운 억압 조건을, 새로운 투쟁 형태를 낡은 것과 바꾸어 놓은 데에 지나지 않았다.

우리의 시대, 즉 부르주아 계급 시대는, 그러나 계급대립을 단순화시킨 것으로 그 특징으로 이룬다. 사회 전체가 더욱더 맞서는 두 개의 큰 진영, 직접 대치하는 두 개의 큰 계급—부르주아와 프롤레타리아 계급—으로 분열해 간다.

중세 농노로부터 초기 도시의 성외(城外)시민이 태어나고, 이 성외시민이 부르주아 계급의 싹이 된다.

아메리카의 발견,*⁷ 아프리카 남단의 우회항로*⁸가, 대두하기 시작한 부르주아 계급에 새로운 활동 영역을 제공하였다. 동인도*⁹와 중국의 시장, 아메리카의 식민지화, 여러 식민지와의 교역, 총체적인 교환수단*¹⁰과 상품의 증가가, 상업·항해·공업에 유례없는 비약적인 발전을 가져와, 무너지고 있었던 봉건사회 안의 혁명적 요소에 단숨에 활력을 가져다 주었다.

이제까지의 봉건적 내지 길드적인 공업경영 양식으로는 새로운 시장과 함께 증대하는 수요에 이미 대처할 수가 없게 되었다. 매뉴팩쳐(공장제 수공업)*¹¹가 이를 대신하게 되었다. 길드 우두머리는 중산계급의 공장주에 밀려났고, 서로 다른 조합 간의 분업은 자취를 감추고, 개별적인 작업장 안의 분업이 나타났다.

그러나 시장은 끊임없이 확대를 계속하였고, 수요는 끊임없이 증대해 갔다. 이내 매뉴팩쳐도 따라잡을 수 없게 되었다. 바로 그때 증기기관과 기계*¹²가 공업생산에 혁명을 가져왔다. 매뉴팩쳐 대신에 근대적 대규모 공업이 나타나, 공장주＝중산계급은 백만장자의 대규모 공장 경영자들과 전체 공업군단의 주역, 즉 근대 부르주아에 의해서 교체되었다.

대규모 공업은 이미 아메리카의 발견으로 준비되고 있던 세계시장을 만들어 냈다. 세계시장은 상업·항해·육상교통에 이루 헤아릴 수 없이 많은 발전을 가져왔다. 이 발전은 또한 공업에 반작용해서 그 발달을 촉진하여, 공업·상업·항해·철도가 신장하는 만큼 부르주아 계급도 발전하였다. 그들은 그들의 자본을 증식시켜, 중세로부터 내려온 모든 계급을 뒷전으로 밀어냈다.

바로 근대 부르주아 계급 그 자체가 하나의 긴 발전 과정의 산물이며, 생산양식과 교역양식에서 일어난 일련의 변혁의 산물 바로 그것이다.

이런 부르주아 계급의 발전은 각기 그 단계마다 그에 상응한 정치적 진보가 병행했다. 부르주아 계급은, 봉건영주의 지배하에서는 억압된 신분이었으며 자유도시*¹³에서는 무장한 자치조직을 결성하였다. 어떤 곳(이탈리아나 독일)에서는 독립된 도시공화국*¹⁴을 만들었고, 어떤 곳(프랑스)에서는 군주국의 납세의무를 가진 제3신분*¹⁵이었다. 다음에 매뉴팩쳐 시대가 되자, 신분제 군주국*¹⁶ 또는 절대 군주국*¹⁷에서 귀족과 맞먹는 계급으로 군주국가를 지탱하는 중요한 세력이 되었다. 그리하여 마침내는 대규모 공업과 세계시장이 형성된 이래 부르주아 계급은 근대적 대의제(代議制 : 의회를 열어 국민의 대표로 하여금 정치에 참여하게 하는 제도) 국가에서 독점적인 정치지배를 쟁취하였다. 근대적 국가권력은 부르주아 계급 전체의 공통된 사업을 관장하는 위원회에 지나지 않는다.

부르주아 계급은 역사적으로 매우 혁명적인 역할을 다하였다.

권력을 잡은 부르주아 계급은 봉건적·가부장제적·목가적인 관계를 모두 파괴하였다. 인간을 태어나면서 상하로 맺었던 봉건적 끈들을 가차없이 끊어버리고, 인간과 인간 사이에 적나라한 이해관계와 냉엄한 '현금계정' 이외의 그 어떤 끈도 남겨 두지 않았다. 경건한 법열(法悅 : 참된 이치를 깨달았을 때 사무치는 황홀한 기쁨), 기사의 정열, 시민의 애수와 같은 청순한 전율을 이기적 타산이라고 하는 얼음같이 차가운 물 속으로 가라앉혀 버렸다. 개인의 존엄을 교환가치로 깎아 내리고, 결코 무효화될 수 없는 기득권이 되어 있었던 무수한 자유를 단 하나의 비정한 상업 자유로 바꾸어 놓았다. 한 마디로 말하자면, 부르주아 계급은 종교적·정치적 환상으로 가려진 착취를, 적나라하고 파렴치하며 직접적이고 무미건조한 착취로 바꾸어 놓은 것이다.

부르주아 계급은 지금까지 존경하며, 외경(畏敬 : 경외. 공경하고 두려워함)의 마음으로 우러러보았던 모든 직업에서 그 신성한 후광을 박탈하였다. 의사·법률가·성직자·시인·학자를 부르주아 계급이 고용한 임금노동자로 바꾸어 놓았다.

부르주아 계급은 가족관계로부터 그 정서적인 베일을 벗겨내고 순수한 금전관계로 전환시켰다.

부르주아 계급은 반동주의가 중세 시대의 미덕이라고 찬미하는 야만적인 힘의 행사가 실은 가장 게으르고 무뢰한 생활과 표리(表裏)의 관계를 이루는 것이었다는 것을 폭로하였다. 인간의 행위가 얼마만큼의 일을 할 수 있는가를 처음으로 증명한 것은 부르주아 계급이었다. 그들은 이집트의 피라미드나 로마의 수로, 고딕식 대사원과는 전혀 다른 기적을 이루었으며, 민족 대이동*18이나 십자군*19과는 전혀 다른 원정을 실행하였다.

부르주아 계급은 생산 용구, 즉 생산관계, 다시 말해 사회관계의 총체를 지속적으로 혁명하지 않고서는 존속할 수가 없다. 반대로 낡은 생산양식을 그대로 유지하는 것이, 과거 모든 산업계급의 첫째 생존조건이었다. 생산의 끊임없는 변혁, 모든 사회제도의 끊임없는 변동, 영구적 불안정과 운동이야말로 과거의 모든 시대와 차별지우는 부르주아 시대의 특색이다. 고정되고 녹슨 관계, 그리고 그 산물인 오래되고 신성한 관념이나 사상들은 모두 함께 사라진다. 새로 형성되는 것도 미처 굳어질 사이도 없이 낡은 것이 되어 버린다. 확고한 것, 영원한 것이라고 여겨졌던 것은 모두 연기처럼 사라지고, 신성한 것은 모조리 더럽혀지고, 사람들은 마침내 자기 생활과 상호관계를 자포자기로 보지 않을 수 없게 된다.

생산물 판로의 끊임없는 확장하려는 욕구가 부르주아 계급을 전세계로 내몬다. 그들은 도처에 둥지를 틀고 도처를 개척하고 도처에서 관계를 맺지 않으면 안 된다.

부르주아 계급은 세계시장의 개척을 통하여 모든 나라들의 생산과 소비를 범세계적인 것으로 만들었다. 반동주의자들의 비탄은 아랑곳하지 않고 부르주아 계급은 산업의 발판으로부터 민족적 토대를 무너뜨려갔다. 민족적인 전통산업은 파괴되었고, 지금도 매일 파괴되고 있다. 이들 산업은 새로운 산업에 의해 내몰리고, 이 새로운 산업의 도입이 모든 문명국가의 생사가 걸린 문제가 된다. 그런 산업은 이미 국내산 원료가 아니라 매우 멀리 떨어진 지역에서, 생산하는 원료를 가공하여, 그 가공된 제품은 자국뿐만 아니라 동시에 세계 여러 곳에서 소비된다. 국내 생산물로 만족했던 과거의 욕구 대신에 멀리 떨어진 나라나 토양의 생산물에 의해서만 충족되는 새로운 욕구가 나타난다. 한때의 지역적이고 국가적인 자급자족과 고립 대신에 여러 국가들 상호간의 전면적인 교역과 전면적인 의존이 나타난다. 그리고 물질적인 생산에서와 마찬가지 일이 정신적인 생산에서도 일어난다. 어느 한 국가의 정신적인 생산물은 공동의 재산이 된다. 민족적인 일면성이나 특수성은 더욱 더 유지하기 어려운 것이 되고 수많은 민족적·지방적 문학으로부터 하나의 세계문학이 형성된다.

부르주아 계급은 모든 생산 용구의 급속한 개량으로 한없이 편리해진 교통에 의해 모든 민족을, 그 어떤 미개한 민족도 문명 속으로 끌어들인다. 그들이 생산한 값싼 상품은 만리장성도 무너뜨리고, 미개인이 품고 있는 그 어떤 완고한 외국인 혐오도 굴복시키는 강력한 대포이다. 그들은 모든 민족에게, 망하지 않으려면 부르주아 계급의 생산양식 채용을 강요한다. 그들은 모든 민족에게 이른바 문명을 수입할 것을, 즉 부르주아 계급이 되라고 강요한다. 한 마디로 부르주아 계급은 그들 자신의 모습과 비슷하게 하나의 세계를 창조하는 것이다.

부르주아 계급은 농촌을 도시 지배하에 종속시켰다. 그들은 거대한 도시를 건설, 농촌 인구를 훨씬 상회하는 기세로 도시 인구를 증가시켜 인구의 상당 부분을 몽매한 농촌생활로부터 구출해냈다. 그들은 농촌을 도시에 종속시킨 것처럼, 미개 및 반미개 제국을 문명 제국으로, 농경 민족을 부르주아 민족으로, 동양을 서양에 종속시켰다.

부르주아 계급은 생산수단, 소유 및 인구의 분산을 더욱더 해소해 간다. 그들은 인구를 밀집시키고 생산수단을 집중시켜 소유를 소수의 손으로 집적시켰다. 그 필연적인 결과가 정치적 중앙집중화였다. 서로 다른 이해관계, 상이한 법률, 정부 및 관세제도를 가지고 겨우 연합한 데에 지나지 않은 독립한 여러 주가 하나의 국민, 하나의 정부, 하나의 법률, 하나의 국민적인 계급 이해, 하나의 관세 구역이 되었다.

부르주아 계급은 100년도 채 안 되는 지배 기간 동안에 과거의 모든 세대가 함께 이룩한 것보다 더 엄청나고 거대한 생산력을 산출해냈다. 자연력의 정복, 기계 장치, 공업이나 농업에서 화학의 응용, 기선 항해, 철도, 전신, 전 대륙의 경지화(耕地化), 폭발적 인구 증가—이 정도의 생산력이 사회적 노동의 품 안에서 잠들고 있었다는 것을 이전의 어느 세기가 예상이나 할 수 있었겠는가?

그러나 이미 보아온 것처럼, 부르주아 계급의 성장 토대를 이루는 생산수단이나 교통수단은 바로 봉건사회 속에서 만들어진 것이었다. 이 생산수단과 교통수단의 발전이 어느 단계에 이르면, 봉건사회의 생산이나 교환이 이루어지고 있던 여러 관계, 농업과 제조업의 봉건적 조직, 한 마디로 말해, 봉건적 소유 관계는 그때까지 발전해 온 생산력에는 이미 적합하지 않게 되었다. 이들 관계는 생산을 촉진하지 않고 오히려 저지하게 된다. 그것들은 무수한 족쇄로 변해버렸다. 그것들은 파괴되어야 했고, 그리고 파괴되었다.

그 대신 자유경쟁이, 그것에 어울리는 사회적 및 정치적 제도가, 즉 부르주아 계급의 경제적 및 정치적 지배가 잇따라 나타났다.

우리의 눈앞에서 이와 비슷한 사태가 진행되고 있다. 부르주아적 생산 및 교통관계, 부르주아적 소유관계, 이토록 강대한 생산수단이나 교통수단을 마법처럼 불러 낸 근대 부르주아 사회는, 자기가 불러 낸 지하의 마력을 다룰 수 없게 된 마법사와 비슷하다. 최근 수십 년 동안의 공업 및 상업의 역사는, 근대적 생산관계에 대한, 부르주아 계급과 그 지배의 생존 조건인 소유관계에 대한, 근대적 생산력의 저항의 역사 바로 그것이다. 이것은 저 상업공황*20이 분명히 말해주고 있다. 그것은 주기적으로 되풀이하면서 더욱더 절박하게 부르주아 사회 전체의 존립을 위협하고 있다. 상업공황이 오면, 생산된 생산물뿐만 아니라 이미 창출된 생산력까지도 그 대부분이 틀림없이 파괴된다. 공황기에는, 이제까지 이전의 시대에는 불합리로밖에 여겨지지 않았던 사회적 질병, 과잉생산이라고 하는 질병이 돌발한다. 사회가 갑자기 순간적으로 미개 상태로 되돌아간 것처럼 되어 버린다. 마치 기근이, 전면적인 파괴 전쟁이, 사회로부터 모든 생활수단을 빼앗아 버린 것처럼 되어 버린다. 공업도 상업도 사라진 것처럼 되어 버린다. 왜 그렇게 되는가? 사회에 문명이 너무 많고, 생활수단이 너무 많고, 공업이 너무 많고, 상업이 너무 많기 때문이다. 사회가 쓸 수 있는 생산력은 이미 시민의 문명 및 시민의 소유관계의 촉진에는 쓸모가 없다. 반대로 생산력은 이 관계들이 감당하기에 강력해져서 오히려 이 관계 때문에 생산력에 방해가 된다. 그리고 생산력이 이 방해를 돌파하면 곧 시민 사회 전체가 혼란에 빠져 시민적 소유의 존립이 위협을 받는다. 시민적 여러 관계는 그것으로 만들어진 부(富)를 담기에는 비좁아진 것이다. 부르주아 계급은 공황을 어떻게 극복하는가? 한편으로는 대량 생산력을 무리하게 파괴함으로써, 다른 한편으로는 새로운 시장을 획득하고 옛 시장을 더욱 철저하게 착취하기 위해서이다. 결국 이것은 무엇을 의미하는가? 보다 전면적인, 보다 심각한 공황을 준비하고, 또 공황을 예방하는 수단을 더욱 감소시키기 의해서이다.

부르주아 계급이 봉건제를 타도하기 위해 사용했던 무기가 이제 부르주아 계급 자신으로 향한다.

그러나 부르주아 계급은 자신들에게 죽음을 가져올 무기만을 만들어 낸 것만이 아니다. 그들은 이 무기를 들고 싸울 사람들을 만들어 냈다―근대적 노동자, 프롤레타리아를.

부르주아 계급, 즉 자본이 발전함에 따라서, 마찬가지로 프롤레타리아 계급, 즉 근대적 노동계급도 발전한다. 그들이 살아갈 수 있는 것은 일거리가 있을 동안뿐이고, 일거리가 있다는 것은 노동이 자본을 살찌울 동안뿐이다. 자신을 한 조각씩 잘라 팔아야 하는 이런 노동자는, 매매될 다른 모든 물건과 마찬가지로 하나의 상품이며, 따라서 경쟁의 모든 변동, 시장의 모든 변동에 통째로 노출되어 있다.

프롤레타리아의 노동은 기계화의 확대와 분업에 의해서 자립성을 상실했고, 따라서 노동자의 모든 매력을 잃었다. 노동자는 기계의 단순한 부속물이 되었고, 그에게 요구되는 것은 오직 보다 더 단순하고 보다 더 쉽게 익힐 수 있는 조작일 뿐이다. 따라서 노동자에게 드는 비용은 기껏해야 그들이 생계를 유지하고 그들의 종족을 번식시키는 데 필요한 생존수단 정도의 것에 지나지 않는다. 그러나 상품값은, 따라서 노동가격도, 그 생산비용과 같다. 결국 노동의 불쾌함이 늘어나는 만큼 임금은 내려간다. 뿐만 아니라 기계화나 분업이 증가하는 정도만큼, 노동 시간이 연장되거나, 일정 시간 안에 요구되는 노동의 증가 때문이든, 또는 빨라진 기계 운전 때문이든 노동의 양도 증가한다.

근대적 공업은 가부장제적인 우두머리의 작은 작업장을 공업 자본가의 대규모 공장으로 바꾸었다. 노동자는 일괄적으로 공장으로 보내어져 군대식으로 조직된다. 그들은 하급 산업병사로서, 하사관 및 사관의 완전한 계급조직의 감시하에 놓여진다. 그들은 부르주아 계급, 부르주아 국가의 노예일 뿐 아니라, 매일 매시, 기계에 의해서, 감독자에 의해서, 그 중에서도 공장주인 개개의 부르주아의 종으로 살아간다. 영리 목적이 분명히 공언되면 될수록 이 노예관리는 더욱더 인색해진다. 더욱더 혐오스럽고 더욱더 잔인한 것이 된다.

노동이 숙련과 힘을 필요로 하지 않으면 않을수록, 즉 근대적 공업이 발전할수록 남자의 노동은 더욱더 여성(및 어린이들)의 노동으로 대체된다. 성별과 나이의 차이는 노동계급에서는 이미 아무런 사회적 뜻을 가지지 못한다. 노동 용구, 즉 나이나 성별에 따라 비용이 다른 노동 용구가 있을 뿐이다.

공장주에 의한 노동자의 착취가 일단락되어, 노동자가 임금을 현금으로 받자마자 부르주아 계급의 다른 부분이, 즉 집 주인·소매상인·전당포 등이 노동자에게 덤벼든다.

이제까지의 하층 중산계급, 즉 소(小)공장주, 상인 및 금리 생활자, 수공업자 및 농민—이들 모든 계급은, 어떤 경우에는 그들의 소자본이 대규모 공업의 경영에 따라가지 못하여 보다 더 큰 자본가와의 경쟁에 지고, 어떤 경우에는 그들의 숙련이 새로운 생산양식의 등장으로 가치를 빼앗기기 때문에 프롤레타리아 계급(임금노동자)으로 전락한다. 이렇게 해서 프롤레타리아 계급은 인구의 모든 부분으로부터 보충을 받게 된다.

프롤레타리아 계급은 다양한 단계를 거쳐 성장한다. 부르주아 계급에 대한 그들의 싸움은 그들의 존재와 함께 시작된다.

처음에는 개개의 노동자가, 다음에는 한 공장의 노동자가, 그 다음에는 한 지역의 한 노동 부분의 노동자가 그들을 직접 착취하는 개개의 부르주아를 상대로 싸운다. 그들은 그 공격을 부르주아적 생산관계로 돌릴 뿐만 아니라 생산 용구 그 자체로도 돌린다. 그들은 경쟁하는 외국 상품을 파괴하고 기계를 부수고,*21 공장을 불질러 몰락한 중세의 노동자의 지위를 되찾으려고 한다.

이 단계에서 노동자는 전국에 분산되고 경쟁에 의해서 분단된 대중에 지나지 않는다. 다수의 노동자가 뭉쳤다고 해도 그것은 아직 그들 스스로의 단결의 결과가 아니라 부르주아 계급의 단결의 결과에 지나지 않는다. 왜냐하면 부르주아 계급은 자기 자신의 정치적 목적을 이룩하기 위해서는 프롤레타리아 계급 전체를 움직이지 않으면 안 되고, 아직은 움직일 수가 있기 때문이다. 따라서 이 단계에서 프롤레타리아는 자신의 적과 싸우는 것이 아니라 자신의 적의 적, 즉 절대 왕정의 잔당·토지소유자·비공업적 부르주아·소시민*22과 싸운다. 그러기 때문에, 역사적 운동의 전체는 부르주아 계급의 손에 쥐어져 있다. 이렇게 해서 얻어지는 승리는 결국은 모두 부르주아 계급의 승리에 지나지 않는다.

그러나 공업의 발전과 함께, 프롤레타리아 계급은 수가 늘어나는 것만은 아니다. 그들은 더욱 큰 집단을 이루어 그 힘이 증대하고, 그들은 더욱더 그 힘을 자각하게 된다. 기계가 더욱더 노동의 차이들을 소멸시키고, 임금은 거의 어디에서나 일률적으로 낮은 수준으로 떨어뜨리면서 프롤레타리아 계급의 내부에 있어서의 이해나 생활 상태는 더욱 평준화된다. 부르주아 상호간 경쟁의 증대와 거기에서 생기는 상업공황이 노동자의 임금은 더욱 동요시킨다. 더욱더 급속히, 그리고 끊임없이 진행되는 기계의 개량·발전은 노동자의 생활 상태를 더욱더 불안정한 것으로 만든다. 개개의 노동자와 부르주아 사이의 다툼은 더욱더 두 계급 사이의 다툼이라는 성격을 띠기 시작한다. 동시에 노동자는 부르주아에 대항하는 동맹을 맺기 시작한다. 그들은 그 노임을 유지하기 위하여 뭉친다. 그들은 앞으로 다가올 반항에 대비해서 계속적인 조합을 결성한다. 투쟁은 곳에 따라 폭동이 되어 폭발한다.

때로는 노동자가 승리하는 일이 있어도 그것은 일시적인 것에 지나지 않는다. 그들의 싸움의 진정한 성과는 직접적인 승리가 아니라 노동자 단결의

가일층의 확대이다. 대규모 공업이 만들어 낸 교통수단의 발달은 서로 다른 지방의 노동자끼리의 연락을 가능하게 하여 노동자의 단결을 촉진한다. 이 연락만 가능해지면 어디에서나 같은 성격을 가진 다수의 지방적 투쟁을 하나의 전국적인 투쟁, 계급투쟁으로 중앙집중화한다. 그러나 모든 계급투쟁은 정치투쟁이다. 지방 도로밖에 없었던 중세의 시민에게 여러 세기가 필요했던 이 단결도 철도를 가진 근대 프롤레타리아는 이것을 몇 년 동안에 이룩한다.

이런 프롤레타리아 계급으로의, 따라서 또 정당으로의 조직화는 노동자 자신들 사이의 경쟁에 의해서 끊임없이 되풀이되고 파괴된다. 그러나 그것은 그때마다 더욱더 강력하게, 더욱더 단단하게, 더욱더 우세하게 부활한다. 그것은 부르주아 계급 내부의 분열을 이용함으로써 노동자 개개의 이익을 법률이라고 하는 형태로 승인하지 않을 수 없게 만든다. 영국에서의 10시간 노동법*23은 그 한 예이다.

기존 사회의 내부에서 일어나는 분쟁은 대개 여러 가지 형태로 프롤레타리아 계급의 성장을 촉진하도록 작용한다. 부르주아 계급은 끊임없는 투쟁 안에 있다. 처음에는 귀족에 대해서, 후에는 부르주아 계급 자신의 내부에서 그 이해가 공업의 진보와 모순되는 부분에 대해서, 또 항상 모든 외국의 부르주아 계급에 대해서. 이런 모든 투쟁에서 그들은 할 수 없이 프롤레타리아 계급에 호소하여 그 도움을 구하지 않으면 안 되고, 그러기 때문에 프롤레타리아 계급을 정치 운동으로 끌어들이지 않을 수 없는 것이다. 이렇게 해서 부르주아 계급은 손수, 자기 자신이 갖는 교양을, 즉 자기 자신에게 향하는 무기를 프롤레타리아 계급에 공급하게 된다.

게다가, 이미 보아온 바와 같이, 공업의 진보에 의해서 지배계급을 구성하고 있던 많은 부분이 프롤레타리아 계급으로 전락하거나, 적어도 그들의 생활 조건이 위협받게 된다. 이런 부분도 또한 프롤레타리아 계급에 적지 않은 교양을 공급한다.

그리하여 마침내 계급투쟁이 결정적인 시기에 이르게 되면 지배계급의 내부, 기존 사회 전체의 내부에서 일어나는 해체 과정은 격렬해지고 첨예화되고, 소수이기는 하지만 지배계급의 일부는 이 계급을 버리고 혁명적 계급, 미래를 그 손에 쥐는 계급과 합류한다. 즉, 이전에 귀족의 일부가 부르주아

쪽으로 붙은 것처럼, 부르주아 계급의 일부가, 특히 역사적 운동 총체를 이론적으로 이해하려고 애써 온 부르주아 사상가의 일부가 프롤레타리아 계급 쪽으로 넘어간다.

오늘날, 부르주아 계급에 대립하고 있는 모든 계급 중 프롤레타리아 계급만이 진정으로 혁명적이다. 그 밖의 계급은 대규모 공업이 일어남과 동시에 쇠퇴하여 멸망한다. 프롤레타리아 계급은 대규모 공업의 가장 독자적인 생산물이다.

중간층, 즉 소공업자·소상인·수공업자·농민, 이들 모두는 자기들의 중간층으로서의 존재를 몰락으로부터 지키기 위해 부르주아 계급과 싸운다. 그러기 때문에 그들은 혁명적이 아니라 보수적이다. 오히려 역사의 톱니바퀴를 반대로 돌리려 하므로 반동적이기도 하다. 그들이 혁명적이 된다고 한다면, 신변에 다가온 프롤레타리아 계급에의 전락을 고려한 데서 나온 행동으로, 그들의 현재의 이익이 아니라 미래의 이익을 지키기 위해서이며, 그들 자신의 입장을 버리고 프롤레타리아 계급의 입장에 서는 경우이다.

룸펜 프롤레타리아 계급,*24 낡은 사회의 최하층에서 나오는 이 무기력한 부패물은 프롤레타리아 혁명에 의해서 때로는 운동에 투입되지만 그 생활상태 전체로 보자면, 반동적 음모에 기꺼이 매수될 가능성 쪽이 크다.

낡은 사회의 생활 조건은 프롤레타리아 계급의 생활 조건 안에서 이미 옛날에 파괴된 지 오래이다. 프롤레타리아에는 아무런 재산도 없다. 아내나 아들에 대한 그들의 관계에는 부르주아적 가족관계와 공통되는 것이 이제는 아무것도 없다. 근대적 공업노동, 자본으로의 근대적 예속은 영국에서나 프랑스에서나, 미국이나 독일에서도 똑같으며 프롤레타리아로부터 모든 국민적 성격을 박탈하였다. 법률·도덕·종교―이들 모두는 프롤레타리아에게 있어, 배후에 부르주아적 이익을 숨겨가지고 있는 부르주아적 편견 이외는 아무것도 아니다.

지배자가 된 이제까지의 모든 계급은, 그들의 이익을 위해 여러 조건을 사회 전체에 강요함으로써, 그들이 손에 넣은 생활상의 지위를 지키려 해 왔다. 프롤레타리아는 자기 자신의 이제까지의 취득 양식을, 따라서 또 이제까지의 취득 양식 전체를 폐지하지 않고서는, 사회적 생산력을 쟁취할 수는 없다. 프롤레타리아에게는 지켜야 할 자기 것은 아무것도 없다. 그들은 이제까지의 모든 사적인 안전이나 사적인 보장을 파괴하지 않으면 안 된다.

이제까지의 모든 운동은 소수자의 운동, 또는 소수자의 이익을 위한 운동이었다. 프롤레타리아의 운동은 압도적인 다수자의 이익을 위한, 압도적인 다수자의 자립적 운동이다. 현대사회의 최하층을 이루는 프롤레타리아 계급은 공적 사회를 구성하는 여러 계층, 그 상부 구조*25 전체를 폭파시키기 전에는 일어날 수도 설 수도 없다.

부르주아 계급에 대한 프롤레타리아 계급의 투쟁은, 내용이 아니고, 형식으로 말하자면 우선은 국가 내부적 투쟁이다. 어느 나라의 프롤레타리아 계급도 당연히 무엇보다 먼저 자기 나라의 부르주아 계급을 타도하지 않으면 안 된다.

이렇게 해서 우리는 프롤레타리아 계급 발전의 가장 일반적인 여러 국면을 그리면서, 현존 사회 안에서 벌어지는 은폐된 내전을 더듬어, 그것이 공공연한 혁명이 되어 폭발, 부르주아 계급을 폭력적으로 타도함으로써 프롤레타리아 계급이 그 지배를 확립하는 지점에까지 이르렀다.

이미 보아온 바와 같이, 지금까지의 모든 사회는 억압하는 계급과 억압당하는 계급의 대립 위에 성립되어 있었다. 그러나 한 계급을 억압할 수 있기 위해서는, 억압되는 계급에 최저한, 노예적 존재만은 유지할 수 있을 정도의 조건이 확보되어 있지 않으면 안 된다. 농노는 농노제하에서 자유도시의 성원이 되었고, 마찬가지로 소시민은 봉건제적 절대주의 멍에하에서 부르주아가 되었다. 이에 반해서 근대 노동자는 공업의 진보와 함께 향상하기는커녕 자기 자신의 계급의 생존조건 아래로 더욱더 깊이 가라앉는다. 노동자는 국가의 보호를 받는 빈곤자가 되고, 사회적 빈곤은 인구나 부의 증가보다 더 급속히 증대한다. 그리하여 부르주아 계급에는, 이제 더 이상 사회의 지배계급으로서 머물러 있을 능력도, 자기 계급의 존재조건을 규범으로서 사회에 강제할 능력도 없다는 것은 분명하다. 그들에게 지배하는 능력은 없다. 왜냐하면, 그들에게는, 그들의 노예에게 그 노예 상태로서의 생존까지도 보증해 줄 수 있는 힘이 없기 때문이며, 또 그들이 노예에 의해 부양받기는커녕 노예를 부양해야 하는 상태로 노예를 비참한 처지로 전락시킬 수밖에 없기 때문에 지배 능력을 상실한 것이다. 사회는 이제 부르주아 계급 아래에서는 존속할 수가 없다. 다시 말해 그들의 존재는 더 이상 사회와 어울릴 수가 없는 것이다.

부르주아 계급의 존재와 지배에 있어서 가장 본질적인 조건은 사적 개인 수중으로의 부의 집적, 즉 자본의 형성과 증식이다. 자본의 조건은 임금노동이다. 임금노동은 오직 노동자 상호간의 경쟁에 입각한다. 부르주아 계급이 막연하게 짊어지고 온 공업의 진보는, 경쟁에 의한 노동자의 고립화 대신에 결합에 의한 노동자의 혁명적 단결을 만들어 낸다. 그러기 때문에 대규모 공업의 발전과 함께 부르주아 계급의 발판으로부터 그들이 생산하고 또 생산물을 취득하고 있던 시스템 토대 그 자체가 제거된다. 그들은 무엇보다도 그들 자신의 무덤을 파는 사람을 생산한다. 그들의 몰락과 프롤레타리아 계급의 승리는 다 같이 불가피하다.

제2장
프롤레타리아와 공산주의자

공산주의자는 전체 프롤레타리아와 어떤 관계에 있는가?

공산주의자는 다른 노동자 정당과 다른, 특수한 정당이 아니다.

그들은 프롤레타리아 계급 전체의 이해관계에서 분리된 이해관계를 가진 것은 아니다.

그들은 특수한 원칙을 내걸고 프롤레타리아 운동을 이 틀에 맞추려고 하지 않는다.

공산주의자는 다른 프롤레타리아 정당과 다음과 같은 점으로 구별되는 데에 지나지 않는다. 즉, 한편으로는 프롤레타리아의 다양한 국내 투쟁에서 프롤레타리아 계급 전체에 공통된, 국적을 넘은 이해관계를 강조하고 관철함으로써, 다른 한편으로는, 프롤레타리아 계급과 부르주아 계급 간의 투쟁이 거쳐 온 여러 발전 단계에서 항상 운동 전체의 이해관계를 대표한다.

그러므로 공산주의자는, 실천적으로는 모든 나라의 노동자 정당 중에서 가장 단호하고 추진력이 강하다. 그들은 프롤레타리아 계급의 다른 어떤 집단 이상으로 프롤레타리아 운동의 조건, 경로와 보편적인 결과를 이론적으로 통찰하고 있다.

공산주의자의 당면 목적은 다른 모든 프롤레타리아 정당과 같다. 즉 프롤레타리아 계급의 형성, 부르주아 계급 지배의 타도, 프롤레타리아 계급에 의한 정치권력의 쟁취이다.

공산주의자의 이론적 명제는 이러저러한 사회개량가에 의해서 창안되고, 발견된 사상이나 원리에 입각한 것은 단연코 아니다.

그것은 오직 현재 있는 계급투쟁의, 즉 우리의 눈앞에서 일어나고 있는 역사적 운동의 실제 상황을 총체적으로 표현한 것이다. 기존의 소유관계의 폐지는 말하자면 공산주의에게만 고유한 특색은 아니다.

이제까지의 소유관계는 모두 끊임없는 역사적 교체, 끊임없는 역사적 변화에 노출되어 왔던 것이 아닌가.

예를 들어, 프랑스 혁명*26은 부르주아적 소유를 위하여 봉건적 소유*27를 폐지하였다.

공산주의를 특징짓는 것은 소유 일반의 폐지가 아니라 부르주아적 소유의 폐지이다.

그러나 근대 부르주아적 사적 소유는 계급대립, 즉 인간에 의한 인간의 착취에 입각한 생산물의 생산과 취득, 그 궁극적인 그리고 가장 완성된 표현이다.

이런 뜻에서 공산주의자는 자신의 이론을 '사적 소유의 폐지'라는 하나의 표현으로 요약할 수가 있다.

사람들은 이렇게 말하면서 비난한다. 우리 공산주의자는 개인적으로 획득한, 스스로 일을 해서 얻은 소유, 즉 모든 개인적인 자유·활동·자립의 기초를 이루고 있는 소유를 폐지하려 하고 있다고.

힘들게 일해서 얻은, 자기가 번 소유! 여러분은 시민의 소유 이전에 있었던 소시민의, 소농민의 소유에 대해서 말하고 있는가? 그런 것은 구태여 우리가 폐지할 것까지도 없다. 공업의 발전이 이미 폐지해 버렸고, 나날이 폐지되고 있다.

그러나 임금노동, 즉 프롤레타리아의 노동은 프롤레타리아에게 소유를 가져다 주었는가? 결코 그런 일은 없다. 그것은 자본, 즉 임금노동을 착취하고, 새로운 임금노동을 산출해서 그것을 새로 착취하는 조건 아래서만 증식할 수 있는 소유를 만들어 내는 것이다. 현재의 소유 형태는 자본과 임금노동의 대립에 기초를 두고 있다.

이 대립의 양면을 보기로 하자.

자본가가 된다고 하는 것은, 다만 개인적인 지위뿐만 아니라 생산에서 사회적인 지위를 차지한다는 것을 의미한다.

자본은 공동의 산물이며, 많은 구성원들의 공동 활동으로만, 그리고 궁극적으로는 사회 전체 구성원의 공동 활동에 의해서만 그 기능을 계속할 수가 있다.

그러기 때문에, 자본은 개인적인 힘이 아니다. 그것은 사회적인 힘이다.

따라서 자본이 사회 모든 구성에 속하는 공동 소유로 변했다고 해도 개인의 소유가 사회의 소유로 변하는 것은 아니다. 변하는 것은 소유의 사회적 성격뿐이다. 즉, 소유는 그 계급적 성격을 잃는 것이다.

임금노동을 보자.

임금노동의 평균가격은, 노동임금의 최저한도, 즉 노동자가 노동자로서 생명을 유지해 가기 위해 없어서는 안 될 생활수단의 총계이다. 즉 임금노동자가 자기활동으로 취득하는 것은 그의 생활을 겨우 재생산할 수 있을 정도의 것에 지나지 않는다. 우리는 절박한 생활을 재생산할 수 있을 만큼의 노동 생산물을 개인이 취득하는 것을 그만두게 하려는, 즉 타인의 노동을 지배하는 힘이 되는 순익을 전혀 남기지 않는 그런 취득을 폐지하려는 것은 결코 아니다. 우리가 폐지하려고 하는 것은, 노동자가 자본의 증가를 위해서만 살고, 지배계급의 이익이 그를 필요로 하는 동안에만 산다고 하는 그런 비참한 취득 방법 바로 그것이다.

부르주아 사회에서 노동은 축적된 노동을 증식시키기 위한 수단에 지나지 않는다. 공산주의 사회에서는 축적된 노동은 노동자의 생활을 확대하고 풍요롭게 하고 향상시키기 위한 수단에 지나지 않는다.

즉, 부르주아 사회에서는 과거가 현재를 지배하고, 공산주의 사회에서는 현재가 과거를 지배한다. 부르주아 사회에서는 자본은 자립적·인격적이고, 반대로 살아 있는 개인은 비자립적·비인격적이다.

그런데 이런 관계의 폐지를 부르주아 계급은 인격과 자유의 폐지라고 부른다! 그렇다. 그것은 바로 부르주아적 인격, 부르주아적 자립성, 부르주아적 자유의 폐지이기 때문에.

자유란, 오늘날의 부르주아적 생산관계 내부에서는 자유로운 상업, 자유로운 매매를 뜻한다.

그러나 자유로운 상거래라는 것도, 상거래 그 자체가 없어지면 저절로 사라진다. 자유로운 상거래라고 하는 표현은, 부르주아 계급이 그 밖의 자유에 대한 미사여구와 마찬가지로, 일반적으로 다만 제한된 상거래에 대해서, 즉 중세의 속박된 시민에 대해서 의미를 갖는 데에 지나지 않고, 상거래, 부르주아적 생산관계 및 부르주아 계급 그 자체를 공산주의적으로 폐지하는 일에 대해서는 아무런 뜻도 가지지 않는다.

여러분은 우리가 사적 소유를 폐지하려 하는 데 대해 놀라고 있다. 그러나 여러분이 사는 이 사회에서는 10분의 9에 이르는 사람들에게 사적 소유 같은 건 이미 옛날에 폐지되었다. 그것은, 10분의 9의 인간에게는 사적 소유가 존재하지 않는다는 바로 그 사실로 말미암아 존재하는 것이다. 따라서 사회의 압도적 다수의 인간들이, 무소유를 필연적인 전제 조건으로 하는 소유를 우리가 폐지하려 하고 있다고 비난하고 있다.

한 마디로 말하자면, 여러분은 우리가 여러분의 소유를 폐지하려 한다고 비난하고 있는 셈이다. 우리는 바로 그것을 바라고 있다.

노동이 이미 자본이나, 화폐·지대로, 요컨대 독점 가능한 사회적 힘으로 바꾸어질 수 없는 순간부터, 다시 말해 개인적 소유가 더 이상 부르주아적 소유로 전환될 수 없게 되는 그 순간부터 개인은 폐지된다고 여러분은 말한다.

그렇다고 한다면 여러분이 말하는 개인이란 부르주아, 즉 부르주아적 소유자 이외에는 아무것도 아니라는 것을 여러분 스스로가 인정하는 것과 같다. 바로 이런 뜻의 개인이라면 폐지되어 마땅할 것이다.

공산주의는 사회적 생산물을 취득하는 권한을 그 누구로부터도 빼앗지는 않는다. 다만 이 취득에 의해서 타인의 노동을 예속시키는 권한을 빼앗을 뿐인 것이다.

사적 소유가 폐지되면 모든 노동이 멈추고 사회 전체에 게으름이 만연될 것이라는 반론이 있다.

그렇다면 이미 오래 전에 부르주아 사회는 게으름 때문에 멸망했을 것이다. 왜냐하면 이 사회에서는 노동하는 사람은 벌지 않고, 벌 수 있는 사람은 일을 하지 않기 때문이다. 이런 반론은 모두 자본이 없어지면 임금노동도 없어진다는 동의반복(同意反復)에 이를 뿐이다.

물질적 생산물의 공산주의적 취득양식과 생산양식으로 향하는 모든 비난은, 그대로 정신적 생산물의 취득과 생산에도 해당된다. 부르주아에게는 계급적 소유의 폐지가 생산 그 자체의 폐지인 것과 마찬가지로, 계급적 문화의 폐지는 문화 그 자체의 폐지와 같은 뜻이 된다.

부르주아가 집착하는 문화란 대다수의 인간에게는 기계가 되기 위해 알아둘 일들에 지나지 않는다.

그러나 자유·문화·법률 등에 대한 여러분의 부르주아적 관념을 기준으로 부르주아적 소유의 폐지를 미리 짐작하고 우리와 싸우려는 생각은 버리는 것이 좋다. 여러분의 사상 그 자체가 부르주아적 생산관계 및 소유관계의 산물이기 때문에. 실제로 여러분의 법률이라고 하는 것은 다만, 법으로까지 높여진 여러분의 계급 의지, 즉 여러분의 계급의 물질적 생활조건에 의해 미리 내용이 정해진 의지에 지나지 않는다.

생산의 추이 속에서 사라져 가는 하나의 역사적 관계에 지나지 않은 여러분의 생산관계 및 소유관계를, 영원한 자연법칙, 이성법칙(理性法則)으로 여긴다는 여러분의 이기적인 생각은 몰락한 지배계급 모두에 공통된 사고방식이다. 여러분이 고대의 소유에 대해서는 이해한 것, 여러분이 봉건적 소유에 대해서는 이해하는 것으로 부르주아적 소유를 이해해서는 안 된다.

가족 폐지! 공산주의자의 이 파렴치한 의도에 대해 가장 급진적인 사람들까지도 분노를 나타낸다.

현재의 가족, 부르주아적 가족은 무엇에 바탕을 두고 있는가? 자본에, 사적 이익에 그 바탕을 두고 있다. 따라서 완전한 형태의 가족은 부르주아 계급에게만 존재한다. 그러나 그것은 프롤레타리아의 강요된 가족상실과 공인된 매춘제도*28에 의해 보충되고 있다.

부르주아의 가족은 이 보충물이 무너짐과 동시에 따라 무너지고, 양자는 자본의 사라짐과 함께 사라진다.

부모가 자식을 착취하지 못하게 막으려 한다고 여러분들은 우리를 비난하는가? 우리는 이 죄를 인정하겠다. 그러나—하고 여러분은 말한다. 우리가 가정교육을 사회에 의한 교육으로 대체함으로써 가장 친밀한 관계를 없애려 한다고.

그러나 여러분의 교육도 또한 사회에 의해 규정되어 있지 않은가. 여러분의 교육을 둘러싼 사회적 여러 관계에 의해서 규정되어 있는 것이 아닌가? 교육에 대한 사회의 관여는 공산주의자의 창안이 아니다. 공산주의자는 이 관여의 양식을 바꿀 뿐이며 교육을 지배계급의 영향으로부터 분리시키는 것이다.

대규모 공업의 결과, 프롤레타리아로부터 가족의 유대가 모두 끊어지고 아이들이 단순한 상품이나 노동 용구로 여겨지면 될수록 가족이나 교육에 대한 부모와 아들의 친밀한 관계에 대한 부르주아의 상투어는 더욱더 역겨운 것으로 느껴진다.

"너희 공산주의자는 여성공유제를 실시하려 하고 있다"고 우리를 향해서 부르주아 계급 전체가 입을 모아 외친다.

부르주아는 자기 아내를 단순한 노동 용구로밖에 생각하지 않는다. 따라서 생산 용구는 공동으로 이용되어야 한다는 말을 들으면, 이 공유제가 마찬가지로 여성에게로도 해당될 것이라고 생각하는 것도 무리는 아니다.

그러나 문제는 바로 단순한 생산 용구로서의 여성 지위의 폐지에 있다고는 부르주아는 미처 생각하지 못하고 있다.

하지만 공산주의자의 이른바 공인된 여성공유제 등에 대한 부르주아들의 도덕가인 체하는 놀라움처럼 웃기는 것은 없다. 공산주의자는 여성공유제를 실시할 필요 같은 것은 없다. 그것은 거의 항상 존재해 왔던 것이다.

우리의 부르주아들은 프롤레타리아의 아내나 딸을 그들이 자유로 다루는 것만으로 만족하지 않고 공인된 매춘제도는 말할 필요도 없고, 자기들의 아내를 서로 유혹하는 데에 더없는 기쁨을 느끼고 있다.

시민적 결혼은 실제로 아내를 공유하는 것이다. 따라서 공산주의를 비난한다고 해도, 기껏해야 공산주의자는 위선적이고 은폐된 여성공유제 대신에 공인된 공공연한 여성공유제를 도입하려고 한다고 말하는 것이 고작일 것이다. 그것은 아무튼 오늘날의 생산관계의 폐지와 함께 거기에서 생기는 여성공유제, 즉 공인·비공인의 매춘제도도 또한 사라질 것이라는 것은 분명한 일이다.

더 나아가, 공산주의자는 조국과 국민성을 폐지하려 한다고 비난을 받고 있다.

노동자들은 조국이 없다. 가지고 있지 않은 것을 빼앗을 수는 없다. 하지만 프롤레타리아 계급은 우선은 정치적 지배를 쟁취하여, 국민적 계급이 되어 자신들을 국민으로서 조직하지 않으면 안 된다는 점에서는 부르주아 계급이 하는 말과 전혀 다른 뜻이기는 하지만 그들 자신은 아직은 국민적이다

민족들의 국가적 분리와 대립은, 부르주아 계급의 발전과 함께, 상업의 자유, 세계시장, 그리고 공업생산과 이에 대응한 생활조건의 평준화와 함께 이미 차츰 사라져 가고 있다.

프롤레타리아 계급의 지배는 이런 분리와 대립을 더욱더 빨리 사라지게 할 것이다. 적어도 문명국가가 일치된 행동을 취하는 일이 프롤레타리아 계

급을 해방하기 위한 제1조건의 하나이다.

한 개인에 의해 다른 개인을 착취하는 일이 없어지면, 그에 따라 한 국가에 의한 다른 국가의 착취도 없어질 것이다.

한 국가 내부의 계급 대립이 없어지면 국가들 간의 적대관계도 또한 없어진다.

종교적·철학적인, 그리고 이데올로기적인 관점에서 공산주의에 대해서 제기되는 비난은 상세하게 해명할 만한 가치가 없다.

인간의 생활관계, 그 사회관계, 그 사회적 존재양식에 따라서 인간의 관념이나 견해·개념, 한 마디로 말하자면 인간의 의식도 변화한다는 것을 이해한다는 것이 그토록 어려운 일일까?

이념의 역사가 증명하고 있는 것은, 정신적 생산이 물질적 생산과 함께 변화한다는 것이 아닌가? 한 시대의 지배적인 사상은 항상 다만 지배계급의 이념에 지나지 않는다.

이념은 사회 전체를 뒤집을 수가 있다고 말한다. 그로써 사람들이 말하고 있는 것은, 다만 낡은 사회 내부에서 새로운 사회의 여러 요소가 형성되고 있다는 사실, 낡은 생활조건의 해체와 보조를 맞춰 낡은 이념의 해체가 일어난다는 사실에 지나지 않는다.

고대 세계가 몰락해 가고 있을 때 고대의 여러 종교는 기독교에 의해서 정복당했다. 18세기에 이르러 기독교 사상*29이 계몽사상*30에 패배했을 때, 봉건사회는 당시의 혁명적 부르주아 계급과 사투를 벌이고 있었다. 양심의 자유나 종교의 자유와 같은 사상은, 다만 지식 영역에서 행해지는 자유경쟁의 지배를 표현한 데에 지나지 않는다.

사람들은 이렇게 말한다. "그러나 종교·도덕·철학·정치·법 등의 이념 등은 분명히 역사적 발전의 진전에 따라 변화해 왔다. 그러나 종교·도덕·철학·정치·법 자체는 이 변화 속에서 항상 변하지 않고 유지되어 왔다."

"또, 자유나 정의 등과 같이, 어떤 사회 상태에도 공통된 영원의 진리가 있다. 그런데 공산주의는 이 영원한 진리를 폐지하고, 종교·도덕을 새로 만드는 것이 아니라 종교 그 자체, 도덕 그 자체를 폐지하는 것이므로, 그것은 분명히 이제까지의 모든 역사적 발전과 모순된다."

이런 비난은 결국 무엇을 뜻하는가? 그것은, 이제까지의 모든 사회의 역사가 계급대립 속에 있고, 이 계급대립이 시대에 따라 다른 형태를 취한다는 것을 말한다.

그러나 계급대립이 어떤 형태를 취하든 간에, 사회의 일부분이 다른 부분을 착취하고 있었다는 것은 과거의 모든 시대에 공통된 사실이다. 그렇다고 한다면, 모든 시대의 사회적 의식이 아무리 천차만별이라 해도, 어떤 공통된 형태, 계급대립의 전적인 사라짐에 의해서밖에 완전히 없앨 수 없는 형태, 의식 형태를 취한다는 것은 그리 이상한 일이 아니다.

공산주의 혁명은 전통적 소유관계와의 근본적인 단절이며, 그러기 때문에 그 발전 과정에서 전통적 사상과 근본적으로 결별하는 것은 당연한 일이다.

그러나 공산주의에 대한 부르주아 계급의 비난은 이제 이 정도로 해 두자.

이미 보아온 바와 같이 노동자 혁명의 첫걸음 프롤레타리아 계급을 지배계급으로 높이는 일, 민주주의를 쟁취하는 일이다.

프롤레타리아 계급은 그 정치적 지배를 행사해서 부르주아 계급으로부터 차츰 모든 자본을 쟁취하여 모든 생산 용구를 국가의 손으로, 즉 지배계급으로서 조직된 프롤레타리아 계급의 손에 집중해서 생산력을 될 수 있는 대로 신속하게 증대시키게 될 것이다.

물론 이것은 처음에는 소유권과 부르주아적 생산관계에 대한 전제적인 개입에 의해서밖에 이루어질 수가 없다. 이런 조치는 경제적으로는 불충분하고 불안정하게 보이지만, 운동의 진전에 따라서 자기 자신을 뛰어넘어 생산양식 전체를 변혁시키는 수단으로서 불가피한 것이 된다.

이들 조치는 당연히 국가에 따라 다를 것이다.

그렇지만 가장 앞선 나라에서는 다음 조치가 상당히 일반적으로 적용될 수 있을 것이다.

1. 토지 소유 폐지와 지대의 국가 경비로 충당
2. 고율의 누진세 적용
3. 상속권 폐지
4. 모든 망명자와 반역자 재산 압류
5. 국가자본과 배타적 독점을 가진 국립은행을 통해 신용을 국가 수중에 집중

6. 모든 운송기관의 국가 수중에 집중

7. 공동계획에 의한 국유 공장과 생산 용구의 증가, 경지개간 및 개량

8. 모든 국민에 대한 평등한 노동의무, 특히 경작을 위한 산업군 편성

9. 농업과 공업경영의 결합, 도시와 농촌 대립의 점진적인 해소

10. 모든 아동에 대한 공적 무상교육 실시. 오늘날 행해지고 있는 아동의
   공장노동 폐지. 교육과 물질적 생산을 결합한다. 등등.

　발전 과정에서 계급 차이가 사라지고 모든 생산이 결합된 개인의 손에 집중되었을 때, 공적 권력은 정치적 성격을 잃는다. 본디 의미의 정치적 권력이란 다른 계급을 억압하기 위해서 한 계급에 의해 조직된 폭력이다. 그러나 프롤레타리아 계급이 부르주아 계급과의 투쟁에서 필연적으로 계급으로서 결합하여 혁명에 의해 지배계급이 되고, 그리고 지배계급으로서 폭력적으로 낡은 생산관계를 폐지할 때, 프롤레타리아 계급은 이 생산관계와 함께, 계급 대립의, 계급 그 자체의 존재 조건을, 따라서 계급으로서의 자기 자신의 지배를 폐지한다.

　계급 및 계급대립을 지녔던 낡은 부르주아 사회 대신에 각자의 자유로운 발전이, 모든 사람의 자유로운 발전을 위한 조건이 되는 연합체가 나타난다.

제3장
사회주의적·공산주의적 문헌

1. 반동적 사회주의

a. 봉건적 사회주의

프랑스와 영국의 귀족계급은 그 역사적 지위로 말미암아 근대 부르주아 사회에 반대하는 풍자문을 쓰는 사명이 주어졌다. 1830년의 프랑스 7월혁명*31에서, 영국의 선거법 개정운동*32에서 그들은 또다시 가증스러운 벼락출세자들에게 굴복한 것이다. 본격적인 정치투쟁은 이미 문제 밖이었다. 남은 것은 문서상의 투쟁 밖에 없었다. 그러나 이 문서의 영역에서도 왕정복고*33 시대의 상투어는 통하지 않게 되었다. 세인의 동정을 끌기 위해 귀족은 자기들의 이익은 안중에도 없는 것처럼 처신하여, 오직 착취당하는 노동자 계급을 위해 부르주아 계급에 대한 고소장을 작성해야만 했다. 그들은 이렇게 해서 새로운 지배자를 멸시하는 노래를 부르고, 짓궂은 불길한 예언을 귓전에 속삭임으로써 최소한의 위안을 발견한 것이다.

이렇게 해서 봉건적 사회주의가 탄생하였다. 그것은 반은 한탄, 반은 풍자, 반은 과거의 향수, 반은 미래에의 저주, 때로는 신랄하고 기지에 넘치는 통렬한 말투로 부르주아 계급을 섬뜩하게 만들 수는 있어도, 근대사의 발걸음에 대한 전적인 몰이해를 노출하여 항상 우스꽝스러운 역할을 다하여 왔다.

그들은 민중을 자기들 배후로 불러 모으기 위하여 그 깃발로서 프롤레타리아의 동냥자루를 흔들어 댔다. 그런데 민중은 그들 뒤를 따라가기 시작한 순간 그들 꽁무니에 옛날 봉건 시대의 문장(紋章)을 발견하고 크게 웃고 흩어져 버렸다.

이 공연물은 프랑스의 정통왕조파*34의 일부와 청년 잉글랜드파*35의 단골 메뉴였다.

부르주아의 착취처럼 자기들은 착취하지 않았다고 단언하는 봉건주의자는 다만 그들이 전혀 다른, 오늘날에는 시대에 뒤떨어진 상황과 조건하에서 착취하고 있었던 일을 잊고 있는 데에 지나지 않는다. 자기들의 지배하에서는 근대 프롤레타리아 계급 같은 건 존재하지 않았다고 주장할 수 있는 것도, 근대 부르주아 계급이 바로 그들의 사회 질서로부터 생긴 것이라는 것을 잊고 있는 데에 지나지 않는다.

아무튼 그들은, 자기들의 비판이 반동적이라는 것을 거의 감추지 않는다. 실제로, 그들의 부르주아 계급에 대한 최대의 불만은, 부르주아 계급의 지배하에서는 낡은 사회질서를 통째로 날려버리지 않을 수 없는 계급이 형성된다고 하는 데에 있는 것이다.

즉, 부르주아 계급이 일반적으로 프롤레타리아 계급을 낳는다는 것보다도, 특히 혁명적 프롤레타리아 계급을 낳게 한다고 해서 그들은 부르주아 계급을 비난하는 것이다.

그러기 때문에 정치적 실천에 있어서, 노동자 계급에 대한 강권 발동에 그 일부를 담당하고, 또 일상생활에서는, 평소의 부풀려진 미사여구와는 정반대로, 공업의 나무에서 떨어진 황금 사과를 주워 모으는 것을 마다하지 않을 뿐만 아니라, 성실이나 사랑이나 명예를, 양모나 사탕무나 브랜디와 암거래로 교환하는 것조차 마다하지 않는다.

성직자가 항상 봉건귀족과 손을 잡아 온 것처럼, 성직자풍의 사회주의도 또한 봉건적 사회주의와 손을 잡는다.

그리스도교적 금욕주의에 사회주의 색채를 부여하는 것만큼 쉬운 일도 없다. 그리스도교도 또한 사유재산·결혼·국가를 신랄하게 공격해 오지 않았던가? 이들 대신에 자선과 모금을, 독신과 금욕을, 수도원 생활과 교회를 설교해 오지 않았던가? 그리스도교적 사회주의[36]란 귀족의 분노를 축복하기 위해 성직자가 붓는 성수(聖水)에 지나지 않는다.

b. 소시민적 사회주의

부르주아 계급에 의해 타도되고 근대 부르주아 사회 속에서 생활조건이 손상되고 빼앗긴 것은 봉건귀족만이 아니다. 중세의 성외시민이나 소농민은 근대 부르주아 계급의 바로 선행자였으나, 이 계급은 공업적으로나 상업적으로도 발전이 늦은 나라에서, 신흥 부르주아 계급과 함께 겨우 살아남아 있는 데에 지나지 않는다.

근대 문명이 충분히 발달한 나라들에서는 새로운 소시민층이 형성되었다. 그들은 프롤레타리아 계급과 부르주아 계급 사이에서 동요하여 부르주아 사회를 보완하는 것으로 항상 새로 형성되는 한편 경쟁에 의해서 끊임없이 프롤레타리아 계급으로 전락된다. 뿐만 아니라 대규모 공업의 발전과 함께 근대사회 안에서는 자기들 존재의 독자성이 전적으로 사라져, 상업·공업·농업의 어느 영역에서도 노동 감독과 사용인에 의해 대체될 시기가 다가오고 있다는 것을 뼈저리게 알고 있다.

프랑스와 같이 농민계급이 인구의 태반을 차지하고 있는 나라에서는, 부르주아 계급에 반항하여 프롤레타리아 편을 든 지식인들이, 소시민적·소농민적 잣대를 적용하여 부르주아 체제를 비판하고, 소시민의 입장에서 노동자에게 편을 든 것은 자연적인 추세였다. 이렇게 해서 소시민적 사회주의가 형성되었다. 시스몽디*37는 프랑스뿐만 아니라 영국에서도 이 학파의 우두머리이다.

이 사회주의는, 근대적 생산관계에 내재하는 모순을 매우 날카롭게 분석하였다. 그들은 경제학자들의 위선적인 속임수를 폭로하였다. 기계와 분업의 파괴적 영향, 자본과 토지 소유의 집중, 과잉생산, 공황, 소시민과 소농민의 필연적 몰락, 프롤레타리아 계급의 궁핍, 생산의 무정부 상태, 부의 분배의 극심한 불균형, 국가 간의 공업적 섬멸전, 낡은 관습, 낡은 가족관계, 낡은 민족성의 해체 등 이 모든 것이 반박의 여지없이 명백하게 되었다.

그럼에도 불구하고 이 사회주의는 그 적극적 대목에 이르면, 낡은 생산수단과 교통수단, 낡은 소유관계와 낡은 사회의 복구를 노리거나, 그렇지 않으면 근대적 생산수단과 교통수단을, 그것들에 의해 파괴되고 또 파괴되지 않을 수 없었던 낡은 소유관계의 틀 안에 다시 억지로 가두어 넣으려고 하는 그 어느 하나밖에 생각하지 못한다. 어느 쪽이나 이 사회주의는 반동적이고 동시에 유토피아적이다.

매뉴팩쳐에 있어서의 길드 제도, 농촌에 있어서의 가부장적 경제, 이것이 이 사회주의가 마지막 남긴 유언이다.

그 후의 발전 과정에서 이 노선은 숙취(宿醉 : 이튿날까지 깨지 않는 취기) 후의 비참한 기분을 맛보게 된다.

c. 독일 사회주의 또는 '참된' 사회주의*38

권력을 쥔 부르주아 계급의 압박하에서 태어나, 그 지배에 대한 투쟁의 문서적 표현이나 다름없는 프랑스의 사회주의적·공산주의적 문헌은, 독일의 부르주아 계급이 봉건적 절대주의에 대한 투쟁을 시작한 바로 그때에 독일에 수입되었다.

독일 철학자나 자칭 철학자, 그리고 지식인들은 이들 문헌들에 탐욕스럽게 덤벼들었으나, 아깝게도 이들 문서가 프랑스로부터 들어왔을 때, 프랑스의 생활조건들이 동시에 독일로 들어오지 않았다는 사실을 잊어버렸다. 독일의 상황에 대해서 프랑스의 문헌은 직접적인 실천적 의미를 모두 잃고 순전히 문헌과 같은 것이 되고 말았다. 그것은 진정한 사회나 인간 본질의 실현에 대한 무익한 사색으로 보였음이 틀림없다. 이리하여 18세기의 독일 철학자에게 있어서 프랑스 제1혁명*39의 여러 요구는 '실천이성'*40의 요구 의미만 있을 뿐이었으며, 그들의 눈에는 혁명적인 프랑스 부르주아 계급의 의사표시는 순수 의지, 그렇게 있어야 할 모습으로서의 의지, 진정한 인간적인 의지의 법칙을 의미한 것이다.

독일 지식인들이 해야 했던 일은 프랑스의 새로운 사상을 그들의 낡은 철학적 양심과 조화시키는 일, 또는 오히려 그들의 철학적 입장에서 프랑스의 사상을 익히는 데에 있었다.

이 익힘은, 일반적으로 외국어를 익히는 것과 같은 방법, 즉 번역으로 이루어졌다.

수도사들이 고대 이교문명*41의 고전적 저작이 적힌 사본 위에 몰취미한 가톨릭 성도전(聖徒傳)*42이라는 표제를 붙였다는 것은 잘 알려져 있다. 독일 지식인들은 세속적인 프랑스 문헌에 이와는 반대의 방식으로 다루었다. 그들은 프랑스어 원문 아래에 자신들의 철학적 헛소리를 적은 것이다. 예를 들어, 화폐관계를 비판한 프랑스어 문장 아래에 그들은 '인간적 본질의 외화(外化)*43라고 쓰고, 부르주아 국가를 비판한 원문 아래에 '추상적 보편*44의 지배의 폐지'라고 썼다.

이와 같이 해서 프랑스어의 서술 안에 그들의 철학적 상투 구절을 끼워 넣는 것을 그들은 '행위의 철학', '참된 사회주의', '독일적 사회주의 과학', '사회주의의 철학적 기초부여' 등이라고 이름지었다.

프랑스의 사회주의·공산주의 문헌은 이렇게 해서 모두 거세되었다. 더욱이 그런 문헌이 그들의 수중의 것이 되어, 계급 간의 투쟁을 표현하지 않기 때문에, 독일인은 그것을 가지고 '프랑스적 일면성'을 극복했다고 자인하고, 진정한 욕구가 아니라 진리의 욕구를, 프롤레타리아의 이익이 아니라 인간 존재, 인간 일반의 이익을, 어느 계급에도 속하지 않는—즉, 현실로서가 아니라 철학적인 환상의 안개 속에서밖에 존재하지 않는—인간의 이익을 대변한다고 자인하였다.

이런 번거로운 학업에, 거창하게 그리고 고지식하게 노력하면서 그것을 사기꾼처럼 허풍을 떨고 다녔던 독일 사회주의*45도 차츰 현학적 순수성을 잃어 갔다.

봉건귀족과 절대왕정에 대한 독일의, 특히 프로이센*46의 부르주아 계급의 투쟁, 한 마디로 말하면 자유주의 운동은 마침내 격렬하게 되어 갔다.

이리하여, '참된' 사회주의는 정치 운동에 대해서 사회주의적 요구를 대립시킬 절호의 기회가 주어졌다.

즉, 그들은 자유주의, 대의제 국가, 부르주아적 경쟁, 부르주아적인 출판의 자유, 부르주아적 법률, 부르주아적 자유와 평등에 대해서 프랑스 전래의 저주를 퍼부으며, 민중을 향해 이 부르주아적 운동으로부터는 얻을 것이 없을 뿐만 아니라 오히려 모두를 잃는다고 설교한 것이다. 프랑스에서의 부르주아 계급에 대한 비판이, 고유의 물질적 조건과 특유한 정치제도를 동반한 근대 부르주아 사회를 전제로 한 것이라는 것을, 독일에서 무엇보다도 우선 쟁취하지 않으면 안 되었던 전제조건이라는 것을, 영혼이 없는, 껍질에 지나지 않은 독일 사회주의는 잊어버릴 만한 이유가 있어서 이것을 잊어버리고만 것이다.

결국 그들은 성직자나 학교교사, 시골 귀족·관료들을 거느린 독일의 절대주의 정부를 위하여 일어나, 위협이 되어 가고 있었던 부르주아 계급을 내쫓는 모양새의 허수아비 역할을 한 것이다.

그들은 또, 같은 절대주의 정부가 독일 노동자의 봉기에 가한 가혹한 채찍과 총탄에 대한 달콤한 대용품이 되기도 하였다.

이리하여 '참된' 사회주의는, 독일 부르주아 계급에 대항하는 정부 세력의 무기가 되었는데, 그것은 또한 직접적으로도 하나의 반동적 이익을, 즉 독일의 옛 소시민층의 이익을 대변하였다. 독일에서는 16세기부터 이어져 내려와, 그 후 여러 형태를 취하며 되풀이해서 나타난 소시민층이 현존 질서의 진정한 사회적 토대를 이루고 있는 것이다.

이 소시민층을 유지한다는 것은 독일의 현존 질서를 유지하는 일이다. 부르주아 계급에 의한 산업 및 정치지배가, 한편으로는 자본의 집적 결과로서, 다른 한편에서는 혁명적 프롤레타리아 계급의 대두에 의해서 자기들을 확실하게 파멸로 이끈다는 것을 이 소시민층은 두려워했다. '진정한' 사회주의는 그들에게 있어 일석이조인 것처럼 여겨졌다. 그것은 전염병처럼 퍼져갔다.

사변(思辨)이라고 하는 거미줄로 짜이고, 미사여구라는 꽃으로 수를 놓고, 감상의 눈물에 젖은 의상, 독일 사회주의가 불과 얼마 안 되는 뼈만 남은 '영원의 진리'를 포장한 이 사치를 다한 의상은 이와 같은 공중 속에서 더욱더 그 판로를 확대해 갈 뿐이었다.

독일 사회주의 쪽도 또한, 이 옛 소시민층의 대변자라고 하는 분에 넘치는 사명을 더욱더 깊이 자인해 갔다.

독일 사회주의는 독일 국민이 표준적 국민이라는 것, 그리고 독일의 속물이 표준적 인간이라고 선언하였다. 그들은 독일 속물의 모든 비열함에 전혀 정반대의 뜻을, 숨은, 보다 더 고상한 사회주의적 의미를 부여하였다. 그리하여 마침내 그들은 공산주의의 '거칠고 파괴적'인 경향에 정면으로 반대하고, 모든 계급투쟁의 불편부당(不偏不黨)의 초월을 선언하여, 갈 데까지 간 것이다. 현재 독일에 유포하고 있는 자칭 사회주의적·공산주의적 저작은, 매우 소수의 예외를 제외하고는 모두 이런 종류의 음산하고 기분이 우울해지는 문헌 부류에 속한다.

2. 보수적 사회주의 또는 부르주아 사회주의

부르주아 계급의 일부는, 부르주아 사회의 존속을 꾀하기 위하여 '사회적 폐해'를 제거하고 싶다고 바란다.

경제학자·박애주의자·인도주의자·독지가·자선사업가, 동물학대 방지론자,

금주협회 설립자, 그밖에 이루 헤아릴 수 없는 '무슨 무슨' 개혁가들이 이 부류이다. 그리고 이 부르주아 사회주의도 또한 정돈된 체계를 갖추기도 하였다.

프루동*⁴⁷의 《빈곤의 철학(*Philosophie de la misère*)》이 그 한 예이다.

사회주의적 부르주아는 근대사회의 생활조건은 그대로 두고, 다만 거기에 필연적으로 따르는 투쟁이나 위험만 없어지면 좋겠다고 바라고 있다. 그들은, 혁명적 요소나 해체적 요소를 뺀 현존 사회를 바라고 있다. 요컨대 프롤레타리아 계급을 뺀 부르주아 계급을 바라고 있는 것이다. 부르주아 계급은 자기들이 지배하는 세계를 당연히 최고의 세계라고 생각하고 있다. 이 자기 도취를, 부르주아 사회주의는 그 성과야 어떻게 되었든 이론체계로까지 만들어 낸다. 그들이 프롤레타리아 계급을 향해서 이 체계를 실현해서 새로운 예루살렘(약속의 땅)*⁴⁸을 만들자고 호소해도, 실제로는 다만 프롤레타리아 계급에게 지금의 사회에 머물기를 바라며, 동시에 지금의 사회에 대한 악의 있는 생각을 버리라고 요구하고 있는 데에 지나지 않는다.

이 사회주의에는 체계적으로는 뒤떨어지지만, 보다 더 실천적인 또 하나의 형태가 있었다. 그것은, 노동계급에게는 이러저러한 정치적 개혁이 되지 못하고 다만 물질적 생활관계, 즉 경제관계의 개혁밖에 이익이 되지 않는다는 것을 증명해서, 노동자 계급에 모든 혁명 운동을 단념시키려 했다. 하지만 여기서 말해지고 있는 물질적 생활관계의 개혁이란 혁명적인 방법으로만 가능한 부르주아적 생산관계의 폐지는 결코 아니고, 이 생산관계의 토대 위에서 행하여지는 행정적 개혁, 따라서 자본과 임금노동의 관계에는 전혀 손을 대지 않고, 기껏해야 부르주아 계급에 그 지배비용을 경감시켜 국가재정을 간소화할 뿐인 행정적 개혁에 지나지 않는 것이다.

단순한 말장난이라는 것이 부르주아 사회주의에 가장 알맞은 표현이 된다. 노동계급의 이익을 위한 자유무역! 노동계급의 이익을 위한 보호관세! 노동계급의 이익을 위한 독방 감옥! 이것이야말로 부르주아 사회주의가 마지막으로, 그리고 진지하게 생각한 유일한 말이다.

그들의 사회주의는 바로 다음의 주장으로 끝난다. 부르주아는 부르주아이다―노동계급의 이익을 위하여.

3. 비판적·유토피아적 사회주의 및 공산주의

여기서는 모든 근대의 대혁명에서 프롤레타리아 계급의 요구를 말한 문헌(바뵈프*49의 저작 등)에 대해서 말하려는 것이 아니다.

전반적인 격동의 시대, 봉건사회의 붕괴 시대에, 자기 자신의 계급 이익을 정면으로 관철하려고 한 프롤레타리아 계급의 최초의 시도는, 프롤레타리아 계급 자신의 미성숙 때문에, 또 바로 부르주아 시대의 산물인 프롤레타리아 계급 해방의 물질적 조건의 결여 때문에 필연적으로 실패할 수밖에 없었다. 이런 프롤레타리아 계급의 초기의 운동에 따른 혁명적 문헌은 그 내용으로 말하자면 필연적으로 반동적이다. 그것은 일반적인 금욕주의와 조야한 평등주의를 말한다.

이른바 사회주의 및 공산주의의 체계, 즉 생시몽*50·푸리에*51·오언*52 등의 체계는, 앞서 말한 프롤레타리아 계급과 부르주아 계급과의 투쟁의 초기의 미숙한 시기에 나타난다('부르주아와 프롤레타리아'의 장 참조).

이들 체계의 창안자들은 분명히 계급대립을, 현존사회 그 자체 안에 해체적 요소가 존재한다는 것을 인정하기는 한다. 그러나 그들은 프롤레타리아 계급 쪽에 그 어떤 역사적인 자발성도 그 어떤 독자적인 정치 운동도 인정하지 않는다.

계급대립의 진전은 공업의 발전과 보조를 같이하는 것인 이상, 그들에게 프롤레타리아 계급 해방을 위한 물질적 조건을 발견할 수가 없었던 것은 무리도 아니다. 그래서 그들은 이 조건을 만들어 내기 위해서 사회과학이라는 것을, 사회법칙 이것저것을 찾았다.

사회적 활동 대신에 그들의 개인적인 창의활동이, 해방의 역사적 조건 대신에 환상적 조건이 프롤레타리아 계급의 점차적인 계급에의 조직화 대신에, 자의적으로 고안된 사회조직이 반드시 등장한다. 그들에게 있어 앞으로 올 세계 역사란 그들의 사회계획의 선전과 실행의 장(場)일 뿐이다.

그들은 물론 그 계획에서 가장 고뇌하는 계급으로서의 노동계급의 이익을 맨 먼저 생각해야 한다는 것을 자각하고 있다. 그들에게 있어 프롤레타리아 계급이란 가장 고뇌하는 계급이라고 하는 견지를 바탕에서밖에 존재하지 않는다.

그러나 계급투쟁의 미성숙과 그들 자신의 생활 상태 때문에 그들은, 자기들이 그런 계급대립을 훨씬 초월해 있다고 믿게 된다. 그들은 사회 전원의 생활 상태를, 가장 좋은 환경에 있는 사람들의 생활 상태까지도 개선하려고 한다. 그래서 그들은 끊임없이 무차별적으로 전 사회에, 아니 특히 지배계급에 호소한다. 그들의 체계를 이해하기만 하면, 그것이 있을 수 있는 가장 좋은 사회의, 있을 수 있는 최선의 계획이라는 것을 알 것이라는 것이다.

그러기 때문에 그들은 모든 정치적 행동, 특히 혁명적인 행동을 모두 거부하고, 평화적인 방법에 의한 목적의 실현을 지향하여, 실패하는 것이 당연한 사소한 실험에 의해, 실례의 힘에 의해 새로운 사회의 복음으로 길을 열려고 한다.

이런 종류의 미래사회의 환상적 서술은, 프롤레타리아 계급이 아직 매우 미성숙한 상태이고, 따라서 자신의 고유한 지위를 아직 환상적으로밖에 파악하지 못한 상태에서, 프롤레타리아 계급에 의한 사회의 전면적 개조에 대한 최초의 충동적인 갈망에서 생긴 것이다.

하지만, 이런 사회주의적·공산주의적 저작들에는 비판적 요소도 적지 않게 들어 있다. 이 저작들은 현존사회의 기초를 남김없이 공격 대상으로 삼는다. 따라서 이 저작들은 노동자의 계몽을 위해 매우 귀중한 자료가 되었다. 미래사회에 관한 긍정적인 여러 명제, 이를테면 도시와 농촌의 대립, 가족, 사적 영리, 임금노동 등의 폐지, 사회적 조화의 고지(告知), 국가의 단순한 생산관리 기관으로 전환—이들 명제는 모두 계급대립의 소멸을 표현하는 것들인데, 이 계급대립이야말로 당시 겨우 시작되었을 뿐이고, 아직 매우 초기의 막연한 형태로밖에 알려져 있지 않았다. 그러했기 때문에 이들 명제 자신도 아직 순수하게 유토피아적 의미밖에 가지지 않는 것이다.

비판적·유토피아적 사회주의 및 공산주의의 의의는, 역사의 발전에 반비례한다. 계급투쟁이 무르익고 형태를 갖추어 감에 따라 계급투쟁에 대한 이 유토피아적 초월, 유토피아적 극복은 모든 실천적 가치를, 모든 이론적 정당성을 잃어 간다. 따라서 이런 체계의 창시자들이 비록 많은 점에서 혁명적이었다 해도 그 제자들은 으레 반동적 종파를 형성한다. 그들은 프롤레타리아 계급의 역사적 발전을 눈앞에 보면서도 여전히 스승의 낡은 견해를 고집한다. 요컨대 그들은 일관해서 계급투쟁을 다시 둔화시켜 대립을 조정하려고 애쓴다. 여전히 그들의 사회적 유토피아의 실천적인 실현, 즉 고립된 팔랑스테르*⁵³의 창설, 홈-콜로니*⁵⁴를 설립하고, 작은 이카리아*⁵⁵—새 예루살렘의 축소판—의 건설을 꿈꾼다. 이 모든 공중누각을 건설하기 위하여 그들은 부르주아의 마음과 지갑의 박애에 호소할 수밖에 없다. 차츰 그들은 앞서 말한 반동적 또는 보수적 사회주의와 같은 부류로 빠져 든다. 다만 체계적인 박식함과 자기들의 사회과학의 기적적 효용에 대한 광신적인 신앙에 의해서만 다를 뿐이다.

그러므로 그들은 노동자의 그 어떤 정치 운동에도 모조리 반대한다. 그런 운동은 새로운 복음에 대한 독신적(瀆神的 : 신을 모독하는) 불신의 산물이라는 것이다.

영국의 오언주의자들은 차티스트*⁵⁶들을 반대하고, 프랑스의 푸리에주의자들은 '개혁파'*⁵⁷들을 반대한다.

제4장
여러 반대당에 대한 공산주의자의 입장

기성의 노동자 정당에 대한 공산주의자의 관계, 따라서 영국의 차티스트나 북아메리카의 농업개혁당*⁵⁸에 대한 공산주의자의 관계는 제2장에서 명백히 밝혀져 있다.

공산주의자는, 노동자 계급이 직접 당면한 목적이나 이익을 이룩하기 위해 싸우되, 현재의 운동에서는 동시에 운동의 미래를 대표한다. 프랑스에서 공산주의자는 보수적 및 급진적 부르주아 계급에 대항해서 사회민주당*⁵⁹ 편에 들었지만, 그렇다고 해서 혁명의 전통에 유래하는 문구나 환상에 대해서 비판적 태도를 취할 권리를 포기하지는 않았다.

스위스 공산주의자는, 그들은 급진파*⁶⁰를 지지했지만, 이 파가 모순된 여러 요소로부터, 즉 일부는 프랑스류(流)의 민주주의적 사회주의자로, 일부는 급진 부르주아로 성립되어 있다는 것을 모르지는 않는다.

폴란드 공산주의자 중에서는, 공산주의는 농업혁명을 민족해방을 조건으로 하는 당파를 지지한다. 이 정당이 1846년의 크라카우 봉기*⁶¹의 중심이 되었던 그 당파이다.

독일 공산당은 부르주아 계급이 혁명적으로 행동하는 한, 공산주의는 부르주아 계급과 연대해서 절대왕정, 봉건 토지 소유, 소시민 계급과 싸운다.

그러나 독일의 공산주의자는 부르주아 계급과 프롤레타리아 계급과의 적대적 대립에 대해서, 노동자들에게 될 수 있는 대로 명확하게 의식화시키기 위한 노력을 한순간도 게을리하지 않는다. 그것은 부르주아 계급의 지배와 함께 반드시 도입되는 사회적·정치적 여러 조건을, 독일 노동자가 그것을 그대로 무기로 삼아 부르주아 계급과 싸울 수 있도록 하기 위한 것이며, 독일에서 반동계급이 쓰러지면 곧 부르주아 계급에 대한 투쟁을 시작하기 위해서이다.

공산주의자의 최대 관심사는 지금 독일에 있다. 왜냐하면 독일이 부르주아 혁명의 전야에 있기 때문이며, 17세기의 영국, 18세기의 프랑스보다도 더욱 진보한 유럽문명의 여러 조건하에서, 훨씬 성숙한 프롤레타리아 계급을 가지고 이 변혁을 수행하기 때문이며, 따라서 독일의 부르주아 혁명은 프롤레타리아 혁명의 직접적인 서곡이 될 수밖에 없기 때문이다.

한마디로 말하자면, 공산주의자는 어디에서나 현존하는 사회적·정치적 질서에 대립하는 모든 혁명 운동을 지지한다.

이런 모든 운동에서 공산주의자는 소유의 문제를, 그 형태의 발전단계와 상관없이 운동의 기본문제로서 강조한다.

마지막으로 공산주의자는 어디서나 모든 나라의 민주적 정당과의 연대와 협조에 노력한다.

공산주의자는 자신의 견해나 의도를 감추는 것을 부끄러움으로 삼는다. 공산주의자는 그들의 목적이 이제까지의 모든 사회질서를 폭력적으로 전복하는 것으로밖에 이룩할 수 없다는 것을 공공연하게 선언한다. 지배계급이여, 공산주의 혁명 앞에 떨어라. 혁명에서 프롤레타리아는 쇠사슬밖에 잃을 것이 아무것도 없다. 그들에게는 획득해야 할 전세계가 있다.

온세계의 프롤레타리아여, 단결하라!

1872년 독일어판 머리말

　노동자의 국제조직인 '공산주의자동맹'[62]은, 당시 상황에서는 말할 필요도 없이 비밀결사일 수밖에 없었으나, 1847년 11월 런던에서 열린 대회에서 공표를 목적으로 한 이론적·실천적 상세한 당 강령의 작성을 우리에게 위임하였다. 이 '선언'은 이와 같이 해서 완성된 것인데, 원고가 인쇄를 위해 런던으로 발송된 것은 2월혁명[63]의 불과 몇 주 전의 일이었다.

　처음에 독일어로 발표되었고, 독일·영국·미국의 각국에서 적어도 12종류의 독일어판이 출판되었다. 영어판은 우선 1850년, 런던에서 헬렌 맥팔레인의 번역으로 〈레드 리퍼블리컨〉지에 실렸고, 1871년에는 미국에서 적어도 세 종류의 번역본이 나왔다. 최초의 프랑스어판은 1848년의 6월봉기[64] 직전에 파리에서 출판되었고, 최근에 또 뉴욕의 〈르 소셜리스트〉지에 실렸다. 또 새로운 번역도 준비되고 있다. 폴란드어판은 런던에서 최초의 독일어판 발간 직후에, 러시아어판은 제네바에서 1860년대에 출판되었다. 덴마크어판도 독일어판 바로 후에 출판되었다.

　최근 25년 동안에 상황은 뚜렷하게 달라졌다고는 하지만 '선언'에 담긴 일반적 원칙은 큰 줄거리에서 지금도 그 정당성을 잃지 않고 있다. 개개의 점에서는 고쳐 쓸 곳도 있을 것이다. 그러나 이런 원칙을 실제로 어떻게 적용하는가는 '선언' 자체 안에서 말해지고 있는 것처럼, 어디가 되었던 항상 역사적으로 주어진 상황에 의해 결정될 일이고, 그러기 때문에 제2장 끝에서 제안된 혁명의 조처만 해도 특단의 중요성이 부여된 것은 아니다. 이 부분은 지금 쓴다고 한다면, 많은 점에서 다른 것이 되어 있었을 것이다. 과거 25년 동안에 대규모 공업에 의해서 초래된 가일층의 진보와, 이와 함께 진전하는 노동자 계급의 정당 조직을 보면, 그리고 2월혁명을 시작으로 마침내는 세계사상 처음으로 프롤레타리아 계급이 2개월간에 걸쳐서 정치권력을 탈취한 파리 코뮌[65]이라고 하는 실천적 경험에 비추어 보면 이 강령은 오늘날 군데

군데 시대에 뒤떨어진 것이 되었다. 특히, 파리 코뮌은 '노동자 계급은 이미 되어 있는 국가기관을 그대로 탈취해서 그것을 그들 자신의 목적으로 위해 사용할 수는 없다'(《프랑스 내란》,*66 국제노동자협회*67 총무위원회 통신' 참조. 이 점에 대해서 보다 더 자세하게 적혀 있다)는 것을 실증하였다. 더 나아가서 사회주의적 문헌에 대한 비판은 1847년까지의 것밖에 다루고 있지 않으므로 오늘날에는 결정적으로 불충분하다는 것은 두말할 필요도 없다. 여러 반대당에 대한 공산주의자의 입장에 대한 기술(제4장)도 또한 마찬가지이다. 기본적인 점에서는 지금도 여전히 정당하다 하더라도 현실 문제로서는 시대에 뒤떨어진 것이 되고 있다. 왜냐하면, 정치 정세는 일변하여 역사적 진전에 의해서 이 장에서 열거된 여러 당파의 거의 대부분이 이 세상에서 사라져 버렸기 때문이다.

하지만 '선언'은 하나의 역사적 문장이며 이미 우리로서도 거기에 손을 가할 권리는 없다. 앞으로 판을 새롭게 할 때에는 아마도 1847년부터 오늘까지 사이에 다리를 놓을 머리말이 더해질 것이다. 이번의 신판은 너무나 급했기 때문에 우리에게는 그럴 여유가 없었던 것이다.

런던, 1872년 6월 24일

칼 마르크스

프리드리히 엥겔스

〈주〉

＊1 교황 : 전체 가톨릭교회의 우두머리인 로마 교회의 주교(主敎)를 말한다. 로마에 있는 바티칸시국(市國)에 있는 교황청에 거주한다. 1800년에 로마 교황에 즉위한 비오 7세 (1742~1823)는 처음에 1789년의 프랑스 혁명에 의한 자유주의적 개혁에 동조하였으나, 나폴레옹의 교회 정책에 환멸을 느끼고 보수주의 노선으로 돌아가, 1821년에는, 교황령 안의 자유주의 비밀결사 카르보나리를 단죄하였다. 이후, 몇 대에 걸쳐서 교황은 자유주의적 운동이나 사회개혁에 부정적인 태도를 취하게 된다.

＊2 차르 : 러시아의 전제군주. 1547년, 이반 4세(1530~1584)가 정식 칭호로 쓴 이래, 1817년의 2월혁명으로 니콜라이 2세(1868~1918)가 퇴위할 때까지 계속되었다. 1825년부터 1855년에 걸쳐서 러시아를 통치한 전제군주 니콜라이 1세(1796~1855)는, 1830~1831의 폴란드 반란, 1846년의 크라쿠프 반란, 같은 해의 헝가리 혁명을 진

압하였다.

*3 메테르니히(Klemens Wenzel Nepomuk Lothar von Metternich, 1773~1859) : 오스트리아의 정치가·외교관. 1972년, 브뤼셀에서 처음으로 아버지 프란츠와 함께 정치활동에 참가, 재상 카우니츠의 손녀딸과 결혼해서, 정치·외교의 유력자가 되었다. 1802년, 베를린 공사 때, 나폴레옹에 대항하기 위한 제3차 대(對)프랑스대동맹 결성에 힘을 썼고, 이후 나폴레옹 몰락까지 여러 가지 외교수단을 강구하였다. 신성동맹의 힘을 이용해서 유럽의 혁명운동이나 민족운동을 탄압, 1821년에는 재상이 되었으나 1848년의 3월혁명에는 대처할 수 없어서 실각하였다.

*4 기조(François Pierre Guillaume Guizot, 1787~1874) : 프랑스의 정치가·역사가. 파리 소르본 대학에서 역사 강의를 하고 있었는데, 1814년의 왕정복고를 계기로 정치에 관여, 자유주의 부르주아의 입장에서 복고정권의 반동적 정책에 반대하였다. 1830년 7월의 7월혁명을 지지해서 7월왕정의 내무장관이 되었고, 이후 문화장관·외무장관·총리를 역임하는데, 부르주아 우파 중심의 금권정치를 실시하였기 때문에 산업자본가·소시민·노동자의 비판을 받아, 1848년 2월의 2월혁명의 원인이 되었다. 역사가로서도 저명하여 《유럽 문명사》·《프랑스 문명사》·《현대사 비망기》 등의 저술이 있다.

*5 프랑스 급진파 : 1840년대, 국왕 루이 필립(1773~1850)의 7월왕정에 의한 보수주의적 정책에 반대해서 활동한 사람들. 마라스토 등의 부르주아 공화파를 중심으로 하여 공산주의·사회주의에 반대하였다.

*6 길드 : 게르만 민족의 씨족조직이 발전하여 중세 유럽의 도시에서 발달한 동업조합적 조직. 종교 길드·세속 길드가 있고, 세속 길드에는 상인·수공업자 등의 길드가 있었는데, 대부분의 길드는 산업혁명 이후의 상공업의 변화에 따라갈 수 없어서 19세기 중엽에는 폐지되었다. 엥겔스는 《공산당 선언》 영어판(1888)의 주석에서 길드의 우두머리란 길드의 정규 조합원, 즉 길드에 소속하는 우두머리(길드의 정식 조합원)로 길드의 머리는 아니라고 말하고 있다.

*7 아메리카의 발견 : 1492년, 에스파냐가 파견한 콜럼버스(1451~1506)의 탐험선이 아메리카를 발견, 그 후, 16세기 전반에 걸쳐 에스파냐·포르투갈·프랑스·영국·네덜란드 등 유럽의 열강이 아메리카 대륙에 진출하여 식민지를 건설, 금은·모피·농산물 등의 풍부한 자원을 유럽으로 가져오게 되었다.

*8 아프리카 남단의 우회항로 : 포르투갈의 항해자 B. 디아스(1450~1500)에 의한 희망봉의 발견에 이어, 1497년에서 1498년에 걸쳐서 바스코 다 가마(1469~1524)가 포르투갈에서 아프리카 남단의 희망봉을 돌아서 인도에 이르는 항로를 발견, 이후 이 해로에 의한 대규모적인 동서교역이 가능하게 되었다.

*9 동인도 : 아메리카 대륙 동쪽의 '서인도'에 대칭해서 부르는 호칭. 세계항로의 발견 이래 17세기부터 18세기에 걸쳐서, 에스파냐·포르투갈·네덜란드·영국의 유럽 열강이 인

도·동남 아시아 일대에 진출, 이어서 '동인도 회사'를 설립해서 동아시아의 식민지화·교역권을 둘러싸고 패권을 다투었다.

*10 교환수단 : 상품은 그 소유자에게 있어서는 직접적인 사용가치를 가지지 못하고, 다른 필요로 하는 상품과 교환하기 위해서만 가치를 가지고 있다. 따라서 상품은 교환수단으로 여겨지고 있다. 일반적 등가물(等價物)인 화폐는 특수한 경우를 제외하고는 직접적인 교환 가능성을 가지고 있기 때문에 일반적 교환수단으로 여겨지고 있다. 화폐는 여러 가지 상품의 교환수단이지만 유통과정에서는 유통수단으로서 나타난다.

*11 매뉴팩처(공장제 수공업) : 16세기 후반의 영국에서 시작된 산업 형태로, 손에 의한 제조공정을 분해하여 작업을 단순화하여 분업에 의한 협업(協業)을 실시하였다. 봉건제도하의 수공업과 자본주의적인 기계제 대규모 공업의 중간에 위치한다. 이 산업 형태를 전단계로 하여 증기기관과 각종 기계의 발명에 의해서 산업혁명이 진행되었다.

*12 증기기관과 기계 : 산업혁명의 기폭력이 되었던 발명. 기계의 발명은 우선 섬유공업에서부터 시작하여, 1733년의 존 케이(1704~1774?)에 의한 바디, 1760년대의 하그리브스(1745?~1778)에 의한 제니 방적기, 1769년의 아크라이트(1732~1792)에 의한 수력방적기, 1779년의 크럼프턴(1753~1827)에 의한 뮬 방적기 등이 이어져 생산량을 비약적으로 증대시켰다. 또 증기기관은, 1712년의 뉴코멘(1663~1729)에 의한 대기압기관, 1769년의 와트(1736~1819)에 의한 증기압력기관의 발명으로 종래의 광산에서의 양수(揚水)뿐만 아니라 공작기계, 직물기계 등의 원동력으로서 쓸 수 있게 되었다. 또, 풀턴(1765~1815) 등에 의한 증기선, 1825년의 스티븐슨(1781~1848)에 의한 증기기관차의 실용화 등으로 상품이나 노동자의 대량 운반이 가능하게 되었다.

*13 자유도시 : 11, 12세기에 프랑스에서 태어난 정치적 독립을 가진 도시. 봉건귀족·부유상인 등의 상층계급에 의해 시정(市政)이 실시되었는데 국왕의 권력이 확대됨에 따라서 재정권·재판권 등을 잃고, 프랑스 혁명 전야인 1789년 완전히 폐지되었다. '파리 코뮌'은 1792년의 혁명권력, 1871년의 혁명정권을 가리킨다.

*14 도시공화국 : 중세 독일에서 황제의 직속권(直屬權)을 얻어 일정한 자치권을 획득해서 주교(主敎)의 관할에서 떨어져 나간 도시로, 쾰른·슈트라스부르크·바젤 등이 있다. 1815년의 빈 조약에서 인정된 한자 세 도시(함부르크·브레멘·뤼벡)과 프랑크푸르트 암마인은 법적으로 주권이 인정된 자유도시였으나 프랑크푸르트는 1866년에 그 지위를 잃고, 한자 세 도시도 그 후 독일 연방·독일 제국에 합병되었다.

*15 제3신분 : 중세, 서유럽의 봉건사회에서 정치적·사회적 권력을 쥐고 있던 성직자·귀족 이외의 제3의 신분인 '평민'을 가리키는데 프랑스 혁명 직전에는 도시의 하층계급·농민은 제외되고, 상인·길드의 대표 등, 특권을 가진 도시 부르주아를 의미했다.

*16 신분제 군주국 : 중세 후반의 유럽에 나타난 신분제 의회를 가진 군주국으로 영국에서는

1275년의 에드워드 1세(1239~1307)에 의한 의회, 프랑스에서는 필립 4세(1268~
1314)에 의한 3부회(귀족·성직자·제3신분)에서 시작하여, 군주는 이 제도를 통하여
국내의 지배권을 확립해 갔다. 프랑스의 3부회는 1789년 프랑스 혁명까지 계속되었다.

*17 절대 군주국 : 근세 초기 유럽의 군주의 권력이 법이나 회의 등의 기관에 의해서 제한
되지 않는 통치방식. 헨리 7세(1457~1509), 엘리자베스 1세(1533~1603) 시대의
영국, 페리페 2세(1527~1598) 시대의 에스파냐, 앙리 4세(1553~1610), 루이 14
세(1638~1715) 시대의 프랑스, 프리드리히 2세(1712~1786) 시대의 프로이센, 표
트르 1세(1672~1725), 에카테리나 2세(1729~1796) 시대의 러시아, 마리아 테레
지아(1717~1780) 시대의 오스트리아 등이 이에 해당된다.

*18 민족 대이동 : 유럽과 그 주변의 민족의 대규모적인 것으로는, 아시아계 유목민 훈족
의 이동에 영향을 받은 게르만 여러 민족의 대이동이 있다. 우선 서(西)고트족이
376년에 흑해의 북안(北岸)에서 다뉴브 강 남안(南岸)으로 이동한 것을 시작으로 4
세기 말에서 6세기 말에 걸쳐서 라인 강북(江北), 동부에 있던 동(東)고트·반달·부
르군드·랑고바르드·앵글로·색슨·프랑크 등의 게르만 여러 민족이 단속적으로 유럽에
침입하였다.

*19 십자군 : 서유럽의 그리스도 교도가 이슬람 교도의 손에서 성지 예루살렘을 탈환하려
고 일으킨 원정으로 1096년에 시작된 제1차 십자군에서 1270년의 제8차 십자군까지
거의 2세기에 걸쳐서 8회의 원정을 하였다.

*20 상업공황 : 공황은 생산력을 무한히 높이려고 하는 자본주의적 생산양식의 모순이 한
계에 이르렀을 때 자본주의 사회의 내부에 일어나는 사회경제 생활상의 대혼란으로,
자본주의적 생산양식의 폭력적 자기조정이며, 상품시세의 폭락, 금태환(金兌換)의
정지, 은행에서 예금을 찾으려는 고객의 혼란 현상이 광범위하게 일어난다. 마르크스
가 말하는 상업공황이란, 사업공황·산업공황 등의 용어와 마찬가지로 일반적인 세계
시장에서의 공황을 의미하고 있다. 이런 공황은 1825년에 영국에서 일어난 공황,
1839년의 영국·미국에서의 공황, 1857년의 최초의 세계공황, 1866년의 세계공황,
1873년의 파괴적인 세계공황 등 주기적으로 일어나고 있었다.

*21 기계의 파괴 : 1810년대에 영국의 방적, 면포업(綿布業) 지대에서 일어난 일련의 사
건. 러다이트 운동의 최대 규모의 것이었다. 기계의 도입에 의한 노동조건의 열악화
와 불황이 겹쳐 많은 처형자가 나올 정도로 격렬한 노동쟁의였다.

*22 소시민 : 자본주의 사회의 산업자본가 대 노동자의 기본적 관계에 포함되어 있지 않은
중간계급으로, 소기업주·자영상점주·자유업자·독립자영농민 등이 포함된다.

*23 10시간 노동법 : 대규모 공장은 열악한 노동조건 속에서 진전하여, 특히 노동시간이 자
본가와 노동자의 투쟁의 중심이 되었다. 1802년의 도제건강풍기법(徒弟健康風紀法)
(영국)은 어린이의 노동시간을 하루 12시간으로 제한하는 것이었고, 독일·프랑스에서

도 마찬가지 노동보호법이 성립하였으나 1847년의 10시간 노동법은 그 이정표였다.

＊24 룸펜 프롤레타리아 계급 : 마르크스는 '프랑스에서의 계급투쟁'(1851)에는 '대도시에서 공업 프롤레타리아 계급과는 분명히 구별된 한 집단을 이루어, 도둑이나 모든 종류의 범죄자의 공급원이 되어 사회의 쓰레기로 살아가며, 일정한 직장을 가지고 있지 않은 인간, 부랑자, 세대(世帶)도 양심도 없는 사람으로, 속해 있는 민족의 문화 정도에 의해 차이는 있지만 어느 경우나 건달 성격을 가지고 있는 친구들'이라고 썼다.

＊25 상부 구조 : 사회의 생산관계의 총체, 즉 경제적 구조는 그 사회의 토대로 하부 구조를 이루고, 그 상부 구조로서, 정치·법률·철학·종교 등의 사회적·정치적·정신적 형태가 있다. 상부 구조는 하부 구조에 의해 제약된다고 하는 것이 마르크스의 기본적인 생각이었다.

＊26 프랑스 혁명 : 1789년의 3부회(성직자·귀족·제3신분에 의한 의회) 소집으로 시작되어, 1799년의 나폴레옹에 의한 브뤼메르 18일의 쿠데타로 끝나는 일련의 대개혁. 절대왕정에 의한 전제정치에 대항하기 위해 하부 성직자·귀족·부르주아·일반시민·농민 등의 민중이 중층적(重層的)으로 결집, 왕권을 폐지하고 정치·법률·경제상의 봉건적 제도를 일소하고 근대국가 성립의 토대를 만든 전형적 부르주아 혁명으로 여겨지고 있다.

＊27 봉건적 소유 : 농노제라고 불리는, 영주와 농민의 지배 예속 관계=봉건적 토지 소유를 말한다. 착취의 형태로서는 봉건지대(封建地代)를 바탕으로 한다. 자본과 임금노동과 같이 순수한 경제적 관계가 아니라 신분적·인격적인 영주의 '경제 외적 강제'가 따르는 점에서 특징적이다.

＊28 공인된 매춘제도 : 매춘은 예부터 공적으로 인정되고 있었다. 특히 자본주의 사회에서는 많은 매춘부가 생겨 1860년 무렵의 런던에는 공창과 사창을 합해서 30만 명의 매춘부가 있었다고 한다.

＊29 그리스도교 사상 : 계몽사상이 '자연의 빛'으로서의 인간의 이성을 바탕으로 하고 있는데에 대해서, 이성의 이해를 넘어선 신의 '은총의 빛' '계시의 빛'을 최종의 근거를 하고 있다. 가톨릭교회, 중세 이래의 스콜라 철학이 그 대표이며 유물론이나 무신론의 성격을 갖는 계몽사상과 날카롭게 대립한다.

＊30 계몽사상 : 봉건적 종교·정치사상을 타파하기 위해 19세기 유럽에서 널리 펼쳐진 사상적 계몽운동. 영국의 존 로크(1632~1704)의, 그리스도 교의는 이성에 반해서는 안되고 신앙은 개인의 자유에 맡겨지지 않으면 안 된다고 하는 이신론(理神論), 정치적 자유주의의 주장, 독일의 칸트(1724~1804)에 의한 종교비판을 시작으로 프랑스에서 정점에 이르렀다. 프랑스의 주요한 계몽사상가로는 로크의 이신론을 이어받은 볼테르(1694~1778), 의회제도에 의한 정치적 개혁을 주장한 몽테스키외(1689~1755), '백과전서'의 편집·간행에 종사한 디드로(1713~1784), 달랑베르(1717~1783), '자

연의 선성(善性)'을 주창한 루소(1712~1778) 등이 있다.

*31 프랑스 7월혁명 : 나폴레옹이 몰락한 후, 부르봉 정통왕조가 취한 대지주·옛 귀족·성
직자 중심의 복고정책에 반대하여, 1830년 7월에 파리의 중소 부르주아·학생·노동자
등이 중심이 되어 일으킨 혁명. 이 혁명에서 샤를 10세는 망명하였고, 오를레앙공
(公) 루이 필립이 왕위를 계승해서 의회제 왕정이 성립하여 프랑스의 정치 주도권은
금융·상업 대자본가의 손으로 옮아갔다.

*32 선거법 개정운동(영국) : 영국에서는 오랫동안 선거제도의 개정을 정치·사회개혁의
상징으로 여겨왔다. 그레이(1764~1845) 내각인 1832년, 지금까지의 지주와 귀족에
유리한 선거법이 개정되어, 부패 선거구의 폐지, 선거자격의 확대가 이루어져 부르주
아 시민의 정치참여가 가능해졌으나 노동자의 정치참여는 실현되지 않았다.

*33 왕정복고 : 1814년, 프랑스 황제 나폴레옹 보나파르트가 워털루의 전투에서 프로이
센·오스트리아 동맹군에 패하여 퇴위한 후, 동맹군의 추천을 받은 부르봉가(家)의
루이 18세가 왕위에 올랐다. 이것을 왕정복고라고 한다. 루이 18세와 이어 1824년에
즉위한 샤를 10세는 지위부활을 꾀하였기 때문에 부르주아·도시노동자·농민의 저항
을 받아 1830년 7월의 7월혁명에서 샤를 10세가 퇴위당하여 왕정복고는 끝이 났다.

*34 정통왕조파 : 프랑스 혁명에서 폐지된 부르봉가(家)를 정통왕조로서 지지하는 한 파
로, 나폴레옹 몰락 후에 왕정복고를 실현하였으나 1830년의 7월혁명으로 권력의 자
리에서 쫓겨나 이어 필립이 왕위에 올랐다. 이후 몽탈랑베르(1810~1870) 등이 부르
봉가(家)의 정당성을 주장해서 왕정복고를 시도했으나 이루어지지 않았다.

*35 청년 잉글랜드파 : 영국의 젊은 보수당원의 한 파로, 1841년에 성립한 필(1788~
1850) 내각이 산업자본가를 옹호한 데에 대하여, 디즈레일리(1804~1881) 등의 견
해를 지지하여 노동자 계급으로부터의 착취에 반대하였다.

*36 그리스도교적 사회주의 : 그리스도교 원리를 바탕으로 한 영국의 사회개혁 운동. 차티
스트의 정치투쟁이 실패한 후인 1848년, J.F.C. 모리스나 C. 킹즐리 등에 의하여 노동
자의 생활개선을 꾀하여, 교육사업·협동조합사업을 평화적으로 진행하는 것을 목적
으로 시작되었으나, 세력을 증가시킨 산업자본주의의 파동에 휘말려 거의 성과를 올
리지 못하고 1854년에 소멸되었다.

*37 시스몽디(Jean Charles Leonard Simonde de Sismondi, 1773~1842) : 스위스의 경제학
자·역사가. 제네바의 목사 가정에 태어나 19세 때 은행업을 배우기 위해 프랑스의 리
용으로 갔으나 거기에서 프랑스 혁명을 만나, 제네바로 돌아왔다. 혁명의 파급으로
영국과 프랑스로 망명하였다가 1800년에 귀국해서 제네바 상공회의소의 서기가 되었
다. 주요 저서 《경제학 새 원리》에서는 '과소소비'설로 애덤 스미스·리카도 등의 영국
고전파 경제학을 비판, 자본주의 사회의 여러 모순을 제시하고 공동체적 사회건설을
주장하였다. 《중세 이탈리아 제(諸)공화국 역사》·《프랑스 역사》 등의 역사서도 집필

하였다.

*38 '참된' 사회주의 : '독일 사회주의'의 주석(《주》 45 참조). 독일 관념론의 전통을 이어
받아, 철학적 사변적 색채가 짙은 사회주의 사상이었기 때문에 '참된'이라는 말로 마
르크스가 야유하고 있다.

*39 프랑스 제1혁명 : 1789년의 프랑스 혁명을 가리킨다(《주》 26 참조).

*40 실천이성, 순수의지 : 칸트의 저작 《실천이성비판》(1788)를 근거로 하고 있다. 칸트는
인간의 실천을 감성적·경험적 동기에 의해 규정된 것과, 이성의 법칙에 따르는 윤리
적인 두 가지로 나누어, 후자의 실천을 규정하는 이성을 '실천이성'이라고 불러 보다
더 뛰어난 것으로 여겼다. 이론이성이 그 가능성밖에 지시할 수 없었던 인간의 자유
가 '인간성'의 완성으로서 실현하는 '이성의 왕국'을 실천이성이 개척한다고 여겼다.
이런 실천이성 안에서 주어지는 것이 순수의지인 것이다.

*41 고대 이교문명(異敎文明) : 그리스·로마 문화로 대표되는 헬레니즘 문화. 문화사적으
로는 알렉산드로스의 동정(東征) 이래 지중해 해안을 중심으로 서아시아 일대에 형
성된 동서 융합문화의 총칭.

*42 가톨릭 성도전 : 그리스도 교도 사이에서는 예부터 순교자를 성도로서 숭배하는 풍습
이 있었는데, 4세기 무렵까지는 덕(德)이 높은 생애를 보낸 사람도 성도로 불러 신앙
의 모범으로 삼았을 뿐만 아니라 병을 치료하는 등의 기적을 일으키는 영력(靈力)이
있다고 믿었다. 13세기에 성립된 '황금전설'은 그 집대성이라고 여겨지고 있다. 성도
전의 여러 장면은 그림이나 조각으로도 표현되었다.

*43 인간적 본질의 외화(外化) : 헤겔 좌파(청년 헤겔파)의 철학자 L. 포이에르바흐는 《기
독교의 본질》(1830)에서 신의 무한성이나 완전성은 인간의 '유적 본질(類的本質)'의
외화＝소외된 것이며, '신학의 비밀은 인간학이다'라고 하면서 종교비판을 전개하였
다. 마찬가지 논법으로 헤겔 좌파인 M. 헤스는 화폐론을 시도하여 젊은 마르크스에
영향을 주었다. 마르크스는 1845년에 유명한 《포이에르바흐에 관한 테제》를 써서 '철
학자들은 세계를 다만 여러 가지로 해석해 왔을 뿐이다. 중요한 것은 그것을 바꾸는
일이다'라고 헤겔 좌파를 비판하였다.

*44 추상적 보편 : 헤겔은 그 국가론에서 '개인은 자기의 본질을 국가 안에 갖는다. 보편
없이는 개인은 없다. 그러나 개인의 지지 없이는 보편은 없다. 국가 안에 보편자가
현실화되어 있다'고 말하였는데, 헤겔 좌파의 철학자들은 그 보편은 추상적 보편에
지나지 않고, 인간의 감성적 존재야말로 현실적 보편이며, 국가의 추상적 보편은 비
판되지 않으면 안 된다고 하였다.

*45 독일 사회주의 : 그 이론적 대표로서 마르크스 자신이 포함되어 있던 헤겔 좌파를 들
수 있다. 앞서 말한 포이에르바흐·헤스 외에 B. 바우어·슈트라우스·슈티르너 등이 주
요 멤버로, 마르크스는 엥겔스와의 공저 《독일 이데올로기》(1845~1846)에서 그들을

비판하고 있다.

*46 프로이센 : 13세기에 독일 기사단이 정복해서 독일인의 소국가가 된 이래, 분열을 계속하는 독일 북동부에서 차츰 대두하여 프리드리히 2세 대왕(재위 1740~1786)이 오스트리아 계승전쟁에 이겨, 프로이센을 유럽 열강의 지위로까지 높였다. 19세기 후반의 프러시아는 절대주의적인 통치체제를 계속하였으나, 경제적 자유주의를 촉진해서 독일 통일에의 힘을 축적하였다. 실제의 독일 통일은 비스마르크 총리 아래에서 프러시아-프랑스 전쟁에 승리한 1871년의 일로, 이 독일제국은 1918년의 제1차 대전에서의 패배로 소멸하였다.

*47 프루동(Pierre-Joseph Proudhon, 1809~1865) : 프랑스의 유토피아적 사회주의자. 가난한 직인(職人) 집안에 태어나 인쇄공 등을 거치면서 독학으로 경제학·어학을 공부하고, 《재산이란 무엇인가?》·《경제적 모순 또는 빈곤의 철학》을 써서 사유재산을 부정하고 마르크스와도 교우관계를 맺었으나 후에 마르크스는 그의 사상을 비판하였다. 1848년의 2월혁명으로 국회의원이 되었으나 정부를 비판해서 투옥당하기도 하였다. '무정부주의의 아버지'라고도 불린다.

*48 새로운 예루살렘 : 이스라엘의 수도, 구약성서의 시대 이래 팔레스타인은 유대민족에게 신이 준 '약속의 땅'이었으나 다른 민족의 침공을 만나, 영속적 국가 건설은 할 수 없었다. 독일의 종교가 게오르그 라프(1757~1847)는 고대 예루살렘에 있었던 원시 그리스도 교회의 재건을 노리는 '새 예루살렘 교단'을 만들어 미국에서 공산주의적인 이주지를 만들었다.

*49 바뵈프(François-Noël Babeuf, 1760~1797) : 사유재산제를 부정하고 무장봉기에 의한 혁명을 지지한 프랑스 혁명기의 유토피아적 사회주의자. 바스티유 습격 이후 파리에서 혁명운동에 참가, 행정관·식품위원회 직원 등으로 있다가 정변에 의해 다시 투옥되어 1797년에 처형되었다.

*50 생시몽(Comte de Saint-Simon, 1760~1825) : 프랑스의 사회주의 사상가. 오언(1771~1858)·푸리에(1772~1837)와 어깨를 겨루는 유토피아적 사회주의자. 귀족 출신으로 미국 독립전쟁 때에는 의용군에 가담하여 싸웠다. 1789년의 프랑스 혁명에서는 전재산을 몰수당했으나 혁명 후 투기사업에 손을 대어 막대한 부를 이룩, 그것으로 여러 과학의 연구를 원조하였다. 자신도 《제네바 사람에 대한 편지》·《산업론》 등 많은 저서를 쓰고 산업 자본가와 노동자가 일체가 된 '산업계급'이 사회를 운영해야 한다는 이론을 주장하였다. 마르크스는 생시몽을 백과전서적 두뇌를 가진 천재라고 평가하였으나 자본가와 노동자의 대립에 착안하지 않은 점에 대해서는 비판하였다.

*51 푸리에(François Marie Charles Fourier, 1772~1837) : 프랑스의 유토피아적 사회주의자. 유복한 모직물 상인의 집안에 태어났으나 프랑스 혁명으로 재산을 잃어 유럽을 전전하였다. 그 동안에 자본주의의 비합리성을 알고 인간의 자연적인 정념(情念)에

입각한 이상사회를 건설해야 한다고 주장하였다. 만년에 그의 사상을 《가정적·농업적 사단론》·《산업적 조합적 세계》 등의 저작에서 표현하여 이상사회 집단으로서의 '팔랑스테르'를 그렸다.

* 52 오언(Robert Owen, 1771~1858) : 영국의 선구적인 사회주의자. 상인의 집에 태어나 19세로 맨체스터의 방적공장의 경영자가 되었다. 자기 공장에 새로운 경영이념·노무관리법·교육을 도입하였고, 또 이상적 사회의 건설을 주장한 《사회에 관한 새 견해》(1813~1814)를 발표, 그 협동사회 구상을 실현하기 위해 미국의 인디애나 주에 뉴하모니를 만들기도 하였다. 마르크스는 오언을 생시몽·푸리에와 함께 유토피아 사회주의자로 여겼다.

* 53 팔랑스테르 : 푸리에(1772~1837)가 그린 이상적 사회로, 능력과 취미에 따른 일의 배분과 전환에 의한 300가족의 집단. 1832년, 같은 이름의 기관지가 발행되어 실현을 시도하였으나 실패하였다.

* 54 콜로니 : 사회주의자 또는 공산주의자가 자기들이 이상으로 삼는 사회를 실현하기 위해 생각하거나 실제로 건설한 이주지로, 예를 들어, 푸리에(1772~1837)의 '팔랑스테르', 카베(1788~1856)의 '이카리아' 등이 있다. '국내 콜로니'는 오언(1771~1858)이 이름 지은 공산주의적 이상사회.

* 55 이카리아 : 프랑스의 유토피아적 사회주의자인 에티엔 카베(1788~1856)가 제창한 유토피아. 카베는 1840년, 《이카리아 여행기》를 출판, 정부가 모든 경제·사회활동을 지배하는 공산국가를 그려 호평을 얻었다. 그 이론을 실천하기 위해, 미국으로 건너가 이카리아를 건설하였으나 성공하지 못했다.

* 56 차티스트 : 영국 산업혁명기인 1830~1850년대에 걸쳐서 일어난 노동자의 권리획득 투쟁에 참가한 사람들을 말한다. 당국의 노동운동 탄압에 대항하기 위해 1832년의 제1차 선거법 개정을 계기로 '인민헌장(People's Charter)'를 내걸고 남자 보통선거권을 요구하는 의정 개혁운동을 펼쳐, 한때는 300만 명의 서명을 얻어서 '헌장'을 의회에 제출하기까지에 이르렀으나 실패하였다. 그러나 차티스트 운동은 노동자 계급에 의한 정치적·계급적 투쟁의 최초의 시도로서 큰 뜻이 있었다.

* 57 개혁파(프랑스) : 1837년에 프랑스에서 펴낸 기관지 〈레포름〉을 중심으로 모인 사회민주주의의 일파. 1848년의 2월혁명으로 르드뤼 롤랭(1807~1874), 페르디낭 코롱, 루이 블랑(1811~1882) 등을 임시정부에 보냈으나 6월봉기 이후에 해체되었다.

* 58 농업개혁당 : 1845년에 설립된 '전국개혁협회'의 중핵을 이룬 수공업자 및 노동자로, '청년 아메리카파'라고도 불린다. 모든 근로자에 대한 작은 토지의 무상급부를 주장하였다.

* 59 사회민주당 : 〈주〉 57 '개혁파(프랑스)'와 같다. 《공산당 선언》 영어판(1888)의 주에서 엥겔스는 사회민주당의 창설자들에게 그 이름은 사회주의적 색채를 가진 민주주의

자 내지는 공화주의자의 당(黨)을 의미했다고 적고 있다.

＊60 급진파(스위스) : 제임스 파지가 지도한 스위스의 소(小)부르주아 민주(공화)당을 말한다.

＊61 크라카우 봉기 : 크라카우 공화국은, 폴란드의 분할통치를 계속하는 러시아·오스트리아·프로이센이 완충 지대로서 만든 작은 나라이다. 1846년, 크라카우 공화국은 전(全)폴란드 해방을 위해 반란을 일으켰으나 오스트리아 군대에 의해 진압되어 같은 해 11월의 빈 회의에서 오스트리아에 병합되었다. 마르크스는 이 반란을 '유럽에서 민족문제를 민주주의와 피압박 계급의 해방과 연결시킨 영광스러운 실례'라고 칭송하였다.

＊62 공산주의자 동맹 : 《공산당 선언》을 강령으로 하는 국제적 혁명조직. 의인동맹(義人同盟)을 모체로 해서 1847년, 런던에서 열린 동맹대회에서 결성되었다. 1848년 혁명의 패배 후, 동맹은 마르크스·엥겔스파와, 즉시 봉기 노선을 주장하는 비르히·샤파로 분열하였고, 다시 프로이센 경찰의 음모로 여겨지는 '쾰른 공산주의자 재판'에 의해서 쾰른의 유력 멤버들이 유죄판결을 받아, 1852년 11월 동맹은 마르크스의 제안에 의해 해산, 그 짧은 생애를 마쳤다.

＊63 2월혁명 : 1830년 7월혁명에 의해서 성립된 루이 필립을 내세운 입헌군주제가, 노동자·학생·중소 부르주아를 주력으로 하는 무장반란에 의해 쓰러져 1848년 2월에 공화국을 선언했는데 이것을 2월혁명이라고 한다. 그때까지의 선거권은 프랑스의 전체 인구의 1% 이하의 제한선거였으며, 때마침 일어난 세계공황을 배경으로, 이에 불만을 갖는 중소공업자나 노동자들은 선거법 개정을 목적으로 하는 '개혁연회'를 각지에서 열었으나 기조내각은 이를 금지하였다. 그 금지조치에 격앙된 시민의 가두행동이 혁명의 도화선이 되었다.

＊64 6월봉기 : 1848년의 2월혁명에 의해서 성립된 임시정부는 산업 부르주아 계급 공화주의자와 소수의 사회주의자로 구성되어, 무장한 하층 민중의 힘을 배경으로 한 사회주의자의 발언권은 컸다. 같은 해 6월, 국립공장 폐지에 대해서 노동자가 반란으로 항의하였으나 진압되어, 여기에서 부르주아 지배가 확립되어 같은 해 11월에 제2공화국 헌법이 제정되었다. 마르크스는 이 사건을 '공화제냐 군주제냐고 하는 것과는 다른 일이 문제가 되어 있다는 것을 나타내는 것이었다'('루이 보나파르트의 브뤼메르 18일')고 말하고 있다.

＊65 파리 코뮌 : 1871년 2월, 프러시아-프랑스 전쟁의 패배에 의한 티에르 정부의 대독 강화조약에 대해서 파리 시민은 굴욕적이라고 해서 반대했기 때문에 정부는 파리 국민군의 무장해제를 꾀하였다. 이를 계기로 하여 반란이 발생, 같은 해 3월 전시민의 선거에 의해 코뮌이 성립, 정부로부터의 자립을 선언하였다. 사상 최초의 노동자의 자치정부로 전체 관리직의 직접선거, 자유와 평등의 원칙 등을 정했다. 그러나 정부는

독일의 지원을 얻어 5월 21일부터의 '피의 1주일'의 학살로 코뮌을 압살하였다.

＊66 《프랑스 내란》 : 1871년에 마르크스가 쓴 파리 코뮌을 지지, 총괄한 문서. 이 코뮌은 '본질적으로 노동자 계급의 정치이며, 횡령자 계급에 대한 생산자 계급의 투쟁의 소산이며, 노동의 경제적 해방을 성취하기 위해 마침내 발견된 정치 형태이다'라고 말하고 있다.

＊67 국제노동자협회 : 1864년, 런던에서 창립된 혁명조직. 제1인터내셔널이라고 통칭된다. 창립대회에서 채택된 '창립선언'과 '잠정규약'은 모두 마르크스가 쓴 것이다. 그러나 협회에는 마르크스 지지자뿐만 아니라 다양한 사회주의 사상을 가진 사람들이 참가하였고, 조직도 나라 단위가 아니라 다양한 소그룹이나 개인으로 이루어져 있었다. 파리 코뮌 패배 후, 마르크스는 협회를 정당조직으로 바꾸려 했으나 바쿠닌파와의 대립이 심해졌다. 각국 정부로부터의 탄압뿐만 아니라 노동운동이 각 나라마다 편성되어 가는 흐름에 밀려 1876년 총무위원회를 뉴욕에 이전한 후 협회는 해산하였다.

Misère de la Philosophie

철학의 빈곤

프루동의 《빈곤의 철학》에 대한 회답

일러두기

1. 이는 Karl Marx, *MISÈRE DE LA PHILOSOPHIE, Réponse à la Philosophie de la Misère de M. Proudhon*(1847)을 옮긴 것이다. 번역 대본은 *Karl Marx- Friedrich Engels WERKE*, Band 4, Dietz Verlag, Berlin, 1962.를 사용하였고, 프랑스에서 펴낸 코스트 판 마르크스 전집 제4~5권(*Œuvres complètes de Karl Marx, tomes 4~5*, A. Costes, Paris, 1950)을 참조하였다. 또 마르크스에 의하여 비판의 대상이 된 프루동의 저작 《경제적 여러 모순의 체계 또는 빈곤의 철학》에 대해서는, 다음의 문헌을 참조하였다. Pierre-Joseph Proudhon, *Système des contradictions économiques ou Philosophie de la misère*, Flammarion, Paris, 1900.

2. 역주는 〔 〕를 사용하여 본문에 넣었다. 또, ( )은 마르크스, [ ]은 원전 엮은이에 의한 주이다.

머리말

프루동[Pierre Joseph Proudhon, 1809~1865]은 불행하게도 오해를 받고 있다. 프랑스에서, 그는 잘못된 경제학자로 통하고 있는데, 그 이유는 독일파의 우수한 철학자로 여겨지고 있기 때문이다. 독일에서는, 잘못된 철학자로 통하고 있는데, 그 이유는 가장 훌륭한 프랑스파 경제학자 일꾼이라고 여겨지고 있기 때문이다. 나는 독일인이고 경제학자이기도 하기 때문에 이런 종류의 이중의 오해에 대하여 항의하고 싶었던 것이다.

보답받을 가망성이 희박한 이 일을 통해서 나는 자주 프루동에 대한 비판을 포기하지 않을 수 없었던 것을 독자들은 이해해 주기 바란다. 이 책의 목적은 오히려 독일의 철학을 비판하고, 그와 동시에 경제학의 개요를 제시하는 데에 있는 것이다.

브뤼셀, 1847년 6월 15일
칼 마르크스

프루동의 저작〔《경제적 여러 모순의 체계 또는 빈곤의 철학》 1846년 초판〕은 경제학 개설서와 같은 통상적인 책이 아니다. 그것은 성서와 같은 텍스트이다. '신비', '신의 품에서 이끌어 낸 비밀', '계시' 그것에는 무엇 하나 모자란 것이 없다. 하지만, 우리 시대에는 예언자의 말이 세속적인 저술가의 그것보다도 더 그럴듯하게 검토되고 있기 때문에, 독자도 우리와 함께 '창세기'의 무미건조한 수수께끼 같은 학식과 만날 각오를 하게 될 것이다. 그런 후에 프루동과 함께 '초(超)사회주의(supra-socialisme) (위의 책 프롤로그, p.3, 20행 참조)의 영감에 찬 기름진 들을 향하여 비상하면 되는 것이다.

제1장
하나의 과학적 발견

제1절 효용가치와 교환가치의 대립

'자연물이든 산업의 생산물이든, 모든 생산물이 가지고 있는, 인간의 생존에 쓸모가 있는 능력은 특히 효용가치(valeur d'utilité)라고 부른다. 그것들이 서로 자신을 제공하는 능력은 교환(대용)가치(valeur en échange)이다……. 효용가치가 어떻게 해서 교환가치가 되는가……. (교환)가치라고 하는 관념의 발생 과정에, 경제학자들은 이제까지 충분히 유의해서 주목하지 않았기 때문에, 우리는 이 관념에 주의할 필요가 있다. 내가 필요로 하는 물건의 대부분은 대개 자연에는 별로 또는 전혀 존재하지 않으므로, 나는 모자란 것의 생산에 힘을 빌려 주지 않을 수 없다. 그때, 나 혼자만으로는 많은 일에 손을 댈 수가 없으므로, 나는 나 이외의 사람들(다양한 직종을 포함하는 나의 협동자들)에게 나의 생산물과 교환해서 그들의 생산물의 일부분을 나에게 양도하도록 제안할 것이다.' (프루동, 제1권 제2장)

프루동은 먼저 가치의 이중성(가치의 구분)을 우리에게 설명하려고 한다. 효용가치를 교환가치로 전화하는 운동이다. 프루동과 함께 이 실체변화〔transsubstantiation : 가톨릭의 미사에서 빵과 포도주가 그리스도의 살과 피로 바뀌는 일〕의 장면에 주목할 필요가 있다. 우리의 지은이〔프루동〕에 의하면 이 장면은 다음과 같이 이루어진다.

대다수의 생산물은 자연으로는 존재하지 않고, 산업의 결과로서 생긴다. 수요가 자연의 자발적인 생산을 넘는다고 하면, 인간은 산업에 의한 생산에 의존할 수밖에 없으나, 프루동의 설(說)에서는 '산업이란 도대체 무엇인가' '그 기원은 무엇인가', 단독 인간은 많은 것이 필요하게 되어도 '많은 일에 손을 댈 수 없다' 많은 '필요=욕구(besoin)'를 채우기 위해서는 많은 것을 생산하는 것이 전제가 된다. —생산 없이는 생산물은 존재하지 않는 것이다—많은 것을 생산하지 않으면 안 된다고 하는 것은, 이미 단독 인간의 손으로 그것을 생산하는 이상의 장면을 전제로 하고 있다. 그런데 생산을 위해, 단독 인간의 손 이상의 힘을 전제로 한 사람은, 그때 이미 산업 전체가 분업을 토대로 하는 전제에 서 있는 것이다. 이렇게 해서, 프루동이 생각하는 것처럼, '필요=욕구' 그 자체가 전면적인 분업을 전제로 하고 있는 것이 된다. 분업을 전제로 함으로써 교환과 그 결과로서의 교환가치(valeur d'échange)를 얻을 수 있다. 우선, 이와 같은 사정으로 해서 교환가치의 존재를 전제로 하는 편이 좋다고 여겨지는 것이다.

본디, 프루동은 돌아가는 길을 좋아했는데, 그의 논의의 뒤를 끝까지 쫓아가도 항상 출발점으로 되돌아가게 된다.

각자가 단독으로 생산하는 사태에서 벗어나 교환으로 이르기 위해, '나는 다양한 직종을 영위하는 나의 협동자들에게 호소한다'고 프루동은 말한다. 나에게도 협동자는 있다. 그들은 모두 다양한 직종을 영위하고 있는데, 그렇다고 해서, 프루동의 가정에 따르는 한, 나나 그밖에 모든 사람도, 로빈슨 일가의 조금도 사회적이지 않은, 고독한 위치에서 벗어난 예가 없다. 협동자, 다양한 직종, 분업과 그에 따른 교환, 이것들은 모두 분명한 일인 것이다.

요약해 보자. 나에게는 분업과 교환에 바탕을 둔 '필요=욕구'가 있다. 이들 '필요=욕구'를 전제로 해서 프루동은 교환과 교환가치를 가정한 것이고, 바로 그 발생을 '다른 경제학자 이상으로 유의해서 주목할 것'을 제안한 것이다.

프루동은 논술의 순서를 반대로 하는 것이 좋았을 것이다. 그렇게 했으면 그의 결론은 올바른 것이 되었을 것이다. 교환가치를 설명하기 위해서는, 우선 교환 그 자체가 필요하다. 교환을 설명하기 위해서는 분업이 필요하게 된다. 그리고 분업을 가져오는 것은 여러 '필요=욕구'로서, 이들 '필요=욕구'를 설명하기 위해서는, '필요=욕구'의 존재 자체를 '상정(想定)'할 필요가 있다. 이것은 프루동의 머리말 중의 처음 명제 '신을 상정한다는 것은 신을 부정하는 일이다'와는 반대로, '필요=욕구'를 부정하는 것이 아니다.

프루동에게 분업은 분명한 일로 여겨지고 있다. 그런데도 그는 왜 그에게는 항상 미지의 것인 교환가치로부터 설명에 착수하려 하고 있는 것일까.

‘한 사람의 인간이 다른 인간(다양한 직종의 협동자들)에게’ 교환을 제안하고, 일용적 가치와 교환 가능한 가치를 구별하도록 제안하게 된다. 이렇게 해서 제안된 구별을 받아들임으로써 협동자들이 프루동에게 위임하는 것은, 이 사실을 확인해서, 그의 《경제학 요강》 안에 ‘가치개념의 발생’이라고 하는 한 절(節)을 ‘기록하는’ ‘배려’에 불과하다. 하지만 그가 여전히 우리에게 지고 있는 의무는, ‘이 제안’의 성립 과정을 우리에게 설명하고 이 단독 인간(로빈슨)이 도대체 왜 ‘그의 협동자들’에게 이미 알려진 것 같은 제안을 하려고 갑자기 생각했는지, 그리고 이들 협동자들이 아무런 저항도 하지 않고 어떻게 해서 그런 제안을 받아들였는지를 설명하는 일이다.

프루동은, 기원에 관계되는 이런 세부 사항에는 들어가지 않는다. 교환에 관해서, 그는 제3자가 교환의 성립을 위해서 했다고 하는 어떤 종류의 발의(發議) 형태로 교환을 제시하여, 그것에 역사적 사실이라고 하는 각인을 가지고 들어왔을 뿐이다.

이것이 프루동의 ‘역사적·기술적 방법’의 보기인데, 당사자는 애덤 스미스나 리카도 일파의 ‘역사적·기술적 방법’에는 더없는 경멸을 밝히고 있는 것이다.

교환은 독자적인 역사를 갖는 과정으로, 여러 단계를 거쳐 현대에 이르고 있다. 이전에는, 중세와 같이 잉여, 즉 소비에 대한 생산의 과잉분만 교환하는 시대가 있었다. 또는 잉여뿐 아니라, 전 생산물, 산업에 의한 모든 성과가 상거래 중심으로 이행하여, 생산 전체가 교환에 의존했던 시대도 있었다. 교환의 이 제2단계—상품값이 제곱되는 단계—에 대해서는 어떻게 설명하면 좋을 것인가.

아마도 프루동이라면 모든 준비가 된 회답을 꺼낼 것이다. 어떤 사람이 ‘남들(다양한 직종의 협동자들)에게 상품값을 제곱하도록 제안’했다고 가정하라—고 할 것이다.

마지막으로 찾아온 시대는, 인간들이 양도할 수 없는 것이라고 생각해 왔던 모든 것이 교환과 거래의 대상이 되어, 그 결과 모든 것이 양도 가능하게 되는 단계이다. 그것은, 이제까지는 거래되어 오기는 했지만, 결코 교환되는 일이 없었던 것, 주어지기는 했으나 결코 팔지 않았던 것, 획득되기는 했으나 결코 사지 않았던 것, —미덕·사랑·언론·지식·양심 등—그런 모든 것들이 궁극적으로 상거래로 이행하는 단계이다. 이것이야말로 타락이 만연되는 시대, 금전관계가 보편화되는 시대이며, 경제학 용어로 말하자면, 정신적인 것이건 물질적인 것이건 모든 것이 금전적 가치를 가지고 시장에 도입되어 가장 정당한 값으로 평가되는 시대이다.

교환의, 이 새로운 최종단계—세제곱된 금전적 가치의 단계—를 도대체 어떻게 설명할 수가 있을 것인가?

프루동이라면, 준비가 잘 된 회답을 꺼낼 것이다. 어떤 사람이 '다른 사람들(다양한 직종의 협동자들)에게, 미덕이나 사랑 등을 금전적 가치로 바꾸어, 교환가치를 마지막 차원인 세제곱까지 높이도록 제안할 것이다.

프루동의 '역사적·기술적 방법'이 어떤 문제에도 유용하고, 무엇에든지 대응할 수 있고, 무엇이든지 설명할 수 있을 것 같다는 것을 잘 알 수 있다. 특히, '경제적 관념의 발생'을 역사적으로 설명하는 일이 문제가 될 경우에는, 그는 한 인간이 다른 사람들(다양한 직종의 협동자들)에게 이런 종류의 행위를 완수하도록 제안한다고 하는 사태를 상정하여, 그것만으로 모든 것을 설명한 것으로 생각하고 있다.

앞으로 우리는 교환가치의 '발생'을 이룩된 행위로서 받아들이기로 하자. 그렇게 하면 그 다음에는 교환가치의 효용가치에 대한 관계를 제시하기만 하면 된다. 프루동을 인용해 보기로 하자.

'경제학자들은 가치의 이중성을 훌륭하게 부각시켰다. 그러나 그들이 그다지 명확하게 설명할 수 없었던 것은, 가치의 모순된 성질이다. 우리의 비판은 여기에서부터 시작된다……효용 있는 가치(la valeur utile)와 교환 가능한 가치(la valeur échangeable) 사이에 이런 놀랄 만한 대비를 지적하는 것만으로는 충분하다고는 할 수 없다. 이 대비 안에 경제학자들은 매우 간단한 사항밖에 보지 않으려고 하는 것이 통례이다. 이 언뜻 보기에 단순한 사실이 깊은 뜻을 감추고 있다는 것을 제시할 필요가 있는 것이다. 왜냐하면 이 비밀로 들어가는 일이야말로 우리의 의무이기 때문이다……전문용어로는 효용 있는 가치와 교환 가능한 가치는 서로 반비례의 관계에 있다.'

우리가 프루동의 사상을 충분이 파악했다고 한다면, 그는 다음 네 가지 점에 대해서 입증하려 하고 있는 것이 된다.

(1) 효용 있는 가치와 교환 가능한 가치는 '놀라운 대비'를 이루고 대립하고 있다.

(2) 효용 있는 가치와 교환 가능한 가치는 서로 반비례의 관계에 있고 모순되어 있다.

(3) 경제학자들은 이제까지 대립도 모순도 몰랐다.

(4) 프루동에 의한 비판은 마지막의 제3점에서 시작된다.

우리도 또한 마지막 점에서 시작하기로 하자. 프루동의 비난에 대해서 경제학자들의 결백을 증명하기 위하여, 우리는 두 사람의 거물 경제학자들의 말에 귀를 기울여 보자.

시스몽디 '상거래는 모든 사항을 사용상의 가치(la valeur usuelle)와 교환 가능한 가치의 대립으로 귀착시킨다 등'(《논집》 제2권, p.162, 브뤼셀판)

로더데일 '일반적으로 말해서, 국민 전체의 부(효용 있는 가치)는 금전적 가치의 증대를 통하여 개인의 재산이 늘어남에 따라 감소된다. 그리고 금전적 가치는 효용 있는 가치가 감소함에 따라 감소하므로, 국민 전체의 부(富)는 일반적으로 증가하게 된다.'(《공적 부의 기원과 성질에 대한 연구》 라르잔디 드 라베즈 옮김, 파리, 1808년)

시스몽디는 사용상의 가치와 교환 가능한 가치의 대립을 바탕으로 해서 그의 주요 이론을 구축했는데, 그 이론에 의하면 소득 감소는 생산 증대에 비례하는 것이 된다.

로더데일은, 두 종류의 가치의 반비례를 바탕으로 해서 그의 체계를 구축하였다. 그 이론은 리카도 시대에는 매우 인기가 있었기 때문에, 리카도 자신이 일반적으로 인정된 사항으로서 말하고 있을 정도이다.

'생활에 쓸모 있는, 또는 생활을 쾌적하게 하는 필수품의 총량을 줄임으로써 부를 늘릴 수 있다고 주장하는 사람은, 금전적 가치의 관념과 부(효용 있는 가치)의 관념을 혼동하고 있다.' (리카도《경제학의 여러 원칙》, 콘스탄시오 옮김, J.B. 세 보주(補註), 파리, 1835년, 제2권 '가치와 부에 대해서'의 장)

위에서 보아온 것처럼, 경제학자들은 프루동 이전에도 (두 종류 가치의) 대립과 모순의 깊은 비밀에 '주의를 환기해 왔다'. 이제부터는 프루동 자신이 경제학자들을 본떠서 어떻게 해서 이 비밀을 설명하고 있는가를 검토하기로 한다.

어떤 생산물의 교환 가능한 가치는, 수요가 똑같으면 공급이 증대함에 따라서 감소한다. 다른 말로 표현하자면 다음과 같다. 어떤 생산물이 수요에 비해서 많아질수록, 그 생산물의 교환 가능한 가치 또는 그 가치는 그만큼 저하한다. 반대의 경우도 마찬가지이다. 수요에 비해서 공급이 적어질수록 그 생산물의 교환 가능한 가치 또는 그 값은 그만큼 상승하고, 공급되는 생산물은 수요와의 대비에서 더욱 희소성을 띠어 귀중한 것이 된다. 어떤 생산물의 교환가치는 그 풍부함이나 부족함에 의존된다고 해도, 그것은 항상 수요와의 관계에서 그런 것이다. 예를 들어, 희소하기는커녕 단 하나밖에 없는 생산물을 생각해 보자. 물론 그 분야에서 하나밖에 없다는 뜻이다. 이 유일한 생산물까지도, 만일 이에 대한 수요가 존재하지 않는다면, 더없이 과잉되고 여분의 것이 되어 버린다. 반대로 수백만의 수로 증가한 생산물을 생각해 보자. 만일 그것으로도 수요를 충족시킬 수 없다면, 즉 수요가 너무 많을 때에는 그것은 항상 희소품이 된다.

이런 진리는 매우 평범한 것이라고 말할 수밖에 없는데, 그래도 프루동의 비밀을 이해하기 위해서는 여기에서 재확인해 둘 필요가 있다.

'따라서 이 원칙을 최신의 여러 결과에 이르기까지 더듬어 가면, 더없이 논리적인 다음과 같은 결론에 이르게 될 것이다. 즉, 생활의 필요로 해서 쓰여지고, 양에 한이 없는 물건은 무가치한 것에 지나지 않고, 아무런 쓸모는 없으나 매우 희소한 물건에는 측정할 수 없는 값이 매겨질 것임에 틀림없다고 하는 일이다. 그런데 이야기는 조금 까다로워지지만, 실제로는 이 두 극단을 경험할 수는 없다. 인간의 그 어떤 생산물도 결코 양에 한이 없을 만큼 생산되는 일은 없고, 가장 희소한 것까지도 어느 정도의 효용을 필요로 하고 있다. 그렇지 않으면 그 어떤 가치도 가질 수 없을 것이다. 효용 있는 가치와 교환 가능한 가치는, 각각의 본성으로 해서 끊임없이 서로 배제한다고는 하지만, 그러기 때문에 서로 숙명적으로 결부되어 있다.'
(제1권, p.39)

프루동의 논의를 까다롭게 만들고 있는 것은 무엇인가? 그것은, 그가 단순히 수요를 잊고 있다는 것이다. 어떤 물건은 수요가 없으면 과잉도 희소도 될 수 없는 것이다. 수요를 무시하고, 그는 교환 가능한 가치를 희소성과 동일시하고, 효용 있는 가치를 풍부함과 동일시한다. 분명히, '아무런 쓸모가 없지만 매우 희소한 물건에는 측정할 수 없는 값이 붙는다'고 말함으로써, 그는 다만 교환가치란 희소성에 지나지 않는다고 말하고 있을 뿐이다. '극단적인 희소성과 전혀 없는 효용'이란 순수한 희소성을 의미하고, '헤아릴 수 없는 값'이란 최대한의 교환 가능한 가치, 즉 매우 순수한 교환 가능한 가치를 의미한다. 이들 두 항을 그는 등식의 관계에 두기 때문에, 교환 가능한 가치와 희소성은 값이 같은 두 항이 된다. 이렇게 해서, 이른바 '극단적인 결과'에 이른 프루동은, 물건이 아니라 이들을 표시하는 두 항을 극한까지 밀고 나간다. 그렇게 함으로써 논리적이라고는 도저히 말할 수 없지만, 수사학적인 방법으로 자기 설(說)을 입증할 작정인 것이다. 그는 새로운 여러 결과를 발견했다고 생각하고 있지만, 실은 그 자신의 최초의 가설에, 그것이 전적으로 노출된 상태로 다시 만났을 뿐이다. 이것과 똑같은 방법으로, 그는 효용 있는 가치를 순수한 풍부함과 동일화하는 데에 성공하는 것이다.

교환 가능한 가치와 희소성을 등식 관계에 놓기는 했지만, 프루동은 희소성과 교환 가능한 가치 안에 효용이 있는 가치를 발견하는 것도, 풍부함과 효용이 있는 가치 안에 교환 가능한 가치를 발견하지도 못하고, 몹시 놀라고 만다. 그래서 실제로는 이 두 극단을 경험할 수 없다는 것을 알고, 그는 비밀을 믿는 일 외에는 이제 어찌할 수 없는 것이다. 프루동에게는, 사는 사람이 존재하기 않기 때문에 헤아릴 수 없는 값이 붙게 되는데, 수요를 고려해 넣지 않는 한 그는 결코 사는 사람을 발견할 수 없을 것이다.

한편, 프루동은 풍부함이란 자연발생적인 일이라고 여기고 있는 것 같다. 풍부함을 생산하는 사람들이 존재한다는 사실, 수요를 결코 잃지 않는 일이 그들에게는 이익이 된다고 하는 사실을 그는 아주 잊어버리고 있다. 그렇지 않다고 하면, 매우 효용이 있는 물건이 매우 낮은 값이 매겨지거나, 거의 값이 붙지 않을 것이라고 어떻게 해서 말할 수 있는가. 반대로, 매우 효용이 있는 물건의 값(교환가치)을 올리고 싶으면, 풍부함(그 물건의 생산)을 제한할 필요가 있다고 그는 결론을 내려야 했을 것이다.

옛 프랑스의 포도재배 농가는 포도의 새로운 재배를 금지하는 법률을 제정해 줄 것을 요청하였다. 네덜란드인들은 아시아산의 향신료를 불태우고, (인도네시아의) 몰루카 제도에서는 정향나무를 모조리 파 엎었는데, 이것은 단순히 교환가치를 올리기 위해 생산량을 감소시키기 위한 것이었다. 중세 전체를 통해서, 한 사람의 우두머리가 고용할 수 있는 직인(職人 : ^{중세 길드에서, 주인 밑에서 생산과 도제의 교도를 맡은 기술자})의 수나 쓸 수 있는 용구의 수가 제한된 것도 이 원칙에 따랐기 때문이다. (앤더슨《상업의 역사》참조)

'풍부함'을 효용 있는 가치로서, '희소성'을 교환 가능한 가치로서 제시한 후에, —풍부성과 희소성이 반비례의 관계에 있다는 것을 입증하는 것을 매우 쉬운 일이다—프루동은 효용 있는 가치를 공급과, 교환 가능한 가치를 수요와 동일시한다. 이 대립을 더욱 돋보이게 하기 위하여, 그는 용어를 바꾸어 교환 가능한 가치를 '사견가치(私見價値 : la valeur d'opinion)'라고 바꾼다. 이렇게 해서 투쟁은 전장(戰場)을 바꾸게 되어, 한편에는 효용(사용상의 가치에 의해서 초래되는), 다른 한편에는 사견(私見, 교환 가능한 가치에 의해서 요청되는)이 자리를 잡게 되는 것이다.

이렇게 해서 마주 대하는 두 큰 세력을, 도대체 누가 화해를 시킬 수 있을 것인가. 양자를 화합하게 하기 위해서는 어떻게 하면 좋은가. 양자 사이에 비교 가능한 한 점을 발견하는 것만이라도 할 수 없는 것인가?

프루동은 외친다.

'비교 가능한 점은 확실히 존재한다. 그것은 자의성(恣意性 : l'arbitraire)

이다. 공급과 수요, 효용과 견해 사이의 투쟁으로부터는 값이 생기지만, 그것은 항구적인 정의의 표현은 아닌 것이다.'

프루동은 이 대립 관계를 계속 전개한다.

'자유로운 바이어의 자격으로, 나는 나의 '필요=욕구'의 재판관이며, 물건이 기호에 맞는지 어쩐지, 어떤 값을 그것에 매기고 싶은가를 판단한다. 한편, 자유로운 생산자로서의 자격으로 당신은 여러 실행 수단의 주인이며, 그러기 때문에 당신은 여러 비용을 줄이는 권리를 가지고 있다.' (제1권, p.41)

그리고 수요 또는 교환가치는 사견과 같은 것이기 때문에 프루동은 다음과 같이 말하게 된다.

'효용 있는 가치와 교환가치 사이에 대립을 가져오는 것은 인간의 자유의사(libre arbitre)라는 것이 입증되었다. 자유의사가 계속 존재하는 한, 이 대립을 어떻게 해소할 수 있을 것인가. 인간을 희생시키는 것이 아니라면, 도대체 어떻게 해서 자유의사를 희생시킬 수 있을까?' (제1권, p.41)

따라서 두 개의 가치를 화해시킨다고 하는 결과가 생기는 일은 있을 수 없다. 이렇게 말해도 좋다면, 공통된 기준을 적용할 수 없는 두 큰 세력 사이에는 효용과 사견이, 자유로운 바이어와 자유로운 생산자 사이에는 투쟁이 있을 뿐이다.

이것들을 좀더 자세히 보기로 하자.

공급은 효용만을 나타내고 있는 것이 아니고, 수요는 사견만을 나타내고 있는 것도 아니다. 물건을 구하는 자는 그 어떤 생산물을 제공하든가, 또는 모든 생산물을 대표하는 기호인 화폐를 제공하거나 또는 하지 않든가. 그렇게 함으로써 그는 (프루동에 따른다면) 효용 또는 사용가치를 나타내고 있는 것이 아닐까?

한편, 물건을 공급하는 사람은, 그 어떤 생산물을 구하고 있거나, 또는 모든 생산물을 대표하는 화폐를 구하고 있지는 않는가? 그 결과, 그도 또한 사견, 즉 사견가치 또는 교환가치의 대표자가 되는 것이 아닐까?

수요는 동시에 공급이며, 공급은 동시에 수요이기도 하다. 이렇게 해서, 공급을 효용으로, 수요를 사견으로 단순히 대립시키는 프루동의 주장은 메마른 추상작용에만 의거하고 있다는 것을 알 수 있다.

프루동이 효용이 있는 가치라고 부르고 있는 것을 다른 경제학자들이 사견가치라고 부른 것에는 나름대로 이유가 있었다. 여기에서는 슈토르히를 인용하기로 한다. (《경제학 강의》, 파리, 1823년, p.88, 99)

슈토르히에 의하면, 우리가 그것에 '필요=욕구'를 느끼는 것은 필수품이라 불리고, 우리가 그것에 가치를 부여하는 것은 귀중품이라고 불린다. 대부분의 것은 사견에 의해 생긴 '필요=욕구'를 만족시키기 때문에 가치를 가질 뿐이다. 우리의 '필요=욕구'에 대한 사견은 변화할 수 있기 때문에, 여러 가지 것과 우리의 '필요=욕구'와의 관계를 나타내는 데에 지나지 않는 이들의 효용도 또한 변화할 수 있다. 자연의 '필요=욕구' 자체도 끊임없이 변화한다. 실제로 다양한 여러 민족 사이에서 주요 식료(食料)로서 공급되고 있는 것은 천차만별이 아닌가!

투쟁은 효용과 사견 사이에서 일어나는 것이 아니라, 공급자가 구하는 금전적 가치와 수요자가 제공하는 금전적 가치 사이에서 일어난다. 생산물의 교환 가능한 가치는, 이런 모순되는 평가의, 그때마다의 결과로서 생긴다.

결국, 공급과 수요는 생산과 수요를 대치시키게 되는데, 그 경우 생산과 소비는 개인 간의 교환을 토대로 하고 있다. 어떤 사람이 제공하는 생산물은, 그 자체 안에 효용이 있는 것이 아니다. 그 효용을 확인하는 것은 소비자인데, 생산물의 효용이 인정된 경우까지도 그것에만 효용이 있다고는 말할 수 없다. 생산 과정에서, 그것은 모든 생산비용(원재료, 노동자의 임금 등, 금전적 가치를 갖는 모든 것)과 교환된 것이다. 따라서 생산자에서 보자면 생산물은 금전적 가치의 총화(總和)를 나타내고 있다. 생산물이 제공하는 것은, 단순히 효용이 있는 것이 아니라, 특히 어떤 종류의 금전적 가치인 것이다.

수요에 관해서 말하자면, 수요가 유효한 것은 교환의 여러 수단을 마음대로 할 수 있는 경우뿐이다. 그리고 이들 여러 수단도 또한 생산물이고 금전적 여러 가치인 것이다.

공급과 수요에서, 그러기 때문에 우리는, 한편에 금전적 여러 가치를 소비한 생산물과 팔고 싶다는 욕구를 발견하고, 다른 한편으로는 금전적 여러 가치를 소비한 (교환) 수단과 사고 싶다는 욕망을 발견한다.

프루동은 자유로운 바이어를 자유로운 생산자와 대립시킨다. 그는 양쪽에 전적으로 형이상학적인 특성을 할당하므로 이렇게 말하지 않을 수가 없게 된다. '효용 있는 가치와 교환가치와의 대립을 가져오는 것은 인간의 자유의 사라는 것이 증명되었다.'

생산자는, 분업과 교환을 바탕으로 하는 사회에서는, 생산한 순간부터 (생산물을) 팔기를 강요당한다는 것이 프루동의 가설이다. 프루동은 생산자를 생산수단의 주인공으로 삼아버리는데, 생산수단이 자유의사에 의존하고 있는 것이 아니라는 것은 그나 우리나 다 같이 인정하지 않을 수 없을 것이다. 오히려, 이들 생산 수단의 대부분은 외부로부터 생산자에게로 이른 것으로, 근대적 생산에서 생산자는 자기가 원하는 만큼의 양을 생산하는 자유까지 가지지는 못한다. 생산력 발전의 현 단계에서는 그는 일정한 규모로 생산하는 것을 강요당하고 있는 것이다.

소비자도 생산자 이상으로 자유로운 것은 아니다. 소비자의 사견은 그의 수단과 '필요=욕구'에 의거하고 있으나, 어느 쪽도 소비자 자신의 사회적 경우에 의해 결정되어, 그의 경우 자체가 사회조직 전체에 의존하고 있는 것이다. 하기야 감자를 사는 노동자나 레이스로 짠 드레스를 사는 돈 많은 여성은 어느 쪽이나 각기 사견에 따르고 있다. 하지만, 그들의 사견의 차이는, 그들이 사회에서 차지하는 위치에 따라서 설명되는 것이고, 이런 위치 자체가 사회 조직의 산물인 것이다.

'필요=욕구'의 시스템 전체는, 과연 사견을 바탕으로 하고 있을까, 그렇지 않으면 생산조직 전체에 의존하고 있을까? 대개의 경우, '필요=욕구'는 생산에서, 또는 생산을 바탕으로 하는 상황에서 직접 생긴다. 온 세계의 상거래가 거의 모두 '필요=욕구'에 바탕을 두고 전개된다고 해도, 그것은 개인적인 소비의 '필요=욕구'가 아니라, 생산의 '필요=욕구'인 것이다. 다른 예를 들자면, 사람들이 공중인에 대해서 품는 '필요=욕구'는 일정한 시민적 권리를 전제로 하고 있는데, 이 권리는 사적 소유의 일정한 발달, 즉 생산의 발달의 표현에 지나지 않는 것이 아닐까?

프루동은, 수요와 공급의 관계에서 우리가 이미 말한 여러 요소를 배제한 것만으로는 모자라는 것 같다. 그는 추상화를 극한까지 밀어붙여서 모든 생산자들을 단일 생산자로, 모든 소비자들을 단일 소비자로 만들어, 이들 두 종류의 가공적(架空的)인 존재 사이에 대립관계를 세운다. 하지만, 현실 세계에서는 사태의 전개는 다른 경과를 밟는다. 공급자 간의 경쟁과 수요자 간의 경쟁은 사는 자와 파는 자 사이의 투쟁에 불가결한 요소를 형성하여, 이 투쟁에서 금전적 가치가 생기는 것이다.

생산비용과 경쟁을 배제했기 때문에 프루동은 매우 손쉽게 공급과 수요의 정식(定式)을 황당무계한 것으로 바꾸어 버린다. 그는 말한다.

'공급과 수요는, 효용가치와 교환가치를 대립시켜 두고, 이들의 화해를 자극하는 데에 효과가 있는 두 개의 의례적인 형식 이외의 그 무엇도 아니다. 이것들은 전극과 같은 것으로, 양자가 관계를 가지게 되면 교환이라고 불리는 친화 현상이 생길 것임에 틀림없다.' (제1권, p.49, 50)

소비자와 소비 대상을 대립시키기 위해서는, 교환이란 '의례적 형식'에 지나지 않는다고 말하는 것이 좋고, 모든 경제적 관계는 매개항의 역할을 짊어지는 '의례적 형식'이라고 하는 편이 좋다, 는 것이다. 공급과 수요는 일정한 생산 행위에서 생기는 관계이지 개인적 교환 이상도 이하도 아니라는 것이 된다.

그렇다면, 프루동의 그럴듯한 논법의 요점은 도대체 무엇일까? 효용 있는 가치와 교환 가능한 가치, 공급과 수요를, 희소성과 풍부함, 효용과 사견, 단일 생산자와 단일 소비자(어느 쪽이나 자유의사의 기사이다)라고 하는 추상적이고 모순된 개념으로 바꾸어 놓는 일이다.

결국 그가 노리는 것은 무엇이었던가?

그 자신이 일단 멀리 한 요소의 하나인 생산비를, 효용 있는 가치와 교환 가능한 가치의 종합으로서 후에 도입하는 수단을 준비하는 일이다. 이렇게 해서 그의 눈에서 보자면 생산비는 종합적 가치 또는 구성된 가치를 형성하는 것이 된다.

제2절 **구성된 가치 또는 종합적 가치**

'(금전적) 가치는 경제라고 하는 구축물의 걸림돌이다.' [프루동] 그렇다면 '구성된 가치'는 경제적 여러 모순 시스템의 걸림돌이다.

경제학에서의 프루동의 모든 발견을 구성하는 저 '구성된 가치'란 도대체 무엇일까?

일단 효용가치가 인정되면 노동은 가치의 원천이 된다. 노동의 척도는 시간이다. 생산물의 상대적 가치는 그 생산물을 생산하기 위해 쓸 필요가 있던 노동시간에 의해 결정된다. 값이란, 어떤 생산물의 상대적 가치를 화폐로 나타낸 것이다. 결국, 어떤 생산물의 구성된 가치란 다만 그것에 고정된 노동시간에 의해 구성되는 가치에 지나지 않는다.

애덤 스미스가 분업을 발견한 것처럼, 프루동은 '구성된 가치'를 발견했다고 주장하고 있다. 그런 일을 '전대미문[前代未聞 : 지금까지 들어 본 일이 없는 새로운 것임]'이라고 말하는 것은 터무니없는 일이다. 경제학의 그 어떤 발견에도 전대미문이라는 것은 있을 수 없다는 것을 말해 두어야 할 것이다. 프루동은 자기의 발명이 매우 중요하다고 느끼고 있으면서도, '독자적인 주장에 대해서 독자를 안심시키고, 겁이 많아 새로운 사상에 호의적이 아닌 사람들을 납득시키기 위해', 그의 발명의 의의를 오히려 약화시키고 있다. 그러나 가치의 개념을 인식하기 위해 선구자들이 해 온 일을 고려에 넣으면서도, 프루동은 자기야말로 이 점에 관해서 최대의 몫(사자lion의 몫)을 손에 넣는다고 소리 높여 고백하지 않을 수 없게 된 것이다.

'가치가 종합적이라고 하는 관념은, 애덤 스미스에 의해 막연하게 인식되고 있었다……. 그러나 가치의 이 관념은 애덤 스미스의 경우 전적으로 직관적인 것이었다. 그런데 사회는 직관을 믿고 이제까지의 습관을 바꾸지 않는다. 사회는 사실이 가져오는 권한에만 따라서 자기결정을 하는 것이다. [가치의] 이율배반은 [직관보다] 더욱 뚜렷하고 더욱 명확한 방법으로 표현되지 않으면 안 되었다. 그리고 J.B. 세(Say)가 그 주요한 표현자가 된 것이다.' [1권, p.66]

이것이 종합적 가치의 발견을 둘러싼 기성의 역사인 것이다. 즉 애덤 스미스에게는 직관, J.B. 세에게는 이율배반, 프루동에게는 구성적이고, '구성된' 진리가 있다는 것이다. 이 점에서 오해는 금물이다. 왜냐하면 세에서 프루동까지, 모든 경제학자들은 이율배반이라고 하는 악습에서 빠져 나올 수 없었기 때문이다.

'그토록 많은 식견이 있는 사람들이, 40년이나 이전부터 실로 단순한 관념에 대해서, '이렇지도 않다, 저렇지도 않다'고 말을 계속해 왔다고는 믿을 수 없을 정도이다. 그들은 잘못되어 있었다. 〔그들의 경우〕여러 가치의 비교는, 가치 상호간에 그 어떤 비교를 위한 점도 존재하지 않고, 가치를 측정하는 기준도 없는 상태에서 이루어지고 있는 것이다. ―이것이야말로 19세기의 경제학자들이 평등이라고 하는 이론을 감히 채용하지 않고, 모든 사태에 거슬러 어떻게 해서든지 지탱하려고 결의한 일이다. 이 상태를 후세에서는 무엇이라고 할 것인가.' (제1권, p.68)

이렇게 거친 방식으로 갑자기 말을 걸어오면 후세에는 연표를 들쳐 보고 혼란을 가져올 것이다. 그렇다면, 리카도와 그의 학파는 19세기의 경제학자가 아닌가 하고 후세 사람들은 반드시 이렇게 되물을 것이다. 리카도의 시스템이 '상품의 상대적 가치는 그 상품의 생산에 필요한 노동의 양에서 유래된다'는 것을 원칙으로서 제기한 것은 1817년에 거슬러 올라간다. 리카도는 〔1814년 프랑스의〕왕정복고 이래 영국을 지배하고 있는 학파 전체의 장이며, 리카도의 학설은 영국의 전체 부르주아 계급의 사상으로 엄밀하게, 그리고 가차없이 요약하고 있는데, 영국의 부르주아 계급 자체가 근대 부르주아 계급의 전형 그 자체인 것이다. '이 상태를 후세는 무엇이라고 말할까.' 후세는 프루동이 리카도를 전혀 몰랐었다고는 말하지 않을 것이다. 왜냐하면 그는 리카도에 대해 매우 길게 이야기하고 있고, 항상 그에게로 되돌아가서, 결국 그 녀석은 '쓰레기더미'라고 단정하고 있기 때문에, 만일 이 문제에 후세가 말려들어가는 일이 있다면 틀림없이 이렇게 말할 것이다. 프루동은 그의 독자들의 영국 혐오를 자극하는 것을 두려워하여 리카도 사상을 자기 책임으로 편집하는 쪽을 좋아했었다고, 아무튼 리카도가 현재의 부르주아 사회의 이론으로서 자주 설명해 온 일들을, 프루동이 '미래의 혁명적 이론'으로서 제안했다는 것, 더 나아가서는 리카도와 그 학파가 그보다 훨씬 이전에 이율배반의 일면에 지나지 않는 교환가치의 과학적 정식(定式)으로서 제시한 사항을, 효용과 교환가치와의 이율배반의 해결과 뒤바꾸고 있다는 것을 후세에서는 매우 지혜가 모자라는 태도로 여길 것이다. 하지만 후세의 이야기는 가만두기로 하고 프루동을 그의 선구자 라키도와 대비해 보자. 리카도의 다음의 인용은 가치에 관한 그의 학설을 요약하고 있는 대목이다.

'효용은 교환 가능한 가치에 절대 필요하다고 해도, 효용이 교환 가능한 가치의 척도가 되는 것은 아니다.' (《경제학 원리》 제1권, p.3, J.S. 콘스탄시오에 의해서 영어로부터 옮김, 파리, 1835년)

'물건은, 그 자체가 쓸모 있다고 일단 인정되면, 두 가지 원천으로부터 그 교환 가능한 가치를 꺼낸다. 물건의 희소성과 물건을 획득하기 위해 필요한 노동의 양으로부터이다. 가치가 그 희소성에밖에 의존하지 않는 물건이 존재한다. 그 어떤 노동도 이들 물건의 양을 증가시킬 수 없으므로 그 가치는 공급과잉에 의해서 저하하는 일은 있을 수 없다. 귀중한 조각상이나 그림과 같은 것은 그런 물건이다. 이런 종류의 가치는 이들 물건을 소유하기 원하는 사람들의 자력(資力)·취미·변덕에 오직 의존하고 있다.' (앞의 책, 제1권, p.4, 5)

'그러나 이와 같은 물건은 매일 교환되는 상품의 매우 적은 양을 형성하는 데에 지나지 않는다. 사람들이 손에 넣고 싶다고 생각하는 물건은 산업의 성과이므로 이들 생산에 필요한 근면 노동을 활용할 생각만 든다면 그 수량은 한 나라뿐만 아니라 복수의 나라에서, 한계를 정하기가 거의 불가능할 정도로까지 증대시킬 수 있다.' (앞의 책, 제1권, p.5)

'따라서 상품에 대해서 그 교환 가능한 가치와 이들의 상대적인 가치를 정하는 원칙에 대해서 말할 때, 우리는 인간의 근면 노동에 의해서 양을 증가시킬 수 있는 상품, 즉 그 생산이 경쟁을 통해서 장려되고, 그 어떤 속박에 의해서도 방해되지 않는 상품에 관한 원칙밖에 염두에 없는 것이다.' (제1권, p.5)

리카도는, 그에 의하면 '교환 가능한 가치 전체의 최초의 원천을 매우 정확하게 정의하였다.' (스미스의 저서, 제1권 제5장) 애덤 스미스를 인용해서 이렇게 덧붙이고 있다.

'인간의 근면 노동이 수시로 증가시킬 수 있는 물건을 제외하면 모든 물건의 교환 가능한 가치의 바탕이 되어 있는 것은 이와 같은 것(즉, 노동시간)이라는 것, 이것은 경제학에서 최고도의 중요성을 갖는 학설의 한 요점이다. 왜냐하면, 가치라고 하는 말에 따라다니는, 애매하고 부정확한 의미만큼 경제학에서 그토록 많은 잘못이 그것에서부터 나오고, 또 실로 다양한 견해가 그것에서 생기게 된 원천은 거의 존재하지 않았기 때문이다.' (제1권, p.8)
'물건의 교환 가능한 가치를 정하는 것은 물건 안에 고정된 노동의 양이라고 한다면, 노동량의 증가는 노동이 쓰인 대상물의 가치를 꼭 증가시킬 것이고, 마찬가지로 노동의 감소는 그 대상물의 가치를 감소시키게 된다.' (제1권, p.8)

리카도는 애덤 스미스를 다음과 같은 점에서 비판한다.

(1) '가치에 노동 이외의 기준을 주고 있다는 것. 어떤 경우에는 밀의 가치, 다른 경우에는 어떤 물건이 구입 가능한 노동의 양 등이다.' (제1권, p. 9, 10)
(2) '유보 없이 이 원칙을 인정하면서도 자본의 축적과 토지의 사유에 앞선 사회의 원시적이고 거친 상태로 그것을 적용하는 것을 제한하고 있다는 것.' (제1권, p.21)

리카도는 토지의 사유, 즉 지대가 상품의 상대적인 가치를 변경하는 것이 아니라 자본의 축적이 그 생산에 쓰인 노동의 양의 크기에 의해서 결정되는 상대적인 가치에 따라 변동하는 일시적인 작용밖에 미치지 않는다는 것을 어떻게 해서든 입증하려고 한다. 이 설의 근거로서 그는 지대(地代) 이론을 꺼내어 자본을 해체하여, 결국 그것에 축적된 노동밖에 발견하지 못하는 것이다. 다음에 그는 임금과 이윤의 전이론을 펼쳐 임금과 이윤이 생산물의 상대적 가치에는 영향을 미치는 일 없이 서로 반비례하면서 올라갔다 내려갔다 하는 것을 입증한다. 그는 자본의 축적과 그 성질의 차이(고정자본과 유동자본)나 임금률이 생산물이 그것들에 비례한 가치에 영향을 미친다는 것을 잊지 않고 있다. 그것은 리카도가 몰두하고 있는 중요한 문제이기까지도 하다. 그는 다음과 같이 말한다.

'노동의 모든 절약은 상품의 상대적 가치를 하락시키게 된다. 절약이 대상물의 제조에 필요한 노동에 적용되나, 생산에 쓰이는 자본의 형성에 필요한 노동에 대해서 이루어지나 마찬가지이다.'

'따라서 하루의 노동에서, 어떤 사람이 항상 같은 양의 생선을 얻고, 다른 사람도 같은 양의 짐승을 얻는 한, 임금과 이윤에 그 어떤 변화가 생겨도, 또 자본의 축적이 어떤 결과를 가져와도 각 교환가격의 자연율은 항상 똑같을 것이다.' (제1권, p.32)

'우리는 노동을 상품가치의 기초로 여기고 상품의 생산에 필요한 노동의 양을 다른 상품과 교환될 때의 상품의 양을 결정하는 규칙으로 보아 왔다. 그러나 우리는 상품의 일상적인 가치에서, 이런 종류의 원시적이고 자연적인 가치에 우발적으로 일시적인 괴리[乖離 : 어그러져 동떨어짐]가 어느 정도 생기는 것을 인정하지 않는다는 등을 주장한 것은 아니다.' (제1권, p.105)

'결국 물건의 가치를 정하는 것은 생산비용으로, 이제까지 주장되어 온 것처럼 공급과 수요의 비율이 아니다.' (제2권, p.253)

이전에 로더데일 경은 공급과 수요의 법칙, 또는 수요에 관한 희소성과 과잉의 법칙에 따라서 교환 가능한 가치가 변동한다는 설을 펼쳤다. 그에 의하면 어떤 물건의 가치는 그 양이 감소하거나 수요가 증가할 때 증가할 수 있으나, 물건의 양의 증가, 또는 수요의 감소에 비례해서 감소할 수 있는 것이다. 그 결과, 어떤 물건의 가치는 여덟 가지의 서로 다른 원인 작용을 통해서 변화할 수 있다. 즉, 물건 자체에 적용되는 네 가지 원칙과 화폐 또는 가치의 척도로서 쓸모 있는 다른 상품에 적용되는 네 가지 원인이다. 이에 대한 리카도의 반론은 다음과 같다.

'사인(私人) 또는 사기업이 독점하는 생산물은, 로더데일 경이 제안한 법칙대로 가치를 바꾼다. 이런 생산물의 가치는 공급량이 커짐에 따라 저하하고 그것들을 손에 넣기 위해 구매자가 나타내는 욕망과 함께 상승하므로, 이들의 자연적 가치와는 조금도 필연적인 관계를 가지지 않는다. 그러나 판매자 간의 경쟁에 지배되어, 그 양이 완만한 한계의 범위에서 증가할 수 있는 물건에 관해서 이들 가치는 수요와 공급 상태가 아니라, 생산비용의 증가 또는 감소에 확실히 의존하고 있다.'(제2권, p.259)

　리카도의 이렇게 정확하고, 명석하고, 간결한 말로 노동시간에 의한 상대적 가치의 결정에 이르기 위해서 프루동이 행하고 있는 수사적 노력을 비교하는 수고는 독자에게 맡기도록 하자.
　리카도는 우리에게 가치를 구성하는 부르주아적 생산의 현실적 운동을 보이고 있다. 프루동은 이 현실적 운동을 추상한 후에 새로운 절차를 발명하려고 '분투'하고 있다. 이것은 이른바 새로운 공식에 따라서 사회를 조정하기 위한 것인데, 이 공식은 리카도에 의해서 훌륭하게 설명된 실제의 현실적 운동의 이론적 표현에 지나지 않는다. 리카도는 현재의 사회적 상황으로부터 출발해서 이 사회가 어떻게 가치를 구성하는가를 우리에게 증명해 준다. 프루동은 구성된 가치에서 출발해서 이 가치를 사용해서 새로운 사회적 세계를 구성하려고 한다. 프루동에게는, 구성된 가치가 한 바퀴 돌아서 이번에는 세계의 구성요소가 될 것이었지만, 그것은 그〔가치〕평가의 방법에 따라서 이미 통째로 구성된 세계에 지나지 않는다. 노동시간에 의한 가치의 결정은 리키도에게는 교환 가능한 가치의 법칙이다. 프루동에게 그것은 효용가치와 교환 가능한 가치의 종합이다. 리카도의 가치론은 현재의 경제활동의 과학적 해석이다. 프루동의 가치론은 리카도 이론의 공상적 표현이다. 리카도는 그의 공식을 모든 경제적 관계에서 이끌어 내어 그 방법을 통해서 모든 현상을 (지대·자본축적·임금이윤에 대한 관계와 같은 언뜻 보기에 모순된 현상까지도) 설명함으로써 그의 공식이 옳다는 것을 확인하고 있다. 그의 이론을 과학적인 시스템으로 만들고 있는 것은 바로 이 점에 있다. 프루동은 전적으로 자의적인 가설을 통해서 리카도의 공식을 재발견했기 때문에 결국 고립된 경제적 사실을 찾아서 그의 사회재생 사상을 실현하는 계기의 실례나 이미 존재하는 응용 사례라고 여기게 하기 위해 이들 사실을 왜곡하거나 변조하거나 하지 않을 수가 없게 된다. (이 책 제3절 '가치 균형의 법칙의 적용' 참조).

여기에서 프루동이, (노동시간에 의해서) 구성된 가치에서 이끌어 낸 결론으로 가보기로 한다.

—일정량의 노동은 이와 똑같은 양의 노동에 의해서 창조된 생산물과 등가(等價)이다.

—모든 노동일은 다른 노동일과 똑같은 가치를 갖는다. 즉, 같은 양이면, 어떤 사람의 노동은 다른 사람의 노동과 같은 가치를 가지며, 거기에는 질적인 차이는 존재하지 않는다. 노동량이 같으면, 어떤 사람의 생산물은 다른 사람의 생산물과 교환된다. 모든 인간은 임금노동자이며, 똑같은 노동시간에 대해서 똑같게 임금이 지불된다. 완전한 평등이 교환을 지배하고 있다.

이와 같은 결론은, '구성된', 즉 노동시간에 의해서 결정된 가치의 엄밀하고 당연한 귀결일까?

어떤 상품의 상대적 가치가 그것을 생산하기 위해 필요로 한 노동량에 의해서 결정된다면, 노동의 상대적 가치, 즉 임금도 마찬가지로, 임금을 낳기 위해 필요한 노동량에 의해 결정되는 것은 당연하다. 임금, 즉 노동의 상대적 가치 또는 값은, 따라서, 노동자의 생활유지에 필요한 모든 것을 생산하기 위해 요구되는 노동시간에 의해 결정된다.

'모자의 제조비를 줄이시오. 그렇게 하면 수요가 2배, 3배, 4배가 된다고 해도 모자값은 결국 새로운 자연가격까지 하락할 것이다. 생활을 유지하는 식료나 의료의 자연가격을 감소시켜서 인간의 유지비를 줄이시오. 그렇게 하면, 노동력의 수요가 상당히 증대한다고 해도 결국 임금은 저하한다는 것을 알 것이다.' (리카도, 제2권, p.253)

분명히 리카도의 말은 이 이상 풍자적이 될 수 없을 정도이다. 모자의 제조와 인간의 생활유지비를 같이 다룬다는 것은, 인간을 모자로 바꾸는 일이기 때문이다. 하지만 파렴치한 풍자라고 비난해서는 안 된다. 파렴치한 것은 사물 쪽이고, 그것을 표현하는 말은 아닌 것이다. 두로즈·블랑키·로시, 그밖에 프랑스 저술가들은, '인도주의적인' 말의 예의를 지키려고 노력하고 있기 때문에, 영국의 경제학자들에게 우월감을 느낀다고 하는 순진한 만족을 자부하고 있다. 그들이 리카도와 그의 학파를 파렴치하고 풍자적인 표현 때문에 비난하는 것은, 그것에는 경제적 문제가 통째로 노출되어, 부르주아 계급의 비밀이 폭로되어 있다는 것을 볼 수 있어 기분이 상해 있기 때문이다.

요약해 보자. 노동은 그 자체가 상품이므로, '노동=상품'의 생산에 필요한 노동시간에 의해서 상품으로서 그 가치가 정해진다. '노동=상품'을 생산하기 위해서는 무엇이 필요할까. 노동의 끊임없는 유지, 즉 노동자를 생활하게 하고, 그 종족을 번식시키는 데에 불가결한 물건을 생산하기 위해 필요한, 다만 그것만의 노동시간이다. 노동의 자연가격이란 최저임금 이외의 아무것도 아니다. 임금의 일상적인 값이 자연가격을 넘을 경우에는, 바로 프루동에 의해 원칙으로서 제기된 가치법칙이, 공급과 수요의 관계가 변동된 결과 균형을 유지하고 있는 것이다. 그래도 최저임금이 중심이 되어, 임금의 일상적인 가치가 그것에 수렴되어 가는 데에는 변함이 없다.

따라서 노동시간에 의해 측정되는 상대적 가치는, 프루동이 바라는 바와 같이 프롤레타리아 계급 해방의 '혁명적 이론'이 되기는커녕 노동자의 현대적 노예로서의 숙명적 공식 바로 그 자체인 것이다.

그러면 이번에는, 노동시간을 가치의 척도로서 적용하는 일이, 현대사회의 계급 대립이나 직접적 노동자와, 축적된 노동 소유자 사이의 생산물의 재분배의 불평등과 얼마만큼 양립할 수 없는가를 보기로 하자.

어떤 제품을 생각해 보자. 예를 들어, 리넨이다. 이 제품은 그 자체가 일정한 노동량을 내포하고 있다. 이 노동량은 제품의 생산에 협동한 사람들 상호간의 관계가 어떤 것이든 항상 똑같을 것이다.

다른 예를 보자. 울이다. 이것도 리넨과 마찬가지로 똑같은 노동량을 필요로 했다고 하자.

이들 두 제품 사이에 교환이 이루어질 경우, 동등한 노동량이 교환되게 된다. 동등한 양의 노동시간을 교환한다고 해도, 생산자 상호간의 입장이 교환되는 것도 아니고, 노동자와 공장주 사이의 입장이 조금도 변하거나 하는 것도 아니다. 노동시간으로 측정되는 제품이 교환되어, 그 결과, 모든 생산자에게 평등한 보수가 주어진다고 말하기 위해서는, 제품 몫의 평등이, 교환에 앞서서 존재했다고 가정하지 않으면 안 된다. (이 경우) 리넨과 울의 교환이 성립되었다고 하면 울 생산자가, 울로부터 미리 얻었던 것과 같은 비율로 리넨으로부터 몫을 얻게 될 것이다.

프루동의 환상은, 기껏해야 근거가 없는 가정에 불과한 것을 현실의 귀결로 보고 있는 데에서 생긴다.

좀더 앞으로 나아가 보자.

가치의 척도로서의 노동시간은, 적어도 노동일이 등가(等價)하다는 것, 즉 어떤 사람의 노동일이 다른 사람의 노동일과 똑같다는 것을 전제로 할 것인가? 그렇지 않다.

지금 가령, 보석세공사의 1노동일이 직물공의 3노동일과 같다고 하자. 직물에 대한 보석의 상대적 가치의 모든 변동은, 수요와 공급의 변동의 일시적인 결과를 제외하면, 각 생산에 쓰인 노동시간의 감소 또는 증가가 원인이어야 한다. 서로 다른 직종의 노동자의 3노동일은 1, 2, 3의 비율을 가지며, 그들의 생산물의 상대적인 가치의 모든 변화는 이 1, 2, 3의 비율의 범위의 변화가 될 것이다. 이렇게 해서 서로 다른 노동일의 가치가 불평등임에도 불구하고, 노동시간에 의해서 가치를 재는 것이 가능해진다. 그러나 이 척도를 적용하기 위해서는, 서로 다른 노동일을 비교하는 기준을 가질 필요가 있고, 이 기준은 (노동자 간의) 경쟁에 의해서 정해진다.

당신의 노동일은 나의 노동일과 동등한 가치를 갖는 것일까? 이것은 경쟁에 의해 결말이 날 문제인 것이다.

미국의 어떤 경제학자에 의하면, 경쟁은 1복잡노동일 안에 얼마만큼의 단순노동일이 포함되어 있는가에 따라서 결정이 난다. 복잡노동을 단순노동으로 환원하는 이 방법은, 단순노동 자체를 가치의 척도로 하는 것을 전제로 하고 있는 것일까? 질을 고려하지 않고, 노동의 양만을 가치의 척도로서 쓴다는 것은, 결국 단순노동이 산업의 중심이 되어 있다는 것을 전제로 하고 있다. 이것은 또한, 다음과 같은 사실을 전제로 하고 있다. 여러 노동이, 인간의 기계에의 종속에 의해서, 또는 극단적인 분업을 통해서 평등화되어, 노동을 앞에 두고 여러 인간(의 차이)이 소멸되었다는 사실이다. 이제 시계의 흔들이가, 증기기관차의 속도의 경우와 마찬가지로 두 사람의 노동자의 상대적 활동의 정확한 척도가 된 것이다. 따라서 어떤 사람의 한 시간이 다른 사람의 한 시간과 똑같은 가치를 갖는다고 말해서는 안 된다. 오히려, 한 시간분의 어떤 사람이 한 시간분의 다른 사람과 똑같은 가치를 갖는다고 말해야 할 것이다. 시간이 모든 것이고 인간은 이미 무(無)와 같다. 인간은 기껏해야 시간의 해골(骸骨)에 지나지 않고, 질은 이미 문제가 아니다. 양이 시간마다, 날마다 모든 것을 결정한다. 그러나 노동의 이 평등화는 프루동의 영원한 정의의 공적이 아니라 하나에서 열까지 현대 산업이 한 짓이다.

기계가 장치된 작업장에서는, 어떤 노동자의 노동은 다른 노동자의 노동과 이제 전혀 구별이 되지 않는다. 노동자들은 그들이 노동에 부여하는 시간으로밖에 서로 구별되지 않는다. 하지만 이 양적인 차이는, 어떤 관점에서 보자면, 질적인 것이 된다. 노동에 걸리는 시간은, 어느 정도는 전적으로 물질적인 요인(노동자의 체질·나이·성 등)에 의존하고, 또 어느 정도는 매우 소극적인 정신적 요인(인내력·무감동·부지런함 등)에 의존하고 있기 때문이다. 결국, 노동자의 노동의 질에 차이가 존재한다고 해도, 그것은 기껏해야, 특유한 전문성과는 먼, 사소한 질(質)밖에 되지 않는다. 결국 현대 산업의 현상은 이와 같은 것이다. 프루동은 기계 장치에 의한 노동에 의해서 이미 실현된 이런 종류의 평등 위에서, '앞으로 올 시대'에 널리 실현된다고 자부하는 '평등화'의 대패질을 하고 있는 데에 지나지 않는다.

프루동이 리카도의 이론에서 이끌어 내는 모든 '평등주의적'인 결과는, 근본적인 잘못에 근거를 두고 있다. 왜냐하면, 프루동은 상품에 고정된 노동의 양에 의해서 측정되는 상품가치를, '노동가치'에 의해서 측정되는 상품가치와 혼동하고 있기 때문이다. 가령, 상품가치를 재는 두 가지 방법이 단일한 것으로 여겨지면, 다음과 같은 말을 무차별적으로 할 수 있게 될지도 모르기 때문이다. 그 어떤 상품의 상대적 가치는 그것에 고정된 노동의 양에 의해서 측정된다. 또는, 그 가치는 그 상품으로 구입이 가능한 노동의 양에 의해서 측정된다. 혹은 또, 그 가치는 그 상품을 획득 가능한 노동의 양에 의해서 측정된다는 것이다. 노동가치는, 다른 모든 상품가치와 마찬가지로, 가치 그 자체를 재기 위해서는 이미 쓸모가 없다. 위의 사항을 가장 잘 설명하기 위해서는 몇 가지 실례를 들면 충분할 것이다.

가령, 1뮤이[프랑스 혁명 이전의 옛 제도하의 부피
단위. 곡류의 경우 1,872리터에 해당]의 밀[의 생산]이 1노동일이 아니라 2노동일을 필요로 하게 되면, 처음 가치의 2배가 된 셈이다. 그러나 2배의 노동량을 움직이는 것은 되지 않는다. 밀이 이전의 2배 이상의 양분을 포함하는 것이 아니기 때문이다. 따라서, 생산에 요하는 노동량으로 측정되는 밀의 가치는 2배가 되었다고 말할 수 있을지 모르지만, 밀로 살 수 있는, 또는 밀을 살 수 있는 노동의 양으로 재면, 밀의 가치는 2배가 되었다고는 도저히 말할 수 없다. 한편, 똑같은 노동이 이전의 2배의 옷을 생산한다고 가정하면, 옷의 상대적 가치는 반으로 내려가게 되는데, 이렇게 해서 생산되는 2배의 양의 옷은, 그렇다고 해서, 반의 노동량밖에 지배하지 않는다는 것으로는 되지 않고, 똑같은 노동이 2배의 양의 옷을 지배할 수 있게 되지도 않을 것이다. 왜냐하면 (2배가 된) 옷의 반은, 노동자에게 이전과 마찬가지로 계속 쓸모 있을 것이기 때문이다.

이렇게 해서, 노동가치에 의해서 제품의 상대적 가치를 결정한다는 것은, 경제적 사실에 반(反)하고 있고, 순환적 논법의 모순에 빠지게 된다. 즉 상대적 가치를, 그 자체가 결정될 필요가 있는 다른 상대적 가치로 결정하게 되어버린다.

프루동이, 어떤 상품의 생산에 필요한 노동시간이라는 척도와 노동가치라고 하는 척도의 두 가지 척도를 혼동하고 있다는 것은 의심할 여지가 없다. 그는 말한다.

'모든 인간의 노동은 그것이 내포하는 가치를 구입할 수가 있다.'

따라서 그에 의하면, 어떤 생산물에 고정된 일정량의 노동은, 노동자의 보수, 즉 노동가치와 같다. 여기에서도 또한, 프루동은 같은 이유로, 생산비를 임금과 혼동하고 있다.

'임금이란 무엇인가. 그것은 밀 등등의 원가이며, 모든 물건의 일부를 이루는 가치이다. 좀더 분명히 말하면, 임금이란 부(富)를 구성하는 여러 요소에 일정한 비율로 포함되는 것이다.'

임금이란 무엇인가? 그것은 노동의 가치이다.

애덤 스미스는, 어떤 때에는 어떤 상품의 생산에 필요한 노동시간을, 또 어떤 때에는 노동가치를 가치의 척도로 보고 있다. 리카도는 이들 두 가지 척도의 차이를 분명히 함으로써, 이 잘못을 분명히 하였다. 프루동은, 애덤 스미스가 나열해 보인 데에 지나지 않은 두 가지 척도를 동일시하여, 스미스의 잘못에 덧칠을 한 것이다.

프루동이 상품의 상대적인 가치의 기준을 찾는 것은, 노동자들이 가져야 할 생산물의 올바른 몫의 비율을 알아 내기 위한 것이다. 다시 말하면, 노동의 상대적인 가치를 결정하기 위해서이다. 상품의 상대적 가치의 척도를 결정하기 위해서, 그는 일정한 노동량의 등가물(等價物)로서, 그 노동량이 창조한 생산물의 총량을 나타내는 이상의 것을 생각하지 못하고 있는데, 그렇게 되면, 사회 전체가 자신의 생산물을 임금으로서 받는 직접적 노동자만으로 구성되는 사태를 전제하는 것이 되어 버린다. 둘째로, 프루동은 다양한 노동자의 노동일이 등가라고 가정하고 있다. 요약하면, 그는 노동자의 평등한 보수를 발견하려고, 상품의 상대적인 가치의 척도를 찾고 있는데, 그때 여러 임금의 평등을 이미 분명해진 사실로서 보고나서, 상품의 상대적 가치를 찾으러 나가겠다는 것이다. 얼마나 훌륭한 변증법인가.

'세(Say)와 그의 뒤를 이은 경제학자들은, 노동 그 자체가 가치의 평가에 따라야 한다는 것, 요컨대 다른 상품과 같은 한 개의 상품이므로, 노동을 가치의 원리나 동력인[動力因 : 아리스토텔레스의 개념]이라고 보는 것은 순환논법이라고 주장하였다. 이 점에서, 이들 경제학자들은, 이렇게 말해도 좋다면 놀라울 정도의 부주의를 나타낸 것이다. 노동이 가치를 갖는다고 일컬어지는 것은, 그것이 상품 그 자체이기 때문이 아니라, 노동 안에 잠재적으로 복수의 가치가 포함되어 있다고 여겨지기 때문이다. 노동가치란 비유적인 표현이며, 결과에 대한 원인의 선취(先取)인 것이다. 그것은 자본의 생산성과 마찬가지인, 하나의 픽션인 것이다. 노동은 생산하고 자본은 가치를 갖는다……. 노동가치라고 하는 것은, 어떤 종류의 생략법에 의한다……. 노동은 자유와 마찬가지로……그 성질을 한정할 수 없는 애매한 것이지만, 노동의 대상을 통해서 질적으로 규정된다. 즉 노동은 생산물을 통해서 하나의 현실이 된다.'([프루동], 제1권, p.6)

'그러나 왜 그런 일에 얽매일 필요가 있는가. 경제학자(여기에서는 프루동 자신이라고 바꾸어 읽자)가 물건의 이름(vera rerum vocabula, 물건의 참된 이름)을 바꿀 때부터, 그는 자기의 무력을 은연중에 고백하고 있으며, 논쟁 밖에 몸을 두게 된다.' (프루동, 제1권, p.188)

프루동이 노동가치를 생산물 가치의 '동력인(動力因)'으로 여기고 있다는 것을 우리는 보아 왔다. 그것도, '노동가치'의 공식 호칭인 임금이, 그에게는 모든 사물의 일부를 이루는 가치라고 할 정도까지. 그러기 때문에, 세의 반론이 그를 괴롭히게 된다. 가공할 만한 현실인 노동력 상품 안에서 프루동은 문법상의 생략밖에 보려고 하지 않는다. 따라서 노동력 상품을 토대로 해서 구축된 현대사회 전체가 앞으로는 시적인 파격 표현이나 비유적 표현 위에 구축되게 된다. 사회를 해치는 '모든 부조리를 제거하는 일'을 사회 자체가 바라고 있다고 하자. 그럴 때 사회는 귀에 거슬리는 말을 없애고 말을 바꾸면 되는 것이다. 그리고 이를 위해서는, 아카데미에 신청해서 신판 사전을 요구하기만 하면 되는 것이다. 위에서 보아온 것으로 하자면, 프루동이 경제학의 저작 안에서, 어원학이나 문법상의 그 밖의 분야에 관해서 길게 논할 수밖에 없었던 이유를 쉽사리 이해할 수가 있다. 이렇게 해서, 그는 또다시, servare〔보호하다〕에서 servus〔노예의〕가 파생되었다고 하는 흔해빠진 사례를 그럴듯하게 논하기까지 하는데, 이들 문헌적 논술은 실은 오묘하고 비교적인 뜻을 가지고 있으며, 프루동이 하는 논의의 본질적인 부분이 되어 있는 것이다.

매매되는 한, 노동은 다른 모든 상품과 마찬가지로 하나의 상품이며, 따라서 하나의 교환가치이다. 그러나 노동가치, 또는 상품으로서의 노동 그 자체는, 밀의 가치 또는 상품으로서의 밀이 영양으로서는 거의 쓸모가 없는 것과 마찬가지로 거의 아무것도 생산하지 않는다.

식료품값의 상승과 하강에 따라서, 정도를 바꾸어서 존재하는 힘으로 하는 일의 공급과 수요 등등에 따라서, 노동은 보다 더 많은 가치를 가지거나 보다 더 적은 가치를 가지거나 한다.

노동은 조금도 '애매한 사물'이 아니다. 사람이 사거나 팔거나 하는 것은 항상 한정된 노동이지, 결코 노동 일반이 아니다. 노동이 대상물에 따라서 질적으로 규정될 뿐만 아니라, 대상물도 또한 노동의 특수한 질에 의해서 결정된다.

매매되는 것으로서의 노동은 그 자체가 상품이다. 무엇 때문에 사람은 노동을 사는가. '노동 안에 잠재적으로 포함된다고 여겨지는 여러 가치를 위해서'이다. 그러나 어떤 물건이 상품이라고 할 때, 그것을 샀을 때의 목적, 즉 그것에서 이끌어 낼 수 있는 효용이나 그것을 무엇으로 쓰는가는 이미 문제가 아니다. 그 물건은 거래의 대상으로서의 상품인 것이다. 프루동의 모든 추론은, 사람이 소비의 직접적 대상으로서 노동을 사는 것이 아니라는 것에 머물고 있다. 맞는 말이다. 사람이 노동을 사는 것은, 기계를 사는 경우와 마찬가지로 생산 용구로서이다. 상품인 한, 노동은 가치를 가지지만 생산은 하지 않는다. 모든 상품은 그 어떤 효용만을 목적으로 해서 획득되는 것이지 상품 그 자체로서는 결코 획득되는 것이 아니므로, 프루동은 상품이라고 하는 것은 존재하지 않는다고 말해도 좋았을 것이다.

상품가치를 노동으로 측정하면서, 프루동은 같은 척도로부터 가치를 가지는 한의 노동, 즉 노동상품을 배제할 수 없다는 것을 막연히 알아차리고 있었다. 그것〔노동상품의 가치를 노동에 의해서 측정한다는 것〕은 최저임금을 직접적 노동의 정상적인 자연가격으로 하는 일이며, 사회의 현상을 받아들이는 것이기도 하다는 것을 그는 예감하고 있었다. 그래서 이 치명적인 귀결에서 벗어나기 위해서, 그는 180도 견해를 바꾸어, 노동은 상품이 아니므로 가치를 가질 수 없다고 주장하는 것이다. 프루동은, 노동의 가치를 척도로서 채용했다는 것을 잊고 있다. 그는 그의 전 체계가 노동상품, 즉 물물교환되고, 매매되고, 생산물 등등과 교환되는 노동에 의존하고 있다는 것을 잊고 있다. 요컨대, 노동자에게 있어 소득의 직접적인 원천인 노동에 의존하고 있다는 것을 잊고 있는 것이다. 그는 모든 것을 잊고 있다.

자기 체계를 구(救)하기 위해 프루동은 그 토대 그 자체를 희생으로 삼는데에 동의하고 있는 것이다.

'Et propter vitam perdere causas!〔삶을 위해 삶의 목적을 잃는다〕'

이제, 우리는 '구성된 가치'의 새로운 정의에 이르렀다.

'가치란 부를 구성하는 복수 생산물의 균형관계(le rapport de proportion-nalité)이다.'

우선, '상대적 또는 교환 가능한 가치'라고 하는 단순한 말이, 생산물이 서로 교환될 때 생기는 그 어떤 관계의 관념을 포함하고 있다는 일에 주목하자. 이 관계를 '균형관계'라고 불러보았자, 그것이 표현의 문제에 지나지 않는다면, 상대적 가치에는 아무런 변화도 일어나지 않는다. 어떤 생산물의 가치가 하락하거나 올라도, 부를 형성하는 그밖에 생산물과 그 어떤 '균형관계'에 있기 때문에, 그 생산물이 갖는 질이 파괴되는 일은 없다.

그렇다면, 새로운 관념을 가져오는 것도 아닌, 이런 새로운 용어를 왜 꺼내는 것일까? '균형관계'는, 생산의 균형, 공급과 수요의 올바를 균형 등, 많은 경제적 관계를 상기시키게 되므로, 프루동은 금전적 가치를 교육적으로 바꾸어 말할 때에, 그런 모든 일을 고려하고 있었던 것이다.

우선, 생산물의 상대적 가치는 각 생산물의 생산에 쓰인 노동량의 비교에 의해서 결정되므로, 이 특정한 경우에 적용되는 균형관계란, 일정한 시간 안에 제조 가능하며, 그러기 때문에 교환 가능한 생산물의 각각의 양을 의미하고 있다.

그렇다면 프루동이 이 균형관계를 어떻게 이용하는가를 보기로 하자.

누구나 알고 있는 바와 같이, 공급과 수요가 균형을 이룰 때, 그 어떤 생산물의 상대적 가치는 그것에 고정된 노동의 양에 의해서 정확하게 정해진다. 즉, 그 상대적 가치는, 바로 우리가 방금 제시한 것과 같은 뜻으로 균형관계를 표현하고 있다. 그런데 프루동은 사물의 순서를 역전시킨다. 그는 말하고 있다. 먼저, 어떤 생산물의 상대적 가치를, 그것에 고정된 노동의 양으로 측정하는 것이 좋다. 그렇게 하면, 공급과 수요는 틀림없이 균형 상태에 이를 것이다. 생산은 소비에 대응할 것이다. 생산물은 항상 교환 가능하게 될 것이다. 그 일상적 값은 적정한 가치를 정확하게 표시할 것이다, 라고. 모든 사람과 함께 '날씨가 좋을 때에는 산책하는 사람이 많다'고 말하는 대신, 프루동은 주위 사람들에게 좋은 날씨를 보증하기 위해, 사람들을 산책시키는 것이다.

노동시간에 의해 선험적으로 결정된 금전적 가치의 귀결로서, 프루동이 제시하는 것은, 대략 다음과 같은 말로 나타낼 수 있는 어떤 종류의 법칙에 의해서밖에 정당화되지 않을 것이다.

〔그런 법칙이 있으면〕앞으로는 생산물은 그것이 필요로 한 노동시간에 정확하게 비례해서 교환될 것이다. 수요에 대한 공급의 비율이 어떠하든, 상품의 교환은, 그것이 수요에 균형을 이루어 생산된 것처럼 항상 실현될 것이다. 이와 같은 법률을 작성하여 성립시키는 일을 프루동 자신이 맡는다면, 입증 책임을 면제해 주어도 좋을 정도이지만, 오히려 입법자로서가 아니라 경제학자로서 자기의 이론에 얽매어 있기 때문에, 그는 스스로 어떤 상품을 창조하기 위해 필요한 시간이 그 상품의 효용 정도를 정확하게 표시하고, 수요와의 균형관계 (따라서 부의 총체와의 관계)를 나타내고 있다는 것을 증명하지 않으면 안 된다. 이 경우, 어떤 생산물이 그 생산비에 똑같은 값으로 팔린다면, 공급과 수요는 항상 균형을 이룰 것이다. 왜냐하면, 생산비는 공급과 수요의 참된 관계를 나타내고 있다고 여겨지기 때문이다.

분명히, 프루동은 어떤 생산물을 창조하기 위해 필요한 노동시간이, 여러 욕구에 대한 적절한 균형관계를 나타낸다는 것을 입증하려 하고 있다. 생산에 걸리는 시간이 가장 적은 물건이 가장 직접적으로 쓸모 있고, 마찬가지 관계로 차례대로 올라간다는 것이다. 이 설에 의하면, 사치품의 생산이 성립되는 것만으로 이미, 사회가 사치의 욕구를 채울 수 있는 남은 시간을 갖는다는 것이 증명되는 것이 된다.

프루동은 그의 학설의 증명 그 자체를, 가장 쓸모 있는 물건이 가장 적은 생산시간을 필요로 한다는 것, 사회는 항상 가장 손쉬운 산업에서 시작하여, 차츰 '가장 많은 노동시간을 필요로 하고, 보다 고차원의 욕구에 대응하는 물건의 생산을 다루게 된다'는 것을 관찰하는 것 안에서 발견하고 있다.

프루동은, '뒤느와이에'로부터 채취산업의 예를 차용하고 있다. 인간이 '〔천지창조에 이은〕제2의 창조의 첫날을 그것으로 시작'한 가장 단순하고, 가장 비용이 들지 않는 채취나 목축, 사냥·어로 등의 산업이다. 인간 자신이 처음에 창조된 첫날은 창세기에 기록되어 있는데, 그것이 의하면 신이 세계 최초의 산업가였다는 이야기가 된다.

그런데 사태는 프루동의 생각과는 전혀 다른 방향으로 펼쳐졌다. 문명이 시작된 시점에서, 생산이 위계나 신분 계급의 대립, 즉 축적된 노동과 직접적 노동의 대립에 입각해서 구축되게 된다. 대립이 없으면 진보는 없다. 그것은, 오늘에 이르기까지 문명이 걸어온 법칙이다. 현대에 이르기까지, 생산력은 이 계급 대립의 틀 덕택으로 발달해 왔다. 최근에 이르러 모든 노동자의 모든 욕구가 충족되어 있었기 때문에, 인간은 상위 차원의 생산물의 창조나 보다 더 복잡한 산업에 종사할 수 있었다는 식으로 말한다는 것은 계급 대립을 사상(捨象)해서, 역사의 모든 발전을 뒤집어 엎는 것과 같은 것이다. 마치, 제정 시대의 로마에서는 양어장에서 곰치를 양식하고 있었기 때문에, 로마의 전 인구를 충분히 양육할 만한 식량이 있었다고 말하고 싶어하는 것 같다. 로마의 민중은 빵을 살 돈에도 자유롭지 못했는데, 로마의 귀족은 곰치의 먹이로 삼는 노예에도 빈틈이 없었던 것이다.

식료품값은 거의 연속해서 올랐지만, 제조품이나 사치품 값은 거의 연속해서 내렸다. 농산업을 예로 들어보자. 밀이나 고기 같은, 빼놓을 수 없는 물건값은 올라갔으나, 솜·설탕·커피 등은 놀라운 비율로 끊임없이 내려갔다. 본디의 뜻에서 본 식품 중에서까지도, 아티초크나 아스파라거스 등과 같은 사치품은, 꼭 필요한 식품보다 상대적으로 값이 쌌다〔값의 저하가 컸다〕. 현대에는, 여분의 물건 쪽이 필수품보다도 손쉽게 생산이 가능하다. 결국, 역사상의 여러 시대를 보면, 물건값은 다만 다를 뿐만 아니라 서로 상반되어 있기도 하다. 중세 전체를 통해서, 농산물은 수공업품보다도 상대적으로 값이 쌌으나, 현대에는 그 반대가 되어 있다. 그렇다고 해서 농산물의 효용이 중세 이래 감소했다고 말할 수 있을까?

생산물의 이용 상황은, 소비자가 놓인 사회 상태에 의해 결정되며, 이런 상태 자체가 계급 대립에 의거하고 있다.

솜·감자·〔싸구려〕브랜디는 가장 일반적으로 이용되는 물건이다. 감자는 선병〔腺病: 목에 있는 림프샘의 결핵성 종창〕을 초래하였다. 위생적으로 보아서도 리넨이나 울 쪽이 쓸모 있는데, 솜은 리넨이나 울 대부분을 쫓아냈다. 브랜디는 일상적으로 마시면 독물이 된다는 것이 널리 알려져 있는데도 맥주나 와인을 이겨냈다. 한 세기 동안 내내, 여러 나라의 정부는 이 유럽산 아편과 싸웠으나 소용이 없었다. 경제가 승리를 거두어 소비에 명령을 내린 것이다.

그렇다면 도대체 왜 솜·감자·브랜디가 부르주아 사회의 중심축이 되었을까? 이들을 생산하기 위해서는 가장 적은 노동력밖에 필요치 않았고, 또한 가장 값이 쌌기 때문이다. 왜 최저의 값이 최대의 소비를 결정하는 것일까? 이들 물건이 공교롭게도 절대적이고 내재적인 효용을 가졌고, 그 효용이, 노동자로서의 인간이 아니라 인간으로서의 노동자의 욕구에 가장 효과적인 방식으로 대응하고 있었기 때문이었을까? 그렇지 않다. 궁핍과 비참 위에 구축된 사회에서는, 가장 비참한 〔보잘것 없는〕 생산물이 최대다수의 이용에 제공되는 특권을 가지기 때문이다.

원가가 가장 적게 드는 물건이 가장 많이 이용되고 있는 것으로 보아, 이들 물건은 가장 많은 효용을 가지고 있음에 틀림없다고 단언한다는 것은, 생산비가 낮았기 때문에 브랜디의 이용이 그토록 널리 퍼졌는데도, 그 보급이 야말로 브랜디 효과의 결정적인 증명이라고 말하는 것과 같은 것이다. 그렇게 되면, 프롤레타리아에 대해서 감자 쪽이 고기보다도 건강에 좋다고 하는 것과 마찬가지로, 사회의 현상을 그대로 받아들이는 것이 되어 버린다. 그것은 결국, 프루동과 함께 어떤 사회를 이해하려고 하지 않고, 그 사회를 찬미하는 일인 것이다.

앞으로 다가올 사회에서 계급 대립이 없어지고, 더 이상 계급이 존재하지 않는다면, 물건의 이용은 이제 최소한의 생산비에 의해서 결정되는 것이 아니라, 어떤 물건에 할애하는 생산시간은 그 효용의 정도에 의해서 결정될 것이다.

프루동의 설로 돌아가자. 어떤 물건의 생산에 필요한 노동시간이 그 효용의 정도를 전혀 표현하지 않게 된 때부터, 이 똑같은 물건의 교환가치 (그것에 고정된 노동시간에 의해 미리 결정된다)는, 공급의 수요에 대한 적정한 관계, 즉 프루동이 우선 그것에 부여하고 있는 뜻으로서의 균형관계를 결코 정할 수가 없게 될 것이다.

그 어떤 생산물이 그 생산비의 값으로 판매되는 일이, 수요에 대한 공급의 '균형관계', 또는 생산 전체에 대한 어떤 생산물의 상대적 비율을 성립시키는 것은 전혀 아니다. 공급과 수요의 변동이 생산자에게, 적어도 생산비의 몫을 교환으로 받기 위해서는, 생산물을 어느 양만큼 생산해야 하는가를 지시한다. 그리고 이 변동은 지속적인 것이므로, 산업의 다른 부문에서, 자본을 끌어올리거나 할당하거나 하는 운동이 끊임없이 일어나는 것이다.

'자본이, 수요가 존재하는 서로 다른 복수의 상품 생산에 필요한 비례분만큼 할당되고, 그 이상이 되지 않는 것은, 이런 변동 때문에 그렇게 되는 것에 지나지 않는다. 값의 상승이나 하강을 통해서, 이윤은 일반적 수준 이상으로 높아지거나 그 이하로 낮아지거나 하는데, 이에 의해서, 자본은 이들의 (상승과 하강 어느 쪽인가의) 변동을 겪은 각각의 용도에 쏠리거나 거기에서 멀어지거나 하는 것이다.'—'대도시의 시장에 눈을 돌리면, 그곳에는 국내외로부터 모든 종류의 상품이, 변덕이나 취향의 결과, 또는 인구의 변동에 의해서, 수요가 제아무리 변해도, 필요한 분량만큼 어떻게 그것이 규칙적으로 공급되고 있는가를 볼 수가 있다. 거기에서는 가끔, 너무 많은 공급으로 재고과잉이 일어나기도 하고, 수요에 비해서 공급이 적기 때문에 값의 지나친 등귀가 일어나는 일도 없는 것이다. 따라서, 산업 각 부문에 자본을 적정한 비율로 정확하게 배분하는 원칙은, 일반적으로 여겨지고 있는 이상으로 강력하다는 것을 인정하지 않을 수 없다.' (리카도, 제1권, p.105,108)

프루동이 생산물의 가치를 노동시간에 의해 결정되는 것으로 받아들인다면, 그는 마찬가지로 〔값의〕 변동을 받아들이지 않으면 안 된다. 이 변동만이 노동시간을 가치의 척도로 삼는 것이 된다. 구성이 완전히 이루어진 '균형관계' 등은 존재하지 않는다. 존재하는 것은 구성을 만들어 내는 운동뿐이다.

'균형'에 대해서, 그것을 노동시간에 의해 결정되는 가치의 귀결로서 논하는 것이 어떤 뜻에서 정당한가를 우리는 보아왔다. 이번에는 프루동이 '균형의 법칙'이라고 부른, 시간에 의한 이 척도가 어떻게 해서 불균형의 법칙으로 전화하는가를 보기로 하자.

이제까지 2시간으로 생산되고 있던 것을 1시간으로 생산하는 것을 가능하게 하는 새로운 발명은, 시장에서 찾아볼 수 있는 모든 동질(同質)의 생산물값을 내리게 한다. 경쟁이, 생산자에게 2시간의 생산물을 1시간의 생산물과 같은 싼 값으로 판매하는 것을 강요하는 것이다. 경쟁에 의해서 실현되는 법칙은, 어떤 생산물의 상대적 가치가 그 생산에 필요한 노동시간에 의해서 결정된다는 법칙이다. 노동시간은 금전적 가치의 척도로서 쓸모 있으므로, 그것은 노동의 끊임없는 가치하락이라는 법칙 그 자체가 된다. 그뿐만이 아니다. 시장에 반입되는 상품뿐만이 아니라, 생산 용구와 공장 전체에 대해서도 가격하락이 존재하는 것이 된다. 이 사실을 리카도는 이미 지적하여 이렇게 말하였다.

　'생산을 손쉽게 할 수 있도록 끊임없이 만듦으로써, 우리는 이전부터 생산되고 있던 물건 중 몇 가지의 가치를 끊임없이 감소시키고 있다.'(제2권, p.59)

시스몽디는 더 앞으로 나아가 있다. 이 노동시간에 의해서 '구성된 가치' 안에 그는 현대 상공업의 모든 모순의 원천을 보고 있었다. 그는 말하고 있다.

　'상업적 가치는 결국, 가치가 인정된 물건을 손에 넣기 위해서 필요한 노동의 양에 관해서 항상 정해진다. 그것은 그 물건이 현실적으로 필요로 한 노동량이 아니라, 아마도 개량된 수단을 써서 필요로 하는 노동량이다. 그리고 이 양은, 그 가치를 측정하는 것이 어렵다고는 하지만 경쟁을 통해서 정확하게 정해진다……. 파는 사람의 요구액도 사는 사람의 제공액도 이 사실에 입각해서 계산된다. 파는 사람은 아마도 그 상품이 10노동일이 필요했다고 주장할 것이다. 그런데 만일 사는 사람이 앞으로 8노동일로 완성된다는 것을 알면, 그리고 경쟁을 통해서 당사자 쌍방이 이것을 확인하면, 그 상품가치는 8노동일로 내려가, 그것이 시장가격이 될 것이다. 분명히, 파는 사람이나 사는 사람이나, 그 상품이 쓸모 있고 요망되고 있다는 것, 요망되고 있지 않으면 전혀 팔리지 않을 것이라는 것을 잘 알고 있다. 하지만 값의 결정에 관해서는 효용과의 그 어떤 관계도 유지되어 있지 않은 것이다.'(《연구》등, 제2권, p.267, 브뤼셀판)

이 점에 관해서, 가치를 결정하는 것은, 어떤 물건의 생산에 소요된 실제의 시간이 아니라, 그것을 생산할 수 있는 최소한의 시간이라는 것을 강조해 두는 것이 중요하다. 그리고, 이 최소한은 경쟁에 의해서 확증되게 된다. 이미 경쟁이 존재하지 않고, 그러기 때문에 어떤 상품의 생산에 필요한 최소한의 노동을 확증하는 수단도 존재하지 않게 되었다고 가정해 보라. 도대체 어떤 일이 일어날 것인가. 프루동에 의하면 어떤 물건의 생산에 1시간밖에 소요되지 않은 사람의 6배를 물건과의 교환으로 요구할 수 있기 위해서는, 그 물건의 생산에 6시간의 노동을 사용하면 충분하다는 이야기가 된다.

좋든 나쁘든, 그 관계에 계속 머물기를 고집한다면, 우리는 균형관계가 아니라 불균형관계를 가지는 것이다.

노동의 연속적인 가치 저하는, 노동시간에 의해서 가치를 정할 때의 유일한 측면이자 유일한 귀결이다. 값의 오르내림, 생산 과잉, 그밖에 산업적 무정부 상태를 나타내는 현상의 해석은 이 가치 평가 안에서 찾아볼 수 있다.

그러나 가치의 척도로서 쓸모 있는 노동시간은, 적어도, 여러 생산물 사이에, 프루동을 그토록 매료하는 균형이 잡힌 다양성을 생기게 할 수 있을까?

그와는 정반대로, 결과적으로는 매우 단조로운 독점이 생산물의 세계에 침입하게 된다. 독점이 생산 용구의 세계에 공공연하게 들어오는 것과 마찬가지이다. 매우 급속한 진보가 가능한 것은, 무명공업과 같은 한정된 산업부문의 경우뿐이다. 이런 진보의 당연한 결과, 예를 들어 무명공장의 제품은 급속히 값을 내리게 되는데, 무명값이 내려감에 따라서 리넨값이 무명보다 비싸질 것이 틀림없다. 그 결과, 무슨 일이 일어날 것인가? 무명이 리넨을 대신하게 될 것이다. 이런 방식으로 리넨은 거의 북아메리카 전역에서 쫓겨나고 말았다. 이렇게 해서 우리는 생산물의 균형잡힌 다양성 대신에 무명의 패권을 획득한 것이다.

이 '균형관계'에 관해서는 무엇이 남아 있는가? 상품이 정당한 값으로 판매되는 것이 가능해지는 것처럼, 그것은 균형 상태로 생산되기를 원하는 정직한 자의 바람일 뿐이다. 어느 때나 선량한 부르주아 계급과 박애주의 경제학자는 이런 순진한 바람을 가지고 좋아하였던 것이다.

여기에서 부아 귀베르(1646~1714)의 이야기를 들어 보자. 그는 다음과 같이 말한다.

'상품가치는 항상 균형이 잡혀 있지 않으면 안 된다. 왜냐하면, 상품이 항상 서로 주고(이것이야말로 프루동의 연속적인 교환 가능성이다), 서로 생산하기 위해, 다 같이 존재하는 것을 가능하게 하기 위해서는 이 지혜를 갖는 것 외의 방책이 없기 때문이다……. 따라서 부(富)라고 하는 것은, 인간 또는 직업 등의 끊임없는 상호 혼합 그 자체이며, 빈곤의 원인을, 이런 종류의 혼합이 가격 균형의 혼란에 의해서 중단되는 것 이외에서 구하

려고 하는 것은 가공할 만한 고루한 태도이다.' (《부의 성질에 관한 논술》 데일판, p.405, 408)

이번에는 현대 경제학자 의견을 들어 보자.

'생산에 적용해야 할 일대 법칙은 균형의 법칙(the law of proportion)이며, 이 법칙만이 가치의 연속성을 유지할 수 있다……. 등가물이 보장되어 있지 않으면 안 되는 것이다……. 여러 시대에, 여러 국가가, 수많은 상업상의 조정이나 규제를 통해서, 이 균형의 법칙을 어느 정도까지 실현하려고 시도해 왔다. 그러나 인간의 본성에 내재하는 이기주의는, 이런 규제의 모든 제도를 뒤집어 엎도록 인간에게 강요해 왔다. 균형잡힌 생산(proportionate production)이야말로 사회경제학의 모든 진리를 실현하는 것이다.' (W. 애트킨슨, 《경제학원리》, 런던, 1840년, p.170~195)

트로이는 사라졌다(Fuit Troja). 다시 많은 사람들의 바람의 표적이 되기 시작하고 있는 공급과 수요 사이의 균형은 먼 옛날부터 이미 존재하지 않는다. 이 균형은 이미 낡은 것이 되어 버렸다. 그것은 생산수단이 한정되고 교환수단이 매우 제한된 범위 내에서 이루어졌던 시대에서밖에 가능하지 않았던 것이다. 대규모 공업의 탄생과 함께 적절한 균형은 소멸되지 않을 수 없었고, 생산은 호황·불황·정체 그리고 새로운 호황으로 이어지는 오르내림을 영원히 반복하는 숙명에서 벗어나지 못하게 되었다.

시스몽디처럼, 사회 현상(現狀) 기반을 유지하면서 생산의 적정한 균형으로 회귀할 것을 바라는 사람들은 반동적이다. 왜냐하면, 주장의 일관성을 유지하기 위하여 그들은 과거 시대의 산업의, 그 이외의 모든 조건도 부활시키기를 바라지 않으면 안 되기 때문이다.

생산을 적절한, 또는 거의 적절한 균형 안에 유지하였던 것은 도대체 무엇이었던가? 그것은 공급에 앞서 존재하고 공급을 지배한 수요이다. 생산은 소비의 뒤를 한 걸음 한 걸음 따라가고 있었던 것이다. 그런데 대규모 공업은, 그것에서 쓰이는 용구 자체에 의해서 항상 확대되는 규모로 생산하도록 재촉을 받아, 이미 수요를 기다릴 수는 없게 되었다. 생산이 소비에 앞서고,

공급이 수요를 재촉하게 된 것이다.

현대사회에서는, 산업은 개인 간의 교환을 기반으로 구축되어, 그것에서는 생산의 무정부적 성격이 많은 궁핍과 비참의 원천인 동시에 모든 진보의 원천이기도 하다.

이렇게 해서 다음 두 가지 중 어느 한 가지를 선택하지 않으면 안 된다.

현대의 생산수단을 써서, 과거 시대의 적절한 균형을 바란다(이때 당신은 반동가인 동시에 공상가이기도 하다). 또는 무정부 상태를 버리고 진보를 바란다(그래도 생산력을 유지하고 싶으면 당신은 개인 간의 교환을 포기하는 것이 된다).

개인 간의 교환은 과거 시대의 소규모 공업이나 그 필연적 결과인 '적절한 균형'밖에는 조화하지 않는다. 또는, 대공업이나 그에 따르는 일련의 가난과 무정부 상태밖에 조화하지 않는다.

이제까지 말해 온 것으로 보자면, 노동시간에 의한 가치의 결정(즉, 프루동이 미래를 재생하는 공식으로서 우리에게 제안한 공식)이란, 리카도가 프루동보다도 훨씬 이전에 명쾌하고 간결하게 제시한, 현대사회의 경제적 여러 관계의 과학적 표현 바로 그것이다.

하지만, 굳이 말하자면 이 공식의 '평등주의적' 적용 정도는 프루동에 속하는 것이 아닐까? 모든 인간을 똑같은 노동량을 서로 교환하는 직접적 노동자로 변신시킴으로써 사회를 개혁할 수 있다고 생각한 것은 그가 처음일까? 그보다 이전에 이 '프롤레타리아의 문제 해결'을 발견하지 않았다고 해서 코뮤니스트—저 '머리가 굳은 바보', 저 '기생충적 몽상가'—를 비난하는 자격이 프루동에게 있는 것일까?

영국 경제학의 동향에 조금이라도 익숙한 사람이라면, 그 나라의 거의 모든 사회주의자가, 여러 시기에, 리카도 이론의 평등주의적 적용을 제안하고 있었다는 것을 모르는 사람은 없다. 프루동을 위해서, 예를 들어 호지스킨의 《경제학》(1822), 윌리엄 톰슨의 《인류 행복에 가장 유용한 부의 재분배에 대한 여러 원리의 탐구》(1824), T.R. 에드몬즈 《실천적·도덕적·정치적 경제학》(1828) 등, 4쪽분의 저작 리스트를 들 수가 있을 것이다.

여기에서는 영국의 코뮤니스트인 브레이의 말을 들어 보는 것으로 만족하기로 하자. 그의 주목할 만한 저작 《노동의 해악, 노동의 개선》(리즈, 1839

년) 중의 결정적인 대목을 여기에서 될 수 있는 대로 길게 인용해 보기로 한다. 왜냐하면, 첫째, 브레이는 아직 프랑스에서는 그다지 알려지지 않았고, 다음으로, 그의 저작 중에서 프루동의 과거, 현재 및 미래의 저작에 대한 열쇠를 발견할 수가 있었다,고 우리는 믿기 때문이다.

'진리에 이르는 유일한 방법은, 처음의 여러 원칙을 정면으로 다루는 일이다. 여러 정부까지도 그것에서 파생된 원천으로 단숨에 거슬러 올라가 보기로 하자. 이렇게 해서 사물의 기원으로 거슬러 올라가보면, 모든 통치 형태, 모든 사회적·정치적 부정은, 현재 활동 중인 사회 시스템으로부터 —현 시점에서 존재하고 있는 그대로의 소유제도(the institution of property as it at present exists)에서—생기고 있으므로, 오늘날의 부정과 가난을 영원이 끝내기 위해서는, 사회의 현상(現狀)을 근본적으로 뒤집을 필요가 있다는 것을 우리는 알게 된다……. 경제학자들을 그들의 진영에서, 그들의 무기를 써서 공격하면, 그들이 언제라도 자랑삼아 보일 준비가 되어 있는 저 환상가나 이론가에 대한 어리석은 장광설〔長廣舌 : 쓸데 없이 오래 지껄이는 말〕을 피할 수 있다. 경제학자들이 그들 자신의 이론을 세우는 기반인, 이미 인정되어 있는 진리나 원칙을 부정하든가 부인하지 않는 한, 그들은 이 방법으로 우리가 이르게 될 결론을 물리칠 수 없는 것이다.' (브레이, p.17, 41)

'가치를 부여하는 것은 노동뿐이다(It is the labour alone which bestows value)……. 누구나, 그의 정직한 노동이 그에게 가져다 주는 모든 것에 대해서, 의문의 여지가 없는 권리를 가지고 있다. 이렇게 해서 자기 노동의 성과를 손에 넣음으로써, 그는 다른 사람에 대해서 그 어떤 부정(不正)도 저지르지 않고 있다. 그는, 다른 모든 사람들과 마찬가지로, 행동하는 권리를 조금도 침해하지 않기 때문이다……. 우월한 지위나 열등한 지위, 주인과 피고용인 등의 모든 관념은, 사람들이 최초의 원칙을 잊고, 그 결과, 소유에 불평등이 도입된 것에서 생긴다(and to the consequent rise of inequality of possessions). 이 불평등이 유지되는 한, 그와 같은 관념을 근절하거나, 불평등 위에 구축되는 여러 제도를 뒤엎는다는 것은 불가능한 것이다. 현재에 이르기까지, 사람들은 항상 현존하는 불평등을 타파하려고 하면서도, 불평등의 원인을 남겨둔 채로 있기 때문에, 현재 우리를 지배하고 있는 것과 같은, 자연에 어긋나는 상황을 개선하려는 희망을 가진다 해도 허무할 뿐이다. 그러나 우리는 이윽고 다음과 같은 일을 증명할 것이다. 즉 정부는 원인이 아니라 실은 결과라는 것, 정부는 무엇인가를 만들어 내는 것이 아니라, 만들어진다는 것—한 마디로 말하자면, 정부란 소유에 있어서의 불평등의 결과라는 것(the offspring of inequality of possessions), 그리고 소유의 불평등은 현재의 사회 시스템과 불가분하게 결부되어 있다는 것.' (브레이, p.33, 36, 37)

'평등의 시스템은 그 자체가 매우 큰 이점이 있을 뿐만 아니라, 엄격한 정의(正義)를 가지고 있다……. 인간 각자는 한 개의 고리, 그것도 여러 결과의 사슬 안에서 불가결한 고리이며, 이 사슬은 하나의 관념을 출발점으로 해서, 아마도 울의 생산에 이를 것이다. 따라서 우리의 취향은, 직업이 다르면 똑같지 않다고 해서, 어떤 사람의 노동이 다른 사람의 노동보다도 좋은 보수를 받아야 한다고 결론을 내릴 일이 아니다. 발명가는, 정당한 금전적 보수 이외에, 천재만이 우리로부터 획득할 수 있는 '칭찬'이라고 하는 공물(貢物)을 받으면 좋은 것이다…….'

'노동과 교환의 성질 그 자체를 통해서, 엄격한 정의는 모든 교환자가 다만 상호적인 이익이 아니라 평등한 이익을 얻는 것을 요구한다(all exchangers should be not only mutually but they should likewise be equally benefited). 인간이 서로 교환할 수 있는 것은 두 가지밖에 없다. 즉, 노동과 노동의 생산물이다. 만일 교환이 공평한 시스템으로 실행된다면, 모든 물건의 가치는 이들의 생산비에 의해 결정될 것이다. 그리고 동등한 가치가 항상 동등한 가치와 교환될 것이다(If a just system of exchange were acted upon, the value of all articles would be determined by the entire cost of production, and equal values should always exchange for equal values).

예컨대, 모자 만드는 사람이 모자 하나를 만드는 데에 하루 걸리고, 구두 만드는 사람이 구두 한 켤레 만드는 데에 같은 시간이 걸렸다고 하면(두 사람이 서로 사용한 원재료는 같은 가치라고 가정한다), 그리고 두 사람이 이들 물건을 서로 교환한다고 하면, 그들이 교환으로부터 얻는 이익은 상호적인 동시에 평등하다. 당사자의 한 쪽에 생기는 벌이가 다른 사람에 손실이 되는 일은 있을 수 없다. 왜냐하면, 쌍방이 같은 노동량을 제공했고, 쌍방이 쓴 원료가 등가이기 때문이다. 그러나 앞서의 가정 조건을 바꾸지 않고, 만일 모자 만드는 사람이 모자 하나와의 교환으로 두 켤레의 신을 얻었다고 하면, 교환이 부정하다는 것은 분명하다. 모자 만드는 사람은 구두 만드는 사람으로부터 1노동일을 횡령한 것이 되어 버린다. 모든 교환에서 모자 만드는 사람이 같은 행동을 한다면, 그는 반 년분의 노동과 교환으로 다른 사람의 1년분의 생산물을 받을 것이다. 오늘날까지 우리는 더할 나위 없는 부정한 이 교환 시스템을 항상 따라왔다. 자본가에 대해서, 노동자들은 반 년분의 가치와 교환에 1년분의 노동을 주어온 것이다 (the workmen have given the capitalist the labour of a whole year, in exchange for the value of only half a year). —그리고 부(富)와 권력의 불평등이 생긴 것은 바로 이 점에 의해서이지, 개인의 체력이나 지력에 관해서 상정되는 불평등에서가 아니다. 교환의 불평등, 구매가격과 판매가격의 격차는 영원히 자본가가 자본가이고 노동자가 노동자라는 조건하에서밖에 존재하지 않는다. —한편은 폭군계급이고, 다른 한 편은 노예계급이다. 이 거래는, 그러기 때문에 자본가와 지주가 노동자의 1주일분의 노동에 대하여, 그 전주에 그들이 노동자로부터 획득한 부의 일부분밖에 주지 않는다는 것, 따라서 그들은 결국 그 어떤 것에 대해서 전혀 주지 않는다(nothing for something)는 것을 명확히 증명하고 있다……. 노동자와 자본가 사이의 거래야말로 정말로 희극이다. 사실, 많은 경우 이 거래는 합법적이라 해도 실은 부끄럼 없는 도둑질에 지나지 않는 것이다(The whole transaction between the producer and the capitalist is a mere farce : it is, in fact, in thousands of instances, no other than a barefaced though legal robbery).' (브레이, p.45, 48, 49, 50)

'기업가의 이익은, 노동자에게는 손실이라고 하는 것은 결코 근절되지 않을 것이다—당사자 간의 교환이 평등하게 될 때까지는, 그리고 사회가 자본가와 생산자로 분열하여, 후자가 자신의 노동으로 생계를 마련하고, 전자가 이 노동의 이윤으로 살찌고 있는 한 교환은 평등하게 이루어질 수 없을 것이다…….'

브레이는 계속 말한다.

'이러저러한 형태의 정부를 세워도……, 도덕이나 동포애의 이름으로 설교를 해도, 소용이 없을 것이다……상호성은 교환과 불평등과 양립하지 않는다. 교환의 불평등은 소유의 불평등의 원천으로 우리를 탐식하는 숨은 적인 것이다(No reciprocity can exist where there are unequal exchanges. Inequality of exchanges, as being the cause of inequality of possessions, is the secret enemy that devours us).' (브레이, p.51, 52)

'사회의 목표와 목적의 고찰에서, 나는 다음과 같은 결론을 얻을 수 있었다. 모든 인간이 일을 함으로써 교환에 이르지 않으면 안 될 뿐만이 아니라, 동등한 가치가 동등한 가치와 교환되지 않으면 안 된다는 결론이다. 게다가, 한 쪽의 이익이 다른 쪽의 손실이 되어서는 안 되기 때문에, 가치는 생산비에 의해서 결정되지 않으면 안 된다. 그런데 이미 보아온 바와 같이, 현재의 사회제도하에서는, 자본가나 부자의 이익은 항상 노동자의 손실이며, 이와 같은 결과가 생기는 것은 피할 수 없다. 어떤 형태의 정부하에서도, 가난한 사람은 부자의 자비로부터 완전히 버림을 받고 있다. 따라서, 교환의 평등은 보편성을 인식할 수 있는 사회제도에 의해서밖에 보장되지 않는다. 교환의 평등은 현재의 자본가의 손에서 노동자계급의 손으로, 부를 차츰 이행시키게 될 것이다.' (브레이, p.53, 55)

'교환이 불평등한 이 시스템이 유효하기를 계속하는 한, 비록 정부가 징수하고 있는 모든 간접세나 직접세를 폐지한다고 해도, 생산자는 현재와 마찬가지로, 항상 가난하고, 무지하고, 지나친 노동을 짊어지게 될 것이다……. 이 상황을 개선하고, 여러 권리의 참다운 평등을 사람들에게 확보할 수 있는 것은, 노동과 교환의 평등을 도입해서 시스템을 전면적으로 변혁하는 길밖에 없다……. 생산자는 한 가지만 노력하면 된다―생산자를 구제하기 위한 노력은 생산자 자신에 의해서 이루어지지 않으면 안 된다―그렇게 되면, 그들의 쇠사슬은 영원히 쳐부수어질 것이다……. 정치적 평등을 목표로 하는 것은 잘못이며, 수단으로 하는 것도 잘못이다(As an end, the political equality is there a failure, as a means also, it is there a failure).'

'교환의 평등이 실현되면, 한 쪽의 이윤은 다른 쪽의 손실로는 되지 않는다. 모든 교환은 이제 노동과 부의 이전에 지나지 않고, 그 어떤 희생도 요구하지 않기 때문이다. 이렇게 해서 교환의 평등을 토대로 한 사회 시스템하에서는, 생산자도 또한 절약을 수단으로 해서 부에 이르는 일이 가능해질 것이다. 하지만, 그의 부는 이제 스스로의 노동에 의해서 축적된 산물이 될 것이다. 생산자는 그의 부를 교환하거나, 다른 사람에게 줄 수 있을 것이다. 그러나 노동을 그만둔 후에는, 그는 장기간 부자로 계속할 수는 없다. 교환의 평등을 통해서, 부는 말하자면 부 자체에 의해서 갱신되고 재생산된다는 현재의 힘을 잃는다. 부는 이제 소비가 만들어 낸 공백을 메울 수는 없을 것이다. 왜냐하면, 노동에 의해서 재생산되지 않는 한, 일단 소비된 부는 영원히 상실되기 때문이다. 오늘날 우리가 이윤이나 이자라고 부르고 있는 것은, 평등한 교환 체제하에서는 더 이상 존재하지 않을 것이다. 그것에서는, 노동자와 분배자가 동등한 보수를 받게 되고, 그들 노동의 모든 합계가, 생산되어 소비자에게로 가는 모든 물건의 가치의 결정에 쓸모 있을 것이다……'

'교환 때의 평등 원칙은, 그러기 때문에, 그 본성으로 해서 보편적 노동을 가져올 것이다.' (브레이, p.67, 88, 89, 94, 109)

코뮤니즘에 대한 경제학자의 반론을 물리치고 나서 브레이는 이렇게 계속한다.

'공동체의 사회 시스템을 완벽한 형태로 실현하기 위해서는, 성격의 변동이 불가결하다고 보자. 한편, 현재의 제도가 이 성격의 변화에 이르기 위해서, 그리고 우리 모두가 희망하고 있는 보다 더 좋은 상태에 대해서 사람들을 준비시키기 위해, 필요한 기회나 편의를 전혀 제공하지 않는다고 하자. 그 경우, 사회적 준비 단계의 시기를 찾아서 적용하는 것이 아니라면, 상황은 필연적으로 현재상태 그대로 계속될 것은 분명한 일이다. — 준비 단계란, 현재의 시스템 성질도, 앞으로 와야 할 시스템(공동체 시스템)의 성질도 겸해서 갖추고 있는 운동이자, 작은 쉼과 같은 것으로, 사회는 우선 이 단계로 모든 벗어남과 어리석은 행동과 함께 이르고 나서, 그 후에, 공동체 시스템에 불가결한 조건인 특성과 속성을 풍부하게 도입하여, 이 단계를 뒤로 한다.' (브레이, p.134)

'이 운동 전체는, 가장 단순한 형태의 협동밖에 필요치 않을 것이다 ……. 그 어떤 경우에도, 생산비가 생산물의 가치를 결정하고, 동등한 가치와 동등한 가치가 항상 교환될 것이다. 두 사람 중, 한 쪽은 만 1주일 동안 일을 하고, 다른 한 쪽은 한 주일의 반만큼 일을 했다고 하면, 전자는 후자의 2배의 보수를 받을 것이다. 그러나 이 여분의 지불분은 다른 한 쪽의 비용으로 주어진 것이 아니다. 후자가 받은 손실은 그 어떤 방법으로라도 전자의 손에 들어가지는 않을 것이다. 누구나가, 개인적으로 받고 있는 임금을, 이 임금과 같은 가치의 대상물과 교환할 것이다. 어떤 경우에도, 어떤 개인이나 어떤 산업에 의해 실현되는 이윤은 다른 개인이나 다른 부문 산업의 손실이 되는 일은 없다. 각 개인의 노동이, 그 사람의 이윤이나 손실의 유일한 척도가 될 것이다…….'

'……중앙과 지방에 설치되는 통상국(boards of trade)을 통해서, 소비를 위해 필요한 여러 물건의 양이 결정되고, 그밖에 일(다른 부문의 노동에 쓰이는 노동자의 수 등)과 비교한 각 물건의 상대적 가치가 결정된다. 요컨대, 생산과 사회적 분배에 관한 모든 사항이 여기서 결정된다. 이런 업무는 한 나라의 규모로 이루어지는데, 현 제도하에서는 한 사기업을 위해 이루어지는 업무와 같을 정도의 얼마 안 되는 시간으로, 마찬가지로 손쉽게 이루어질 것이다……. 현 제도와 마찬가지로, 개인이 모여서 가족이 되고, 가족이 모여서 〔자치적〕공동체(코뮌)가 된다……도시와 농촌 인구의 분배는, 매우 유해하다고는 하지만, 직접적으로는 폐지되지 않을 것이다……. 이와 같은 결사(아소시아시옹) 안에서는, 각 개인은 현재 가지고 있는 자유를 계속 누리게 된다. 즉, 자기가 좋다고 여기는 만큼 축적하고, 이 축적을 자신이 적당하다고 판단하도록 이용하는 자유이다……. 우리 사회는, 말하자면 무수한 작은 주식회사로 이루어진 한 큰 주식회사가 될 것이다. 이들 작은 회사가 생산을 하여, 가장 완전한 평등하에서 그 생산물을 교환하는 것이다……. 우리의 새로운 주식회사 시스템은, 코뮤니즘에 이르기 위해서 현대사회에서 이루어지는 양보에 지나지 않고, 생산물의 개인적 소유와 생산력의 공동소유(propriété en commun)를 공존시키기 위해 설치된 것인데, 이 시스템은 각 개인의 운명을 그 사람의 활동에 의존시켜, 자연과 기술의 진보에 의해서 제공될 모든 이익의 동등한 몫을 개

인에게 주는 것이다.' (브레이, p.158, 160, 162, 168, 194, 199)

우리가 브레이에 대해서 대답해야 할 말은 이제 얼마밖에 남지 않았다. 그는 우리의 뜻에 어긋나게 프루동에 대체된 것 같은데, 다른 것은 다음과 같은 점이다. 브레이는, 인류의 최고의 도달점을 밝히려고 하지 않고, 다만 현대사회에서 공동체의 체제로 이행하는 시기에, 자기가 좋다고 믿은 방책을 제안하고 있을 뿐인 것이다.

피에르의 1시간의 노동은, 폴의 1시간의 노동과 교환된다. 이것이 브레이의 기본원칙이다.

피에르가 지금 12시간의 노동을 가지고 있고, 폴은 6시간의 노동밖에 가지지 않는다고 가정하자. 이때 피에르는 폴과 6시간분밖에 교환할 수 없으므로, 그 결과 피에르가 6노동시간의 나머지를 가지게 된다. 이 6노동시간을 그는 어떻게 할까?

피에르는 남은 이 시간으로 아무 일도 하지 않을지도 모른다. 즉, 6시간을 무익하게 일한 것이 될지도 모른다. 또는 균형을 맞추기 위해 이 6시간의 노동을 쉴지도 모른다. 또는, 이것이 마지막 방책인데, 쓸 데가 없는 덤인 이 6시간을 폴에 줄지도 모른다.

그래서 결국, 피에르가 폴에게서 얻은 것은 무엇인가. 노동시간이었을까? 그렇지 않다. 그가 얻은 것은 여가(loisir)시간뿐이다. 피에르는 6시간이나 아무 일도 하지 않고 지내지 않으면 안 되는 것이다. 그리고 이 새로운 사회에서는 이 게으름(fainéantise〔아무것도 하지 않음〕)이라고 하는 새로운 권리가 다만 인정될 뿐만 아니라, 높이 평가되기 위해서는, 이 사회가 게으름 중에서 최고의 행복이 발견되고, 노동이 모든 희생을 해서라도 제거해야 할 쇠사슬처럼, 사회에 무겁게 걸려 있지 않으면 안 된다. 게다가, 우리의 예로 돌아가서 보자면, 피에르가 폴에 대해서 획득한 그 여가시간이 참된 벌이라면 좋을 것이다! 그런 일은 있을 수 없다. 폴은 처음부터 6시간밖에 일을 하지 않아도, 규칙바른, 질서 있는 노동에 의해서, 피에르가 처음부터 여분으로 노동을 하지 않으면 얻을 수 없는 결과에 이른다. 이렇게 되면, 누구나 폴이 되고 싶어할 것이다. 폴의 위치를 차지하기 위해서는 경쟁이 일어날 테지만 그것은 게으름(paresse,〔일을 게을리함〕)의 경쟁인 것이다.

어찌된 일인가! 똑같은 노동량의 교환은 우리에게 무엇을 주었는가. 과잉 생산·가치 저하·노동 과잉과 실업, 요컨대 노동의 경쟁이 없다는 것을 제외하면 현대사회에 형성되어 있는 대로의 경제관계이다.

아니, 그렇지 않다. 우리는 잘못되어 있다. 새로운 사회, 피에르와 같은 사람들의 사회, 폴과 같은 사람들의 사회를 구할 수 있는 방책이 아직 존재하고 있을 것이다. 피에르는 그에게 남겨진 6시간의 노동 생산물을 혼자서 소비할 것이다. 그러나 이미 생산한 몫을 교환할 필요가 없어진 시점에서, 그는 교환하기 위해서 생산할 필요가 없어지고 만다. 그렇게 되면, 교환과 분업을 토대로 해서 세운 사회의 모든 전제가 무너져버릴 것이다. 교환의 평등은 바로 교환 그 자체가 존재하지 않게 됨으로써 구제되게 된다. 그 결과, 폴과 피에르는 로빈슨 상태에 이를 것이다.

따라서, 사회의 전 구성원이 직접적 노동자라고 가정하면, 같은 양의 노동 시간의 교환은, 물질적 생산에 써야 할 시간 수를 미리 정해 두는 경우밖에 가능하지 않다. 그러나 이와 같이 결정한다는 것은 개인적 교환을 부정하는 것이다.

창조된 생산물의 분배가 아니라, 생산 행위 그 자체를 출발점으로 해도, 우리는 같은 결과에 이르게 될 것이다. 대규모 공업의 경우, 피에르는 그의 노동시간을 스스로 자유롭게 정할 수 없다. 피에르의 노동은, 공장을 구성하는 모든 피에르들과 모든 폴들의 협력 없이는 무(無)와 같기 때문이다. 이런 점에서, 영국의 공장주들이 10시간 노동법에 집요하게 저항한 이유를 잘 알 수 있다. 여성과 어린이에게 인정된 2시간의 노동 단축이 성년 남성에게도 노동시간 단축을 가져올 것이라는 것을 그들은 너무도 잘 알고 있었기 때문이었다. 대공업의 성격으로 보아, 노동 시간은 모든 노동자에게 똑같아지지 않을 수 없다. 오늘날, 자본과 노동자 상호간의 경쟁의 결과 존재하는 일이, 내일에는 노동과 자본과의 관계가 단절되었을 경우에는, 생산력의 합계와 현존하는 수요의 관계에 바탕을 둔 계약으로 바뀔 것이다.

그러나 이런 계약은 개인적 교환을 단죄하는 것이며, 여기에서도 또, 우리는 최초의 결과에 이른 것이 된다.

본디 존재하는 것은, 생산물의 교환이 아니라 생산에 관련되는 노동의 교환이다. 생산물의 교환양식은, 생산력의 교환양식에 의존하고 있다. 후자를 바꾸면, 그 결과로서 전자도 바꿀 수 있다. 이렇게 해서, 사회의 역사를 보면, 생산물을 교환하는 양식은 그것들을 생산하는 양식에 맞추어서 조정되어 왔다는 것을 알 수 있다. 따라서, 개인적 교환은 일정한 생활양식에 대응하고, 생산양식 자체가 계급 대립에 호응하고 있는 것이다. 그러기 때문에 계급 대립이 없으면 개인적 교환은 존재하지 않는다.

하지만, 고지식한 사람의 양심은 이 명백한 사실을 인정하려고 하지 않는다. 어떤 사람이 부르주아인 한, 그 사람은 이 대립관계 안에 조화와 영원한 정의의 관계 이외의 것을 볼 수 없다. 그것이야말로, 남을 희생으로 해서 자기 이익을 얻는 것을 아무에게도 하락하지 않은 관계라는 것이다. 부르주아에게 있어, 개인적 교환은 계급 대립 없이 성립할 수 있다. 그에게는, 이것들은 전혀 별개의 일인 것이다. 부르주아가 생각 속에 그리는 개인적 교환은, 그가 현실적으로 실천하고 있는 개인적 교환과는 인연이 먼 것이다.

브레이는 올곧은 부르주아의 환상을 자기가 실현하고 싶은 이상으로 만들어 낸다. 개인적 교환을, 거기에서 찾아볼 수 있는 대립적 요소를 모두 제거하여 정화함으로써, 그는 자기가 사회에 도입하기를 바라는 '평등주의적' 관계를 발견했다고 믿고 있다.

브레이는, 자기가 세계에 적용할 것을 바라는 것 같은 평등주의적 관계, 저 교정적(矯正的) 이상 그 자체가 현실 세계의 반영이라고는 생각하고 있지 않고, 따라서, 현실 세계의 미화된 그림자에 지나지 않은 바탕 위에, 사회를 다시 구축하는 등 전혀 생각할 수 없는 일이라고도 생각하고 있지 않다. 그림자가 다시 모양을 취함에 따라서, 이 모양이 꿈에서까지 본 성스러운 변용이기는커녕, 실은 사회의 현실적인 모습이라는 것을 사람들은 알아차리는 것이다.

제3절 가치균형의 법칙의 적용

(A) 화폐

'금과 은은, 그 가치가, 가치 자체의 구성에 이르고 있는 최초의 상품이다.' (프루동, 《빈곤의 철학》 제1권, p.69)

따라서, 프루동에 의하면……금과 은은 '구성된 가치'의 최초의 적용이 된다. 프루동은, 생산물에 고정된 노동의 상대적 양에 의하여 그 가치를 결정하는 것으로 생산물의 가치를 구성하므로, 그가 해야 할 일은 단 한 가지, 금과 은의 가치에 우연히 생긴 변동이, 금과 은을 생산하기 위해 필요한 노동시간의 변동에 의해서 설명된다는 것을 입증하는 일이다. 그러나 프루동은 그런 일을 착안하지 않는다. 그는 금과 은을 상품으로서가 아니라 화폐로서 논하고 있는 것이다.

그의 모든 논리는 (그것에 논리가 있다면) 화폐로서 쓸모 있는 금과 은의 성질을, 노동시간에 의해 가치가 정해진다고 하는 성질을 갖는 상품을 이롭게 하기 위해 속이는 데에 있다. 분명히 이 속임수에 포함되는 것은 악의라고 하느니보다는 오히려 단순 소박성이다.

'어떤 쓸모 있는 생산물은, 그 생산에 필요로 하는 노동시간에 의해 가치가 정해지는 것이므로, 언제라도 교환과정에 받아들여진다. 그 증거가 금과 은이다'라고 프루동은 외친다. 금과 은이야말로 내[프루동]가 바라는 '교환가능성'의 상태에 있기 때문에. 따라서 금과 은은 구성 상태에 이른 가치 그 자체이며, 프루동의 발상을 구체적으로 나타낸 것이 된다. 이 실례를 선택한 것으로, 그는 더할 나위 없이 기뻐하고 있다. 금과 은은 다른 모든 상품과 마찬가지로, 노동시간에 의해 가치가 정해지는 상품이라고 하는 성질 외에, 또 교환의 보편적 매개물, 즉 화폐라고 하는 성질을 가지고 있다. 따라서, 금과 은을, 노동시간에 의해서 '구성된 가치'의 적용이라고 여긴다면, 가치가 노동시간에 의해서 정해지는 모든 상품은 항상 교환이 가능하며, 화폐가 될 수 있다고 입증하는 것만큼 쉬운 일은 없다.

프루동의 머릿속에서는 매우 단순한 하나의 의문이 떠오른다. 왜 금과 은은 '구성된 가치'의 전형이라고 하는 특권을 가지고 있는 것일까?

'관용[慣用 : 습관이 되어 늘 사용함]에 의해 귀금속에 할당된 교역의 매개물로서의 고유한 기능은, 순수하게 습관적인 것이며, 다른 그 어떤 상품도, 아마도 그것만큼 편리하지는 않지만, 마찬가지로 정통적인 방법으로 이 역할을 다할 수 있을 것이다. 경제학자들은 그것을 확인하고 있고, 그와 같은 실례도 몇 가지 들고 있다. 그렇다면, 화폐로서 쓸모 있기 위해 금속이 일반적으로 선호되는 이유는 도대체 무엇일까? 그리고, 경제학상 유례가 없을 정도로 특수화된 금은의 기능은 도대체 어떻게 설명될 수 있을까? ……화폐가 그것으로부터 분리되었다고 여겨지는 계열을 재구성하는 일, 그러기 때문에 화폐를 그 참된 원칙으로 되돌아가게 한다는 일은 과연 가능할 것인가.' [제1권, p.68, 69]

이미, 이런 용어에 의해서 문제를 제기할 때, 프루동은 화폐를 전제로 하고 있었다. 그런데 그가 제기해야 할 최초의 문제는, 현재 이루어지고 있는 것과 같은 형태의 교환에서, '왜 교환의 특별한 매개물이 만들어짐으로써 교환 가능한 가치가 개별화되지 않으면 안 되었는가' 하는 의문이었을 것이다. 화폐란 물건이 아니다. 그것은 사회관계이다. 왜 화폐의 관계는, 분업 등 다른 모든 경제관계와 마찬가지로 생산관계가 되는 것일까? 프루동이 이 관계를 잘 이해하고 있었더라면, 그는 화폐를 하나의 예외, 즉 미지의, 또는 재발견해야 할 계열에서 분리된 한 요소로 보지는 않았을 것이다.

그 반대로, 그는 이 〔화폐의〕 관계가 하나의 둥근고리라는 것을 인식했을 것이다. 즉 화폐의 관계가 그와 같은 것으로서, 그밖에 경제관계의 모든 사슬이 밀접하게 연결되어 있다는 것, 그리고 이 관계가 개인적 교환과 마찬가지로, 일정한 생산양식에 연결되어 있다는 것을 인정하고 있었을 것이다. 그런데 프루동은 도대체 무엇을 했는가? 그는 화폐를 현실의 생산양식 전체로부터 분리시킨 후, 앞으로 발견하게 될 상상상의 계열 최초의 부분으로 구성하려고 한 것이다.

교환을 위한 특수한 매개물의 필요성, 즉 화폐의 필요성이 인정되었으면, 그 후에는 이 특수한 기능이 왜 다른 모든 상품에가 아니라 금과 은에 할당되었는가를 설명하기만 하면 좋은 것이 된다. 그것은, 생산관계의 사슬로는 이미 설명되지 않고, 물질로서의 금과 은에 고유한 특수성에 의해서 설명되는 부차적인 문제이다. 이런 모든 것의 결과로서, 이 경우에는 프루동의 비난에 의하면, 경제학자들이 '과학의 영역 밖으로 내던져지고, 물리학이나 역학, 역사학이라도 하고 있는 것 같은 상태'가 되었다고 해도, 그들은 자기들이 해야 할 일을 한 데 지나지 않는다. 문제는, 이미 경제학의 영역에는 존재하지 않는 것이다. 프루동은 말한다.

'어떤 경제학자도 그 누구도 인식도 이해도 하지 않았던 일, 그것은 귀금속이 현재 누리고 있는 은혜를, 귀금속에 유리하도록 결정지운 경제적 이유이다.' (제1권, p.69)

나름대로의 이유가 있어서, 아무도 인식도 이해도 하지 않았던 경제적 이유라는 것을, 프루동은 인식하고 이해해서 후세에 전했다는 것이다.

'그런데 아무도 알아차리지 못했던 일인데, 모든 상품 중에서, 금과 은은 그 가치가 구성단계에 이른 최초의 상품이다. 족장제도 시대에는, 금과 은은 값이 깎여서 지금(地金) 형태로 교환되고 있었는데, 당시부터 이미, 지배적 위치를 차지하려고 하는 명백한 경향이 있었고, 유별난 우선권이 따르고 있었다. 이윽고 서서히, 군주들은 금은을 가로채고, 거기에 그들의 도장을 찍어, 군주에 의한 이 성별(聖別 : 신성한 용도에 충당하기 위해 보통 것과 구별함)과 공인으로부터 화폐가 생겼다. 즉, 거래가 아무리 거칠게 오르내려도 일정한 비율의 가치를 유지하여, 그 어떤 지불에도 받아들여진다고 하는 특별한 상품이 생긴 것이다. ……금과 은의 유별난 특징은, 다시 한 번 되풀이하지만, 그 금속으로서의 특질과 생산의 어려움, 그리고 특히 공적 권력의 개입 덕택으로, 금과 은이 이른 시기부터 상품으로서의 부동성과 확실성을 획득한 데서 생겼다.' [제1권, p.69]

모든 상품 중에서 금과 은이, 그 가치가 구성단계에 이른 최초의 상품이라고 단언한다는 것은, 결국 위에서 말한 모든 점으로 보아, 금과 은이 화폐의 상태에 이른 최초의 상품이라고 하는 것을 말하는 것이다. 이것이야말로, 프루동의 위대한 계시이자, 그 이전에는 아무도 발견하지 못했던 진리인 것이다.

이런 말을 통해서, 프루동이 하고 싶었던 것은, 금과 은을 생산하기 위한 시간이 다른 모든 상품의 경우보다도 빨리 알려진 일이라고 하면, 그것도 또한, 그가 몹시 초조하게 독자에게 주고 싶은 가정(假定)의 하나에 지나지 않는다. 족장 시대에 관한 이런 종류의 박식(博識)에 이야기를 한정한다고 해도, '생산에 필요한 시간이 최초로 알려진 것은 철 등, 제1순위의 필요성을 갖는 생산물이다'라고 프루동에게 말해 주지 않으면 안 된다. 그에게는,

애덤 스미스의 고전적인 활〔의 예(《여러 국민의 부(富)》제1편, 제2장 '분업을 야기시키는 원리에 대해서')를 인용하는 것〕을 면제해 주기로 하자.

그러나 결국, 가치는 결코 저절로 구성되는 것이 아닌데, 프루동은 어떻게 해서 또 가치의 구성에 대해서 이야기할 수가 있는 것일까? 가치가 구성되는 것은, 그 가치를 단독으로 생산하기 위해 필요한 시간에 의해서가 아니라, 똑같은 시간에 만들어지는 모든 생산물의 양과의 관계에 의해서이다. 따라서 금과 은의 가치구성은 그 밖의 일군(一群)의 생산물이 미리 전체로서 구성되어 있다는 것을 전제로 하고 있다.

따라서 상품이, 금과 은에서 '구성된 가치'에 이른 것이 아니라, 프루동의 '구성된 가치'가 금과 은에서 화폐의 상태에 이른 것이다.

그런데 이번에는, 프루동에 의하면, 금과 은이 가치를 구성하는 상태를 통과함으로써, 다른 모든 생산물보다 빠른 시기에, 화폐로 승격하는 우위성을 가져왔다고 여겨지는 경제적 이유를 좀더 자세히 검토해 보기로 하자.

이들 경제적 이유라고 하는 것은, '족장 시대'에 이미 볼 수 있었던 '분명한 지배적 경향'이나 '뚜렷한 우월성', 그리고 이 사실 그 자체에 관한 그 밖의 여러 부드러운 표현에 대한 것인데, 이런 표현이 어려움을 증가시키고 있는 것이다. 왜냐하면, 이들 표현은, 사실을 설명하기 위해 프루동이 느닷없이 꺼내는 부대 상황을 증가시킴으로써, 오히려 사실을 복잡하게 해 버리기 때문이다. 프루동은 이른바 경제적 이유라는 것을, 아직 모두 다 논한 것이 아니다. 그에 의하면, 지상〔至上 : 더할 수 없는 높은 위. 최상〕의, 거역할 수 없는 힘의 하나는 다음과 같은 것이다.

'군주에 의한 성별(聖別)과 공인에서 화폐는 생긴다. 군주들은 금은을 가로채어, 그들의 도장을 그것에 찍는다.' [제1권, p.69]

이렇게 해서, 군주들의 전제적인 의사가, 프루동에 의하면 경제학상의 가장 중요한 이유가 된다!

실제로, 모든 시대를 통해서, 군주들은 경제적 여러 조건에 따라온 것이지, 이들 조건을 그들에게 따르게 한 것이 아니라는 사실을 무시하기 위해서는, 모든 역사적 인식이 결여되어 있지 않으면 안 된다. 법 제도는, 공법이든 사법이든, 경제적 여러 관계의 의사를 선고하고, 적는 데에 지나지 않는 것이다.

그런데 군주가 금은을 가로채어, 거기에 그의 도장을 찍어서 교환의 보편적 매개물로 삼았을까? 그렇지 않으면 이들 매개물 쪽이 군주를 가로채서, 그것에 그의 도장을 찍고 이들을 공인할 것을 군주에게 강요했을까?

이전에 화폐로서의 은(=금전)에 부여된 각인(刻印), 지금도 부여되고 있는 각인, 그것은 은의 가치가 아니라 무게의 각인이다. 프루동이 말하는 고정성과 신뢰성은, 화폐라고 하는 명목에 대해서밖에 해당되지 않지만, 이 명목은 화폐화된 은 한 조각 안에 어느 정도의 금속이 포함되어 있는가를 나타내는 것이다.

볼테르는, 알려진 바와 같은 양식(良識)을 가지고 말하고 있다.

'1마르$\left[\substack{\text{프랑스 혁명 이전, 옛 제도의} \\ \text{무게 단위로, 244.75그램에 상당}}\right]$의 은화에 내재하는 유일한 가치는, 1마르의 은, 즉 8온스의 무게를 갖는 은의 반(半)리브르이다. 무게와 명목만이 이 내재적 가치를 만들어 낸다.' (볼테르 '로의 제도')

그러나 1온스의 금과 은이 어느 만큼의 가치를 가지고 있는가 하는 문제는 아직 해소되어 있지 않다. '그랑 코르베르' 상점의 캐시미어에 '순모'라는 품질표시가 붙어 있어도, 이 품질표시는 캐시미어의 가치를 나타내지는 않을 것이다. 이 순모의 가치가 어느 정도인가는, 여전히 알려지지 않고 있는 것이다. 프루동은 말한다.

'프랑스 국왕 필립 1세(1052~1108)는 샤를마뉴(742~814)의 투르누아 리브르 은화에 3분의 1의 혼합물을 넣었다. 자기만이 화폐주조를 독점하고 있었기 때문에, 어떤 생산물을 독점하고 있는 어떤 상인도 할 수 있는 일을 자기도 할 수 있을 것이라고 생각했기 때문이다. 필립과 그의 후계자들이 그토록 비난을 받게 된, 이 화폐 변조란 실제로 무엇을 의미하고 있었던가. 상거래상의 관례로 보면, 전적으로 옳은 이치이지만, 경제학적으로는 아주 잘못되어 있다. 왜냐하면, 이 이치는, 공급과 수요가 가치를 규정하는 이상, 희소성을 인위적으로 만들어 내거나, 제조를 독점함으로써,

상품의 평가액, 즉 가치를 상승시킬 수가 있다는 것이며, 또 이것은 밀이나 와인, 기름·담배와 마찬가지로 금과 은에 대해서도 해당되는 것이다. 그런데 필립의 사기 행위가 의심을 받게 되자 곧, 그의 화폐는 그 정당한 가치까지 하락하여, 동시에 그는 자기의 신민(臣民)으로부터 거두어들였다고 믿었던 벌이를 잃은 것이다. 모든 비슷한 음모의 결과, 같은 일이 일어났다.' [제1권, p.70~71]

먼저, 군주가 화폐 변조를 착안했다고 해도, 손해 보는 것은 군주 쪽이라고 하는 것은, 이미 여러 차례 입증되어 온 일이다. 화폐를 처음 발행했을 때에 한 번만 번 몫을, 그는 조세 등의 형태로 변조화폐가 그에게로 돌아올 때마다 잃게 된다. 그러나 필립과 그의 후계자들은 이 손실로부터 조금이나마 몸을 지킬 수가 있었다. 왜냐하면, 변조화폐가 유통되기 시작했을 때, 그들은 곧 모든 화폐를 본디의 기준으로 다시 주조할 것을 명령하기만 하면 좋았기 때문이다.

다음에, 필립 1세가 실제로 프루동처럼 추론하고 있었다 해도, 필립 1세는 '상거래의 견지에서' 그렇게 한 것은 아니었을 것이다. 필립 1세도, 프루동도, 금의 가치뿐만이 아니라 모든 상품의 가치를, 그것들이 수요와 공급의 관계에서 결정된다고 하는 것만의 이유로 바꿀 수 있다고 생각하다니, 대단한 상업적인 재능이 있는 것 같지 않다.

국왕 필립이, 1뮤이의 밀은 앞으로 2뮤이로 불린다는 명령을 내고 있었다고 하면, 국왕은 사기꾼이라는 것이 된다. 100뮤이의 밀을 받을 필요가 있었던 모든 금리생활자나 그밖에 사람들을 그는 속인 것이 된다. 그 경우, 이 사람들이 100뮤이의 밀을 받는 대신에, 50뮤이밖에 받지 못했던 원인이 된 것은, 국왕 자신이었기 때문이다. 100뮤이의 밀을 빌린 국왕이, 50뮤이만 돌려주면 좋다는 것이 되어 버린다. 그런데 상거래에 있어서는, 100뮤이는 결코 50뮤이 이상의 가치를 가지지는 않았을 것이다. 부르는 이름을 바꾸어도 실물은 변하지 않는다. 밀의 양은, 공급의 경우나 수요의 경우나, 이렇게 해서 부르는 이름을 바꾸는 것만으로는 줄지도 늘어나지도 않는 것이다. 그리하여, 명칭 변경에도 불구하고, 공급의 수요에 대한 관계는 똑같으므로, 밀값은 그 어떤 현실의 변동도 받지 않을 것이다. 상품의 수요와 공급에 대해서 이야기할 때, 사람들은 상품의 명칭에 의해서 수요와 공급을 이야기하지는 않는다.

필립 1세는, 프루동이 말한 바와 같이, 금은을 만들어 낸 것이 아니라, 화폐를 부르는 이름을 조작한 것이다. 프랑스제 캐시미어를 아시아제로 해서 유통시키면, 하나나 두 사람의 바이어를 속일지는 모른다. 그러나, 일단 속임수가 알려지면, 이 자칭 아시아제 캐시미어의 값은 프랑스제의 값까지 떨어질 것이다. 금은에 가짜 가격표를 붙임으로써, 국왕 필립의 속임수가 통용되는 것은 그것이 사기라고 알려지기까지의 사이이다. 모든 상점주와 마찬가지로, 그는 상품의 품질을 속임으로써, 그의 고객을 속였지만, 그런 일은 일시적으로밖에 통용되지 않았다. 머지않아 그는 엄격한 상거래의 법칙에 따르지 않을 수 없었던 것이다.

프루동이 입증하고 싶었던 것은 그것이었을까? 그렇지 않다. 프루동에 의하면, 화폐는 상거래에 의해서가 아니라, 군주에 의해서 그 가치를 받는다. 그러면 그가 실제로 증명한 것은 무엇이었는가. 상거래가 군주 이상으로 군주라는 것이다. 즉, 군주가 앞으로 1마르를 2마르로 한다고 명령해도, 상거래 쪽은 이 2마르는 이전의 1마르의 가치밖에 없다고 언제라도 사람들에게 알린다고 하는 것이다.

그러나 이에 의해서, 노동량에 의해서 결정되는 가치의 문제는 한 걸음도 전진하지 않았다. 이전의 1마르로 되돌아간 이 2마르가 생산비용에 의해 정해지는가, 수요와 공급 관계를 통해서 정해지는가는 여전히 미결정인 채로 있다.

프루동은 계속한다. '화폐를 변조하는 대신에, 그 양을 배로 하는 일이 국왕의 권력이 할 수 있는 일이었다 해도, 또한 균형과 평형의 비율 때문에, 금은의 교환 가능한 가치는 곧 반으로 떨어졌을 것이라고 생각할 수 있다.' [제1권, p.71]

프루동이 다른 경제학자들과 공유하는 이 견해가 옳다고 해도, 그것은 그들의 수요 공급의 이론에 유리한 증명이기는 하지만, 프루동의 균형에 유리한 증명은 되지 않는다. 왜냐하면, 금은의 배가 늘어난 양 중에 고정된 노동량이 얼마가 되든, 수요가 같고 공급이 배가 되면, 그 가치는 반감(半減)할 것이기 때문이다. 또는, 우연히 '균형의 법칙'이, 이 경우, 그토록 경시되었던 수요 공급의 법칙과 일치했다는 것일까? 프루동의 이 올바른 균형이라고 하는 것은, 참으로 변신이 자유자재하고, 갖가지 변동이나 조합이나 대체에 적응할 수 있기 때문에, 공급의 수용에 대한 관계와도 한 번쯤은 충분히 일치할지도 모른다는 것이다.

금과 은이 다하고 있는 구실을 근거로 해서, '모든 상품이 사실로서가 아니라도, 적어도 법적으로, 교환에서 주고받는 것이 가능'하다는 것은, 따라서, 이 구실을 잘못 알게 되는 것이다. 금과 은은 사실로서 주고받기가 가능하기 때문에, 법적으로 주고받는 것이 가능할 것이고, 금과 은이 사실로서 주고받는 것이 가능하다는 것은, 현재의 생산 조직이 교환의 보편적 매개물을 필요로 하고 있기 때문이다. 법이란 사실을 공적으로 확인한 것에 지나지 않는다.

이미 보아온 바와 같이, 구성 상태에 이른 가치의 적용으로서 프루동이 금 은을 고른 것은, 교환 가능성에 대한 그의 모든 학설을 남몰래 그것으로 가지고 들어가기 위한 것에 지나지 않는다. 즉, 생산비용으로 가치가 정해지는 모든 상품은, 화폐의 상태에 이르지 않으면 안 되는 것을 증명하기 위한 것에 지나지 않는다. 화폐로서의 금과 은이야말로, 모든 상품 중에서 그 가치가 생산비용에 의해 정할 수 없는 불편만 없다면, 그런 것은 모두 훌륭한 설(說)일지도 모른다. 그런데 이 불편은 틀림없는 진실이므로, 금과 은이 유통과정에서는 지폐와 대체될 정도이다. 유통과정의 필요와 발행된 화폐 사이에 일정한 비율이 지켜지는 한, 지폐이건, 금화·백금화·동화(銅貨)이건, 화폐의 내재적 가치(생산비용)와 명목적 가치 사이의 균형을 지켜야 한다는 것 등은 문제가 되지 않을 것이다. 아마도, 국제적 상거래에서, 화폐는 다른 모든 상품과 마찬가지로 시간에 의해서 가치가 정해진다. 하지만 그것은, 국제적 상거래로 이행되면, 금과 은도 화폐로서가 아니라 생산물로서 교환수단이 되기 때문이다. 즉, 금과 은은, 프루동에게는 특수한 성격을 형성하고 있는 '고정성과 신뢰성'이나 '군주에 의한 성별과 공인'이라고 하는 성격을 잃게 되는 것이다. 리카도는 이 진실을 매우 잘 이해하고 있었기 때문에, 그의 모든 체계를, 노동시간에 의해서 결정되는 가치를 토대로 세워, '금과 은은, 다른 모든 상품과 마찬가지로, 그것들을 생산하고 시장에 이르게 하기 위해 필요한 노동의 양에 비례해서만이 가치를 갖는다'라고 말한 후에, 화폐가치는 그 소재가 되는 물질에 고정된 노동시간에 의해서 정해지는 것이 아니라, 수요와 공급의 법칙에 의해서 오직 결정된다고 덧붙였던 것이다.

'지폐는 내재적 가치를 조금도 가지고 있지 않다고 하지만, 그 양을 한정하면, 지폐의 교환 가능한 가치는 같은 명목의 화폐, 또는 정화(正貨)로서 평가되는 지금(地金)의 가치와 같을 수 있다. 마찬가지 원칙에 입각해서, 즉 화폐의 양을 한정함으로써, 저품위(低品位) 정화(正貨)는, 이들의 무게와 품위가 법에 의해 정해진 값이었던 경우와 마찬가지 가치를 가진 것으로서 유통할 수 있다. 이 가치는, 이들에 포함되는 순수한 금속의 내재적 가치에 입각하는 것이 아니다. 영국의 화폐 역사를 통해서, 우리의 통화가치가 그것들을 개주(改鑄)한 비율에 따라서 떨어지지 않았던 것은 이 때문이라는 것을 알 수 있다. 그 이유는, 통화의 양이 그 가치하락의 비율에 따라서 결코 증가하지 않았기 때문이다.' (리카도, 앞의 책, p.206～207)

리카도의 이 한 구절에 대해서 J.B. 세는 다음과 같이 말하고 있다.

'이 예는, 모든 가치의 기초는 상품을 만들기 위해 필요한 노동의 양이 아니라, 상품의 희소성과 균형을 이룬 사람들의 욕구라는 것을, 지은이(리카도)에게 납득시키기에 충분한 것처럼 나에게는 여겨진다.'

이렇게 해서, 화폐는 리카도에게는, 이미 노동시간으로 결정되는 가치가 아니고, 그러기 때문에 세는, 다른 여러 가치도 또한 노동시간에 의해서 결정되지 않는다는 것을 리카도에 납득시키기 위해 화폐를 예로 들고 있는데, 오직 수요와 공급의 관계에 의해서 결정되는 가치의 예로서 세가 든 바로 이 화폐가, 프루동에게는, 노동시간에 의해서……구성된 가치의 적용에 대한 더할 나위없는 실례가 되어 있는 것이다.

결국, 화폐가 노동시간에 의해서 '구성된 가치'가 아닌 이상, 프루동의 올바른 '균형'이라는 것과 그 어떤 공통성을 갖는다는 것은 더더욱 있을 수 없을 것이다. 금과 은이 항상 교환 가능한 것은, 교환의 보편적 매개물로서 쓸모 있다는 특수한 기능을 가지고 있기 때문이며, 이들이 부(富) 전체와 균형이 잡힌 분량만큼 존재하기 때문은 전혀 아니다. 좀더 나은 말로 하자면, 금과 은은 부 전체와 이들의 양이 어떤 비율을 이루고 있다 해도, 모든 상품 중에서 이들만이 화폐, 즉 교환의 보편적 매개물로서 쓸모 있기 때문에 항상 균형을 유지하고 있는 것이다.

　　'유통하는 화폐는, 넘칠 정도로 많은 양이 되는 일은 없다. 화폐의 가치를 내리면 그 비율만큼 화폐의 양이 늘어나고, 가치를 늘리면 양도 그만큼 줄어들기 때문이다.' (리카도, 제2권, p.205)

　'경제학이란, 얼마나 복잡한 장치의 연극인가!' 하고 프루동이 외친다. [제1권, p.72]
　'저주받은 금이여!' 하고 어떤 코뮈니스트가 (프루동의 입을 빌려서) 즐거운 듯이 외친다. 그렇다면 이렇게 말해도 마찬가지일 것이다. 저주받은 밀이여! 저주받은 포도여! 저주받은 양이여! 왜냐하면, 금은과 마찬가지로 모든 상업적 가치는 정확하고 엄밀한 결정에 이르지 않으면 안 되기' 때문이다. [프루동, 제1권, p.73]
　양이나 포도를 화폐 상태로 이르게 하려는 발상 자체는 새로운 것은 아니다. 프랑스에서는, 그것은 루이 14세의 세기〔17세기〕의 발상이었다. 당시, 금은의 가치가 만능의 힘을 확립하기 시작했기 때문에, 사람들은 다른 모든 상품의 가치의 하락을 한탄하고, '모든 상업적 가치'가 정확하고 엄밀한 결정, 즉 화폐 상태에 이를 때를 마음으로부터 바랐던 것이었다. 이것은 프랑스의 최고(最古)의 경제학자의 한 사람인 보아 귀베르에서 이미 발견할 수 있다.

　　'그때 금은은, 정당한 가치를 회복한 상품 그 자체라고 하는 수없는 경쟁자의 출현에 의해서, 그 자연의 한계 안으로 몰릴 것이다.' 《18세기의 재정경제학자》, p.422, 데일판)

　부르주아 계급의 최초의 환상은 또한 그들의 최후의〔=최근의〕 환상이기도 하다는 것을 알 수 있다.

(B)노동의 잉여

'경제학의 저작 중에서 이런 터무니없는 가설을 읽을 수 있다. 만일 모든 물건값이 배가 된다고 하면……하는 것이다. 마치 모든 물건값이 물건에 비례하고 있지 않은 것처럼, 비례·관계·법칙을 배로 할 수 있는 것처럼!' (프루동, 제1권, p.81)

경제학자들은 '균형의 법칙'과 '구성된 가치'를 적용하는 것을 몰랐기 때문에, 이런 잘못에 빠졌다는 것이다.

유감스럽게도, 프루동의 같은 저작(제1권, p.110)에서도 이런 터무니없는 가설을 볼 수 있다. '임금이 전면적으로 상승하면, 모든 물건값은 상승할 것이다'라는 것이다. 게다가, 경제학의 저작에 예의 표현을 볼 수 있다고 한다면 거기에서 또한 그에 대한 설명도 발견할 수 있다.

'모든 상품값이 상승 또는 하락하는 경우, 항상 한두 개의 상품이 그것에서 제외되고 있다. 제외되는 상품은, 일반적으로 말해서 화폐나 노동이다.' (《엔사이클로피디어 메트로폴리타나 또는 지식의 보편적 사전》 제4권, 시니어에 의한 '경제학' 항목, 런던, 1836년. 이 표현에 관해서는 J.S. 밀 《경제학의 몇 가지 미해결의 문제에 대한 에세이》 런던, 1844년 및 투크 《물가 등의 역사》, 런던, 1838년 참조)

이번에는 '구성된 가치'와 그 밖의 균형(그 유일한 결점은 실은 거의 균형이 잡히지 않고 있다는 일이다)의 제2적용으로 옮겨가기로 하자. 그리고 프루동이 거기에서 양(羊)의 화폐화 이상으로 행복한 결과를 얻었는가의 여부를 보기로 하자.

'경제학자들에 의해 일반적으로 인정되고 있는 원칙은, 모든 노동은 잉여를 남기지 않으면 안 된다고 하는 것이다. 이 명제는, 나에게 보편적이고 절대적인 진리에 속하는 것이다. 그것은, 경제학 전체를 요약한 것이라고 여길 수 있는 균형의 법칙의 귀결인 것이다. 하지만, 나는 이 점에 관해서 경제학자들의 용서를 구하지 않으면 안 된다. 왜냐하면, 모든 노동이 잉여를 남기지 않으면 안 된다고 하는 원칙은, 그들의 이론에서 의미를 가지지 않으며, 그 어떤 예증도 할 수 없는 것이 때문이다.' (프루동, 제1권, p.73)

모든 노동이 잉여를 남기지 않으면 안 된다는 것을 증명하기 위해서, 프루동은 사회를 의인화한다. 그는 사회를 '사회=인간(société personne)'으로 바꾸어 읽는다. 그렇다고 해도, 인간들의 사회와는 크게 다르다. '사회=인간'은, 사회를 구성하는 인간들과는 전혀 공통점이 없는 별개의 법칙을 가지며, 그 '독특한 지성'은 인간에 공통된 지성이 아니라, 아무런 공통점을 가지지 않은 지성인 것이다. 프루동은, 경제학자들이 이 집합적 존재의 인격을 이해하지 않았다고 비난하고 있다. 그러나 우리는 여기에서, 다른 경제학자들을 전혀 반대의 이유로 비난하고 있는 미국의 경제학자에 의한 한 구절을 프루동과 대치하고자 한다.

'사회라고 불리는 도덕적 실체(the moral entity), 문법적 존재(the grammatical being)는, 하나의 낱말로 현실을 만들어 내는 사람들의 상상력 안에서밖에, 현실적인 존재감을 가지지 않는 여러 가지 속성이 부여되어 있다……. 이것이 경제학에서, 많은 어려움이나 한탄스러운 오해를 가져왔던 것이다.' (Th. 쿠퍼 《경제학 요론》, 콜롬비아, 1826년)

프루동은 계속한다.

'이 노동의 잉여 원칙은, 그것이, 고유한 법칙의 은혜를 여러 개인에게 줄 수 있는 사회로부터 나온 것이기 때문에 여러 개인에게도 옳은 것이다.' [제1권, p.75]

이 대목에서, 프루동은 단순히, 사회적 개인의 생산은 고립된 개인의 생산을 웃돈다는 것을 말하고 싶었을 뿐이었을까? 비사회적인 개인의 생산에 대한 사회적 개인의 생산 잉여에 대해서, 프루동은 말하고 싶었을까? 만일 그렇다고 한다면, 우리는, 프루동을 감싸고 있는 모든 신비주의 없이, 이 단순한 진리를 밝혀 온 경제학자들의 이름을 100명도 들 수 있을 것이다. 예를 들어, 새들러는 다음과 같이 말하고 있다.

'결합된 노동은, 개별적인 노동으로는 결코 산출할 수 없는 결과를 가져온다. 따라서, 인류가 그 수가 늘어남에 따라, 결합된 근로의 생산물은 인구의 증가에서 계산되는 단순한 덧셈의 합계를 훨씬 넘는 것이 될 것이다 ……. 기계적인 기술로, 과학상의 일로, 현대인은 고립되는 개인이 평생 걸린 이상의 것을 하루에 이룩할 수 있다. 전체는 여러 부분의 총계와 같다는 수학자의 공리는 우리의 테마에 관한 한 이제는 옳지 않다. 노동이라고 하는 이 인간 존재의 위대한 기둥(the great pillar of human existence)에서, 축적된 노력의 생산물은, 개별적이고 분리된 노력이 산출할 수 있는 모든 것을 훨씬 능가하고 있다.' (《인구 법칙(The law of population)》, 런던, 1830년)

프루동으로 돌아가자. 노동의 잉여는 '사회=인간'에 의해서 설명할 수 있다고 그는 말한다. 이 '사회=인간'의 생활은, 개인으로서의 인간을 활동시키고 있는 원칙과는 대립하는 법칙에 따르고 있지만, 이것을 그는 '사실'에 의해 입증하려고 한다.

'어떤 경제학적인 방식의 발견이 그 발견자에게 가져오는 이익은, 그가 사회에 이바지하는 이익에 결코 필적하는 것이 아니다. 철도사업이 기업가에게보다는 오히려 국가에 부의 원천이 되었다고 하는 것은 잘 알려진 일이다……. 짐마차에 의한 상품 수송의 평균적 값은, 상품의 적재에서 입고까지, 1t, 1km당 18상팀이다. 계산상, 이 값으로는 통상적인 철도기업은 10%의 순이익밖에 얻을 수 없을 것이다. 이것은 거의 마차업자의 순익과 같다. 그러나 철도 운송의 속도가 짐마차 수송의 속도에 대해서 4 대 1이라는 것을 확인해야 한다. 현대사회에서는, 시간은 가치 그 자체이므로, 값이 같아도 철도 수송은 짐마차 수송에 대해서 400%의 이익을 나타

내게 된다. 하지만, 사회에 대해서 매우 현실적인 이 이익은 운송업자에게
같은 비율로 실현된다고는 단언할 수가 없다. 운송업자는 사회에 400%의
과잉가치(mieux-value)를 얻게 하면서도, 자기 이익은 10%도 되지 않는
다. 실제로 사태를 좀더 알기 쉽게 하기 위해서 철도가 운임을 25상팀으
로 올리고 짐마차는 18상팀으로 그대로 두었다고 가정하자. 철도는 곧 모
든 위탁업무를 잃어버릴 것이다. 발송인·수취인, 누구나가 마르부르크 마
차[광폭차축 마차]에, 필요하면 넝마 마차로 복귀할 것이다. 증기기관차는
버림을 받을 것이다. 400%의 사회 이익이, 35%의 개인 손실 때문에 희생
되는 것이다. 그 이유는 쉽사리 이해할 수 있다. 철도의 속도에서 얻어지
는 이익은 전적으로 사회적인 것이고, 각 개인은 매우 작은 비율로밖에 이
이익에 관여하고 있지 않다(이 시점에서는 상품의 수송만 문제삼고 있다
는 것을 잊지 않도록 하자). 그런데 손실은 직접적·개인적으로, 소비자에
게 타격을 주는 것이다. 400이라는 사회적 이익은 사회가 100만 명만으로
구성되어 있다고 가정하면, 한 개인에게는 1만분의 4에 해당되는 것이 된
다. 그런데 한 소비자에게 33%의 손실은, 사회 전체로는 3300만의 손실
에 해당되는 셈이다.' (프루동, 제1권, p.75, 76)

프루동이 4배가 된 속도를 최초의 속도의 400%로 나타내고 있다는 것은
또 너그럽게 보아 주기로 하자. 그러나 그가 속도의 퍼센트를 이익의 퍼센트
와 관련지어, 그것들이 퍼센트로 계산된다고 해도, 서로 공통 기준이 없는
이들 두 개의 관계 사이에 일정한 비율을 형성하고 있다는 것은 문제이다.
두 종류의 백분율 사이에 일정한 비율을 성립시켜 놓고, 그것이 무엇에 대한
비율인가를 분명히 하고 있지 않기 때문에.
　백분율은 언제나 백분율이다. 10%와 400%는 공통된 기준을 갖는다. 이들
은 10 대 400과 같은 관계에 있다. 그래서 프루동은 이렇게 결론한다. 10%
의 이익은 4배화된 속도보다도 40배가 적은 거라고. 외관(外觀)을 갖추기
위해 그는 사회에게 시간은 가치(time is money)라고 말한다. 이 잘못은, 가
치와 노동시간 사이에 관계가 있다는 것을 프루동이 혼란을 일으켜서 회상
하고 있는 데에서 비롯된다. 그리고 그는 노동시간을 수송시간과 동일시할
것을 무엇보다도 서두르려고 한다. 즉, 노동시간이 수송시간 그 자체인 운전

사나 차장들을 사회 전체와 동일시하고 있는 것이다. 그래서 곧 속도가 자본이 된다. 그리고 이 경우에 '400%의 이익이 35%의 손실 때문에 희생이 될 것이다'라고 말해도 그는 충분히 옳다. 수학자로서, 이 기묘한 명제를 확립한 후에 그는 경제학자로서 우리에게 그것을 설명하고 있다.

'400에 동등한 사회적 이익은, 사회가 100만 명만으로 구성되어 있다고 가정하면, 한 개인에게는 1만분의 4에 해당한다'라는 말은 맞는 말이다. 하지만, 여기서 문제가 되는 것은 400이 아니라 400%이며, 400%의 이익은 한 개인에게 400% 이상도 이하도 아니다. 자본이 아무리 많이 있어도 배당은 항상 400%의 비율이 될 것이다. 그런데 프루동은 도대체 무엇을 하는가? 그는 퍼센트를 자본이라고 생각하고, 자기의 혼동이 조금도 명백하지도 않고 '알기 쉽지도 않은' 것을 두려워하고 있는 양 논의를 계속한다.

'한 소비자에게 33%의 손실은, 사회 전체로는 3300만의 손실에 해당되는 셈이다.' 한 소비자에게 33%의 손실은 100만 명의 소비자에게도 또한 33%이다. 그런데도, 프루동은 도대체 어떻게 완고하게도, 33%의 손실의 경우, 사회 전체의 자본에 관한 것도, 한 관계자의 자본도 모르는데, 사회 전체의 손실이 3300만에 이른다고 말할 수 있을까? 이렇게 해서, 프루동에게는 자본과 퍼센트를 혼동하는 것만으로는 충분하지 않았다. 한 기업에 투하된 자본과 관계자의 수를 동일시함으로써 그는 더욱 분발한다.

'실제로, 이야기를 좀더 알기 쉽게 하기 위해서' 한정된 자본을 '가정해 보자.' 400%의 사회적 이익은, 1인당 1프랑의 이익(또는 손실)을 갖는 100만 명의 출자자에 분배되면, 프루동이 주장하는 것처럼 1만분의 4가 아니라, 4프랑의 이익을 가져온다. 마찬가지로 출자자 1인당 33%의 손실은 33만 프랑이지 3300만이 아니다(100 대 33=100만 대 33만).

자기의 '사회=인간'설에 마음이 빼앗겨, 프루동은 100으로 나누는 것을 잊고 있다. 그렇게 해두면, 그는 33만의 손실을 입을 것이다. 그런데 1인당 4프랑의 이익 쪽은 사회 전체로는 400만 프랑의 이익이 되므로, 사회 전체로서는 (공제해서) 367만 프랑의 순익이 남는다. 이 정확한 계산은, 프루동이 예증하려고 바란 것과는 정반대 결과의 예증이 되어 나왔다. 왜냐하면, 사회 전체의 이익과 손실은 한 개인의 이익과 손실과 조금도 반비례하는 것이 아니기 때문이다.

이들 순수한 계산상의 단순한 잘못을 바로잡은 후에, 이번에는 계산상의 잘못이 없었다고 하고, 프루동이 그렇게 하고 있는 것처럼, 속도와 자본 사이의 관계를 철도에 관해서 인정하려고 한다면 도대체 어떤 결과에 이르게 되는지, 잠시 검토해 보기로 한다. 4배 빠른 수송이 4배의 비용이 든다고 가정하자. 이 수송은, 4배가 늦고, 4분의 1의 비용밖에 필요하지 않은 짐마차보다 적은 이익을 가져오지는 않는다. 따라서 짐마차가 18상팀 받는다면 철도는 72상팀 받을 수 있는 것이 된다. 그것이 또 계산상의 잘못이 없다고 한다면, '수학적 엄밀성'에 따른 프루동의 가정의 결과이다. 그런데 느닷없이, 그는 철도가 72상팀이 아니라 25상팀밖에 취하지 않는다고 한다면, 곧 위탁업무의 모든 것을 잃게 되리라는 것이다. 과연 그렇다면 분명히 마르부르크 마차나 파타시 마차로까지 되돌아가지 않으면 안 된다. 다만, 프루동에게 한마디 조언을 해둔다고 한다면, 그것은 그의 '진보적 결사의 강령' 안에서 100으로 나누는 것을 잊지 말아달라는 것이다. 그러나 유감스럽게도! 우리의 조언을 받아들일 희망은 거의 없다. 왜냐하면, 프루동은 '진보적 결사'에 대응하는 '진보적' 계산이 매우 마음에 들어, 열을 올려 다음과 같이 외치고 있기 때문이다.

'나는 이미 제2장에서, 가치의 이율배반의 해소를 통해서, 모든 쓸모 있는 발견은, 발명자(그가 어떤 발명을 하던 간에)의 이익과는 비교가 되지 않을 정도로 큰 이익을 사회에 가져온다는 것을 제시하였다. 이 점에 관한 예증을, 나는 수학적 엄밀성으로까지 도달시킨 것이다!'

'사회=인간'이라고 하는 픽션으로 되돌아가자. 이 픽션은 다음과 같은 단순한 진리를 증명하기 위한 것만을 목표로 하고 있었다. 즉, 새로운 발명에 의해서 같은 노동량으로 많은 상품의 생산이 가능해지면, 생산물의 금전적 가치는 하락한다는 것이다. 따라서 사회는, 보다 많은 교환 가능한 가치를 획득하는 것에 의해서가 아니라, 같은 가치의 상품을 보다 많이 획득함으로써, 이윤을 얻게 된다. 발명가에게는, 경쟁이 그의 이윤을 서서히 저하시켜, 마침내 여러 이윤의 일반적 수준으로 정착한다. 프루동은 이 명제를 그가 바라고 있는 것처럼 증명할 수가 있었을까? 아니, 그렇게 할 수 없었다. 그럼에도 그는 경제학자들이 이 증명을 게을리했다고 비난하는 것이다. 그 반대의 것을 프루동을 위해 증명하기 위해서는, 리카도와 로더데일을 인용하기만 하면 된다. 리카도는 노동시간에 의한 가치결정설 학파의 장이고, 로더데일은 수요공급에 의한 가치결정설의 가장 열렬한 옹호자의 한 사람이다. 이 두 사람이 같은 학설을 펼치고 있다.

'생산력을 끊임없이 증대시킴으로써, 우리는 이전에 생산된 몇 가지 상품의 가치를 끊임없이 감소시킨다. 하지만, 이 같은 방법을 통해서, 우리는 국가의 부를 증가시킬 뿐만 아니라, 장래의 생산능력도 증가시키는 것이 된다……. 기계를 써서, 또는 물리학의 인식을 통해서, 인간이 이전에 했던 일을 자연의 힘을 이용해서 하게 되면 곧, 이 일의 교환 가능한 가치는 결과적으로 하락한다. 한 대의 밀방아를 회전시키기 위해 열 명의 남자가 필요했던 곳에, 풍력이나 수력에 의해서 이 열 명분의 노동을 절약할 수 있는 기술이 발견되었다고 하면, 밀방아 작업의 산물인 밀가루는 절약된 노동의 총합계에 비례해서, 그 시점부터 값을 내릴 것이다. 그리고 노동자의 유지에 충당되는 자금은, 그에 의해서 감소되는 일은 없으므로, 사회는 이 10인분의 노동이 생산 가능한 상품가치의 전체분만큼 풍부하게 될 것이다.' (리카도, 제2권, p.59)

다음에, 로더데일은 이렇게 말한다.

'자본의 이윤은, 인간이 손을 써서 하지 않으면 안 되는 노동의 일부분을 자본이 대행하는 것에서 생긴다. 또는, 자본이 인간의 개인적 노력을 초월한, 인간으로는 실행할 수 없는 노동의 일부를 수행함으로써 생긴다. 기계소유자의 이익은, 기계가 대행하는 노동의 가치에 비하면 별것이 아니라는 데에서, 아마도 이 견해의 정당성에 대해서 의문이 생길 것이다. 예를 들어, 한 대의 화력 펌프는, 하루에 탄광에서 300명의 남자가 양동이를 짊어지고 운반해 낼 수 있는 이상의 물을 품어낼 수가 있을 것이다. 게다가, 펌프가 훨씬 적은 비용으로, 300명분의 노동에 대체되는 것에는 의심할 바가 없다. 이 예는, 모든 기계에 해당된다. 인간이 손으로 하고 있던 노동을 기계가 대행하는 경우, 기계라면 같은 노동을 보다 더 싼 값으로 할 수 있을 것이다……. 한 대로 4인분의 일을 하는 기계의 발명가에 특허가 주어졌다고 가정하자. 배타적인 특권이, 노동자의 노동에서 생기는 경쟁 이외의 모든 경쟁을 방해하므로, 특권이 지속되는 전기간을 통해서, 노동자의 임금이, 발명가가 그의 제품에 붙여야 할 값의 기준이 되는 것은 분명하다. 즉, 기계의 사용을 확보하기 위해, 발명가는 그의 기계가 대행하는 노동의 임금보다는 조금 낮은 값을 요구할 것이다. 그러나 특권의 소멸과 함께, 같은 종류의 다른 기계가 설치되어, 그의 기계와 경쟁을 하게 된다. 이때, 발명가는 값을 일반적 원칙에 맞추어서 규제하고, 기계의 수가 늘어난 상황에 값을 의존시킨다. 사용된 자금의 이윤은……, 대체된 노동에서 생긴다고는 하지만, 이 노동의 가치에 의해서가 아니라, 다른 모든 경우와 마찬가지로, 자금의 소유자 간의 경쟁을 통해서 결국은 규제된다. 그리고 그 정도는, 기계의 움직임에 대해서 공급되는 자본의 양과, 그에 대한 수요와의 비율에 의해서 항상 정해지는 것이다.' [p.119, 123, 124, 125, 134]

따라서 결국, 이윤이 다른 산업의 경우보다도 큰 동안에는, 새로운 산업에는 자본이 연이어 투입되어 그 결과 이윤율은 공통 수준까지 떨어지게 된다. '사회＝인간'이라고 하는 픽션에 약간의 빛을 대기에는, 철도 이야기가 너무 어울리지 않다는 것을 우리는 방금 보아왔다. 그러나 프루동은 대담하게도 논의를 재개한다.

'이 점들이 해명되면, 노동이 어떻게 해서 각 생산자에게 잉여를 남기지 않으면 안 되는가를 설명하는 것처럼 쉬운 일은 없다.' [p.177]

그 후에 이어지는 문장은, 고전 고대에 속한다. 그것은, 이전에 전개된 수학적 예증의 엄밀성이 초래했음에 틀림없는, 피로에서 독자를 풀어주기 위해 만들어진 시적인 이야기인 것이다. 프루동은 그의 '사회＝인간'에 프로메테우스라고 하는 이름을 붙여서 그 거룩한 소업[所業 : 엎으로 삶은 일]을 다음과 같은 말로 예찬한다.

'우선, 자연의 품에서 나온 프로메테우스는, 매혹에 찬 무기력 속에서 생명에 눈을 뜬다. 프로메테우스는 일에 착수한다. 그의 최초의 하루, 제2의 창조의 첫날에 프로메테우스의 생산력은 10과 같다. 이틀째, 프로메테우스는 그의 노동을 분업화하여, 그 생산물은 100과 같아진다. 사흘째와 그 후에는 날마다, 프로메테우스는 기계를 발명하여, 물체에는 새로운 효용을, 자연에는 새로운 힘을 발견한다……. 그의 부지런함이 한 걸음씩 앞으로 나갈 때마다, 그의 생산량은 높아지고, 더할 나위없는 기쁨의 증대를 그에게 알린다. 결국, 프로메테우스에게는 소비한다는 것은 생산하는 것을 의미하며, 날마다의 소비는, 전날의 생산물을 가지고 갈 뿐이므로, 이튿날을 위해 생산물의 잉여가 남는다는 것은 분명하다.' [제1권, p.77~78]

프루동의 이 프로메테우스는, 논리학에도 경제학에도 약한 기묘한 인물이다. 프로메테우스가 우리에게 분업, 기계의 사용, 자연의 힘이나 기계의 힘의 활용을 가르치고, 인간의 생산력을 증가시켜서, 고립된 노동의 생산물과 비교한 경우의 잉여를 가져오는 한, 이 새 프로메테우스는 도착이 너무 늦었다는 점에서 불행한 데에 지나지 않는다. 하지만, 프로메테우스가 생산이나 소비에 참견하게 되면, 그는 이내 보기 흉한 존재가 된다. 소비한다는 것은, 그에게 생산하는 것을 말한다. 전날에 생산한 것을, 그는 이튿날 소비한다. 이렇게 해서, 그는 항상 하루분의 여분을 가지게 된다. 이 여분이, 그의 '노동의 잉여'이다. 그러나 전날에 생산한 것을 이튿날 소비하기 위해서는, 전날을 가지지 않는 첫날에, 앞으로는 하루분의 여분이 생기도록 그는 2일분의 일을 하지 않으면 안 된다. 첫날에, 분업도, 기계도, 불 이외의 자연의 힘에 대한 지식도 없었는데, 프로메테우스는 도대체 어떻게 해서 이 잉여를 손에 넣었는가. 이렇게 생각하면, '제2의 창조의 첫날까지' 거슬러 올라가도, 문제는 한 걸음도 나아가고 있지 않았다는 것을 알 수 있다. 사물을 설명하는 이런 방법은, 그리스어와 헤브라이어에 비롯된다. 그것은 신비적인 동시에 우의적(寓意的)인 방법이며, 프루동이 다음과 같이 말하는 권리를 충분히 보장하고 있다.

'이론과 사실을 통해서, 나는 모든 노동이 잉여를 남기지 않으면 안 된

다는 원칙을 증명하였다.'

그가 말하는 사실이란, 예의 진보적 계산이며, 이론이란 프로메테우스의 신화이다. 프루동은 계속한다.

'그러나 수학의 정리처럼 확실한 이 원칙도, 아직 모든 사람들을 위해 실현되기에는 멀다. 집단적 산업의 진보에 의해서, 개인의 1노동일은 더욱더 많은 생산물을 획득하여, 그 필연적인 귀결로서, 노동자는 똑같은 임금으로도 날마다 더욱더 풍부하게 될 것임에 틀림없다고 하지만, 사회에는 이윤을 얻는 신분과 쇠퇴해 가는 신분이 존재하고 있다.' [제1권, p. 79~80]

1770년에, 그레이트브리튼 연합왕국의 인구는 1500만 명으로, 그 중 생산 인구는 300만 명이었기 때문에, 생산의 과학적 역량은 더 나아가 약 1200만 명의 인구와 같았던 것이 된다. 그러기 때문에, 결국 1500만 명분의 생산력이 있었던 것이다. 이렇게 해서 생산력과 인구의 비율은 약 1 대 1이고, 생산의 과학적 역량과 육체노동의 역량의 비교는 약 4 대 1이었다.

1840년에, 인구는 3000만 명을 넘지 않고 있었다. 생산 인구는 600만 명이었으나 생산의 과학적 역량은 6억 5000만 명으로 상승하고 있었다. 즉, 전인구와의 비율은 약 21 대 1이었고, 육체노동 역량과의 비율은 약 108 대 1이었다.

영국 사회에서는, 따라서 1노동일은 70년 동안에 2700%의 생산성의 잉여를 획득한 것이다. 즉, 1840년에, 사회는 1770년 당시보다 27배나 많이 생산을 한 것이다. 여기에서, 프루동을 본떠서 다음과 같이 물을 필요가 있을 것이다. 왜 영국의 노동자는 1770년의 노동자보다 27배 풍요롭게 되지 못했던가? 이와 같은 물음을 할 때, 사람들은 당연히, 영국인이 이들 부(富)를, 그것이 생산된 역사적 여러 조건 등이 존재하지 않은 상태에서 생산할 수 있었다고 생각할 것이다. 역사적 여러 조건이란, 자본의 사적(私的)인 축적, 근대적 분업, 기계화된 공장, 무정부적 경쟁, 임금제도, 요컨대 계급 대립을 토대로 하는 모든 사항이다. 그런데 생산력과 노동 잉여가 확대되기 위해서는, 이와 같은 조건이야말로 그 존재 조건인 것이다. 따라서 생산력과 노동의 잉여를 획득하기 위해서는, 이윤을 얻는 신분과 쇠퇴해 가는 신분이 존재하지 않으면 안 되었던 것이다.

그렇다면, 결국 프루동에 의해서 되살아난 프로메테우스란 도대체 누구인가? 그것은 사회 그 자체인 것이다. 계급 대립을 토대로 하는 사회관계이다. 이들 관계는, 개인 대 개인의 관계가 아니라, 노동자 대 자본가의 관계, 소작인 대 지주의 관계 등등을 뜻한다. 이들의 여러 관계를 없애 보라. 사회전체가 사라질 것이다. 그리고 저 프로메테우스는 이미 손도 발도 없는, 즉 기계화된 공장도, 분업도 없는 망령에 지나지 않고, 노동 잉여를 그에게 획득하게 하기 위해 최초에 주어진 모든 것을 잃고 마는 것이다.

그러기 때문에, 이론상으로 프루동이 그렇게 한 것과 같이, 현재의 생산조건을 고려하지 않고, 평등한 관점에서 노동 잉여라고 하는 공식을 해석해도 좋다면, 실천에서도, 현재의 생산 조건을 모두 변경하지 않고, 실제로 획득한 모든 부를 노동자 사이에 평등하게 분배하는 것으로 만족하지 않으면 안 될 것이다. 이 분배가 관계자 각자에게 커다란 안락을 보장한다고는 여겨지지 않는다.

그러나 프루동은 주위에서 그렇게 생각할지도 모를 정도로 페시미스트(pessimist, 염세주의자)가 아니다. 그에게는, 균형이 모든 것이기 때문에, 그는 처음부터 이미 완성된 프로메테우스 안에, 즉 현재의 사회 안에, 자기의 마음에 드는 사상의 실현을 발견하지 않을 수 없는 것이다.

'그러나 도처에서, 부의 진보, 즉 여러 가치의 균형이야말로 지배적 법칙이다. 경제학자들이 사회적 당파의 불만에, 공적 재산의 점증이나, 가장 불행한 계급의 상태를 가져온 개량을 대치할 때, 그들은, 자신도 모르는 상태에서, 그들 자신의 이론을 단죄하는 하나의 진리를 선언하고 있는 것이다.' [제1권, p.80]

실제로, 집합적 부(富)나 공적 재산이란 무엇을 말하는가? 그것은 부르주아 계급의 부이기는 하지만, 각 부르주아의 개인적 부는 아니다. 맞는 말이다! 경제학자들은 현재의 생산관계를 그대로 두고, 부르주아 계급의 부가 어떻게 해서 발전을 이룩하였는가, 그리고 어떻게 해서 지금도 증가하지 않으면 안 되는가를 증명했을 뿐이다. 노동자계급에 관해서는, 그들의 상태가 이른바 공공의 부의 증가에 따라 과연 개량되었는가의 여부는 지금도 이론 (異論)이 많은 문제이다. 경제학자들이, 그들의 낙천주의의 기둥으로서, 목화산업에 종사하는 영국 노동자의 예를 우리에게 제시한다 해도, 그들은 상거래가 번창한 흔하지 않았던 시기의 노동자의 상황밖에 보지 않고 있다. 이들 번창기와 공황이나 정체 시기와의 '올바른 균형'은 3 대 10으로 되어 있다. 그러나 아마도 경제학자들은, 노동자의 상태 개량에 대해서 말할 때, 영국의 목화산업 노동자에게 10년마다 3년의 번영을 가져오기 위해서, 동인도에서 파멸하지 않으면 안 되었던 저 수백만 명의 노동자에 대해서도 말하고 싶었을 것이다.

공공의 부의 증가에 대한 일시적 관여에 대해서는 사정이 다르다. 일시적 관여의 사실은 경제학자들의 이론에 의해서 설명된다. 이 사실은 그들의 이론을 확인하는 것이지, 프루동이 말하는 것 같은 '단죄'는 전혀 아니다. 단죄할 일이 있다고 하면, 그것은 분명히 프루동의 시스템 쪽이며, 그의 시스템은 이미 제시한 바와 같이, 부의 증대에도 불구하고 노동자의 임금을 최소한으로 끌어내리는 것이다. 그들의 임금을 최소한으로 인하하는 것으로밖에, 가치(노동시간에 의해서 '구성된 가치')의 올바른 균형에 대한 적용은 있을 수 없었을 것이다. 임금은 경쟁의 결과, 노동자를 유지하기 위해 필요한 생활물자의 값 이상이 되거나 이하가 되거나 해서 변동하기 때문에, 노동자도 또한 집합적 부의 발전에 어느 정도 관여하는 일도 있을 수 있고, 가난 중에 파멸하는 일도 있을 수 있는 것이다. 환상에 사로잡히지 않은 경제학자의 이론이란 대체로 이와 같은 것이다.

철도나 프로메테우스나 '구성된 가치'에 입각해서 재구축되어야 할 새로운 세계에 대해서, 길게 허튼 소리를 늘어놓은 끝에, 프루동은 내성(內省 : _{깊이 자기를 돌이켜봄})에 잠긴다. 감동이 그를 지배하고, 그는 가부장 같은 어조로 외친다.

'나는 경제학자들에게 마음 속으로부터 원하고 싶다. 조용히 그들을 혼란에 빠뜨린 편견을 멀리하고, 그들이 현재 차지하고 있는 지위나 기대하고 있는 지위, 자신에 관한 이해, 그들의 야심의 표적인 선거, 그들의 허영심이 기다리고 바라는 명예 등에 신경을 쓰지 않고, 잠시 자기 자신에게 이렇게 묻기를. 오늘날까지, 모든 노동은 잉여를 남기지 않으면 안 된다는 원칙이, 우리가 명백히 해 온 전제나 결과로 이루어진 저 사슬과 함께, 그들의 눈에 비쳐 있었다고 그들에게 과연 말할 수 있는지 없는지.' [제1권, p.80]

제2장
경제학의 형이상학

제1절 방법

우리는 독일적인 것의 핵심에 이르렀다! 경제학에 대해서 이야기하면서 형이상학에 대해서 이야기하자는 것이다. 여기에서도 또한, 우리는 오직 프루동의 '모순'을 더듬어 가기로 하자. 앞서 그는 우리에게 영어를 말할 것과, 어엿한 영국인이 될 것을 강요하였다. 이번에는 무대가 바뀐다. 프루동은 우리를 우리 조국으로 데리고 가서, 우리의 뜻과는 상관없이, 우리가 독일적 특질을 되찾기를 강요하고 있는 것이다.

영국인이 인간을 모자로 바꾼다면, 독일인은 모자를 사상으로 바꾼다. 영국인이란 돈 많은 은행가이자 유명한 경제학자인 리카도를 말한다. 독일인이란 헤겔을 말하는데, 이쪽은 베를린 대학의 한 철학교수에 지나지 않는다.

마지막 절대군주였던 루이 15세[1710~1774]는, 프랑스 왕국의 퇴폐를 대표하고 있었는데, 한 의사를 가까이 두고 있었다. 이 의사야말로 프랑스 최초의 경제학자이며, 이 의사 겸 경제학자가 프랑스 부르주아 계급의 촉박한, 확실한 승리를 대표하고 있었다. [프랑수아] 케네 박사[1694~1774]는 경제학을 하나의 과학으로 만들었다. 이 과학을, 그는 유명한 '경제표'[1758]에 요약하고 있다. 이 표에 관해서 나타난 1001의[=많은 (천일야화'에 유 래한 정형표현)] 해설과는 달리, 우리는 박사 자신에 의한 해설을 가지고 있다. 그것은 '경제표의 분석'[1766]('7개의 중요한 고찰'을 붙인다)이다.

프루동은 또 한 사람의 케네 박사이다. 그는 경제학의 형이상학의 케네인 것이다.

그런데 형이상학, 철학 전체가 헤겔에 의하면, 방법 안에 요약된다. 따라서 우리는 프루동의 방법을 해명하지 않으면 안 되는데, 이쪽도 '경제표'와 같을 정도로 어렵다. 그러기 때문에, 우리는 조금이나마 중요한 일곱 가지 고찰을 하기로 한다. 프루동 박사가 우리의 고찰에 만족하지 않으면, 그때에는 그나 보도 신부〔18세기 프랑스의 경제학자이자 수도사, '경제표의 설명'을 발표〕를 따라 '경제적 형이상학적 방법의 설명'을 발표하면 좋을 것이다.

첫 번째 고찰

'우리는 시간의 순서에 따라서가 아니라, 사상의 전개에 따라서 역사를 만들어 낸다. 경제적 여러 단계 또는 여러 카테고리는, 그것들이 나타난 시점에서, 동시대적일 수도, 순서가 반대가 되어 있을 수도 있다⋯⋯. 그래도 여전히, 경제학의 이론은 논리적 계속성과 오성(悟性)의 연속성을 지니고 있다. 우리는 이런 종류의 질서를 발견했다고 자부하는 바이다.' (프루동, 제1권, p.146)

분명히, 프루동은 헤겔을 본판 표현에 직면해 보임으로써 프랑스인의 기를 죽이려고 한 것이었다. 그래서 우리는 두 사람을 상대하게 된다. 우선 프루동, 다음에 헤겔이다. 프루동은, 어떻게 해서 다른 경제학자들로부터 구별되는가? 헤겔은, 프루동의 경제학에서 어떤 역할을 하고 있는가?

경제학자들은 부르주아적 생산관계·분업·신용·화폐 등등을 고정적이고 변하지 않는, 영원한 카테고리로서 표현한다. 프루동은, 완전히 완성된 이 카테고리를 눈앞에 놓고, 형성의 행위, 즉 이들 카테고리·원칙·법칙·관념·사상 등의 발생을 우리에게 설명하려고 한다.

경제학자들은 이런 일정한 관계 속에서, 사람들이 어떻게 생산하는가를 우리에게 설명한다. 그러나 그들이 우리에게 설명하지 않는 것, 그것은 이들 관계 자체가 어떻게 해서 생기는가 하는 것이다. 즉, 이들 관계를 낳은 역사적 운동에 대해서 그들은 설명하지 않는다. 프루동은, 이들 관계를 원칙·카테고리·추상적 사고로 여기고 있기 때문에, 어느 경제학의 교과서 끝에 알파벳순으로 나열하고 있는 그런 사상에, 순번을 매기기만 하면 되는 것이다. 경제학자들의 연구재료는 인간이 움직이는 활동적인 생활이다. 프루동의 재료는, 경제학자들의 교의(敎義)이다. 그러나 생산관계의 역사적 운동(카테고리는 그 이론적 표현에 지나지 않는다)을 추구하지 않게 되었을 때부터,

이들 카테고리 안에서, 이미 현실 관계로부터 독립한, 자연발생적인 관념이나 사상밖에 보려고 하지 않을 때부터, 순수이성의 운동이 그런 사상의 기원이라고 생각하지 않을 수 없게 된다. 영원하고, 비인격적인 순수이성이, 어떻게 그런 사상을 낳을 수 있는가. 그런 사상을 전면으로 내세우기 위해 순수이성은 어떤 행동을 하는 것일까?

헤겔주의에 관해서, 우리가 프루동 정도의 무모함을 갖는다면, 우리는 이렇게 말할 것이다. '순수이성은 그 자체에 있어서, 그 자체 스스로를 구별한다.' 비인격적 이성은, 그 자신의 외부에 스스로를 위치하는 바탕도, 스스로를 대치하는 객체도, 스스로 함께 조성 가능한 주체를 가지지 않으므로, 그 자신을 위치하고, 대치하고, 조성함으로써 180도 반전하지 않을 수 없게 되어버린다 ―정치(定置)·대치(對置)·조성(組成)이다. 그리스어로 말하자면 정립(定立)·반정립·종합이 된다. 헤겔의 용어를 모르는 사람들에게는 종교의례 같은 공식으로 이야기하자. 즉, 긍정·부정·부정의 부정이다. 이것이 용어의 뜻이다. 프루동에게는 마음에 들지 않겠지만, 이것은 물론 헤브라이어(이스라엘에서 사용되는 언어)는 아니다. 개인으로부터 분리된, 순수한 이성의 말인 것이다. 통상적인 방법으로 사고와 회화를 하는 통상적인 개인 대신에, 우리는 개인을 없앤, 매우 순수한 것으로서, 통상적인 방법을 파악할 수밖에 없다.

모든 일들이 최종적인 추상(그것에 있는 것은 추상이지 분석은 아니니까)에서, 논리적 카테고리 상태로 제시된다는 것은 놀라운 일일까? 한 채의 집에서 개성적인 부분을 조금씩 벗겨서, 그 집을 구성하는 재료나, 그 집을 돋보이게 하는 형태를 추상해 가면, 그것에는 결국 한 개의 물체(corps)밖에 남지 않게 된다―이 물체의 여러 차원을 추상해 가면 이윽고 공간밖에 남지 않게 된다―마지막으로, 이 공간의 여러 차원을 추상해 가면, 그것에는 결국 순수한 양이라고 하는 논리적 카테고리밖에 남지 않게 된다. 이것은 놀라울 만한 일일까? 이렇게 해서, 모든 주체로부터, 이른바 우발성(偶發性)을, 생명이 있는 것도 없는 것도, 인간도 사물도, 모두 추상해 버리면, 최종적 추상의 결과, 실체로서 남는 것은 논리적 카테고리뿐이다. 그러기 때문에, 이들 추상을 행하고 있는 것을 분석을 하고 있는 것으로 생각하고 있는 형이상학자들은, 객체에서 떨어지면 떨어질수록, 오히려 객체에 접근하여, 객체에 침투한다고 여기고 만다. 이들 형이상학자들이, 현세의 일들은, 논리적 카테고리라고 하는 캔버스에 터를 잡은 자수에 지나지 않는다고 주장할 때, 이번에는 그들은 옳다. 철학자를 그리스도 교도로부터 구별하는 것은 바로 이 점이다. 그리스도 교도는 논리에 사로잡히지 않고, 로고스와 일체화하려고 할 뿐이지만, 철학자는 논리와 일체화시키는 것만으로는 끝나지 않는 것이다. 존재하는 것은 모두가, 지상과 수중에 사는 것 모두가, 추상의 작용에 의해서 하나의 논리적 카테고리로 환원되어 버린다는 것, 이와 같은 방법으로, 현실세계 전체가 추상의 세계, 논리적 카테고리의 세계로 빠져버린다는 것, 그것은 놀라울 만한 일일까?

생존하는 것 모두는, 지상과 수중에 사는 것 모두는 그 어떤 운동을 통해서만 존재하고, 살아 있게 된다. 이렇게 해서 역사의 운동은 사회관계를 낳고 산업운동은 산업제품 등등을 가져오는 것이다.

추상의 작용에 의해서, 우리가 모든 사물을 논리적 카테고리로 변환한 것처럼, 추상적 상태의 운동, 순수하게 형식적인 운동, 운동의 순수에 논리적인 공식에 이르기 위해서는, 여러 가지 운동의 돋보이는 성격 모두를 추상하기만 하면 된다. 논리적 카테고리 안에 운동의 객체가 발견된다고 하면, 운동의 논리적 공식 안에 모든 사물을 설명할 뿐만 아니라, 사물의 운동까지도 포함하는 것 같은 절대적 방법이 발견된다고 상상할 수 있게 된다.

이 절대적 방법에 대해서 헤겔은 다음과 같이 말하고 있다.

'방법이란 유일·지상(至上)·무한의 절대적 힘이며, 이에 대해서는 그 어떤 객체도 저항할 수 없다. 그것은, 모든 것 안에 자기를 발견하고, 자기를 인식하려고 하는 이성의 경향이다.' (《논리학》, 제3권)

모든 것은 논리적 카테고리에 환원되고, 모든 운동, 모든 생산 행위는 방법에 환원되므로, 생산물과 생산, 물체와 운동의 전체가 응용형이상학에 환원되는 것은 당연한 결과이다. 그것은, 헤겔이 종교·법 등등에 관해서 한 일이지만, 프루동은 경제학에 대해서도 같은 일을 하려고 노력한다.

그렇다면, 이 절대적 방법이란 무엇인가. 운동의 추상이다. 운동의 추상이란 무엇인가. 추상적 상태의 운동이다. 추상적 상태의 운동이란 무엇인가. 운동의 순수하게 논리적인 공식 또는 순수이성의 운동이다. 순수이성의 운동이란 무엇을 말하는가? 자기의 위치를 매기고, 대치하고, 조성하는 일, 정립·반정립·종합으로서 공식화하는 일, 자기를 긍정하고, 부정하고, 자기 부정을 부정하는 일이다.

자기를 긍정하고, 결정된 카테고리로서 제기하기 위해, 순수이성은 무엇을 하는가? 이 문제는 이성 그 자체와 그 변호자들에게 관한 일들이다.

그러나 이성이 일단 정립되면, 이 정립, 이 사상은 그 자체에 대치되어, 긍정과 부정, '위'와 '농'이라고 하는 두 가지 모순된 사상으로 분열된다. 이들 두 개의 이율배반적인 요소의 투쟁이, 반정립 안에 포함되어, 변증법적 운동을 구성한다. '위'는 '농'이 되고, '농'은 '위'가 되므로 '위'는 동시에 '위'도 되고 '농'도 되고, '농'은 동시에 '농'도 되고 '위'도 된다. 이렇게 해서 대립은 균형을 이루고 중화되어, 마비되고 만다. 이들 두 개의 모순된 사상의 융합은, 종합이라고 하는 새로운 사상을 구성한다. 이 새로운 사상은, 다시 두 개의 모순된 사상으로 분열하여, 이번에는, 또 다른 새로운 종합이 구축된다. 이 출산과도 같은 노력에서 일군(一群)의 사상이 탄생한다. 이 일군의 사상은 단순한 카테고리와 같은 변증법적 운동을 거쳐, 반정립으로서, 모순된 일군을 동반하게 된다. 이들 두 가지 사상군(思想群)으로부터, 이들의 종합인 새로운 사상군이 생긴다.

단순한 카테고리의 변증법적 운동에서 하나의 군(群)이 태어나는 것처럼, 군의 변증법적 운동에서 계열이 생기고 계열의 변증법적 운동에서 체계 전체가 생긴다.

이 방법을 경제학의 카테고리에 적용해 보자. 그렇게 하면 경제학의 논리학과 형이상학을 얻을 수 있게 될 것이다. 바꾸어 말하자면, 누구나가 알고 있는 경제학의 카테고리가, 거의 알려지지 않은 말로 번역된 것이 얻어질 것이다. 이 말은, 이들 카테고리에 대해서 순수이성의 머릿속에서 알에서 갓 깨어난 것과 같은 인상을 주는 것이다. 그 정도로까지 변증법적 운동의 작용만에 의해서, 이들 카테고리는 서로 낳고 연결되고 얽히게 된다. 카테고리, 군, 계열 등의 발판 전체를 동반하는 이 형이상학에, 독자는 두려워할 필요는 없다. 프루동은, 여러 모순의 체계[프루동의 저서 제목에 걸고 있는] 높이까지 기어올라가기 위해 매우 고생하고 있다고는 하지만, 단순한 정립과 반정립이라고 하는 최초의 2단계 이상으로는 결코 이를 수 없었던 것이다. 그는 두 번, 계단에 발을 딛기는 했지만, 그 두 번 중 한 번은 뒤로 넘어진 것이다.

이제까지 우리는 헤겔의 변증법만을 설명해 왔다. 앞으로는 프루동이 어떻게 해서, 헤겔의 변증법을 가장 보잘것없는 규모까지 저하시키는 데에 성공했는가를 보기로 하자.

헤겔에게는, 과거에 일어난 일과 지금도 일어나고 있는 모든 것은, 바로 그 자신의 논리 속의 사건이다. 따라서 역사철학은 이미 철학의 역사, 헤겔 철학의 역사에 지나지 않는다. '시간의 순서에 따른 역사'는 이미 존재하지 않는다. '오성〔悟性 : 지성. 개념의 형성과 판단에 소요되는 마음의 능력〕에 있어서의 여러 관념의 계기(繼起)'가 존재할 따름이다. 헤겔은 사상의 운동에 의해서 세계를 구축하는 것을 믿고 있었는데, 실은 누구나 머릿속에 있는 사상을 체계적으로 재구성하고, 절대적 방법에 의해 정리하고 있는 데에 지나지 않는 것이다.

두 번째 고찰

경제적 카테고리는, 생산의 사회적 여러 관계의 이론적 표현, 이 관계의 추상에 지나지 않는다. 프루동은, 참된 철학자로서는 사물을 반대로 이해하고 있기 때문에, 현실의 여러 관계를 경제적 여러 원칙이나 카테고리의 구체화로밖에 보려고 하지 않는다. 철학자 프루동이, 또다시 우리에게 하는 말에 의하면, 이들 원칙이나 카테고리는 '인류의 비인격적 이성'의 깊은 곳에서 잠자고 있었던 것이다.

경제학자 프루동은, 인간이 일정한 생산관계에서 울이나 범포〔帆布 : 돛의 천〕, 견포(絹布)를 만드는 일을 실로 잘 이해하고 있었다. 그러나 그가 이해하지 않았던 일, 그것은 이런 일정한 사회관계도 또한 범포나 리넨 등과 같이, 인간에 의해 만들어진다고 하는 것이다. 사회관계는 생산력과 밀접하게 연결되어 있다. 새로운 생산력을 획득함으로써, 인간은 생산양식을 변화시킨다. 생산양식이나 생활물자의 입수 방법을 바꿈으로써, 인간은 모든 사회관계를 변화시키는 것이다. 손으로 빻는 절구는 봉건영주가 있는 사회를 가져오고, 증기 절구는 산업자본가가 있는 사회를 가져올 것이다.

물질적 생산성에 따라서 사회관계를 확립하고, 같은 인간이 그들의 사회관계에 따라서, 원칙이나 관념이나 카테고리를 생산하는 것이다.

이렇게 해서, 이들 관념이나 카테고리도 또한 이들이 표현하는 여러 관계와 마찬가지로 오래 계속되지 않는 법이다. 관념이나 카테고리는 역사적이고 과도적인 산물이다.

생산력에는 증대를 지향하는, 생산관계에는 파괴를 지향하는, 관념에는 형성을 지향하는 지속적인 운동이 존재하고 있다. 운동을 추상하는 것 이외에 불변적인 것은 존재할 수 없는 것이다—mors immotalis[불사(不死)의 죽음].

세 번째 고찰

사회 전체의 생산관계는, 하나의 전체를 형성한다. 프루동은 경제적 관계를, 그것들과 같은 수만큼의 사회적 단계로 여기고, 각 단계가 다른 단계를 서로 낳고, 각기 정립의 반정립으로서 다른 단계에서 가져오고, 이들 논리적 전개 안에 인류의 비인격적 이성이 실현된다고 보는 것이다.

이 방법에 관해서 그가 안고 있는 유일한 불합리는, 이들 여러 단계의 하나만을 검토하려고 해도, 그밖에 모든 사회관계를 원용(援用)하지 않으면 설명이 되지 않는 일인데, 이런 사회관계를, 그는 예의 변증법적 운동에 의해서 아직 낳고 있지는 않은 것이다. 그 후, 프루동은 순수이성을 써서 그밖의 여러 단계의 산출로 옮아갈 때, 마치 그것들이 갓난아기인 체하지만, 그는 이들 단계가 최초의 단계와 같은 나이라는 것을 잊고 있다.

이렇게 해서, 그에게는 모든 경제적 발전의 바탕인 어떤 가치의 구성에 이르기 위하여, 프루동은 분업이나 경쟁 등을 무시할 수는 없었다. 하지만, 프루동의 계열이나 오성 안에는, 논리적 전개 안에는, 이들 관계는 조금도 존재하지 않고 있었던 것이다.

경제학의 카테고리를 써서 이데올로기의 체계를 구성할 때, 사회 시스템의 사지(四肢)는 낱개로 해체된다. 사회의 사지는 연이어 나타나는 각각의 사회에 맞추어서, 다른 것으로 대체되는 것이다. 실제로, 운동과 발전과 시간의 논리적 공식만으로 어떻게 사회라는 몸을 설명할 수 있는가? 이 몸 안에서는, 모든 관계가 동시적으로 존재하고 서로 떠받치고 있는 것이다.

네 번째 고찰

이번에는, 프루동이 헤겔의 변증법을 경제적으로 적용하면서, 그것에 어떤 변경을 가했는가를 보기로 하자.

프루동에게는, 모든 경제적 카테고리에는 두 가지 측면이 있다. 좋은 면과 나쁜 면이다. 소시민이 역사상의 위인에 직면하는 것처럼, 그는 카테고리에 직면한다. 나폴레옹은 위인이다. 그는 많은 좋은 일을 했으나 나쁜 일도 많이 했다는 것이다.

좋은 면과 나쁜 면, 이점과 결점이 한데 합쳐서, 프루동에게는 각 경제학적 카테고리 안에 모순을 형성한다.

해결해야 할 문제, 나쁜 면을 없애고 좋은 면을 남길 것.

노예제는, 다른 카테고리와 마찬가지로, 하나의 경제적 카테고리이다. 따라서 노예제에도 두 가지 면이 있다. 나쁜 면은 그대로 두고 좋은 면에 대해서 이야기해 보자. 물론, 여기에서 문제가 되는 것은 직접적 노예제, 수리남이나 브라질이나 북아메리카 남부 여러 주의 흑인노예제뿐이다.

직접적 노예제는, 기계나 신용 등과 함께, 부르주아 산업의 근간적인 축이다. 노예제가 없으면, 목화는 입수할 수 없다. 목화가 없으면 근대산업은 성립되지 않는다. 식민지에 가치를 가져온 것은 노예제이며, 세계적 상거래를 창조한 것은 식민지이며, 대규모 산업의 조건이 되는 것은 세계적 상거래이다. 이렇게 해서 노예제는 최고도로 중요한 경제적 카테고리가 된다.

노예제가 없으면, 가장 진보적인 나라인 북아메리카는 족장적인 나라로 변모할 것이다. 북아메리카를 세계 지도로부터 말살하라. 그러면 근대 상거래와 근대문명은 무정부 상태와 완전한 퇴폐로 빠지게 될 것이다. 노예제를 지워라. 그러면 미국을 여러 민족의 지도로부터 말소한 것이 될 것이다.

따라서 노예제는, 그것이 하나의 경제적 카테고리인 이상, 항상 여러 국민의 제도 안에 존재하고 있었다. 근대의 여러 국민은, 자국 안에서만 노예제를 은폐할 수 있었다. 신세계에서 그들은 변장 없이 노예제를 강제하였다.

노예제를 구조하기 위하여, 프루동은 어디서부터 손을 댈까? 그는 문제를 제기한다. 이 경제적 카테고리의 좋은 면을 남기고 나쁜 면을 제거하는 것이다.

헤겔에게는 제기할 문제가 존재하지 않는다. 그에게는 변증법밖에 없다. 프루동에게는 언어상으로밖에 헤겔의 변증법이 존재하지 않는다. 프루동의 변증법적 운동이란 선과 악의 독단적인 구별을 말한다.

잠시, 프루동 자신을 카테고리로서 들추어 보자. 그의 좋은 면과 나쁜 면, 이점과 결점을 검토해 보자.

인류의 대다수를 위하여 해결해야 할 문제를 제기한다는 점에서(해결의 권리를 유보했을 뿐이지만), 그가 헤겔보다 낫다고 해도, 변증법적 산출의 노력을 통해서, 새로운 카테고리를 낳는 것이 과제일 때, 새로운 생명을 잉태할 수 없다는 것이 프루동의 결점이다. 변증법 운동을 성립시키는 것은, 두 가지 모순된 측면의 공존이며, 양자의 투쟁과 새로운 카테고리에의 융합이다. 나쁜 면을 없앤다는 문제가 제기되었을 뿐, 변증법적인 운동은 단절되고 만다. 카테고리 그 자체가, 그 모순된 성격에 의해서 스스로 제기되고, 스스로 대치되는 것이 아니다. 프루동 쪽이 카테고리의 두 가지 면 사이에서 흔들리고, 몸부림치고 꿈틀거리고 있는 것이다.

이리하여, 합법적인 수단으로는 탈출하기가 어려운 막다른 골목에 둘러싸여, 프루동은 도약을 시도하여 한 번의 도약으로 새로운 카테고리 안으로 운반된다. 이때, 놀라움으로 가득 찬 그의 눈앞에는 오성 속의 계열이 나타나는 것이다.

그는 닥치는 대로 카테고리를 붙잡아, 그 카테고리에 순화해야 할 카테고리의 불합리를 구제할 자격을 부여한다. 이렇게 해서 프루동을 믿어야 한다면, 조세는 독점의 불합리를 고치고, 무역의 균형은 조세의 불합리를 고치고, 부동산은 신용의 불합리를 고치는 것이 된다.

경제적 카테고리를 하나씩 차례로 들추어, 한 쪽을 다른 쪽의 해독제로 삼음으로써, 프루동은 모순과, 모순에 대한 해독제의 혼합을 동반하여, 두 권분의 모순을 발표하게 되어, 그것을 정당하게도《경제적 여러 모순의 체계 또는 빈곤의 철학》이라고 이름을 붙인 것이다.

다섯 번째 고찰

'절대적 이성 안에서는, 그런 모든 관념은……단순하고 일반적이다……. 사실, 우리가 과학에 이르는 것은, 관념이라고 하는 어떤 종류의 발판을 통해서이다. 하지만, 진리 그 자체는 이들 변증법적 형상으로부터 독립되어 있어서, 우리의 정신의 연합에서 해방된 것이다.' (프루동, 제2권, p.97)

여기에서 갑자기, 우리가 지금 겨우 그 비밀을 알게 된 어떤 종류의 방향

전환에 의해서, 경제학의 형이상학은 하나의 환상이 된다! 프루동이 그 이상 진리를 말한 적은 한 번도 없었다.

분명히, 변증법적 운동의 절차가 선과 악을 대치(對置)하고, 악을 없애려고 하는 문제를 제기해서, 다른 카테고리에 대한 해독제로서 어떤 카테고리를 제안한다고 하는 단순한 절차에 환원된 시점에서, 카테고리 자체는 이미 자발성을 가지지 못하게 된다. 관념은 '이미 기능을 하지 않는다.' 관념은 그 자체 안에, 이미 생명을 가지지 못하고, 이미 카테고리로서 정립되지도 않으며, 분해되지도 않는다. 이미 마련된 발판과 같은 것이 되어 버린다. 변증법은, 이미 절대이성의 운동은 아니다. 이미 변증법은 존재하지 않고, 기껏해야 순수한 도덕운동이 있을 뿐이다.

프루동이 오성 속의 계열과 카테고리의 논리적 연결에 대해서 말할 때, 그는 시간의 순서에 따른 역사(즉, 프루동에 의하면 여러 카테고리가 나타나는 역사적 연결)를 나타내는 것은 아니라고 적극적인 의미로 선언하고 있었다. 그때, 그에게는 모든 것이 이성의 순수한 에테르 안에서 일어난 것이 된다. 모든 것은, 변증법의 작용에 의해서, 이 에테르로부터 흘러나오는 것이다. 그런데 이 변증법을 실천하는 일이 문제가 되어도 그에게는 이성이 결여되어 있다. 프루동의 변증법은 헤겔의 변증법과의 약속을 깨뜨리고 만다. 이렇게 해서, 프루동은, 그가 경제적 카테고리를 드는 순서는, 이미 이들 카테고리가 차례로 생겨나는 순서가 아니라고 말하지 않을 수 없게 된다. 경제의 발전은 이미 이성 그 자체의 발전은 아닌 것이다.

그렇다면, 프루동은 우리에게 무엇을 줄 것인가. 현실의 역사, 즉 프루동의 이해에 의하면, 카테고리가 시간의 순서에 따라서 나타난 연결일까? 그렇지는 않다. 관념 그 자체 안에서 일어나는 것 같은 역사일까? 그것은 더더욱 아니다. 즉, 카테고리의 속세의 역사도 성스러운 역사가 아닌 것이다! 결국, 그는 우리에게 도대체 어떤 역사를 줄 것인가? 그 자신의 여러 모순의 역사이다. 이들 모순이 어떻게 진행되고, 프루동은 그 뒤를 따라 어떻게 끌고 가는가를 보기로 하자.

이 검토는 여섯 번째의 중요한 고찰에서 이루어지게 되는데, 그 전에, 그다지 중요하지 않은 하나의 고찰을 해두지 않으면 안 된다.

현실의 역사, 시간의 순서에 따른 역사가, 관념이나 카테고리나 원칙이 그것에 나타나는 역사적 연결이라는 것을, 프루동과 함께 인정하기로 하자.

각 원칙에는, 그것이 나타나는 독자적인 세기가 있었다. 이를테면, 권위의 역사에는 11세기가 있었고, 개인주의의 원칙에는 18세기가 있었다. 세기가 원칙에 속해 있었던 것이지, 원칙이 세기에 속해 있었던 것은 아니었던 것이다. 다른 말로 하자면, 역사를 만든 것은 원칙 쪽이지 역사가 원칙을 만든 것은 아니었던 것이다. 그 후, 역사와 원칙을 다 같이 구출해 내기 위해서, 사람들은 도대체 왜, 어떤 원칙이, 다른 세기기 아니라 11세기나 18세기에 나타났는가를 자문(自問)해서, 11세기 인간이나 18세기 인간은 어떤 사람들이었던가, 그들의 욕구, 생산양식, 생산의 원재료는 각기 어떤 것이었던가, 요컨대, 이런 모든 생활 상태에서 생기는 인간과 인간의 관계는 어떤 것이었는가를 자세하게 검토하지 않을 수 없게 된 것이다. 이들 문제를 심화(深化)시킨다는 것은, 각 세기의 인간들의 세속적 역사를 편찬하는 일이고, 이들을 그들 자신의 역사의 배우이자 작가이기도 하는 존재로서 표현하는 일이 아닐까? 그러나 인간들을 그들 자신의 역사의 배우 겸 작자로서 표현할 때부터 사람들은 먼 길을 돌아서 참된 출발점에 이른 것이 된다. 왜냐하면, 그때 최초의 출발점이었던 영원의 여러 원칙은 포기되었기 때문이다.

프루동은, 역사의 큰길에 이르기 위해서 관념학자가 취하는 지름길까지 충분히 전진하지는 않았던 것이다.

여섯 번째 고찰

프루동과 함께 지름길을 가 보자.

그 경우, 경제적 여러 관계는 불변의 법칙, 영원의 법칙, 관념적 카테고리로 여겨져, 활발하게 활동하는 인간에 앞서서 존재했었다고 하자. 또, 이들 법칙이나 원칙이나 카테고리는, 태고의 옛적부터 '인류의 비인격적 이성 안에' 잠자고 있었다고 하자. 이미 보아온 바와 같이, 이런 불변부동의 영원성 아래에서는, 이미 역사는 존재하지 않는다. 존재한다고 해도 기껏해야 관념 속의 역사, 즉 순수이성의 변증법적 운동 안에 반영되는 역사이다. 프루동은, 변증법적 운동 안에서는 관념은 이미 서로 '차별화'되지 않기 때문에, 운동의 환영과 환영의 운동을 다 같이 지워 버린다. 그것들이 있으면 역사의 모상〔模像 : 모방하여 만든 상〕 정도는 만들 수가 있었을 테지만……. 그 대신, 그는 자신의 무력함을 역사탓으로 하여, 모든 것에 프랑스어까지도 트집잡는다. 철학자 프루동은 말한다.

'따라서, 무엇인가가 생긴다거나 생산된다고 하는 것은 정확하지가 않다. 문명이나 우주나, 모든 것은 유구의 기원 시점부터 존재하여 활동하고 있는 것이다. 사회의 경제 전체에 대해서도 마찬가지이다.' (제2권, p. 102)

그 자체가 작용하고, 또 프루동을 작용하게 하고 있는 여러 모순의 생산력은 대단한 것으로, 역사를 설명하려다가, 그는 역사를 부인하지 않을 수 없게 되고, 사회관계가 차례로 나타나는 것을 설명하려다가 무엇인가가 생길 수 있다는 것을 부정하고, 모든 단계가 따르는 생산을 설명하려다가 그는 무엇인가가 생산될 수 있다는 것에 이의를 제기하는 것이다.

이렇게 해서, 프루동에게, 이미 역사도 관념의 계기도 존재하지 않지만, 그의 저서는 여전히 존재하고 있다. 그리고 그 저서야말로, 본인의 표현에 의하면 '관념의 계기에 바탕을 둔 역사'인 것이다. 프루동은 공식의 사람인데, 한 번의 도약으로 모든 모순을 뛰어넘는 데에 힘을 보태 주는 공식은 도대체 어떻게 해서 발견되는 것일까?

이를 위해, 그는 새로운 이성을 발명하였다. 순수하고 무구[無垢 : ^{더러움이}_{없음}]한 절대이성도 아닌, 몇 세기에 걸쳐 활동해 온 활발한 인간에게 공통된 이성도 아닌, 아주 별개의 이성, '사회=인간'의 이성, 인류라고 하는 주체의 이성이다. 이 이성은, 프루동의 펜에 의해서, 처음에는 자주 '사회적 천성(=수호령)' '보편적 이성'이라고 기록되다가 결국 '인간적 이성'이 되었다. 기묘한 많은 이름이 붙여진 이 이성은, 좋은 면과 나쁜 면, 해독제와 여러 문제가 따른 프루동의 개인적 이성이라고 하는 것이 언제고 확인되는 것이다.

영원한, 절대적 이성 깊숙이 숨어서, '인간적 이성은 진리를 창조하지 않는다.' 그것은 진리를 노출시키는 데에 지나지 않는다. 그러나 오늘날까지, 인간적 이성이 노출시킨 진리는 불완전하고 불충분하며, 그러기 때문에 모순되어 있다. 따라서 경제적 카테고리는, 그 자체가 인간적 이성이나 사회적 천성에 의해서 발견되어, 노출된 진리이기 때문에, 마찬가지로 불완전하며 모순의 싹을 품고 있다. 프루동 이전에는, 사회적 천성은 대립적 요소만을 보고, 종합적 공식을 보려고 하지 않았으나, 어느 쪽이나 동시에 절대적 이성 안에 숨어 있었던 것이다. 경제관계는, 이들의 불충분한 진리, 불완전한 카테고리, 모순된 개념을 지상에 실현할 뿐이므로, 그 자체도 모순되어 있고, 좋은 면과 나쁜 면이라고 하는 두 면을 제시한다.

완전한 진리, 완벽한 개념, 대립을 해소하는 종합적 공식을 찾아내는 일, 이것이 사회적 천성의 문제이다. 프루동의 환상 속에서는, 같은 사회적 천성이 어떤 카테고리에서 다른 카테고리로 밀려난다고는 하지만, 그의 모든 카테고리의 역량을 가지고도, 신에서, 절대적 이성에서, 종합적 공식을 박탈하기에는 아직 이르지 못하고 있는 것은 그 때문이다.

'우선, 사회(사회적 천성)가 최초의 사실을 정립하고, 하나의 가설을 세운다……그것이야 말로 참다운 이율배반이다. 그 대립하는 여러 결과는, 그것들이 정신 속에서 연역되는 것과 같은 방법으로, 사회 경제 안에서 펼쳐진다. 그 결과, 산업운동은 모두 여러 관념으로부터의 연역에 따라서 이중의 흐름으로 분열한다. 쓸모 있는 결과를 가져오는 흐름과 파괴적인 결과를 가져오는 흐름이다……. 이면성(二面性)을 갖는 이 원칙을 조화를 이룬 형태로 구성하여, 이 이율배반을 해결하기 위하여, 사회는 사실상 두 번째 이율배반을 출현시키고, 이윽고 세 번째 이율배반이 이에 이어진다. 사회적 천성의 진행은, 이와 같은 것이며, 그 모든 모순이 해소되면, ―인류의 모순에도 한도가 있다고 나는 추측하지만, 증명은 되어 있지 않다― 사회적 천성은 단숨에 이전의 모든 위치로 되돌아가, 유일한 공식에 의해서 그 모든 문제를 해결하는 것이다.' (제1권, p.133)

이전에, 반정립이 해독제로 바뀐 것처럼, 이번에는 정립이 가설로 되어 있다. 프루동 쪽에, 이런 용어의 변경이 있어도, 이제 우리는 조금도 놀라지 않는다. 불완전한 시야밖에 가지지 않기 때문에 순수하다고는 도저히 말할 수 없는 인간적 이성은, 한 걸음 앞으로 나아갈 때마다 해결해야 할 새로운 문제를 만나게 된다. 인간적 이성이 절대이성 안에서 발견하는 새로운 정립(처음 정립의 부정)은, 어느 것이나 인간적 이성에서는 종합이 되며, 이 종합을 인간적 이성은 당면하는 문제의 해결로서 받아들인다. 이렇게 해서, 이 이성은 항상 새로워지는 모순 속에서 분투하여, 마침내 모순의 한계에 이르러, 모든 정립과 종합은 모순된 가설에 지나지 않는다는 것을 알아차리게 되는 것이다. 몹시 당혹해서, '인간적 이성, 사회적 천성은, 한 번의 도약으로 이전의 모든 위치로 되돌아가, 유일한 공식에 의해서, 그 모든 문제를 해결한다.' 우선 이렇게 말해 둔다고 할 때, 이 유일한 공식이야말로 프루동의 참다운 발견이 되는, 구성된 가치를 말한다.

가설이란, 그 어떤 목적을 위해서만 세울 수 있는 것이다. 프루동의 입을 빌어서 말하는 사회적 천성이 최초로 제안하는 목적은, 각 경제적 카테고리 속에서 나쁜 것을 없애고, 좋은 것을 남기는 일이었다. 프루동에게, 좋은 것, 즉 지고(至高)의 선, 참다운 실천적 목적이란 평등을 말한다. 그렇다면 왜, 사회적 천성은 불평등·동포애·가톨리시즘, 또는 그밖에 모든 원칙이 아니라, 평등을 제안했을까? 왜냐하면, '인류가 많은 가설을 실현해 온 것은 바로 보다 더 상위의 가설을 지향하기 위한 것'이기 때문이다. 그리고 이 상위의 가설이야말로 평등인 것이다. 다시 말하면, 평등이 프루동의 이상이기 때문이다. 분업·신용·공장 등의 경제적 관계는 평등을 이롭게 하기 위해 발명된 것인데, 결국 이들은 항상 평등에 어긋나는 방향으로 향했다고 그는 생각하고 있다. 역사와 프루동의 픽션이, 한 걸음마다 서로 어긋나는 데에 관해서, 그는 거기에 모순이 존재한다고 결론짓는다. 모순이 있다고 해도, 그것은 프루동의 고정관념과 현실 운동 사이에서밖에 있을 수 없다.

앞으로는, 경제관계의 좋은 면이란 평등을 긍정하는 면이고, 나쁜 면이란 평등을 부정하고 불평등을 긍정하는 면이라는 이야기가 된다. 모든 새로운 카테고리는, 이전의 가설에 의해서 초래된 불평등을 제거하기 위해, 사회적 재능이 세우는 가설이다. 요컨대, 평등이란 사회적 천성이 경제적 모순의 고리 안을 빙빙 돌면서, 항상 눈앞에 매달아 두는 최초의 의도, 신비적 경향, 신의〔神意 : 신의 뜻〕의 목적을 말한다. 이렇게 해서, 신의는 프루동이 끌어안은 모든 경제적 지식을, 그의 증발한 순수이성보다 더 훌륭하게 전진시키는 증기 기관차가 된다. 그는 조세에 이어지는 한 개 장(章) 모두를 신의에 바친 것이다〔제1권, 제8장 '모순의 법칙하에서의 인간과 신의 책임' 에 대해서, 또는 신의에 의한 문제의 해결'을 말한다〕.

신의(神意), 신의의 목적, 이것이야말로 오늘날 역사의 흐름을 설명하기 위한 위대한 말이다. 그러나 실은, 이 말은 아무것도 설명하고 있지 않다. 그것은 겨우 거창한 선언 형식이며, 사실을 바꾸어 말한 보람이 없는 방법에 지나지 않는다.

스코틀랜드에서는, 잉글랜드 산업의 발전에 의해서 토지 소유가 새로운 가치를 획득했다는 것은 사실이다. 이 산업은 양모에 새로운 판로를 열었다. 양모를 많은 양으로 생산하기 위해, 경작지를 목초지로 전환할 필요가 생겼다. 이 전환을 실현하기 위해서는 사유지를 집약(集約)하지 않으면 안 되었다. 사유지를 집약하기 위해서는, 소규모적인 소작을 폐지하고, 수백만의 소작인을 태어난 고향에서 추방하여, 그들 대신에 수백만의 양치기를 배치하지 않으면 안 되었다. 이렇게 해서, 연이어 전환이 이루어졌기 때문에, 스코틀랜드에서는 토지 소유가 양으로 하여금 인간을 쫓아내게 하는 결과를 초래하였다. 그래서 이번에는, 토지소유제도의 신의 목적이란, 스코틀랜드에서는, 양으로 하여금 인간을 쫓아내는 일이라고 말하면 신의에 의한 역사가 완성될 것이다.

분명히, 평등의 경향은 우리 세기(19세기)에 속한다. 그래서 그 이전의 모든 세기가 전혀 다른 욕구나 생산 방법 등으로 평등의 실현을 위해 신의에 의해서 노력하고 있었다고 말한다면, 이것은, 바로 우리 세기의 인간과 수단을 그 이전 세기의 인간과 수단으로 바꾸어 놓는 일이 되고, 이어지는 여러 세대가 앞선 세대에 의해서 획득된 여러 결과를 변혁해 온 역사운동을 무시하는 것이 된다. 경제학자들이 잘 알고 있는 바와 같이, 같은 물건이라도 어떤 사람에게는 가공품이지만 다른 사람에게는 원재료밖에 되지 않았던 것이다.

프루동이 그렇게 하고 있는 것처럼, 사회적 천성이 소작인을 평등하고 책임 있는 노동자로 바꾸려는 신의의 목적으로, 봉건영주를 낳았다, 고 하느니보다는 오히려 즉흥으로 만들어 냈다고 가정하자. 그렇게 되면, 스코틀랜드에서 양으로 하여금 인간을 쫓아내는 악의에 찬 즐거움을 가져오기 위해서 토지 소유를 창설한 저 신의에 전적으로 어울리는, 목적과 인격의 바꿔치기가 이루어진 것이 되어 버린다.

그러나 프루동은 신의에 정감어린 관심을 품고 있으므로, 우리는 그를 드비르누브 바르쥬몽의 《경제학의 역사》(1839)로 되돌려보내기로 하자. 이 저자도 또한 신의의 목적을 쫓고 있는데, 그 목적은 이미 평등이 아니라 가톨리시즘인 것이다.

일곱 번째, 마지막 고찰

경제학자들은 묘한 논의의 진행 방법을 구사한다. 그들에게는, 인위적인 제도와 자연적인 제도, 이 두 가지 제도밖에 존재하지 않는다. 봉건제도는 인위적인 제도이고, 부르주아의 제도는 자연적인 제도이다. 이 점에서, 그들은 신학자와 비슷하다. 신학자도 또한 두 종류의 종교를 세운다. 신학자의 것이 아닌 종교는 인간들이 발명한 것이지만, 그들 자신의 종교는 신에서 나온 것이다. 현재의 관계—즉, 부르주아적 생산관계—가 자연적이라고 말함으로써, 경제학자들은 부가 창조되고, 생산력이 발전하는 이 관계가 자연의 법칙에 따르고 있다고 말하고 싶은 것이다. 따라서 이 관계 자체가 시간의 영향으로부터 독립된 자연의 법칙이라는 것이 된다. 그것은, 사회를 항상 관리할 영원의 법칙이다. 따라서 한때는 역사가 존재했으나 이제 역사는 존재하지 않는다. 한때는 역사가 존재하였다. 왜냐하면, 봉건제도가 존재하고, 이들 봉건제도 안에는, 부르주아 사회의 제도와는 전혀 다른 생산관계가 발견되었기 때문이다. 그리고 부르주아 사회의 제도를, 경제학자들은 자연적이고, 그러기 때문에 영원의 것으로 보이게 하려고 바라고 있다.

봉건제도 또한, 프롤레타리아 계급을 가지고 있었다—부르주아 계급의 모든 싹을 간직한 농노제이다. 봉건적 생산도 두 가지 대립하는 요소를 가지고 있었다. 그것들도 또한, 봉건제의 훌륭한 면과 나쁜 면이라고 이름을 붙일 수 있는데, 그때 최종적으로, 나쁜 면이 항상 훌륭한 면에 승리했던 일이 고려되지 않고 있다. 투쟁을 구성하여, 역사를 만들어 내는 운동을 낳는 것은, 나쁜 면 쪽이다. 봉건제가 지배하던 시대에, 만일 경제학자들이 기사도와, 권리와 의무의 적절한 조화와, 도시의 가부장적 생활과, 농촌의 가내공업의 번영과, 동직조합(同職組合)이나 동직조합의 간사회(幹事會)나 우두머리 제도를 통해서 조직된 산업의 발전에 감격해서, 요컨대 봉건제의 훌륭한 면에 감격해서, 이런 일들이 짜내는 한 폭의 그림에 그림자를 드리우는 모든 것—농노제, 여러 특권, 무정부 상태—를 지우면 어떻겠느냐는 문제를 제기했다고 하면, 도대체 어떤 일이 일어났을까. 투쟁을 구성하는 모든 요소는 지워지고, 부르주아의 발전의 싹은 잘리고 말 것이다. 이렇게 해서, 역사를 지우려고 하는, 터무니없는 문제까지도 제기되었을지도 모른다.

부르주아 계급이 승리를 거두었을 때, 봉건제의 좋은 면도 나쁜 면도, 이제는 문제가 되지 않았다. 봉건제하에서 부르주아 계급에 의해 발달을 이룬 생산력을, 부르주아 계급이 획득한 것이다. 모든 예부터의 경제적 형태와 이들에 대응한 시민적 관계, 예부터의 시민사회의 공적 표현이었던 정치적 상태, 그런 것은 모두 파괴되고 말았다.

따라서 봉건적 생산에 대해서 올바른 판단을 내리기 위해서는, 이율배반에 입각해서 세운 생산양식으로서 그것을 고찰할 필요가 있다. 이 이율배반 내부에서 부(富)가 어떻게 해서 생겼는가, 계급 대립과 병행해서, 생산력이 어떻게 발전을 이루었는가, 어떻게 해서 대립하는 계급의 한 쪽(나쁜 쪽, 사회의 결점)이 항상 그 힘을 증가시켜, 이 계급의 해방의 물질적 조건이 성숙의 영역에 이르게 되었는가, 이런 문제를 해명하지 않으면 안 된다. 생산양식·생산력이 그 안에서 발전하는 관계는 영원의 법칙이기는커녕 이들은 인간과 그 생산력의 일정한 발전에 대응하고 있으며, 인간의 생산력에 생기는 변화가 생산관계의 변화를 필연적으로 가져온다고 말해도 지나친 말은 아닐 것이다. 문명의 과실이나 획득된 생산력을 빼앗기지 않도록 하는 것이, 무엇보다도 중요한 이상, 이들 생산력이 생겨난 전통적인 형태를 파괴하지 않으면 안 된다. 혁명적 계급이 보수적이 되는 것은 이 시점부터이다.

부르주아 계급은, 그 자신이 봉건 시대의 프롤레타리아 계급의 잔재인 프롤레타리아 계급과 함께 시작된다. 역사적 발전 과정에서, 부르주아 계급은 그 이율배반적인 성격을 발달시키는데, 이 성격은 당초에 상당히 은폐되어 있어서, 잠재적인 상태로밖에 존재하고 있지 않았다. 부르주아 계급이 발전함에 따라서, 그 내부에 새로운 프롤레타리아 계급, 근대 프롤레타리아가 발전하여, 프롤레타리아 계급과 부르주아 계급과의 투쟁이 펼쳐진다. 이 투쟁은, 쌍방에 감지되고, 인식되고, 평가되고, 이해되고, 자인(自認)되고, 소리높이 선언되기 이전에는, 부분적이고 일시적인 분쟁에 의해서만, 몇 가지 교란적 사실에 의해서만 사전에 나타나게 된다. 다른 면에서 보자면, 근대 부르주아 계급의 모든 멤버가, 또 하나의 계급과 대립해서 계급을 형성하여 같은 이해를 갖는다 해도, 그들 내부에서 서로 대립하는 한, 서로 대립하는 이율배반적인 이해를 가지게 된다. 이런 이해의 대립은, 그들의 부르주아적 생활의 경제적 조건에서 생기고 있다. 그러기 때문에, 부르주아 계급이 활동하는 생산관계는 하나의 단순한 성격을 갖는 것이 아니라 이중의 성격을 갖는다는 것은 나날이 분명해진다. 그리고 부가 생산되는 관계 속에서 가난도 생긴다는 것, 생산력이 발전하는 관계에서 억압하는 힘이 존재한다는 것, 이들 관계는, 이 계급을 구성하는 멤버의 부(富)를 끊임없이 말소해서 프롤레타리아를 항상 증가시키는 것을 통해서만 부르주아적인 부(부르주아 계급의 부)를 생산할 수 없다는 것도 또한 분명해지는 것이다.

이런 적대적 성격이 명확해질수록, 부르주아적 생산의 과학적 대표자인 경제학자들은, 자기 자신의 이론과 부딪히게 되어, 여러 가지 학파가 형성된다.

우선 숙명론자인 경제학자들이 있다. 그들의 이론이, 부르주아적 생산의 결점이라고 그들이 부르는 것에 대해서 무관심한 것은, 부르주아 계급 자신이, 그들의 부의 획득에 힘을 빌려주고 있는 프롤레타리아 계급의 괴로움에 대해서 무관심한 것과 마찬가지이다. 이 숙명론 학파에는, 고전파와 로망파가 존재한다. 애덤 스미스나 리카도와 같은 고전파는, 지금도 봉건사회의 잔재와 싸움으로써, 경제관계로부터 봉건 시대의 오점을 정화하여 생산력을 증대시키고, 상공업에 새로운 활력을 가져올 것에 전념하는 부르주아 계급을 대표하고 있다. 이 싸움에 참가하는 프롤레타리아 계급은, 열성적인 활동에 몰두하고 있기 때문에, 그들의 괴로움을 일시적이고 우발적인 것으로밖에 느끼지 않고, 그들 자신도 괴로움을 그와 같은 것으로밖에 여기지 않는다. 애덤 스미스와 리카도는 이 시대의 역사가이며, 그들의 임무는, 부르주아적 생산관계에서 부가 어떻게 획득되는가를 제시하고, 이들 관계를 카테고리나 법칙으로 공식화하여, 이들 카테고리나 법칙이, 부의 생산에 있어, 봉건사회의 법칙이나 카테고리보다도 어떻게 뛰어나 있는가를 제시하는 데에 있다. 그들의 입장에서 보자면, 가난이란 자연에 있어서나 산업에 있어서 모든 출산 행위에 따르는 괴로움밖에 되지 않는다.

로망파는 현대에 속한다. 부르주아 계급이 프롤레타리아 계급과 직접 대결로 들어갔던 시대, 가난이 부와 마찬가지로 대규모로 양산되는 시대이다. 이때, 경제학자들은 감동을 잃은 숙명론자로서 등장하여, 그들의 높은 지위에서, 부를 만들어 내는 기관차와 같은 인간들에게 교만한 경멸의 시선을 던진다. 그들은 선인(先人)에 의해 주어진 모든 발전을 모방하여, 선인의 경우에는 소박함이 남아 있던 무관심은, 그들에게는 일종의 아양부리는 태도가 된다.

그 다음에 오는 것이 인도주의 학파이다. 그들은 현재의 생산관계의 나쁜 면에 신경을 써서, 현실의 대립관계를 조금이나마 손질을 하지 않으면 개운하게 생각하지 않는다. 그들은 프롤레타리아 계급의 비참과 부르주아끼리의 치열한 경쟁을 마음 속으로부터 개탄한다. 그들은 노동자들에게, 알코올을 삼가고, 일을 잘 하고, 아이를 많이 낳지 않도록 충고한다. 그들은 부르주아들에게 생산에의 열의에 사려분별을 가지게 하도록 권고한다. 이 학파의 전체 이론은, 이론과 실천, 원칙과 결과, 관념과 적용, 내용과 형식, 본질과 현실, 권리와 사실, 좋은 면과 나쁜 면을 한없이 구별하는 태도에 의거하고 있는 것이다.

인류애주의 학파는, 개량된 인도주의 학파이다. 그들은 적대관계의 필연성을 부정한다. 그들은 모든 인간을 부르주아로 만들 것을 바란다. 그들은, 이론이 현실과 구분되어, 적대관계를 포함하지 않는 한, 이론의 실현을 바란다. 이론 안에서는, 현실에서 언제라도 만나는 여러 모순도 쉽사리 사상〔捨象 : 추상 작용에 필연적으로 따르는 부정적 측면〕할 수 있는 것은 물론이다. 따라서 이런 종류의 이론은 이상화된 현실이 되어버린다. 인류애주의자들은 부르주아적 관계의 수립, 이 관계와 불가분한 적대관계를 없애, 부르주아적 관계를 표현하는 카테고리를 유지하려고 한다. 그들은 부르주아적 실천과 성실하게 싸울 생각을 가지고 있지만, 다른 학파보다 부르주아적이다.

경제학자가 부르주아 계급의 과학적 대표자인 것처럼, 사회주의자와 코뮤니스트는 프롤레타리아 계급의 이론가이다. 프롤레타리아 계급이 아직 계급을 구성할 정도로 발전해 있지 않고, 그 결과 프롤레타리아 계급의 부르주아 계급과의 싸움 자체가 아직 정치적 성격을 가지지 않는 단계에서는, 그리고 부르주아 계급 자체 내부에서도, 생산력이 프롤레타리아 계급의 해방과 새로운 사회의 형성에 필요한 물질적 조건을 예견하게 할 수 있을 정도로는 아직 발전하지 않은 단계에서는, 이들 이론가들은 공상가에 지나지 않고, 억압된 여러 계급의 궁핍을 막기 위해 여러 가지 체제를 조작하여, 혁신적인 과학을 추구하기만 하는 존재이다. 그러나 역사가 진행되고, 이에 따라 프롤레타리아 계급의 투쟁이 더욱 눈에 띄면, 그들은 이미 자기들 머릿속에서 과학을 추구할 필요는 없고, 눈앞에서 일어나고 있는 것을 이해하고, 그 대변자가 되기만 하면 좋다. 과학을 추구하고, 갖가지 체제를 조작하고 있는 한, 즉 투쟁의 초기 단계에서는, 그들은 가난 안에 가난만을 보려고 하기 때문에, 거기에서는 옛 사회를 전복하게 된다. 파괴적이고 혁명적인 측면이 보이지 않는다. 하지만, 이 시점부터 이미 역사의 운동에 의해서 탄생하고, 사정을 충분히 인식한 후에 이 운동과 연결되는 과학은, 교조주의적 공론을 벗어나 혁명적이 되는 것이다.

여기에서 프루동으로 돌아가기로 하자.

어떤 경제적 관계에도 좋은 면과 나쁜 면이 있다. 이 점만은 프루동도 부정하고 있지는 않다. 좋은 면이 경제학자들에 의해 제시되고, 나쁜 면이 사회주의자에 의해 고발되어 있다는 것을 그는 보아 왔다. 프루동은, 경제학자로부터 영원한 관계의 필연성을 빌리고, 사회주의자로부터 가난 안에서 가난밖에 보지 않는 환상을 빌린다. 과학의 권위를 자기 학설의 논거로 하려는 점에서 그는 어느 쪽과도 일치하고 있다. 그에게 있어, 과학은 과학적 공식이라고 하는 조그마한 규모로 축소되고 만다. 그는 공식을 추구하는 사람인 것이다. 이렇게 해서, 프루동은 경제학과 코뮤니즘을 함께 비판했다고 해서 자화자찬하고 있다. 그러나 그는 어느 쪽보다도 아래에 위치하고 있다. 경제학자보다도 아래라고 하는 것은, 자기는 마법의 공식을 입수한 철학자이기 때문에, 순수하게 경제적인 세부에 관여하지 않아도 좋다고 생각했기 때문이고, 사회주의자보다 아래라고 하는 것은, 사상 영역에서만의 이야기라고는 하지만, 부르주아 계급의 수준을 넘는 충분한 용기도 견식도 가지고 있지 않기 때문이다.

그는 스스로 종합이 되기를 바라고 있지만, 실은 그 자신은 오해의 짜맞춤에 지나지 않는다.

프루동은 과학인으로서, 부르주아와 프롤레타리아 계급을 내려다보려고 하지만, 그 자신은 한 사람의 소(小)부르주아에 지나지 않고, 자본과 노동, 경제학과 코뮤니스트 사이에서 끊임없이 흔들리고 있는 것이다.

제2절 분업과 기계

프루동에 의하면, 분업이 일련의 경제적 진화의 도화선 구실을 한다고 한다.

분업의 좋은 측면
'분업은 그 본질로 보면 환경과 지력(知力)의 평등이 실현되는 양식이다.'
(제1권, p.93)

분업의 나쁜 측면
'분업은 우리의 입장에서 보자면 가난의 도구가 되었다.' (제1권, p.94)

이문(異文)
'노동은, 노동에 어울리게, 또 노동의 생산성의 제1조건인 법칙에 따라 분할될 때, 오히려 그 목적의 부정에 이르러, 자기가 자기를 파괴한다.' (제1권, p.94)

해결해야 할 문제
'분업의 유익한 결과를 보존하고, 분업의 불합리를 지우는 재구성'(제1권, p.97)을 발견할 것.

프루동에 의하면, 분업은 영원의 법칙이고, 단순하고 추상적인 하나의 카테고리이다. 따라서 역사상의 여러 시대에 있어서의 분업을 설명하기 위해서는, 그에게 추상·관념·언어가 있으면 충분하다고 하지 않으면 안 된다. 여러 신분, 동직조합의 수공업제도, 대규모 공업은 분할한다고 하는 단 한마디로 설명되지 않으면 안 된다. 우선 먼저 분할한다는 뜻을 잘 연구하면, 노동의 분할[분업]에 대해서 각 시대에 특유한 성격을 주는 수많은 영향 등 연구할 필요가 없는 셈이다.

분명히 사실을 프루동의 카테고리에 환원한다고 하는 것은, 매우 간단하며, 역사는 이 정도로 카테고리대로 나아가지 않는다. 영국에서는 도시와 농촌의 분리라고 하는 최초의 분업을 대규모로 확립하기 위해서는, 만 3세기나 걸리지 않으면 안 되었다. 도시의 농촌에 대한 관계가 바뀐 것만으로도 그에 따라 사회 전체가 바뀌고 말았다. 분업 안의 이런 일면만이라도 들추어서 잘 생각해 보면, 어떤 때는 고대의 공화제가, 어떤 때는 그리스도교화된 봉건제도를 볼 수 있고, 또 어떤 때는 봉건영주들을 동반한 옛 영국이, 어떤 때에는 목화왕(cotton lord)을 거느린 근대 영국을 볼 수 있을 것이다. 식민지가 아직 없고, 유럽에 대해서 미국이 아직 존재하지 않았고, 아시아는 콘스탄티노플을 통해서만 존재하고, 지중해가 상업 활동의 중심이었던 그런 14세기와 15세기에는, 분업은 17세기와는 전혀 별개의 모양, 전혀 다른 모습을 보이고 있었다. 17세기에는 에스파냐인·포르투갈인·네덜란드인·영국인·프랑스인이 세계 구석구석까지 식민지를 건설해 버렸기 때문이다. 시장의 확대나 시장의 특징이 다른 시대의 분업에 하나의 특징을 주는 것인데, 이 성격을 분할·관념·카테고리라고 하는 단 하나의 말에서 연역하려고 할 수 있는 일은 아닐 것이다. 프루동은 이렇게 말하고 있다.

'애덤 스미스로부터 지금까지, 모든 이코노미스트들은 분업의 장점과 단점을 지적해 왔으나, 단점보다도 장점 쪽을 줄곧 강조해 왔다. 왜냐하면, 그렇게 하는 편이 그들의 낙천주의에 더욱 알맞다고 여겨졌기 때문이다. 그런데 그들 중에서도 아무도 분업의 법칙의 단점이 어떤 것인가를 한 번도 묻지 않았다. ……같은 원리를 엄밀하게 그 귀결까지 추적해 보면, 그 원리는 정반대의 결과에 이르는 것이 아닐까? 애덤 스미스 이전이나 이후에도, 이코노미스트들은 단 한 사람도 여기에 해명할 문제가 있다고 알아차리지조차 못했다. J.B. 세만이 분업 속에서 선(善)을 낳는, 같은 원인이 악을 낳는다는 것을 인정하는 데까지 갔다.' [제1권, p. 95~96]

애덤 스미스는 프루동이 생각하는 이상으로 멀리까지 내다보고 있었다. '실제로, 개개인 사이의 타고난 재능의 차이 등은 우리가 생각하는 것보다도 훨씬 작다. 사람들이 성숙 연령에 이르렀을 때, 여러 직업의 차이를 돋보이게 하는 여러 기질도, 분업의 원인이 아니라 오히려 분업의 결과이다'(제1권, p.20)라고 프루동은 말하지만 그것은 이미 스미스가 충분히 알고 있었던 일이다. 기본적으로는 [스미스에 의하면] 등짐을 지는 인부와 철학자의 차이는 파수견과 사냥개 차이 이하이다. 양자 사이에 고랑을 만든 것은 분업인 것이다(라고 스미스는 말한다). 그럼에도 불구하고, 프루동은 다른 곳에서, 스미스는 분업이 낳는 단점을 예상하지 않았다고 말하고 있다. 게다가, J.B. 세가 처음으로 '분업에서는 선을 낳는 똑같은 원인이 악을 낳는다'[제1권, p.96]는 것을 인정했다고 프루동으로 하여금 말하게 한 것도 바로 이런 무지인 것이다.

그런데 르몽테의 말에 귀를 기울여 보자('각자에게 응분의 몫을(Suum cuique!)'이니까).

'J.B. 세는, 분업의 도덕적 영향에 관한 소론(小論)에서 내가 발견한 원리를, 그의 훌륭한 경제학 개론 속에서 영광스럽게도 다루어 주었다. 나의 저서가 조금 경박한 책이름을 붙이고 있기 때문일까, 그는 나를 인용하지 않아도 좋다고 생각했을 것이다. 곰곰이 생각해 보건대, 아마도 이와 같은 가벼운 생각에서, 넘칠 정도로 부자인 저술가가 이런 시시한 빛을 부정하기 위해서 침묵하기로 결정했음에 틀림없는 것 같다.' (르몽테《전집》제1권, p. 245, 파리, 1840년)

르몽테의 해명은 매우 훌륭하다. 그는 현재 볼 수 있는 것 같은 분업이 야기시킨 한탄스러운 결과를 기지가 넘치는 방법으로 그려냈는데, 프루동으로 말할 것 같으면 르몽테가 말한 것 이외의 것은 아무 말도 하지 않았던 것이다. 하지만 프루동의 실책으로 우리는 이 우선권 문제에 발을 들여놓은 이상, 말이 난 김에 다음과 같은 사실도 말해 두고자 한다. 즉, 르몽테보다도 훨씬 이전에, 더욱이 제자인 애덤 스미스보다도 17년이나 이전에, 애덤 파가송은 분업을 주제적으로 다루는 한 장(章)에서 사태를 분명이 그려내고 있었다.

'한 국민의 일반적 능력이 과연 기예(技藝)의 진보에 비례해서 증대하는 것인가에 의문을 가질 필요가 있을 것이다. 몇 가지 수작업적인 기예는 ……이성과 감정의 도움으로부터 완전히 해방될 때 비로소 잘 되어 가는 것으로, 무지는 미신의 어머니이기는 하지만, 부지런함의 어머니이기도 하다. 반성과 상상력은 미로에 빠지기 쉽다. 하지만 발이나 손을 움직이는 습관은 발이나 손으로도 좌우되지 않는다. 따라서 공장에 관해서는, 정신이 없이도 할 수 있는 일이 완전하다고 말할 수 있을 것이다. 그것은 마치 머리를 쓰지 않을수록, 공장은, 인간이라고 하는 부분품으로 된 기계가 될 수 있는 것과 마찬가지이다. ……장군 되는 사람은 전쟁 기술에서 탁월하지만, 병사는 발이나 손을 움직이는 것에 한정될 때 비로소 장점이 발휘되는 것이다. 한 쪽은 다른 쪽이 잃은 것을 획득했다고 말할 수 있다. ……만사가 분리되어 있는 시대에는, 생각하는 기술은 그 자체로 독립된 직업이 될 수 있는 것이다.' (애덤 파가송, 《시민사회의 역사》〔프랑스어 역〕, 파리, 1783년, 제2권, p.108~109, 110)

위와 같이 과거의 문헌을 개관한 후에, 우리는 '모든 경제가 분업의 단점보다도 장점을, 훨씬 많은 장점을 강조해 왔다'고 하는 말투를 분명히 부정한다. 시스몽디의 이름을 드는 것만으로 충분하다.

이와 같이, 분업의 장점에 관해서, 프루동은 만인이 알고 있는 일반적 문구를 조금 거창하게 바꾸어 말하는 이상의 것은 아무것도 하지 않았다.

이번에는, 그가 어떻게 일반적 법칙·카테고리·사고(思考)로서의 분업으로부터, 분업에 붙어 있는 단점을 끌어 내는가를 보기로 하자. 도대체 어떻게 해서 이 카테고리, 이 법칙이 프루동의 평등주의 체계에 어긋나는 노동의 불평등 분배를 포함하는 일이 생기게 될까?

'분업의 이와 같은 엄숙한 시점에서, 폭풍우가 인류 위에 불기 시작한다. 진보는 만인에게 한결같이 성취되는 것은 아니다. ……진보는 소수의 축복받은 사람을 파악하는 것으로부터 시작된다. ……진보측으로부터의 이와 같은 편애(偏愛)야말로, 처지의 불평등이 선천적으로 신의(神意)의 것이라고 사람들에게 오랫동안 믿게 하여, 카스트 제도를 육성하고, 모든 사회를 계층적으로 만들어 온 것이다.' (프루동, 제1권, p.94)

분업이 카스트제를 만들었다. 그런데 카스트제는 분업의 단점이다. 따라서 단점을 낳은 것은 분업이다. 프루동은 이렇게 말하지만 이것이야말로 증명되어야 하는 일이었다. 다시 한 걸음 더 나아가 카스트제, 계층적 제도, 특권적 신분을 분업으로 하여금 만들게 한 것은 무엇이냐고 물어 보자. 프루동은 이렇게 말할 것이다. 진보라고. 그럼 진보를 만든 것은 무엇인가? 제한이다. 제한이란, 프루동에게는, 진보 쪽에서 [특정한] 인간을 편애하는 일이다.

철학 다음에는 역사학이 나올 차례이다. 기술적 역사학도 변증법적 역사학도 아니고 비교역사학이다. 프루동은 현재의 인쇄공과 중세의 인쇄공, 쿠르조〔프랑스의 공업도시〕의 노동자와 농촌의 제철공〔蹄鐵工 : 말발굽에 대는 편자를 만드는 노동자〕, 오늘날의 문인과 중세의 문인을 비교한다. 그리고 그는, 중세가 만든, 또는 후세에 전달한 것과 같은 분업에 조금이라도 속하는 사람들의 편을 든다. 그는 하나의 역사적 시기의 분업과 다른 역사적 시기의 분업을 대립시킨다. 프루동이 증명해야 했던 것은 이런 일이었을까? 아니 그렇지가 않다. 그는 분업 일반, 카테고리로서의 분업의 여러 단점을 우리에게 명시하지 않으면 안 되었던 것이다. 그런데 프루동의 저작의 이 부분을 너절하게 말한다고 해서 무슨 소용이 있는가. 왜냐하면, 뒤에서 보는 바와 같이, 그는 자신이 말하는 전개라는 것을 모두 스스로 취소해 버리기 때문이다. 프루동은 이렇게 계속한다.

'세분된 노동의 최초의 결과는 영혼의 퇴폐이고, 그 다음에는 지출된 지성의 총량에 반비례해서 증대하는 노동시간의 연장이다. ……그러나 일의 지속시간은 하루에 6시간에서 18시간을 넘을 수는 없으니까, 시간면에서 보상이 되지 않으면 가격면에서 보상이 이루어져, 이렇게 해서 임금이 내려간다. 특별히 주목해야 할 일은, 보편적인 양심은 직공장〔職工長 : 작업현장에서 노동자를 지휘 감독하는 사람〕의 노동과 견습공의 수작업을 같은 반열에 놓지 않는다는 사실이다. 따라서 일일당 임금의 하락의 필연성이 있다. 그래서 노동자는, 인격을 타락시키는 작업에 의해서 영혼이 괴로움을 당한 후, 얼마 안 되는 수입에 의해서 몸도 또한 타격을 받게 되는 것이다.' [제1권, p.97~98]

칸트라면 표적이 빗나간 오류의 추리라고나 할 수 있는, 이들 삼단논법의 논리적 가치에 대해서는 너그럽게 보아 주기로 하자.

이 논의의 본질은 다음과 같다.

분업은 인격을 타락시키는 일로 노동자를 몰아넣는다. 거기에는 퇴폐적인 일에 어울리는 퇴폐된 영혼이 있다. 영혼이 퇴폐함에 따라, 더욱더 임금이 내려간다. 임금의 저하가 영혼의 퇴폐와 일치한다는 것을 증명하기 위해서는, 프루동은 위로삼아 보편적 양심이 그와 같이 바란다고 말한다. 프루동의 영혼은 보편적 양심 속에 계산되어 있을까?

프루동에게 있어 기계는 '분업의 반정립(反定立)'이다. 그리고 그는 자기 변증법을 뒷받침하기 위해 우선은 기계를 공장으로 바꾼다.

분업에서 비참을 유출시키기 위해서 현대 공장을 전제한 후에, 프루동은 이번에는 분업에 의해 발생하는 비참을 전제로 하여, 그것에서 공장으로 이르러, 공장을 이 비참의 변증법적 부정으로서 제안할 수 있다고 생각하고 있다. 도덕면으로 인격을 타락시킴으로써 노동자에게 타격을 주고, 육체면에서 적은 임금으로 그에게 다시 타격을 가한 후, 또 노동자를 직공장(職工長)에게 종속시키고, 그를 그 아래의 수동적 작업까지 격하시킨 후에, 새삼스럽게 프루동은 공장과 기계를 물고 늘어져, '노동자에 주인을 주어서' 노동자를 타락시킨다고 비난한다. 이렇게 해서 그는 노동자를 '직인[職人 : _{중세 유럽 수공업 제도에서, 생산과 도제의 교도에 종사한 기술자}]의 위치에서 보조의 위치로 타락하게 함으로써' 노동자의 격하를 완성시킨다. 이 무슨 해괴한 변증법이란 말인가! 이것으로 그만둔다면 몰라도, 그에게는 또 분업의 역사학이 필요한 것이다. 이번에는 분업에서 모순을 발생시키기 위해서가 아니라, 그의 방식으로 공장을 재건하기 위해서이다. 이 목적을 이룩하기 위하여 그는 이제까지 분업에 대해서 말해 온 것을 모두 잊지 않으면 안 되는 것이다.

노동은, 쓰이는 도구의 차이에 의해서, 서로 다른 방법으로 조직되고, 분할된다. 수동 제분기는 증기 제분기와는 다른 분업을 전제한다. 따라서 분업 일반으로부터 시작해서 그 후에 기계와 같은 특수한 생산 용구로 이르려고 하는 것은 역사와 정면으로 충돌하는 것이 된다.

기계는, 쟁기를 끄는 소가 경제 카테고리가 아닌 것과 마찬가지로, 경제적 카테고리가 아니다. 기계는 하나의 생산하는 힘에 지나지 않는다. 기계를 사용하는 현대의 공장은 생산의 한 사회관계이자 하나의 경제적 카테고리이다.

그러면 이번에는, 어떻게 해서 사물이 프루동의 반짝이는 상상력 안에서 변해 가는가를 보기로 하자.

'사회 안에서는, 기계의 끊임없는 출현은 노동의 반정립이고, 노동과는 역(逆)의 정식(定式)이다. 그것은 세분된 살인적 노동에 대한 부지런한 수호령[=천성]의 항의이다. 도대체 기계란 무엇인가. 그것은 분업이 분리시킨 다양한 노동 부분을 재결합하는 하나의 방법이다. 기계는 복수 조작의 응축이라고 정의할 수 있다. ······따라서 기계에 의해서 노동자의 원기 회복이 일어나게 될 것이다. ······기계는, 경제학에서는 분업과 모순적으로 대립하는 것으로 여겨지고 있는데, 인간정신의 면에서는 분석에 대항하는 종합을 대표하는 것이다. ······분업은 오직 노동을 다면적인 부분으로 나누어서, 각자에게 가장 어울리는 전문직에 전념하게 한다. 공장은, 각 부분이 전체와 어떻게 관계하는가에 따라서 노동자들을 나누어 구별한다. ······공장은 노동 속에 권리의 원리를 도입한다. ······그러나 그것이 모두는 아니다. 기계건 공장이건 이들은 노동자에게 주인을 주어 노동자를 타락시킨 후에, 노동자를 직인의 위치에서 보조 위치로 내려가게 함으로써 노동자의 격하를 완성한다. ······현재의 우리가 통과하고 있는 시기, 즉 기계의 시기는, 하나의 특수한 성격에 의해서 돋보이고 있다. 그것이 임금제이다. 임금제는 분업과 교환 다음에 온다.' [제1권, p.135, 136, 161]

프루동에 대해서 한 가지만 충고해 둔다. 각자에게 가장 어울리는 전문직에 각자를 전념시킨다고 하는 노동의 다면적인 부분에의 분리, 프루동이 세계의 시작부터 있었다고 하는 이 분리는, 경쟁 체제하에 있는 현대 산업에서밖에 존재하지 않는 것이다.

다음에 프루동은, 어떻게 해서 공장이 분업에 의해서 생기고, 임금제가 공장에서 생기는가를 증명하기 위해서, 실로 '흥미를 자아내는' 한 개의 '계보도(系譜圖)'를 우리에게 만들어 준다.

(1) '생산을 그 다면적 부분으로 분리하여, 한 사람의 노동자에게 한 부분을 담당시킨다면' 생산력이 배로 늘어날 것이라고 '알아차린' 한 인물을 그는 상정한다.

(2) 이 인물은 '이 착상의 경로를 따라서 자기가 계획하는 특별 목적을 위하여 나누어 구별된 노동자의 지속적 집단을 만들면 훨씬 안정적으로

생산할 수 있을 것이라고 남몰래 생각한다.' [제1권 p.161]

(3)이 인물은, 자기의 착상과 그 줄거리를 이해를 얻기 위해서, 다른 사람에게 계획을 제안한다.

(4)이 인물은, 산업의 시초에는, 후에 그의 노동자가 될 동료와 대등한 입장에서 교섭한다.

(5)'실제로, 곧 알 수 있는 일이지만, 이 원초적 평등은 주인의 우월적인 입장과 임금노동자의 종속에 의해서 급속히 소멸했을 것이다.' [제1권 p.163]

여기에도 또한, 프루동의 역사적·기술적 방법의 보기가 있다.

이번에는 역사적·경제적 관점에서, 정말로 공장 또는 기계가 분업 후에, 사회 안에 권위의 원리를 도입했는지 어찌했는지, 이들이 한편에서 노동자를 권위에 복종시키면서 다른 한편으로 노동자를 회복시켰는지 어찌했는지, 기계가 분할된 노동의 재편성인지 어떤지, 즉 노동의 분석에 대치(對置)되는 노동의 종합인지 어떤지 검토해 보기로 하자.

사회 전체는, 그것도 또한 분업을 갖는 점에서, 공장 내부와 공통되어 있다. 현대의 공장 내 분업을 모델로 해서, 그것을 사회 전체에 적용해 보면, 부의 생산을 위해 가장 잘 조직된 사회는, 분명히 공동체의 다양한 멤버에 미리 정해진 규칙에 따라서 일을 분배하는 유일한 기업가만을 지휘자로서 갖는 사회일 것이다. 그런데 현실은 그렇게 되어 있지 않다. 현대의 공장 내부에서는, 분업은 기업가의 권위에 의해서 세부에 걸쳐 규제되어 있지만, 현대 사회에서는, 노동을 분배하기 위해 자유 경쟁 이외의 규칙도 권위도 없다.

가부장 체제, 카스트제, 봉건제와 동직조합 등 아래에서는, 사회 전체에 걸쳐 고정된 규제에 의한 분업이 있었다. 이들 규칙은 한 사람의 입법자에 의해서 결정된 것일까? 결코 그렇지 않다. 이들 규칙은 본디는 물질적 생산의 조건에서 생긴 것으로, 훨씬 후에 마침내 법률이 된 것에 지나지 않는다. 이와 같이, 분업의 다양한 형태는 각 사회조직의 바탕이 되었다. 공장 내부의 분업은 어떤가. 그것은 지금 말한 그 어느 사회 형태에서도 발전하지 않았다.

일반원칙으로서 다음과 같이 말할 수 있다. 즉, 사회 내부의 분업에 미치는 권위가 작아지면 작아질수록, 공장 내부에서 분업은 더욱 발전하고, 그만큼 더욱더 공장 내부에서는 오직 한 사람의 권위에 복종하게 된다. 이렇게 해서 공장 내의 권위와 사회 안의 권위는 분업을 기준으로 해서 보면 서로 반비례하고 있다.

이제, 공장이란 무엇인가를 보지 않으면 안 된다. 공장에서는, 직무가 정확하게 구분되어 있어서, 한 사람의 노동자의 과업이 매우 단순한 작업에 축소되어, 자본이라고 하는 권위가 여러 일을 유별하여 관리하고 있다. 이 공장은 어떻게 해서 생겨나는 것인가. 이 물음에 대답하기 위해서는, 본디의 매뉴팩처 공업이 어떻게 발전해 왔는가를 음미하지 않으면 안 된다. 나는 이 〔매뉴팩처적인〕 공업에 대해서 이야기할 작정인데, 이 공업은 아직 기계를 갖춘 현대의 공업은 아니라고는 하지만, 이미 중세의 직인공업도 가내공업도 아니다. 우리는 세부에 들어가지 않고 몇 가지 점을 개설(槪說)하는 것으로 그치겠지만, 그것은 오직 공식만 가지고는 역사를 기술할 수가 없다는 것을 증명하기 위한 것이다.

매뉴팩처 공업에 있어 가장 불가결한 조건의 하나는, 아메리카 대륙의 발견에 의해서 가속된 자본의 축적이고, 또 신대륙의 귀금속이 〔유럽으로의〕 유입이다.

교환수단의 증가 결과, 한편으로는 임금과 지대의 하락이 있었고, 다른 한편으로는 공업이윤이 증가했다고 하는 것은 이미 증명된 일이다. 바꾸어 말하자면, 지주계급과 노동자계급, 봉건영주와 인민이 몰락함에 따라서, 자본가계급, 즉 부르주아 계급이 밀고 올라오는 것이다.

또, 이 이외에도 몇 가지 사정이 있는데, 그것이 하나가 되어, 매뉴팩처 공업의 발전을 돕는다. 즉, 상업이 희망봉을 지나 동인도에 침투한 후에 유통하는 상품량의 증대, 식민지 체제, 해상무역의 발전이 그것이다.

매뉴팩처 공업의 역사 속에서 이제까지 충분히 주목되지 않았던 또 한 가지는, 봉건영주들의 많은 가신의 해고인데, 그 중에서 하층의 종복(從僕)들은 공장으로 들어오기 전에는 부랑아가 되었다. 공장이 생기기 전에, 15세기와 16세기에는 거의 어디에서나 부랑자층을 볼 수 있었다. 또, 공장은 다수의 농민들 중에서 강력한 원군을 발견하였다. 농민들은 목장으로의 전환, 토지 경작을 위해 이전보다도 적은 인원으로 끝나는 농경법의 진보에 의해서, 끊임없이 농촌에서 추방되어, 몇 세기에 걸쳐 도시로 흘러들었다.

시장의 확대, 자본의 축적, 여러 계급의 사회적 지위를 갑자기 덮친 변동, 수입 원천을 빼앗긴 사람들의 무리, 이것은 매뉴팩처 형성을 위한 역사적 조건이었다. 사람들을 공장으로 불러 모은 것은, 프루동이 말한 것 같은 평등한 사람들 사이의 합의에 의한 계약이 아니었다. 하물며, 낡은 동직조합 안에서 매뉴팩처가 생긴 것도 아니다. 현대의 공장 지휘자가 된 것은 상인이지, 동직조합의 우두머리가 아니었다. 거의 모든 곳에서 매뉴팩처와 직인 작업의 결렬한 싸움을 볼 수 있었다.

생산 용구와 노동자의 집적과 집중은, 공장 내 분업의 발전에 선행하였다. 매뉴팩처 성립의 요점은, 일의 분할이나, 매우 단순한 과업에 한 사람의 전문노동자를 배당하는 것보다는, 오히려 많은 노동자와 많은 일을 단 한 곳에, 자본의 지휘하에 있는 장소에 모으는 일이었다.

공장의 효용은, 본디의 분업에 있다고 하느니보다는 오히려, 대규모로 노동을 할 수 있고, 많은 낭비를 덜 수 있다는 사정에 있었다. 16세기 말과 17세기 초에, 네덜란드의 매뉴팩처는 거의 분업을 알지 못했다.

분업의 발전은 한 공장에 노동자를 모으는 것을 전제로 한다. 똑같은 직종의 여러 부문을 단 하나의 곳에 모으기만 하면 완성된 공장이 생길 때까지, 여러 부문이 따로따로 활용되고 있던 예는 16세기에도 17세기에도 단 한 곳도 없었다. 하지만 일단 사람들과 생산 용구가 결합되면, 동직조합의 형태로 존재하고 있던 분업이 재현되어 필연적으로 공장 내부에도 반영되었다.

프루동은 사물을 거꾸로 보는 사람인데, 아무튼 그가 사물을 볼 경우, 그에게 애덤 스미스의 뜻으로서의 분업은, 분업의 존재 조건인 공장에 앞서는 것이다.

본디의 기계는 18세기 말에 등장한다. 기계 안에 분업의 반정립을 본다. 세분화된 노동 안에 통일을 재건하는 종합을 기계 속에서 보는 것만큼 어리석은 일은 없다.

기계는 노동 용구의 결합이지 노동자 자신의 분할 노동의 결합은 전혀 아니다.

'분업에 의해서 개개의 작업이 간단한 용구의 사용으로 축소될 때, 이들

모든 용구를 결합해서 유일한 동력으로 움직일 때 그것이 기계가 된다.'
(바베지《기계경제론》등, 파리, 1833년)

단순한 용구, 도구의 축적, 짜맞추어진 도구, 인간의 손이라고 하는 동력
만으로 짜맞추어진 도구를 움직이는 일, 자연력에 의해서 이들 용구를 움직
이는 일, 기계, 단 하나의 동력을 갖는 기계의 조직, 자동기계를 동력으로
하는 기계의 조직—이것들이 기계가 걸어온 길이다.

생산 용구의 집적과 분업은, 정치체제의 경우에는 공권력과 사적 이해의
분할이 불가분한 것과 마찬가지로, 서로 불가분하다. 토지라고 하는 농업노
동의 용구가 집적된 영국에서는 또한 농업의 분업이 생겨나, 토지 경작에 기
계가 응용되었다. 토지라고 하는 용구의 분할, 즉 분할지 제도를 갖는 프랑
스에서는, 일반적으로 농업의 분업은 없고 토지에 대한 기계의 응용도 없다.

프루동에게 있어, 노동 용구의 집적은 분업의 부정인 것이다. 실제로는,
그것과는 정반대의 일을 볼 수 있는 것이다. 용구의 집적이 발전하면, 분업
도 발전하고, 그 반대를 말해도 마찬가지이다. 바로 그 때문에 기계기술상의
커다란 발명이 있으면, 그것에 이어 더욱 큰 분업이 생기는 것이고, 분업이
발전함에 따라 새로운 기계 기술상의 발명도 일어나는 것이다.

분업의 놀랄 만한 진보가 영국에서는 기계의 발명 후에 시작되었다는 것
을 새삼 상기할 필요는 없을 것이다. 직포공(織布工)과 방적공의 대부분은,
후진 지역에서 아직도 볼 수 있는 바와 같이 농민이었다. 기계의 발명에 의
해서, 매뉴팩처 공업과 농촌 공업이 완전히 분리되었다. 직포공과 방적공은,
이전에는 가족 안에서만 결합되었으나, 기계에 의해서 분리되고 말았다. 기
계 덕택으로, 방적공은 영국에서 살고, 같은 시점에서 직포공은 동인도에 머
무는 일이 가능하게 되었다. 기계의 발명 이전에는, 한 나라의 공업은 원칙
적으로 자국 토지의 산물인 원료를 써서 영위되고 있었다. 예를 들어, 영국
에서는 울이, 독일에서는 리넨이, 프랑스에서는 비단과 리넨이, 동인도와 근
동〔近東 : 유럽에서 보아, 가까운 동양의 서쪽 여러 나라〕 여러 나라에서는 목화가 쓰이고 있었다. 기계와 증기
의 이용 덕택으로, 한 나라의 토지에서 분리된 대규모 공업이, 오직 세계 시
장·국제 무역·국제 분업에 의존할 정도까지 이를 수 있게 되었다. 요컨대,
기계는 분업에 많은 영향을 끼치게 되므로, 어느 하나의 제품을 제조할 경우

에 부분적이든 기계장치를 도입하는 수단이 발견되면, 곧 제조 공정은 서로 독립된 두 가지 형태로 분리된다.

프루동이 기계의 발명과 응용 안에 발견하는 신의적(神意的) 목적이나 인류애적 목적에 대해서 논의할 필요가 있을까?

영국에서는 수작업으로 따라갈 수 없을 정도로 시장이 발전했을 때, 기계가 필요하다고 느껴졌다. 그때, 18세기에 이미 완성되어 있었던 기계의 과학(역학)을 이용하는 것만으로 좋았다.

자동기계 공장의 시초는, 아마도 인류애적이 아닌 갖가지 행동으로 눈에 띄고 있었다. 어린이들은 강제노동에 내보내어지고, 남몰래 팔리기도 하였고, 또 고아원과의 계약도 이루어지고 있었다. 노동자들의 도제제(徒弟制)에 관한 모든 법률도 폐지되었다. 왜냐하면, 프루동의 말을 써서 말하자면, 이미 종합적 노동자는 필요가 없게 되었기 때문이다. 요컨대, 1825년 이후에는 거의 모든 새로운 발명은 노동자와 기업가의 충돌의 결과였다. 기업가는 어떤 일이 있어도 노동자의 전문성을 격하하려고 했기 때문이다. 어느 정도 중대한 파업이 새로 일어날 때마다, 새로운 기계가 나타났다. 노동자는 기계의 응용 속에, 프루동이 말하는 것 같은 일종의 복권이나 원기회복 등을 볼 수 없기 때문에, 18세기에는 오랜 시간에 걸쳐 탄생되고 있었던 자동기계 체제에 저항을 계속했던 것이다. 유어 박사는 말한다.

'와이엇은 아크라이트보다도 훨씬 이전에 홈이 파인 롤러 열(列)을 발명하였다. ……주요한 난점은 자동기계 장치에 있었던 것이 아니었다. …… 난점은, 특히 불규칙한 일의 습관을 사람들로 하여금 파기하게 하고, 하나의 큰 자동기계의 정연한 규칙에 사람들을 일체화시키는 데에 있었다. 자동기계 시스템의 요구와 신속성에 어울리는 공장 생산규율을 발명하여 운용하는 일, 이것이 헤라클레스급(級)의 계획이었고, 이것이야말로 아크라이트의 고귀한 일이었다.' [제1권, p.21~22, 23]

정리해서 말하자면, 기계의 도입으로 사회분업은 심화되고, 공장 내부의 노동자의 과업은 단순화되고, 자본은 한 곳에 집중하고, 인간은 더욱 토막이 났다.

프루동이 이코노미스트이고 싶다고 생각하고, '오성 계열상의 진화'를 한 순간이나마 포기하고자 원할 때에는, 그는 자동기계 공장이 겨우 탈바꿈한 시대의 애덤 스미스로부터 학식을 따오려고 한다. 그런데 실제로는, 애덤 스미스 시대에 있었던 것 같은 분업과, 자동기계 공장에서 볼 수 있는 것 같은 분업 사이에는 큰 차이가 있다. 이것을 잘 이해하기 위해서는 유어(1778~1857)의《매뉴팩처의 철학》몇 단락을 인용하면 충분할 것이다.

'애덤 스미스가 경제학의 여러 원리에 관한 불멸의 저작을 썼을 때, 공업의 자동기계 시스템은 아직 거의 알려지지 않았다. 그에게 분업은 정당하게도 매뉴팩처를 완성시키는 대원리로 여겨졌었다. 그가 핀 제조를 예로 해서 증명하고 있는 바와 같이, 한 사람의 노동자는 한 가지 점에 익숙할수록 더욱 솜씨가 좋아져, 더욱 비용이 들지 않게 된다. 매뉴팩처의 각 부문 안에서 스미스가 본 것처럼, 이 원칙에 따르면 어떤 종류의 작업, 예를 들어, 구리철사를 같은 길이로 자르는 작업은 쉽게 다룰 수 있지만, 다른 작업은 훨씬 어려워진다. 따라서 여기에서 스미스가 끌어 낸 결론에 의하면, 임금을 숙련에 상응시키면, 이들 작업 하나하나에 한 사람의 노동자를 자연히 적응시킬 수가 있게 된다. 이 적응이야말로 분업의 본질이다. 하지만 스미스 시대에 유익한 예로서 유용할 수가 있었던 것은, 오늘날, 매뉴팩처 공업의 현실적 원칙에 관해서 대중에게 그릇된 관념을 품게 할 위험도 없는 것은 아니다. 사실, 일의 분배, 또는 오히려 서로 다른 능력을 가진 개개인에게 일을 적응시킨다고 하는 것은, 자동기계 공장의 작업 계획에는 거의 들어있지 않다. 반대로, 그 어떤 제조법이 많은 손재주와 믿을 수 있는 사람의 손을 필요로 하는 곳에서는 어디에서나, 솜씨가 없어서 불규칙으로 기울어지기 쉬운 노동자의 손으로부터 일을 거두고, 이 기계장치에 맡긴다면, 자동적 작업은 어린이라도 감시할 수 있을 정도로 충분히 규칙적이 된다.'

'따라서 자동기계 시스템의 원리는 수작업을 기계적 기술로 바꾸어, 하나의 공정을 구성 원리로 분해함으로써 작업자 간의 분업으로 바꾼다. 수공업의 시스템에 의하면, 사람의 손은 보통 어떤 생산물을 만드는 데에 가장 불가결한 요소이지만, 자동 시스템에 의하면, 작업자의 기능은 서서히

기계장치의 단순한 감시인으로 충분하게 된다.'

'인간의 본성의 연약함은, 노동자가 숙련을 쌓을수록 의지적이고 완고하게 된다는 데에 있다. 또 그것 때문에, 노동자는 자의적인 농담으로도 대단한 손해를 줄지도 모르는 기계 시스템에 더욱더 적응하지 않게 된다. 현재의 매뉴팩처 경영자가 해야 할 큰 과제는, 그의 과학을 자본과 결합시켜서, 그의 노동자들이 자기들의 신중함과 솜씨를 발휘할 수 있도록 그들의 과업을 축소시키는 일이다. 그들을 단 하나의 대상으로 고정시키면, 이들의 능력은 젊은 동안에 충분히 익숙해질 수 있다.'

'숙련의 등급 시스템〔도제제〕에 의하면, 눈과 손이 수작업에서 훌륭한 일을 수행할 수 있을 정도로 익숙해지기 위해서는 수년 간의 도제훈련이 필요하다. 그런데 공정을 구성 원리로 분해하고, 그 모든 부분을 하나의 자동기계의 작업으로 하게 하는 시스템에 의하면, 단기간의 훈련을 한 후에, 보통의 능력을 갖는 인물에게 이들 요소적 부분을 맡길 수 있다. 긴급을 요하는 경우에는, 공장장의 의지에 따라 그를 한 기계에서 다른 기계로 옮길 수 있다. 이와 같은 전환은 노동을 분할하는 옛 방식과 정면으로 대립한다. 옛 방식은, 한 노동자에게는 핀의 머리를 만드는 과업을, 다른 노동자에게는 핀의 끝을 뾰족하게 하는 과업을 배당하지만, 이와 같은 노동의 따분한 단조로움은 노동자를 초조하게 만들 뿐이다. 그런데 균형화 원리 또는 자동기계 시스템에 의하면, 노동자의 능력은 쾌적하게 발휘된다. 그의 일은 매우 규칙바른 기계장치의 작용을 감시하는 일이므로, 짧은 시간 안에 그것을 배울 수 있다. 그리고 그가 자기 업무를 한 기계에서 다른 기계로 옮길 때에는, 그는 자기 과업을 변화에 적응시킬 수 있고, 자기 일과 동료의 일에서 나오는 전체적인 짜맞춤을 반성함으로써 자기 아이디어를 발전시킨다. 그렇다면 능력의 제한, 착상의 부진, 몸의 부조 등이 한때는 분업 탓으로 여겨진 것은 당연한 일이지만, 보통의 사정하에서는, 일의 균등 분배 체제 하에서는 일어날 수 없다.'

'기계제 생산 시스템을 끊임없이 완전한 것으로 하려고 하는 목적과 경향은, 사실상 인간노동을 전혀 필요 없는 것으로 하는 일이며, 성인 노동자의 노동을 여성과 어린이들의 노동으로 바꾸거나, 숙련된 노동자의 노동을 미숙련 노동자의 노동으로 대체함으로써 노동가치를 감소시키는 데에 있다. ……오랜 경험을 가진 일용직인 대신에, 생생한 눈과 부드러운 손가락을 가진 어린이들만을 고용하는 경향은, 여러 가지 숙련도에 따른 분업이라고 하는 스콜라적 도그마가, 마침내 총명한 매뉴팩처 경영자에 의해서 고갈되었다는 것을 증명한다.' (앤드루 유어 《매뉴팩처의 철학 또는 공업경제》 제1권, 제1장, p.34~35)

현대사회의 내부에서의 분업을 특색지우는 것은, 그 분업이 특화한 일이 말초적인 일을 만들어, 이와 함께 직업적 바보를 낳는 일이다.

르몽테는 다음과 같이 말하고 있다.

'옛날, 한 인물이 동시에 철학자·시인·웅변가·역사가·사제·행정관·장군 행세를 한 것을 보면 감탄하지 않을 수 없다. 이토록 넓은 영역을 보면 우리의 영혼은 질리지 않을 수 없다. 현대인은 누구나가 울타리를 만들어 그 속에 들어앉는다. 이렇게 울타리를 치면 공간이 커지는지는 알 수 없으나 인간이 오그라들게 되는 것만은 나에게도 잘 알 수 있다.'

자동기계 공장에서의 분업의 특색은 노동이 전문적 성격을 모두 잃는다는 데에 있다. 그러나 전문직의 모든 발전이 끝날 때부터, 보편성에의 요구, 개인의 전체적 발전으로 향하는 경향이 느껴지기 시작한다. 자동기계 공장은 자잘한 일과 직업적 바보를 지우게 된다.

프루동은 자동기계 공장의 이와 같은 유일한 혁명적 측면까지도 이해하지 않았기 때문에, 한 걸음 물러서서, 노동자에 대해서, 한 개의 핀의 열두 번째 부분을 만들 뿐만 아니라, 열두 부분의 모두를 만들도록 제안한다. 그렇게 하면 노동자는 핀을 과학적으로 알고, 핀을 자각한다는 것이다. 프루동이 말하는 종합적 노동이라고 하는 것은 이런 정도의 것이다. 앞쪽으로 움직이고 나서 뒤쪽으로 움직인다면, 그것도 종합적 운동이 된다고 하는 것만이라면 아무도 불평을 하지 않을 것이다.

요컨대, 프루동은 소(小)부르주아의 이상을 넘지는 못했다. 그리고 이 이상을 실현하기 위해서, 그는 우리를 동직조합원으로 다시 데려가거나, 기껏해야 중세의 우두머리 직인으로 데려가는 일 이외의 것은 아무것도 생각하지 못하는 것이다. 그가 그의 저서 어디선가에서 말하고 있는 바와 같이, 삶에서 단 한 번 걸작을 만들고, 단 한 번 사람이 되었다고 느끼면 충분한 것이다. 형식상으로나 내용면으로나, 이것이야말로 중세의 직업 단체가 요구한 걸작이 아닐까?

제3절 경쟁과 독점

경쟁의 좋은 면

'경쟁은 분업과 마찬가지로 노동에 있어 본질적이다. ……경쟁은 평등의 도래를 위해 본질적이다.' [제1권, p.186, 188]

경쟁의 나쁜 면

'〔경쟁의〕 원리는 그 자신의 부정이다. 그 가장 확실한 결과는 경쟁이 끌어들이는 사람들을 파멸시키는 일이다.' [제1권, p.185]

전체 고찰

'경쟁에 따른 불편은 경쟁이 가져오는 이익과 마찬가지로, ……어느 쪽이나 논리적으로는 이 원리에서 유래한다.' [제1권, p.185~186]

해결해야 할 문제

'조정〔調停 : 분쟁을 중간에 서서 화해시킴〕의 원리를 물을 것. 이 원리는 자유 그 자체보다도 상위 법칙에서 틀림없이 파생할 것이다.' [제1권, p.185]

이문(異文)

'여기에서는 경쟁을 파괴하는 것 등은 문제가 되지 않는다. 이것은 자유를 파괴하는 것과 마찬가지로 불가능한 일이다. 해야 할 일은 양자의 균형을 발견하는 일이고, 이것이야말로 복지행정〔police의 옛 뜻〕이라고 말하고 싶다.' 〔제1권, p.223〕

프루동은 경쟁을 상호격려로 대체하려고 하는 사람들에 대항해서, 경쟁의 영원한 필요성을 변호하는 것으로 시작한다.

　'목적 없는 상호격려'는 없고, '어떤 정열의 대상도 반드시 정열 그 자체와 닮게 되는 것처럼, 사랑하는 남자에게 대한 여성, 야심적인 남자에 대한 권력, 수전노〔守錢奴 : 돈을 모을 줄만 아는 인색한 사람의 낮춤말〕에 대한 돈, 시인에 대한 월계관이라고 하는 부지런한 상호격려의 대상은 반드시 이윤이다. 상호격려는 경쟁 바로 그 자체이다.' [제1권, p.187]

　이렇게 보면, 경쟁이란 이윤을 목표로 하는 상호격려이다. 그렇다면 생산의 상호격려는 반드시 이윤을 목표로 하는 상호격려, 즉 경쟁일까? 프루동은 그것을 긍정함으로써 증명한 것으로 생각하고 있다. 이미 보아온 바와 같이, 그에게 있어 긍정한다는 것은 증명하는 일이고, 가정한다는 것은 부정하는 일인 것이다.

　사랑하는 남자의 직접 대상이 여성이라고 한다면 부지런한 상호격려의 직접 대상은 생산물이지 이윤은 아니다.

　경쟁은 생산의 상호격려가 아니라 상업상의 경쟁이다. 오늘날에는 생산의 상호격려는 사업을 목표로 한 상호격려로서 실재한다. 현대의 여러 국민의 경제생활에는, 누구나 생산하지 않고 이윤을 얻으려고 하는 일종의 현기증에 사로잡힌 여러 국면이 있다. 주기적으로 되풀이되는 투기열은, 생산의 상호격려의 필요를 면하려고 하는 경쟁의 참된 성격을 노출시킨다.

　만일 여러분이 14세기의 직인에게, 여러 특권은 봉건적 산업조직의 모든 것을 폐기하고, 그 대신 경쟁이라고 불리는 생산적 상호격려를 하지 않으면 안 된다고 말했다면, 그는 여러분에게 이렇게 대답할 것이다―우두머리제(制)나 길드 대표자 회의라고 하는 여러 동직조합의 특권이야말로 조직된 경쟁이라고. 프루동이 '상호격려는 바로 경쟁 그 자체이다'고 말할 때, 그는 앞서의 직인 이상의 것을 말하고 있는 것은 아니다.

　'1847년 1월 1일 이후, 노동과 임금은 만인에 보장된다고 하는 정령〔政令 : 정치상의 명령 또는 법령〕을 낸다면, 곧 산업의 격렬한 긴장 뒤에 거대한 이완(弛緩)이 생길 것이다.' [제1권, p.189]

이제 우리는 가정·긍정·부정 대신에, 프루동이 경쟁의 필요성, 카테고리로서의 경쟁의 영원성 등등을 증명하기 위해 매우 엄숙하게 포고하는 정령을 갖게 된다.

경쟁으로부터 빠져 나오기 위해서는 정령만 있으면 좋다고 상상하는 사람이 있다고 한다면, 그 사람은 도저히 경쟁으로부터 빠져 나올 수는 없을 것이다. 그리고 만일 임금을 보존하면서 경쟁을 파기한다고 제안하기까지 사태를 추진시킨다면, 정령에 의해 무의미한 일을 하려고 하고 있는 것이다. 하지만 민중은 정령을 가지고 일을 처리하는 것이 아니다. 이와 같은 정령을 만들기 전에, 민중은 적어도 자기들의 공업적·정치적 생활조건을, 따라서, 존재양식 전체를 철저하게 변혁해 두지 않으면 안 된다.

프루동은 흔들리지 않는 자신을 가지고, 그것이 '역사상의 선례가 없는 우리의 본성의 변혁'이라고 하는 가설이며, '우리를 토론에서 멀리하는' 권리가 자기에 있다고 대답할 것이지만, 어떤 정령을 가지고 그가 그렇게 하는지, 우리는 이해할 수 없다.

프루동은 역사 전체가 인간 본성의 연속적 변혁 바로 그것이라는 사실을 모르고 있다.

'사실에 머물자. 프랑스 혁명은 정치적 자유를 위한 것과 같을 정도로 산업의 자유를 위해 이루어졌다. 1789년의 프랑스는, 원리의 실현을 요구하면서도 원리에서 나오는 모든 귀결을 보았다고는 할 수 없으나—다음과 같은 일을 강조해 둔다—그 맹세나 기대에 대해서 잘못 생각하지는 않았다. 그것을 부정하는 사람은 누가 되었든 간에, 나의 입장에서 보자면 비판하는 권리를 잃게 될 것이다. ……250만 명의 사람들이 자진해서 오류를 범했다고 가정하는 논적과는 논의할 생각은 없다. ……만일 경쟁이 사회경제의 원리, 운명의 포고, 인간 영혼의 필연성이 아니었다면, 왜 동직조합, 우두머리 제도, 동직조합의 간사회를 폐지하는 대신에, 오히려 모두를 수복할 생각을 하지 않았을까.' [제1권, p.191~192]

그런데 18세기의 프랑스인은 동직조합, 우두머리 제도, 길드 회의를 수정하는 것이 아니라 폐지했기 때문에(혁명기의 르 샤쁘리에 법에 의한다), 19세기의 프랑스인은 경쟁을 폐지하는 것이 아니라 수정하지 않으면 안 된다. 경쟁은, 18세기의 프랑스에서 역사적 필연성의 결과로서 수립되었으므로, 이 경쟁은 19세기에서는 다른 역사적 필연성 때문에 파괴되어서는 안 된다. 프루동은 경쟁의 수립이 18세기 사람들의 현실적 발전과 연결되어 있었다는 것을 이해하지 못하기 때문에, 도처에서(IN PATRIBUS INFIDELIUM : 본디는 '로마 가톨릭 이외의 나라에서'라는 뜻) 경쟁을 인간 영혼의 필연성이라고 보는데, 이것은 이름뿐인 형식을 붙였을 뿐이다. 그는 17세기에 대한 대(大)콜베르를 어떻게 위치지을 작정이었을까?

혁명 후에 현재의 사태가 온다. 마찬가지로 프루동은 경쟁의 영원성을 명시하기 위해, 현재에서 사실을 들추어 내어, 농업처럼 아직 충분히 이 경쟁 카테고리로 발전하지 않고 있는 모든 영역이 열등하고 시대에 뒤떨어진 상태라는 것을 증명하는 것이다.

경쟁의 높이로 아직 이르지 않는 산업이 있다거나, 다른 산업은 아직 부르주아적 생산의 수준 이하에 있다고 말하는 것은, 경쟁의 영원성을 조금도 증명하지 않는 허튼소리에 지나지 않는다.

프루동의 이 논리를 요약하자면 이렇게 된다—경쟁이란 하나의 사회관계이며, 그 안에서 현재 우리는 자기 자신의 생산력을 발전시키고 있는 것이라고. 그는 이 진리에 대해서, 논리적 전개를 부여하는 것이 아니라, 가끔 매우 분방(奔放)한 형식으로 이렇게도 말하는 것이다—'경쟁은 산업의 상호격려이다, 그것이 자유임을 나타내는 현재적 양식이다, 노동에 있어서의 책임이다, 가치의 구성이다. 평등이 도래하기 위한 조건이다, 사회적 경제의 원리이다, 운명의 포고이다, 인간 영혼의 필연성이다, 영원한 정의의 고무(鼓舞)이다, 분업에 있어서의 자유이다, 자유에 있어서의 분업이다, 경제적 카테고리이다'라고.

'경쟁과 협동은 서로 지탱한다. 양자는 서로 배제하기는커녕 서로 어긋나는 일도 없다. 경쟁을 말하는 사람은 그것만으로도 이미 공통된 목적을 상정하고 있다. 따라서 경쟁은 이기주의가 아니다. 사회주의의 가장 한탄스러운 잘못은 경쟁을 사회의 전복이라고 본 것이다.' [제1권, p.223]

경쟁을 말하는 사람은 공통된 목적을 말한다. 이것은, 한편에서는 경쟁이 협동이라는 것을 증명하고, 다른 한편에서는 경쟁이 이기주의가 아니라는 것을 증명한다. 그렇다면, 이기주의를 말하는 사람은 공통된 목적을 말하지 않는 것일까? 어떤 이기주의나 사회 안에서 시회라는 사실에 의해서 실행된다. 따라서 이기주의는 사회를 상정한다. 즉 공통의 목적, 공통의 필요, 공통의 생산수단 등을 상정한다. 사회주의자들이 말하는 경쟁과 협동이 어긋나지 않는 것은 어쩌면 그 때문이 아닐까?

사회주의자들은, 현재의 사회가 경쟁에 입각하고 있다는 것을 잘 알고 있다. 그들 자신이 전복하고 싶다고 생각하고 있는 현재의 사회를 정복시킨다고 말하면서 경쟁을 비난하는 일이 어떻게 해서 있을 수 있는가. 그들이 미래의 사회를 전복시킨다고 하고서 경쟁을 비난하는 일이 있을 수 있을까? 반대로 그들은 미래사회 안에 경쟁의 전복을 보고 있는 것이 아닐까?

프루동은 더 나아가 '경쟁은 독점의 반대이다, 따라서 그것은 협동의 반대일 수는 없다'라고 말한다.

봉건제는, 그 기원(起源) 이래, 가부장적 군주제의 반대였다. 따라서 그것은, 당시에는 아직 존재하지 않았던 경쟁의 반대는 아니었다. 그렇다고 해서 경쟁이 봉건제의 반대가 아니라고 말할 수 있을까?

사실에 입각해서 말하자면, 사회나 협동이란 명칭은, 모든 사회에, 즉 봉건사회에도, 경쟁에 입각한 협동인 부르주아 사회에도 부여할 수 있는 명칭이다. 따라서 협동이라고 하는 단 한 마디를 가지고 경쟁을 거부할 수 있다고 생각하는 것 같은 사회주의자가 있을 수 있을까? 그렇다면 어떻게 프루동 자신은 경쟁을 협동이라고 하는 한 마디로 지시함으로써, 경쟁을 사회주의에 의한 비난으로부터 지키고 싶다고 생각하는 것일까?

우리가 지금 말한 모든 것은, 프루동이 이해하는 것 같은 경쟁의 좋은 면이 된다. 이번에는 나쁜 면, 즉 경쟁의 부정적 측면, 경쟁의 결점, 경쟁이 가지고 있는 파괴적이고 전복적인 것, 해로운 특질로 들어가 보자.

프루동이 우리에게 그려 보이는 그림에는 어쩐지 음울한 면이 있다.

경쟁은 극빈 상태를 낳고, 내란을 조성하고, '자연히 생긴 경계 지대를 변경하고', 민족과 민족을 혼합시키고, 많은 가족을 곤혹하게 하고, 공공도덕을 부패시키고, 그 보상으로서 종합적 가치, 안정된 정직한 값을 주는 일조차도 없다. 경쟁은 만인에게 환멸을 주고, 이코노미스트까지도 환멸하게 한다. 경쟁은 사태를 자기 파괴로까지 이르게 한다.

이와 같이 프루동이 나쁘다고 말하는 모든 일에 비추어 보면, 부르주아 사회의 여러 관계에 대해서, 또 이 사회의 원리와 환상에 대하여, 경쟁 이상으로 교란적이고 파괴적인 요소가 있을 수 있을까?

신중한 주의를 기울이자—경쟁이 새로운 생산력, 즉 새로운 사회의 물질적 조건을 열에 들뜬 것처럼 창조하도록 자극함에 따라, 경쟁은 부르주아적 여러 관계에 대하여 더욱더 파괴적이 되는 것이다. 적어도 이 관점에서 보자면, 경쟁의 나쁜 면은 경쟁의 좋은 면이라고 할 수 있을 것이다.

'경제적 위치 또는 국면으로서의 경쟁은, 그 발생 장면으로 보는 한, 일반경비 삭감 이론의……필연적 결과이다.' [제1권, p.235]

프루동에게, 혈액순환은 하비 이론에 귀결되지 않으면 안 된다.

'독점은 경쟁의 숙명적인 종착점이다. 경쟁은 끊임없는 자기부정에 의해서 독점을 낳기 때문이다. 독점의 산출은 그것만으로 이미 경쟁의 정당화인 것이다. ……독점은 경쟁의 자연스러운 반대물이지만……경쟁이 필연적이 되자마자, 경쟁은 독점의 관념을 포함한다고. 왜냐하면, 독점은 경쟁하는 각 개인의 거점과 같은 것이기 때문이다.' [제1권, p.236, 237]

프루동이 적어도 한 번은 정립과 반정립의 정식을 잘 사용할 수 있었다는 것을, 우리는 그와 함께 기뻐하고 싶다. 현대의 독점이 경쟁 그 자체에 의해서 생긴다고 하는 것은 누구나 알고 있는 일이다.

내용에 관해서 말하자면, 프루동은 시적 이미지에 의존하고 있다. 경쟁은 '하나하나 세분된 일을 각 개인이 그 역량을 발휘하여 독립을 유지하는 최고의 곳'으로 만든다. 독점이란 '경쟁하는 각 개인의 거점'이다. 적어도 이 최고의 곳(souveraineté)은 거점(siège)과 같다.

프루동은 경쟁에 의해서 생기는 현대의 독점밖에 이야기하지 않는다. 그러나 누구나 알고 있는 바와 같이, 경쟁은 봉건적 독점에 의해서 생긴 것이다. 이와 같이 본디 경쟁은 독점에 대립했던 것이지, 독점이 경쟁에 대립한 것은 아니었던 것이다. 따라서 현대의 독점은 단순한 반정립(反定立)이 아니라 반대로 그것은 참다운 종합인 것이다.

정립—경쟁에 선행하는 봉건적 독점

반정립—경쟁

종합—현대의 독점. 이것은 경쟁 체제를 상정하는 한에 있어서의 봉건적 독점의 부정이며, 그것이 독점인 한 경쟁의 부정이다.

이와 같이, 현대의 독점, 즉 부르주아적 독점은 종합적 독점, 부정의 부정, 대립물의 통일이다. 그것은 순수 상태의, 정상적인, 합리적인 독점이다. 프루동이 부르주아적 독점을, 거친 상태의, 일면적이고 모순된 경련상〔痙攣狀 : 근육이 자기 의사와 상관 없이 발작적으로 수축하는 상태〕의 독점으로 여길 때, 그는 자기 자신의 철학과 모순되고 있다. 독점에 관하여 프루동이 몇 번이고 인용하는 로시는, 부르주아적 독점의 종합적 성격을 프루동보다도 잘 파악하고 있는 것처럼 보인다. 로시는 《경제학 강의》 속에서 인위적 독점과 자연적 독점을 구별하고 있다. 그에 의하면, 봉건적 독점은 인위적, 즉 자의적이다. 부르주아적 독점은 자연적, 즉 합리적이다.

독점은 좋은 것이다, 왜냐하면 그것이 경제적 카테고리이고 '인류의 비인칭적 이성의' 유출이기 때문이라고 프루동은 추론한다. 경쟁은 더 좋은 것이다, 왜냐하면 그것도 또한 경제적 카테고리이기 때문이다, 라고. 하지만 좋지 않은 것은, 독점이라고 하는 현실과 경쟁이라고 하는 현실이다. 더 나쁜 것은, 경쟁과 독점이 서로 맞물리는 일이다. 어떻게 하면 좋을까? 그것은 이 두 가지 영원적 사상의 종합을 발견하는 일이자, 이 종합을 그것이 무시〔無始 : 아무리 거슬러 올라가도 그 처음이 없음〕 이래 저장되어 있는 신의 가슴으로부터 꺼내는 일이라고 한다.

실제의 직업생활에서 볼 수 있는 것은, 경쟁과 독점의 양자의 적대(敵對)뿐만 아니라, 공식이 아닌 운동으로서의 양자의 종합이다. 독점은 경쟁을 낳고, 경쟁은 독점을 낳는다. 독점자는 경쟁에서 만들어지고, 경쟁자는 독점자가 된다. 만일 독점자들이 부분적 협동에 의해서 경쟁을 제한한다고 하면, 경쟁은 노동자 사이에서 격화된다. 프롤레타리아 대중이 한 국민의 독점자에 대항해서 증대하면 할수록, 경쟁은 여러 국민의 독점자 사이에서 미치광이와 같은 것이 된다. 경쟁의 싸움을 끊임없이 통과함으로써만 독점은 유지된다고 하는 것은 바로 종합을 말하는 것이다.

독점 후에 오는 조세를 변증법적으로 탄생시키기 위해서, 프루동은 사회의 천성〔=수호령〕에 대해서 늘어놓는다. 이 천성은 대담하게 지그재그 루트를 지난 후에,

'차분한 걸음걸이로, 후회하지 않고, 쉬지 않고 다 걸은 끝에 독점이라고 하는 모퉁이에 이르면 근심이 담긴 눈동자를 뒤로 돌린다. 그리고 깊은 성찰 후에 생산의 모든 대상에 조세를 부과하고, 모든 직업이 프롤레타리아에게 주어져, 독점자로부터 지불을 받을 수 있도록 행정조직 전체를 창조한다.' [제1권, p.284, 285]

마시지도 않고 먹지도 않고 지그재그로 돌아다니는 이 천성〔=수호령〕이란 도대체 무엇일까? 조세야말로 바로 부르주아들에게 지배계급으로서 자기 보존을 하는 수단을 부여하는 것이 될 텐데, 조세에 의해서 부르주아를 해체하는 이외의 목적을 가지지 않는다는 이 돌아다닌 존재는 도대체 무엇인가?

프루동이 세부적인 경제적 사실을 다루는 솜씨를 잠깐 보기 위해서는, 소비세란 평등을 위해, 또 프롤레타리아를 원조하기 위해 제정되었다고 하는 것이 그의 생각이라고 지적해 두면 충분할 것이다.

소비세가 제대로 발전을 보이는 것은 부르주아 계급이 등장하면서부터이다. 노동의 직접 착취에 의해서 유지되고, 재생산되고, 증대하는 산업자본, 즉, 검소와 검약으로 얻어진 부(富)가 손에 들어오면, 소비세는, 소비만 하고 있던 대영주들의 자의적이고 명랑한 낭비적 부를 착취하는 수단이 되었다. 제임스 스튜어트는 애덤 스미스보다도 10년 전에 출판된 그의 저서 《경제학 원리의 연구》에서 소비세의 원초적인 목적을 매우 잘 설명하였다. 그는 다음과 같이 말하고 있다.

'순수한 군주제 아래에서, 왕후들은 부에 대해서 말하자면 질투하고 있는 것처럼 보이고, 따라서 풍족해지는 사람들로부터 조세를 거둔다—이것이 생산세이다. 입헌정체하에서는 조세는 기본적으로 가난해지는 사람들에 들이닥친다—이것이 소비세이다. 이와 같이 군주들은 공업에 조세를 부과하는 것이다…… . 예를 들어, 카피타시온〔국가가 징수하는 인두세〕이나 타이유〔영주가 징수하는 인두세〕는, 세

금이 부과되는 사람들의 추정된 풍요에 비례한다. 각자가 올린다고 여겨지는 이윤에 비례해서 각자에게 부과된다. 입헌정체하에서는 일반적으로 조세는 소비에서 징수된다.' [《경제학 원리》 제2권, p.190~191]

각자는, 그가 하는 지출에 비례해서 과세되는 것이다.

조세·무역수지·신용의 논리적 계기—이것은 프루동의 머릿속에만 있는 일이지만—에 대해서는, 다만 다음과 같은 사실만으로 지적하는 것으로 그치기로 한다. 오렌지 공(公) 윌리엄 하에서 자기들의 국가체제를 만들어 낸 영국의 부르주아 계급은, 그들의 생활조건을 자유로 발전시킬 수 있는 상태가 되자, 새로운 조세제도·공공신용·보호관세제도를 일거에 만들어 냈다. 조세·무역수지·신용·코뮤니즘·인구에 대해서 프루동이 어떤 망상을 전개하는가를 여러분이 옳게 이해하기 위해서는, 위의 개관으로 충분할 것이다. 매우 너그러운 비판도 이들 여러 장(章)을 진지하게 다룰 수는 없을 것이다, 고 우리는 생각한다.

제4절 소유 또는 지대

역사상의 시기의 차이에 따라서, 소유는 서로 다른 방법으로, 또 전혀 다른 일련의 사회관계하에서 발전해 왔다. 따라서 부르주아적 소유를 정의한다는 것은, 부르주아적 생산의 모든 사회관계를 서술하지 않으면 안 된다.

소유를, 독립된 관계, 별개의 카테고리, 추상적이고 영원적인 관념이라는 식으로 정의하려 한다는 것은, 형이상학적 내지는 법학적 환상밖에 되지 않는다.

프루동은 소유 일반을 이야기하는 척하면서 실은 토지 소유·지대만을 다루고 있다.

'지대의 기원은 소유의 기원과 마찬가지로, 말하자면 경제 외적이다. 그것은 부의 생산과는 거의 관련이 없는 심리적인 배려나 도덕적 배려에 있다.' (제2권, p.265)

그렇다면, 프루동은 지대와 소유의 경제적 기원을 이해하는 능력이 없다는 것을 스스로 인정한 셈이다. 이 무능력 때문에 그가 심리적·도덕적 배려에 호소하지 않을 수 없는 것도 당연하다. 실제로, 이와 같은 배려는 부의 생산에는 인연이 먼 것들인데, 이것은 프루동의 역사적 시야가 좁다고 하는 것과 크게 관계가 있다. 프루동은 소유의 기원에는 무엇인가 신비적이고 불가사의한 것이 있다고 말한다. 그런데, 소유의 기원 안에 신비적인 것을 본다는 것, 즉 생산 용구의 분배에 대한 생산 그 자체를 신비로 바꾼다고 하는 것은, 프루동의 말투로 하자면, 경제학이고자 하는 모든 야심을 포기하는 것이 아닐까? 프루동은 이렇게 말한다.

　'경제적 진화의 제7기—신용—에서는 허구가 현실을 소멸시켜 버렸고, 인간의 활동이 공허 속에 사라질 염려가 있기 때문에, 인간을 전보다 강하게 자연에 연결시킬 필요가 있게 되었다. 이 사실을 회상하는 것만으로 좋다. 그런데 지대란 이 새로운 계약의 대가였다.' (제2권, p.269)

40에큐의 사람(볼테르의 《40에큐의 사람》이라고 하는 작품에 나오는 인물)은 미래의 프루동을 예감하고 있었다.

　'창조주님—누구나가 자기 세계의 주인이 되게 하는 것은 당신의 뜻대로 하옵소서. 그러나 우리가 사는 세계가 유리로 되어 있다고 저에게 믿게 하려고 해도 그것은 무리한 일입니다.'

　신용이 공허 속에 사라지기 위한 수단이었다고 하는 프루동의 세계에서는, 인간을 자연에 결부시키기 위해 소유가 필요해졌다고 하는 것은 있을 수 있는 일인 것 같다. 토지 소유가 항상 신용에 선행하는 현실적 생산 세계에서는, 프루동의 진공공포(horror vacui)는 존재할 수 없을 것이다.
　일단 지대의 존재가 인정되면, 비록 그 기원이 어떠하든, 차지농(借地農)과 토지소유자 사이에 지대를 둘러싸고 의견의 대립이 일어난다. 이 다툼의 최종결과는 무엇일까? 바꾸어 말하면, 지대의 평균분담액은 어느 정도인가. 프루동이 무엇이라고 말하고 있는지 들어 보자.

'리카도의 이론이 이 물음에 대답한다. 사회의 시초에서는, 대지 위에 막 등장한 인간 앞에는 드넓은 숲만이 있었고, 토지는 넓고, 산업은 막 시작 단계였으며, 그런 시대에는 지대는 제로였을 것이다. 아직 노동에 의해서 경작되지 않은 토지는 유용물이라 해도 교환가치는 없었다. 토지는 만인의 것이지 사회의 것은 아니었다. 조금씩 가족이 늘어나고, 농업이 진보하자, 토지의 가치가 느껴지기 시작하였다. 노동이 토지에 가치를 부여하게 되었기 때문에, 지대가 생겨났다. 같은 양의 노력을 가지고 농지가 성과를 올림에 따라, 농지는 높이 평가되게 되었다. 또 차지농의 임금, 즉 생산비를 뺀 토지 생산물의 전체를 내 것으로 하는 것은 항상 토지소유자의 습성이었다. 이와 같이, 소유는 노동 뒤를 따라와서 생산물 속에서 현실의 비용을 초과하는 것을 모두 노동에서 거두어들인다. 소유자는 신비적인 의무를 다하고, 소작인에 대해서 공동체를 대표하므로, 차지농은 신의 섭리의 예견 속에서는, 자기의 정당한 임금 이외에 그가 수확한 것을 모두 사회에 보고하지 않으면 안 되는 책임 있는 노동자 이상은 아니다. ……따라서 본질로 보나 사명으로 보아, 지대는 배분적 정의의 도구이며, 경제의 수호령〔=천성〕이 평등에 이르기 위해 구사하는 많은 수단 중의 하나이다. 그것은 토지소유자와 차지농이, 고급 이익을 위해 서로 충돌하지도 않고 반대 방향에서 평가를 하는 거대한 토지대장으로, 그 최종결과는 토지경작자와 〔토지〕산업가 사이에서, 토지 점유를 균등하게 하는 일일 것이다. ……소작인이 자기 것이라고 생각하지 않을 수 없고, 자기야말로 생산자라고 생각하는 생산물의 증가분을 소작인으로부터 거둬들이기 위해서는 또한 소유의 마술이 필요했다. 지대, 아니 오히려 토지 소유는 농업상의 이기주의를 꺾고, 어떤 권력도 어떤 토지 분할이 생길 수 없는 연대를 창조하였다. ……현재, 소유의 도덕적 효과가 얻어진 이상, 남은 과제는 지대를 배분하는 일뿐이다.' [제2권, p.270~272]

우선 먼저, 이 시끄러운 말의 나열은, 요약하자면 리카도가 다음과 같이 말하고 있는 것에 그친다. 즉, 생산비를 웃도는 농업 생산물값의 증가분은, 자본의 통상이윤과 이자를 포함해서 지대를 측정하는 척도가 된다는 것이다. 겉으로 보기에는 프루동 쪽이 리카도보다도 좋게 보인다. 그는, 생산비

이상의 생산 증가분 모두를 소작인으로부터 거둬들이는 소유자를, 데우스 엑스 마키나[deus ex machina : 라틴어로 '기계장치의 신']처럼 개입시킨다. 그는, 소유를 설명하기 위하여 소유자의 개입을, 지대를 설명하기 위해 금리생활자의 개입을 이용한다. 그는 문제에 대답하기 위해 똑같은 문제를 제기하고, 그 문제에 한 마디 덧붙이는 것이다.

다음에, 지대를 토지 생산력의 차이로 규정할 때, 프루동은 지대에 새로운 기원을 할당하고 있는 점에도 주의하자. 왜냐하면, 그에 의하면, 토지는 서로 다른 수확량에 따라 평가되기 전에는 '교환가치가 아니라 만인의 것이었기' 때문이다. 그렇다면, 끝없는 공허 속에 사라져 없어지려고 했던 인간을 토지에 연결시킬 필요에서 생겨난 지대라는 허구는 어떻게 되었을까?

이번에는, 리카도의 학설을, 프루동이 그것을 감싸안으려고 했던 섭리적이고 신비적인 문구로부터 구출해 보기로 하자.

리카도가 말하는 지대는 부르주아적 상태의 토지 소유이다. 즉 그것은 부르주아적 생산에 의해 조건이 부여된 봉건적 소유이다.

이미 보아온 바와 같이, 리카도의 이론에 의하면, 모든 물건값은 결국 산업적 이윤을 포함하는 생산비에 의해 결정된다. 다시 말하면, 쓰여진 노동시간에 의해 결정된다. 매뉴팩처 공업의 경우, 최소한의 노동에 의해서 얻어지는 생산물값은, 같은 종류의 다른 모든 상품값을 규제한다. 단, 가장 싸고 가장 생산적인 생산 용구를 한없이 증가시킬 수 있고, 자유경쟁은 반드시 시장가격, 즉 같은 종류의 모든 생산물에 공통가격을 낳는다는 조건으로.

농업에서는 반대로, 최대량의 노동에 의해서 얻어지는 생산물값이 같은 종류의 모든 생산물값을 규제한다. 첫째, 매뉴팩처 공업의 경우와는 달리, 생산성이 같은 정도의 생산 용구, 즉 같은 비옥도를 갖는 경지를 마음대로 증가시킬 수가 없다. 둘째, 인구가 증가함에 따라서 열등한 경지를 경작하지 않을 수 없고, 또는 같은 경지면에 새로운 자본을 투하해도 이전의 토지만큼 수확이 오르지 않게 된다. 어느 쪽으로 굴러도, 보다 많은 노동을 사용하게 되는데, 얻어지는 수확은 비례적으로 감소한다. 사람들의 생활요구가 노동의 증가를 필연적으로 만들면, 경작비용이 높은 토지 생산성은, 경지비용이 싼 토지 생산물과 마찬가지로, 무리하게라도 팔린다. 경쟁은 시장가격을 평준화하는 것이므로, 상급지의 생산도, 열등지의 생산도, 같은 정도로 비싸게 팔린다. 생산비를 웃도는 상급지의 생산물값의 증가분이 지대가 된다. 가령 같은 비옥도를 가진 경지를 항상 사용할 수 있으면, 또 가령 매뉴팩처 공업의 경우와 마찬가지로 항상 보다 싸게, 보다 생산적으로 기계를 사용할 수 있으면, 또는 두 번째의 자본투하가 최초의 자본투하와 같은 정도의 생산량을 올린다면, 농업 생산물의 값은, 우리가 매뉴팩처 제품의 값에서 본 것처럼, 가장 좋은 생산 용구를 가지고 생산되는 가장 좋은 식료품 원가에 의해서 결정되게 될 것이다. 하지만, 만일 그렇게 되면 지대는 사라질 것이다.

리카도의 학설이 전체적으로 진실이기 위해서는, 다음과 같은 조건이 필요하다. 즉, 자본을 여러 공업 부문에 자유롭게 투하할 수 있고, 자본가들 사이에서 크게 전개되는 경쟁이 동등한 비율로 이윤을 가져오고, 차지농은 열등지에 투하된 그의 자본에 대해서, 예를 들어, 그의 자본이 목화공업에 투하되었다면 얻을 수 있었던 이윤과 동등한 이윤을 요구하고, 농업경영은 대규모 공업 체제에 적응해야 하고, 마지막으로 토지소유자 자신은 화폐수입밖에 노리지 않는다는 것 등이다.

아일랜드에서는 소작제도가 매우 발달되어 있다고는 하지만, 지대는 아직 존재하고 있지 않다. 지대는 임금을 넘는 증가분일 뿐만 아니라, 공업이윤을 넘는 증가분이므로, 아일랜드와 같이 토지소유자의 수입이 임금으로부터의 공제에 지나지 않는 나라들에서는 지대는 존재할 수 없을 것이다.

이와 같이, 지대는 토지경작자, 즉 차지농을 단순노동자로 하거나, '자기의 것이라 생각하고 싶은 생산물의 증가분을 소작인으로부터 거두어들이거나' 하기는커녕, 토지소유자에 대해서, 노예·농노·공납자(貢納者)·임금노동자가 아니라 자본가를 대립시킨다. 토지 소유는, 일단 지대 체질이 되면, 임금뿐만 아니라 공업이윤에 의해서도 결정되는 생산비 이상의 증가분밖에 취득하지 않게 된다. 따라서 바로 토지소유자로부터 지대는 그의 수입의 일부를 거두어들이는 것이다. 또, 봉건적 차지농이 공업자본가에 의해서 대체되기 전에 긴 시간이 흘렀다. 예를 들어, 독일에서는, 이 전환은 18세기의 마지막 3분의 1 기간 무렵에 비로소 시작되었다. 산업자본가와 토지소유자의 관계가 충분히 발전한 곳은 영국밖에 없다.

프루동이 말하는 소작인밖에 없는 동안에는, 지대도 없었을 것이다. 지대가 존재하게 되면, 소작인은 차지농이 아니라 노동자이며, 차지농의 소작인이다. 공업자본가들을 위해서 일을 하는 단순노동자·일용·임금노동자로 전락할 정도로 노동자의 쇠퇴, 토지를 마치 다른 공장처럼 경영하는 공업자본가의 개입, 토지소유자가 작은 영주 못지않은 흔한 고리대금업자로 바뀌는 것들이야말로 지대에 의해서 표현되는 여러 관계이다.

리카도가 말하는 뜻의 지대는, 상업적 산업으로 전환한 가부장적 농업, 토지에 투하된 공업자본, 농촌에 이식된 도시 부르주아 계급이다. 지대는, 인간을 자연에 연결시키기는커녕, 토지의 경작을 경쟁에 연결시킬 뿐이다. 일단 지대 체질을 몸이 지니면, 토지 소유 그 자체가 경쟁의 결과가 된다. 왜냐하면, 그때부터 토지 소유는 농산물의 매매 가치에 의존하기 때문이다. 지대인 한, 토지 소유는 동산화(動産化)되고, 상업의 한 결과가 된다. 도시공업의 발전과 거기에서 생기는 사회조직에 강제되어, 토지소유자가 판매이윤이나 농산물의 화폐비율만을 노려, 마침내는 자기 토지 소유 안에 화폐를 찍어내는 기계밖에 보지 않게 되었을 때 비로소 지대는 가능하게 된다. 지대는 토지소유자를 대지와 자연으로부터 완전히 분리시켰기 때문에, 영국에서 볼 수 있는 바와 같이, 그는 자기 토지로 나가는 일조차도 필요치 않다. 차지농·산업자본가·농업노동자는 어떤가. 차지농은 자기가 경작하는 토지에는 이미 관심이 없고, 매뉴팩처 기업가와 노동자는 자기들이 만드는 목화나 양모에 관심이 없다. 그들이 관심을 갖는 것은, 농산물 값이나 화폐액뿐이다. 또 거기에서, 봉건제, 옛날의 좋았던 가부장적 생활, 선조의 간소한 습속과 위대한 덕으로 돌아가라고 열심히 호소하는 반동적 당파의 한탄조(恨歎調)를 들을 수 있게 되기도 한다. 다른 모든 산업을 다스리는 법칙에 토지가 굴복한 사태는, 항상 이해가 얽힌 반복어의 주제가 되었고 앞으로도 그럴 것이다. 따라서 이렇게 말해도 좋다―지대는 목가적 생활을 역사의 운동 속으로 던져 넣는 원동력이 되었다고.

리카도는 부르주아적 생산을, 지대를 결정하기 위해 필요하다고 전제하고 나서, 그럼에도 불구하고 모든 시대와 모든 나라들의 토지 소유에 지대 개념을 적용한다. 이것이야말로 부르주아적 생산관계를 영원한 카테고리로 여기는 모든 이코노미스트의 잘못이다.

프루동에게는, 소작인을 책임 있는 노동자로 전환시키는 일이 지대의 섭리적 목적이지만, 그것에서 그는 지대의 평등분배로 옮아간다.

지금 본 것처럼, 지대는 비옥도의 측면에서 균등하지 못한 경지의 생산물이 균등한 값을 얻음으로써 구성된다. 그 내용을 보면, 열등지에서의 생산비가 20프랑으로 상승하면, 10프랑으로 생산되는 100리터의 밀은 20프랑으로 팔리는 것이다.

　시장에 반입되는 모든 농산물을 사고 싶은 수요가 강하게 작용하는 한, 시장가격은 가장 비싼 생산비에 의해서 결정된다. 따라서 경지의 비옥도의 차이가 아니라, 경쟁에서 생기는 값의 균등화야말로, 가장 좋은 경지소유자에게, 그의 차지농이 파는 100리터마다 10프랑의 지대를 얻게 하는 것이다.

　우선, 밀값이, 그것을 생산하는 데에 필요한 노동시간에 의해 결정된다고 가정해 보자. 그러면 곧, 우량지에서 얻어지는 100리터의 밀이 10프랑에 팔리는 데에 대해, 열등지에서 얻어지는 100리터에는 20프랑이 지불될 것이다. 이것을 인정한다면, 시장의 평균가격은 15프랑이 될 텐데, 경쟁의 법칙에 의하면 평균가격은 20프랑인 것이다. 만일 평균가격이 15프랑이라고 하면, 평균이든 아니든 그 어떤 분배의 여지도 없다. 왜냐하면, 지대가 존재하지 않기 때문이다. 생산자에게 10프랑의 비용이 드는 100리터의 밀이 20프랑에 팔린다는 것에 의해서만 지대는 존재한다. 프루동은, 불균형한 생산비에 대해서 시장가격의 균등성을 생각하여, 거기에서 불균등한 생산물의 균등배분에 이르려 하고 있는 것이다.

　밀·셀뷰리에·히르디치, 기타 경제학자들은 납세의무로부터 벗어나려는 생각에서, 지대가 국가에 납입될 것을 요구한 것도 마땅한 일이다. 이것은 토지소유자에 대해서 산업자본가가 품은 미움의 솔직한 표현으로, 자본가에서 보자면 토지소유자는 부르주아 생산 전체 안에서 무용자(無用者)나 필요 없는 사람으로 보이는 것이다.

　하지만, 우선 먼저 100리터의 밀에 20프랑을 지불하게 하고, 다음에 소비자로부터 여분으로 공제한 10프랑을 전체적으로 서로 나눈다고 하는 것은 사회의 천성[=수호령]이 우울하게 지그재그 경로를 따라가다가 어딘가의 모퉁이에서 머리를 부딪히게 될 것은 틀림없는 사실이다.

　지대는 프루동의 펜에 걸리면 이렇게 되고 만다.

　'〔지대란〕 토지소유자들과 차지농들이……보다 높은 이익을 노려, 대립하면서 만드는 거대한 토지대장으로, 그 최종 결과는 경지경영자와 산업 가 사이에서 토지를 균등하게 하는 일임에 틀림없다.' [제2권, p.271]

지대에 의해서 만들어지는 그 어떤 토지대장도, 실용적 가치를 가지기 위해서는 항상 현재 사회의 여러 조건하에 머물러 있지 않으면 안 된다.

그런데 이미 증명한 바와 같이, 차지농에 의해서 토지소유자에게 지불되는 소작료가 어느 정도 정확하게 지대를 표현하고 있는 것은, 공업과 상업면에서 가장 발전한 나라들에 있어서뿐이다. 게다가 이 소작료는 가끔 토지와 합체된 자본마다 토지소유자에게 지불되는 이자를 포함하고 있다. 경지의 상태, 도시에 가깝고, 그리고 그밖에 많은 사정도 또한 소작료에 영향을 주어 지대를 변동시킨다. 이들 엄연한 이유만으로도 지대에 입각한 토지대장의 부정확성을 증명하기에 충분할 것이다.

한편, 지대는 경지비옥도의 안정된 지표가 될 수 없다. 왜냐하면, 화학의 현대적 응용은 끊임없이 경지의 성질을 바꾸고, 지금 눈앞에서 지질학적 지식이 상대적 비옥도에 관한 낡은 평가를 모두 뒤집어엎기 시작하고 있기 때문이다. 영국의 동부 여러 주에 있는 드넓은 경지가 개간된 것은 20년밖에 되지 않는다. 부식토와 아래 지층의 성분과의 관계가 잘 이해되지 않았었기 때문에 이들 경지는 황야처럼 방치되어 있었던 것이다.

이와 같이 역사는, 그때마다 완성된 토지대장을 지대의 형태로 주는 것이 아니라, 이미 만들어진 토지대장을 전면적으로 변경하거나 뒤엎거나 하는 것이다.

마지막으로, 비옥도는 일반적으로 믿어지고 있을 정도로 자연의 성질은 아니다. 그것은 현재의 사회관계에 밀접하게 연결되어 있다. 어떤 토지는 밀을 재배하기 위해 매우 기름질지도 모르지만, 그럼에도 불구하고 밀의 시장가격에 따라서는 경작자는 이 토지를 인위적으로 목초지로 바꾸어야 하고, 그렇게 함으로써 토지를 불모하게 만들어 버리게 된다.

프루동이 보통의 토지대장의 가치만도 못한 토지대장을 즉흥적으로 생각해낸 것은, 섭리에 의해 정해졌다고 하는 지대의 평등주의적 목적을 제법 현실적으로 보이게 하기 위한 것에 지나지 않는다. 프루동은 이어서 말한다.

'지대는 결코 망하지 않는 자본, 즉 토지에 지불되는 이자이다. 이 자본은 소재면(素材面)에서는 조금도 증가하지 않지만, 사용방법에 따라서는 끝없이 개선할 수 있는 것이므로, 대부이자 또는 수익은 자본량이 많아짐에 따라서 끊임없이 감소되는 경향을 보이지만, 토지이용의 개선을 야기시키는 생산법이 충실해짐에 따라 더욱더 증가하는 경향을 보이는 일이 일어난다. ……이와 같은 일이, 그 본질에서 보자면, 지대이다.'(제2권, p.265)

이번에는, 프루동은 지대 안에 이자의 모든 조짐을 보고 있다. 단, 이 자본은 토지, 즉 영원한 자본을 말하며, 이것은 '소재면에서는 조금도 증가하지 않지만, 사용방법에 따라서는 끝없이 개선될 수 있다'고 말한다. 문명이 전진해 감에 따라 이자는 끊임없이 저하하는 경향이 있다. 이자는 자본량의 증가 때문에 저하한다. 지대는 생산법이 충실해짐에 따라서 상승하고, 이런 종류의 충실은 결과적으로 더욱더 합당한 토지이용을 가져온다.
　이와 같은 일이, 그 본질로 보아, 프루동의 견해이다.
　우선 먼저, 지대가 자본의 이자라고 하는 것이, 어떤 점에서 정당한가를 검토해 보자.
　토지소유자 자신에게, 지대는 토지에 필요했던 그의 자본의 이자, 또는 만일 그가 토지를 팔면 얻을 이자를 나타낸다. 그러나 그가 토지를 팔든 사든 그가 매매하는 것은 이자뿐이다. 그가 지대취득자가 되기 위해 붙이는 값은 일반이자율에 의해 규제되는 것으로, 지대의 본성 그 자체와는 아무런 관계가 없다. 경지에 투입되는 자본의 이자는, 일반적으로 매뉴팩처나 상업에 투입되는 자본의 이자보다도 낮다. 따라서 토지가 그 소유자에게 표시하는 이자와 지대 자체를 구분하지 않은 사람에서 보자면, 토지자본의 이자는 다른 자본의 이자보다도 훨씬 낮아진다. 하지만 문제는 토지의 매매가격, 지대의 판매가치, 자본으로 환원되는 지대가 아니라 지대 그 자체이다.
　소작료는, 본디의 지대 외에, 토지에 합체된 자본의 이자를 포함하는 일이 있다. 그 경우, 토지소유자는 이 소작료의 부분을, 토지소유자로서가 아니라 자본가로서 받는다. 하지만 그것은 우리가 이야기하지 않으면 안 되는 본디의 지대는 아니다.

토지는 생산수단으로서 쓰이지 않은 한 자본이 아니다. 자본으로서의 토지는, 다른 모든 생산 용구와 마찬가지로 증가시킬 수 있다. 프루동의 말투로 하자면, 소재면에서는 아무것도 부가할 수 없으나, 생산 용구로서 유용한 토지는 증가시킬 수 있다. 이미 생산수단으로 전화된 토지에 대해서 2차적 자본을 투하하는 것만으로, 소재로서의 토지, 즉 토지의 연장에 아무것도 부과하지 않아도, 자본으로서의 토지는 늘릴 수 있다. 프루동이 말하는 소재로서의 토지는 경계석(境界石)과 같은 토지이다. 그가 토지에 인정하는 영원성을 보면, 토지가 소재로서, 이 영원성과 힘을 가져 주었으면 하고 우리도 바라지만, 자본으로서의 토지는, 다른 모든 자본과 마찬가지로 영원한 것이 아니다.

이자를 낳는 금과 은도 또한 토지와 마찬가지로 지속되는 것이고 영원적이다. 금은가치가 상승하고, 토지가격이 저하될 경우, 이것은 다소나마 영원적인 토지의 본성에서 생기는 것이 아니다.

자본으로서의 토지는 고정자본이지만, 고정자본은 유동자본과 마찬가지로 마멸(磨滅)된다. 토지에 가해지는 개선은 재생산과 유지를 필요로 한다. 개선은 일시적으로밖에 계속되지 않고, 그와 같은 개선은 소재를 생산수단에 바꾸기 위해 쓸모 있는 다른 모든 것의 개선과 공통된다. 가령, 자본으로서의 토지가 영원하면, 어떤 종류의 경지는, 그것이 현재와는 전혀 다른 모습을 보일 것이고, 로마 평원·시칠리아 섬·팔레스티나를 지금도 왕년의 번영 그대로 볼 수 있을 것이다.

개선이 토지에 가해질 때까지도 자본으로서의 토지가 소멸하는 경우가 있다.

첫째, 비옥도가 높은 새로운 토지와의 경쟁에 의해서, 본디의 지대가 소멸할 때마다, 그 일이 일어난다. 둘째, 어떤 시기에는 유효성을 발휘할 수 있었던 개선도, 농업의 발전에 의해서 개선이 당연한 일이 되면, 그런 유효성을 가지지 않게 된다.

자본으로서의 토지를 대표하는 것은, 토지 소유가 아니라, 차지농이다. 자본으로서의 토지가 주는 이익은, 이자와 상업이윤이지 지대가 아니다. 이 이자나 이윤을 가져오지만, 결코 지대를 가져오지 않는 토지도 있다.

요컨대, 토지는 이자를 낳는 한, 자본으로서의 토지이며, 자본으로서의 토지인 이상, 토지는 지대를 낳지 않으며, 토지 소유의 구성요소가 되지 않는다. 지대는 경작이 이루어지는 사회관계에서 생긴다.

조금이라도 견고하고 지속할 수 있는 토지의 본성으로부터는 지대는 생기지 않는다. 지대는 사회로부터 생기는 것이지 토지로부터 나오는 것이 아니다.

프루동에 의하면, '토지의 이용면에서의 개선'—'생산법의 충실'—은 지대를 끊임없이 상승시키는 원인이라고 말한다. 그런데 사태는 반대여서, 이 개선은 지대를 주기적으로 저하시키는 것이다.

일반적으로 말해서, 농업이건 매뉴팩처건, 도대체 개선이란 무엇을 말하는 것일까? 개선이란 똑같은 노동을 가지고 보다 많이 생산하는 것이며, 보다 더 적은 노동으로 같은 양의 것을, 또는 그 이상의 것까지도 생산하는 일이다. 개선 덕택으로, 차지농은 상대적으로 적은 생산물에 대해서 보다 많은 노동을 사용하지 않아도 된다. 이 경우, 그는 열등지를 사용할 필요는 없고, 같은 토지에 차례로 투하되는 자본 부분은 동등하게 생산성을 유지한다. 따라서 개선은, 프루동이 말하는 것처럼 끊임없이 지대를 밀어올리기는커녕 반대로 지대 상승에 대립하는 일시적 걸림돌인 것이다.

17세기의 영국의 토지소유자들은, 이 진실을 충분히 느끼고 있었으므로, 그들의 수입이 감소하지나 않을까 하고 염려하여, 농업의 진보에 반대한 것이다. (찰스 2세〔1630~1685〕 시대의 영국의 이코노미스트 윌리엄 페티 참조)

제5절 파업과 노동자의 단결

'임금이 상승하는 움직임을 보면, 반드시 밀이나 포도주 등의 가격등귀가 생긴다. 즉, 생활이 괴로워진다. 임금이란 도대체 무엇인가. 그것은 밀 등의 원가이다. 원가는 어떤 물건에나 불가결한 값이다. 좀 자세히 말하자면, 임금이란 물질적 부를 형성하고 노동자 대중이 날마다 재생산적으로 소비하는 여러 요소의 균형 그 자체이다. 그런데 임금을 두 배로 한다는 것은……각 생산자에 대해서, 그의 생산물 이상의 부분을 할당하는 것으로, 이것은 정의에 어긋난다. 만일 임금 상승이 소수의 산업 부문에 관련되는 데에 지나지 않는다 해도, 그것은 교환면에서 전반적인 교란을 야기시킬 것이고, 한 마디로 말하자면 생활고를 일으킨다. ……임금 증대가 따르는 파업이 전반적 가격등귀에 이르지 않을 리가 없다고 단언해도 좋

다. 이것은 2＋2＝4만큼 확실하다.' (프루동, 제1권, p.110, 111)

우리는 2＋2＝4가 된다는 것을 제외하면 프루동의 단언을 모두 부정한다.

우선 먼저, 전반적 가격등귀 같은 것은 존재하지 않는다. 만일 모든 물건 값이 임금과 마찬가지로 두 배가 된다고 해도 가격면에서의 변동은 존재하지 않고, 변동이 있다고 하면 명목상의 가격에서뿐이다.

다음에, 임금의 전반적 상승은 상품의 다소간의 전반적인 등귀를 결코 낳지 않는다. 실제로, 만일 모든 산업이 고정자본 또는 산업이 쓰는 생산 용구와 관련해서 같은 수의 노동자를 쓴다면, 임금의 전반적인 상승은 이윤의 전반적인 저하를 낳을 것이지만, 상품의 통상가격에는 아무런 영향도 없다.

그러나 육체노동과 고정자본의 비율은 여러 가지 산업에서 똑같지가 않으므로, 상대적으로 보다 많은 고정자본과, 보다 적은 노동자를 쓰는 모든 산업은, 조만간 그들의 상품가격을 내리지 않을 수 없게 될 것이다. 산업의 상품가격이 내리지 않는 반대 케이스에서는 산업이윤은 정상적 이윤 이상으로 상승한다. 기계는 임금노동자가 아니다. 따라서 임금의 전반적 상승은, 다른 산업에 비해서 많은 기계를 쓰는 산업이 아니라, 노동자 쪽에 타격을 준다. 그러나 경쟁은 항상 이윤을 평준화하는 경향이 있어서, 통상의 비율보다도 높은 이윤은 일시적인 것이 지나지 않는다. 이와 같이 조금의 예외를 별도로 한다면, 임금의 전반적인 상승은 프루동이 말한 것처럼 전반적 가격등귀가 아니라 부분적 가격저하를 가져온다. 즉, 기본적으로 기계의 도움을 얻어 제조되는 상품의 통상가격면의 저하를 가져오는 것이다.

이윤과 임금의 상승이나 저하는, 1일당 노동 생산물을 자본가와 노동자가 어떤 비율로 나누는가의 비율을 나타내는 것뿐이지, 대개는 생산물값에 아무런 영향을 주지 않는다. 하지만 '임금 상승이 따르는 파업이 전반적 가격등귀나 생활고를 가져온다'고 하는 것은 이해할 수 없는 시인의 머리에서만 번득이는 생각이다.

영국에서는, 파업이 언제나 새로운 기계의 발명과 응용을 가져왔다. 이렇게 말해도 된다면, 기계는 반역하는 전문노동(자)을 타도하기 위해 자본가들이 쓴 무기였다. 자동방적기는 현대공업의 최대의 발명품으로, 이것은 반역하는 방적공을 전투 불능으로 만들었다. 단결이나 파업은 기계기술의 천분을 갖는 사람들의 노력을 오히려 자극하는 이외의 효과는 없다고 해도, 그것들은 또한 산업의 발전에 거대한 영향을 미칠 것이다. 프루동은 계속해서 이렇게 말한다.

'1845년 9월에……레온 포셰가 발표한 논문에 다음과 같이 쓰여 있다— 얼마 전부터 영국의 노동자들은 단결의 습관을 잃었다. 이것은 분명히 하나의 진보이며 축하해 마지않을 일이다. 하지만, 노동자의 사기면(土氣面)에서의 이와 같은 개선은 특히 노동자의 경제적 지식에서 생겨난 것이다. 볼튼의 집회에서 한 방적노동자가 외친 바와 같이, 임금은 공장경영자에 의존하는 것이 아니다. 불경기 때에는 공장 주인들은, 그들이 바라든 바라지 아니하든 〔노동자를〕매로 때리지 않으면 안 되는 것이다. 이윤원리는 공급과 수용의 관계이다. 주인들에게는 이와 같은 권한은 없다. ……바람직한 일이다—고 프루동은 외친다. 〔마르크스의 말〕 여기에는 잘 길들여진 노동자, 모범적인 노동자 등등이 있어서 바람직한 일이지만, 이렇게 비참한 일은 이전의 영국에는 없었다. 이런 비참함은 영국해협을 건너게 해서는 안 될 것이다.' (프루동, 제1권, p.261, 262)

영국의 모든 도시 중에서도, 볼튼은 급진주의가 가장 잘 발전하고 있는 도시이다. 볼튼의 노동자들은 더할 나위 없이 혁명적이라는 것으로도 알려져 있다. 곡물법 폐지 때문에 영국에서 일어난 큰 소요 시대에, 영국의 제조업자들은 노동자를 전면에 세우지 않으면 토지소유자에 대항할 수 없다고 생각하였다. 그러나 제조업자의 이해가 토지소유자의 이해와 대립하는 것과 마찬가지로, 노동자의 이해와 제조업자의 이해는 대립하는 것이므로, 노동자 집회에서 제조업자가 당하는 것도 당연한 일이었다. 그렇다면 제조업자들은 어떻게 했는가? 겉모양을 차리기 위해, 그들은 대부분이 직공장(職工長)들, 직공장에게 꼬리를 흔드는 소수의 노동자와 본디의 거래처 동료로 이루어진 집회를 조직하였다. 그 후, 진짜 노동자들이, 볼튼이나 맨체스터에서 볼 수 있었던 바와 같이, 가짜 시위운동에 항의하기 위하여 그 집회에 참가하려고 했을 때, 이것은 티켓 미팅이라고 해서 그들의 입장은 거부되었다.

티켓 미팅이라는 말의 뜻은, 입장권을 갖는 자만이 입장이 허용되는 집회라는 것이다. 하지만 벽에 붙여진 벽보에는 누구나 다 참가할 수 있는 집회를 알리고 있었다. 이와 같이 집회가 있을 때마다 제조업자의 신문은, 거기에서 발언된 연설을 거창하게, 그리고 자상하게 보도하였다. 이들 연설을 한 사람은 직공장이었던 것은 물론이다. 런던의 신문은 그 연설을 충실하게 재현하였다. 프루동은 불행하게도 직공장과 보통의 노동자를 착각했기 때문에, 그들에게 비참한 상태가 영국해협을 넘는 것을 저지하라고 명한 것이다.

1844년과 1845년에 파업이 이전보다 사람의 이목을 끌지 못하게 된 것은, 1844년과 1845년이 영국 산업에게 있어 1837년 이래의 2년 연속의 번영의 해였기 때문이다. 그럼에도 불구하고 노동조합은 하나도 해산하지 않았다.

이번에는 볼튼의 직공장들의 의견에 귀를 기울여 보자. 그들에 의하면, 제조업자들은 생산물값의 주인이 아니기 때문에, 임금의 주인은 아니고, 그들은 세계 시장의 주인이 아니므로 생산물값의 주인이 아니라고 말한다. 이와 같은 이치를 가지고 직공장들은 공장주로부터 임금 상승을 쟁취하기 위해 단결하는 일 같은 것은 해서는 안 된다고 설득하려고 하였다. 반대로, 프루동은, 단결이 임금 상승을 수반하고, 임금 상승이 전반적 가격등귀를 가져오는 것을 두려워하여, 그들에게 단결을 금지한다. 단 한 가지 점에서, 직공장과 프루동 사이에 친밀한 합의가 있었다는 것은 물론이다. 그 합의 사항이란 임금 상승은 생산물값의 상승과 같다는 것이다.

그러나 생활고의 두려움이 프루동의 원한의 진짜 원인일까? 그렇지는 않다. 그는 볼튼의 직공장을 정말로 원망하고 있는 것이다. 왜냐하면, 직공장들은 공급과 수요에 의해서 값을 규정하기 때문이며, 구성된 가치, 구성 상태로 이행한 가치, 가치의 구성 등을 전혀 개의치 않고, 물론 영속적인 교환 가능성과, 이 이외의 섭리의 수호를 받은 모든 관계의 비례성이라는 것도 개의치 않기 때문이다.

'노동자들의 파업은 비합법이다. 더욱이 형법이 그렇게 말해서가 아니라, 경제 시스템이 그렇게 말하고, 기성 질서도 그렇게 말하는 것이다. ……각 노동자가 개인적으로 자기 몸과 완력을 자유롭게 사용하는 것은 그래도 참을 수 있다. 하지만 노동자들이 단결하여 독점에 대해서 폭력을 휘두를 것

을 계획하는 것을 사회는 용서할 수 없다.' (제1권, p. 234~235)

프루동은 형법의 한 조항을 부르주아적 생산관계의 필연적이고 일반적인 결과로 여기게 하려고 한다.

영국에서는, 단결은 의회의 법령으로 인정되어 있고, 의회를 강제해서 법률의 이름으로 이 인가를 주게 한 것은 경제 시스템이다. 1825년에, 허스키슨 대신하에서, 의회는 법체계를 바꾸어, 자유경쟁에서 생긴 사태에 조금씩 법체계를 맞추지 않으면 안 되었을 때, 필연적으로 노동자의 단결을 금지하는 모든 법률을 폐기하지 않으면 안 되었다. 현대산업과 경쟁이 발전하면 할수록, 단결을 낳고 원조하는 여러 요소도 생기게 된다. 그리고 단결이 하나의 경제적 사실이 되어 나날이 경고성을 띠게 되면 단결은 머지않아 합법적 사실이 될 수가 있다.

그렇다면, 〔프랑스〕 형법의 조문은, 겨우, 현대산업과 경쟁이 〔프랑스 혁명의〕 헌법제정 의회와 〔나폴레옹의〕 제정 시대에는 아직 충분히 발전하지 않았다는 것을 증명하는 데에 지나지 않는다.

경제학자와 사회주의자는 단결을 비난한다는 유일한 점에서 동의한다. 단, 양자의 비난 동기는 다르다.

경제학자는 노동자들에게 이렇게 말한다―여러분, 단결해서는 안 된다. 여러분이 단결하면 여러분은 산업의 규칙 바른 걸음을 억제하고, 제조업자가 수요에 응하는 것을 방해하고, 상업을 교란하고, 그리고 여러분의 노동을 부분적으로 쓸모없이 만들고, 더욱 내려간 임금을 여러분이 마시지 않으면 안 되게 만드는 기계의 침입을 가속화시킬 것이다. 뿐만 아니라, 여러분의 노력은 헛되고, 여러분의 임금은 항상 수요되는 인력과 공급되는 인력의 비율에 의해서 정해지는 것이다. 경제학의 영원한 법칙에 반역한다는 것은 위험할 뿐만 아니라 웃기는 노력이다.

사회주의자는 노동자에게 이렇게 말한다―여러분, 단결해서는 안 된다. 왜냐하면, 결국 여러분은 그런 일을 해서 무슨 득(得)이 있는가. 임금의 상승인가? 경제학자가 여러분에게 분명히 증명해 주는 것처럼, 여러분이 일반적으로 성공해서 단결로 조금의 돈을 얻었다 해도, 그 후에는 언제까지고 임금 저하가 계속될 것이다. 계산이 빠른 사람이라면, 여러분이 단결을 조직해서 유지하기 위해 필요했던 비용을, 임금 상승으로 따라잡는 데만도 몇 년이 걸릴 것이다—라고 증명해 줄 것이다. 그리고 우리로서는, 사회주의자의 자격으로, 여러분에게 이렇게 말할 것이다—돈 문제는 차치하고, 여러분은 또 한 노동자인 그대로 있을 것이고, 고용주는 또한 여전히 고용주로 있을 것이라고. 따라서 단결이 없으면 정치도 없는 것이다. 왜냐하면, 단결한다는 것은 정치를 한다는 것이 아닐까?

경제학자들은, 현재 형성되어 있는 사회 안에, 그리고 그들의 교과서 안에 기록하여, 봉인을 한 것 같은 사회 안에 노동자들이 머물기를 바라고 있다.

사회주의자들은, 노동자들이 낡은 사회를 버리고, 사회주의자들이 이토록 선견지명을 가지고 노동자에게 준비해 준 새로운 사회에 잘 들어오기를 바라고 있다.

쌍방의 생각에도 불구하고, 또 (경제학자의) 교과서나 (사회주의자의) 유토피아에도 불구하고, 단결은 한 순간도 그 걸음을 멈추지 않았고, 현대산업의 발전과 확대와 함께 커지는 것을 멈추지 않았다. 현재 바로 이 사실 안에, 한 나라에서 단결이 이룬 정도는 그 나라가 세계 시장에서 차지하는 정도를 분명히 새기고 있는 것이다. 산업이 가장 고도로 발전하고 있는 영국에서는 단결이 매우 확대되고 매우 잘 조직이 되어 있다.

영국에서는, 일시적 스트라이크 이외의 목적을 가지지 않고, 그와 함께 소멸하는 것 같은 부분적 단결은 이미 아무도 만족하지 않는다. 영속하는 갖가지 단결이나 노동조합이 만들어져서, 기업가와의 투쟁 안에서 노동자들의 보루(堡壘)로서 유용하게 쓰이고 있다. 그리고 현재, 모든 지방적 노동조합은 전국노동조합연합(National Association of United Trades)에 결집점을 찾고 있다. 이 연합의 중앙위원회는 런던에 있고, 이미 8만의 멤버를 헤아리고 있다. 파업·단결·노동조합의 형성은 노동자들의 정치투쟁과 동시적으로 진행되었다. 그리고 이 정치투쟁은 이제 차티스트라고 하는 이름의 대정당을 만들어 내려 하고 있다.

서로 연합하기 위한 노동자들의 최초의 시도는 항상 단결이라고 하는 형태를 가지고 태어난다.

대규모 공업은, 서로 모르는 사람들의 무리를 한 곳으로 모은다. 분명히 경쟁은 이해면에서 그들을 분열시킨다. 하지만 임금의 유지라고 하는, 그들이 공장주에 대항해서 갖는 협동의 이해는 그들을 단결이라고 하는 똑같은 저항 사상으로 결부시킨다. 이와 같이 단결은 항상 이중의 목적을 가지고 있다. 그들 사이에서 경쟁을 정지시킨다는 목적과 자본가에 대해서 전면적으로 경쟁하는 능력을 갖는다는 목적이다. 저항이라고 하는 최초의 목적이 임금 유지에 지나지 않았다고 해도, 자본가들 쪽이 억제한다는 생각을 가지고 단결함에 따라, 처음에는 고립 분산적이었던 단결도 집단이 되어, 더욱더 결합하는 자본에 대항하기 위해, 노동자들에게 연합의 유지는 임금 유지보다도 훨씬 중요하게 된다. 이것은 엄연한 사실로, 영국의 경제학자들은, 노동자들이 연합을 위해 임금의 대부분을 희생시키는 것을 보고 크게 놀라고 있을 정도이다. 경제학자의 눈으로 보자면, 연합은 임금 때문에 만들어진 것에 지나지 않은 것으로 여겼기 때문이다. 이 투쟁—진짜 시민전쟁—속에서 닥쳐올 전투에 필요한 여러 요소가 결집되어 발전한다. 일단 이 한 점에 이르면, 연합은 정치성을 띠게 된다.

경제의 여러 조건은, 처음에 그 나라의 대중을 노동자로 바꾸었다. 자본의 지배는, 이 대중에 대해서 공통된 상황, 공통된 이해를 만들어 냈다. 따라서 이 대중은 이미 자본에 대한 하나의 계급이지만, 아직 그 사실을 자각하고 있지 않다. 우리가 지적한 몇 가지 국면의 경우만으로도, 이 투쟁 안에서 대중은 결합하고 자각한 계급으로 자신을 만들어 낸다. 이 투쟁이 지키는 이익은 계급의 이익이 된다. 그러나 계급과 계급의 투쟁은 하나의 정치투쟁인 것이다.

부르주아 계급에 대해서는, 두 가지 단계가 구별되지 않으면 안 된다. 봉건 체제와 절대군주 체제하에서 부르주아 계급이 계급으로서 형성되는 단계와, 이미 계급으로서 형성된 부르주아 계급이 봉건제와 군주제를 타도하고 사회를 부르주아 사회로 바꾸는 단계이다. 처음 단계는 매우 길고 많은 노력이 필요했다. 이 단계도 또한 봉건영주에 대항하는 부분적 단결을 가지고 시작되었다.

중세 자치도시에서 계급의 형성에 이르기까지 부르주아 계급이 걸어온 여러 역사적 단계를 더듬기 위해 이미 많은 연구가 이루어져 왔었다.

그러나 파업·단결, 그리고 프롤레타리아가 우리 눈앞에서 자기를 계급으로서 조직해 가는 다른 형태를 정확하게 이해해야 할 단계가 되면 어떤 사람은 진짜 두려움에 사로잡히고, 또 어떤 사람은 선험적(先驗的) 경멸을 자랑삼아 나타낸다.

억압된 계급은, 계급 적대에 입각한 사회의 사활에 관한 조건이다. 따라서 억압된 계급의 해방은, 반드시 새로운 사회의 창조를 뜻한다. 억압된 계급이 자기 자신을 해방할 수 있기 위해서는, 이미 획득된 생산적 파워와 현재의 사회관계가 이미 양립할 수 없게 되어 있어야 한다. 모든 생산수단 중에서 최대의 생산적 파워는, 혁명적 계급 그 자체이다. 혁명적 요소를 계급으로서 조직한다는 것은, 낡은 사회의 내부에서 만들어 낼 수가 있었던 모든 생산력의 존재를 전제로 한다.

이것은, 낡은 사회의 몰락 후에, 새로운 정치권력으로 응축되는 새로운 정치 지배가 존재하는 것을 의미할까? 결코 그렇지가 않다.

제3신분, 즉 부르주아 신분의 해방이 모든 신분과 모든 특권 단체의 폐기였다는 것과 마찬가지로, 노동계급(classe laborieuse) 해방의 조건은 모든 계급의 폐기이다.

노동계급은 발전 과정에서 낡은 사회 대신에 여러 계급과 계급 적대를 배제하는 연합을 세운다. 거기에는 이제 본디의 정치권력은 존재하지 않을 것이다. 왜냐하면, 정치권력은 바로 시민사회에 있어서의 적대의 공적 요약이기 때문이다.

우선은 프롤레타리아 계급과 부르주아 계급의 적대는 계급 대 계급의 투쟁이고, 그것이 최고도의 표현을 나타낼 때 전체적 혁명이 된다. 하지만, 여러 계급의 대립에 기초를 두는 사회가 노출된 모순에, 최종 결말로서의 몸과 몸의 충돌에 이른다 해도 놀랄 필요가 있을까?

사회운동은 정치투쟁을 배제한다고 말하지 않기를 바란다. 동시적으로 사회운동이 아닌 정치투쟁 등은 결코 존재하지 않으므로.

여러 계급도 계급 적대도 없는 상태가 당연한 것이 되면 비로소, 사회의 진화가 정치혁명이 되는 것을 그만둘 것이다. 그때까지는, 즉 사회의 전면적인 개조 직전까지는 사회과학의 최후의 말은 다음과 같을 것이다.

'싸움이냐, 죽음이냐. 피투성이의 싸움이냐 그렇지 않으면 무(無)냐. 이와 같은 물음을 엄연히 세울 수 있다. 조르주 상드'(장 지스카, 푸스 신도의 전쟁 에피소드) 머리말 (1843년))

Lohnarbeit und Kapital
임금노동과 자본

일러두기

1. 이는 Karl Marx, Lohnarbeit und Kapital(Marx-Engels-Lenin Institut, 1934)을 번역 대본으로 하였다.
2. 역주는 후주로 처리했다.

머리말

《임금노동과 자본》이, 마르크스에 의해서 지도된 최초의 공산주의적 일간 신문인 〈새 라인신문〉의 지면에 실린 지 이미 84년이란 세월이 흘렀다. 그러나 자본제 착취에 관한 이 훌륭하고 알기 쉬운 저술은 조금도 퇴색되지 않고 있다. 이것은 그 동안 수많은 판으로 수많은 언어로 대중용 팸플릿으로서 노동자 사이에 유포되어 왔다. 그리고 자본제적 착취가 여전히 존속하는 한 마르크스주의 선전을 위한 주요 도구로서 그 의의를 잃지 않을 것이다.

마르크스는 여기에서 '부르주아의 존재와 그 계급지배의 바탕을 이룸과 동시에, 노동자들의 노예 상태의 바탕을 이루는 경제적 여러 관계'의 서술을 하고 있다. 임금이란 무엇인가? 그것은 어떻게 해서 결정되는가? 자본에 의해 착취되고 있는 어느 노동자에게나 직접 관계가 있는 이런 문제에서 출발하여, 그는 가치법칙을 간결하게 설명하고 잉여가치의 기원을 폭로하고, 그리고 분쇄적인 논전(論戰)에서 노동자와 자본가의 이해는 일치한다는 자본가 및 그 정치적·학문적 대변자들의 거짓말을 철저하게 논파(論破)하고 있다. 이때, 마르크스는 대체적으로 노임의 운동법칙, 노임의 이윤에 대한 관계, 자본제적 분업과 자본제적으로 충당된 기계의 작용, 산업예비군(대중실업)의 발생, 프롤레타리아 계급의 누진적 궁핍화, 마지막으로 주기적 공황과 자본주의 붕괴의 불가피성을 서술하고 있다.

마르크스가 그의 경제학적 여러 발견을 가장 광범한 노동자 대중 앞에서 설명한 이 저술의 핵심은, 부르주아 계급과 프롤레타리아 계급의 이해는 유화(宥和 : 서로 용서하고 사이좋게 지냄)되지 않는다고 하는 사실이다. 다시 말하면, 부르주아 계급의 전복만이, 프롤레타리아 계급의 독재 획득만이, 임금노예 상태를 타파할 수 있다는 이론이다. 이 이론을 보급시키는 일이 특히 오늘날에 긴요하다는 것을 그 누가 부정할 수 있을 것인가. 독일의 사회민주당은 마르크스주의의 깃발을 진흙 위에서 짓밟고, 마르크스주의의 학설을 위조하여 자본과 노동 간의 유화를 설교해 왔다. 그들은 프롤레타리아 혁명에 반대하는 소비에트 연방에 대해서는 사회주의 건설에 반대하는 맹렬한 투쟁을 벌이는 한편, 노동자들 앞에서는, 자본이 증대하여 번영하는 것은 프롤레타리아의 이익이다, 그렇다고 한다면 자본주의는 저절로 사회주의로 '성장해 갈 것이다'라고 거짓말을 하였다. 그리고 사회민주당은 계급유화를 다만 설교했을 뿐만 아니라 모든 가능한 수단을 써서 실현하려고 시도까지 하였다. ─즉, 전채(戰債 : 전비를 충당하기 위해 발행하는 국채) 승인, 노동협정, 조정제도, 파업교살(絞殺)에서 11월혁명의 진압, 연립내각에의 참가, '소화(小禍)'론, '관용정책', 파시스트 독재의 수립에 대한 대중투쟁의 사보타주 및 교살로부터, 파시즘 진영에의 공공연한 이행(移行 : 변해 감), 즉 노동조합의 인도 및 노동자 학살자인 히틀러에 대한 1933년 5월 17일의 제국의회에서의 찬성투표에 이르기까지의, 모든 가능한 수단을 가지고, 역사 그 자체는 이에 대해 명백한 반박을 하지 않을 수 없는 해답을 주었다. 부르주아 계급과 프롤레타리아 계급 간의 계급대립은 감소되지 않았다. 그러기는커녕 오히려 계급대립이 오늘날처럼 날카로운 적은 이전에는 없었던 것이다.

사회민주주의가 할 수 없었던 일, 즉 프롤레타리아들의 계급투쟁의 억압을 이제 파시즘이 시도하고 있다. 수천 명의 혁명적 노동자를 자기 도당으로 하여금 진압시키고, 수만 명에 이르는 그들을 감옥이나 수용소에서 먹을 것을 주지 않고 고문을 하면서, 히틀러도 또한 자본과 노동의 유화를 설교하고, 자신을 '정직한 중개인'(비스마르크가 자평한 말)이라고 선전하여 '독일인 노동의 해방', 계획경제 그밖에 '사회주의적'인 '개조'를 약속하고 있다. 실제로 그는 파업을 금지하고 노동조합을 분쇄하여, 이것을─사회 파시즘적인 노동조합 관료의 메뉴에 따라, 또 그들의 도움에 의해서─계급투쟁의 억압을 위한 파시스트적 기관으로 만들려고 시도하고 있다. 그러나 독일에 있어서의 파시즘의 정권획득 이래 불과 몇 개월, 독일의 프롤레타리아 계급 및 그 영웅적인 공산당의 투쟁 및 비합법 활동의 최근 몇 개월의 동향은, 이 시도가 사회민주주의의 시도보다도 훨씬 급속히 실패할 것임에 틀림없다는 것을 명백히 하였다. 오늘의 독일에서, 마르크스가 《임금노동과 자본》에서, 1848~1849년의 독일에 대해 갈파(喝破 : 진리를 밝힘)한, 아마도 사회개조는 프롤레타리아 혁명과 반혁명(그것은 당시에는 봉건적인 그것이었으나 오늘날에는 부르주아적·파시스트적인 그것이다)이 '무기를 가지고 승부를 결정할' 때까지는 공상에 머물러 있을 것이라고 하는 명제가 다시 적중하고 있다.

《임금노동과 자본》은 노동자를 위한 강의로 이루어져 있다. 이 저술은 과학적 연구자로서뿐만 아니라 사물을 알기 쉽게 일러 주는 사람으로서의 마르크스를 보여 주고 있다. 부르주아적 교수들, 마르크스주의의 사회민주주의적인 위조자 및 배반자들은 마르크스가 '이해하기 힘들고', '일부러 애매하고 비뚤어진' 표현을 구사하고 있다고 지치지 않고 비난할 것이다. 이것이야말로 마르크스의 이론에 대해 특히 비열한 투쟁방법이 아닐 수 없다. 《임금노동과 자본》은, 그것이 얼마나 거짓된 말이라는 것과, 빌헬름 리프크네히트가 마르크스의 추억기(追憶記)에서, 마르크스는 '뚜렷한 평이화(平易化)의 재능'을 갖추고 있다고 말한 것이 옳다는 것을 증명하고 있다. 리프크네히트는 쓰고 있다. —아무도 그 사람 이상으로 과학의 속류화(俗流化), 즉 변조·천박화 및 무기력화를 미워한 사람은 없었으나, 또 그 사람 이상으로 자기의 의견을 명료하게 표현하는 능력을 가지고 있었던 사람은 없다.

리프크네히트는 1850~1851년에 공산주의적인 런던 노동자교육협회에서 마르크스가 시도한 경제학에 관한 강의에 출석하였다. 그는 마르크스가 가르치는 방법을 다음과 같이 묘사하고 있다.

'마르크스는 방법론적으로 나갔다. 그는 하나의 명제를—될 수 있는 대로 간결하게 세웠다. 그러고 나서 그것을, 보다 더 긴 상론(詳論 : 자세히 논함)으로 설명을 했는데, 그때 그는 노동자들이 이해하기 어려운 모든 표현을 피하려고 세심한 주의를 기울였다. 그 후 그는, 질문할 시간을 청취자들에게 주었다. 질문이 나오지 않으면 그는 시험을 시작하였다. 그는 그것을 교육적으로 교묘하게 했기 때문에, 그의 강의에는 아무런 누락도 없고 아무런 오해도 남기지 않았다. 내가 이에 관해서 놀라움을 말했을 때, 마르크스는 이미 브뤼셀 노동자협회에서 경제학 강의를 한 일이 있었다고 말했다. 아무튼 그는 뛰어난 교사의 소질을 가지고 있었다.' (빌헬름 리프크네히트 《칼 마르크스의 추억, 약전(略傳) 및 추억》 뉘른베르크, 1896년, p.38)

《임금노동과 자본》은 1847년 11월에 브뤼셀 독일인노동자협회에서 한 강의로 이루어져 있다. 그것은 이미 1848년 2월에 써졌지만 그 인쇄는—마르크스가 《경제학 비판》(1859)의 머리말에서 말하고 있는 바와 같이—2월혁명에 의해 지체되었다. 1849년 4월이 되어서야 마르크스는 이 저술을 〈새 라인신문〉에 공표하였다. 1849년의 논문의 후속 원고는—엥겔스가 머리말에 쓰고 있는 것처럼—사실상 발견되지 않았으나, 노임에 관한 원고가 발견되었던 것인데, 이것은 틀림없이 1847년의 강의의 기초이며, 내용상 《임금노동과 자본》과 부분적으로는 일치해 있고, 부분적으로는 이와 관련되어 있다. 우리는 그 가장 중요한 두 절(節)을 이 판의 부록에 다루었다. 제6절은 임금제도의 부르주아적 '개량'안, 즉 그 황폐화적 여러 결과의 부르주아적 '구제'안—저축금고·산업교육·산아제한·교환은행·이익참가를 다루고 있다. 우리는 여기서 이미 인색한 사기적인 책략—그것을 가지고 오늘날 사회민주주의자나 파시스트들이, 프롤레타리아 계급의 독재 및 자본가의 박탈을 노리는 노동자들의 투쟁을 방해하려고 시도하여, 노동자들을 속이고, 모피를 적시지 않고 그것을 세탁하여, 생산수단의 자본제적 사유를 존속시키면서 그 여러 결과를 없앨 수가 있는 것처럼 보이게 하는 사기적인 책략에 대한 비판을 발견하게 된다.

이어 제7절에서, 마르크스는 노동조합의 역할을 다루어, 노동조합은 임금을 위한 투쟁에 몰두하지 말고, '낡은 전 사회의 전복을 위해' 투쟁을 하지 않으면 안 된다는 것을 분명히 하고 있다. 그가 여기서 사람의 마음에 새기고 있는 '부르주아 계급에 대한 전쟁비용'으로서의 노동조합의 갹출금에 관한 말은, '노동조합은 사회주의를 위한 학교이다'[*1]라고 하는 해답과 마찬가지로, 혁명적 노동조합 운동의 이론가로서의 마르크스를 보여 주고 있는 것이다.

자기 계급의 해방이론인 마르크스주의를 내 것으로 하려는 노동자는 누구나 《공산당선언》 및 《공상에서 과학에의 사회주의의 발전》 외에, 레닌 및 스탈린의 통속적인 여러 저술 외에, 《임금노동과 자본》도 읽고 근본적으로 연구하지 않으면 안 된다. 그는 여기에서 경제학상의 여러 문제를 쉽게 설명하고 있으며, 그것에서는 서술의 명료함이 내용의 깊이와 풍부함이 결부되어 있다. 《임금노동과 자본》은 1865년의 마르크스의 강연 《임금·가격 및 이윤》과 함께, 그의 주저(主著)인 《자본론》의 연구를 위한 최선의 준비서이다. 더욱이 《임금노동과 자본》은 《자본론》과 마찬가지로 자본주의의 본질 및 그 붕괴의 이해를 위한 안내서가 될 뿐만 아니라 과도기 및 사회주의의 건설에 관한 경제적 여러 문제의 이해를 위한 안내서이기도 하다. 예를 들어, '사회적 생산관계' 또는 '부르주아적 생산관계'로서의 자본의 설명을 상기하라. 이것은, 자본을 폐기하는 일이 불가능하다는 것에 관한, 소비에트 연방에 있어서의 여러 경영의 자본주의적 성격에 관한, 사회민주주의 및 파시스트들의 모든 거짓말의 발판을 빼앗는 것이다. ―자본의 폐기란 기계의 폐기, 대규모 산업의 폐기를 의미하는 것이 아니라, 임금노동이라고 하는 사회적 관계의, 생산수단의 자본제적 사유의 폐기를 의미하는 것이다. ……

제1차 5개년계획의 방대한 성과는 레닌 및 스탈린에 의해서 계승되어 현대에 적용된 마르크스의 경제학설이 옳다고 하는 보다 더 드넓은 확증이다. 제2차 5개년계획이, 소비에트 연방의 노동자들의 과제로 삼고 있는 '경제에 있어서의, 사람들의 의식에 있어서의, 자본주의의 잔재'의 제거를 위한 투쟁에 있어서도《임금노동과 자본》은 여전히 가치가 높은 선전용 무기이다.

이 판의 출판은 칼 슈미트에 의해 준비되었다.

1933년 6월 18일 모스크바
마르크스-엥겔스-레닌연구소

들어가기 전에

이 저작은 1849년 4월 4일 이후의 〈새 라인신문〉에 일련의 논설로서 실렸다. 그 기초를 이룬 것은 마르크스가 1847년에 브뤼셀 독일인노동자협회에서 행한 연설이다. 이 저작은 인쇄상으로는 단편적인 것으로 그쳤다. 제269호 끝에 있는 '계속'은, 당시의 어수선했던 여러 사건,*² 즉 러시아군의 헝가리 침공이나 이 신문 자체의 금지(1849년 5월 19일)를 초래한 드레스덴·이제르론·엘베르펠트·파라치나테 및 바덴의 폭동 결과, 결국 실현되지 못했다. 이어 계속되는 원고는 마르크스의 유고(遺稿)에서 발견되지 않았다.

《임금노동과 자본》은 팸플릿 모양의 단행본으로서 몇 판인가 찍었고, 마지막으로 1884년에 호틴겐 취리히, 스위스 인쇄조합판*³이 나왔다. 이들 지금까지의 판본은 최초의 원고대로였다. 그러나 이 신판은 선전 책자로서 1만 권 이상 유포될 예정이다. 그래서 나는 이런 사정하에서는 마르크스 자신, 원문대로의 복제에 찬성할 것인가 하는 데에 대한 의문을 제기하지 않을 수 없었다.

1840년대에는 마르크스는 그의 경제학 비판을 끝마치지 않고 있었다. 그것을 끝낸 것은 1850년대 마지막 무렵이었다. 따라서 제1책 《경제학 비판》(1859) 이전에 나온 그의 여러 저술은 개별적인 점에서는 1859년 이후의 여러 저술과 다르고, 후의 여러 저술의 관점에서 보자면 불분명하고 잘못이 아닌가 하고 여겨지기까지 하는 표현이나 명제를 포함하고 있다. 그런데 대중 전체를 대상으로 하는 보통판에서는 저자의 정신적 발전 중에 포함되어 있는 이런 이전의 견지도 지장이 없다는 것, 지은이도 대중도 이들 옛 저술 그대로의 복제를 요구하는 권리를 가지고 있다는 것은 분명한 일이다. 그래서 나는 말 한마디도 바꾼다는 것은 꿈에도 생각지 못한 일이었다.

새 판이 오직 노동자 간의 선전을 목표로 하는 경우에는 사정은 다르다. 그 경우, 마르크스는 무조건 1849년대 것인 옛 저술을 그의 새로운 견지(堅

持 : 룬계
지님)와 조화시켰을 것이다. 그리고 나는 모든 본질적인 점에서 이 목적을 이룩하는 데에 필요한 조금의 변경이나 추가를 내가 이 판을 위해 덧붙인다는 것은 마르크스의 의도이기도 하다는 것을 나는 확신한다. 따라서 나는 미리 독자에게 일러두는 바이다. —이것은 마르크스가 1849년에 쓴 팸플릿이 아니라 그가 1891년에 썼을 팸플릿이라고. 또 진짜 원문은 많이 유포되어 있으므로 내가 그것을 훗날 전집판에서 다시 원상대로 복제할 수 있을 때까지는 이것으로 충분하다.

나의 변경은 모두 한 가지 점을 중심으로 이루어진다. 원문에 의하면, 노동자는 자본가에 대해서 노임과 교환으로 그의 노동을 파는 것인데, 이 책에 의하면 그의 노동력을 파는 것이다. 그리고 이 변경 때문에 나에게는 해설을 할 의무가 있다. 노동자들에 대한 해설로서는, 여기에 가로놓여 있는 것은 단순한 글자에 대한 구애가 아니라 오히려 전 경제학상의 가장 중요한 점의 하나라는 것을 그들이 인정하게 하기 위한 것이고, 부르주아들에 대한 해설로서는 매우 어려운 경제학적 설명도 손쉽게 이해할 수 있는 교양 없는 노동자들이, 이런 까다로운 문제를 평생 동안 풀지 못하고 있는 교만한 '교양계급'에 비해서 얼마나 우월한가 하는 것을 그들이 납득할 수 있게 하기 위한 해설이다.

고전파 경제학*4은, 공장주는 그의 노동자들의 노동을 사서, 이에 대해 지불을 한다고 하는 그의 일반적인 생각을 산업적 실천으로부터 이어받았다. 이런 생각만으로도 공장주의 상습관, 부기 및 원가계산을 위해서는 아주 충분했다. 그러나 소박하게도 경제학에 이입되자 그것은 아주 놀라운 오류와 혼란을 가져왔다.

경제학은, 모든 상품값—경제학이 '노동'이라고 이름짓는 상품값도 포함—은 끊임없이 변동한다는 사실을, 즉 상품값은 가끔 상품 그 자체의 생산과는 전혀 관계가 없는, 여러 가지 사정의 결과로서 등락한다고 하는, 따라서 값은 보통 전적인 우연에 의해 결정되는 것처럼 보인다는 사실을 발견하였다. 이어, 경제학이 과학으로서 나타나자마자*5 그 최초의 과제의 하나는 겉으로 보기에 상품값을 지배하는 우연의 배후에 숨어 있지만 실은 이 우연 그 자체를 지배하고 있는 법칙을 탐구하는 일이었다. 때로는 위로, 때로는 아래로, 끊임없이 변동하는 상품값의 내부에서, 경제학은 이 변동 및 동요의 중축을 이루는 확고한 중심점을 찾기 시작하였다. 한마디로 말하면 경제학은 상품값에서 출발해서 이를 규제하는 법칙으로서 상품가치를, 즉 거기에서 모든 가격변동이 설명되고, 가격변동이 결국 모두 소급될 상품가치를 탐구한 것이다.

그래서 고전파 경제학은, 상품가치가 그 상품에 포함되어 있는—그 상품의 생산에 요하는—노동에 의해 결정된다는 것을 발견하였다. 이 설명을 가지고 고전파 경제학은 만족하였다. 그리고 우리도 당분간은 이 설명으로 충분한 것으로 해둘 수가 있다. 다만 오해를 막기 위하여 나는, 오늘날 이 설명은 아주 불충분한 것이 되었다는 것을 지적해 두고 싶다. 마르크스는, 처음으로 노동가치의 형성적 성질을 본격적으로 연구하여, 한 상품의 생산에 외견상 또는 현실적으로 필요한 각 노동은, 이 상품에 대해서 그 어떤 경우에도, 소비된 노동력과 일치하는 어떤 가치의 크기를 부가하는 것이 아니라는 것을 발견하였다. 따라서 우리가 오늘날, 리카도와 같은 경제학자들과 함께, 간단히 상품가치는 그 생산에 필요한 노동에 의해서 결정된다고 할 경우, 우리는 항상 마르크스에 의해서 이루어진 유보를 전제로 하는 것이다. 여기에서는 이것만 말해 두면 충분하다. 자세한 점은 마르크스의 《경제학 비판》(1859)과 《자본론》 제1권에 있다. *6

그러나 경제학자들이 노동에 의한 이 가치결정을 상품인 '노동'에 적용하자마자 그들은 하나의 모순에서 또 다른 모순으로 빠져들었다. '노동'의 가치는 어떻게 결정되는가? 거기에 포함되어 있는 필요노동에 의해서 결정된다. 그러나 어떤 노동자의 하루, 1주일, 1개월, 1년의 노동에는 어느 만큼의 노동이 포함되어 있는가. 하루, 1주일, 1개월, 1년분의 노동이다. 노동이 모든 가치의 척도라고 한다면 우리는 '노동가치'를 다만 노동으로 표시할 수 있을 뿐이다. 그러나 만일 우리가 한 시간분의 노동가치는 한 시간분의 노동과 같다는 것밖에 모른다고 한다면, 우리는 한 시간분의 노동가치에 대해서는 절대로 아무것도 모르는 것이다. 따라서 그렇게 되면 우리는 조금도 목적에 접근한 것이 되지 못한다. 우리는 그 자리를 맴돌고 있을 뿐이다.

그래서 고전파 경제학은 또 하나의 표현을 해 보았다. 그들은 말했다. — 상품가치는 그 생산비와 같다고. 그러나 노동의 생산비란 무엇인가? 이 문제를 풀기 위해서는 경제학자들은 논리에 약간의 충격을 가하지 않으면 안

된다. 노동 그 자체의 생산비—이것은 유감스럽지만 명백하게 될 수가 없다
—대신에 그들은 노동자의 생산비란 무엇인가를 연구한다. 그리고 이것은
명백히 할 수가 있다. 그것은 때와 사정에 따라 변화하기는 하지만, 그러나
일정한 사회 상태, 일정한 지방, 일정한 생산 부문에서는 그것은 또한 일정
해 있고 적어도 상당히 좁은 한계 안에 있다. 우리는 오늘날 자본제적 생산
의 지배하에서 생활을 하고 있는데, 거기에는 커다란, 끊임없이 증대하는 인
구 계급은, 다만 그들이 생산수단—도구·기계·원료 및 생활수단—의 소유
자를 위하여, 노임과 교환으로 노동을 하는 경우에만 생활을 할 수가 있다.
이 생산 양식의 바탕 위에서, 노동자의 생산비라고 하는 것은, 그를 노동이
가능하게 만들고, 그를 노동이 가능한 상태로 유지하고, 그가 노령·병 또는
사망으로 물러날 때 새로운 노동자로 보충하여 노동자 계급을 필요한 강도
(强度)로 번식시키기 위해 평균적으로 필요한 생활수단의 총량—또는 그 화
폐가격—을 말한다. 우리는 이 생활수단의 화폐가격을 평균해서 하루에 3마
르크라고 가정해 보자.

따라서 우리 노동자는 그를 사용하는 자본가로부터 하루에 3마르크의 임
금을 받는다. 그 대신에 자본가는 그를, 예를 들어 하루에 12시간 노동을 시
킨다. 그리고 이 자본가는 아마도 다음과 같이 계산을 할 것이다.

우리 노동자—기계기능공—는 어떤 기계의 부품을 만들어 이것을 하루에
마무리한다고 가정해 보자. 그 원료—필요한 준비 공작 형태에 있는 쇠나
놋쇠—는 20마르크 나간다. 증기기관의 석탄 소비와, 이 증기기관 그 자체
나 선반, 기타 우리 노동자의 작업용 도구의 소모는 1일분, 노동자 1명당 할
당하면 1마르크의 가치에 해당된다. 하루분의 노임은 우리의 가정에 의하면
3마르크이다. 기계부품에 대해서 모두 합하면 24마르크이다. 그런데 자본가
의 계산으로는 그는 그것과 교환으로 평균해서 27마르크의 가치를, 즉 그가
출자한 비용 이상으로 3마르크를 자신의 고객으로부터 받게 된다.

자본가가 버는 이 3마르크는 어디에서 오는가? 고전파 경제학의 주장에
의하면, 여러 상품은 평균적으로는 그 값으로, 즉 이들 상품에 포함되어 있
는 필요노동량과 일치하는 값으로 팔린다. 따라서 기계부품의 평균가격—27
마르크—은 그것의 가치와 같고, 거기에 포함되어 있는 노동과 같을 것이
다. 그러나 이 27마르크 중 21마르크는 기계기능공이 작업을 하기 시작하기

전에 이미 현존한 가치였다. 20마르크는 원료에, 1마르크는 작업 중에 연소된 석탄 또는 그때 사용되어 이 가치액만큼 작용 능력을 감소시킨 기계 또는 도구에 포함되어 있다. 나머지 6마르크는 원료의 가치에 부가된 것이다. 그러나 이 6마르크는, 경제학자 자신들의 가정에 의하면, 노동자에 의해서 원료에 부가된 노동에서 생길뿐이다. 그렇다면 그의 12시간분의 노동은 6마르크의 새로운 가치를 낳은 셈이다. 따라서 그의 12시간분의 노동의 가치는 6마르크와 같을 것이다. 우리는 이렇게 해서 마침내 '노동가치'란 무엇인가를 발견한 셈이 될 것이다.

"잠깐!" 하고 기계기능공은 외친다. "6마르크라고? 그러나 나는 3마르크만을 받았을 뿐이다! 나의 자본가는 나의 12시간분의 노동가치는 다만 3마르크라고 엄숙하게 말하였고, 만일 내가 6마르크를 요구하면 그는 나를 비웃을 것이다. 어떻게 해서 이 이치가 맞는가."

우리는 앞에서 노동가치에 대해서 빠져 나갈 수 없는 미로에 들어갔다고 한다면 이제 우리는 풀 수 없는 마침내 모순에 빠지고 만다. 우리는 노동가치를 탐구하여 많은 것을 발견하였다. 노동자에게는 12시간분의 노동가치는 3마르크이고 자본가에게는 6마르크이고, 그는 그 중 3마르크를 노동자에게 임금으로 지불하고 3마르크를 자기 호주머니에 넣는다. 따라서 노동은 하나가 아니라 둘의, 매우 다른 가치를 갖는 셈이다!

이 모순은 우리가 화폐로 표현된 가치를 노동 시간으로 환산하자마자 더욱더 터무니없는 것이 된다. 12시간의 노동으로 6마르크의 새 가치가 생긴다. 따라서 6시간으로 3마르크인 셈인데 이것은 노동자가 12시간분의 노동의 대가로 받는 총액이다. 12시간분의 노동과 교환으로, 노동자는 동등한 대가로서 6시간분의 노동 생산물을 받는다. 따라서 노동은 두 가지 가치를 가지며, 한쪽은 다른 쪽의 두 배의 크기이거나 그렇지 않으면 12는 6과 같거나 어느 한쪽이다. 어느 경우에나 배리(背理)가 나타난다.

제아무리 우리가 몸부림쳐도 우리가 노동의 매매와 가치를 운운하는 한, 이 모순에서 빠져 나올 수가 없다. 그리고 경제학자들에게도 그러했다. 고전파 경제학의 마지막 분파인 리카도 학파는 대부분 이 모순을 해결할 수가 없어서 침몰했다. 고전파 경제학은 막다른 골목으로 뛰어들고 말았다. 이 막다른 골목에서 출구를 발견한 사람, 그것은 바로 칼 마르크스였다.

경제학자들이 '노동'의 생산비라고 생각했던 것은 노동 생산비가 아니라 산 노동자 그 자체의 생산비였다. 또 이 노동자가 자본가에게 판 것은 그의 노동이 아니었다. 마르크스는 말한다. ―'그의 노동이 실제로 시작되자마자 그것은 이미 그에게 속하지 않게 되고, 따라서 그에 의해서 마음대로 할 수 있는 것이 아니다' 따라서 그는, 기껏해야 그의 장래의 노동을 파는 일, 즉 일정한 때에 일정한 노동급부를 받는 의무를 질 수가 있을 뿐이다. 그러나 그것으로는 그는 노동(앞으로 실천될)을 파는 것이 아니라 일정한 시간에 걸쳐(일급[시간임금]의 경우), 또는 일정한 노동급부의 목적으로(개수(個數)임금의 경우), 일정한 지불과 교환으로 그의 노동력을 자본가의 자유에 맡기는 것이다. ―즉 그는 그의 노동력을 임대 또는 매각을 하는 것이다. 그러나 이 노동력은 그의 인격과 유착되어 있으며 그로부터 뗄 수 없는 관계에 있다. 따라서 노동력의 생산비는 그의 생산비와 일치한다. 경제학자들이 노동 생산비라고 명명하는 것은 바로 노동자의 생산비이며, 따라서 또 노동력의 생산비이다. 이렇게 해서 우리는 다시 노동력의 생산비로부터 노동력의 가치로 되돌아가서, 마르크스가 노동력의 매매에 관한 절(《자본론》 제1권 제4장 제3절)에서 한 것처럼, 일정한 질을 갖는 노동력의 생산에 요하는 사회적 필요노동의 분량을 결정할 수가 있다.

그런데 노동자가 그의 노동력을 자본가에게 판 후, 즉 어떤 예약된 임금 ―일급 또는 개수임금―과의 교환으로 그의 노동력을 자본가들의 자유로 하게 한 후에 무슨 일이 일어나는가? 자본가는 노동자를 자기 작업장 또는 공장으로 데려가게 되는데 거기에는 이미 작업에 필요한 모든 대상물, 즉 원료·보조재료(석탄·염료 등)·도구·기계가 갖추어져 있다. 여기에서 노동자는 있는 힘을 다해서 일을 하기 시작한다. 그의 일급은 앞서 말한 바와 같이 3마르크라고 하자. ―이때 그가 그것을 일급으로 버느냐 개수임금으로 버느냐는 그다지 문제가 되지 않는다. 우리는 여기에서도 또다시 노동자는 12시간에 그의 노동에 의해서, 소비된 원료에 6마르크의 새 가치를 부가하여, 이 새 가치를 자본가는 완성품의 판매에 의해서 화폐로 바꾼다고 가정하자. 그는 그 중에서 노동자에게 3마르크를 지불하지만 나머지 3마르크는 자기가 갖는다. 그런데 노동자가 12시간에 6마르크의 가치를 낳는다고 하면 6시간에는 3마르크의 가치를 낳는다. 따라서 그는 자본가를 위해 6시간 일을 한 후에는 자본가에 대해서 노임으로서 받은 3마르크의 대가를 이미 보상하고 있는 것이다. 6시간 노동 후에는 쌍방이 이미 계산이 끝나 어느 쪽이나 한 푼의 빚도 없는 것이다.

"잠깐!" 하고 이번에는 자본가가 외친다. "나는 노동자를 하룻동안, 12시간 고용한 것이다. 그런데 6시간은 반나절에 지나지 않는다. 그러니까 나머지 6시간이 끝날 때가지 부지런히 일을 하라. 그래야 비로소 우리는 계산이 완전히 끝난 것이 되는 것이다." 그리고 노동자는 실제로 그가 '자유의사로' 맺은 계약에 따르지 않으면 안 되며, 이 계약에 의하면 그는 6노동시간을 요하는 노동 생산물과 교환으로 꼬박 12시간 일하는 의무가 있는 것이다.

개수임금의 경우에도 마찬가지이다. 우리 노동자는 12시간에 12개의 상품을 만든다고 가정하자. 각 상품에는 원료와 마손(磨損 : 마찰로 인하여 쏠리어 닮음)에 2마르크 들고, 그리고 2마르크 반으로 팔린다. 그래서 자본가는, 다른 전제가 이전과 같다면, 노동자에게 한 개당 25페니히를 줄 것이다. 12개로 3마르크가 되고, 이것을 버는 데에 노동자는 12시간을 필요로 한다. 자본가는 12개로 30마르크를 얻는다. 원료와 마손을 위한 24마르크를 빼면 6마르크가 남는데 그 중에서 그는 3마르크의 노임을 지불하고 3마르크를 호주머니에 넣는다. 앞의 경우와 똑같다. 이 경우에도 노동자는 6시간을 자기를 위해, 즉 그의 임금을 배상하기 위해 (12시간의 각 1시간에 반시간을), 그리고 6시간을 자본가를 위해 노동을 하는 것이다.

가장 우수한 경제학자들도, '노동'의 가치에서 출발해서 걸려 넘어진 곤란, ―이 곤란은 우리가 노동력의 가치에서 출발하자마자 소멸한다. 노동력은 우리의 오늘날의 자본주의 사회에서는 하나의 상품이며, 어떤 다른 상품과도 마찬가지 상품이지만, 그러나 아주 특수한 상품이다. 즉 노동력은 가치의 원천이라고 하는, 적당하게 다루면 그 자신이 갖는 가치보다도 더 많은 가치의 원천이라고 하는 특수한 속성인 가치창조력을 가지고 있다. 오늘날의 생산 현황하에서는, 인간의 노동력은, 하룻동안에 그 자신이 가지고 있는, 또 가 자신에게 소비되는 것보다도 더 큰 가치를 생산할 뿐만이 아니다. 노동력의 하루의 비용을 넘는, 노동력의 하루 생산물의 이 과잉은, 모든 새로운 과학적 발견, 모든 새로운 기술적 발명과 함께 증대하여, 노동일(勞動日) 동안에, 노동자가 자기 일급의 대상(代償 : 다른 것으로 대신하여 물어줌)을 만들어 내는 부분이 단축되고, 이에 따라 또 다른 한편으로는, 노동일 중 그가 자본가에 대해 대가를 지불하지 못한 상태에서 자기의 노동을 증정하지 않으면 안 되는 부분이 연장된다.

그리고 이것은 우리의 오늘날의 전 사회의 경제적 현황이다. —노동자 계급만이 모든 가치를 생산하는 것이다. 왜냐하면 가치라고 하는 것은 노동을 나타내는 별개의 표현, 즉 일정한 상품에 포함되어 있는 사회적 필요노동의 분량이 오늘날의 자본주의 시회에서 나타내는 표현 바로 그것이기 때문에. 그러나 노동자에 의해 생산된 이 가치는 노동자에게는 속하지 않는다. 그것은, 원료나 기계나 도구, 그 소유자로 하여금 노동자 계급의 노동력을 살 수 있게 한 출자수단 등 소유자에 속한다. 따라서 노동자 계급은, 그들에 의해 생산된 전 생산물량 중 다만 일부분을 돌려받을 뿐이다. 그리고 우리가 지금 보아온 것처럼, 자본가 계급이 착복하고 또한 지주계급과 분배해도 좋은 다른 부분은, 모든 새로운 발명과 발견과 함께 증가하지만, 노동자 계급의 것이 되는 부분 쪽은 매우 서서히, 아주 적게 증가하거나 전혀 증가하지 않고, 경우에 따라서는 감소되는 일도 있는 것이다.

그러나 급속히 대체되어 가고 있는 여러 발명이나 발견은, 과거에서는 미처 볼 수 없었던 정도로 나날이 높아가는 인간 노동의 다산성(多産性)은, 마침내는 오늘날의 자본주의 경제가 그 때문에 멸망하지 않을 수 없는 갈등을 낳는다. 한편에서는 이루 헤아릴 수 없는 방대한 부(富)와, 취득자가 미처 다 다룰 수 없는 여러 생산물의 과잉, 다른 한편으로는 사회의 대중이 프롤레타리아화(化)되어 임금노동자로 전화(轉化)되어, 바로 그 이유로 해서 그 과잉 생산물을 나의 것으로 할 수가 없게 된다. 소수의 엄청나게 부유한 계급과 다수의 무산 임금노동자 계급으로 사회 분열의 결과, 이 사회는 그 자신의 과잉 생산물에 질식하면서 그 성원의 대부분은 거의, 또는 전혀 극도의 궁핍으로부터 보호를 받지 못하고 있다. 이 상태는 나날이 엄청나게 되고 더욱더 불필요하게 된다. 그러나 그것은 제거되어야 하고 또 제거할 수가 있다. 하나의 새로운 사회질서, 거기에서는 오늘의 계급 차별이 소멸되고, 그것에서는—아마도 짧은, 조금 부족한 듯한, 그러나 도덕적으로는 매우 유익한 과도기를 겪은 후에—모든 사회 성원의 기존의 방대한 생산력의 계획적인 이용과 발달에 의하여, 평등한 노동의무하에서, 생활수단, 생활향락의 수단, 모든 육체적 및 정신적 능력의 발달과 활동수단도, 평등하게 또한 끊임없이 충분히 자유로 할 수 있는 하나의 새로운 사회질서가 가능하다. 그리고 노동자들이 끊임없이 이 새로운 사회질서를 쟁취할 결심을 굳히고 있다는 것, —이에 대한 증거는 대양 양쪽에서 내일의 5월 1일과 5월 3일의 일요일에 주어질 것이다.

1891년 4월 30일 런던에서
프리드리히 엥겔스

임금노동과 자본

　우리는 오늘날의 계급투쟁 및 국민투쟁의 물질적 기초를 이루는 경제적 여러 관계를 서술하지 않았다는 것에 대하여 여러 방면으로부터 비난을 받았다. 우리는 계획적으로 이 여러 관계가 정치적 충돌에서 직접 문제가 되었을 경우에 한해서 이 관계를 다루었던 것이다.

　무엇보다도 먼저 필요했던 것은, 매일 생긴 일에서 계급투쟁을 추구하고, 현존하면서 나날이 새로 일어나는 역사적 재료에 의해서 다음과 같은 일을 경험적으로 증명하는 일이었다. 2월혁명과 3월혁명*7을 한 노동자 계급의 억압과 동시에, 노동자 계급의 상대—프랑스에서의 부르주아 공화주의자, 전 유럽 대륙에서 봉건적 전제정치와 싸운 시민계급과 농민계급—도 정복되었다는 것. 프랑스에서의 '존경할 만한 공화제'*8의 승리는, 동시에, 2월혁명에 대해서 영웅적인 독립전쟁으로 대답한 여러 국민의 몰락이었다는 것. 마지막으로, 유럽은 혁명적 노동자들을 격파함으로써 그 옛날의 이중노예 상태, 영국적이고 러시아적인 노예 상태로 역전했다는 것. 파리의 6월투쟁, 빈의 함락, 1848년 11월 베를린의 희비극, 폴란드·이탈리아 및 헝가리의 자포자기적 투쟁, 아일랜드의 식량 공세, —이들의 주요 계기에서 부르주아 계급과 노동자 계급 사이의 유럽적 계급투쟁이 개괄(概括)되었고 또 그것에 의해서 우리는 다음과 같은 일을 증명한 것이다. —모든 혁명적 반란은, 그 목표가 아직은 계급투쟁과는 인연이 먼 것처럼 보여도, 혁명적 노동계급이 승리할 때까지는 실패하지 않을 수 없다는 것. 사회개조란 프롤레타리아 혁명과 봉건적 반혁명이 세계전쟁에서 무기를 가지고 승부를 결정할 때까지는 공상에 머문다는 것. 우리의 서술에 있어서—현실적으로도 그러하지만—벨기에와 스위스, 즉 유럽 혁명에도 계급투쟁에도 관계가 없다고 믿고 있는 한쪽은 부르주아적 군주제의 전형적인 국가이고, 다른 한쪽은 부르주아적 공화제의 전형국인 이 두 나라는 대역사화(大歷史畫)에서의 희비극적인 만화적 풍속도였다.

우리 독자들은 1848년의 계급투쟁이 거대한 정치적 형태로 발전하는 것을 보았기 때문에, 이제는 노동자의 노예 상태의 기초를 이루는 것과 마찬가지로, 부르주아의 존재와 그 계급지배의 기초를 이루는 경제적 여러 관계 그 자체를 더욱 자세하게 조사해야 할 때이다.

우리는 세 가지 부문으로 나누어 서술하기로 한다. —(1)임금노동의 자본에 대한 관계, 노동자의 노예 상태, 자본가의 지배, (2)오늘날의 제도하에서의 중간 시민계급과 이른바 농민 신분*9의 불가피한 몰락, (3)세계시장의 전제적 지배자인 영국에 의한, 유럽 여러 국민의 부르주아 계급의 상업적인 억압 및 착취.

우리는 될 수 있는 대로 간결하고 통속적으로 서술하도록 하고 경제학의 가장 초보적인 개념까지도 전제하지 않을 것이다. 우리는 노동자들이 알기를 바라는 것이다. 더욱이 독일에서는 현재의 공인적 변호론자로부터, 더 내려가서는 사회주의적인 사기꾼이나 불우한 정치적 천재에 이르기까지, —분열된 독일에는 이런 사람들이 국왕의 수보다도 많지만, —매우 간단한 경제적 여러 관계에 관한 어처구니없는 무지와 개념의 혼란이 지배적으로 횡행하고 있는 것이다.

우선 첫째의 문제로 가보기로 한다.

노임이란 무엇인가, 그것은 어떻게 결정되는가

만일 노동자들에게, "당신의 노임은 얼마인가?"라고 묻는다면, 그들의 어떤 사람은 "나는 나의 부르주아로부터 하루 노동에 대하여 1마르크 받는다"고 대답하고, 다른 어떤 사람은 "나는 2마르크 받는다" 하는 식으로 대답할 것이다. 그들은, 그가 소속하는 노동 부문에 따라, 그들이 일정한 노동 시간 또는 일정한 작업의 마무리에 대하여, 예를 들어, 1에르레의 아마포의 제직(製織), 또는 1보겐(16쪽분)의 식자에 대해서, 그들이 그때그때의 부르주아로부터 받는 여러 가지 화폐의 액수를 들 것이다. 그들이 하는 말은 각기 달라도 노임이라고 하는 것이, 자본가가 일정한 노동 시간 또는 일정한 노동 급부에 대해서 지불하는 화폐금액이라고 하는 점에서는 그들 모두가 일치할 것이다.

따라서 자본가는 화폐를 가지고 그들의 노동을 사는 것이고, 그들은 화폐와 교환으로 자기의 노동을 자본가에게 파는 것처럼 보인다. 그러나 이것은 겉보기에 지나지 않는다. 그들이 실제로 자본가에 대해서 화폐와의 교환으로 파는 것은 그들의 노동력이다. 이 노동력을 자본가는 1일, 1주일, 1개월로 정해서 사는 것이다. 그리고 그는 노동력을 구입한 후에는 노동자들을 약정한 시간만큼 노동을 시킴으로써 그것을 소비하는 것이다. 자본가는 노동자들의 노동력을 산 것과 마찬가지인 화폐액, 예를 들어 2마르크를 가지고 2파운드의 설탕 또는 그밖에 그 어떤 상품의 일정액을 사려고 하면 살 수 있을 것이다. 그가 2파운드의 설탕을 산 2마르크는 2파운드의 설탕값이다. 그가 12시간분의 노동력의 사용을 산 2마르크는 12시간분의 노동가격이다. 따라서 노동력은 마치 설탕과 마찬가지로 한 상품이다. 한 쪽은 시계로 측정되고 다른 한 쪽은 저울로 측정된다.

노동자들은 자기의 상품인 노동력을 자본가의 상품인 화폐와 교환하게 되는데 이 교환은 일정한 비율로 이루어진다. 노동력의 어느 정도의 사용에 대한 어느 정도의 화폐. 예를 들면 12시간분의 베짜기에 대한 2마르크. 그런데 2마르크에 대한 것인데, 이것은 내가 2마르크로 살 수 있는 다른 모든 상품을 의미하는 것은 아닐까? 따라서 노동자는 사실상 자기 상품인 노동력을 모든 종류의 상품과 더욱이 일정한 비율로 교환한 것이다. 자본가는 노동자에게 2마르크를 줌으로써 노동자에게 어느 양만큼의 고기, 어느 양만큼의 의류, 어느 양만큼의 땔감, 등불 등을 그의 노동일과 교환해서 준 것이다. 따라서 이 2마르크는 노동력이 다른 상품과 교환되는 비율, 즉 그의 노동력의 교환가치를 나타낸다. 화폐로 평가된 한 상품의 교환가치는 그 상품값이라고 불린다. 따라서 노임은 노동력의 가격—이것은 보통, 노동가격이라고 불린다—즉, 인간의 피와 살 외에는 아무런 그릇을 가지지 않는 이 독자적인 상품값의 다른 이름에 지나지 않는다.

임의의 한 노동자, 예를 들어 직포공(織布工)의 경우를 보기로 하자. 자본가는 그에게 베틀과 실을 제공한다. 직포공은 작업에 착수한다. 그리하여 실이 아마포(亞麻布)가 된다. 자본가는 아마포를 자기 것으로 하여, 그것을, 예를 들어 20마르크에 판다. 그런데 직포공의 노임은 아마포 20마르크의, 그의 노동 생산물의 몫일까? 결코 그렇지가 않다. 아마포가 팔리기 훨썬 이전에, 아마도 그것이 짜이기 훨씬 이전에 직포공은 자기 노임을 받은 것이다. 따라서 자본가는 이 임금을, 아마포를 팔아서 손에 넣은 화폐로 지불하는 것이 아니라 가지고 있는 화폐로 지불하는 것이다. 부르주아에 의해서 직포공에게 제공되는 베틀과 실이 직포공의 생산물이 아닌 것과 마찬가지로, 직포공이 자기의 상품인 노동력과 교환해서 받는 여러 상품도 그의 생산물이 아니다. 부르주아가 자기 아마포를 살 사람을 한 사람도 찾을 수 없는 일도 있을 수 있다. 아마포를 팔아도 노임조차도 건질 수 없는 일도 있다. 직포공의 임금에 비해 매우 유리하게 팔 수도 있다. 이런 모든 것은 직포공에게는 아무런 관계가 없다. 자본가는 자기에게 있는 재산, 자기 자본의 일부를 가지고 직포공의 노동력을 사는 것으로, 그것은 마치 그가 자기 재산의 다른 일부를 가지고 원료인 실이나 노동 용구인 베틀을 산 것과 전적으로 같은 것이다. 그가 이 구입—이 구입 중에는 아마포 생산에 필요한 노동력도 있다—한 후에는 그는 이제는 자기 것인 원료와 노동 용구를 가지고 생산을 할 뿐이다. 우리의 선한 직포공도 물론 노동 용구의 하나로, 그는 베틀과 마찬가지로 생산물 또는 생산물값의 몫에는 전혀 관여하지 않는다.

따라서 노임은 노동자에 의해서 생산된 상품에서의 노동자의 몫이 아니다. 노임은, 자본가가 그것을 가지고 일정량의 생산적 노동력을 구입할 기존 상품의 일부분이다.

따라서 노동력은 그 소유자인 임금노동자가 자본(가)에게 파는 한 상품이다. 그는 왜 그것을 파는가? 살기 위해서이다.

그러나 노동력의 실증인 노동은, 노동자 자신의 생명의 활동이고 그 자신의 생명의 발현이다. 그리고 이 생명의 활동을 그는, 필요한 생활수단을 확보하기 위하여 제3자에게 파는 것이다. 따라서 그의 생명활동은 그에게는 생존을 하기 위한 한 수단에 지나지 않는다. 그는 살기 위해 노동을 하는 것이다. 그는 노동을 자기 생활에 계산해 넣지 않는다, 노동은 오히려 그의 생활의 한 희생인 것이다. 그것은 그가 제3자에 팔아넘긴 한 상품인 것이다. 따라서 그의 활동의 생산물도 또한 그의 활동의 목적물이 아니다. 그가 자기 자신을 위해 생산하는 것은 그가 짜는 명주도 아니고, 그가 광산에서 파내는 금도 아니고, 그가 건축하는 궁전도 아니다. 그가 자기 자신을 위하여 생산하는 것은 노임이며, 명주나 금이나 궁전은 그에게 있어서는 일정 분량의 생활수단으로, ―아마도 무명속옷·동전, 또는 지하 주거로 바뀌고 만다. 그리고 12시간 동안 짜고, 실을 뽑고, 구멍을 파고, 돌리고, 건축하고, 삽질을 하고, 돌을 쪼개고 운반하는 노동자, ―이 노동자에게는 이런 12시간의 베짜기, 방적·천공(穿孔)·회전·건축·삽질·돌깨기가 그의 생명의 발현이자 그의 생활이라고 말할 수 있을까? 그 반대이다. 참된 그의 생활은 이 활동이 끝났을 때, 식탁에서, 음식점 의자에서, 침대에서 시작된다. 12시간의 노동은, 그에게는 베짜기·방적·천공 등으로는 아무런 뜻이 없고, 그를 식탁이나 음식점 의자나 침대에 누울 수 있는 벌이로서 뜻이 있는 것이다. 만일 누에가 유충으로서의 자기 존재를 계속하기 위해서 실을 뽑는다고 한다면 그 누에는 하나의 완전한 임금노동자일 것이다. 노동력은 언제나 상품이었던 것은 아니다. 노동은 항상 임금노동, 즉 자유로운 노동이었던 것은 아니다. 노예가 그의 노동력을 노예소유자에게 팔지 않았다는 것은, 소가 그가 하는 일을 농민에게 팔지 않는 것과 같은 일이다. 노예는 그의 노동력을 모두 그의 소유자에게 팔리고 있는 것이다. 그는 한 소유자의 손에서 다른 소유자의 손으로 옮겨지는 하나의 상품이다. 그 자신은 한 상품이지만 노동력은 그의 상품이 아니다. 농노는 그의 노동력의 일부만 판다. 그가 토지소유자로부터 임금을 받은 것이 아니라 오히려 그로부터 토지소유자가 공물(貢物)을 받는 것이다.

농노는 토지에 속하여 지주에게 수익을 가져다 준다. 자유로운 노동자는 이에 반해 자기 자신을 단편적으로 판다. 그는 자기 생명의 8시간, 10시간, 12시간, 15시간을 매일 최고의 값을 매기는 사람에게, 원료·노동 용구 및 생활수단의 소유자에게, 즉 자본가에게 경매를 한다. 노동자는 소유자에게도 토지에도 속하지 않으나 그의 나날의 생명 8시간, 10시간, 12시간, 15시간이 이를 사는 사람에게 속한다. 노동자는 언제나 원할 때에는 자기가 고용되어 있는 자본가로부터 떠나고 또 자본가는 이미 노동자로부터 아무런 이익도 얻을 수 없거나 예기된 이익을 얻을 수가 없다고 여겨지면 언제라도 노동자를 해고한다. 그러나 노동력의 매각을 유일한 생계수단으로 하는 노동자는 자기 존재를 단념하는 일이 없는 한, 죽지 않는 한, 구매자 계급, 즉 자본가 계급을 버릴 수가 없다. 그는 이러저러한 자본가에는 속하지 않지만 그러나 자본가 계급에는 속한다. 그리고 그때 자기를 처분하는 일, 즉 이 자본가 계급에서 그를 살 사람을 발견하는 것이 그가 하는 일이다.

지금 우리는 자본과 노동 간의 관계에 더욱 깊이 들어가기 전에 노임이 결정될 때에 문제가 되는 일반적인 사정을 간단히 말해 보기로 한다.

노임은, 이미 보아온 바와 같이 노동력이라고 하는 일정한 상품값이다. 따라서 노임은 모든 다른 상품값을 결정하는 것과 같은 법칙에 의해 결정된다. 그래서, —상품값은 어떻게 해서 결정되는가? 하는 것이 문제가 된다.

상품가치는 무엇으로 결정되는가

살 사람과 팔 사람의 경쟁에 의해 수요와 공급의 관계, 욕구와 제공의 관계에 의해서 결정된다. 상품값을 결정하는 경쟁은 삼면적(三面的)이다.

같은 상품이 여러 사람의 셀러(seller)에 의해 제공된다. 같은 품질의 상품을 가장 싸게 파는 사람은 확실히 다른 구매자들을 몰아내고 최대의 판로를 확보할 수가 있다. 따라서 파는 사람은 서로 판로, 시장을 다툰다. 그들은 모두 팔고 싶고 될 수 있는 대로 많이 팔고 싶으며, 가능하면 다른 구매자들을 몰아내고 자기 혼자서 팔고 싶은 것이다. 따라서 어떤 구매자는 다른 구매자보다도 싸게 판다. 따라서 구매자들의 경쟁이 생기는데, 이 경쟁은 그들에 의해서 제공되는 상품가치를 하락시킨다.

그러나 사는 사람들 사이에서도 경쟁이 생기는데, 이번에는 제공되는 상품값을 끌어올린다.

마지막으로 사는 사람과 파는 사람 사이에 경쟁이 생긴다. 한쪽은 될 수 있는 대로 싸게 사려고 하고, 다른 한쪽은 될 수 있는 대로 비싸게 팔려고 한다. 사는 사람과 파는 사람들 사이의 이 경쟁의 결과는 앞서 말한 두 경쟁의 비율, 즉 살 사람들 사이의 경쟁이 강한가, 팔 사람들 사이의 경쟁이 강한가에 의존될 것이다. 산업은 서로 대치하는 두 군대를 싸움터로 몰아내어, 각기 자신의 대열 안에서, 자기 자신의 군세 사이에서 다시 전투를 한다. 그리하여 내부의 분쟁이 가장 적은 군대가 상대방 군대에 대해서 승리를 얻는다.

시장에는 100짝의 면화가 있고, 동시에 1000짝의 면화에 대한 바이어가 있다고 가정해 보자. 이 경우 수요가 공급에 비해서 10배만큼 크다. 따라서 바이어 간의 경쟁은 매우 강해서 그들은 1짝이라도, 가능하면 100짝 모두를 입수하려고 한다. 이 예는 멋대로 한 가정이 아니다. 상업역사상, 면화의 흉작기(凶作期)에 서로 단결한 몇몇 자본가들이 100짝은 커녕 지상의 면화를 모두 매점하려고 한 일이 자주 있었다. 따라서 앞의 경우, 어떤 바이어는 면화 짝에 비교적 높은 값을 매김으로써 다른 바이어를 배제하려고 한다. 면화를 파는 입장에 있는 사람들은 적의 군세가 맹렬하게 서로 싸우고 있는 것을 보고 자기들의 100짝의 면화 판매가 모두 보장되어 있다고 보고, 상대가 서로 경쟁하여 면화값을 올리고 있는 동안에, 파는 사람들끼리 다투어서 값을 하락시키지 않도록 주의할 것이다. 그래서 갑자기 셀러의 군대 안에 평화가 찾아온다. 그들은 내정하게 팔짱을 끼고 한 인간처럼 바이어에 응대하며, 그들의 요구에는 한도가 없을 것이다. —만일 꼭 사고 싶어하는 사람이 부르는 값에 이 이상은 안 된다고 하는 한도가 없다면.

따라서 한 상품의 공급이 그 상품의 수요보다도 적으면 그것을 파는 사람들 사이에는 사소한 경쟁밖에 없거나 전혀 경쟁이 이루어지지 않는다. 이 경쟁이 감소하면 할수록 바이어들 사이의 경쟁이 증대한다. 그 결과는 상품가격의 뚜렷한 등귀(騰貴)이다.

이것과 반대의 결과를 가져오는 경우가 자주 일어난다고 하는 것은 널리 알고 있는 사실이다. 수요를 넘는 공급의 뚜렷한 과잉—파는 사람들 사이에서의 자포자기적인 경쟁. 살 사람의 결핍—싸구려 상품의 투매.

그러나 값의 등귀, 하락은 무엇을 의미하고, 높은 값, 싼 값이란 무엇을 의미하는가? 한 알의 모래도 현미경으로 보면 크고, 하나의 탑도 산과 비교하면 작다. 또 값은 수요공급의 관계에 의해서 결정된다고 하면 수요공급의 관계는 무엇에 의해 결정되는가?

누군가, 이 근처에 있는 부르주아에게 물어보자. 그는 곧, 마치 알렉산드로스 대왕처럼, 이 형이상(形而上)의 어려운 문제를 구구표처럼 풀 것이다. —만일 내가, 내가 파는 상품 생산에 100마르크가 들었을 때, 이 상품을 팔아서 1년 후에 110마르크를 얻는다면, 그것은 일반적인, 정직한 이득이다. 그러나 만일 내가 교환에 의해서 120마르크, 130마르크를 얻는다고 한다면 그것은 높은 이득이다. 그리고 만일 내가 200마르크나 얻는다고 한다면 그것은 엄청난 이득일 것이다—라고. 그렇다면 이 부르주아에게는 무엇이 이득의 척도로서 소용이 되었는가? 그것은 그의 상품 생산비이다. 만일 그가 이 상품과 교환해서 보다 더 적은 생산비밖에 필요하지 않았던 다른 상품의 어떤 분량을 입수했다면 그는 손해를 본 것이다. 만일 그가 자기 상품과 교환해서, 보다 더 많은 생산비가 들어간 다른 상품을 어느 분량만큼 만회했다면 그는 이득을 본 것이다. 그리고 그는 이득의 증감을, 자기 상품의 교환가치가 제로—생산비—이상이 되느냐 이하가 되느냐의 정도에 따라서 계산하는 것이다.

그런데 우리가 보아온 것처럼, 수요공급의 관계가 변화함에 따라서 때로는 값의 등귀, 때로는 값의 하락이, 즉 때로는 높은 값, 때로는 낮은 값이 생긴다. 만일 한 상품값이 공급부족 또는 수요 불균형적인 증가에 따라서 뚜렷하게 등귀하면 필연적으로 무엇인가 다른 상품값은 상대적으로 하락한 셈이다. 왜냐하면, 한 상품값은, 그 상품과 교환해서 제3의 상품이 주어지는 비율을 화폐로 표현하는 데에 지나지 않기 때문이다. 예를 들어, 1에렐의 명주천값이 5마르크에서 6마르크로 오른다면, 은값은 명주 천에 비해서 하락한 것이고, 또 마찬가지로 처음 값대로 있는 다른 모든 상품값도 명주 천에 비해 하락한 것이다. 사람은 같은 양의 명주 제품을 얻기 위해, 교환 때 보다 더 많은 양의 이들 상품을 주지 않으면 안 된다. 한 상품값 등귀의 결과는 무엇일까? 많은 자본이 왕성한 산업 부문에 투자될 것이다. 그리고 호황 산업의 영역에 대한 자본의 이런 이입은 거기에서 생기는 이윤이 보통이 될 때까지, 또는 오히려 그 생산물값이 과잉생산에 의해서 생산비 이하로 하락할 때까지 계속될 것이다.

반대의 경우, 만일 한 상품의 값이 그 생산비 이하로 하락한다면 자본은 이 상품 생산으로부터 철수할 것이다. 어떤 산업 부문이 이미 시대에 뒤떨어진 것이 되고, 따라서 멸망할 수밖에 없는 경우를 제외하면, 자본의 이런 도피에 의해서, 이런 상품의 생산, 즉 그 공급은 그것이 수요와 일치할 때까지, 즉 그 값이 다시 그 생산비의 높이로 등귀할 때까지, 또는 오히려 공급이 수요 이하로 감소할 때까지, 즉 그 값이 다시 그 생산비 이상으로 등귀할 때까지, 계속해서 감소할 것이다. 왜냐하면, 한 상품의 시가(時價)는 항상 그 생산비를 오르내리기 때문이다.

이와 같이 자본은 한 산업의 영역에서 다른 산업 영역으로 끊임없이 들어갔다 나왔다 한다. 값이 등귀하면 이입(移入)이 도를 넘게 되고, 값이 하락하면 이출(移出)이 도를 넘게 된다.

우리는 또 하나의 관점에서도, 공급뿐만 아니라 수요도 생산비에 의해서 결정된다는 것을 명백히 할 수가 있을 것이다. 그러나 그렇게 되면 우리 대상으로부터 이탈하게 될 것이다.

지금 우리가 보아온 바와 같이, 공급 및 수요의 변동은 상품값을 되풀이해서 생산비까지 끌어내리게 된다. 아는 바와 같이 상품의 현실적인 값은 항상 생산비를 오르내리고 있다. 그러나 등귀와 하락은 서로 보완하는 것으로, 일정한 기간 안에서는 산업의 부침(浮沈)을 총계하면 여러 상품은 그 생산비에 따라 서로 교환되어, 이렇게 해서 그 값은 생산비에 의해서 결정되는 것이다.

이런, 값이 생산비에 의해 결정된다는 것은, 경제학자들의 뜻이 아니다. 경제학자들은 말한다. —상품의 평균가격은 생산비와 같으며 이것은 법칙이라고. 등귀가 하락에 의해서, 하락이 등귀에 의해서 상쇄되는 무정부적 운동을 그들은 우연적인 것으로 여기는 것이다. 사람들은 이것과 같은 권리를 가지고, —실제로 다른 경제학자들은 그렇게 보고 있지만, —변동을 법칙으로 보고, 그리고 생산비에 의한 결정을 우연적인 것으로 볼 수도 있을 것이다. 더욱이 다름 아닌 이 변동은 자세히 살펴보면 가장 가공할 황폐 상태를 생기게 하고, 또 지진처럼 부르주아 사회의 기초를 뒤흔드는 것이지만, 다름 아닌 이 변동이야말로 그것이 경과하는 동안에 값을 생산비에 의해 결정하는 것이다. 이 무질서한 모든 운동이 그 질서인 것이다. 이 산업적 무정부 상태가 경과하는 동안에 이 순환 운동 중에 경쟁이, 말하자면 한쪽의 극단을 다른 쪽의 극단으로 상쇄하는 것이다.

요컨대 한 상품의 가격은 그 생산비에 의해 결정되는 것으로, 이 상품값이 생산비 이상으로 등귀하는 시기는 그것이 생산비 이하로 하락하는 시기에 의해 상쇄된다—또 반대의 경우도 있다—고 하는 것이 그 방식이다. 물론 이것은 주어진 개개의 산업 생산물뿐만 아니라 산업 부문 전체에만 해당된다. 따라서 그것은 또한 개개의 산업가가 아니라 산업가 계급 전체에만 해당되는 것이다.

값은 생산비에 의해 결정된다고 하는 것은, 값은 상품의 생산에 필요한 노동 시간에 의해서 결정된다는 것과 같다. 왜냐하면, 생산비를 구성하는 것은 첫째로는 원료와 용구 마손분, 즉 그 생산에 일정량의 노동일을 요하고 따라서 일정량의 노동 시간을 표시하는 산업 생산물이며, 둘째로는 또한 시간을 척도로 하는 직접적 노동이기 때문이다.

그런데, 상품 일반의 값을 규제하는 똑같은 일반적 법칙은 물론 노임 즉, 노동가격도 규제한다.

노동임금은 수요공급의 관계에 따라서, 즉 노동력을 사는 자본가들과 노동력을 파는 노동자들 사이의 경쟁 상태에 따라서 때로는 등귀하고 때로는 하락한다. 상품값 일반의 변동에 따라 노임도 변동한다. 그러나 이 변동의 내부에서 노동가격은 생산비에 의해서, 즉 이 노동력이라는 상품을 생산하는 데에 요하는 노동 시간에 의해서 결정될 것이다.

그렇다면 노동력 그 자체의 생산비란 무엇인가?

그것은 노동자를 노동자로서 유지하기 위하여, 또 노동자를 노동자로서 기르기 위해 필요한 비용이다.

따라서 어떤 노동자가 필요로 하는 육성 시간이 적으면 적을수록 그 노동자의 생산비가 적고 그의 노동가격, 즉 그의 노임은 그만큼 낮다. 거의 교육 시간을 필요로 하지 않고 노동자의 단순한 육체적 생존만으로 되는 산업 부문에서는, 그의 생산에 필요한 생산비는, 거의 그의 노동이 가능한 생활을 유지하기 위해 필요한 상품에만 한정된다. 따라서 그의 노동가격은 필요한 생활수단의 값에 의해서 결정될 것이다.

그런데 또 하나 주의할 일이 있다. 공장주는 자기 생산비를 계산하여, 이에 따라서 생산비가격을 계산하는 것인데, 그는 노동 용구의 소모도 계산에 넣는다. 그가 어떤 기계에, 이를테면, 1000마르크가 필요하고, 그리고 이 기계가 10년 동안에 소모된다고 한다면, 그는 10년 후에 소모한 기계를 새 기계와 바꾸기 위해 해마다 100마르크를 상품값에 가산한다. 마찬가지 방법으로 간단한 노동력의 생산에도 노동자 종족이 번식해서 소모노동자를 새 노동자와 바꾸기 위한 번식비가 가산되지 않으면 안 된다. 따라서 노동자의 소모는 기계의 소모와 같은 방법으로 계산에 넣게 되는 것이다.

따라서 간단한 노동력의 생산비를 총계하면 노동자의 생존=번식비가 된다. 이 생존=번식비의 가격은 노임을 형성한다. 이렇게 해서 결정되는 노임은 노임의 최저한이라고 불린다. 이 노임의 최저한은 생산비 일반에 의한 상품값 결정과 마찬가지로 개개의 개인에게가 아니라 (노동자) 종족에 해당된다. 개개의 노동자는, 기백만의 노동자는 생존·번식할 만큼 많이 받고 있지 않다. 그러나 전 노동자 계급의 임금은 그 변동의 내부에서 이 최저한에 일치한다.

이제 우리는 노임과 다른 각 상품값을 규제하는 일반적 법칙에 대해서 의견이 일치하였으므로 우리의 대상으로 보다 세밀하게 들어갈 수 있다.

자본은 새로운 원료, 새로운 노동 용구, 새로운 생활수단을 생산하기 위해서 쓰이는, 모든 종류의 원료, 노동 용구 및 생활수단으로 이루어진다. 자본의 이들 성분 모두는 노동의 창조물이며, 노동의 생산물이며 축적된 노동이다. 새로운 생산의 수단으로서 소용될 축적된 노동, ―이것이 자본이다, 라고.

이렇게 경제학자들은 말한다.

흑인노예란 무엇인가? 흑색인종의 인간이다. 위의 설명은 이 설명 정도밖에 되지 않는다.

흑인은 흑인이다. 일정한 여러 관계하에서 그는 비로소 노예가 된다. 무명방적기계는 무명방적을 위한 기계이다. 일정한 여러 관계에서만 그것은 자본이 된다. 이들 관계로부터 분리되면 그것이 자본이 아니라는 것은, 금이 그 자체로서 화폐가 아니고, 또 설탕이 설탕값(값을 갖는 설탕, 즉 단순한 사용 가치가 아니라 상품으로서의 설탕)이 아닌 것과 같다.

생산에서 인간은 자연에 작용할 뿐만 아니라 상호간에도 작용한다. 그들은 오직 일정한 방식으로 함께 일하고 또 그들의 활동을 서로 교환함으로써만 생산한다. 생산하기 위해서는 그들은 서로 일정한 연관과 관계를 맺는 것으로, 이 사회적 연관과 관계의 내부에서만 자연에 대한 그들의 작용이 이루어지고 생산이 이루어지는 것이다.

생산자들이 서로 맺는 이 사회적 여러 관계, 그 아래에서 그들이 그들의 여러 활동을 교환하고 또 생산의 모든 행동에 참가하는 여러 조건은 물론 생산수단의 성격에 따라 다를 것이다. 화기(火器)라는 새로운 무기의 발견과 함께, 필연적으로 군대의 내부적 전 조직이 변화하였고, 그 내부에서 개개인이 군대를 형성하여, 군대로서 작용할 수 있는 여러 관계가 변동함으로써 여러 군대의 상호관계도 변화하였다.

따라서 그 중에서 개개인이 생산하는 사회적 여러 관계, 즉 사회적 생산의 여러 관계는 물질적 생산수단과 생산적 힘의 변화 및 발전과 함께 변화하고 변동한다. 생산의 여러 관계는, 그 전체로 보아, 사회적 여러 관계, 즉 사회라고 부를 수 있는 것을, 일정한 역사적인, 발전단계에 있어서의 한 사회를, 독자적인, 별개의 성격을 가진 한 사회를 형성한다. 고대적 사회, 봉건적 사회, 부르주아적 사회는 생산관계의 이런 전체이며 그 각각은 동시에 인류 역사에 있어서의 특수한 한 발전단계를 나타낸다.

자본도 하나의 사회적 생산관계이다. 그것은 하나의 부르주아적 생산관계이며, 부르주아적 사회의 하나의 생산관계이다. 자본을 구성하는 생활수단, 노동 용구, 원료는 주어진 사회적 여러 조건하에서, 일정한 사회적 여러 관계에서, 생산되고 축적된 것이 아닌가? 이들은 주어진 사회적 여러 조건하에서, 일정한 사회적 여러 관계에서, 새로 생산에 쓰이는 것이 아닌가? 그리고 바로 이 일정한 사회적 성격이야말로 새로운 생산에 유용한 여러 생산물을 자본이 되게 하는 것이 아닌가?

자본은 생활수단, 노동 용구 및 원료만으로, 물질적 여러 생산물만으로, 성립되는 것은 아니다. 그것은 마찬가지로 여러 교환가치로 성립된다. 자본을 구성하는 모든 생산물은 상품이다. 따라서 자본은 물질적 생산물의 한 총량일 뿐만 아니라, 여러 상품의, 여러 가치교환의, 사회적인 크기의 한 총량이다.

우리가 양모를 면화와 보리를 쌀과 철도를 기선과 바꾸어도, 만일 면화·쌀·기선―자본의 몸―이 이제까지 자본을 구현하고 있던 양모·보리·철도와 똑같은 교환가치, 똑같은 값을 가지기만 하면 자본은 동일불변이다. 자본은 아무런 변화도 입지 않고 자본의 몸은 끊임없이 변화할 수가 있다.

그러나 각 자본은 여러 상품, 즉 여러 교환가치의 한 총량이라고 해도, 여러 상품, 여러 교환가치의 각 총량이 자본인 것은 아니다.

여러 교환가치의 각 총량은 하나의 교환가치이다. 각 교환가치는 여러 교환가치의 한 총량이다. 예를 들어, 1000마르크의 가치가 있는 한 채의 집은 1000마르크라고 하는 한 교환가치이다. 1페니히의 가치가 나가는 한 장의 종이는 100분의 100페니히라고 하는 여러 교환가치의 한 총량이다. 다른 여러 생산물과 교환할 수 있는 여러 생산물은 여러 상품이다. 여러 생산물이 교환될 수 있는 일정한 비율은 그들의 교환가치를 이룬다, ―또는, 화폐로 표현되면 이들의 값을 이룬다. 이들 생산물의 분량은, 그것들이 상품이라고 하는, 또는 한 교환가치를 나타낸다고 하는, 또는 일정한 값을 갖는다고 하는 이들 규정에 아무런 변화도 주지 못한다. 나무는 크나 작으나 여전히 나무이다. 쇠를 다른 생산물과 교환할 때 근(斤)을 가지고 하든 톤을 가지고 하든 쇠가 상품이고 교환가치라고 하는 성격에 변화가 있을까? 쇠는 그 분량에 따라서 많은가 적은가의 가치를 가지며, 높은가 낮은가의 값을 갖는 상품이다.

그러면 어떻게 해서 여러 상품, 여러 교환가치의 한 총량이 자본이 되는가?

그것이 자립하는 사회적 기능으로서, 즉 사회 일부분의 기능으로서, 직접적인 살아 있는 노동력과의 교환에 의해, 스스로를 유지하고 증식시키는 것에 의해서이다. 노동능력 이외에 아무것도 가지지 않는 한 계급의 생존은 자본이 필요로 하는 한 전제이다.

살아 있는 노동에 대한 축적된 과거의 대상화된 노동의 지배는 축적된 노동으로 하여금 비로소 자본이 되게 한다.

자본의 본령은, 축적된 노동이 살아 있는 노동에 대해 새로운 생산수단으로서 쓸모가 있다는 점에 있는 것이 아니다. 그것이, 살아 있는 노동이 축적된 노동에 대해서, 그 교환가치를 유지하고 증가시키는 수단으로서 쓸모가 있다는 점에 있는 것이다.

자본가와 임금노동자 사이의 교환에서는 무슨 일이 일어나는가?

노동자는 자기의 노동력과의 교환으로 생활수단을 받지만, 자본가는 자기의 생활수단과 교환해서 노동을, 노동자의 생산적 활동을, 창조력을 받게 되는 것으로, 이에 의해 노동자는 그가 소비하는 것을 충당할 뿐만 아니라, 축적된 노동에 대하여, 그것이 이전에 가지고 있었던 것보다도 더 큰 가치를 주는 것이다. 노동자는 자본가의 손에 있는 생활수단의 일부를 받는다. 이 생활수단은 그에게 무엇에 소용되는가? 직접적 소비에 소용된다. 하지만 내가 생활수단을 소비하면, 그것은 나의 손에서 떠나 다시는 돌아오지 않는다. —하지만 이 생활수단이 나의 생명을 유지하는 시간을 이용해서 내가 새로운 생활수단을 생산할 경우, 즉 그것이 소모되는 동안에 소비되어 버리는 가치 대신에 나의 노동에 의해 새로운 가치를 낳는 경우에는 별문제이다. 그러나 바로 이 귀중한 재생산적 능력은, 받은 생활수단과의 교환으로 노동자로부터 떠나 자본의 것이 된다. 즉, 자기 자신의 입장에서 보자면 그것을 잃은 것이다.

한 예를 들어 보자. 어떤 차지(借地) 농업자는 그의 일용인(日傭人)에게 매일 은화 5그로셴을 준다. 일용인은 5그로셴을 위해 온종일 차지 농업자의 밭에서 노동을 하여, 그에게 10그로셴의 수입을 보장한다. 차지 농업자는 그가 일용인에게 건네 주어야 할 5그로셴을 회수할 뿐만이 아니다. 그는 그것을 두 배로 하는 것이다. 따라서 그는 일용인에게 준 5그로셴을 결실적(結實的)·생산적인 방법으로 사용하고 소비한 것이다. 그는 5그로셴으로 두 배의 가치가 있는 토지 생산물을 생산해서 5그로셴을 10그로셴으로 만드는 일용인의 노동과 힘을 산 것이다. 일용인은 이에 반해서 그가 다름 아닌 차지 농업가에게 양도한 자기의 생산력 대신에 5그로셴을 받는 것인데, 이것을 그는 생활수단과 교환해서 이 생활수단을 조만간 소비하는 것이다. 따라서 5그로셴은 이중의 방법으로 소비된 것이다. 즉 자본에 대해서는 재생산적으로, ―그것은 10그로셴을 낳는 노동력*10과 교환되었기 때문에, 노동자에게는 비생산적으로 ―왜냐하면 생활수단과 교환되었으나 이 생활수단은 영원히 소멸한 것으로, 그는 차지 농업자와의 같은 교환을 되풀이하는 것으로만 그 가치를 다시 얻을 수가 있기 때문에, 따라서 자본은 임금노동을 전제로 하고 임금노동은 자본을 전제로 한다. 이들은 서로를 제약하고 서로 낳는다.

어느 무명 공장의 한 노동자가 있다고 하자. 그는 면포를 생산하기만 하는가? 아니다. 그는 자본을 생산한다. 그는 가치를, 즉 그의 노동을 지휘해서 이 노동에 의해 새 가치를 창조하기 위해 다시 쓸모 있는 가치를 생산하는 것이다.

자본은, 노동력과 교환됨으로써만, 임금노동을 낳음으로써만 증식된다. 임금노동자의 노동력은 자본을 증식시킴으로써만, 그것을 노예와 같이 사용할 권능을 강대하게 함으로써만 자본과 교환할 수가 있다. 따라서 자본증가는 프롤레타리아 계급, 즉 노동자 계급의 증가이다.

따라서 자본가와 노동자의 이해는 똑같다―고 부르주아 및 그 계통의 경제학자들은 주장한다. 또 사실상 그러하다! 노동자는 자본이 그를 고용하지 않으면 망하고 만다. 자본은 노동력을 착취하지 않으면 망하고 만다. 그리고 노동력을 착취하기 위해서는 자본은 그것을 사지 않으면 안 된다. 생산에 충당되는 자본, 생산적 자본이 급속히 증가하면 할수록, 따라서 산업이 번영하면 할수록, 부르주아 계급이 부자가 되면 될수록, 경기가 좋아지면 좋아질수록, 자본가는 더욱더 많은 노동자를 사용하고 노동자는 더욱 더 비싸게 팔려 간다.

따라서 노동자의 상태가 상당한 정도를 유지하기 위해서 필요한 조건은 생산적 자본이 될 수 있는 대로 급속히 증대해야 한다.

그렇다면 생산적 자본의 증대란 무엇인가? 산 노동에 대한 축적된 노동의 기능의 증대이다. 노동자 계급에 대한 부르주아 계급의 증대이다. 임금노동이, 그들을 지배하는 타인의 부(富)를, 그들에 적대하는 권능, 자본을 생산하면, 거기로부터 임금노동의 고용수단, 즉 생활수단이 역류해 온다. —단, 임금노동이 다시 자본의 일부분이 되어 다시 자본을 가속적인 증대 운동으로 몰아넣는 지렛대가 된다는 조건하에서 말이다.

자본의 이해와 노동자의 이해가 똑같다고 하는 것은, 자본과 임금노동은 일개동일(一個同一) 관계의 양면을 뜻하는 데에 지나지 않는다. 한쪽이 다른 한쪽을 제약한다고 하는 것은 고리대와 방탕아가 서로 제약을 주고받는 것과 같다.

임금노동자가 임금노동자인 한, 그의 운명은 자본에 의존된다. 거창하게 떠들어대는 노동자와 자본가의 이해가 공통된다고 하는 것은 이것을 말한다.

자본이 증대하면 임금노동의 분량이 증대하고, 이리하여 임금노동의 총수(總數)가 증대하는 것으로, 한 마디로 말하자면, 자본의 지배가 보다 더 다수의 개개인 위에 확대된다. 그리고 가장 형편이 좋은 경우를 가정하면, —생산적 자본이 증대하면 노동에 대한 수요가 증대한다. 그래서 노동가격, 즉 임금이 올라간다.

집이 작으나 크나 그것을 둘러싼 다른 집들이 마찬가지로 작으면 그 집은 주거에 대한 모든 사회적 요구를 채운다. 그러나 그 집 옆에 고대광실이 세워지면 그 집은 오두막처럼 초라해진다. 그래서 그 작은 집은 그 거주자가 그 어떤 요구도 할 수 없거나 사소한 요구밖에 할 수 없다는 것을 증명한다. 그리고 문명이 진보함에 따라 그 집이 제아무리 높아지더라도, 이웃의 고대광실이 같은 정도 또는 더욱 크게 높아지면 그 비교적 작은 집에 사는 사람은 더욱더 불쾌하고, 불만스럽고, 우울하게 되어 갈 것이다.

노임의 뚜렷한 등귀는, 생산적 자본의 급속한 증대를 전제로 한다. 생산적 자본의 급속한 증대는 부의, 사치의, 사회적 욕망의, 사회적 향락의 급속한 증대를 낳게 한다. 따라서 비록 노동자의 향락이 증가해도, 그것이 가져오는 사회적 만족은, 노동자로서는 미처 따라갈 수 없는 자본가의 향락 증가에 비교하면, 사회 일반의 발달 상태와 비교하면 감소한 셈이다. 우리의 욕망과 향락은 사회로부터 생긴다. 따라서 우리는 그것을 사회를 표준으로 해서 잰다. 우리는 그것을, 그 만족의 대상물로는 재지 않는다. 그것은 사회적인 것이기 때문에 상대적인 것이다.

노임은 결코, 그것과 교환할 수 있는 여러 상품의 분량에 의해 결정되는 것만이 아니다. 그것은 여러 가지 연관을 포함하고 있다.

노동자들이 우선 그들의 노동력과 교환해서 받는 것은 일정한 액수의 화폐이다. 그런데 노임은 이 화폐가치에 의해서만 결정되는가?

16세기에는 미국에서 풍부하고 채굴하기 쉬운 광산이 발견된 결과, 유럽에서 유통하는 금은이 증가하였다. 그래서 금은의 가치는 다른 여러 상품에 비해 감소되었다. 노동자들은 그들의 노동력에 대해서 이제까지와 똑같은 분량의 은화를 받았다. 그들의 노동의 화폐가격은 불변이었으나, 그럼에도 불구하고 그들의 노임은 하락하였다. 왜냐하면, 그들은 같은 양의 은과 교환해서 보다 더 적은 다른 상품밖에 받지 않았기 때문이다. 이것이야말로 바로 16세기에 있어서의 자본 증대, 부르주아 계급의 발흥을 촉진한 사정의 하나였다.

또 하나의 경우를 들어 보기로 하자. 1847년 겨울에는 흉작의 결과 가장 필수적인 생활수단인 곡물·고기·버터·치즈 등의 값이 뚜렷하게 올랐다. 노동자들은 그들의 노동력에 대하여 이제까지와 마찬가지 액수의 화폐를 받았다고 가정해 보자. 그들의 노동력은 하락하지 않았을까? 물론 하락하였다. 같은 화폐와 교환해서 그들은 보다 더 적은 빵·고기밖에 받지 못했다. 그들의 임금은 하락했지만 그것은 은의 가치가 감소했기 때문이 아니라 생활수단의 가치가 증가했기 때문이다.

마지막으로, 노동의 화폐가치는 불변한데 모든 농산물과 가공품의 값이 새로운 기계의 사용과 풍작의 결과 하락했다고 가정해 보자. 그렇게 되면 노동자들은 같은 화폐로 보다 더 많은 종류의 상품을 살 수가 있다. 따라서 그들의 임금은 증가한 것인데, 그것은 바로 그들의 노임의 화폐가치가 변동하지 않았기 때문이다.

따라서 노동의 화폐가격, 명목임금은 현실노임, 즉 노임과 교환해서 실제로 주어지는 상품의 총량과는 일치하지 않는다. 따라서 우리는 노임의 등락을 말할 경우에는 노동의 화폐가치·명목임금만을 안중에 두어서는 안 된다.

그러나 명목임금, 즉 그것만으로 노동자가 자신을 자본가에게 파는 화폐가격도, 현실 노임, 즉 그가 이 화폐로 살 수 있는 상품의 양도 노임에 포함되어 있는 여러 연관을 충족시키는 것은 아니다.

노임은 무엇보다도 먼저 자본가의 이득, 이윤에 대한 노임의 비율에 의해서 결정된다. ―이것은 상대적 노임이다.

현실노임은 다른 여러 상품값과 비교한 노동가격을 표현하는 것인데, 상대적 노임은 이와는 달리 직접적 노동에 의해서 새로 생기는 값 중 축적된 노동, 즉 자본에 귀속되는 몫과 비교한 직접적 노동의 몫을 표현한다.

우리는 이미 524쪽에서 말한 바가 있었다. ―'노임은 노동자에 의해서 생산된 상품에서의 노동자의 몫이 아니다. 노임은, 자본가가 그것을 가지고 일정량의 생산적 노동력을 구입할 기존 상품의 일부분이다.' 그러나 이 노임을 자본가는, 노동자에 의해 생산된 생산물을 그가 파는 값에서 회수하지 않으면 안 된다. 그 회수에서, 그는 또 그가 투입한 생산비를 넘는 이윤이 남도록 하지 않으면 안 된다. 노동자에 의해 생산된 상품의 판매가격은, 자본가에게는 세 부분으로 나뉜다―그 첫째는, 그가 투입한 원료 값의 회수와 또 그가 투입한 도구·기계, 그밖에 노동수단의 마손분(磨損分)의 회수이다. 두 번째는 그가 투입한 노임의 회수이고, 세 번째는 그 이상의 초과분인 자본가의 이윤이다. 이 제1 부분은 애초부터 있던 가치를 회수하는 데에 지나지 않지만, 노임의 회수 및 자본가의 초과이윤은 분명히 그 모든 것을 노동자의 노동에 의해서 창조된, 그리고 원료에 부가된 새로운 가치에서 얻어지는 것이다. 그리고 이런 뜻에서 우리는, 노임 및 이윤을, 서로 비교하기 위해서, 노동자 생산물의 몫이라고 이해할 수 있다.

현실노임은 불변하다고 해도 또 비록 등귀한다고 해도 그럼에도 불구하고 상대적 노임은 하락할 수가 있다. 예를 들어, 모든 생활수단의 값은 3분의 2만큼 하락했으나 하루의 임금은 3분의 1만큼, 즉 3마르크에서 2마르크로 하락했을 뿐이라고 가정해 보자. 노동자는 이 2마르크로, 전에 3마르크를 가지고 했던 것보다도 많은 양의 상품을 자유로 할 수 있다고는 하지만, 그의 노임은 자본가의 이득과 비교하면 감소한 것이다. 자본가(예를 들어 공장주)의 이윤은 1마르크만큼 증가하였다. 즉 노동자는 자본가로부터 지불되는 것보다 적은 액수의 교환가치에 대해서 이전보다도 더 많은 액수의 교환가치를 생산하지 않으면 안 된다. 자본의 몫은 노동의 몫에 비해서 증가했다. 자본과 노동 사이의 사회적 부의 분배는 더욱 불균등하게 되었다. 자본가는 같은 자본을 가지고 보다 더 많은 양의 노동을 지휘한다. 노동자 계급에 대한 자본가 계급의 권능을 증대하고 노동자의 사회적 지위는 악화되어 자본가의 지위보다 더욱 아래로 밀려 내려간다.

그렇다면 노임과 이윤의 등락 상호 관계를 결정하는 일반적 법칙은 무엇인가?

노임과 이윤은 역비례한다. 자본의 몫인 이윤은, 노동의 몫인 노임이 하락하는 것과 같은 비율로 증가하며, 또 그 반대이기도 하다. 이윤은 노임이 하락하는 데에 비례해서 증가하고, 노임이 등귀하는 데에 비례해서 감소한다.

사람들은 아마도 다음과 같은 이론(異論)을 말할 것이다. ─자본가는 자기 생산물을 다른 자본가들과 유리하게 교환함으로써, 자기 상품에 대한 수요의 증가─새 시장의 개발 결과든 옛 시장에서의 욕구의 일시적 증가 등에 의한 결과든 이에는 상관없이─에 의해서 이윤을 얻을 수가 있다. 따라서 자본가의 이윤은, 제3의 자본가를 기만함으로써 노임, 즉 노동력의 가치교환의 등락에 상관없이 증가하는 일이 있을 수 있다. 또는 자본가의 이윤은 노동 용구의 개량, 자연력의 새로운 응용에 의해서도 증가할 수 있을 것이라고.

우선, 사람들은 반대되는 일이 생겨도 결과에는 변함이 없다는 것을 인정하지 않으면 안 될 것이다. 이윤은 노임이 하락했기 때문에 증가한 것은 아니지만, 그러나 노임은 이윤이 증가했기 때문에 하락한 것이다. 자본가는 같은 양의 타인의 노동으로 많은 양의 교환가치를 확보했지만 그렇다고 해서 노동에 더 많이 지불을 하지는 않았다. 이리하여 노동은, 노동이 자본가에게 가져다 주는 순이익과 비교하면, 보다 더 적게 지불되는 것이다.

또 우리는, 상품값의 변동에도 불구하고, 각 상품의 평균가격은, 그것이 다른 상품과 교환되는 비율은, 그것의 생산비에 의해서 결정된다는 것을 상기한다. 따라서 자본가 계급 내부에서의 기만은 필연적으로 상쇄된다. 기계의 개량이나 생산을 위한 자연력의 새로운 응용은, 주어진 노동 시간 안에 똑같은 분량의 노동과 자본을 가지고 보다 많은 생산물을 낳는 것을 가능하게 하지만, 그러나 결코 보다 많은 교환가치를 낳는 것을 가능하게는 하지 않는다. 내가 방적기계의 사용으로 한 시간에 그 발명 이전의 두 배만큼, 예를 들어, 50파운드 대신에 100파운드의 실을 공급할 수 있다고 해도, 나는 이 100파운드와 교환해서, 이전에 50파운드와 교환해서 얻은 것보다 더 많은 상품을 계속해서 받지는 않는다. 왜냐하면, 생산비가 반으로 감쇠되었기 때문이며, 바꾸어 말하자면, 나는 같은 비용으로 두 배의 생산물을 공급할 수 있기 때문이다.

마지막으로, 나라이든 전세계시장이든 자본가 계급, 즉 부르주아 계급이 생산의 순이익을 어떤 비율로 서로 분배하더라도, 이 순수익의 총액은 항상, 축적된 노동의 전체가 직접적 노동에 의해서 증가된 만큼의 액수에 지나지 않는다. 따라서 이 총액은, 노동이 자본을 증가시키는 데에 비례해서, 즉 이윤이 노임에 비해 증가하는 데에 비례해서 증대하는 것이다.

이것은 요컨대, 우리가 자본과 임금노동과의 관계 내부에 머무를 경우에도, 자본의 이해와 임금노동의 이해는 정반대로 대립하는 것이다.

자본의 급속한 증가는 이윤의 급속한 증가와 같다. 이윤이 급속히 증가하는 것은, 노동가격이, 상대적 노임이 급속히 하락하는 경우뿐이다. 상대적 노임은, 비록 현실 노동이 명목임금, 노동의 화폐가치와 동시에 등귀해도, 이윤과 같은 비율로 등귀하는 것이 아니라면 하락할 수 있다. 예를 들어, 호황기에 노임이 5%만큼 등귀하는 데에 대해, 이윤 쪽은 30%만큼 증가한다면 상대적 노임은 증가한 것이 아니라 감소한 것이다.

따라서 노동자의 수입이 자본의 급속한 증대에 따라 증가해도, 그와 동시에 노동자와 가본가를 구분하는 사회적 틈이 증가하여, 그와 동시에 노동에 대한 자본의 권능이, 자본에 대한 노동의 의존이 증가한다.

노동자가 사본의 급속한 증대에 이해관계를 갖는다는 뜻은, 노동자가 급속히 타인의 부를 증가시키면 시킬수록 더욱더 큰 파편이 그의 손에 떨어져서, 더욱 많은 노동자가 고용되고 또 탄생하여 자본에 의존하는 노예 대중이 더욱더 증가될 수 있다는 것을 뜻한다.

이것은 요컨대, —노동자 계급에게 가장 형편이 좋은 상태, 즉 될 수 있는 대로 급속한 자본의 증대까지도, 그것이 제아무리 노동자의 물질적 생활을 개선해도, 그의 이해와 부르주아적 이해, 즉 자본가의 이해와의 대립을 지양하는 일은 없다. 이윤과 노임은 여전히 역비례하는 것이다.

자본이 급속히 증대하면 노임도 등귀할지도 모르지만, 자본의 이윤은 비교가 되지 않을 정도로 신속하게 증가한다. 노동자의 물질적 상태는 개선되었지만, 그러나 그것은 그의 사회적 상태를 희생하는 것에 의해서이다. 노동자를 자본가로부터 분리하는 사회적 틈은 확대된다.

마지막으로, —임금노동에 가장 형편이 좋은 조건이 생산적 자본의 될 수 있는 대로 급속한 증대라고 하는 것은 다만 다음과 같은 것을 의미하는 데에 지나지 않는다. —즉, 노동자 계급이 그들에게 적대하는 권능, 그들에게 군림하는 타인의 부를 급속히 증가시키고 증대시키면 시킬수록, 그들은 더욱더 좋은 조건하에서 새로 부르주아적 부를 증가시키고 자본의 권능을 증대시키기 위해 노동하는 것이 허용되어, 부르주아 계급에 의해 끌려 다니기 위한 돈의 쇠사슬을 스스로 단조(鍛造)하는 것이 허용된다고 하는 바로 그것이다.

생산적 자본의 증대와 노임의 등귀는, 부르주아 경제학자들이 주장하는 것처럼, 현실에 불가분하게 연결되어 있는 것일까? 우리는 그들의 말을 믿어서는 안 된다. 우리는, 자본이 증대하면 할수록 자본의 노예는 더욱더 배부르다는 그들의 말 그 자체를 믿어서는 안 된다. 부르주아 계급은 자기 노비(奴婢)의 미관을 과시하는 봉건인의 편견을 공유하기에는 너무나 개화되어 있고, 너무나 타산적이다. 부르주아 계급의 생존 조건은 그들이 계산을 하지 않을 수 없게 만들고 있는 것이다.

따라서 우리는 보다 더 자세하게 연구하지 않으면 안 될 것이다.

생산적 자본의 증대는 노임에 어떤 영향을 미치는가?

부르주아 사회의 생산적 자본이 전체적으로 증대하면, 노동의 보다 더 다면적인 축적이 생긴다. 여러 자본*[11]의 수와 규모가 증대한다. 여러 자본*[12]의 증가는 자본가 사이의 경쟁을 증가시킨다. 자본 규모의 증대는 보다 더 거대한 무기를 갖는, 보다 더 방대한 노동자군을 산업적 전장으로 이끌기 위한 수단을 낳는다.

어떤 자본가는 보다 더 싸게 판매함으로써만 다른 자본가를 타파하고 그 자본을 정복할 수가 있다. 자기의 파멸을 가져오지 않고 보다 싸게 판매를 하기 위해서는, 그는 보다 더 싸게 생산을 하지 않으면 안 된다. 즉, 노동의 생산력을 될 수 있는 대로 높이지 않으면 안 된다. 그런데 노동의 생산력은, 무엇보다도 먼저, 분업의 증진과 기계의 전면적인 채용과 끊임없는 개량에 의해 높일 수 있다. 그 동안에 분업이 이루어지는 노동자군이 커지면 커질수록, 기계가 채용되는 규모가 커지면 커질수록, 생산비는 비례적으로 더욱 감소되고 노동은 더욱더 다산적(多産的)이 된다. 따라서 자본가들 사이에서는 분업과 기계를 증가하고, 그것들을 될 수 있는 대로 대규모적으로 이용하려고 하는 전면적인 경쟁이 생긴다.

지금 어떤 자본가가 분업의 증진으로, 새로운 기계의 사용과 개량으로, 자연력을 더욱 유리하고 대량적으로 이용함으로써, 같은 양의 노동 또는 축적노동을 가지고 그의 경쟁자들보다도 더 많은 생산물, 즉 상품을 만드는 방법을 발견했다면, 예를 들어 그가, 그의 경쟁자들이 반(半) 에렐의 아마포를 짜는 것과 같은 노동 시간 안에 1에렐의 아마포를 생산할 수 있다면, 이 자본가는 어떤 작전을 취할까?

그는 마음만 먹으면, 반 에렐의 아마포를 종전대로의 시장가격으로 계속 판매할 수도 있지만, 그러나 그것은, 그의 적을 타파하여 자기 판로를 확대하는 방법은 아닐 것이다. 그런데 그의 생산이 확대된 만큼 판매의 필요도 확대되었다. 그가 만들어 낸, 보다 더 유력하고 고가의 생산수단은, 그로 하여금 자기 상품을 보다 싸게 팔게 할 수도 있지만, 그러나 동시에 그것은 그로 하여금 보다 더 많은 상품을 팔기 위해 훨씬 큰 시장을 획득하지 않을 수 없게 만든다. 따라서 우리 자본가는 그의 경쟁자들보다도 반 에렐의 아모포를 더 싸게 팔 것이다.

그러나 그 자본가는, ―그의 1에렐 생산비는 그의 경쟁자들의 반 에렐 생산비보다도 많지는 않지만, ―그 1에렐을, 다른 사람이 반 에렐을 파는 것 같은 싼 값으로는 팔지 않을 것이다. 그렇게 하지 않으면, 그에게는 여분의 벌이가 없어서 교환으로만 생산비를 회수해야 할 것이다. 따라서 그가 보다 더 큰 수입을 얻는다 해도, 그것은 그가 보다 큰 자본을 운전하기 때문이지, 그 자본을 남보다도 고도로 증식시켰기 때문이 아닐 것이다. 또 그는 그 상품값을 경쟁자들보다도 1%만 싸게 매기면 그가 노리는 목표를 이룩할 수가 있다. 그는 경쟁자들보다도 싸게 판매함으로써 그들을 타파하는 것이고, 적어도 그들의 판로의 일부분을 빼앗게 되는 것이다. 그리고 마지막으로 우리는, 상품의 시가(時價)는 그 판매가 호황기에 이루어지는가, 불황기에 이루어지는가에 따라서 끊임없이 생산비 이상으로 되기도 하고 이하가 되기도 한다는 것을 상기한다. 1에렐의 아마포의 시장가격이 그 종래의 통상적인 생산비 이상이 되는가, 이하가 되는가에 따라서, 보다 더 다산적인 새로운 생산수단을 사용한 자본가가 그의 실제의 생산비 이상으로 파는 비율이 변화할 것이다.

그러나 우리 자본가의 특권은 오래 계속되는 것이 아니다. 다른 경쟁적인 자본가들도 같은 기계, 같은 분업을 채용하여, 그것들을 똑같게 또는 그보다 큰 규모로 채용하게 되는데, 이 채용의 일반화에 의해 결국 아마포값은 그 본디의 생산비 이하는커녕 새로운 생산비 이하로 하락하게 될 것이다.

따라서 자본가들은 서로 번갈아 새로운 생산수단의 채용 이전과 같은 상태에 있는 것으로, 그들은 이 생산수단을 가지고 똑같은 값으로 두 배의 생산물을 공급할 수 있다고 해도 이제 그들은 본디의 값 이하로 두 배의 생산물의 공급을 하지 않을 수 없게 된다. 이 새로운 생산비에서 다시 똑같은 경기(競技)가 이루어진다. 분업이 진행되고 기계가 증가하여, 분업과 기계가 이용되는 규모가 커진다. 그리고 경쟁은 다시 이 결과에 같은 반작용을 미친다.

이렇게 해서 생산양식·생산수단은 끊임없이 변혁되고 혁명되며, 분업은 보다 더 진보된 분업을, 기계의 사용은 기계의 보다 더 진보된 사용을, 대규모적인 작업은 보다 더 대규모적인 작업을 필연적으로 낳게 하는 것이다.

이것은 부르주아적 생산을 끊임없이 그 본디의 궤도로부터 내던지는 법칙이고, 자본을 강제해서, 그것이 이미 노동의 생산적 힘을 긴장시켰기 때문에, 이것을 긴장시키지 않을 수 없게 하는 법칙이며, 자본에 대해서 그 어떤 휴식도 주지 않고 끊임없이 앞으로 나가라고 귀에다 속삭이는 법칙이다.

이것이야말로 상황 변동의 범위 내에서 상품값을 필연적으로 그 생산비와 일치시키는 법칙이 아닐 수 없다.

어떤 자본가가 제아무리 유력한 생산수단을 꺼내도 경쟁은 이 생산수단을 일반화할 것이다. 그리고 경쟁이 그것을 일반화한 순간부터, 그의 자본의 다산성 증대의 유일한 결과는 이제 그가 같은 값으로 이전의 10배·20배·100배만큼의 것을 공급하지 않으면 안 된다는 것이다. 그런데 그는 보다 많은 생산물을 판매해서 판매가격의 하락을 보충하기 위해서, 아마도 1000배나 많이 팔지 않으면 안 되기 때문에, 또 보다 더 많이 벌기 위해서 뿐만 아니라 생산비를 메우기 위해서, —이미 보아온 바와 같이 생산수단 그 자체는 더욱 더 비싸지는 것이다, —이제는 보다더 많은 양으로 팔지 않으면 안 되게 되었고, 더욱이 이 대량판매는 그에게 뿐만 아니라 그의 경쟁자에게 있어서도 사활문제가 된다. 그리하여 지금의 투쟁은 이미 발명된 생산수단이 다산적이면 다산적일수록 더욱더 격렬해진다. 이리하여 분업 및 기계의 사용이 훨씬 큰 규모로 다시 이루어질 것이다.

사용되는 생산수단의 힘이 어떻게 되든, 경쟁은 상품값을 생산비까지 끌어내림으로써, 즉 보다 싸게 생산—같은 양의 노동을 사용해서 더 많이 생산—할 수 있으면 할수록, 보다 싸게 생산한다는 것, 즉 똑같은 가격으로 더욱더 많은 생산물을 공급할 것을 명령적 법칙으로 만듦으로써 이 힘의 돈의 과실(果實)을 자본으로부터 빼앗으려고 한다. 이리하여 자본가는, 자기 자신의 노력에 의해서는 똑같은 노동 시간 안에 더 많이 공급할 의무—한마디로 말하자면, 자기자본 증식의 보다 더 어려운 여러 조건—이외는 아무것도 얻지 못할 것이다. 따라서 경쟁은 그 생산비 법칙을 가지고 끊임없이 자본가를 추궁하게 되고, 또 자본가가 그 경쟁상대에게 단련시키는 모든 무기는 자기 자신에 대한 무기로서 돌아오게 되는데, 다른 한편으로 자본가는 끊임없이 새로운, 보다 더 고가이기는 하지만 보다 더 값싸게 생산하는 기계와 분업을, 구식 것 대신으로 채용해서 경쟁에 의해 그 신식 것이 구식화될 때까지 기다리지 않음으로써 끊임없이 경쟁을 이겨내려고 한다.

지금 우리가 전세계시장에서의 이 열병적인 격동을 생각해 보면 자본의 증대·축적 및 집적의 결과는 끊임없이, 어수선하게, 대규모로 행하여지는 분업, 새 기계의 사용 및 구식 기계의 완성이 될 것이라는 것을 알 수 있다.

그러나 생산적 자본의 증대와 불가분의 이런 사정은 노임의 결정에 어떤 영향을 미치는가?

보다 더 진보된 분업은 한 사람의 노동자에게 5, 10, 20인분의 노동을 시킨다.

따라서 그것은 노동자들 사이의 경쟁을 5배, 10배, 20배로 증가시킨다.

노동자들은, 한 사람이 다른 사람보다도 자기를 싸게 팖으로써 서로 경쟁하는 것만이 아니다. 그들은 한 사람이 5, 10, 20인분의 노동을 함으로써 서로 경쟁한다. 그리고 자본에 의해 채용되어 끊임없이 진보되는 분업은 노동자들이 이런 종류의 경쟁을 하지 않을 수 없게 만드는 것이다.

또, —분업이 진행되는 것과 같은 정도로 노동이 간소화된다. 노동자의 특수한 숙련은 무가치한 것이 된다. 그는 육체적 탄력도 정신적 탄력도 발휘할 필요가 없는 간단하고 단조로운 생산력으로 전화된다. 그의 노동은 누구나 할 수 있는 노동이 된다. 따라서 경쟁자들이 모든 방면으로부터 그를 습격하게 되고, 더욱이 우리가 상기하는 것처럼, 노동이 간단해지고 습득하기 쉬워지면 쉬워질수록, 그것을 내 것으로 하는 데에 요하는 생산비가 적어지면 적어질수록, 노임은 더욱더 하락하는 것이다. —다른 모든 상품값과 마찬가지로 노임도 생산비에 의해 결정되기 때문이다.

따라서 노동이 더욱더 불만스럽고 불쾌한 것이 되는 것과 마찬가지 정도로 경쟁이 증가하고 노임이 하락한다. 노동자는 보다 더 오래 노동을 하느냐, 똑같은 노동 시간 안에 보다 더 많이 작업을 하느냐는 별도로 하고, 보다 더 많이 노동함으로써 자기의 노임액수를 유지하려고 한다. 따라서 그는 필요에 쫓겨, 분업의 해로운 영향을 더욱 심화시킨다. 그 결과, —그가 노동을 하면 할수록 받은 노임은 감소되고, 노동을 하면 할수록 자기 동료와 경쟁을 하게 된다고 하는, 따라서 자기 동료들을 자기 자신과 마찬가지 악조건으로 노동하는 경쟁상대로 만든다고 하는, 결국 그는 노동자 계급의 성원으로서의 자기 자신과 경쟁한다고 하는 것이 되고 마는 것이다.

기계는 같은 영향을 훨씬 대규모로 생기게 한다. 왜냐하면, 기계는 숙련노동자를 비숙련노동자에 의해서, 남자는 여자에 의해서, 어른은 아이들에 의해서 몰아내게 하고, 또 기계는 새로 그것이 채용되면, 손에 의한 노동을 대량으로 몰아내고, 또 완성되고 개량되어 보다 더 다산적인 기계에 의해서 대치될 경우, 노동자를 조금씩 해고하기 때문이다. 이것으로 우리는 대략적으로 자본가들 상호간의 산업전(産業戰)을 그려 보았다. 이 싸움의 특징은, 노동자군의 모집에 의해서보다도 오히려 해고에 의해서 승리를 얻을 수 있다고 하는 것이다. 장군인 자본가들은 서로 누가 더 많이 산업 병사를 제대시킬 수가 있는가를 경쟁한다.

경제학자들은 물론 기계에 의해 과잉 상태가 된 노동자는 새로운 취업 부문을 찾아내게 된다고 우리에게 설명한다.

그들은, 제대된 이들 노동자들이 새로운 노동 부문에 취업한다고 감히 직접적으로 주장하는 것은 아니다. 나타난 여러 가지 사실은 이 허위를 너무나도 명백하게 부정한다. 그들이 주장하는 것은, 실은, 노동자 계급의 다른 구성 부분, 예를 들어, 이 쇠퇴한 산업 부문으로 들어갈 준비가 이미 되어 있는 젊은 노동자들에게는 새로운 고용수단이 나타날 것이라고 하는 것이다. 이것은 물론 낙오한 노동자에 대한 대단한 배상(賠償)이다. 자본가 여러분에게는 착취할 피와 살에 부족은 없을 것이다. 죽은 자로 하여금 그 시체를 묻게 하라—인 것이다. 이것은 부르주아가 노동자에게 주는 위안이기보다는 오히려 자기 자신에게 주는 위안이다. 만일 전체 노동자 계급이 기계에 의해서 절멸되는 일이 생기면, 임금노동이 없으면 자본의 존재 이유를 상실하게 되는 자본에게 얼마나 두려운 일일까!

그러나 가령, 기계에 의해서 직접 일을 빼앗긴 사람들, 그리고 그 일자리를 기다리고 있던 젊은이 모두가 어떤 새로운 일자리를 발견한다고 하자. 사람들은 이 일자리가 잃어버린 과거의 일자리와 마찬가지 정도로 지불받을 수 있을 것이라고 생각할까? 그것은 경제상의 모든 법칙과 모순될 것이다. 이미 보아온 바와 같이, 근대적 산업하에서는 필연적으로 끊임없이 간단하고 급이 낮은 일이 복잡하고 고급 일에 대체되는 것이다.

그러기 때문에, 어떤 산업 부문에서 기계에 의해 추방된 노동자 대중은, 보다 더 낮은, 보다 더 덜 지불되고 있는 다른 산업 부문 외에 그 어떤 피난처를 찾을 수가 있단 말인가?

사람들은 예외로서 기계 그 자체의 제작에 종사하는 노동자를 들고 있다. 보다 많은 기계가 산업에서 요구되어 소비되는 이상 기계가, 기계제작업이, 기계제작업에서의 노동자의 일자리가 필연적으로 증가할 것이고, 그리고 이 산업 부문에서 일하는 노동자는 숙련되고 일정 수준의 교양까지도 있는 노동자라는 것이다.

이미 이전부터 반쪽 진리밖에 되지 못했던 이 주장은, 1840년 이래, 그 모든 외관(外觀)을 잃었다. 왜냐하면, 더욱더 다방면의 기계가 면사의 제조와 마찬가지 정도로 기계 제작에 쓰였고, 기계제작업에 종사한 노동자는 매우 정교한 기계에 비하면 이미 매우 정교하지 못한 기계의 역할을 한 데에 지나지 않았기 때문이다.

그러나 공장은, 기계에 의해 밀려난 한 남자 노동자 대신에 아마도 세 사람의 아이와 한 사람의 여자를 고용할 것이다! 그리고 그 남자의 임금은 세 아이와 한 여자를 위해 충분했을 것이다. 노임의 최저한도는 (노동자) 종족을 유지하고 증가시키는 데에 충분한 것이 아니었던가? 그렇다면 애용하는, 이 부르주아적인 상투어는 무엇을 증명하는가? 그것은 다름이 아닌, 한 노동자 가족의 생계를 얻기 위해, 이전에 비해서 이제는 4배만큼의 노동자의 생명이 소비된다고 하는 것이다.

이것을 요약하면, —생산적 자본이 증대하면 할수록 분업과 기계의 사용이 더욱더 확대된다. 분업과 기계의 사용이 확대되면 될수록 노동자 사이의 경쟁은 더욱더 확대되어 그들의 임금은 더욱더 줄어든다.

더욱이 노동자 계급은 사회의 보다 더 상층으로부터 보충된다. 다수의 소(小)산업가 및 소규모 금리생활자가 노동자 계급으로 전락하는 것으로, 이와 같은 사람들은 우선은 노동자의 팔과 나란히 자기 팔을 내미는 일 외에는 아무것도 할 수가 없는 것이다. 이리하여 하늘 높이 뻗어서 일을 구하는 팔의 숲은 더욱더 무성해져서 팔 그 자체는 더욱 더 홀쭉하게 말라간다.

소산업가가, 싸움—더욱더 대규모로 생산하게 해야 하는, 즉 대규모 산업가가 되어 소규모 산업가임을 그만두는 것이 중요 요건의 하나인 싸움—에 견딜 수 없다는 것은 분명한 일이다.

자본의 이자는, 자본의 양과 수가 증가해서 자본이 증대하는 같을 정도로 낮아진다는 것, 따라서 소규모의 금리생활자는 이미 자기의 금리로는 생활을 할 수가 없어서 산업에 몸을 던지지 않을 수가 없게 되고, 이렇게 해서 프롤레타리아 계급의 후보를 증가시키게 된다는 것, —이런 일은 모두 아무런 설명도 필요로 하지 않을 것이다.

마지막으로, 자본가들이 앞서 말한 바와 같은 운동에 강제되어, 기존의 거대한 생산수단을 보다 더 큰 규모로 이용하고, 이 목적을 위해 신용상의 온갖 역량을 운영하면 할수록 산업상의 지진이, 상업세계가 부(富)·생산물, 그리고 생산력의 일부까지도 저승의 귀신들에게 희생양으로 바치는 것으로만 견딜 수 있는 지진이, —한 마디로 말하자면 공황(恐慌)이 증가한다. 공황은, 이미 다음과 같은 이유로도—즉 생산물량이 증대하고 따라서 시장 확대를 구하는 욕망이 증대하면 할수록, 세계시장은 더욱더 수축하고 이용해야 할 새로운 시장은 더욱더 적어지게 된다. 왜냐하면, 선행한 각 공황이 이미, 이제까지 미정복 상태였던 상업에 의해서 표면적으로만 착취된 시장을 세계시장에 예속시켰기 때문이라는 이유만으로도—더욱더 빈번하게 된다. 그러나 자본은 노동에 의해서 생활하는 것만은 아니다. 우아하면서도 야만적인 지배자인 자본은 자기 노예의 시체를, 공황으로 몰락하는 모든 희생 노동자를 무덤 속으로 끌어들이는 것이다. 이것은 요컨대, —자본이 급속히 증대하면 노동자 간의 경쟁은 더욱 급속하게 증대한다. 즉, 노동자 계급을 위한 고용수단인 생활수단은 상대적으로 더욱더 감소되지만, 그럼에도 불구하고 자본의 급속한 증대는 임금노동에게는 가장 형편이 좋은 조건인 것이다.

부록*13

제6절 구제책

1. 가장 바람직하다고 여겨지는 안의 하나는 저축금고 제도이다

우리는, 노동자 자신의 대부분은 저축할 가능성이 없다고 하는 데에 대해서는 말할 생각이 전혀 없다.

그 목적―적어도 저축금고의, 엄밀하게 경제적인 의의―는 다음과 같은 것이어야 한다. 즉 노동자들이 그들 자신의 예견과 총명으로 유리한 노동 시간과 불리한 노동 시간을 평균하여, 산업 운동이 통과하는 순환 중에, 그들의 임금을 생활에 없어서는 안 될 최저임금 이상으로는 실제로 지출하지 않도록 배분한다고 하는 것이다.

그러나 이미 우리가 보아온 것처럼, 노임의 변동은 노동자를 전복시킬 뿐만 아니라, 노동자는 노임의 최저한 이상의 일시적인 등귀 없이는 생산, 공적인 부, 문명의 모든 진보로부터, 따라서 해방의 모든 가능성으로부터 제외된 채로 있을 것이다. 이리하여 노동자는 자기 자신을 부르주아적 계산기로 바꾸고, 구두쇠를 제도화하고, 룸펜 생활에 정체적·보수적 성격을 부여하지 않으면 안 된다.

이것을 도외시해도 저축금고 제도는 전제주의의 삼중(三重) 기관이다.

(2)*14 저축금고는 정부가 노동자 계급의 상당 부분을 잡아두는 돈의 사슬이다. 이리하여 노동자 계급은 현상 유지로 이익을 얻을 뿐이 아니다. 노동자계급 중 저축금고에 관여하고 있는 부분과 관여하고 있지 않은 부분 사이의 분열이 생길 뿐만이 아니다. 노동자들은 그들을 억압하는 현존하는 사회 조직을 유지하기 위하여 그들의 적인 자본가의 손에 무기를 제공하는 것이다.

(3) 화폐는 국립은행으로 환류(還流)하고, 국립은행은 이것을 다시 자본가들에게 대부한다. 그리고 양자는 서로 이윤을 나누고, 이리하여 인민으로부

터 영세한 이자로 빌린 화폐—이 화폐는 바로 이런 집적에 의해 비로소 강력한 산업적 지렛대가 된다—를 가지고 그들의 자본을, 인민에 대한 그들의 직접적인 지배를 증가한다.

2. 부르주아들이 매우 좋아하는 또 하나의 안은 교육, 특히 전면적인 산업교육이다

우리는, 근대산업이 복잡한 노동을 아무런 교육도 필요로 하지 않는 단순노동으로 바뀌는 점에 내포된 터무니없는 모순에 주의를 환기할 생각은 없다. 우리는, 근대적 사업이 7세된 어린이들을 부르주아 계급뿐 아니라 어린이들의 프롤레타리아적 부모를 위한 수입원으로 만들고 있는 점에 주의를 환기할 생각은 없다. 공장제도는 학교법을 무효로 만든다. —프러시아의 예.

우리는 또, 정신적 교양은 비록 노동자가 그것을 가지고 있어도 그의 노임에 직접적으로는 전혀 영향을 주지 않는다는 것. 교육은 일반적으로 생활의 여러 관계에 의존된다고 하는 것, 그리고 부르주아는 정신교육을 부르주아적 여러 원칙의 주입이라고 이해하고 있다는 것, 마지막으로 부르주아 계급은 인민에게 현실적인 교육을 주기 위한 수단을 가지고 있지 않으며, 가령 가지고 있다고 해도 그런 일에는 사용하지 않을 것이라는 점에도 주의를 환기시킬 생각은 없다.

우리는 단 한 가지, 순수하게 경제적인 관점을 강조하는 것으로 그치려고 한다.

교육이 박애주의적 경제학자들 아래에서 갖는 본디의 뜻은 이러하다. —즉 노동자가 새 기계의 사용 또는 분업의 변화에 의해서 한 부문에서 퇴출되어도, 될 수 있는 대로 손쉽게 다른 부문으로 취업을 할 수 있도록, 어느 노동자에게나 될 수 있는 대로 많은 노동 부문에 통달하게 하는 것, 바로 그것이다.

이것이 가능하다고 가정하자.

그 결과, 만일 한 노동 부문에서 사람이 넘쳐나면, 이런 과잉은 이내 다른 모든 노동 부문에서도 생기게 되고, 이전보다도 더 노임의 저하를 가져올 것이다.

그렇지 않아도 이미 근대적 산업은 도처에서 노동을 매우 간단한 것으로 만들어, 손쉽게 익힐 수 있게 하고 있기 때문에, 한 산업 부문에 있어서의 노임의 등귀는 바로 이 산업 부문으로 노동자를 쇄도시켜 최저임금이 일반적 성격을 띠게 될 것이다.

부르주아 측에서 이루어진 많은 작은 유화안(宥和案)은 여기에서 들어갈 수가 없다.

3. 우리는 실제로 매우 중대한 결과를 낳았고 또 매일 낳게 하고 있는 제3안―맬서스의 학설*15을 문제삼지 않으면 안 된다

이 학설은, 여기에서 살피지 않으면 안 되는 한, 다음과 같은 여러 점에 귀착한다.

(a)노임의 높이는, 제공되는 노동자의 수와 요구되는 노동자의 수와의 관계에 의존한다.

노임은 이중(二重)의 방법으로 증대할 수 있다.

첫째, 노동을 운동시키는 자본이 급속히 증가해서 노동자에 대한 수요가 그 공급보다도 급속히―보다 더 신속한 비율로―증가하는 경우.

둘째, 인구의 증가가 느슨하고, 그 때문에 생산적 자본 증대는 급속하지 않음에도 불구하고 노동자 간의 경쟁이 여전히 미약한 경우.

이 관계의 한 쪽 면, 즉 생산적 자본의 증대에 대해서는 노동자는 아무런 영향도 끼칠 수가 없다.

이에 반해 다른 면에 대해서는 그것을 할 수 있다.

여러분은 될 수 있는 대로 아이를 적게 낳음으로써 노동자의 공급, 즉 노동자의 경쟁을 감소시킬 수가 있다고.

이 교의(敎義)가 터무니없고, 비열하고, 불성실하다는 것을 폭로하기 위해서는 다음과 같이 말하는 것으로 충분할 것이다.

(b)(이것은 제1절,*16 생산력의 증대는 노임에 어떤 영향을 주는가? ―에 덧붙여야 한다.)

노임은 노동에 대한 수요가 증대할 때 증대한다. 이 수요는 노동을 운동시키는 자본이 증대할 때, 즉 생산적 자본이 증대할 때 증대한다.

그런데 여기에서 두 가지 주요한 주의를 하지 않으면 안 된다.

첫째, 노임등귀의 한 주요조건은 생산적 자본의 증대이며, 더욱이 그의 될 수 있는 대로의 급속한 증대이다. 따라서 노동자가 상당한 상태에 있기 위한 주요조건은, 그의 상태를 부르주아 계급에 비해 더욱더 저하시키기 위한, 그의 적의 힘―자본―을 될 수 있는 대로 증가시키기 위한 조건이다. 즉 그는 자기에 적대하는 힘, 자기 자신의 대립물을 낳고 강화한다는 조건하에서만 상당한 상태에 있을 수가 있다. 이 조건하에서는 그가 자기에게 적대하는 이 힘을 낳음으로써, 이 힘으로부터 그에게 고용수단이 오게 되는데, 이 고용수단은 다시 그를 생산적 자본의 일부가 되게 하여 자본을 증가해서 이것을 가속적인 증대 운동에 투입하는 지렛대가 되게 한다.

자본과 노동의 이 관계가 이해되었으면 푸리에주의*17 및 그밖에 조정에 대한 시도는 웃기는 일이라는 것을 알 수가 있다.

둘째, 이리하여 우리는 이 어처구니없는 관계를 일반적으로 설명하였으므로 두 번째의 더욱 중요한 요소로 옮겨가기로 한다.

생산적 자본의 증대란 무엇인가? 또 그것은 어떤 조건하에서 이루어지는가?

자본의 증대란 자본의 축적·집적과 같다. 자본이 축적되고 집적되는 것과 똑같은 비율로 다음과 같은 결과를 낳는다.

보다 더 큰 규모에서의 노동, 따라서 또, 노동을 더욱 간소화하는 다른 분업. 이어 기계의 대규모적인 채용과 새로운 기계의 채용.

즉, 생산적 자본이 증대하는 것과 같은 비율로 노동자 사이의 경쟁이 증대한다. 왜냐하면, 분업이 간소화되어 누구나 어떤 노동 부문에도 취업을 할 수 있기 때문이다.

그들 사이의 경쟁은 더욱 증대한다. 왜냐하면, 그들은 (생산적 자본이 증대하는 것과) 같은 비율로 기계와 경쟁을 하지 않으면 안 되고, 기계에 의해 실업을 당하기 때문이다. 생산적 자본의 집적 및 축적은, 생산이 이루어지는 규모를 더욱더 크게 함으로써, 더 나아가서는 제공된 여러 자본 간이 경쟁에 의해서 금리가 더욱더 낮아짐으로써 다음과 같은 결과가 일어난다.

작은 산업적 기업은 대기업과의 경쟁에 견딜 수가 없어 와해한다. 부르주아 계급의 전체 구성 부분이 노동자 계급으로 전락한다. 따라서 노동자 간의 경쟁은 생산적 자본의 증대와 숙명적으로 연결되어 있는 소규모 산업가들의 몰락에 의해 증대된다.

그와 동시에 금리가 낮아지기 때문에 지금까지는 직접적으로는 산업에 참가하지 않았던 소규모 자본가들이 산업가가 되는 것을, 즉 새로운 희생을 대규모 기업가에게 제공하는 것을 강요당한다. 따라서 이 방면으로부터도 노동자 계급이 증대되어 노동자 간의 경쟁이 늘어난다.

생산력의 증대는 더욱 대규모적인 작업을 낳게 하기 때문에 일시적인 과잉생산이 더욱더 필연적인 것이 되어, 세계시장이 더욱더 확대되고 따라서 보다 더 보편적인 경쟁에 의해 공황이 더욱더 심해진다. 그래서 노동자들의 결혼 및 번식을 위한 갑작스런 장려수단이 주어지면, 그들은 보다 더 큰 대중에 집결·집중되어 그들의 임금은 더욱더 동요적인 것이 된다. 따라서 새로운 공황은 직접적으로 노동자 간에 훨씬 큰 경쟁을 불러일으킨다.

일반적으로 말하자면, 보다 더 신속한 교통수단, 가속적인 유통, 열병적인 자본투입에 따르는 생산력의 증대라고 하는 것은, 같은 시간 안에 더 많이 생산하는 일, 즉 경쟁의 법칙에 따라 보다 더 많이 생산해야 한다는 것을 말한다. 생산은 더욱더 어려운 여러 조건하에서 이루어지게 되는 것으로, 이런 여러 조건하에서 경쟁에 견디기 위해서는 작업이 더욱더 대규모로 이루어지고 자본이 더욱더 소수자의 수중에 집중*[18]되지 않으면 안 된다. 그리고 이런 대규모적인 생산이 유리해지기 위해서는 분업과 기계가 끊임없이 또 불균형적으로 확대되지 않으면 안 된다.

더욱더 어려운 여러 조건하에서의 이런 생산은, 자본의 일부분으로서의 노동자에게도 영향을 미친다. 노동자는 더욱더 어려운 조건하에서, 즉 얼마 안 되는 임금으로 보다 더 많이 노동하고, 더욱더 싼 생산비로 많이 생산하지 않으면 안 된다. 이리하여 최저한도는 더욱더 내려가서 노력은 더 들면서 생활향락은 최저한이 된다.

따라서 생산력의 증대는 대자본의 증대를, 노동자라고 하는 기계의 우매화(愚昧化)와 단순화의 증대를, 노동자 간의—분업 및 기계 사용의 증대에 의한, 바로 기계제 생산에 따라다니는 장려금에 의한, 몰락한 부르주아 계급 쪽의 경쟁 등에 의한—직접적 경쟁의 증대를 낳게 한다.

우리는 사태를 더욱 간단하게 정식화(定式化)할 수가 있다. 생산적 자본은 다음 세 가지 성분으로 성립된다.

(1) 가공되는 원료.

(2)기계 및 기계의 운전에 필요한 석탄 등과 같은 재료, 건물, 기타.

(3)노동자의 유지에 충당되는 자본 부분.

생산적 자본의 증대에는 그 집중과 연결되어 있고, 그리고 이 집중에는 생산적 자본이 더욱더 큰 규모로 이용됨으로써 비로소 유리하게 될 수 있다는 점이 연결되어 있다.

따라서 자본의 대부분은 직접적으로는 노동 용구로 전형(轉形)되어, 노동 용구로서 활동하고 있는 것으로, 생산력이 증대하면 할수록 자본 중에서 직접적 기계로 전형되는 이 부분이 증대할 것이다.

기계 및 분업이 증대하면, 보다 더 단시간 안에 비교가 되지 않을 정도로 많이 생산을 할 수가 있다—는 결과가 된다. 따라서 원료의 재고가 같은 비율로 증가하지 않으면 안 된다. 생산적 자본이 증대함에 따라 자본 중 원료로 전형되는 부분이 필연적으로 증가한다.

그런데 생산적 자본 중 남는 것은 노동자의 유지에 충당되는, 즉 노임으로 전용되는 제3의 부분이다.

그렇다면 생산적 자본의 이 부분의 증대가 다른 두 부분에 대한 관계는 어떠한가?

그 불균형은 산술적으로(2, 3, 4 하는 식으로)가 아니라 기하학적으로(2, 4, 8 하는 식으로) 높아진다.

보다 더 큰 분업은 한 사람의 노동자가 이전의 세 사람, 네 사람, 다섯 사람과 똑같은 만큼의 결과를 낳는다. 기계는 같은 관계를 비교가 되지 않을 정도로 큰 규모로 낳게 한다.

우선 확실한 것은, 생산적 자본 중 기계 및 원료에 전용되는 부분의 증대는 자본 중에서 노임에 충당되는 부분의 똑같은 증대가 따르지 않는다는 점이다. 이 경우(따르는 경우)에는 기계 사용 및 분업 확대의 목적은 도저히 이룩할 수 없을 것이다. 따라서 분명한 일이지만, 생산적 자본 중에서 노임에 충당되는 부분은, 기계 및 원료에 충당되는 부분과 똑같은 정도로는 증대하지 않는다. 그것뿐만이 아니다. 생산적 자본, 즉 자본으로서의 자본의 힘이 증대하는 것과 똑같은 정도로, 원료 및 기계에 투하되는 자본과, 노임에 투하되는 자본 간의 불균형이 증대한다. 즉, 생산적 자본 중에서 노임에 충당되는 부분은, 자본 중 기계 및 원료로서 작용하는 부분에 비해 더욱더 작아진다.

자본가가 보다 더 큰 자본을 기계에 투하한 이상은, 그는 보다 큰 자본을 원료 구입, 기계 운전에 필요한 보조재료*19의 구입에 돌리지 않을 수가 없게 된다. 그러나 그가 이전에 100명의 노동자를 사용했다고 한다면, 이제는 아마도 50명밖에 필요하지 않을 것이다. 그렇지 않으면 그는 자본의 다른 부분을 다시 배(倍)로 하지 않으면 안 되고, 불균형을 더욱 크게 하지 않을 수가 없게 될 것이다. 따라서 그는 50명을 해고하든가 그렇지 않으면 100명이 이전의 50명과 같은 값으로 노동을 하지 않으면 안 된다. 따라서 시장에는 과잉 노동자를 찾아볼 수 있게 된다.

분업이 변화했을 경우에는 원료를 위한 자본만이 증가되어야 할 것이다. 세 사람의 노동자 대신에 아마도 한 사람의 노동자가 나타날 것이다.

그러나 가장 유리한 경우를 가정해 보자. 자본가는 자기 기업을 확장하면 지금까지 수의 노동자를 그대로 고용해 둘 수 있을 뿐만 아니라,—그가 그렇게 할 수 있을 때까지 제아무리 기다린다 해도 그에게는 물론 어려운 일이 아니다,—오히려 노동자를 더 증원하기까지 하려고 할 것이다. 그 경우에는 같은 수의 노동자를 고용해 두기 위해, 또는 노동자를 더욱 증가시킬 수 있기 위해서는 생산이 터무니없이 증가되어야 할 것이다. 더욱이 생산력에 비해 노동자 수의 비율은 상대적으로 끝없이 불균형한 상태가 되어 있다. 과잉 생산이 그에 의해서 촉진되고, 다음 공황(恐慌) 때에는 이전보다도 많은 노동자가 실업을 한다.

따라서 생산력이 증가됨에 따라서, 생산적 자본 중에서 기계 및 원료에 전형(轉形)되는 부분, 즉 자본으로서의 자본은 노임에 충당되는 부분에 비해서 불균형하게 증대한다고 하는 것은 자본과 노동관계의 본성에서 필연적으로 생기는 일반적 법칙이다. 즉, 노동자들은 생산적 자본의 총량에 비해 더욱더 작은 부분을 서로 나누지 않으면 안 된다. 따라서 그들의 경쟁은 더욱더 심해진다. 바꾸어 말하면, 생산적 자본이 증가할수록 이에 비례해서 노동자를 위한 고용, 또는 생활수단이 더욱더 감소한다. 노동인구가 그들의 고용수단에 비해 더욱더 급속히 증가한다. 더욱이 이 상태는 생산적 자본 일반이 증가하는 것과 같은 비율로 나아간다.

앞서 말한 불균형을 해결하기 위해서는, 생산적 자본이 기하급수적으로 증가하지 않으면 안 된다. 그리고 훗날 공황 때에 그것을 재조정하기 위해서는 그것이 더욱 증대되는 것이다.

순수하게 노동자와 자본과의 관계에서 생기고, 따라서 생산적 자본의 급속한 증대라고 하는 노동자에게 가장 유리한 상태까지도 불리한 상태로 만들어 버리는 이 법칙까지도, 부르주아들은 인구는 자연법칙에 따라 고용= 또는 생활수단보다도 급속히 증대한다고 말함으로써 사회적 법칙으로부터 자연법칙으로 전화(轉化)시켰다.

그들은 생산적 자본의 증대 안에 이 모순의 증대가 포함되어 있다는 것을 이해하지 못했다.

우리는 후에 이 점으로 다시 돌아갈 것이다.

생산력, 특히 노동자 자신의 사회적 힘은 그들에게 보답하지 않고 오히려 그들에게 반역한다.

(c)가장 어리석음.

우리가 이미 보아온 것처럼, 생산적 자본이 증대할 경우―경제학자들이 전제하는 가장 유리한 경우―에도, 즉 노동에 대한 수요가 상대적으로 증대하는 경우에도, 노동자를 위한 고용수단은 같은 비율로는 증대하지 않는다는 것, 생산적 자본을 증대시키는 여러 사정은 노동의 공급과 수요의 불균형을 더욱 급속히 증대시킨다는 것, 한 마디로 말하자면, 생산력의 증대는 동시에 노동자와 그 고용수단의 불균형을 증대시킨다고 하는 것은 근대적 산업의 성격과 그 본성 내부에 내포되어 있는 것이다. 이것은 생산수단의 증가에도, 인구 그 자체의 증가에도 의존하고 있지는 않다. 이것은 대규모 산업의 본성, 즉 노동과 자본의 관계에서 필연적으로 생긴다.

그러나 생산적 자본의 증대가 서서히 진행되거나 그것이 정체된 대로 있거나 오히려 감소한다면 노동자 수는 항상 노동에 대한 수요에 비해 너무 많다.

어느 경우에나, 가장 유리한 경우에나 가장 불리한 경우에도, 노동과 자본의 관계로 해서, 자본 그 자체의 본성으로 해서, 노동자의 공급은 항상 노동에 대한 수요에 비해 너무 클 것이라는 전망이 생긴다.

(d)전체 노동자 계급이 아이를 낳지 않겠다는 결심을 할 수 없다는 배리(背理)를 도외시해도, 반대로 그들의 상태는 성적 충동을 중요 향락으로 만

들어 그것을 일방적으로 발전시킨다.

부르주아 계급은 노동자의 생활을 최저한으로 억누른 후, 그들은 다시 노동자의 재생산 수를 최저한으로 제한하려고 할 것이다.

(e)그러나 부르주아 계급의 이런 상투어나 충고가 얼마나 불성실한가는 다음과 같은 사실로도 알 수가 있을 것이다.

첫째, 근대적 산업은 어른을 아이들에 의해서 몰아냄으로써, 아이를 낳는 일에 장려금을 주고 있다.

둘째, 대규모 산업은 끊임없이 과잉생산 시대를 위한 실업 노동자의 예비군을 필요로 한다. 노동자에 대한 부르주아의 주요목적은, 대체적으로 말하면, 노동상품을 될 수 있는 대로 싸게 구입하는 일로서, 이것은, 그 상품의 수요가 그 수요에 비해서 될 수 있는 대로 클 경우, 즉 될 수 있는 대로 많은 과잉인구가 있을 경우에 비로소 가능해진다.

따라서 과잉인구는 부르주아의 이익이 되는 것으로, 그들은 노동자에 대해서, 실행이 불가능하다는 것을 자기들 스스로가 알고 있으면서도 그런 충고를 하고 있는 것이다.

(f)자본은, 그것이 노동자를 고용하는 경우에만 증식되는 것이고, 자본의 증식은 프롤레타리아 계급의 증가를 포함하고 있는 것으로, 이미 우리가 본바와 같이, 자본과 노동과의 관계의 본성에 따라 프롤레타리아 계급의 증가는 상대적으로 더욱 신속하게 이루어지지 않으면 안 된다.

(g)그런데 위에서 말한 이론—즉, 인구는 생활수단보다도 급속히 증대한다는 자연법칙으로서 표현되기 쉬운 이론은, 부르주아의 큰 환영을 받게 되는 것인데, 그 이유는, 이 이론이 부르주아의 양심의 가책을 가라앉히고, 냉혹을 그의 도덕적 의무로 만들어 주고, 사회의 결과를 자연의 결과로 돌리게하고, 마지막으로 기아에 의한 프롤레타리아의 파멸을 다른 자연적 사건과 마찬가지로 마음의 동요를 느끼지 않고 태연하게 방관할 수 있고, 프롤레타리아의 궁핍을 그들 자신의 죄로 여기고 이를 비난할 기회를 주기 때문이다. 분명히 프롤레타리아는, 자연적 본능을 이성으로 제어하고, 그리하여 도덕적 통제에 의해 자연법칙의 해로운 발전 경과를 막을 수가 있는 것이다.

(h)이 이론을 적용한 것으로 구빈법을 살필 수 있다. 쥐의 없앰. 쥐약. 구빈원(救貧院, Workhouses), 피구휼적(被救恤的) 궁핍 일반. 다시 문명 내부

에서의 제자리걸음, 야만이 다시 나타나고, 문명 그 자체의 태내에서 태어나 문명 그 자체에 의존해서. 따라서 상피병적(象皮病的) 야만, 문명의 상피병으로서의 야만, 구빈원은 노동자의 감옥이다. 부부의 이별.

4. 이제 우리는 노임에 대한 별도의 결정으로 노동자의 상태를 개선하려고 하는 사람들에 대해서 간단히 이야기해 보기로 한다
프루동[20]

5. 마지막으로 박애주의적 경제학자들이 노임에 대해서 말한 것 중에서 또 하나의 의견에 대해 말해두지 않으면 안 된다

(a)다른 경제학자들 중에서, 특히 로시는 다음과 같이 설명하고 있다.

공장주는 노동자에게 생산물 중 그의 몫만큼을 선불해 준다. 왜냐하면, 노동자는 생산물이 팔릴 때까지 기다릴 수가 없기 때문이다. 만일 노동자가 생산물이 팔릴 때까지 살아갈 수가 있다면, 그가 '동료'의 입장에서 후에 생산물 중에서 자기 몫을 주장한다는 것은, 본디의 자본가와 산업자본가와의 관계와 같을 것이다. 따라서 노동자의 몫이 바로 임금의 형태를 취한다고 하는 것은 우연으로, 그것은 하나의 생각, 하나의 특수한 행위—이것은 생산과정 곁에서 부수적으로 이루지는 것으로, 생산과정의 필연적인 구성요소는 아니다—의 결과이다. 임금은, 우리의 사회 상태의 우연적인 한 형태에 지나지 않는다. 그것은 필연적으로는 자본에 속하지 않는다. 그것은 생산에 필요불가결한 사실은 아니다. 그것을 다른 사회조직에서는 소멸할 수가 있다.

(b)이런 생각 전체는 다음과 같은 일에 귀착된다. 만일 노동자들이 직접 그들의 노동력을 팔아서 생활할 필요가 없을 만큼 충분히 축적된 노동, 즉 충분한 자본을 소유한다면 임금의 형태는 없어질 것이다. 이것은 모든 노동자가 동시에 자본가일 경우, 즉 자본이 임금노동의 대립 없이—그것 없이는 자본은 실존할 수 없는 것이지만—전제되고 유지되는 경우에 그러하다는 것이긴 하지만.

(c)그럼에도 불구하고, 이 고백은 그냥 듣고 넘길 일이 아니다. 임금은 부르주아적 생산의 우연적인 형태는 아니지만, 그러나 전(全)부르주아적 생산은 생산의 일시적인 역사적 한 형태이다. 그 모든 관계, 자본이나 임금, 지

대(地代) 등은 일시적인 것으로, 발전의 한 정점(定點)에서 폐지할 수 있는 것이다.

제7절 노동조합

인구론의 한 계기는 그것이 노동자간의 경쟁을 감소시키려고 하는 데에 있었다. 노동조합은 이 경쟁을 지양하고, 그것에 대체되는 것으로서 노동자 간의 결합을 노린 것이다.

경제학자들의 다음과 같은 조합 반대론은 옳다.

(1)조합이 노동자들에게 부담시키는 비용은, 대개 그것이 획득하려고 하는 이익보다도 크다. 조합은 계속적으로는 경쟁 법칙에 반항할 수 없다. 이런 단결은, 새로운 기계, 새로운 분업, 어떤 생산 장소에서 다른 생산 장소로의 이전을 낳게 한다. 그리하여 이들 모든 결과는 노임 감소이다.

(2)단결에 의해 한 나라에서 노동가격을 높일 수가 있고, 그 때문에 이윤이 다른 여러 나라에서의 평균이윤에 비해 뚜렷하게 저하한다거나 자본의 증대가 저지될 정도가 되면 그 결과는 산업의 정체와 후퇴이며, 노동자들은 그들의 주인과 함께 쓰러질 것이다. 왜냐하면, 우리기 이미 보아온 바와 같이, 그것이 노동자의 상태이기 때문에. 노동자의 상태는 생산적 자본이 증대하는 경우에는 비약적으로 악화된다. 그리고 그는 생산적 자본이 감소하든지 정체한 채로 있을 경우에는 처음부터 몰락하고 있는 것이다.

(3)부르주아적 경제학자들의 모든 이론(異論)은 이미 말한 바와 같이 옳기는 하지만, 그러나 그들의 견지에서만 보았을 때 옳은 것이다. 만일 노동조합에 있어서의 현실 문제가 노임의 결정뿐이고, 노동과 자본과의 관계는 영원적이라고 한다면 이들의 단결은 필연적으로 성공하지 못하고 좌절될 것이다. 그러나 노동조합은, 노동자 계급의 결합수단이고, 계급대립을 동반하는 낡은 사회의 전복을 위한 준비수단이다. 그리고 이 입장에서 보자면, 이 내란에 의해 노동자들이 전사자나 부상자나 금전적으로 어느 정도의 희생을 필요로 한가를 그들 앞에서 계산에 보이는 현명한 부르주아적 학교 교사들을 노동자들이 비웃는 것은 당연한 일이다. 적을 격파하려고 하는 자는 적과의 전투비용을 고려에 넣지 않을 것이다. 그리고 노동자들의 담력이 작지 않다는 것은, 가장

좋은 지불을 받고 있는 노동자들이 대개 조합을 만든다고 하는 것, 그리고 노동자들은 그의 임금에서 절약할 수 있는 모든 것을 정치적·산업적 조합 결성이나 이 운동의 비용에 충당한다는 것을 경제학자들이 증명하고 있다. 그리고 만일 거짓 박애자인 부르주아 여러 인사나 그들의 경제학자들이 노임, 즉 최소한의 생활수단 중에 약간의 차나 럼주나 설탕·고기를 포함시킬 정도로 자비롭다고 한다면, 노동자들이 이 최소한의 것 안에 부르주아 계급에 대한 약간의 전비(戰費)를 계산에 넣는다는 것, 그리고 그들이 그 혁명적 행사를 하필이면 그들의 생활향락 중 최대의 것으로 만들고 있다는 것은 그들에게는 오히려 파렴치한, 이해할 수 없는 일로 여겨질 것이다.

〈주〉

*1 〈폴크스슈타트〉 1869년, 제17호. 1869년 9월 30일의 하노펠에서의 칼 마르크스와의 회견에 관한 독일 노동조합의 임원인 하만의 보고에 의한 것이다.

*2 엥겔스는 1884년에 취리히의 '조치랄데모크라트'에서 인쇄되었던 '마르크스와 〈새 라인신문〉'이라는 논문에서 당시의 상황을 다음과 같이 묘사하였다. ―'드레스덴과 엘베르펠트의 폭동은 진압되었고, 이제르론의 폭동은 포위되었고, 라인프로빈츠와 베스트팔렌은 프러시아의 라인란트를 압제한 후 파라치나테 및 바덴으로 진격하기로 되어 있던 총검으로 가득 찼다. 그래서 정부는 감히 우리에게 육박했다'라고. (《조치랄데모크라트》 취리히, 1884년 4월 3일, 제11호 및 제13호. 엥겔스 《칼 마르크스와 새 라인신문》 1848~1849년)

*3 독일에서의 '사회주의 진압법' 시대에는 사회민주당은 비합법 정당으로서 그 당 문헌을 외국(스위스)에서 인쇄하여 그것을 비합법적인 방법으로 독일에 밀수입하지 않을 수 없었다.

*4 마르크스는 《자본론》 제1권(제1장, 주(註) 32에서 쓰고 있다. '내가 고전파 경제학이라고 말하는 것은, 부르주아적 생산관계의 내적 관련을 탐구하는 W. 페티(1623~1687) 이래의 전 경제학을 말한다'고. 영국에 있어서의 고전파 경제학의 가장 뛰어난 대표자는 애덤 스미스와 D. 리카도였다.

*5 '좁은 뜻의 경제학은 17세기 말엽 무렵의 천재적인 사람들에 의해서 태어났다고는 하지만, 중농주의자 및 애덤 스미스에 의한 이들의 적극적인 정식화(定式化)는 본질적으로 18세기의 산물이다.' (F. 엥겔스 '반(反)뒤링론')

*6 이 문제의 통속적인 설명을 마르크스 자신이 1865년에 그의 강연 《임금·가격 및 이윤》에서 했다.

＊7 파리에서의 1848년 2월 23~24일, 빈에서의 3월 13일, 그리고 베를린에서의 3월 18일의 여러 혁명을 의미한다. 이들 혁명과 그 후의 일에 관한 자세한 점은 《1848년과 1850년의 프랑스에서의 계급투쟁》·《루이 보나파르트의 브뤼메르 18일》·《독일에서의 혁명 및 반혁명》을 보라.

＊8 1848년의 프랑스의 부르주아 공화제를 말하는 것으로, 프롤레타리아 계급이 쟁취하려고 했던 '사회공화제'에 대립하는 것. 1848년 6월의 파리 노동자의 패배는 '존경할 만한 공화제'의 결정적 승리를 뜻한다.

＊9 1891년판에서는 Bürgerstandes(시민 신분의). 〈새 라인신문〉에 따라 정정.

＊10 '노동력'이라고 하는 표현은 엥겔스에 의한 것이 아니라, 마르크스가 〈새 라인신문〉에 발표한 원문에도 이렇게 되어 있다.

＊11 1891년 판에서는 '여러 자본가'라고 되어 있다. 〈새 라인신문〉에 따라 정정하였다.

＊12 이것도 카우츠키판에서는 '여러 자본가'라고 되어 있다.

＊13 이하는 1847년 12월에 쓰인 마르크스의 초고(草稿) 《노임》의 제6절·제7절이다.

＊14 독일어로 된 〈마르크스주의의 깃발 아래에〉지(誌) 제1년 제1책(1925)에 의하면 이 (2)가 (1)이 되고, 마지막 한 절 '노동자들은……'이 행이 바뀌어 (2)로 되어 있다.

＊15 영국의 경제학자 맬서스(1766~1834)의 인구론. 그는 자본에 의해 생긴 과잉인구와 노동자의 궁핍화를 설명하기 위하여, 본디 인구는 자유로 할 수 있는 생활수단이라기보다도 급속히 증가한다는 점에서 출발하여 노동자에게 그 대책으로서 산아제한을 권고하였다.

＊16 이 부록에는 싣지 않은, 《노임》에 관한 초고의 제1절을 뜻한다.

＊17 19세기의 30년대 프랑스의 사회주의의 한 파로, 위대한 공상주의자 푸리에 이론에서 출발한 것이다. 이것은 계급투쟁의 입장에 서지 않았기 때문에 그 계획(일종의 반사회주의적 식민지의 건설)의 실현을 위해, '시민 및 재산가들의 박애심에 호소'(마르크스)하지 않으면 안 되었다.

＊18 konzentrieren. 마르크스는 이 초고에서는 아직, 후에 《자본론》(제1부 제23장)에서 개념화된 자본의 '집중(Zentralisation)'과 '집적(Konzentration)'의 구별을 하지 않고, 오직 konzentrieren, Konzentration이라는 말을 사용하고 있다.

＊19 원문에서는 '원료'라고 되어 있다.

＊20 마르크스는, 그가 여기에서 암시하는 정도로 끝내고 있는 프루동의 이런 제안에 대한 비판을 이미 1847년 그의 저술 《철학의 빈곤》에서 하고 있다. 프루동은 자본제적 착취의 근원을, 여러 상품은 그 자체의 가치로서는 교환되지 않고, 이자라고 하는 추가금액을 가지고 교환됨이 틀림없다고 하는 점에서 보았다. 이 이자를 파기하기 위해 그는 모든 상품이 이들 '노동에 의해서' 결정되는 가치로만 교환할('교환은행'의 도움으로) 것을 제안하여, 그럴 경우에는 노동자도 '노동가치를 임금으로서 받을' 것이다

—라고 말한다. '같은 노동량으로 한쪽 사람의 생산물이 다른 쪽 사람의 생산물과 교환된다. 모든 인간이 임금노동자이자 동등한 노동자 간에 대해서 똑같이 지불된다. 완전한 평등이 교환을 지배한다'고 마르크스는 프루동의 제안을 특징짓고 있다. 그러나 실은—마르크스는 말한다—'노동 시간에 의한 가치의 결정, 즉, 장래를 갱신시켜야 할 범식(範式)으로서 프루동이 우리에게 제시하는 범식은, 리카도가 프루동보다도 훨씬 전에 명료하게 증명하고 있는 것처럼, 현재 사회의 경제적 여러 관계의 과학적 표현 바로 그것이다'라고.

'노임의 다른 결정', 즉 노동자는 '노동가치'를 임금으로서 받아야 한다고 하는 제안에 관해서 말하자면, 마르크스는, 프루동이 두 개의 전혀 다른 것, 즉 노동자에 의해서 생산된 상품의 가치—그 생산에 사회적으로 필요한 노동 시간에 의해서 결정되는—와, '노동' 즉 노동력의 '가치'—노동자의 생활수단의 생산에 필요한 노동 시간에 의해서 결정되는—를 혼동하고 있다는 것을 분명히 하고 있다. 프루동이 요구하는 노동력의 가치에 따른 노동자의 임금지불은 결코 이윤(잉여가치)을 제거하지는 않는다. 왜냐하면, 이윤이라고 하는 것은 노동자에 의해 생산물에 새로 부가된 가치 중에서, 자본가 노동자에게 지불하는 그의 노동력의 가치를 뺀 여분이기 때문이다. '이리하여 노동 시간에 의해 측정되는 가치는, 프루동이 주장하는 바와 같이 프롤레타리아 계급 해방을 위한 '혁명적 이론'이 아니라 필연적으로 노동자의 근대적 노예 상태의 범식이다.'(마르크스) 실은 프루동—그는 노동조합을 저주하고 파업을 저주하고 있다.—은 반동적인 소(小)부르주아의 견해를 대표하고 있는 것이다. 이자를 낳는 자본(대부자본)을 자본의 주요 형태로 보고, 이자의 외관적 폐기를 사회개조의 기초로 삼으려고 원하는 것은, —마르크스가 1865년 1월 24일자의 '사회민주주의자'에게 보낸 편지에서 말하고 있는 것처럼—전적으로 속물적인 환상이다. 프루동(1809~1865년)은 프랑스의 반동적, 소부르주아적인 사회주의자로 무정부주의의 이론적 건설자의 한 사람이다.

Lohn, Preis und Profit
임금·가격 및 이윤

일러두기

1. 이는 Karl Marx, Lohn, Preis und Profit(Elementarbücher des Kommunismus, 1923/Marx
   -Engels-Lenin Institut, 1934)을 번역 대본으로 하였고 Karl Marx, Value, Price and Prof-
   it(National Labour Press)를 참조하였다.
2. 주는 후주로 처리했다.

독일어 판에의 머리말
(M·E·L 연구소)

이 저작 《임금·가격 및 이윤》은 칼 마르크스가 1865년 6월 20일과 27일, 런던에서 열린 제1노동자 인터내셔널 중앙위원회에서 행한 강연이다. 영국의 노동조합원으로 제1인터내셔널 멤버였던 웨스턴은 앞서 다음과 같은 문제를 토의에 회부할 것을 중앙위원회에 제안하고 있었다.

(1)노동자 계급의 사회적 및 물질적인 장래는 일반적으로 임금인상으로 개선할 수 있는가?
(2)임금을 올리려고 하는 노동조합의 노력은 다른 산업 부문에 대해서 해로운 작용을 하지 않는가? [*1]

웨스턴의 주장은 다음과 같았다.

(1)일반적인 임금인상은 노동자들에게 아무런 쓸모가 없을 것이다.
(2)따라서 노동조합은 해로운 작용을 한다. [*2]

마르크스가 그의 강연 《임금·가격 및 이윤》[*3]—초판의 영어 표제는 《가치·가격 및 임금》이라고 되어 있었다—으로 웨스턴에게 준 반박은 매우 확실한 효과가 있었기 때문에 중앙위원회는 이것을 팸플릿으로 출판하려고 하였다. 그러나 그것은 공간(公刊)되지 않았다. 이 강연은 마르크스와 엥겔스가 죽은 후 처음으로 영어로, 그 후 1898년에 독일어 역으로 출판되었다.

마르크스의 강연 이래, 지난 68년 동안에 이 강연의 현실성은 감소하기는커녕 증가하였다. 자본가로부터 급여를 받는 서기(書記)들의 상투적인 문구, 즉 노동자는 임금인상을 위해 투쟁할 일이 아니다, 왜냐하면, 임금인상을 상쇄하는 물가인상을 강제적으로 발생하게 한다, 한 국민의 임금기금의 규모는 불변하다, 어느 노동자층이 너무 많은 임금을 받으면 그만큼 다른 노동자의 임금이 줄어든다, 노동조합은 정치 문제—자본주의에 대한 투쟁—에 관심을 가져서는 안 된다고 하는 등, 이와 같은 저의(底意)가 있는 거짓말은 오늘날 사회민주주의적·부르주아적 경제학자나 저널리스트들의 공유물이다. 마르크스의 이 저작은 이와 같은 주장의 반동적인 배리(背理 : 도리에 어긋남)를 쳐부수는 것이다.

영국 노동조합원인 웨스턴과 짝을 이룬 사람은 독일 노동자의 지도자 라살이다. '임금 철칙'과 노동조합의 존재권의 부정은 라살의 반동적 이론에서의 두 가지 결정적 요소였다. 이미 세계대전 이전에 점차적으로 마르크스주의를 라살주의로 대치하고 있던 독일의 사회민주당은 이 과정을 완료하였다. 자유로운 노동조합을 조합 안의 안녕과 노동자의 결박, 파업투쟁을 저지시키는 조직으로 전환시키려고 하는 다년간의 노력의 마지막 마무리를 사회민주당은 그들이 지도하는 노동조합운동의 자발적 해소, 히틀러에의 노동조합 조직의 인도로 완수한 것이다.

이때야말로 독일의 노동자 계급이 경제투쟁의 본질을, 경제투쟁의 정치투쟁에의 이행의 본질을, 노동조합의 현실적인 과제를 인식하는 것이 결정적으로 중요했다. 팸플릿《임금·가격 및 이윤》은, 교묘하게 웨스턴의 여러 견해의 논박을 마르크스 경제학설의 대강(大綱)의 해설과 결부시킴으로써 이들 문제를 설명하고 있다. 이 책은 경제학상의 복잡한 여러 문제의 쉬운 해설의 모범이며, 이론의 과학적 성격을 프롤레타리아적인 혁명적 내실과 융합, 통일한 서술의 모범이다. 이 책은 마르크스주의의 주저인《자본론》에의 최선의 안내서이다.

이 팸플릿의 독일어 역은—부록인 노동조합에 관한 결의의 독일어 역도 그렇지만—영어의 원문에 따라 이루어졌고, 이에 입각해서 일련의 잘못이 우리에 의해 수정되었다. 처음 6개 절(節)의 제목은 영어판 엮은이인 어벨링이 붙인 것이고, 기타 절의 제목은 마르크스가 붙인 것이다. 이 판은 칼 마르크스의《선집》본문과 일치하고 있다.

이 팸플릿을 마무리한 것은 호르스트 프레리히이다.

들어가기 전에

여러분—

본론에 들어가기 전에 몇 마디 미리 말해 두고자 한다.

대륙에서는 파업이라는 유행병과 노임인상을 요구하는 일반적인 부르짖음 만연되고 있다. 이 문제는 우리 대회에도 제기될 것이다. 국제노동자협회의 수뇌부인 여러분은 이 중요한 문제에 대해서 굳건한 정견(定見)을 가지고 있어야 한다. 따라서 나로서는 여러분에게 매우 따분한 생각을 가지게 하는 위험을 무릅쓰고라도, 이 문제를 충분히 살피는 것을 나의 의무라고 생각한 것이다.

또 하나의 전제(前提)를, 나는 웨스턴에 대해서 말하려고 한다. 그는 노동자 계급을 위한 것이라고 생각하여, 노동자 계급에 가장 인기가 없다고 스스로 알고 있는 의견을 여러분에게 제안했을 뿐만 아니라 공공연하게 변호해 왔다. 이런 참된 용기의 발휘는 우리 모두가 크게 존경하지 않으면 안 될 것이다. 나의 논조는 수식이 없지만, 결론에서는 그의 논강(論綱)—그것은 그 현재의 모양으로 보아서는 이론적으로는 오류이고 실천적으로는 위험하다고 나는 생각하지 않을 수 없지만—의 바탕에 가로놓인, 올바른 생각이라고 나에게 여겨지는 것과, 내 생각이 일치한다는 것을 그가 발견할 수 있기를 희망한다.

지금부터 나는 곧 당면 문제에 들어가기로 한다.

임금·가격 및 이윤

1. 생산과 임금

웨스턴의 논의는 실은 두 가지 전제에 입각해 있었다. 그 첫 번째는 국민 생산물의 액수는 고정된 것으로, 수학자들이 곧잘 말하는 불변량(不變量)이라는 것이다. 두 번째는 실제적인 임금액수, 즉 그것으로 살 수 있는 상품의 분량으로 측정된 임금액수는 고정된 액수이며 불변량이라고 하는 것이다.

그런데 그의 첫 번째의 주장은 분명히 잘못된 것이다. 해마다 여러분은 생산물의 가치와 그 양이 증가한다는 것을, 국민 노동의 생산력이 증가한다는 것을, 또 이 증가하는 생산물을 유통시키기 위해 필요한 화폐액수가 끊임없이 변동한다는 것을 찾아볼 수 있을 것이다. 일 년 마지막에, 또 서로 비교된 여러 해에 대해서 진실인 것은, 일 년의 각 평균일(平均日)에 대해서도 진실이다. 국민 생산물의 액수나 크기는 끊임없이 변동한다. 그것은 불변량이 아니라 가변량으로, 인구의 변동을 도외시해도 그렇게 되지 않으면 안 된다. 왜냐하면, 자본 축적 및 노동 생산력이 끊임없이 변동하기 때문이다. 일반적 임금률의 비등(飛騰)이 가령 오늘 생긴다 해도, 그 비등은 그 궁극적인 결과가 어떻든, 그것만으로는 생산액을 직접적으로는 변화시키지 않는다는 것은 아주 옳은 일이다. 그것은 무엇보다도 먼저 현존하는 사태에서 생기는 일일 것이다. 그러나 만일 임금의 비등 이전에, 국민적 생산이 가변적이어서 고정되어 있지 않았다고 한다면, 그것은 임금의 비등 이후에도 계속 가변적이지 고정되어 있지는 않았을 것이다.

그러나 국민 생산물의 액수는 가변이 아니라 불변이라고 가정하자. 그렇다 해도, 우리 친구 웨스턴이 논리적 귀결이라고 생각하는 것은, 또한 이유가 없는 주장으로 머무를 것이다. 지금 예를 들어 8이라고 하는 일정한 수가 있다고 한다면, 이 수의 절대적 한계는, 이 수의 상대적 한계가 변하는 것을 방해하는 것은 아니다. 이윤은 6이고 임금은 2라고 해도, 임금은 6으로 증가하고 이윤은 2로 감소할 수 있는 것으로, 그렇게 되어도 총액은 또한 8이다. 따라서 생산액이 고정되어 있다고 하는 것은 결코 임금액수가 고정되어 있다는 것을 증명하지는 않을 것이다. 그렇다면 우리 친구 웨스턴은 어떻게 해서 이 고정성을 증명할 것인가? 그것을 주장함으로써이다.

그러나 한 발 양보해서 그의 주장이 옳다고 해도, 그는 그것을 한쪽에만 적용시키고 있지만, 그것은 실은 두 방면으로 작용할 것이다. 임금액이 불변량이라고 한다면 그것은 증가도 감소도 되지 않는다. 따라서 임금의 일시적 인상을 강요하려고 하는 노동자들의 행동이 어리석다면, 임금의 일시적 인하를 강요하려고 하는 자본가들의 행동도 마찬가지로 어리석을 것이다. 우리 친구 웨스턴은 일정한 사정하에서는 노동자들이 임금인상을 강요할 수 있다고 하는 것을 부정하지는 않지만, 임금액수는 자연적으로 고정되어 있기 때문에 반동이 생길 것임에 틀림없다는 것이다. 다른 한편으로 그는 또한, 자본가들이 임금인하를 강요할 수 있다는 것, 실제로 그것을 끊임없이 강요하려 하고 있다는 것을 알고 있다. 임금 불변의 원칙에 따르면, 이 경우에도, 앞의 경우와 마찬가지로 반동이 생길 것이다. 따라서 임금인하를 위한 기도(企圖)나 행동에 대한 노동자의 반동은 올바른 행동일 것이다. 따라서 그들이 임금인상을 강요하는 것도 올바른 행동일 것이다. 왜냐하면, 임금인하에 반대하는 모든 반동은 임금인상을 요구하는 행동이기 때문이다. 따라서 웨스턴 자신의 임금 불변의 원칙에 따르면 노동자들은 일정한 사정하에서는 단결해서 임금인상을 위해 투쟁을 해야 한다.

만일 그가 이 결론을 부정한다면 그는 이 결론을 낳는 전제를 포기하지 않으면 안 된다. 그는, 임금액수는 불변량이라고 할 것이 아니라, 그것은 등귀할 수 없고 등귀해서는 안 되지만, 자본이 이를 인하하고 싶다면 언제라도 하락할 수 있고 또 하락하지 않으면 안 된다고 말해야 할 것이다. 자본가가 여러분을 고기 대신에 감자로, 또 보리 대신에 귀리로 먹여 살리고 싶다면, 여러분은, 그의 의견을 경제상의 법칙으로서 감수하고 이에 따르지 않으면 안 된다. 어떤 나라에서는 임금률이 다른 나라에서보다도 높다면, 예를 들어, 미국에서는 영국에 비해 높다면, 여러분은 임금률의 이 차이를 미국 자본가의 의지와 영국 자본가의 의지의 차이로 설명하지 않으면 안 되는 것으로, 이 방법은 확실히 경제 현상의 연구뿐만이 아니라 다른 모든 현상의 연구도 매우 간소화될 것임에 틀림없다.

그러나 그 경우에도 우리는 질문할 수가 있을 것이다. —왜 미국 자본가들의 의지는 영국 자본가들의 의지와 다른가? 하고. 그리고 이 문제에 대답하기 위해서는 여러분은 의지의 영역 밖으로 나오지 않으면 안 된다. 목사는 나에게, 신(神)은 프랑스에서는 어떤 일에 대한 의지를, 영국에서는 다른 일에 대한 의지를 갖는다고 대답할지도 모른다. 만일 내가 그에게, 의지의 이런 분열에 대한 설명을 요구한다면, 그는 뻔뻔스럽게도 신은 프랑스에서는 어떤 일에 대한 의지를, 영국에서는 다른 일에 대한 의지를 가지려고 마음먹는다고 대답할지도 모른다. 그러나 우리 친구 웨스턴은 결코 이런 모든 추론(推論)을 모두 부인하는 것 같은 논의를 할 사람이 아니다.

자본가의 의지는 분명히 될 수 있는대로 많은 것을 취하려고 한다. 우리가 할 일은 그의 의지를 논의하는 것이 아니라 그의 힘, 그의 힘의 한계, 그리고 이 한계의 성격을 연구하는 일이다.

2. 생산·임금·이윤

웨스턴이 우리 앞에서 낭독한 연설은 아마도 간단하게 요약할 수가 있었을 것이다.

그의 모든 추론은 다음과 같은 것이 된다. —노동자 계급이 자본가계급을 강요해서, 화폐임금의 형태로 4실링 대신에 5실링을 지불하게 한다면, 자본가는 상품형태로 (5실링 대신에) 4실링의 가치를 되돌릴 것이다. 노동자 계급은 임금이 오르기 이전에 4실링으로 산 것에 5실링을 지불하지 않으면 안 될 것이다. 그러나 왜 그렇게 되는가? 왜 자본가는 5실링과 교환으로 4실링 가치를 돌려주는 데에 그치는가. 임금액은 고정되어 있기 때문이라고. 그러나 무엇 때문에 그것은 4실링 가치의 상품에 고정되어 있는가? 무엇 때문에 3실링이나, 2실링이나, 그밖에 상품으로 고정되어 있지 않은가? 임금액의 한계가 자본가의 의지로부터, 또는 노동자의 의지로부터도 독립된 경제법칙에 의해서 결정된다고 한다면, 웨스턴이 해야 할 첫 번째 일은, 이 법칙을 말하고 그것을 증명하는 일이었다. 그리고 더 나아가 그는, 모든 일정한 때에 사실상*⁴ 지불되는 임금액이, 항상 필연적인 임금액과 정확하게 일치하여, 결코 그것으로부터 배리(背離 : 서로 등지고 멀어짐)하지 않는다는 것을 증명해야 했다. 한편, 임금액에 관한 주어진 한계가 자본가의 단순한 의지에, 또는 그의 탐욕의 한계에 입각한다고 하면, 그것은 자의적인 한계이다. 거기에는 아무런 필연적인 것이 없다. 그것은 자본가의 의지에 의해서 변경할 수 있고, 따라서 자본가의 의지에 어긋나게도 변경될 수 있다.

웨스턴은 그의 이론을 예증하기 위해 여러분에게 말하였다. —한 그릇에 담은 일정량의 수프를 몇 사람이서 먹을 경우, 스푼의 크기를 바꾸어도 수프의 양은 늘어나지 않을 것이라고. 그에게는 미안하지만, 이 예는, 나에게는 터무니없는 것으로 여겨진다. 그것은 나에게 메네니우스 아그리파가 사용한 비유를 언뜻 생각나게 하였다. 로마의 평민들이 로마의 귀족에게 반항했을 때, 귀족인 아그리파는 평민들에게, 귀족이라고 하는 배〔腹〕는 로마의 평민이라는 수족을 먹여 살린다고 말하였다. 아그리파는 어떤 사람의 배를 채우면 다른 사람의 수족을 먹여 살릴 수 있다는 것은 증명할 수 없었던 것이다. 그런데 웨스턴은, 노동자들이 음식을 먹는 그릇은 국민 노동의 모든 생산으로 채워져 있다는 것, 그리고 그들이 거기에서 더 많은 것을 꺼낼 수 없는 것은, 그릇이 작거나 그 내용이 적어서가 아니라, 다만 그들의 스푼이 작기 때문이라는 것을 잊고 있는 것이다.

어떤 연구에 의해서 자본가는, 5실링과 교환으로 4실링의 가치를 되돌릴 수 있는가? 그가 파는 상품값을 인상하는 것에 의해서이다. 그렇다면 여러 상품값 등귀와—보다 더 일반적으로 말해서—값의 변동은, 여러 상품값 그 자체는, 자본가의 단순한 의지에 의해서 정해지는가? 또는 반대로 그 의지를 유효한 것으로 만들기 위해서는 일정한 사정이 필요한 것인가? 그 필요가 없다고 하면, 시장가격의 등락과 끊임없는 변동은 풀 수 없는 수수께끼가 된다.

노동 생산력에도, 쓰이는 자본과 노동의 분량에도, 그것으로 생산물의 가치가 평가되는 화폐가치에도, 아무런 변동도 없고, 임금률의 변동만이 생겼다고 가정한 경우, 그 임금의 등귀는 어떻게 해서 상품값에 영향을 줄 수가 있는가? 그것은 이들 상품의 수요와 공급의 사실상의 비율에 영향을 주는 것에 의할 뿐이다.

노동자 계급은, 전체로 보아, 그 소득을 생활필수품에 소비하고 있고, 또 소비해야 한다는 것은 전적으로 옳다. 따라서 임금률의 일반적 등귀는 필수품의 수요증가를, 따라서 또 그 시장가격의 등귀를 낳게 할 것이다. 이들 필수품을 생산하는 자본가들은 임금등귀의 보상을 그들 상품의 시장가격의 등귀로 얻을 것이다. 그러나 필수품을 생산하지 않는 다른 자본가들은 어떤가? 여러분은 그들이 소수라고 생각해서는 안 된다. 만일 여러분이 국민 생산물의 3분의 2가 인구의 5분의 1—하원의 한 의원이 조사한 바에 의하면 최근에는 인구의 불과 7분의 1—에 의해서 소비되고 있다는 것을 잘 생각한다면, 여러분은 국민 생산물의 방대한 비율이 사치품의 형태로 생산되지 않으면 안 되는가, 또는 사치품과 교환되지 않으면 안 되는가—이 낭비는 우리가 경험적으로 아는 바로는 필수품의 가격등귀에 따라서 항상 심하게 제한을 받게 되지만—를 이해할 것이다.

그런데 필수품을 생산하지 않는 자본가들의 상태는 어떨까? 그들은, 임금의 일반적 등귀의 결과로 생기는 이윤율의 하락의 대상(代償)을 그들의 상품값의 등귀로 얻을 수는 없을 것이다. 왜냐하면 이들 상품에 대한 수요는 증가하지 않을 것이기 때문이다. 그들의 소득은 감소할 것이다. 그리고 이 감소한 소득으로 해서 그들은 값이 등귀한 같은 양의 필수품에 보다 더 많은 것을 지불하지 않으면 안 될 것이다. 그러나 그것만은 아닐 것이다. 그들의 소득이 감소했기 때문에 그들은 사치품을 보다 더 적게 밖에 쓰지 않을 수 없게 되어, 따라서 그들의 각 상품에 대한 그들의 상호적 수요가 감소할 것이다. 이런 수요 감소의 결과로서 그들의 상품값은 하락할 것이다. 따라서 이들 산업 부문에서는, 이윤율은, 다만 임금률의 일반적 등귀에 단비례(單比例 : 단순한 비례관계)해서가 아니라 임금의 일반적 등귀, 필수품의 값 등귀 및 사치품의 값 하락의 복비례(複比例 : 비례식의 비가 한쪽 또는 두 쪽이 복비로 되는 식)로 떨어질 것이다.

여러 산업 부문에서 쓰이는 자본의 이윤율에 있어서의 이 차이의 결과는 무엇일까? 물론 그것은, 그 어떤 이유로 해서 평균이윤율이 여러 생산 부문에서 서로 다를 때 항상 생기는 결과와 마찬가지이다. 자본과 노동은 이익이 적은 부문에서 이익이 많은 부문으로 이전될 것이다. 그리고 이 이전 과정은, 공급이 한쪽 산업 부문에서는 수요증가에 비례해서 증가하고, 다른 부문의 산업 부문에서는 수요감소에 따라 감소할 때까지 계속될 것이다. 차질은 모두,

본디 여러 상품의 수요와 공급의 비율에 있어서의 단순한 변동에서 생긴 것이므로, 원인이 없어지면 결과도 없어져서, 물가는 애초의 수준과 균형으로 복귀할 것이다. 임금등귀의 결과인 이윤율의 하락은 두서너 가지 산업 부문에 한하지 않고 일반적인 것이 되었을 것이다. 우리의 가정에 따르면, 노동 생산력에도 생산물의 총액에도 아무런 변동도 일어나지 않았던 것으로, 주어진 생산물량이 형태를 바꾸었을 뿐일 것이다. 생산물의 보다 더 큰 부분이 필수품의 형태로 존재하고, 보다 더 적은 부분이 사치품의 형태로 존재할 것이다. 또는, ―마찬가지 이야기가 되지만, ―보다 더 작은 부분이 외국산 사치품과 교환되어, 또한 사치품의 형태로 소비될 것이다. 또는, ―이것도 또한 마찬가지 이야기가 되지만, ―국내 생산물의 보다 더 큰 부분이, 외국산의 사치품이 아니라 필수품과 교환될 것이다. 따라서 임금률의 일반적 등귀는 시장가격을 일시적으로 교란한 후, 여러 상품값의 영속적 변동을 전혀 일으키지 않고 이윤율의 일반적 하락을 생기게 하는 데에 그칠 것이다.

만일 위의 논증에서 내가 증가임금*5의 모두가 필수품에 소비되는 것이라고 가정하고 있다고 말하는 사람이 있으면, 나는, 나의 가정은 웨스턴의 의견에 가장 유리한 것이라고 대답할 것이다. 만일 증가임금이, 이전에는 노동자에 의해서 소비되지 않았던 물건에 소비된다고 한다면, 그들의 구매력이 사실상 증가했다는 것에 대해서는 증명을 필요로 하지 않을 것이다. 그런데 그들의 구매력의 증가는 임금의 등귀에서만 생기게 되므로, 자본가들의 구매력의 감소와 정확하게 일치하지 않으면 안 된다. 따라서 여러 상품에 대한 총수요는 증가하지 않고, 이 수요의 구성 부분이 변동할 것이다. 한쪽에서의 수요증가는 다른 한쪽에서의 수요감소에 의해서 상쇄될 것이다. 이렇게 해서 총수요는 여전히 애초의 그대로이므로, 여러 상품의 시장가격에는 아무런 변동이 생기지 않을 것이다.

따라서 여러분은 다음과 같은 딜레마에 빠진다. 증가임금은 모든 소비재에 똑같게 소비되든지, ―이 경우에는 노동자 계급 쪽의 수요 팽창은 자본가 계급 쪽의 수요 수축에 의해서 상쇄되지 않으면 안 된다, ―그렇지 않으면 증가임금은 어떤 종류의 물건에만 소비되어 그 시장가격이 일시적으로 등귀하든지이다. 이 경우에는, 그 결과인 어떤 종류의 산업 부문에서의 이윤율의 앙등과 다른 종류의 산업 부문에서의 이윤율의 저하는, 공급이 한쪽 산업 부문에서는 증가한 수요에 적합하고 다른 한편에서는 감소한 수요에 적합할 때까지 계속 자본과 노동의 배분에서 변동을 낳게 할 것이다. 한쪽 가설에 의하면 여러 상품값에는 아무런 변동도 일어나지 않을 것이다. 다른 쪽 가설에 의하면 시장가격의 다소의 동요 후, 여러 상품의 교환가치는 본디의 수준으로 안정될 것이다. 그 어느 가정에 의해서나 임금률의 일반적 등귀의 결과는 결국 이윤율의 일반적 하락 바로 그것일 것이다.

여러분의 상상력을 불러일으키기 위해서, 웨스턴은 여러분에게, 영국의 농업임금이 9실링에서 18실링으로의 일반적 등귀에 의해서 생겨야 할 어려움에 대해서 생각해 보라고 요구하였다. 그는 외쳤다. —필수품 수요의 막대한 증가와 그 결과인 필수품 값의 놀랄 만한 등귀를 생각해 보라! 고. 그런데 여러분 모두가 알고 있는 바와 같이, 농업 생산물의 가격은 미국에서는 영국보다 싼 데도 불구하고, 자본과 노동의 일반적 관계는 미국에서나 영국에서 같음에도 불구하고, 또 해마다의 생산액은 미국에서는 영국에서보다도 적음에도 불구하고 미국의 농업노동자의 평균임금은 영국의 농업 노동자의 2배 이상이다. 그렇다면 무엇 때문에 나의 친구는 위와 같은 경종을 울리는가? 오직 우리 앞에 있는 참다운 문제를 빗나가게 하기 위한 데에 불과하다. 9실링에서 18실링으로의 임금의 갑작스런 등귀는 100%에 이르는 갑작스런 등귀이다. 그런데 우리는 영국에서의 일반 임금률이 갑자기 100%나 증가할 수 있느냐의 여부에 관한 문제를 논의하고 있는 것은 결코 아니다. 우리에게는 그 등귀율은 전혀 문제가 되지 않는다. 그것은 실제의 경우에 따라, 주어진 여러 사정에 의존하여 적합하지 않으면 안 되는 것들이다. 우리는 다만, 비록 단 1%라 하더라도, 임금률의 일반적 등귀는 어떻게 작용하는가 하는 것을 연구하면 되는 것이다.

웨스턴의 100%라고 하는 공상적인 등귀는 그 정도로 해 두고, 여러분은 영국에서 1849년부터 1859년에 걸쳐 일어난 사실상의 임금등귀에 주의를 돌리기를 바란다.

여러분은 모두, 1848년 이래 실시되어 있는 10시간 조례, 아니 그보다는 10시간 반 조례를 알고 있을 것이다. 이것은 우리가 목격한 최대의 경제적 변동의 하나였다. 이것은 두서너 개의 지방적 사업뿐만이 아니라, 영국이 세계시장을 지배하고 있는 지도적 산업 부문에서의 갑작스럽고 강제적인 임금인상이었다. 이것은 매우 불리한 사정하에서의 임금인상이었다. 유어 박사, 시니어 교수, 그밖에 중산계급의 모든 공인된 경제학적 대변자들은—더욱이 확실하게 우리 친구 웨스턴의 근거보다도 훨씬 유력한 근거에 입각해서,—그것은 영국 산업의 조종(弔鐘)을 울리는 것이라는 것을 증명하였다. 그들의 증명에 의하면, 그것은, 임금의 단순한 인상뿐만이 아니라, 사용되는 노동량의 감소에 의해서 생기는 임금인상인 것이다. 그들의 주장에 의하면, 여러분이 자본가로부터 빼앗으려고 했던 12시간째의 한 시간은, 바로 자본가가 그것으로부터 이윤을 얻는 유일한 시간이었던 것이다.*6 그들은 축적의 감소, 물가의 등귀, 시장의 상실, 생산의 축소, 그 결과인 임금에의 반동, 궁극적인 파멸이 온다고 위협하였다. 실제로 그들은, 막시밀리앙 로베스피에르의 최고가격법*7도 이에 비하면 졸렬한 처사라고 하였다. 그리고 그들은 어떤 의미에서는 옳았다. 그런데 결과는 어떠했던가? 노동일(하루의 노동시간)의 단축에도 불구하고, 공장노동자의 화폐임금이 등귀하여, 사용되는 공장노동자의 수가 크게 증가하여, 그들의 생산물의 가격이 끊임없이 하락하고, 그들의 노동 생산력이 놀라울 정도로 발달하여, 그들의 상품에 대한 시장이 누진적 팽창을 가져왔다. 맨체스터에서, 나 자신이 1860년에 '과학장려협회' 회합에서 들은 뉴먼의 고백에 의하면 뉴먼, 유어, 시니어 및 기타 모든 어용 경제학자들은 잘못되어 있었고 민중의 본능 쪽이 옳았던 것이다. 내가 프랜시스 뉴먼 교수가 아니라 W. 뉴먼*8을 든 것은, 그가 토머스 투크의 《물가사(物價史)》—1793년에서 1856년에 이르는 물가역사를 추구한 훌륭한 저술—의 협력자 및 편집자로서, 경제학상 훌륭한 지위를 차지하고 있기 때문이다. 임금의 액수는 고정되어 있고, 생산물의 액수도 고정되어 있고, 노동의 생산력의 정도도 고정되어 있고, 자본가의 의지도 고정되어 영속적이고, 그밖에 모든 것이 고정적이고 궁극적이라고 하는 나의 친구 웨스턴의 고정적인 생각이 옳다고 하면 시니어 교수의 애처러운 예언은 옳았을 것이다. 그리고 로버트 오언, 즉 이미 1816년에 노동일의 일반적 제한을 노동계급 해방의 제1의 준비 공작이라고 선언하여, 그것을 사실상, 일반적 편견을 무릅쓰고, 뉴 래너크의 자신의 방적공장에서 자력으로 실시한 오언은 잘못이었을 것이다.

10시간 조례가 채용되고, 그 결과인 임금등귀가 일어난 것과 같은 시기

웨스턴의 논의를 추상적인 모양으로 환원하면 다음과 같이 된다. —모든 수요증가는 항상 어떤 주어진 생산액의 기초 위에서 생긴다. 따라서 그것은 결코 수요되는 물건의 공급을 증가시킬 수 있는 것이 아니고, 다만 그 화폐가격을 등귀시킬 수 있을 뿐이다—라고. 그런데 잠깐 관찰해 보면 알 수 있는 일인데, 수요의 증가는, 어떤 경우에는 상품의 시장가격을 본디 그대로 두고 변동시키지 않을 것이고, 또 다른 경우에는 시장가격의 일시적인 등귀를 생기게 할 것이지만, 이 등귀에는 공급의 증가가 이어져서, 값이 처음의 수준까지 하락하고, 대개의 경우 그 본디 수준 이하로 하락하는 것이다. 수요의 증가가 임금증가로 생기든, 그밖에 그 어떤 원인으로 생기든 간에 문제의 조건에는 조금도 영향을 주지 않는다. 웨스턴의 입장에서 보자면, 이 일반적 현상도, 임금의 등귀라고 하는 예외적 사정하에서 생기는 현상과 마찬가지로 설명이 어려웠다. 따라서 그의 논의는, 우리가 다루는 현상에는 아무런 특별한 관계는 없었다. 그것은 다만, 수요의 증가는 시장가격의 궁극적 등귀를 가져오지 않고 공급의 증가를 가져온다고 하는 법칙을 설명할 때의 그의 혼란을 나타내는 데에 지나지 않는다.

3. 임금과 통화

토론 이틀째에 나의 친구 웨스턴은 자기의 처음 주장을 새로운 형식으로 꾸몄다. 그는 말하였다. —화폐임금의 일반적 등귀의 결과, 같은 (현실적) 임금을 지불하기 위해 보다 더 많은 통화가 필요하게 될 것이다. 통화(의 분량)는 고정되어 있는데 어떻게 여러분은 이 고정된 통화를 가지고 증가한 화폐임금을 지불할 수가 있는가? 하고. 처음에 어려운 점은, 노동자의 화폐임금이 증가함에도 불구하고 그에게 귀속되어야 할 상품의 양이 고정되어 있다는 데에서 생겼다. 이제 어려운 점은, 상품의 분량이 고정되어 있음에도 불구하고 화폐임금이 증가하는 데에서 생긴다. 물론, 만일 여러분이 그의 최초의 도그마를 포기한다면 제2의 어려움도 소멸될 것이다.

그러나 우리는 이 통화 문제가 당면한 대상과는 전혀 아무런 관계가 없다는 것을 분명히 해야겠다.

여러분의 나라에서는 지불의 규모가 유럽의 다른 어느 나라보다도 훨씬 잘 완성되어 있다. 은행제도의 확장과 집중 덕택으로 똑같은 분량의 가치를 유통시키고, 똑같은 또는 보다 더 큰 거래를 행하기 위하여 훨씬 적은 통화로 충분하다. 예를 들어, 임금에 대해서 말하자면, 영국의 공장노동자는 자기의 임금을 매주 소매인에게 지불하고, 소매인은 이것을 매일 은행으로 보내고, 은행은 매주 공장주에게 돌려주고, 공장주는 이것을 다시 자기 노동자에게 지불하는 식이다. 이 구조에 의해서 한 노동자의 1년 임금, 예를 들면, 52파운드가 매주 같은 순환을 하고 있는 한 개의 소버린(1파운드의 황금화폐)으로 지불할 수 있다. 잉글랜드라 할지라도 이 기구는 스코틀랜드만큼은 완성되어 있지 않고, 또 어디에서나 마찬가지로 완성되어 있는 것도 아니다. 따라서 예를 들어, 어떤 농업 지방에서는, 순공장 지방과 비교하면 훨씬 적은 양의 가치를 유통시키기 위해 훨씬 많은 통화를 필요로 하고 있는 것이다.

해협을 넘으면, 여러분은 화폐임금이 영국보다도 훨씬 낮다는 것을, 더욱이 그것이 독일이나 이탈리아나 스위스, 프랑스에서는 훨씬 많은 통화에 의해서 유통되고 있다는 것을 알 수가 있을 것이다. 같은 소버린이 그렇게 빨리 은행으로 들어오거나 산업 자본가의 손으로 돌아가거나 하지는 않을 것이다. 따라서 또, 1소버린인 한 해에 52파운드를 유통시키기는커녕 아마도 25파운드의 연 임금을 유통시키기 위해 3소버린이 필요할 것이다. 이와 같이 대륙 여러 나라를 영국과 비교함으로써 여러분은 낮은 화폐임금이 높은 화폐임금보다도, 그 유통 때문에 훨씬 많은 통화를 필요로 하는 일이 있을 수 있다는 것, 그리고 이것은 실은 우리의 대상에는 전혀 관계가 없는 기술적 문제에 지나지 않는다는 것을 바로 이해할 것이다.

내가 알고 있는 최선의 계수에 의하면, 이 나라의 노동자 계급의 연소득을 2억 5천만 파운드라고 추정할 수가 있다. 이 막대한 금액이 약 300만 파운드에 의해서 유통되고 있다. 지금 50%의 화폐등귀가 생긴다고 가정하자. 그렇게 되면 300만 파운드의 통화가 아니라 450만 파운드가 필요하게 되는 셈이다. 그런데 노동자의 나날의 출비(出費 : 비용을 냄)의 대부분은 은화와 동화로, 즉 돈에 대한 그 상대적 가치가 불환지폐의 그것과 마찬가지로 법률에 의해서 임의로 정해진 단순한 화폐장표(貨幣章標)로 지불되므로 50%만큼의 화폐임금의 등귀는, 극단적인 경우에는, 예를 들어 100만 소버린의 추가유통을 필요로 할 것이다. 지금 금지금(金地金) 또는 주화 형태로 잉글랜드 은행 또는 사영은행(私營銀行)의 지하실에서 잠자고 있는 100만 파운드가 유통될 것이다. 그러나 이 100만 파운드의 추가주조 또는 추가마손에서 생기는 적은 출비까지도, 비록 추가통화의 결핍에서 그 어떤 마찰이 생긴다고 해도, 절약하면 절약할 수 있고 또 실제로 절약을 할 수 있을 것이다.

여러분 모두가 알고 있는 바와 같이, 이 나라의 통화는 두 부문으로 크게 나눌 수 있다. 그 하나는, 여러 종류의 은행권으로 성립되어 있어서, 상인과 상인의 거래 및 소비자의 상인에 대한 고액 지불로 쓰이고 있고, 또 한 종류의 통화, 즉 금속주화는 소매 거래에서 유통되고 있다. 이들 두 종류의 통화는 서로 다르지만 서로 맞물리고 있다. 예를 들어, 금화는 고액 지불에 있어서도 5파운드 이하의 끝수용으로 많이 유통되고 있다. 만일 내일이라도 4파운드권(券), 또는 3파운드권, 또는 2파운드권이 발행된다면, 이들의 유통로를 채우고 있는 돈은, 바로 그곳을 쫓겨나, 화폐임금의 증가에 의해서 필요하게 되는 유통로로 흘러들 것이다. 이와 같이 해서 50%의 임금등귀에 의해서 필요하게 되는 추가의 100파운드는, 단 한 개의 소버린의 추가도 없이 공급될 것이다. 이와 마찬가지 결과는 랭커셔에서 오랫동안 그러했던 것처럼, 은행권의 추가 없이도 어음의 추가유통에 의해 생길 것이다.

임금률의 일반적 등귀, 예를 들면, 웨스턴이 농업임금에서 생기는 것이라고 가정한 것 같은 100%의 일반적 등귀가 필수품값의 커다란 등귀를 일으키는 것이라고 한다면, 그리고 그의 의견대로, 얻을 수도 없는 통화의 추가량이 필요하다고 한다면, 임금의 일반적 하락은 같은 규모로 반대 방향으로 같은 결과를 낳을 것임에 틀림없다. 그런데 여러분 모두가 아는 바와 같이, 1858~1860년의 3년 동안은 면업(綿業)에 가장 경기가 좋은 해였고, 특히 1860년은 이 점에서 상업상 유례가 없는 해로서, 동시에 다른 모든 산업 부문도 가장 호황을 이루었다. 면업노동자와 면업에 관계가 있는 다른 모든 노동자의 임금은 1860년에는 전에는 볼 수 없었을 정도로 높았다. 그러다가 거기에 미국의 공황이 와서, 이 총임금이 갑자기 지금까지 액수의 4분의 1로 하락하였다. 이것이 반대 방향이었다면 400%만큼 올랐을 것이다. 임금이 5실링에서 20실링으로 오르면 우리는 임금이 400%만큼 올랐다고 말한다. 임금이 20실링에서 4실링으로 하락하면 우리는 그것이 75%만큼 하락했다고 한다. 그러나 전자의 경우의 등귀액과 후자의 하락액은 같은 액수, 즉 15실링일 것이다. 따라서 이것은 미증유의 갑작스런 임금변동률로서, 더욱이 동시에, ─만일 우리가 직접 면업에 종사하고 있는 노동자뿐만 아니라 간접적으로 면업에 의존하고 있는 노동자도 모두 계산에 넣는다면, ─농업노동자의 1.5배 수의 노동자에 이른 것이다. 그래서 밀값은 하락했는가? 그것은, 1858~1860년의 3년 동안의 연평균 쿼터당 47실링 8펜스에서, 1861~1863년의 3년 동안의 연평균 쿼터당 55실링 10펜스로 등귀하였다. 통화를 보면, 조폐국에서는 1860년의 337만 8792파운드에 비해서, 1861년에는 867만 3232파운드 주조되었다. 즉, 1861년에는 1860년에 비해 529만 4440파운드만큼 많이 주조된 것이다. 은행권의 유통은, 1861년에는 1860년에 비해서 131만 9000파운드만큼 적었다. 이것을 뺀다고 해도 그래도 1861년의 통화는 호황의 해였던 1860년에 비해 397만 5440파운드, 즉 약 400파운드만큼 많다. 그러나 잉글랜드 은행의 지금준비(地金準備)는, 동시에 아주 같은 비율은 아니지만 거의 같은 비율로 감소하였다.

1862년을 1842년과 비교해 보자. 유통한 상품가치와 분량의 막대한 증가는 별도로 하고라도, 1862년에는 잉글랜드와 웨일스에 있어서의 철도 주식, 사채 등의 보통 거래에서 지불된 자본만으로 3억 2천만 파운드에 이르렀으나, 이런 액수는 1842년에는 황당무계한 것으로 여겨졌을 것이다. 그럼에도 불구하고, 1862년과 1842년의 통화의 총액은 거의 같았다. 그리고 일반적으로 여러분은, 상품가치뿐만 아니라 화폐 거래의 일반가치도 엄청나게 증가하고 있는데 통화는 누감(累減)하는 경향이 있다는 것을 발견할 것이다. 우리 친구 웨스턴의 입장에서 본다면 이것은 풀 수 없는 수수께끼이다.

만일 그가 어느 정도 깊이 이 사태를 통찰했다면, 임금은 별도로 하고라도, 또 그것이 고정된 것으로 가정해도, 그는 다음과 같은 일을, ─즉 유통해야 할 상품가치와 분량, 총체적으로 결제될 화폐 거래의 액수는 나날이 변동한다는 것을, 은행권의 발행액도 나날이 변동한다는 것을, 화폐의 개입 없이 수표, 어음, 장부상의 신용, 어음교환소의 매개에 의해 이루어지는 지불액도 나날이 변동한다는 것을, 실제의 금속통화가 요구되는 한, 유통하고 있는 주화와, 은행의 준비금이 되어 지하에서 잠자고 있는 주화 및 지금(地金)의 비율도 나날이 변동한다는 것을, ─이런 일들을 발견했을 것이다. 그는 통화(의 분량)은 고정되어 있다고 하는 이 도그마는 오늘날의 나날의 움직임과 일치하지 않는, 터무니없는 잘못이라는 것을 발견했을 것이다. 그는, 통화의 법칙에 관한 그의 오해를 노임인상에 반대하는 논거로 전용하는 대신에, 이렇게도 끊임없이 변동하고 있는 여러 사정에 통화를 적합시키는 법칙을 탐구했을 것이다.

4. 공급과 수요

우리 친구 웨스턴은 repetitio est mater studiorum, 즉 되풀이 연구의 어머니라고 하는 라틴 사람의 속담을 신봉하고 있다. 그래서 그는 자기의 최초의 도그마를 임금등귀의 결과인 통화의 수축은 자본의 감소를 낳을 것이다라고 하는 새로운 형식으로 다시 되풀이하였다. 나는, 통화에 대한 그의 기묘한 생각은 이미 논평했기 때문에, 그가 통화에 관한 자기의 상상(想像)상의 불상사에서 생기는 것이라고 생각하고 있는 상상상의 여러 결과에 개입하는 것은 전혀 쓸데없는 일이라고 생각한다. 나는, 여러 가지로 다른 모양으로 되풀이되고 있는 그의 도그마를 가장 간단한 이론적 형식으로 환원해 보고자 한다.

그가 그 대상을 다룬 무비판적인 방법은 단 한 마디로 명백하게 될 것이다. 그는 임금의 인상, 또는 이런 인상의 결과인 높은 임금에 반대한다. 그렇다면 그에게 물어 보자. —높은 임금이란 무엇이며, 또 낮은 임금이란 무엇인가? 무엇 때문에, 예를 들어 매주 5실링으로는 낮은 임금이고 매주 20실링은 높은 임금인가? 5실링은 20실링에 비해서 낮다고 한다면 20실링은 200실링에 비해 더욱 낮다. 지금 어떤 사람이 온도계에 대해서 강의를 할 경우, 느닷없이 온도의 높낮이부터 이야기를 하기 시작한다면, 그는 그 어떤 지식도 주지 않을 것이다. 그는 우선 빙점(氷點 : ^{어는}_점)은 어떻게 찾을 수 있고 또 비등점(沸騰點 : ^{끓는}_점)은 어떻게 찾을 수 있는가를 설명하고, 이들의 기준점은 온도계의 판매자나 제조자의 착상에 의해서가 아니라 자연법칙에 의해서 결정된다는 것을 설명하지 않으면 안 된다. 그런데 웨스턴은 임금이나 이윤에 관해서 이런 기준점을 경제법칙으로부터 추론을 할 수 없었을 뿐만 아니라, 이런 기준점을 탐구할 필요도 느끼지 않은 것이다. 그는 낮다, 높다고 하는 통속 용어를, 일정한 뜻을 가진 것으로 해석하여 만족한 것인데, 두 말할 필요도 없이, 임금은 그 크기를 측정한 기준과 비교해서 비로소 높거나 낮다고 말할 수가 있는 것이다.

그는 왜 일정액의 화폐가 일정량의 노동에 지불되는가를 설명할 수가 없을 것이다. 만일 그가 '그것은 수요공급의 법칙에 의해서 결정된다'고 대답한다면 나는 무엇보다도 먼저 그에게 묻겠다. ―어떤 법칙에 의해서 수요공급 그 자체는 규제되는가? 하고. 이것만으로 위의 대답은 곧 못쓰게 될 것이다. 노동의 공급과 수요의 관계는 끊임없이 변동하고, 그에 따라 노동의 사장가격도 끊임없이 변동한다. 수요가 공급을 초과하면 임금은 오르고, 공급이 수요를 초과하면 임금은 하락한다. ―그렇다고는 하지만, 이런 사정 하에서는, 예를 들어 파업이나 그밖에 방법으로 수요공급의 실제 상태를 시험할 필요가 있을지도 모르지만. ―그러나 만일 여러분이 수요공급을 가지고 임금을 규제하는 법칙이라고 인정한다면, 임금인상에 반대하는 것은 어린애 장난이자 쓸데없는 일일 것이다. 왜냐하면, 여러분이 호소하는 지상법칙(至上法則)에 의하면 임금의 주기적 등귀는 임금의 주기적 하락과 마찬가지로, 필연적이며 규칙대로이기 때문이다. 만일 여러분이 수요공급을 가지고 임금을 규제하는 법칙이라고 인정하지 않는다면 나는 다시 질문을 되풀이할 것이다. ―왜 일정액의 화폐가 일정량의 노동에 지불되는가? 라고.

그러나 사태를 좀더 넓게 생각해 보자. 노동 또는 기타의 그 어떤 상품가치는 결국 수요공급에 의해서 결정된다고 한다면 그것은 전적으로 여러분의 잘못일 것이다. 수요공급은 시장가격의 일시적 동요를 규제하는 데에 지나지 않는다. 그것은 여러분에게, 왜 한 상품의 시장가격이 그 가치 이상으로 오르고, 또는 그 이하로 하락하는가를 설명하겠지만, 그러나 그것은, 그 가치 그 자체를 설명할 수는 없다. 수요와 공급이 균형을 이루는 것―또는 경제학자가 말하는 것처럼 일치하는 것―이라고 가정해 보자. 이들 반대 세력이 같아지는 그 순간에 그것들은 서로 무력화되어 어느 쪽에도 작용을 하지 않게 된다. 공급과 수요가 균형을 이루어, 따라서 작용을 하지 않게 되는 순간에, 한 상품의 시장가격은 그 실제가격과, 즉 그 시장가격의 동요의 중심을 이루는 표준가격과 일치한다. 따라서 우리는 이 가치의 본성을 연구함에 있어서 시장가격에 미치는 수요공급의 일시적 영향에는 아무런 볼일도 없다. 이것은 임금에 대해서도 다른 모든 상품가치에 대해서도 해당된다.

5. 임금과 물가

우리 친구의 모든 논의는 가장 간단한 이론적 표현으로 환원하면, '상품값은 임금에 의해서 결정 또는 규제된다'고 하는 이 한 가지 도그마에 귀착된다.

이 진부하고 이미 매장된 잘못된 논의에 대한 반증을 들기 위해 나는 실제의 관찰에 호소하고자 한다. 노동이 비교적 고가인 영국의 공장노동자·광부·조선공 등은 그들의 생산물이 싸기 때문에 다른 모든 국민과의 경쟁에 이기고 있는데, 예를 들어 노동이 비교적 값싼 영국의 농업노동자는 그들의 생산물이 비싸기 때문에 거의 다른 국민과의 경쟁에서도 패배하고 있다고 말할 수 있다. 같은 국내의 물건을 비교하고, 또 여러 나라들의 여러 상품을 비교해 보면 몇 가지 예외—현실의 예외가 아니라 오히려 외관적인 예외—를 별도로 한다면, 평균해서, 값이 비싼 노동은 싼 상품을 생산하고 값이 싼 노동은 비싼 상품을 생산한다는 것을 알 수 있다. 이것은 물론 전자의 경우는 노동이 고가라고 해서, 후자의 경우는 그것이 염가라고 해서 상품의 비싸고 싼 원인이 된다고 하는 증거는 되지 않겠지만, 아무튼 상품값은 노동가격에 의해서 지배되지 않는다고 하는 증거는 될 것이다. 그러나 우리에게는 이런 경험적인 방법을 사용한다는 것은 전적으로 필요 없는 일이다.

웨스턴이 '상품값은 임금에 의해서 결정 또는 규제된다'고 하는 도그마를 수립했다고 하는 것은 아마도 부정도 할 수 있을 것이다. 실제로 그는 그것을 결코 정식화(定式化)하고 있지는 않다. 오히려 그는, 이윤이나 지대도 상품값의 구성 부분을 이룬다, 왜냐하면, 노동자의 임금뿐만 아니라, 자본가의 이윤이나 지주의 지대도 상품값에서 지불하지 않으면 안 되니까 라고 말하였다. 그렇다면 그의 생각으로 값은 어떻게 해서 형성되는가? 우선 임금에 의해서이다. 그리고 이 값에 자본가를 위한 비율이 추가되고, 또 지주를 위한 비율이 추가된다. 지금 한 상품의 생산에서 쓰이는 노동임금을 10이라고 가정하자. 이윤율을 투하임금에 대한 100%라고 한다면 자본가는 10을 덧붙일 것이다. 그리고 지대율도 임금에 대한 100%라고 한다면 다시 10이 첨가될 것이다. 그리하여 그 상품의 총액은 30이 될 것이다. 그러나 값이 이렇게 해서 결정된다고 하는 것은, 그것이 임금에 의해서 결정되기 때문일 것이다. 위의 경우, 만일 임금이 20으로 오르면 그 상품값은 60으로 오를 것이다. 따라서 임금이 값을 규제한다고 한다는 등의 도그마를 주장하는 경제학상의 모든 낡은 저술가들은 이윤이나 지대를 임금에 대한 단순한 추가적 비율로 다룸으로써 이 도그마를 증명하려고 하였다. 그들 중 그 누구도, 물론 이 비율의 한계를 그 어떤 경제법칙으로 설명할 수는 없었다. 오히려 그들은, 이윤은 전통·관습·자본가의 의지, 또는 무엇인가 다른 자의적이고 설명을 할 수 없는 방법에 의해서 결정되는 것으로 생각하고 있는 것 같다. 비록 그들이, 이윤은 자본가들 사이의 경쟁에 의해서 결정된다고 주장해도, 그것은 아무런 설명이 되지 않는다. 그 경쟁은 분명히 여러 사업에 있어서의 여러 가지 이윤율을 평균하여 그것들을 평균 수준으로 환원하기는 하지만, 그러나 그것은 결코 그 수준의 것, 즉 일반적 이윤을 결정하는 일은 아니다.

상품값은 임금에 의해서 결정된다고 하는 것은 무슨 뜻인가? 임금이라고 하는 것은 노동가격을 말하는 것이므로, 그것은, 상품값은, 노동가격에 의해 규제된다는 말이다. '값'이란 교환가치이고, —내가 가치라고 하는 것은 언제나 교환가치를 말한다, —화폐로 표현된 교환가치이므로, 위의 명제는, '상품가치는 노동가치에 의해 결정된다'고 하는 것, 또는 '노동가치는 가치의 일반적 척도이다'라는 데에 귀착된다.

하지만, 그렇다면 어떻게 해서 '노동가치' 그 자체가 결정되는가? 여기서 우리는 막다른 골목에 이르고 만다. 물론, 우리가 막다른 골목에 이르는 것은 논리적으로 추론하기 때문이다. 그러나 그 학설을 주장하는 사람들은 논리적인 고려 등에는 아랑곳하지 않는다. 예를 들어, 우리 친구 웨스턴의 경우를 보자. 우선 그는 우리에게, 임금은 상품값을 규제한다고 하는 것, 따라서 임금이 오르면 물가는 오르지 않으면 안 된다고 말한다. 그러고 나서 그는 자세를 바꾸어 임금이 올라도 아무 소용이 없을 것이다, 왜냐하면 상품가치가 오르기 때문에, 그리고 임금은 그것으로 구매되는 상품값에 의해서 측정되기 때문이라는 것을 우리에게 증명한다. 이리하여 노동가치는 상품가치를 결정한다는 주장에서 시작하여, 상품가치는 노동가치를 경정한다고 하는 주장으로 끝난다. 이렇게 해서 우리는 심한 순환논법에 빠져서 전혀 아무런 결론에도 이르지 않는 것이다.

이것은 요컨대, 한 상품, 예를 들면 노동·곡물, 또는 그밖에 그 어떤 상품 가치를 가치의 일반적 척도 또는 규제자로 삼게 되면, 하나의 가치를 다른 가치—이것이 다시 결정될 필요가 있다—에 의해서 결정하는 것이므로, 분명히 우리는 다만 어려움을 일시적으로 모면하는 데에 지나지 않는다.

'임금은 상품값을 결정한다'는 도그마는, 이것을 가장 추상적인 말로 표현하자면, '가치는 가치에 의해 결정된다'는 것이 된다. 그리고 이 동의반복(同意反復)은, 실은 우리가 가치에 대해서 전혀 아무것도 알지 못하고 있다는 것을 의미한다. 만일 이 전제를 승인한다면 경제학상의 일반적 법칙에 관한 모든 추리는 단순한 헛소리가 되고 만다. 따라서 리카도가 1817년에 발표한 그의 저서 《경제학 원리》에서, '임금은 물가를 결정한다'고 하는, 이제는 낡을 대로 낡은 잘못된 논의—애덤 스미스 및 프랑스에서의 선구자들이 그들 연구의 과학적 부분에서 이미 내동댕이친, 그러나 그들의 통속적이고 속류적(俗流的)인 여러 장(章)에서 다시 꺼내고 있는 그릇된 논의—를 근본적으로 쳐부순 것은 리카도의 위대한 공적이다.

6. 가치와 노동

여러분, —나는 지금 문제의 참다운 전개로 들어가지 않으면 안 될 단계에 이르렀다. 나는 그것을 충분히 만족할 만하게 할 수 있다고는 약속할 수는 없다. 왜냐하면 그러기 위해서 나는 경제학의 전 영역에 대해서 말하지 않을 수가 없기 때문이다. 나는 다만 프랑스인들이 흔히 말하는 것처럼, 'effleurer la question', 즉 요점만 말하는 수밖에 없다.

우리가 제출하지 않으면 안 될 제1의 문제는 상품가치란 무엇인가? 그것은 어떻게 해서 결정되는가 하는 것이다.

언뜻 보기에 상품가치는 아주 상대적인 것이어서, 하나의 상품을 다른 상품과의 관계에서 살피지 않고서는 전혀 결정할 수 없다고 여겨질 것이다. 실제로, 한 상품가치, 교환가치라고 할 경우, 우리는 그 상품이 다른 모든 상품과 교환되는 양적 비율을 뜻한다. 그러나 그렇다고 하면 상품이 서로 교환되는 비율은 어떻게 해서 규제되는가? 하는 문제가 생긴다.

우리는 경험에 의해서 이들 비율은 한없이 다양하다는 것을 알고 있다. 어떤 한 상품, 예를 들어 밀을 예로 들어 본다면, 우리는 1쿼터의 밀이 여러 상품과 거의 무수한 여러 비율로 교환되는 것을 알 수가 있을 것이다. 그런데 비단·금, 또는 그밖에 어떤 상품으로 표현되어도 1쿼터의 밀의 가치는 정확하게 똑같으므로 그 가치는 여러 상품과의 이런 여러 교환의 비율과는 다른 것, 즉 독립된 것이지 않으면 안 된다. 여러 상품의 이런 여러 가지 방정식을, 그것과는 아주 다른 한 형태로 표현하는 일이 가능하지 않으면 안 된다.

또, 만일 내가, 1쿼터의 밀은 일정한 비율로 철(鐵)과 교환된다거나, 1쿼터의 밀의 가치는 일정량의 철로 표현된다든가 하고 이야기할 경우, 나는, 밀의 가치와 철에 의한 그 대가(對價)가, 밀도 아니고 철도 아닌 어떤 제3자와 같다는 것을 말하는 것이다. 왜냐하면 나는, 이들이 두 개의 서로 다른 모양을 가진 같은 크기의 것을 표현하는 것이라고 가정하고 있기 때문이다. 따라서 이들 각각은, 즉 밀이나 철은 다른 쪽으로부터 독립적으로, 이들의 공통의 척도인 이 제3자에 정리·요약되지 않으면 안 된다.

이 점을 설명하기 위해 나는 매우 간단한 기하학상의 예를 원용(援用)해야겠다. 갖가지 모양 또는 크기의 세모꼴의 넓이를 비교하거나 세모꼴을 네모꼴 또는 그밖에 그 어떤 직선형과 비교할 때 우리는 어떤 절차를 취하는가? 어떤 세모꼴도 우리는 그 넓이를 그것이 눈에 보이는 모양과는 전혀 다른 한 표현으로 정리·요약한다. 세모꼴의 성질로 해서, 그 넓이는 그것의 밑변과 높이를 곱한 값을 둘로 나눈 것과 같다는 것을 알았다고 한다면, 우리는 모든 종류의 세모꼴의, 모든 직선형의 여러 값을 비교할 수가 있다. 왜냐하면, 직선형은 모두 일정 수의 세모꼴로 분해할 수가 있기 때문이다.

상품에 대해서도 같은 절차가 이루어지지 않으면 안 된다. 우리는 이들 모두를 이들에 공통된 한 표현으로 정리해서, 그것들을 오직, 그것들이 이 똑같은 척도를 포함하는 비율에 의해서만 구별할 수가 있지 않으면 안 된다.

여러 상품의 교환가치는, 이들 물건의 사회적 기능 바로 그자체로서, 자연적 여러 성질과는 전혀 아무런 관계가 없기 때문에, 우리는 우선, 모든 상품의 공통된 사회적 실체는 무엇인가? 하는 것을 묻지 않으면 안 된다. 그것은 노동이다. 상품을 생산하기 위해서는, 이를 위해 일정량의 노동이 소비되지 않으면 안 된다. 더욱이 그것은 단순히 노동이 아니라 사회적 노동이다. 어떤 물건을 자기 자신이 직접적으로 사용하기 위해서, 그것을 자기 자신이 소비하기 위해서 생산하는 사람은, 생산물은 만들지만 상품은 만들지 않는다. 자급자족하는 생산자로서 그는 사회와 아무런 관계도 가지지 않는다. 그런데 상품을 생산하기 위해서는, 사람은 그 어떤 사회적 욕구를 충족시키는 물건을 생산하지 않으면 안 될 뿐만 아니라, 그의 노동 그 자체가, 사회에 의해 지출되는 총 노동량의 일부분을 이루지 않으면 안 된다. 그것은 사회 내의 분업에 종속해 있지 않으면 안 된다. 그것은 다른 여러 분업 없이는 의의가 없으며, 또 그 자신, 다른 여러 분업을 보충할 것을 요구받고 있는 것이다.

우리가 여러 상품을 가치로서 살필 경우, 우리는 그것들을, 오직 실현된, 고정된, 또는 가능하면 결정(結晶)된, 사회적 노동이라고 하는 단일 관점하에서 살피는 것이다. 이 관점에서 말하자면, 여러 상품은, 예를 들어 한 장의 명주 손수건에는 한 개의 벽돌보다도 다량의 노동이 소비되는 것처럼, 이들이 구현하는 노동량의 다소(多少)에 의해서만 구별할 수가 있다. 그렇다면 노동의 분량은 어떻게 측정되는가? 시(時)·일(日) 등을 척도로 하는 노동이 계속되는 시간에 의해서이다. 물론, 이 척도를 적용하기 위해서는 모든 종류의 노동이 단위로서의, 평균적 또는 간단한 노동으로 정리·요약되는 것이다.

따라서 우리는 다음과 같은 결론에 이른다. 상품이 가치를 갖는 것은 그것이 사회적 노동의 결정이기 때문이다. 그 가치의 크기, 또는 그 상대적 가치는 그것에 포함되어 있는 사회적 실체의 분량의 대소, 즉 그 생산에 필요한 노동의 상대적 분량에 의존하고 있다. 따라서 상품의 상대적 가치는 이에 소비된, 실현된, 고정된 노동의 각 분량에 의해 결정된다. 똑같은 노동 시간 안에 생산할 수 있는 여러 상품의 상관적 여러 분량은 서로 같다. 또는 한 상품가치가 다른 한 상품가치에 대한 비(比)는, 한 상품에 고정된 노동의 분량이 다른 한 상품에 고정된 노동의 분량에 대한 비와 같다.

아마도 여러분은 질문할 것이다. ─그렇다면 실제로, 상품가치를 임금으로 결정하는 것과, 그것을 상품의 생산에 필요한 상대적 분량으로 결정하는 것 사이에는 그렇게 큰 차이, 또는 아무튼 어떤 차이가 있는가? 하고. 그런데 여러분이 주의하지 않으면 안 될 것은, 노동에 대한 보수(報酬)와 노동의 분량은 전혀 별개의 것이라는 것이다. 예를 들어, 1쿼터의 밀과 1온스의 금에 같은 양의 노동이 고정되어 있다고 가정해 보기로 하자. 내가 이 예를 드는 것은, 그것을 벤자민 프랭클린이, 첫째가는 사람의 한 사람으로서 가치의 진상에 말한, 1729년에 공표된 '지폐의 본성과 필요에 관한 소연구'라는 그의 최초의 논문에서 사용하고 있기 때문이다. 여기서 우리는, 1쿼터의 밀과 1온스의 금은 같은 양의 평균적 노동의—각기 이들 물건에 고정된 며칠 분 또는 몇 주 분의 노동의—결정이기 때문에 똑같은 가치 또는 등가물(等價物)이라고 가정하자. 이렇게 해서 금과 곡물과의 상대적 가치를 결정함에 있어서, 우리는 농업노동자와 광부의 임금을 문제로 삼을까? 전혀 삼지 않는다. 우리는 그들의 하루분, 또는 1주일분의 노동이 어떻게 지불되었는가, 또는 도대체 임금노동이 사용되었는가의 여부까지도 전적으로 불문에 붙인다. 임금노동이 사용되었다고 해도, 임금은 큰 차이가 있었을지도 모른다. 그 노동이 1쿼터의 밀에 실현되고 있는 노동자는 2부셀(1쿼터는 8부셀)밖에 받지 않았을지도 모르지만, 광산업에서 사용되는 노동자는 2분의 1온스의 금을 받을지도 모른다. 또는, 그들의 임금이 같다고 해도, 이들 임금은 그들이 생산한 상품가치로부터 갖가지 비율로 어긋날지도 모른다. 즉, 이들은, 1쿼터의 밀 또는 1온스의 금의 2분의 1, 3분의 1, 4분의 1, 5분의 1, 또는 그밖에 비례 부분일지도 모른다. 그들의 임금은 물론 그들이 생산하는 상품가치를 초과하는 일—즉 그보다 많은 일—은 있을 수 없으나, 그러나 모든 가능한 정도로 그보다 적다는 것은 있을 수가 있다. 그들의 임금은 여러 생산물의 가치에 의해서 제한될 것이지만, 그러나 그들의 여러 생산물의 가치는 임금에 의해서 제한되지 않을 것이다. 그리고 아무튼 가치, 예를 들어 곡물과 금의 상대적 가치는, 사용된 노동가치, 즉 임금에는 전혀 관련 없이 확정되었을 것이다. 따라서 여러 상품가치를 그것들에 고정되어 있는 노동의 상대적 분량에 의해서 결정한다고 하는 것은, 여러 상품가치의 노동가치 또는 임금에 의해서 결정한다고 하는 동의반복적(同義反復的)인 방법과는 전혀 별개의 일이다. 이 점은 우리의 연구가 진행됨에 따라 한층 분명해질 것이다.

한 상품의 교환가치를 계산함에 있어서 우리는, 마지막으로 사용된 노동의 분량에 더하여, 그 상품의 원료에 미리 소비된 노동의 분량과 '그런 노동에 원용(援用)된' 용구·도구·기계 및 건물에 사용된 노동을 가지고 계산하지 않으면 안 된다. 예를 들어, 일정량의 면사의 가치는 방적과정을 통해서 면화에 부가된 노동의 분량, 면화 그 자체에 미리 실현된 노동의 분량, 석탄·기름, 그밖에 사용된 보조 재료에 실현된 노동의 분량, 증기기관·방추(紡錘), 공장건물에 고정된 노동의 분량 등의 결정(結晶)이다. 도구·기계·건물과 같은 노동 용구는, 반복적인 생산과정을 통해서, 기간의 장단은 있지만 반복해서 사용된다. 만일 이들이 원료처럼 한 번에 소모된다면 이들의 전체 가치는 이들을 원용해서 생산된 여러 생산물에 한꺼번에 이전될 것이다. 그러나 예를 들어 방추는 차츰 소모되는 것이므로 이들의 평균적 수명, 따라서 일정 기간, 예를 들면, 하루 동안의 이들의 평균적 손모(損耗), 또는 마손을 기초로 해서 평균계산이 이루어진다. 이렇게 해서 우리는 그 방추의 가치의 어느 정도가 매일 빼내는 실에 이전되는가, 따라서 또, 예를 들면 1파운드의 실에 실현된 총 노동량의 어느 정도가 이 방추에 미리 실현되고 있던 노동량에 기인하는가 하는 것을 계산한다. 우리의 현재의 목적을 위해서는 이 점을 이 이상 자세히 말할 필요는 없다.

만일 한 상품가치가, 그 생산에 사용된 노동의 분량에 의해 결정된다고 한다면, 사람이 게으르거나 서툴수록 그 상품의 완성에 많은 노동 시간이 필요하게 되는데, 그의 상품은 더욱더 가치가 많을 것으로 여겨질지도 모른다. 그러나 그것은 터무니없는 잘못이다. 여러분은, 내가 '사회적 노동'이라는 말을 사용한 것을 기억할테지만, 이 '사회적'이라고 하는 형용에는 많은 논점이 포함되어 있다. 한 상품가치는 그 상품에 소비되거나 결정(結晶)된 노동 분량에 의해서 결정된다고 했을 때, 우리는 주어진 사회적 상태에서, 일정한 사회적·평균적인 생산조건하에서, 사용되는 노동의 주어진 사회적·평균적인 강도 및 평균적인 숙련을 가지고, 그 상품을 생산하는 데에 필요한 노동 분량을 뜻한다. 영국에서 증기기관이 수직기(手織機)와 경쟁을 하게 되었을 때, 일정량의 실을 1야드의 면직물 또는 모직물로 전화(轉化)하기 위해서 이전 노동의 반밖에 걸리지 않게 되었다. 그래서 불쌍한 수직공은 이전에는 하루에 9시간, 또는 10시간 일을 하고 있었는데, 이제는 17시간, 18시간이나 일을 했다. 더욱이 20시간분의 그의 노동 생산물은, 이제 사회적 노동의 10시간분을, 또는 일정량의 실을 직물로 전화하기 위해서 사회적으로 필요한 노동의 10시간분을 대표한 데에 지나지 않는다. 따라서 20시간분의 그의 생산물은 10시간분의 그의 이전 생산물의 가치밖에 없었다.

그래서 상품에 실현된 사회적 필요노동의 분량이 이들 상품의 교환가치를 규제한다고 하면, 한 상품의 생산에 요하는 노동 분량이 증가하면 할수록 그 상품가치가 증대하고, 또 그것이 감소하면 할수록 그 가치가 저감할 것임에 틀림없다.

각 상품의 생산에 필요한 각 노동량이 계속 불변하다고 한다면, 이들 상품의 상대적 가치도 불변할 것이다. 그러나 그런 일은 실제로는 없다. 한 상품의 생산에 필요한 노동 분량은 사용되는 노동 생산력의 변동에 따라서 끊임없이 변동한다. 노동 생산력이 크면 클수록 일정한 시간 안에 보다 더 많은 생산물이 마무리되고, 노동 생산력이 작으면 작을수록 같은 시간 안에 적은 생산물밖에 마무리할 수 없다. 예를 들어, 인구 증가에 의해 풍요도가 보다 낮은 토지를 경작할 필요가 있다고 한다면, 같은 액수의 생산물을 얻기 위하여 보다 더 많은 양의 노동을 해야 하고, 그 결과 농산물의 가치가 증가할 것이다. 한편, 근대적인 생산수단을 가지고 한다면 한 사람의 방적공이 한 노동일 동안에, 만일 물레를 가지고 한다면, 같은 시간 안에 뺄 수 있는 목화량의 수천 배나 실로 뽑을 수 있다면, 분명히 면화 1파운드는 이전에 비해서 방적노동의 수천분의 1밖에 흡수하지 않을 것이다. 따라서 또, 방적업에 의해서 각 1파운드의 면화에 부가되는 가치는 이전에 비해서 수천분의 1로 감소할 것이다. 실의 가치는 이에 따라 내려갈 것이다.

여러 사람의 선천적 정력과 후천적 작업능력의 차이를 도외시한다면 노동 생산력은 주로 다음과 같은 것에 의존하게 될 것이다.

첫째, 노동의 자연적 조건, 예를 들어 토지나 광산의 풍요도 등.

둘째, 노동의 사회적 여러 힘의 진보·개량.

이것은 대규모 생산, 자본의 집적과 노동의 결합, 노동의 재분할, 기계, 작업방법의 개량, 화학적 그밖에 자연적 능력의 응용, 교통과 운송수단에 의한 시간과 공간의 단축 및 그밖에 모든 발명—즉 그것에 의해서 과학이 자연적 여러 능력을 노동에 봉사시키고 또 그것에 의해 노동의 사회적 또는 협력적 성격이 발전하는 것 같은 발명—으로부터 얻어진다. 노동의 생산력이 커지면 커질수록 일정 분량의 생산물에 쓰이는 노동이 적어지고, 그리하여 그 생산물의 가치는 적어진다. 노동의 생산력이 적어지면 적어질수록 같은 분량의 생산물에 사용되는 노동이 많아져서 그 생산물의 가치는 커진다. 따라서 우리는 다음과 같은 일반적 법칙을 세울 수가 있다.

상품가치는 이들의 생산에 사용되는 노동 시간에 정비례하고 사용되는 노동 생산력에 반비례한다.

나는 이제까지 가치에 대해서만 이야기해 왔기 때문에 가치가 취하게 되는 특수 형태인 값에 대해서 몇 마디 덧붙이고자 한다.

값은 그 자체만으로는 가치의 화폐적 표현에 지나지 않는다. 예를 들어, 이 나라의 모든 상품가치는 금값으로 표현되고 있는데, 대륙 쪽에서는 주로 은값으로 표현되고 있다.[10] 금 또는 은의 가치는 다른 모든 상품가치와 마찬가지로 이들을 얻기 위해 필요한 노동 분량에 의해 규제된다. 여러분은, 여러분의 국민적 노동의 일정 분량의 결정(結晶)인 국민적 생산물의 일정 분량을, 금은을 생산하는 여러 나라의 노동의 일정 분량의 결정인 그들의 생산물과 교환한다. 이렇게 해서, 즉 실제로는 물물교환에 의해서, 여러분은 모든 상품가치를, 즉 거기에 사용된 노동의 각 분량을 금과 은으로 표현하게 되는 것이다. 가치의 화폐 표현, 또는 같은 말이지만 가치의 값에의 전화(轉化)에 좀더 자세히 파고든다면, 여러분은 그것이, 모든 상품가치에 독립적이고 동질(同質)의 형태를 주기 위한, 또는 이들을 동등한 사회적 노동의 여러 분량으로서 표현하기 위한 절차라는 것을 알 수 있을 것이다. 값은 가치의 화폐 표현인 이상, 애덤 스미스는 이것을 '자연가격'이라고 했고, 프랑스의 중농주의자들은 이것을 '필요가격'이라고 했다.

그러면 가치와 시장가격의 관계, 또는 자연가격과 시장가격과의 관계는 어떤가? 여러분 모두가 알고 있는 바와 같이, 생산조건이 개개의 생산자에 따라 아무리 차이가 나더라도, 시장가격은 같은 종류의 모든 상품에 대하여 똑같다. 시장가격은 평균적인 생산조건하에서 일정한 물건의 일정량을 시장에 공급하기 위해 필요한 사회적 노동의 평균량을 표현하는 데에 지나지 않는다. 그것은 일정한 종류의 상품 모두에 대해서 계산된다.

이 경우, 한 상품의 시장가격은 그 가치와 일치한다. 한편, 가치 또는 자연가격 이상이 되거나 이하가 되는 시장가격의 동요는 수요공급의 변동에 의존된다. 시장가격의 가치로부터의 이탈은 계속적이지만, 애덤 스미스가 말하고 있는 것처럼, ─

"자연가격은 상품값이 끊임없이 끌어당겨지는 중심가격이다. 여러 가지 사건이 때로는 시장가격을 자연가격의 상당한 윗부분에 머물게 하고 때로는 얼마간 아래로 밀어 내릴지도 모른다. 그러나 시장가격이 휴식과 체류(滯留)인 이 중심에 안정되는 것을 방해하는 걸림돌이 무엇이 되었든 간에 시장가격은 항상 이 중심으로 향하는 경향을 가지고 있다."

나는 지금 이 문제에 들어갈 수가 없다. 공급과 수요가 서로 균형을 이룬 다면 상품의 시장가격은 이들 자연가격과, 즉 이들의 생산에 요하는 각 노동량에 의해서 결정되는 이들 가치와 일치할 것이다—라고 하는 점을 말해 두면 충분할 것이다. 그런데 공급과 수요는 항상 서로 균형을 이루는 경향을 가지지 않을 수가 없다. 하지만 이들은 하나의 변동을 다른 변동으로, 즉 등귀를 하락에 의해서, 하락을 등귀에 의해서 상쇄하는 것에 의해서만 서로 균형을 이루는 것이지만……. 만일 여러분이, 단순히 나날의 변동을 관찰할 뿐만 아니라, 예를 들어 투크가 그의 《물가사》에서 한 것처럼 장기간에 걸친 시장가격의 움직임을 분석한다면 여러분은 시장가격의 변동, 그 가치로부터 이탈, 그 등귀와 하락이 서로 무력화되어 상쇄된다는 것을, —그리고 내가 지금 간과하지 않으면 안 되는 독점의 영향과 그밖에 약간의 변화를 도외시한다면, 모든 종류의 상품은 평균적으로는 각각 그 가치 또는 자연가격으로 팔린다고 하는 것을, —발견하게 될 것이다. 시장가격의 변동이 상쇄되는 데에 요하는 평균 기간은 상품의 종류에 따라서 다르다. 왜냐하면, 어떤 종류의 상품의 경우는 다른 상품의 경우보다도 공급을 수요에 적합하게 하는 일이 손쉽기 때문이다.

그래서 일반적으로 말하자면, 그리고 약간 긴 기간에 걸쳐 보자면, 모든 종류의 상품이 각각의 가치에 따라 팔린다고 한다면, 이윤이, —개개의 경우의 이윤이 아니라 여러 사업의 항상적·평상적인 이윤이, —상품값으로부터, 또는 여러 상품을 그 가치 이상으로 파는 것에 의해서 생긴다고 생각하는 것은 잘못이다. 이런 생각이 터무니없다는 것은 그것을 일반화해 보면 분명해진다. 어떤 사람이 판매자로서 항상 얻는 것을, 그는 구매자로서 항상 잃을 것이다. 사는 사람의 입장을 떠난 파는 사람, 또는 생산자가 아닌 소비자가 있다고 해도 아무 소용이 없을 것이다. 그들이 생산자에게 지불할 것을, 그들은 우선 거저 생산자로부터 받아낼 것이다. 만일 어떤 사람이 우선 여러분의 돈을 거두어 두었다가 후에 그 돈을 여러분이 상품을 살 때 돌려 준다고 하면, 여러분은 여러분의 상품을 그 사람에게 아무리 비싸게 팔아도 결코 돈벌이가 되지는 않을 것이다. 이런 종류의 거래는 손실을 경감할 수는 있을지 모르지만 이윤을 실현하는 데에는 결코 도움이 되지 않을 것이다.

따라서 이윤의 일반적 성격을 설명하기 위해서는, 여러분은, 상품은 평균적으로는 그 현실적인 값으로 팔린다고 하는, 그리고 이윤은 상품을 그 가치로—즉, 이들 상품에 실현되어 있는 노동량에 비례해서—판매함으로써 얻어진다고 하는 정리로부터 출발하지 않으면 안 된다. 만일 여러분이, 이윤을 이 전제에 입각해서 설명할 수 없다면 여러분은 도저히 이윤을 설명할 수는 없을 것이다. 이것은, 역설이자 평소에 보고들은 것에 어긋나는 것처럼 보인다. 지구가 태양 주위를 운행한다고 하는 것, 그리고 물이 매우 타기 쉬운 두 가지 가스로 성립되어 있다는 것도 또한 역설이다. 만일 사물의 기만적인 외관만을 파악하는 일상적 경험에 의해서 판단한다면 과학적 진리는 항상 역설인 것이다.

7. 노동력

이제, 가치 즉 상품가치의 본성을 분석했으므로 우리는 특수한 노동가치로 주의를 돌려야 한다. 그리고 여기에서도 나는 외관상의 역설로 여러분을 놀라게 할 것이다. 여러분은 모두, 여러분이 매일 파는 것은 여러분의 노동이라고 하는 것, 따라서 노동가치를 갖는다고 하는 것, 그리고 상품값이란 그 가치의 화폐적 표현 바로 그것이므로 노동의 가치라고 하는 것이 확실히 존재할 것이라는 확신을 받고 있다. 그러나 보통의 뜻으로 말하는 노동가치라고 하는 것은 존재하지 않는다. 한 상품에 결정(結晶)된 필요노동의 분량이 그 상품가치를 형성한다고 하는 것은 이미 말한 바 있다. 이제 이 가치개념을 적용할 경우, 어떻게 해서 우리는, 예를 들어, 10시간이라고 하는 하루 노동의 가치를 결정할 수가 있을까? 어느 정도의 노동이 이 하루의 노동에 포함되어 있을까? 10시간분의 노동이다. 10시간 노동일의 가치가 10시간분의 노동, 즉 그 노동일에 포함되어 있는 노동의 분량에 같다고 주장하는 것은 동의반복적인, 아니 아무런 뜻이 없는 표현일 것이다. 물론, '노동가치'라고 하는 표현의 참다운, 그러나 숨어 있는 뜻을 일단 발견하게 되면, 우리는 가치의 이런 불합리한, 그리고 언뜻 보기에 불가능한 적용을 설명할 수 있는 것으로, 그것은 마치 일단 천체의 실제의 운행을 확인했으면, 우리는 천체의 외관적 또는 단순히 현상적인 운행을 설명할 수 있는 것과 마찬가지이다.

노동자가 파는 것은 그의 노동 그 자체가 아니라 그의 노동력이다. 이 노동력의 일시적인 자유처분을 그는 자본가에게 양도하는 것이다. 그러기 때문에, —영국의 법에서는 어떤지 모르지만 분명히 어떤 대륙법에 따라서는, —사람이 그 노동력을 팔 수 있는 최장 시간이 규정되어 있는 것이다. 만일 임의의 기간에 걸쳐 노동력을 파는 것이 얼마든지 허용된다면 노예 상태가 바로 부활할 것이다. 이런 매각은, 만일 그것이 예를 들어 평생에 걸쳐 계약되었다고 한다면, 고용주는 그 사람을 평생 노예로 만들 것이다.

영국의 가장 오래된 경제학자이자 가장 독창적인 철학자의 한 사람인 토머스 홉스는 이미 그의 저서 《리바이어던》에서 이 점에 본능적으로 언급하고 있는데, 그것은 그의 모든 후계자에 의해서 간과되고 있었다. 그는 말한다, —"어떤 사람의 가치는, 모든 다른 물건과 마찬가지로 그의 가치, 즉 그의 힘의 사용에 대해서 주어지는 것일 것뿐이다"라고.

이 바탕에서 출발하면 우리는 다른 모든 상품가치와 마찬가지로 노동의 가치를 결정할 수 있을 것이다.

그러나 그렇게 하기 전에, 다음과 같은 일이 문제가 될 수 있다. 우리가 시장에서, 한편에서는 토지·기계·원료 및 생활 수단—이들은 자연 그대로의 토지를 제외하면 모두 노동 생산물이다—를 소유하는 한 쌍의 구매자를 찾아내고, 다른 한편으로는 자기 노동력, 즉 노동하는 팔과 머리 외에는 팔 것이 아무것도 없는 한 쌍의 판매자를 찾아낸다고 하는, 이 기묘한 현상은 어떻게 해서 생기는가? 한쪽 조(組)는 이윤을 올려 자신을 부유하게 만들기 위해 끊임없이 사들이고 있는데, 다른 조는 자신의 생계를 벌기 위해 끊임없이 팔고 있다고 하는 일은 왜 생기는가? 이 문제의 연구를 경제학자들은 '선행적 또는 본원적 축적'이라고 부르고 있는데 본원적 수탈이라고 부를 만한 연구일 것이다. 우리는, 이른바 본원적 축적이라고 하는 것이, 노동하는 사람과 그의 노동 용구 사이에 존재하는 본원적 결합의 분해를 낳게 하는 일련의 역사적 과정을 뜻하는 데에 지나지 않는다는 것을 발견할 것이다. 그러나 이런 연구는 나의 당면한 대상 밖의 것이다. 노동하는 사람과 노동 용구 사이의 분리가 일단 확립되면, 이 상태는, 생산 양식의 새롭고 근본적인 변혁이 그것을 전복해서 본원적 결합을 새로운 역사적 형태로 재건할 때까지는, 그 자신을 유지하고 끊임없이 증대하는 규모로 그 자신을 재생산할 것이다.

그렇다면 노동력의 가치란 무엇인가?

다른 상품가치와 마찬가지로, 노동력 가치는 그 생산에 필요한 노동의 분량에 의해서 결정된다. 인간의 노동력은, 인간의 산 개체 안에만 존재한다. 인간이 성장하여, 그 생명을 유지하기 위해서는 일정량의 필수품을 소비하지 않으면 안 된다. 그런데 인간은, 기계와 마찬가지로 소모해 버리고 다른 인간에 의해 대체되지 않으면 안 된다. 인간은 자기 자신의 유지에 요하는 필수품의 분량 외에, 노동시장에서 자기 대신에 노동자 종족을 영속시켜야 할 일정 수의 아이를 기르기 위한 필수품의 분량을 필요로 한다. 그밖에 인간의 노동력을 발달시키고, 일정한 숙련을 획득하기 위해서는, 또 어떤 분량의 가치가 소비되지 않으면 안 된다. 우리의 목적을 위해서는 약간의 교육과 계발비밖에 필요치 않는 평균노동만을 살피면 충분하다. 그러나 이 기회에 말해두지 않으면 안 될 것은, 서로 다른 질을 가진 노동력을 생산하는 비용은 서로 다르므로, 서로 다른 사업에서 사용되는 노동력의 가치도 서로 다를 것이라고 하는 것이다. 따라서 임금의 평균을 요구하는 외침은 잘못된 생각에 기인하는 것으로, 결코 충족시킬 수 없는 미친 사람과 같은 소원이다. 그것은, 전제를 인정하고 결론을 피하려고 하는, 잘못된 천박한 급진주의의 결과이다. 임금제도의 기초 위에서는, 노동력 가치는, 다른 상품가치와 마찬가지로 결정된다. 그리고 서로 다른 종류의 노동력은 서로 다른 가치를 가지고 있으므로, 즉 이들의 생산을 위한 서로 다른 분량의 노동을 필요로 하는 것이므로, 이들 노동력은 노동시장에서 서로 다른 값이 매겨질 것임에 틀림없다. 임금제도의 기초 위에서 평등한 보수 또는 공정한 보수까지도 요구하는 것은, 노예제도의 기초 위에서 자유를 요구하는 것과 마찬가지이다. 여러분이 무엇을 정당 또는 공정하다고 생각하는가는 문제가 되지 않는다. 문제인 것은 일정한 생산제도하에서는 무엇이 필연이고 불가피인가? 하는 것이다.

위에서 말할 것으로 노동가치는 노동력을 생산하고 계발하고 유지하고 영속시키는 데에 요하는 필수품의 가치에 의해 결정된다는 것을 알 수 있을 것이다.

8. 잉여가치의 생산

지금, 한 사람의 노동자의 매일의 필수품 평균량이, 그 생산을 위해 6시간분의 평균노동이 필요하다고 가정해 보자. 또 6시간분의 평균노동은 3실링과 똑같은 어느 분량의 금(金)에 실현되어 있다고도 가정해 보자. 이 경우 3실링은 그 노동자의 노동력의 나날의 가치의 화폐 표현 또는 값일 것이다. 만일 그가 매일 6시간 일을 한다면, 그는 매일 자기의 매일의 필수품의 평균량을 사는 데에 필요한, 또는 자기 자신을 노동자로서 유지하는 데에 충분한 가치를 생산할 것이다.

그런데 우리 노동자는 임금노동자이다. 따라서 그는 그 노동력을 자본가에게 팔지 않으면 안 된다. 그가 그것을 하루 3실링으로, 또는 1주간에 18실링으로 판다면 그는 가치대로 파는 것이다. 그가 방적공이라고 가정하자. 그가 하루에 6시간 일을 한다면, 그는 하루에 3실링의 가치를 목화에 부가할 것이다. 그가 하루에 부가하는 이 가치는, 그가 하루에 받는 노동력 가치 또는 임금의 정확한 등가(等價)일 것이다. 그러나 그 경우에는 아무런 잉여가치도 잉여 생산물도 자본가의 손에 들어가지 않을 것이다. 그래서 우리는 어려운 점에 부딪치게 된다.

자본가는 노동자의 노동력을 사서 그 가치를 지불함으로써, 다른 구매자와 마찬가지로, 산 상품을 소비 또는 사용할 권리를 얻은 것이다. 기계가 운전됨으로써 소비 또는 사용되는 것과 마찬가지로, 노동자의 노동력은 그것이 활용됨으로써 소비 또는 사용된다. 따라서 자본가는 노동자의 노동력의 하루분 또는 일주일분의 가치를 지불*[11]함으로써 그 노동력을 온종일 또는 일주 내내 일을 하게 하는 권리를 얻은 것이다. 노동일 또는 노동주(勞動週)에는 물론 한계가 있으나 이에 대해서는 후에 더 자세히 다루게 될 것이다.

우선 여러분의 주의를 결정적인 한 점으로 돌려주기 바란다.

노동력 가치는, 그것을 유지 또는 재생산하는 데에 필요한 노동 분량에 의해서 결정되는 것인데, 그러나 그 노동력의 사용은 노동자의 활동력과 체력에 의해서 제한될 뿐이다. 노동력의 1일분 또는 1주일분의 가치는, 이 힘의 1일분 또는 1주일분의 행사(行使)와는 전혀 다른 것으로, 그것은 마치, 한 마리의 말이 필요로 하는 양식과, 그 말이 기수를 태우는 시간이 전혀 다른 것과 마찬가지이다. 노동자의 노동력 가치를 한정하는 노동량은 결코 그의 노동력이 성취할 수 있는 노동력의 한계는 되지 않는다. 방적공을 예로 들어 보자. 이미 말한 바와 같이, 그는 그 노동력을 매일 재생산하기 위해 매일 3

실링의 가치를 재생산하지 않으면 안 되는 데, 그는 매일 6시간씩 일함으로써 그렇게 할 것이다. 그러나 이것은 그가 하루에 10시간이나 12시간, 나아가서는 더 많이 일을 하는 것을 불가능하게 하는 것은 아니다. 그런데 자본가는 방적공의 노동력의 하루분 또는 일주일분의 가치를 지불함으로써, 그 노동력을 온종일 또는 1주일에 걸쳐 사용하는 권리를 얻은 것이다. 따라서 그는 방적공을, 예를 들어 하루에 12시간 일을 시킬 것이다.

따라서 방적공은 그의 임금, 즉 그의 노동력 가치를 보충하는 데에 필요한 6시간을 넘어 6시간을 더 일을 하지 않으면 안 되는 것으로, 이것을 나는 잉여노동 시간이라고 부르고 있지만, 이 잉여노동은 잉여가치 및 잉여 생산물에서 그것이 실현될 것이다. 만일 방적공이, 예를 들어, 그의 하루 6시간 노동에 의해서 목화에 3실링의 가치를, 즉, 그의 임금의 등가(等價)를 이루는 가치를 부가했다고 하면, 그는 12시간으로는 목화에 6실링의 가치를 부가해서 그에 비례하는 잉여의 실(絲)을 생산할 것이다. 그는 이미 그 노동력을 자본가에게 팔았으므로, 그가 생산한 생산물의 전체 가치는 그의 노동력의 일시적 소유자인 자본가의 것이 된다. 따라서 자본가는 3실링을 투자함으로써 6실링의 가치를 실현할 것이다. 왜냐하면, 그는 6시간의 노동이 결정(結晶)한 가치를 투하함으로써 그 대신 12시간의 노동이 결정한 가치를 받을 것이기 때문이다. 이 똑같은 과정을 매일 되풀이함으로써 자본가는 매일 3실링을 투하해서 매일 6실링을 회수할 것이다. 그리고 그 반은 다시 임금을 지불하기 위해 나가겠지만 나머지 반은 자본가에 의해서 아무런 대가(對價)도 지불되지 않는 잉여가치를 형성할 것이다. 자본과 노동 사이의 이런 종류의 교환이야말로 자본제적 생산 또는 임금제도의 기초이며, 그것은 노동자로서의 노동자 및 자본가로서의 자본가의 재생산을 계속해서 생기지 않을 수 없게 만드는 것이다.

잉여가치의 비율은, 다른 사정이 똑같다면, 노동일 중, 노동력 가치를 생산하는 데에 필요한 부분과, 자본가를 위해 수행되는 잉여시간 또는 잉여노동 사이의 비율에 의존될 것이다. 따라서 그것은, 노동자가 그만큼 일을 해도 그의 노동력의 가치를 재생산하는—또는 그의 임금을 보충하는—데에 지나지 않는, 그런 정도 이상으로 노동일이 연장되는 비율에 의존될 것이다.

9. 노동의 가치

우리는 이제 '노동의 가치 또는 값'이라고 하는 표현으로 다시 돌아가야겠다.

이미 말한 바와 같이, 이것은 실은, 노동력 유지에 필요한 상품가치에 의해서 측정된 노동력의 가치 바로 그것이다. 그러나 노동자는 자기의 노동이 수행된 후에 그 임금을 받는 것이고, 더욱이 그는, 자기가 실제로 자본가에게 주는 것은 자기의 노동이라는 것을 알고 있으므로, 그의 노동력의 가치 또는 값은, 필연적으로 그에게는, 그의 노동 그 자체의 값 또는 가치처럼 보인다. 그의 노동력의 값이 6시간분의 노동이 실현된 3실링이라고 한다면, 그리고 그가 12시간 일을 한다고 하면, 이 12시간분의 노동은 6실링의 가치로 실현된다고는 하지만, 그는 필연적으로, 이 3실링을 12시간분의 노동가치 또는 값이라고 생각한다. 여기에서 이중의 결과가 생긴다.

첫째, 노동력의 가치 또는 값은 노동 그 자체의 값 또는 가치라는 외관(外觀)을 띤다. ―엄밀하게 말하면 노동의 가치 또는 값이라고 하는 말은 무의미한 말이지만.

둘째, 노동자의 하루의 노동의 일부만이 지불되고 다른 부분이 지불되지 않았는데, 또 그 지불되지 않은 바로 그 잉여노동이야말로 바로 잉여가치 또는 이윤을 구성하는 바탕인데, 마치 노동 전체가 지불노동인 것처럼 보인다.

이 그릇된 외관은 임금노동을 다른 역사적인 노동 형태로부터 구별되게 만든다. 임금제도의 바탕 위에서는 지불되지 않은 노동까지도 지불노동처럼 보인다. 이에 반해서, 노예의 경우에는, 그의 노동 중에 지불된 부분까지도 지불되지 않은 것처럼 보인다. 물론, 일을 하기 위해서는 노예도 살아 있어야 한다. 따라서 그의 노동일의 일부분은 그 자신의 생활수단의 가치의 보충에 충당된다. 그러나 그와 그의 주인 사이에는 아무런 거래도 이루어지지 않고, 따라서 양자 사이에는 아무런 매매행위도 이루어지지 않으므로, 그의 전 노동이 거저 주어지는 것처럼 보이는 것이다.

그런데 바로 어제까지 유럽의 동부에 존재했다고 할 수 있는 예농(隷農)의 예를 보기로 하자. 그곳 농민은, 예를 들어 3일간은, 그 자신의 경지 또는 그에게 할당된 경지에서 자기 자신을 위해 일하고, 그 다음의 3일간은 그 주인의 영지에서 강제적으로 또 무상으로 노동을 하였다. 따라서 이 경우에는, 노동 중에 지불된 부분과 지불되지 않은 부분이 분명하게 나뉘어져 있다. —즉 시간적·장소적으로 나뉘어져 있는 것이다. 그래서 우리 자유주의자들은, 거저 사람을 부려먹는다는 부조리한 생각에 대한 도덕적 분노로 가슴이 벅찼던 것이다.

그러나 어떤 사람이 1주일 동안에 3일간을 자기 경지에서 자기 자신을 위해 일을 하고 3일간을 주인의 영지에서 거저 일을 하는 것이나, 공장 또는 작업장에서 하루에 6시간을 자기 자신을 위해, 6시간을 주인을 위해 일을 하는 것도 실은 같은 것이지만, 다만 후자의 경우에는 노동 중에 지불된 부분과 지불되지 않은 부분이 서로 불가분하게 혼합되어 있고, 전체 거래의 본성이 계약의 개재로, 또 주말에 받는 지불에 의해서 전적으로 은폐되어 있는 것이다. 무상노동이, 한쪽의 경우에는 자발적으로 주어진 것처럼 보이고, 다른 한쪽의 경우에는 강제적인 것처럼 보인다. 다른 것은 그것뿐이다.

내가 '노동가치'라고 하는 말을 사용하는 것은 '노동력의 가치'를 나타내는 통속어로서이다.

10. 이윤은 상품을 가치대로 팔므로써 얻어진다

1시간분의 평균노동이 6펜스(2분의 1실링)과 똑같은 가치로 실현되는 것이라고 가정하자. 또는 12시간분의 평균노동이 6실링으로 실현되는 것으로 가정하자. 또 하루분의 노동가치는 3실링, 또는 6시간분의 노동의 생산물이라고 가정하자. 다음에, 어떤 상품에 든 원료, 기계 등에 24시간분의 평균노동이 실현되었다고 하면, 그 가치는 12실링이 될 것이다. 또 자본가에 의해 사용되는 노동사가, 이들 생산수단에 12시간분의 노동을 부가한다고 하면, 이 12시간은, 6실링의 추가가치에 실현될 것이다. 따라서 그 생산물의 총가치는 36시간분이 실현된 노동이 되어 18실링과 같을 것이다. 그런데 노동가치, 또는 노동자에 지불된 임금은 3실링에 지나지 않으므로 노동자에 의해 상품가치에 실현되어 있는 6시간분의 잉여노동에 대해서는 자본가에 의해 아무런 대가(對價)도 지불되지 않았을 것이다. 따라서 이 상품을 그 가치대로 18실링으로 판매함으로써 자본가 그가 아무런 대가도 지불하지 않은 3실링의 가치를 실현하게 될 것이다. 이 3실링은 그에 의해 취득되는 잉여가치 또는 이윤을 이룰 것이다. 따라서 자본가는 그의 상품을 그 가치 이상으로 판매함으로써가 아니라, 그것을 실제의 값으로 판매함으로써 3실링의 이윤을 실현할 것이다.

한 상품가치는 그 상품에 포함되어 있는 총 노동량에 의해 결정된다. 그런데 그 노동량의 일부분은 임금 형태로 대가(對價)가 지불된 가치에 실현되어 있다. 또 그 일부분은 아무런 대가도 지불되지 않았던 가치에 실현되어 있다. 상품에 포함되어 있는 노동의 일부분은 지불노동이고 일부분은 지불되지 않은 노동이다. 따라서 상품을 그 가치로, 즉 그것에 사용된 총 노동량의 결정(結晶)으로 판매함으로써 자본가는 필연적으로 이윤을 얻고 그 상품을 팔 것이다. 그는 대가가 필요했던 것을 팔뿐만 아니라, 아무런 대가도 필요로 하지 않았던―그의 노동자의 노동을 필요로 한 것이지만―것도 판다. 자본가에게 상품의 생산비와 실제의 생산비는 별개의 것이다. 따라서 되풀이해서 말하지만, 정상적이고 평균적인 이윤은 상품을 실질가치 이상으로가 아니라 그것의 실질가치로 판매함으로써 얻어지는 것이다.

11. 잉여가치가 분열되는 여러 부분

잉여가치, 즉, 상품의 총 가치 중 노동자의 잉여노동 또는 지불되지 않은 노동이 실현되어 있는 부분을 나는 이윤이라고 부른다. 이 이윤 모두가 기업자본가에 의해서 취득되는 것은 아니다. 토지의 독점은, 그 토지가 농업용 건물 또는 철도에 사용되든, 그밖에 그 어떤 생산적 목적으로 사용되든, 지주로 하여금 지대라는 이름으로 이 잉여가치의 일부분을 취득할 수 있게 한다. 다른 한편으로 노동 용구의 소유가 기업자본가로 하여금 잉여가치를 생산할 수 있게―또는, 마찬가지 일이지만, 일정량의 지불되지 않은 노동을 취득할 수 있게―하는 사실 그 자체는, 노동수단을 소유하고 그 모두 또는 일부를 기업자본가에 대부하는 사람으로 하여금, ―한 마디로 말하면 대금(貸金)자본가로 하여금, 이자라는 이름 아래 잉여가치의 또 하나의 부분을 청구할 수 있게 하여, 이에 따라 기업자본가에 남는 것은 이른바 산업이윤 또는 상업이윤뿐이다.

이들 세 가지 범주에 속하는 사람들 사이의 잉여가치 총액의 분배가 어떤 법칙에 의해서 규제되는가는 우리의 주제와는 인연이 먼 문제이다. 그러나 다음과 같은 일만은 앞서 말한 것으로부터 도출될 수 있다.

지대, 이자 및 산업자본은 상품의 잉여가치의, 또는 상품에 포함되어 있는 지불되지 않은 노동의 여러 부분에 대한 여러 명칭 바로 그것이며, 그리고 이들은, 똑같이 이 원천으로부터, 더욱이 이 원천으로부터만 생기는 것이다. 이들은, 토지 그 자체나 자본 그 자체로부터 생기는 것은 아니지만, 토지 및 자본이 이들의 소유자로 하여금, 기업자본가가 노동자로부터 착취한 잉여가치 중에서, 각각의 몫을 취득할 수 있게 하는 것이다. 노동자 자신에게는, 그의 잉여노동 또는 지불받지 못한 노동의 결과인 이 잉여가치가, 모두 기업자본가에 의해 취득되든, 기업자본가가 그 일부분을 지대 및 이자라는 명목 아래 제3자에 지불하지 않으면 안 되든, 그리 중요한 일은 아니다. 기업자본가가 자기 자신의 자본만을 사용하고, 또 자기 자신이 지주라고 가정하면 잉여가치는 모두 그의 호주머니에 들어갈 것이다.

기업자본가가 잉여가치 중 어느 정도의 부분을 궁극적으로 자기 손에 남아 있게 할 수 있는가는 상관없이, 그 잉여가치를 직접 노동자로부터 착취하는 것은 기업자본가이다. 따라서 기업자본가와 임금노동자 사이의 이런 관계야말로 임금제도의 전체 및 현존하는 생산제도 전체의 핵심점이다. 따라서 우리의 토론에 참가한 여러분 중 몇 사람이 사태를 가볍게 보고 기업자본가와 노동자 사이의 이 근본적인 관계를 제이의적(第二義的)인 문제로 다루려 했던 것은 잘못이었다. 하지만 그런 여러분이 주어진 사정하에서는, 물가의 등귀는 기업자본가·지주·대금자본가 및—여러분이 원한다면—조세 징수자에 대해서, 매우 불균등한 영향을 끼치는 일이 있다고 말한 것은 옳은 말이었지만……

위에서 말한 것으로부터 또 하나의 결론이 나온다.

상품가치 중, 원료나 기계의 가치, 한 마디로 말하면 소비된 생산수단의 가치를 대표하는 데에 지나지 않는 부분은, 결코 아무런 소득도 되지 않고, 다만 자본을 메우는 데에 지나지 않는다. 그러나 그것은 별도로 하고라도, 상품가치 중, 소득을 형성하는—또는 임금·이윤·지대·이자의 형태로 소비될 수 있는 다른 부분이, 임금가치, 지대가치, 이윤가치 등에 의해서 구성된다고 하는 것은 잘못이다. 우리는 우선 임금을 제쳐두고 다만 산업이윤·이자 및 지대만을 다루기로 하자. 지금 말한 바와 같이 상품에 포함되어 있는 잉여가치, 또는 상품가치 중 지불되지 않은 노동이 실현되어 있는 부분은 세 가지 다른 명칭을 갖는 서로 다른 부분으로 분해한다. 그러나 상품가치가, 이들 세 구성 부분으로 구성되는 독립적인 여러 가치의 합계에 의해 구성 또는 형성되어 있다고 하는 것은, 사실의 정반대일 것이다.

1시간분의 노동은 6펜스(2분의 1실링)의 가치에 실현되어, 노동자의 1노동일은 12시간을 포함하고, 이 시간의 반은 지불되지 않는 노동이라고 한다면, 이 잉여노동은 상품에 3실링의 잉여가치—즉 아무런 대가(對價)도 지불되지 않았던 가치—를 부가할 것이다. 이 3실링의 잉여가치는, 기업자본가가, 그 비율은 어떻든, 지주 및 대금업자와 분배할 수 있는 총 원금(元金)을 이루고 있다. 즉, 이 3실링의 가치는 그들이 서로 분배해야 할 가치의 한계를 이루는 것이다. 그러나 기업자본가는 상품가치에 자기의 이윤으로서 임의 가치를 부가하고, 그것에 또 지주는 다시 가치를 부가하는 식으로 해서, 결국 이들 임의로 확정된 가치의 합계가 총 가치를 이루는 것은 아니다. 따라서 아는 바와 같이, 일정한 가치를 세 부분으로 분해하는 것을, 세 개의 독립된 가치의 합계에 의해서 그 가치를 조성(組成)하는 것과 혼동하여, 이렇게 해서 지대·이윤 및 이자를 끌어낼 총 가치를 임의의 크기로 하는 것 같은 그런 통속적인 견해는 잘못인 것이다.

한 자본가에 의해서 실현된 총 이윤이 100파운드와 같다면, 우리는 절대적인 크기로서 고안된 이 액수를 이윤액이라고 부른다. 그러나 이 100파운드와 투하된 자본의 비율을 계산하는 경우에는, 우리는, 이 상대적인 크기를 이윤율이라고 부른다. 이 이윤율은 두 가지 방법으로 표현된다.

100파운드가 임금에 투하된 자본이라고 가정하자. 생긴 잉여가치도 100파운드라고 하면—이에 의해서 노동자의 노동일의 반이 지불되지 않는 노동으로 성립된다는 것을 알 수 있다,—그리고 이 이윤을, 임금에 투하된 자본의 가치에 의해 측정할 경우에는, 우리는, 이윤율은 100%라고 말할 것이다. 왜냐하면, 투하된 가치는 100이고 실현된 가치는 200이기 때문이다.

한편, 임금에 투하된 자본뿐 아니라 투하된 총자본, 예를 들어 500파운드—그 중 400파운드는 원료·기계 등의 가치를 나타낸다—를 살필 경우, 우리는, 이윤율은 20%에 지나지 않을 것이라고 할 것이다. 왜냐하면, 100파운드의 이윤은 투하된 총자본의 5분의 1에 지나지 않기 때문이다.

이윤율의 한쪽 표현은, 지불노동과 지불되지 않는 노동의 실제적인 비율을 노동의 exploitation (착취) (이 프랑스어를 사용하는 것을 용서해 주기 바란다)의 실제적인 정도를 여러분에게 제시하는 유일한 것이다. 다른 한편의 표현은, 보통 쓰이고 있는 것으로, 또 어떤 종류의 목적을 위해서는 적당한 것이다. 아무튼, 그것은 자본가가 노동자로부터 무상노동을 착취하는 정도를 감추기 위해서는 매우 유용한 것이다.*12

나는 이야기를 계속해야 되는데, 여기서 나는 이윤이라는 말을, 잉여가치가 여러 사람 사이에서 분배되는 것과는 상관없이, 자본가에 의해서 착취되는 잉여노동의 총량을 나타내기 위하여 사용하기로 한다. 그리고 이윤율이라고 하는 말을 사용할 경우에는, 나는 항상 임금에 투하된 자본의 가치에 의해서 이윤을 측정하기로 한다.

12. 이윤·임금 및 물가의 일반적 관계

한 상품가치로부터, 그 상품에 소요된 원료, 기타 생산수단의 가치를 메우는 가치를 빼면, 즉 그 상품에 포함되어 있는 과거의 노동을 대표하는 가치를 빼면, 그 상품가치의 나머지는 마지막으로 사용된 노동자에 의해 부가된 노동량으로 들어갈 것이다. 그 노동자가 하루에 12시간 일을 한다고 하면, 그리고 12시간분의 평균임금이 6실링과 동등한 금의 분량에 결정(結晶)된다고 하면, 6실링이라고 하는 이 추가가치는, 그의 노동이 낳은 유일한 가치이다. 그의 노동 시간에 의해서 결정되는 이 주어진 가치는, 그와 자본가 쌍방이 각각의 몫 또는 배당을 끌어낼 유일한 원금이며, 임금과 이윤으로 분배되어야 할 유일한 가치이다. 이 가치 그 자체는, 분명히 그것이 두 사람 사이에 분배되는 비율이 변동해도 변화하지 않을 것이다. 그리고 한 사람의 노동자 대신에 전체 노동인구로 해도, 예를 들어 1노동일 대신에 1200만 노동일로 해도 이 가치는 변하지 않을 것이다.

자본가와 노동자는 이 한정된 가치, 즉 노동자의 총 노동에 의해 측정되는 가치를 분배하게 되는 것이므로, 한쪽이 많이 얻으면 다른 한쪽은 적게 얻고, 한쪽이 적게 얻으면 다른 한쪽은 많이 얻게 될 것이다. 분량이 주어진 경우에는 항상, 그 일부분의 감소에 반비례해서 다른 부분이 증가할 것이다. 임금이 변동하면 이윤은 반대 방향으로 변동할 것이다. 임금이 하락하면 이윤은 증대할 것이다. 또 임금이 오르면 이윤은 감소할 것이다. 만일 노동자가 앞의 가정(假定)에 입각해서, 그가 낳은 가치의 반과 똑같은 3실링을 얻는다고 한다면, 또는 그의 전 노동일이 반은 지불노동, 반은 지불되지 않은 노동으로 이루어진다고 하면, 자본가도 3실링을 얻게 되므로, 이윤율은 100%일 것이다. 노동자가 2실링밖에 받지 않는다고 하면, 또는 전 노동일의 3분의 1밖에 자신을 위해 일하지 않는다면, 자본가는 4실링을 얻을 것이다. 그리고 이윤율은 200%일 것이다. 노동자가 4실링 받는다고 하면 자본가는 2실링밖에 받지 못할 것이다. 그리고 이윤율은 50%로 떨어질 것이다. 그러나 모든 변동은 상품가치에는 영향을 주지 않을 것이다. 따라서 임금의 일반적 등귀는, 일반적 이윤율의 저하를 낳게 할 것이지만, 가치에는 영향을 미치지 않을 것이다. 그러나 상품가치—그것은 궁극적으로는 상품의 시장가격을 규제할 것이다—는 이들에 고정된 노동의 총량에 의해서만 결정되는 것으로, 지불노동과 지불되지 않은 노동의 분량의 배분으로 결정되지 않는다고는 하지만, 그렇다고 해서, 예를 들어 12시간에 생산된 한 개의 상품 또는 몇 개의 상품가치는 항상 불변할 것으로는 결코 되지 않는다. 일정한 시간의 노동 또는 일정한 분량의 노동에 의해서 생산되는 상품의 수 또는 양은, 사용되는 노동의 생산력에 의존되는 것이지, 그 노동의 연장 또는 길이에 의존되는 것은 아니다.

예를 들어, 방적 노동의 어느 정도의 생산력을 가지고 하면 12시간으로 이루어지는 1노동일에 12파운드의 실이 생산되고, 보다 더 낮은 정도의 생산력으로 하면 2파운드밖에 생산되지 않을지도 모른다. 따라서 12시간분의 평균노동이 6실링의 가치로 실현된다고 하면 제1의 경우에는 12파운드의 실이 6실링의 값이 나갈 것이고, 제2의 경우에는 2파운드의 실이 또한 6실링의 값이 나갈 것이다. 따라서 1파운드의 실은, 제1의 경우에는 6펜스의 값이 나가고, 제2의 경우에는 3실링의 값이 나갈 것이다. 가치의 차이는 사용되는 노동의 생산력의 차이에서 생길 것이다. 보다 더 큰 생산력을 가지고 하면, 1시간분의 노동이 1파운드의 실에 실현될 것이고, 보다 더 작은 생산력으로 한다면 6시간분의 노동이 1파운드의 실에 실현될 것이다. 제1의 경우에는 임금은 비교적 높고 이윤율은 낮지만, 1파운드의 실값은 불과 6펜스가 될 것이다. 제2의 경우에는 임금은 낮고 이윤율은 높지만, 1파운드의 실의 가치는 3실링일 것이다. 이렇게 되는 것은, 1파운드의 실의 가치는 그 실에 들어간 노동의 총량에 의해서 규제되어, 지불노동과 지불되지 않은 노동의 총량의 비율적 배분에 의해서는 규제되지 않기 때문이다. 비싸게 지불된 노동이 싼 상품을 생산하고, 싸게 지불된 노동이 비싼 상품을 생산할 수 있다고 하는 내가 전에 말한 사실은 이런 뜻에서 그 역설적인 외관(外觀)을 잃는다. 그런 사실은, 한 상품가치는 그 상품에 들어간 노동 분량에 의해서 규제된다고 하는, 그리고 그 상품에 들어간 노동 분량은 사용되는 노동 생산력에 의존되고, 따라서 또 노동 생산성에 있어서의 모든 변동에 따라 변동할 것이라고 하는, 일반적 법칙의 표현에 지나지 않는다.

13. 임금의 인상 또는 그 인하를 막으려고 하려는 주요한 기도(企圖)

우리는 임금인상을 기도하고, 또는 임금인하를 막으려고 하는 주요한 경우를 신중하게 살펴보기도 한다.

(1) 이미 말한 바와 같이, 노동력의 가치, 또는 보다 더 통속적인 말로 하자면, 노동가치는 생활필수품의 가치 또는 필수품을 생산하는 데에 요하는 노동 분량에 의해서 결정된다. 그래서 어떤 나라에서 노동자의 나날의 평균적 필수품의 가치가 3실링으로 표현되는 6시간분의 노동을 대표한다고 하면, 노동자는 그의 나날의 생활수단에 대한 등가(等價)를 생산하기 위해 매일 6시간 일을 하지 않으면 안 될 것이다. 총 노동일이 12시간이라 해도, 자본가는 노동사에게 3실링으로 그 노동의 등기를 지불할 것이다. 노동일의 반은 지불되지 않는 노동이고 이윤율은 100%가 될 것이다. 그런데 지금, 생산성이 감소된 결과, 예를 들어 똑같은 분량의 농산물을 생산하는 데에 보다 많은 노동이 필요하고, 나날의 평균적 필수품값이 3실링에서 4실링으로 올랐다고 할 때, 이 경우 노동가치는 3분의 1, 즉 33.3%만큼 증가할 것이다. 노동자의 처음의 생활 수준에 의하면, 그의 나날의 생활수단에 대한 등가를 생산하기 위해, 노동일 중 8시간이 필요할 것이다. 따라서 잉여노동은 6시간에서 4시간으로 감소되어 이윤율은 100%에서 50%로 떨어질 것이다. 그

러나 노동자는 임금인상을 요구해도, 그것은 다만 그의 노동의 증가된 가치를 얻으려고 요구하는 것뿐, 이것은 상품을 파는 사람이 누구나 자기 상품의 생산비가 증가했을 때 그 증가된 가치를 지불해 주기를 바라는 것과 같다. 임금이 오르지 않거나 또는 필수품의 가치의 증가를 보충할 수 있을 정도로 오르지 않으면 노동의 값은 노동가치 이하로 떨어질 것이다. 그리고 노동자의 생활 수준은 저하할 것이다.

그러나 반대 방향으로 변동하는 일도 있을 수 있다. 노동 생산성이 증가한 덕분에 같은 분량의 나날의 평균적 필수품이 3실링에서 2실링으로 하락할지도 모른다. 즉, 나날의 필수품의 가치에 대한 등가를 생산하기 위해 노동일 중에서 6시간이 아니라 4시간밖에 소요되지 않을지도 모른다. 노동자는 이제 2실링을 가지고 전에 3실링을 가지고 했던 것과 같은 만큼의 필수품을 살 수가 있을 것이다. 노동가치는 감소하기는 했으나 그러나 그 감소한 가치가 전과 똑같은 분량의 여러 상품을 지배하게 될 것이다. 그래서 이윤은, 3실링에서 4실링으로 증가하고 이윤율은 100%에서 200%로 높아질 것이다. 노동자의 절대적인 생활 수준은 또한 그대로이겠지만, 그의 상대적 임금, 따라서 또 자본가의 사회적 지위와 비교해서 그의 상대적인 사회적 지위는 저하했을 것이다. 노동자가 상대적 임금의 인하에 항쟁한다 해도 그는 다만 자기 자신의 노동 생산력 증가에서의 몫을 얻어 상대적인 사회적 지위를 유지하려고 하는 데에 지나지 않는다. 예를 들어, 영국의 공장주는 곡물법이 폐지된 후, 곡물법 반대 운동을 하는 동안에 한 매우 엄숙한 서약을 파기하여, 일반적으로 임금을 10% 내렸다. 노동자의 항쟁은 처음에는 졌으나 여기서는 자세히 말할 수 없는 여러 사정의 결과, 이 잃어버린 10%는 후에 회복되었다.

(2) 필수품의 가치, 따라서 노동가치는 그대로이지만, 화폐가치에서의 선행적 변동의 결과로서 필수품의 화폐가격에 변동이 생길 경우.

보다 더 풍요로운 광산 등의 발견으로, 예를 들어 2온스의 금을 생산하기 위해 이전에 1온스를 생산하기 위해 필요했던 것과 같은 노동밖에 필요하지 않을지도 모른다. 이 경우, 금의 가치는 2분의 1, 즉 50%만큼 감소할 것이다. 그럴 경우에는 다른 모든 상품가치가 그 종래의 화폐가치의 2배로 표현되는 것과 마찬가지로 노동가치도 그렇게 될 것이다. 이전에는 6실링으로 표현된 12시간의 노동이, 이제는 12실링으로 표현될 것이다. 노동자의 임금이 6실링으로 오르지 않고 3실링에 머문다고 하면, 그의 노동의 화폐가격은 그의 노동가치의 반밖에 되지 않아, 그의 생활 수준은 크게 저하할 것이다. 그의 임금이 올라도 금 가치의 감소에 비례해서 오르지 않는다면, 많고 적건 간에 이와 같은 일이 일어날 것이다. 이럴 경우, 노동 생산력에도, 수요공급에도 상품가치에도 아무런 변화도 일어나지 않았을 것이다. 이들 가치의 화폐 명목(名目) 이외에는 아무런 변동도 일어나지 않았을 것이다. 이럴 경우, 노동자는 임금의 비례적인 인상을 요구할 일이 아니라고 주장하는 것은, 노동자는 실물이 아니라 명목으로 지불되는 것에 만족하지 않으면 안 된다고 주장하는 것과 같다. 과거의 모든 역사가 증명하는 것처럼, 화폐의 이런 가치감소가 일어날 경우에는 항상, 자본가들은 빈틈없이 이 기회를 이용해서 노동자를 속이는 것이다. 많은 경제학자들의 증언에 의하면, 금산지의 새로운 발견이나, 은산(銀山)의 작업 개선이나 수은의 값싼 공급의 결과, 귀금속의 가치가 다시 감소하였다. 이것은 임금인상을 목적으로 하는 대륙에 있어서의 일반적이고 동시적인 여러 가지 기도(企圖)를 설명할 것이다.

(3) 우리는 이제까지, 노동일의 한계는 주어진 것이라고 가정해 왔다. 그러나 노동일 그 자체는 불변의 한계를 가지고 있는 것이 아니다. 자본의 불변적인 경향은, 육체적으로 가능한 최대의 길이까지 노동일을 연장하는 데에 있다. 그 까닭은, 그것과 비례해서 잉여노동이, 따라서 거기서 생기는 이윤이 증가할 것이기 때문이다. 자본이 노동일을 연장하는 데에 성공하면 할수록 자본은 더욱더 많은 양의 노동을 차지할 것이다. 17세기를 통해서 또 18세기 전반 3분의 2에서도, 10시간 노동일이 전체 영국에서의 표준 노동일이었다. 반(反)자코뱅전쟁*13—이것은 실은 영국의 노동자 대중에 대해서 영국의 귀족이 시작한 전쟁이었다—동안에 자본은 부어라마셔라의 활황을 누렸다. 그리하여 노동일을 10시간에서 12시간, 14시간, 18시간으로 연장하였다. 맬서스는 눈물에 약한 감상주의자는 아니지만, 1815년 무렵에 낸 팸플릿에서, 이런 일이 계속되면 국민 생활은 근본적으로 위협을 받을 것이라고 선언하였다. 새로 발명된 기계가 일반적으로 채용되기 수년 전의 1765년 무렵에 《산업에 관한 한 논의》*14라는 제목의 팸플릿이 영국에서 나왔다. 노동

자 계급의 불구대천의 적인 이 익명의 저자는 노동일의 한계를 확장할 필요성을 당당히 주장하였다. 이 목적을 위한 수단으로서 그는 무엇보다도 구빈수산장(救貧授産場)을 제안하고 있는데, 이것은, 그의 말에 의하면 '공포의 집'이었다. 그렇다면 이 '공포의 집'에 대해서 그가 지정한 노동일의 길이는 어떤가? 12시간, —즉, 1832년에 자본가나 경제학자나 장관들이, 12세 미만의 어린이에 대한 현행 노동 시간일 뿐만 아니라 필요 노동 시간이라고 선언한 시간과 똑같은 시간이다.

노동자는 자기의 노동력을 팔므로써—현재의 제도하에서는 그렇게 할 수밖에 없는 일이지만—이 힘의 소비를 자본가에 양도한다. 그렇다고 해도 그것은 일정한 합리적인 한계 안에서이다. 그가 그의 노동력을 파는 것은, 그 자연적 소모는 별도로 하고라도 그것을 유지하기 위한 것이지 그것을 파괴하기 위한 것이 아니다. 그의 노동력이 그 하루의 가치, 또는 1주일간의 가치로 팔릴 경우에는 하루 또는 1주일 동안에 그 노동력이 이틀 또는 2주 분의 소모를 가져오게 해서는 안 된다는 것은 물론이다. 1000파운드의 값이 나가는 기계를 예로 보자. 그것이 10년 동안에 그 기능을 다한다고 하면, 그것을 원용해서 생산된 상품가치에 해마다 100파운드를 부가할 것이다. 그것이 5년으로 수명이 다한다면 해마다 200파운드를 부가할 것이다. 그 해마다의 소모의 가치는 그것이 소비되는 속도에 반비례하고 있다. 그러나 이런 점에서는 노동자는 기계와 다르다. 기계는 그것이 쓰이는 것과 정확하게 같은 비율로 소모되지는 않는다. 이에 반해 인간은 일의 단순한 숫자적인 가산으로 볼 수 있는 것보다도 훨씬 큰 비율로 쇠퇴한다.

노동자들은, 노동일을 이전의 합리적인 길이로 단축하려고 하는 기도(企圖)에 있어서나, 또 그들이 표준노동일의 법률적 확정을 강요할 수 없을 경우, 임금인상—즉 착취되는 잉여 시간에 비례할 뿐만 아니라 보다 더 큰 비율로의 인상—에 의해서 과중노동을 막으려고 하는 기도에 있어서, 그들은 그들 자신 및 그들의 종족에 대한 의무를 다하는 데에 지나지 않는다. 자본의 잔인한 횡포를 제지하는 데에 지나지 않는다. 시간이 있기 때문에 인간은 발달하는 것이다. 마음대로 할 수 없는, 자유 시간이 없는 사람, 수면·식사 등에 의한 단순한 생리적인 중단은 별도로 하고, 전 생애를 자본가를 위해 노동으로 빼앗기는 인간은 소나 말보다도 더 불쌍한 것이다. 그는 몸이 망가진, 마음이 짐승으로 변한, 타인의 부(富)를 생산하기 위한 단순한 기계이다. 더욱이 근대적 산업의 역사가 나타내는 바에 의하면, 자본은 만일 제지되지 않으면, 전 노동자 계급을 이 극단적인 퇴폐 상태로 빠뜨리기 위해 앞뒤를 가리지 않는 작용을 할 것이다.

노동 시간을 연장하는 경우, 자본가는 비록 보다 더 비싼 임금을 지불한다 해도, 만일 그 임금인상이 착취되는 노동량의 증가나 그렇게 해서 생기는 노동력의 보다 더 빠른 쇠퇴에 대응하지 않을 경우에는 노동가치를 저하시키는 것이 된다. 이런 일은 다른 방법으로도 이루어지는 경우가 있다. 예를 들어, 여러분의 중산계급 통계가들은, 여러분에게 랭커셔의 노동자 가족의 평균임금은 올랐다고 말할 것이다. 그들은, 가장인 남자 노동 대신에, 그의 아내와 아마도 3, 4명의 아이들이 자본의 자가노트*15의 수레 아래 내던져졌다고 하는 것, 그리고 총 임금의 등귀는 가족으로부터 착취되는 총 잉여노동에 대응하지 않는다는 것—이런 일을 잊고 있는 것이다.

오늘날, 공장조례가 적용되는 모든 공업 부문에서는 노동일의 한계가 정해져 있지만, 그런 한계가 있다고 하더라도 노동가치의 처음의 표준을 유지하기 위해서도 임금인상이 필요할지도 모른다. 노동의 강도를 증가함으로써, 이전에 2시간에 지출한 것과 똑같은 생명력을 1시간에 지출당하는 일도 있을 수 있다. 이런 일은, 공장조례가 적용되는 사업에서는, 기계속도의 증대나 한 사람에게 맡겨지는 작업기계 수의 증가에 의해 이미 어느 정도까지 실행되고 있다. 노동의 강도 또는 한 시간에 들어가는 노동량 증가가 노동일의 길이의 단축과 거의 균형을 유지한다면 노동자는 아직도 득을 볼 것이다. 이 한계를 넘으면 그는 한쪽에서 얻은 것을 다른 쪽에서 잃는다. 그리고 그 경우, 10시간의 노동이 이전의 12시간 노동과 마찬가지로 해로운 것이 될 것이다. 노동의 강도 증대에 알맞는 임금인상을 요구하는 투쟁으로, 자본의 위와 같은 경향을 저지하는 경우, 노동자는 그의 노동가치 저하와 그의 종족의 퇴폐를 위해 항쟁하는 데에 지나지 않는다.

(4) 여러분 모두가 아는 바와 같이, 여기에서는 설명할 필요가 없는 여러 가지 이유에 의해서, 자본제적 생산은 일종의 주기적 순환을 통해서 운동하게 된다. 그것은 평정(平靜)·호전·번영·과도·두려움 및 정체 상태를 통해서

운동한다. 상품의 시장가격 및 시장적 이윤율은 이들 단계에 따라서 어떤 때에는 평균 이하로 내려가고, 어떤 때에는 평균 이상으로 올라간다. 전체적인 순환을 관찰해 보면, 여러분은 시장가격의 어떤 편차(偏差)는 다른 편차에 의해서 상쇄된다고 하는 것, 그리고 순환의 평균을 보면, 상품의 시장가격은 이들 가치에 의해 규제된다고 하는 것을 발견할 것이다. 그런데 시장가격의 하락 단계 및 공황과 정체 단계에서는, 노동자는 모두 실업을 하기까지는 가지 않아도 틀림없이 임금이 인하될 것이다. 속지 않기 위해서는, 그는 시장가격의 이런 하락 때에도, 어떤 비율로 임금의 하락이 필연적인 것이 되었는가에 대해서 자본가와 다투지 않으면 안 된다. 만일 그가 특별이윤을 올릴 수 있는 번영 단계에 임금인상을 위해 싸우고 있지 않았다면, 그는 하나의 상업 순환을 평균해서 볼 때, 그의 평균임금, 또는 그의 노동가치를 받기조차도 못할 것이다.

그의 임금은 필연적으로 불경기의 단계에 의해서 영향을 받는데, 그는 호경기 단계에 그 보상을 구해서는 안 된다고 요구하는 것은 어리석기 짝이 없는 일이다. 일반적으로, 모든 상품가치는, 수요공급의 끊임없는 동요에서 생기는 시장가격의 끊임없는 변동의 상쇄에 의해서만 실현된다. 현 제도의 기초 위에서 노동은 다른 상품과 마찬가지로 하나의 상품에 지나지 않는다. 따라서 그것은 그 가치에 일치하는 평균가격을 얻기 위해 똑같은 동요를 통과하지 않으면 안 된다. 노동을, 한편에서는 상품으로 다루면서 다른 한편으로는 상품값을 규제하는 법칙으로부터 이를 제외하라고 요구하는 것은 모순된 일일 것이다. 노예는 영속적이고 고정적인 분량의 생활수단을 받지만 임금노동자은 그렇지가 않다. 그는 다른 경우의 임금의 하락을 보상하기 위해서도 한쪽 경우에서 임금을 인상하도록 하지 않으면 안 된다. 만일 그가 자본가의 의지·명령을 연구적인 경제법칙으로 받아들이고 만족한다면, 그는 노예의 안정성을 얻는 일 없이 노예의 모든 궁핍만을 얻게 될 것이다.

(5) 내가 살핀 모든 경우에서, —그리고 100의 경우 중 99까지가 그것이지만, —여러분이 이해한 바와 같이, 임금인상을 위한 투쟁은, 선행하는 여러 변동에 이어서만 생기는 것으로, 생산액, 노동 생산력, 노동가치, 화폐가치, 착취되는 노동의 길이 또는 강도, 수요공급의 동요에 의존하여 산업 순환의

여러 단계에 대응하는 시장가격의 동요, 그 성행하는 여러 변동의 필연적 결과이며, 한 마디로 말하자면, 자본의 선행 행동에 대한 노동의 반동이다. 만일 여러분이 임금인상을 위한 투쟁을 이들 모든 사정으로부터 분리해서 다룬다면, 임금의 변동만을 보고 그것을 낳게 하는 다른 여러 변동들을 간과한다면, 여러분은 그릇된 전제에서 출발하여 그릇된 결론에 이르게 되는 것이다.

14. 자본과 노동의 투쟁, 그 결과

(1) 임금의 인하에 대한 노동자 측의 주기적인 항쟁 및 임금을 올리려고 하는 그들의 주기적인 기도(企圖)는, 임금제도와 불가분한 것으로, 이런 일들은, 노동이 모든 상품과 마찬가지로 다루어지고 따라서 또 일반적 운동을 규제하는 법칙에 지배된다고 하는 사실 그 자체에 의해 야기된다고 하는 것, 또, 임금의 일반적 등귀는 일반적 이윤율의 저하를 낳게 하지만 상품의 평균가격 또는 그 가치에는 영향을 미치지 않는다는 것, —이런 일은 이미 분명히 밝혔으므로 이제 마지막으로 남은 문제는, 자본과 노동의 이 끊임없는 투쟁에서 어느 정도까지 후자가 성공할 것인가 하는 점이다.

나는 전반적인 대답으로 다음과 같이 말할 수 있을 것이다. —다른 모든 상품에 대한 것과 마찬가지로 노동에 대해서 보아도, 그 시장가격은 장기간에 걸쳐서는 그 가치에 적응할 것이다. 따라서 모든 등락에도 불구하고, 또 노동자가 무엇을 하든, 그는 평균적으로는, 그의 노동가치—이것은 그의 노동력 가치에 귀착하고, 이 노동력 가치는 그 유지 및 재생산에 요하는 필수품의 가치에 의해서 결정되고, 그 필수품 가치는 결국 그것을 생산하는 데에 요하는 노동 분량에 의해 규제된다—만을 받을 것이라고.

그러나 노동력 가치 또는 노동가치는, 어떤 특징에 의해서 다른 모든 상품 가치와 구별된다. 노동력 가치는 두 가지 요소에 의해서 형성된다. —그 하나는 단순히 생리적인 것이고, 다른 하나는 역사적 또는 사회적인 것이다. 그 궁극의 한계는 생리적 요소에 의해서 결정된다. 자세히 말하자면, 노동자 계급은, 그 자신을 유지하고 재생산하기 위해서는, 그 육체적 존재를 영속시키기 위해서는, 생활과 번식을 위해 절대로 필요불가결한 필수품을 받지 않으면 안 된다. 따라서 이들 필요불가결한 필수품의 가치는 노동 가치의 궁극적인 한계를 이룬다. 한편, 노동일의 길이도 또한 크게 탄력성이 있다고 하지만 궁극적 한계에 의해서 제한되어 있다. 노동일의 궁극적 한계는, 노동자의 체력에 의해 주어져 있다. 그의 생명력의 나날의 소모가 일정한 정도를 넘으면, 그 생명력은 매일 되풀이해서 행사할 수가 없다. 하지만 위에서 말한 바와 같이, 이 한계에는 큰 탄력성이 있다. 건강하지 못하고 단명한 세대의 신속한 교체에 의해서도, 일련의 건강하고 목숨이 긴 세대에 의해서와 마찬가지로 노동시장은 제대로 공급될 것이다.

이 단순히 생리적인 요소 외에, 노동가치는 어느 나라에서나 전통적인 생활 수준에 의해 결정된다. 그것은 단순한 생리적 생활이 아니라, 사람들이 그곳에 살고 자라는 사회적 여러 조건에서 생기는 일정한 욕망의 충족이다. 잉글랜드인의 생활 수준도 아일랜드인의 생활 수준까지 끌어내리면 내려갈 수 있고, 독일 농민의 생활 수준도 리보니아 농민의 그것까지 끌어내려질 수 있다. 역사적 전통 및 사회적 관습이 이 점에서 다하는 중대한 역할에 대해서는, 여러분은 손튼의 《과잉인구》에 관한 저술에서 배울 수 있는 것으로, 이 책에서 그가 밝힌 바에 의하면, 영국의 여러 가지 농업 지방에서의 평균 임금은, 이들 지방이 농노제의 상태에서 벗어났을 때의 사정의 좋고 나쁨에 따라서 오늘날에도 다소의 차이가 있다고 한다.

노동가치에 끼어드는 이 역사적 또는 사회적 요소는, 팽창할 수도 있고 수축할 수도 있고, 또 생리적 한계 이외에는 아무것도 남지 않을 정도로 모두 소멸되는 일도 있을 수 있다. 반(反)자코뱅전쟁—이것은, 인정사정도 없고 월급 도둑인 늙은 조지 로스가 현명하게도 말한 바에 의하면, 우리의 신성한 종교의 위안을 프랑스의 이단자들의 침해로부터 구하기 위해 야기되었다—의 시대에는 우리가 앞 절(節)에서 온건하게 다룬 정직한 영국의 차지농업자들은, 농업노동자의 임금을 단순한 생리적 최소한으로까지 끌어내리고 그 종족의 육체적 영속에 필요한 나머지는 구빈법(救貧法)에 의해서 보충하였다. 이것은 임금노동자를 노예로 전환해서, 셰익스피어가 그린 바 있는 자부심 있는 자유농민을 빈민으로 전화하기 위한 영광스러운 방법이었다.

여러 나라의 표준임금 또는 노동가치를 비교함으로써, 또, 같은 나라의 여러 역사적 시대에서의 이들을 비교함으로써 여러분은 모든 상품가치는 여전히 불안하다고 가정해도, 노동가치 그 자체는 고정적인 크기를 가진 것이 아니라 가변적인 크기를 가진 것이라는 것을 발견할 것이다.

마찬가지 비교에 의하면, 이윤의 시장율이 변동할 뿐만 아니라 그 평균율도 변동한다는 것을 분명히 할 것이다.

그러나 이윤에 대해서는 그 최소한을 결정하는 법칙은 존재하지 않는다. 그 저락(低落)의 궁극적인 한계가 어디에 있는가는 분명히 말할 수가 없다. 그렇다면 왜 우리는 그 한계를 확정할 수가 없는가? 우리는 임금의 최소한은 확정할 수 있지만 그 최대한은 확정할 수 없기 때문이다. 우리가 분명히 말할 수 있는 것은, 노동일의 한계가 주어져 있을 경우에는 이윤의 최대한은 임금의 생리적 최소한에 대응한다는 것, 그리고 임금이 주어져 있는 경우에는 이윤의 최대한은 노동자의 체력과 양립할 수 있는 노동일의 연장에 대응한다는 것—그것뿐이다. 따라서 이윤의 최대한은 임금의 생리적 최소한 및 노동일의 생리적 최대한에 의해서 국한되어 있다. 분명히 이 최고이윤율의 두 한계 사이에는 방대한 차등이 존재할 수 있다. 그 실제적인 정도의 확정은 자본과 노동 사이의 끊임없는 투쟁에 의해서만 정해지는 것으로, 자본가는 항상 임금을 그 생리적 최소한으로 끌어내려 노동일을 그 생리적 최대한으로 확대하려 하고 있고, 다른 한편으로 노동자는 항상 그 반대의 방향으로 압박을 하고 있는 것이다.

사태는 투쟁자들 각각의 힘의 문제에 귀착된다.

(2) 다른 어떤 나라에서도 그렇지만, 영국에서의 노동일의 제한에 대해서 말하자면, 그것은 법률적 간섭에 의하지 않고서는 결코 확립되지 않았다. 외부로부터의 노동자의 끊임없는 압박 없이는 이 간섭은 결코 이루지지 않았을 것이다. 이 결과는 노동자와 자본가 사이의 사적인 교섭으로는 얻어질 리가 없었다. 일반적인 정치적 행동의 이런 필요 그 자체는 단순한 경제적 행동에서는 자본 쪽이 강하다는 것을 증명하는 것이다.

노동가치의 한계에 대해서 말하자면, 그 실제적인 결정은 항상 수요공급에 의존하는 것으로, 여기에서 수요공급이라고 하는 것은, 자본 쪽에서의 노동의 수요와 노동자에 의한 노동의 공급을 말한다. 식민지 여러 나라에서는 수요공급의 법칙은 노동자에게 유리하다.[16] 따라서 합중국에서는 비교적 임금 수준이 높다. 자본은, 그 나라에서도 할 수 있는 일은 하기는 하지만 임금노동자가 끊임없이 독립적으로 자영하는 농민으로 전화하기 위해서 노동시장이 끊임없이 텅 비게 되는 것을 막을 수는 없다. 임금노동자라고 하는 지위는, 미국인 대부분에게는 그들이 조만간 벗어나야 할 시련 상태에 지나지 않는 것이다. 식민지의 이런 상태를 구제하기 위하여 모국인 영국 정부는 잠시 동안, 이른바 근대적 식민론—임금노동자가 너무 빨리 독립된 농민으로 전화하는 것을 막기 위해 식민지의 물가를 인위적으로 끌어올리는 일—에 찬동하였다.

이제 우리는 자본이 전 생산과정을 지배하고 있는 옛날부터 내려온 문명 제국으로 옮아가기로 하자. 예를 들어, 1849~1859년의 영국에서의 농업임금의 등귀를 보기로 하자. 그 결과는 어떠했던가? 차지농업자들은, 우리 친구 웨스턴이라면 충고했을 것처럼, 밀값을 올리는 일도, 그 시장가격을 올리는 일까지도 할 수 없었다. 그러기는커녕 그들은 그 하락을 감수하지 않으면 안 되었다. 그러나 그들은 11년 동안에 모든 종류의 기계를 도입하거나 보다 더 과학적인 방법을 채용하여, 경지 일부를 목장으로 바꾸고, 농장의 크기에 따라 생산 규모를 증대하고, 다른 방법으로 노동 생산력을 증대시킴으로써 노동에 대한 수요를 감소시켜, 농업인구를 다시 상대적으로 넘쳐나게 만들었다. 이것이야말로, 역사가 오래되고 개화된 여러 나라에서 임금등귀에 대한 자본의 반동이 조만간 실시하게 되는 일반적 방법이다. 리카도가 옳게 주장하고 있는 것처럼, 기계는 끊임없이 노동과 경쟁하고 있는 것으로, 노동가치가 일정한 고도에 이르렀을 경우에 한해서 채용할 수 있는 것이지만, 그러나 기계의 응용은 노동 생산력을 증가시키기 위한 많은 방법 중의 하나에 지나지 않는다.

보통의 노동을 상대적으로 과잉되게 만드는 이 발전 그 자체는, 다른 한편으로는, 숙련노동을 간소화하여 그 가치를 감소시킨다.

같은 법칙은 다른 형태로도 이루어진다. 노동 생산력의 발달에 따라서, 임금은 비교적 고율(高率)이라 해도 자본 축적은 촉진될 것이다. 따라서 근대적 산업이 아직 유치한 단계였던 시대의 애덤 스미스가 추론한 바와 같이, 자본 축적의 촉진은 노동자의 노동에 대한 수요 증가를 확보함으로써, 결국 노동자의 이익이 될 것이라고 추론하는 사람이 있을지도 모른다. 이와 마찬가지 견지에서, 당대의 많은 저술가들은, 영국의 자본은 과거 20년 동안에 영국의 인구보다도 훨씬 급속히 증대했는 데 임금은 조금도 오르지 않았다는 것을 이상한 일로 여겨왔던 것이다.

그러나 축적의 진전과 동시에, 자본 구성에 있어서의 누진적 변동이 생긴다. 총 자본 중, 고정자본—기계, 원료, 모든 형태의 생산수단—을 구성하는 부분은, 임금 또는 노동의 구매에 지출되는 다른 자본 부분에 비해서 누진적으로 증가한다. 이 법칙은 이미 바튼·리카도·시스몽디·리처드 존스 교수·램지 교수·셰르불리에, 그 밖의 사람들에 의해서 정도의 차이는 있지만 정확하게 언급되고 있다.

자본의 이들 두 가지 요소의 비율이 처음에 1대 1 이었다고 하면, 그것은 산업의 진전에 따라 5대 1 등등이 될 것이다. 총자본 600 중 300이 여러 용구·원료 등에 지출되고 300이 임금으로 지출된다고 하면 300명 대신에 600명의 노동자에 대한 수요를 낳기 위해서는 총자본은 2배로 증가되면 충분하다. 그러나 600의 자본 중, 500이 기계·재료 등에 지출되고, 100만이 임금으로 지출된다고 하면 300명이 아니라 600명의 노동자에 대한 수요를 낳기 위해서는 같은 자본은 600에서 3600으로 증가되지 않으면 안 된다. 따라서 산업의 진전에 있어, 노동에 대한 수요는 자본 축적과 보조를 함께 하는 것이 아니다. 그것은 증가하기는 하지만 자본 증가에 비하면 끊임없이 체감 (遞減 : 등수를 따라 차례로 덜어감)되는 비율로 증가할 것이다.

이들 몇 가지 시사로도 알 수 있는 바와 같이, 근대적 산업의 발전 그 자체는 더욱더 노동자에게 불리하고 자본가에게 유리한 상태를 틀림없이 낳게 할 것이고, 따라서 또 자본제적 생산의 일반적 경향은 임금의 평균 수준을 높이지 않고 낮추는 일, 바꾸어 말하면, 노동가치를 다소간 그 최소한으로 끌어내리는 데에 있는 것이다. 이 제도에 있어서의 사태의 경향은 이렇다고 해도, 또한, 노동자 계급은 자본의 침략에 대한 그들의 항쟁을 단념하고, 그 때그때의 기회를 그들 상태의 일시적 개선을 위해 이용하려고 하는 기도를 포기하여야 할 것인가? 그들이 그런 일을 하면 그는 구제할 길이 없는 패잔자의 무리로 타락할 것이다. 표준임금 획득을 위한 그들의 투쟁은 임금제도 전체와 불가분한 일이라는 것, 임금을 인상하려고 하는 그들의 노력은 100 중 99까지는 주어진 노동가치를 유지하려고 하는 노력 바로 그것이라는 것, 그리고 노동가치에서 대해서 자본가와 다툴 필요는 자기를 상품으로서 팔지 않으면 안 되는 그들의 상태에 내재한다는 것—이런 일은 이미 밝혔다고 생각한다. 만일 그들이, 자본과의 일상투쟁에서 비겁하게도 퇴각을 한다면, 그들은 반드시 그 어떤, 보다 더 큰 운동을 일으키기 위한 그들 자신의 능력을 잃게 될 것이다.

그와 동시에 또, 임금제도에 포함되어 있는 일반적 노예 상태를 전혀 도외시하고, 노동자 계급이 이들 일상투쟁의 궁극적 효과를 과장해서 생각하는 일이 있어서는 안 된다. 잊어서는 안 될 일은, 그들이 (일상투쟁에서) 싸우고 있는 것은 결과로 싸우는 것이지 이 결과의 원인이 아니라고 하는 것, 그들은 하향 운동을 막고 있는 것이지 그 방향을 바꾸고 있는 것이 아니라는 것, 그들은 완화제를 사용하고 있는 것이지 병을 치료하고 있는 것이 아니라는 것—바로 이것이다. 따라서 그들은 자본의 끊임없는 침략이나 시장의 변동으로부터 끊임없이 생기는 이들 불가피한 게릴라전에 몰두해 버려서는 안 된다. 그들이 이해해야 할 것은, 현재의 제도가 그들에게 궁핍을 강요하고 있는 데에도 불구하고, 그와 동시에 사회의 경제적 개조에 필요한 물질적 조건 및 사회적 여러 형태도 생기게 하고 있다는 점이다. 그들은 '공정한 하루의 노동에 대한 공정한 하루의 임금!'이라는 보수적인 표어 대신에 '임금제도의 폐지!'라고 하는 혁명적 슬로건을 그들의 깃발에 적어야 한다.

내가 주요 문제에 대해서 해야 할 일을 말하기 위해 할 수 없이 파고든 이 설명은 매우 길고 아마도 따분했을 것이라고 여겨지는데, 나는 다음의 결의안을 제출함으로써 나의 이야기를 끝내고자 한다.

첫째, 임금률의 일반적 등귀는, 일반적 이윤의 저락을 낳게 할 것이지만, 대체적으로 상품값에는 영향을 주지 않을 것이다.

둘째, 자본제적 생산의 일반적 경향은 임금의 평균표준을 높이지 않고 낮추는 데에 있다.

셋째, 노동조합은 자본의 침략에 대한 항쟁의 중심으로는 훌륭하게 작용한다. 그러나 그 힘의 사용이 적절하지 못하면 부분적으로 실패한다. 현행 제도의 결과에 대한 게릴라전에 전념하고, 그와 동시에 현행 제도를 변화시키려고 하지 않는다면, 그 조직된 힘을 노동자 계급의 궁극적 해방, 즉 임금제도의 궁극적 폐지를 위한 지레로 쓰지 않는다면, 일반적으로 실패한다.

국제노동자협회의 결의

마르크스에 의해 기초(起草)되어, 1866년 젠프(제네바)에서 열린 제1회 대회에서 채택된 것

노동조합, 그 과거, 현재 그리고 미래

a. 그 과거

자본은 집적된 사회적 힘이지만, 노동자는 자기의 노동력을 자유로이 할 수 있는 데에 지나지 않는다. 따라서 자본과 노동 사이의 계약은 결코 공정한 조건에 입각할 수가 없다. ―여기에서 공정이라고 하는 것은, 결코 물질적인 생산 및 노동수단의 소유권을 한 쪽에 놓고, 산 노동력을 다른 한 쪽에 놓는 그런 사회의 뜻으로서가 아니다. 노동자들의 유일한 사회적 힘은 그들의 수이다. 그러나 수의 힘은 통일이 되지 않으면 패배한다. 노동자들의 불통일은 그들의 불가피한 상호적 경쟁에 의해 생기고 또 영속화된다.

노동조합은, 본디 노동자들을 적어도 노예 상태 이상으로 끌어올리는 계약조건을 획득하기 위하여 이 경쟁을 없애려고 하는, 적어도 완화하려고 하는, 노동자들의 자연발생적인 기도(企圖)에서 생겼다. 따라서 노동조합의 직접적인 목적은, 일상의 여러 요구에, 자본의 끊임없는 침략에 대한 방어수단에, 한 마디로 말하자면, 임금 및 노동문제에 국한되었다. 노동조합의 이런 활동은, 정당할 뿐만 아니라 필요하다. 현대의 생산수단이 존속하는 한, 그것을 파기할 수는 없다. 오히려, 모든 나라에서의 노동조합의 설립 및 통일에 의해서 그것을 보편화하지 않으면 안 된다. 한편, 노동조합은―마치 중세의 도시행정 및 자치체가 부르주아 계급 조직의 중심이었던 것처럼―스스로 의식함이 없이 노동자 계급의 조직의 중심이 되었다. 노동조합은 자본과 노동 사이의 게릴라전을 위해 필요하다고 하면 임금제도 및 자본지배 일반의 폐지를 위한 조직된 동력(organized agencies)으로서 더욱 중요하다.

b. 그 현재

노동조합은, 자본에 대한 국부적이고 직접적인 투쟁에 전념하여, 임금제도 그 자체에 대한 그 행동 능력을 아직 충분히 파악하지 않고 있다. 따라서 노동조합은 일반적인 사회적 및 정치적 운동을 너무나 삼가고 있다. 그럼에도 불구하고, 최근의 노동조합은 위대한 역사적 사명에 관한 일정한 감정에 눈을 뜬 것처럼 보이는데, 그것은, 예를 들면 영국에서의 최근의 정치운동에의 노동조합의 참가에서, 합중국에서의 노동조합의 여러 기능에 관한 이해의 증진에서, 또 셰필드에서의 최근의 노동조합 대표자대회가 채택한 다음과 같은 결의에서 알 수가 있다. 이 결의는 다음과 같이 말하고 있다.

"본회의는, 만국의 노동자를 하나의 상호적 형제관계로 결합하려고 하는 국제노동자협회의 여러 노력을 완전히 시인하고, 또 이를 위해, 이 단체에 가맹할 것을, 여기에 대표자를 내고 있는 여러 조합에 대해서 진지하게 권고한다. 왜냐하면, 이것이야말로 전체 노동자층의 진보 및 행복을 위해 중요하다고 믿기 때문이다."

c. 그 미래

노동조합은, 그 최초의 목적은 별도로 하고라도, 이제 노동자 계급의 중심조직임을 의식하여, 노동자 계급의 완전해방이라는 큰 이익을 위해 행동할 것을 배우지 않으면 안 된다. 노동조합은, 이 목적을 이룩하려고 하는 모든 사회적·정치적 운동을 지지하지 않으면 안 된다. 노동조합이 자신을 전체 노동자 계급 전위(前衛) 및 대표자로 여기고, 또 그런 입장에서 행동할 때에는 이 대열에 대한 비조합원의 결성을 실현하는 일에 꼭 성공할 것이다. 노동조합은, 이상한 여러 사정에 의해서 힘을 빼앗긴 대우가 나쁜 직업, 예를 들어 농업노동자의 이해를 세심하게 유의하지 않으면 안 된다. 노동조합은, 그 노력이 좁고 이기적인 것은 결코 아니고, 짓밟힌 만인의 해방을 목적으로 하는 것이라는 것을 전세계에 납득시키지 않으면 안 된다.

〈인명의 설명〉

• 뉴먼(Francis Newman 1805~1897). 영국의 성직자·고대어 교수.

- 라살(Ferdinand Lassalle 1825~1864). 독일의 사회주의자.
- 램지(G. Ramsay 1800~1871). 영국의 철학자·경제학자. 자본주의의 역사적·일시적 성격을 거의 인식하였다.
- 로베스피에르(Maximilian Robespierre 1758~1794). 프랑스 대혁명에서의 급진파인 자코뱅당 지도자.
- 로스(George Rose 1744~1818).
- 리카도(D. Ricardo 1772~1823). 영국의 경제학자. 고전파 경제학의 최후의 위대한 대표자.
- 맬서스(Th. R. Malthus 1766~1834). 영국의 성직자·경제학자. 자본주의하의 궁핍을 필연이라고 설명하여 노동자에게는 산아제한을 권고.
- 모튼(G. Ch. Morton 1821~1888). 영국의 토양학자.
- 밀(John Stuart Mill 1806~1873). 영국의 철학자·경제학자·절충론자. 고전파 경제학의 아류.
- 바튼(John Barton). 영국의 경제학자.
- 셰르뷸리에(A. E. Cherbulier 1797~1869). 스위스의 정치가·경제학자. 시스몽디 추종자.
- 셰익스피어(W. Shakespeare 1564~1616). 영국의 시인. 세계문학상 가장 위대한 극작가의 한 사람.
- 손튼(W. Th. Thornton 1813~1880). 영국의 경제학자.
- 스미스(Adam Smith 1723~1790). 영국의 경제학자. 고전파 학자 중에서는 가장 위대한 사람 중의 한 사람.
- 시니어(William Nassau Senior 1790~1864). 영국의 경제학자. '기성 부르주아 계급의 대변자'(마르크스).
- 시스몽디(J. Ch. L. S. de Sismondi 1773~1842). 스위스의 경제학자. 자본주의의 근본 모순을 알았으나'(마르크스) '소(小)부르주아의 견지에서의 감정적 비판'(레닌)에 머물렀다.
- 아그리파(Menenius Agrippa). 기원전 5세기의 로마의 집정관.
- 애버링(Edward Avering 1851~1898). 영국의 사회주의자·의사. 《자본론》 제1권 번역 분담자.
- 어쿠아트(D. Urquhart 1805~1877). 영국의 외교관·저술가. 영국 정부의 친 러시아적 동방정책의 반대자.
- 엘리나(Eleanor, Marx-Avering 1856~1898). 마르크스의 막내딸. 애버링의 아내.
- 오언(Robert Owen 1771~1858). 영국의 사회주의자. 처음에는 공장주였으나, 비현실적인 공산주의 이론에 이르렀다. 폭력에 반대. 전 생애를 그 이론에 바쳤다.
- 유어(Andrew Ure 1778~1857). 영국의 화학자·경제학자·자본 및 대공업의 변호자.
- 존스(Richard Johnes 1790~1855). 영국의 경제학자. 자본주의 붕괴의 필연성을 인식하

였다.

- 투크(Th. Tooke 1774~1858). '약간 가치가 있는 마지막 영국의 경제학자'(마르크스).
- 프랭클린(Benjamin Franklin 1706~1790). 미국의 정치가·경제학자. 미국 독립전쟁에서 큰 역할을 하였다.
- 홉스(Thomas Hobbes 1588~1679). 영국의 철학자·유물론자.

〈주〉

＊1 1865년 4월 4일의 중앙위원회 회의 의사록에 의한 것이다.

＊2 1865년 5월 20일자 엥겔스에게 보낸 마르크스의 편지.

＊3 1865년 5월 2일과 20일의 중앙위원회 회의에서 웨스턴이 그의 생각을 특별 강연으로 설명하고, 그 강연이 토의되었다. 마르크스는 5월 20일의 편지에서 엥겔스에게 쓰고 있다. ─'오늘 밤은 '인터내셔널'의 임시회의이다. 선한 노(老)슈르프인 낡은 오언주의자 웨스턴(목수)는, 앞서 그가 계속해서 〈비하이브〉(《비하이브》(꿀벌집)는 한때 제1인터내셔널의 공인기관지로서 토의에 회부된 여러 문제에 관한 공문서를 연속적으로 발표하였다)에서 변호하고 있는 다음과 같은 두 가지 명제를 세웠다.

(1)a general rate in the rise of the rate of wages(일반적인 임금인상)은 노동자들에게 아무런 쓸모가 없을 것이다. (2)그렇기 때문에 노동조합은 해로운 작용을 할 것이다.

만일 이 두 가지 명제─이것을 믿고 있는 것은 우리 동료들 사이에서는 그 사람뿐이다─가 시인된다면, 우리는 이곳의 노동조합에 관해서나, 대륙에서 만연되고 있는 파업병(病)에 관해서도 우스꽝스러운 존재가 될 것이다. ─사람들은 물론 내가 반박하기를 기대하고 있다. 따라서 나는 오늘 밤의 나의 항변을 마무리해 두었어야 했지만, 나의 저서인 《자본론》을 계속 써가는 것을 보다 더 중요하다고 생각했기 때문에 나는 즉석에서의 생각으로 대비할 수밖에 없다. 물론 나는 다음 두 가지 요점을 본디부터 알고 있다. ─ (1)노임은 여러 상품가치를 결정한다는 것, (2)만일 자본가들이 오늘 4실링 대신에 5실링을 지불한다면 그들은 내일 그 상품을 4실링 대신에 5실링으로 팔 것(수요의 증가로 그것은 가능하다)이라는 것.

그런데 이것은 매우 평범하고, 현상에 대해 매우 외부적인 피상(皮相)에 구애된 것이라고는 하지만, 여기에서 다루는 모든 경제적 문제를 무학자(無學者)들에게 설명한다고 하는 것은 쉬운 일이 아니다. 자네도 경제학의 과정을 한 시간에 압축할 수는 없을 것이다. 그러나 우리는 최선을 다할 것이다.' (마르크스·엥겔스 전집. 제3부 제3권, 1861년부터 1867년에 이르는 마르크스·엥겔스 왕복 서간집, 베를린, 1932년, p.272)

마르크스는 토의에 출석했을 뿐만 아니라 그는 중앙위원회 회의에서도 하나의 강연을 하였다. 마르크스 자신도 엥겔스도 이 강연을 공간(公刊)하지 않았다. 그것은 엥겔스가 세상을 떠난 후 마르크스의 딸 엘리나에 의해서 공표되었다.

또 마르크스는 6월 24일자 편지에서 엥겔스에게 쓰고 있다.

'다음과 같은 점에 대해서 자네의 조언을 듣고 싶네.

나는 중앙위원회에서 임금의 일반적 인상 등이 어떻게 작용하는가 하는, 웨스턴에 의해 제출된 문제에 관한 논문을 낭독하였네. 그 중의 제1의 부분은 웨스턴의 넌센스에 대한 해답이고, 제2의 부분은 때에 적절하게 다룬 이론적 설명이네. 그런데 사람들은 이것을 인쇄하고 싶어하고 있네. 어떻게 보면 그것은 나에게 아마도 유익한 일일 것이네. 왜냐하면, 그들은 J. S. 밀, 비즐리 교수, 해리슨 등과 연락이 있기 때문이네. 다른 한편으로는 나는 망설이고 있네. 왜냐하면, (1) '웨스턴'은 논적(論敵)으로서 그다지 시원치 않기 때문이며, (2) 위의 것은, 두 개의 부분을 이루는 매우 간결한, 그러나 비교적 쉬운 형식으로, 나의 저서 《자본론》에서 선취(先取)한 많은 새로운 것을 포함하고 있고, 그것은 동시에 또 필연적으로 모든 것을 없애지 않으면 안 되기 때문이네. 그런 것을 이런 방식으로 선취한다는 것은 과연 좋은 생각일까? 어때? 자네는 나보다도 조용히 떨어진 곳에서 사태를 관찰하므로 이 점을 나보다도 잘 판단할 수 있다고 생각하네.'

이에 대한 엥겔스의 답장(7월 15일자)은 다음과 같다. —'자네가 웨스턴과 논쟁을 해 보았자 큰 명예가 될 것으로 생각하지 않고, 또 영국 경제학계에의 첫인사로서도 그것은 틀림없이 좋지 않을 것이네. 자네의 저서로부터 개별적인 부분을 선취한다고 하는 것은 나로서는 그다지 손해될 것이라고는 생각하지 않네. —가령 자네의 저서가 실제로 지금 완성된다고 해도 말야. —그것은 어떻게 되어 있지?'

*4 영어판은 모두 '정확하게'(exactly)라고 되어 있는데, 인스티튜트판에 따랐다.

*5 원문에서는 surplus wages(잉여임금)로 되어 있는데, 인스티튜트판의 번역에 따랐다.

*6 《자본론》 제1부 제3편 제7장 제3절 참조.

*7 최고가격법은 프랑스 대혁명 중인 1793년에 발포(發布)되었다. 이 법률은 여러 상품의 최고가격을 확정하고 또 임금을 결정하였다. 이 최고가격법에 가장 열성적으로 편든 것은 도시와 시골 빈민의 이해를 대표하는 이른바 '광란자'들이었다. 혁명적인 소부르주아적 자코뱅당의 지도자인 로베스피에르는 자코뱅당이 전술상의 숙고에서 '광란자'와 블록을 만들고 있던 시대에 이 법률을 실시하였다.

*8 마르크스는 여기에서는 투크의 협력자인 영국의 경제학자 W. 뉴마치를 말하고 있는 것이다. 《자본론》 제1부, 제3편 제8장, 〈주〉 183 참조.

*9 러시아-터키전쟁(1854~1855)의 일이다. 인스티튜트판의 주.

*10 영국에서는 1816년 이래 금단위제가 실시되었으나 유럽 대륙에서는 1870년대까지 금은복본위제가 실시되고 있었다.

*11 영어판에는 어느 것이나 '산다(buy)'로 되어 있고 독일어 번역도 이에 따르고 있으나 이것은 분명히 '지불한다(pay)'의 잘못이다.

* 12 《자본론》에서 마르크스는 이윤율과 잉여가치율의 개념규정을 구별하고 있다. 그는 지불하지 않는 노동과 지불노동과의 비율을 잉여가치로서 표현하고, 다른 한편으로 이윤율이라고 하는 말을 이윤과 총 투하자본과의 비율에 한정해서 사용하였다. 이 강연에서는 그는 아마도 이해를 쉽게 하기 위해서 이 두 가지 개념규정을 도외시했을 것이다.

* 13 프랑스 대혁명 시대의 혁명적 프랑스에 대한, 영국을 선두로 하는 유럽 열강의 동맹전쟁.

* 14 원문에는 다만 《An Essay on Trade》라고 되어 있는데 이것은 아마도 《자본론》 제1권 제8장, 〈주〉 35, 121 등에 인용된 〈An Essay on Trade and Commerce〉(1770)을 말할 것일 것이다.

* 15 인도의 크리슈나 신전의 비슈누 신상, ─옛날, 이 신상을 큰 수레에 태워 해마다 이 신의 제삿날에 끌고 다녔는데, 신자는 이 수레에 깔려 죽으면 극락에 갈 수 있다는 미신을 믿고 서로 앞을 다투어 그 바퀴 아래에 몸을 던졌다고 한다.

* 16 마르크스는 여기에서 많은 무주지(無主地)가 있었던 식민지 여러 나라에 대해서 말하고 있다. 따라서 노동자들은 끊임없이 농업에 밀려들어 독립된 농업가가 되었다. 아메리카합중국과 오스트레일리아는 이런 식민지 국가이다.

마르크스의 생애와 사상

당시의 유럽 (빈 회의 후)
트리어(태어난 곳)·본·베를린·쾰른·파리·브뤼셀, 마지막으로 런던. 이 도시들이 마르크스의 학문과 활동 및 망명의 중심지였다.

I. 성장 과정과 자기 형성

마르크스의 무대

태어난 시대

마르크스가 태어난 1818년이라면 유럽 전역을 떨게 만들었던 나폴레옹이 몰락한 3년 뒤가 된다. 프랑스 혁명이 씨를 뿌린 자유민권 사상은 유럽 각국은 물론이려니와 더 나아가 미국, 특히 남아메리카에까지 이르렀다. 군주의 압박 속에 고통받던 국민들은 여기 저기서 독립운동을 일으키기에 이르렀다.

그러나 빈 회의에 모인 여러 나라들은 혁명 사상의 두려움을 뼈저리게 느끼고 있었다. 또 여러 나라들이 동맹하면 그렇게도 강력한 나폴레옹조차 멸망시킬 힘이 된다는 사실도 깨달았다. 그래서 회의에 참석한 대표자들은 프랑스 혁명적 사상이나 운동을 진압하여 본디의 보수전제체제로 돌아가려는 생각을 품고 있었다. 따라서 프랑스 혁명 전 상태를 정당하다고 보는 복고주의가 지배적 의견이 되고 혁명의 의의나 성과는 아주 무시되었다. 그런 복고·보수주의의 구체화가 그리스도교적 박애주의에 근거하여 각국이 형제처럼 상부상조하려는 신성동맹(자유주의적 영국을 제외한 여러 군주들 간의 동맹)으로 나타났다.

빈 회의를 주재한 것은 오스트리아 수상 메테르니히였다. 그는 이 동맹을 이용하여 보수전제정치를 실행했다. 외국에까지 간섭에 나서서 독일·이탈리아·에스파냐 등에서 일어난 혁명운동을 무력으로 진압했다. 메테르니히의 반혁명 보수주의는 한때 유럽을 휩쓸기에 이르렀다. 그러나 메테르니히는 중남아메리카 제국의 독립을 누르려고 하다가 먼로주의와 맞부딪게 되고 그리스 독립운동에서는 동맹 제국에 배신당했다. 자유민권과 보수전제 간의 충돌이 또다시 프랑스에서 폭발하여 부르봉 왕조를 쓰러뜨리기에 이르렀다 (1830년 7월혁명). 승리한 이 혁명의 물결은 즉각 벨기에·독일·이탈리아·폴란드에까지 파급되었다. 특히 산업혁명과 자본주의의 전개, 그리고 이에 따른 심각한 노동문제와 노사대립 속에 놓인 영국에서는 여러 가지 운동이 격렬하게 일었다. 선거법 개정의 성립(1832), 차티스트 운동, 곡물법 폐지(1846), 열 시간 노동법의 제정(1847) 등이 이를 잘 말해 준다.

노동문제가 심각해지는 반면, 노동자계급이 대두하며 차츰 강력해졌다. 이런 정세를 반영하듯 자본주의를 비판하고 평등사회를 실현하려는 사회주의가 대두하였다. 영국의 로버트 오언, 프랑스의 생 시몽·푸리에 등의 이른바 '공상적 사회주의'가 그 대표적인 것이다.

이런 정세 속에서 뒤늦게 자본주의가 발전하여 노동운동이 차츰 심각해진 프랑스에서도 사회주의자라든가 급진적 소시민의 지도로 혁명이 일어나게 되었다. 1848년 2월의 '2월혁명'이 바로 그것이다.

마르크스는 이렇게 파란 많은 시대에 세상에 태어났던 것이다.

뒤처진 독일 사회

그의 조국 독일의 상황은 어떠하였을까? 독일은 본디부터 유럽의 후진국이었던 것은 아니다. 근대를 이끈 선구라고도 할 저 종교개혁 운동은 독일에서 일어났다. 그리고 이 종교운동은 압박받고 학대받던 봉건제하의 농민이 하느님의 이름 아래 정의와 자유의 횃불을 든 싸움이었다. 그러나 아직 충분히 통일된 힘이나 지원 세력을 갖지 못한 농민은 1525년의 독일 대농민전쟁을 비롯하여 도처에서 패배의 쓴잔을 마셨다. 그 결과 이전보다 더한 봉건적 반동 때문에 농민이나 소시민들의 자유를 부르짖는 소리는 억압되었다.

특히 동부 프로이센에서는 이른바 구츠헤르샤프트 같은 매우 가혹한 영주들의 농민 지배제가 펼쳐졌다. 농민은 '본디의 노예에 버금가는 정도의 예속 하에 놓이게 되었다'고 어느 역사책은 쓰고 있다. 이들 농민은 1주일의 약 절반이나 영주의 장원에서 무보수로 노동해야 했다. 이 때문에 일단 불붙기 시작한 자유를 향한 동경도 허사가 되고 말았다. 더군다나 농민을 다시 들고 일어나지 못하게 한 것은 30년에 걸친 종교상의 싸움이었다. '30년전쟁'(1618~1648)은 그 당시 유럽 최대의 종교 분쟁으로 유럽의 주요 나라들이 참가한 가운데 30년 간이나 독일 영토에서 계속되었다. 이로써 독일의 농촌이나 공업이 다시 회복하기 어려울 정도로 타격을 입었고, 영국·프랑스 등

서유럽 여러 나라보다 훨씬 뒤떨어지게 된 것이다. 독일은 이 때문에 1세기 정도 피해를 입었다.

아직 강력한 봉건 체제하에 그대로 있던 독일에서는 수백 나라가 끝까지 할거하며 벽을 쌓고 있었다. 오스트리아 국왕이 독일 황제(신성 로마 황제)를 겸하고 있었으나, 그것은 형식적이고 명목적인 것에 지나지 않았으며, 각국은 독립국과 같은 존재였다. 이런 분할은 교통·상업·화폐 교환·관세 등 여러 면에서 큰 불편을 가져왔으며 독일의 발달과 근대화를 방해하였다. 이와 같이 수많은 나라 가운데 강한 나라가 오스트리아였고, 더구나 18세기에 와서 눈에 띄게 대두된 나라가 프로이센이었다. 특히 프랑스 문화를 동경한 계몽군주 프리드리히 2세(1712~1786)는 재위 50년 가까이(1740~1786) 되는 기간 동안 프로이센을 유럽 열강과 어깨를 나란히 할 정도로 강하게 만들었다. 개화된 이 군주는 민중의 신망을 모아 '위대한 프리드리히'라고 불렸다. 민중뿐만이 아니었다. 당시의 유명한 철학자 칸트(1724~1804)조차 '현대는 계몽 시대, 곧 프리드리히의 세기'라고 하며 대왕을 '세계에 둘도 없는 군주'라고 칭송하였다. 대왕에게서 계몽의 이상이 실현되었음을 본 것이다. 그러나 아무리 통치가 계몽적이고 근대적이었다 하더라도 지배하는 자는 전제군주였다. 정치가 이른바 절대주의임에는 변함이 없었다. 그리고 이와 같은 프리드리히 절대주의를 지지하는 경제적 기반은 구츠헤르(봉건적 대토지소유자)이며 융커(토지 귀족)였다. 따라서 근대화라고 하는 것도 위로부터의 근대화는 될지언정 아래로부터 쌓아올린 근대화는 아니었다. 앞서 말한 철인 칸트는 프랑스의 혁명 사상가 루소를 동경하며 프랑스 혁명에 동정과 호의를 보였다. 그렇지만 그조차도 아래로부터의 혁명에는 반대했고 오로지 계몽적 군주, 예를 들어 프리드리히 대왕과 같은 사람에 의한 위로부터의 개혁을 주장하였다. 칸트는 '얼마든지 그리고 무엇이든지 뜻대로 논의는 하되 오로지 복종하라!'고 한 대왕의 말 그대로 자유로이 자유의 철학을 논하고 그리고 오로지 복종했던 것이다. 이와 같은 절대주의는 프로이센에 대항하는 오스트리아에서도 변함이 없었다. 이런 점에서 독일은 차이를 보였다. 아래로부터 쌓아올림으로써 근대화를 밀고 나간 영국이나 프랑스와 차이를 보였다.

변화와 반동

프리드리히 대왕의 뒤를 이은 프리드리히 빌헬름 2세(1744~1797, 재위 1786~1797)는 군주로서 매우 평범하고 보수적이며 계몽사상을 싫어했다. 마침 프랑스 혁명의 심상찮은 분위기가 라인 강 저편에서 흘러드는 듯하더니 얼마 안가서 1789년에 혁명이 일어났다. 파도는 라인 강을 넘어 독일까지 침투해 들어왔다. 보수적이고 반계몽주의자인 국왕은 프랑스 혁명을 두려워하며 그것에 반감을 품었다. 성실한 신하임을 자처하는 철학자 칸트까지도 그의 이성적 종교론 때문에 종교에 관한 강의나 저술조차 금지당하였다.

칸트는 이와 같은 정부 방침을 비열하다고 생각하였다. 그러나 현재와 같은 상황 아래에서는 침묵을 지키는 것이 신하의 도리라며 진리를 공공연히 밝히기를 삼갔다. 사람들은 이런 칸트를 두고 답답하다고 느꼈을 것이다. 그러나 그것에 바로 독일 사회의 후진성과 전근대성이 존재하였다.

이런 상황이었기에 나폴레옹 시대에 독일(오스트리아를 포함해서)의 대부분이 프랑스군의 점령하에 들어갔고, 서남 16개 주가 라인 연방으로 갈라져서 프랑스 보호 아래 놓이게 된 것이다. 이때 나폴레옹은 자유·평등·우애라는 프랑스 혁명 정신을 살리려고 하였다. 이와 같은 상황 아래 놓인 프로이센 왕국에서는 당장이라도 근본 개혁—절대주의로부터 근대국가로의 발전—이 필요했다. 유능한 정치가 슈타인과 하르덴베르크 등에 의한 19세기 초엽의 이른바 '슈타인-하르덴베르크 개혁'은 근대국가 또는 근대적 체제의 실마리였다고 말할 수 있겠다. 봉건적 예속으로부터의 농민 해방, 농민의 인격적 자유 또는 토지 처분의 자유 확보 등을 비롯한 여러 시책이 바로 그것이다. 베를린 대학도 세워졌다. 나폴레옹의 베를린 점령 아래서 '독일 국민에게 고함'이라는 독일 재건의 대연설을 한 애국 철학자 피히테가 초대 총장으로 선출되었다. 뒤에 독일 철학계에 군림하게 된 헤겔도 이 대학에 초빙되어 강의하였다. 그리고 청년 시대를 맞은 마르크스는 아버지의 배려로 이곳에 유학했고, 헤겔 철학에 심취하다가 그 비판으로 가는 길을 여기에서 걷게 되었다.

그런데 아무튼 우리는 여기에서 이 개혁 지도자들의 자유주의적 경향을 두고 영국이나 프랑스의 그것과 동일시해서는 안 될 것이다. 분명하게 말해서 그들에게는 서유럽 자유주의의 영향을 느낄 수 있다. 그럼에도 그들의 뼈대를 이루는 것은 서유럽 귀족주의이고 융커주의이다. 그들이 말하는 농민

해방이라든가 농민 보호, 자유, 인간의 행복은 '귀족을 위한', '융커를 위한' 이라는 원리를 저버린 것이 아니었다. 그러므로 자유라든가 해방, 인도라든 가 인간성 존중이라는 것도 프랑스 혁명적인 자유·평등·우애의 정신과는 그 성격이 달랐다. 그들의 개혁은 시민혁명의 인권 선언이 내건 시민적 자유나 기본적 인권의 존중을 근본으로 하는 것이 아니었다. 오히려 고귀하고 유복 한 귀족, 재산을 가진 시민, 부지런하고 충실한 농민이라는 신분이 각각 유 기적으로 연관지어 그 분수를 지키는 '유기적 신분사회'의 건설이야말로 그 들이 목표로 삼는 개혁의 모습이었을 것이다. 그러므로 지도자인 그들에게 신분의 철폐나 국민 주권을 주장하는 프랑스 혁명과 같은 개혁은 사회를 파 괴하고 민족애를 배신하는 것이었다.

통일을 향한 비원

나폴레옹이 몰락한 뒤 오스트리아의 보수적 수상 메테르니히 주재 아래 이른바 '빈 조약'이 맺어졌다(1815). 그러나 이것은 앞서 말한 바와 같이 프 랑스 혁명 이전의 상태를 정당한 것으로 보는 정통 복고주의에 입각한 것이 기 때문에 혁명의 뜻이나 성과는 완전 무시되었다.

그래서 독일은 빈 회의의 결과 애국자들의 기대를 어기고 35왕후국·4자유 시로 구성된 독일연방을 조직하게 된다. 이 여러 나라들은 각각의 주권과 헌 법을 가지게 되었다. 어떤 뜻에서 시대적 민주 정세로의 타협이었던 셈이다. 그러나 그것은 윗자리의 왕후들이 이른바 신민들에게 베푼 것이지 인민에 의해 혁명적으로 획득된 것이 아니었다. 사실상 이런 입헌정치는 두 강국 (프로이센·오스트리아)에서 왜곡되고 말았다. 신분적 의회가 있었지만 다만 자문에 응하는 권리밖에 없었다. 부유한 농민들은 영주(구츠헤르)에 대한 예속적 의무로부터 해방되었으나 빈농은 여전히 예속하에 놓여 있었다. 한 편 농업노동자(이들은 뒤에 산업도시로 흘러들어간다)로 몰락하는 사람이 증가일로였으며, 구츠헤르와 같은 대토지소유자 또한 눈에 띄게 늘어났다. 이렇게 해서 슈타인-하르덴베르크 개혁은 침체를 면치 못하였다.

'이런 양상이었기에 해방전쟁(프랑스 지배로부터의 해방전)의 그토록 엄 청난 민족적 고양이 사그러든 뒤에 독일 사회를 휩쓴 것은 무엇보다 젊은이 들의 깊은 절망이었다'며, 독일의 어느 고등학교 교과서에는 다음과 같이 적혀 있었다.

　'복고주의 때문에 방해를 받으면서도 민족적·민주적 경향은 지하에서 면면히 흐르고 있었다. 당시 복고주의자들이 정말로 독일에서의 혁명을 두려워하고 있었다면 그것은 참으로 지나친 두려움이었다. 군주에 대한 충성심은 여전히 강렬하였다. 청년들의 열광적인 낭만정신은 민주적 방향보다는 민족적 경향이 분명 강했다. 특히 학생들에 의하여 그와 같은 민족적 경향이 키워져 나갔다.

　전독일학생동맹은 대학에서 종전의 분파주의적인 국가의식을 배격하고 열기가 일기 시작한 독일민족 통일을 표방하려고 하였다. 1817년 바르트부르크 축제에 독일 전국에서 학생들이 모여들었다. 그리고 일부 급진적 학생들은 공공연히 일련의 반동적 문서류에서부터, 연방 헌장까지 불살라 버렸다. 더욱 난감하게도 러시아의 참사관이자 극작가인 코체부가 예나의 신학부 학생 칼 잔트의 손에 만하임에서 살해되었다(1819). 코체부는 러시아의 간첩으로 주목받은 사람이며 잔트는 이 살해 행위로 민족애를 예증하려 한 것이다. 여기에서 메테르니히는 1819년 카를스바트(에서 열린 연방회의)의 결의를 수행하기에 이르렀다. 다시 말해 중앙검색위원회가 마인츠에 설립되었다. 학생동맹은 금지되고 여러 대학은 정부 감시하에 놓이고 책이나 잡지는 검열을 받도록 되었다. 동시에 민족적 이상주의자(얀·바르트·슐라이어마허)에 대해서는 단호한 조치가 내려졌다. 이렇게 등장한 반동은 전진하는 국가 통일운동을 강력히 방해하게 된 것이다.'

서유럽에서 몰려온 파도로 흔들리는 독일

　그 뒤에도 독일에서는 변화와 반동의 물결이 되풀이되었다. 그리고 그것은 이웃 프랑스에서의 혁명과 반혁명의 여파로 일어난 것이다.

　'빈 회의' 후 부활한 프랑스의 부르봉 왕조는 여전히 전제적 반동 정치로 자유주의자들을 압박하거나 언론 자유를 박탈했다. 그 때문에 1830년 7월 28일 이른바 '7월혁명'이 파리에서 일어났다. 흥분한 자유주의자·노동자·학생 등이 바리케이트를 치고 들고일어났고 군대 내부에서도 이에 호응하는 자가 있었다. 샤를 10세는 영국으로 도망가고 대신에 오를레앙가의 루이 필립이 '신의 은총과 국민 의지에 따른 프랑스인의 왕'임을 호칭하며 왕위에 올랐다. 다시 혁명의 깃발 '3색기'가 부르봉가의 깃발을 대신하여 펄럭이게 된 것이다.

혁명의 영향은 곧바로 유럽 각국으로 파급되었다. 벨기에로 이탈리아로 독일로 그리고 나아가서는 폴란드까지. 독일의 하노버·브라운슈바이크·작센·헤센 등지에서 일어난 자유 민권 운동은 헌법을 보장하기에 이르렀다. 또한 이와 같은 풍조나 운동은 남부 독일에서, 또는 문학에서, 또는 학생들 사이에, 또는 교수들 사이에서 한때 기운차게 일어났다. 그러나 독일에서는 그것이 커다란 흐름이 되어 결실을 보기에 이르지는 못했고, 강한 봉건적 반동 때문에 진압되지 않을 수 없었다. 괴팅겐 대학의 7명의 교수들이 자유 헌법을 짓밟은 하노버 왕에 저항하다 추방당한(1837) 것도 이 무렵이었다. 이 7명의 교수 중에는 동화와 사전으로 유명한 그림 형제도 있었다.

그러나 이와 같은 상황 아래서 하나 진전을 보인 것은 1833년의 관세동맹이다. 독일연방의 각국에, 아니 동일 국가 안에도 상이한 화폐제도나 도량형제도가 있었고 각 국경마다 세관이 있었다. 그 때문에 상업 거래가 큰 지장을 받았다. 그러나 프로이센의 제창으로 이루어진 관세동맹에 오스트리아를 제외한 각 나라가 참가하여 상호간의 세관이 철폐되기에 이르렀다. 이 경제상의 동맹은 교역을 활발하게 함은 물론 그후의 산업 발전이나 독일 통일을 준비하는 발판이 되었다.

바로 이 무렵에 파리에 망명한 독일 사람들 사이에 '망명자 동맹'이 성립되었다(1834). 1836년에는 더 나아가 그 중의 급진적 사회주의자들이 '정의자(正義者)동맹'을 만들었다. 뒤에 가서 마르크스도 여기에 관계하게 된다.

앞서 말한 대로 이 즈음 영국에서는 이미 자본주의의 모순이 나타나기 시작하였고 노동자계급의 경제적·정치적 투쟁이 시작되었다. 프랑스에서도 산업혁명이 진행됨에 따라 노동문제가 심각해졌고, 노동운동이나 반정부운동이 급격히 일었다. 이를 반영하듯 오언·생 시몽·푸리에·루이 블랑·프루동·블랑키 등에 의해 뚜렷한 사회주의 사상이 대두하였다. 노동자계급은 급진적 공화주의자나 사회주의자의 지도를 받아 스스로의 계급이나 운동의 뜻을 자각하게 되었다. 7월혁명으로 등장한 프랑스의 루이 필립 왕정은 머잖아 그들과 충돌하지 않을 수 없었다. 1848년 2월 보통선거권을 요구하는 시위운동의 탄압을 계기로 파리에서는 또 다시 혁명이 일어났다. 이른바 '2월혁명'이다. 사회주의자나 공화주의자들이 지도한 이 혁명도 결국 반혁명 측의 승리로 끝이 났다. 그러나 이와 같은 혁명과 반혁명이 되풀이되는 가운데 대국적으로 보면 프랑스는—그리고 영국도—국민의 권리를 획득하게 된 것이다.

2월혁명의 여파로 1848년 3월 빈과 베를린에서 혁명이 일어났다. 오스트리아의 메테르니히는 망명했고, 프로이센에서는 헌법이 제정되었다(3월혁명). 프랑크푸르트암마인에서 열린 독일 국민의회는 통일 독일의 헌법 제정을 목표로 삼았다. 그러나 이것도 독일 근대화의 미성숙과 프로이센 왕국의 압박으로 해산되고 말았다. 독일에서는 아직 아래로부터 자체적으로 일을 추진시킬 국민의 힘이 성숙되지 못했다. 자유와 통일을 향한 여러 운동은 그것을 통일한 조직적인 운동으로 성장하지 못했던 것이다.

예스러우면서도 새로운 트리어

마르크스가 소년 시대를 보낸 트리어로 눈을 돌려 보자.

옛 고을 트리어는 프랑스 혁명부터 나폴레옹 시대에 걸쳐 프랑스의 지배를 받았다. 그들로부터 해방이 되자, 빈 회의 이후에는 독일연방 안으로 편입되었다. 그리고 메테르니히나 프로이센의 보수반동적 지도하에 놓이게 되었다.

그러나 본디 라인 지방은 비교적 자유로운 공기가 감돌던 지역이다. 거기에 깊숙이 그 흔적을 남긴 것이 프랑스 혁명 정신이었다. 그것은 반동 속에 있으면서도 결코 사라지는 일이 없었다.

섬유공업과 철강업이 발달한 이 지방은 이미 독일 자본주의의 중심 지대, 독일 부르주아의 본거지가 되어 가고 있었다. 마르크스가 편집 겸 주필을 맡게 되는 〈라인신문〉은 이 라인 부르주아의 기관지였다. 그런 라인 지방 가운데서도 가장 프랑스에 가까운 곳이 트리어이다. 이곳에도 이미 피혁공업과 직물공업이 번창했다. 여기서는 '자유·평등·우애'의 정신이 고을 사람들, 특히 교양인들의 생활 속에 자연히 뿌리내리고 있었다. 프랑스 혁명 당시에는 프랑스의 자코뱅 공화정부를 지지하는 '자코뱅 클럽'이 이 고장에도 생겼을 정도이다. 뒷날 마르크스가 입학하게 되는 김나지움(고등학교)의 교장 비텐바흐는 루소의 제자임을 자처하였다고 한다. 로마의 유적과 중세 교회

마르크스의 고향, 모젤 강변 도시 트리어

가 서 있고, 옛날부터 모젤 포도주를 만들었던 옛 고을 트리어는 한편으로
새로운 자유의 분위기가 풍기는 곳이었다.

또 이곳은 지금도 유명한 옛 교회들이 많이 남아 있는 데서 알 수 있듯 그
리스도교, 특히 가톨릭의 고장이다. 중세 시대 트리어 대주교의 권위는 여간
강한 것이 아니었다. 그리스도교가 서유럽 사람들 생활에서 얼마나 강한 지
배력을 가지는가에 대해서는 앞서 말한 그대로이다. 그리스도교는 본능처럼
그들의 모든 생활과 일체를 이루어 왔다. 그리고 그런 상태는 마음의 신앙을
존중하는 개신교보다도 교회 생활 기타의 외형적 생활을 중시하는 가톨릭에
서 뚜렷하다고 할 수 있다.

여기서 하나 짚어 둘 것이 있다. 그 하나는 마르크스가 어릴 때 집안이 유
대교에서 개신교로 개종한 사실이다. 또 한 가지는 젊은 청년 마르크스가 그
리스도교와 종교에 대한 비판으로부터 그의 본격적인 일을 시작했다는 사실
이다. 모두 쉽지 않은 일이었을 것이다. 이와 같은 개종이나 비판이 어디에
서 연유하는 것인지 뒤에 가서 짚어 보겠다. 아무튼 온 집안 식구가 유대교

를 떠나, 그것도 힘세고 지배적인 가톨릭이 아니라 개신교로 개종하였다. 그리고 마르크스는 가톨릭과 개신교를 포함해서 그리스도교 나아가서는 종교 그 자체를 비판하였다.

행복한 어린 시절

좋은 가정

칼의 부친 하인리히 마르크스(1782~1838)는 유대교 율법학자로서 변호사를 생업으로 했고, 뒷날에는 트리어의 법률 고문을 지냈다. 하인리히의 아버지, 곧 칼의 조부도 유대교의 율법학자였다. 칼의 어머니 쪽도 수백 년을 이어온 유대교 율법학자 집안이었던 것 같다. 앞에서 말한 지역성 때문이기도 하겠지만, 아버지 하인리히는 프랑스 계몽주의를 찬미했고, 존 로크·볼테르·디드로·루소 등에게 사숙했을 정도의 자유주의자였다.

어머니 헨리에테 마르크스는 네덜란드 출신의 유대 교도로 독일어를 충분히 익히지 못했다고 한다. 그녀는 남편과 자식들을 사랑한 훌륭한 부인이었다. 아버지 하인리히는 칼이 스무 살 때 트리어에서 세상을 떠났다. 어머니는 혁명가인 칼을 걱정하며 그가 45세 되던 해 트리어에서 세상을 떠났다. 마르크스는 외숙인 레온 필립스와 친했는데 극빈 시절에는 염치없이 손을 벌리기도 했다. 좋은 외숙이었던 것 같다. 네덜란드에서 당대를 주름잡던 '필립스 전기상회'라는 대독점 자본가가 역시 외가쪽 집안이라고 하니 아이러니하다.

앞에서 말한 대로, 칼의 탄생을 전후하여 온 가족이 유대교에서 개신교 (프로테스탄트)로 개종하였다.

그리스도교는, 참으로 놀랍게도 강력하게 서유럽 사람들의 생활을 규정하고 지배하고 있다. 똑같은 말을 유대교에 대해서도 할 수 있을 것이다. 그리고 그리스도교를 말하자면 구체적으로는 가톨릭이냐 프로테스탄트냐 그 어느 한쪽이다. 오늘날 독일의 근본법은 분명히 '신앙의 자유'를 규정하고 있다. 그러나 초등학교·중학교·고등학교 등에 '종교' 시간이 있고 그 시간이 되면 학생들은 모두 흩어져 자기 종파의 특별 교육을 받는다. 그래서 종교가 없는 학생은 물론이고 소수의 불교도나 유대 교도의 아이들은 그 시간이 되면 갈 곳이 없어서 놀거나 자기 집으로 간다. 의무교육에서조차 이러니 일상생활의 여러 면에 종파의 높은 벽이 있다는 사실을 상상할 수 있으리라.

마르크스가 태어난 집

유대인 또는 유대 교도가 받은 박해나 따돌림도 본디 이런 종파적 장벽이나 생활양식, 사고방식의 차이에 그 원인이 있을 것이다. 따라서 가톨릭이 강한 곳에서는 소수의 개신교가, 반대로 개신교가 강한 곳에서는 소수의 가톨릭이 따돌림을 당하게 된다. 그리하여 따돌림을 받은 쪽은 또 그들대로 단결하여 다른 쪽을 배격하게 된다. 확실히 이런 종파적 배타성은 오늘에 와서, 특히 대도시 같은 곳에서는 차츰 약화되었다. 그러나 작은 마을이나 산간벽지에서 이런 장벽이나 불만을 만나 놀라는 일도 있다.

오늘에 와서도 이런데 190년 전에 칼의 부모는 아마도 대단한 단결을 자랑했을 유대교를 벗어나 그것도 그 고을을 지배하는 가톨릭이 아닌 개신교로 개종하였다. 그것은 큰 결심과 용기를 필요로 했을 것이다. 그런 개종의 이유는 무엇이었을까? 어떤 사람은 '개종은 유럽 문명으로 들어가기 위함이었다'고 말한다. 또 어떤 사람은 이렇게 말한다. '1815년 이후 유대인에게 불어닥친 새로운 박해를 피하려고 했다'라고……. 또 어떤 이는 '프로이센에 완전히 동화되기 위해 그랬다'고 하고, 또 다른 사람은 '사랑하는 자식을 세상에 내보내려면 그것이 필요했다'고도 한다. 이와 같이 여러 가지 설이 있으나, 중심적인 동기는 또한 계몽주의적이고 자유주의적인 사고 때문이었다고 보는 것이 타당하리라. 프랑스 계몽주의를 동경하는 자유로운 지방 변호사에게 외형적 계시나 의식을 떠나 내면의 확신을 중시하는 개신교로 가는 것이 자신에게 가장 충실한 길이었을 것이다.

하인리히와 헨리에테에게는 자녀가 많았다. 칼은 아홉 자녀 가운데 셋째였다. 아무튼 부모는 자유주의적 교양을 갖춘 분이고 깊은 사랑으로 자식들을 감싸 주었다. 아이들은 가까이에 있는, 고을의 명문인 베스트팔렌 집안의 자녀와도 사이좋게 지냈다. 마르크스 집안의 한 총각과 베스트팔렌 집안의 네 살 연상 아가씨와 멋있는 로맨스의 꽃을 피우게 된다. 얼마 뒤에 맺어진 두 사람이 오늘의 세계를 뒤흔들 정도의 혁명 사상을 만들어 내리라고 그 당시 누가 예상이나 했겠는가. 이렇게 해서 소년 칼은 유대계의 아들로 태어났다고는 하지만 명랑하고 행복하게 자랐다. 특히 남달리 뛰어나게 머리가 좋은 칼은 부모님의 커다란 기쁨과 기대의 원천이었다. 베스트팔렌 집안의 어른도 이 영예로운 수재를 사랑했다. 때때로 호의를 가지고 그를 집안에 초대해서 호머라든가 셰익스피어 이야기를 들려 주었다고 한다.

이런 행복은 소년 시대를 거쳐 청년 시대로까지 이어져 갔다.

젊은 마르크스의 직업관과 이상

열두 살의 칼 소년은 고을의 '프리드리히 빌헬름 김나지움'에 입학한다.

'김나지움'은 오늘날의 중학교와 고등학교를 합친 곳으로 장차 대학으로 진학하여 학자나 연구원이 될 인재가 거치는 과정이다. 공부가 엄격해서 중도에 그만두거나 낙제로 끝내는 경우도 있다.

그러나 마르크스는 이 김나지움에서도 학업이 우수한 학생이었다. 더구나 이곳 교육이 자유주의적이었음을 간과하지 말아야 한다. 이 김나지움은 자유주의의 온상이요 프랑스의 영향을 받은 중심지였다. 그리고 비텐바흐 교장은 장 자크 루소의 제자임을 자처하였다. 가정과 베스트팔렌 집안에서 훈육을 받은 소년 마르크스의 자유로운 사고방식은 이 김나지움에서 더욱 배양되었다.

여기서 5년간 공부한 마르크스는 17세에 졸업한다. 졸업시험에서 여러 과목(라틴어·그리스어·수학·물리학·역사·지리·도덕·독일어작문 등) 가운데 중간 성적인 물리학을 제외하고 나머지는 모두 뛰어났다. 여기에서 '직업 선택에 관한 한 젊은이의 고찰'이라는 제목의 독일어 작문을 통해 17세의 청년 마르크스가 무슨 생각을 했는지 알아보자.

그 작문의 내용은 다음과 같다.

'동물은 자연에 따라 정해진 활동을 하며 별다른 활동 범위가 있을 거라고 깨닫지 못한다. 인간 또한 하느님에 의하여 인류와 자기 자신을 향상시키도록 결정되어 있다. 그런데 어떤 직업으로 그 목표를 이룩할 것인가 하는 선택은 인간의 몫이다. 우리는 자기 자신과 사회를 향상시킬 수 있는 직업을 선택해야 한다. 그 선택이야말로 우리 인간의 특권이자 의무이다.

그러나 우리는 타고난 천성에 맞는 직업을 언제나 선택할 수 있는 것은 아니다. 우리를 둘러싼 사회의 여러 관계가 우리의 결정 이전에 이미 존재하여 우리의 직업을 좌우하는 것이다.

그렇기는 하지만 우리는 남의 노예와 같은 도구가 되지 말고 고귀한 긍지를 가질 수 있는 직업을 택해야 한다. 직업 선택의 중요한 길잡이는 인류의 복지와 우리 자신의 완성 바로 그것이다. 이런 경우에 이 두 가지가 양립될 수 없다고 생각하는 것은 잘못이다. 인간의 본성은 이와 같이 공동생활을 영위하는 모든 인간의 완성과 복지를 위하여 일하는 경우에 비로소 자기 자신의 완성도 이룩할 수 있도록 되어 있다. 역사는 세상 전체를 위해 일하면서 자기 자신을 차원 높이 끌어올리는 사람을 최고의 위인이라고 부른다. 그리하여 우리는 결코 나약하거나 편협하거나 이기적인 기쁨에 빠지지 않고 만인의 행복에 젖게 되는 것이다. 우리의 행위는 조용하게 그러나 영원토록 생명을 이어간다. 그리고 우리의 주검은 고귀한 인간의 뜨거운 눈물로 흠뻑 젖게 될 것이다.'

이것이 '직업선택론'의 줄거리이다. 한 마디로 말해서 참으로 순진하고 성실한 이상주의자로서의 청년 마르크스의 모습을 엿볼 수 있다고 하겠다.

마땅한 일이지만

좀더 작문의 내용을 살펴보자. 우선 동물과 인간의 차이, 또는 인간이 인간다운 이유가 적혀 있다. 자연에 의해 정해지고 그 규정된 틀 속에서 움직이는 것은 동물이다. 그런데 인간은 하느님에 의해 정해진 사명을 자기 자신의 발로 선택해서 이루어 나가야만 한다. 인간의 자유라든가 가능성에 대한 문제이다. 인간은 이런 가능성을 스스로의 힘이나 노력에 의해서, 스스로의 선택으로 자유롭게 실현하고 완성해야 하는 것이다.

다음으로 인간이 사회적 존재라고 하는 사실이 강하게 표현되어 있다. 인류라든가 전체, 세상사라든가 공동생활, 사회 등과 개인의 관계가 힘차게 펼쳐져 있다. 그러므로 자유로이 직업을 고른다 해도 완전한 자유, 말하자면 백지 상태에서 고르는 것은 아니다. 그런 자유나 선택은 있을 수 없다. 우리는 태어나면서부터 어떤 특정한 때와 장소에 놓여 있다. 말하자면 그런 사회적 여건 속에서 태어나 주어진 바에 대해 자유로이 맞부딪쳐 나가는 것이다. 자유란 본디 자기가 살고 있으며 자신에게 주어진 사회나 공동생활 가운데에서의 자유를 말한다. 그러니까 모두의 행복이 곧 자신의 행복이며, 자신의 행복이 곧 모두의 행복이다. 인류의 복지와 개인의 완성은 이쪽이 성립하면 저쪽이 안 되고 저쪽이 이루어지면 이쪽이 못쓰게 되는 그런 관계가 아닐 터이다. 양자가 양립될 수 있다는 말이다. 따라서 인류 전체의 향상과 행복 속에서 자신을 발전시킬 수 있다. 자기 자신의 완성과 향상을 사회 전체의 향상이나 행복 속에서 발견하는 것이다. 바로 그런 본연의 모습 속에 인간으로서의 가치·의무·영예·품위 등이 있다. 자기의 이익이나 명예만을 추구하는 인간은 유명해질 수는 있을지 모르나 훌륭한 인간은 될 수 없다. 17세의 마르크스는 그렇게 외쳤다. 이것은 당시 '유적 존재로서의 인간'이라는 몹시 까다로운 표현으로 문제가 된 테마이기도 하였다. 자본주의가 침투하고 발전함에 따라 이익(이윤) 추구 때문에 마음껏 자기를 관철시킨다는 자유주의 내지 이기주의는 여러 가지 폐혜를 낳았다. 사회 전체의 복지를 염두에 두지 않은 자본주의의 폐해 또는 모순 등에 대해 몹시 감수성이 강한 청년 마르크스는 몸소 깊이 느끼지 않을 수 없었다. 오래지 않아 향내를 뿜어낼 거목의 싹이 희미하게나마 여기에서 움트기 시작했다고 볼 수 있겠다.

다만 17세의 마르크스의 생각에 근본을 이룬 것은 또 때와 장소, 가정, 그리고 스승으로부터 받은 계몽주의였다. 참으로 아이러니하게도 그가 성실한 계몽주의자가 되려고 하면 할수록 그는 머지않아 계몽주의 그 자체를 비판하며 계몽주의를 뛰어넘어야 했다.

마르크스의 작문 내용은 매우 평범하고 마땅한 이야기이다. 그러나 이 마땅한 일이 현실적으로 당연시되고 있는가. 김나지움을 나온 이 졸업생은 이미 그렇지 않은 현실을 보았고 때가 지나면서 그와 정반대의 현실에 부닥치지 않을 수가 없었다.

마땅한 일이 마땅하지 않은 것은 어째서일까? 어디에 원인이 있는 것일까? 그리고 어떻게 하면 당연시될 수 있을까? 마르크스의 생애는 이를테면 이 문제에 몸을 바친 것이라 할 수 있겠다. 그는 이런 모순을 없애고 마땅한 일을 마땅하도록 하기 위해 평생을 고민하고 괴로워하고 생각했다. 그리고 약속된 일신의 세속적 행복이나 지위, 명예를 버리고 동분서주하였다. 당시의 지배 권력으로부터는 도처에서 박해를 받고 추방되었다. 그러나 밝아오는 새벽을 바라보며 조용히 파란만장한 생애를 마감하였다.

이런 마르크스의 생애를 생각할 때 그 작문은 단순히 한 우등생의 아름다운 글이나 꿈과는 다른 느낌을 준다. 매우 평범할는지 모르는 내용이 오히려 깊은 감회를 불러일으킨다. 우리는 매우 마땅하고 정당한 일이 그렇지 못한 현실 앞에 벌써 마비되어 있지는 않은가? 아름다운 글이나 뛰어난 연설문으로 눈속임을 당하지는 않는가? 마땅하지 않은 것을 마땅하게 여기고 있지는 않은가? 한때의 사탕발림으로 만족하고 있지는 않은가? 의문이나 노여움을 잊은 것은 아닌가? 아니면 체념해 버리고 될대로 되라고 내버려 두지는 않는가? 이것 저것 해석만 할 뿐 '문제는 뒤엎어야 한다'고 한 마르크스의 말을 잊은 것은 아닌가? 강한 현실 앞에 맞서 싸울 용기를 잃은 것은 아닌가? 어디선가 마르크스가 그렇게 호소하고 있는 듯하다.

본 대학생 마르크스

김나지움을 마친 마르크스는 부친의 기대 속에 가까이에 있는 본 대학에 입학한다. 동창생 다섯 명과 함께였다. 그 가운데는 사이좋은 베스트팔렌 집안의 에드가도 끼어 있었다. 그는 아름다운 예니의 동생으로 뒷날 마르크스의 처남이 되는 벗이다. 칼과 예니가 결혼한 뒤에도 에드가와의 교우관계는 계속되었다. 그 친근함은 마르크스 부부가 맏아들 이름을 에드가라고 할 만큼 가까웠다.

부친의 기대는 칼을 법률가로 키워 뒤를 잇게 하는 것이었다. 따라서 마르크스의 주된 목적은 법률학 연구에 있었다. 그는 입학한 해 겨울학기(독일 대학은 겨울·여름 2학기제이고 각 학기가 독립된 단위를 이룬다)에는 법학통론·헌법·법제사·신화·근대미술사·호메로스론 등을 청강하였다. 독일의 어느 대학에서나 볼 수 있는 동향 모임(그의 경우는 '트리어 동향회')의 간사가 되거나 시작(詩作) 동아리에 참가하기도 하고 음주모임에서 떠들어대며 한창 청춘생활을 즐긴 것 같다. 청춘을 구가한 것은 좋았으나 도가 지나쳐 빚투성이가 되었다. 부친에게 많은 돈을 부치게 하고 많은 설교를 들었다. 부친의 편지는 돈의 씀씀이를 나무라고 천박한 놀이는 삼가도록 훈계하는 내용이었다. 또 시 창작을 이해하지 못하는 것은 아니지만, 풋내기 시인이 되어 그저 가족을 즐겁게 하는 데 그치는 일이 없도록 충고하였다.

겨울학기(대개 10월 무렵에서 다음 해 2월이나 3월 무렵까지)를 마친 마르크스는 부활절(4월 상순)을 트리어의 부모 밑에서 보냈다. 여름학기(5월에서 7월 또는 8월 무렵까지)에 시 강의를 듣기는 하였으나 먼저 부친의 뜻에 맞추어 법제사·국제법·자연법 등을 청강하였다. 그런데 18세의 젊은이는 지나치게 쾌활하거나 방만했던 것일까? 아니면 외로워서였을까? 6월 13일 밤 술에 취해 소란을 피웠다고 대학으로부터 '1일 금족령'의 처벌을 받았다.

8월 22일 이 다정다감한 청년 마르크스가 본 대학의 수료증을 들고 여름 방학을 맞아 트리어로 돌아왔다. 이 수료증에는 앞서 말한 금족 처분이 기록

그 시절의 본(마르크스가 대학 시절을 보냈던 곳)

되어 있었다.

또 한 가지 이 증서에는 마르크스가 베른(본의 북쪽 라인 강변의 도시)에서 금지된 무기를 휴대했다고 해서 현재 심리중이라고 부기되어 있었다.

사랑을 남겨둔 채
먼 베를린으로 떠나다

트리어로 돌아온 마르크스는 베스트 팔렌 집안의 예니와 비밀리에 약혼한 뒤 바로 베를린을 향해 떠났다. 그녀를 뒤로 하고 미련을 버리지 못하는 심정으로 7일간이나 말을 타고 가는 머나먼 베를

본 대학 시절 마르크스(1836년 18세)

린으로……. 이곳 대학에서 법률 공부를 하기 위해서였다. 1836년 10월 마르크스가 18세 되던 해이다. 그것도 자기의 의지라기보다는 베를린과 같은 곳에서 법률 공부를 시키려는 부친의 뜻을 따른 것이다. '한가롭고 자유로운 본(당시의 인구는 1만 3000여 명)의 대학보다 엄격한 대도시인 베를린에서 공부하는 것이 자식을 위해 좋지 않겠는가' 하는 것이 마르크스 아버지의 생각이었다. 당시의 베를린은 인구 약 30만으로 빈에 버금가는 독일 제2의 대도시였다. 프로이센 절대주의의 수도요, 관료와 군대의 도시, 오랜 상인들과 수공업자들이 왕성히 활동하는 도시였다. 그리고 이곳 대학은 헤겔 철학의 중심이고 메카(성지)였다. 1818년 프로이센에 의해 베를린 대학에 초빙된 대철학자 헤겔은 1831년 콜레라로 갑자기 세상을 뜨기까지 당시의 사상계에 군림하는 존재였다. 그리고 여기서 유명한 《법의 철학》을 저술하였다. 그런데 그것은 프로이센이라는 절대주의 국가를 정당화하는 성격의 이론이었다. 헤겔에 반기를 들고 유물론을 주창하며 마르크스에게 큰 영향을 끼친 포이어바흐가 있다. 그도 베를린 대학에서 헤겔의 강의를 들었다. 그때 그는 헤겔 철학의 웅대하고도 심원한 사상에 끌려 철학에 일생을 바쳐야겠다고 결심하였다는 말이 있다. 마르크스가 베를린에 유학 온 당시 헤겔은 이미 이 세상에 없었다. 그럼에도 헤겔 철학은 여전히 베를린 대학, 아니 독일 철학

을 지배하고 있었다. 철학 논의는 헤겔 철학을 중심축으로 하여 열기를 뿜어 내고 있었다.

청년 마르크스는 아버지의 뜻에 따라 법학부에 입학하여 법학에 관한 강의를 듣기로 하였다. 그러나 다정다감한 그는 어쩐지 법학 공부보다 시와 소설 아니면 희곡을 쓰는 쪽으로 마음이 움직이는 것이다. 많은 시, 예니에게 바치는 '사랑의 시'가 베를린으로부터 트리어에 전해졌다. 그 시집을 받아 보고 기쁨으로 눈물짓는 예니의 이야기를 엮은 누나의 편지가 트리어로부터 베를린으로 날아왔다.

방황

1837년 11월 10일 부친에게 보낸 매우 긴 편지는 베를린에서 1년을 보낸 다감한 생활과 연구 내용을 자세히 전하고 있다. 그것에는 다음과 같은 내용이 나온다.

현재 존재하는 것과 틀림없이 존재해야 하는 것의 대립으로 사물을 생각하는 사고방식(예를 들어 우리들이 지금 행하고 있는 행위와 하지 않으면 안 되는 행위를 대립시키는 것과 같은)으로는 진실을 파악할 수 없다. 칸트나 피히테 등의 이른바 관념론에 고유한 사고방식은 신과 지구를 갈라 놓는 것이다. 마르크스는 이와 같이 현실과 동떨어진 신을 빼고 새로운 신을 가지지 않으면 안 되었다. 대립적으로 사물을 생각하는 관념론을 떠나 현실 그 자체에서 신적인 것(이념)을 찾으려고 하였다. 이전에는 신들이 지구에서 떨어진 천상에 살고 있었다면 지금은 신들이 지구의 중심이 된 것이다. 신은 어떻게 스스로를 드러낼까, 신은 어떤 방식으로 스스로를 종교로서, 자연으로서, 역사로서 나타낼까? 이것이야말로 바로 헤겔 철학의 문제점이다. 마르크스는 헤겔의 단편을 읽었다. 그러나 헤겔 철학의 괴이하고 딱딱한 논조가 마음에 들지 않았다. 그래서 마르크스는 스스로 이 일에 맞섰다. 그러기 위해서 또는 그러는 가운데 역사·법·문학·자연 등 여러 책을 읽었다. 읽은 책을 발췌하여 정리하는 마르크스의 습관은 이 무렵에 몸에 배게 되었다. 그러나 그런 공부는 진전이 없어 헛수고로 그치고 말았다. 새로운 논리학이 되어야 할 이 작업은 그저 허무하게 한없는 노심초사의 원인이 되었다. '울화가 치밀어'라고 그는 적고 있다. '며칠간 전혀 생각을 할 수 없어…….' (베를린 시내를 흐르는)저 슈프레의 오염된 강가에 있는 뜰을 미친듯이 내닫곤 하였다.' 그로부터 그는 실증적인 연구에 몰두하게 되었다…….

아무튼 이와 같이 이것 저것 손을 대며 며칠 밤을 지새워 몇 날 몇 밤을 공부하였다. 많은 고뇌와 싸우고 안팎의 여러 자극도 참아내지 않으면 안 되었다. 결국 공부는 헛수고로 끝이 나고 설상가상으로 예니가 앓아 누웠다는 소식을 듣게 된다. 이와 같은 과로와 걱정에 몸이 성할 리가 없었다. 그는 의사의 권유로 교외의 슈트라로에 전지요양을 떠났다.

이 요양 기간 중에 그는 헤겔과 헤겔 학파를 계속 공부하여 대강의 내용을 터득하게 된다. 이곳 슈트라로에서 벗들과 가끔 모임을 가진 것이 인연이 되어 '박사클럽'이라는 클럽에 입회하게 된다. 클럽에는 대학 강사라든가 베를린에서 사귄 가장 친한 벗, 루텐베르크 박사 등도 있었다. 상반된 견해를 펼치는 활발한 논쟁은 마르크스를 매료시켰다. 그는 차츰 현대의 세계 철학에 강하게 이끌려 여기에 푹 빠지게 된다. 이리하여 마르크스에게 큰 영향을 미치게 되는 '박사클럽'의 사람들과 친분을 쌓게 되었다.

그런데 마르크스의 막내 동생 에드아르트의 병(결핵)이 호전되지 않고 부친의 건강 역시 나쁜 것 같았다. 모친의 고뇌는 어떨까? 그리고 예니도 보고 싶다. 그런저런 생각과 걱정 끝에 부모 사랑이 남다른 마르크스는 트리어의 부모 곁으로 돌아가고자 부친의 허가를 청한다.

'우리 가족 주변에 가로놓인 먹구름이 차츰 흩어지도록 제가 가족 곁에서……. 마음으로부터의 깊은 관심과 헤아릴 수 없는 사랑을 전할 수 있도록……. 그리고 아버님이 곧 건강을 회복하셔서 아버님을 제 가슴에 안고 이런저런 이야기를 나눌 수 있게 되기를 기도하며…….'

고향으로 돌아가고픈 간절한 마음과 부모에 대한 사랑으로 글을 맺고 있다. 밤을 새우며 썼을 이 긴 편지의 펜을 내려놓은 것은 새벽이 밝아 오는 4시쯤이었다.

이 편지에는 예니에 대한 사랑이 군데군데 드러나 있다. 연인을 뒤로 하고 쓸쓸하게 베를린을 향해 떠나온 길, 그런 마르크스에게 베를린의 예술은 '예니만큼 아름답지 않았다'는 사실, 그녀의 편지가 오지 않아 마음이 안정되지 않았다는 사실, 그리운 편지를 받고 그녀의 병을 걱정한 일, 그리고 그녀가 보고 싶다는 이야기 등등. 그것에는 거침없는 진심이 배어 있었다. 그리고 '그립고 아름다운 나의 예니에게 안부를 전해 달라'는 추신이 이어졌다.

'나는 그녀의 편지를 처음부터 끝까지 벌써 열두 번이나 읽었어요. 그리고 늘 새로운 매력을 발견합니다. 그것은 모든 면에서 그리고 문장에서도 여성에게 기대할 수 있는 가장 아름다운 편지지요.'

그러나 부친의 답신은 건강도 시원치 않아서 그랬는지 몹시 엄격하였다. 부친은 언젠가 맥주컵을 옆에 놓고 흠뻑 마셔대던 마르크스가 이번에는 이것저것 책을 옆에 놓고 무질서하게 읽는 것을 질책하였다. 답신은 신랄하게도 이렇게 지적하고 있다.

'끝내야 할 과제(법학 공부)를 제쳐 놓고 이런저런 지식 주변을 멍청하게 헤매고 있다니 정말 깔끔하지가 않구나. 그런 무질서 속에서는 예니의 사랑의 편지는 물론 아버지의 마음이 담긴, 눈물로 쓴 훈계도 담배 불쏘시개로 쓰였겠구나. 이런 때에 돌아오겠다니 어처구니없다.'

얼마 뒤 동생이 죽었지만 마르크스는 귀향을 단념하지 않으면 안 되었다. 뒤이어 지난번의 엄한 편지를 사과라도 하듯 이번에는 부친으로부터 온정이 넘친 편지를 받게 된다. ─남몰래 아들이 오기를 기다리던 모친이나 조피 누나의 위로의 말도 곁들여서……. 눈물을 참으며 칼을 질책하는 부친의 사랑! 그런 아들을 위로하는 모친의 사랑! 그 마음이 그대로 전해오는 듯하다.

그러나 그로부터 얼마 안 되어 1838년 5월 10일 마르크스가 스무살 되던 해에 부친이 세상을 떠났다. 아득히 먼 베를린에 있던 마르크스는 트리어로 돌아오지 못했다.

강의보다 철학에 끌리다

베를린 대학 재학 시절 마르크스는 강의는 별로 청강하지 않았다. 대체로 독일 대학은 연한이 정해져 있지 않기 때문에 학생들은 유유자적하며 좋아하는 강의를 듣거나 세미나에 참석하는 것이 보통이다. 장기간의 방학에는 대개 즐거운 여행을 하며 견문을 넓힌다. 그렇다고 하더라도 마르크스의 청강은 지나치게 적은 것 같다. 그는 1836년 10월(18세)부터 1841년 4월 중순(23세)에 겨울학기가 끝날 즈음까지부터 약 4년 반을 재학하였다. 9학기 동

마르크스 재학 당시(1836~1841) 베를린 대학

안(1년은 여름·겨울 2학기였으니까) 재적한 셈이다. 그 중 4학기는 각각 한 장의 청강 카드밖에 제출하지 않았다. 9학기 동안 제출한 청강 카드가 모두 13개 정도밖에 안 되니까 평균 한 학기에 하나 반 정도의 강의를 들은 것에 지나지 않는다. 앞에서 말한 바와 같이 청강의 대부분은 주로 법률에 관한 것이지만 뒤에 가서는 종교와 철학에 관한 것도 포함되어 있다. 최초의 겨울학기에는 자유주의적인 헤겔 학파로서, 생 시몽(당시 프랑스의 사회주의자) 학파의 영향을 받은 간스의 형법을 들었다. 간스는 교수 가운데 마르크스가 가장 존경한 인물이었다. 이 강의와 함께 마르크스는 사비니의 《유스티니아누스 법전》을 청강했다. 이 사람은 뒷날 마르크스의 비판을 받게 되는 '역사법 학파'의 학문적 원조로 헤겔주의에 적대하는 반동적 인물이었다. 양 극단이 청강의 대상이 되었다는 것은 참으로 아이러니라고 할 수밖에 없다.

강의는 듣지 않았다. 그러나 마르크스는 재능을 믿고 놀고 있었던 것은 아니고 병에 걸릴 정도로 맹렬히 공부했다. 그 중심이 철학, 그 중에서도 헤겔 철학이었다. 그는 헤겔에 푹 빠져 있었다. 다만 하나 걸리는 것은 부친에게 보낸 편지에도 쓰여 있듯이 '괴이하고 딱딱한' 헤겔 철학의 논조였다. 그래서 그는 스스로 헤겔 학파처럼 신의 지상에서의 전개(운동) 양상을 논술해 보려고까지 하였다. ―실패로 끝이 났지만 마르크스는 뒤에 가서 주요 저서인 《자본론》의 후기에 자신이 위대한 사상가 헤겔의 제자라고 고백한다. 마르크스가 공공연하게 스스로 누구의 제자라고 내세운 사상가는 헤겔밖에 없다.

그러나 마르크스는 헤겔에 머물지 않았다. 마르크스는 헤겔 철학이 거꾸

로 서 있다는 것, 따라서 거꾸로 선 이 철학을 다시 한번 뒤집지 않으면 안 된다는 것을 깨닫게 된다. 어떤 의미에서 거꾸로 서 있는지는 어려운 논제이므로 뒤로 돌리자. 아무튼 헤겔에 매료되어 있던 마르크스가 이 철학의 왕자를 비판하고 그와 결별하여 그의 사상을 뒤집어 버린 것이다. 이와 같이 사상의 일대 혁명으로 가는 길목에서 무엇보다 마르크스에게 커다란 영향을 준 것이 '박사클럽'이라고 하는 교우 관계였다.

박사클럽

독일 사람에게 맥주와 포도주가 평소 늘 마시는 차와 같은 것처럼 학생들도 흔히 맥주와 포도주를 마신다. 마시는 방식에 두 가지가 있다. 하나는 마신 뒤 남녀가 어깨동무하며 민요라든가 학생가를 합창하는 것이다. 어쩌면 이것은 독일 사람이 좋아하는 단결—그것은 역사상 공죄(功罪)의 양면이 있지만—의 상징이라고나 할까. 또 하나는 필경 찻집이나 학생 식당에서 맥주와 포도주 잔을 기울이며 철학을 논쟁하는 것이다. 우리 같은 유학생은 학생이나 교수의 이야기에 귀 기울이고 그것을 이해하는 것이 고작이었다. 그런데 지금 문제 삼는 '박사클럽'도 본디 후자와 같은 찻집이나 술집에서의 모임이며 논쟁이지 않았나 싶다. 논의의 중심은 유행하던 헤겔 철학이었을 것이다. 헤겔은 이미 죽고 없었지만 헤겔 철학은 여전히 당대를 휩쓰는 철학이며 사상계에 군림하는 강자였다.

'박사클럽'은 아직 서른 살이 될까 말까한 젊은 강사 브루노 바우어가 중심이 되어 이끄는 젊은 헤겔파의 모임이었다. 그들은 또는 맥주집에서 또는 붉은 카펫을 깐 찻집에서 왕성하게 헤겔 철학을 놓고 논쟁하였다. 자유로운 의론은 곧 헤겔 비판으로 이어져 나갔다. 특히 리더 격인 바우어는 당시 '헤겔 좌파' 또는 '청년 헤겔파'라고 불리는 진보적 문화인 그룹의 베를린에서의 리더였다.

'박사클럽' 그리고 헤겔 좌파는 어떤 식으로 헤겔을 비판해 나갔는가.

헤겔 철학, 특히 그의 《법의 철학》은 프로이센 국가를 절대적으로 정당화하고 신성시하는 이론이었다. 그러나 현실은 가는 곳마다 반동과 탄압이 자행되고 있었다. 역사는 움직이고 운동하는 것이라고 헤겔 철학은 말한다(이것이 헤겔의 '변증법'이라는 사고방식이다). 그렇다고 한다면 이런 모순되고 불합리한 현실을 신성하고 정당한 것으로 고정시키는 일은 잘못이지 않은가. 이런 입장에서 헤겔 좌파는 헤겔을 비판하고 현실의 반동세력에 항의하였다. 그들은 먼저 헤겔 철학의 골격을 이루고 헤겔 철학과 일체인 종교로 공격의 화살을 날렸다. 그들은 반동적인 헌법 개악에 반대하여 추방된 괴팅겐 대학의 일곱 교수들을 옹호하는 데모를 하였다. 그 데모대 속에 마르크스도 있었으리라 생각된다.

과도한 공부로 교외인 슈트라로에서 요양 중이던 마르크스가 얼마 뒤 박사클럽에 입회한 동기는 앞의 편지 속에 적혀 있다. 진보적 지도자이자 아홉 살 정도 손위인 바우어 이외에 벗인 루텐베르크, 그리고 열 살 정도 손위이고 역사에 밝은 동향의 벗 쾨펜 등도 이 클럽에 있었다. 모두가 마르크스보다 손위인 강사 또는 박사들이었다. 하지만 마르크스는 이 클럽에서 금방 두각을 나타내어 모임에 활기를 불어넣게 된다. 클럽은 오래지않아 바우어와 마르크스의 손에 이끌리게 되었다.

박사클럽의 리더 마르크스는 오래지않아 헤겔 좌파의 준재(슈트라우스·바우어·포이어바흐·루게·슈티르너 등)들을 제치고 거꾸로 된 헤겔을 바로잡는 길을 걷게 된다.

그런데 한 가지 할 일이 있었다. '박사'라는 학위를 얻기 위해 논문을 완성하는 일이었다. 강의를 듣지 않은 마르크스도 논문 준비에 쫓겼다. 그는 바우어나 쾨펜의 충고로 그리스 철학을 택하기로 했다. 그러나 그의 논문이 완성되기 전에 바우어가 본 대학 강사로 자리를 옮겼다. 급진화된 바우어는 베를린을 떠나 비교적 자유로운 본으로 가야만 했다. 본에서 외로움을 달래던 바우어는 마르크스에게 편지를 보내어 박사클럽을 그리워하였다. 또 빨리 학위 논문을 완성해 본 대학 강사가 되라고 권하였다. 마르크스는 그 때 이미 혼자서 새로운 자기 길을 열어 나가고 있었다. 그러나 바우어는 마르크스를 의지하여 둘이서 함께 투쟁할 생각이었다. 마르크스 자신도 바우어와 함께 새로운 진보적 잡지를 출판할 계획을 세우고 있었다. 또 대학에 직장을 얻어 교수가 되기를 원했다. 명예나 지위 때문이 아니었다. 철학을 연구하여 낡은 독일을 개혁하기 위함이었고 사회 발전의 원동력이 되기 위함이었다. 따라서 학위 논문은 이런 계획 또는 소망 때문에라도 끝을 내어서 통과하지 않으면 안 되었다.

왜 고대 철학이 문제인가

1839년, 21세가 된 마르크스는 베를린에서 이미 5학기 가까이 보내고 있었다. 본 시절부터 통산한 학생생활은 7학기가 된다. 부친은 이미 이 세상 사람이 아니며 예니도 기다리고 있다. 학위 논문을 완성하고 박사가 되어 세상에 나서야 하는 것이다.

마르크스는 힘들게 공부도 하고 박사클럽의 벗도 사귀고 격렬한 논쟁 속에서 자기 자신을 성장시켜 나갔다. 더구나 이미 두각을 드러내고 있었다. 그는 1839년 초 논문 작업에 손을 대었다. 그러나 결국 완성시킨 것이 1841년 4월이니까 약 2년 반이 걸린 셈이다. 마르크스는 글을 쓸 때 신중을 기하여 좀처럼 마무리짓지 못하는 것으로 유명한데, 그래서 뒷날 둘도 없는 벗이 된 엥겔스를 때로는 곤란하게 만들기도 했다. 이 학위 논문의 경우도 많은 발췌문이나 초고를 만들었다. 사실상 완성된 논문도 이를테면 보다 원대한 계획의 일부에 지나지 않았다.

원대한 계획이란 그리스 말기의 철학인 에피쿠로스파·스토아파 그리고 회의파(懷疑派) 모두를 전체 그리스 철학 안에서 고찰하는 것이었다. 그리고 제출된 학위 논문은 전체 계획의 일부를 구성하는 '데모크리토스와 에피쿠로스와의 자연 철학의 차이점'이었다.

그건 그렇다 하더라도 계몽주의자이자 이상주의자이며 거기에 헤겔 철학에 몰입하고 있던 마르크스가 무엇 때문에 고대 그리스 철학을 택하게 되었을까? 앞서 박사클럽의 바우어나 쾨펜의 권고가 있었다고 했지만, 그렇다면 그들은 어째서 에피쿠로스나 스토아 등의 고대 그리스 철학을 문제삼았을까?

에피쿠로스파·스토아파·회의파 등이 등장하는 고대 그리스 시대는 폴리스(도시 국가)가 몰락 위기에 처했던 때였다. 폴리스적 국가생활 속에서 시민으로서의 삶의 보람이나 가치를 살펴보자는 것이 플라톤이나 아리스토텔레스의 철학이었다. 그러나 그런 폴리스도 이미 몰락의 길을 걷고 있었다. 그래서 사람들은 폴리스적 시민생활이나 사회관계보다는 개인의 정신적 안정과 고요 속에서 행복이나 존귀함을 찾으려고 하였다. 그런 개인주의적 자기의식의 철학이 에피쿠로스와 스토아의 철학이었다.

19세기인 당시, 시대도 상황도 달라지기는 하였다. 그러나 때는 위기의 시대라고 할 수 있었다. 뒤처진 독일, 그 가운데서도 특히 보수반동의 봉건적 프로이센이 서유럽으로부터 불어닥친 새로운 근대 시민혁명 및 자본주의의 열풍에 노출되지 않을 수 없는 시대였다. 프랑스 계몽주의의 세례를 받은 박사클럽이나 헤겔 좌파 사람들은 프로이센을 정당화하는 헤겔을 비판하고 아울러 헤겔 철학과 일체인 종교에 대해서도 비판의 자세를 보이고 있었다. 그것은 참으로 인간으로서의 자기, 인간인 자기의 계몽적 이성을 근거로 하는 자기의식의 철학이었다. 그런 뜻에서 박사클럽 벗들은 에피쿠로스나 스토아, 그리고 회의파 등 사라져 가는 폴리스 시대의 자기의식의 철학을 문제로 삼았던 것이다. 다만 고대 그리스에서는 개인주의적인 안정이나 무정념(無情念)이 문제였다. 이에 반해 박사클럽의 청년학도들은 새로운 시대를 위한 새로운 인간적 자기의식(자각)의 철학에 눈을 뜬 것이었다.

그리스 철학에 관한 학위 논문

그런데 마르크스에게 데모크리토스나 에피쿠로스가 왜 문제였을까? 그리고 양자의 차이점을 왜 문제삼아야 했을까?

데모크리토스(기원전 460~370)는 우주 전체가 아톰(원자)이라고 하는 최소 미립자의 운동으로 이루어진다고 하였다. 아톰은 무수하며 무한한 형태를 띤 물질적 단위로 공허를 채우고 끝없이 수직 낙하하며 서로 충돌한다. 그런 운동으로 세계가 생성된다. 그리고 아톰의 수와 크기, 형태로부터 여러 가지 물체가 성립된다. 우주나 자연은 물론이고 인간의 마음, 인간의 행위 등 모든 물건, 모든 현상이 이와 같은 물질적인 아톰의 운동에 의해 생긴다. 그러므로 모든 것은 물질적이고 필연적이다. 이와 같이 세계의 모든 현상과 물체(인간의 마음까지도)가 물질적인 것이라는 사고방식을 유물론이라고 한다. 데모크리토스는 앞서 설명한 사고방식, 즉 초기 유물론의 완성자였다. 이와 같은 유물론은 마땅히 물건이 아닌 마음이라든가 정신, 또는 신을 인정할 수가 없다. 인간의 마음도 아톰 운동의 한 형태에 불과하다. 신이란 인간이 만들어 낸 잘못된 억측에 지나지 않는다. 이와 같은 무신론이 하느님을 믿고 그 권위로 자신들의 권위를 세워 스스로를 지키려는 귀족계급으로부터 미움을 받는 것은 당연하다고 할 것이다. 데모크리토스는 이런 귀족계급에 맞서서 자유와 민주를 위해 투쟁하였다.

에피쿠로스(기원전 342~270)는 데모크리토스의 아톰 유물론을 이어받은 그리스 말기의 철학자이다. 유물론자이니 무신론자임은 더 말할 나위가 없다. 다만 과연 에피쿠로스가 유물론자로서 데모크리토스보다 뛰어난지의 여부는 예로부터 논란이 분분하였고 에피쿠로스를 낮게 보거나 몹시 나쁘게 평가하는 사람도 있다. 그러나 마르크스는 에피쿠로스의 유물론적 자연 철학을 데모크리토스의 그것보다 뛰어나며 진보적이라고 보았다. 마르크스의 학위 논문은 에피쿠로스의 그런 뛰어난 점을 밝히려고 한 것이다. 그 요점은 다음과 같다.

'데모크리토스의 주장에 따르면 일체가 필연적 운동이며 거기에 자유라는 개념은 없었다. 자유가 없는 한 물질의 운동과는 다른 인간의 행위는 생각할 수 없다. 그러나 에피쿠로스는 아톰의 운동에는 직선적 낙하 운동이나 반발 운동 이외에 직선으로부터 구부러져 벗어나는 운동이 있음을 상정하였다. 그는 그것에서 말하자면 아톰의 자발성을 본 것이다. 그리하여 자유라든가 우연, 가능성 같은 것을 생각하기에 이른다. 여기에서 인간의 행위도 생각할 수가 있다는 것이다. 에피쿠로스가 참다운 행복이요 인생의 목적이라고 한 '아타락시아'(고요하고 평온한 정신 상태)라는 쾌락은 괴로움으로부터 굽어 벗어남으로써 얻을 수 있다. 선은 악으로부터 벗어남으로써 실현이 가능하다. 행위의 목적은 바로 구부러져 벗어나는 것이다. 이렇게 해서 에피쿠로스는 설사 개인주의적이었다 하더라도 자유라든가 행위라든가 자기의식을 명백히 밝혔다. 유물론적 필연성 속에서 자유나 행위나 자기의식을 분명히 밝힌 점에서 에피쿠로스는 데모크리토스보다 뛰어나다. 그 사람이야 말로 그리스 최대의 계몽가라 할 것이다.'

이것이 마르크스가 유물론자 에피쿠로스에게서 발견한 뛰어난 점이다. 마르크스의 학위 논문은 유물론자 안에서 이런 자유라든가 행위, 자기의식의 문제를 분명히 밝히는 것이었다. 마르크스로 말하자면 문제는 계몽이요 실천이요 사회 변혁이었다. 그런 뜻에서 이 논문은 바로 '행위의 철학'을 내세운 것이라고 말할 수 있겠다. 행위나 실천의 이론적 기초를 세우려고 한 것이다. 이 논문에는 분명히 헤겔적 사고방식이 강하게 드러나 있다. 마르크스는 헤겔의 괴이하고도 딱딱한 논조를 싫어했다. 그럼에도 헤겔의 유령에 사로잡힌 부분이 많다. 그러나 마르크스에게 삶은 항상 일하는 것이고 일한다는 것은 투쟁하는 것이었다. 그런 마르크스가 에피쿠로스 안에서 에너지 넘치는 활동적 원리를 발견한 것이다. 그것에는 청년 헤겔파적인 자기의식과 더불어 계몽주의적 정열이 넘쳐 흐르고 있다. 그러나 아직 그의 유물론은 확립되어 있지 못하다. 진보적인 이 계몽주의적 정열은 소년 시절에 심어진 저 프랑스적 계몽주의에 뿌리를 둔 정열이었을 것이다.

학위 논문은 모교인 베를린 대학이 아니라 예나 대학에 제출해야만 했다. 그 이유는 베를린 대학 창설에도 힘쓴 바 있는 문부대신 알텐슈타인이 1840년 5월에 세상을 떠났고 그 뒤로 보수적인 아이히호른이 후임으로 앉았기 때문이다. 아이히호른은 바우어를 본 대학에서 추방할 때 거들었던 인물이다.

아무튼 마르크스는 1841년 4월 15일(23세) 예나 대학 철학부로부터 박사 학위를 받고 본 생활을 시작한 이후 5년 반에 걸친 대학생활의 막을 내리게 된다. 부친 사망 후 예니의 아버지를 더 따르게 되었는지, 아니면 어릴 적부터 받은 가르침에 감사하기 위해서인지 마르크스는 학위 논문에 장인에게 헌사(獻辭)를 넣었다.

　'친애하는 아버지이자 벗…… 트리어의 루드비히 폰 베스트팔렌에게 사랑의 표시로…….'

우선은 크게 축하할 일이었지만 그렇게 반가운 일은 못되었다. 학위는 수재인 마르크스의 화려한 출세의 관문이 되지 못하고 고난으로 중첩된 삶의 시발점이 되었다.

Ⅱ. 이론 형성과 실천 활동

청년 헤겔 학파

군림하던 헤겔 철학

1818년 베를린 대학에 초빙되어 프로이센적인 국가를 철학적으로 신성화시킨 헤겔은 당시 사상계에 군림하는 대가였다.

그의 철학은 유명한 '변증법' 방식이었다. 그에 따르면 이 세상 모든 것은 절대적인 것—그는 이것을 '정신'으로 보았다—이 자기 자신을 보다 더 합리적으로, 보다 더 자유로이, 보다 더 완전한 것으로 만들어 가는 과정이고 운동이었다. 운동하고 변화해 가는 것은 모순이 나타나기 때문이다. 어떤 일정한 상태는 그 안에 모순을 내포함으로써 그것을 해소시키고 모순 없는 상태로 나아간다. 세상의 모든 것을 이와 같이 과정에 따른 운동 내지 관계로 파악해 나가는 방식이 바로 '변증법'이다. 마음도 자연도 사회도 모두 이와 같이 운동하고 발전한다. 이와 같은 운동 모습을 논리적으로 쓴 것이 바로 헤겔 철학이었다. 그의 베를린 시절 주요 저서 《법의 철학》에 '이성적인 것은 현실적이고, 현실적인 것은 이성적이다'라는 유명한 말이 있다. 그에 따르면 세상 모든 것은 정신(이성)의 자기 발전이자 자기 완성이었다. 그러므로 합리적·이성적인 것은 현실로 나타나야만 하고 거꾸로 현실은 그런 합리적·이성적인 것의 전개로서 합리적·이성적인 것을 내포하고 있어야 한다.

그런데 헤겔은 앞서 말한 《법의 철학》에서 국가라는 현실을 이와 같은 정신 내지 이성의 가장 완전한 모습으로 파악했다.

그 무렵 이미 서유럽 여러 나라, 특히 영국이나 프랑스에서는 자본주의 내지는 시민사회의 모순(비참한 모습)이 나타나기 시작했다. 독일에서도 이런 조짐이 보이기 시작했다. 헤겔은 그것을 알고 있었다.

그는 생각했다. 시민사회라는 것은 영국이나 프랑스에서 볼 수 있듯이 저

마다 자유·평등의 입장에서 자신의 욕
망 만족을 추구하며 그 범위 안에서 서
로 의존하는 '욕망 체계'이다. 그러나
이런 욕망의 추구는 서로 충돌하고 서로
맞붙어 싸워야만 한다. 그래서 국가라는
보다 높은 단계로 나아가고 국가에 의해
그런 모순이나 상극은 해소되고 해결되
어야 한다. 그렇게 해야만 사람은 비로
소 참다운 자유를 얻고 진정으로 이성적
인 현실을 접한다. 진정코 국가야말로
지상 최고의 이성이자 자유의 실현이다.

헤겔(1770~1831)

그리고 그런 국가의 모델 내지는 원형이 다름아닌 프로이센 입헌군주제
국가이다. 프리드리히 계몽 군주가 죽은 지 이미 오래인 그 무렵, 프로이센
은 겉보기엔 입헌군주제였다. 그러나 실은 '빈 회의' 이후 신성동맹적 반동
과 보수가 지배하는 후진 국가였다. 애당초 헤겔이 베를린에 초빙된 것은 자
칫하면 계몽주의에 급진적인 정치 운동에 뛰어들려는 청년들을 교화시키려
는 뜻도 있었다고 한다. 사실 그는 '전독일학생동맹'의 자유주의 운동에도
반대했다. 그럼에도 사람들은 그의 강의를 듣기 위해 베를린으로 모여들었
다. 뒷날 유명해지는 포이어바흐 또한 그 중 한 사람이었다. 그는 이윽고 헤
겔에 반기를 들고 유물론자가 되어 마르크스를 비롯해 많은 사상가들에게
영향을 끼친다. 그런 학생 포이어바흐도 헤겔 강의에 푹 빠져 귀를 기울였
다. 프로이센은 서쪽으로부터 불어닥치는 프랑스 혁명적 자유주의·계몽주의
에 겁을 먹고 이것을 억누르려 했다. 그런데 여기에 머릿속에서만 자유나 이
성이나 발전을 생각하는 것을 그만두게 하고 그런 것으로 프로이센 국가를
정당화하는 철학자 헤겔이 나타났다. 프로이센은 참으로 어울리는 철학자를
얻은 것이다.

헤겔 비판

그런데 변화와 운동을 역설했던 헤겔이 1831년 콜레라로 급사했다. 그리
고 일세를 휩쓴 권위도 비판의 대상이 되어야 했다. 그가 죽은 뒤 그 이론을

받드는 사람들은 우파·좌파·중도파로 갈려 나갔다. 그 가운데 좌파야말로 자유주의적·계몽주의적 그리고 진보적인 젊은 헤겔 연구자의 무리, '청년 헤겔 학파'였다. 바우어·슈티르너·루게·포이어바흐·슈트라우스 등의 쟁쟁한 젊은이들이 이 학파에 속하는 사람들이었다.

헤겔 철학에 열중했던 학생 마르크스는 박사클럽을 통해서 청년 헤겔파와 관련을 맺고 있었다. 모임의 리더격이자 마르크스와 서로 믿고 지내던 바우어가 베를린 청년 헤겔파의 우두머리였다.

'이성적인 것은 현실적이고, 현실적인 것은 이성적이다'라고 헤겔은 말했다. 이 세상을 지배하는 것이 정신 내지는 이성이고 그것의 자기 전개가 세상 모든 것인 이상, 이성적인 것은 현실로 나타나고 현실로 존재하며 현실로 전개되어야 한다. 그와 같은 이성적인 것의 자기 전개로서 현실에 존재하는 것은 이성적인 것을 내포한다. 그렇다고 한다면 이성적·합리적이 아닌 현실은 비판받고 부정당하고 변혁되어야 한다.

그런데 헤겔은 현실적인 것(프로이센의 현실 국가와 같은 존재)에서 가장 이성적인 것을 보려고 했다. 이 현실(독일적 현실)이야말로, 이 현실만이 참으로 이성적·합리적이라고 한다면 그것은 현실의 무조건 긍정이다. 뒤떨어지고 일그러진 현실에 대한 무조건 타협이다. 바로 현실에 대한 철학의 영합이요, 현실과 철학과의 화해·유화이다. 뒤처지고 봉건적인 것이 남아 있는 독일 사회, 보수반동적인 이 국가! 철학은 이 현실을 그야말로 이성을 가지고 철저하게 비판해야만 한다. 이와 같이 청년 헤겔 학파 사람들은 헤겔을 비판해 갔다. 이성에 의해 현실을 직시하고 현실을 저울질하고 현실을 비판해 가자는 태도는 바로 저 프랑스 계몽주의 사고방식이라고 할 것이다.

마르크스는 계몽주의·자유주의적인 때와 장소와 사람들 속에서 자라나 스스로를 계몽주의·자유주의적으로 형성해 왔다. 그런 마르크스가 계몽주의·자유주의적 생각을 가진 박사클럽에 접근하고 동조해서 함께 헤겔 비판을 향해 가게 된 것은 당연한 진행 과정이었다고 할 수 있다.

비판의 무기와 목표

이성을 근거로 하는 계몽주의는 인간이 자기 자신의 주관적인 확신 또는 자각을 관철하는 입장이라고 할 수 있다. 근세 철학의 아버지라고 불리우는 데카르트는 '나는 생각한다. 그러므로 나는 존재한다'고 했다. 의심을 계속해도 끝이 없는 것은 의심하는(생각하는) '내가 있다'는 것이다. 데카르트는 그와 같은 '나'를 근거로 여러 가지 문제를 생각해 갔다. 자유주의적 계몽주의도 이런 흐름 속에서 생각하는 나, 이성적·합리적으로 생각하는 개체적 자아를 척도로 세상의 불합리나 압박을 비판하고 배제시키려고 했다. 특히 혈기 왕성한 청년 헤겔파 사람들은 빈 회의 이후의 보수반동에 대하여 프랑스 혁명적 계몽정신을 가지고 여기에 대항하려고 하였다. '자각, 자기의식(Selbst--bewußtsein)'이라는 말이 이들의 표어였다. 그것은 방금 이야기한 사고방식, 다시 말하면 우리들 자아의 자유롭고 자주적이며 이성적인 확신만을 근거로 하는 사고방식의 표현이라고 할 수 있다. 따라서 계몽주의적 청년 헤겔파의 입장은 인간을 근거로 하는 '인간중심주의'라고도 할 수 있다. 그들은 신비라든가 초자연적 사물이라든가 초인간적인 것을 싫어하고, 현실 속에 살아 있는 인간의 입장에서 사물을 보고 생각하고 파악하려 했다. 그러나 이런 인간은 동물과 달리 개인만을 생각하지 않는다. 동물처럼 욕구대로 살지 않는다. 인간은 인간 본질을 생각한다. 요컨대 자기의식은 개인에 한정되지 않고 개인만을 생각하는 것이 아니라 인간이라는 존재 전체, 인간이라는 유(類), 인간이라는 존재의 참된 자세(인간의 본질)를 생각한다. 그리고 그것에 맞게 자기를 자유로이 형성하고 만들어 간다. 그것에 인간이라는 존재의 동물과 다른 의미가 있다. 이와 같은 인간의 자유, 인간의 특색, 인간의 본질, 인간의 전체(類)를 생각하는 인간의 본연의 모습을 그들 청년 헤겔파는 곧잘 '유적(類的) 존재' 또는 '유적 본질'(Gattungswesen)로서의 인간이라는 말로 표현했다.

이렇게 해서 그들은 계몽주의적·자유주의적인, 자기의식·인간주의·유적 존재……등의 사고방식을 근거로 헤겔을 비판해 갔다. 그리고 이와 같은 '자유·자기의식·인간다움·유적 본질'을 잃은 상태가 그들이 말하는 인간의 '자기소외'였다. 또한 현실이 바로 이런 인간의 자기상실로서의 '자기소외'라고 그들은 말한다.

물론 헤겔 철학 속에도 자유나 이성, 자기의식, 나아가서는 소외로부터의 회복 등의 사고방식은 있다. 그러나 헤겔은 이런 것들이 완전히 실현된 모습, 즉 참된 자유와 해방을 국가를 통해서 본 것이다. 그렇게 해서 국가는 절대적 존재가 된다. 더구나 이 국가는 당위적 이상 국가가 아니라 프로이센 국가를 모델로 삼은 현실 국가였다. 그리하여 헤겔은 불합리한 것, 비이성적인 것, 반인간적인 것, 보수나 반동, 탄압, 부자유 등이 존재하는 이 현상에 타협했다. 그것만이 이 현상을 미화하고 절대화하고 신성화했다. 그러므로 이것을 비판하고 여기에 항거해야만 하는 것이다.

그러나 이런 헤겔 비판은 동시에 현상에 대한 비판과 항의로 이어져 그것에 관계하지 않을 수가 없었다. 사실상 또한 헤겔 비판파의 이론 비판 배후에는 현상에 대한 항의라는 문제의식이 포함되어 있었다. 그런 입장인 이상 비판파의 길은 당시 권력의 탄압에 노출된 가시밭길이었다. 슈트라우스·바우어·루게·포이어바흐 등 누구나가 이런 길을 걷는다. 이윽고 청년 헤겔파마저 초월해 가는 마르크스의 앞길은 얼마나 혹독한 고난을 품고 있었을지 짐작이 된다.

공격의 칼끝은 우선 종교쪽으로

헤겔 철학의 '정신' 내지는 '이성'을 그리스도교의 '하느님'으로 바꾸어 보아도 조금도 기이하지 않을 것이다. 그리스도교는 사실 헤겔 철학의 근본이자 배경이었다. 헤겔은 만년의 종교론에서 종교야말로 온갖 의문을 풀어 주고 비밀을 밝혀 주고 탄식을 잠재우는 것이며, 종교 안에야말로 영원한 진리·이상·평화가 있다고 말한다. 그리스도교가 구체적·감각적으로 표현한 것을 헤겔 철학은 개념을 가지고 표현했을 따름이라고 할 수도 있다. 이와 같이 헤겔 철학은 그리스도교와 한 몸이다. 그렇다고 한다면 헤겔을 비판하고 그것을 뛰어넘어가려면 우선 아무래도 헤겔 철학의 숨겨진 본체라고도 하는 그리스도교를 비판해야만 한다. 우선 그것에서부터 시작해야 한다.

그러나 현실적으로 그리스도교는 사람들의 일상생활 속에 침투하여 그것을 휘두르고 있다. 더욱이 현실의 절대주의적 보수반동의 근거인 신성동맹은 그리스도교의 정의·우애의 정신 아래 뭉친 것이었다. 프랑스 계몽주의에 대한 반동인 신성동맹은 그리스도교의 이름 아래 자유주의를 탄압했다. 학생동맹사건, 괴팅겐 대학 7교수 사건 등은 이 탄압에 항거하다 패배한 사건이었다. 따라서 헤겔 비판이 동시에 국가비판·정치비판과 관련되어 간 것처럼 헤겔 비판을 위한 종교비판은 또한 동시에 현실적 국가나 정치에 대한 비판과 연계되어 갔다. 거꾸로 말하자면 자유를 지키고 계몽주의에 철저하려면 아무래도 현실의 그리스도교를 이성적으로 자기의식적으로 비판하고 공격해야만 했다. 요컨대 헤겔 철학과 그리스도교 그리고 현실적 국가 내지 정치란 일체를 이루어 서로 관련되어 있다. 따라서 그 관련 항목 중 한 가지에 대한 비판·공격은 다른 항목과 관련되어 다른 항목의 비판 공격을 포함하게 된다. 이런 상관 관계에 있는 그리스도교를 향해 청년 헤겔 학파(헤겔 좌파, 헤겔 비판파)가 우선 비판의 칼끝을 집중적으로 들이댔다. 비판을 위한 칼끝은 계몽주의적 이성과 자기의식, 인간주의였다.

신은 인간이 만들어 낸 것

먼저 슈트라우스는 《예수의 생애》(1835)를 펴내 헤겔 및 그리스도교 비판을 시작했다. 그는 예수를 인간으로 해석하고 성서 속 이야기는 꾸며 낸 신화에 지나지 않는다고 했다. 인간은 개인으로 볼 때 태어나서 죽어 가는 무력한 존재이다. 그러나 인간 전체, 인류로 볼 때는 무한하다. 인류로서의 인간은 자연을 정복하고 지배하며 보다 높은 정신 생활로 향상되어 간다. 이와 같은 인류의 이상을 유대 민족의 초기 그리스도교단이 예수라는 인간에 들어맞게 만들어 낸 신화가 성서이고 그리스도교이다. 이와 같이 슈트라우스는 인간의 입장, 이성의 눈으로 헤겔의 종교관이나 그리스도교 그 자체를 비판했다. 이 책은 당시 사람들을 놀라게 하고 불안한 위험 사상으로서 전 유럽에 커다란 충격을 주었다. 이 일로 주목받은 슈트라우스는 평생 대학 교직을 얻지 못했다.

바우어는 한때 헤겔 우파에 속해 그런 입장에서 슈트라우스를 비판해 당시의 정치권력층으로부터 칭찬을 받은 적도 있었다. 그러나 예리한 비판적 두뇌의 소유자인 그는 얼마 뒤 슈트라우스도 뛰어넘어 좌측으로 나아갔다. 슈트라우스에게 예수는 역사적 인물이었다. 그러나 바우어는 예수의 신성성은 물론 그의 역사적 존재마저 부정했다. 성서에서 모든 역사를 말살하고 성서를 일컬어 고뇌에 찬 민중의 문학 작품일 뿐이라고 했다. 옛날 그리스 사회의 몰락 시기에 에피쿠로스파나 스토아파, 회의파라는 철학의 여러 가지 파가 생겨났다. 그것은 폴리스(도시국가)의 붕괴라고 하는 절망 속에 있던 인간이 개인적인 자기 안에 틀어박혀 동요하지 않는 자기의식 속에 안정을 얻으려는 것이었다. 이제 로마의 몰락 속에서 고난과 궁핍 속에 허덕이는 국민은 그 자아마저 잃어 온갖 세속적 힘 위에 존재하는 전지전능한 주님을 그려냈다. 성서는 바로 이와 같은 민중의 고뇌를 담은 정신적 조작물에 지나지 않는다. 바우어는 이렇게 성서를 해석하고 비판한다. 그 바우어는 베를린 대학에서 쫓겨나고 본 대학에서도 추방되어 대학 교수 자리에서 소외당해야 했다.

그리스도교가 그리고 일반적으로 종교가 인간의 문제라는 것을 보다 철저하게 다룬 것이 포이어바흐이다. 그는 1841년 마르크스가 대학생활에 마침표를 찍은 해에 《그리스도교의 본질》을 저술하였다. 그것은 그야말로 종교비판에 있어 획기적이라 할 저작이었다. 동시에 그것은 포이어바흐의 유물론적 경향을 선언하는 것이기도 했다.

일반적으로 지금까지의 것은 슈트라우스가 되었든 바우어가 되었든 성서해석 내지는 그리스도교의 해석이며 그런 틀 안에서의 비판이었다. 그런데 포이어바흐는 더 나아가 종교 일반을 문제삼았다. 그것도 적극적으로 '신이 인간'이고 '신학이 인간학'이라고 주장한다. 그의 말에 따르면 신이다 신의 본질이다 하는 것도 현실 저편에 독립한 것으로서 직관되고 숭배된 인간, 인간의 본질 이외의 다른 무엇도 아니다. 인간은 스스로의 고뇌, 스스로의 소망, 스스로의 모습, 스스로의 이상을 신으로 삼아 구상한다. 따라서 인간이야말로 종교의 시작이자 끝이다. 인간이 종교를 만드는 것이지 종교가 인간을 만드는 것이 아니다. 그리스도교의 본질은 인간의 본질인 것이다. 그런데 인간은 종교를 만들고 신을 만들어 냄으로서 거꾸로 그것의 지배를 받고 그것의 노예가 된다. 자신이 만든 것에 구속되고 지배를 받는다. 말하자면 종교에 의하고 신에 의하여 인간은 자신을 잃는다(종교에 의한 인간의 '자기소외'=자기상실). 그러므로 우리들 인간은 자기의식을 가지고 잃어버린 자신, 잃어버린 인간을 되찾아야 한다. 이런 현실적 인간, 이런 살아 있는 구체적·감성적·육체적 인간을 회복해야 한다. 이렇게 살아 있는 인간은 동물처럼 본능대로 움직이지 않고 인간이라는 유(類), 인간이라는 전체나 본질을 생각한다. 그런 각도에서 자유로이 행동하고 스스로를 만들어 가는 특유한 생물이다(유적(類的)으로서의 인간). 이런 인간을 되찾으려면 그리스도교나 종교가 사실은 이렇게 살아 있는 구체적 인간의 모습인 동시에 본질에 다름

아님을 자각해야 한다. 따라서 신학의
비밀은 인간학이다. 그와 같은 비밀을
밝혀서 신학을 인간학으로 다시 만들어
야만 한다. 이와 같은 인간학이야말로
단 하나의 철학, 자기의식의 철학이다.
그와 같은 자기의식(자각)에 따라 인간
은 자신을 종교로부터 해방시켜 지상에
존재하는 자기 자신으로 복귀해야 한다.
그래야만 인간은 소외된 자신을 되찾아
참다운 현세적 행복을 얻을 수 있다. 이
와 같이 포이어바흐는 유물론적·감성

포이어바흐(1804~1872)

적·구체적 인간의 입장에서 그리스도교 내지는 종교를 비판했다.

한때 베를린 대학에서 헤겔 철학에 매료되었던 포이어바흐는 유물론적 인
간론에 따라 헤겔을 비판하고 헤겔을 초월해 갔다.

정치비판으로

이렇게 바우어나 포이어바흐는 인간주의에 철저했다. 그러나 그것에서는
국민이나 민중, 유적(類的) 인간이라는 일반적 보편적 인간을 염두에 두었
다. 그것은 아직 머리로 생각하는 이른바 관념적 인간일 뿐 참된 자아가 아
니라고 슈티르너는 말한다(《유일자와 그 소유》, 1845년의 내용). 그는 그런
일반적인 인간의 신성화 속에 아직 신을 신성시하는 종교적 신앙 내지 미신
이 남아 있고 참된 개체적 자아가 망각되어 있음을 보았다. 슈티르너에게는
개체적 자아야말로 참되고 유일한 실재인 것이다. 이 개인적 자기 확립이야
말로 신이나 일반적 인간에 의해 망각된 자신을 되찾는 것이다. 자아 이외의
여러 가지 것들은, 자아에 동화되어 자아를 섬기고 자아의 소유에 귀속될 때
만 가치를 지닌다. 따라서 하느님·교황·황제·국가·사회·가족 등은 자아 앞
에서 불살라야 마땅한 망령이다. 슈티르너는 이와 같이 철저한 개인주의에
서 종교나 종교로 분류되는 사고방식을 비판하고 무정부주의적 사고방식에
이르렀다. 그것은 이미 정치에 대한 비판이다.

또한 청년 헤겔 학파의 기관지라고도 할 수 있는 것은 루게에 의해 창간된

〈할레연보〉(1838)였다. 루게는 '빈 회의' 뒤에 생긴 '학생동맹' 출신으로 6년 동안이나 감옥 생활을 한 처지였다. 그런 만큼 그는 현실의 프로이센 국가를 긍정하고 신성시하고 절대화하는 헤겔 철학에 대해 참을 수가 없었다. 그는 현존하는 국가와 당위적인 참된 국가는 확실히 구분되어야하고 전자는 후자에 의해 비판받아 마땅하다고 여겼다. 슈트라우스나 포이어바흐 등 청년 헤겔파 집필자들을 모은 〈할레연보〉는 곧 프로이센에서 주목을 받았다. 이름을 〈독일-프랑스 연보〉로 고쳐서 계속 펴냈으나 그것도 3년이 못되어 문을 닫고 말았다(1841).

청년 헤겔 학파의 이런 종교비판 내지는 정치비판 속에서 마르크스는 독자적인 사상을 만들어 간다. 그리고 또한 시간이 흐름에 따라 그들을 뛰어넘어간다. 바우어나 루게는 마르크스와 특히 가까운 사람들이었다. 포이어바흐는 그에게 큰 영향을 주어 헤겔을 뒤엎기 위한 유물론적 사고방식을 가르친 사람이었다. 그러나 마르크스는 이윽고 이런 사람들과도 이론의 차이가 생겨 갈라선다. 슈티르너 또한 비판당한다. 그것은 마르크스가 청년 헤겔파의 계몽주의적 자유주의로부터 유물론으로, 유물론으로부터 유물변증법으로 나아가는 과정이다. 다른 측면에서 말하자면 종교비판에서 정치비판으로 정치비판에서 부르주아 사회 자체에 대한 비판과 혁명적 실천으로 걸음을 옮기는 도정이다.

〈라인신문〉에서의 체험과 반성

현실문제 한가운데

마르크스의 스승이며 벗이자 동지이기도 한 브루노 바우어는 그의 급진적인 성서 비판 때문에 마침내 본 대학 강사 자리에서 쫓겨났다. 청년 헤겔파의 기관지라고 할 수 있는 루게 편집의 〈할레연보〉는 탄압을 모면하려고 라이프치히에서 드레스덴으로 옮기고 이름도 〈독일-프랑스 연보〉로 바꿔야 했다. 알텐슈타인이 죽고 아이히호른이 문부대신으로 취임함과 동시에 반동적 탄압이 강화되었기 때문이다. 일찍이 대학 교수가 되길 원하며 학위 논문을 통과한 마르크스는 여기서 대학 강단에 서는 것을 단념해야 했다.

학생생활에 마침표를 찍은 마르크스는 베를린을 떠나 일단 트리어로 귀향한다(1841년 4~7월 머물음, 23세). 그러나 곧바로 베를린으로 가서 직장을 잃은 바우어와 또 다시 친교를 이어간다.

바로 이 무렵의 일이다. 라인 지방의 신흥 부르주아가 〈라인신문〉을 발행하려는 계획을 진행 중이었다. 후진 독일 가운데서 라인 지방은 가장 근대적 산업, 특히 공업이 발달한 지역이었다. 부르주아의 경제력도 축적되어 있었다. 그럼에도 거기에 상응하는 정치적 발언력이나 권리는 주어지지 않았다. 그래서 부르주아지는 자기들의 정치적 발언의 장으로서 〈라인신문〉을 발행하기에 이르렀던 것이다. 계획은 헤겔 좌파로서 프랑스 사회주의에도 정통했던 모제스 헤스의 지도 아래 그의 사상적 영향 아래 있던 융·오펜하임 등이 추진 중이었다. 융은 쾰른 지방 재판소 배심원이고, 오펜하임은 그 지방 법률가이다. 헤스의 상담을 받은 마르크스는 베를린 박사클럽에서의 동료 루텐베르크를 편집주임으로 추천했다. 때마침 1840년에 즉위한 프리드리히 빌헬름 4세가 1841년 2월에 몇 년이나 휴회중이었던 프로이센(8개 주)의 주의회를 소집했다. 그리고 12월에는 1819년 이래로 계속되던 엄격한 검열도 조금 완화되었다. 시기는 마침 좋았다. 새해가 되어 1842년 1월 1일 신흥 부르주아 기관지 〈라인신문〉(정식명으로는 정치와 상업과 공업을 위한 라인신문)이 발행되기에 이르렀다. 이렇게 해서 마르크스를 중심으로 한 청년 헤겔파가 라인 부르주아지의 이데올로그(대변자)로 활약하기에 이르렀다.

그 무렵 마르크스는 본에 살았다. 그러나 10월에는 쾰른으로 이사해서 10월 15일 루텐베르크를 대신해 신문의 편집주임(편집과 주필 겸임)에 취임했다. 때마침 이 지방 쾰른에서는 로마 가톨릭 대변지인 〈쾰른신문〉이 〈라인신문〉의 반종교적 경향을 공격하고 있었다. 또한 경쟁지인 〈아우크스부르크 일반신문〉이 〈라인신문〉은 '빨갱이'라고 선전했다. 포이어바흐의 유명한 《기독교의 본질》은 이미 그 전해인 1841년 세상에 나와 있었다. '하느님은 인간 의식의 표현이며 따라서 신학은 인간의 학문이다'라고 한 이 책은 커다란 반향을 일으켰다. 그리고 낙후한 독일 안에서는 봉건제의 잔재나 봉건적 권력과 새로운 부르주아지의 충돌이 눈에 띄어 침투해 온 자본주의의 모순이 드러나기 시작했다. 마르크스는 원하지 않아도 인간 세상으로 내려와야 했다. 특히 '신문'이라는 저널리즘 속에서는 어떻게든 현실 문제에 부딪쳐 그것과 대결하지 않을 수 없었다.

검열의 가부 문제

1842년 5월 5일자 〈라인신문〉의 마르크스 논설은 '출판 자유와 주의회 의사 공표에 관한 토론'이라는 것이었다.

잠깐 사정을 설명하자면, 프리드리히 빌헬름 3세(재위 1797~1840)는 처음에 농민 해방을 비롯해 이른바 '위로부터의 개혁'을 진행시켰다. 그리고 치세 기간 중 프로이센-독일의 관세동맹을 성립시켜 뒷날 독일 통일의 실마리를 찾았다. 그러나 우유부단해서 나폴레옹에 항전하다 패하여 영토의 절반을 잃었다. 빈 회의 뒤에는 이른바 신성동맹 속에서 메테르니히 지배하에 보수 반동을 추진했고, 1819년 이래 엄격한 검열령 아래 언론의 자유를 압박했다.

새로이 대두된 부르주아의 요구에 밀려서 어쩔 수 없이 라인 주의회를 개설하기는 했으나 그것도 1837년 이래 한번도 열리지 않아 유명무실했다. 게다가 이름뿐인 주의회는 당시의 봉건적 신분제를 반영하여 의원의 6분의 3은 기사 신분, 6분의 2는 도시 신분, 6분의 1이 농민 신분이었다.

또한 도시 신분의 피선거권에는 10년간 똑같은 토지를 소유한 자에 한한다는 제한이 있었다. 그런데 새로 즉위한 프리드리히 빌헬름 4세는 4년 만에 주의회를 소집한 이외에 출판 검열도 완화했다. 나아가서는 이와 관련지어 주의회 의사록 공표도 허락했다. 그래서 앞서 말한 신분 의원에 의해 구성된 주의회는 이런 출판의 자유(라고는 하나 검열의 완화)라든가 의사록 공표에 반대해서 그 폐해를 강조했다.

여기에 대하여 마르크스는 다음과 같이 통렬한 비판을 가한다. 이들 의원들은 출판의 자유라는 요구가 국민의 거칠고 신중하지 못하며 이기적인 생각에서 온 것이라 하여 혐오하고 논란하며 배척한다, 그러나 본디 자유는 인간이라는 유(類)의 본질(유적 본질)이다, 그러므로 자유로운 출판이야말로 인간 본질의 실현이고 인간의 특권인 것이다, 그런데 검열은 날마다 출판물을 이리저리 뒤적이고 개인의 정신적 살 속을 칼로 저며서 시키는 대로 움직이는 몸의 일부만을 건전한 것으로 통과시킨다, 이런 검열은 인간의 자유를 위해, 인간의 본질을 실현하기 위해 배척해야 한다는 취지다.

마르크스는 이와 같이 신분제 의회 의원의 검열론이나 비밀주의에 반대해서 출판의 자유를 주장한다.

이런 검열 불가론을 발표한 지 얼마 지나지 않아 마르크스의 두 번째 논설 '교회적 분쟁'은 검열에 걸려 빛을 보지 못했다. 마르크스는 권력자의 이런 비열한 방식에 대한 불만을 루게 앞으로 쓴 편지 속에서 토로했다.

이성에 의한 현실 비판

청년 헤겔파는 현실 정치나 국가, 헤겔 철학 등의 배경 내지 기둥이 되는 그리스도교에 비판의 표적을 맞췄다. 프랑스 계몽주의적·급진 자유주의적인 이성 또는 자기의식이라는 칼끝을 들이댔다. 그리고 이제 급진적 청년 헤겔파의 중심인 마르크스는 이 무기를 가지고 현실과의 대결에 임했다. 그것도 직접 생생한 정치나 의회나 출판의 자유라는 문제와 맞부딪친 것이다. 여기에서는 더 이상 지금까지의 독일 자유주의자처럼 자유를 상상이나 관념의 세계에서 다룰 수가 없었다. 자유를 높은 하늘에서 땅 위로 끌어내리고 철학 논의로부터 현실문제로 옮겨야 했다.

마르크스는 자유의 실현 속에서 인간의 본질을 보았다. 자유의 전개, 발전 속에 인간이라는 유(類)의 참모습(유적 본질)을 보았다. 그 때문에 출판의 자유, 언론의 자유, 의사록 공표가 필요하다고 했다. 그 때문에 출판 검열이나 의회 비밀주의를 비판하고 비난했다. 그것은 이 현실, 이 세상을 자유로운 정신의 자기실현 운동이라고 보는 헤겔의 사고방식(변증법)에 따른 것이다. 다만 헤겔은 이 현실, 이 현실의 역사를 자유의 실현으로 냉철하게 관찰해 해석하고 이론으로 구성하려고 했다. 그런, 이를테면 바라보는 입장이 지금의 현실을 자유가 실현된 완전한 모습으로 절대화시키게 된 것이다.

이에 반하여 청년 헤겔파에는 인간 본질이 상실된 현실에 이성적 비판이라는 무기로 맞서려는 정열이 있었다. 이성에 의해 현실을 개혁하려는 프랑스 계몽주의적 의욕이 있었다. 말하자면 일을 하는 입장 또는 실천적 정열이 있었다. 그리고 그 모습은 마르크스의 〈라인신문〉에서의 대처 방식에 가장 잘 드러나있다고 할 수 있다.

그러나 이와 같은 비판적 무기는 차츰 그 무력함을 드러낼 수밖에 없었다. 마르크스는 〈라인신문〉 집필과 편집을 해 나가며 그런 무력함에 부딪혀야 했다. 그는 좀더 생생한 지상의 현실 속에서 좀더 생생한 이해관계 대립이나 모순에 부딪혀야 했다.

'목재 절도 단속법'에 대한 항의

약 120년 전 라인 주의회(제6차 의회)는 관행에 따라 목재(고목이나 마른 가지를 포함)를 채취한 자에 대한 단속이나 벌칙에 대해 토론을 했다. 마르크스는 그 토론과 의결에 대해 또한 비판과 반론을 하지 않을 수 없었다. 그야말로 가난한 사람들의 권리를 지키기 위해서였다. 이것이 〈라인신문〉에서 1842년 10월 25일자 제298호로부터 몇 차례에 걸쳐 게재된 세 번째 논설 '목재 절도 단속법에 관한 토론'이었다.

의회는 관행상 고목이나 마른 가지를 주운 사람까지 '절도범'으로 엄벌에 처한다고 의결했다.

그래서 마르크스는 이제 가난한 사람들을 위해, 국민 대중을 위해, 인간 권리를 위해, 과감히 다음과 같이 비판하고 항의한다.

'도대체 인간이 소중한가 나무가 소중한가. 인간의 권리는 나무의 권리 앞에 굴복해서는 안 되며 인간이 나무라는 우상 앞에 패하여 그 희생물이 되어서는 안 된다.

그런데 이 법(목재 절도 단속법)에 있어서는 모든 것이 왜곡되어 거꾸로 되어 있다. 인간의 권리가 어린 나무의 권리 앞에 굴복했다. 나무라는 우상이 승리하고 인간은 패하여 산 제물이 되었다. 목재가 그야말로 라인 주 사람의 물신(物神)이 되었다. 그 때문에 관행상 인정되고 따라서 경범죄라고도 할 수 없는 행위가 목재 도둑이라고 불리고 그런 잘못된 법률 때문에 가난한 사람들이 희생되었다.

참으로 이 법률 속 원리는 삼림소유자의 사적 이익의 보호 말고는 아무 것도 아니다. 이런 사적 이해야말로 궁극 목적이다. 무엇이 선이고 무엇이 정의이고 무엇이 법이고 무엇이 재판의 공평이며, 거꾸로 무엇이 악이고 무엇이 부정이고 무엇이 범죄이고 무엇이 불공평인지 모두가 이 삼림소유자라는 권력자의 이해 감정에 따라 결정되어 있다. 따라서 삼림소유자는 범죄자의 벌금을 사유하고 범죄자의 몸도 빼앗아 농노를 삼는다. 모든 것을 법적 정의라는 이름 아래 행한다. 여기서는 올바른 법률 같은 것은 도저히 기대할 수가 없다. 공평한 재판관 같은 것은 대개 어리석고 비현실적인 환상에 지나지 않을 것이다. 공평·정의 그리고 공공적 입장 따위는 그럴듯한 형식에 불과하다. 이렇게 해서 신분제 주의회는 나무를 위한 이해, 곧 나무를 자기의 최고 본질, 자기의 신(물신)으로 만들어 버렸다.

그러므로 우리들은 요구한다. 정치적으로나 사회적으로나 아무것도 지니지 않은 가난한 대중을 위해 다음과 같이 요구한다. 가난한 최하층 대중의 권리 그 자체인 관습법을 그들의 손에 넘기라고. 빈민은 자연 산물 덕택에 살고 그것에 의지해서 살아가야 한다. 빈민은 이 자연의 산물, 자연의 힘 안에서 참으로 인도적 친밀감을 느끼고 이것을 이용하는 관습 속에서 본능적인 승리감을 지녔다. 여기에 관습의 올바른 근거가 있다. 그러나 로마법에 그 원형을 둔 근대사법(近代私法)은 가난한 사람의 이 관습적 권리를 돈 있는 사람이 독점하도록 바꾸었다. 그러나 주의회가 말하는 목재 범죄인은 국가의 공민이고, 회원이고, 병사이고, 증인이고 공공체의 일원이며, 가장이고, 인간이다. 참된 생명의 소유자, 자유의 소유자, 인간성의 소유자이다. 이런 사람의 권리를 보호하는 것이야말로 법의 감정이고 공정의 감정이 아닌가. 이에 반하여 주의회가 결정한 법은 이와 같은 법의 감정, 이런 공정한 감정에 대해 정면으로 대립하는 것이자 비인간적인 것이다.'

마르크스는 대강 이와 같이 비판하고 항의하고 요구한다.

생생한 현실을 풀어 나갈 공부가 부족하다

그런데 여기에서 마르크스는 이처럼 생생한 지상의 문제, 생존이라는 문제에 부딪혔다.

그는 물건(목재)과 물건이 얽힌 이해가 신이 되고, 군주가 되며, 인간이 그 수단이 되고, 노예가 되어 인간다움을 잃는 가치 전도에 눈뜨게 되었다. 그러나 왜 이런 모순이 생기는 것일까? 실제 현실에서 이런 가치 전도가 일어나는 조직 구조나 원리는 무엇일까? 마르크스는 아직 그것을 알지 못했다.

이보다 앞서 경쟁지인 〈아우크스부르크 일반신문〉은 '〈라인신문〉이 공산주의에 아첨하며 추파를 던지고 있다'며 비판을 퍼붓고 있었다. 마르크스는 즉시 여기에 반박해야 했다. 마르크스는 여기서 라이벌 신문의 비판에 항의하면서도 프랑스의 사회주의나 공산주의에 대한 연구가 불충분했음을 솔직히 고백해야 했다. 그는 아직 사회주의자가 아니며 하물며 공산주의자도 아니어서 급진적 민주주의 내지는 자유주의에 머물러 있었다. 아무튼 독일로 침투해 온 프랑스의 사회주의나 공산주의에 대한 공부를 해야만 했다.

이모저모로 마르크스에 대한 압박은 당국의 검열이나 주주들의 요구라는 형식을 통해 차츰 그 강도를 더해 갔다. 그런데 드디어 1842년 말부터 1843년 정월에 걸친 모젤 농민에 관한 논쟁으로 정부와 대결하는 지경에 이르렀다. 자본주의의 침투는 포도재배로 유명한 모젤 농민을 위협하기 시작했다. 〈라인신문〉은 이 농민들의 참상을 신문에 실었다. 이에 대해 당시 라인 주지사 폰 샤퍼는 두 차례 기사 정정을 요구했다. 그러나 〈라인신문〉은 반대로 자료를 모아 이 비참한 농민에 대한 정부의 무자비한 처사를 공격했다. 그것도 여러 번에 걸쳐서.

그 밖에도 마르크스는 '토지 소유의 세분화', '자유무역과 보호관세' 등 물질적 이해관계에 관한 논쟁에도 참가해야만 했다. 그러면서 더욱더 현실문제에 관한 경제적 공부의 부족을 통감할 수밖에 없었다.

'자유인들'과의 결별

그 방면의 검열과 압박이 나날이 엄해짐과 관련해서 마르크스는 베를린 '자유인들'의 언동으로 골머리를 썩여야 했다.

앞서 〈라인신문〉이 청년 헤겔파와의 관련 속에 태어난 이야기를 한 바 있다. 청년 헤겔파 가운데 베를린에 사는 사람들은 옛 박사클럽 회원을 중심으로 하는 '자유인들'이었다. 그 가운데 루텐베르크가 마르크스의 추천으로 〈라인신문〉 편집주임이 되었다. 그러나 무능력함 때문에 면직당하고 마르크스가 대신한 사실도 앞서 말한 바 있다. 본 대학을 쫓겨난 바우어는 한동안 본에 있으면서 마르크스와 친하게 지냈지만 곧 베를린으로 돌아갔다. 이제 베를린 '자유인들'의 중심은 브루노 바우어와 에드가 바우어 형제, 쾨펜 그리고 대표격인 마이엔 등이었다. 그들은 베를린에서 〈라인신문〉에 기고문을 보냈다. 그런데 차츰 서슬이 올라 검열에 걸릴만큼 과격한 논조를 띠게 되었다. 마르크스의 말을 빌리자면 과격하고 비현실적이며 자기주장이 강하고 날카로움이나 공부가 부족한 허풍이었다. 마르크스는 이런 논문을 잇달아 폐기해야 했다. 또한 그들의 무책임하고 사려 부족한 일상의 언동도 처치곤란이었다. 브루노 바우어만큼은 아닐 거라고 마르크스는 기대했지만 그것도 헛수고였다. 그들은 베를린을 찾아오는 동지들과 드잡이하고 싸우거나 사적인 일까지 매도했다. 마르크스는 그동안의 사정을 적어 1842년 11월 30일 드레스덴에 있는 루게 앞으로 보낸다.

'친애하는 벗이여!

오늘 내 편지는 '자유인들'과의 '이런저런 말썽 이야기'에 그칠는지 모르겠네.

자네도 이미 알다시피 검열이 매일 사정없이 우리들을 찢어 발기니 때로는 거의 신문도 못 낼 지경일세. 그 덕분에 '자유인들'의 논문도 많이 버릴 형편이네. 나 또한 검열관에 질세라 마구 쓰레기통에 버렸네. 왜냐하면 마이엔과 그 벗들은 내용 없는 졸문(拙文 : 졸렬하게 지은 글)을 산더미처럼 보내주었기 때문이야.

며칠 전 나는 소인배 마이엔으로부터 편지를 받았네……. 나는 곧바로 답신을 써 보냈어. 그리고 그의 논문의 결점에 대한 나의 견해를 노골적으로 말해 주었지. 결국 그들의 것은 자유로운, 말하자면 독자적인 깊은 내용보다 오히려 제멋대로의 과격하고도 안이한 형식을 자유라고 본 것이라고 해 줬네. 나는 막연한 논의나 허풍스런 공연한 문구나 잘난 체하는 자화자찬을 너무 내세우지 말고, 보다 명확한 이야기를 쓰고, 보다 구체적 사정을 탐구하고, 보다 전문적인 지식을 보여 주도록 요구했네. 나는 똑똑히 말해 줬다네. 만일 적어도 공산주의에 대하여 논할 필요가 있다면, 보다 근본적인 방식으로 논평해야 한다고 말이야. 또한 나는 종교를 논하는 가운데 정치 사정을 비판하기보다는 정치 사정을 비판하는 가운데 종교를 들어 비판하도록 요청했네. 왜냐하면 이렇게 거꾸로 하는 것이 신문이라는 것의 본질에 알맞고 대중을 교화시키기에 알맞기 때문이야. 또 그것 하나만 들어 보자면 알맹이가 없는 종교도 하늘 때문에 살아 있는 것이 아니라, 대지 곧 이 땅덩어리 때문에 생명이 있는 것이니까 말일세. 따라서 이렇게 거꾸로 된 현실, 인간이 물건의 노예가 되고 입산 때문에 붙잡혀야 하는, 구제할 길 없는 현실의 이론이라고 할 종교는 이 뒤바뀐 현실이 사라지면 저절로 함께 붕괴되는 것이니까 말일세! 마지막으로 나는 희망했네. 적어도 철학을 논한다면 '무신론'이라는 간판을 희롱하는 짓은 그만두고…… 오히려 그 알맹이를 민중 속으로 끌어들이기를…….

위의 모든 것에서 분명한 것은 베를린의 허풍선이들은 일반적으로 자기들의 도당적 문제 이외에는 아무 생각도 없다는 것일세…….'

이래서는 이제 어쩔 도리가 없다. 한쪽은 굳건히 현실에 발을 딛고 서서 사물들을 끝까지 탐구적·학문적으로 논하려는 마르크스, 다른 쪽은 독선적인 얄팍한 공론을 호언장담하고 때로는 옛 동지들의 사생활에까지 끼어들어 매도하는 제멋대로인 허풍꾼들. 양자 사이에는 이론적으로도, 감정적으로도 또한 일의 진행 방법상으로도 이미 다리를 놓기 어려울 만큼 커다란 도랑이 생긴 것이다. 마르크스는 옛 벗들과 결별하는 수밖에 없었다.

〈라인신문〉과도 헤어져 서재로

모젤 농민의 궁핍한 사정을 보도하고 그 궁한 상태에 대처하는 정책을 비판하는 데서 시작하여 〈라인신문〉이 취한 비판적 태도, 그리고 이 신문의 보급, 이런 일들이 당국의 감시의 눈을 번쩍이게 했다. 특히 제정러시아의 반동성을 공격한 기사가 정부를 경직화시켰다고도 한다. 아무튼 화가 난 프로이센 정부는 1843년 정월 하순의 내각회의에서 〈라인신문〉의 발행금지를 결정했다.

주주들은 논조 내지는 방침의 완화로 어떻게든 일을 원만하게 수습하려고 했다. 그러나 정직 일변도로 아첨이나 굴종을 싫어하는 마르크스는 자기 자신의 신념을 양보하지 않았다.

〈라인신문〉 3월 18일자 제77호는 마르크스의 사직 성명을 발표했다.

'나는 현재의 검열 사정 때문에 오늘로서 〈라인신문〉 편집부를 떠나기로 성명하는 바이다.'

그렇다 해도 대학 졸업 후 그의 인생 첫걸음은 이미 많은 괴로움이 따랐다. 그러나 그는 생생한 현실과의 싸움 속에서 지금까지의 자기 공부(철학) 방식이나 방향을 반성할 수 있었다. 특히 경제문제라든가 사회주의·공산주의 등의 공부가 부족했다. 그리고 그런 연구가 인간, 특히 가난한 사람들을 구제하고 해방하는 데 필요하다는 것, 그런 것들을 뼈저리게 체득했다. 이것은 앞으로의 마르크스에게 큰 수확이었다고 하겠다. 십수 년 뒤에 세상에 내놓은 《경제학 비판》(1859)의 유명한 머리말 속에서 마르크스는 이 〈라인신문〉에서 얻은 체험과 반성과 수확을 다음과 같이 이야기했다.

'나의 전문 연구는 법학이었다. 그러나 나는 철학과 역사를 연구하는 한편 부차적인 학과로서 그것을 다룬 데 불과했다. 그런데 1842년에서 1843년 사이에 〈라인신문〉 주필로서 나는 비로소 이른바 물질적 이해에 관한 논쟁에 참가해야만 하는 괴로운 입장에 놓였다. 목재 절도와 토지 소유 분할에 관한 라인 주의회의 토의, 당시 라인 주지사 폰 샤퍼가 모젤 농민의 상태에 관해 〈라인신문〉을 상대로 일으킨 공적인 논쟁, 마지막으로 자유무역과 보호관세에 관한 토론, 이런 것들이 내가 경제문제에 종사하게 된 첫 인연을 부여하였다. 다른 쪽에서는 '더욱 전진해 가자'는 선량한 의지가 전문적인 지식보다 훨씬 중시되었던 당시로서는 프랑스 사회주의라든가 공산주의가 엷게 철학적으로 채색된 반향을 〈라인신문〉에서도 접할 수 있었다. 나는 이런 미숙한 실패작에 대해 반대를 선언했다. 그러나 그와 동시에 〈아우크스부르크 일반신문〉과의 한 논쟁에서 나의 지금까지의 연구에서는 프랑스의 이런 사조의 내용 자체에 대하여 아무런 판단을 내릴 힘이 없음을 솔직히 인정했다. 그래서 나는 논조를 부드럽게 하면 〈라인신문〉에게 내린 사형선고를 취소해 줄 것으로 믿었던 이 신문 경영자들의 착각을 도리어 기꺼이 이용하여 공개적인 무대에서 서재로 물러났다.'

인간 해방을 목표로

소중한 아내와 벗

마르크스의 베를린 재학 중 부친은 마르크스의 앞날을 염려하며 이 세상을 떠났다. 마르크스는 학위 논문을 부친께 바칠 수도 없었다. 대신에 이 논문은 '아버지이자 벗이기도 한' 루드비히 폰 베스트팔렌에게 사랑의 표시로 봉헌했다. 이 사람은 당시 약혼녀였던 예니의 부친이다. 그러나 그 또한 두 사람의 결혼을 보지 못하고 1842년 3월 3일 이 세상을 떠났다. 트리어 마을 사람들은 그를 추도하는 글에서 그의 높은 계몽정신과 교양을 칭송했다.

예니는 부친을 여읜 뒤 모친과 함께 라인 강 지류 나에 강가에 있는 크로이츠나흐로 이주했다. 조용하고 아담한 온천 마을이다. 마르크스는 〈라인신문〉 시절 그 바쁜 중에도 이곳을 찾아 예니를 위로했다.

〈라인신문〉과도 손을 끊은 마르크스는 1843년 5월 하순에 크로이츠나흐로 옮겨와 6월 19일에 결혼식을 올렸다. 마르크스가 25세, 예니가 29세였다. 참으로 긴 약혼 기간(7년)이었다. 그동안 특히 트리어의 이 아름다운 아가씨가 겪어야 했던 고민과 쓸쓸함은 더욱더 컸으리라. 그런 만큼 기다려지는 봄이었을 것이다. 이로부터 33년 뒤인 1876년, 마르크스는 런던에서 독일로 여행한 적이 있다(마르크스는 1849년 런던으로 망명). 이때 막내딸 엘리나에게 자신들이 신혼을 보낸 마을을 가르쳐 주기 위해 엘리나를 데리고 빙겐(나에 강이 라인 강과 합류하는 지점)과 크로이츠나흐로 갔다. 그만큼 이곳은 잊을 수 없는 추억의 땅이었다.

연애 시절이나 약혼 기간에 이토록 확고했던 마르크스에 대한 예니의 사랑은 평생 동안 변함이 없었다. 가난한 살림, 늦은 밤까지의 공부, 괴로운 싸움 가운데서도 그녀는 항상 남편을 신뢰하고, 이해하고, 사랑하며 행동을 같이 했다. 그녀 때문에 가정 또한 자식들에게는 즐거운 집이고 동지들에게는 휴식과 모임의 장소였다.

그런데 우리들은 마르크스주의나 그 운동에 있어서 또 하나의 이름을 떠올릴 수 있다. 그 이름은 엥겔스이다. 마르크스주의는 보다 정확히 말하면 '마르크스·엥겔스주의'라고 해야 한다. 그만큼 엥겔스는 이론이나 운동, 그리고 생활에 있어서 평생 마르크스를 도우며 마르크스와 하나였다.

이 엥겔스는 1841년 4월, 마르크스가 베를린을 떠난 뒤 반년 늦게 베를린에 왔다. 그러므로 베를린에서는 마르크스와 길이 어긋났다. 엥겔스는 1년간 지원병으로서 베를린 포병대에 입대하고 한편으로 시간을 내 베를린 대학의 청강생이 되었다. 그리고 헤겔 좌파 사람들과 사귀게 되었다.

엥겔스는 라인 주 바르멘(오늘의 부퍼탈)의 방적공장 사장의 아들로 태어났다. 마르크스보다 2년 뒤인 1820년 생이다. 마르크스 가족이 몹시 지적인데 비해 엥겔스 쪽은 오랫동안 직조업을 한 부유한 가정이었다.

아내이자 동지였던 예니(1814~1881)

제대 후 엥겔스는 맨체스터에서 부친이 경영하는 방적회사(에르맨 엥겔스 방적회사)에서 일하기 위해 영국으로 건너가게 된다. 가는 길에 쾰른의 〈라인신문〉 편집부에 들렀는데 이것이 마르크스와 엥겔스와 참으로 역사적인 첫 만남이었다(1842년 11월 말). 그러나 이 무렵 베를린의 '자유인들'과 마르크스의 사이는 이미 험악하게 되어 있었다. 그리고 엥겔스는 그때까지도 이 자유인 파에 속해 있었다. 그 때문에 첫 만남은 '매우 냉랭한 가운데' 끝나야 했다.

그러나 얼마 안 된 2년 뒤에 두 사람은 파리에서 재회하고 완전한 의견 일치를 본다. 여기에서 평생에 걸친 합작의 작업이 시작된다.

포이어바흐의 유물론

마르크스는 〈라인신문〉에서 생생한 물질적 이해에 관한 논쟁에 관여하게 된다. 그리하여 경제문제나 사회주의·공산주의에 관한 공부의 부족을 통감해야 했다.

이런 새로운 체험과 반성에 입각하여 마르크스는 헤겔의 변증법, 특히 법철학의 비판적 연구를 시작한 것이다. 신혼인 두 사람은 즐거운 몇 달을 크로이츠나흐에서 보냈다. 이 밀월 기간 중에도 마르크스는 너무나도 그답게 공부에 열중했다. 다시 말해 헤겔 법철학의 비판과 근대사, 특히 프랑스 혁명사의 연구를 위해 많은 책을 읽고 발췌 원고를 작성했다.

포이어바흐는 1841년 혁명적인 '종교비판' 책 《그리스도교의 본질》을 세상에 내놓았다. 그 가운데서 그는 '신은 인간이다!'라고 갈파했다. 신은 인간의 정신, 인간의 혼, 인간의 마음, 다시 말해 인간이 지닌 의식이 표출된 것에 불과하다, 신의 사랑이란 인간의 사랑 고백이다, 따라서 신의 본질은 인간의 본질 이외의 아무것도 아니다, 개체로서의 구체적 인간, 이 육체적·현실적 인간이 지닌 인간다움(인간의 본질)이 신으로서 이상화되어 외부에 놓였다, 사실은 자신의 것에 지나지 않는 것이 이상화·신성화되어 신으로써 존경받고 숭배의 대상이 되었다, 그리하여 인간은 자기 자신을 잃고 자신의 의식이 만든 신의 노예가 되고 말았다고.

여기서 중요한 것은 인간다움, 인간의 본질이라 할 때 그것은 개인으로서의 인간이 아니라 유(類)—인간이라는 유—로서의 인간을 말한다. 개인으로서의 인간은 유한하고, 불완전하고, 무력하다. 그러나 유로서의 인간은 무한하고, 완전하고, 만능이다. 신이란 이와 같은 종류로서의 인간을 인간의 외부에 인간이 스스로가 만들어 놓은 것이다. 신의 사랑이란 사실은 인간을 유로서 연결시키는 감성적·자연적 사랑일 뿐이다. 이런 현실을 보지 않고 우리들은 '신'이라는 꿈·상상 속에서 사물을 보고 있다. 그러나 꿈 속에서도 우리들은 천상에 있는 것이 아니라 이 지상에, 이 현실에 있다. 그러므로 문제는 꿈에서 깨어나 현실을 올바르게 보는 것이다. 포이어바흐는 이렇게 말한다.

그것은 백 수십 년 전의 그리스도교 나라에서는 대단한 혁명 사상이고 위험 사상이었을 것이다.

1843년 3월 중순쯤 〈라인신문〉의 어수선함 속에 마르크스는 '철학 개혁에 대한 잠정적 의견'이라는 포이어바흐의 논문을 받았다. 때가 때니만큼 이 소론은 마르크스를 끌어당겼던 것 같다.

이것은 루게가 편집하는 〈일화집Anekdota〉)이라는 철학평론 잡지에 실린 것으로서 루게가 보낸 것이었다. 이 '철학개혁론' 속에서 포이어바흐는 더 뚜렷하게 유물론적 입장을 내세웠다.

여기서는 헤겔 철학이 전면적으로 거꾸로 선 것으로 비판을 받는다. 신은 인간이 만든 의식에 지나지 않는다. 그렇게 만들어진 의식이 거꾸로 인간을 지배하고 종속시켰다. 헤겔 철학이 말하는 정신이나 절대정신, 절대자는 바로 그리스도교가 말하는 신이다. 그리스도교에서 말하는 신을 어렵게 개념적으로 바꾼 것일 뿐이다. 헤겔이 말하는 절대정신 운운하는 어려운 정신은 바로 신처럼 인간의 유한한 사유를 인간으로부터 빼내어 인간 외부에 세우고 절대화·신성화한 것이다. 그리고 현실에 살고 있는 인간이 이런 정신에 의해서 만들어진 양 생각하고 그 생각의 포로가 되어 있다.

진실은 바로 그 반대이다. 신이 주어이고 인간이 술어가 아니다. 마찬가지로 정신이 주어이고 인간의 현실이나 자연이 술어가 아니다. 반대로 인간이 주어이고 신이 술어이다. 이와 같이 이 현실에 존재하는 것이 주어이고 자유나 정신이나 절대정신은 그 술어에 불과하다. 사유나 정신은 그 현실의 존재로부터 나오지만 현실의 존재는 사유나 정신으로부터 생기지는 않는다. 존재는 사유 이전에 그 자체만으로 존재했다. 현실의 존재야말로 모든 것이다. 그리고 인간 또한 자연의 일부이다. 자연은 인간의 기초이다. 다만 인간이라는 자연은 단순한 자연이 아니라 의식하고 사유하는 자연이다.

이와 같이 포이어바흐는 자연에 근거하여 의식을 가진 현실적 인간의 철학을 주장한다.

문제는 사회이고 실천이며 변혁이다

엥겔스는 《포이어바흐 론》(1888) 안에서 이렇게 말하고 있다.

"이 책(《그리스도교의 본질》)이 얼마나 커다란 해방 작용을 했는지는 그것을 스스로 체험한 사람이 아니고서는 알 수 없다. 그 감격은 전반적인 것이었다. 다시 말하면 우리들은 모두 한때 포이어바흐의 제자가 되었다. 마르크스가 얼마나 열광하며 이 새로운 견해를 받아들였으며, 얼마나 이 견해로 말미암아 영향을 받았는지—이에 대한 비판 입장을 확고하게 견지하면서도—는 《신성가족(神聖家族)》을 읽어 보면 안다."

마르크스가 과연 이 정도로 열광하고 영향을 받았는지에 대해서는 다른 의견도 있다. 그러나 1843년 10월 3일 포이어바흐 앞으로 쓴 편지에서 마르크스는 《그리스도교의 본질》의 제2판 머리말을 찬양하고 있다. 또 《신성가족》 속에는 술취한 사변 철학에 맑은 정신의 철학이 대비되도록 헤겔의 형이상학에 대하여 포이어바흐의 유물론 철학이 제기되었다고 썼다. 또한 여기에서 이렇게까지 찬양했다. 헤겔 철학의 비밀을 폭로한 것은 포이어바흐이다. 헤겔 철학이 이른바 여러 신들의 싸움이라고 할 수 있는 정신의 변증법을 절멸시킨 것은 포이어바흐이다. 하잘 것 없는 '무한한 자기의식' 대신에 '인간'을 그 자리에 세운 것은 포이어바흐이다. 그리고 오직 포이어바흐뿐이다라고. 그러나 포이어바흐 철학에 대한 동감이나 찬양과 동시에 마르크스는 벌써 포이어바흐를 뛰어넘으려 하고 있었다. 〈철학 개혁에 대한 잠정적 의견〉을 받아 읽은 뒤 마르크스는 루게에게 이렇게 적어 보냈다(1843년 3월 13일).

'포이어바흐의 경구집은 내가 보기에 다음과 같은 점에서 옳다고 볼 수 없다. 다시 말하면 그는 자연에 너무 눈을 돌렸고 정치를 너무 등한시했다.'

이와 같은 마르크스의 포이어바흐 비판은 얼마 뒤에 나온 유명한《포이어바흐에 관한 테제》에 집약되어 있다.

거기에 따르면 포이어바흐는 현실의 감성적 인간을 단순히 자연의 일부로 파악했다. 물론 인간은 의식하는 자연이다. 그러나 왜 인간은 스스로의 본질을 잃고 신이라든가 절대정신 따위를 꿈꾸는가? 그런 자기상실, 이른바 인간의 자기소외는 왜 일어나며 어떻게 하면 치료할 수 있을까? 포이어바흐에서는 그것이 분명하지 않다. 포이어바흐는 그런 꿈이나 가상이, 꿈이나 가상임을 자각하도록 눈을 뜨라고 한다. 상상 속에서 보는 대상을 현실의 것으로서 현실의 빛 가운데서 보라고 말한다. 그것이 포이어바흐로서는 인간의 자기소외로서의 종교에 대해서 해야 할 일의 모두이다. 그러나 꿈에서 깨어본들 그것만 가지고는 현실은 어떻게도 되지 않는다. 문제는 인간에게 꿈을 꾸게 해서 인간을 소외시키는 현실이며 정치가 아니겠는가? 왜 인간은 신을 꿈꾸고 절대정신을 동경하는가? 문제는 바로 이것이다. 포이어바흐는 이런 점에 눈을 돌려 소외의 원인이나 그로부터의 탈출 방법을 충분히 해명해 내지 못했다. 그것은 그가 인간을 자연적 객체로서 파악하여 실천하고 활동하는 주체적인 것, 감성적·육체적인 비판적 활동으로서 파악하지 않은 것에 원인이 있다. 인간은 만들어져 가면서 실천적으로 스스로를 변혁해 가는 존재이다. 의식을 가진 인간은 자연의 일부로서 자연 속에 묻혀 있는 것이 아니라 자연의 대상으로서 작동하고 실천하며 자연을 바꾸어 간다.

따라서 이런 인간의 본질은 단순히 자연적이고 감성적인 다수의 개인적 인간을 끌어모아 결합시킨 '유(類)'가 아니다. 인간의 본질은 실천적·주체적으로 관계를 맺는 사회적 인간이다. 자연 속에서 자연을 대상으로, 사회적으로 서로 얽혀가며, 사회적으로 만들어지면서 만들어 가는 사회적·역사적 존재인 것이다. 사회적·역사적 실천을 통하여 발전해 가는 인간이야말로 인간의 본질이다.

엥겔스(1820~1895)

그런데 이런 현실, 다시 말해서 시민적·부르주아적 현실(자본주의적 현실)은 포이어바흐적 유물론이 말하고 있듯이 따로따로 흩어져 있는 개인의 어중이떠중이에 지나지 않는다. 사회적으로 서로 결합하고 사랑하도록 되어 있지 않다. 이와 같은 현실이야말로 문제이며 여기에서 인간의 꿈이라든가 공상적인 상상이 생겨나 주어와 술어의 가치 뒤바뀜이 생기는 것이다.

실천적 현실의 개혁, 사회적 인간의 실현, 그것이야말로 포이어바흐의 철학을 뛰어넘은 미래 철학의 문제이다. 그러기 위해서 우리는 자연에 눈을 돌리는 일에서부터 나아가 정치적 현실, 물질적 이해관계, 경제문제로 눈을 돌려야 한다. 현실을 변혁시키기 위해서. 포이어바흐적 유물론은 세상을 바라보고 여러 가지 해석을 내렸다. 다만 그뿐이다. 바라보고 해석을 내렸을 뿐, 인간의 사회적·실천적 본질을 파악하지 못했다. '인간이야말로 인간이 깨달은 신이다'라고 했는데 이번에는 그런 인간이 역사적·사회적으로 발전하고 변혁해 가는 사실을 파악하지 못했다. 그러나 중요한 것은 인간의 사회적 실천이며 현실을 개혁하는 일이다.

마르크스는 포이어바흐를 이렇게 비판한다. 마르크스는 〈라인신문〉에서의 체험 때문이더라도, 더 이상 단순한 관찰자나 해설자나 비평가에 머물 수 없었다. 그는 헤겔 철학을 뒤엎은 포이어바흐적 유물론에 인간의 역사적·사회적 실천의 입장을 도입하여 포이어바흐를 뛰어넘는다. 그것은 이윽고 성립되는 유물변증법 내지는 유물사관으로 가는 방향을 가르킬 것이다. 그것은 유물변증법 내지는 유물사관의 확립 과정인 동시에 '인간해방'이라는 큰 목표를 향한 정열이기도 했다. 그리고 그런 작업이 이제 대중을 목표로 한 〈독일-프랑스 연보〉라는 잡지를 통해 성과를 거두려고 한다.

참된 인간해방

포이어바흐는 〈철학 개혁에 대한 잠정적 의견〉 속에서 프랑스적인 것과 독일적인 것 두 가지 요소가 필요하다는 의견을 내놓았다. 프랑스적이라 함은 여성적·심장적·감각적·유물론적·혁명적 원리이며, 독일적이라 함은 남성적·두뇌적·정신적·관념론적·정지적 원리이다. 마르크스가 이것을 따랐는지는 분명치 않으나 아무튼 새로운 잡지 〈독일-프랑스 연보〉를 루게와 공동으로 파리에서 발간하게 되었다.

요컨대 그것은 포이어바흐의 종교비판 방식과 마찬가지로 대중을 상대로 그 잘못된 꿈, 거꾸로 된 현실을 자각시키는 것이다. 그러나 마르크스는 포이어바흐에게는 부족한 정치비판에 있어서 겁없이 몰아부쳤다. 정치나 권력에 대한 비판은 당연히 정치권력과의 투쟁으로 나아갈 수밖에 없다. 마르크스는 그런 길을 걷게 되었다. 〈독일-프랑스 연보〉는 이런 비판과 실천을 목표로 한 것이었다.

1843년 10월 하순, 마르크스 부부는 파리로 이주했고 루게도 함께 살았다.

다음 해 1844년 2월 하순 〈독일-프랑스 연보〉는 제1호와 제2호의 합병호라는 모습으로 세상에 나왔다. 집필진에는 마르크스·루게 이외에 하이네·야코비·엥겔스·헤스·베르나이스·헤르베크 등이 연명되어 있다. 마르크스는 루게를 통해 시인 하이네를 알게 되어 파리에 머무는 동안 매우 친하게 지냈다. 이미 영국에 가 있던 엥겔스는 맨체스터로부터 두 개의 논문(〈국민 경제학 비판대강〉〈영국의 상태〉)을 투고했다.

마르크스의 것은 루게 앞으로 보낸 서신 외에 〈유대인 문제에 붙여서〉와 〈헤겔 법철학 비판 서설〉이 있다. 그 안에서 마르크스는 드디어 현실문제로서 '후진 독일'이라든가 '부르주아 시민사회' 그리고 그것들을 반영한 '헤겔 법철학'으로 비판의 화살을 돌린다.

먼저 〈유대인 문제에 붙여서〉 이것은 바우어의 유대인 해방론에 대한 비판론으로 쓴 마르크스의 인간 해방론이다. 바우어는 이렇게 생각했다. 유대인이 유대인으로서 불평등하게 취급당하며 해방되지 않는 것은 유대교에 빠져 있기 때문이다. 유대인은 유대교를 버려야 한다. 그리고 일반적으로 인간이 종교를 버려야 한다. 그렇게 되면 종교를 근거로 한 인간의 대립이나 차별은 없어진다. 그리고 한편으로 국가는 유대교라든가 그리스도교와 상관된 일에서 스스로를 해방하고 비

하이네와 이야기 나누는 마르크스 부부

종교적이어야 한다. 이렇게 함으로써 유대인은 해방되어 정치적으로 자유 평등을 누리게 된다고.

그러나 과연 그럴까 하고 마르크스는 비판한다. 사람이 유대교나 그리스도교를 버리지 않아도 어떤 곳(예를 들면 미국)에서는 사람은 정치적으로 평등한 권리가 부여받는다. 그러나 문제는 진정으로 유대인이 인간적으로 해방되는 일이며 진정으로 인간이 자유롭고 평등해지는 일이다. 인간해방이다. 정치적으로 해방되어 자유·평등이 주어져도 그것은 형식적·법률적인 자유·평등이며 참다운 구체적 자유나 평등은 아니다. 선거권이 평등하게 주어지고 직업의 자유가 부여되었다고 해도 그것은 형식적인 평등이나 자유일 뿐이며 현실적으로 지금 일어나고 있는 부자유·불평등을 해소하지는 않는다. 문제는 정치적 해방, 즉 국가가 균등한 정치적 권리나 자유를 주는 것이 아니라 바로 인간의 해방이다.

바우어는 정치적 해방과 일반적인 인간해방을 혼동했다. 인간이 이기적이어서 모든 사람이 저마다 따로 따로 영리와 금전을 추구하는 한 그것에는 대립이나 모순, 투쟁이나 불평등이 일어나는 것은 당연하다. 그러므로 문제는 이런 이기적·개인적 욕망 그 자체의 싸움이라고도 할 이런 사유제도에 근거

한 시민사회 자체에 있다. 이런 시민사회를 그대로 두고 이 시민사회에서 일어나는 여러 가지 모순이나 대립을 국가가 정치적으로 해소시키려고 한들 그것은 불가능하다. 그러므로 문제는 이런 시민사회로부터 인간을 해방시키는 것이다. 이런 사유제도 위에 서는 사회, 대립·모순·투쟁·이기심이 지배하는 시민사회로부터 인간을 해방시킴으로써 비로소 인간의 참된 해방이 실현된다. 본디 인간은 개별적으로 노동하고, 개별적인 생활이나 경험을 치르면서도 전체로서 사회적으로 연결되고 서로 맺어져 있다. 그러므로 개개인이 자기의 노동생활, 자기의 힘을 사회적인 것으로 인식하고 조직하고 그런 사회적 연결을 정치적인 힘으로 서로 보증했을 때 비로소 인간적 해방은 실현된다.

이렇게 해서 마르크스는 사유제에 입각한 현실 시민사회의 모순·대립·무질서·비참·투쟁 등을 제거하는 길을 막연하나마 사회주의로의 방향에서 파악했다. 참된 인간의 해방이 이 시민사회의 극복에서 온다는 것을 분명하게 밝힌 것이다. 더욱이 이 시민사회는 헤겔이 말한 바와 같은 강권적인 정치적 국가에서는 극복되지 않는다. 해방은 모두가 사회적이라는 것을 자각한 사유제가 폐지된 사회적 조직에 있어서 비로소 가능하다. 이것을 마르크스는 분명히 밝힌 것이다.

해방을 위한 두뇌와 심장

그러면 이런 인간해방은 과연 가능할까? 가능하다고 한다면 어떤 방법으로 어떤 힘, 어떤 무기를 가지고 가능할까? 《헤겔 법철학 비판 서설》은 이것을 문제삼는다.

포이어바흐로부터 비롯한 종교비판은 인간이 종교를 만드는 것이지 종교가 인간을 만드는 것이 아니라는 것을 분명히 밝혔다. 그리고 인간은, 인간이 참된 인간이 아닌 때, 인간이 참으로 해방되지 않은 때에 스스로의 행복한 이상향을 종교적인 천국이라는 공상으로 그려 낸다. 그러므로 종교는 인간이 인간답지 않게 된 현실, 인간이 스스로를 잃고 허덕이는 현실의 모습이라고도 할 수 있다. 현실이 괴롭고 불행하기 때문에 사람은 종교 안에서 위안을 구하며 천국이라는 공상을 하고 황홀경에 드는 것이다. 그러므로 종교는 고뇌하는 자의 한숨이고 불행한 민중의 아편 같은 것이다. 그것을 거꾸로 말하자면 괴로움 많은 현실을 호소하는 것이라고도 할 수 있다.

그래서 문제는 그 현실이 된다. 현실이란 이 국가이고, 이 사회 자체이다. 본디 인간의 것이어야 할 이 현실·세상·나라·사회가 그렇게 되어 있지 않다. 반대로 인간을 속박하고, 인간을 불행하게 만들고, 인간을 대립시키고 투쟁시키고 괴롭히는 것이 되어 있다. 요컨대 거꾸로 되어 있다. 종교는 이런 거꾸로 된 현실에 위안을 주고 이 거꾸로 된 현실을 승인하도록 하는 것이다. 그러므로 종교비판은 환상적인 종교를 낳는 이 괴로움의 세계, 이 국가·사회·정치에 대한 비판을 향해 칼끝을 세워야 한다. 이와 같이 인간을 불행하게 하고, 인간을 노예화하고, 인간을 잃게 하는(소외시키는) 현실을 비판하는 일, 그럴싸하게 멋진 현실처럼 뻔뻔스러운 얼굴을 한 이 현실의 엉터리 수작을 폭로하는 일, 그것이 참된 철학의 임무이다. 이렇게 해서 종교나 신학의 비판은 현실의 정치, 현실의 법, 그리고 그것을 시인하는 철학(헤겔 철학)의 비판으로 바뀌는 것이고 또 바뀌어야 한다.

그러면 독일의 현상은 어떨까? 독일의 정치는 어떨까? 그것은 슬프게도 역사적으로 수준 이하에 머무는 앙시앵레짐(ancien régime : 근대 사회 성립 이전의 사회나 제도) 상태에 놓여 있다. 근대 가운데서도 부끄러운 후진 지역이다. 독일은 근대 가운데에서도 부끄러운 결함이자 치욕이다. 그럼에도 사람들은 뒤처져서 전근대적인 이 현상, 이 정치를 하늘이 내리고 허락해 준 것으로 승인하고 올바른 것이라고 공상하고 있다. 그러나 독일인은 이와 같은 자기기만을 단 한순간도 용인해서는 안 된다.

치욕을 밝히고 치부를 치부로 그려냄으로써 그것을 자각해야 한다. 단념하지 말고 압박을 느낌으로써 독일의 이런 현상에 맞서야 한다. 현상을 해부하고 비판하는 것은 수단이지 목적이 아니다. 문제는 분격이고 탄핵이며 싸움이다. 그런 정열 때문에 두뇌는 비판하고 해부하는 것이지 그 반대가 아니다.

이처럼 뒤떨어진 현상에 대응하는 것이 독일 근대 철학이다. 독일은 역사에 있어 뒤처졌기 때문에 철학이라는 관념 위에서만 근대를 이리저리 그려본다. 독일 사람은 다른 나라 국민이 '실행한' 것을 '꿈꾼' 것이다. 독일에서는 꿈을 꾸는 것 외에 방법이 없었다. 그런데 지금은 이 선진국의 근대적 현상이 문제이다. 즉 시민사회가 문제이며, 비판당하고 탄핵되어야 하는 것이다. 그렇다고 한다면 뒤처진 독일은 두 가지 뜻에서 비판과 탄핵을 당해야 한다. 즉 이 뒤떨어진 앙시앵레짐의 사회·정치·국가뿐만 아니라 이렇게 뒤처진 상태에 영합하는 공상적 근대 의식 즉 '독일 법철학·국가 철학'도 함께 비판받고 부정되어야 한다. 늦어진 현상과 함께 이런 현상에 발맞추는 현재의 철학 즉 헤겔 철학은 폐기되어야 한다.

여기서 질문이 나온다. 과연 늦어진 독일을 근대 여러 나라의 수준으로 끌어올릴뿐 아니라 나아가서는 참된 인간해방의 수준까지 끌어올리는 혁명이 가능할까라는 질문이다. 분명히 비판만 해서는 현재를 타파할 만한 혁명력은 될 수 없다. 이론적 비판과 같은 무기는 본격적인 힘을 가진 무기에 의한 비판을 대신할 수가 없다. 물질력을 쓰러뜨리는 것은 물질력이 아니고서는 안 된다. 그러나 이론이라 하더라도 그것이 대중을 사로잡는 순간 물질력으로 변한다. 스스로를 해방시키는 힘이 될 수 있다.

그런데 독일에 있어서는 근본적 혁명, 즉 전반적인 인간해방은 공상적 꿈에 지나지 않을까? 그렇지 않다. 그렇다면 그 적극적 가능성은 어디에 있을까? 그 답은 다음과 같은 계급이 형성되는 데 있다. 다시 말해서 이 계급은 철저히 쇠사슬을 짊어진 계급이고, 시민사회의 계급이면서 시민답게 다루어지지 않는 이른바 시민사회 외부에 있는 계급이다. 고뇌하는 따위가 아니라, 고뇌 그 자체를 짊어진 계급, 부정 자체가 강요된 계급이다. 한 마디로 이 계급은 완전히 인간다움을 잃은 계급이고, 인간다움의 외부에 놓여진 (소외된) 비인간이다. 그러므로 이 계급은 혁명에 의해 지금까지의 세계 질서를 해체하고 사유재산제를 부정하고 정말 전면적으로 자신의 인간다움을 회복하지 않고서는 인간이 될 수 없다. 이런 계급이란 바로 프롤레타리아트이다. 모든 인간다움을 잃은 프롤레타리아트 혁명 없이는 참된 인간해방은 있을 수 없다. 그리고 이 프롤레타리아트는 독일에도 산업 운동이 침입해 옴에 따라 차츰 성립되기 시작했다.

철학이 프롤레타리아트 속에 그 물질상의 무기를 찾듯이 프롤레타리아트는 철학 속에 그 정신상의 무기를 찾는다. 참된 철학이 소박한 대중의 피가 되고 살이 되는 순간 독일인의 인간해방은 이룩될 것이다. 이와 같은 인간해방의 두뇌는 철학이고 그 심장은 프롤레타리아트이다. 프롤레타리아트는 두뇌이자 정신적 무기인 철학을 가져야 한다. 반대로 철학은 심장이자 물질적 무기 자체인 프롤레타리아트 속으로 침투하여 프롤레타리아트의 피가 되고 살이 되어 프롤레타리아트를 강하고 올바르게 이끌어 가야 한다.

젊은 마르크스의 걸작이라고 칭찬받는 〈헤겔 법철학 비판 서설〉은 이렇게 해서 인간해방을 위한 두뇌와 심장의 뜻과 역할을 밝혔다. 인간해방의 정열은 이렇게 구체화되고 심화되고 이론화되어 간다.

경제학에 의한 시민사회 해부

다시 한번 뒤돌아보자. 포이어바흐에 따르면 자연적·감성적인 인간은 자신의 참으로 바람직스러운 모습을 신으로 묘사해 냈다. 따라서 신이 인간을 만든 것이 아니다. 그런데 인간은 신이 만들었다고 생각하고 그 때문에 사실은 신이 인간의 참모습을 묘사한 것임을 깨닫지 못하고 신이라는 이미지의 노예가 되었다. 그리하여 인간은 주인인 자기 위치를 스스로 버리고 노예가 되었다(자기상실·자기소외). 얼마나 어리석은가. 그러므로 인간은 이 어리석음을 자각하고 주인의 자리를 되찾아야 한다. 포이어바흐는 이렇게 생각했다.

마르크스 또한 그런 식으로 생각했다. 신이 인간을 만들었다든가, 헤겔처럼 정신이 세상 모두를 만들었다는 식의 사고방식은, 마르크스에 따르면 거꾸로 된 것이다. 다만 마르크스는 인간의 참모습(인간의 본질)을 단순히 자연적·감성적인 것으로는 생각하지 않았다. 인간은 과연 한편으로 자연적·감성적이기는 하나, 동시에 역사적·사회적인 것이다. 그런 존재로서 국가 안에 있으며, 시민사회 속에서 생활하는 것이라고 보았다. 그러나 여기서 신이나 정신이 인간의 창조주, 인간의 주인인 것처럼 망상하거나 꿈으로 그린다는 것은 사실은 이 현실이 어긋나거나 거꾸로 되었기 때문이다. 요컨대 실제로 인간이 생활하고 있는 이 현실이 참으로 인간의 것, 참으로 자유롭고 평등한 인간 세상이 되어 있지 않으므로 인간은 꿈이나 천국을 그린다. 신이나 정신을 신성화시켜 받들며 그 앞에 무릎을 꿇는다. 그래서 이 거꾸로 된 현실에 눈을 돌려야 한다고 마르크스는 생각했다.

현실적으로 독일은 뒤떨어져 아직도 봉건적인 것이 곳곳에 남아 있다. 한편 서유럽 시민사회는 이미 대립이나 차별, 압박이나 비참, 다시 말해서 모순을 드러냈다. 가련한 후진 독일로서는 우선 뒤따라 가는 것이 문제일 것이다. 그러나 그 목표로서의 시민사회, 시민혁명을 통해 이른 시민사회 그 자체가 이미 많은 모순을 드러내게 된 것이다. 자유나 평등, 안전과 소유의 보증을 요구한 시민사회, 그리고 국가 또는 법은 사실상 자유나 평등, 안전과 소유의 보증을 부여했다. 그럼에도 거기에는 이미 심각한 불평등과 부자유, 불안과 가난이 나타났다. 헤겔은 시민사회가 지닌 이런 모순을 알고 있었다. 개인의 욕망을 원리로 하는 시민사회가 스스로의 내부에 발생시킬 수밖에 없는 혼란이나 모순, 그리고 불합리를 알고 있었다. 그리고 그는 이런 모순을 국가에서, 국가 정치에서 극복하고 해결하려고 했다. 이것이 헤겔의 법철학이고 국가 철학이었다. 그가 보건대 국가는 자유가 가장 잘 실현된 것이며 정녕 지상의 신이었다. 그러나 국가나 정치, 법이 보증하는 형식적 자유나 평등이 무슨 의미가 있을까? 그것은 마치 불평등이나 부자유를 만들어 내는 자유나 권리의 보증과 같은 것이다.

이와 같은 모순이 국가에 의해서, 정치에 의해서, 더구나 독일의 프로이센 국가 등에 의해서 해결될 것으로 보았다면 터무니가 없다. 헤겔의 법철학 또는 국가 철학, 그리고 현실 정치가 이처럼 마르크스에 의해서 통렬하게 비판을 받는다.

그러면 이와 같은 현실 정치, 시민사회가 잉태한 모순은 어떻게 해야 해결될까? 누가 어떻게 해야 할까? 여기에서 마르크스는 시민사회 안에 있으면서 시민 대접을 못받고 인간다운 자유와 평등, 소유로부터 완전히 버림받은 프롤레타리아트에게서 해결의 힘을 발견했다. 시민사회 속에서 태어나 그 속에서 인간다움을 완전 상실한 이 계급에 대하여 인간이 인간다움을 회복하고, 인간이 인간으로서 해방되기 위한 기대를 걸었다. 바로 이 힘에 의해서만 시민사회가 변혁되고 시민사회에서의 인간상실(인간의 자기소외)이 쾌유되고 참된 인간해방이 이루어진다고 했다. 그것은 저 프랑스 계몽주의 그리고 거기에 근거한 근대 시민사회로부터의 결별을 뜻하는 것이다.

그러나 프롤레타리아트라는 힘이 이 혁명을 실제로 실현하려면 무기, 두뇌가 필요하다. 그것은 인간이야말로 인간에게 있어서 최고라고 하는 새로운 철학이다. 이 새로운 철학을 구체화하려면 이 시민사회를 충분히 분석하고 해부해야 한다. 그런데 이 시민사회 자체가 욕망을 원리로 삼는 한, 그것은 특히 경제적 사회이고 조직이다. 시민사회 안에서 태어난 프롤레타리아트 자체가 사실은 이런 경제 기구에 의해서 태어났다. 따라서 여기서는 지금까지의 국가나 법과 정치의 분석을 전문으로 하는 법철학 또는 국가 철학에 시민사회의 경제구조 분석·해부의 학문, 즉 경제학이 역할을 대신해야 한다. 시민사회의 인간을 해방시키는 심장 즉 프롤레타리아트의 두뇌로서, 정신적 무기로서 이제야말로 시민사회를 분석하는 경제학이 필요해졌다. 이제 마르크스는 명확한 자각 아래 경제학 공부에 매달리지 않으면 안 되었다. 인간의 자기소외 극복으로서의 혁명, 인간의 본질(유적(類的) 존재) 탈환으로서의 혁명, 인간의 참된 해방으로서의 혁명, 그와 같은 혁명에 정신적 무기를 보태기 위해서.

생활의 바쁨

〈독일-프랑스 연보〉제1·2호가 합병호로 세상에 나온데서도 짐작이 가듯이 그 시작은 순조롭지 못했다. 밖에서는 이미 그 방면으로부터 감시의 눈이 번득이고 있었다. 조금 뒤의 일이지만 1844년 6월에는 독일 코블렌츠 주지사가 마르크스 체포령을 국경 관헌들에게 보냈다는 풍문이 돌았다. 비합법적으로 독일에 보낸 〈독일-프랑스 연보〉가 몰수당했다. 그리고 내부적으로는 루게와의 사이가 원만치 못했다. 이런저런 일로 개인적으로나 이론상으로나 두 사람은 멀어지고 마침내 절교했다. 이렇게 해서 모처럼 태어난 〈독일-프랑스 연보〉도 겨우 한 권의 합병호를 냈을 뿐 명이 길지 못했다.

마르크스는 여기서 〈포어바르츠Vorwarts〉(전진)라는 신문에 기고하여 논지를 펴며 정신적 무기를 제공했다. 그러나 그것마저 주시 대상이 되었다. 해가 바뀐 1845년 정월, 프랑스 내무성은 마르크스를 비롯한 〈포어바르츠〉지 동인들의 국외 추방을 결정했다. 마르크스는 파리를 떠나 브뤼셀로 망명한다. 마침 프랑스에서는 자본주의의 발달과 함께 대두된 노동자계급(프롤레타리아트)의 힘이 강해져서 세상은 차츰 시끄러웠다. 또한 그것에는 공산주의와 사회주의가 수상한 빛을 내고 있었다. 이에 대해서 유명한 역사가이며 반동 정치가인 기조가 정부의 중심 세력을 이루어 가는 중이었다. 1848년의 '2월혁명'을 앞둔 불안한 시대이다. 이와 같은 상황 아래 파리의 마르크스는 독일 망명자 모임이나 노동자 집회, 민주주의자 회합 같은 곳에 얼굴을 내밀었다. 또 하이네·프루동·바쿠닌·루이 블랑·카베 등 사회주의자들과 왕래가 있었다. 맏딸 제니가 태어났다.

그리고 마르크스는 한편으로 경제학이나 프랑스 사회주의 연구에 몰두해야 했다. 〈독일-프랑스 연보〉에 실린 엥겔스의 논문 〈국민 경제학 비판대강〉은 마르크스를 크게 자극하고 계몽했다. 마르크스는 나중에 이것을 '천재적인 스케치'라고 한다. 그는 집중적으로 연구하는 가운데 스미스·리카도·세·시스몽디·페쾨르·뷔레·제임스 밀·스카르벡·슈르츠·매컬럭 등의 경제학을 읽고 평주나 요점을 발췌하였다. 더 나아가서는 생 시몽·카베·데자미·푸리에·프루동·오언·바이틀링 등의 사회주의 사상을 연구하기 시작했다. 또 1844년 8월 하순부터 9월 상순에 걸쳐 엥겔스는 영국에서 독일로 돌아오는 길에 파리의 마르크스 집에 10일간 머물렀다. 그 사이에 두 사람은 모든 면에 의견 일치를 보아 여기에서 평생에 걸친 두 사람의 공동 작업이 시작된다. 그리고 불과 2개월 못 되어 끝낸 공동 작품이 《신성가족》이었다.

마르크스의 두뇌와 심장은 하나가 되어 불타올랐다. 이론연구와 실천활동이 더욱더 바빠지기 시작했다.

소외된 노동

프롤레타리아트는 시민사회 속에서 태어났으면서도 대개 시민다운 대접, 인간다운 취급으로부터 완전히 무시되었다. 그러므로 그들이야말로 떨쳐 일어나야 한다. 분격(奮激 : 분발하여 마음을 떨쳐 일으킴)해야 한다. 그러나 분격이나 정열에는 정신적 무기가 필요하다. 심장은 두뇌가 필요하다. 여기서 두뇌는 이 시민사회를 위한 철학인 헤겔 철학을 비판해야 한다. 그와 동시에 이 시민사회의 경제적 구조를, 나아가 이 시민사회의 경제이론(스미스·리카도를 시작으로 한 《국민 경제학》)을 분석하고 비판해야 한다. 이와 같은 과정과 필요성의 압박으로 마르크스는 이제 경제학 연구로 들어간다. 그리고 이 점에서 엥겔스의 〈국민 경제학 비판대강〉으로부터 크게 자극을 받았다. 마르크스는 〈독일-프랑스 연보〉의 한 편의 논문에 불과한 이 《천재적인 스케치》에 계몽되어 국민 경제학과 프랑스 혁명에 관한 엄청난 공부를 했다. 그 공부의 노트나 초고 일부가 오늘날 《경제학·철학초고》 형식으로 세상에 나왔다.

이 《경제학·철학초고》가 오늘날의 형식으로 처음 공개된 것은 대략 90년 뒤의 일이다. 다시 말해서 1932년 모스크바의 '마르크스·엥겔스 연구소'가 아드락키 편저의 《마르크스·엥겔스 전집》 속에 이것을 공표한 것이다. 그로부터 오늘에 이르기까지 이 책의 내용은 초기 마르크스의 인간관·인간해방론·휴머니즘, 또는 인간소외(인간의 본질을 상실하는 것)론을 표현하는 것으로 화제가 되었다. 사회주의권뿐만 아니라, 자유주의권(예를 들면 미국·독일 등)의 진보적인 사람들도 이 책을 칭송해 왔다. 어떤 점에서 그러했을까?

특히 주목받고 문제시된 이론은 '소외받은 노동'이라고 엮은이가 이름지은 장이다. 거기에서는 지금까지 막연했던 '유적(類的) 존재'로서의 인간의 본질이 뚜렷하게 '노동하는 인간'으로 파악되어 있다. 인간의 본질이 노동에 있다는 문제 제기이다.

마르크스의 노트에는 이렇게 쓰여 있다.

'동물은 다만 욕망대로 살고 있을 뿐이다. 그런데 인간은 의식적으로 자각적으로 산다. 다시 말해서 이렇게 할까 저렇게 할까 곰곰이 생각해서 생활한다. 그러므로 인간의 본질이 무엇인가를 생각하고 거기에 어울리는 생활을 할 수도 있는 것이다. 인간은 혼자가 아니라 유적인 존재(사회적 연결이 있는 존재)였다. 유(類)나 사회는 단순하게 원자적인 개인의 집합체가 아니라 서로 어우러져 이루어졌다. 그러나 유적 생활이란 방관하는 것이 아니다. 자연스럽게 일을 찾아서 노동하는 것이다. 자연스럽게 일을 찾아 물건을 생산하고 그것으로 살아가는 것이다. 노동하고 생산하여 인간의 유적 본질(사회적 공존)을 실현하는 그것이 인간의 참모습이고 참된 자유이다. 요컨대 생산적 노동이야말로 자기실현이고 유(類)를 이루고 있는 인간의 본모습이요 본질이다.

그런데 현상태는 어떤가? 시민사회 안에서는 거꾸로 되어 있다. 노동 실현의 성과, 다시 말해서 노동자가 생산한 생산물은 그의 본질의 실현 일터이다. 그런데 시민사회에서는 이 생산물은 그것을 만든 노동자의 것이 아니다. 자기 것이어야 하는 생산물이 자기 것이 아니게 되어 있다. 노동자의 것이 아님은 물론 노동자에게는 냉담하고 소원한 것으로 대항하고 노동자를 예종시키고 노동자를 괴롭힌다. 자기의 실현이, 비실현이 되어 있다. 자기본질의 획득이어야 할 것이 여기서는 상실이다. 요컨대 노동도 하지 않은 사람, 자기실현을 하지 않은 사람에게 독점당하고 사유되었다. 생산물이 가장 중요한 실현자(생산자)에게는 냉담하게 대립하여 그를 괴롭히고 노예로 만들었다. 노동자는 자기실현으로서의 재물을 많이 생산할수록, 생산력과 양을 증대할수록 차츰 더 가난해진다.

요컨대 노동에 의해서 자기 자신을, 자기의 본질을, 인간이라는 유(類)의 본질을 실현해 나갈 수가 없다. 노동에 의하여 물건을 만들고 그것으로서 자신을 풍요롭게 해 간다는 인간다움에서 버림을 받게 된다. 이것이 '소외'라고 하는 현상이다.

그러나 시민사회로부터의 이 소외는 단순히 생산의 결과(생산물)에 있어서뿐만 아니라, 생산활동 그 자체, 요컨대 인간이 자기본질을 실현하는 과정 자체가 이미 냉담한 것이 되고, 남의 것이 되고, 그 자신에게는 속해 있지 않다. 그러므로 노동자는 노동하고 있는 것에 스스로의 창조적 기쁨이나 행복을 느끼지 않고 괴로움이나 불행을 느낀다. 자유로운 자기실현의 움직임은 육체적·정신적 에너지를 발전시키지 못하고 반대로 육체를 괴롭히고 정신을 황폐화시킨다. 그러므로 노동자는 노동 속에서 괴로움을 느끼고, 노동하지 않을 때 자유나 편안함을 느낀다. 시민사회에서의 노동은 고난이자 자기희생이고 남의 것이 되었다. 노동자의 생산활동은 자기활동·자기실현이 아니라 남의 소유로 돌아갔다.

인간은 '유적 존재'이다. 즉 인간은 인간 전체를 생각하고 자유로이 인류 전체를 위해 남이나 자연에 작용한다. 그런 활동이나 노동은 인간의 육체적·정신적 능력의 개발·향상이며 인간의 끝없는 가능성의 전개이다. 인간은 함께 노동하고 활동하고 실천하여 함께 끝없이 자기를 발전시키고 풍성하게 만들어 이로써 공존하는 인류를 성숙시켜 간다. 그러나 스스로의 이기적 욕구를 추구하며 모든 것을 이기적 생활수단으로 만드는 시민사회에서는 인간의 유적 본질, 인류의 공동성은 상실되고 소외된다.

따라서 이기적 욕구의 충족을 끝까지 추구하는 시민사회에서는 사람들이 서로 대립하고 적대시해야 한다. 사람이 서로가 상부상조하며 인류를 실현하는 일에서 소외되고 서로가 서로를 적대시하는 관계에 놓인다.

이와 같은 소외 상황은 노동자들만의 것이 아니다. 형태는 다를지라도 자본가들 쪽도 마찬가지이다. 그들 또한 이기적 욕구충족을 추구하고, 사유를 추구하며 남을 배척한다. 유(類)로서의 인간의 본질을 잃고 모든 것을 이기심의 수단으로 만든다. 그들 또한 물질에 예속되고 금전의 노예가 되어 허덕인다. 인간적인 창조의 기쁨은 깡그리 잃었다.

이런 거꾸로의 상태, 소외는 도대체 어디에서 비롯되는 것일까? 그것은 이기적이고, 배타적이며, 서로가 남의 것을 빼앗아 자기가 갖는 것을 원리로 삼는 시민사회 자체에 뿌리가 있다. 그러므로 원인은 그런 시민사회를 만들어 낸 인간 자신에게 있다.

그래서 우리들은 이 소외라고 하는 거꾸로 된 상황을 자유로운 참된 것으로 되돌려야 한다. 그러기 위하여는 사유재산을 참된 인간적인 것으로 하여 사회 재산으로 만들어야 한다. 여기에 사회주의 또는 공산주의의 문제가 있다. 그리고 그것은 소외나 예속의 극단에 있는 노동자의 해방을 통하여서만 가능해진다.

노동자계급의 해방은 동시에 인간의 해방이다. 완전히 소외된 노동자계급의 해방 없이는 인간 전체의 참된 해방은 있을 수 없다.'

그리하여 마르크스는 시민사회의 사유제도 속에서 노동자의 예종·가난·비인간화의 원인을 보았다. 따라서 이런 시민사회로부터의 해방(시민사회 또는 사유제의 폐지) 내부에 노동자의 해방, 인간의 해방, 인간의 참된 창조적 자유, 참인간다움의 실현을 본 것이다.

《신성가족》으로 성가족의 가면을 벗기다

마르크스는 나아가 이 노트를 이용하며 엥겔스와 함께 《신성가족》을 지었다. 이 《신성가족》의 부제목에는 '별명, 비판적 비판의 비판, 브루노 바우어와 그 반려를 반박함'이라고 되어 있다. 분명하게 바우어 일파를 비판한 것이다.

'신성가족'이라고 한 것은 이 바우어 일파를 비꼬아 말한 것이며 '비판적 비판'이라는 것은 또한 그들의 철학적 비판을 조롱하는 말이다. 다시 말해서 이 《신성가족》이라는 책은 신성한 바우어 가족(바우어 일파)의 가면을 벗겨 그들의 '비판적 비판'을 비판하고 반박한 것이다.

이미 〈라인신문〉 시대에 바우어 일파와 마르크스 사이에는 깊은 골이 생겼다. 바우어 일파는 정치·경제 등의 현실에 비판의 화살을 던지는 마르크스를 따라갈 수 없었다. 그들은 '대중'을 업신여기고 차츰 더 순수한 철학적 비판 속에 독일 진보의 길을 추구하려고 했다. 이미 현실을 문제삼으며, 현실을 비판했던 마르크스에게는 이와 같은 우쭐한 사변철학의 망상은 비판받고 타파되어야 했다. 이미 프롤레타리아트의 역사적 역할을 파악한 마르크스는 '대중'을 깔보는 그들을 용서할 수 없었다.

여기서 마르크스는 이렇게 반박한다.

'프롤레타리아트와 재물 또는 재물의 소유자는 대립한다. 그렇지만 유산자가 계속해서 살아남으려면 대립하는 프롤레타리아트 또한 존속해야 한다. 재물은 이 프롤레타리아트가 만들기 때문이다. 그런데 프롤레타리아트 쪽은 언제 목이 잘려 실업자가 될지 모른다. 이런 불안한 예속은 피하고 싶다. 그러나 재물이 만들어짐과 동시에 프롤레타리아트의 정신적·육체적 가난과 비인간화가 만들어진다. 프롤레타리아트는 남의 재물과 함께 스스로의 궁핍을 만든다. 물론 유산계급도 프롤레타리아트와 마찬가지로 인간다움을 잃고 인간으로서의 참모습에서 소외되어 있다. 다만 유산자는 이와 같은 자기소외 속에서 (시민사회 속에서) 안락과 쾌적을 느낀다. 그런데 프롤레타리아트는 여기서 무기력·가난·비인간적 생존·버림받은 모습을 느낀다. 그래서 유산자는 이 현상, 이 대립을 보존하고 유지하려고든다. 반대로 프롤레타리아트는 이것을 근절하려 한다.

사유재산으로서의 재물을 만들어 내는 시민사회는 이렇게 하여 스스로의 내부에 시민사회 자신에게 반역하고 시민사회를 부정하는 것을 만들어 낸다. 또한 만들지 않을 수 없다. 무조건적인 가난—육체적·정신적 궁핍—속으로 몰려있기 때문에 프롤레타리아트는 반역하지 않을 수 없다. 비인간화의 극에 놓여 있으므로 스스로를 해방시켜야 한다. 그런 해방을 위해서는 스스로의 생활 상황을 폐지해야 한다. 요컨대 비인간화의 집중이라고 할 프롤레타리아트를 만들어 내는 비인간적 생활조건(사유제적 시민사회)을 폐지해야 한다. 그것 없이는 프롤레타리아트의 해방(이것은 동시에 인간해방)은 있을 수 없다. 모든 인간다움을 빼앗기고, 비인간화의 정점에 놓인 프롤레타리아트에게는 이런 인간해방이라는 세계사적 사명이 주어져 있다.

그런데 바우어 일파는 자기들만이 역사창조의 요소이며 역사적 대립을

폐지할 수 있다고 생각한다. 참으로 어리석은 신성 가족이라 할 것이다.'

마르크스는 이와 같이 비판하고 반박한다. 이것은 이미 나중에 나오는 대저작 《자본론》을 방불케 한다.

거꾸로 된 헤겔 철학

파리 시절 마르크스는 경제학 연구로의 방향을 잡았다. 그것은 동시에 헤겔 철학에 대한 비판적 검토이자 새로운 인간해방 철학을 향한 방향이기도 했다. 앞서 마르크스는 〈독일-프랑스 연보〉 속에서 헤겔의 《법철학》으로 비판의 화살을 향했다. 《경제학·철학초고》나 《신성가족》에서는 더욱더 헤겔 철학의 시작이자 비밀이 담긴 《정신현상학》을 비판의 대상으로 삼았다.

《정신현상학》은 그 이름 그대로, 정신이 이러저러한 모습으로 나타나는 모양을 쓴 것이다. 헤겔은 이와 같은 정신현상을 정신이 발달해 가는 운동으로 파악했다. 이처럼 사물을 발전적 운동으로 파악하는 사고방식이 '변증법'이라고 불린다.

그런데 헤겔은 그와 같은 정신이 인간의 본질이며 세상 모든 것의 근본이라고 생각했다. 그에 따르면 자연·인간·세상, 그 모든 것이 정신에 의해서 생긴 것이고 순수한 정신의 운동이다. 어렵게 말하면 정신의 변증법적 전개이다. 그것은 정신의 노동이고 그것의 성과라고 할 수 있다. 어쩌면 정신이 스스로 구체적인 사물의 모습을 취하여(대상화하여) 스스로를 실현해 가는 과정이다. 그리고 정신은 참으로 모순된 것이다. 자기를 드러내고, 자기를 실현하기 위해 정신은 자기가 아닌듯한 것, 자기와는 소원한 것(소외된 것), 자기에 반항하는 것을 생산한다. 따라서 이것을 부정하고 극복하여 정신의 정신다운 이유를 되찾아야 한다. 정신이란 이런 모순된 부정의 운동이다.

이런 헤겔의 사고방식은 참으로 훌륭한 여러 가지를 포함한다. 운동·발전·대상화·소외·노동·모순·부정적 운동……등등. 그리고 이 변증법적 사고방식이 크게 마르크스를 사로잡았다.

다만 문제는 모든 근본 또는 본질을 정신으로 본 것이다. 요컨대 헤겔의 변증법은 '정신의 변증법'이었다. 운동·발전·대상화·소외·노동·모순·창조, 이것들이 모두 정신의 운동이고 발전이며……창조였다.

그런데 과연 그럴까? 하고 마르크스는 반문한다. 그런 어리석은 일이 있을 수 없다고 정신의 변증법을 비판하고 반박한다. 정신의 운동 따위는 인간 두뇌의 운동일 뿐이다. 다시 말해서 인간의 사유 이외에 아무것도 아니다. 인간 의식의 창조물인 신이 거꾸로 창조주로 생각되어 인간을 지배했다. 신에 의해서 인간은 인간의 본질을 잃고 소외되었다. 그러나 그것(종교)은 인간의 이 현실(인간의 인간다움이나 인간의 참된 자유를 잃게 한 현실)을 낳은 꿈이요 망상이었다. 헤겔의 《정신변증법》 또한 공상에서 비롯된 '신의 창조' 같은 것이다. 종교의 경우, 신과 인간이 거꾸로 되어 있듯이 헤겔 철학의 경우 정신과 인간적 현실이 거꾸로 되어 있다. 종교가 불행한 현실의 망상이고 꿈이고 반영이었던 것처럼 헤겔의 정신변증법은 이 일그러진 현실(시민사회)의 반영이라고 할 수 있다. 신비의 가면을 벗겨 보면 헤겔 변증법은 인간을 소외시키고 인간을 비인간으로 만드는 이 현실의 의식적 산물이다.

신과 인간이 거꾸로 되어 있다고 포이어바흐는 종교를 비판했다. 그에 따라 새로운 인간의 철학(인간학)을 제기했다. 이것은 그의 위대한 업적이었다. 그러나 앞서 지적했듯이 포이어바흐는 이 인간을 단순한 감성적인 것으로 해서 인간의 유(類)를 감성적·원자적 인간들의 단순한 집합으로 여겼다. 그 때문에 인간적 현실을 실천적·사회적으로 운동하는 것으로 파악하지 못했다.

이제 마르크스는 헤겔을 넘고, 포이어바흐를 넘어간다. 헤겔의 정신변증법을 넘고 포이어바흐의 유물론을 넘어간다. 그러나 포이어바흐로부터 크게 영향을 받은 것처럼 헤겔에게서도 큰 가르침을 받았다. 다시 말하면 헤겔에게서 얻은 변증법이야말로 마르크스가 시민사회를 분석하고 비판하고, 인간해방의 철학(과학적 사회주의)을 펼치기 위한 불가결한 무기이며 방법이었다. 마르크스는 뒷날 내놓은 대저작 《자본론》의 제2판 후기 속에서 헤겔이야말로 자기의 위대한 선생님이었다고 공언한다. 나아가 마르크스는 말한다. 변증법은 헤겔에 의하여 비로소 포괄적·의식적으로 쓰였다. 다만 그에게 있어 변증법은 거꾸로 서 있다. 그러므로 이것을 뒤집어야 한다고.

고전 경제학과 공상적 사회주의의 극복

인간이 인간다움을 잃고 소외되어 있는 것. 따라서 인간은 유로서의 인간

의 인간다움(유적 본질)을 되찾아야 한다는 것, 그러기 위해서는 이런 인간 소외나 유적 본질의 상실을 가져오는 사유제(시민사회)를 폐지해야 한다는 것. 그리고 그런 혁명의 실행자가 프롤레타리아트라는 것. ……이와 같은 마르크스의 파악은 다른 면에서는 동시에 스미스·리카도 등의 국민 경제학 (고전 경제학)에 대한 비판이며 그와의 대결이었다. 그들은 사유재산이 노동에 근거함을 간파하였다. 그러나 그들은 시민사회나 사유재산을 시인하고 그것을 전제로 한다. 따라서 노동에 근거한 사유재산의 운동법칙을 단순히 분석할 뿐 거기에서의 인간소외, 특히 노동자의 예속이나 인간성 상실을 간 파하지 못했다. 하물며 사유제의 폐지가 인간해방의 길임을 분석하지는 못 했다. 마르크스는 국민 경제학을 공부함과 동시에 그것을 뛰어넘었다.

마르크스의 이론적 발전은 한편으로는 프랑스의 초기 사회주의 또는 초기 공산주의의 극복이었다. 파리로 온 마르크스는 이전부터의 염원이었던 사회 주의와 공산주의 연구에 매달린다. 당시의 프랑스 특히 파리에는 사회주의 적·공산주의적 사상이나 운동—이라고 해도 대부분이 비밀 운동이지만—이 무리지어 있었다. 파리에는 생 시몽이나 푸리에의 흐름을 잇는 자들을 비롯 해서 바뵈프의 초기 공산주의를 계승한 블랑키주의자, 카베·데자미·루이 블 랑·프루동 등 참으로 많은 사회주의자라든가 공산주의자들의 도가니와도 같 은 곳이었다. 독일 망명자로 구성된 '정의자 동맹'의 이론적 지도자는 당시 독일 공산주의의 대표격인 바이틀링이었다.

이들 사상 속에는 계급이나 계급투쟁을 문제삼은 것도 있었다. 그러나 대 체로 계몽주의적 이성의 입장을 충분히 넘어선 것은 아니다. 그들은 현실의 모순, 현실의 부자유나 불평등에 눈을 돌려 참되고 실질적인 자유와 평등을 요구했다. 그러나 그 비판이나 해결을 이성에 비추어 생각했다. 그 때문에 모순 없는 이상사회를 만들기 위해 어떤 사람은 자본가나 중산층, 정치가의 이성에 호소했다. 어떤 사람은 공산주의적 모범을 보이려고 했다. 어떤 사람 은 이론만을 내세웠다. 또 어떤 사람은 무장봉기에 나섰다.

그러나 그것들은 마르크스에 따르면 공상적이고 비현실적이었다. 마르크 스는 앞서 살펴보았듯이 프롤레타리아트 계급에 의한 사회혁명 속에 참다운 자유와 평등, 참된 인간해방의 길을 찾았다.

그는 독일 망명자들이 발행하는 〈포어바르츠〉지에서 대중을 경멸하는 루게를 비판했다. 슐레지엔에서의 '직조공 폭동'을 높이 평가했다. 독일 부르주아지에 대한 프롤레타리아트의 첫 번째 계급투쟁을 그것에서 본 것이다. 그는 그렇게 함으로써 당시 프랑스의 사회주의나 공산주의를 극복해 갔다.

불과 1년 3개월이라는 파리 시절은 참으로 결실이 많은 시간이었다.

유물사관과 잉여가치론의 육성

추방되어 브뤼셀로 가다

독일에서 온 망명자들에 의해 발행된 〈포어바르츠〉지 제2호는 한창 독일, 특히 프로이센을 비판하고 공격 중이었다. 특히 마르크스는 이 신문에서 슐레지엔의 직조공 폭동을 찬양하고 독일 프롤레타리아트의 힘찬 성장과 사회주의에 대한 그들의 뛰어난 소질을 역설했다.

프로이센은 이 신문에 주목하여 프랑스 정부에 단속과 처벌을 요구했다. 때마침 프랑스에서는 보수반동인 기조가 대두하여 정부내 실력자가 되어 있었다. 기조라 해도 프랑스 국민 바로 앞에서 독일 보수반동의 앞잡이 노릇은 하기 싫었다. 그러나 프로이센의 강경한 요구 앞에 〈포어바르츠〉에 뿌리박은 자들을 추방할 수밖에 없었다(다만, 충성을 맹세한 루게와 이름 높은 하이네만은 추방을 면했다).

파리로부터의 퇴거령을 받은 1845년 2월 3일 하인리히·뷔르거스(파리에 망명 중이던 쾰른의 공산주의자)와 함께 수확이 많았던 파리를 떠나 벨기에 브뤼셀로 향했다. 임신 중이던 부인과 딸은 조금 뒤에 옮겨왔다. 그리고 이곳 브뤼셀에서 마르크스는 곧바로 파리에서 시작한 경제학 공부에 착수했다. 시민사회를 해부하여 혁명의 힘인 프롤레타리아트에게 정신적·과학적 무기를 제공하기 위해서이다.

4월 벗 엥겔스도 바르멘에서 브뤼셀로 옮겨 왔다. 두 사람은 파리에서 만난 이후 끊임없이 편지를 통해 사상 교환을 계속했다. 그러나 직접 만나서 대화를 해 보니 두 사람은 뒷날 '유물사관'이라고 일컬어지는 새로운 세계관의 큰 줄거리에 거의 이르러 있었다. 두 사람은 함께 약 6주간 영국으로 여행을 떠났다. 마르크스는 처음으로 영국의 자본주의라든가 노동자의 차티스

트 운동을 직접 접할 수 있었다. 또 런
던의 '정의자 동맹'과도 연락을 취할 수
있었다.

차츰 자신을 얻은 두 사람은 여기서
헤겔 이후의 독일 철학에 대한 관념론적
견해에 대한 대립적 견해를 공동으로 정
리하여 그들 자신의 이전의 철학적 의식
을 결산하려고 했다.

'관념론적 견해'란 머리로 이것저것
생각하여 만들어 낸 상(像)이 당장 현
실 속에 존재하는 양 여기는 비현실적이
고 신들린 철학을 말한다. 그것은 사물

마르크스와 엥겔스 1845년 영국 맨체스터에서

을 바라보고 이것저것을 해석할 뿐 실천이나 변혁을 목표로 하지 않는다. 이
에 대립되는 견해(이것은 '유물론적 견해'라고도 할 만한 것)는 사물을 현실
의 자연적·정치적·경제적·사회적 관련 내지 운동 속에서 생각한다. 이것은
자연을 포함한 세상 모든 것을 운동하고 변화하고 관계하는 것으로 파악한
다('유물변증법'이라고 불리는 사고방식). 그리고 이 유물변증법이 인간의
세계 내지 역사에 적용된 것이 '유물사관'(또는 '사적 유물론')이라고 불리는
것이다.

그런데 마르크스와 엥겔스 두 사람은 이제 이 유물사관이라 불리는 전혀
새로운 세계관에 이르렀다고 한다. 이 새로운 견해는 어떤 형태로 어떻게 정
리될 것인가?

《독일 이데올로기》

이 기획은 헤겔 이후의 철학을 비판한다는 형태로 수행되었다. 공동 작업
은 1845년 여름쯤 시작되어 《독일 이데올로기—포이어바흐·브루노 바우어·
슈티르너를 대표자로 하는 최근의 독일 철학과 각종 예언자들에게 나타난
독일 사회주의에 대한 비판》이라는 이름으로 출판될 예정이었다. 그런데
1845년 7월 중순 베스트팔렌의 출판사로부터 사정이 바뀌어 출판할 수 없다
는 통지를 받았다. 두 사람은 '시원스레 이 원고 초본을 쥐들이 갉아먹으며

비판하도록 내맡겼다.' 몇 번이나 이 원고를 생각하면서도 두 사람은 결국 생전에 이것을 발표할 기회를 얻지 못했다. 씌어진 지 86년 뒤인 1932년 오늘날과 같은 형식으로 공표되었다. 그러나 오랜 세월 동안 찢기고 빠져 나가기도 해서 현재의 것에도 문제가 있다. 최근 러시아에서 다시 개정판이 발표되었다.

아무튼 《독일 이데올로기》는 앞의 제목이 보여 주듯이 한편으로 포이어바흐·바우어 등의 헤겔 이후의 독일 철학을 비판한다. 다른 편으로 그륀·헤스 등의 이른바 '참된 사회주의'를 비판한다. 요컨대 뒤늦어진 독일에서의 '이데올로기'(독일의 철학적 의식)가 추상적이고 비현실적이며, 구체성 없는 철학적 공론이라고 하는 것이다. 그리고 이와 같이 무기력한 관념론이야말로 사실은 뒤처진 독일의 현상을 반영하고 이런 현상에 대응하는 것이라고 한다. 아무리 혁신적인 서유럽 사상도 그것이 뒤처진 독일에 들어가면 그 사상을 만들어 낸 사회기반으로부터 분리되어 단순히 머리만의 문제로서 조롱거리가 되고 이래저래 해석될 뿐이다. 문제는 실천이고 혁명인데.……이와 같이 《독일 이데올로기》는 독일의 이데올로기를 비판한다. 그래서 마르크스는 《포이어바흐에 관한 테제》(이것도 당시 마르크스 초고의 일부이다) 속에서 비판을 통하여 실천하는 사회적·역사적 인간을 참다운 인간으로 제시한다. 인간이 만든 역사적·사회적 환경 속에서 만들어지면서도 더욱더 환경을 활동적으로 다시 만들고 개혁해 가는 인간을. 만들면서 만들어지며, 만들어지면서 만들어 가는 인간을.

그러면 이런 인간의 역사는 전체로서 어떤 구조를 가지고 있을까? 우리들은 역사를 어떤 것으로 생각해야 좋을까? 마르크스가 하는 말을 요약하여 쉽게 말하면 이렇게 될 것이다. 물건의 생산과 관련 있는 인간관계, 이것이 역사의 기초이다. 그리고 이 기초에 근거하여 종교·철학·도덕 등의 의식 형태가 만들어진다. 결국 의식으로부터 생활이 생기는 것이 아니다. 거꾸로 생활에서부터 의식의 각종 형태가 생긴다. 그리고 이런 관련 속에서 생산과정·인간관계·의식 형태가 발전하고 전개하고 갖가지 단계를 밟아간다. 역사를 그런 발전 단계로 파악하는 것이야말로 우리의 역사관이라고. 마르크스와 엥겔스는 이런 역사관 또는 세계관에 이르렀다. 거기에는 아직도 불명확한, 공부가 부족한 부분도 있다. 아무튼 여기에서 우리는 유물사관이라고 불

리는 것의 줄기가 거의 파악되고 표현되
어 있음을 보게 될 것이다.

《철학의 빈곤》

유감스럽게도 《독일 이데올로기》는 출
판되지 못하고 쥐들이 갉아먹는 비판에
맡겨야만 했다. 사실은 이 책의 출판을
돕기로 했던 후원자가 별안간 후원을 거
절했기 때문이다.

그러나 마르크스는 틈틈이 부지런하
게 경제학 공부를 계속했다. 이 무렵 공
산주의 실천활동 때문에 마르크스의 일
상생활은 갑작스레 바빠졌다. 그럼에도
그는 여가를 아껴 공부하며 발췌 노트를
만들어 갔다. 이렇게 해서 경제학에 관

《독일 이데올로기》 초고 왼쪽은 엥겔스,
오른쪽 아래는 마르크스의 글씨.

한 마르크스의 첫 저작이라고 할 《철학의 빈곤—프루동의 '빈곤의 철학'에
대한 회답》이 세상에 나왔다(1847년 7월).

이 책은 그 부제목이 암시하듯이 프루동의 《빈곤의 철학》(정확하게는 《경
제학적 여러 모순 체계 또는 빈곤의 철학》)을 비판하고 반박한 것이다.

프루동은 프랑스의 양조업자집에서 태어나 아버지가 파산한 후 인쇄공이
되어서 공부를 열심히 했다. 가난하고 머리 좋은 이 젊은이는, 세상의 불평
등에 대해 날카로운 비판을 하며 사유재산에 의문을 품었다. 1840년 《재산
은 무엇인가》를 써서 '재산, 그것은 훔친 것이다'라고 결론지어 큰 파문을
일으켰다. 그러나 그는 사유재산 자체를 모두 부정한 것은 아니었다. 훔친
것이라고 부정한 것은 이마에 땀흘리는 노동에 기반하지 않은 불로소득(소
작료·집세·지대·이자·이윤 등)이다. 그래서 그가 목표삼은 사회는 일하는
사람들(노동자)이 모두가 응당한 저축을 하고, 그것으로 공장을 사고, 작은
재산을 소유해서 행복해지는 상태였다. 따라서 사유재산을 폐지하고 공유한
다는 것이 아니었다. 이런 생각은 중산층이나 노동자 등 이른바 소시민에게
는 매력이 있었다. 마르크스도 이 책을 읽고 크게 감동했다. 파리 시절 마르

크스는 이 프루동과 친하게 지냈다.

그 프루동은 리카도의 노동가치설이나 헤겔 변증법의 영향으로 1846년 말에 앞서 말한 《빈곤의 철학》을 세상에 내놓았다. 그것은 경제현상의 좋은 면만 남기고 나쁜 면을 제거하라고 한다. 다시 말하면 이 일그러진 사회의 혁명을 일으키지 말고 나쁜 면만 제거하면 된다는 일종의 '개량주의'이다. 더구나 이런 설은 프랑스나 독일의 소시민들에게는 꽤나 인기가 있었다. 그러므로 마르크스는 정면으로 여기에 맞서 반박하며 그 영향을 제거해야 했다. 이런 형태로 모순이나 빈곤이 제거될 것으로 생각하는 《빈곤의 철학》에 대해 그 철학의 빈곤함을 폭로해야 한다. 그것이 마르크스의 《철학의 빈곤》이다.

잉여가치론의 싹과 유물사관의 발전

그리하여 《철학의 빈곤》은 《빈곤의 철학》을 이렇게 비판한다. 프루동이 노동자의 임금과 그 임금에 의한 노동으로 생산된 생산물의 가치가 같다고 하는 것은 터무니없는 이야기이다. 이 임금과 이 임금 아래 노동자에 의해서 생산된 물건의 가치는 결코 같지 않다. 이것이 같다고 하는 프루동은 터무니없는 오해를 하고 있다. 똑같지 않으므로 임금을 가지고 자기 생산물의 가치와 대등한 물건, 다시 말해서 자기의 노동시간에 상당하는 가치의 것을 손에 넣을 수 없다. 반대로 노동자는 일해서 재물을 만들면 만들수록 차츰 더 그 재물로부터 버림받아 가난해진다. 임금은 프롤레타리아트를 해방시키기는커녕 숙명적으로 그들을 노예로 만드는 공식이다. 거기에는 이미 노동자가 임금에 상당하는 시간보다 더 일을 해서 무상의, 이른바 무임노동을 낳는다는 잉여가치이론이 암시되어 있다.

더욱이 마르크스는 프루동이 빌린 빈약한 변증법을 비판하고 자기가 주장하는 유물사관을 대치시킨다. '과연 물고기는 그 본질의 모습으로 헤엄쳤다'고 평가되듯이 마르크스는 《독일 이데올로기》에서의 변증법을 더욱더 구체화해 간다.

마르크스는 말한다.

새로운 생산력을 획득하면 인간은 그들의 생산양식을 바꾼다. 생산양식을 바꿈과 동시에 그들의 사회생활 양식을 바꾼다. 손절구가 봉건군주 사회를 낳고 증기로 움직이는 절구가 산업자본가 사회를 낳듯이. 물질적 생산력에 상응하도록 사회관계를 정립하는 인간은 또한 이 사회관계에 따라서 갖가지의 사상을 만든다. 이렇게 증대해 가는 생산력 운동에 맞추어서 사회관계나 사상도 역사적으로 변천하고 운동해 간다.

그런데 산업자본가인 부르주아지가 발달함에 따라서 그 태내에는 하나의 새로운 적대계급, 프롤레타리아가 발달한다. 부르주아지의 부가 생산되는 부르주아 시민사회 안에서 프롤레타리아의 가난 또한 생산된다. 여기에서 돈 많은 부르주아 계급과의 사이에 투쟁이 발전한다. 부르주아 사회 안에서 이 사회를 퇴보시키고 타파하려는 하나의 힘이 길러진다.

옛날 경제학자가 부르주아 계급의 과학적 대표자임과 같이 사회주의자와 공산주의자란 프롤레타리아 계급의 이론가이다. 그런데 프루동으로 말하면 오래된 경제학과 새로운 공산주의의 쌍방을 비판하고 이것들을 변증법적으로 총합하려고 한다. 그는 과학자로서 부르주아와 프롤레타리아의 상공을 누비려고 한다. 얼마나 가난한 변증법 철학인가? 그는 자본과 노동 사이를 경제학과 공산주의 사이에서 끊임없이 흔들리는 프티 부르주아(소시민)에 지나지 않는다는 것이다.

《임금노동과 자본》

엥겔스는 유명한 《공상에서 과학으로》라는 책에서 이렇게 말한다. '두 개의 위대한 발견, 즉 유물사관과 잉여가치에 의한 자본주의적 생산의 비밀 폭로를 우리들은 마르크스 덕택에 알게 되었다. 이런 발견에 의해서 사회주의는 하나의 과학이 되었다'고.

이 유물사관과 잉여가치가 육성되고 확립되는 과정을 좀더 추적해 보자.

브뤼셀에서 여러 가지 실천활동에 관계하고 있던 마르크스는 1847년 말, 한 모임('독일인노동자협회')에서 2, 3차례 노동자들을 위해 경제학 강연을 했다. 이 강연을 기초로 해서 1849년 4월, 〈새 라인신문〉에 5회에 걸쳐 《임금노동과 자본》을 실었다. 뒤에 가서 이 논문이 한 권의 작은 책으로 출간되었다. 그런데 1891년의 신판 발행 때 엥겔스는 새로운 머리말을 붙이고 낱말에 조금의 수정을 가했다. 수정은 '노동'과 '노동력'이라는 낱말의 구별을 분명히 하기 위해서였다. '노동력'이란 부를 생산하고 가치를 창조하는 인간의 육체적·정신적 능력, 다시 말해서 노동하는 힘의 전체를 말하고, '노동'

은 이 노동력을 써서 부가 되는 물건을 생산하고 가치를 창조하는 실제 움직임을 말한다. '노동력' 이외에 아무것도 가진 것이 없는 노동자는 임금과 교환하여 자본가에게 자기의 노동력을 팔아 그것을 산 자본가를 위해 노동해 자본가의 부를 창조한다. 마르크스는 이런 관계를 파악하고 있었다. 그럼에도 '노동력의 가치'라고 해야 할 것을 '노동의 가치'라고 잘못 적었다. 엥겔스는 이런 잘못이나 애매한 점을 정정한 것이다.

1. 노동력의 판매·임금 임금이란 무엇인가? 그리고 그것은 어떻게 정해질까? 흔히 임금이란 일정한 노동의 제공에 대해 자본가가 지불하는 화폐의 액수같이 보인다. 자본가는 화폐를 가지고 노동자의 노동을 사고 노동자는 화폐와 바꿔 자본가에게 자기들의 노동을 파는 것처럼 보인다. 그러나 그것은 그렇게 보일 뿐이고 사실은 노동자가 화폐와 바꾸어 파는 것은 그의 노동력이다. 그러므로 임금이란 바로 이 노동자라는 인간의 피와 살 속에 깃들어 있는 노동력이라는 독특한 상품의 값이다. 노동자는 자본가에게 이 노동력이라는 상품을 판다. 왜 그것을 팔까? 살기 위해서이다. 왜 팔아야 할까? 이 피와 살 안에 일하는 힘 이외에 팔 만한 아무것도 가지고 있지 않기 때문이다.

본디 인간이 노동력을 발휘하는 것, 즉 노동은 인간 자신의 생명 활동이며 실현이었다. 그런데 노동자는 실현을 위한 힘을 살기 위해 팔았다. 팔지 않고서는 살 수 없었다. 그것에서는 따라서 그의 생명력의 발현으로서의 노동도 그리고 그 성과로서의 생산물도 그의 것이 아니다. 그에게 냉담하게 적대하는 것이 되어 있다(노동으로부터, 그리고 생산물로부터의 소외). 그 때문에 노동자의 즐거운 생활은 남의 것이 되어 있는 생산 노동이 끝나는 곳에서, 다시 말하면 식탁에서, 술집에서, 침상에서, 비롯되는 것이다.

이리하여 노동자는 살려고 하는 이상 자본가계급을 버릴 수 없다. 살 사람인 자본가를 찾아 귀중한 인간으로서의 본질을 팔아넘겨야 한다. 자기를 잃고 살 사람의 뜻대로 살을 깎으며 살아야 한다.

2. 노동력 상품의 값(임금 액수) 노동력이라는 상품의 값, 다시 말해 임금의 높낮이는 무엇에 의해 결정되는가? 팔 사람들 사이에 경쟁이 붙고

그것이 이 상품의 값을 떨어뜨린다. 그러나 살 사람들 사이에도 경쟁이 붙어 그것이 이번에는 상품값을 올린다. 끝으로 살 사람과 팔 사람 사이에 경쟁이 붙는다. 한쪽은 되도록 싸게 사려 하고, 다른 쪽은 되도록 비싸게 팔려고 한다. 이 마지막 경쟁의 결말은 살 사람들 세력의 단결 여하와 팔 사람 세력의 단결 모습에 의해 결정이 날 것이다. 그런데 값이 오르내리는 기준은 그 상품의 생산비이다. 바꿔 말하면 상품값은 그 생산비에 따라 결정된다. 값이 생산비에 따라 결정된다 함은 값이 그 상품을 생산하는 데 필요한 노동시간에 따라 결정된다는 것과 같다.

그런데 이 말은 노동력이라는 상품의 값, 다시 말해 임금에 대해서도 마찬가지이다. 결국 임금은 노동력이라는 상품의 생산비(노동력이라는 상품을 생산하는 데 필요한 노동시간)에 따라 결정될 것이다. 노동력이라는 상품의 생산비(또는 노동력이라는 상품을 생산하는 데 필요한 노동시간)란 무엇인가? 그것은 노동자를 노동자로서 유지하며 나아가서는 계속해서 이어지는 노동자를 육성하기 위해 필요한 생활비를 말하기도 한다. 결국 노동자의 생존비와 번식비(자식을 낳아 기르는 비용)를 말한다.

3. 자본이란 앞서 《철학의 빈곤》에서 밝혔듯이 물건의 생산력이 변화하고 발전함에 따라, 그 생산력을 활용해서 생산하기 위한 사회관계(사회적 생산관계)가 변화하고 변동했다. 고대사회·봉건사회·부르주아 시민사회는 그런 생산관계 총체의 여러 가지 모습이고, 그리고 저마다 인류 역사상의 특별한 발전단계를 나타낸다.

자본도 또한 하나의 사회적 생산관계, 곧 부르주아적 생산관계가 드러난 것으로서 부르주아 생산관계 자체를 대표한다. 어떤 뜻에서 그럴까?

자본은 원료·기계·생활 자료 등으로 구성되어 있다. 그러나 이것들은 동시에 사회적으로 생산된 상품이고 따라서 교환가치를 지닌 것들이다. 그것은 생산적 노동에 의해 생산된 것이다. 그런 이상 과거 노동의 축적이고, 노동자의 피와 땀의 결정체이다. 그런데 이런 과거의 노동축적 내지 결정체인 '물건=가치'는 살아 있는 노동력(노동자의 노동력)과 결합함으로써 스스로를 유지할 뿐 아니라, 스스로를 증식한다. 축적된 일정한 가치가 자기증식을 한다. 이때 그 일정한 본디의 가치가 자본이라는 성격을 지니게 된다. 그러므로 우리의 가재 도구 등은 자본은 아니다. 자본이란 자기가치를 불려갈 수 있는 힘을 지닌 가치를 말한다. 어떻게 해서 불리는가? 살아 있는 노동력을 손에 넣음으로서 가능하다.

자본을 소유하는 자본가는 자본의 일부인 생활 자료를 가지고 노동자의 노동력을 사들인다(절차로서 자본가는 임금을 주고 노동력을 사며, 노동자는 그 임금으로 생활비를 손에 넣는다). 예를 들면 1일 5000원으로 노동자를 하루 고용한다. 노동자는 5000원으로 자기 노동력을 하룻동안 팔았다. 사들이고 고용한 이상, 이것을 어떻게 쓸지는 산 사람의 자유이다. 산 사람(자본가)은 5000원만큼만 일을 시키고 끝내는 짓을 결코 하지 않는다. 반드시 그 이상을, 예를 들면 또 다시 5000원분 합해서 10000원분 만큼 일을 시킨다. 4시간 일을 시켜서 5000원을 되찾는다면 4시간을 더해 합계 8시간 일을 시킨다. 다시 말하면 사들인 가치의 2배분을 사용한다. 산 사람의 당연한 권리 내지는 자유로서. 이렇게 해서 자본가가 가지는 돈(가치)은 스스로 불릴 수 있는 돈(가치)으로서 자본이 된다.

이렇게 해서 자본은 임금노동 없이는 생존이 불가능하다. 자본은 노동력을 사들이고, 노동력을 착취하지 않고서는 파멸한다. 거꾸로 노동자는 자본이 고용해 주지 않으면 파멸한다. 그러므로 자본과 임금노동, 자본가와 임금노동자라는 생산관계가 있어야 비로소 자본은 자본으로서, 노동자는 노동자로서, 스스로를 존속시킬 수 있다. 그러므로 양자의 이해는 똑같은 것이라고 부르주아나 그 경제학자는 말한다. 그 말은 맞다! 그러나 자본 그 자체인 부가 증대한다(증대시키는 것은 사실은 노동자!)는 것은 노동자(살아 있는 노동)를 지배하는 자본(축적된 노동)의 힘이 증대한다는 말이다. 노동자계급에 대한 부르주아지의 지배가 증대하는 것이다. 임금노동자가 임금노동자로 있는 한 그의 운명은 영원히 자본에 의존하고 자본에 예종한다. 자본은 노동자를 피지배와 예종의 상태로 두는 생산관계 내지는 계급관계를 보인다.

4. 노동자계급의 상대적 빈곤화 노동자가 생산한 상품의 판매는 자본가가 볼 때 세 가지 부분으로 나뉜다. 첫째는 그가 선불한 원료비의 벌충, 그리고 선불한 도구·기계 등 노동수단의 마손된 부분의 보충. 둘째는 선불한 임금의 보충. 셋째는 윗것들의 초과분인 자본가의 이윤.

이 첫째 부분은 이전부터 있었던 가치를 회수하는 데 지나지 않는다. 이에 반하여 임금 보충이나 초과분인 자본가의 이윤도 노동자의 노동으로 만들어져 원료에 부가된 새로운 가치로부터 얻어지는 것이다. 그런데 아무튼 여기서는 배당을 놓고 노동자의 임금과 자본가의 이윤은 대립하지 않을 수 없다. 양자는 반비례한다. 자본가의 배당몫인 이윤은 노동자의 배당몫인 임금이 내리는 데 비례해서 커지고 임금이 오른 만큼 작아진다. 자본·임금노동 관계가 존속하는 한 자본가의 이해와 임금노동자의 이해란 정면 대립한다. 실질임금이 명목임금과 동시에 올라도 이윤에 비례해서 오르지 않는다면—사실상 비례해서 오르지 않는다!—노동자와 자본가의 격차는 커지고 노동자는 상대적으로 가난해진다. 자본의 급속한 증대로 노동자의 수입이 늘어난다 해도 두 계급의 골은 보다 깊어지고 동시에 자본의 지배력과 임금노동의 예속화는 증대한다.

5. 노동자의 절대적 빈곤화　자본이 증대할수록 노동자들에게는 상대적 임금 저하가 오고 그들은 상대적으로 빈곤화했다. 또한 자본(자본가)의 지배와 임금노동(임금노동자)의 예속화가 증대했다.

그러나 그뿐이 아니다. 자본이 증대하면 분업과 기계 사용이 진전한다. 노동은 단순화하고 직장노동자의 수는 상대적으로 감소한다. 노동자 간의 경쟁이 심해지고 그들의 임금은 차츰 더 저하되어 그들을 가난하게 한다. 또 한편으로 분업이나 기계 발달은 많은 노동자에게서 일을 빼앗아 그들을 제대병(실업자)으로 만든다. 반대로 임금이 싼 여성이나 어린이들을 가정으로부터 공장으로 끌어 낸다. 더욱이 자본 간의 혈안이 된 경쟁은 약소 자본가를 몰락시켜 예비 노동집단으로 보낸다. 이렇게 해서 사회 전체는 소수의 대자본가와 다수의 프롤레타리아트(여기에는 다수의 실업자도 포함된다)로 갈려나간다. 자본의 증대, 곧 부의 증대는 다른 쪽 극인 임금노동자계급에게 이런 궁핍화·실업화·불안을 안겨 준다. 차츰 더 심해지는 공황은 이런 과정을 급속화시키고 이런 궁핍 상태를 격화시킨다…….

마르크스는 아직 '잉여가치'라는 말을 쓰지 않았으나, 이미 거기에는 다음과 같은 내용이 파악되어 있다. 즉 잉여가치에 의해 자본주의 생산의 유지·확대가 초래된다는 것. 그리고 그것이 노동자계급의 운명에 몹시 비참한 결과를 초래한다는 것. 나아가서 이 자본·임금노동이라는 생산관계가 자기 안에 모순과 적대관계를 만들기 시작한다는 것 등등.

유물사관의 확립─《경제학 비판》의 머리말

이러는 동안 유물사관 쪽도 더욱더 뚜렷한 형태를 취하여 갔다. 앞서 종교·철학·도덕 등 의식 형태가 물질적 생활관계 또는 경제관계에 뿌리를 내리고 있다는 사실이 분명해졌다. 그런데 나아가 법관계나 국가 형태와 같은 것까지도 경제관계에 근거하여 그것을 반영한다는 것도 파악이 되었다. 그러므로 법이나 정치, 국가 등의 본질도 그것만을 이래저래 주물러 보아도 알 수 있는 것이 아니다. 또 헤겔이 말한 '인간정신의 일반적 발전'을 가지고 이해되지도 않는다. 도리어 이런 것들은 물질적 생활관계에 근거해야 비로소 분명해진다. 마르크스의 이런 사고방식은 《경제학 비판》의 '머리말' 속에 매우 명확한 형태로 표현되기에 이르렀다. 《경제학 비판》은 1859년 출판본이므로 《철학의 빈곤》이나 《임금노동과 자본》이 발표된 지 약 10년 만에 세상에 나왔다. 그러나 이 '머리말'은 명확한 유물사관이 이미 브뤼셀 시대에 확립되어갔음을 보여준다. 마르크스의 말을 그대로 인용해서 확립된 유물사관의 모습을 전하고자 한다.

'경제학 연구를 나는 파리에서 시작했다. 그러나 기조의 추방 명령으로 브뤼셀로 옮겼으므로 여기서 이 연구를 계속했다. 내가 이르른 일반적 결론─그리고 일단 이런 결론을 얻고부터는 그것은 나의 이후 연구의 실마리가 되었다─은 간단하게 다음처럼 정식화할 수 있다. 인간은 생활을 위해 공동으로 물건을 생산하는데, 그럴 경우에 그들의 의지에 관계없이 존재하는 일정한 관계 곧 생산관계 속에 들 수밖에 없다. 이 생산관계는 그들의 물질적 생산력의 일정한 발전단계에 대응한다. 이 생산관계가 사회의 경제구조를 형성하고 있다. 그리고 이것이 현실의 토대가 되고 그 위에 법률 또는 정치적 상부 구조가 솟는다. 또한 이 토대에 맞게 일정한 사회적 의식 형태가 이것저것 만들어진다. 그러므로 물질적 생활을 위해 물건을 생산하는 양식(생산양식)이 사회적·정치적 또는 정신적 생활 과정 일반을 좌우하는 근본이 된다. 즉 인간 의식이 그들의 존재를 결정하는 것이 아니라 거꾸로 인간의 사회적 존재가 그들의 의식을 결정한다. 사회의 물질적 생산력은 그것이 발전해서 어떤 단계에 이르면 주변의 생산관계 또는 소유관계(소유관계는 생산관계를 다만 법률적으로 표현한 것에 불과하다)와 모순하게 된다. 지금까지 이 생산력은 이 생산관계 또는 소유관계 속에서 활동했다. 그리하여 현재의 생산관계 또는 소유관계는 생산력을 발전시키기 위한 것으로부터 그것을 속박하는 것으로 바뀐다. 이때에 사회 혁명의 시대가 시작된다. 경제적 기초가 변화함에 따라 거대한 상부 구조 전체가 서서히 또는 급속히 전복된다.

이와 같은 여러 변혁을 고찰함에 있어서는 경제적 생산의 여러 조건의 변혁과 법률·정치·종교·예술 또는 철학 등의 여러 형태 즉 이데올로기적 여러 형태들을 늘 구별해야만 한다. 전자의 변혁은 물질적이어서 자연과학적 정확성으로 확인이 가능하다. 후자의 이데올로기적 형태에 있어서는 인간은 그 속에서 앞의 모순을 의식하고 그것과 싸워 결말을 짓는다. 한 개인을 판단할 경우 그 개인이 자기를 어떻게 생각하고 있는가 따위에 의존할 수 없다. 마찬가지로 이와 같은 변혁 시대의 의식은 그 시대의 의식으로 판단되는 것이 아니다. 도리어 이 시대의 의식이 물질생활의 모순으로부터 설명되어야 한다. 사회적 생산력과 생산관계 사이에 존재하는 모순으로부터 해명되어야 한다. 구성되어 있는 하나의 사회 속에서 모든 생산력이 더 이상 발전의 여지가 없을 정도로 발전이 끝나기 전에는 이 사회는 결코 붕괴되지 않는다. 또한 새로운 보다 고도의 생산관계를 위한 물질적 여러 조건이 오래된 사회의 태내에서 부화가 끝날 때까지는 결코 새로운 관계가 옛 것에 대체되는 일은 없다. 그러므로 인간은 언제나 자기가 해결 가능한 과제만을 제기한다. 그 이유는 잘 생각해 보면 알겠지만 문제 자체가 발생하는 것은 그것을 해결하기 위한 물질적 여러 조건이 이미 현존하고 있거나 아니면 적어도 성립 중에 있는 경우에 한한다. 대략적으로 말한다면 잇달아 진보해 가는 경제적 사회 조직의 단계로서 아시아적·고대적·봉건적·근대 부르주아적인 여러 생산양식을 들 수 있다. 부르주아 생산관계는 사회적 생산과정의 마지막 적대적 형태이다. 여기서 적대적이라 함은 개인적 적대의 의미가 아니라 여러 개인이 사회적으로 생활해 가는 여러 가지 조건에서 발생하는 적대의 경우이다. 그러나 부르주아 사회

태내에서 발전하고 있는 생산력은 동시에 이 적대를 해결하기 위한 물질적 조건을 만들어 낸다. 그러므로 이 부르주아 사회를 마감으로 인간사회의 전사(前史)는 마지막을 고한다.'

《공산당선언》

나오기까지

파리 시절의 마르크스는 그곳의 사회주의자와 공산주의자들과 사귀었다. 독일 망명자들의 망명자 동맹이나, 그들 중의 급진적 프롤레타리아로 구성된 정의자 동맹 등과도 관계했다. 또한 망명자들이 내는 〈포어바르츠〉에 기고도 했다. 그러나 그는 이런 비밀결사의 동맹원은 아니었다. 동맹의 개인적 모험주의나 폭력적 혁명주의에 대해서는 비판적이었다. 파리의 정의자 동맹은 '계절사(季節社)'라는 모험주의자 단체가 일으킨 1839년의 반란에 말려들어 괴멸 상태였다. 지도자인 칼 샤퍼나 하인리히 바우어는 런던으로 추방되었다. 이론적 지도자 바이틀링은 스위스로 피했다. 동맹원은 각지로 흩어져서 연락도 두절된 소집단을 조직하고 있는 형편이었다. 다만 런던에서는 샤퍼·바우어·몰, 거기에 스위스로부터 온 바이틀링 등 지도자를 얻어 활동이 매우 활발했다.

브뤼셀에 온 마르크스는 '문제는 실천이고 혁명이다'라는 자기이론을 실천으로 옮겨 나갔다. 우선 마르크스와 엥겔스는 공산주의를 국제적으로 선전하며 공산주의자의 국제적 조직을 만들기 위해 먼저 '공산주의자 통신위원회'를 브뤼셀에 세웠다(1846년 2월). 파리와 런던에 있는 동지들에게 협력을 부탁했다.

3월 30일, '공산주의자 통신위원회' 회의가 열렸다. 8인 위원 가운데에는 마르크스 외에 런던에서 브뤼셀로 건너온 바이틀링, 처남 에드가 폰 베스트팔렌(예니부인 동생)도 있었다. 그 자리에서 마르크스는 바이틀링 류의 공산의나 그륀 류의 참된 사회주의를 날카롭게 비판했다. 바이틀링은 현실의 시민사회에 대한 경제적 분석이 부족하고, 룸펜 프롤레타리아트에 의한 폭력혁명을 주장하며 정치투쟁을 부정했다. 또한 '참된 사회주의'는 추상적·

철학적인 공산주의적 공론을 주창했는
데, 이에 반해 마르크스는 이제야말로
유물사관에 근거한 공산주의 혁명의 역
사적 필연성과 프롤레타리아트의 역사
적 사명을 파악하고 있었다. 5월 중순의
위원회는 뉴욕에서 감상주의적 사이비
공산주의의 공상을 선전하고 있는 크리
게에 대하여 항의하기로 결의했다. 그러
나 여기에서도 자부심이 강하고 완고한
바이틀링은 혼자 반대했다. 게다가 다른
위원을 중상하는 편지를 크리게 앞으로
보냈다. 한때 마르크스는 바이틀링의
《조화와 자유의 보증》을 일컬어 '천재적
저작'이라고 칭송한 일도 있었다. 그러

《공산당선언》 표지

나 그런 바이틀링도 남의 말에 귀기울이지 못하고 얼마 뒤 미국으로 떠났다.

통신위원회는 각국 각지의 공산주의자들에게 호소하며 연락망과 찬성자를
넓혀 나갔다. 그들 가운데는 '정의자 동맹' 회원이 많았던 것 같다. 이미 런
던에서는 샤퍼·바우어·몰 등의 지도하에 통신위원회가 세워져 있었다. 그
밖에도 각지에 위원회가 생겨났다. 8월 중순에는 엥겔스가 선전과 조직 활
동에 종사하기 위해 파리로 옮겨왔다.

새해가 밝아 1847년 2월 런던 정의자 동맹을 대표해 몰이 브뤼셀을 방문
했다. 그리고 마르크스와 엥겔스에게 동맹 가입을 권했다. 동시에 런던에 있
는 동지들이 마르크스의 비판적 공산주의의 정당함을 인정하고 있다는 점,
두 사람이 가입만 한다면 마르크스 노선을 중심으로 동맹을 재조직하고 마
르크스 지도 아래 강령을 변경하겠다고 제안했다. 두 사람은 이 제의를 받아
들여 브뤼셀의 공산주의 통신위원회는 동맹에 가입했다.

6월 상순, 동맹의 제1회 대회가 런던에서 열렸다. 마르크스는 돈이 없어
가지 못했다. 그러나 엥겔스가 파리 대표로, 볼프가 브뤼셀 대표로 출석했
다. 대회는 동맹의 철저한 재조직을 결의하고 '공산주의자 동맹'이라는 명칭
을 채택했다. 동맹의 목적은 '부르주아 타도, 프롤레타리아트의 지배, 계급

대립을 근거로 하는 낡은 부르주아 사회의 폐지, 계급과 사유재산제가 없는 새로운 사회의 건설'이었다.

뒤이어 8월에는 공산주의자 동맹 브뤼셀 지부 및 지구 위원회가 결성되어 마르크스가 지부장으로 추천되었다. 이 지부의 지도 아래 '독일인 노동자협회'가 설립되었다. 또한 마르크스는 민주주의협회와도 관계를 맺어 그 임원으로도 뽑혔다. ……이런 식으로 마르크스의 일상생활은 몹시 바빴다. 그런 바쁜 일정 속에서도 그는 앞서 본 것처럼 시간을 아껴가며 공부에 열중했다.

1847년 11월 하순에서 12월 상순까지 공산주의자 동맹 제2회 대회가 런던에서 열렸다. 여기에는 마르크스도 출석했다. 대회는 장시간의 토론 끝에 마르크스·엥겔스가 내세운 강령 원칙을 채택했다. 동시에 대회는 선언의 기초(起草)를 마르크스·엥겔스 두 사람에게 일임했다. 본부로부터 엄한 재촉을 받으면서도 1848년 1월 하순에 초고가 겨우 완성되어 런던으로 보내졌다. 선언은 2월 말 런던에서 작은 책으로 간행되었다. 이것이 《공산당선언》이다. 이때 마르크스는 아직 30세가 못됐고 엥겔스는 27세를 넘긴 나이였다.

목표와 내용의 개요

《공산당선언》은 '공산주의자 동맹'의 '이론적이고 실천적인 강령'으로서 작성되었다. 그리고 그것은 역사의 유물변증법적 발전을 밝혔다. 특히 역사의 한 단계로서의 자본주의 발전법칙을, 그 안에서 생기는 모순을, 그리고 사회주의로의 이행의 필연성을 선언했다. 이런 역사의 법칙을 자각하고, 그것에 따라 단결하고 혁명으로 나가도록 전세계의 프롤레타리아에 호소한 것이다.

'유령이 유럽에 떠돌고 있다. 공산주의라고 하는 유령'이라는 머리말로 시작되는 선언은 네 장(章)으로 되어 있다.

(1)부르주아와 프롤레타리아, (2)프롤레타리아와 공산주의자, (3)사회주의적·공산주의적 문헌, (4)여러 반대당에 대한 공산주의자의 입장 등 네 장으로 이루어졌다.

이 '선언'이 세상에 나온 지 25년 뒤, 즉 1872년의 독일어판 머리말에서 엥겔스는 이렇게 말한다. '최근 25년 동안에 상황은 뚜렷하게 달라졌다고는 하지만 선언에 담긴 일반적 원칙은 큰 줄거리에서 지금도 그 정당성을 잃지 않고 있다. 개개의 점에서는 고쳐 쓸 곳도 있을 것이다.'

부르주아와 프롤레타리아

'오늘에 이르기까지 모든 사회의 역사는 계급투쟁의 역사이다'라며 마르크스·엥겔스는 먼저 현대의 계급투쟁을 유물사관적으로 분석한다.

원시 공산사회는 별개로 하고 그 이후의 사회는 요컨대 억압하는 계급과 억압당하는 계급이 항상 대립해서 어떤 때는 암암리에, 어떤 때는 공공연하게 투쟁을 계속해 왔다.

영주 대 농노, 주인 대 고용인이라는 계급투쟁의 역사였던 봉건사회의 몰락으로부터 근대 부르주아 사회가 생겼다. 이 부르주아 사회 또한 계급대립을 폐지하지 않았다.

다만, 여기에서는 계급대립이 단순화해 갔다. 전체 사회는 서로 적대하는 2대 진영, 서로 대립되는 2대 계급, 다시 말해서 부르주아지와 프롤레타리아트로 차츰 더 분열되었다.

부르주아 계급은 역사상 매우 혁명적 역할을 담당했다. 즉 그들은 봉건적·가부장적·목가적 모든 관계를 타파하고 그 대신에 적나라한 이해·타산·'현금 계산'의 관계로 바꾸었다. 바꾸어 말하면 종교적·온정적·가족적 베일로 감싼 착취 대신 노골적이고 염치 없는 착취로 바꾸었다.

이렇게 해서 이들 부르주아지는 전세계를 지배하고 이들의 형태를 본따서 물질적·정신적 세계를 창조했다. 일찍이 이 정도 대규모의 생산력이 있었을까? 이들은 인구를 집중시키고 생산수단을 집중시키고 재산을 소수인에게 집중시켰다. 그 정치적 표출이 정치적 중앙집권이었다.

그러나 우리는 알고 있다. 부르주아 계급의 바탕 되는 생산수단이나 교통수단이 봉건사회 속에서 만들어졌음을, 다시 말하면 봉건적 생산관계 또는 소유관계는 이제 발전한 생산력에 적합하지 않았다. 봉건적 생산관계는 생산을 촉진시키지 못하고 도리어 저해하는 쇠사슬이 되었다. 따라서 그런 관계는 타파되어야만 했다. 그리고 타파되었다. 대신해서 자유경쟁이 등장하고 거기에 걸맞는 사회적·정치적 제도가 생겨 부르주아지의 경제적·정치적 지배가 나타났다.

지금, 같은 운명이 부르주아 사회를 덮치고 있다. 과잉생산·공황이라는 사회적 역병을 손꼽는 것으로도 충분할 것이다. 이것은 훌륭한 생산력의 부르주아 생산관계에 대한 반역이다. 훌륭한 생산력이 부르주아적인 생산관계 또는 교역관계 속에서는 더 이상 생명력이 없는 것이다. 부르주아적 여러 관계는 이제와서는 생산력의 십분 발휘를 막는 질곡이나 속박이 된 것이다.

그런데 부르주아 계급은 부르주아 계급을 죽음으로 몰아 가려는 사람들을 만들어 냈다. 근대적 노동자(프롤레타리아)를 만들어 냈다.

부르주아 계급이, 바꾸어 말하면 부르주아적 부(자본)가 발전함에 따라서 프롤레타리아 계급도 발전했다. 이들 프롤레타리아는 스스로의 육체적·정신적 능력 이외에 아무것도 소유하는 것이 없다. 살아가기 위해 이 힘(노동력)을 상품으로 해서 하루하루 조금씩이라도 팔아야 한다. 그리고 이들에게는 팔 자유는 있어도 사게 할 권리는 없었다.

따라서 이들은 자기를 사 주는 자본(자본가)을 찾아내어 자본을 증식하는 동안만 자기를 팔 수가 있고 살아갈 수 있다. 이들은 자본의 변천이나 동요, 형편대로 따라야 한다. 또한 기계와 분업의 발달과 함께 노동자는 기계의 단순한 부속물이 된다. 여기서 남자의 노동은 차츰 여성과 어린이들의 노동 때문에 뒤로 밀리게 된다. 이렇게 되니까 노동자 자신의 가치 즉 임금(노동자 자신의 생계와 자손 번식을 위한 비용)은 내려가고 이들은 더욱 가난해진다. 그뿐인가, 사주느냐 안사주느냐, 죽느냐 사느냐의 갈림길에 서게 된다. 이들은 부르주아 계급, 부르주아 국가의 노예일뿐 아니라, 현장의 기계, 감독자, 개개 부르주아의 취향 때문에 노예가 된다. 나아가서는 자본의 집중화·거대화에 따라서 중산자, 소자본가·소농민이 경쟁에 패해 프롤레타리아로 전락한다.

그런데 그와 동시에 부르주아 계급에 대한 프롤레타리아 계급의 투쟁이 시작된다. 그리고 그것은 차츰 더 범위를 넓히고 양을 더해 가며 단결을 굳건히 한다. 투쟁을 위한 집합체·조합·동맹이 만들어져 간다. 이런 계급투쟁은 농시에 정치투쟁이다. 투쟁은 정치적 혁명으로 부르주아 사회를 타파하려 한다. 부르주아지는 그들 자신의 무덤을 파는 사람을 스스로 부르주아 사회 안에서 생산하고 또 생산해야만 한다. 부르주아지의 몰락과 프롤레타리아트의 승리는 양쪽 모두 불가피하다.

프롤레타리아와 공산주의자

공산주의자는 프롤레타리아 일반에 대해서 어떤 관계에 있는가?

공산주의자는 다른 프롤레타리아트 당과 어디가 다른가? 여기서 그 답을 찾아보자.

공산주의자는 프롤레타리아 계급 전체의 이해를 떠나 어떤 이해도 갖지 않는다. 다만 공산주의자는 다른 프롤레타리아트 당과 다르게 한쪽으로는 만국의 프롤레타리아트 전체의 이익을 강조하며 그것을 실천적으로 관철한다. 다른 쪽으로는 프롤레타리아 운동의 조건·진행·결과에 대하여 다른 프롤레타리아트 당보다도 뛰어난 통찰력을 가지고 있다.

공산주의자의 당면 목적은 다른 프롤레타리아트 당의 그것과 똑같게 프롤레타리아 계급의 형성이며 부르주아 지배의 타도이고 프롤레타리아 계급에 의한 정치적 권력의 획득이다.

공산주의의 특징은 부르주아적 소유의 폐지이고 사유재산의 폐지이다. 따라서 재산을 사회의 전체 성원에 속하는 소유로 만들려는 것이지, 소유 일반의 폐지는 아니다. 사유를 폐지한다는 것은 이와 같은 자본적 사유를 자본가 계급의 착취적 사유를 폐지하여 사회성원 전체의 소유로 하려는 것이다. 사회의 모든 사람이 만든 재물을 모두의 것으로 하는 것이다.

부르주아 사회에서는 노동자의 살아 있는 노동은 자본가의 자본(노동자의 과거의 노동으로 축적된 부를 자본가가 사적으로 소유하고 있는 것)을 불리기 위한 수단이고 도구에 불과하다. 이 살아 있는 도구는, 도구가 도구로서 계속 기능을 다하기 위해 임금을 받는다. 임금(살아 있는 도구인 노동자의 노동력 가치)은 노동자가 스스로의 생명을 유지하고 새로운 도구(자식들)를 낳아 키우는 비용에 불과하다. 부르주아 사회에서는 자본이 왕이고 인격이며, 일해서 그것을 유지하고 증식시키는 인간(노동자)은 노예이고 비인간적 존재이다. 노동자는 자본의 형편, 자본의 의도에 따라 팔리거나, 목이 잘리기도 하고 못먹어서 자살까지도 한다. 그리고 이것을 인격의 자유, 인격의 독립이라고 부른다. 그야말로 노동자에게는 자본의 노예가 되는 자유와 독립일 뿐이다.

공산주의는 이런 비참한 상황을 폐지하려 한다. 공산주의는 노동자가 일해서 축적한 노동(재물·부)을 노동자의 생활을 윤택하게 하고 그것을 촉진시키기 위해 이용하려고 한다. 사유재산의 폐지란 그런 것을 말한다.

부르주아 사회에서의 자유론·교양관·법률론 자체가 부르주아 생산관계 또는 소유관계의 산물이고, 지배계급의 의지일 뿐이다. 한 시대의 지배적 사상은 언제나 지배계급의 사상일 뿐이다. 영원한 이성적 진리, 영원한 도덕이라고 부르는 것도 부르주아 사회를, 부르주아적 지배를 확보하려는 타산에 뿌리박은 것이다. 그것들은 역사적 소산으로서 부르주아 생산관계(또는 소유관계)와 마찬가지로 이윽고 소멸한다. 옛 사상이 소멸하는 것은 옛날 생활관계의 소멸과 공동 보조를 취한다. 사회의 변화와 함께 인간의 의식이나 사상도 변화한다.

공산주의는 프롤레타리아에 강요된 가족상실이나 공창제도를 폐지하려고 한다. 또 자식교육을 지배계급의 영향에서 분리시키려 한다. 그리고 또 인간 생산의 단순한 연장으로밖에 인정받지 못하는 부르주아 여성의 지위도 폐지하려 한다.

노동자계급은 정치적 지배를 획득하기 위해 국민이 되어야 한다. 다만 국민 내부에서의 계급대립이 소멸됨과 동시에 여러 국민 상호간의 차별이나 대립이나 착취관계, 적대관계도 소멸한다.

요컨대 프롤레타리아 혁명의 첫 걸음은 프롤레타리아 계급을 지배계급까지 높여서 민주주의를 쟁취하는 데 있다. 정치적 지배를 획득한 프롤레타리아 계급은 모든 생산도구를 국가의 손 안에, 다시 말해서 지배력을 손에 쥔 프롤레타리아 계급의 손에 집중시켜 생산을 급격하게 증대시킬 것이다.

프롤레타리아 계급은 혁명으로 낡은 생산관계를 폐지한다. 그와 동시에 계급 그 자체를, 따라서 계급으로서의 프롤레타리아까지도 폐지한다. 계급과 계급대립이 있는 부르주아 사회를 대신해 각자의 자유로운 발전이 모든 사람의 자유로운 발전을 위해 필요한 하나의 공동사회가 출현한다.

사회주의적·공산주의적 문헌

1. 반동적 사회주의

a. 봉건적 사회주의　　　프랑스나 영국의 귀족은 밉살스러운 벼락부자가 된 부르주아지에 당한 분풀이로 부르주아 사회를 공격한다. 겉으로는 자기이익을 문제삼지 않는 양 피착취계급인 노동자의 이익을 내건다. 그러나 그들에

게는 현대 역사의 진로를 이해할 능력이 전혀 없다. 그들의 배경에는 낡은 봉건적 상징이 빛난다. 그리고 부르주아적 착취를 따지면서 자기들의 지난날의 착취는 모른 체한다. 그러므로 부르주아와 같이 프롤레타리아를 압박하는가 하면 슬쩍 부르주아적인 착취도 한다.

b. 소시민적 사회주의   부르주아지와 프롤레타리아트의 중간층을 이루며 부르주아 사회를 보충하는 것이 소부르주아층(소시민층)이다. 이들은 대규모 공업의 발달에 따라 서서히 프롤레타리아로 몰락했다. 그런데 프랑스처럼 농민계급이 매우 많은 곳에서는, 예를 들면 시스몽디와 같은 문인이 소시민적·소농민적 입장에서 노동자를 위해 부르주아와 맞서 싸우기도 했다. 이것이 소시민적 사회주의이다. 이들은 매우 예리하게 근대적 부르주아 생산관계의 모순을 분석했다. 그러나 그 의도는 낡은 길드 조직이나 가부장적 경제 등으로 역행시키려는 것이었다. 따라서 그 사고방식은 반동적·봉건적이었다.

c. 독일 사회주의 또는 '참된' 사회주의   프랑스의 사회주의·공산주의 사상이 독일에 들어왔을 무렵 독일에서는 봉건적 절대주의에 대한 싸움이 시작되었다. 독일의 철학자·사상가는 프랑스의 이 새로운 문헌을 탐독했다. 그러나 이 진보적 사상의 배경이 되는 프랑스 생활 자체는 수입되지 않았다. 그래서 이 사상이 지닌 실천적·혁명적 의미는 상실되고 그 문자만이 독일 철학자의 사변에 휘둘렸다. 그들은 자기들의 낡은 사변 철학으로 새로운 프랑스 문헌을 '기초삼아' 보거나 원문 밑에 철학적 잠꼬대를 늘어놓았다. 그리고 이것이야말로 '참된 사회주의'라든가 '사회주의의 철학적 기초'라며 떠들고 기뻐했다. 그러나 가엾게도 이렇게 해서 프랑스의 새로운 사상은 독일의 자칭 '참된' 철학자들에 의해 거세되었다.

그러나 이 독일 지역에도 봉건주의나 절대주의에 대한 부르주아지의 투쟁이 일어났다. 여기에 대해 그 참된 철학자들은 '때는 이때다'란 듯이 프랑스적 문헌의 몇 마디를 앞세워 부르주아지를 저주했다. 그리하여 절대주의·승려·귀족·관료 등 봉건반동들의 허수아비도 되고 보조자도 되고 때로는 무기도 되었다.

또 이들은 공산주의의 폭력적 파괴 경향에 정면으로 반대하며 모든 계급투쟁으로부터 초당파적으로 초월한다고 외친다. 그리하여 이들은 사람을 무력화시키며 반동적 역할을 담당했다.

2. 보수적 사회주의 또는 부르주아 사회주의

이것은 부르주아지 일부가 자기들의 사회를 영속시키려고 부르주아 사회 안에 있는 폐해를 제거하려는 것이다. 박애주의자·인도주의자·자선사업가 등 각종 개량가들의 생각을 말한다. 이들은 자기가 지배하는 사회가 제일이라고 생각한다. 이들은 프롤레타리아 계급을 향하여 부르주아 사회에 대한 꺼림직한 관념을 벗어던지라고 요구한다.

이런 주의의 또 다른 형태는 이것이다. 노동자계급을 위해 귀중한 것은 정치적 개혁이 아니라 경제관계의 개선이다. 그러므로 사회혁명을 하지 말고 (자본·임금노동 관계는 그대로 두고) 여러 가지 행정적 개혁으로 노동자의 생활 조건을 개선하는 것이 중요하다고 말한다.

3. 비판적·유토피아적 사회주의 및 공산주의

생 시몽·푸리에·오언 등의 이른바 공상적 사회주의 또는 공산주의는 프롤레타리아트의 성장이 아직 미숙할 때에 태어났다. 아직은 계급투쟁이 발전하지 않은 단계였기 때문에 이들의 학설은 미래적이고 공상적이어서 현실에 맞지 않았고, 계급대립과 부르주아 지배계급의 붕괴를 전망했다. 그렇지만 프롤레타리아트의 혁명적 정치운동을 인정하지 않은 채 느닷없이 미래의 대립과 착취가 없는 사회를 공상해 버리는 것이다.

그래서 이들의 제자들은 도리어 보수적이고 반동적으로 되고 말았다. 다시 말해서 계급대립을 조화시키려 하다가 계급투쟁을 둔화시킨 것이다. 또 공상적 공중누각을 꿈꾸어 이 꿈을 건설하기 위해 부르주아의 자비심과 호주머니에 호소하였다. 이렇게 노동자의 정치운동에는 심하게 반대하면서 유토피아적 복음을 맹신시키려고 하였다. 영국의 오언주의자는 차티스트에 반대하였고, 프랑스의 푸리에주의자는 민주주의적 개혁주의자까지도 반대하였다.

여러 반대당에 대한 공산주의자의 입장

앞서 지적하였듯이 공산주의자는 프롤레타리아트 전체의 이익을 위해 싸운다. 그러나 그러기 위해서 공산주의자는 상황의 차이에 따라 다른 진보적

당에 대한 입장을 결정해야만 한다. 여기서는 이들 상황에 따른 공산주의자의 태도가 선언된다.

공산주의자는 프랑스에서는 사회주의 민주당과 동맹하여 보수적·급진적 부르주아지와 싸운다. 이미 프랑스에서는 부르주아 사회의 모순이 드러났기 때문에 그와 싸우지 않으면 안 되었다.

그러나 독일에서의 공산당은 부르주아지가 혁명적이라면 언제든지 이들과 함께 절대주의 왕제라든가 봉건적 토지 소유나 소시민층을 대상으로 싸운다. 그러나 그럴 경우 언제나 부르주아 계급과 프롤레타리아 계급과의 적대적 대립에 대한 자각을 만들어 내려고 노력한다. 독일의 반동적 여러 계급이 전복된 뒤에 바로 이번에는 부르주아지에 대항해서 투쟁을 시작할 수 있도록 하기 위함이다.

공산주의자는 특히 독일에 주목했다. 그 이유는 독일이 부르주아 혁명 전야에 놓여 있었기 때문이다. 게다가 그곳에는 훨씬 앞선 프롤레타리아에 의해 부르주아 혁명이 이루어지려고 하고 있었기 때문이고, 따라서 독일 부르주아 혁명은 프롤레타리아 혁명의 전주곡이 될 터이기 때문이다.

요컨대 공산주의자는 어디에서나 현존의 사회적·정치적 상황에 반대하는 혁명운동을 지지한다. 또한 어디에서도 모든 나라의 민주주의적 정당의 결합과 협조를 위해 노력한다. 물론 이런 운동의 기초가 되는 것은 소유의 문제이다.

공산주의자는 지금까지의 사회질서 모든 것을 전복시켜야만 그 목적을 이룩할 수 있다고 공공연하게 선언했다.

지배계급으로 하여금 공산혁명 앞에 무릎꿇려 프롤레타리아의 세계를 획득해야만 한다.

전세계의 프롤레타리아여, 단결하라!

이 말을 끝으로 공산당선언은 끝나는 것이다. 참으로 간단하고 힘차게 유물사관과 그에 근거한 계급투쟁을 프롤레타리아에게 호소하고 있다.

2월혁명과 〈새 라인신문〉

프랑스 2월혁명과 그 물결

1830년의 7월혁명 뒤에 왕위에 오른 루이 필립은 의회의 권한을 확장하고 부르주아지의 비위를 맞추었다. 그러나 상류의 금융 부르주아지와 손을 잡고 산업 부르주아지의 이익을 억압했으므로 그에 대한 불만의 목소리가 있었다. 한편 프랑스 산업혁명의 발전과 함께 프롤레타리아 계급이 대두되어 노동운동도 격화되었다. 그리고 이들의 반정부운동은 사회주의자와 급진 공화주의자들의 지도를 받고 있었다. 게다가 공황은 경제생활에 큰 충격을 주었을 뿐 아니라, 농작물의 흉작은 물가 폭등과 기아 상태를 불러왔다. 때마침 1848년 2월 선거법 개정에 의한 시위운동이 일어났다. 선거권이 총인구의 겨우 1퍼센트에게만 주어진 것이나 다름없었다. 그러나 이 운동이 탄압된 것을 계기로 파리에 폭동이 일어나 공화주의자가 왕을 추방하고 임시정부를 세웠다(2월 22일). 이것이 2월혁명이다. 정부에는 사회주의자인 루이 블랑, 노동자인 알베르도 입각하여, 실업 대책이라든가 국립공장 설치와 같은 사회주의적 정책이 도입되었다. 그러나 4월의 보통선거에서는 소시민과 보수적 농민의 지지를 얻은 부르주아지가 승리하여 제2 공화정을 수립하였다. 새 정부는 사회주의자를 몰아내고 어렵게 설립한 국립공장을 폐쇄하고 말았다. 분노한 파리의 노동자들이 6월폭동을 일으켰지만, 정부군에 의해 진압되었다. 12월의 대통령선거에서는 파벌의 대립을 교묘하게 이용하여 농민을 회유한 루이 나폴레옹이 압도적 다수를 얻어 당선되었다. 프랑스는 또다시 탄압과 독재의 반혁명 속으로 들어가게 된 것이다.

2월혁명의 영향은 순식간에 유럽 여러 나라에 파급되었다. 1848년 3월 빈과 베를린에서 혁명이 일어나 보수반동인 메테르니히는 영국으로 망명하고 프로이센에서는 헌법이 제정되었다(3월혁명). 마인 강변의 프랑크푸르트에서는 독일의 통일과 헌법 제정을 위해 국민의회가 열렸다. 영국에서는 차티스트 대시위운동이 전개되어 나갔다. 헝가리·보헤미아·이탈리아 여러 나라에도 혁명의 영향으로 자치 정부의 결성과 민중봉기 등이 있었다. 그러나 파리 6월폭동의 실패를 계기로 또 다시 각국의 반동세력이 되돌아왔다. 10월에서 12월에 걸쳐 빈과 베를린의 혁명도 패배하였고, 프랑크푸르트의 국민

파리의 2월혁명 (1848)

베를린의 3월혁명 (1848)

의회는 해산되었다. 헝가리와 이탈리아도 모두 실패하여 결국 1849년 무렵에는 반혁명이 승리를 거두게 되었다.

주의를 위한 활동

이런 정세 속에 마르크스는 엥겔스 등과 함께, 《공산당선언》 실행을 위해 편할 날 없이 활동을 계속하였다. 브뤼셀에서 쫓겨나 파리로, 파리에서 쾰른, 쾰른에서 쫓겨나 또 다시 파리로, 그리고 런던으로의 망명.

2월혁명의 여파로 브뤼셀에서도 공산주의자의 무장봉기를 위한 준비가 진행되었다. 런던의 공산주의자 동맹 본부는 그 권한을 브뤼셀 지구 지부에 위임하겠다고 신청해 왔다. 때마침 그 무렵에 마르크스는 프랑스 임시정부로부터 초청장을 받았다.

이런 정세에 겁을 먹은 벨기에 국왕은 1848년 3월 3일 오후 5시, 마르크스에게 24시간 이내에 국외로 떠날 것을 명령을 했다. 출발 준비에 한창이던 마르크스는 4일 밤 1시 무렵 경찰에 체포되어 경찰의 난폭한 취조를 받았다. 석방된 뒤 감시를 받으며 프랑스 국경까지 끌려간 뒤 추방되었다. 거기서 마르크스와 부인과 아이들(그때 이미 딸 둘과 아들 하나가 있었다)은 파리로 떠났다. 그때의 취조가 얼마나 난폭하였는지는 나중에 그 담당 경찰관이 책임지고 파면된 것을 보아 알 수 있다.

공산주의자 동맹 본부가 파리에 세워졌다. 의장은 두말할 것도 없이 마르크스였다. 샤퍼·바우어(하인리히 바우어)·엥겔스·몰·볼프(빌헬름 볼프)·드롱케 등 쟁쟁한 동지들이 서기·위원 등이었다. 마르크스 등은 즉각 '독일 노동자 클럽'을 만들었다. 그리고 공산주의 운동을 위해 동맹원이나 독일 노동자를 독일 본국에 보낼 궁리를 하였다. 4월 1일 수백 명의 노동자들이 독일로 향했다. 그들에게는 《공산당선언》과 함께 마르크스·샤퍼·바우어·엥겔스·몰·볼프 등의 서명이 쓰인 《독일 공산당의 요구》라는 작은 책이 건네졌다.

얼마 뒤 마르크스도 동지들과 함께 마인츠를 거쳐 쾰른에 뛰어들었다. 《공산당 선언》에 나와 있듯이 부르주아 혁명 전야였던 독일을 주목해서 그랬던 것일까?

그리고 마르크스 등은 여기서 〈새 라인신문〉이라는 새로운 일간지를 내고 공산주의 운동을 진행시켜 나간다. 한편 독일에서는 '공산주의자 동맹'이 불법이기 때문에 하부 조직으로서 '노동자협회' 또는 '노동자 교육협회'를 각지에 세워 운동을 확대시켜 나간다는 방법을 취했다.

민주주의적인 것과의 협조도 마다하지 않는 마르크스는 '민주주의협회'와도 관계를 맺고 이것을 이용하였다.

마르크스와 그 동지들은 한편으로는 〈새 라인신문〉에 논진을 펴고 정부와 그 이데올로기(정부의 아첨꾼)를 비판하고 공격했다. 다른 한편으로는 '공산주의자 동맹'이나 '노동자협회'를 비롯한 조직을 통하여 베를린으로 빈으로, 런던으로, 그리고 나아가서는 소도시로 지방으로 계속 운동을 확산시키기 위해 활동하였다.

〈새 라인신문〉에 의한 비판

1848년 6월 1일에 창간호를 낸 〈새 라인신문〉은 1828년의 〈라인신문〉과는 질적으로 달랐다. 이전에 나온 〈라인신문〉은 뭔가 새로운 것을 찾아 암중모색을 하고 있었으나, 그 입장은 아직 프랑스 계몽주의이자 청년 헤겔파였다고 할 수 있을 것이다. 그러나 지금은 유물사관이나 잉여가치론을 발견한 《공산당 선언》의 입장이자 과학적 사회주의에 입각한 것이다.

그런데 〈새 라인신문〉은 '민주주의의 기관지'라는 부제목이 붙어 있다. 《공산당선언》에서 분명히 밝혔듯이 공산주의의 원리·원칙은 확실히 정해져 있었다. 그러나 이것을 실행하고 실현시켜 나가는 운동에 있어서는 상황과 정세에 따른 방책을 취해야만 했다. 마르크스가 제1의 목표로 한 독일은 프랑스와 영국과 달리 아직은 부르주아 혁명이 시작되지 않았다. 따라서 여기에서는 우선 부르주아 혁명을 실현시키는 일이 중요했다. 그러기 위해서 마르크스는 프롤레타리아가 진보적 부르주아와 함께 절대주의나 봉건적 토지 소유자 그리고 소시민을 향해 투쟁해야만 하는 것을 강조했다. 그리고 부르주아 혁명에 성공하여 부르주아지가 지배자 자리에 오르면 바로 부르주아 계급에 대항하는 프롤레타리아 계급의 투쟁이 시작되어야 한다는 것이었다. 마르크스는 독일에 관한 한 이와 같은 2단계의 혁명을 주장한 것이다. 지금 독일은 민주주의(부르주아 민주주의)를 지향할 필요가 있다. 최후의 목표인 프롤레타리아 혁명에 이르기 위한 방책 또는 단계로서.

그러기 위해 마르크스는 프로이센 국민의회의 간접선거를 불참하기로 결의한 고트샬크파에 반하여 선거에 참가한다는 전술을 쓰기로 한다. 노동자를 도발하는 것에 대해서는 대문제·대사건으로 여겨 전인민을 투쟁에 나서도록 선동하는 것만이 봉기의 시기를 도래시킬 수 있다고 표명했다. 음모라든가 과격한 개인적 모험이라든가 막다른 무장봉기 같은 방법은 마르크스가 선호하지 않는 방법이었다.

〈새 라인신문〉은 이탈리아 독립전쟁을 지지했다. 공허한 헌법논의에 세월을 보낸 프랑크푸르트 국민회의의 잡담을 비판했다. 베를린 3월혁명이 미완성인 채 어중간하게 끝난 것은 반혁명 세력과 손잡은 프로이센 부르주아지의 탓이라고 비판했다. 파리의 6월봉기를 부르주아지에 대한 프롤레타리아트의 혁명이라고 특징짓고 이를 옹호하였다. 빈 반혁명은 독일 부르주아지의 비열한 배신에 기인한 것이라고 그들을 맹렬히 비난했다. 쾰른시장이 발령한 '노동자 복무규칙'에 관해서는 노동자계급에게 파렴치한 학대를 가하는 이 규칙은 영국 부르주아지에 못지않은 독일 부르주아지 만행의 역사적 기록이라고 비판했다. 호엔졸렌 왕가의 업적을 발표하며 이 가문의 역사는 폭력·배임·불성실 그리고 러시아 전제 제도에 필적하는 노예적 굴종으로 일관되어 있다고 했다.

한편으로 《임금노동과 자본》(앞서 강연에 나온 것)이라는 기초 과학적 논문도 게재했다(이것은 후에 《임금노동과 자본》이라는 작은 책이 된다).

계속되는 추방

이와 같이 통렬한 비판에 대해 관헌 당국이, 더구나 부르주아 혁명 전의 절대왕정의 관헌이 날카로운 눈을 돌리지 않았다면 도리어 이상한 일이었을 것이다.

〈새 라인신문〉에 출자한 주주는 하나둘 빠져 나갔다. 〈새 라인신문〉은 프롤레타리아트의 성숙과 함께 매우 인기가 높았으나, 그래도 마르크스는 신문의 자금과 원조를 얻기 위해 무척이나 고생하고 있었다.

신문의 편집장은 마르크스가 맡고 편집 진영은 뷔르거스·드롱케·엥겔스·빌헬름 볼프·페르디난트 볼프, 여기에다 나중에 참여한 시인 프라일리그라트 등의 동지가 있었다. 그러나 1848년 7월의 고트샬크와 안네케의 체포를 계기로 1848년 9월에는 또 몰·샤퍼·베커 등이 체포되었다. 신변의 위협을 느낀 엥겔스·드롱케·빌헬름 볼프 등은 쾰른을 떠나 망명했다. 마르크스의 경우는 더욱 심해 헌병이나 검사·군인, 나아가서는 왕실까지 모욕했다고 트집잡아서 번번이 경찰의 수색이나 예심판사의 심문을 받았다. 비방죄 용의자로 재판에 회부되고 군부로부터도 항의와 협박을 받았으나, 그래도 마르크스는 굽히지 않았다.

마르크스가 〈새 라인신문〉에 호엔졸렌 왕가의 업적(죄

노동자들에게 호소하는 마르크스

의 업적)을 발표한 것은 1849년 5월 9일이었다. 그후 바로 1849년 5월 11일 쾰른 당국은 드디어 마르크스에게 추방령을 내리게 된다.

5월 18일 〈새 라인신문〉은 붉게 인쇄된 종간호(301호)를 내고 독일 독자들에게 이별을 고한다.

시인 프라일리그라트는 이렇게 읊었다.

'우리가 시들어 죽어도
언젠가 왕관이 깨지는 날도 있지 않겠나,
그때 우리는 다뉴브 강가에서,
라인 강 절벽에서
다시 칼을 쥐고 일어나자.'

마르크스는 편집부를 대표하여 노동자들에 호소했다.

"결코 경거망동을 삼가라. 아주 작은 반란에도 계엄령이 내릴 것이다. 프로이센 군부는 그대들의 고요함에 절망할 것이다. 우리들은 이별을 앞두고 여러분의 협력에 감사한다. 우리들의 마지막 말은 언제 어디서나 같을 것이다. 즉 '노동자계급의 해방!'이라는 말이다."

마르크스는 〈새 라인신문〉의 뒤처리를 해야 했다. 개인소유인 인쇄기까지 팔아 경비를 충당했다. 브뤼셀 시절부터 이미 마르크스는 자주 돈에 쪼들렸다. 때로는 캄파니아 도움을 받고 때로는 친척이나 벗에게 빚을 내어 생계를 꾸렸다. 그때도 예니부인은 가재도구를 팔고 마지막에는 은식기까지 전당포에 잡혀 쫓겨가는 여비를 만들어야 했다. 참으로 가난은 투쟁과 공부와 함께 언제나 마르크스를 따라다녔다.

그렇게 도망간 곳은 일단 파리였다. 그러나 그곳으로 가는 도중에도 마르크스는 어떻게 해서든 독일 혁명을 되살려 보려고 설득 활동을 계속했다. 군대 경험이 있었던 엥겔스는 바덴의 혁명군에 참가하였다. 그러나 그 뒤 반혁명의 승리로서 전쟁은 끝이 났다(7월 23일).

6월 초 마르크스는 파리에 이르렀다. 프랑크푸르트에 있는 벗 바이데마이어의 집에 한때 거처를 정했던 가족(부인과 세 아이들 그리고 가정부 5인)도 얼마 뒤 7월에는 파리로 왔다. 그러나 반동화한 파리 또한, 이미 마르크스가 안주할 곳은 아니었다.

1849년 8월 24일, 마르크스는 가족을 잠시 파리에 남겨둔 채 평생의 망명지인 런던으로 향했다.

런던 망명

정세가 불리해지다

반동의 먹구름이 유럽 대륙을 덮었다. 이제 마르크스에게는 영국 이외에는 살아갈 곳이 없어졌다고 할 수 있겠다. 얼마 뒤 가족들도 런던으로 건너왔다. 스위스에 망명 중이던 엥겔스도 배편으로 이탈리아에서 런던으로 왔다. 런던에는 이런 망명객이 여럿 모였다. 혁명에 패배한 안타까움을 술집에서 말다툼이나 싸움으로 폭발시켰다. 그러는 것도 무리는 아니었지만 쓸데없는 욕설과 실랑이가 그치지 않았다.

이것을 본 마르크스는 엥겔스와 함께 당장 새로운 잡지 발행에 착수했다. 이론적 훈련과 대중 계몽의 필요성을 통감했기 때문이다. 새로운 월간 평론 잡지 〈새 라인신문, 정치경제 평론〉이 1850년 3월 상순, 함부르크에서 나왔다. 여기에 마르크스는 〈1848년 6월의 패배〉(후일 《프랑스에서의 계급 투쟁》으로 출판됨)를, 엥겔스는 〈독일 제국헌법 전쟁〉을 각각 실었다. 가까이서 체험한 사건을, 유물사관의 입장에서 분석하고 반성한 내용이다. 그러나 이 잡지도 6호(5~6호의 합병호)까지 내고 자금난으로 폐간하였다.

마르크스·엥겔스는 공산주의자 동맹의 재건을 꾀하였으나, 주변 정세가 나빠 생각대로 되지 않는 데다 재정까지 어려워지자, 성급한 혁명가들은 초조해하고 흥분하게 되었다. 결국은 술에 빠져 타락의 길로 들어서기도 하여, 드디어 동맹은 마르크스·엥겔스파와 빌리히·샤퍼파로 분열되었다.

마르크스는 전부터의 경제학 연구를 완성해 보려고 가까이에 있는 대영박물관에 드나들기 시작하였다. 엥겔스는 생활자금을 구하려고 런던을 떠나 맨체스터로 가서 장사를 시작했다. 이후 엥겔스는 생활적인 면에서도 마르크스에게 큰 도움을 주었다.

이 무렵만큼이나 마르크스 일가가 가난과 불행(자식의 죽음)으로 슬퍼한 적은 없었다. 그런 가난 속에서도 마르크스는 박물관 도서관에서 연구를 계속하는 한편으로는 공산주의 동맹의 지구위원회 의장으로 활약한다. 그러나 동맹 본부가 있는 쾰른에서도 지도자격인 공산주의자들이 차례로 체포되었다(1851년 5월 중순에서 6월까지). 대륙의 공산주의자 동맹은 사실상 소멸되고 말았다. 마르크스는 동맹을 존속시키기에는 때가 늦었다고 판단해 동맹의 해산을 제안했고, 결국 1852년 11월 17일 대륙 공산주의자 동맹은 해산되었다.

가난과 불행

당시 마르크스 일가는 극심한 가난으로 고생이 심했다. 우리들은 그 사실을 마르크스 부인이 프랑크푸르트에 있는 벗 바이데마이어 앞으로 보낸 편지를 통해 엿볼 수 있다.

'……나는 또다시 남편을 뒤쫓아 바다를 건넜어요. 한 달이 지나 우리들의 네 번째 아이(둘째 아들 하인리히)가 태어났지요. ……그러나 이 가련한 어린 천사는 내게서 너무나 많은 근심 걱정과 말없는 괴로움을 안겨 주었어요. 언제나 병약하여 밤낮으로 괴로워했어요. 이 아이는 태어나서부터 한 번도 밤잠을 푹 자지 못하고 고작 두세 시간을 잘 뿐이었어요. 게다가 요즘엔 경련도 생겨 바짝 말라 생사를 헤맸습니다. 이런 괴로움 중에도 이 아이는 어찌나 젖을 강하게 빠는지 저의 젖꼭지는 상처가 생기고 찢어졌어요. 떨리는 작은 입 안으로 피가 흘러드는 일이 자주 있었지요. …… 두 사람의 집달관이 집에 찾아와 우리들의 그 알량한 물건을 모조리 압류했습니다. 침대·내의·겉옷 등 모조리, 가엾은 갓난이의 요람은 물론 울고 서 있는 딸아이들의 장난감까지 눈에 띄는 대로. 그들은 두 시간 안에 한 가지도 남기지 않고 모조리 가져가겠다고 위협했어요. 나는 얼어붙은 아이들과 아픈 가슴을 안고 마룻바닥에 엎드렸어요. ……그 다음 날 우리들은 집을 나가지 않으면 안 되었어요. 날씨는 춥고 비가 내릴 듯한 흐린 날씨였지요. 남편은 우리가 지낼 만한 집을 찾아다녔지만 아이가 넷이라고 하면 아무도 우리에게 선뜻 집을 세 주려 하지 않았어요. 겨우겨우 한 벗이 우리를 도와 주었습니다. 우리들이 셋돈을 지불했습니다. 그러나 압류 소동이 있었다는 것을 안 약국·빵가게·우유가게 등에서 급히 계산서를 들고 모여들었습니다. 그래서 그것들을 지불하기 위해 급히 침대를 모두 팔아 버렸죠. ……이렇게 해서 우리들이 가지고 있는 물건 모두를 다 팔아 외상값을 다 갚을 수 있었습니다. 그리고 그곳에서 우리들은 아이들을 데리고 지금 있는 두 개의 작은 방으로 옮겨 왔어요. 레스터스퀘어 레스터가 1번지에 있는 독일인 호텔의 이 방으로. 여기서 우리들은 매주 $5\frac{1}{2}$파운드로 보통 사람 취급을 받게 되었습니다……'

(1850년 5월 20일 요세프 바이데마이어 앞으로의 편지)

가엾게도 이 편지에 나오는 둘째 아들 하인리히는 그 해 11월 19일 태어난 지 만 1년만에 발작증세로 죽고 만다. 다음으로 1851년 3월에는 셋째 딸 프란체스카가 태어났으나, 이 아이도 1852년 4월 한 살로 심한 기관지염 때문에 죽었다. 이 아이는 집안이 가장 어려울 때 태어나 고생한 끝에 세상을 떠났다. 장례치를 비용조차 없었다. 가까이에 사는 프랑스 망명객으로부터 빌린 2파운드를 가지고 작은 관을 샀다.

"이 아이가 태어났을 때 요람도 없었다." 아이 어머니는 이렇게 말하며 불행했던 어린 천사를 위해 눈물을 흘렸다. 그 슬픔이 눈에 선하다. 1855년 1월 넷째딸 엘리나가 태어났는가 싶더니 4월에는 큰아들 에드가가 장결핵으로 죽었다. 만 8세를 넘긴 소년이었는데도. 부모의 슬픔과 괴로움은 오죽하였겠는가. 엥겔스는 잠시 휴양삼아 맨체스터로 다녀가라고 마르크스 부부를 위로했다.

괴로움은 단련되고
사랑은 굽히지 않는다

가난과 불행의 극치인 상황에서도 마르크스는 굽히지 않고 투쟁과 연구를 계속했다. 그것은 또한 주변 사람들의 사랑과 신뢰에 의한 것이기도 했다. 많은 사람들이 말하듯이 마르크스 부부는 명랑

런던의 주거지 (1850~1856)
몇 층에 살았는지 확실치 않으나, 마르크스가 가장 어려웠던 시절을 보낸 곳이다. 이곳에서 《브뤼메르 18일》을 썼으며, 삼녀 프란체스카와 장남 에드가가 죽은 곳이기도 하다.

하고 기지와 유머가 풍부했다. 막내딸 엘리나는 양친에 대해서 이렇게 말한다.

"나는 때때로 생각합니다만 노동자 문제에 대한 헌신과 그와 거의 같을 정도의 강한 유대감이 두 사람을 묶어 놓았다고, 다시 말하면 그들의 변함 없는 끝없는 유머가 말입니다. ……단 한 번이라도 눈이 맞으면 억누를 수 없는 웃음꽃이 튀어나올 것을 알고 있었으므로 두 사람은 정면으로 얼굴을 쳐다보지 않으려고 하는 것을 나는 얼마나 자주 보았는지. ……참으로 두 사람은 온갖 괴로움이나 투쟁이나 곤경에도, 명랑한 부부였습니다……."

두 사람의 사랑과 신뢰에 관해서는 자주 말한 바 있다. 이런 극도의 괴로움 속에서도 그것이 괴로우면 괴로울수록 두 사람은 더욱더 군건히 결합되고 더욱더 신뢰가 깊어졌다.

마르크스 부부는 결국 딸 넷과 아들 둘 가운데 세 자식(맏아들·둘째 아들·셋째 딸)을 이 어려운 시대에 잃었다. 그러나 남은 세 딸은 모두가 아름

답고 빼어나서 부부의 자랑과 자부심이었다. 특히 막내딸 엘리나는 맏아들을 잃은 일도 있었기에 유난히 부모와 언니로부터 귀여움을 받았다. 또 남달리 아름답고 빼어나기도 하였다. 마르크스는 집에서는 '무어'라는 별명으로 불렸다. '무어'는 아프리카의 무어인을 말하는데 마르크스가 피부색이 검었기 때문에 그렇게 불렸을 것이다. 이 무어는 아이들의 더 없는 놀이 상대였다. 그는 무진장한 활기와 기지와 유머로 이야기를 들려 주었다. 또 호메로스나 셰익스피어를 읽어 주었다. 그리고 무어는 훌륭한 말이었다. 그는 등을 돌려, 올라타고 '이랴 츠츠' 하며 자기에게 채찍질하는 세 어린 것들(맏딸·둘째 딸·맏아들)의 말이 되어 놀아 주면서도 〈브뤼메르 18일〉이라는 논문을 썼다. 그리고 이 말은 막내딸을 무동 태우고 여기저기 왔다갔다 하는 명마였다. 가정의 행복한 광경이 눈앞에 선하다.

마르크스를 성질이 거친 사람이라고 하는 것은 반동적 부르주아의 망상에 지나지 않는다. 그리고 이 집에는 십수 년간 함께 고락을 같이 한 가정부 헬레네 데무트가 있었다. 그녀는 집안 모두로부터 그리고 마르크스의 집안을 방문하는 사람들로부터 사랑받은 성실한 부인이었다. 좋은 아내, 좋은 어머니인 예니는 사람을 행복하게 하는 가운데 자신의 기쁨을 찾아내는 그런 여성이었다. 사람들은 기꺼이 마르크스 집안에 모여들었다.

마르크스 부인은 바이데마이어 부인에게 보낸 편지에 이렇게 썼다.

'괴로움은 단련되고 사랑은 굽히지 않아요.'

무어는 외롭지 않아

참된 벗 엥겔스가 언제나 옆에서 마르크스의 운동과 연구를 그리고 또한 일가의 생계를 도왔다. 빌헬름 볼프도 영국으로 건너왔다. 브뤼셀에서 사귀게 된 이 사람은 공산주의자 동맹, 〈새 라인신문〉, 영국 망명 등을 통하여 마르크스·엥겔스와 행동을 같이 한 동지였다. 마르크스의 런던 서재에는 엥겔스와 이 사람의 사진이 걸려 있었다고 한다. 마르크스·엥겔스보다 앞서서 세상을 떠난 이 사람에게 마르크스의 대저작 《자본론》이 바쳐졌다.

빌헬름 리프크네히트, 이 사람은 1848년의 2월혁명이 일어나자 바덴 공화국 건설을 목적으로 한 의용군에 참가하였다. 패배하여 투옥되었으나 뒤에 스위스로 망명했다. '독일인 노동자협회'에 가맹하고 선동했다는 죄목 때문에 스위스에서 쫓겨나 런던으로 망명하여 마르크스·엥겔스와 친교관계를 맺게 되었다. 이 무렵, 때때로 마르크스 일가를 방문한 마르크스 제자 중 한 사람이다. 뒷날 독일로 돌아가 '사회민주노동당'을 창설하게 된다. 그 사람 이외에 샤퍼·레스너·로흐너·에카리우스 등 여러 사람도 스스럼없이 마르크스 집에 출입하였다. 그들도 모두가 가난하였다.

바이데마이어는 앞서 프랑크푸르트에서 쾰른으로 쫓겨난 마르크스의 가족을 한때 돌봐 주었던 공산주의자 동맹의 동지이다. 1848년의 혁명에도 참가하고, 1851년 미국으로 망명하였다. 그가 편집하게 된 〈레보루치온〉(혁명) 덕택에 마르크스는 《루이 보나파르트의 브뤼메르 18일》을 썼다. 루이 보나파르트의 쿠테타를 유물사관류로 분석하고 비판한 것이다. 그 후에도 바이데마이어는 여러 가지로 마르크스를 도왔다.

마르크스를 높이 평가하고 있었던 뉴욕의 데이나는 자기가 편집하는 〈뉴욕 데일리 트리뷴〉에 기고해 줄 것을 마르크스에게 의뢰해 왔다. 이것은 주 2회 정도의 간격으로 1862년 2월까지 약 10년간이나 계속되었다. 또한 데이나는 같은 회사에서 출간하는 백과사전의 집필도 마르크스에게 의뢰했다. 마르크스의 생활에 어느 정도 도움이 되었다.

대륙은행 지점의 지배인이 된 시인 프라일리그라트도 마르크스를 위해 돈을 융통해 주었다. 그와 마르크스와의 사이는 나중에 가서 서먹해지기는 하였지만.

그 외에 마르크스는 많은 신문이나 잡지로부터 의뢰를 받아 기고를 계속했다. 당시 이런저런 의미에서 노동자의 해방을 목표로 한 많은 사람들이 마르크스 가정에 또는 마르크스라는 인간에게 그리고 또는 그의 사상에 관계했던 것이다. '독일 노동 동맹'을 결성한 라살도 그중 한 사람이었다.

마르크스의 《경제학 비판》을 출판함에 있어서 베를린의 출판인 던켈과의 중간 역할을 하며 전력한 사람도 라살이었다.

마르크스는 이렇게 가정이나 우정에 둘러쌓여서 가난 속에서도 굽히거나 두려워하지 않고 연구와 투쟁을 계속해 나갔다.

《자본론》의 완성

《경제학 비판》 어렵게 나오다

이런 가운데서 마르크스의 본격적인 경제학서《경제학 비판》이 나온 것은 결코 쉬운 일이 아니었다. 런던으로 망명한 뒤인 1850년 9월 무렵으로부터 이 이론경제학을 마무리하는 작업을 다시 시작하였다. 대영 박물관 도서관 왕래를 시작하였다. 자주 마르크스 집에 출입했던 리프크네히트는 스승이었던 이 때의 마르크스를 이렇게 묘사하고 있다.

'이 무렵에 대영 박물관에는 훌륭한 도서관이 생겼는데 거기에는 매우 많은 장서가 비치되어 있었다. 마르크스가 매일같이 공부하던 그곳에 우리도 가 보라고 독촉을 했다. 공부 또 공부! 이 말은 그가 항상 우리에게 강조하던 말이었다. 그리고 그 말을 스스로 솔선수범하여 모범을 보여 주었다. 그뿐 아니라 언제나 공부를 게을리하지 않는 이 사람을 곁에서 슬쩍 엿보기만 하여도 배워지는 것이 있었다.'

그러나 실천운동에도 바빴고, 또 생활자금을 벌기 위해서 앞서 이야기한 것처럼 여기저기 저널리스틱한 일에도 손을 대야만 했다. 1년도 안 되어 후원자였던 엥겔스에게 '앞으로 얼마 안 가서 경제학의 골치아픈 작업은 모두 끝내게 될 것이다'라고 알려서 그를 기쁘게 했지만 그 기쁨은 잠시뿐이었다. 일을 완벽하게 하지 않으면 성에 차지 않는 마르크스에게는 그렇게 간단히 완성되는 일이 아니었다. 악전고투는 예상밖으로 몇 년이고 계속되었다. 가난이나 병고 등 가족의 불행과도 싸워야만 했다. 마르크스는 때때로 지병인 간질환 때문에 고생을 했다. 그럴 때 엥겔스나 라살을 비롯한 동지들이 보내 준 협력이나 격려는 잊을 수 없을 것이다. 특히 엥겔스는 언제나 마르크스에게 따뜻하게 정신적·물질적인 원조와 충고와 격려를 아끼지 않았다. 그의 덕택에 마르크스는 얼마나 장래에 대한 걱정을 덜었을 것인가. 1857~1858년 무렵에 와서 '마무리하기 위해 심야까지 미친 듯이 작업을 하고 있소'라든가 '아내가 원고 정리를 하고 있소'라는 말이 마르크스의 편지 속에 겨우 보인다.

1859년 1월 21일,《경제학 비판》의 탈고를 알리는 소식을 엥겔스에게 알렸다. 그리고 이 원고를 출판사에 보내기 위한 발송비와 보험료를 보태달라고 요청도 했다. 참으로 가난한 처지였던 것이다. 엥겔스가 기꺼이 보내 준 2파운드 덕택에 원고는 라살이 소개한 던켈서점(베를린 소재)에 발송되었다.

6월 10일 무렵 《경제학 비판》은 겨우 이 세상에 모습을 드러냈다. 부수는 1,000부. 그리고 이것을 다 팔려고 많은 사람들이 노력을 아끼지 않았다. 미국에 있는 벗, 바이데마이어도 노력을 보냈다.

'머리말'에서 마르크스는 이렇게 말하고 있다.

'1848~1849년의 〈새 라인신문〉 발행과 그 뒤에 일어난 여러 사건 때문에 나의 경제학 연구는 중단되었다. 1850년이 되어서야 런던에서 다시 경제학에 손을 댈 수 있었다. 대영 박물관에 쌓여 있는 경제학 역사에 관한 방대한 자료, 부르주아 사회의 관찰에 있어서 런던이 차지하는 유리한 위치, 끝으로 캘리포니아와 오스트레일리아의 금광 발견과 함께 부르주아 사회가 깊숙이 자리하는 것처럼 보이는 새로운 발전 단계, 이런 것들 때문에 나는 작업을 완전히 다시 시작하여 새로운 자료에 따라 이것을 비판적으로 마무리하기로 결심을 새로이 하였다. 이런 연구 가운데 어떤 것은 언뜻 보기에 전혀 관계없어 보이는 여러 과학으로 나를 저절로 빠져들게 만들어서 나는 그런 공부에 많건적건 시간을 할애해야만 했다. 그리고 나는 생활비를 벌어야 했기 때문에 자유시간도 줄여야만 했다. 내가 최고의 영자 신문인 〈뉴욕 트리뷴〉에 기고를 시작한 지 8년이 되어 간다. 이 신문은 권위 있는 신문이었기 때문에 원고에 특별히 신경을 써야 했고 그로 인해 연구시간에도 지장을 줄 수밖에 없었다. 그러는 동안에 영국이나 대륙에서의 눈에 띄는 경제적 여러 사건에 관한 논설이 나의 기고의 상당 부분을 차지하게 되었다. 그 때문에 나는 경제학 본디의 학문적 영역에 포함되지 않는 세상사에 대해서도 정통하지 않으면 안 되게 되었다.

경제학의 영역에 놓여 있는 나의 연구과정에 관한 이 스케치는 나의 견해가 어쨌든 오랜 시일에 걸쳐 양심적으로 연구한 결과라는 것만은 증명해 줄 것이다. 예를 들어서 나의 견해가 얼마나 평가받을지 그리고 그것이 지배계급의 이기적 편견과 얼마나 일치하지 않을지도……'

마무리의 제1단계

《경제학 비판》이 세상에 나온 1859년은 묘하게도 다윈의 《종의 기원》이 나온 해이다.

엥겔스가 말하고 있듯이 '다윈이 유기계의 발전 법칙을 발견한 것과 같이 마르크스는 인간 역사의 발전 법칙을 발견하였다.' 그뿐 아니라 마르크스는 자연과 인간과의 발전을 통일적으로 종합적으로 분명히 밝혔다고 할 수 있겠다. 마르크스는 이것에 따라 '가짜' 사회주의나 공산주의를 정리하고 '마르크스적' 공산주의의 과학적 승리를 쟁취하려고 하였다. 앞서 말한 머리말의 '유물사관'의 정형은 그것만으로도 커다란 가치를 지니고 있다. 그러나 이 뛰어난 저서도 그 당시에는 겨우 1,000부가 발행되는 데 그쳤다. 또 그 정도로 마르크스의 이론은 이해되지 못했던 것이다.

자본주의 사회의 상품 분석에서 시작하여 화폐의 분석에까지 이르는 이 책은 그러나 본격적인 경제학 연구의 제1권에 해당될 뿐이었다. 그것은 《자본론》으로 계승되어 가야만 할 것이고 사실상 《자본론》에 가서 보다 드넓은 체계의 일부로서 받아들여진다. 따라서 나는 《경제학 비판》의 내용 설명을 《자본론》의 그것으로 대신하고 싶다.

그러나 그것은 이 《경제학 비판》의 의미나 가치를 경감시키는 것은 아니다. 오히려 그 반대라고도 말할 수 있을 것이다. 다시 말하면 참된 과학적 사회주의 이론, 노동자 및 인간해방의 과학적 이론의 완성은 《경제학 비판》에서 비롯된다는 것이다.

앞서의 《공산당선언》은 공산주의자 동맹의 선언이고 실천강령이었다. 그것은 또한 그 뒷받침이 될 냉정한 이론을 필요로 한다. 자본주의의 구조·모순·몰락의 필연성, 부르주아 경제학이 지닌 문제·모순·거짓, 자본주의의 필연성을 실천에 옮기는 프롤레타리아트 계급의 출현·운명·투쟁…… 이것들이 이론적으로 밝혀져야만 했다. 프롤레타리아트를 위한 이런 이론적 무기, 마르크스는 이런 무기의 필요를 통감하여 책상 앞에 앉아 이 무기의 제작에 몰두한 것이다. 그것이 바로 《경제학 비판》이고, 《자본론》이었다.

완성에 악전고투

과학적 사회주의 마무리 작업의 제1단계는 내디뎠다. 그러나 제2단계, 제

3단계로의 길은 멀고도 냉엄했다. 마르크스는 가난과 실천적 투쟁이외에도 병과 중상모략 때문에 괴로움을 겪어야 했다. 다시 말해서 그에게 있어서는 그야말로 본격적인 작업이라 할 '인터내셔널(국제노동자협회)' 설립을 위해 노력하지 않으면 안 되는 때에 가난 때문에 경제학 연구가 아닌 저널리스틱한 기고문에 시간을 빼앗기지 않으면 안 되었다. 아직 그럴 나이도 아닌데 지병 때문에 때때로 고통을 겪었다. 그리고 포크트라는 인물의 중상 때문에 괴로움도 당했다. 책략가인 보나파르트(나폴레옹 3세)에 매수된 포크트는 거짓 사실 조작으로 마르크스뿐만 아니라 그의 지도를 받던 공산주의자 동맹까지 상처를 주려고 하였다. 묵과할 수 없게 된 마르크스는 '포크트'라고 하는 '반박서'를 내며 싸웠다.

이러는 가운데 경제학을 완성하기 위한 연구가 계속되었다. 그러기 위한 노트는 요즘 같은 전집으로 만들면 수십 권이나 될 정도였다고 한다.

《경제학 비판》이 세상에 나온 지 만 7년 뒤인 1866년 11월, 《자본론》제1권 한 묶음의 원고가 함부르크의 오토 마이스넬 서점에 보내졌다. 다음 해인 1867년 4월에는 마르크스가 '나머지 원고'를 직접 가지고 혼자서 함부르크로 갔다. 돌아오는 길에 하노버에 있는 구겔만의 집에 들렀다. 일찍부터 마르크스의 지지자였던 구겔만은 진심으로 마르크스를 환영하고 따뜻하게 대접하였다. 엥겔스의 기쁨은 각별했다.

'만세! 나는 이렇게 소리높이 외치지 않을 수 없었네. 제1권이 완성되어 그것을 가지고 함부르크로 간다고 흰 종이에 분명하게 쓴 자네의 편지를 드디어 읽었으니까. 생명의 핵이 꺼지지 않도록 2파운드 반의 지폐 7매를 동봉하네. 모두 35파운드 보낼 작정이었으나 나머지 절반은 보통전보를 받는 대로 곧 보내 주겠네.'

엥겔스는 이렇게 적으며 함께 기뻐하였다. 마르크스는 여행지에서, 또 런던에서 엥겔스에게 마음을 담아 오랜 정신적·재정적 도움에 대한 감사와 사죄의 편지를 보냈다.

'자네가 없었다면 나는 이 일을 마무리할 수 없었을 걸세. 단언하건대

자네가 자네의 능력을, 주로 나를 위해 장사에 전념함으로써 녹슬게 만든 일, 게다가 나의 작은 불행까지 모두 나와 함께 했다는 것이 항상 내 양심의 가책으로 무거운 짐이 되고 있네. ……나는 그저 자네에게 감사할 뿐이네. 제1권을 완성시켰다는 것을! 나를 위한 자네의 헌신이 없었다면 나는 이 터무니없는 작업을, 3권으로 정리할 수 없었네. 가슴 벅찬 나는 감사로 자네를 끌어안을 것이네!'

그렇다고는 해도 마르크스의 고생 또한 대단했다. 1867년 4월 미국으로 건너간 벗 지그프리드 마이어에게 보낸 편지는 그 괴로움을 잘 말해 준다. 마르크스는 목숨을 걸고라도 살찐 돼지보다 야윈 소크라테스가 되려고 하였다.

'내가 답장을 하지 못한 것은 끊임없이 죽음의 언저리를 헤매고 있었기 때문이네. 그래서 나는 저서를 완성하기 위해서는 일을 할 수 있는 어떤 순간도 이용해야 했네. 이 책을 내기 위해 나는 건강도, 인생의 행복도, 가족도 희생물로 바쳤다네……. 나는 이른바 현실주의자나 그의 지혜가 되는 것을 조소하네. 만일 한 마리의 소였다면 처음부터 인류의 괴로움 같은 것에는 등을 돌리고 자신의 목숨만을 위해 근심하면 되었겠지만. 그러나 내가 나의 저서를 적어도 초고의 형태로조차 완성시키지 않고 이 세상을 하직했다면 어떻게 되었을까. 그야말로 참으로 세상에 아무런 도움도 못된 인간이었다고 생각하지 않을 수 없었겠지…….'

엥겔스를 비롯한 사람들의 우정과 마르크스의 뼈를 깎는 노력으로 1867년 생명을 내건 대저작, 참으로 질적으로도 양적으로도 대저작이 된 《자본론》의 제1권이 세상에 나오게 되었다. 《자본론》의 정확한 명칭은 《자본론―경제학비판》이다. '머리말'의 첫부분에서 마르크스는 이렇게 자기 입장을 밝히고 있다. '내가 제1권을 세상에 전하려 한 이 일은 1859년에 공개한 나의 저서 《경제학 비판》을 이은 것이다. 《경제학 비판》과 속편격인 《자본론》 사이의 오랜 틈은 나의 작업을 때때로 중단시킨 오랜 병 때문이다.' 그리고 앞서 말한 것처럼 이 대저작은 이미 세상을 떠난 동지 볼프에게 바쳐졌다.

'잊을 수 없는 나의 벗, 용감하고 충실하고 고결한 프롤레타리아트의 선봉에선 투사 빌헬름 볼프에게 이 글을 바친다.'

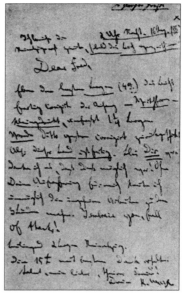

그런데 제2권(1885), 제3권(1894)의 출판은 동지인 엥겔스의 손을 거치지 않으면 안 되었다. 또한 제4권이 될 예정이었던 《잉여가치 학설사》의 출판은 20세기에 들어서야 이루어졌다.

《자본론》과 인간해방

우리들은 지금 마르크스 연구의 마지막 단계에 이르렀다. 생각해 보면 참으로 길었지만 잠깐 되돌아보기로 하자.

마르크스가 엥겔스에게 보낸 편지
(1867년 8월 16일)

《자본론》은 경제학 연구의 성과이고, 《경제학 비판》의 속편이었다. 그리고 그것은 시민사회 내지는 자본주의의 구조를 분석하고 그 필연적 법칙을 밝히는 일이었다. 자본주의의 구조나 법칙의 해명은 동시에 자본주의의 모순이나 자본주의의 도굴꾼을 밝히는 일이었다. 그리고 이것은 인간다움을 잃게 되고 인간다움에서 소외된 극단의 경우라 할 프롤레타리아 계급을 해방시키기 위한 것이었다. 프롤레타리아 계급의 해방은 계급 그 자체의 폐지를 목표로 하는 것이고 인간해방에 연계되는 것이었다. 그러니까 《자본론》은 바로 프롤레타리아와 인간을 해방시키기 위한 과학이고 이론이었던 것이다. 프롤레타리아에서 인간을 해방시키기 위한 혁명의 실행자가 바로 프롤레타리아 계급인 것이다. 그리고 그것을 지도하는 자가 공산주의자였다. 그러니까 《자본론》은 그와 같은 공산주의자나 프롤레타리아를 위한 과학이자 이론이고 정신적 무기인 것이다. 그런 의미에서 《자본론》은 과학적 사회주의인 동시에 과학적 공산주의인 것이다.

우리들은 다음 사항을 간과하지 말아야 할 것이다. 인간해방을 근본 목표로 하는 이상, 《자본론》은 혁신적 경제학이요, 정치학인 동시에 또한 혁명적 철학이요, 도덕의 과학이 되기도 했다는 사실이다.

오늘의 시민사회 내지는 자본주의 사회는 참으로 복잡하다. 여러 가지 모순이나 불합리, 부정을 알고는 있지만, 그 실체는 파악하기가 어렵다. 따라서 어떻게 해야 할지도 모른다. 그뿐이 아니라 오늘의 이 사회의 지배자로서 이 사회의 존속을 바라는 사람은 이런저런 교묘한 방법으로 이 사회의 고름과 암을 감추려 한다. 그뿐 아니라 이 고름이나 암으로 고통받으며 그 희생이 되어 있는 사람들의 눈을 가리고 이 사회야말로 정의롭고 낙원이고 영원한 것처럼 보이도록 하려고 한다. 이런 가식적인 본성을 폭로하는 일이야말로 철학의 임무이고 과학의 사명이었다. 마르크스는 〈경제학 비판〉 머리말 끝에 배우는 사람의 태도를 이렇게 요구하고 있다.

과학의 입구에는 지옥의 입구와 마찬가지로 다음의 요구를 걸어 놓아야만 한다.
여기서 그대는 모든 우유부단을 버려야만 한다. 여기서 모든 두려움을 죽이는 것이 좋다.

《자본론》 완성 당시의 마르크스

진리를 향한 용기 그리고 진리의 통찰, 거기서부터 혁명에의 프롤레타리아 해방, 그리고 인간 해방에 대한 흔들림 없는 확신도 생겨날 것이다. 그런 필연의 법칙, 필연적 진리에 근거해서 비로소 실천도 그 목표에 이를 수가 있다. 조금의 엉성함도 없는 과학적 법칙에 따름으로써 인간의 달여행이 가능한 것처럼 말이다. 《자본론》은 그런 사회적 실천(혁명)에 근거해서 역사 내지는 사회의 운동 법칙을 밝히고 있다.

그렇다면 《자본론》은 이 부르

주아 사회 내지는 '자본주의'의 구조와 모순을 어떻게 분석하고 있는가? 다음에는 《자본론》의 내용을 살펴보기로 하자.

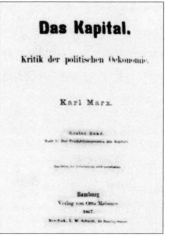

《자본론》(1867)

가치와 사용가치

우리들은 살아가기 위해서 필요한 물건을 생산해야만 한다. 이와 같은 물건의 생산은 태고적으로부터 혼자가 아니라 공동으로 만들어졌다(사회적 생산). 사람들은 자기들에게 필요한 것을 자기들이 만들고, 그리고 자기들이 사용하고 소비했다.

그런데 오늘날의 이 사회는 매우 세분된 분업을 통해 물건이 생산되며, 따라서 생산물은 거의 모두가 상품이라는 형태를 취하게 된 사회에서 필요한 물건의 일정 부분을 어떤 곳에서 생산하여, 그것을 다른 곳에서 생산된 것과 서로 교환한다. 우리들은 오늘날 화폐를 매개로 상품을 매매하지만 가장 단순한 교환, 예를 들면 A상품의 x분량과 B상품의 y분량과의 교환을 생각해 보자.

교환이 이루어지는 이상. 그 각각의 용도(사용가치)가 다르지 않을 수 없다. 갑은 을이 가진 B를 원하고, 을은 갑이 가지고 있는 A를 원하니까 두 사람은 교환이라는 행위를 한다. 그러나 사람이 납득해서 각 상품의 일정량을 교환하는 이상은 양자(A의 x량과 B의 y량)에게는 같은 크기의 공통물이 존재한다고 보아야 한다. 무엇이 같은가. 그것은 A상품의 x량과 B상품의 y량을 생산하는 데 들어간 시간(인간노동의 투입량)이 같을 수밖에 없다. 인간노동이 투입된 가치가 같다는 말이다. 즉 물건과 물건의 교환은 설사 화폐를 매개로 해서 복잡해졌다 하더라도 본디가 인간노동의 교환이고, 인간노동이라는 가치의 교환이다. 그리고 인간노동의 양이 교환의 비율을 결정하는 것이다.

물론 어떤 물건의 일정량을 생산하는 데 필요한 노동량이라 하더라도 그것은 구체적 개개인의 경우의 노동량은 아니다. 같은 상품, C를 생산하더라도 어떤 곳에서는 5시간 걸리고 어떤 곳에서는 7시간 걸린다. 또 어떤 곳에서는 3시간으로 충분하다. 이런 경우, C상품의 가치(일반적으로 C상품을 생산하는 데 필요한 노동량)는 그것들의 평균이 된다. 다시 말하면 상품의 가치(구체적으로 드러나는 것은 교환가치, 또는 값)는 그 상품을 생산하기 위한 사회적 평균 노동에 의해서 계산된다. 우리 집 텔레비전이 50만 원이다. 이것은 이 텔레비전을 만들기 위해 대체로 사회적 평균으로 보아 50만 원 드는 것을 의미한다. 50만 원이 든다는 말은 이 텔레비전을 만들기 위해서는 사회적으로 평균하여 50만 원 상당의 노동을 필요로 한다는 말이다. 어떤 상품의 가치, 즉 그것을 생산하는 데 필요한 노동량을 일정불변한 것이 아니다. 그것은 생산 부문에 있어서의 생산력의 진전에 따라 감소한다. 일반적으로 말하면 인류 문화의 발달에 따라 생산력은 더욱 높아져간다. 따라서 상품생산에 필요한 노동량, 즉 상품가치는 하락하는 경향을 가지고 있다(이 가치의 구체적 표시인 값은 명목적으로는 여러 가지 조건 때문에 오르락내리락 한다).

어쨌든 상품은 모두가 가치와 사용가치의 두 가지 면을 가지고 있다. 쓸모 있고 사용가치를 가지고 있기 때문에 그 특수성에 따라 인간 사회에서 생산되고 교환이 된다. 가치, 즉 인간노동이 투입된 것이니까 그 투입량에 따른 일정한 비율에 의해 쓸모 있고 사용가치를 갖는 다른 상품(똑같이 인간노동의 투입물이기는 하지만 질적으로 다른 물건)과 교환된다.

상품이 신이 된다

우리들은 살아가기 위해서 물건을 생산한다. 생산 없이는 인간의 생존도 있을 수 없다. 물건의 생산은 인간의 노동에 의한 것이다. 이 생산적 노동은 어떤 자연물에 대한 인간의 두뇌·신경·근육·감각기관 등의 소모이고 지출이다. 그리고 우리들은 생산을 위해 일정한 시간 동안 노동하지 않으면 안 된다. 땀방울 흘리는 시간의 길고 짧음은 큰 문제이다. 또한 생산에는 크든작든 자기 혼자서 할 수 있는 것이 아니고 사회적으로 서로가 관련되어 있다. 우리들이 물건을 생산하고 직접 그것을 쓸 경우에는 이런 일들을 분명하게 알고 있다.

그러나 우리들의 생산물이 상품이라는 형태를 취하게 되면 이것은 날뛰기 시작한다. 생산물이 일정 시간 이마에 땀 흘린 결과이고, 사회적 관련 속에 만들어진 물건이라는 사실을 잊고 대강 보아 넘기게 된다. 생산물이 상품으로서 교환될 경우, 특히 돈이 매개가 되는 경우, 그것이 땀 흘린 일정한 사회적 인간노동의 교환이라고 하는 것은 눈에 보이지도 않는다. 인간노동이야말로 물건가치의 원천이라는 사실은 잊혀진다. 문제는 오직 물건으로서의 상품이 되고 나아가서는 돈이 된다.

여기서 상품으로서의 생산물은 물건 그 자체로서 보게 된다. 그 상품가치는 그 물건 자체가 가지고 있는 본성이고 속성이라고 여겨진다. 거래 기타 상품 간의 관계(본디는 인간노동의 상호간의 관계를 반영하는 것)는 상품이라는 물건과 물건의 관계라고까지 여겨진다. 여기서 상품 또는 돈이 신이 되고 왕이 되어 인간을 지배한다. 인간은 물건 앞에, 돈 앞에 무릎을 꿇게 된다. 돈이라는 신은 세상만사를 좌우하고 지배한다. 지옥의 판가름도 돈나름이 된다. 마침 본디는 인간의 머릿속에서 생겨난 종교가 인간의 세계에서 독립하여 인간의 세계를 지배하고 인간을 무릎꿇게 만든 것처럼.

상품이나 돈이 신이 되면 그것은 만들어 낸 사람이 아니라 그것을 집 안에 모시고 신주단지처럼 모시고, 수중에 넣은 사람이 신의 위력을 빌어 세상을 지배하게 된다. 이렇게 해서 상품의 세계, 즉 자본주의 사회에서는 주객이 뒤바뀌는 것이다.

노동력이라는 상품

그런데 상품을 부를 돈을 만들어 낸 사람이 아닌 인간이 어떻게 해서 그것을 손에 넣고 세상을 지배하게 되는 것일까? 여기에 바로 자본주의 사회의 비밀이 있는 것이다.

부르주아 시민사회의 역사적 전개는 노동자를 만들어 냈다. 노동자라는 인간은 살기 위해 자기의 몸=정신적·육체적 능력='노동력' 말고는 아무것도 가진 것이 없다. 그러므로 이 단 하나, 소유물='노동력'을 팔아 임금을 받고, 그것으로 자기와 자기 가족의 생존을 유지해야만 하는 것이다. 노동자의 노동력조차도 상품으로서 시장(노동시장)에서 매매되는 것, 여기에 자본주의 사회 특유의 현상이 있는 것이다.

노동자는 자기의 오직 하나의 소유이자 상품인 노동력을, 살기 위해서 오늘 팔고 내일도 팔고 그 다음 날도 팔아야만 한다. 한편으로 이 상품(노동력이라는 상품)을 사는 사람은 '돈'을 가진 자본가이다. 물론, 이 상품의 매매도 다른 상품의 경우와 똑같은 구조로 되어 있다. 파는 사람과 사는 사람은 자유로운 입장, 평등한 입장에서 거래도 하고 계약을 맺는다. '노동력이라는 상품'이 사는 사람에게 쓸모 있으니까(즉 사용가치를 가졌으니까) 자본가라고 하는 구매자가 이것을 산다. 그리고 뒤에 가서 분명해지듯이 사지 않을 도리가 없는 것이다. 자본주의를 위해서는 노동력이라는 상품은 필수불가결한 요소이기 때문이다. 그리고 이 상품 또한 상품인 이상 가치와 값을 가지고 있다. 그것이 바로 임금이다. 그리고 이 상품의 가치(임금의 많고 적음)도 또한 다른 상품과 똑같이 이것을 생산하기 위한 가치(비용)에 의해서 결정된다. 노동력을 생산하기 위한 비용은 노동자와 그 가족의 생계비인 것이다. 그것이 임금이라는 형식으로 지불되는 것이다. 노동자는 노동력을 그 가치만큼 팖과 동시에, 노동력이 가진 사용가치를 사는 사람의 쓰임에 맡기는 것이다.

거래의 자유! 계약의 자유! 분명 자본가와 노동자는 이런 자유 아래에서 노동시장을 중심으로 서로 마주했다. 자유독립의 평등한 인격으로써 상대하였다. 자본가는 노동력을 사야만 하고, 노동자는 노동력을 자본가에게 팔지 않으면 살아갈 수가 없다. 이런 관점에서 본다면, 각자가 스스로의 이익을 생각하는 가운데 자연적으로 전체의 조화가 나타났다고 말할 수 있다. 그러나 자본주의의 전개는 그 속에서 노동력을 파는 사람을 만들어왔고, 뒤에 나오듯이 더욱더 많이 파는 사람을 만들게 된 것이다. 그러니까 자본가는 노동력이라는 상품을 사는 데 어려움이 없어지고, 어떤 것을 얼마만큼 살 것인가 그동안의 구입량을 언제 얼마만큼 줄일 것인가 하는 것은 전적으로 매수자인 자본가의 자유가 되었다. 그렇지만 매매자인 노동자의 입장에서는 노동력을 팔 것인가 말 것인가를 선택할 여지가 없다. 살아가려면 반드시 팔아야만 하기 때문이다. 팔 자유는 있지만 팔지 않을 자유는 없다. 이런 자유와 평등이 자본주의 사회에서의, 자유·평등의 참모습인 것이다.

잉여가치

사들인 상품을 산 사람이 어떻게 사용하고, 어떻게 이용하는가 하는 것은 산 사람의 자유이고 권리이다. '오늘 하루만'이라는 계약으로 임금을 지불하고 사들인 '노동력 상품'을 어떻게 쓸 것인가는 산 사람인 자본가의 자유이다. 그래서 산 사람인 자본가는 반드시 이 상품의 가치 이상으로 이 상품을 사용한다. 구체적으로 말하자면 이런 이야기이다.

노동력을 판 노동자가 산 사람을 위해 가령 6시간 일하면 그것은 노동자 자신의 하루치의 생활비에 해당하는 것(이 노동력의 가치)을 생산해 버린다. 말하자면 임금에 해당하는 가치물을 생산한 셈이다. 받은 임금만큼 되돌려 준 셈이다(이 6시간을 '필요노동'이라 한다). 그런데 구매자인 자본가는 결코 6시간 사용하는 것으로 끝내는 일이 없다. 반드시 6시간 이상(예를 들면 6시간을 더 시켜 도합 12시간) 사용한다(즉 일을 시킨다). 이 필요노동 이상은 자본가가 지불 없이 자기의 것으로 하는 것(착취)이다. 이것을 잉여노동(또는 지불하지 않는 노동)이라 하고, 이 노동이 낳은 가치를 '잉여가치'라 한다. 위의 예를 본다면 6시간이 노동력의 가치이고, 나머지 6시간은 노동자가 무상으로 제공한 잉여가치이다. 그러니까 착취율(잉여가치율)은 $\frac{6}{6}$=100%가 된다. 사는 사람인 자본가가 노리는 것이 이 잉여가치이다. 노동력을 사들인 목표가 여기에 있었던 것이다. 잉여가치가 없다면 자본가는 살아가지 못한다. 따라서 잉여가치의 생산, 다시 말해서 생산에 있어서의 돈벌이는 자본주의적 생산양식의 절대적 법칙이다. 그리고 이것은 사실은 자본가에 의한 임금노동자의 착취라고 하는 인간관계를 나타내는 것이다.

자본가가 잉여가치를 증대시키려고 하는 것은 당연하다. 그는 노동시간의 12시간을, 13시간으로, 14시간으로, 나아가서는 15시간으로까지 연장한다. (영국에서 보는 바와 같이) 여기에서 이것(노동하는 날, 하루의 노동시간)을 단축시키려는 노동자계급과의 사이에 투쟁이 생긴다. 그러므로 보다 교묘한 방법은 앞서 말한 필요 노동시간 6시간을 4시간으로 하는 것이다. 그것은 생산력을 상승시킴으로써 노동자의 생활필수품인 상품을 싸게 만들고, 노동력의 가치를 저하시킴으로써 가능할 것이다. 그리하여 협동·분업과 매뉴팩처, 기계와 대규모 공업이라 하는 노동 생산성 발전의 역사적 과정이 형성된다.

잉여가치, 즉 지불되지 않은 노동이야말로 바로 자본주의의 본질이자 자본가와 노동자와의 계급적 적대의 근원인 것이다.

자본축적과 노동자의 운명

따라서 이런 자본주의 사회가 존속되고 발전하려면 이 관계(잉여가치의 생산, 지불되지 않은 노동의 착취)가 계속되고 되풀이되어야 한다. 이 관계가 재생산되어야만 한다.

잉여가치가 자본가에 의해서 모두 소비되어 버리면 같은 규모의 생산과정의 반복('단순재생산')이 일어난다. 이에 대하여 잉여가치의 일부분이 자본으로 전환된다면, 즉 자본의 축적이 이루어진다면 '확대재생산'이 진행되는 것이다.

아무튼 이 자본제 재생산 과정—이것은 사회적 총자본의 재생산이다—은 단순히 사회에 있어서의 상품 또는 잉여가치를 생산할 뿐이 아니다. 동시에 그것은 사회에서 한쪽 자본가와 다른 쪽 노동자를, 다시 말해서 자본가와 노동자라고 하는 인간관계를 생산하고 재생산하는 것을 말한다. 더욱이 자본축적 내지 확대재생산은 노동자측의 운명에 심각한 영향을 미친다.

자본축적이 진행됨에 따라서 노동생산력이 증대한다. 그 결과, 자본 가운데 생산수단(원료·도구·기계 등)을 위해서 투입되는 부분('불변자본', 왜 불변인가 하는 것은 뒤에 설명하겠다)과 노동력을 사려고 투입되는 부분('가변자본'—가변의 이유는 뒤에 설명하겠다)과의 비율(자본의 유기적 구성)이 달라진다. 즉 당연히 불변자본 부문의 가변자본 부분에 대한 비율이 증가한다(자본의 유기적 구성이 높아진다). 자본축적은 필연적으로 자본의 유기적 구성을 고도화시킨다. 즉 총자본이 증대함에 따라서 그 안에서의 가변자본 부분의 비율(노동을 필요로 하는 비율)이 누진적으로 감소한다. 그래서 노동자의 인구가 상대적으로 과잉 상태가 된다. 과연 총자본이 양적으로 증대하고 그 증대의 정도도 높아짐에 따라서 자본에 흡수되는 노동자의 인구(취업 노동자의 숫자)도 크게 늘어난다. 결국 절대량으로 보아서는 늘어난다. 그러나 한편으로 '자본의 거대화'는 중소기업을 멸망시키거나 경쟁 업체를 망하게 해서 노동자의 숫자를 증대시킨다. 기계 채용에 의한 자동화는 부녀자나 아이를 부리게 되어 반대로 남자 노동자를 쓰지 않게 만든다. 불황을 맞아 많은 수의 노동자가 일자리에서 쫓겨나 규모도 확대된다. 이런 이유로 해서 자본축적이 노동자 인구의 상대적 과잉 상태를 가져오게 만든다(상대적 과잉 인구 또는 산업 예비군 조성).

그리하여 호황, 불황의 파도를 타는 자본제 생산양식을 위해서 때로는 흡수하고 때로는 방출이 가능한 이런 예비군이 불가결한 것이다. 그래서 노동자계급은 현역과 예비로 나뉘고 만다. 그 때문에 예비군(실업자)은 현역군에 대신해 들어서려고 현역 노동자를 압박하고 그들의 요구를 억제한다. 이런 내부 분열이야말로 자본가계급에게는 너무 잘된 일인 것이다. 이렇게 해서 사회의 부와 자본, 노동자의 수와 생산력, 이런 것들이 커질수록 산업 예비군(실업자)은 차츰 많아지고 노동자계급 전체의 궁핍화도 차츰 심해져 간

당시의 마르크스와 딸들
뒤의 왼쪽 마르크스, 오른쪽 엥겔스, 앞의 왼쪽 맏딸 제니, 막내딸 엘리나, 둘째 딸 라우라(1860년대).

다. 그러므로 한쪽 극(자본가계급)의 부의 축적이 다른 쪽 극(노동자계급)에서는 아이러니하게도 동시에 가난·노동고·노예 상태·무지·난폭·도덕적 타락 등이 축적되게 된다.

생산수단을 소유하지 못한 채 노동력을 자본가에게 판 노동자계급으로서는 노동과정은 남을 위한 육체적·정신적 에너지의 방출이었다. 노동자는 이렇게 해서 노동과정으로부터 소외당했다. 따라서 또한 스스로의 노동의 산물인 생산물로부터도 소외당하는 것이다. 그리고 잊어서는 안 될 것이 이렇게 해서 노동자로부터 소외된 생산물이 자본이라는 모습으로 태어나게 된다는 사실이다. 다시 말해서 차츰 노동자를 지배하고 차츰 더 그들을 착취하여 그들을 불안·실업·가난·고뇌·예속·무지·난폭·타락으로 몰아가도록 만들게 된다는 것이다. 가치를 창조한 노동자의 노동 그 자체가 노동자 자신을 더욱 더 불행하게 하고 차츰 비인간화시키고, 반대로 착취하는 자본가를 차츰 더 힘있게 만든다. 일을 하면 할수록 차츰 더 자기 목을 죄게 되는 것이다. 이 무슨 모순인가. 그리고 그것이 자본주의적 생산양식의 절대적 일반법칙인 것이다. 자본이 지배하는 한은 이 법칙은 일관될 것이다. 그렇다면 일하는

자에게는 절망뿐인가?

이윤율의 저하

자본주의적으로 생산된 상품가치(W)는 불변자본(c), 가변자본(v), 잉여가치(m)로 구성된다.

불변자본이란 생산수단(원료·기계 등)에 투입되는 자본 부분이며, 이것은 아무런 새로운 가치를 낳지 않는다. 새로운 가치를 낳는 것은 생산수단에 사람의 손을 통해 물건을 생산하는 노동력이다. 더욱이 이것은 그가 가진 가치 이상을 만들어 낸다. 따라서 노동력을 구입하기 위한 자본분은 스스로를 바꾸어 증식하는 자본(가변자본)이다. 그리고 증식한 부분이 잉여가치이다. 이것은 가변자본이 불어난 것으로 자본가가 거저(지불하지 않고) 손에 넣은 부분이고, 자기가 사들인 노동력을 가치 이상으로 사용함으로써 착취한 것이다.

그러므로 'W=c+v+m'이다. 그러나 이 W 속에 자본가가 지출한 생산비는 'c+v'이다. 앞서 말한 바와 같이, m은 v에서만 생겨나는 것이다. 그럼에도 자본가는 이 m을 투여된 총자본(C)—이것은 c+v—에 대한 가치증식분(이윤)으로 나타낸다. 이렇게 해서 잉여가치(m)는 '이윤(p)'으로 전환된다.

잉여가치율 $\frac{m}{v}$이 아니라 $\frac{m}{C}\left(\frac{m}{c+v}\right)$, 즉 이윤율이 문제가 된다.

그래서 C(총자본)의 모든 부분이 이윤의 원천인 것처럼 나타나, 잉여가치의 생산 비밀(지불하지 않은 노동착취의 본질)이 숨겨진다. 이렇게 해서 자본·임금노동 관계가 흐려져 버린다. 그리하여 착취가 부풀려진 이 관계가 영원히 신성한 것처럼 여겨지는 것이다.

자본주의가 발전함에 따라 생산력은 증대한다. 서로가 경쟁하는 여러 자본들이 되도록 유리한 조건으로 승리자가 되기 위해서, 기술상의 개선을 통해 생산력을 높이려고 한다. 그러나 생산력 증대는 자본의 유기적 구성을 끊임없이 높인다(v에 대한 c의 비율이 증가한다). 유기적 구성이 높아지면 이윤율은 저하된다. 기계·기구·건물 등 고정자본이 급속히 증대되고 자본 전체의 회전이 둔화되는 것도 이윤율을 저하시킨다. 자본가는 되도록 많은 이윤을 손에 쥐려고 기술을 높이고 생산력을 증대시킨다. —그렇게 안 할 도리가 없다. 하지만 그 노력의 결과, 이윤율의 저하라고 하는 아무도 원치 않았던 일이 일어나는 것이다.

그러나 이윤율의 누진적 저하에도 자본에 의해 생산되는 잉여가치, 따라서 이윤의 절대량을 증대시킬 수는 있다. 또 자본가는 반드시 그렇게 하려고 한다. 이것은 투입자본의 양을 크게 늘림으로써 가능하게 된다. 그것 때문에 자본의 가속적 축적, 자본의 집적이나 집중이 생긴다. 그리하여 이윤율은 저하되나 이윤량의 증대는 가능하다.

그런데 이윤율의 저하는 생산력이 더 발전하는 데 방해가 되고 자본주의적 생산과정의 발전을 위협하게 된다. 그래서 부르주아 사회가 어느 일정 단계에 오면 앞이 막히고 자본주의적 생산방식에 역사적 한계가 있다는 것을 나타내게 될 것이다.

수탈자가 수탈당한다

자본주의는 그 법칙에 따라 생산력을 발전시켰다. 자본을 축적·집적시켰다. 그렇게 해서 생산수단이 거대해지고 많은 노동자들이 공동으로 이것을 사용하였다. 따라서 생산과정은 더 많은 노동자의 협력·공동으로 이루어지게 되었다. 상품시장은 세계화되고, 자본주의 체제는 더욱더 국제적이 되었다. 결국 생산 그 자체가 차츰 공동적·사회적으로 번져 나가게 되었다. '이것은 내가 생산한 것이다'라고 말할 수 있는 것은 오늘날에는 있지도 않으며 물건이라는 것은 여러 손을 거쳐서 모두의 공동 작업에 의해 생산된다.

그럼에도 생산하는 사람, 일하는 사람은 차츰 더 가난·억압·예속·불안·착취·타락 속에 시달리고 있다. 이 무슨 모순인가. 이 모순은 생산이 사회적·공동적으로 되었음에도 생산이 자본가에 의해 사적으로 지배되고 그 손아귀에 들어 있다는 데 그 원인이 있다. 오직 이윤만이 목표인 생산, 생산물이 자본가에게 독점된 소유관계, 여기에서 기인한다. 요컨대 지배하고 수탈하는 자본가와 지배되고 수탈되는 노동자로 구성된 계급관계 내지는 생산관계에 문제가 있다. 이 관계는 엄청난 생산력, 생산수단의 집중, 노동의 협력화·공동화·사회화 등과 조화를 이루기 어렵게 되어 있다. 자본주의 체제는 지금이야말로 그것과 함께 그리고 그 곁에서 꽃피운 생산양식의 질곡(쇠사슬)이 되고 있다.

그러나 절망할 필요는 없다. 아프고 쓰라린 운명, 그리고 더욱더 괴로워져

갈 운명 속에서 노동자들은 일어설 것이다. 그들에 대한 억압·착취·그들의 가난·예종·퇴폐가 늘어가면 늘어갈수록 그들의 반발도 증대할 것이다. 그들의 반항은 자본주의적 생산과정 그 자체의 기구에 따라, 훈련되고, 결합되고, 조직되어 간다. 자본의 지배자는 그 지배를 쳐부술 그들을 육성시켜 나가는 것이다. 부르주아 계급은 스스로 자신의 무덤을 파주는 일꾼(프롤레타리아트 계급)을 만들어 나간다.

자본주의적 사유의 운명을 알리는 종이 울릴 것이다. 수탈자들이 수탈당한다는 종이!

《자본론》은 이와 같이 자본주의의 법칙과 역사적 필연성을 분석한다. 그리고 그 속에서 노동자계급의 생성과 운명과 반항을, 그리고 그 사명을 분명히 밝힌다. 자본주의의 운동법칙을 인식하고 그것에 근거한 자본주의 그 자체(인간다움의 상실, 비인간화, 인간으로부터의 인간소외)를 폐지하고 인간이 인간답게 되는 사회(공산주의 사회)를 건설한다는 사명을 명백히 밝힌다.

마지막 힘을 다해서

배경

'전세계의 프롤레타리아여, 단결하라!'고 《공산당선언》은 호소하였다. 그리고 마르크스는 그것을 위해 '공산주의자 동맹'과 '노동자협회'를 만들고 노력을 기울였다. 그러나 유럽을 덮은 검은 반동 때문에 실패로 끝났다. 그는 한 걸음 물러서서 《공산당선언》을 뒷받침하는 과학적 이론(《자본론》)을 완성하는 데 몰두했다. 가난과 병고와 싸우면서.

그러나 자본주의의 발전, 부의 축적과 함께 차츰 늘어가는 노동자계급의 가난·예종 또한 늘어갔다. 런던에서는 제멋에 취한 경제 번영과 함께 한 쪽에서는 굶어죽는 자가 줄을 이었다. 그러나 이런 절망적인 상황 속에서 《자본론》이 말하고 있듯이 노동자계급의 반항도 일어나기 시작했다. 영국에서는 일찍이 차티스트 운동이 퇴조를 한 뒤 노동조합의 운동이 대두되었다. 프랑스에서도 억제 속에서 노동자운동은 일어나고 있었고, 미국에서는 노예해방의 남북전쟁이 일어나 북부의 승리로 끝났다. 독일에서는 프롤레타리아 계급의 미성숙으로 인해 3월혁명이 미완성인 채 끝나고, 봉건적 잔재와 분열 상태가 지배하고 있었다. 그러나 근대 공업의 눈부신 발전으로 정세는 독일의 통일을 향해 움직이고 있었다. 또한 라살의 '독일 노동 총동맹'이 결성되었다(1863). 러시아에서는 아직 봉건 잔재가 남아 있었다고는 하나 농노가 해방되었다.

이탈리아와 폴란드에서는 인민들이 통일을 위해 봉기하였다.

전세계의 프롤레타리아가 단결하려면 지금이야말로 결속해야 한다. 프롤레타리아가 그리고 개개의 프롤레타리아 집단이 부분적 이익을 위해 개개의 부르주아와 투쟁을 벌여도 그것으로서 프롤레타리아 계급의 가난이 근본적으로 변하게 되는 것은 아니다. 하물며 인간적으로 해방된다든가 하는 일은 도저히 이루어질 수 없다. 많은 수의 프롤레타리아가 단결하여 자본주의적 착취를 타도하지 않는 한 자본의 구속을 제거할 수 없다. 한편 단결을 위한 정신적·이론적 무기는 이제 《자본론》으로 완성되려고 하고 있다. 전세계의 프롤레타리아가 단결할 계기가 이제 성숙되었다고 할 수 있을 것이다. 이를 배경으로 해서 '제1 인터내셔널(국제노동자협회)'이 탄생되었다.

제1 인터내셔널의 창립

1862년 5월 런던에서 제3회 만국박람회가 열려 각국 프롤레타리아들이 모여들었다. 라살도 와서 마르크스를 방문했다. 이 박람회는 각국 프롤레타리아의 교류를 위해 좋은 기회를 제공하게 된 것 같다. 1864년 9월 28일, 마르크스는 성 마틴 공회당에서 열린 국제모임에 초대되었다. 여기서 제1인터내셔널(국제노동자협회) 창립이 결의되고, 방청하고 있던 마르크스는 위원으로 선출되었다.

이어서 위원회는 협회의 창립 선언과 규약을 작성할 소위원회의 위원으로 마르크스를 선출했다. 이리하여 그는 《자본론》으로 바쁜 가운데 또 어려운 실천활동에 뛰어들게 되었다.

그의 사상으로 보아 거절할 수도 없었고, 또한 거절할 일이 아니라고 생각했을 것이다.

마르크스는 창립 선언과 규약을 썼다(그것은 조금 수정은 있었으나 대부분 채택되었다). 그 창립 선언과 규약에는 《공산당선언》에 비하면 훨씬 부드러운 어조로, 전세계의 프롤레타리아 단결을 주창하고 있다.

현재와 같은 잘못된 기반 위에서는 생산력의 어떤 훌륭한 발전도, 어떤 뛰어난 발명·발견·개선도 또 어떤 식민지도, 이민도, 시장개발도, 자유무역도, 프롤레타리아의 궁핍 상태를 없앨 수는 없다. 계급대립의 첨예함이나 차이를 증대시키지 않을 도리가 없다. 그러나 절망할 일은 아니다. 거기에는 또 프롤레타리아 계급의 자각과 반항이 고조되고 있기 때문이다. 프롤레타리아는 정치권력 획득을 제1의 의무로 하고 나아가서 프롤레타리아 계급을 해방시키고 계급지배를 근절한다는 궁극의 목표를 스스로의 손으로 쟁취해야 한다. 그러기 위하여 전세계의 프롤레타리아여, 단결하라!

인터내셔널의 활동과 분열

마르크스는 중앙위원회(나중에 '총무위원회'라고 개칭함)의 중심이 되어 힘써 나갔다. 그러나 운동은 뜻대로 진행되지 않았다. 첫째 돈이 모이지 않았다. 프랑스에서는 극좌 모험적 블랑키파와 기회주의적인 프루동파가 싸우고 있고 게다가 두 파 모두 마르크스 주의와는 맞지 않았다. 독일에서는 정치 결사의 자유가 인정되지 않았다. 영국에서는 노동운동이 부르주아 의회의 테두리 안에서 진행되려는 움직임이 있었다.

한편 마르크스의 몸 또한 오랜 가난과 과로 때문에 약해져 있었다. 급성화농성 염증과 간질환 등으로 자주 아팠다.

'제1인터내셔널'은, 제1회(1866, 제네바), 제2회(1867, 로잔), 제3회(1868, 브뤼셀), 제4회(1869, 바젤), 제5회(1872, 헤이그), 다섯 번의 대회를 열 수 있었다. 특히 제1회는 꽤나 성대하여 인터내셔널의 조직, 노동과 자본과의 투쟁에서의 인터내셔널의 협력, 노동시간의 제한, 여성 및 어린이 노동문제, 협동조합, 노동조합의 과거·현재·미래, 직접세와 간접세, 폴란드 문제, 상비군 등을 논의하고 위원회의 안이 채택되었다. 이 노선에 따라, 인터내셔널의 일상 활동과 투쟁이 다루어져 나갔다. 프롤레타리아의 투쟁이 있는 곳, 언제 어디서나, 인터내셔널의 활동과 운동이 함께였다. 마르크스는 《자본론》의 작업에 쫓기고, 가난과 싸우고, 병고에 시달리면서도, 위원으로서 모임의 업무에 몰두했다. 때때로 새벽 3시까지 그 일에 매달렸다. 그리고 때로는 위원회에서 이론적인 강연도 했다(《임금·가격 및 이윤》). 그런데 회의에

파리 코뮌 선언(1871년 3월18일)

서는 프루동 주의와 바쿠닌 주의에 대해서 마르크스·엥겔스의 대립이 날카로워졌다. 프루동파는 기회주의적이고 개량주의적이어서 정치투쟁이나 파업에는 반대했다. 한편 바쿠닌파는 극좌적인 모험주의로서 국가와 정치를 부정하려는 폭력적 무정부주의였다. 이들에 반하여 마르크스·엥겔스는 정치투쟁이나 파업을 중시하고, 혁명에 의해 정치권력을 프롤레타리아의 손으로 쟁취하려는 주의였다.

제4회 대회에서는 특히 마르크스파와 바쿠닌파가 날카롭게 대립하였다. 마르크스는 병과 다른 이유로, 제1회로부터 제4회까지의 그 어느 모임에도 출석하지 않았다. 그러나 제5회 대회에서는 큰 열의를 갖고 엥겔스와 함께 출석하여 바쿠닌파의 제명을 가결시켜 버렸다. 또한 마르크스는 이 대회에서 프롤레타리아가 정치권력을 획득하는 길은 지역에 따라 다르다는 것, 평화 혁명에 의한 나라도 있을 수 있다는 것을 말하였다. 그러나 동시에 이 대회는 총무위원회의 뉴욕 이전을 결의했다. 이렇게 하여 제5회 대회는 이른바 분열과 이전을 결정한 모임이 되고 말았다. 그 이면에는 프로이센-프랑스

전쟁이 있었고, 마르크스가 기대를 걸었던 '파리 코뮌(Commune de Paris :
1871년 3월 28일~5월 28일 파리 시민과
노동자들의 봉기로수립된 혁명 자치정부)'의 패배가 있었던 것이다. 1870년, 프로이센-프랑스전
쟁이 시작과 때를 같이 하여 인터내셔널은 성명을 냈다(7월). 프로이센에게
있어서는 방어적인 이 전쟁이, 프랑스 국민에 대한 정복전으로 번지면 안 된
다. 만일 그렇게 되면 독일에게는 불행이 되살아날 것이라는 성명이었다. 뒤
이어 9월의 제2성명은 프롤레타리아에 대해 알자스로렌의 독일 병합에 반대
하도록, 또한 프랑스의 공화제를 쟁취하기 위한 활동을 하도록 호소하였다.

　1871년 1월, 프랑스가 프로이센에 패하자, 3월 18일 '파리 코뮌'이라 부르
는 노동자 혁명정부가 성립되었다. 그러나 이 최초의 프롤레타리아 국가는
70여일 만인 5월 29일에 무너지고 말았다. 이틀 뒤 인터내셔널의 총무위원
회가 제3회의 성명을 냈다. 물론 제1성명도, 제2성명도 그리고 이번의 제3
성명도 마르크스가 쓴 것이다. 마르크스는 이 제3성명에서 '파리 코뮌'이 어
떻게 해서 생겼고, 어떻게 해서 붕괴되었는가를 분석하여, 이 사회주의적 시
도가 지닌 뜻을 분명하게 밝혔다. 그것은 프롤레타리아트가 정치권력을 잡
은 최초의 국가 형태였던 것이다. 마르크스는 그것을 분석함으로써 미래의
사회주의 구조라든가 프롤레타리아트의 독재라든가 하는 것을 밝혔다. 본디
에는 마르크스는 당시의 상황에서 프롤레타리아에 의한 혁명정권에는 비판
적이었다. 시기상조라고 생각했던 것이다. 그러나 일단 혁명정부가 성립되
자, 전력을 다하여 충고도 하고 지원했던 것이다. 그러나 이 정부는 얼마 못
가 붕괴되었다. 숱한 과실을 가지고 있었기 때문이다. 그러므로 또한 이런
잘못들을 분석한 마르크스의 성명은 많은 교훈을 담고 있다고 본다. 그 중에
서도 레닌은 사회주의 혁명으로서의 러시아 혁명을 성공시키는 데 마르크스
의 이 '파리 코뮌'론이 큰 도움이 되었다(세 가지 성명은 나중에 엥겔스가
정리해서 한 권의 책으로 간행했다. 그것이 오늘날의 《프랑스 내란》이다).

　'파리 코뮌'을 위하여 내부의 의견대립을 누르고 합심해서 싸웠다. 그런만
큼 코뮌의 패배는 인터내셔널의 내부 대립이 표면화되고 노골적이 되었다.
1872년의 헤이그에서 열린 제5회 대회는 내부 대립의 첨예화가 드러난 분열
의 조짐을 보여 주었다. 뉴욕으로 총무위원회를 이전한 것은 이런 인터내셔
널의 자멸을 해외에서 회복시켜 보려는 이른바 인터내셔널의 망명을 뜻하는
것이다. 1876년, 필라델피아 대회는 제1 인터내셔널의 해산을 정식으로 발

표하였다.

비판은 살아 있다

인터내셔널이 실패하자 아직은 50대인데도 마르크스의 몸은 급속히 노쇠해졌다. 오랜 노고(투쟁·연구·가난)는 그의 몸을 통채로 앗아갔다. 그보다 앞서 엥겔스는 맨체스터의 방적공장을 팔고 런던으로 이사하여 가까이서 마르크스를 돕고 있었다. 마르크스는 몸도 머리도 노쇠하였다. 그래도 무슨 일이 생기면 잠에서 깨어난 듯 그의 눈빛은 빛나고 그의 머리는 생기를 되찾았다. 《고다 강령 비판》(1875)은 날카롭게 빛난 마르크스의 눈과 활발하게 활동한 그의 두뇌를 나타낸 것이라고 할 수 있을 것이다.

프로이센-프랑스전쟁에 이기고 프로이센을 중심으로 하는 통일을 이룬 독일에서는 자본주의가 약진을 시작했다. 동시에 노동운동도 진전되어 그 좌우 양파의 합동이 필요하게 되었다. 우파는 라살의 '독일 노동총동맹'이고 (라살은 총동맹 결성 다음 해, 즉 1864년 연애 때문에 결투하여 사망했다), 좌파는 마르크스의 제자인 리프크네히트와 베벨이 만든 '독일 사회 민주노동당(보통은 '아이제나흐파'라고 부른다)'이다. 양 파는 1875년 고다에서 대회를 열고 '독일 사회주의노동당'을 만들었다. 이 합동강령(고다강령)은 당연히 양 파의 합작이고 타협의 산물이었다. 마르크스의 마음에 드는 것이 아니었다고 보아야 할 것이다.

마르크스는 날카롭게 이것을 비판했다. 이것이 《고다강령 비판》이라고 알려진 것이다.

우선 비판은 강령에서 볼 수 있는 라살적인 것을 겨냥한다. 강령은 너무나도 라살 주의답게, 현존의 제도 가운데, 또는 그와 비슷한 사고방식 가운데 프롤레타리아의 지위 향상이나 해방을 말하고 있다.

'자유로운 국가'라는 표현이 있다는 것, 민주주의적 공화국이라는 주장이 빠진 것, 데모크라시에 대한 과대평가가 보인다는 것, 노동운동을 국민 중심으로 생각하고 있는 것, 국가의 보조를 기대하고 있다는 것 등등이 그것이다. 그것들은 틀린 것이다. 그 이외에도 사고방식이 애매하고 정체가 불분명했기 때문에, 이론도 어설펐고 오류도 있었다. 멜서스의 《인구론》에 기초를 둔 '임금 철칙' 등과 같은 말 표현이 그런 것들이다. 그것들은 되먹지 않았다며 마르크스는 호되게 비판을 한 것이다.

더욱이 이 강령 비판에서 주목해야 할 것은 마르크스가 자본주의 사회로부터 공산주의 사회로 이행하는 과도기로서 프롤레타리아 독재라는 국가 형태를 제안한 사실이다. 오늘날의 유형으로 말하자면 자본주의와 공산주의 사이에 있는 사회주의 단계를 말한 것이다. 여기에서는 아직 '모든 면에서 경제적으로나 도덕적으로나 정신적으로도 이것을 낳게 한 모태인 옛사회의 구태가 들러붙어 있다' 이 과도기를 없앤 뒤 '각자의 능력에 따라 움직이고 그 필요에 상응하여 얻게 된다'는 참된 공산주의 사회에 이를 수가 있게 되는 것이다. 마르크스는 이렇게 자기 견해를 피력하는 것이다. 이 강령 비판의 전체는 독일의 현실에 통달하지 못한 마르크스를 드러내 보이고 있다고도 말할 수 있겠다. 그러나 마르크스 이론을 이해하는 데 있어서 귀중한 내용을 담고 있다고 말할 수 있다.

아내의 죽음

1881년 12월, 오랫동안 병상에 누워 있던 아내 예니가 간암으로 세상을 떠났다(67세). 암에 따른 괴로움을 견디면서도 그녀는 언제나 명랑하고 농담도 잘하고 모든 사람에게 걱정을 끼치지 않으려고 했다. 비스마르크의 탄압 속에서도(1878년, 사회주의 진압법 반포), 1881년에 실시한 독일 선거의 승리를 기뻐했다(탄압 전과 비슷한 수의 의원들이 당선되었다). 마지막 날까지 그녀는 사람들에게 농담도 하고, 모두를 웃기려고 했다. 그러나 결국 남편에게 '칼, 나는 이제 기운이 다 됐어요' 하며 이별의 인사를 건넸다.

그녀는 런던의 하이게이트 묘지에 묻혔다. 이별의 아픔이 너무 컸기 때문에 마르크스는 그곳까지 부인을 배웅하지 못했다. 몇몇 벗들이 그녀의 마지막 가는 길을 동행했다. 벗 엥겔스는 여러 사람을 향해서 장송의 인사를 건넸다. 그 가운데서 그는 이렇게 말했다.

"남을 행복하게 하는 속에 자신의 가장 큰 행복을 찾아낸 여성이 있다면 그는 바로 마르크스 부인입니다."

"어머니의 일생과 함께 무어(마르크스)의 일생도 끝이 났습니다"라고 막내딸 엘리나는 슬퍼했다. 생각컨대 긴 세월 동안, 두 사람은 온갖 탄압·추방·박해·불행·가난·중상모략·병고 등과 싸우며 프롤레타리아들 그리고 인간의 해방을 위해 일심동체가 되어 왔던 것이다. 이런 부인 없이 마르크스를 생각할 수는 없을 것이다. 두 사람의 사랑이 있었기에 온갖 고난에도 두 사람은 굽히지 않았다. 그런 사랑이 모든 고난은 두 사람을 더욱 단련하였다. 그런 둘 중 하나가 이제 사라진 것이다. 그녀의 죽음과 함께 마르크스도 죽었다고 한 엘리나와 엥겔스의 말은 과연 참된 뜻이 담겨 있었다.

이런 마르크스에게 더욱 충격을 준 것은 만딸 제니의 죽음을 알리는 소식이었다. 마르크스가 26세 때인 파리에서 첫아이로 태어난 그녀는 또한 부모와 고난을 함께하였을 것이다. 그녀는 프랑스의 사회주의자 샤를르 롱게의 부인이었다. 그런 그녀도 38세로 아버지보다 먼저 세상을 떴다. '우리들의 제니가 죽다니!' 마르크스는 마음 속 깊이 탄식하였다.

육체적 생명은 다했지만

《자본론》의 제2권, 제3권의 출판일도 있고 해서 이곳저곳에서 요양을 하며 재기하려고 애를 썼다. 그러나 아내와 이별하고 이제 또다시 만딸마저 앞서 가자, 마르크스의 심신의 괴로움은 더욱더 심해졌다. 그는 다시 일어서지 못했다. 간장병·불면증·늑막염·기관지염·폐렴·후두염·폐농양 등 가지가지 중병을 거친 후 마지막에 찾아온 것은 간암이었다.

1883년 3월14일 오후의 일이다. 엥겔스가 마르크스의 집에 와보니 모두가 울고 있다. 마르크스가 몸을 움직이지 못하게 되었다는 것이다. 엥겔스가 병실에 들어가 보니 마르크스는 이미 의식을 잃은 상태였다. 얼마 뒤 잠들듯이 세상을 떠났다. 그의 나이 65세였다.

엥겔스는 미국에 있는 벗 조르게(제1인터내셔널 및 미국 사회주의 노동당의 지도자) 앞으로 편지를 띄웠다.

'인류는 하나의 두뇌를 잃었네. 그것도 인류가 오늘날 가지고 있던 가장 소중한 두뇌를. 프롤레타리아트 운동은 전진을 계속하겠지만 그 중심은 사라졌네.'

3월17일, 하이게이트 묘지의 아내 곁에 묻혔다. 그 장례식에는 엘리나(막내딸)·엥겔스·리프크네히트·롱게(만딸 제니의 남편)·라파르그(둘째 딸 라

▲ 마르크스와 맏딸 제니

▲ 만년의 마르크스

▼ 둘째 딸 라우라

▼ 막내딸 엘리나

▲ 매우 소박한 예전의 무덤

▲ 하이게이트 새 묘지

▲ 마르크스 석상 모스크바

▶ 새 묘지의 묘비명
　　예니, 마르크스, 해리 롱게, 헬레네 데무트, 엘리나

우라의 남편)·에이블링(막내딸 엘리나의 남편) 등 20여명의 친지들이 참석했다.

엥겔스가 장송의 인사를 했다.

'1883년 3월 14일 오후 2시 45분, 현대 최고의 사상가가 생각을 멈추었습니다. 겨우 2분도 자리를 비우지 않았는데 우리들이 방에 들어갔을 때 그는 이미 안락의자에서 조용히, 그러나 영원히 잠들어 있었습니다.

유럽과 미국의 전투적 프롤레타리아가, 그리고 역사과학이 이 사람의 죽음으로 인해 입은 손실이란 참으로 헤아릴 수 없을 것입니다. 이 거인의 죽음으로 인해 벌어진 틈은 곧 뚜렷하게 드러날 것입니다.

다윈이 유기계의 발전법칙을 발견한 것과 마찬가지로, 그는 인간역사의 발전법칙을 발견했습니다. 그것뿐이 아닙니다. 그는 오늘날의 자본주의적 생산양식과 그것으로 인해 만들어진 부르주아 사회와의 특수한 운동법칙을 발견하였습니다. 잉여가치의 발견으로 이곳에는 갑자기 빛줄기가 드리워진 것입니다. ······

마르크스는 무엇보다도 우선 혁명가였습니다. 자본주의 사회와 그것으로 인해 만들어진 국가제도를 전복시키기 위해 어떤 방법으로든 협력하는 일, 근대 프롤레타리아트의 해방을 위해 협력하는 일, 이것이 일생을 건 그의 참된 작업이었습니다. 이 사람이야말로 처음으로 프롤레타리아트에게 스스로의 지위와 요구를, 그리고 자기해방의 조건들을 자각하도록 한 것입니다. ······

그는 수백만의 혁명적 동지들로부터 존경받고 사랑받고 애도 속에 이 세상을 떠났습니다. 동지들은 시베리아 광산에서부터 전 유럽과 미국을 뛰어넘어 캘리포니아까지 이어지고 있습니다. ······그의 이름은, 그리고 그의 작업은 또한 수세기를 이어가며 계속 살아남을 것입니다.'

영원히 잠들다

하이게이트에 있는 마르크스의 묘지에는 오늘날 다섯 사람의 이름이 새겨져 있다. 예니 폰 베스트팔렌·칼 마르크스·해리 롱게·헬레네 데무트·엘리나 마르크스 다섯 명의 이름이다.

예니는 가장 사랑한 부인의 이름. 해리는 마르크스보다 1주일 뒤에 죽은 마르크스의 손자로서 롱게에게 출가한 큰딸의 아들. 헬레네는 마르크스가 가정을 가진 이래, 마르크스 일가를 위해 일생을 바친 충직한 가정부. 마르크스 부부에게는 평생의 벗이자 아이들에게는 둘도 없는 '유모'였다. 마르크스가 죽은 뒤 엥겔스의 집안에서 그녀를 보살폈으며, 1890년에 세상을 떠났다. 엥겔스의 뜻으로 그녀는 마르크스 부부의 옆자리인 이곳에 영원히 잠들게 되었다.

그곳에 마지막으로 엘리나의 이름이 더해졌다. 어머니 예니가 자랑했듯이 맏딸 제니와 둘째 딸 라우라도 모두가 빼어난 여성이었지만 막내딸 엘리나는 그 중에서도 재능이 뛰어난 아름다운 여성이었다. 끝까지 어머니와 아버지의 시중을 든 것도 그녀였다. 마르크스는 그녀를 유달리 사랑했고 그녀 또한 누구보다 깊이 아버지를 사랑했고 아버지를 존경했다. 그녀의 남편 에이블링은 금전 관계가 야무지지 못하였고, 또 그는 법률상의 처가 있었다(엘리나와의 결혼은 법률적인 것이 아니었다). 그녀는 그 때문에 고민했지만, 그래도 아내로서 충실하였는데도 그의 사랑이 멀어지자 결국 독약을 먹고 자살하였다(1898년 43세). 그녀는 아버지의 기대를 저버리지 않고, 사회주의운동이나 노동운동에도 활발히 활동했고 아버지의 유고의 편집이나 번역·저작 등 꽤 많은 일을 했다. 참으로 유능하고 아까운 여자였다. 더욱이 가엾게 된 것은 묘지관리자의 반대로 하이게이트에 묻히지 못했다. 유골은 영국 공산당 본부에 안치되었다가 전후 지금의 묘지가 새로 조성될 때(옛 것은 구석에 있었다), 겨우 부모가 잠들어 있는 이곳으로 돌아올 수 있었다.

맏딸 제니는 프랑스의 사회주의자 롱게와 결혼했으나, 앞서 말한 바와 같이 아버지보다 먼저 세상을 떠나 아버지 마음을 슬프게 했다. 둘째 딸 라우라도 마찬가지로 프랑스 사회주의자인 라파르그와 결혼했으나, 이 부부도 나중에(1911) 자살했다. 또한 이미 말한 바 대로 맏아들과 둘째 아들, 그리고 셋째 딸은 일가가 런던으로 망명했던 어려운 시절, 차례로 죽어 갔다. 가엾은 이 세 사람의 무덤은 지금도 소재를 알 수 없다. 그러나 마르크스의 이름과 업적이 살아서 계속되는 한 경제적인 어려움으로 희생된 세 사람의 이야기도 사람들의 입을 통해 계속 이어져 나갈 것이다.

연보

1818년   5월 5일, 마르크스는 라인주 트리어에서 유대인 그리스도교 가정의 7남매 중 셋째 아들로 태어난다. 아버지는 부유한 변호사로 자유사상을 지닌 계몽주의파 출신이었고, 어머니는 네덜란드의 귀족 집안 출신이었다.

1820년   (엥겔스는 라인주 브레멘의 부유한 공장 경영주의 아들로 태어난다.)

1830년(12세) 프리드리히 빌헬름 김나지움(고등중학교)에 입학한다.

1835년(17세) 프리드리히 빌헬름 김나지움을 졸업하고, '직업선택'에 관한 작문 발표를 한다. 본 대학(법학부)에 입학하여 인문학 강의만 듣는다.

1836년(18세) 베스트팔렌 집안의 예니와 약혼을 하고, 베를린 대학(법학부)에 입학하여 법률·역사·철학을 공부한다. 이곳에서 당시 젊은 신학 강사였던 브루노 바우어가 이끄는 헤겔 좌파에 속하면서 차츰 무신론적 급진 자유주의자가 되어간다.

1838년(20세) 마르크스의 아버지가 세상을 떠난다.

1841년(23세) 마르크스는 에피쿠로스의 철학에 대한 논문으로 예나 대학에서 박사 학위를 받은 후 대학 강사의 꿈을 포기하고 언론활동을 시작한다. (엥겔스는 이 해에 포병 지원병으로 복무하면서 베를린 대학에 청강하였고 헤겔 좌파의 인물들과 교우한다.)

1842년(24세) 마르크스는 급진적 반정부 신문인 〈라인신문〉에 기고하기 시작하며, 같은 해 10월 이 신문의 편집주임이 된다. (이 시기에 엥겔스는 가업을 잇기 위해 맨체스터로 가던 도중 〈라인신문〉 편집실에 들러 처음으로 마르크스를 만나게 된다.)

1843년(25세) 6월 19일, 마르크스는 크로이츠나흐에서 예니와 결혼하고, 〈라인신문〉이 경찰에 의해 폐간 당하자 파리로 이주하여 프랑스 사회주의와 경제학을 연구한다.

1844년(26세) 마르크스는 루게와 〈독일-프랑스 연보〉를 발행한다. 그리고 여기에 〈유대인 문제에 붙여서〉와 〈헤겔 법철학 비판 서설〉 등을 발표한다. 경제학 연구를 하고, 그 성과가 《경제학·철학초고》이다. (엥겔스는 이 〈독일-프랑스 연보〉에 〈국민 경제학 비판대강〉을 투고하여 마르크스로부터 인정받는다.) 마르크스와 엥겔스는 공동 저술활동을 시작하여 첫 작품으로 《신성가족》을 집필한다. 맏딸 제니가 태어난다.

1845년(27세) 마르크스는 파리에서 추방되어 브뤼셀로 이주하고 《신성가족》을 출판한다. 그리고 엥겔스와 공동으로 《독일 이데올로기》에 착수하여 마르크스주의의 철학적 기초를 확립한다. 둘째 딸 라우라가 태어난다.

1846년(28세) 맏아들 에드거가 태어난다.

1847년(29세) 이 해에 런던에서 '공산주의자동맹'이 결성되자 마르크스는 엥겔스와 함께 이에 가입하여 이 동맹의 강령인 《공산당선언》을 공동 명의로 저술하며, 이 선언은 1848년 2월에 발표된다. 《철학의 빈곤》을 출판한다.

1848년(30세) 파리에서 시작된 혁명이 이탈리아·오스트리아 등 유럽 각국에 파급되자 마르크스는 엥겔스와 함께 브뤼셀·파리·쾰른 등지로 다니면서 혁명에 참가하였으나, 각국의 혁명은 좌절되고 두 사람에게는 잇달아 추방령이 내려진다. 같은 해 6월 〈새 라인신문〉을 발행한다.

1849년(31세) 〈새 라인신문〉에 《임금노동과 자본》을 싣는다. 둘째 아들 하인리히가 태어난다.

1850년(32세) 〈새 라인신문, 정치경제 평론〉을 발행한다. 마르크스는 런던으로 망명하여 정신적인 괴로움과 물질적인 빈궁 속에서도 경제학 연구에 힘썼다. 그는 대영박물관에 다니며 연구 활동에 몰두한다. 둘째 아들 하인리히가 죽는다.

1851년(33세) 마르크스는 미국 〈뉴욕 트리뷴〉지의 유럽 통신원으로 활동하
며 생계를 꾸려나간다. (엥겔스는 맨체스터에서 다시 사업에
종사하여 마르크스의 이론적·실천적 활동을 경제적으로 지원
한다.) 셋째 딸 프란체스카가 태어난다.

1852년(34세) 공산주의자 동맹은 해산을 성명한다. 셋째 딸 프란체스카가
죽는다.

1855년(37세) 넷째 딸 엘리나가 태어난다. 맏아들 에드거가 죽는다.

1859년(41세) 마르크스의 경제학 이론에 대한 최초의 저서 《경제학 비판》
이 간행된다.

1863년(45세) 마르크스의 어머니가 트리어에서 세상을 떠난다.

1864년(46세) '제1 인터내셔널'(국제노동자협회)가 런던에서 창설되자 엥
겔스는 마르크스와 함께 이에 참여한다. 두 사람은 여기서
프루동·라살레·바쿠닌과 대립하면서 국제노동운동의 발전에
힘쓴다.

1865년(47세) 인터내셔널 위원회에서 《임금·가격 및 이윤》에 대해 강연한
다.

1866년(48세) 제1 인터내셔널 제1회 대회가 제네바에서 열린다. 마르크스
는 참석하지 않는다.

1867년(49세) 마르크스는 《자본론》 제1권을 함부르크에서 출판한다. 인터
내셔널 제2회 대회가 로잔느에서 열리지만, 마르크스는 참석
하지 않는다.

1868년(50세) 인터내셔널 제3회 대회가 브뤼셀에서 열리지만, 마르크스는
참석하지 않는다.

1869년(51세) 인터내셔널 제4회 대회가 바젤에서 열리고 마르크스파와 바
쿠닌파는 대립한다. 마르크스는 참석하지 않는다.

1870년(52세) 마르크스는 프로이센-프랑스 전쟁에 관한 인터내셔널의 제1,
제2 성명을 쓴다. (엥겔스는 런던으로 이주해 마르크스를 돕
는다.)

1871년(53세) 파리 코뮌이 수립되자 마르크스는 《프랑스 내란》을 써서 코
뮌에 바친다.

1872년(54세)	마르크스는 엥겔스와 함께 인터내셔널 제5회 대회(헤이그)에 참석한다. 바쿠닌파의 제명, 총무위원회의 뉴욕 이전을 결정한다.
1875년(57세)	마르크스는 《고다강령 비판》을 저술하여 파리 코뮌에서 얻은 경험과 경제학 연구에서 얻은 지식을 일반화하여 2단계 공산주의 이행론을 정립한다.
1876년(58세)	제1 인터내셔널 필라델피아 대회에서 정식으로 해산을 결정한다.
1881년(63세)	마르크스의 부인 예니가 세상을 떠난다.
1883년(65세)	3월 14일, 마르크스가 런던에서 세상을 떠난다. 하이게이트에 묻힌다. 맏딸 제니가 죽는다.
1885년	(마르크스 사후 엥겔스는 그의 유고의 정리에 몰두하여 《자본론》 제2권을 간행한다.)
1889년	(제2 인터내셔널이 파리에서 창립된다. 엥겔스는 제2 인터내셔널의 지도자로서 노동운동의 발전에 많은 영향을 끼친다.)
1893년	(엥겔스는 제2 인터내셔널 취리히 대회에 초대되어 출석한다.)
1894년	(엥겔스는 《자본론》 제3권을 발행한다.)
1895년	(엥겔스가 런던에서 후두암으로 세상을 떠난다(75세). 유해는 유언에 따라 이스트본 바다에 뿌려진다.)
1898년	(마르크스의 넷째 딸 엘리나가 자살한다.)

김문수

독일 예나대학교 수학 일본대학교 문과 졸업. 〈매일신보〉 논설위원 영남대학교 교수 역임. 지은책 《산책자의 철학》 옮긴책 피히테 《독일국민에게 고함》 램프레히트 《서양철학사》 등이 있다.

세계사상전집070
Karl Heinrich Marx
ÖKONOMISCH–PHILOSOPHISCHE MANUSKRIPTE
DAS KAPITAL/MANIFEST DER KOMMUNISTISCHEN PARTEI
MISÈRE DE LA PHILOSOPHIE
경제학·철학초고/超譯자본론/공산당선언/철학의 빈곤
칼 마르크스 지음/김문수 옮김
동서문화창업60주년특별출판
1판 1쇄 발행/2016. 11. 30
1판 4쇄 발행/2023. 10. 1
발행인 고윤주
발행처 동서문화사
창업 1956. 12. 12. 등록 16–3799
서울 중구 마른내로 144(쌍림동)
☎ 546–0331~2 Fax. 545–0331
www.dongsuhbook.com
＊
사업자등록번호 211–87–75330
ISBN 978–89–497–1585–8 04080
ISBN 978–89–497–1514–8 (세트)